Patrick Brion

Encyclopédie du Film policier Français

1910 - 2020

ISBN : 978-2-7533-0383-6

92 avenue de France, 75013 Paris, France

Patrick Brion

Encyclopédie du Film policier Français

1910 - 2020

Éditions SW Télémaque

Une production CONTINENTAL FILMS
PIERRE FRESNAY
DANS
l'assassin habite au
21
d'après le Roman de S. A. STEEMANN
Musique de MAURICE YVAIN
Réalisation de H. G. CLOUZOT
avec SUZY DELAIR - JEAN TISSIER - PIERRE LARQUEY
NOEL ROQUEVERT - RENE GENIN - JEAN DESPEAUX etc...
TOBIS

AVANT-PROPOS

Le cinéma policier français, plus qu'un genre, une tradition

Plus que tout autre genre cinématographique, le film policier est profondément ancré dans la société de son époque dont il décrit les incertitudes, les angoisses, le mal et le crime. Grâce à cela, il ne se démode pas, car il se renouvelle sans cesse, contrairement, par exemple, à des genres comme le film musical, le western ou le film de cape et d'épée, plus aléatoires. Plus d'une fois, il se croise avec le film d'espionnage et le film social. Ses relations avec la comédie nous ont posé plus de questions. Volontairement, nous en avons glissé ici quelques-unes, des *Tontons flingueurs* (1963) aux *Ripoux* (1984), sans vouloir répertorier toutes les autres qui relèvent beaucoup plus de la comédie – un genre très précis – que du film policier, leurs auteurs ayant privilégié l'humour.

Dès les années 1910, l'œuvre de Louis Feuillade (1873-1925) montre une société multiforme dans laquelle s'affrontent les justiciers (Judex) et les criminels (Fantômas, les Vampires). On verra, par la suite, apparaître une multitude de détectives et de policiers (Rouletabille, Wens, Sergil...), la première adaptation de Georges Simenon (1903-1989) étant, en 1932, *La Nuit du carrefour* où Pierre Renoir est le premier à interpréter le rôle de Maigret, précédant de quelques mois *Le Chien jaune* (Jean Tarride, 1932) et, surtout, *La Tête d'un homme* (1933), de Julien Duvivier, avec Harry Baur, superbe commissaire.

Parallèlement aux adaptations de Simenon – une vingtaine en deux décennies – apparaîtront aussi celles des romans de Stanislas-André Steeman (1908-1970), comptant parmi les plus célèbres *Le Dernier des six* (Georges Lacombe, 1941) et, bien sûr, les deux réalisations de Henri-Georges Clouzot que sont *L'assassin habite au 21* (1942) et *Quai des Orfèvres* (1947).

Les années 1930 voient l'apogée de Jean Gabin, interprète prométhéen de *Pépé le Moko* (Julien Duvivier, 1937), *La Bête humaine* (Jean Renoir, 1938) et *Le jour se lève* (Marcel Carné, 1939). Il symbolise, à lui tout seul, l'évolution de la société française, passant avec génie du rôle de héros marqué par le destin à celui de grand-bourgeois, d'homme politique ou de chef d'entreprise. On assiste alors à la découverte de nouveaux cinéastes (Henri Decoin, Marcel Carné, Henri-Georges Clouzot), à la confirmation de Jean Renoir et Maurice Tourneur, et surtout de celle de Julien Duvivier, encore et toujours sous-estimé.

À ce propos, il convient de signaler que, à l'inverse de ce qui s'est passé à Hollywood et même en Angleterre, la profession cinématographique française n'a pas su et n'a pas voulu accueillir – comme elle l'aurait dû – les cinéastes allemands ou autrichiens d'origine juive que l'arrivée du nazisme avait obligés à fuir leur pays. Ils ont été victimes de l'attitude égoïste – pour ne pas dire plus – d'une corporation repliée sur elle-même. Certains des textes écrits à l'époque, par-delà le souci de protéger un travail, relèvent souvent d'un véritable racisme et d'un antisémitisme latent. C'est ainsi que Fritz Lang, Max Ophüls, Kurt Bernhardt ou Robert Siodmak ont vu leur carrière française être brève (un unique film pour Lang !) alors qu'ils réaliseront plus tard certains des plus admirables films noirs à Hollywood. Ils auraient pu les tourner en France, si on ne leur avait pas opposer un dangereux nationalisme…

Les années précédant la guerre, la période de l'Occupation, celles de la Libération et de l'épuration révèlent, à travers leurs films policiers, un pays inquiet, malade, dans lequel sourd déjà une mauvaise conscience. Sans être des brûlots de critique sociale, *Café de Paris* (1938) et *Derrière la façade* (1939) – tout un programme ! – montrent que, lorsqu'un crime est commis, les suspects sont nombreux et peuvent appartenir à toutes les classes de la société, y compris – surtout ? – les plus aisées. *L'Assassinat du père Noël* (1941), *L'assassin habite au 21* et *Quai des Orfèvres* le rappellent. On découvre que, dans *L'Étrange Monsieur Victor* (1938) comme dans *Le Bienfaiteur* (1942), Raimu n'est pas celui que l'on croit au premier abord. Il en est de même pour Pierre Fresnay, dans *Le Visiteur* (1946) de Jean Dréville, et Jean Gabin, dans *Miroir* (1947) de Raymond Lamy. Comme si le public français commençait à se demander si on lui avait toujours dit la vérité, s'il n'y avait pas de dangereuses et criminelles zones d'ombre.

Les deux plus grands films de la décennie des années 1940 vont en témoigner. C'est en pleine période de l'Occupation que la Continental, à qui on doit quelques-uns des meilleurs films français de cette époque, laisse Henri-Georges Clouzot tourner *Le Corbeau* (1943). Vous pourrez voir plus loin, lors de l'analyse du film, comment cet évident chef-d'œuvre a été calomnié par la gauche communiste et diversement apprécié par la droite, comme si la délation n'avait pas existé dans une France très inégalement résistante… En 1947, Julien Duvivier, de retour des États-Unis, signe *Panique,* qui est un reflet tragique de cette France de l'après-guerre, un pays miné par la mauvaise conscience et toujours prêt à basculer dans une folie meurtrière. De même, *Un revenant* (1946) de Christian-Jaque, superbement joué par Louis Jouvet et dialogué par Henri Jeanson, et Meurtres ? (1950) de Richard Pottier, avec Fernandel, attaquent la bourgeoisie bien-pensante.

Les problèmes de société influent sur certains des scénarios du film policier. On aborde ainsi le thème de l'enfant de l'amour, des rapports entre des femmes et leur amant plus jeune, ou encore celui de la traite des Blanches, qui est à l'origine de nombreuses productions. Eddie Constantine incarnera Lemmy Caution (le héros de l'écrivain britannique Peter Cheyney), distribuant, selon son goût, gifles, uppercuts ou baisers.

Le cinéma français de l'époque bénéficie de la présence de deux scénaristes exceptionnels, Henri Jeanson et Charles Spaak. C'est cette « qualité française », dont se moqueront à tort les jeunes turcs de la future Nouvelle Vague, qui est désormais la marque du meilleur de la production, servie par des réalisateurs, des scénaristes, des producteurs, des techniciens et des acteurs souvent remarquables. La Nouvelle Vague, justement, cherchera à les déboulonner, mais en dehors de François Truffaut et de Jean-Luc Godard, ils n'aborderont qu'épisodiquement le genre policier. Seul Claude Chabrol y consacrera la majorité de sa fructueuse carrière, tournant des œuvres policières, presque quarante, entre *À double tour* (1959) et *Bellamy* (2009).

Alors même que la comédie des années 1950 manque visiblement d'ambition, le film policier accumule les réussites. En deux ans, 1954-1955, ce sont *Du rififi chez les hommes* de Jules Dassin, *Touchez pas au grisbi* de Jacques Becker, *Razzia sur la chnouf* de Henri Decoin – deux œuvres avec Jean Gabin, de part et d'autre de la loi –, ainsi que Bob le flambeur (1956) de Jean-Pierre Melville, qui vont contribuer à la perfection du genre. Clouzot tourne *Les Diaboliques* (1955), *Les Espions* (1957) et La Vérité (1960), tandis que Claude Autant-Lara réalise *En cas de malheur* (1960), avec Jean Gabin et Brigitte Bardot, les deux plus grandes vedettes françaises du moment.

De son côté, André Cayatte, dont il faut redécouvrir une partie de l'œuvre, aborde, avec une franchise rare pour l'époque, des thèmes de société, quitte à gêner certains et à choquer les autres.

Le film policier se renouvelle régulièrement et on voit émerger de nouveaux cinéastes et de se produire de nouvelles réussites. La liste est longue et témoigne de la vitalité du genre, qui continue à rendre compte des multiples facettes de la société française. Rappelons quelques titres et leurs auteurs :

- Claude Sautet : *Classe tous risques* (1960), *L'Arme à gauche* (1965) ;

- Jacques Deray : *La Piscine* (1969), *On ne meurt que deux fois* (1985) ;

- Bertrand Tavernier : *L'Horloger de Saint-Paul* (1974), *L. 627* (1992), *L'Appât* (1995) ;

- Francis Girod : *Le Trio Infernal* (1974), *Le Bon Plaisir* (1984) ;

- Jean-Pierre Melville : *Le Deuxième Souffle* (1966), *Le Samouraï* (1967) ;

- Alain Corneau : *Police Python 357* (1976), *Le Choix des armes* (1981) ;

- Claude Miller : *Garde à vue* (1981), *Mortelle randonnée* (1983) ;

- et Michel Deville, qui délaissera volontiers la comédie pour des thèmes policiers – *Eaux profondes* (1981), *Péril en la demeure* (1985) –, ainsi que Pierre Granier-Deferre – *Le Chat* (1971), *La Veuve Couderc* (1971) ou *Cours privé* (1986).

René Clément, apparu avant ceux-ci, signe *Plein soleil* (1960) et *Les Félins* (1964), deux des grands rôles d'Alain Delon ; André Cayatte continue à s'interroger sur les failles de la justice – *Justice est faite* (1950), *Le Glaive et la Balance* (1963), *Les Risques du métier* (1967), *Il n'y a pas de fumée sans feu* (1973) –, alors qu'Yves Boisset, souvent oublié, s'attaque lui aussi à des thèmes susceptibles de déranger. Souvenons-nous de *L'Attentat* (1972), *La Femme flic* (1980), *Dupont Lajoie* (1975), *Radio Corbeau* (1989) et *Le Juge Fayard dit « le Sheriff »* (1977). Depuis longtemps, il cherche à tourner un film sur le drame des femmes tondues, la plupart du temps par des résistants de la dernière heure. Sans y parvenir. Ces années du cinéma français sont prestigieuses. Julien Duvivier fait de Jean Gabin, qui interprétera le rôle du commissaire Maigret à trois reprises, le héros de *Voici le temps des assassins* (1956) et rappelle, dans *Marie-Octobre* (1959), que la Résistance avait, elle aussi, ses zones d'ombre.

Ces films et leur qualité sont également indissociables de la présence de grands acteurs, Jean Gabin, le premier, mais aussi Lino Ventura, apparu au début dans *Touchez pas au grisbi* et *Razzia sur la chnouf,* Jean-Paul Belmondo et Alain Delon. On peut d'ailleurs regretter que ces deux derniers, capables de jouer à contre-emploi des rôles exceptionnels – *Stavisky* (1974) et *Le Voleur* (1967) pour Belmondo, *Monsieur Klein* (1976) et *Le Professeur* (1972) pour Alain Delon) –, se soient parfois contentés – faute de producteurs plus ambitieux ? – des films plus commerciaux et moins personnels. De la même manière, il est évident qu'Isabelle Adjani – *L'Été meurtrier* (1983), *Subway* (1985) – et la belle Sophie Marceau – *L'Amour braque* (1985), *Police* (1985) – n'ont pas toujours pu trouver ailleurs des rôles plus intéressants, dignes de leur talent. Évoquer les acteurs, c'est naturellement ne pas oublier ni Gérard Depardieu, digne successeur de Raimu et de Jean Gabin ni, du côté des femmes, Isabelle Huppert – elle était déjà la victime de *Dupont Lajoie* – à laquelle Claude Chabrol a rendu hommage et grâce à qui de nombreux cinéastes, jeunes ou moins jeunes, ont pu monter leurs films.

Nous avons – brièvement – évoqué quelques cinéastes et leurs interprètes. N'oublions pas leurs producteurs, des frères Robert (1907-1992) et Raymond Hakim (1909-1980) à Eugène Lépicier (1913-1997), et celui qui sera le très grand scénariste et dialoguiste de la période, Michel Audiard. Jean-Pierre Melville tourne en 1972 son ultime film, *Un Flic,* mais le genre policier poursuit une carrière prolifique. Ces dernières décennies ont vu se développer, grâce aux obligations d'investissement des chaînes de télévision et à la relative facilité de produire dans notre pays, un nombre de films policiers considérable. Ceux-ci sont souvent les premières victimes d'un système de production

trop souvent hâtif. On constate généralement que ces œuvres souffrent du manque de ces scénaristes qui faisaient la qualité du cinéma d'antan et de ces producteurs qui s'attachaient, de Pierre Braunberger (1905-1990) à Alain Poiré (1917-2000), à tous les rouages et à tous les détails de leur entreprise.

L'évolution des mœurs a encouragé un cinéma de plus en plus violent, à l'image de la société – *La Haine* (1995) et *Les Misérables* (2019), couronnés de prix et de récompenses, en témoignent. Face aux œuvres souvent plus allusives de François Ozon – *Swimming Pool* (2003), *L'Amant double* (2017) –, trois cinéastes, trois auteurs, se sont très brillamment révélés :

- Frédéric Schoendoerffer : *Scènes de crimes* (2000), *Agents secrets* (2004), *Truands* (2007), *Switch* (2011), *96 heures* (2014), *Le Convoi* (2016) ;

- Olivier Marchal, qui peut parler en spécialiste de l'univers de la police et des criminels : *Gangsters* (2002), *36, quai des Orfèvres* (2004), *MR 73* (2008), *Les Lyonnais* (2011), *Carbone* (2017) ;

- Nicolas Boukhrief : *Le Convoyeur* (2004), *Cortex* (2008), *Gardiens de l'ordre* (2010), *Trois jours et une vie* (2019).

Grâce à eux et à quelques autres, on découvre un monde sans pitié, glauque, dans lequel les policiers finissent parfois par agir comme ceux qu'ils combattent, un univers où peuvent régner la corruption et la délation.

À l'issue de ce trop bref survol d'une production souvent passionnante, je tiens personnellement à remercier deux personnes :

Bertrand Tavernier, à la fois le cinéaste (évidemment !), homme de talent et de conviction, et l'historien qui, par ses écrits, ses présentations et sa formidable série consacrée au cinéma français, a toujours vu et revu les films, vérifiant ses propos. Sans la moindre prétention et sans jamais être dupe mais avec une passion inégalée.

René Chateau, car sa série de DVD « La Mémoire du cinéma français » est une chance exceptionnelle pour chacun d'entre nous de pouvoir revoir et découvrir des films rares. Il n'existe, dans aucun autre pays au monde, une collection aussi complète dédiée à un cinéma national. Il est facile de courir après le succès avec toujours les mêmes chefs-d'œuvre, mais permettre à de petits films souvent totalement oubliés de réapparaître soudain est une véritable mission, brillamment accomplie par lui.

Patrick Brion

ROBERT RAYMOND HAKIM PRESENTENT
JEAN-PAUL BELMONDO
"un suspense exceptionnel"
Festival Venise
GRAND PRIX
Meilleure interprétation féminine
MADELEINE ROBINSON
a Double Tour
MISE EN SCENE DE
CLAUDE CHABROL
INTERPRETE PAR
ANTONELLA LUALDI · MADELEINE ROBINSON · BERNADETTE LAFONT
JEANNE VALERIE · JACQUES DACQMINE · JEAN-PAUL BELMONDO
ANDRE JOCELYN · MARIO DAVID
EASTMANCOLOR
ADAPTATION ET DIALOGUE PAUL GEGAUFF
PARIS FILM PRODUCTION
INTERDIT AUX MOINS DE 16 ANS

AVERTISSEMENT

L'exceptionnelle richesse du catalogue du cinéma policier français nous a contraints à rester sélectifs. Le présent volume, qui ne prétend pas à l'exhaustivité, relève d'un choix affirmé de l'auteur. Nous avons privilégié les films majeurs et ceux qui, souvent moins connus, sont intéressants par leur sujet ou l'apparition d'un cinéaste ou d'un acteur. Il convenait de rendre compte de la série B, particulièrement prolixe en films policiers. Volontairement, nous avons laissé dans l'ombre de nombreux films d'espionnage, comédies policières et films fantastiques, car ils forment des genres précis et à part.

Chaque film fait l'objet d'une fiche technique (le symbole © indique la couleur), d'un résumé et d'un commentaire critique.

Le classement est effectué par année de sortie dans les salles et par ordre alphabétique selon les titres originaux.

Les noms des acteurs, techniciens et producteurs sont écrits tels que crédités au générique ou sur les documents de production. Ils conservent donc parfois les manques, les imprécisions (au niveau des accents, par exemple), voire les coquilles (ex: Michel Lonsdale au lieu de Michael Lonsdale) de l'époque et peuvent être des pseudonymes de gens connus par la suite sous d'autres patronymes (ou inversement).

Vous êtes Prisonniers
Jetez vos armes et les
mains en l'air
Judex

1913-1930

1913/1914

FANTÔMAS

Réalisation : Louis Feuillade ; scénario : Louis Feuillade, série de 5 films muets d'après les romans de Pierre Souvestre et Marcel Allain *Fantômas* (I), *Juve contre Fantômas* (II), *Le Mort qui tue* (III), *Le Policier apache* (IV) et *Le Magistrat cambrioleur* (V) ; photographie et montage : Georges Guérin ; production : Gaumont.

Interprétation : René Navarre : Fantômas. Edmond Bréon : inspecteur Juve. Georges Melchior : Jérôme Fandor. Renée Carl : Lady Beltham. Jane Faber : princesse Sonia Danidoff. Naudier : Nibet (épisodes I, III, IV). Volbert : Valgrand (I). Yvette Andréyor : Joséphine la pierreuse (I, II, IV). André Luguet : Jacques Dollon (III). Fabienne Fabrèges : Élisabeth Dollon (III). Luitz-Morat : Thomery (III). Maury : chef de la Sûreté (V). Mesnery : marquis de Tergall (V). Laurent Morléas : Paulet (IV, V). Martial : Ribonard (V). Germaine Pelisse : marquise de Tergall (V).

Thème :

I – FANTÔMAS – À L'OMBRE DE LA GUILLOTINE (1913, 54 MIN)

L'inspecteur Juve réussit à capturer l'énigmatique malfaiteur Fantômas qui est incarcéré et condamné à mort, mais les hommes de ce dernier le font évader et c'est l'acteur Valgrand, son sosie, qui manque de peu d'être guillotiné.

II – JUVE CONTRE FANTÔMAS (1913, 64 MIN)

Juve, qu'aide le jeune journaliste Fandor, continue à traquer Fantômas. Il sera obligé d'affronter notamment un redoutable boa constrictor.

III – LE MORT QUI TUE (1913, 90 MIN)

Fantômas se fait des gants avec la peau du peintre assassiné Jacques Dollon afin de changer d'empreintes digitales.

IV – FANTÔMAS CONTRE FANTÔMAS (1914, 61 MIN)

Scotland Yard envoie l'inspecteur Tom Bob, en fait Fantômas en personne.

V – LE FAUX MAGISTRAT (1914, 67 MIN)

Fantômas se débarrasse du magistrat et son complice qu'il attache au battant d'une cloche, provoquant une pluie de sang et de bijoux.

La fusillade sur les tonneaux, le mur qui saigne, la lutte contre le serpent géant, la catastrophe du Simplon-Orient-Express, la peau des mains devenant des gants, la pluie de sang et de bijoux, autant de moments étonnants qui rappellent comment Feuillade s'est mis génialement au service de l'œuvre de Souvestre et Allain. « Que les exploits de Fantômas aient constitué l'indispensable négatif, la démystification grinçante de la Belle Époque ne suffit pas à expliquer le fol engouement dont ils ont joui. Boileau et Narcejac ont écrit qu'il fallait chercher une interprétation de *Fantômas* dans l'inconscient collectif. *Fantômas,* c'est un conte de fées moderne et tragique dont le vil enchanteur a toujours le dernier mot sur le preux chevalier », *déclarait Francis Lacassin alors que, de son côté, Alain Resnais reconnaissait :* « De tous les cinéastes qui ont porté *Fantômas* à l'écran, il est le seul qui en ait compris et respecté l'esprit, et s'il avait connu une totale liberté du point de vue financier, il aurait fait quelque chose d'encore plus proche du chef-d'œuvre de Souvestre et Allain. »

JUVE CONTRE FANTÔMAS

FILMS
Gaumont
CINEMA
IMPRIMERIE DE LA Sté DES ETABLISSEMENTS Gaumont PARIS. PL: 286
FANTÔMAS

LES VAMPIRES

Réalisation : Louis Feuillade ; scénario : Louis Feuillade, film muet en 10 épisodes ; photographie : Georges Guérin, Manichoux ; montage : Georges Guérin ; production : Gaumont.

Interprétation : Édouard Mathé : Philippe Guérande. Marcel Lévesque : Oscar Mazamette. Jean Ayme : Le Grand Vampire. Delphine Renot : Mme Guérande. Stacia Napierkowska : Marfa Koutiloff. Musidora : Irma Vep. Louis Leubas : Satanas / père Silence. Edmond Bréon : secrétaire de Satanas. Fernand Herrmann : Moreno. Gaston Michel : valet de Mazamette. Renée Carl : Andalouse. Laurent Morléas : officier de la Grande Armée. Bout de Zan : fils de Mazamette. Louise Lagrange : Jane Guérande. Jeanne-Marie Laurent : Mme Brémontier. Moriss : Vénénos. Suzanne Le Bret : Hortense. Suzanne Delvé : Fleur-de-Lys. Germain Rouer : Augustine. Thalès : juge d'instruction. Émile Keppens : Géo Baldwin.

Thème :

1 – LES VAMPIRES : « LA TÊTE COUPÉE » (1915, 33 MIN)

Reporter au *Mondial,* Philippe Guérande pardonne à son voleur Mazamette, membre repenti de la bande de criminels surnommés « les Vampires », et démasque leur chef, le Grand Vampire, responsable de la mort de l'inspecteur Durtal, et qui s'est fait passer pour le Dr Nox.

2 – « LA BAGUE QUI TUE » (1915, 15 MIN)

Le comte de Noirmoutier – en fait le Grand Vampire – empoisonne avec une bague la danseuse Marfa Koutiloff. Condamné à mort par les Vampires, Philippe est sauvé par Mazamette.

3 – « LE CRYPTOGRAMME ROUGE » (1915, 42 MIN)

Irma Vep (anagramme de vampire) se fait engager par la mère de Philippe. Celle-ci est sauvée grâce à un stylo empoisonné.

4 – « LE SPECTRE » (1916, 32 MIN)

Irma Vep vole 300 000 francs, mais Moreno cherche à s'imposer comme le rival des Vampires.

5 – « L'ÉVASION DU MORT » (1916, 37 MIN)

Ayant été arrêté, Moreno s'évade, de même que Philippe, lui aussi capturé. Le Grand Vampire, qui se fait passer pour le baron de Mortesaigues, organise un bal et asphyxie les participants pour les voler, mais Moreno s'empare du butin.

6 – « LES YEUX QUI FASCINENT » (1916, 58 MIN)

Le Grand Vampire, qui se fait passer pour le comte de Kerlor, raconte aux clients de l'hôtel de Fontainebleau l'histoire de son grand-père, officier de Napoléon. Moreno hypnotise Irma Vep et lui fait tuer le Grand Vampire.

7 – « SATANAS » (1916, 46 MIN)

Satanas, désormais le chef des Vampires, attaque au canon le restaurant de Moreno. Philippe rend au milliardaire Géo Baldwin l'argent qui lui a été volé.

LES VAMPIRES

8 – « LE MAÎTRE DE LA FOUDRE » (1916, 55 MIN)

Moreno est mort et Irma Vep doit être déportée. Le bateau de celle-ci est coulé par Satanas qui, emprisonné, se suicide.

9 – « L'HOMME DES POISONS » (1916, 53 MIN)

Vénénos est désormais à la tête des Vampires. Il cherche à empoisonner Philippe et ses invités, mais ceux-ci, prévenus par la concierge dont le mari en a été victime, échappent à la mort.

10 – « LES NOCES SANGLANTES » (1916, 60 MIN)

Jane, la fiancée de Philippe est enlevée, mais les criminels responsables, qui se livraient à une véritable orgie, sont attaqués par les forces de l'ordre qui les mettent hors d'état de nuire. Philippe retrouve Jane.

C'est au milieu de diverses difficultés que Louis Feuillade a réalisé ces Vampires. *Il lui fallait tourner vite, sans avoir de scénario définitif, en raison de la concurrence du sérial américain* Les Mystères de New York *(*The Exploits of Elaine, *produit par Pathé) qu'il était indispensable de battre sur son propre terrain. De plus, le cinéaste devait faire face aux contraintes de la guerre qui l'obligea, en raison de la non disponibilité des acteurs, à faire disparaître certains personnages plus tôt que prévu. D'où les nombreux et différents chefs des Vampires. Tout ceci donne aux* Vampires *une stupéfiante liberté de ton, les thèmes du mélodrame se mêlant à l'humour (le personnage de Mazamette) et permettant au cinéaste de créer de saisissants moments tels qu'Irma Vep, jouée par Musidora, la future égérie des surréalistes, avec ses yeux noirs et sa démarche féline, fuyant sur les toits de Paris ou la poursuite sur le train. La vision des invités asphyxiés par le Grand Vampire peut alors côtoyer plus loin l'apparition réjouissante de Bout de Zan (incarné par René Poyen), héros des comédies de Feuillade, dans le rôle du fils de Mazamette. Sans oublier le canon qui apparaît dans l'appartement. On lira avec grand intérêt la magnifique préface qu'Henri Fescourt a écrite pour le livre de Francis Lacassin. Il y rappelle à l'époque le* « penchant bizarre pour la violence, la guillotine ». *Une société qui* « se délectait aux récits d'agressions nocturnes, d'exploits d'escarpes et de gigolettes, de crimes mystérieux, de chantages sombres ». *Il terminait en écrivant :* « Oui, vraiment, Feuillade fut bien un homme de son temps. »

1917

JUDEX

Réalisation : Louis Feuillade ; scénario : Arthur Bernède, Louis Feuillade, film muet en 12 épisodes ; photographie : Léon Klausse, André Glattli ; production : Gaumont ; durée : environ 365 min.

Interprétation : René Cresté : Jacques de Trémeuse / Judex. Musidora : Diana Monti / Mlle Verdier. Marcel Lévesque : Cocantin. Yvette Andréyor : Jacqueline. Édouard Mathé : Roger de Trémeuse. Louis Leubas : Favraux. René Poyen : môme Réglisse. Georges Flateau : vicomte de la Rochefontaine. Gaston Michel : Kerjean. Olinda Mano : petit Jean. Jean Devalde : Moralès. Yvonne Dario : comtesse de Trémeuse. Juliette Clarens : Gisèle.

Thème : Pour punir le banquier Favraux de ses méfaits, Judex, le fils de l'une de ses victimes, exige qu'il rembourse ceux qu'il a spoliés. À cette fin, le mystérieux justicier l'enlève et le drogue, mais il s'éprend de Jacqueline, la fille de Favraux, celle-ci étant prête à tout rembourser. Judex finit par libérer le banquier et il épouse Jacqueline.

Liste des épisodes : 1 – « L'Ombre mystérieuse ». 2 – « L'Expiation ». 3 – « La Meute fantastique ». 4 – « Le Secret de la tombe ». 5 – « Le Moulin tragique ». 6 – « La Môme Réglisse ». 7 – « La Femme en noir ». 8 – « Les Souterrains du château rouge ». 9 – « Lorsque l'enfant parut ». 10 – « Le Cœur de Jacqueline ». 11 – « L'Ondine ». 12 – « Le Pardon d'amour ».

Une suite sera tournée l'année suivante : La Nouvelle Mission de Judex. *Pour Francis Lacassin :* « Plus d'effets spectaculaires et gratuits, de cadavres en cascade, de canons silencieux à grande portée ou de sergents de ville giflés. Dans le souci de faire vrai,

Feuillade s'est embarrassé d'un excès de logique. Pour préciser la psychologie des personnages, il a multiplié les présentations, explications, délibérations qui encombrent l'action de scènes d'intérieur ou en ralentissent le rythme. En réalité, il y a dans *Judex* deux univers qui interfèrent, celui du mélodrame et celui de l'aventure, deux mondes très différents mais dont les personnages sont les mêmes. Une vision sélective et attentive permet de filtrer, dans ces magnifiques images, les lamentations et scènes familiales ; il demeure alors aux yeux du spectateur qui a su trouver la grille de décryptage que *Judex* est vraiment une éternelle chanson de geste » *(in* Louis Feuillade, *1964). De son côté, André Antoine déclarait :* « M. Louis Feuillade est certainement l'homme qui a le plus contribué à dégoûter du cinéma tous les gens auxquels il reste quelque lueur de bon sens et de raison. *Judex* est un document ahurissant qui serait d'un comique précieux si l'on ne songeait que de pareilles élucubrations font tourneboule tant de cervelles naïves et sans défense. » *Louis Delluc n'est guère plus optimiste :* « *Judex, La Nouvelle Mission de Judex* sont des crimes plus graves que ceux qui sont condamnés par les conseils de guerre. »

Notes : Judex *fera aussi l'objet de deux remakes, l'un signé de Maurice Champreux (1934), l'autre de Georges Franju (1963).*

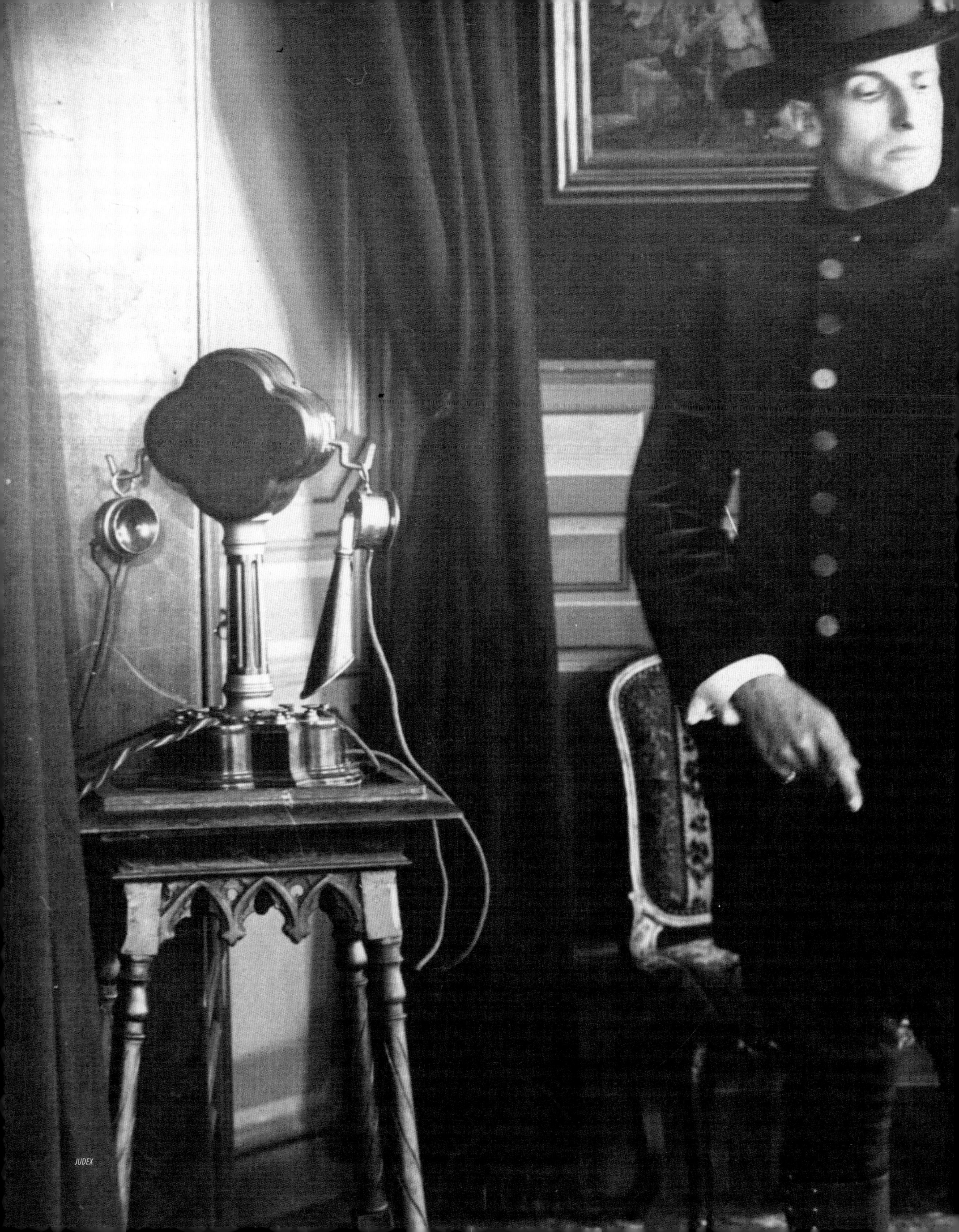

JUDEX

1919

TIH-MINH

Réalisation : Louis Feuillade ; scénario : Georges Le Faure, Louis Feuillade, film muet en 12 épisodes ; photographie et montage : Léon Klausse ; production : Gaumont ; durée : 418 min.

Interprétation : Mary Harald : Tih-Minh. René Cresté : Jacques d'Athys. Georges Biscot : Placide. Édouard Mathé : Sir Francis Grey. Louis Leubas : Kistna. Gaston Michel : Dr Gilson. Marquet : Dr Clauzel. Émile André : Dr Davesnes. Georgette Faraboni : marquise Dolorès Primolini. Jeanne Rollette : Rosette. Lugane : Jane d'Athys. Mme de La Croix : Mme d'Athys.

Thème :

Jacques d'Athys revient en France après deux années en Extrême-Orient. Il retrouve sa mère qui vit avec sa fille Jeanne et Tih-Minh qu'elle a adoptée. Tih-Minh s'éprend de Jacques, qui possède un mystérieux document que deux espions, Kistna et le Dr Gilson, vont chercher à s'approprier…

Liste des épisodes : 1 – « Le Philtre d'oubli ». 2 – « Deux Drames dans la nuit ». 3 – « Les Mystères de la villa Circé ». 4 – « L'Homme dans la malle ». 5 – « Chez les fous ». 6 – « Les Oiseaux de nuit ». 7 – « Évocation ». 8 – « Sous le voile ». 9 – « La Branche de salut ». 10 – « Mercredi 13 ». 11 – « Le Document 29 ». 12 – « Justice ».

« Aux périls de la banlieue ont succédé les poisons de l'Éden. Le soleil de la Côte d'Azur a chassé la grisaille parisienne, mais le flot de lumière qu'il répand efface les ombres et rend le bien et le mal indiscernables. Plus de journalistes-détectives, mais des explorateurs, des diplomates, des médecins, plus d'apaches mais des princes hindous, des marquises. Comment les distinguer ? Plus de revolvers, de cagoules ou de coups de feu, mais des turbans, des monocles, des aigrettes, des colliers, des réceptions. Dans cette atmosphère où tout incline à la douceur règne l'espionnage. » *(Francis Lacassin).*

1927

LE MANOIR DE LA PEUR

Réalisation : Alfred Machin ; scénario : Alfred Machin, Henry Wulschleger ; photographie : Mario Badouaille ; assistance à la réalisation : Henry Wulschleger ; production : Les Films Alfred Machin ; durée : 70 min.

Interprétation : Romuald Joubé : l'homme en noir. Gabriel de Gravone : Jean Lormeau. Lyn Arnell : Arlette. Cinq-Léon : Cagno. Louis Monfils : maître Cornelius. Georges Térof : maire.

Thème : Un homme inconnu fait l'acquisition d'un petit château que l'on dit hanté et qui domine un village provençal. Jean Lormeau, désespéré de ne pouvoir épouser Arlette qui l'aime et que lui refuse le père de celle-ci, est le seul à s'entendre avec le nouveau venu. Mais bientôt, différents éléments inquiétants – des méfaits ou crimes – se produisent. Il s'avère que le responsable n'est ni Jean Lormeau, un moment soupçonné, ni le nouvel acquéreur du château mais

LE MANOIR DE LA PEUR

ACCUSÉE, LEVEZ-VOUS !

Cagno, le domestique de l'homme en noir. Il avait dressé à cet effet un singe. Cagno se suicide et Jean épousera – enfin – Arlette.

Le premier titre du film était L'Homme noir. *On remarquera que le singe, exécuteur des méfaits de l'histoire, était le chimpanzé Auguste qui appartenait à la ménagerie d'Alfred Machin.*

1930

ACCUSÉE, LEVEZ-VOUS !

Réalisation : Maurice Tourneur ; scénario : Jean-José Frappa, d'après le roman de Mary Murillo *Un crime au music-hall* ; photographie : Victor Arménise ; musique : José-Maria de Lucchesi ; montage et assistance à la réalisation : Jacques Tourneur ; production : Pathé-Natan ; durée : 110 min.

Interprétation : Gaby Morlay : Gaby Delange. André Roanne : André Darbois. Suzanne Delvé : Yvonne Delys. Jean Dax : Désiré Larivière. Camille Bert : avocat de la défense. Alexandre Mihalesco : concierge. Georges Paulais : procureur. Charles Vanel : Henri Lapalle. Guy Favières : huissier aux assises. Aimos : joueur de belote. Octave Berthier : caissier. Paul Franceschi : Flamberger. Gaston Mauger : directeur du théâtre. André Nicolle : Dr Louis. Christiane Tourneur : chorus girl.

ACCUSÉE, LEVEZ-VOUS !

ADOLPHE OSSO présente
UN FILM DE MARCEL L'HERBIER
LE MYSTÈRE DE LA CHAMBRE JAUNE
D'après la célèbre pièce de GASTON LEROUX
FILMS OSSO
IMP. BEDOS et Cie 14. Av. Félix Faure · PARIS
FILM PARLANT FRANÇAIS
FILMS "OSSO" 7

HUGUETTE EX DUFLOS
VEC:
MAXIME DESJARDINS
ROLAND TOUTAIN • MARCEL VIBERT
VAN DAELE ET REDGIE
LÉON BELIÈRES
ROGER VACHER
os-Elysées-PARIS-

Thème : Le couple André et Gaby se produit dans un numéro de lanceur de couteaux. Gaby a une altercation avec Yvonne, la maîtresse du directeur du cabaret, qui a fait des avances à son compagnon. André décide alors d'aller chez cette dernière, pour tenter de régler le problème. Au même moment, le concierge retrouve le corps d'Yvonne poignardée avec l'arme de Gaby. Celle-ci, qui a renoncé à se tuer en raison de l'infidélité d'André, est alors arrêtée par la police. Procès. Son avocat la défend avec véhémence et fait face aux attaques du procureur. Le témoignage d'André, persuadé de l'innocence de Gaby, ne suffit pas à convaincre qui que ce soit. Heureusement, le même André, décidé à sauver celle qu'il aime, parvient à retrouver l'homme mystérieux qu'il avait croisé et qu'il réussit à faire déposer. Il s'agit d'Henri, l'ancien mari d'Yvonne, qui était venu lui demander de l'argent. Ce n'est pourtant pas lui l'assassin. Le meurtrier n'est autre que le concierge du théâtre. Gaby et Andre se retrouvent avec bonheur.

Ce premier film parlant de Maurice Tourneur est une grande réussite. On découvre au début tout à la fois les répétitions des numéros de music-hall du théâtre et la description assez précise de l'univers des coulisses, un monde que Tourneur connaît bien puisqu'il a été lui-même autrefois régisseur. Ensuite, c'est le procès, très habilement mis en scène et parfaitement interprété, notamment par Camille Bert dans le rôle de l'avocat de la défense. Le goût de Tourneur apparaît aussi dans l'utilisation des décors (la fenêtre dans la loge de Gaby) et de très belles idées, comme l'ombre inquiétante – celle de la mort ? – lors de la plaidoirie à charge du procureur contre Gaby.

LE MYSTÈRE DE LA CHAMBRE JAUNE

Réalisation : Marcel L'Herbier ; scénario : Marcel L'Herbier, d'après le roman de Gaston Leroux ; photographie : Léonce-Henri Burel ; musique : Édouard Flament ; montage : Marguerite Beaugé ; assistance à la réalisation : Georges Lampin ; production : Adolphe Osso (Les Films Osso) ; durée : 108 min.

Interprétation : Roland Toutain : Rouletabille. Huguette ex-Duflos : Mathilde Stangerson. Léon Bélières : Sainclair. Marcel Vibert : Frédéric Larsan / Ballmayer. Maxime Desjardins : professeur Stangerson. Edmond van Daële : Robert Darzac. Charles Redgie : garde-chasse. Pierre Juvenet : juge. Henri Kerny : père Jacques. Kissa Kouprine : Marie. Marcel Vallée : journaliste. Georges Tréville : président.

LE MYSTÈRE DE LA CHAMBRE JAUNE

PRIX DE BEAUTÉ

Thème : Fille du professeur Stangerson, Mathilde doit épouser Robert Darzac. Elle échappe deux fois à une tentative de meurtre mais se refuse à parler. La police enquête et finit par faire avouer Darzac. Le journaliste Rouletabille mène l'enquête de son côté et, au cours du procès qui est accablant pour Darzac, révèle la vérité : à l'insu de son propre père, Mathilde avait épousé un homme qui était en réalité un criminel, Ballmeyer. C'est lui qui, sous le nom de Frédéric Larsan, s'était fait passer pour un policier. Démasqué, il préfère s'empoisonner. Darzac, innocenté, pourra épouser Mathilde.

On remarquera que le générique n'apparaît pas graphiquement à l'image mais est lu, une habitude que reprendra parfois Sacha Guitry.

PRIX DE BEAUTÉ

Réalisation : Augusto Genina ; scénario : Augusto Genina, Bernard Zimmer, d'après l'histoire de René Clair ; adaptation : Georg Wilhelm Pabst ; photographie : Rudolph Maté, Louis Née ; musique : Wolfgang Zeller, René Sylviano, Horace Shepherd ; montage et assistance à la réalisation : Edmond T. Gréville ; production : Romain Pinès (Sofar Film).

Interprétation : Louise Brooks : Lucienne Garnier. Georges Charlia : André. Jean Bradin : prince Adolphe de Grabovsky. Yves Glad : maharadjah. Henri Bandini : Antonin. André Nicolle : secrétaire de rédaction. Gaston Jacquet : duc de la Tour Chalgrin.

Thème : Lucienne Garnier, une simple dactylo, et André s'aiment. S'étant inscrite, sans le dire à ce dernier, au concours de Miss France, la jeune femme remporte le titre, mais André apprend la nouvelle par le journal dans lequel il travaille. Lucienne part à Saint-Sébastien où se juge le titre de Miss Europe qu'elle remporte à l'applaudimètre. Elle fascine un maharadjah et retrouve André dans le train. Lassée de sa vie médiocre, Lucienne accepte de devenir une star. Elle tourne un film. Elle est célèbre. Jaloux, André l'abat alors qu'elle est en train de voir le film dont elle est la vedette.

Faute d'avoir été tourné par René Clair qui en avait eu l'idée, le film est réalisé par Augusto Genina en muet avant d'être post-synchronisé. Cette opération confère au film un aspect imparfait, le metteur en scène incluant volontairement de nombreux plans quasi documentaires et aussi quelques éléments de comédie pour le moins incongrus. L'ensemble serait insuffisant sans la présence magique, inoubliable et troublante de Louise Brooks. Doublée en français par Hélène Regelly, elle incarne une féminité fascinante, à la fois fragile et séductrice. La fin qui la voit mourir, alors même que, sur l'écran de la salle de projection, son personnage de cinéma est toujours resplendissant, demeure fabuleuse. Louise Brooks porte ici des tenues signées Jean Patou et des maillots du créateur Alexandre.

***Notes :** Tournage du 29 août au 27 septembre 1929 aux studios de Joinville. En Italie, Louise Brooks est doublée par Mlle Donatella.*

LE MYSTÈRE DE LA CHAMBRE JAUNE

1931-1940

AUTOUR D'UNE ENQUÊTE

Réalisation : Robert Siodmak et Henri Chomette ; scénario : Robert Liebmann, d'après la pièce de Max Alsberg et Otto Ernst Hesse ; dialogues français : Henri Chomette, Raoul Ploquin ; photographie : Otto Baecker, Konstantin Irmen-Tschet ; montage : Viktor Gertler ; production : Erich Pommer (Universum Film AG / Alliance Cinématographique Européenne) ; durée : 93 min.

Interprétation : Jean Périer : juge Conrad Bienert. Jacques Maury : Walter Bienert. Annabella : Greta Bienert. Pierre Richard-Willm : Paul Bernt. Florelle : Erna Kabisch. Colette Darfeuil : Mella Zier. Bill Bockett : concierge Zühlke. Paul Ollivier : Anatole Scherr. Pierre Franck : Brann. Robert Ancelin : Klatte. Gaston Modot : commissaire Baumann.

Thème : Paul Bernt a pour maîtresse Erna Kabisch, qui lui reproche de la tromper. Il aime en effet Greta Bienert, la sœur de son ami Walter. Il fait la connaissance du juge d'instruction Conrad Bienert, le père de Greta et Walter, et ne sait comment se débarrasser d'Erna, qui est bientôt retrouvée assassinée. Interrogé par Conrad Bienert, qui dirige l'enquête, Paul couvre Walter à qui il avait remis les clés de chez Erna. Le juge comprend que Paul ne lui dit pas la vérité, mais Greta lui assure que le jeune homme ne peut être coupable. Harcelé, Paul finit par avouer tout en criant son innocence. Conrad craint de plus en plus que Walter ne soit mêlé au meurtre. Ce dernier est arrêté, mais le vrai coupable est démasqué. Il s'agit de Brann qui savait qu'Erna avait reçu une importante somme d'argent. Paul et Walter sont innocentés.

Selon les habitudes de l'époque, le film a été tourné en deux versions, l'une allemande (Voruntersuchung) *et l'autre française* (Autour d'une enquête). *Si chacune d'elles possède une interprétation différente, les décors et les costumes témoignent de l'atmosphère germanique. L'habileté de Robert Siodmak, aidé ici par Henri Chomette, le frère de René Clair, est évidente, dès le début, dans sa manière d'utiliser les décors d'Erich Kettelhut, mis à sa disposition. La description de l'immeuble qu'habite Erna avec son mélange de locataires et d'« habitués » est remarquable. On pense d'ailleurs à* M le maudit *de Fritz Lang. Siodmak s'est visiblement plus intéressé à cette partie du film – jouant sur les possibilités du décor « en coupe » de la maison – qu'à l'intrigue psychologico-criminelle proprement dite. Tourné justement à quelques semaines de distance de* M le maudit, *le film décrit, lui aussi, un monde inquiet, une société dans laquelle rôde le crime et où tout peut arriver. Une Allemagne désenchantée livrée au vice et au meurtre.*

LE PARFUM DE LA DAME EN NOIR

Réalisation : Marcel L'Herbier ; scénario : Marcel L'herbier, d'après le roman de Gaston Leroux ; photographie : Louis Page, Georges Périnal ; décors : Lakka Schildknecht ; montage : Lothar Wolff, Suzanne Catelain ; assistance à la réalisation : André Cerf, Georges Lampin ; production : Adolphe Osso (Les Films Osso) ; durée : 109 min.

Interprétation : Roland Toutain : Joseph Rouletabille. Huguette ex-Duflos : Mathilde Stangerson. Léon Bélières : Sainclair. Marcel Vibert : vieux Bob / Frédéric Larsan. Vera Engels : Édith Rance. Edmond van Daële : Robert Darzac. Kissa Kouprine : Marie. Henri Kerny : père Jacques. Michel Kovally : prince Galitch.

Thème : Mathilde a épousé Robert Darzac, mais son ancien mari Larsan (alias le bandit Ballmeyer) est, contre toute attente, encore en vie et ne semble pas décidé à les laisser en paix. Le couple part séjourner dans le château des Roches-Rouges, chez Édith Rance qui reçoit des invités. Elle demande au fidèle Rouletabille, qui s'y rend aussi avec Sainclair, de retrouver le fils qu'elle a eu autrefois. Marie, la fidèle domestique de Mathilde, est retrouvée morte. La menace Larsan se fait de plus en plus sentir. Celui-ci, qui s'est infiltré dans le château, étrangle Darzac et, habilement déguisé, prend sa place, mais Rouletabille démasque l'imposteur et Mathilde abat elle-même le faux Darzac. Il s'avère que Rouletabille est le propre fils de Mathilde.

C'est la suite du Mystère de la chambre jaune *du même Marcel L'Herbier. Le générique n'apparaît pas à l'image mais est lu, comme dans le premier opus. Même si le décor du château des Roches-Rouges est plus « aéré » que celui de la chambre jaune, l'intrigue sera toujours celle d'un huis clos dans lequel rôde le crime. L'Herbier s'attache d'ailleurs aux splendides décors Art déco du manoir, dus à Lakka Schildknecht (Pierre Schild), de véritables œuvres d'art. On peut, en revanche, reprocher au personnage de Sinclair, le patron de Rouletabille, de se voir comique et d'être un peu trop envahissant.*

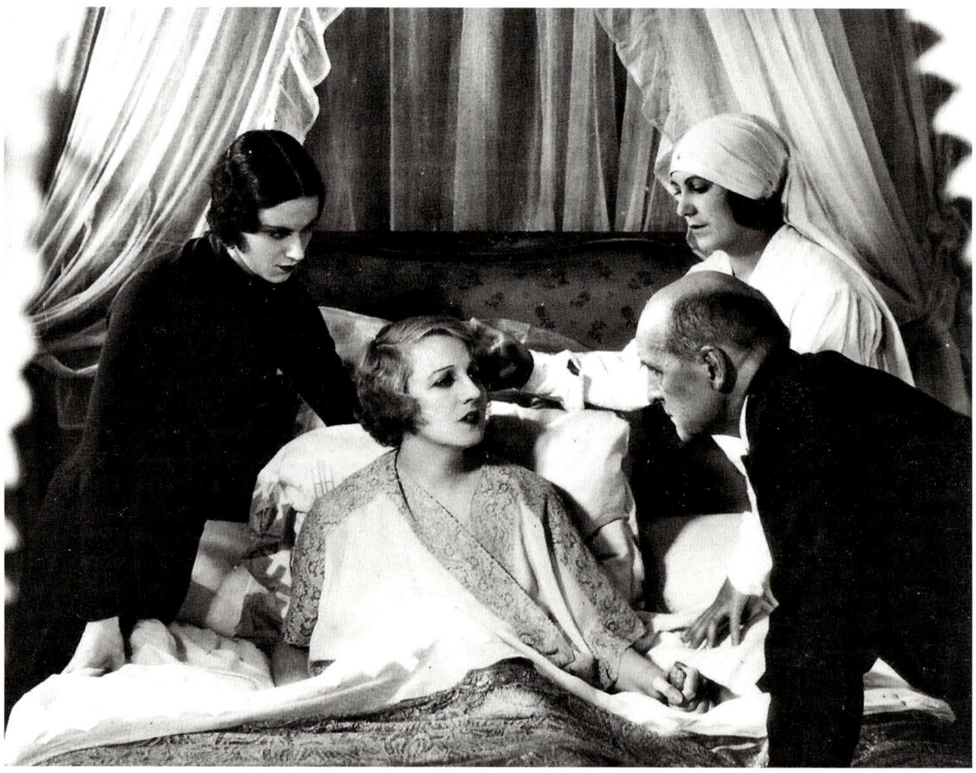

LE PARFUM DE LA DAME EN NOIR

AU NOM DE LA LOI

Réalisation : Maurice Tourneur ; scénario : Paul Bringuier, Maurice Tourneur, d'après le roman de Paul Bringuier ; photographie : Georges Benoît, Marc Bujard ; montage : Jacques Tourneur ; production : Pathé-Natan ; durée : 77 min.

Interprétation : Marcelle Chantal : Sandra. Charles Vanel : Lancelot. Gabriel Gabrio : Amédée. Jean Marchat : Marcel. Jean Dax : Chevalier. José Noguéro : Gonzalès. Régine Dancourt : Mireille. Nestor Ariani : comte de Bullack. Pierre Labry : Ludovic. Geo Laby : Clamart.

Thème : L'inspecteur Clamart, qui était sur la piste de trafiquants de drogue, est retrouvé mort dans la Seine. Il a été piégé par Sandra. Celle-ci quitte Paris en train, surveillée par Lancelot et Ludovic, deux policiers décidés à venger leur collègue. Elle parvient à les semer et séduit Marcel – lui-même un policier –, rencontré dans le train. À Paris, les enquêteurs mettent la main sur un chauffeur de taxi, Amédée, alors qu'à Marseille Sandra conduit Marcel sur un bateau qui dissimule une fumerie d'opium. À la suite d'un interrogatoire musclé, Amédée avoue avoir chargé une femme, le soir, du meurtre de Clamart. Sandra quitte Marcel, dont le comportement inquiète son patron trafiquant, le comte de Bullack, avec lequel elle repart pour Paris. La police intervient et assiège leur repaire parisien. En tentant de fuir, le comte de Bullack fait une chute mortelle. Lancelot arrête Sandra, confondue par un gant retrouvé dans le taxi d'Amédée, mais celle-ci se tue d'un coup d'automatique lors du trajet vers le dépôt.

Une très grande réussite. Maurice Tourneur utilise remarquablement des décors réels, créant avec un souci exceptionnel cet univers où se croisent femmes fatales – l'un des grands rôles de Marcelle Chantal –, policiers, étrangers de diverses nationalités, l'ensemble sur fond de trafic de drogue. De temps en temps, de fulgurantes idées apparaissent comme le moment où Bullack se met à parler en allemand à Sandra ou le siège final, véritable modèle du genre. Le réalisme de certaines scènes – l'interrogatoire d'Amédée – va de pair avec une exceptionnelle fluidité de la mise en scène et la qualité de la direction d'acteurs, notamment Charles Vanel, particulièrement dur dans son comportement.

LE CHIEN JAUNE

Réalisation : Jean Tarride ; scénario, d'après le roman de Georges Simenon ; photographie : Nicolas Toporkoff ; assistance à la réalisation : André Cerf ; production : Les Établissements Petit / Les Établissements Braunberger-Richebé ; durée : 88 min.

Interprétation : Abel Tarride : commissaire Jules Maigret. Rolla Norman : Léon Le Guérec. Rosine Deréan : Emma. Jane Loury : hôtelière. Anthony Gildès : pharmacien. Robert Lepers : inspecteur Leroy. Robert Le Vigan : Dr Michoux. Paul Azaïs : marin. Jacques Henley : Le Pommeret. Jean Gobet : voyageur de commerce. Fred Marche : Servières.

Thème : Un soir, à Concarneau, M. Mostaguen, un gros négociant en vin quelque peu éméché au sortir du café, reçoit une balle d'un tireur embusqué avant qu'un chien aux poils jaunes ne vienne renifler son corps. Le commissaire Maigret enquête, assisté du jeune inspecteur Leroy ; parmi les notables : le journaliste Servières, le conseiller au commerce extérieur Le Pommeret ou encore le docteur Michoux. Les événements s'enchaînent et le maire exige des résultats de Maigret. Alors que le journaliste Servières

AU NOM DE LA LOI

LE CHIEN JAUNE

disparaît, Le Pommeret est bientôt empoisonné et le chien jaune tué. Le commissaire apprend que Servières est à Paris, toujours vivant. Maigret finit par démasquer le docteur Michoux. C'est lui qui a tué Le Pommeret et voulu faire de même avec Léon Le Guérec, sorti de prison. En raison d'un ancien trafic de transport clandestin d'alcool avec l'Amérique qui s'était mal passé et qui les impliquait tous (sauf Mostaguen, attaqué par erreur).

Le scénario oppose les intuitions et les déductions de Maigret aux analyses de son adjoint, féru de « police scientifique ». Abel Tarride compose d'ailleurs un Maigret – le second de l'histoire du cinéma – assez convaincant, massif, bourru et fumeur de pipe. Le film utilise très habilement le cadre de Concarneau – Maigret y visite la criée – et certaines idées sont astucieuses comme le fait que l'assassin ait tiré sur Mostaguen à travers une boîte aux lettres.

LES CINQ GENTLEMEN MAUDITS

Réalisation : Julien Duvivier ; scénario et dialogues : Julien Duvivier, d'après le roman d'André Reuze ; photographie : René Moreau, Armand Thirard ; musique : Jacques Ibert ; montage : Marthe Poncin ; direction de production : Georges Lampin ; production : Marcel Vandal et Charles Delac (Le Film d'Art) ; durée : 87 min.

Interprétation : Harry Baur : M. de Marouvelle. René Lefèvre : Jacques Le Guérantec. Robert Le Vigan : Donald Strawber. Marc Dantzer : Sydney Woodland. Georges Péclet : capitaine Lawson. Jacques Erwin : Midlock. Rosine Deréan : Françoise. Mady Berry : Stéphanie. Allan Durant : sorcier. Manou : danseuse avec le serpent. Odette Barencey : fille du sorcier.

Thème : Moulay Idriss (Maroc). Cinq voyageurs sont maudits par un sorcier, car l'un d'eux a tenté de retirer son voile à une jeune femme. Ils doivent mourir, l'un après l'autre, dans les jours qui viennent. Soûl, Midlock décède le premier en tombant dans la mer. Le deuxième, Woodland, se tue au cours d'un meeting aérien. Le Guérantec, le plus riche des cinq, reçoit un message anonyme lui fixant un rendez-vous. Il trouve Lawson, poignardé. Strawber semble prêt à se suicider en raison d'une dette d'argent. Le Guérantec lui fait un chèque de 1,3 million de francs, espérant ainsi retarder sa propre échéance (il doit être le dernier des cinq). Le lendemain, apercevant le sorcier dans les souks, il le prend en filature jusqu'à une maison où il surprend une conversation entre Strawber et... Midlock et Woodland, dont la mort a été simulée ! Auteur de la lettre, Lawson a été poignardé par un rôdeur alors qu'il voulait avertir Le Guérantec de la machination des autres « gentlemen », décidés à soutirer de l'argent au plus riche d'entre eux...

Duvivier a parallèlement réalisé une version allemande, Die Fünf Verfluchten Gentlemen, *avec Adolf Wohlbrück, Camilla Horn et Jack Trevor. On y retrouve Marc Dantzer et Georges Péclet dans les mêmes rôles que dans la version dite française. Tourné à Fez, Volubilis, Moulay Idriss et Marrakech, le film témoigne d'un véritable souci documentariste sur le Maroc, décrivant une fantasia, une crise de possession, la baignade des garçons, diverses danses, une scène de mutilation, tout un ensemble de notations assez justes. Cela reconnu, il s'agit d'une des œuvres mineures du prestigieux cinéaste de La Belle Équipe.*

Notes : *Roman déjà adapté au cinéma en 1920 par Luitz-Morat et Pierre Régnier, avec ces derniers aussi comme interprètes.*

CŒUR DE LILAS

Réalisation : Anatole Litvak ; scénario : Dorothy Farnum, Anatole Litvak, Serge Veber, d'après la pièce de Tristan Bernard et Charles-Henry Hirsch ; photographie : Curt Courant ; musique : Maurice Yvain ; supervision : Dorothy Farnum, Maurice Barber ; production : Jean Hulswit (FIFRA) ; durée : 90 min.

Interprétation : Marcelle Romée : Lilas Couchoux. André Luguet : André Lucot. Jean Gabin : Martousse. Madeleine Guitty : Mme Charignoul. Carlotta Conti : Mme Novion. Marcel Delaître : Darny. Georges Paulais : juge d'instruction. Fernandel : garçon d'honneur. Fréhel : « La Douleur ». Paul Amiot : inspecteur Merlu. Pierre Labry : M. Charignoul. Lydie Villars : « La Crevette ». Fordyce : Mme Darny.

Thème : Des enfants découvrent un cadavre. Il s'agit d'un industriel, Novion, qui a été assassiné. La police arrête un suspect, Darny, mais l'inspecteur Lucot, qui ne croit pas à la culpabilité de ce dernier, s'intéresse plutôt à Lilas, une entraîneuse, qui habite dans l'hôtel de Mme Charignoul. Lucot s'y installe, déguisé en prolétaire, et devient rapidement le protecteur de Lilas, qui est lasse des brutalités de son amant Martousse.

André et Lilas quittent le Milieu et vont à la campagne. Martousse les rejoint et révèle à Lilas qu'André est en réalité un policier. Lilas insulte André et lui apprend que c'est elle qui a tué Novion. Elle se livre d'elle-même au commissariat et André la dénonce à son chef.

Dès le début, le talent d'Anatole Litvak est évident. Des militaires défilent, des gosses défilent à leur tour, jouant aux gendarmes et aux voleurs, un joueur d'orgue de barbarie fait de la musique ; puis les enfants font la découverte d'un corps sans vie, celui de Novion. Le décor est celui des fortifications de Paris, la zone avec ses tumulus de détritus. On découvre plus tard, au cours du film, le décor des Halles. Parallèlement, Litvak s'attache aux scènes d'immeubles, remarquablement servi par la photographie de Curt Courant et les décors de Serge Pimenoff. La caméra se joue des pièges et offre au spectateur de surprenantes vues. Tout aussi surprenant est le moment où Lila et André ont une conversation dramatique constamment interrompue par les fêtards d'un mariage voisin. Jean Gabin puis Fréhel chantent « La Môme caoutchouc », tandis qu'André Luguet et Fernandel interprètent « Ne te plains pas que la mariée soit trop belle ». Une très grande réussite.

Notes : *En 1932, souffrant de dépression, Marcelle Romée se jettera du pont de Chatou, à 29 ans.*

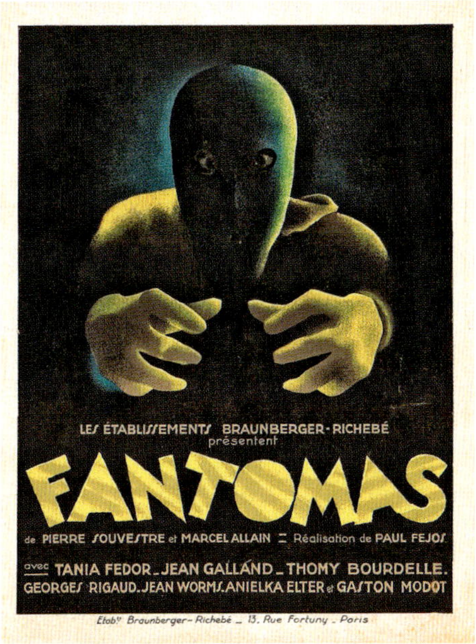

FANTÔMAS

Réalisation : Paul Fejos ; scénario : Paul Fejos, Anne Mauclair, d'après le roman de Pierre Souvestre et Marcel Allain ; photographie : Peverell Marley ; montage : Denise Batcheff ; assistance à la réalisation : Claude Heymann, Yves Allégret, Pierre Schwab ; production : Les Établissements Braunberger-Richebé ; durée : 91 min.

Interprétation : Jean Galland : Fantômas. Thomy Bourdelle : commissaire Paul Juve. Gaston Modot : Firmin. Tania Fédor : Lady Beltham. Jean Worms : Lord Beltham. Roger Karl : président. Paul Azaïs : mécanicien. Marie-Laure : marquise de Langrune. Philippe Richard : Michel. Maurice Schutz : abbé Sicot. Georges Mauloy : professeur Gabriel. George Rigaud : Charles Rambert. Anielka Elter : Sonia Danidoff.

Thème : Fantômas avertit les convives du manoir réunis autour du président qu'il commettra un crime. La marquise de Langrune est bientôt étranglée. Le commissaire Juve mène l'enquête. Sonia Danidoff, qui a reconnu l'assassin et se trouve pourtant sous la protection de la police, meurt à son tour. Lord Beltham est blessé alors qu'il participe à une course automobile à Montlhéry, puis finalement tué avec une arme munie d'un silencieux à l'hôpital. Juve réussit à faire arrêter Fantômas, mais celui-ci parvient à fuir avec Lady Beltham en faisant exploser le réservoir d'essence de la voiture.

Bien que le film puisse paraître impersonnel pour le cinéaste de l'admirable Solitude *et de* Marie, légende hongroise, *il faut reconnaître que Paul Fejos réalise avec beaucoup de talent ce nouveau* Fantômas. *Il s'agit d'ailleurs de la meilleure version parlante du roman de Pierre Souvestre et Marcel Allain. Fejos est parfaitement à l'aise dans sa description de l'atmosphère de ce manoir imaginé par le décorateur Gabriel Scognamillo et dont les convives vont se trouver menacés par Fantômas en personne. Rien ne manque, ni les cris, ni l'électricité coupée, ni Gaston Modot en inquiétant domestique porteur de candélabres, ni le dangereux adversaire masqué et prêt au meurtre. Jean Galland compose, face à Thomy Bourdelle, parfait commissaire Juve, un Fantômas plus machiavélique que nature. Une réussite.*

LA NUIT DU CARREFOUR

Réalisation : Jean Renoir ; scénario : Jean Renoir, d'après le roman de Georges Simenon ; photographie : Marcel Lucien, Georges Asselin ; montage : Marguerite Renoir ; direction de production : Jacques Becker ; assistance à la réalisation : Jacques Becker, Jean Mitry ; production : Europa Films ; durée : 75 min.

Interprétation : Pierre Renoir : commissaire Maigret. Georges Térof : Lucas. Winna Winfried : Else Andersen. Georges Koudria : Carl. Max Dalban : médecin. Michel Duran : Jojo. Roger Gaillard : boucher. Jean Gehret : Émile Michonnet. Jean Mitry : Arsène. Jane Pierson : Mme Michonnet. Dignimont : Oscar. Boulicot : gendarme.

Thème : Le diamantaire hollandais Goldberg est assassiné au nord de Paris, au « Carrefour des Trois-Veuves ». Le commissaire Maigret est chargé de l'enquête et se rend sur les lieux du crime. Les suspects ne manquent pas, notamment un garagiste, un agent d'assurances, la séduisante Else Andersen et Carl, qui

LA NUIT DU CARREFOUR

LA NUIT DU CARREFOUR

se dit être son frère. La femme du diamantaire est à son tour assassinée. La police finit par démanteler une bande de trafiquants ayant pour égérie Else, qui n'est pas une riche héritière mais une ancienne prostituée.

Il s'agit de la première adaptation cinématographique d'un roman de Simenon et, par là même, la première apparition du commissaire Maigret à l'écran – Le Chien jaune *sortira un peu plus de deux mois après –, personnifié ici par Pierre Renoir, le propre frère du cinéaste. Tournage de janvier à mars 1932, le fameux carrefour se trouvant près de Bouffémont (Val-d'Oise), à l'intersection des routes N 1 et N 309. Futur historien du cinéma, Jean Mitry était l'un des assistants réalisateurs du film. À cause de lui – il croyait qu'il s'agissait de pellicule vierge ! –, une des bobines du film fut détruite. Il était alors impossible de tourner à nouveau les séquences ainsi perdues à tout jamais, d'où une intrigue qui, parfois, manque un peu de clarté et de continuité. Faute d'argent, la fin a été bouclée sans doute plus vite que prévu, mais le film retrouve parfaitement l'univers de Simenon avec son atmosphère lourde de suspicions, le brouillard et la pluie, un monde d'ombres souvent menaçantes dans lequel peut frapper un meurtrier. Pierre Renoir lui-même, massif, bourru, n'est pas le commissaire d'exception parfois rendu par le cinéma mais un simple flic cherchant difficilement la vérité.* « J'ai essayé, *disait Jean Renoir,* de faire du Simenon. Je ne sais pas si j'y suis arrivé, mais en tout cas – disons-le –, ça a été une communion absolument formidable avec lui. J'ai essayé de donner cette impression que la boue colle quand on marche dans la boue, que le brouillard vous bloque la vue lorsqu'on marche dans le brouillard. J'ai essayé de faire ce que fait Simenon dans ses livres, à savoir de transporter le spectateur dans une certaine atmosphère. Pour y arriver, j'ai peut-être un peu exagéré l'obscurité ; j'ai mis de l'obscurité partout, non seulement dans les plans, mais dans l'histoire, dans mon scénario, dans mon découpage, dans le dialogue… D'ailleurs, le découpage et les dialogues, je les avais faits en collaboration avec Simenon. Mais nous avons essayé de garder le mystère. »

ROULETABILLE AVIATEUR

Réalisation : Étienne Szekely ; scénario : Pierre-Gilles Veber, d'après le roman de Gaston Leroux ; photographie : Fédote Bourgassoff ; musique : Georges van Parys ; montage : Lothar Wolff ; production : Adolphe Osso (Les Films Osso) ; durée : 82 min.

Interprétation : Roland Toutain : Joseph Rouletabille. Léon Bélières : Sainclair. Lisette Lanvin : Rosy Bathory. Germaine Aussey : Sonia. Maurice Maillot : George K. George. Alexandre Goth : Bathory. Abel Duroy : Hubin. Léonce Corne. Thea Dori.

Thème : Un avion qui assurait un transport d'or est abattu en Hongrie. Sainclair va enquêter à Budapest. Il retrouve Rouletabille, qui est là en vacances et fait la connaissance de Rosy, la fille du commissaire Bathory. Rouletabille enquête sur les membres d'un numéro où l'on trouve de l'or à l'intérieur des pains. On tire sur lui, il passe pour blessé alors qu'il est quasiment indemne et demande à Rosy Bathory d'enquêter. Sainclair le trahit par son manque de discrétion et Rosy est capturée. Rouletabille et Sainclair volent à son secours… dans un avion où elle avait été embarquée. Le journaliste-détective sauve Rosy et fait arrêter les « vautours de l'or ». Il épouse ensuite la jeune femme.

C'est la version parallèle française de Repüló Arany, *film hongrois interprété par Kabos Gyula, Góth Sándor et Kertész Gábor, et mis en scène par le même Szekely. L'ensemble demeure sympathique, mais on peut regretter les recherches esthétiques des deux autres aventures de Rouletabille signées par Marcel L'Herbier, nettement plus personnelles et originales.*

LE TRIANGLE DE FEU

Réalisation : Edmond T. Gréville et Johannes Guter ; scénario : René Wild ; dialogues : Jean de Letraz ; photographie : Eduard Hoesch ; musique : Casimir Oberfeld ; production : Gnom-TonFilm GmbH ; durée : 77 min.

Interprétation : Jean Angelo : inspecteur Brémond. André Roanne : inspecteur Charlet. Lily Dorell : Véra. Renée Héribel : Irène. Paul Ollivier : Maltère.

Thème : Un insaisissable voleur marque tous ses nombreux exploits d'un triangle de feu. Les inspecteurs Brémond et Charlet sont décidés à le démasquer. Charlet trouve la mort. Brémond soupçonne Véra dont s'était épris Charlet…

« Le dialoguiste de cette production, *écrivait Gréville,* était Jean de Letraz qui devait, par la suite, faire les beaux soirs du Palais-Royal. Nous nous embarquâmes dans sa petite voiture et traversâmes l'Allemagne, surpris de nous faire injurier sur les routes par des groupes d'énergumènes vêtus de brun et qui tendaient les bras à tout propos. Renseignement pris, il s'agissait de quelques énervés partisans d'un certain Hitler, un exalté qui n'avait aucune chance de jamais occuper les devants de la scène politique… *Le Triangle de feu* fut tourné aux studios de la Cicerostrasse, non loin de la pension. Michel Safra, directeur de la Gnom-Film, n'avait pas encore pris l'envergure qu'il eut plus tard à Paris. Il fabriquait de petits films policiers et mon extrême jeunesse lui fit d'abord peur. Il craignait que je ne perde du temps. *"Nous, en Allemagne,* me fit-il remarquer, *des films comme celui-là, nous les tournons en trois semaines."* Je décidai de lui faire voir que les Germains ne détenaient pas le monopole de la vitesse. Je mis tout le monde sur les dents d'abord, sur les genoux ensuite. Les techniciens du studio demandaient grâce. En quinze jours j'en eus terminé, extérieurs compris. Ce n'était pas un chef-d'œuvre, mais un policier (on dirait aujourd'hui un "suspense") plein de péripéties et bien photographié. » *(in* Trente-cinq ans dans la jungle du cinéma.*)*

TUMULTES

Réalisation : Robert Siodmak ; scénario : Robert Liebmann, Hans Müller ; adaptation française : Yves Mirande ; photographie : Günther Rittau, Otto Baecker ; musique : Friedrich Hollaender ; montage : Viktor Gertler ; supervision : André Daven ; production : Erich Pommer (Universum-Film AG / Alliance Cinématographique Européenne) ; durée : 92 min.

Interprétation : Charles Boyer : Ralph Schwarz. Florelle : Ania. Clara Tambour : Yvonne. Robert Arnoux : Willy. Marcel André : commissaire. Armand Bernard : bègue. Lucien Callamand : Max. Marcel Vallée : Paul. Thomy Bourdelle : Gustave Krouchovski. Louis Florence : Emmerich. Georges Deneubourg : directeur de la prison.

Thème : Ralph Schwarz sort de prison après y avoir passé deux ans et retrouve Ania. Celle-ci a un autre homme, Gustave, « qui fait dans le nu ». Les amis de Ralph, membres de la « Coopérative des amis dans le malheur », préparent l'attaque d'une banque. Il est contraint d'intervenir pour sauver ses amis de la police. Il va chercher le jeune Willy, fils d'un ami, et découvre la présence de Gustave chez Ania. Au cours d'une fête, il se dispute avec Gustave et provoque sa noyade. Ralph se cache de la police alors que Willy devient, à son tour, l'amant d'Ania. Celle-ci révèle à la police l'endroit où se cache Ralph. Comprenant que c'est Ania qui l'a trahi, il se laisse arrêter. Il s'évade et se bat avec Willy, ayant compris les liens entre ce dernier et Ania. Il est à nouveau arrêté.

C'est la version parlant français de Stürme der Leidenschaft *de Robert Siodmak. On retrouve ici toute une atmosphère Mitteleuropa avec notamment une remarquable utilisation du décor d'Erich Kettelhut, notamment lors de la libération de Ralph et l'idée de la coopérative des malfaiteurs. Charles Boyer est, une fois de plus, remarquable en héros marqué par le destin et trahi par la femme qu'il aime, prête à aller d'un homme à un autre. La mort de Gustave en plein feu d'artifice est particulièrement étonnante.*

TUMULTES

1933

LA TÊTE D'UN HOMME

LE TESTAMENT DU DOCTEUR MABUSE

Réalisation : Fritz Lang, René Sti ; scénario : Thea von Harbou ; photographie : Karl Vash (Károly Vass), Fritz Arno Wagner ; musique : Hans Erdmann ; montage : Lothar Wolff, Conrad von Molo ; production : Fritz Lang, Seymour Nebenzal (Nero-Film AG) ; durée : 95 min.

Interprétation : Thomy Bourdelle : Dr Baum. Rudolf Klein-Rogge : Dr Mabuse. Maurice Maillot : Thomas Kent. Monique Rolland : Lilli. Daniel Mendaille : Bredow. Jim Gérald : commissaire Lohmann. Raymond Cordy : Karetzky. Karl Meixner : Hofmeister. Ginette Gaubert : Anna. René Ferté : Hardy.

Thème : Devenu fou, le docteur Mabuse a été interné, mais son génie malfaisant continue à semer la terreur grâce au docteur Baum, devenu sa « créature »...

Il s'agit de la version tournée en français et parallèlement à la version allemande de Das Testament des Dr. Mabuse. *Certains acteurs (Rudolf Klein-Rogge, Karl Meixner) et certaines scènes (toute la fin) sont communs aux deux versions. Autant Thomy Bourdelle est de la qualité d'Oscar Beregi qui joue le docteur Baum dans la version allemande, autant Jim Gérald ne peut faire oublier l'exceptionnel Otto Wernicke. En dépit d'une interprétation parfois inégale, on retrouve néanmoins la force de l'œuvre initiale.*

LA TÊTE D'UN HOMME

LA TÊTE D'UN HOMME

Réalisation : Julien Duvivier ; scénario : Louis Delaprée, Julien Duvivier, Pierre Calmann, d'après le roman de Georges Simenon ; photographie : Armand Thirard ; musique : Jacques Dallin ; montage : Marthe Bassi ; production : Marcel Vandal, Charles Delac ; durée : 92 min.

Interprétation : Harry Baur : commissaire Maigret. Valéry Inkijinoff : Radek. Gaston Jacquet : Willy Ferrière. Gina Manès : Edna Reichberg. Alexandre Rignault : Joseph Heurtin. Louis Gauthier : juge d'instruction. Henri Echourin : inspecteur Ménard. Marcel Bourdel : inspecteur Janvier. Frédéric Munié : avocat. Armand Numès : directeur de la PJ. Line Noro : prostituée. Damia : femme lasse ; Missia : chanteuse des rues.

Thème : Toujours à court d'argent, Willy Ferrière décide de se débarrasser de sa riche tante. Radek accepte de s'en charger et décide d'utiliser Heurtin, un cambrioleur d'occasion, pour lui faire porter le chapeau. Celui-ci découvre en intervenant que la vieille dame à héritage est déjà morte et il laisse divers indices que Radek se garde bien d'effacer. Heurtin est vite arrêté, mais le commissaire Maigret comprend que le faible d'esprit a certainement un complice. Il le laisse volontairement s'enfuir et repère Radek, qui se fait interpeller. Libéré faute de preuves, Radek va chercher son argent chez Ferrière où il est rejoint par Maigret. Par provocation, l'assassin invite tout le monde dans une boîte de nuit. Il cherche à séduire Edna, la maîtresse de Ferrière. Ce dernier finit par se suicider. Radek fuit, causant la mort du policier Ménard. Il meurt écrasé dans la rue.

Julien Duvivier oppose au flegme de Maigret – superbe Harry Baur –, avec sa lourde silhouette, à la fois bonhomme et obstiné, attachant et volontairement rude, le personnage de Radek qui se sait condamné et qui cherche, avant de mourir, à mettre au point un beau crime, faisant un moment référence à l'assassinat à Hollywood de William Desmond Taylor. Le personnage fait d'ailleurs par moments penser à celui de Crime et châtiment. *Le cinéaste s'attache aux bruits et aux sons, situant en permanence – ce qui est rare dans le cinéma français de l'époque – ses personnages dans un contexte sonore très précis. Il recrée un monde bigarré où se croisent policiers de la PJ, psychopathes, assassins en puissance et jeunes noceurs, un univers dans lequel le crime met en relation ces éléments disparates de la société humaine. Le réalisateur choisit aussi d'alterner les plans, cherchant, dans les rapports entre Maigret et Heurtin et dans ceux entre Maigret et Radek, à se situer au plus près des visages des protagonistes, comme s'il voulait entendre leurs paroles.*

Notes : *Quinze ans après le film de Duvivier, l'acteur américain Burgess Meredith réalisera un décevant remake en couleurs avec Franchot Tone en Radek et Charles Laughton dans le rôle de Maigret,* L'Homme de la tour Eiffel.

1934

JUDEX 34

Réalisation : Maurice Champreux ; scénario : Arthur Bernède, Maurice Champreux, d'après l'histoire d'Arthur Bernède et Louis Feuillade ; photographie : Georges Raulet, Charles Suin ; musique : François Gailhard ; production : Charles Le Fraper ; durée : 95 min.

Interprétation : René Ferté : Judex. Louise Lagrange : Jacqueline. Paule Andral : Mme de Trémeuse. Marcel Vallée : Cocantin. Alexandre Mihalesco : banquier Maurice-Ernest Favraux. Jean Lefebvre : Roger de Trémeuse. René Navarre : Kerjean. Blanche Bernis : Diana Monti. Jean Borelli : petit Jean. Nino Costantini : Moralès. Madeleine Guitty : bonne de Cocantin. Le Petit Patachou : môme Réglisse.

Thème : Le banquier Favraux, refusant comme l'exigeait Judex de donner sa fortune aux pauvres qu'il avait spoliés, se retrouve bientôt enlevé par ce dernier. Sa fille Jacqueline décide, au contraire, de distribuer cette fortune bien mal acquise. Mais Diana Monti a deviné le secret du justicier et décide, avec l'aide de son amant Moralès, d'enlever Jacqueline. Judex délivre sa bien-aimée et, sous le nom civil de Jacques de Trémeuse, demande à Favraux la main de celle-ci.

C'est le remake du film sorti en 1917 par Louis Feuillade. Maurice Champreux, gendre de ce dernier, en assure la réalisation. On pourra remarquer, dans le rôle de Kerjean, René Navarre dont Feuillade avait fait son Fantômas.

1935

CRIME ET CHÂTIMENT

Réalisation : Pierre Chenal ; scénario : Pierre Chenal, Christian Stengel, Vladimir Strijewsky, d'après le roman de Fiodor Dostoïevski ; dialogues : Marcel Aymé ; photographie : Joseph Louis Mundwiller, René Colas ; musique : Arthur Honegger ; montage : André Galitzine ; production : Michel Kagansky (Général Productions / Les Grands Spectacles Cinématographiques) ; durée : 107 min.

Interprétation : Harry Baur : juge Porphyre. Pierre Blanchar : Raskolnikov. Madeleine Ozeray : Sonia. Lucienne Le Marchand : Dounia. Marcelle Géniat : mère de Raskolnikov. Alexandre Rignault : Razoumikhine. Sylvie : Catherine Ivanovna. Aimé Clariond : Loujine. Magdeleine Bérubet : Aliona. Georges Douking : Nicolas. Catherine Hessling : Élisabeth. Daniel Gilbert : Zamiatov.

Thème : Saint-Pétersbourg, 1865. Ancien étudiant désargenté, Raskolnikov tue avec une hache Aliona, une vieille usurière, puis Élisabeth, la sœur de celle-ci. Il est, dès lors, de plus en plus troublé sur les plans à la fois psychologique et physique. Il chasse Loujine, le fiancé de sa sœur Dounia, et finit par confesser ses crimes à Sonia, une jeune prostituée dont il s'est épris. La police commence à s'intéresser à cet homme révolté contre la société et le juge Porphyre va chercher à le faire avouer. Les deux hommes s'épient et Raskolnikov finit – comme le lui conseillait Sonia – par reconnaître ses actes auprès de la justice. La jeune femme le suivra dans sa route vers le bagne sibérien…

Dès 1910, le roman de Dostoïevski a été adapté au cinéma. On se souvient notamment de Raskolnikov *de Robert Wiene (1923) avec Gregory Chmara, de* Crime and Punishment *de Josef von Sternberg (1935) avec Peter Lorre et Edward Arnold ou encore de* Crime et châtiment *de Georges Lampin (1956) avec Jean Gabin et Robert Hossein. Pierre Chenal renoue ici avec la tradition du cinéma français des années 1930, si souvent fasciné par l'univers russe, tout en s'attachant surtout au thème toujours intemporel de la culpabilité. Le film est évidemment l'affrontement de Porphyre et de Raskolnikov. Face à Harry Baur qui surjoue génialement – tour à tour cauteleux, amical, inquiétant et menaçant –, Pierre Blanchar réussit une compo sition très habile, servi par de gros plans qui rendent fidèlement compte de son angoisse et de sa mauvaise conscience.*

CRIME ET CHÂTIMENT

JUSTIN DE MARSEILLE

Réalisation : Maurice Tourneur ; scénario et dialogues : Carlo Rim ; photographie : Georges Benoît, René Colas ; musique : Jacques Ibert ; chansons originales : Vincent Scotto, Louis Poterat ; production : Pathé-Natan ; durée : 95 min.

Interprétation : Antonin Berval : Justin. Ghislaine Bru : Totone. Alexandre Rignault : Esposito. Armand Larcher : Silvio Neri. Pierre Larquey : « le Bègue ». Paul Ollivier : Achille. Jacques Duluard : Pantalon. Marcel Raine : Brutus. Line Noro : « la Rougeole ». Raymond Aimos : « le Fada ». Gaby Basset : Mado. Marthe Mellot : mère de Justin. Marcel Duhamel : Urbain Joyeuse. Paul Grail : Félicien. Milly Mathis : Mme Trompette. Tino Rossi : chanteur. Armand Larcher : Silvio. Paul Amiot : sous-directeur de la Sûreté. Renée Dennsy : Ninette. Marguerite Chabert : Mme Olympe. Geno Ferny : docteur. Viviane Romance : prostituée. Émile Chin Fu : chef du gang chinois.

Thème : Marseille. Alors qu'un journaliste de *L'Écho parisien* enquête sur la criminalité dans la deuxième ville de France, cette dernière est le cadre de l'opposition entre deux chefs de bande, Justin, estimé de tous, et Esposito, un Napolitain sans scrupules. Esposito dérobe, par exemple, un chargement de drogue destiné aux Chinois et fait tirer sur Justin, qui échappe heureusement à la mort. La jeune Totone sort avec Silvio Neri, un voyou sans travail. Justin remarque Totone qu'embrasse Silvio. Un maquereau noir lance un couteau sur Justin sans toutefois le tuer. Sa compagne l'exécute en représailles. Un nouveau chargement de drogue destiné à Esposito arrive sur le *Sphinx,* caché dans le cercueil d'une certaine Albertine Félicie. Justin s'en empare et le donne aux Chinois. La jeune Ninette,

JUSTIN DE MARSEILLE

JUSTIN DE MARSEILLE

la domestique de l'*Hôtel de l'Étoile,* prévient Totone que Silvio est un dangereux individu qui a voulu la prostituer. Alors que Justin et ses amis fêtent chez Mme Trompette leur opération de l'après-midi, Totone tente de se suicider en se jetant à l'eau, mais elle est sauvée par le chef de bande. Pendant ce temps, Silvio est chargé par Esposito d'éliminer son rival. Il fait feu en vain sur Justin et tue« le Bègue », l'un des fidèles lieutenants de ce dernier. Justin va chercher Esposito et part avec lui dans la banlieue de Marseille pour un ultime règlement de comptes. Justin revient, seul, blessé au bras. Prévenu par une lettre anonyme du Fada, la police arrête Silvio avec qui Totone s'apprêtait à partir en bateau. Justin retrouve celle-ci et lui assurera un avenir heureux.

Un film superbe, sans doute la plus belle réussite de la seconde période française de la carrière de Maurice Tourneur qui mêle avec un talent exceptionnel un contexte policier à une comédie pittoresque à la Pagnol. Le cinéaste oppose avec un évident plaisir Justin – Berval est grandiose – à Esposito, portant en même temps un regard attendri sur la plupart des membres de cette population marseillaise, y compris son « Milieu ». Les Chinois fournisseurs d'opium sont très sympathiques et lorsque Justin et les siens, ses complices, dînent d'oursins chez Mme Trompette, c'est tout naturellement qu'il discute avec le sous-directeur de la police à la table voisine. Justin philosophe avec ses amis sur la destinée des oursins avant de sauver la naïve Totone que Silvio est prêt à envoyer à l'étranger, comme le lui suggère le maquereau en costume anglais qui parle, au sujet de la traite des Blanches alors en vogue, des « fleurs d'exportation ». La tendresse de Maurice Tourneur envers ses personnages donne au film une inoubliable chaleur humaine. Comment oublier Pierre Larquey (« le Bègue »), Raymond Aimos (« le Fada ») et tout ce petit monde de vendeuses d'huîtres, de cuisinières, la criée ou encore la foule bigarrée qui déambule dans les rues de Marseille ? Il est, à ce titre, magnifiquement servi par les dialogues de Carlo Rim, la photographie de Georges Benoît et les décors de Lazare Meerson qui donnent à ce Marseille reconstitué à Joinville et dans la rue Francœur un véritable charme. Tino Rossi chante « Premier amour » de Vincent Scotto et Louis Poterat tandis que Ghislaine Bru interprète « Parlez-moi d'amour » en mettant à sécher ses bas. « Mon but, disait Carlo Rim, le remarquable scénariste du film, n'est pas de réhabiliter les Marseillais qui n'en ont nul besoin, mais seulement une certaine Marseille – une des cent Marseille qui forment Marseille –, et cela non point en fabriquant de toutes pièces, ce qui eût été facile, un héros sans peur et sans reproche, mais tout bonnement en montrant comment un mauvais garçon peut aussi être un bon garçon. Pourvu que le sang de Marseille coule dans ses veines. » *Pour ne pas être gêné durant la production du film, Carlo Rim serait personnellement intervenu auprès de Paul Carbone dont s'inspirerait la figure de Justin, pour obtenir toutes les aides nécessaires. À la fin, débarrassé d'Esposito – le règlement de comptes entre les deux patrons du Milieu a lieu en off, une surprise ! – et de Silvio, arrêté par la police alertée par « le Fada », Justin, véritable ange gardien de Totone, commence à faire rêver celle-ci à un avenir prometteur en lui parlant de l'étoile polaire.*

Notes : *Tournage d'octobre à mi-décembre 1934 avec quelques raccords en janvier 1935 aux studios de Joinville et de la rue Francœur (18e arrondissement) et, en extérieurs, à Marseille. La séquence de l'enterrement d'Albertine Félicie a été tournée sur le port de Marseille le 9 octobre 1934 au moment de l'attentat mortel contre Alexandre Ier de Yougoslavie et le ministre des Affaires étrangères Louis Barthou. Louis de Funès était, par ailleurs, le clapman du film.*

JUSTIN DE MARSEILLE

1936

LE CRIME DE MONSIEUR LANGE

Réalisation : Jean Renoir ; scénario : Jacques Prévert, Jean Renoir, d'après l'histoire de Jean Castanier ; dialogues : Jacques Prévert ; photographie : Jean Bachelet ; musique : Jean Wiener ; montage : Marguerite Renoir ; chansons originales (dont « À la belle étoile ») : Jacques Prévert, Joseph Kosma ; production : André Halley des Fontaines (Films Obéron) ; durée : 80 min.

Interprétation : Jules Berry : Batala. René Lefèvre : Amédée Lange. Florelle : Valentine. Nadia Sibirskaïa : Estelle. Sylvia Bataille : Édith. Henri Guisol : fils Meunier. Marcel Lévesque : concierge. Odette Talazac : concierge. Maurice Baquet : Charles. Jacques B. Brunius : M. Baigneur. Edmond Beauchamp : curé. René Génin : client de l'auberge. Marcel Duhamel : contremaître. Paul Grimault : ouvrier de l'imprimerie.

Thème : Employé dans la maison d'édition de M. Batala, Amédée Lange écrit des romans que publie son patron, un individu sans scrupules. Acculé à la faillite par ses créanciers, Batala préfère disparaître. Son train déraille et il passe pour mort. Les ouvriers de la société d'édition forment alors une coopérative et l'entreprise prospère. Amédée, dont l'histoire *Arizona Jim* est un triomphe, découvre enfin l'amour que lui porte Valentine, une jeune femme qui dirige la blanchisserie située dans la cour de l'immeuble. Charles, le fils des concierges, se prépare, de son côté, à épouser Estelle que Batala avait séduite avant de prendre la fuite et qui attend un enfant. Mais Batala réapparaît et veut faire valoir ses droits. Lange le tue et fuit avec Valentine.

Ce n'est pas une coïncidence si Le Crime de Monsieur Lange *sort à Paris le 24 janvier 1936, quelques mois seulement avant les accords de Matignon qui symbolisent l'action du Front populaire. Jean Renoir, qui venait de tourner* Toni, *produit par Marcel Pagnol, passe sans transition du Midi méditerranéen, inondé de soleil, au microcosme de la petite cour du* Crime de Monsieur Lange. *L'histoire originale s'appelait très précisément* Sur la cour *et c'est initialement Jacques Becker qui devait en réaliser l'adaptation. Il est manifeste que, pour Renoir, le petit monde de la cour du* Crime de Monsieur Lange *avec les employés des éditions de Batala, la blanchisserie, les concierges et leur fils, est un véritable reflet de la France d'alors. Le patron Batala ne cherche qu'à s'enrichir sur le dos de ses employés et n'hésite pas davantage à fuir ses responsabilités. Quant aux travailleurs, ils ne pourront prendre en main la destinée de l'entreprise que lorsque le patron en sera parti. Tourné avec la participation du groupe Octobre, le film est l'osmose exceptionnellement réussie du talent de Renoir et de celui de Jacques Prévert.*

Cette parabole socio-politique permet aux auteurs de dénoncer en même temps tout ce qui représente, pour eux, l'oppression des ouvriers : le patronat, la bourgeoisie et la religion. Contrairement aux films de Carné et de Prévert, celui de Renoir est une œuvre joyeusement iconoclaste. On y sent à la fois l'humour de ses auteurs et leur espérance en une société populaire fraternelle.

Notes : *Tournage au Tréport (Seine-Maritime) et à Paris.*

LE CRIME DE MONSIEUR LANGE

ABUS DE CONFIANCE

Réalisation : Henri Decoin ; scénario : Pierre Wolff ; adaptation : Jean Boyer, Henri Decoin ; dialogues : Pierre Wolff ; photographie : Léonce-Henri Burel ; musique : Georges van Parys ; montage : Marguerite Beaugé ; production : Union des Distributeurs Indépendants de Films (UDIF) ; durée : 92 min.

Interprétation : Danielle Darrieux : Lydia. Charles Vanel : Jacques Ferney. Valentine Tessier : Hélène Ferney. Pierre Mingand : Pierre. Jean Worms : président du tribunal. Gilbert Gil : Paul. René Bergeron : Dieulafoy. Georges Lannes : homme du cimetière. Marcel Orluc : mari. Thérèse Dorny : logeuse. Yvette Lebon : Alice. Lucien Dayle : logeur. Gaston Séverin : Mᵉ Fortier. Lucien Callamand : valet de chambre. Svetlana Pitoëff : Renée Leclerc.

Thème : À la mort de sa grand-mère grâce à qui elle avait pu faire des études de droit, Lydia se trouve sans appui et sans argent. Cherchant vainement du travail, elle accepte en désespoir de cause la proposition de son amie Alice : se faire passer pour la fille de l'écrivain Jacques Ferney. Ce dernier avait abandonné une jeune femme pour se marier, laquelle s'était suicidée après la mort de sa fille âgée de 5 ans. Ferney ignorant ces derniers détails, Lydia peut donc lui faire croire qu'elle est sa fille. Prise de remords, elle finit par tout avouer à la femme de Jacques Ferney. Devenue avocate, elle plaide pour une jeune fille qui a commis un crime comparable au sien. Mme Ferney décide alors de cacher la vérité à son mari.

Réalisé avec beaucoup d'habileté par Henri Decoin, le film est un témoignage très intéressant sur le cinéma national d'alors et, en même temps, sur la société et la mentalité françaises de la seconde moitié des années 1930. Le thème de l'enfant de l'amour est d'ailleurs très révélateur d'une époque dans laquelle la hiérarchie des classes sociales est toute-puissante. De même que Pierre Blanchar, le héros du Coupable *(1937) de Raymond Bernard, tourné quelques mois plus tôt, se trouvait brusquement en présence de son propre fils dont il avait abandonné la mère, Charles Vanel, l'écrivain honoré d'*Abus de confiance, *voit soudain le destin lui présenter, avec celle qu'il croit être sa*

ABUS DE CONFIANCE

ABUS DE CONFIANCE

fille, le reflet d'un passé volontairement oublié. L'intérêt du scénario est de décrire parallèlement les relations de cet homme arrivé avec sa « fille » et le comportement de celle-ci, prisonnière de cet « abus de confiance ». Cela crée une curieuse complicité avec ce « père » qui pense réparer sa faute en lui permettant de poursuivre ses études. Le prétoire sera, une fois de plus, l'élément capital de la catharsis. Le trio formé par Danielle Darrieux, Charles Vanel et Valentine Tessier est remarquable. On admirera dans les premières scènes du film la description de l'atmosphère de plus en plus oppressante qui enveloppe la jeune Lydia. Le personnage du logeur libidineux en est l'un des symboles. Un très grand film.

L'ALIBI

Réalisation : Pierre Chenal ; scénario : Marcel Achard ; adaptation : Jacques Companéez, Herbert Juttke. Dialogues : Marcel Achard ; photographie : Ted Pahle ; musique : Georges Auric, Jacques Dallin ; montage : Gustaf Heidenheim ; production : B.N. Films ; durée : 84 min.

Interprétation : Erich von Stroheim : Winckler. Albert Préjean : André Laurent. Jany Holt : Hélène Ardouin. Louis Jouvet : commissaire Calas. Margo Lion : Dany. Foun-Sen : assistante de Winckler. Philippe Richard : John Gordon. Roger Blin : Kretz. Maurice Baquet : Gérard. Jean Témerson : Jojo. Florence Marly : maîtresse de Gordon.

Thème : Le professeur Winckler, célèbre télépathe se produisant sur la scène d'un cabaret réputé, aperçoit dans le public Gordon, l'amant de sa femme. Il le rejoint et l'assassine, demandant à une entraîneuse, Hélène, de lui servir d'alibi contre paiement. Le commissaire Calas, qui mène l'enquête et le soupçonne vite d'être le meurtrier, manque de preuves face au témoignage d'Hélène. Celle-ci, comprenant qu'elle s'est fait manipuler dans un but meurtrier, annonce à Winckler qu'elle souhaite modifier ses dires auprès des autorités, d'autant que le soir du crime, elle était avec le chasseur du cabaret Gérard. Winckler tue alors ce dernier afin de garder la jeune femme sous contrôle. Hélène s'éprend d'André Laurent, un policier sous couverture envoyé par Calas pour lui faire avouer la vérité. À la Suite d'un stratagème des policiers, elle finit par détruire l'alibi de Winckler. Découvrant la trahison d'André, elle s'enfuit alors que Winckler s'est suicidé. Blessée par Kretz, l'homme de main de Winckler qui voulait le venger, Hélène trouve à son chevet André.

On notera que le comportement de Winckler, obligeant Hélène à mentir à la police, n'est pas plus odieux que celui du commissaire Calas forçant son collaborateur Laurent à séduire la même Hélène... « Le "happy ending" imposé par les producteurs, *déclarait Pierre Chenal,* fut une des conditions pour que le film sorte : une histoire ne devait jamais se terminer tragiquement. Je me suis donc résigné à tourner une scène bidon. Le public a compris que ce n'était qu'une fin de complaisance. Mais certains critiques, non sans raison, me l'ont reprochée. »

Notes : *Tournage du 25 juin à fin août 1937 aux studios de Billancourt et aux studios Éclair à Épinay-sur-Seine ; en extérieurs à la gare du Nord et sur la plage de Trilport (Seine-et-Marne).*

L'ALIBI

ARSÈNE LUPIN DÉTECTIVE

Réalisation : Henri Diamant-Berger ; scénario : Henri Diamant-Berger, d'après le roman de Maurice Leblanc *L'Agence Barnett et Cie* ; dialogues : Henri Diamant-Berger, Jean Nohain ; photographie : Maurice Desfassiaux, André Dantan ; musique : Jean Lenoir ; montage : Marthe Leroux ; assistance à la réalisation : André Michel ; production : Le Film d'Art ; durée : 98 min.

Interprétation : Jules Berry : Jim Barnett / Arsène Lupin. Suzy Prim : Olga Vauban. Gabriel Signoret : inspecteur Béchoux. Aimé Simon-Girard : journaliste. Rosine Deréan : Germaine Laurent. Mady Berry : Victoire. Thomy Bourdelle : Cassire. Abel Jacquin : Brémond. Aimos : Étienne. Suzanne Dehelly : Émilienne. Balder : Bobby de La Palette. Yvonne Rozille : Suzanne. Gaston Mauger : rédacteur en chef. Robert Ozanne : maître d'hôtel.

Thème : Le détective Jim Barnett dirige l'agence privée de renseignement qui porte son nom, chargée d'enquêtes et autres filatures. Il est engagé par l'inspecteur Béchoux lorsque le domicile de l'actrice Olga Vauban est cambriolé sans que rien ne semble avoir disparu. L'oncle de Germaine Laurent est retrouvé mort. Pour Barnett, ce n'est pas un suicide mais un assassinat dont il est décidé à retrouver les coupables. Or, Barnett n'est autre que le célèbre gentleman cambrioleur Arsène Lupin et sa couverture a été compromise. Tout en jouant au chat et à la souris avec la police, il poursuit son enquête sur le meurtre et se méfie de Brémond, qui l'assomme. Grâce à Étienne, il réussit à s'enfuir. Lupin arrête Cassire et fuit avec Olga et le véritable collier de la jeune actrice. Une fois de plus sans que la police ne puisse intervenir…

C'est à Jules Berry, qui est le premier à s'amuser de l'intrigue lui permettant de se travestir, que l'on doit les meilleurs moments du film, plus qu'à la réalisation inégale d'Henri Diamant-Berger. Les dialogues entre Barnett et son ami Béchoux, qui ignore qu'il côtoie le véritable Arsène Lupin, sont brillants et on se souvient de l'apparition de Suzy Prim en train de répéter chez elle sur un trapèze.

Notes : *Tournage aux studios d'Épinay-sur-Seine et dans la région parisienne.*

LE CHEMIN DE RIO / CARGAISON BLANCHE

Réalisation : Robert Siodmak ; scénario : Herbert Juttke, G. Murray, d'après le reportage de Jean Masson « Cargaison blanche » paru dans *Voilà ;* dialogues : Henri Jeanson ; photographie : René Gaveau ; musique : Paul Dessau ; montage : Marguerite Beaugé, Yvonne Beaugé ; production : Seymour Nebenzahl (Nero-Film AG) ; durée : 100 min.

Interprétation : Kate de Nagy : Marion Baker. Jean-Pierre Aumont : Henri Voisin. Marcel Dalio : Pérez. Suzy Prim : Estella. Jules Berry : Moreno. Gisèle Préville : Béatrice Blanco. Charles Granval : Blanco. Abel Jacquin : Constantin. Gaston Modot : Álvarez. Georges Jamin : Manuel. Max Maxudian : commandant du *Santos.* Marcelle Praince : Juana. Sylvia Bataille : Yvette Martin. Mady Berry : Mme Blanco.

Thème : À Barcelone, Moreno procure régulièrement des jeunes filles au trafiquant de femmes Blanco. Découvrant que la jeune Yvette Martin – dont il s'était épris et qui a été envoyée à Rio par Blanco – a préféré se tuer, il décide de se venger. Mais, au lieu de faire tuer Blanco par son ami Pérez, il prépare une vengeance plus sournoise. Il séduit par sa jovialité et son charme Béatrice, la fille de Blanco, âgée de 17 ans. Puis il organise, pour le compte de Blanco, le départ de la jeune fille sous un faux nom… Parallèlement, les journalistes Henri Voisin, de *Paris Jour,* et Marion Baker, de *L'Express,* enquêtent sur le trafic des femmes. Marion réussit à se faire engager dans la troupe de danseuses qui doit partir pour Rio de Janeiro. Pérez démasque Henri et le fait jeter à l'eau, mais le jeune homme survit et se retrouve à bord du *Santos,* comme Marion et les danseuses. Moreno révèle à Blanco le destin de sa fille Béatrice. Bouleversé, Blanco le poignarde et prévient la police. À Rio, le gang est arrêté.

LE CHEMIN DE RIO / CARGAISON BLANCHE

D'une intrigue policière classique, Robert Siodmak réussit, avec l'aide d'Henri Jeanson, à faire un film curieux qui joue perpétuellement sur des registres différents. Les scènes dramatiques entre Jules Berry et Charles Granval s'opposent ainsi aux séquences avec Kate de Nagy et Jean-Pierre Aumont, un marivaudage insolent qui pourrait appartenir au domaine de la comédie américaine à quiproquos. La manière assez moderne dont est dirigé ce couple est, d'ailleurs, l'un des premiers éléments de surprise du film. Jules Berry, dans un de ses grands rôles, évoque son passé avec Estella (Suzy Prim) et aborde, grandiose, Charles Granval d'un ahurissant « Salut... salaud ! ». *La perfection de l'interprétation, dirigée de main de maître par Siodmak, donne au film une étrange vérité. Il faut voir Charles Granval organiser des opérations de traite de filles mineures tout en élevant sa fille de la manière la plus stricte et admonestant son épouse et leurs nombreux enfants.*

Notes : *Remake sorti en 1958 par Georges Lacombe,* Cargaison blanche.

FORFAITURE

FORFAITURE

Réalisation : Marcel L'Herbier ; scénario et adaptation : Jean-Georges Auriol, Jacques Companéez, Herbert Juttke, d'après le roman de Hector Turnbull *The Cheat* ; dialogues : Jacques Natanson ; photographie : Eugen Schufftan ; musique : Michel Levine ; montage : Pierre de Hérain, Marie Le Bars ; production : Pierre Braunberger, Roger Richebé (Les Films du Panthéon) ; durée : 100 min.

Interprétation : Lise Delamare : Denise Moret. Victor Francen : Pierre Moret. Sessue Hayakawa : prince Lee-Lang. Louis Jouvet : Valfar. Lucas Gridoux : Tang-Si. Ève Francis : Mrs Curtis. Sylvia Bataille : Ming. Lucien Nat : Me Ribeyre. Pierre Magnier : président de la société. Jean Brochard : Félicien. Marcel Duhamel : Casaux. Ky Duyen : caissier de la banque.

Thème : Denise rejoint son mari l'ingénieur Pierre Moret en Mongolie, et sa venue excite la convoitise du prince Lee-Lang. Poussée par Valfar, le bras droit du prince, Denise joue et perd beaucoup d'argent. Elle demande alors à Lee-Lang de lui prêter la somme nécessaire. Rappelé à Paris, Pierre se rend chez le prince, dans sa demeure de la banlieue parisienne, et découvre le meurtre de Lee-Lang, crime dont il est accusé. Pierre se dit innocent et Denise révèle que c'est elle qui a tué le prince alors qu'il tentait d'abuser d'elle. Il l'avait marquée au fer rouge lors de leur entrevue tragique. Cette révélation contribue à innocenter Pierre et à faire acquitter Denise, considérée en légitime défense.

Le film est un remake – peu fidèle – de The Cheat *tourné en 1915 par Cecil B. DeMille.* « Me rappelant, *écrivait Marcel L'Herbier dans* La Tête qui tourne, l'ancien *Forfaiture* par cœur avec sa merveilleuse Fanny Ward, je traçais en marge du célèbre mimodrame la ligne d'un film qui parlât le langage du mystère de la cruauté et de la trahison. Et, naturellement, pour raisons diplomatiques, Sessue Hayakawa ne serait plus japonais mais le prince Lee-Lang, ce qui ne changeait rien – on le pense – au fer rouge dont ce Jaune devait se servir. »

GRIBOUILLE

Réalisation : Marc Allégret ; scénario et dialogues : Marcel Achard, d'après son histoire ; adaptation : H. G. Lustig ; photographie : Armand Thirard, Michel Kelber, Georges Benoît ; musique : Georges Auric ; montage : Yvonne Martin, Marguerite Renoir ; production : Productions André Daven / Alliance Cinématographique Européenne (ACE) ; durée : 95 min.

Interprétation : Raimu : Camille Morestan. Michèle Morgan : Nathalie Roguin. Gilbert Gil : Claude Morestan. Jean Worms : président du tribunal. Julien Carette : Lurette. Marcel André : avocat général. Jacques Grétillat : avocat de la défense. Andrex : Robert. Jeanne Provost : Louise Morestan. Jacqueline Pacaud : Françoise Morestan. Lyne Clevers : Claudette Morel. Bernard Blier : jeune homme au tandem. Pauline Carton : l'autre Nathalie Roguin. Jacques Baumer : Marinier. René Génin : hôtelier. Pierre Labry : inspecteur de police. Nicolas Rimsky : chauffeur de taxi.

Thème : Camille Morestan vit une existence tranquille de commerçant avec sa femme Louise et leurs enfants, Françoise et Claude. Il est désigné comme juré au procès de Nathalie Roguin, accusée d'avoir tué son amant. Camille est ému par la personnalité de la jeune femme. Il convainc les autres jurés et Nathalie est acquittée. Il l'engage alors comme vendeuse, mais Claude et Robert, le fiancé de Françoise, s'éprennent de Nathalie. Camille décide alors de chasser celle-ci. Claude décide de fuir avec elle en volant la caisse du magasin. Camille les surprend. Il frappe Nathalie, qu'il croit avoir tuée, et se rend à la police. Heureusement, Nathalie n'était qu'évanouie et Camille retrouve sa femme.

C'est la rencontre de Raimu, superbe, et de Michèle Morgan à ses débuts. L'ensemble est habilement dirigé par Marc Allégret.

Notes : *Tournage au Palais de justice de Paris et aux studios de Billancourt. Remake américain par Charles Vidor,* The Lady in Question *(1940), avec Brian Aherne, Rita Hayworth et Glenn Ford.*

PÉPÉ LE MOKO

Réalisation : Julien Duvivier ; scénario : Jacques Constant, Julien Duvivier, Détective Ashelbé (= Henri La Barthe), d'après le roman de Détective Ashelbé. Dialogues : Henri Jeanson ; photographie : Jules Kruger, Marc Fossard ; musique : Vincent Scotto, Mohamed Yguerbouchen ; montage : Marguerite Beaugé ; assistance à la réalisation : Robert Vernay ; production : Robert Hakim, Raymond Hakim (Paris Film Production) ; durée : 94 min.

Interprétation : Jean Gabin : Pépé « le Moko ». Mireille Balin : Gaby Gould. Lucas Gridoux : inspecteur Slimane. Fernand Charpin : Régis. Line Noro : Inès. Fréhel : Tania. Saturnin Fabre : grand-père. Gabriel Gabrio : Carlos. Marcel Dalio : L'Arbi. Gilbert Gil : Pierrot. Gaston Modot : Jimmy. Roger Legris : Max. René Bergeron : inspecteur Meunier. Charles Granval : Maxime Kleep. Philippe Richard : inspecteur Janvier. Jean Témerson : Gravère. Paul Escoffier : commissaire Louvain. Robert Ozanne : Gendron. Georges Péclet : Barsac. Yacef Saadi : garçon de la Casbah.

Thème : Alger, 1937. Recherché par la police, Pépé dit « le Moko » s'est réfugié avec sa bande dans la Casbah, devenue pour lui un royaume protégé dont il

ne sort jamais. Les autorités organisent une nouvelle rafle pour le capturer, mais Pépé est prévenu par Régis, un indicateur de la police. Échappant à celle-ci, il rencontre Gaby Gould, une touriste parisienne venue à Alger en compagnie de son protecteur Maxime Kleep. Avec la complicité de Régis, une nouvelle tentative est mise au point par l'inspecteur Slimane pour arrêter Pépé. Grâce à une fausse lettre de sa mère, le jeune Pierrot, que Pépé a pris sous sa protection, quitte la Casbah alors même que l'inspecteur Slimane envisage avec espoir de tirer parti de l'attirance mutuelle entre le chef de bande et Gaby. Pépé et ses amis, inquiets de ne plus revoir Pierrot, interrogent Régis. Pierrot revient, mortellement blessé. Jimmy, l'un des amis de Pépé, assassine alors le Régis par vengeance. Pépé est prêt à quitter la Casbah pour revoir Gaby. Inès, qui l'aime, réussit à le retenir. Prévenu par Slimane, Kleep exige de Gaby qu'elle parte au plus vite avec lui. Croyant, à la suite d'un mensonge du traître Slimane, que Pépé a été tué, Gaby accepte. Tout en sachant qu'un piège lui a été tendu, Pépé quitte la Casbah et voit le navire emportant Gaby. Jalouse, Inès le dénonce à Slimane et Pépé se suicide sur le port.

Prévu un moment pour Jean Renoir, Pépé le Moko *a heureusement été mis en scène, au final, par Julien Duvivier qui retrouve l'interprète de deux de ses précédents chefs-d'œuvre,* La Bandera *(1935) et* La Belle Équipe *(1936). Le film joue sur l'exotisme à la mode en s'attachant à cette Casbah, dédale de ruelles, véritable refuge pour Pépé le Moko, un univers presque clos où se mêlent criminels et indicateurs, prostituées et mendiants, sans oublier les étrangers – des Parisiens dans le cas de Gaby et de ses amis – venus regarder avec curiosité ce monde qui n'est pas le leur et s'encanailler à l'occasion. Cette proximité de deux mondes soudain réunis est à l'origine de l'admirable scène où Pépé et Gaby dansent ensemble puis évoquent les Gobelins et l'école qu'ils ont connue l'un et l'autre, celle de la rue de l'Arbalète. Le « réalisme poétique » qu'on attribuera à Carné et à Prévert est déjà là ! Tout aussi bouleversante est la séquence où Fréhel chante « Où est-il donc ? » de Vincent Scotto, André Decaye et Lucien Carol, la chanson qu'elle interprétait à la Scala, à Paris. Un moment splendide qui contraste d'ailleurs avec celui où Jean Gabin chante « Pour être heureux dans la vie » de Vincent Scotto.*

Notes : *Le film a fait l'objet de deux remakes à Hollywood :* Algiers *(1938) de John Cromwell, avec Charles Boyer et Hedy Lamarr, et* Casbah *(1948) de John Barry, avec Tony Martin, Yvonne De Carlo et Peter Lorre. En 1949, Carlo Ludovico Bragaglia en réalisa une parodie italienne,* Totò le Moko, *avec Totò, dans laquelle la légende veut que Yacef Saâdi, le futur protagoniste de la bataille d'Alger en 1957, a joué le rôle d'un jeune garçon de la Casbah.*

1938

LA BÊTE HUMAINE

Réalisation : Jean Renoir ; scénario : Jean Renoir, d'après le roman d'Émile Zola ; photographie : Curt Courant ; musique : Joseph Kosma ; montage : Marguerite Renoir, Suzanne de Troeye ; production : Robert Hakim, Raymond Hakim (Paris Film Production) ; durée : 100 min.

Interprétation : Jean Gabin : Jacques Lantier. Simone Simon : Séverine Roubaud. Fernand Ledoux : Roubaud. Julien Carette : Pecqueux. Blanchette Brunoy : Flore. Gérard Landry : fils Dauvergne. Jenny Hélia : Philomène Sauvagnat. Jacques Berlioz : Grandmorin. Jacques Roussel : commissaire Cauche. Charlotte Clasis : tante Phasie. Claire Gérard : voyageuse. Jean Renoir : Cabuche. Léon Larive : valet de chambre. André Tavernier : juge d'instruction. Jacques Becker : lampiste. Marcel Veyran : chanteur du bal des cheminots. Guy Decomble : Misard.

Thème : Jacques Lantier, qui est mécanicien de locomotive, s'éprend de Séverine Roubaud, la femme du sous-chef de gare du Havre. Roubaud a forcé Séverine à donner rendez-vous au riche châtelain Grandmorin et il a lui-même assassiné ce dernier dans le train Paris-Le Havre. Cabuche est soupçonné du meurtre, mais Lantier comprend quels en sont les véritables auteurs. Il se tait et devient l'amant de

Séverine qui, décidée à se défaire de son mari, pense que Lantier peut l'aider dans cette sinistre besogne. Mais Lantier finit par la poignarder. Il reprend son travail et se jette de la locomotive…

« Jacques Lantier, *déclarait Renoir,* m'intéresse autant qu'Œdipe roi. Ce mécanicien de locomotive traîne derrière lui une atmosphère aussi lourde que celle des Atrides. » *Victime d'une lourde hérédité alcoolique, écrasé par son milieu social et incapable d'échapper à la passion qu'il porte à Séverine, Lantier est un héros marqué par le destin, et Jean Gabin, admirable, porte tout le poids de cette inexorable fatalité. Beaucoup plus passionné par la poésie qu'il trouve chez Zola – comme en témoigne la très belle scène amoureuse entre Lantier et Flore – que par le naturalisme de ce dernier, Renoir, qui venait de tourner un médiocre* La Marseillaise *(1938), signe ici l'un de ses plus beaux films. Adaptation fidèle de Zola – la plupart des dialogues ont été directement tirés du roman –, ce long métrage est, en même temps, un reflet passionnant du cinéma français de l'époque. Le personnage de Séverine évoque la Janie Marèze de* La Chienne *(1931) et les thèmes du roman de Zola se mêlent étroitement aux composants de la mythologie de Gabin. Remarquablement dirigé – la peinture du milieu social possède une justesse rarissime –,* La Bête humaine *est une œuvre parfaite.*

Notes : *Tournage en août et septembre 1938 à la gare Saint-Lazare, au Havre et ses environs, à Évreux et Breauté-Beuzeville. Fritz Lang en a réalisé un remake sorti en 1954 sous le titre de* Désirs humains.

CAFÉ DE PARIS

Réalisation : Yves Mirande et Georges Lacombe ; scénario : Yves Mirande ; adaptation : Georges Lacombe, Robert Vernay ; photographie : Christian Matras, Robert Juillard ; musique : Georges van Parys ; montage : Marthe Poncin ; décors : Jacques Krauss ; conseil technique et assistance à la réalisation : Robert Vernay ; production : Arys Nissotti, Pierre O'Connell (Regina) ; durée : 91 min.

Interprétation : Jules Berry : Louis Fleury. Véra Korène : Geneviève Lambert. Simone Berriau : Odette. Jacques Baumer : commissaire. Pierre Brasseur : Le Rec. Julien Carette : journaliste. Jacques Grétillat : Lambert. Florence Marly : Estelle. Marcel Vallée : chef de la Sûreté. Maurice Escande : marquis de Perelli. Roger Gaillard : substitut du procureur. Robert Pizani : dramaturge. Marcel Simon : directeur. Alexandre Rignault : Révillac. Claude Lehmann : pianiste. Marcel Carpentier : premier trafiquant. Jean Coquelin : second trafiquant. Paul Demange : clochard. Henry Roussel : ambassadeur.

Thème : Le soir du réveillon au *Café de Paris.* À minuit, les lumières s'éteignent et, lorsqu'on les rallume, on constate la mort – l'assassinat – de Lambert dont le journal à scandale *La Parlotte* est célèbre pour ses délations et ses chantages. Qui a tué Lambert ? Louis Fleury qui doit partir avec sa maîtresse Geneviève, la femme de Lambert ? Les trafiquants d'armes voisins de Lambert qui doit révéler qu'ils ont coulé un navire, lequel ne transportait pas d'armes mais des pavés ? Le Rec à qui Lambert avait refusé la main de sa fille ?

CAFÉ DE PARIS

[redacted]
PARIS · FILM · LOCATION
Jean GABIN
LA BÊTE
avec LEDOUX
Sociétaire de l
Comédie Française
PARIS · FIL
38, Aven
Imp. BEDOS & Cie 14, Av. Félix-Faure, PARIS

Simone SIMON
DANS UN FILM DE
JEAN RENOIR
HUMAINE
D'APRÈS LE CHEF-d'ŒUVRE
d'EMILE ZOLA
CARETTE
Musique de Kosma
Dr de Production R. Tual
TION
PARIS

Fleury est soupçonné et Geneviève s'accuse alors, par amour, du crime que revendique aussi, par amour également, son amant. Le coupable est finalement trouvé : c'est le pianiste qui a tué Lambert, car ce dernier avait fait un enfant à sa sœur et provoqué le suicide de celle-ci.

Un an avant Derrière la façade *(1939), Yves Mirande et Georges Lacombe réunissent une exceptionnelle distribution à l'occasion d'un drame policier. Avant l'assassinat de Lambert, tous ces convives, de l'ambassadeur aux nombreux affairistes, du marquis de Perelli à quelques coquettes, s'entendent bien, s'amusent, boivent et éventuellement dansent entre eux. Lambert, haï, a même droit à des poignées de main et des sourires. Dès son assassinat, il n'y a plus d'amis ni de connaissances, chacun étant prêt à dénoncer son voisin pour se protéger lui-même (à l'exception de Geneviève et Fleury). Sous la caméra des auteurs, cette société montre sa corruption, sa vacuité et ses faux-semblants, car en réalité Lambert, qui pratiquait volontiers le chantage, gênait beaucoup de monde. L'intrigue est superbement construite par Yves Mirande qui refuse d'être dupe de ces mondanités hypocrites.*

CARREFOUR

Réalisation : Kurt Bernhardt ; scénario : André-Paul Antoine, Kurt Bernhardt (+ Lilo Dammert), d'après l'histoire de Hans Kafka ; dialogues : André-Paul Antoine ; adaptation : Robert Liebmann ; photographie : Léonce-Henri Burel ; musique : Henri Herblay (= Paul Dessau) ; montage : Georges Lantz ; production : Eugène Tucherer (BUP Française - British Unity Pictures) ; durée : 84 min.

Interprétation : Charles Vanel : Roger de Vétheuil. Jules Berry : Lucien Sarroux. Suzy Prim : Michèle Allain. Tania Fédor : Mme de Vétheuil. Marcelle Géniat : Mme Pelletier. Jean Claudio : Paul de Vétheuil. Auguste Bovério : avocat de Vétheuil. Pierre Palau : Leduc. Jean Tissier : agent de voyages. Marcel Duhamel : majordome. Marcel Pérès : préposé au tribunal. Paul Amiot : président.

Thème : L'industriel Roger de Vétheuil est accusé d'être Jean Pelletier, un repris de justice, qui aurait usurpé cette identité après la disparition de Vétheuil sur le front en 1917. Blessé pendant la guerre, Vétheuil est partiellement amnésique et son procès commence mal, d'autant plus que Michèle Allain, l'ancienne maîtresse de Pelletier, confirme les allégations des accusateurs. C'est alors qu'apparaît Lucien Sarroux, qui affirme avoir assisté à la mort du véritable Jean Pelletier. Vétheuil gagne son procès, mais Sarroux lui confirme qu'il est

CARREFOUR

CARREFOUR

bien Pelletier et veut le faire chanter. Vétheuil rend visite à la mère de Pelletier qui le reconnaît mais ne dit rien afin de le protéger. Il voit Michèle alors même que certains souvenirs lui reviennent à la mémoire. Paul, le fils de Vétheuil, cherche à se suicider. Pour protéger l'homme qu'elle a toujours aimé, Michèle tue Sarroux et innocente par un mensonge Vétheuil.

Un impeccable scénario sur un thème à la Jean Valjean, avec de nombreux rebondissements et le grandiose face à face entre Charles Vanel et Jules Berry, tour à tour cauteleux et menaçant. On se souvient de Suzy Prim déposant en manteau de fourrure et boa, son béret sur l'œil droit.

Notes : *Tournage aux studios de Billancourt. Remakes réalisés par Thomas Bentley –* Dead Man's Shoes *(1940), avec Leslie Banks et Joan Marion – et Jack Conway –* Crossroads *(1942), avec William Powell, Hedy Lamarr et Basil Rathbone.*

CHÉRI-BIBI

Réalisation : Léon Mathot ; scénario : Jacques Constant, d'après le roman-feuilleton de Gaston Leroux *La Nouvelle Aurore* ; photographie : René Gaveau, André Thomas ; musique : Paul Misraki ; montage : Marguerite Beaugé ; assistance à la réalisation : Robert Bibal, René Navarre ; production : Les Productions Charles Bauche ; durée : 120 min.

Interprétation : Pierre Fresnay : Francis, dit Chéri-Bibi. Jean-Pierre Aumont : Raoul Palas. Marcel Dalio : donneur. Thomy Bourdelle : Fric-Frac. Aimos : « la Ficelle ». Lucien Dalsace : vieux Georges. Suzet Maïs : Ginette. Colette Darfeuil : Viviane. Liliane Lesaffre : Mlle Roger. René Navarre : M. Charles. Georges Fells : Théo. Robert Ozanne : Le Lorrain. Gérard Landry : Gérard. Maurice Humbert : sourd-muet. Edgar Licho : Boris.

Thème : Forçat évadé, Chéri-Bibi est à nouveau arrêté, après avoir été dénoncé par Ginette. Il cherche à fomenter une mutinerie à bord du navire qui le conduit lui et les autres relégués en Guyane, mais la révolte échoue. Au bagne, Chéri-Bibi s'évade avec quatre autres détenus dont Raoul Palas, qui est innocent. Risquant d'être capturé, il choisit de se sacrifier et est grièvement blessé par un des gardes, pour assurer la fuite de ses camarades. « La Ficelle » et Raoul réussissent ainsi à fuir alors que Fric-Frac ramène Chéri-Bibi à ses gardiens. Raoul, qui a été condamné à tort pour le meurtre de son oncle, réussira, grâce à ce que lui a confié Chéri-Bibi, à obtenir son pardon.

On est assez vite surpris par le ton du film qui va passer du film policier presque traditionnel à une description très réussie du bagne de Guyane. On se souvient notamment du personnage campé par Marcel Dalio. C'est un délateur. Ses camarades le savent, le privent de ses chaussures alors que leur marche est harassante, le houspillent et le frappent durant le trajet, provoquant finalement sa fuite et sa mort (il est abattu par un des gardes). De même, l'idée de Chéri-Bibi de faire apprendre le langage des sourds-muets à ses camarades détenus pour qu'ils puissent communiquer entre eux est très habile. Pierre Fresnay a malheureusement tendance à surjouer un peu. Une curiosité !

Notes : *Remake de* La Nouvelle Aurore *(1919), film muet en 16 épisodes d'Édouard-Émile Violet. En 1955, le film fera l'objet d'un remake réalisé par Marcello Pagliero.*

LES DISPARUS DE SAINT-AGIL

LES DISPARUS DE SAINT-AGIL

Réalisation : Christian-Jaque ; scénario : Jean-Henri Blanchon, d'après le roman de Pierre Véry ; dialogues : Jacques Prévert (non crédité) ; photographie : Marcel Lucien, André Germain ; musique : Henri Verdun ; montage : Claude Nicole ; production : Dimeco Productions ; durée : 99 min.

Interprétation : Erich von Stroheim : Walter. Michel Simon : Lemel. Armand Bernard : Mazeau. Robert Le Vigan : homme invisible. Aimé Clariond : directeur. Marcel Mouloudji : Philippe Macroy. Serge Grave : André Beaume. Jean Claudio : Mathieu Sorgue. René Génin : Donnadieu. Jacques Derives : Planet. Robert Ozanne : infirmier. Albert Malbert : meunier. Claude Roy : petit garçon à la tortue. Martial Rèbe : surveillant du dortoir. Robert Rollis : élève du collège. Charles Aznavour : élève du collège.

Thème : Le collège de Saint-Agil. Trois des élèves, Beaume, Sorgue et Macroy, ont créé une société secrète, celle des « Chiches-Capons », ayant pour but de partir en Amérique. Des faits inquiétants se produisent. Sorgue voit un homme mystérieux puis disparaît. Lemel, le professeur de dessin, trouve la mort en passant par-dessus la rampe de l'escalier. Beaume mène l'enquête et découvre que Sorgue est prisonnier d'une bande de faux-monnayeurs à laquelle appartient le directeur de l'établissement. Quant à Macroy, il a été arrêté par la police alors qu'il voulait rejoindre l'Amérique. Les trois amis, à nouveau réunis, font entrer dans leur confrérie M. Walter, professeur de langues vivantes.

L'une des réussites de la carrière de Christian-Jaque qui retrouve le style de Pierre Véry, mélange de mystère, d'intrigue policière, de poésie et de sens du merveilleux. L'évocation du collège – un souvenir du cinéaste – est particulièrement juste et attachante, sans sensiblerie, ni apitoiement. On sent revivre, grâce à la tendresse du cinéaste et des auteurs, ce petit monde d'un collège qui vit pratiquement en huis clos, avec ses espoirs, ses disputes et ses jalousies. Face à Michel Simon, professeur trop sévère, Erich von Stroheim est admirable.

L'ÉTRANGE MONSIEUR VICTOR

Réalisation : Jean Grémillon ; scénario : Albert Valentin ; adaptation : Charles Spaak ; dialogues : Charles Spaak, Marcel Achard ; photographie : Werner Krien ; musique : Roland Manuel ; assistance à la réalisation : Louis Daquin ; production : Raoul Ploquin (Universum-Film AG / Alliance Cinématographique Européenne) ; durée : 103 min.

Interprétation : Raimu : Victor Agardanne. Madeleine Renaud : Madeleine Agardanne. Viviane Romance : Adrienne Robineau. Pierre Blanchar : Bastien Robineau. Marcelle Géniat : Mme Agardanne. Georges Flamant : Amédée. Andrex : Robert Cerani. Édouard Delmont : commissaire Paroli. Maupi : Rémi. Charles Blavette : premier inspecteur. Armand Larcher : deuxième inspecteur. Odette Roger : Mme Marie.

Thème : Toulon. Honorable commerçant, estimé de tous, Victor Agardanne mène une double vie, puisqu'il est, en même temps, le receleur d'un gang de cambrioleurs. L'un de ses complices le menaçant de chantage, Victor le tue. Son voisin, le cordonnier Bastien Robineau, est accusé du crime, condamné et envoyé au bagne. Victor s'occupe de l'enfant de Bastien en donnant de l'argent à Adrienne Robineau, l'épouse du prisonnier. Celui-ci s'évade et se réfugie chez Victor. Il comprend bientôt la vérité et retrouve son honneur, alors que Victor est arrêté.

Tourné en Allemagne, le film, qui devait s'appeler à l'origine Expiation, *dévoile en Toulon une ville grise et inquiétante, loin d'une métropole nimbée de soleil. À l'image même de l'intrigue. Le bon Monsieur Victor, le bienfaiteur local, se révèle être le complice de voleurs*

L'ÉTRANGE MONSIEUR VICTOR

et bientôt un assassin. Comme si, dans la France de cette année 1938, les apparences étaient parfois trompeuses, en cette veille de la guerre… À ce titre, le film est très symbolique et, derrière la composition superbe de Raimu, on peut deviner une société plus ambiguë dans laquelle on envoie au bagne les innocents et où l'on fête les gens « honnêtes » qui, en réalité, ne le sont pas. « Tout film, *déclarait Grémillon,* peut se ramener à un film documentaire. Documentaire d'états psychologiques, dans la plupart des cas, documentaire du subconscient, dans certains cas particuliers. » *On peut penser que, dans le domaine des décors, la collaboration d'Otto Hunte, qui travailla avec Fritz Lang, G. W. Pabst et Josef von Sternberg et auquel on doit notamment les décors de* L'Ange bleu *(1930),* Les Nibelungen *(1924) et* La Femme sur la lune *(1929), a dû être très importante. Omniprésent, Raimu est magnifique. Curieux !*

LE PURITAIN

Réalisation : Jeff Musso ; scénario : Jeff Musso, Liam O'Flaherty, d'après le roman de Liam O'Flaherty ; adaptation : Louis Postif, Jeannine Delpech ; dialogues : Liam O'Flaherty ; photographie : Curt Courant, Charles Bauer ; montage : Émilienne Nelissen ; musique : Jeff Musso, Jacques Dallin ; production : Les Films Derby ; durée : 97 min.

Interprétation : Jean-Louis Barrault : Francis Ferriter. Viviane Romance : Molly. Pierre Fresnay : commissaire Lavan. Boucot : M. Kelly. Alexandre Rignault : Dr O'Leary. Georges Flamant : Callaghan. Marcel Delaître : prêtre. Ludmilla Pitoëff : tante de Thérésa. Alla Donell : Thérésa Burke. Mady Berry : Mme Kelly. Geneviève Sorya : gourdandine. Fréhel : chanteuse du bordel.

Thème : Obsédé par la moralité publique, le journaliste irlandais Francis Ferriter supprime une femme de mauvaise vie. Le commissaire Lavan le soupçonne mais n'a pas de preuves, alors même que Ferriter essaie de faire accuser le docteur O'Leary, le protecteur de la victime. Ferriter revoit la perverse Molly qui se plaît à le provoquer et à le scandaliser. Ils boivent ensemble et Ferriter, risquant de commettre un nouveau crime, finit par se confesser au commissaire Lavan.

Pour son premier film, Jeff Musso s'est attaqué au roman de Liam O'Flaherty, l'auteur du Mouchard *(1925), adapté par John Ford en 1935. On retrouve ici le thème de la culpabilité et de la mauvaise conscience et, face à Pierre Fresnay, toujours habile dans ses personnages de policier, Jean-Louis Barrault offre une composition d'assassin obsédé par le crime et la chair.*

Notes : *Le film a obtenu le prix Louis-Delluc en 1938.*

LE PURITAIN

LE QUAI DES BRUMES

Réalisation : Marcel Carné ; scénario : Jacques Prévert, d'après le roman de Pierre Mac Orlan ; photographie : Eugen Schufftan ; musique : Maurice Jaubert ; montage : René Le Hénaff ; décors : Alexandre Trauner ; production : Gregor Rabinovitch (Ciné Alliance) ; durée : 91 min.

Interprétation : Jean Gabin : Jean. Michèle Morgan : Nelly. Michel Simon : Zabel. Pierre Brasseur : Lucien. Robert Le Vigan : Michel Krauss. Aimos : Quart-Vittel. Édouard Delmont : Panama. Marcel Pérès : chauffeur. René Génin : Dr Mollet. Roger Legris : garçon d'hôtel. Jenny Burnay : amie de Lucien.

Thème : Jean arrive au Havre en portant encore l'uniforme de la Coloniale. En réalité déserteur et sans le sou, il trouve, avec l'aide du clochard Quart-Vittel, un refuge chez Panama, qui héberge les déclassés. Il y rencontre l'étrange Nelly et Michel Krauss, un peintre fou. Un matin, le soldat se bat avec Lucien, le chef d'une bande de voyous, qui importune Nelly. Zabel, le tuteur de Nelly, se livre à de louches affaires. De retour chez Panama, Jean, soupçonné par Zabel d'être un déserteur, prend les papiers et les vêtements de Michel, qui s'est suicidé. Soupçonné du meurtre de Maurice, l'ami de Nelly, Jean décide de s'embarquer à destination du Venezuela. Zabel avoue à Nelly que c'est lui qui a tué Maurice et il agresse la jeune femme. Jean, qui voulait revoir Nelly avant de partir, survient et tue Zabel à coups de brique. Mais Lucien, venu se venger suite à leur altercation, l'abat.

C'est le « réalisme poétique ». D'un côté, une ville (Le Havre), le brouillard, une atmosphère poisseuse, la nuit et un homme (un déserteur) qui cherche à fuir. Jean découvre avec Nelly une femme qui l'aime, mais la fatalité interviendra, une fois de plus, et cet amour sera impossible. La photographie de Schufftan et les décors de Trauner contribuent à créer cet univers à la fois romanesque et tragique, un monde dans lequel il n'y a pas de place pour les amants et où les crapules (Zabel, Lucien) contribueront à aider l'implacable main du destin. Jean Gabin et Michèle Morgan forment un couple inoubliable, alors que Prévert brosse d'attachantes silhouettes de déclassés (Quart-Vittel, Michel, Panama).

LE QUAI DES BRUMES

LE QUAI DES BRUMES

LA RUE SANS JOIE

Réalisation : André Hugon ; scénario : André Hugon, d'après le roman de Hugo Bettauer ; dialogues : Georges Fagot ; photographie : Marc Bujard, Tahar El Hanache, Michel Rocca ; musique : Georges Auric, Vincent Scotto, Georges Koger, André Hugon ; production : Productions André Hugon ; durée : 87 min.

Interprétation : Albert Préjean : Jean Dumas. Dita Parlo : Jeanne de Romer. Marguerite Deval : Mme Geffier. Line Noro : Marie Leichner. Valéry Inkijinoff : Louis Stinner. Fréhel : Henriette. Mila Parély : Léa Level. Janine Guise : détective. Charlotte Barbier-Krauss : mère de Jeanne. Francine Dartois : sœur de Jeanne. Elisa Ruis : Régine Rozès. Paul Pauley : M. Woss. Pierre Alcover : M. Antoine. Jean d'Yd : avocat général. Jean Mercure : petit pâtissier. Claude Roy : frère de Jeanne. Georges Paulais : bijoutier. Émile Drain : président.

Thème : Jeanne de Romer doit subvenir aux besoins de sa famille dans des conditions financières très difficiles. À la suite de la perte de son emploi de dactylo (son patron ayant été arrêté pour escroquerie) et face aux dettes contractées auprès de la louche Mme Geffier, entremetteuse à la tête d'un réseau de prostitution, elle se trouve compromise dans une affaire criminelle. Louis Stinner, le dernier amant de la victime d'un meurtre, Léa Level, est le principal suspect, et Mme Geffier accuse Jeanne – qui a refusé de céder à ses clients et s'est enfuie – d'être sa complice. Le journaliste Jean Dumas réussira à la faire disculper.

C'est le remake de Die Freudlose Gasse *de Georg Wilhelm Pabst (1925), avec Dita Parlo dans le rôle que tenait Greta Garbo. Une brillante interprétation et Fréhel qui chante « L'Amour des hommes » d'André Hugon lui-même.*

LE DERNIER TOURNANT

LE DERNIER TOURNANT

Réalisation : Pierre Chenal ; scénario : Henry Torrès (= Pierre Chenal), d'après le roman de James M. Cain *Le facteur sonne toujours deux fois ;* adaptation : Pierre Chenal, J. B. Brunius, André Chenal ; dialogues : Charles Spaak ; photographie : Claude Renoir, Christian Matras ; musique : Jean Wiener ; montage : Borys Lewin ; assistance à la réalisation : Henri Calef ; production : Gladiator Films ; durée : 90 min.

Interprétation : Corinne Luchaire : Cora. Fernand Gravey : Frank. Michel Simon : Nick Marino. Robert Le Vigan : cousin. René Bergeron : commissaire. Florence Marly : Madge. Marcel Vallée : juge d'instruction. Fred Pasquali : joueur. Auguste Bovério : courtier. Pierre Sergeol : avocat. Charles Blavette : camionneur. Serge Nadaud : motard. Georges Péclet : assureur. Marcel Duhamel : monsieur pressé. Georges Douking : joueur.

Thème : Vagabond à la recherche d'un emploi, Frank devient l'employé du garagiste Nick Martino. Il s'éprend de Cora, la femme de son patron, avec laquelle il débute une liaison passionnée. Celle-ci, qui déteste son mari, voit enfin l'occasion de s'en débarrasser. Les deux amants maquillent le crime en accident. La police les soupçonne mais n'a aucune preuve et le cousin de Nick menace le couple de chantage. À la suite d'un accident de voiture, Cora trouve la mort. Nick est accusé de meurtre – alors qu'il est innocent – et condamné à mort.

Pierre Chenal est donc le premier, avant notamment Luchino Visconti (Ossessione, 1943), Tay Garnett (1946) et Bob Rafelson (1981) à adapter le roman de James M. Cain. Certains trouvent que cette version est la meilleure, séduits par Corinne Luchaire et l'atmosphère lourde de menaces parfaitement rendue par Chenal. On peut pourtant préférer l'adaptation de Tay Garnett, ne serait-ce que pour l'inoubliable apparition de Lana Turner en short blanc... On admirera ici, au passage, la reconstitution de la station essence de Nick Marino par Georges Wakhevitch, tellement crédible – selon Chenal – que plusieurs automobilistes s'arrêtèrent pour demander de l'essence à Michel Simon !

Notes : *Tournage du 16 janvier à début avril 1939 aux studios de la Victorine et, en extérieurs, aux environs de Nice : col de Vence, Coursegoules et bords du Loup.*

DERRIÈRE LA FACADE

Réalisation : Yves Mirande et Georges Lacombe ; scénario : Georges Lacombe, Max Kolpé ; dialogues : Yves Mirande ; photographie : Victor Arménise, Robert Juillard ; musique : André Gailhard ; montage : Marthe Poncin ; production : Arys Nissotti, Pierre O'Connell (Regina) ; durée : 85 min.

Interprétation : Gaby Morlay : Gaby Valrose. Lucien Baroux : commissaire Boucheron. Elvire Popesco : Mme Rameau. Jules Berry : Alfrédo d'Avila. André Lefaur : Corbeau. Gaby Sylvia : Madeleine Martin. Michel Simon : Picking. Betty Stockfeld : Anglaise. Erich von Stroheim : Eric. Andrex : André Laurent. Julien Carette : soldat. Aimé Clariond : président Bernier. Jacques Dumesnil : Albert Durand. Paul Faivre : concierge. Marcel Simon : Jules. Jacques Baumer : inspecteur Lambert. Gabrielle Dorziat : Mme Bernier. Yves Mirande : clochard sur le banc. Jean Wiener : pianiste au cabaret. Lise Courbet : Paulette. Marguerite Moreno : sous-directrice. Simone Berriau : Lydia. Claude Sainval : gigolo de Gaby.

DERRIÈRE LA FAÇADE

Thème : La mort de la propriétaire d'un immeuble de rapport, retrouvée dans l'ascenseur, voit le commissaire Boucheron et son collègue et rival de la Sûreté, l'inspecteur Lambert, enquêter auprès des différents locataires. Qui est le coupable ? Picking, le lanceur de couteaux ? Corbeau, le kleptomane ? André Laurent, le caissier indélicat ? Alfredo, le gigolo prêt à voler le collier de Mme Rameau, à la recherche d'un amant ? Et le trio formé par Gaby Valrose et ses deux amants ? Pourquoi le fils du président Bernier de la cour d'appel va-t-il au *Perroquet* voir la maîtresse de son père ? Et

DERRIÈRE LA FAÇADE

LE JOUR SE LÈVE

Eric, cet Allemand tout juste naturalisé ? Boucheron démasque finalement le coupable, c'est le concierge de l'immeuble dont le travail n'était pas assez reconnu par la propriétaire de l'immeuble.

Yves Mirande a réuni une interprétation exceptionnelle pour cette vision « en coupe » de la société française. Ce qui n'aurait pu être qu'une brillante comédie de boulevard laisse peu à peu un regard amer sur cette société. Les suspects sont nombreux et on découvre des couples désunis, des gens qui se mentent et se trahissent, des voleurs de toute sorte, une respectable propriétaire qui, toutes les semaines, reçoit l'argent que lui rapporte la prostitution, un concierge devenu un meurtrier… Personne n'est épargné dans ce brillant jeu de massacre où se côtoient, dans la même fascination pour l'argent et le sexe, hauts fonctionnaires et jeunes désargentés. Remarquable document sur l'époque, les classes sociales, les mœurs – et quelle interprétation ! –, le film se termine sur le mot « justice » prononcé par Alfredo à propos du cheval qui va courir et qu'il espère voir gagner la course…

LE JOUR SE LÈVE

Réalisation : Marcel Carné ; scénario : Jacques Viot ; dialogues : Jacques Prévert ; photographie : Curt Courant, André Bac, Philippe Agostini, Albert Viguier ; musique : Maurice Jaubert ; montage : René Le Hénaff ; décors : Alexandre Trauner ; production : Productions Sigma ; durée : 93 min.

Interprétation : Jean Gabin : François. Arletty : Clara. Jules Berry : M. Valentin. Jacqueline Laurent : Françoise. Gabrielle Fontan : dame dans l'escalier. Bernard Blier : Gaston. René Génin : concierge. Mady Berry : concierge. Georges Douking : aveugle. René Bergeron : patron du café. Marcel Pérès : Paulo. Arthur Devère : M. Gerbois. Germaine Lix : chanteuse.

Thème : Un immeuble. Un escalier. Un coup de feu. Un homme s'effondre. Dans sa chambre, François va être assiégé par la police. Il se souvient… Il était tombé amoureux de Françoise, la fleuriste, mais

LE JOUR SE LÈVE

elle avait retrouvé Valentin, le dresseur de chiens. Clara, la maîtresse de Valentin, avait cherché en vain à consoler François. Valentin, séducteur de Françoise, était même venu menacer François, qui l'avait abattu. La police investit l'immeuble. François s'est suicidé.

Le film est célèbre, en dehors de l'admirable interprétation de Gabin, pour certaines de ses recherches. Ainsi, l'utilisation du flash-back est quelque chose de novateur – nous sommes avant Citizen Kane *–, de même que la manière dont est filmé le remarquable décor d'Alexandre Trauner, qui enserre réellement le héros.*

Notes : *Tournage de février à mai 1939 aux studios de Billancourt. Remake américain par Anatole Litvak,* The Long Night *(1947).*

PIÈGES

Réalisation : Robert Siodmak ; scénario : Jacques Companéez, Ernest Neuville (= Ernest Neubach) ; dialogues : Simon Gantillon ; photographie : Ted Pahle, Michel Kelber ; musique : Michelet ; montage : Yvonne Martin ; production : Speva Films ; durée : 111 min.

Interprétation : Maurice Chevalier : Robert Fleury. Marie Déa : Adrienne Charpentier. Pierre Renoir : Brémontière. Erich von Stroheim : Pears. André Brunot : commissaire Ténier. Jean Témerson : inspecteur Batol. Jacques Varennes : Maxime. Madeleine Geoffroy : Valérie. Mady Berry : Sidonie. Catherine Farel : Lucie Baral. Robert Seller : imprésario Carioni. Milly Mathis : Rose. Philippe Richard : avocat. Julienne Paroli : femme de chambre. Numès fils : spectateur barbu. Henri Bry : Oglou Vacapoulos. Jean Brochard : speaker.

Thème : Plusieurs jeunes filles ont mystérieusement disparu à Paris. Son amie Lucie Baral figurant parmi elles, Adrienne Charpentier – qui était, comme elle, taxi-girl – accepte de travailler pour la police afin de servir d'appât. Elle rencontre ainsi un vieux couturier déséquilibré, Pears, qui finit par mettre le feu à ses costumes. Elle est ensuite engagée chez Robert Fleury, directeur de cabaret et entrepreneur de spectacles. Maxime, le majordome, dirige d'une main de fer le personnel. Adrienne rencontre, à cette occasion, Oglou, complice de Maxime dans un gang de traite des Blanches. La police arrête les deux hommes. Adrienne accepte de se fiancer avec Fleury, mais elle découvre des pièces compromettantes pour ce dernier. Est-il l'assassin ? Fleury apprend que celle-ci travaille pour la police. Des corps sont retrouvés dans son jardin. Reconnu coupable, Fleury est condamné à mort, bien que le commissaire Ténier continue à le croire innocent. Adrienne réussit à démasquer Brémontière, l'ami et collaborateur de Fleury, qui la convoitait. Brémontière se tue. Libéré, Fleury retrouve Adrienne.

L'une des plus belles séquences du film voit Maxime donner une chemise de nuit à Adrienne, espérant en faire dans la nuit sa maîtresse. Peu à peu, Adrienne, qui le repousse, finit par inverser leurs rapports et c'est elle qui réussit à imposer sa loi au majordome. C'est une scène magnifique, superbement dialoguée et remarquablement jouée. On notera aussi que Maurice Chevalier interprète, en raison de sa notoriété, deux chansons, « Mon amour » et « Elle pleurait comme une madeleine », l'une comme l'autre peu indispensables à l'action.

Notes : *Tournage aux studios de Joinville-le-Pont. Douglas Sirk en a réalisé un remake,* Lured *(1947), avec George Sanders, Lucille Ball et Boris Karloff.*

MENACES…

Réalisation : Edmond T. Gréville ; scénario : Edmond T. Gréville, Curt Alexander ; dialogues : Pierre Lestringuez, Edmond T. Gréville ; photographie : Otto Heller, Nicolas Hayer, Alain Douarinou, André Thomas ; musique : Guy Lafarge, Maurice Bellecour ; production : Société de production du film *Cinq jours d'angoisse* / Union Française de Production Cinématographique (UFPC) ; durée : 95 min.

Interprétation : Erich von Stroheim : professeur Hoffmann. Mireille Balin : Denise. Jean Galland : Louis. John Loder : Dick Stone. Ginette Leclerc : Ginette. Maurice Maillot : Georges Mouret. Madeleine Lambert : patronne de l'hôtel. Vanda Gréville : cliente américaine. Henri Bosc : Carbonero. Paul Demange : Ernest. Jacques Chevalier : enfant. Michel François : enfant au chien.

Thème : Septembre 1938. Un petit établissement du Quartier latin, l'*Hôtel du Panthéon,* abrite de nombreux réfugiés. Il y a notamment le professeur Hoffmann qui est autrichien, le peintre Louis, amoureux de Denise qui, de son côté, aime le journaliste anglais Dick Stone. Tous sont inquiets de la situation politique et du danger de guerre imminent. Denise est accusée d'avoir volé une riche Américaine, mais les clients, mobilisés, démasquent le véritable coupable, Carbonero, et le chassent. Denise est émue par Louis et Dick se croit trahi. Hoffman est chassé de son travail en raison de sa nationalité et comprend que tout est fini pour lui. Il montre à Denise son visage mutilé et se tue. La guerre est bientôt déclarée. Dick épousera Denise, et Louis, à la fin de la guerre, se recueillera sur la tombe d'Hoffmann.

Le film est précédé par le carton « Ce film a été interdit et brûlé par ordre des autorités allemandes, ses auteurs, traqués par la Gestapo. Ce n'est que par miracle qu'il a pu être sauvé et mis au point depuis la libération de Paris ». *Le long métrage, qui s'est d'abord intitulé* Cinq jours d'angoisse, *est le reflet tragique d'un monde en train de basculer. Tous les clients de l'hôtel, des êtres déjà pour la plupart marqués par la vie, sont avec raison inquiets de la situation. Les accords de Munich rassurent certains, mais Hoffmann, plus réaliste, n'est pas dupe. Le scénario, écrit en temps réel, suit les événements de l'époque.* « Plus la tension montait, *racontait Gréville,* plus l'histoire se faisait violente, car il m'arrivait de modifier une scène à la dernière minute pour l'adapter à l'actualité riche en coups de théâtre. Ce qui fit de ce film un véritable réquisitoire contre le national-socialisme, et c'est la raison pour laquelle il fut détruit en 1940, sur ordre de la Gestapo. » *En 1944, Edmond T. Gréville tourna une nouvelle fin avec la victoire des Alliés.* « Comme j'avais été le dernier metteur en scène à tourner en 1939, je fus le premier à tourner après le Débarquement. Détail piquant : tous ceux qui, dans la version originale de *Menaces…*, représentaient le camp de la Liberté et s'en prenaient aux nazis, avaient des ennuis pour "collaboration" : Jean Galland était interdit, Ginette Leclerc en prison, Mireille Balin "épurée". Seul Maurice Maillot était disponible. » *Le cinéaste décrit ici des femmes et des hommes marqués dans leur chair (le visage ravagé et partiellement masqué d'Erich von Stroheim), dans leur cœur (Louis qui vit au milieu des portraits de Denise), de plus en plus inquiets, parfois jaloux, parfois aussi déjà résignés au pire, à cette guerre qui menace. Cette menace qui va donner au film son titre définitif. Von Stroheim réalise une composition bouleversante, comme s'il portait déjà sur son visage les stigmates de la guerre qui va ravager le monde, alors que, parallèlement, il hume les mouchoirs et détecte les parfums.*

Notes : *Tournage aux studios François-Ier.*

1941-1950

1941

L'ASSASSINAT DU PÈRE NOËL

Réalisation : Christian-Jaque ; scénario : Charles Spaak, Pierre Véry, d'après le roman de Pierre Véry ; dialogues : Charles Spaak ; photographie : Armand Thirard ; musique : Henry Verdun ; montage : René Le Hénaff ; production : Alfred Greven (Continental Films) ; durée : 105 min.

Interprétation : Harry Baur : Gaspard Cornusse. Renée Faure : Catherine Cornusse. Raymond Rouleau : baron Roland de la Faille. Robert Le Vigan : Léon Villard. Fernand Ledoux : maire. Jean Brochard : Ricomet. Marie-Hélène Dasté : mère Michel. Jean Parédès : Kappel. Georges Chamarat : Valcourt. Héléna Manson : Marie Coquillot. Sinoël : Noblet. Bernard Blier : brigadier. Georges Mauloy : curé. Lucien Coëdel : Desfosses. Marcel Pérès : Rambert.

Thème : Un petit village de Savoie qui prépare Noël. Le père Cornusse, fabricant de mappemondes, raconte des histoires imaginaires aux enfants alors que sa fille Catherine, qu'aime l'instituteur Villard, n'a d'yeux que pour le jeune baron Roland. Ce dernier profite de la venue de Cornusse – déguisé comme chaque année en père Noël – au château pour l'enivrer et pouvoir rejoindre ainsi Catherine au bal de l'auberge. Le père Noël, qui doit monter la garde près de la crèche et veiller sur l'anneau de Saint-Nicolas – diamants de valeur appartenant à l'église du village –, est retrouvé assassiné. Or, ce n'est ni Cornusse ni le baron, qui s'était emparé de la houppelande en question. Le mort est un inconnu. Le pharmacien Ricomet est arrêté après enquête. Catherine et le baron peuvent révéler leur amour tandis que Cornusse, redevenu le père Noël, offre un beau globe terrestre à un petit malade.

C'est le premier film tourné par la Continental. Il est aussi sans doute l'une des plus fidèles adaptations de l'œuvre de Pierre Véry, lui-même auteur du scénario. On découvre cet univers clos qu'est ce petit monde d'un village symboliquement bloqué par la neige. Les enfants croient aux folles histoires racontées par le père Cornusse, comme s'ils avaient besoin d'échapper – provisoirement – à leur monde de tous les jours. Les mappemondes fabriquées par Cornusse en sont le symbole. Inversement, le baron Roland, qui a couru le monde à la recherche d'une belle princesse, va comprendre que celle-ci n'est autre que Catherine qu'il a toujours connue.

***Notes :** Tournage du 17 février au 25 avril 1941 à Chamonix (Haute-Savoie) et aux studios de Neuilly-sur-Seine.*

LE DERNIER DES SIX

Réalisation : Georges Lacombe ; scénario et dialogues : Henri-Georges Clouzot, d'après le roman de Stanislas-André Steeman *Six hommes morts* ; photographie : Robert Le Febvre ; musique : Jean Alfaro ; montage : Marguerite Beaugé ; production : Alfred Greven (Continental Films) ; durée : 90 min.

Interprétation : Pierre Fresnay : commissaire Wens. André Luguet : Henri Senterre. Jean Chevrier : Jean Perlonjour. Michèle Alfa : Lolita Gernicot. Suzy Delair : Mila Malou. Lucien Nat : Marcel Gernicot. Jean Tissier : Henri Tignol. Georges Rollin : Georges Gribbe, dit « Jo ». Odette Barencey : Pâquerette. Raymond Segard : Namotte. Pierre Labry : inspecteur Picard. Robert Ozanne : inspecteur Dallandier. Paul Demange : Fabien. Robert Vattier : administrateur. Simone Valère : femme. Martine Carol : femme.

Thème : À la suite d'un pacte, six amis – Senterre, Perlonjour, Tignol, Gribbe, Namotte et Gernicot – décident de se séparer et de se retrouver cinq ans plus tard afin de partager le fruit de leurs gains. Le délai passé, Namotte manque à l'appel. Il serait tombé du bateau en revenant d'Afrique, victime d'un meurtre. Senterre est devenu riche, tandis que Perlonjour a fini comme soutier et n'a pas d'argent. Celui-ci

L'ASSASSINAT DU PÈRE NOËL

Qui a tué ?

UN GRAND FILM FRANÇAIS

ANDRE LUGUET... SENTERRE, un prince du music-hall, grand magnat du spectacle. Il dirige un trust de salles, monte ses revues avec un luxe inoui, auditionne des artistes...

Elégant et racé, sûr de lui-même, exigeant et parfois dur, il a gagné son rang, le premier, à la force des poignets.

Le temps est loin où Senterre mangeait les derniers deniers de sa fortune et songeait, ruiné, dans l'hôtel délabré de ses ancêtres.

Maintenant, l'argent vient à lui, les artistes les plus fameux n'ont qu'un désir : paraître dans ses spectacles.

Mais il ne se laisse pas influencer. Il sait ce qu'il veut et où il va.

JEAN CHEVRIER... PERLONJOUR... Le destin l'a conduit sur la côte brûlée du Sénégal.

A Dakar, courageusement, il s'est mis à l'œuvre. Il a tenté bien des métiers. Mais les circonstances et les hommes se sont tournés contre lui...

Il n'a pas réussi. Quand il reviendra à Paris, ce sera sans ressources, ayant perdu le petit pécule avec lequel il s'était lancé dans l'aventure...

L'amour ne lui a pas été plus favorable. Il a connu là-bas une artiste, Lolita, mais se croyant dédaigné, il l'a laissée épouser son ami Gernicot...

Lui s'est effacé.

Maintenant, il est trop tard pour tout.

Que fera-t-il de l'avenir ?

SENTERRE, celui qui a forcé la chance...

TIGNOL, le poète... la pipe, la fumée, les rêves...

PERLONJOUR, celui qui n'a jamais réussi...

Un homme gît, inanimé, dans la chambre misérable où il traînait sa vie. L'enquête est ouverte...

...le dernier des 6...

GERNICOT, l'homme traqué, retour d'Afrique...

GRIBBE... un déclassé, une vie gâchée qui pouvait être belle...

Un autre drame va se jouer, celui des consciences... « Cherchez la femme ! » dit le proverbe.

DANS UN ROLE COMPLÈTEMENT NOUVEAU, FRESNAY TIENT-IL LA CLEF DU MYSTÈRE?

PIERRE FRESNAY... Commissaire Wens. De son vrai nom Wenceslas Voroboïétchik.

Malgré une nonchalance d'allure qui le rend parfois suspect, il sait être élégant. Il a le regard vif et montre, quand il le faut, une ferme autorité sous des dehors désinvoltes...

S'il effectue une enquête, il tourne le dos à toutes les traditions et semble suivre l'affaire en amateur ou en curieux.

Alliant le cynisme à la fantaisie, il va, vient, questionne, écoute...

Michèle Alfa... Lolita... Une femme qui est allée elle aussi, de continent en continent, poussée par le destin ou peut-être par ses ambitions, ses désirs, ses passions.

En Afrique, elle a rencontré l'homme qui a su fixer sa vie, Gernicot. Mais l'aventure ne la lâchera pas si vite...

Dans un grand music-hall parisien, elle a créé un numéro sensationnel de tir à la carabine. Senterre, qui le présente, a apporté tous ses soins à cette réalisation.

La foule acclame...

Le rideau tombe...

Mais dans une avant-scène un homme gît, effondré...

Où est l'assassin ?

Qui a tué ?

Photo Continental.

JEAN TISSIER... TIGNOL... Celui-là n'a guère changé !

C'était autrefois le rêveur de la bande, un être un peu hurluberlu, mais charmant, toujours dans les nuages, en compagnie des Muses.

Le geste nonchalant, la parole hésitante, il semble vivre à mi-chemin du rêve et de la réalité. Il a épousé une commerçante de Rouen, mais il est resté poète.

Fidèle à ses amitiés, il viendra à Paris pour revoir ses compagnons.

Il n'a pas réussi à l'égal de Senterre, mais il est sans envie et sans rancune envers le sort.

Quand son ami l'invitera au merveilleux spectacle qu'il vient de monter, Tignol s'y rendra avec une joie d'enfant.

Sait-il qu'un homme le guette dans ce luxueux music-hall où il vient, si confiant ?

LUCIEN NAT... GERNICOT..., le jeune ami devant qui Perlonjour s'est effacé à Dakar, alors que chacun d'eux sollicitait les faveurs de Lolita, une artiste en tournée là-bas.

Gernicot a épousé la jeune femme et c'est avec elle qu'il rentre en France pour le rendez-vous convenu cinq années auparavant.

Il a beaucoup changé depuis son départ. C'est maintenant un homme traqué. Se sent-il observé ?

RAYMOND SEGARD... NAMOTTE... Comme ses anciens compagnons, il accourait au rendez-vous, mais en rentrant en France, au cours de la traversée, il est tombé à la mer !

Accident ? La chose paraît invraisemblable. Suicide ?

NAMOTTE, le disparu, la première victime parmi les six !...

Namotte aurait-il eu quelque raison cachée justifiant un tel geste ?

Diverses circonstances font croire à l'assassinat...

Qui donc avait intérêt à supprimer Namotte ?

GEORGES ROLLIN... GRIBBE... A celui-là non plus la vie n'a pas été favorable. Il est allé de déchéance en déchéance, tombant un peu plus bas, d'année en année. C'est maintenant un déclassé plus connu sous le sobriquet de Jo que sous son vrai nom, dans les milieux interlopes de la capitale et dans les couloirs de la Sûreté.

Six hommes, six compagnons déçus par la vie ont décidé autrefois de mettre en commun leurs dernières ressources. L'un d'eux a joué au poker le maigre pécule et il a eu la chance d'en tirer 60.000 francs.

Muni chacun d'une petite avance, ils sont allés tenter fortune, aux quatre coins du globe, dans une contrée que le sort leur avait désignée.

On ne met pas plus d'imprévu dans le destin !

Cinq ans se sont écoulés depuis. Le rendez-vous qu'ils s'étaient donné alors est maintenant arrivé. Pendant ce temps, quelle fut la vie de ces six hommes ?

La fortune leur a-t-elle souri ? Sont-ils restés fidèles au pacte d'amitié conclu jadis dans l'exubérance et la folie de leur jeunesse ?

Au moment même où ils doivent enfin se rencontrer pour partager équitablement ce que leur a laissé la chance, ou le destin, ils tombent, l'un après l'autre, sous le coup d'une main criminelle...

Qui sera le dernier des six ?

Six hommes se sont donné rendez-vous après une absence de cinq années.

L'un disparaît en cours de route. Un autre est tué d'un coup de feu en se penchant à sa fenêtre. Un troisième s'effondre dans une avant-scène au cours d'un spectacle de music-hall. Un quatrième est retrouvé mort dans sa chambre...

Qui a tué ? N'est-ce pas la même main qui supprime ainsi froidement un à un les tenants du pacte ?

Si tous les autres disparaissent, le dernier des six ne touchera-t-il pas la totalité des sommes gagnées au cours des cinq années passées ?

Le commissaire Wens ne se laisse pas démonter par l'accumulation des crimes, l'étendue du mystère. Suit-il une piste ? Nul n'en sait rien. Tiendra-t-il bientôt la clé de l'affaire ?

Son enquête ne l'empêche pas d'aider son amie, Mila-Malou, une jeune chanteuse de music-hall, qui pense uniquement à sa carrière.

Mêlée à des hommes que le destin s'acharne à brimer. Ils ont uni toutes leurs forces, tous leurs espoirs, toute leur volonté pour triompher. Mais les événements se jouent d'eux...

Intervention de femmes aux airs énigmatiques, d'artistes méconnues ou qui croient l'être...

Stupeur du drame qui éclate soudainement, opposant les êtres, brisant les espoirs. Un homme prend le paquebot, mais il n'atteindra pas l'escale.

Au music-hall, un innocent poète est assassiné...

Des coups de feu éclatent, venus on ne sait d'où. Des êtres tombent...

Effroi du crime qui rôde et cherche ses victimes. *Qui a tué...*

COLÈRES

COLÈRES

aimait Lolita, devenue entre-temps Mme Gernicot. Ce dernier est tué, abattu, alors qu'il se trouvait chez Senterre, mais son corps a mystérieusement disparu. L'enquête est confiée au commissaire Wens. Senterre, propriétaire du cabaret *Le Palladium*, engage Lolita pour un numéro de tireuse d'élite. À son tour, Tignol est assassiné, tout comme Gribbe, retrouvé mort chez lui. Perlonjour renoue avec Lolita tandis que Wens comprend que le meurtrier est Gernicot, qui a simulé sa mort. Senterre, Perlonjour et Wens se rendent à un mystérieux rendez-vous à Romainville où Gernicot meurt, enseveli dans les sables mouvants d'une carrière.

C'est le premier des sept films adaptés des romans de Stanislas-André Steeman. Il bénéficie, avant tout, d'un brillant scénario d'Henri-Georges Clouzot, superbement dialogué, notamment dans les scènes avec le commissaire Wens. Clouzot oppose d'ailleurs très habilement le flegme de Wens, « patient mais incrédule », à la turbulence de sa compagne, Mila Milou, interprétée par une Suzy Delair en grande forme.

Michèle Alfa a remplacé au dernier moment Marie Déa, prévue pour le rôle de Lolita.

LE DERNIER DES SIX

1942

L'ASSASSIN A PEUR LA NUIT

Réalisation : Jean Delannoy ; scénario : Pierre Véry, Jean Delannoy et Roger Vitrac, d'après le roman de Pierre Véry ; dialogues : Roger Vitrac ; photographie : Paul Coteret ; musique : Georges Auric ; montage : Jacqueline Hautecœur ; assistance à la réalisation : Jacqueline Audry ; production : André Paulvé (Discina) ; durée : 100 min.

Interprétation : Mireille Balin : Lola Gracieuse. Jules Berry : Jérôme. Jean Chevrier : Olivier Rol. Louise Carletti : Monique. Henri Guisol : Bébé-Fakir. Gilbert Gil : Gilbert. Georges Lannes : commissaire Paluaud. Lucien Callamand : directeur du *Petit Brummel*. Gisèle Alcée : Juliette. Charlotte Clasis : grand-mère.

Thème : Un voleur, Olivier Rol, fuit dans le Midi à la suite d'un cambriolage, laissant sa maîtresse Lola Gracieuse, que convoite l'antiquaire véreux Jérôme. Il réussit, grâce au jeune Gilbert, à se faire engager comme ouvrier dans une carrière et s'éprend de Monique, la propre sœur de Gilbert. Il décide de s'emparer de la paie des ouvriers, mais y renonce au dernier moment. Monique veut rompre avec Olivier, alors que Jérôme est prêt à faire chanter Lola. Olivier revoit Lola et lui annonce qu'il repart. Jérôme le menace et Olivier l'assomme, craignant de l'avoir tué. Pris de remords et paniqué, Olivier est désormais obsédé par les bruits. De nouveau en fuite, il rejoint Monique et sauve le petit Pierrot qui allait faire une chute mortelle. Lola finit par avouer à la police le meurtre de Jérôme qu'elle avait achevé après son altercation avec Olivier. La police arrête Olivier. Monique l'attendra…

Un curieux film. Il commence d'une manière classique avec la conversation de deux agents de police et le vol qui voit Olivier et son complice Bébé-Fakir confronté à des mannequins du magasin de vêtements. La suite – le départ d'Olivier pour le Midi – rejoint la tradition du « retour à la terre », opposant à la ville et à ses turpitudes une province ensoleillée avec son romanesque cours d'eau et son vieux moulin. La dernière partie est inversement tournée dans un style presque expressionniste avec des cadrages et une photographie très marquée, le tout symbolisant le drame du héros rendu fou par les bruits ambiants. Jean Chevrier compose un personnage de héros marqué par le destin.

***Notes :** Tournage aux studios de la Victorine (Nice).*

L'ASSASSIN HABITE AU 21

Réalisation : Henri-Georges Clouzot ; scénario : Henri-Georges Clouzot, Stanislas-André Steeman, d'après le roman de Stanislas-André Steeman ; dialogues : Henri-Georges Clouzot ; photographie : Armand Thirard ; musique : Maurice Yvain ; montage : Christian Gaudin ; production : Alfred Greven (Continental Films) ; durée : 84 min.

Interprétation : Pierre Fresnay : commissaire Wens. Suzy Delair : Mila Malou. Jean Tissier : Triquet, alias Lalah-Poor. Noël Roquevert : Dr Linz. Pierre Larquey : M. Colin. René Génin : ivrogne. Huguette Vivier : Mlle Vania. Odette Talazac : Mme Point. Maximilienne : Mlle Cuq. Jean Despeaux : Kid Robert. Marc Natol : Armand. André Gabriello : agent Pussot. Raymond Bussières : Turlot. Antoine Balpêtré : ministre de l'Intérieur. Paul Barge : garçon de café. Marcel Pérès : inspecteur Ballandieu. Gustave Gallet : directeur de la PJ. Louis Florencie : commissaire Monnet. Lucien Blondeau : préfet. Daniel Gélin : inspecteur.

Thème : Paris est en proie à une succession de crimes signés « Monsieur Durand ». La piste conduit le commissaire Wens jusqu'à la *Pension des Mimosas,*

L'ASSASSIN A PEUR LA NUIT

L'ASSASSIN HABITE AU 21

au 21, avenue Junot. Il y prend une chambre en se faisant passer pour un pasteur. Sa compagne, Mila Malou, l'y rejoint en cachant leur relation. Wens enquête sur les différents pensionnaires : Lalah-Poor, un fakir, le docteur Linz, un médecin militaire en retraite, M. Colin, qui fabrique des poupées, Kid Robert, un boxeur aveugle. Mlle Cuq, une vieille fille qui se dit « une vraie jeune fille », est bientôt tuée par « Monsieur Durand ». Colin, Linz et Lalah-Poor sont tour à tour suspectés et innocentés. Wens comprend finalement, au cours d'une soirée organisée dans la pension, que « Monsieur Durand » est, en réalité, l'association de ces trois suspects qui agissaient chacun leur tour pour disculper ses complices. Il est sauvé in extremis par l'intervention de la police.

Clouzot oppose à nouveau la rigueur de Wens à la pétulance de Mila Milou, jouant avec une grande habileté sur l'idée d'un criminel à trois têtes, de quoi fournir en permanence des alibis à l'un de ces suspects. On remarquera d'ailleurs que, dans cette pension où il devait y avoir un criminel, il y en a en fait trois, comme

L'ASSASSIN HABITE AU 21

L'ASSASSIN HABITE AU 21

si chacun pouvait être un coupable. Les dialogues, éblouissants, servent chaque personnage et permettent de décrire avec un souci particulier la personnalité de chacun, du médecin avorteur à l'ambigu fakir, de la vieille fille au confectionneur de poupées dont le visage est blanc pour symboliser ce « Monsieur Durand » *qu'il est, en réalité, un des seuls à connaître… L'interrogatoire du docteur Linz par la police judiciaire annonce déjà* Quai des orfèvres *(1947). Raymond Bussières fredonne, de son côté :* « J'emmerde les gendarmes et la maréchaussée… »

LE BIENFAITEUR

Réalisation : Henri Decoin ; scénario : Roger d'Ashelbé (= Henri La Barthe) ; adaptation et dialogues : Yves Mirande ; photographie : Jules Kruger ; musique : Georges van Parys ; montage : Jean Feyte ; production : Arys Nissotti, Pierre O'Connell (Regina) ; durée : 88 min.

Interprétation : Raimu : M. Moulinet / Guillot. Suzy Prim : Irène Berger. Georges Colin : inspecteur Picard. Pierre Larquey : Noblet. René Bergeron : conservateur des hypothèques. Yves Deniaud : Camille Vinchon. Charles Granval : maire. Lucien Gallas : Albert Dupuy. Jacques Baumer : directeur de la PJ. Héléna Manson : domestique. Alexandre Rignault : patron du musette. Louis Salou : bijoutier. François Viguier : Dr Pintard. André Fouché : Claude de Vitrac. Julien Maffre : Juliard.

Thème : À Barfleur-sur-Oron, M. Moulinet est le « bienfaiteur », celui sur qui peuvent compter ceux qui ont des problèmes. Il est l'ami des notables et n'hésite pas à financer l'œuvre d'Irène Berger, qui se dévoue pour les jeunes orphelines. Il n'a d'ailleurs pas caché à Irène qu'il l'aimait. De passage à Paris, il redevient M. Guillot, le chef d'un gang de voleurs. Il décide de se retirer des affaires et obtient la restitution d'argent et de ciboires volés. L'inspecteur Picard commence à le soupçonner et Moulinet finit par avouer. Il sauve Juliard qui allait être victime d'un incendie, mais il trouve la mort à cette occasion. Barfleur se souviendra de son « bienfaiteur ».

Les histoires de sosie comme celles de héros à la double personnalité ont toujours été prisées par les comédiens et c'est avec un évident plaisir que Raimu trouve ici ce double rôle qui a dû lui rappeler L'Étrange Monsieur Victor *(1938), tourné quatre ans plus tôt. Le film est donc un séduisant festival Raimu, tout en permettant à Henri Decoin de décrire avec un certain cynisme la société d'une de ces petites villes de province chères à l'époque.*

LES INCONNUS DANS LA MAISON

Réalisation : Henri Decoin ; scénario, adaptation et dialogues : Henri-Georges Clouzot, d'après le roman de Georges Simenon ; photographie : Jules Kruger ; musique : Roland Manuel ; montage : Marguerite Beaugé ; production : Alfred Greven (Continental Films) ; durée : 95 min.

Interprétation : Raimu : Me Hector Loursat de Saint-Marc. Juliette Faber : Nicole Loursat. Jean Tissier : Ducup. Lucien Coëdel : Jo. Jacques Baumer : Me Rogissart. Marcel Mouloudji : Ephraïm Luska. André Reybaz : Émile Manu. Jacques Denoël : Destrivaux fils. Pierre Ringel : Daillat fils. Jacques Grétillat : président des assises. Noël Roquevert : commissaire Binet. Arthur Devère : médecin légiste. Daniel Gélin : journaliste. Tania Fédor : Mme Dossin. Gabrielle Fontan : Fine. Héléna Manson : Mme Manu. Raymond Cordy : huissier. Martine Carol : spectatrice aux assises. Pierre Fresnay : voix off (narrateur).

Thème : Depuis que sa femme l'a quitté, l'avocat Me Loursat est devenu un alcoolique et c'est sa servante, Fine, qui a élevé sa fille, Nicole. Un soir, il découvre un repris de justice, Gros Louis, mort chez lui. Sa propre fille, Nicole, appartient à un groupe de jeunes gens prêts à commettre de petits mauvais coups pour tromper leur ennui. Ce sont eux qui ont volé une voiture, ayant renversé et causé la mort de Gros Louis. Ils nient leur participation, mais l'ami de Nicole, Émile Manu, est accusé. Loursat redevient soudain le grand avocat qu'il a été. Il innocente l'accusé et démasque le véritable coupable, Ephraïm Luska. Grâce à lui, sa fille pourra connaître le bonheur.

Dès les premiers mots prononcés off par Pierre Fresnay (« Il pleut sur la ville. Sur les toits qui dégoulinent et sur les jardins inondés »), *le spectateur est plongé dans un univers glauque. Me Loursat n'est pas l'un de ces prestigieux avocats accoutumés aux prétoires, toujours prêts à affronter les procureurs et les juges d'instruction selon une certaine habitude du cinéma français. C'est un homme – presque – fini qui devra rechercher dans ses affaires cette robe d'avocat qu'il a perdu l'habitude de porter. Et, pourtant, il est bien le seul à connaître la vérité dans cette petite ville engoncée dans ses conventions, ses mœurs et aussi sa mauvaise conscience. Pour Clouzot, admirable scénariste du film, c'est presque un brouillon du* Corbeau *(1943). Redevenu le grand ténor du barreau d'hier, Loursat apostrophe, en même temps que les jurés, la société tout entière et lui-même,*

LES INCONNUS DANS LA MAISON

LES INCONNUS DANS LA MAISON

d'ailleurs, qui a été incapable d'élever sa propre fille : « Messieurs les jurés, pouvez-vous m'indiquer la route du stade, du vélodrome, le chemin de la piscine ? Non, ne cherchez pas, il n'y a ni stade, ni vélodrome, ni piscine. Il y a cent trente-deux cafés et bistrots, je les ai comptés, et quatre bordels. Quand les enfants ne peuvent pas se saouler de grand air et de vitesse, il faut bien qu'ils aillent user leurs nerfs quelque part. Ils vont au cinéma, et là, ils se pâment devant les performances de Tintin le Balafré, quand ils ne s'excitent pas sur les jambes de la star et de la vamp ; et, un beau jour ou une belle nuit, de spectateurs ces enfants deviennent acteurs. » *Grâce à Raimu, pathétique, bouleversant et grandiose, cette plaidoirie est l'un des grands moments du cinéma français. À la Libération, à un moment où l'on préférait d'anodines comédies ou de rassurantes aventures policières, il a fallu interdire le film, comme* Le Corbeau. *Il ne pouvait être question de mettre en doute l'honnêteté de cette société française qui pratiquait à plaisir la délation.*

Notes : *Remakes par Pierre Rouve –* Stranger in the House *(1967), avec James Mason, Geraldine Chaplin et Bobby Darin – et par Georges Lautner –* L'Inconnu dans la maison *(1992), avec Jean-Paul Belmondo, Renée Faure et Cristiana Reali. Le fait que le véritable coupable soit un juif a parfois été l'occasion de dénoncer la Continental qui produisit le film. Raison de plus pour rappeler qu'Alfred Greven, qui la dirigeait, avait interdit – contrairement à ce que souhaitait Josef Goebbels – toute allusion négative envers les résistants, les communistes, les Alliés et les juifs. Le nommé Luska est le coupable, mais on aurait tort d'y voir autre chose.*

MONSIEUR LA SOURIS

Réalisation : Georges Lacombe ; scénario et dialogues : Marcel Achard, d'après le roman de Georges Simenon ; photographie : Victor Arménise ; musique : Georges Auric ; montage : Raymond Leboursier ; assistance à la réalisation : Gilles Grangier ; production : Les Films Roger Richebé ; durée : 106 min.

Interprétation : Raimu : M. La Souris. Aimé Clariond : Simon Negretti. Micheline Francey : Lucile Boisvin. Aimos : Cupidon. Paul Amiot : commissaire Lucas. Gilbert Gil : Christian Osting. René Bergeron : inspecteur Lognon. Charles Granval : M. Laborde. Marie Carlot : Dora. Made Siamé : grosse dame. Paul Demange : mari de la grosse dame. Pierre Jourdan : Frédéric Muller. Émile Genevois : chasseur Émile.

Thème : M. La Souris, sympathique clochard, découvre l'existence d'un cadavre dans une voiture et retrouve un portefeuille qu'il remet à la police. On repêche, par la suite, dans la Seine le corps du financier Simon Negretti. C'est lui qu'avait vu M. La Souris. La police mène l'enquête. M. La Souris découvre bientôt que Negretti avait une double vie et un enfant d'une certaine Lucile Boisvin. Il réussit, de plus, à démasquer l'assassin, M. Laborde, qui espérait mettre la main sur la collection de timbres de Negretti. La police ne le récompense pas pour autant...

On devine le plaisir qu'a pu avoir Raimu à interpréter ce clochard philosophe soudain devenu détective. Ce n'est pourtant pas un de ses rôles les plus prestigieux.

LE CORBEAU

Réalisation : Henri-Georges Clouzot ; scénario : Louis Chavance ; adaptation et dialogues : Louis Chavance, Henri-Georges Clouzot ; photographie : Nicolas Hayer ; musique : Tony Aubin ; montage : Marguerite Beaugé ; production : René Montis, Raoul Ploquin (Continental Films) ; durée : 92 min.

Interprétation : Pierre Fresnay : Dr Rémy Germain. Pierre Larquey : Dr Michel Vorzet. Micheline Francey : Laura Vorzet. Ginette Leclerc : Denise Saillens. Héléna Manson : Marie Corbin. Antoine Balpêtré : Dr Delorme. Louis Seigner : Dr Bertrand. Noël Roquevert : Saillens. Sylvie : mère de François. Liliane Maigné : Rolande. Bernard Lancret : substitut. Pierre Bertin : sous-préfet. Jean Brochard : Bonnevi. Jeanne Fusier-Gir : mercière. Palau : receveur de postes. Roger Blin : François. Lucienne Bogaert : cliente voilée. Marcel Delaître : dominicain.

Thème : *« Une petite ville, ici ou ailleurs ».* La tranquillité de la sous-préfecture de Saint-Robin est perturbée par l'envoi d'une série de lettres anonymes signées « Le Corbeau ». Le docteur Germain y est accusé d'être un avorteur et l'amant de Laura, la femme de son collègue Michel Vorzet. Germain finit par prendre comme maîtresse Denise Saillens mais rompt rapidement, au grand dam de la jeune femme qui le menace. La situation devient tragique dès l'instant où François, un malade, préfère se suicider lorsque la gravité de son cancer est révélée. Une dictée est alors organisée pour tenter de démasquer le « Corbeau ». En vain. Germain reçoit une lettre lui annonçant que Denise est enceinte de lui. Vorzet accuse sa femme d'être folle et surtout d'être l'auteure des lettres anonymes. Laura se dit pourtant innocente et Vorzet est égorgé par la mère de François, désireuse de venger la mort de son fils.

Film noir, film policier, chronique de mœurs, Le Corbeau *est l'un des plus grands films de l'histoire du cinéma français, mais aucun autre n'a provoqué autant de réactions, favorables ou hostiles, calomniatrices et malveillantes, engendrées par la politique, le climat de l'époque, l'admiration ou la jalousie. Le long métrage s'inspire d'un fait divers authentique, la succession de lettres anonymes – 110 ! – qui ont bouleversé la ville de Tulle entre 1917 et 1922 et dont Angèle Laval était l'auteur. Louis Chavance, le monteur de* L'Atalante *(1934) de Jean Vigo, avait écrit en 1937 un scénario intitulé* L'Œil du serpent *qui décrivait une affaire similaire, mais le sujet avait fait peur à d'éventuels producteurs. Jean Cocteau lui-même, dans* La Machine à écrire *(1941), s'attaquait à un thème identique, ce qui provoqua, d'ailleurs, l'interdiction de la pièce jouée par Jean*

LE CORBEAU

LE CORBEAU

Marais, Louis Salou et Michèle Alfa, et de multiples réactions. François Vinneuil / Lucien Rebatet écrivait alors, dans Je suis partout *:* « Le type même du théâtre d'invertis. » *Le film de Clouzot a été tourné du 10 mai au 3 juillet 1943 aux Studios de Billancourt et à Monfort-l'Amaury (Yvelines). Il est distribué le 28 septembre de la même année et choque certains par son propos et l'efficacité du cinéaste. Les gens de droite désapprouvent que l'on parle au cinéma de l'avortement, en présentant favorablement le docteur Germain, et de la drogue (Vorzet se drogue à la morphine). La Centrale catholique du cinéma le déclare* « À proscrire », *ajoutant :* « Film pénible et dur, constamment morbide dans sa complexité. Amours libres provoquées cyniquement et avec une insistance crue par la femme. Médecin qui prête à l'équivoque par son attitude dans les accouchements. Atmosphère délétère pour laisser soupçonner les auteurs de lettres anonymes et qui s'étend jusqu'à une fillette de quatorze ans et demi d'une attitude équivoque et pénible. Profession de foi d'athéisme par le personnage sympathique. Suicide, meurtre, gros mots, jurons. » *Comment peut-on, à droite comme à gauche, supporter que Pierre Larquey puisse dire* « Je rencontre une mauvaise bête chaque matin dans ma glace en compagnie d'un ange. Vous croyez que le bien, c'est la lumière, et que l'ombre, c'est le mal. Mais où est l'ombre, où est la lumière ? Où est la frontière du mal ? Savez-vous si vous êtes du bon ou du mauvais côté ? » *? Le film est produit par la Continental Films, société française à capitaux allemands que dirige Alfred Greven. Contrairement à ce que souhaitait Goebbels, Greven se refusa toujours à produire des films dénonçant les juifs, les Alliés, les communistes et les résistants. L'un de ses collaborateurs directs était d'ailleurs Jean-Paul Le Chanois, né Dreyfus, communiste et officier dans la Résistance. Le scénariste Charles Spaak pouvait d'ailleurs déclarer :* « À la Continental, on ne fit jamais de propagande. Tellement les cinéastes étaient vertueux ? Tellement ils étaient farouchement germanophobes ? Non, tout simplement par ce qu'on ne leur demanda jamais d'en faire. » *Pierre Billard écrira très justement :* « Le film n'aurait jamais obtenu de visa de contrôle sous la Troisième République, ni sous la Quatrième. Il n'aurait jamais obtenu l'autorisation de tournage des autorités vichyssoises, ni des autorités allemandes. Seule la Continental, qui détestait le film et l'accepta à contrecœur, pouvait lui donner vie grâce à l'indépendance administrative que lui fournissait son statut allemand. Paradoxalement, la seule chance qu'avait *Le Corbeau* de figurer au palmarès du cinéma français était sans doute qu'il soit produit par la Continental. » *En mars 1944, Georges Adam et Pierre Blanchar écrivent dans un article anonyme de* L'Écran Français, *« Le Corbeau est déplumé » :* « Aux estropiés, aux amoraux, aux corrompus qui déshonorent, dans *Le Corbeau,* une de nos villes de province, *Le Ciel est à vous* oppose des personnages pleins de sève française, de courage authentique, de santé morale où nous retrouvons une vérité nationale qui ne veut et ne peut pas mourir. » *Il est d'ailleurs stupéfiant de voir que les deux auteurs utilisent le même procédé que ce que dénonce justement* Le Corbeau, *les lettres anonymes, et font l'apologie de* Le Ciel est à vous, *un beau film de Jean Grémillon, qui véhicule volontiers certaines des idées morales chères à Vichy… Pierre Blanchar appartient au « Comité de salut public du cinéma français » et présidera le « Comité de libération du cinéma français » qui s'acharnera notamment sur Clouzot, interdit de tournage. De son côté, Jean Painlevé, le patron du cinéma à la Libération, fera interdire et saisir* Le Corbeau

LE CORBEAU

LE CORBEAU

dont il reconnaissait, par ailleurs, les qualités. En 1945, Georges Sadoul affirme que Le Corbeau *est* « financé par Goebbels qui consentit à représenter la France comme une nation pourrie, dégénérée, petite-bourgeoise, vicieuse et décadente en concorde avec les assertions de *Mein Kampf* ». *Des pétitions réunissent heureusement en faveur de Clouzot Jean-Paul Sartre, Simone de Beauvoir, Pierre Bost, Henri Jeanson, Marcel Carné, Claude Autant-Lara, René Clair, Jean-Paul Le Chanois, Jacques Becker… L'occasion pour Henri Jeanson d'écrire « Cocos contre Corbeau » et d'affirmer à Armand Salacrou :* « Mon cher, tu sais bien que Clouzot n'a pas plus été collabo que tu n'as été résistant. » *À cette époque, une union sacrée unit les résistants gaullistes et les résistants communistes. Les uns et les autres préférant oublier que, selon les historiens, environ trois millions de lettres de délation avaient été envoyées entre 1940 et 1944 à la Kommandantur et qu'à la Libération, une nouvelle vague de lettres anonymes fit son apparition, certaines de celles-ci étant d'ailleurs peut-être écrites par les mêmes personnes… En 1947, Clouzot pourra heureusement tourner* Quai des orfèvres, *un autre chef-d'œuvre, alors que* L'Humanité *continue, sous la plume de Georges Sadoul, à toujours affirmer que le film avait été exploité en Allemagne sous le titre* Une petite ville française, *ce qui était colporter à nouveau le même mensonge. Aujourd'hui, ces polémiques historiquement très intéressantes, car représentant la mentalité de l'époque, se sont estompées et il reste ce film terrible et tragique de Clouzot, assez exact pour avoir pu déclencher haines et mensonges. L'œuvre d'un homme atteint de tuberculose pulmonaire et qui peut sans doute d'autant mieux parler des maladies physiques et mentales, de la jeune et perverse Rolande à Marie Corbin, dont la cape la fait ressembler en effet à un corbeau, de Denise l'infirme à Laura, femme frustrée, du docteur Vorzet, morphinomane, à son collègue, l'« avorteur » Germain. Un homme qui affirme :* « Il se trouve simplement que je préfère au gris terne le noir éclatant. » *De quoi faire, en effet, des jaloux dans ce cinéma français bien-pensant de l'après-guerre qui ne cherche qu'à se rassurer…*

Notes : *Un remake a été réalisé par Otto Preminger,* The 13th Letter *(1951), avec Charles Boyer, Linda Darnell et Michael Rennie.*

LA FERME AUX LOUPS

Réalisation : Richard Pottier ; scénario et dialogues : Carlo Rim ; photographie : Armand Thirard ; musique : Roger Dumas ; montage : Gérard Bensdorp ; production : Alfred Greven (Continental Films) ; durée : 89 min.

Interprétation : François Périer : Bastien. Paul Meurisse : Furet. Martine Carol(e) : Micky. André Gabriello : Latripe. Georges Chamarat : Perruche. Guillaume de Sax : directeur du journal. Suzanne Dantès : comtesse. Eugène Frouhins : Espérandieu. Palau : juge d'instruction. Jean Reynols : Boulinoff. Georges Vasty : sourd-muet. Liliane Lesaffre : infirmière. Victor Tcherniavsky : Wladimir. André Chanu : Chicot.

Thème : Bastien, qui est reporter, et son photographe Furet travaillent tous les deux pour *L'Écho du jour* et enquêtent sur la mort d'un vieux clochard étranglé, le « Moujik ». Surpris par un orage et réfugiés dans la « Ferme aux loups » en compagnie de Micky, la propre secrétaire de leur patron, ils découvrent un second cadavre, cette fois-ci égorgé, qui ressemble étrangement, trait pour trait, au premier. Il s'agit, en réalité, de jumeaux, le frère du « Moujik » se nommant Alexis Boulinoff, ancien officier du tsar de Russie en exil. Il s'avère que la mère de Micky avait été l'épouse de Boulinoff et que le père de Micky n'est autre qu'Albaric, le directeur russe de *L'Écho du jour*. Le « Moujik » avait tué Alexis qu'il voulait dénoncer à ses ennemis politiques et avait alors pris sa place avant d'être lui-même assassiné. La police soupçonne Prokoviev, le valet de Boulinoff. Bastien démasquera le sourd-muet Émile Boutru qui avait pris le « Moujik » pour Boulinoff, croyant se venger de celui qui avait dépossédé ses parents de la ferme. Et il épousera sans doute Micky.

L'intrigue criminelle, assez compliquée, se passe dans un contexte provincial – on pense à Pierre Véry – et le travail de Carlo Rim est d'une grande habileté. Lorsque j'ai rencontré ce dernier pour l'interroger sur la Continental et notamment Justin de Marseille *(1935), il m'a d'ailleurs révélé que si Martine Carol, créditée ici « Carole », a pris ce pseudonyme, ce n'est pas – comme il est souvent dit – uniquement en souvenir de Carole Lombard mais parce qu'ils avaient une liaison ensemble, le « Carol » étant l'anagramme de Carlo… Martine Carol était née Marie-Louise Mourer.*

GOUPI-MAINS ROUGES

GOUPI-MAINS ROUGES

Réalisation : Jacques Becker ; scénario : Jacques Becker, Pierre Véry, d'après le roman de Pierre Véry ; photographie : Jean Bourgoin, Pierre Montazel ; musique : Jean Alfaro ; production : Charles Méré (Les Films Minerva) ; durée : 104 min.

Interprétation : Fernand Ledoux : Léopold Goupi, dit Goupi-Mains rouges. Georges Rollin : Goupi-Monsieur. Blanchette Brunoy : Goupi-Muguet. Robert Le Vigan : Goupi-Tonkin. Arthur Devère : Goupi-Mes sous. Line Noro : Marie des Goupi. Marcelle Hainia : Goupi-Cancan. Germaine Kerjean : Goupi-Tisane. René Génin : Goupi-Dicton. Maurice Schutz : Goupi-L'Empereur. Guy Favières : Goupi-La loi. Marcel Pérès : Eusèbe. Louis Seigner : instituteur. Pierre Labry : Minain.

Thème : Goupi-Monsieur, membre de la famille des Goupi, parti à Paris, revient auprès des siens dans un petit village de province. Un drame vient de se produire, la mort du patriarche Goupi-L'Empereur. Il s'avère que ce dernier n'est pas mort ; en revanche, Goupi-Tisane, la maîtresse de maison, a bien été tuée. La famille est également en émoi pour une autre raison : Goupi-L'Empereur, aphasique, est incapable d'indiquer où se trouve le magot familial qui se transmet de génération en génération. Goupi-Monsieur s'éprend de Goupi-Muguet, ce qui provoque la colère de Goupi-Tonkin qui, ayant été reconnu comme l'assassin de Goupi-Tisane, fera une chute mortelle. Goupi-L'Empereur retrouvera assez la parole pour indiquer à Goupi-Mains rouges où est le magot (dans l'horloge !) et Goupi-Monsieur pourra épouser Goupi-Muguet.

Jacques Becker s'est manifestement beaucoup plus intéressé à la description et à l'étude de clan des Goupi qu'à l'intrigue policière proprement dite. Régulièrement oubliée au profit de la vie citadine, parisienne ou même provinciale, la paysannerie assume ici ses rites, ses traditions et ses secrets. Chez les Goupi, tout se règle en famille et la gendarmerie n'est jamais la bienvenue.

Notes : *Tournage du 10 octobre au 17 décembre 1942, dans une ferme qui figure l'habitation des Goupi à Magnac-Lavalette-Villars (Charente), ainsi qu'en région parisienne et aux studios d'Épinay-sur-Seine (Seine-Saint-Denis).*

GOUPI-MAINS ROUGES

L'HOMME DE LONDRES

L'HOMME DE LONDRES

Réalisation : Henri Decoin ; scénario : Henri Decoin, d'après le roman de Georges Simenon ; dialogues : Charles Exbrayat ; photographie : Paul Coteret ; musique : Georges van Parys ; montage : Suzanne de Troeye ; production : Société de Production et de Doublage de Films (SPDF) ; durée : 98 min.

Interprétation : Fernand Ledoux : Charles Maloin. Jules Berry : Brown. Jean Brochard : inspecteur Mollison. Suzy Prim : Camélia. Héléna Manson : Mme Maloin. Mony Dalmès : Henriette Maloin. Blanche Montel : Mme Brown. René Génin : Maënnec. René Bergeron : Auguste. Gaston Modot : Teddy Baxter. Alexandre Rignault : Keridan. Nila Cara : chanteuse.

Thème : Un port de la Manche. Charles Maloin, qui est aiguilleur, voit l'arrivée d'un bateau venant de Londres. L'un des voyageurs abat son complice, qui disparaît dans l'eau avec une valise. Maloin la récupère et découvre qu'elle contient trois millions. Il est désormais un homme riche, mais Brown, l'homme de Londres, recherche toujours la valise. La police poursuit Brown pour le meurtre du nommé Teddy. Brown se trouve enfin face au cheminot qu'il menace, mais Maloin le tue et, pris de remords, finit par se livrer à la police.

Un port, la brume, un navire, des hommes qui se battent et un premier meurtre. Henri Decoin décrit parallèlement la recherche du magot par le meurtrier (Brown) et la nouvelle situation – presque problématique ! – de Maloin, devenu soudain anormalement riche. C'est le dernier rôle de Blanche Montel.

Notes : *Lance Comfort en a réalisé un remake sous le titre* Temptation Harbour *(1947), avec Robert Newton, Simone Simon, William Hartnell et Marcel Dalio.*

MADAME ET LE MORT

Réalisation : Louis Daquin ; scénario : Marcel Aymé, d'après le roman de Pierre Véry ; dialogues : Pierre Bost ; photographie : Jean Isnard ; musique : Jean Wiener, Roger Desormière ; montage : Suzanne de Troeye ; production : Lucien Masson (Société des Films Sirius) ; durée : 103 min.

Interprétation : Renée Saint-Cyr : Clarisse Coquet. Henri Guisol : Armand Le Noir. Pierre Renoir : Charles de Bruine. Michel Vitold : Nazarian. Alexandre Rignault : Avril. Marguerite Pierry : Mlle Malvina. Lucien Gallas :

MADAME ET LE MORT

ŒIL POUR ŒIL

UNE JEUNE FILLE VOLE UN ROMAN...

CET HOMME MÈNE UNE DOUBLE VIE...

COMMENT UN MANCHOT TÉLÉPHONE ET SE BAT...

LE PUBLIE ET GAGNE UN PRIX LITTÉRAIRE

et Tout cela c'est "Madame et le mort"

Léopold Marion. Colette Wilda : Madeleine. Martha Labarr : Phyllis. Pierre Palau : Chabrol. Raymond Bussières : Griset. Albert Rémy : Henri. Maurice Dorléac : philosophe. Gabrielle Fontan : concierge.

Thème : Auteur de romans policiers, Armand Le Noir apprend son propre assassinat dans le train ! Mais la victime est quelqu'un d'autre. Se sentant en danger, il va se cacher chez Mlle Malvina. Clarisse Coquet, qui était aussi dans le train, mène l'enquête avec lui. La victime était un escroc, Léopold Marion, qui usurpait l'identité d'Armand pour séduire les femmes. L'homme faisait partie du mystérieux club des philosophes de Charles de Bruine. Clarisse démasque l'assassin, Nazarian, qui fait une chute mortelle. Armand et Clarisse en feront un roman...

Un mélange assez astucieux de comédie et d'intrigue policière avec un très brillant final (la poursuite sur les toits).

PICPUS

Réalisation : Richard Pottier ; scénario et dialogues : Jean-Paul Le Chanois, d'après le roman de Georges Simenon *Signé Picpus* ; photographie : Charles Bauer ; musique : Jacques Météhen ; montage : Gérard Bensdorp ; production : Alfred Greven (Continental Films) ; durée : 95 min.

Interprétation : Albert Préjean : commissaire Maigret. Gabriello : inspecteur Lucas. Jean Tissier : Honoré Mascouvin. Juliette Faber : Mlle Berthe. Édouard Delmont : Yves Le Cloaquen. Colette Régis : Mme Le Cloaguen. Gabrielle Fontan : Mlle Le Cloaguen. Noël Roquevert : Louis Dubief / Arno de Bédarieu. Guillaume de Sax : Me Laignan. Marguerite Ducouret : Mme Cognet. Antoine Balpêtré : patron de la PJ. Pierre Palau : Dr Pierre. Henri Vilbert : inspecteur Amadieu.

Maximilienne : Mme Bertaud. Héléna Manson : bonne. Marcel Duhamel : peintre. Jean Dasté : clerc. Jean Daurand : cycliste.

Thème : Mme Dumont découvre, alors qu'elle vient de déménager, un cadavre de femme dans son armoire. L'inspecteur Amadieu est dessaisi au profit du commissaire Maigret. Ce dernier interroge un voisin, l'écrivain Arno de Bédarieu, et remarque la présence d'un homme dans l'immeuble d'en face. Ce témoin était aveugle et a été, lui aussi, assassiné. Honoré Mascouvin fait état d'une menace signée *« Picpus »*. La nouvelle victime est Mme Dumont. Maigret interroge ensuite Yves Le Cloaguen, un médecin de la Marine en retraite, qui bénéficie d'une importante pension de Me Laignan. Mascouvin est tué à son tour et Maigret démasque le meurtrier, Laignan.

Albert Préjean interprète pour la première fois le rôle du commissaire Maigret, un Maigret peu conforme, en dehors de la pipe, à la description qu'en donne Simenon. La surprise passée, la force de l'intrigue permet de suivre avec intérêt cette histoire passablement embrouillée. On pourra remarquer que Maigret est flanqué de Lucas et de ses « impressionnants ». On se souviendra de la scène dans laquelle Maigret, à la PJ, se trouve devant un gigantesque plan de Paris avec de petites lumières qui s'allument et une voix qui annonce les divers crimes en cours. À la fin, Maigret affronte Laignan dans la cave au cours d'une séquence particulièrement violente et finalement inhabituelle dans les différentes actions du commissaire imaginé par Simenon.

PICPUS

VOYAGE SANS ESPOIR

Réalisation : Christian-Jaque ; scénario : Pierre Mac Orlan (= Pierre Dumarchais), Christian-Jaque, d'après l'histoire de Maurice Krol et Georg C. Klaren ; adaptation et dialogues : Marc-Gilbert Sauvajon ; photographie : Robert Le Febvre ; musique : Jean Marion, Maurice-Paul Guillot ; montage : Jacques Desagneaux ; production : Les Films Roger Richebé ; durée : 89 min.

Interprétation : Simone Renant : Marie-Ange. Jean Marais : Alain Ginestier. Paul Bernard : Pierre Gohelle. Lucien Coëdel : Philippe Dejanin. Jean Brochard : inspecteur Chapelin. Louis Salou : inspecteur Sorbier. Ky-Duyen : Li-Fang. Frédéric Mariotti : second d'équipage. Marcel Maupi : barman. Clary Monthal : Laura. Michel Piccoli : danseur.

Thème : Pierre Gohelle s'évade de prison et rencontre dans le train Alain Ginestier, qui est prêt à partir pour l'Amérique du Sud avec 300 000 F. Pierre retrouve sa maîtresse Marie-Ange, qui demande au capitaine Dejanin de cacher son amant sur son cargo. Celui-ci accepte, mais son équipage exige 100 000 F pour ne pas dénoncer Pierre, lequel demande à Marie-Ange de faire venir Alain qu'elle a elle-même rencontré afin d'obtenir la somme nécessaire. Marie-Ange refuse de mettre en danger Alain et Pierre moleste la jeune femme. Dejanin surgit et assomme Pierre. Alain avoue à Marie-Ange qu'il n'est pas le directeur de sa banque mais un simple caissier qui en a volé l'argent. Convaincu par la jeune femme qui veut vivre avec lui, Alain repart pour Paris afin de remettre l'argent dans la caisse. Après avoir assassiné Dejanin, Pierre tue aussi Marie-Ange et est arrêté par la police. Marie-Ange ne rejoindra pas Alain…

Bénéficiant d'une superbe photographie de Robert Lefebvre qui joue sur les noirs et les blancs, l'ombre et la lumière, Christian-Jaque – alors dans sa période cinématographique la plus riche – signe un de ses films les plus attachants, jouant habilement sur certains des mythes de l'époque, du train lieu de toutes les rencontres au voyage qui permet d'échapper – peut-être ? – à son destin, sans oublier celui de l'amour impossible, ni ce destin symbolisé par ce petit homme en noir avec son chapeau et son parapluie et qui est, en fait, l'inspecteur principal Sorbier. Paul Bernard a remplacé Jean Marchat, blessé durant le tournage. Superbe composition de Jean Marais.

Notes : Il s'agit d'un remake du film d'Augusto Genina, Les Amours de Minuit *(1931), avec Danièle Parola et Pierre Batcheff.*

LE VOYAGEUR DE LA TOUSSAINT

Réalisation : Louis Daquin ; scénario et dialogues : Marcel Aymé, d'après le roman de Georges Simenon ; photographie : André Thomas ; musique : Roger Desormière, Jean Wiener ; montage : Suzanne de Troeye ; production : Robert Chabert, Marcel Roux (Francinex) ; durée : 102 min.

Interprétation : Assia Noris : Colette Mauvoisin. Jules Berry : Plantel. Gabrielle Dorziat : Gérardine Éloi. Jean Desailly : Gilles Mauvoisin. Guillaume de Sax : Babin. Simone Valère : Alice Lepart. Alexandre Rignault : inspecteur Rinquet. Serge Reggiani : Bob Éloi. Hubert Prélier : Dr Sauvaget. Jacques Castelot : Jean Plantel. Jean Didier : marin. Louis Seigner : Me Hervineau. Roger Karl : Pénoux-Rataud. René Blancard : directeur du théâtre. Guy Decomble : Robert. Marcel Duhamel : juge d'instruction. Albert Rémy : ivrogne. Gabrielle Fontan : aubergiste. Simone Signoret : amie. Mona Dol : Jaja.

Thème : Gilles Mauvoisin arrive à La Rochelle la veille de la Toussaint. Son oncle, Octave Mauvoisin, a fait de lui son légataire universel, pourvu qu'il laisse vivre dans sa maison sa veuve, Colette. Gilles, qui a une idylle avec Alice Lepart, s'attache à Colette, que détestent les riches bourgeois de la ville, membres du puissant « Syndicat ». La femme du docteur Sauvaget meurt empoisonnée et le Syndicat accuse le docteur d'en être responsable, car Colette est sa maîtresse et serait donc sa complice. Il s'avère qu'Octave Mauvoisin est, lui aussi, mort empoisonné. Colette est inculpée. Gilles découvre bientôt que le coffre de son oncle comprenait des documents accablants pour les membres du Syndicat. C'est Gérardine Éloi qui a tué Octave pour protéger son fils Bob. Colette est libérée. Gilles rompt avec Alice et quittera La Rochelle avec Colette.

Louis Daquin retrouve la noirceur chère à Simenon pour décrire La Rochelle, cette sympathique petite ville, livrée ici à la toute-puissance du « Syndicat », une bande de notables qui contrôle psychologiquement et économiquement la ville, ne reculant devant rien pour garder leurs prérogatives. L'air de la province ne vaut pas mieux que celui de la capitale…

***Notes :** Début du tournage : 20 septembre 1942.*

CÉCILE EST MORTE

Réalisation : Maurice Tourneur ; scénario : Jean-Paul Le Chanois, d'après le roman de Georges Simenon ; dialogues : Michel Duran ; photographie : Pierre Montazel ; musique : Roger Dumas ; montage : Gérard Bensdorp ; assistance à la réalisation : Jean Devaivre ; production : Alfred Greven (Continental Films) ; durée : 90 min.

Interprétation : Albert Préjean : commissaire Maigret. Santa Relli : Cécile Pardon. Germaine Kerjean : Juliette Boynet. André Gabriello : inspecteur Lucas. Luce Fabiole : Mme Petitot. André Reybaz : Gérard Pardon. Jean Brochard : Charles Dandurand. Liliane Maigné : Nouchi. Yves Deniaud : Machepied. Marcel Carpentier : Dr Pierre. Marcel André : directeur de la PJ. Henry Bonvallet : juge d'instruction. Charles Blavette : Monfils. Marcel Raine : M. Albert. Henri Vilbert : inspecteur Janvier. Jean Martin : garçon d'étage.

Thème : Depuis plusieurs mois, le commissaire Maigret est importuné par Cécile Pardon, qui vit avec sa tante, Mme Boynet, et est persuadée que quelqu'un s'introduit la nuit dans l'appartement. Maigret est sceptique, mais alors qu'il enquête sur le meurtre d'une jeune femme retrouvée décapitée dans un petit hôtel, il découvre l'inscription « *Cécile* ». La victime est Gilberte Pardon, la sœur de Cécile, qui est elle-même retrouvée étranglée dans les locaux de la PJ. Mme Boynet, quant à elle, est également morte, tuée chez elle, et Gérard Pardon, le frère de Cécile, est arrêté. Maigret interroge Dandurand, le voisin et ancien amant de Mme Boynet. Il découvre que celle-ci possédait plusieurs maisons de rendez-vous. Cécile a étranglé Mme Boynet, qui refusait de donner de l'argent à Gérard dont la femme devait accoucher. Dandurand a tué Cécile pour l'empêcher de parler. Maigret découvre, à La Rochelle, que Mme Boynet avait caché un document accusant Dandurand d'avoir empoisonné son mari. Gilberte l'avait découvert et Dandurand l'avait alors également tuée. Gérard est désormais libre et père de famille, alors que Dandurand est arrêté.

C'est le deuxième des trois films dans lesquels Albert Préjean campe le commissaire Maigret. Maurice Tourneur retrouve avec son talent habituel l'univers de Simenon avec, autour de Maigret, tout un petit monde, de l'intarissable concierge aux patrons des maisons de rendez-vous, du légiste toujours entre deux réceptions au patron de l'hôtel où est tuée Gilberte Pardon, sans oublier le juge d'instruction qui craint d'arrêter un notable, ni Dandurand, justement, directeur de « Travail et discipline », société de réinsertion, d'un côté, étrangleur et empoisonneur, de l'autre. Une véritable réussite.

Notes : *Tournage du 20 décembre 1943 au 29 janvier 1944 aux studios de Neuilly-sur-Seine.*

C.G.F.R présente:
ALBERT PRÉJEAN
DANS
Cécile est morte
Une enquête sensationnelle du commissaire MAIGRET
D'APRÈS LE ROMAN DE GEORGES SIMENON
avec SANTA RELLI - GERMAINE KERJEAN - LUCE FABIOLE - LYLIANE MAIGNE
GABRIELLO - JEAN BROCHARD - ANDRE REYBAZ - YVES DENIAUD
MARCEL CARPENTIER - MARCEL ANDRÉ - HENRI BONVALET - CHARLES BLAVETTE
RÉALISATION : MAURICE TOURNEUR
MUSIQUE : ROGER DUMAS
ADAPTATION : JEAN-PAUL LE CHANOIS
DIALOGUES : MICHEL DURAN
DELATTRE
18 RUE LE BUA PARIS (20e)

LES CAVES DU MAJESTIC

Réalisation : Richard Pottier ; scénario et dialogues : Charles Spaak, d'après le roman de Georges Simenon ; photographie : Pierre Montazel ; musique : René Sylviano ; montage : Christian Gaudin ; assistance à la réalisation : Jean Devaivre ; production : Alfred Greven (Continental Films) ; durée : 100 min.

Interprétation : Albert Préjean : commissaire Jules Maigret. Suzy Prim : Mme Petersen. Jacques Baumer : Arthur Donge. Gabriello : inspecteur Lucas. Jean Marchat : Fred Petersen. René Génin : Ramuel. Jean-Jacques Delbo : Enrico Fualdès. Gabrielle Fontan : Rosalie. Denise Grey : Mme Van Bell. Gina Manès : Ginette. Florelle : Charlotte Donge. Fernand Charpin : juge d'instruction. Denise Bosc : Hélène Donnegan. Georges Chamarat : Dussart. Raymond Rognoni : directeur du *Majestic*. Robert Demorget : Teddy.

Thème : Qui a tué Mme Petersen, cliente du *Majestic* ? Le commissaire Maigret mène l'enquête et passe en revue les suspects. Il apprend que la victime, une ancienne entraîneuse, avait été la maîtresse d'Arthur Donge, celui qui a découvert son cadavre. Enceinte de Donge, elle avait réussi à se faire épouser par le riche Petersen, qui pensait que l'enfant était le sien. De son côté, Petersen a pour maîtresse Hélène, sa secrétaire, avec qui il espère pouvoir se marier. Maigret démasque le véritable assassin, Ramuel, le contrôleur des sous-sols du *Majestic*. Il faisait chanter Mme Petersen en la menaçant de révéler à son mari qu'il n'était pas le père de Teddy.

Albert Préjean interprète pour la troisième et dernière fois le rôle de Maigret et le film est la dernière production de la prestigieuse filmographie de la Continental. Maigret est confronté – comme le spectateur – à une double intrigue, celle, criminelle, de l'assassinat de Mme Petersen et l'autre, mélodramatique, concernant la paternité de Teddy. Charles Spaak écrivit le scénario depuis la prison de Fresnes.

LA FOIRE AUX CHIMÈRES

Réalisation : Pierre Chenal ; scénario : Jacques Companéez, Pierre Chenal, Ernst Neubach, Pierre Chenal ; dialogues : Louis Ducreux ; photographie : Henri Alekan, Pierre Montazel ; musique : Paul Misraki ; montage : Monique Kirsanoff ; assistance à la réalisation : Jean Sacha ; production : Armand Rubin (Cinéma-Productions) ; durée : 105 min.

Interprétation : Erich von Stroheim : Frank Davis. Madeleine Sologne : Jeanne. Yves Vincent : Robert. Louis Salou : Furet. Jean-Jacques Delbo : Lenoir. Dora Doll : secrétaire de Lenoir. Claudine Dupuis : Clara. Margo Lion : Marie-Louise. Pierre Labry : inspecteur Gardel. Yves Deniaud : intermédiaire de Furet. Annette Poivre : remplaçante. Line Renaud : chanteuse du *Styx*. Howard Vernon : homme de main.

Thème : Blessé au visage pendant la guerre, Frank Davis vit dans l'isolement en dirigeant une entreprise de gravure de billets de banque. Il rencontre, un soir, une jeune femme, Jeanne, qui lui parle et lui sourit. Elle est aveugle et vit avec Robert, un lanceur de couteaux. Frank l'épouse et l'entretient richement. Devant ses nombreuses dettes, il en vient à fabriquer de faux billets. Une opération permet à Jeanne de recouvrer la vue et de découvrir l'apparence de Frank, qui a tué un complice. Elle s'enfuit avec Robert, et Frank se défenestre après avoir brûlé les billets de banque et s'être dénoncé à la police.

Pierre Chenal, qui s'était retiré en Argentine, abandonne le tournage de son film Viaje sin regreso *(1946) pour revenir en France et diriger Erich von Stroheim, son interprète de* L'Alibi *(1937) :* « J'ai évidemment sauté sur cette occasion de retravailler en France et laissé le film en plan. L'histoire n'était pas particulièrement mauvaise : elle pouvait être stylisée, poétisée, mais j'aurais rêvé d'un script audacieux, non conformiste qui m'aurait permis de redémarrer avec éclat. Ce ne serait pas le cas. » *On devine le plaisir de Chenal à diriger Erich von Stroheim et on se souvient des apparitions quasi diaphanes de Madeleine Sologne. Un curieux sujet.*

Notes : *Tournage du 5 février au 20 avril 1946 aux studios de Billancourt et, en extérieurs, à Paris.*

LA FOIRE AUX CHIMÈRES

MACADAM

MACADAM

Réalisation : Marcel Blistène ; direction artistique : Jacques Feyder ; scénario et dialogues : Jacques Viot ; photographie : Louis Page ; musique : Jean Wiener, Marguerite Monnot ; montage : Isabelle Elman ; production : Eugène Tucherer (BUP Française -British Unity Pictures) ; durée : 100 min.

Interprétation : Françoise Rosay : Mme Rose. Paul Meurisse : Victor Ménard. Andrée Clément : Simone. Simone Signoret : Gisèle. Jacques Dacqmine : François. Jeannette Batti : Mona. Paul Demange : Marcel. André Roanne : Marvejoul. Félix Oudart : Léon. Georges Bever : Armand.

Thème : Mme Rose dirige l'*Hôtel Bijou.* Elle s'est débar rassée de son mari pour pouvoir, en toute tranquillité, mener diverses activités illicites. Ce que lui reproche sa fille Simone, qui aime François, un simple camelot. Victor Ménard, un ancien complice de la tenancière, vient se cacher à l'hôtel avec une valise pleine de billets, argent qu'il a gagné à la suite d'un vol de bijoux. Rose le fait arrêter en faisant croire que François l'a dénoncé. Après avoir envoyé, dans le but de se venger, sa maîtresse Gisèle séduire le jeune homme – celle-ci va en tomber amoureuse –, Victor comprend qu'il a été en fait donné par Rose. Il s'évade et la tue, avant de menacer la vie de Gisèle et François. Simone les sauve en tuant à son tour Victor. François part avec Gisèle, tandis que Simone bénéficie du contenu de la valise pour changer le style de l'établissement.

Notes : *Tournage du 12 juin au 24 août 1946 aux studios de Saint-Maurice et au zoo de Vincennes. Jacques Feyder, dont c'est le dernier film français, fut imposé à Marcel Blistène comme directeur artistique. On se souviendra de Montmartre reconstitué par Jean d'Eaubonne.*

MARTIN ROUMAGNAC

MARTIN ROUMAGNAC

Réalisation : Georges Lacombe ; scénario : Pierre Véry, d'après le roman de Pierre-René Wolf ; adaptation et dialogues : Pierre Véry, Georges Lacombe ; photographie : Roger Hubert ; musique : Marcel Mirouze ; montage : Germaine Artus ; production : Alcina ; durée : 115 min.

Interprétation : Marlene Dietrich : Blanche Ferrand. Jean Gabin : Martin Roumagnac. Margo Lion : Jeanne Roumagnac. Marcel Herrand : M. de Laubry. Jean d'Yd : oncle de Blanche. Daniel Gélin : jeune surveillant du collège. Marcel Pérès : Paulot. Michel Ardan : conservateur. Henri Poupon : Gargame. Jean Darcante : avocat de la défense. Marcel André : juge d'instruction. Charles Lemontier : Bonnemain. Camille Guérini : facteur. Lucien Nat : adjoint au maire.

Thème : Blanche Ferrand, qui tient avec son oncle une oisellerie à Clairval, petite ville de province, est convoitée par M. de Laubry, qui espère pouvoir l'épouser à la mort de sa femme. De même, un surveillant de collège est amoureux de Blanche, qui fait la connaissance de Martin Roumagnac. Ce dernier, un entrepreneur de construction, s'éprend de la jeune femme, et une liaison passionnée unit bientôt les deux amants. Martin devient vite jaloux et étrangle Blanche, qui souhaitait simplement s'évader de cette vie étouffante. Martin est arrêté, jugé et acquitté faute de preuves. Devant la monstruosité de son crime, il se laisse abattre par le jeune surveillant qui le sait coupable.

Unis dans la vie, Marlene Dietrich et Jean Gabin devaient, à l'origine, se retrouver au cinéma sous la direction de Marcel Carné dans Les Portes de la nuit *(1946). Mais le scénario de Jacques Prévert déplut d'abord à Jean Gabin, qui y trouvait le rôle de Serge Reggiani trop important, puis à Marlene Dietrich, qui n'aimait pas l'atmosphère pessimiste du film. Finalement, Yves Montand et Nathalie Nattier leur succédèrent au casting, et le couple Gabin-Dietrich devint alors la vedette de* Martin Roumagnac. *Pour l'un comme pour l'autre, le long métrage de Georges Lacombe marque un véritable retour aux sources. Unique film de Marlene Dietrich tourné en français,* Martin Roumagnac *est la première œuvre qu'elle tourne en Europe depuis* L'Ange bleu *(1930), qui avait assuré sa célébrité mondiale. De même pour Jean Gabin qui, après une brève carrière hollywoodienne, revient en France. Les rôles que l'on peut confier à Jean Gabin ont déjà évolué : le héros de* Gueule d'amour *(1937) et celui de* La Belle Équipe *(1936), le mécanicien de* La Bête humaine *(1938) ou encore le jeune ouvrier dans* Le jour se lève *(1939), ont laissé la place à un personnage plus mûr. Le chômeur de* La Belle Équipe *est désormais un petit entrepreneur de construction. Malgré la présence de Marlene Dietrich et de Jean Gabin – une rencontre cinématographique exceptionnelle ! –,* Martin Roumagnac *n'est pourtant pas le chef-d'œuvre que l'on pouvait espérer et Georges Lacombe ne possède ni le réalisme noir d'un Duvivier, ni le romantisme du Carné du* Quai des brumes *(1938). Le film reste un drame passionnel dirigé avec habileté mais sans génie et Marlene Dietrich n'y retrouve malheureusement pas un rôle aussi marquant que dans ses grandes œuvres hollywoodiennes.*

Notes : *Tournage du 9 mai au 26 août 1946 aux studios de Saint-Maurice.*

MENSONGES...

Réalisation : Jean Stelli ; scénario : Françoise Giroud ; photographie : René Gaveau ; musique : René Sylviano ; montage : Andrée Danis ; production : Productions Jason ; durée : 90 min.

Interprétation : Gaby Morlay : Marie Leroux. Jean Marchat : Olivier Dumas-Beaulieu. Henri Nassiet : Dr Charles Leroux. Jacqueline Porel : Corinne Martinage. René Blancard : chauffeur. Catherine Damet : Agnès Leroux à 18 ans. Mona Dol : directrice du pensionnat. Cécilia Paroldi : Juliette. Sylvette Saugé : Joséphine. Dominique Nohain : Maxime Martinage à 23 ans. Jean Berton : avocat de Marie. Georges Paulais : pharmacien. Albert Michel : greffier de la prison. Claude Nollier : femme qui s'en va.

Thème : Olivier Dumas-Beaulieu séduit Marie, l'épouse du docteur Leroux. Lorsque ce dernier est tué, sa femme est accusée et condamnée à dix ans de prison. À sa sortie, elle découvre que son ancien amant était responsable de la mort de son mari et, plus grave, qu'il tente de séduire sa fille. Elle le tue et se suicide.

Un beau rôle mélodramatique pour Gaby Morlay !

Notes : *Tournage du 12 décembre 1945 au 12 février 1946 dans la région de Perpignan.*

ON NE MEURT PAS COMME ÇA

Réalisation : Jean Boyer ; scénario : Ernst Neubach ; dialogues : André Tabet ; photographie : Walter Wottitz ; musique : Joe Hajos ; montage : Yvonne Martin ; assistance à la réalisation : Jean Bastia ; production : Ernst Neubach, Robert Tarcali (Tarcali et Neubach / Astra Paris Films) ; durée : 105 min.

Interprétation : Erich von Stroheim : Eric von Berg. Anne-Marie Blanc : Marianne. Denise Vernac : Lynn Laurens. Jean Témerson : commissaire. Jean Berton : régisseur. Jean-Jacques Delbo : Pierre Vanier. René Havard : assistant. Georges Lannes : Dr Forestier. Jacqueline Pierreux : figurante. Sylvie : Suzanne Bouvier. Sinoël : Marcel. André Tabet : Cazenave. Marcel Vallée : producteur.

Thème : Eric von Berg est un célèbre réalisateur, et Pierre Vanier, la vedette de son nouveau film en cours de tournage en même temps que l'amant de sa femme. Vanier est tué. Berg est-il le coupable ? Il s'avère que le véritable meurtrier est l'habilleuse du film, qui est aussi la mère de la femme de Vanier. Comprenant la situation, l'inspecteur préférera conclure au suicide en ce qui concerne la mort de l'acteur...

Notes : *Tournage du 26 mars au 10 mai 1946 aux studios Photosonor (Courbevoie).*

UN REVENANT

Réalisation : Christian-Jaque ; scénario : Henri Jeanson, Louis Chavance, Christian-Jaque ; dialogues : Henri Jeanson ; photographie : Louis Page ; musique : Arthur Honegger ; montage : Jacques Desagneaux ; production : Édouard Carles (Compagnie Franco-Coloniale Cinématographique) ; durée : 100 min.

Interprétation : Louis Jouvet : Jean-Jacques Sauvage. François Périer : François Nisard. Louis Seigner : Edmond Gonin. Gaby Morlay : Geneviève Gonin. Ludmilla Tchérina : Karina Molina. Marguerite Moreno : tante Jeanne. Hélène Ronsard : Hélène. Julienne Paroli : bonne. Germaine Stainval : Mme Brunet. Jean Brochard : Jérôme Nisard. Maurice Nasil : cousin. Léo Lapara : Marchal. Arthur Honegger : lui-même. Armand Lurville : commissaire.

Thème : Vingt ans après avoir failli être tué par un de ses familiers, Jean-Jacques Sauvage revient à Lyon. Il dirige désormais une troupe de ballet et, plus que jamais, il est décidé à se venger de sa famille. Il s'arrange pour faciliter la liaison de François Gonin avec la danseuse Karina Molina et revoit Geneviève, la mère de François, qu'il devait épouser à l'époque. Il découvre que Geneviève l'aime toujours. Blessé dans son amour naissant par Karina Molina, François cherche à se tuer. Jean-Jacques repart pour Paris avec lui mais sans Geneviève qu'il rejette.

Lyon, sa bourgeoisie, sa bonne conscience, ses canuts... Cet univers anormalement calme est bouleversé par le retour de Jean-Jacques, qui tient plus de l'ange exterminateur que du fils prodigue. À cause de lui, François, jeune peintre quelque peu timide, se découvre l'âme d'un amant, alors que les respectables bourgeois responsables du drame commis vingt ans plus tôt voient s'écrouler l'édifice de respectabilité financière et commerciale qu'ils ont échafaudé. Henri Jeanson écrit des dialogues au vitriol dits avec gourmandise par Jouvet, en très grande forme. De même, c'est Gaby Morlay qui s'écrie : « Une seconde. Le temps de prendre congé de tout ce joli monde. Adieu, honorable assistance. Adieu mon passé. Ma vie perdue. Mes jours sans fin. Adieu, Monsieur Lanessus. Vous avez 100 000 F de rente, pas un sou d'honnêteté. Adieu, Madame Boncornet, je vous laisse à vos bonnes œuvres et à vos filles repenties. Continuez à éplucher les comptes de votre cuisinière. Adieu, Scipion Cordelier, cher jésuite aux trois maîtresses. Adieu, Corneille Sibinnet, punaise de sacristie aux cuisses légères et aux seins lourds. Adieu, Mlle Bicail, adieu mauvaise langue. Adieu, les familles honorablement connues sur la place. Adieu, félicités lyonnaises. » *L'humour noir de Jeanson est tout aussi virulent lorsque Jean Brochard dit à son fils François Périer qu'il veut forcer à épouser une riche – mais laide – héritière :* « Qui t'empêche d'épouser Gilberte et d'avoir une aventure en ville ? Rien. Mais j'ai un cœur comme tout le monde... moi ! Tu t'imagines bien que je n'ai pas aimé que ta mère ; seulement, je savais m'organiser. Je te céderai ma garçonnière et tu feras comme moi, trois petites parts de ta vie : une pour les affaires, une pour le foyer, une pour la vie personnelle. »

Notes : *Tournage du 16 février au 22 mai 1946 à Lyon et aux studios des Buttes-Chaumont.*

LE VISITEUR

Réalisation : Jean Dréville ; scénario et dialogues : Jean-Bernard Luc ; photographie : André Thomas ; musique : René Cloërec ; montage : Monique Bonnot ; assistance à la réalisation : Bernard Borderie ; production : Majestic Film ; durée : 90 min.

Interprétation : Pierre Fresnay : M. Sauval. Antoine Balpêtré : Louberger. Jean Debucourt : inspecteur. Michel Vitold : Oxner. Edmond Beauchamp : Ledru. Michel Barbey : valet. Simone Sylvestre : Simone. Maria Maya : Mme Ledru. Max Dejean : inspecteur. Roger Laugier : Clarence. Robert Le Fort : policier. Roger Dubois : Coccinelle. Les Petits Chanteurs à la croix de bois.

Thème : Louberger dirige un orphelinat dont M. Sauval est le bienfaiteur. Celui-ci arrive bientôt et le directeur comme les élèves sont heureux de cette présence. Clarence ne partage pas l'allégresse générale, car il a découvert que Sauval est, en réalité, un escroc doublé d'un assassin. Lorsque la police, prévenue par Simone, la maîtresse de Sauval, débarque pour arrêter ce dernier, elle se heurte aux pensionnaires de l'établissement. L'inspecteur est prêt à révéler alors à ceux-ci la vérité, mais Sauval accepte finalement de se constituer prisonnier. Louberger continue à entretenir le souvenir d'un homme exceptionnel auprès des jeunes garçons. Seul Clarence n'est pas dupe...

Encore un curieux sujet qui révèle l'atmosphère de l'époque. Pas plus que Monsieur Victor, Sauval n'est l'homme exceptionnel que l'on croit. Sous l'apparence de cet homme célèbre pour ses actions méritoires se cache un assassin. Comme si le cinéma de l'époque témoignait de cette volonté de démasquer les faux-semblants et de chercher la vérité derrière les apparences. Remarquable composition de Pierre Fresnay.

Notes : *Tournage du 13 mai au 24 juillet 1946, aux studios des Buttes-Chaumont et, en extérieurs, à la gare Saint-Lazare et à Noailles (Oise).*

LE VISITEUR

LES ATOUTS DE MONSIEUR WENS

Réalisation : Émile-Georges de Meyst ; scénario et adaptation : Jacques Companéez, d'après le roman de Stanislas-André Steeman ; dialogues : Norbert Carbonnaux ; photographie : Maurice Delattre ; musique : Robert Pottier ; montage : Jef Bruyninckx ; production : Belnapro ; durée : 95 min.

Interprétation : Louis Salou : Frédéric Dolo / Lucien Dolo. Marie Déa : Isabelle Dolo. Claudine Dupuis : Jeanette. Marcel Josz : juge. Georges Jamin : Jeff. Jos Gevers : Flup. Werner Degan : Wenceslas Vorobeitchik « Wens ».

Thème : La disparition de Frédéric Dolo risque de compromettre la carrière politique de son frère Lucien, avec lequel il était en conflit selon la presse. Ce dernier a-t-il tué son frère ? La femme de Lucien, Isabelle, charge Wens de s'occuper de l'affaire afin de dissiper toutes les rumeurs et accusations. Wens découvre bientôt que Frédéric est le criminel responsable du meurtre de plusieurs femmes. Mais, en réalité, Frédéric et Lucien ne sont qu'un unique personnage. Wens échappera à la mort, ce qui ne sera pas le cas de Lucien / Frédéric ni d'Isabelle.

On retrouve donc ici Wens, le héros du Dernier des six *(1941) et de* L'assassin habite au 21 *(1942), mais on se doit de préférer Paul Meurisse à Werner Degan.*

Notes : *Début du tournage à Anvers : 13 août 1946.*

BRIGADE CRIMINELLE

Réalisation : Gilbert Gil ; scénario : Gil Verdie ; dialogues : Maurice Clavel ; photographie : Jean Bachelet ; musique : Jacques Dupont ; production : Jacques Moreau, J. M. Spengler (Compagnie Française de Distribution de Films) ; durée : 82 min.

Interprétation : Jean Davy : commissaire Chabrier. Gilbert Gil : Michel Perrin. Gisèle Préville : Christine. Ellen Bernsen : Myriam. Maurice Teynac : Fred. Raymond Cordy : Mérignac. Miquel Bouquet : tueur. Daniel Ivernel : Jean-Jacques. Roger Bontemps : Fernand. Jean-Max : chef.

Thème : Fred récupère, pour le compte d'un gangster international, des plans importants relevant de la défense nationale. Le commissaire Chabrier enquête et poursuit les espions. Fred élimine son chef et fuit avec Michel, le secrétaire d'une de ses victimes, et cherche à retrouver sa maîtresse, Christine, compromise dans l'affaire. Il finit par renverser la jeune femme et sombre alors dans la folie, tandis que la police l'arrête.

L'unique film réalisé par l'excellent acteur Gilbert Gil.

Notes : *Tournage du 6 janvier au 22 février 1947 à Paris et aux studios Photosonor (Courbevoie).*

CONTRE-ENQUÊTE

Réalisation : Jean Faurez ; scénario : Jacques Companéez, Christiane Imbert ; dialogues : André Tabet ; photographie : Jules Kruger, Charles Bauer, Pierre Montazel ; musique : Jean Wiener, Vincent Scotto, Michel Emer ; montage : Geneviève Bretoneiche ; production : Claude Heymann (Élysées Ciné Productions) ; durée : 95 min.

Interprétation : Lucien Coëdel : M. Charles. Louis Salou : Ludovic Bresson, dit « Paragraphe ». Jany Holt : Ginette. Maurice Teynac : Serge de Souquières. Abel Jacquin : Alain Marchal. Paul Frankeur : Teddy Coffre-fort. Pierre-Louis : « Ouverture-éclair ». Lise Topart : Michèle Marchal. Marguerite Pierry : tante Brigitte. Gisèle Préville : Odette Marchal. Marcel André : juge d'instruction.

Thème : Condamné à mort pour le meurtre de sa femme – qu'il n'a pas commis –, Alain Marchal s'évade la veille de son exécution. Sur le point d'être repris, il se suicide après avoir téléphoné à un inconnu, M. Charles, ancien gangster, pour lui demander de prouver son innocence et éviter ainsi que cette condamnation injuste ne rejaillisse sur sa fille Michèle. M. Charles mène l'enquête avec l'aide de sa maîtresse Ginette et de ses anciens complices du Milieu. Ils soupçonnent Serge de Souquières, l'ancien amant de la victime, et prouvent au juge d'instruction que le véritable coupable est Brigitte, la propre tante d'Alain Marchal.

Un contexte policier et des notes d'humour.

Notes : *Tournage du 16 septembre au 13 décembre 1946 à Paris, à l'île Saint-Louis et aux studios François-Ier.*

COPIE CONFORME

Réalisation : Jean Dréville ; scénario : Jacques Companéez ; adaptation : Paul Andréota, Christiane Imbert, Nino Frank, Jean Dréville ; dialogues : Henri Jeanson ; photographie : André Thomas ; musique : René Cloërec ; montage : Jean Feyte ; production : Jacques Roitfeld, Raymond Borderie (Les Productions Jacques Roitfeld / Compagnie Industrielle et Commerciale Cinématographiques) ; durée : 105 min.

Interprétation : Louis Jouvet : Gabriel Dupon / Manuel Ismora. Suzy Delair : Coraline. Annette Poivre : Charlotte. Jean-Jacques Delbo : Oscar. Madeleine Suffel : Mme Charles. Léo Lapara : André. Jane Marken : concierge. Henri Charrett : M. Charles. Raoul Marco : inspecteur. Jean Carmet : complice. Robert Seller : juge d'instruction.

Thème : Paisible représentant, Gabriel Dupon se trouve être le sosie du gangster Ismora. Il est arrêté à tort, innocenté mais déshonoré, car on voit

COPIE CONFORME

désormais en lui un criminel. Il décide alors de se suicider, mais Ismora intervient, voyant là le moyen d'obtenir un alibi permanent. Dupon se fait, dès lors, passer pour Ismora, réussissant même à tromper Coraline, la propre maîtresse de ce dernier. Ismora peut désormais commettre ses forfaits en toute impunité, mais il prend ombrage de l'attirance de Coraline pour son sosie. Les deux hommes s'affrontent et les complices d'Ismora, cherchant à sauver celui-ci, le tuent par erreur à la place de Dupon.

Louis Jouvet profite de cette histoire de sosie pour jouer sur cette double personnalité et Jean Dréville pouvait déclarer : « Contrairement aux habitudes, j'établissais ma mise en place non avec Jouvet mais avec Léo Lapara, qui faisait ainsi office de doublure. Lapara montrait ensuite ce que nous avions réglé à Jouvet, qui entrait instantanément dans le personnage, et avec quel talent ! Les scènes de "double" représentaient une sacrée mise en place et un énorme travail de préparation technique avec les caches et contre-caches, calage de la caméra, synchronisation des pelures de transparence. J'avais enregistré Jouvet dans le personnage A, puis dans le personnage B. J'avais monté les deux bandes-son en parallèle avec, quand A parle, du silence sur B et vice versa. Ce qui fait que, lorsque je filmais A, Jouvet, en même temps, entendait B et pouvait se répondre à lui-même. Cela donnait un lien et a joué beaucoup pour la qualité de ces trucages. Lorsque les verres trinquent, par exemple, c'est le son qui fait l'illusion. En fait, les verres ne se touchent pas vraiment » *(in* Jean Dréville*). N'oublions pas les dialogues d'Henri Jeanson et Suzy Delair disant à Louis Jouvet :* « On ferait comme si on était dans une chambre de bonne… S'aimer comme des pauvres, ça doit être chic, quand on sait qu'on a de l'argent. »

Notes : *Tournage du 11 octobre au 28 décembre 1946 aux studios de Billancourt et, en extérieurs, à Sigy (Seine-et-Marne).*

FANTÔMAS

Réalisation : Jean Sacha ; scénario : Jean-Louis Bouquet, d'après les romans de Marcel Allain ; dialogues : Françoise Giroud ; photographie : Paul Cotteret ; musique : Jean Marion ; montage : Monique Kirsanoff ; production : Hubert d'Achon (Latino Consortium Cinéma) ; durée : 95 min.

Interprétation : Marcel Herrand : Fantômas. Simone Signoret : Hélène. André Le Gall : Jérôme Fandor. Alexandre Rignault : commissaire Juve. Françoise Christophe : princesse Daniloff. Lucienne Le Marchand : Lady Beltham. Yves Deniaud : Arthur. Georges Gosset : Burette. Renaud Mary : Germain. Paul Amiot : directeur de la Sûreté. Jacques Dynam : préparateur. Denise Kerny : Maude.

Thème : Hélène doit épouser le journaliste Fandor, mais le criminel Fantômas, le propre père de la jeune femme, assassine le maire dont il prend la place. « L'homme noir » exige désormais 1 milliard, faute de quoi il tuera 1 million de personnes. Il capture Fandor et le commissaire Juve, mais les deux hommes parviennent à s'enfuir. Hélène est, à son tour, prisonnière de Fantômas. Juve se fait passer pour ce dernier, avant de le prendre en chasse en voiture. Le véhicule de Fantômas s'écrase mais le criminel est-il mort ? Hélène épouse enfin Fandor.

Jean Sacha dirige avec une certaine élégance ces nouvelles aventures de Fantômas dont on retrouve le costume et le masque. Avouant à sa complice Maude que « la vertu [l']ennuie », *Fantômas emprisonne Juve et Fandor dans une pièce dont le plafond descend – presque – inexorablement et il communique avec ses complices grâce à un circuit de télévision intégrée à son repaire. Échappé des* Enfants du paradis *(1945), Marcel Herrand est très convaincant, alors que le Fandor composé par André Le Gall manque un peu de conviction. Ayant visiblement souffert de restrictions budgétaires, Jean Sacha compense ce handicap par de multiples idées et une mise en scène dynamique.*

Notes : *Tournage du 15 novembre 1946 au 25 janvier 1947 aux studios des Buttes-Chaumont.*

MIROIR

Réalisation : Raymond Lamy ; scénario : Carlo Rim, Paul Ollivier ; adaptation et dialogues : Carlo Rim ; photographie : Roger Hubert ; musique : Maurice Yvain ; montage : Germaine Artus ; production : Paul-Edmond Decharme (Alcina) ; durée : 90 min.

Interprétation : Jean Gabin : Pierre Lussac / gangster Miroir. Gabrielle Dorziat : Mme Puc. Antonin Berval : Folco. Tramel : baron. Sylvie : religieuse. Colette Mars : Cléo. Daniel Gélin : Charles. Colette Richard : Juliette Montfort. Charles Lemontier : inspecteur Ballestra. Henri Crémieux : Saint-Éloi. Gisèle Préville : Anna. Martine Carol : Lulu. Robert Arnoux : Leroy-Garnier. Maurice Dorléac : chef de cabinet. René Blancard : Boisrond. Pierre Magnier : président du tribunal. Jacques Sernas : Battling-Joe. Henri Poupon : oncle. Fernand Sardou : complice de Folco. Marcel Dieudonné : second de Lussac. Paul Oettly : Ruffaut.

Thème : 1935. Brillant homme d'affaires, respectable de surcroît, Lussac est en réalité connu par certains sous le nom de Miroir, le chef d'une bande qui lutte

contre des rivaux marseillais. Son fils adoptif, Charles, doit épouser Juliette Montfort, fille d'un médecin. La chance tourne bientôt en sa défaveur et Ruffaut, un de ses anciens amis, s'évade du bagne. Pour assurer le bonheur de Charles, Lussac l'abat, car Ruffaut est le véritable père de ce dernier. Lussac se réfugie chez son ancienne maîtresse Cléo et cherche à fuir à l'étranger avec elle. Il affronte avec succès ses rivaux marseillais, mais il n'échappe pas aux balles de la police.

C'est le premier film de Raymond Lamy, monteur de Guitry et Bresson. Le plus intéressant est de découvrir un Jean Gabin plus âgé qu'il n'est réellement, personnifiant à la fois un financier et – comme parfois autrefois – un chef de gang. Dès le début, on est fasciné par la composition de Gabin, dont c'est le premier film depuis sa période américaine et Martin Roumagnac (1946). Sa composition annonce à la fois ses futurs rôles de grands bourgeois et ceux de gangsters. Ne serait ce qu'à ce titre, le film est très important – et régulièrement sous-estimé – dans la mythologie de Gabin. On découvre aussi une référence directe à Scarface (1932) lorsque Lussac, dont le casino-cabaret abrite un ring pour catcheuses, reçoit un lot de mitraillettes. La fin voit Lussac échapper à la bande de Folco, joué par l'ancien Justin de Marseille, mais être abattu par la police et tomber dans la fosse qui venait d'être creusée.

Notes : *Tournage du 28 octobre 1946 au 11 février 1947, aux studios de Saint-Maurice et, en extérieurs, à Paris (boulevard Saint-Germain) et au champ de courses d'Auteuil et à Nogent.*

NON COUPABLE

Réalisation : Henri Decoin ; scénario et dialogues : Marc-Gilbert Sauvajon ; photographie : Jacques Lemare ; musique : Marcel Stern ; montage : Annick Millet ; production : Francis Cosne, Georges Dancigers (Les Films Ariane) ; durée : 95 min.

Interprétation : Michel Simon : Dr Michel Ancelin. Jany Holt : Madeleine Bodin. Georges Bréhat : Jacques Aubignac. Jean Debucourt : inspecteur Chambon. Henry Charrett : inspecteur Noël. Jean Wall : Dr Durmont. Robert Dalban : Gustave. Ariane Muratore : Mme Bastard. François Joux : Louvet. Pierre Juvenet : notaire.

Thème : Médiocre médecin d'une petite ville, Michel Ancelin a depuis longtemps perdu l'estime de ses concitoyens. Il s'est réfugié dans la boisson. Un soir, ivre, il renverse et tue un homme à moto. Devant la situation, il maquille son acte en un accident de la route. La police et la presse confirment cette théorie, d'autant plus facilement que la victime avait volé la moto. Ravi de son subterfuge, Ancelin va, dès lors, trouver une nouvelle manière de vivre. Découvrant que sa compagne Madeleine le trompe, il assassine son amant. Il avoue le crime à Madeleine qu'il cherche à faire accuser du meurtre. Il s'oppose à son confrère Durmont, qui est bientôt retrouvé mort. Le maire offre alors une récompense pour retrouver l'assassin. Madeleine veut dénoncer Ancelin, mais elle se noie « accidentellement ». Elle apparaît désormais comme la coupable des crimes. Ancelin révèle alors que c'est lui l'auteur des meurtres, mais on ne le croit pas. Il écrit une lettre d'aveu et se suicide. Mais la lettre est tombée dans le feu…

Henri Decoin dirige ici pour la première fois Michel Simon, qui donne au film toute son intensité. Déchu, alcoolique et trompé par sa compagne, le docteur Ancelin va revivre grâce à la succession de crimes dont il est l'auteur. Il retrouve soudain confiance en lui, heureux d'échapper aux soupçons de la police et de la presse. Cette impunité lui redonne le lustre et l'aisance qu'il avait depuis longtemps perdus. La composition de Michel Simon est remarquable.

Notes : *Tournage du 29 janvier au 11 avril 1947 aux studios de Boulogne et, en extérieurs, à Chartres.*

NON COUPABLE

PANIQUE

Réalisation : Julien Duvivier ; scénario : Charles Spaak, Julien Duvivier, d'après le roman de Georges Simenon *Les Fiançailles de M. Hire* ; photographie : Nicolas Hayer ; musique : Jean Wiener ; montage : Marthe Poncin ; chansons : Jacques Ibert ; production : Pierre O'Connell (Filmsonor) ; durée : 100 min.

Interprétation : Michel Simon : M. Hire. Viviane Romance : Alice. Paul Bernard : Alfred Chartier. Lucas Gridoux : M. Fortin. Émile Drain : M. Breteuil. Lita Recio : Viviane. Marcel Pérès : Cermanutti. Max Dalban : Capoulade. Louis Florencie : inspecteur Marcelin. Guy Favières : M. Sauvage. Charles Dorat : inspecteur Michelet. Jenny Leduc : Irma. Michel Ardan : Fernand. Lucien Paris : M. Branchu. Paul Franck : Dr Philippon.

Thème : La banlieue parisienne. Villejuif. On découvre le cadavre d'une femme, victime d'un vol. De son côté, Alice sort de prison et rejoint son amant et complice, Alfred, à la place duquel elle avait accepté d'être condamnée. Alors que les habitants ont vite fait de soupçonner M. Hire, ce dernier dit à Alice qu'Alfred a quelque chose à voir avec le crime. Ce dernier, qui a conservé le sac à main de la victime, comprend que M. Hire détient une preuve contre lui et il laisse Alice le séduire pour le piéger. Alice accepte même de se fiancer avec M. Hire et elle profite de la situation pour cacher chez ce dernier le fameux sac à main. La foule, haineuse, est désormais persuadée que M. Hire est l'assassin. Elle le poursuit malgré l'intervention de la police. M. Hire tombe dans le vide et trouve la mort.

PANIQUE

On découvre sur lui une photo montrant l'assassinat de la victime par Alfred.

« J'arrivais d'Hollywood où j'avais vu pendant cinq ans des films optimistes, *déclarait Julien Duvivier,* avec le happy end traditionnel. Aussi avais-je envie de traiter un sujet plus en rapport avec la situation actuelle. Et je sais bien qu'il est plus aisé de réaliser des films poétiques, doux et charmants, avec de belles photographies, mais ma nature me pousse vers des thèmes âpres, noirs, amers. *Panique* n'est pas, au sens usuel du mot, l'adaptation du roman. En choisissant cette œuvre, nous y avons vu la possibilité – absente du livre – d'élargir convenablement, dans ses conséquences, le plus banal des faits divers. En le faisant, Charles Spaak et moi, nous n'avons pas voulu ajouter un titre nouveau à la liste des films policiers. Si toute l'action tourne autour d'un crime, l'intérêt du sujet ne réside pas dans la découverte de l'assassin, ni même dans les péripéties de l'enquête. Nous avons voulu faire de *Panique* un film d'atmosphère sociale. Que dit *Panique* ? Il dit que les gens ne sont pas gentils, que la foule est imbécile, que les indépendants ont toujours tort et qu'ils finissent inévitablement par marcher dans le rang. Évidemment, nous sommes loin des gens qui s'aiment, ceux-là sévissent sur les écrans d'Hollywood, mais j'ai bien l'impression que nous traversons une époque où les gens ne s'aiment pas. » *Duvivier est donc de retour en France et il découvre un pays en proie à la mauvaise conscience et dans lequel la délation, la vengeance personnelle et le crime collectif ont tenu lieu d'alibis. Aux exactions commises durant l'Occupation par la Gestapo et la Milice vont succéder celles de la Libération et surtout de l'épuration. Devant ce constat que certains cinéastes préfèrent oublier, Duvivier choisit, comme il le dit lui-même, de préférer l'étude de mœurs à la trame policière classique, le spectateur sachant rapidement qui est le criminel. Dans ce petit quartier de la banlieue parisienne semblable à une petite ville de province, on va peu à peu découvrir le comportement de chacun. Comme il y a un meurtre, il faut qu'il y ait un suspect, vite promu coupable. Ce sera M. Hire qui ne s'est jamais intégré à cette communauté locale. Son apparence – notamment la barbe de Michel Simon – et son comportement asocial en font un bouc émissaire tout trouvé. Il a d'ailleurs, parallèlement, une activité sous un autre nom, celui du docteur Varga. Avec* Le Corbeau *(1943),* Panique *est l'une des œuvres majeures des années 1940. Comme le film de Clouzot, celui de Duvivier a d'ailleurs été victime d'une partie de la presse de gauche, qui s'empressait d'indiquer que rien de tout cela ne pouvait se passer ainsi en France…*

Notes : *Tournage du 8 janvier au 6 août 1946 aux studios de la Victorine (Nice). Remake par Patrice Leconte,* Monsieur Hire *(1989), avec Michel Blanc et Sandrine Bonnaire.*

QUAI DES ORFÈVRES

Réalisation : Henri-Georges Clouzot ; scénario : Henri-Georges Clouzot, Jean Ferry, d'après le roman de Stanislas-André Steeman *Légitime défense* ; dialogues : Henri-Georges Clouzot, Jean Ferry ; photographie : Armand Thirard ; musique : Francis Lopez ; production : Majestic Film ; durée : 105 min.

Interprétation : Louis Jouvet : inspecteur adjoint Antoine. Suzy Delair : Marguerite Chauffournier Martineau, alias Jenny Lamour. Simone Renant : Dora Monier. Bernard Blier : Maurice Martineau. Charles Dullin : Georges Brignon. Pierre Larquet : Émile. Raymond Bussières : Albert. René Blancard : chef de la PJ. Léo Lapara : inspecteur Marchetti. Claudine Dupuis : Manon. Jeanne Fusier-Gir : dame du vestiaire. Robert Dalban : Paulo.

Thème : Jenny Lamour, qui est chanteuse de music-hall, rêve d'une carrière plus ambitieuse alors que son mari, Maurice Martineau, est son accompagnateur. Remarquée par le producteur Brignon, elle espère profiter de la situation, malgré la jalousie de Maurice qui menace de mort le producteur en question.

Découvrant que Jenny est allée à un rendez-vous nocturne chez Brignon, il se prépare un alibi et y va à son tour. Il découvre que Brignon a déjà été tué. Jenny avoue tout à son amie photographe Dora, qui est éprise d'elle, persuadée qu'elle a tué Brignon, devenu trop entreprenant, en l'assommant avec une bouteille de champagne. L'inspecteur Antoine mène l'enquête et Maurice est vite désigné comme le suspect numéro un. Maurice avoue et tente de se suicider en s'ouvrant les veines dans sa cellule. Dora, quant à elle, s'est accusée à son tour. Mais, en réalité, Brignon a été tué par arme à feu. Maurice est sauvé et l'inspecteur Antoine démasque le véritable assassin, Paulo, un cambrioleur.

C'est le premier film que tourne Clouzot après l'interdiction dont il a été l'objet, suite à l'hystérique cabale montée contre lui lors de l'affaire du Corbeau. Durant plusieurs mois, Clouzot a pu se rendre compte de l'atmosphère délétère de cette France de la Libération et de l'épuration. Se souvenant du roman de Stanislas-André Steeman qu'il avait lu mais qu'il ne peut retrouver, Clouzot écrit le scénario en fonction de ses souvenirs. Il s'avérera que son scénario est assez éloigné du roman initial pour que l'auteur de ce dernier en soit furieux... C'est en effet un monde très inhabituel que décrit Clouzot. On découvre, au début, la peinture particulièrement juste de l'univers du spectacle vu des coulisses avec ses ambitions et ses déceptions, ses jalousies et ses tentations. Face au sympathique Maurice Martineau, le producteur Brignon ne cache pas son appétit pour ces séduisantes chanteuses et danseuses. C'est dans cet univers aussi que Suzy Delair chante « Avec son tralala » et « Danse avec moi » de Francis Lopez et André Hornez. Parallèlement, Clouzot s'attache à des personnages hors norme. L'inspecteur Antoine, superbement campé par Jouvet, n'est pas le sosie du Wens également créé par Stanislas-André Steeman, mais un homme tout à fait différent, qui vit avec son fils, un enfant noir ramené des colonies. Tout aussi surprenant est le personnage de Dora, qui non seulement aime photographier en tenues légères les femmes mais encore les aime tout simplement. C'est une lesbienne, frustrée, car elle aime Jenny dont elle préférerait avoir l'amour plutôt que l'amitié. Elle est prête à se sacrifier pour celle qu'elle aime. De même, d'ailleurs, que Martineau, l'idéal et innocent suspect. Parallèlement à l'enquête policière qui sert, beaucoup plus qu'à démasquer le véritable coupable – un banal cambrioleur –, à provoquer de véritables réactions amoureuses chez les différents personnages, Clouzot signe une admirable comédie de mœurs. Sans jamais être cynique, il montre que tout n'est pas parfait dans cette France dans laquelle la loi d'amnistie ne peut cacher les turpitudes, les crimes et la mauvaise conscience.

Notes : *Tournage du 3 février au 10 mai 1947 aux studios de Neuilly-sur-Seine et de Saint-Maurice, ainsi qu'à Paris.*

QUAI DES ORFÈVRES

CARREFOUR DU CRIME

Réalisation : Jean Sacha ; scénario et dialogues : Jean Halain ; photographie : Léonce-Henri Burel ; musique : Jean Marion ; montage : Paulette Robert ; production : André Hunebelle (Production Artistique et Cinématographique) ; durée : 90 min.

Interprétation : Louis Salou : Fred Barrère. André Valmy : Jacques Marchand. Jean Debucourt : Pierre Morel. Claude Génia : Simone. André Bervil : Mario. Jean Vilar : inspecteur Dominique. Françoise Christophe : Nelly. Palau : Mareuil. Gustave Gallet : Benoît. Michèle Philippe : Dora. Marcel Pérès : agent.

Thème : Avocat et ami du détective privé Jacques Marchand, Pierre Morel plaide le déséquilibre nerveux lorsque celui-ci est accusé à tort de meurtre. Le véritable meurtrier est finalement découvert et Marchand quitte l'hôpital psychiatrique où il avait été interné. Une réunion de ses amis est organisée par son associé Fred Barrère pour fêter son retour, mais une jeune femme, Nelly Normand, est assassinée au cours de la soirée et Marchand tient un poignard ensanglanté. Marchand se demande s'il n'est pas atteint d'un somnambulisme qui fait de lui un assassin… Il s'agit, en réalité, d'un coup monté par le véritable coupable, Fred Barrère, qui espérait se servir du passif de Marchand pour se débarrasser de complices compromettants. Il sera finalement démasqué.

***Notes :** Le premier titre du film était* J'ai tué. *Tournage du 8 décembre 1947 au 8 janvier 1948 à Paris et aux studios des Buttes-Chaumont.*

LES CONDAMNÉS

Réalisation : Georges Lacombe ; scénario : Solange Térac ; adaptation et dialogues : Marc-Gilbert Sauvajon ; photographie : Jacques Lemare ; musique : René Cloërec ; production : Francis Cosne (Les Films Ariane / Société des Films Sirius) ; durée : 100 min.

LES CONDAMNÉS

Interprétation : Yvonne Printemps : Hélène Séverac. Pierre Fresnay : Dr Jean Séverac. Roger Pigaut : Dr Bernard Auburtin. Marguerite Pierry : tante Marthe. Jacques Castelot : Dr Yvarne. Charles Vissières : Dr Jacquier. Odette Barencey : Jeanne. Christiane Delacroix : domestique.

Thème : Si le docteur Jean Séverac et Hélène sont mariés depuis vingt ans, son épouse est éprise du jeune docteur Auburtin. Elle demande à Jean de pouvoir divorcer, mais il refuse. Hélène propose à son amant de quitter ensemble la ville. Grâce au vote de Séverac, mis au courant de la situation par des lettres anonymes mais qui ne veut pas voir partir sa femme, Auburtin est cependant élu directeur du conseil d'administration à la Fondation consacrée à la lutte contre les maladies infantiles. Hélène, craignant que cette nomination le retienne de partir, la cache à Auburtin pour hâter leur départ. Mais Séverac s'effondre après avoir bu un whisky. Présente, la tante Marthe insinue qu'Hélène et Jean cherchent à empoisonner Séverac. Auburtin, qui commence, à cause des rumeurs, à perdre une partie de sa clientèle, soupçonne Hélène. Mourant, Séverac avoue à Hélène avoir transformé son suicide en meurtre pour faire accuser les deux amants. Il a pourtant écrit une lettre pour innocenter Hélène. Celle-ci la brûle et s'accuse du « crime » auprès de la police.

Le film est évidemment et avant tout destiné à mettre en valeur le couple formé par Pierre Fresnay et Yvonne Printemps.

LA DAME D'ONZE HEURES

Réalisation : Jean Devaivre ; scénario et dialogues : Jean-Paul Le Chanois, d'après le roman de Pierre Apestéguy ; photographie : René Gaveau ; musique : Joseph Kosma ; montage : Louis Devaivre ; production : Jean Devaivre (Les Films Neptune) ; durée : 97 min.

Interprétation : Paul Meurisse : Stanislas Octave Seminario, dit « SOS ». Micheline Francey : Muriel Pescara. Gilbert Gil : Charles Pescara. Jean Tissier : Guillaume. Pierre Louis : Paul Wantz, dit Delbecq. Pierre Renoir : Dr Gérard Pescara. Jean Brochard : juge d'instruction. Junie Astor : Hélène Tassin. Jean Debucourt : Dr Vermeulen. Pierre Palau : portier. Marcel Pérès : cantonnier. Jean Sinoël : jardinier.

Thème : Stanislas Octave Seminario, dit « SOS », est de retour d'Afrique et enquête au sein de la famille Pescara sur de mystérieuses lettres anonymes. Après avoir découvert le cadavre d'une femme, sosie de sa sœur Muriel, Charles Pescara est empoisonné. Son propre père, Gérard, l'est à son tour et restera paralysé. SOS suit d'autant plus l'affaire que son oncle en est le juge d'instruction. Il s'empare d'ailleurs du dossier alors que Paul Wantz, le fiancé de Muriel Pescara, a disparu et devient vite le principal suspect. Une infirmière, Hélène Tassin, ex-femme de Paul, fait chanter les Pescara et donne rendez-vous à SOS, mais elle meurt des mains de Paul en mentionnant « *La Dame d'onze heures* ». Il s'agit du nom d'une péniche qui sert de refuge à Paul. SOS retrouve Muriel, enlevée par Paul. L'énigme du sosie de Muriel est résolue, et la vengeance de Paul fomentée contre Gérard Pescara, dévoilée. Poursuivi en voiture par SOS, l'assassin fait une chute mortelle dans la rivière.

Ancien assistant de Maurice Tourneur, Jean Devaivre signe ici l'un de ses premiers films en témoignant d'une véritable volonté stylistique, jouant dès le début sur des gros plans, un montage inhabituel, le recours au flash-back et réussissant à donner un ton authentique à cette histoire d'empoisonnements. Le choix des décors, la demeure des Pescara comme le canal et ses péniches à la fin, est particulièrement juste et le cinéaste n'hésite pas à situer une scène d'aveu amoureux entre Paul Meurisse et Micheline Francey à l'intérieur d'une cabine téléphonique. La suite de la carrière de Devaivre ne sera malheureusement pas aussi féconde.

DÉDÉE D'ANVERS

Réalisation : Yves Allégret ; scénario : Yves Allégret, Jacques Sigurd, d'après le roman d'Ashelbé (= Henri La Barthe) ; dialogues : Jacques Sigurd ; photographie : Jean Bourgoin ; musique : Jacques Besse ; montage : Léonide Azar ; production : Les Films Sacha Gordine ; durée : 100 min.

Interprétation : Simone Signoret : Dédée. Bernard Blier : René. Marcel Dalio : Marco. Marcello Pagliero : Francesco. Jane Marken : Germaine. Marcelle Arnold :

DÉDÉE D'ANVERS

Magda. Monika Burg (= Claude Farell) : prostituée allemande. Jo van Cottom : diamantaire. Marcel Dieudonné : trafiquant.

Thème : Anvers. Dédée est entraîneuse dans le bar à matelots *Big Moon* de René, un ancien gangster plus ou moins retiré du Milieu. Elle travaille pour le compte du cruel souteneur Marco. Dédée s'éprend du marin Francesco, qui est « en affaires » avec René. Francesco est prêt à partir avec elle. Se méfiant de la réaction de Marco, René préfère l'éloigner mais le souteneur assassine Francesco. Dédée se vengera, avec l'aide de René, en l'écrasant, et reprendra son travail au bar.

Yves Allégret retrouve le « réalisme poétique », celui des ports avec sa brume, ses voyous et ses entraîneuses au grand cœur, sans oublier l'appel aux voyages. Belle composition de Simone Signoret.

Notes : *Décors de George Wakhévitch. Tournage du 8 octobre 1947 au 17 janvier 1948 aux studios Franstudio de Joinville-le-Pont et à Anvers.*

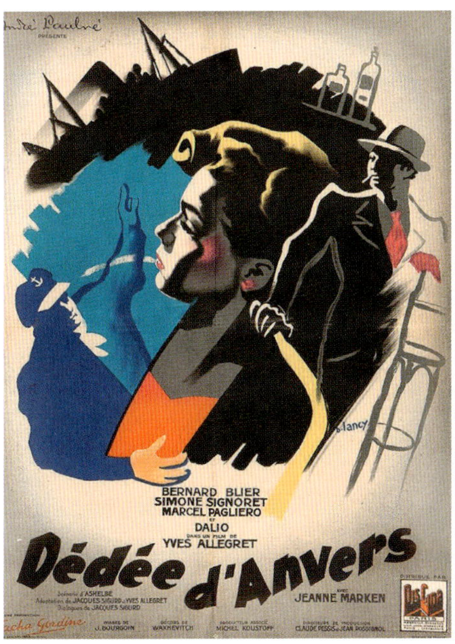

LE DESSOUS DES CARTES

Réalisation : André Cayatte ; scénario : André Cayatte, Hélène Mercier ; adaptation : Louis Chavance, Charles Spaak ; dialogues : Bernard Zimmer ; photographie : Armand Thirard ; montage : René Le Hénaff ; production : Flaminia Films / Regina / Gladiator Films ; durée : 90 min.

Interprétation : Madeleine Sologne : Florence Géraudy. Serge Reggiani : Manuel « Manu » Ambrozini. Paul Meurisse : inspecteur Nansen. Janine Darcey : Fine. René Blancart : brigadier. Édouard Delmont : aubergiste. Enrico Glori : Claude Géraudy. André Carnège : Welford. Léonce Corne : juge d'instruction. René Bourbon : Dr Pierre. Gabrielle Fontan : mère de Florence. Paul Faivre : maire. Paul Demange : speaker.

Thème : Responsable d'un scandale financier, le banquier Géraudy, réfugié en Haute-Savoie, cherche à passer en Italie avec l'aide du contrebandier Manu. Ayant compris que sa femme Florence ne le rejoindrait jamais, il se pend. Celle-ci arrive sur les lieux du drame et, afin de toucher l'assurance, veut obtenir de Manu, qu'elle cherche à séduire, la lettre de son mari annonçant son futur suicide. Aidée de son ami et complice l'inspecteur Nansen, elle doit prouver qu'il s'agit d'un crime et non d'un suicide. Alors même que le

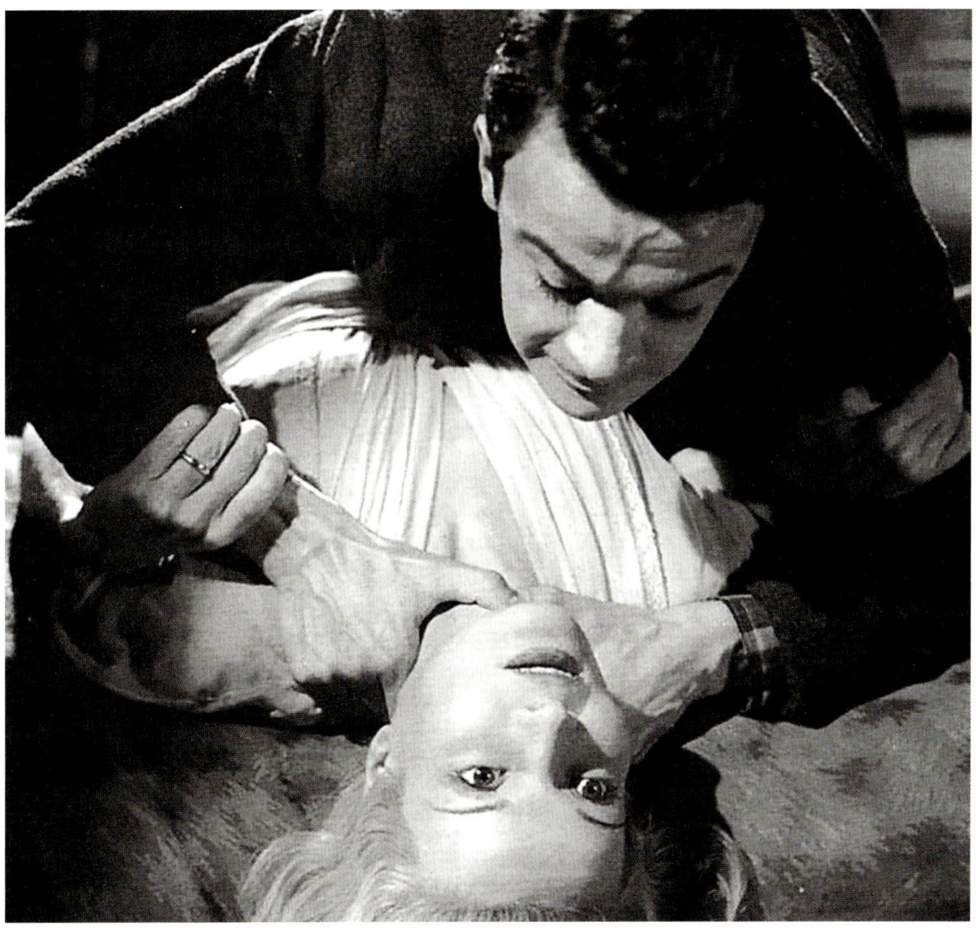

LE DESSOUS DES CARTES

juge d'instruction enquête sur le drame – qui conserve des zones d'ombre, notamment sur la manière dont a procédé Géraudy pour se donner la mort –, Nansen récupère la lettre de Géraudy et décide d'inculper Manu de meurtre. Manu s'évade et Florence, qui n'est pas insensible, accepte de lui confier des talons de chèques incriminant Nansen et diverses personnalités dans le scandale. À nouveau arrêté, Manu explique que Géraudy s'est pendu en montant sur un pain de glace qui a ensuite fondu. Nansen disculpe Manu grâce à la lettre du défunt qu'il transmet au juge, en échange des documents compromettants (en possession de Manu) qu'il jette au feu.

Il est de bon ton de considérer que le sujet s'inspire de l'affaire Stavisky, ce dernier ayant été retrouvé mort, « suicidé » à Chamonix le 8 janvier 1934. Le premier titre du film était L'Assassin.

ERREUR JUDICIAIRE

Réalisation : Maurice de Canonge ; scénario et dialogues : Herbert Victor, Gérard Carlier ; adaptation : Simon Gantillon ; photographie : Georges Million ; musique : Jacques Dupont ; montage : Monique Bonnot ; production : Tamara Films ; durée : 80 min.

Interprétation : Michèle Alfa : Janine Heurteaux. Jimmy Gaillard : Bob Richard. Marcel Dalio : Dinari. Jean-Jacques Delbo : Stefano. Louis Florencie : joueur. Jean Pignol : non précisé. Jacques Henley : Américain. Irène Strozzi : princesse. Yves Brainville : Jacques Heurteaux. Robert Le Béal : Gauthier-Duvergne. Lucienne Lemarchand : Suzanne Gauthier-Duvergne. Jean Davy : Me Lenoir. Jérôme Goulven : commissaire. Robert Seller : M. de Berville. Jacques Berlioz : juge d'instruction.

Thème : Ruiné par son épouse Suzanne, le banquier Gauthier-Duvergne préfère se suicider et le caissier Jacques Heurteaux, accusé de vol, est renvoyé, Suzanne ayant fait disparaître la lettre disculpant ce dernier. La veuve dilapide le reste de sa fortune et s'associe avec deux escrocs, Stefano et Dinari. Elle fait assassiner le premier, et Jacques Heurteaux est, cette fois-ci, accusé du meurtre. La femme de Heurteaux, aidée par la police et ses amis, réussira à démasquer la diabolique Suzanne et à innocenter son époux.

Le film est surtout connu pour avoir été l'objet d'une importante publicité due au fait que le public avait en partie collaboré à l'histoire à la suite d'un concours.

Notes : *Tournage du 8 décembre 1947 au 8 janvier 1948 aux studios des Buttes-Chaumont.*

LA FEMME QUE J'AI ASSASSINÉE

Réalisation : Jacques Daniel-Norman ; scénario : Claude Dolbert, Pierre Laroche, d'après l'histoire de Charles Exbrayat ; dialogues : Pierre Laroche ; photographie : René Colas ; musique : Marcel Landowski ; montage : Pierre Delannoy ; production : Jacques Haïk (Codo-Cinéma – Les Productions Claude Dolbert) ; durée : 91 min.

Interprétation : Micheline Francey : Lucienne. Armand Bernard : Dupont-Verneuil. Pierre Larquey : René Dufleuve. Charles Vanel : François Bachelin. Jane Marken : Maria. Palmyre Levasseur : marchande des quatre saisons. Margo Lion : logeuse. Julien Maffre : pêcheur. Georges Paulais : Benjamin. Rivers Cadet : maire.

Thème : Un repas de célibataires. Un coup de téléphone. Une femme demande à parler à Jean-Louis. Pour plaisanter, on lui dit que ce dernier est définitivement parti et on lui conseille de se jeter à l'eau. Ce qu'elle fait, comme le rapporte la presse. François Bachelin, celui qui lui a répondu cyniquement, se sent responsable du drame et sa vie va, dès lors, changer. Il cherche à savoir qui était la femme en question, recueille l'enfant de celle-ci puis la marie. Il a compris sa responsabilité. Ce qui n'est pas le cas de ses inconscients amis.

Le début est une magnifique idée de « film noir », le reste relève plus du mélodrame.

LA FEMME QUE J'AI ASSASSINÉE

IMPASSE DES DEUX ANGES

Réalisation : Maurice Tourneur ; scénario : Jean-Paul Le Chanois (+ Jacques Viot) ; dialogues : Jean-Paul Le Chanois ; photographie : Claude Renoir ; musique : Yves Baudrier ; montage : Christian Gaudin ; production : Eugène Tucherer (BUP Française - British Unity Pictures) ; durée : 84 min.

Interprétation : Paul Meurisse : Jean. Simone Signoret : Anne-Marie / Marianne. Marcel Herrand : marquis Antoine de Fontaines. Marcelle Praince : duchesse. Jacques Castelot : vicomte. Lucas Gridoux : impresario. Danièle Delorme : Anne-Marie. Jacques Baumer : Jérôme. Reggie Nalder : Bébé. Paul Demange : Minus. François Patrice : petit gars. Paul Amiot : chef : Sinoël : Sylvain. Yolande Laffon : Sophie.

Thème : Marianne, vedette de music-hall, a accepté d'épouser le marquis Antoine de Fontaine et de quitter sa carrière de comédienne. Mais des gangsters ont décidé de dérober le collier de diamants que le marquis a offert à Marianne. C'est Jean, spécialiste de ce genre d'opérations, qui en est chargé. Mais Jean reconnaît Marianne. Ils ont été amants. Ils cherchent à fuir, mais ses complices les poursuivent. Jean sera abattu, alors que Marianne retournera auprès du marquis.

Initialement prévu pour Jacques Feyder puis, après la mort de ce dernier, pour Jean-Paul Le Chanois, le film a finalement été mis en scène par Maurice Tourneur dont c'est l'œuvre ultime. C'est d'ailleurs loin d'être l'un de ses films les plus marquants. Le scénario renoue avec le romantisme tragique de l'époque, et le rôle de Jean aurait pu être confié à Jean Gabin. L'aspect le plus attachant du film est le moment où Jean et Marianne découvrent que les lieux de leur amour passé, l'impasse des Deux-Anges du titre, ne sont déjà plus comme avant. Le temps a accompli son œuvre destructrice. L'unique chose susceptible de les rassurer est ce jeune couple qui s'aime. Comme eux, autrefois…

***Notes :** Tournage du 3 mai au 19 juin 1948 dans l'impasse des Deux-Anges (6ᵉ arrondissement de Paris) et à Neuilly-sur-Seine.*

IMPASSE DES DEUX ANGES

LE MANNEQUIN ASSASSINÉ

Réalisation : Pierre de Hérain ; scénario : Georges Chaperot, d'après le roman de Stanislas-André Steeman ; dialogues : Pierre Lestringuez ; photographie : Marcel Grignon ; musique : Jean Hubeau ; montage : Henriette Wurtzer ; production : Robert Lussac, Hervé Missir (Étendard Films / Ciné Reportages Hervé Missir et Cie) ; durée : 82 min.

Interprétation : Blanchette Brunoy : Laure. Édith Vigneau (= Anne Vernon) : Irène. Germaine Dermoz : Irma. Gilbert Gil : Armand. Julien Carette : Léonisse. Daniel Gélin : Léopold. Robert Lussac : commissaire Aimé Malaise. Albert Dinan : Didier. Jean-Roger Caussimon : Jérôme. Jacques Castelot : Émile. André Gabriello : Charles. Pierre Magnier : notaire. Stanislas-André Steeman : Dr Furnelle. Mathilde Casadesus : Mme Malaise.

Thème : Un mannequin est retrouvé avec un poignard planté à l'endroit du cœur. De quoi étonner le commissaire Dumaine, d'autant plus que le mannequin ressemble à un certain Gilbert, mort mystérieusement. Invité dans la famille de ce dernier, Dumaine écoute les confidences du frère et de la fiancée de Gilbert, mais un autre crime est bientôt commis. Le propre père de Gilbert est, en effet, assassiné. Dumaine comprend alors que Gilbert était un être maléfique, fou et pervers. Il réussit à innocenter un jeune voisin, accusé de vol.

C'est le premier film d'Anne Vernon qui apparaît sous son vrai nom. L'idée du mannequin assassiné est une curieuse et assez belle idée. Dommage que l'interprétation de Robert Lussac, coproducteur du film et interprète du rôle du commissaire, ne soit pas plus convaincante.

***Notes :** Tournage du 8 septembre au 19 octobre 1947 aux studios des Buttes-Chaumont.*

AU-DELÀ DES GRILLES (LE MURA DI MALAPAGA)

Réalisation : René Clément ; scénario : Cesare Zavattini, Suso Cecchi d'Amico, Alfredo Guarini ; adaptation : Jean Aurenche, Pierre Bost ; photographie : Louis Page ; musique : Roman Vlad ; montage : Mario Serandrei ; production : Alfredo Guarini, Robert Chabert (Italia Produzione Film / Gemme Production / Francinex) ; durée : 95 min.

Interprétation : Jean Gabin : Pierre Arrignon. Isa Miranda : Marta Manfredini. Vera Talchi : Cecchina. Andrea Checchi : Giuseppe. Robert Dalban : marin. Ave Ninchi : Maria. Checco Rissone : faux-monnayeur. Renato Malavasi : dentiste. Carlo Tamberlani : commissaire. Vittorio Duse : agent. Agnese Dubbini : patronne de l'auberge. Claudio Ermelli : curé. Fulvia Fulvi : Laura.

Thème : Passager clandestin, Pierre Arrignon débarque du *Flora* à Gênes et doit se faire traiter une rage de dents. Il est soigné et cherche vainement à se faire arrêter. Il avoue à Marta, qu'il rencontre, avoir tué la femme qui le trompait. La police, qui le recherchait, l'arrête alors même qu'il revenait d'une promenade nocturne avec Marta.

Le mythe du Gabin de l'avant-guerre, celui du Quai des brumes *(1938) et de* Pépé le Moko *(1937), est toujours vivace, aidé par une jeune fille – Cecchina, la fille de Marta – et la mère de celle-ci, symbole d'un amour impossible. Se mêle aussi à cet univers le réalisme du cinéma italien de l'époque avec sa représentation d'un pays partiellement en ruines. On remarquera tout particulièrement le rôle de Cecchina qui, par jalousie, finit par haïr l'homme dont s'est éprise sa mère.*

Notes : *Tournage à partir du 25 août 1948 à Gênes et aux studios Titanus (Rome).*

AU ROYAUME DES CIEUX

Réalisation : Julien Duvivier ; scénario : Julien Duvivier ; dialogues : Henri Jeanson ; photographie : Victor Arménise ; montage : Marthe Poncin ; production : Arys Nissotti, Pierre O'Connell (Regina Films) ; durée : 108 min.

Interprétation : Suzy Prim : Mlle Chamblas. Anne Saint-Jean (= Suzanne Cloutier) : Maria Lambert. Serge Reggiani : Pierre Massot. Jean Davy : aumônier. Jacques Reynier : brigadier. Nadine Basile : Gaby. Christiane Lénier : Dédée. Liliane Maigné : Margot. Monique Mélinand : Mlle Guérande. Paule Andral : Mme Bardin. Jane Morlet : Mme Rubini. Lily Mounet : Mme Maupin. Mathilde Casadesus : Noémie Barattier. Renée Cosima : Camille. Andrée Tainsy : fille de cuisine. Florence Luchaire : Julie. Colette Deréal : Lucienne. Juliette Gréco : Rachel. Max Dalban : Barattier. Nadine Tallier : pensionnaire.

AU ROYAUME DES CIEUX

ENTRE ONZE HEURES ET MINUIT

Thème : Maria est conduite à la maison d'éducation surveillée de Haute-Mère, dont la directrice succombe à une syncope, laissant le champ libre pour Mlle Chamblas, qui décide de donner à l'établissement une impitoyable direction. Maria est, d'ailleurs, aussitôt condamnée au cachot. Pierre, qui aime Maria, arrive dans la région, espérant la revoir alors que le sadisme de Mlle Chamblas provoque la grève de la faim des pensionnaires. Pierre réussit à rejoindre Maria et à préparer son évasion. Le jour de Noël, alors que le pays est victime de graves inondations, Maria se décide à fuir avec Pierre au moment même où l'eau envahit l'église. Camille, l'une des pensionnaires, se suicide et ses camarades se révoltent et pillent les réserves de nourriture et de boisson. Mlle Chamblas est livrée à son dogue féroce – qu'elle avait lâché sur les pensionnaires – qui la blesse gravement. Mlle Guérande remplace alors la directrice et décide de reprendre un style plus humain et plus juste. Pierre part en portant Maria vers le couchant.

Dès le début avec l'arrivée de Maria dans l'établissement sinistre et la mort de la directrice, le ton est donné par Julien Duvivier qui signe ici l'une de ses œuvres les plus tragiques. On se souviendra de la rencontre de Serge Reggiani et d'Anne Saint-Jean, future Suzanne Cloutier, des scènes de la grève de la faim avec la bassine de soupe répandue sur le sol, du moment où Mlle Chamblas ne cache pas son désir saphique pour Maria qu'elle commence à déshabiller et de toute la fin avec l'inondation de plus en plus dangereuse.

Notes : *Tournage du 7 mars au 17 mai 1949 en Loire-Atlantique (à Saint-Mars-de-Coutais, Vue, Saint-Lumine, Passay et Pont-Saint-Martin), en Essonne (région d'Étampes) et aux studios de Billancourt.*

ENTRE ONZE HEURES ET MINUIT

Réalisation : Henri Decoin ; scénario : Marcel Rivet, Henri Decoin, d'après le roman de Claude Luxel *Le Sosie de la morgue* ; dialogues : Henri Jeanson ; photographie : Nicolas Hayer ; musique : Henri Sauguet ; montage : Annick Millet, Paulette Robert ; production : Jacques Roitfeld (Les Productions Jacques Roitfeld / Francinex) ; durée 92 min.

Interprétation : Louis Jouvet : inspecteur Carrel. Madeleine Robinson : Lucienne. Robert Arnoux : Rossignol. Léo Lapara : inspecteur Perpignan. Monique Mélinand : Irma. Gisèle Casadesus : Florence. Jean Meyer : Victor. Jacques Morel : Bouture. Jacqueline Pierreux : Marceline. Yvette Etiévant : fille. Robert Vattier : Charlie. Paul Barge : médecin légiste.

Thème : Un certain Vidauban, abattu par arme à feu, est retrouvé mort entre 11 heures et minuit dans le souterrain des Ternes. L'inspecteur Carrel mène l'enquête et découvre avec surprise que la victime est son sosie. Lors de la perquisition au domicile de la victime, la ressemblance est telle que Rossignol vient lui demander une importante somme de dollars-or, le prenant pour le mort. Carrel décide alors d'en profiter pour prendre la place de Vidauban. Il découvre que ce dernier avait une ancienne maîtresse, Florence, et avait cambriolé avec l'aide de Victor la maison de couture de Lucienne, sa nouvelle maîtresse. Lucienne se rend compte de la substitution, mais elle accepte d'aider Carrel pour mettre sous les verrous tout le gang. Carrel se rend bientôt compte que c'est Lucienne elle-même qui avait tué Vidauban. Tombé amoureux de la jeune femme, il espère pouvoir obtenir son acquittement.

Henri Decoin retrouve Louis Jouvet, son interprète dans Les amoureux sont seuls au monde *(1948), manifestement heureux de camper un inspecteur de la police judiciaire se faisant passer pour un gangster. Pour le « Répertoire général des films » de la Centrale catholique du cinéma : «* Milieu de trafiquants et de gangsters qui sont les habituelles relations des policiers, mais non pas les nôtres. Liaisons, abandons, suicide simulé, meurtres, boîtes de nuit, tenues sommaires, escrocs, femmes de mauvaise vie. *»*

***Notes :** Tournage du 6 novembre 1948 au 8 janvier 1949 aux studios de Billancourt. Le film s'ouvre par un curieux prologue sur les sosies.*

HANS LE MARIN

Réalisation : François Villiers ; scénario : François Villiers, Marcel Cravenne, Michel Arnaud, d'après le roman d'Édouard Peisson ; dialogues : Jean-Pierre Aumont ; photographie : Jean Bourgoin ; musique : Joseph Kosma ; montage : Henri Taverna ; production : Claude Clert, Pierre Baguenard, André Sarrut (Sagitta Film / Les Films Caravelle) ; durée : 95 min.

Interprétation : Jean-Pierre Aumont : Éric Martin, alias Hans Norben. Maria Montez : Dolorès. Lilli Palmer : Tania. Marcel Dalio : Aimé. Pierre Bertin : monsieur sérieux. Catherine Damet : entraîneuse. Roland Toutain : rabatteur. Coco Aslan : Brésilien. Fredéric O'Brady : chef des Gitans. Albert Dinan : employé. Lita Recio : patronne. Roger Blin : Tzigane.

Thème : Le marin Éric Martin fait escale à Marseille et y rencontre Dolorès, une chanteuse dont il s'éprend – alors que la jeune femme est loin de partager cette même passion – et avec laquelle il passe la nuit. Poignardé le lendemain par Aimé et Victor, qui le dépouillent, il est laissé pour mort. Après une convalescence qui lui fait rater le départ de son navire, Éric décroche un emploi de docker et fait la connaissance d'une gitane, Tania. Retombant sur ses deux agresseurs, il tue Victor et se cache sous le nom de Hans Norgen chez des Tziganes. Tania tombe amoureuse de lui et insiste pour qu'il reste auprès d'eux, mais Éric ne peut oublier Dolorès. Il la revoit et comprend alors qu'il ne représente rien pour elle. Il ne lui reste plus qu'à la tuer et à se livrer à la police.

***Notes :** Début du tournage le 24 août 1948. Tournage à Marseille et à Paris. On pourra remarquer que François Villiers est le propre frère de Jean-Pierre Aumont.*

HANS LE MARIN

MAYA

Réalisation : Raymond Bernard ; scénario : Raymond Bernard, Simon Gantillon, d'après la pièce de Simon Gantillon ; dialogues : Simon Gantillon ; photographie : André Thomas ; musique : Georges Auric ; montage : Charlotte Guilbert ; production : Viviane Romance (Films Izarran / Isarfilm) ; durée : 78 min.

Interprétation : Viviane Romance : Bella, dite Maya. Jean-Pierre Grenier : Jean. Marcel Dalio : steward. Louis Seigner : paysan. Fréhel : « Notre mère ». Valéry Inkijinoff : Cachemire. Georges Douking : soutier. Maurice Régamey : Michel. Philippe Nicaud : Albert. Françoise Hornez : Fifine. Georges Vitray : commandant. Jacques Castelot : Ernest. Max Dalban : gros homme. Robert Hossein : témoin du meurtre. Simone Chambord (= Judith Magre) : prostituée. Daniel Ceccaldi : serveur.

MAYA

Thème : Une prostituée, Bella, que l'on surnomme « Maya » (illusion, en hindou), officie dans le quartier réservé d'un grand port, offrant momentanément aux marins rêves et illusions. Au cours d'une rixe entre matelots, le steward tue un homme avant d'être lui-même abattu, alors que Jean, le chef d'équipage de *L'Albatros,* croit revoir, en Bella, Marie, la femme qu'il a aimée. Prête à être, à son tour, victime d'une illusion, Bella semble décidée à tout quitter pour lui, mais Jean sera obligé de rejoindre son navire et Bella retournera à son métier...

Le début à bord de L'Albatros *permet à Raymond Bernard de commencer à définir ses personnages, des hommes sans femmes rêvant les uns comme les autres à de brèves amours. Avec l'apparition de Bella, symbole pour Inkijinoff, turban blanc de rigueur, de l'incarnation de l'illusion. Une superbe séquence voit le soutier – remarquable Douking – converser avec Bella et se confier à elle.*

***Notes :** Début du tournage : 28 février 1949. Tournage à Antibes, Toulon, Nice, Cannes et aux studios François-Ier.*

LE MYSTÈRE BARTON

Réalisation : Charles Spaak ; scénario : Charles Spaak, d'après la pièce de Walter C. Hackett *The Barton Mystery* ; adaptation et dialogues : Charles Spaak ; photographie : Léonce-Henri Burel ; musique : Daniel Lesur ; montage : Léonide Azar ; production : Alexandre Kamenka (Alkam / Radio Cinéma) ; durée : 88 min.

Interprétation : Françoise Rosay : Lady Élisabeth Marshall. Madeleine Robinson : Lucy Standish. Fernand Ledoux : Beverley. Georges Lannes : Sir Patrick Marshall. Jean Marchat : Olivier Standish. Maurice Teynac : Barton. Jacques Torrens : Franck Maitland. Nathalie Nattier : Evelyn Peeters. Loleh Bellon : Cathy Standish. Léon Larive : John Spencer. Jacques Mattler : juge d'instruction. Geneviève Morel : Rose. Alex Allin : greffier. Éric Roiné : Édouard. Josette Serval : Betty. Régine Dancourt : Mme Smith.

Thème : Mêlé à une affaire de lettres compromettantes, le financier Barton est tué. Il devait de l'argent à son associé, le jeune banquier Franck qui doit épouser Catherine, fille de l'avocat Olivier Standish et ancienne maîtresse de Barton. Beverley, professeur de sciences occultes, s'intéresse à l'affaire. Il réussit à innocenter Lady Marshall, la seconde épouse de Standish qui passait déjà pour une criminelle, et à démasquer le coupable – en l'occurrence, la coupable, s'agissant de la secrétaire de Barton. Franck pourra donc épouser Catherine.

Notes : *Tournage du 27 septembre au 22 novembre 1948 à Neuilly aux studios de Saint-Maurice.*

LE PARFUM DE LA DAME EN NOIR

LE MYSTÈRE DE LA CHAMBRE JAUNE

Réalisation : Henri Aisner ; scénario : Vladimir Pozner, d'après le roman de Gaston Leroux ; photographie : André Bac ; musique : Guy Bernard ; montage : Claude Nicole ; assistance à la réalisation : Stellio Lorenzi ; production : Paul-Edmond Decharme (Alcina) ; durée : 90 min.

Interprétation : Hélène Perdrière : Mathilde Stangerson. Serge Reggiani : Joseph Rouletabille. Marcel Herrand : capitaine Larsan / Ballmeyer. Pierre Renoir : professeur Stangerson. Lucien Nat : Robert Darzac. Janine Darcey : Sylvie. Gaston Modot : Arthur. Fabien Loris : Julien. Léonce Corne : Marquet.

Thème : À la suite d'une attaque dont elle a été la victime, Mathilde Stangerson est surveillée à la fois par le capitaine Larsan et le journaliste Rouletabille, qui parvient à démasquer le coupable.

Notes : *Tournage du 22 novembre au 31 décembre 1948 aux studios de Boulogne et à Versailles.*

LE PARFUM DE LA DAME EN NOIR

Réalisation : Louis Daquin ; scénario : Jean Ferry, Vladimir Pozner, d'après le roman de Gaston Leroux ; adaptation : Vladimir Pozner ; photographie : André Bac ; musique : Jean Wiener ; montage : Claude Nicole ; assistance à la réalisation : Stellio Lorenzi ; production : Paul-Edmond Decharme (Alcina) ; durée : 100 min.

Interprétation : Hélène Perdrière : Mathilde Stangerson. Serge Reggiani : Joseph Rouletabille. Marcel Herrand : Frédéric Larsan / Bellmayer. Lucien Nat : Robert Darzac. Jean-Pierre Grenier : Dr Croizy. Michel Piccoli : Lebel. Gaston Modot : Mathieu. Arthur Devère : père Jacques. Frédéric O'Brady : Max. Jean Mercure : juge d'instruction. Loleh Bellon : domestique. Mona Dol : Mme Baptiste. Olivier Hussenot : fou.

Thème : Se croyant menacée, Mathilde Stangerson fait appel à Rouletabille. Elle pense que son premier mari, Larsan (alias le criminel Bellmayer), est toujours en vie et cherche à lui nuire. Son fiancé, Darzac, est assassiné, Rouletabille est accusé du crime et Mathilde, internée, revoit Larsan vivant. Ce dernier veut la faire opérer du cerveau pour la rendre docile. Évadé de la gendarmerie, Rouletabille intervient à temps et Larsan est tué lors de l'intervention des policiers.

C'est la suite du Mystère de la chambre jaune. L'ensemble avait déjà été adapté par Maurice Tourneur et Émile Chautard en 1913 et par Marcel L'Herbier en 1931. Cette nouvelle version, décevante, choisit de s'éloigner au maximum du roman et de l'adaptation de L'Herbier, développant le personnage du docteur Croizy et de son asile de fous.

Notes : *Tournage du 4 janvier au 8 février 1949 aux studios de Boulogne.*

PATTES BLANCHES

PATTES BLANCHES

Réalisation : Jean Grémillon ; scénario : Jean Anouilh, Jean Bernard-Luc ; dialogues : Jean Anouilh ; photographie : Philippe Agostini ; musique : Elsa Barraine ; montage : Louisette Hautecœur ; assistance à la réalisation : Guy Lefranc ; production : Roger de Venloo (Majestic Film) ; durée : 92 min.

Interprétation : Fernand Ledoux : Jock Le Guen. Suzy Delair : Odette. Arlette Thomas : Mimi. Paul Bernard : Julien de Keriadec, dit « Pattes blanches ». Michel Bouquet : Maurice. Betty Daussmond : tante de Julien. Louise Sylvie : mère de Maurice. Edmond Beauchamp : gendarme. Jean Debucourt : juge d'instruction. Geneviève Morel : Marguerite.

Thème : Dans un village de la baie de Saint-Brieuc, le cabaretier et mareyeur Jock Le Guen installe chez lui sa maîtresse Odette – qu'il fait passer pour sa nièce –, mais celle-ci le trompe bientôt avec le châtelain voisin, Julien de Keriadec – c'est lui « Pattes blanches », surnommé ainsi à cause de ses guêtres –, puis avec Maurice, le propre demi-frère de ce dernier. Keriadec est détesté aussi bien par Maurice que par les villageois. Maurice profite d'Odette – qui l'aime – pour nuire à son frère. Il exige de la jeune femme, le jour de son mariage avec Jock, d'aller dire à Julien qu'elle ne l'aime pas. Ne supportant pas le rejet, celui-ci la poursuit et l'étrangle. Maurice se suicide. L'amour que lui porte Mimi la bossue pousse finalement « Pattes blanches » à se livrer à la police.

***Notes :** Tournage du 12 juillet au 20 novembre 1948 à Erquy (Côtes-d'Armor) et aux studios de Neuilly-sur-Seine (Hauts-de-Seine).*

PORTRAIT D'UN ASSASSIN

Réalisation : Bernard Roland ; scénario : Marcel Rivet, Henri Decoin ; dialogues : Charles Spaak, François Chalais ; photographie : Roger Hubert ; musique : Maurice Thiriet ; montage : Germaine Artus ; production : Hubert Vincent-Bréchignac, Jacques gauthier (Société d'Études Cinématographiques et Artistiques / Union Technique Cinématographique) ; durée : 100 min.

Interprétation : Maria Montez : Lucienne de Rinck. Erich von Stroheim : Éric. Arletty : Martha. Pierre Brasseur : Fabius / Jean. Marcel Dieudonné : Prosper. Dalio : Fred, dit « Bébé ». Jules Berry : Pfeiffer. Eddy Debray : annonceur. Gisèle Préville : secrétaire.

Thème : En proie à la peur – il est acrobate dans un cirque – et ivre, « Fabius le téméraire » tire un soir sur sa femme, Martha, mais, trompé par sa silhouette, blesse en fait l'imprésario Lucienne de Rinck. Celle-ci l'incite à exécuter le double looping de la mort en automobile. Éric met alors en garde Fabius, car Lucienne a la renommée de faire le malheur des hommes. C'est d'ailleurs à cause d'elle qu'Éric, ancien acrobate mutilé, est lui-même un homme fini. Fabius, réellement envoûté par Lucienne – qui s'offre à lui –, n'écoute pas ces avertissements et abandonne tout. Le soir de ses débuts, il apprend que Martha est en train de mourir à l'hôpital, à la suite d'une chute lors d'un numéro où elle l'a remplacé. Il réussit malgré tout son périlleux numéro, ce fameux double looping, et rejoint Lucienne qu'il tue, avant de se livrer à la police.

Le thème de la séductrice maléfique, Erich von Stroheim en homme brisé, mais une réalisation sans doute trop sage.

***Notes :** Tournage du 12 février au 7 mai 1949 aux studios de Joinville-le-Pont et à Paris.*

LE SIGNAL ROUGE

Réalisation : Ernst Neubach ; scénario : Herbert Victor, Ernst Neubach, d'après le roman de Paul Baudisch et Adolf Schütz ; dialogues : André Cerf ; photographie : Raymond Clunie ; musique : Curt Lewinnek ; montage : Louis Devaivre, Marcelle Lioret ; production : Ernst Neubach (PEN Films) ; durée : 98 min.

Interprétation : Erich von Stroheim : Dr Mathias Berthold. Denise Vernac : Dr Irène Dreiser. Franck Villard : Nicolas Riedel. Claude Chenard : Poldi Paladi. Claire Gérard : Marie. Yves Deniaud : clochard. Pierre Sergeol : commissaire. Roland Clair : Peter. Marcel Maupi : contremaître. Jules Dorpe : chef de gare. Jean Gabert : gendarme. Jean-François Martial : contrôleur.

Thème : Dans une petite ville en Autriche. Traumatisé par l'accident de chemin de fer ayant coûté la vie à sa femme et valu une grave blessure à son fils, le docteur Berthold est sujet à des crises de folie qui le poussent à commettre des sabotages contre des trains. Conscient de son instabilité, il accepte de se faire interner pendant que sa confrère Irène Dreiser le remplace. À sa sortie de la clinique, la situation déraille…

***Notes :** Tournage du 7 juin au 30 juillet 1948 aux studios de la Victorine, à Nice.*

UNE SI JOLIE PETITE PLAGE

Réalisation : Yves Allégret ; scénario et dialogues : Jacques Sigurd ; photographie : Henri Alekan ; musique : Maurice Thiriet ; montage : Léonide Azar ; production : Raymond Borderie, Émile Darbon (Compagnie Industrielle et Commerciale Cinématographiques / Films Émile Darbon) ; durée : 91 min.

Interprétation : Gérard Philipe : Pierre Monet. Madeleine Robinson : Marthe. Jean Servais : Fred. Jane Marken : Mme Mathieu. Christian Ferry : garçon de l'assistance publique. André Valmy : Georges. Mona Dol : Mme Curlier. Julien Carette : voyageur de commerce. Yves Martel : Arthur. Gabrielle Fontan : vieille dame dans le car.

Thème : Un petit village au bord de la mer. Pierre Monet descend dans l'hôtel de Mme Mayeu dont l'oncle, l'ancien propriétaire, est désormais paralysé. Pierre remarque comment la tenancière houspille méchamment un jeune garçon de l'assistance publique qui est son employé. Il découvre aussi que Mme Curlier, dont le mari est un riche industriel d'Arras, n'hésite pas à se servir sexuellement du jeune garçon. Tout cela rappelle des souvenirs à Pierre. Lui aussi était un enfant de l'assistance publique. Lui aussi avait vécu dans cet hôtel. Harcelé par une chanteuse, il l'avait assassinée, et ce qu'elle chantait continue à le hanter. Pierre est de plus en plus obsédé par ce passé, et Marthe, la servante, ne peut l'arracher à ses souvenirs. Son ami, Fred, prévient la police et Pierre préfère se donner la mort.

Yves Allégret et Jacques Sigurd ont choisi d'éviter des facilités comme des flash-backs afin de recentrer totalement l'intrigue sur cet hôtel, ce tout petit village, le crachin qui est pratiquement omniprésent et ce passé qui marque le héros jusqu'à provoquer sa mort. Ici aussi, Allégret se refuse à montrer cette mort. « C'est dur de vivre », *avoue Marthe, la servante, à Pierre qui, voyant le jeune garçon souffre-douleur de la patronne, ne peut que se souvenir de ce qu'il a lui-même vécu. De même, le film n'hésite pas à montrer le personnage de la riche Mme Curlier qui ne recule pas devant des relations sexuelles avec le jeune garçon. On notera que c'est Madeleine Robinson elle-même qui a enregistré la chanson qui hante Pierre.*

***Notes :** Tournage du 11 mai au 17 juillet 1948 dans la Manche (Barneville-Carteret).*

UNE SI JOLIE PETITE PLAGE

LE FURET

Réalisation : Raymond Leboursier ; scénario : Raymond Leboursier, Stanislas-André Steeman, d'après le roman de Stanislas-André Steeman *Crimes à vendre* ; dialogues : Raymond Leboursier, Stanislas-André Steeman ; photographie : Georges Million ; musique : André Varel, Charly Bailly ; montage : Pierre Gérau, Raymond Leboursier ; production : René Bianco (Société Parisienne d'Art Technique) ; durée : 93 min.

Interprétation : Jany Holt : Cécile de Stadler. Colette Darfeuil : Louise Heller. Pierre Renoir : Dr Darvel-Juste. Jacqueline Delubac : Mme de Lanier. Jean Max : Nicolas Jumeau. Jean Servais : Jacques de Stadler. Jacques Baumer : commissaire Hyacinthe. Jean Martinelli : Moncey. Antonin Berval : inspecteur Vignolles. Jean-Jacques Delbo : Ludovic Chappelle. Alexandre Rignault : Jeuniot. Jean Tissier : professeur de Thomaz. Pierre Larquey : M. Thiais / professeur Star. Marguerite Deval : Mme Chapuis. Annette Poivre : Marthe Belair. Marcel Pérès : Bonvallet. Héléna Manson : Élise Bonvallet. Charles Dechamps : Lecartier. Pierre Jourdan : inspecteur Wens.

Thème : Paris. Des lettres signées « *Le Furet* » parviennent à la police et annoncent des crimes qui vont en effet se produire à travers la capitale, au boulevard Pereire comme rue de Passy, dans le 6e arrondissement comme rue Ernest-Goüin. La police enquête et arrête à chaque fois un suspect. L'attention de l'inspecteur Wens se porte tout particulièrement sur M. Thiais, alias le professeur Star, un clairvoyant qui « voit » les crimes avant qu'ils ne soient commis, sur lequel on découvre des lettres identiques. Les autres suspects sont bientôt libérés alors que le professeur Star, qui a des alibis pour chacun des crimes, devient une vedette. Wens finira par dévoiler le stratagème de l'astrologue qui est démasqué et inculpé.

Les suspects sont nombreux et l'interprétation réunit une brillante galerie de comédiens, mais, même si l'histoire de Stanislas-André Steeman ne manque pas de rebondissements, le film souffre d'une réalisation sans envergure. C'est Clouzot qu'il fallait !

UN HOMME MARCHE DANS LA VILLE

Réalisation : Marcel Pagliero ; scénario : Marcel Pagliero, d'après le roman de Jean Jausion ; dialogues : Pierre Léaud ; photographie : Nicolas Hayer ; montage : Pierre Cholot ; production : Sacha Gordine (Les Films Corona / Les Films Sacha Gordine) ; durée : 95 min.

UN HOMME MARCHE DANS LA VILLE

Interprétation : Jean-Pierre Kérien : Jean Sauviot. Ginette Leclerc : Madeleine Laurent. Robert Dalban : André Laurent. Yves Deniaud : Albert. André Valmy : commissaire. Coco Aslan : Ambilarès. Christiane Lenier : Georgette. Dora Doll : fille. Grégoire Gromoff : Olen. Jérôme Goulven : Muller. Fréhel : femme de Buck. Fabien Loris : Dago. Sylvie Deniau : sœur de Madeleine. Maryse Paillet : tantine. Pierre Léaud : ordonnateur.

Thème : Le Havre. Jean Sauvion, qui a la charge d'un groupe de dockers, échoue dans sa tentative d'obtenir une promotion pour son ami André Laurent. Madeleine, la femme d'André, séduit Jean avec qui elle a une brève liaison. André comprend l'infidélité de sa femme et décide de se venger de Jean. Il est tué par un marin et Jean est aussitôt soupçonné. Madeleine, furieuse que Jean refuse ses avances, le dénonce en l'accusant du meurtre d'André. Ayant un solide alibi, Jean est heureusement reconnu innocent et Madeleine se suicide.

Le film est intéressant à double titre. Réalisé par le collaborateur de Roberto Rossellini pour Rome, ville ouverte *(1945), il témoigne d'une approche néoréaliste dans sa description du Havre de l'après-guerre – le tournage a eu lieu de juin à juillet 1949 –, dont on revoit la place Léon-Carlier, Notre-Dame-des-Ruines et le cimetière Sainte-Adresse. Pagliero a, de même, souhaité que l'interprétation soit rigoureusement indiquée selon l'ordre chronologique, ce qui a mécontenté Ginette Leclerc, qui n'est désormais pas créditée au générique. Le film a, d'autre part, été victime d'une volonté de censure de la part du Parti communiste de l'époque. Alors que la première avait eu lieu au Havre et avait été très bien accueillie, le PC a décidé de s'attaquer au film en y voyant une œuvre pessimiste,* « une atteinte au moral de la classe ouvrière », *lui reprochant de montrer des dockers et des ouvriers qui boivent et peuvent avoir une liaison. Pour Jean Ferrand, dans son hebdomadaire* L'Avenir du Havre : « À travers les dockers, c'est toute la classe ouvrière qui est attaquée. » *C'est l'époque d'une grève des dockers et le Parti communiste en profite, obtenant d'ailleurs l'interdiction du film.*

JUSTICE EST FAITE

Réalisation : André Cayatte ; scénario : André Cayatte, Charles Spaak ; dialogues : Charles Spaak ; photographie : Jean Bourgoin ; musique : Raymond Legrand ; montage : Christian Gaudin ; production : Robert Dorfmann (Silver Films / Les Films Corona) ; durée : 105 min.

Interprétation : Claude Nollier : Elsa Lundenstein. Michel Auclair : Serge Krémer. Antoine Balpêtré :

président du tribunal. Raymond Bussières : Félix Noblet. Jacques Castelot : Gilbert de Montesson. Jean Debucourt : Michel Caudron. Jean-Pierre Grenier : Jean-Luc Flavier. Marcel Pérès : Évariste Malingré. Noël Roquevert : Théodore Andrieux. Valentine Tessier : Marceline Micoulin. Annette Poivre : Lulu. Nane Germon : Marie Malingré. Dita Parlo : Élisabeth. Jean d'Yd : supérieur de l'école religieuse. Albert Michel : gendarme. Marcel Mouloudji : Amadeo. Paul Frankeur : M. Jouvillon.

Thème : Versailles. Elsa Lundenstein comparaît devant les assises, accusée d'avoir tué son amant qui se savait atteint d'une maladie incurable et lui avait demandé d'abréger ses souffrances. Les sept jurés chargés de la juger sont Évariste Malingré, un cultivateur que trompe son épouse, Félix Noblet, qui est garçon de café, Théodore Andrieux, un officier à la retraite, Jean-Luc Flavier dont le couple souffre de la présence d'un enfant épileptique, Marceline Micoulin qui est veuve, Michel Caudron – à qui Mme Micoulin, n'est pas indifférente – et Gilbert de Montasson, un éleveur de chevaux qui, devant se marier, a rompu avec sa maîtresse, qui finira par se tuer. Chacun des jurés doit juger en son âme et conscience.

Primé à Venise et à Berlin, le film, très habilement construit, permet de brosser un certain panorama psychologique de cette France de l'après-guerre. André Cayatte en profite pour s'attacher à ces différents jurés dont on découvre peu à peu l'histoire et l'éventuel comportement face au procès. Tout aussi habilement, le cinéaste s'évitera de donner son avis sur le cas d'Elsa Lundenstein, un crime d'euthanasie. Le résultat est intéressant et permet sans doute de rappeler que l'on a sans doute été injuste envers Cayatte.

Notes : *Tournage du 10 mars au 10 juillet 1950 à Hérouville, Versailles, Marly-le-Roi, Arronville et aux studios de Saint-Maurice.*

MEURTRES ?

Réalisation : Richard Pottier ; scénario : Charles Plisnier, Maurice Barry, d'après le roman de Charles Plisnier ; dialogues : Henri Jeanson ; photographie : André Germain ; musique : Raymond Legrand ; production : Jacques Bar (Cité-Films / Fides – Fiduciaire d'Éditions de Films) ; durée : 120 min.

Interprétation : Fernandel : Noël Annequin. Line Noro : Isabelle Annequin. Jacques Varennes : Hervé Annequin. Raymond Souplex : Dr Blaise Annequin. Colette Mareuil : Lola Annequin. Mireille Perrey : Blanche Annequin. Jeanne Moreau : Martine Annequin. Philippe Nicaud : José Annequin. Germaine Kerjean : Mme Frangier. Henri Vilbert : Dr Marcel Picard. Edmond Beauchamp : professeur Le Gossec. Georges Chamarat : juge Pierregot. Fernand Sardou : garagiste.

Thème : Dédaigné par ses frères – Blaise, qui est chirurgien, et Hervé, avocat –, Noël Annequin mène une vie simple avec sa femme Isabelle. Gravement

JUSTICE EST FAITE

MEURTRES ?

malade, celle-ci demande à Noël de mettre fin à ses souffrances. Ce qu'il fait. Il avoue ce meurtre à ses frères qui, craignant pour leur position sociale, lui demandent de ne rien dire. Le permis d'inhumer est donné mais des lettres anonymes mettent en cause Mme Frangier, la garde-malade. Noël décide alors de tout avouer, mais ses frères préfèrent le faire passer pour irresponsable et il est enfermé dans un asile avec l'aide, la complicité, du professeur Le Gossec. Martine Annequin, la fille de Blaise, va voir son oncle en prison. Bouleversée par cette visite, elle menace la famille de parler d'un internement arbitraire. Blaise fait alors sortir Noël de l'asile et les deux frères décident de l'envoyer, dès le lendemain, au loin, à Caracas. Martine, qui a rompu avec son fiancé et cousin José, part avec Noël. Ils n'iront sans doute pas jusqu'à Caracas…

Le film est connu pour avoir donné à Fernandel son premier grand rôle dramatique. On est tout d'abord surpris de découvrir l'acteur comique à contre-emploi, mais son talent le rend vite convaincant. Le film en profite pour dénoncer avec virulence la bourgeoisie provinciale, accrochée à ses prérogatives, de l'ascension sociale à la Légion d'honneur. La vie a séparé Noël de ses deux frères. Il a préféré vivre auprès de ses parents, un père instituteur durant quarante ans, une mère qui avouait « Mon mari est mon cadeau de noces », *alors que ses deux frères s'élevaient dans la hiérarchie sociale. Ce sont eux qui vont lui parler de* « la famille », *de* « l'honneur du nom » *pour le forcer à se taire avant de le faire interner. Parlant de ses parents, Noël peut dire :* « Mon père, ses joies, il les trouvait en lui, pas en dehors. Il portait le même costume pendant des années et, quand ils se quittaient, ça venait toujours du costume, jamais de lui. Un costume lui faisait plus de temps qu'un chien. Son seul luxe, c'était ses enfants : tout pour eux ! Rien pour lui ! Et ma mère, elle, elle était la plus heureuse des femmes ; elle avait tout ce qu'elle désirait : elle avait mon père. » *Superbe texte d'Henri Jeanson ! Noël est plus sévère vis-à-vis de ses frères :* « Mon frère, voyez-vous, il est gentil… Ce n'est pas un ami ; non, c'est un monsieur qui a eu la même mère que moi… Voilà tout. » *Seule Martine va avoir le courage de s'opposer à sa famille, commençant par rompre avec son cousin José – ce qui permettait à l'argent de rester dans la famille ! – et choisissant de couper les liens avec cette famille hypocrite et de partir avec Noël. C'est lui qui lui a dit, en la revoyant à l'asile :* « Tu es de plus en plus jolie. Tu ressembles de moins en moins aux Annequin. »

Notes : *Tournage aux studios de Neuilly-sur-Seine (Hauts-de-Seine).*

QUAI DE GRENELLE

Réalisation : Emile-Edwin Reinert ; scénario : Emile Edwin Reinert, Jacques Laurent, d'après le roman de Jacques Laurent ; dialogues : Pierre Laroche ; photographie : Marcel Grignon ; musique : Joe Hajos ; montage : Victoria Mercanton ; assistance à la réalisation : Jacques Pinoteau ; production : L. Metzer, Robert Woog (Films Metzger et Woog / Filmsonor) ; durée : 96 min.

Interprétation : Françoise Arnoul : Simone Lamy. Henri Vidal : Jean-Louis Lavalade. Maria Mauban : Mado. Pierre Louis : Jacques Crioux. Micheline Francey : Janine. Jean Tissier : Zana. Robert Dalban : inspecteur Corbès. Gabrielle Fontan : vieille dame. Margo Lion : Mme Chotard. Gilberte Géniat : caissière. Jean Hébey : M. Chotard. Pierre Asso : vieux du village. Paul Faivre : receveur.

Thème : Fontainebleau. Jean-Louis est un jeune chasseur de vipères. À la suite d'un incident, il s'enfuit, abandonnant son amie Simone. L'incident devient une affaire et le journaliste Jacques Crioux enquête avec sa femme Janine, faisant de Jean-Louis un individu dangereux. Ce dernier, s'étant réfugié à Paris, rencontre Mado qui le cache chez elle, mais, au cours

QUAI DE GRENELLE

d'une discussion, il la tue accidentellement. Jean-Louis cherche à revoir Simone et il est alors blessé par la police. Il se réfugie chez Zana, un ami de Mado, mais ce dernier le dénonce à la police. Jean-Louis l'étrangle avant d'être abattu par les gendarmes.

Le film met partiellement en cause la presse, capable de créer une affaire à partir d'un simple incident et faisant d'un individu simple un criminel finalement tué par les gendarmes. Loin de Paris, c'est dans la forêt, « sa » forêt, que Jean-Louis trouvera la mort. Le premier titre du film était La Mer à boire.

Notes : *Tournage du 11 avril au 6 juin 1950, à Fontainebleau et aux studios de Billancourt.*

LA SOURICIÈRE

Réalisation : Henri Calef ; scénario : André Gillois ; photographie : Jacques Lemare ; montage : Claude Nicole ; production : Compagnie Continentale Cinématographique (CCC) / Société Nouvelle des Établissements Gaumont (SNEG) ; durée : 100 min.

Interprétation : François Périer : Michel Riverain. Bernard Blier : Jean-Pierre Lesourd. Pierre Larquey : juge Gravelle. Jean Marchat : Me Lebondit. Danielle Godet : Jacqueline. Junie Astor : Simone Lesourd. Marcelle Praince : Olga. Marcel Mouloudji : Mouton. Jean-Pierre Kérien : Lebray. Daniel Ivernel : juré. André Carnège : bâtonnier. Berthe Bovy : Mlle Germaine. Louis Seigner : non précisé. Gérard Oury : non précisé.

Thème : Jeune avocat stagiaire, Michel Riverain doit défendre Mouton, accusé de vol. Celui-ci lui révèle qu'il a commis un meurtre, alors que Jean-Pierre Lesourd, le gendre de la victime, se laisse condamner à mort, car il tient à conserver l'anonymat de sa maîtresse, susceptible de lui donner un indispensable alibi. Prisonnier du secret professionnel, Riverain ne peut dénoncer Mouton. Il le défend, mais Mouton se trahira lui-même.

Notes : *Tournage à partir du 18 juillet 1949 à Neuilly-sur-Seine et à Paris.*

LE TRAQUÉ (GUNMAN IN THE STREETS)

Réalisation : Frank Tuttle (version anglaise), Borys Lewin (version française) ; scénario : Victor Pahlen, Jacques Companéez, Henry Kane ; dialogues additionnels : Maximilien Ilyin, Henry Kane, Jack Palmer White, André Tabet ; photographie : Claude Renoir, Eugen Schüfftan ; musique : Giancarlo Chiaramello, Joe Hajos ; montage : Steve Previn ; production : Sacha Gordine, Victor Pahlen, René Schwab (Les Films Sacha Gordine) ; durée : 86 min.

Interprétation : Dane Clark : Eddy Roback. Simone Signoret : Denise Vernon. Fernand Gravey : commissaire Dufresne. Robert Duke : Frank Clinton. Michel André : Max Salva. Pierre Gay : Mercier. Edmond Ardisson : Mattei. Albert Dinan : Gaston. Maurice Régamey : inspecteur. François Joux : inspecteur.

Thème : Le voleur de banques Eddy Roback réussit à s'évader lors d'un transfert, mais, ne pouvant bénéficier de l'aide de son ancien gang, il fait appel à Denise Vernon, une ancienne maîtresse, alors même que le commissaire Dufresne est sur sa piste. Denise a alors pour ami un journaliste américain, Frank Clinton. Elle lui emprunte de l'argent pour permettre la fuite d'Eddy en Belgique. Denise est tuée alors qu'elle prévenait les gangsters de l'attaque de la police. Eddy est abattu par Dufresne. Le train qu'il devait prendre part sans lui.

Le long métrage a intégralement été tourné à Paris dont on découvre certains des quartiers emblématiques, et l'ensemble est un curieux mélange de film noir hollywoodien et de film policier réaliste à la française. La fin, avec la course de Simone Signoret et la mort d'Eddy, ne manque pas d'intensité. La principale qualité du film est évidemment la présence de Dane Clark, une fois de plus marqué par un destin contraire.

1951-1960

UNE HISTOIRE D'AMOUR

Réalisation : Guy Lefranc ; scénario et dialogues : Michel Audiard ; photographie : Louis Page ; musique : Paul Misraki ; montage : Monique Kirsanoff ; assistance à la réalisation : Maurice Delbez ; production : Jacques Roitfeld, Jacques Bar (Les Productions Jacques Roitfeld / Cité-Films) ; durée : 95 min.

Interprétation : Louis Jouvet : inspecteur Ernest Plonche. Dany Robin : Catherine Mareuil. Daniel Gélin : Jean Bompart. Georges Chamarat : Auguste Bompart. Marcel Herrand : Charles Mareuil. Yolande Laffon : Mme de Mareuil. Renée Passeur : Léa « Poupée ». Paul Barge : commissaire Constant. Catherine Erard : Odile de Frontin. Pierre Moncorbier : domestique des Mareuil. Daniel Ceccaldi : militaire. Malka Ribowska : amie de Catherine.

Thème : Catherine Mareuil et Jean Bompart, deux jeunes gens, sont retrouvés morts, suicidés au cyanure. Le commissaire Constant est résolu à boucler l'enquête au plus vite, mais l'inspecteur Plonche veut connaître les raisons précises du drame. Le père de Jean, Auguste Bompart, est un médiocre affublé d'une maîtresse vulgaire surnommée « Poupée ». L'inspecteur découvre aussi que les parents de Catherine, les Mareuil, étaient opposés à la liaison de leur fille avec Jean qu'ils jugeaient être d'un milieu inférieur et qui était l'objet d'une malversation. Celle-ci était, en réalité, une escroquerie de Mareuil que Jean cherchait à couvrir. Le père de Catherine et celui de Jean avaient retrouvé les deux amants au Touquet et Catherine avait compris que son père voulait l'envoyer au Canada pour l'éloigner de Jean. Voyant passer la police, les deux jeunes gens avaient choisi de mettre fin à leurs jours ensemble, plutôt que d'être séparés.

C'est l'ultime film de Louis Jouvet, toujours remarquable en policier compréhensif, qui devait mourir le 16 août 1951, quelques jours seulement après la fin du tournage. Face à une société inhumaine symbolisée par les deux couples de parents, l'inspecteur Plonche incarne la justice, attaché à la vérité et dénonçant l'hypocrisie des autres. Il est intéressant de voir, dans plusieurs films de cette époque, la volonté de cinéastes et de scénaristes de rappeler le rôle des parents et leur responsabilité dans le comportement délictueux de leurs enfants.

***Notes :** Tournage du 11 juin au 31 juillet 1951, au Touquet, à Nogent-sur-Marne, à Paris (PJ, 36, quai des Orfèvres) et aux studios de Boulogne-Billancourt.*

IDENTITÉ JUDICIAIRE

Réalisation : Hervé Bromberger ; scénario : Jacques Rémy ; dialogues : Henri Jeanson ; photographie : Jacques Mercanton ; montage : Roger Dwyre ; production : Raoul J. Lévy (Merry Films) ; durée : 90 min.

Interprétation : Raymond Souplex : commissaire Basquier. Jean Debucourt : Me Max Berthet. Robert Berri : inspecteur Paulhan. Danielle Godet ; Madeleine.

UNE HISTOIRE D'AMOUR

Identité Judiciaire

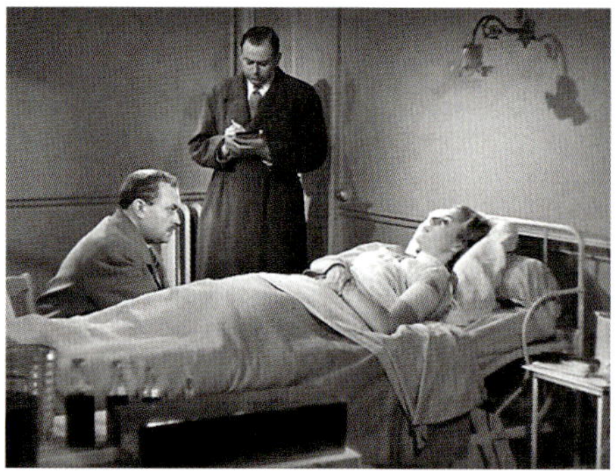

Dora Doll : Dora Bourbon. Raoul Marco : Dr Martin. Marthe Mercadier : Rose Muchet. Éliane Monceau : Mme de Sannois. André Carrège : directeur de la PJ. Nicole Cézanne : Denise Prévost. Renaud Mary : Maurice Petrosimo. Luc Barney : inspecteur Mauduit. Georges Sellier : M. Prévost. Charles Vissières : « Grand-père ».

Thème : Une fugueuse, Denise Prévost, retrouvée par la police, s'est suicidée en se jetant dans l'eau. Il apparaît qu'elle a été droguée au curare. Le commissaire Basquier mène l'enquête, alors que d'autres victimes ont également été droguées dans Paris, et finit par démasquer l'avocat Max Berthet qu'il soupçonne et auquel il a tendu un piège en se servant de sa propre secrétaire Madeleine comme appât. Après avoir menacé la jeune femme ayant tenté de le piéger, le criminel est poursuivi et préfère, à son tour, se donner la mort plutôt que d'être arrêté.

Le scénario, habilement construit, suit l'intrigue tout en se révélant un véritable document sur les activités de la police, des rafles à la recherche des indices, des analyses graphologiques à celles des chimistes, sans oublier la filature-poursuite finale. La scène où Berthet frappe et assomme Dora Bourbon, qui risquait de le trahir, est d'une rare violence. On notera que le criminel n'est pas un marginal ni un désœuvré mais un très respectable avocat en qui certains voient déjà le futur garde des Sceaux. L'un des suspects déclare au commissaire Basquier : « Monsieur le commissaire, je suis innocent ; d'ailleurs, la preuve : je n'ai pas d'alibi… » *Raymond Souplex est parfait, face à Jean Debucourt, glaçant.*

***Notes :** Tournage du 26 octobre 1950 au 19 janvier 1951 aux studios de Boulogne et, en extérieurs, à Paris (36, quai des Orfèvres, gare de Lyon, Pigalle), au bois de Vincennes et à Aubervilliers.*

PASSION

Réalisation : Georges Lampin ; scénario : Jacques Rémy ; adaptation : Jacques Rémy, Georges Lampin ; dialogues : Jean-Jacques Gautier ; photographie : Jacques Mercanton ; musique : Maurice Thiriet ; montage : Henri Rust ; assistance à la réalisation : Marcel Camus ; production : Viviane Romance (Isarfilm) ; durée : 88 min.

Interprétation : Viviane Romance : Marie Charbonnier. Clément Duhour : Gérard Latour. Paul Frankeur : Jacques Charbonnier. Jean Brochard : directeur de la prison. Claire Olivier : Georgette Lamy. André Carnège : président de la Cour. Marcel Raine : Me Dalmet. Daniel Crouet : maître Barbier. France Descaut : sœur Dominique.

Thème : Marie Charbonnier est jugée pour le meurtre de son mari Jacques. Celle-ci lui ayant avoué être la maîtresse de Gérard Latour, dont elle avait sauvé la vie durant la guerre, Jacques était devenu, dès lors, hostile et brutal. L'arrivée d'un enfant – dont il n'était pas le père – avait même poussé à son maximum sa jalousie haineuse et l'avait amené, par la suite, à laisser volontairement mourir le petit garçon. Marie avait alors abattu son mari. Gérard tente de la sauver, mais la jeune femme reconnaît sa faute. Elle sera condamnée.

Le film est surtout connu pour avoir été produit par Viviane Romance en personne.

***Notes :** Tournage du 21 août au 26 octobre 1950 en région parisienne et aux studios de Neuilly-sur-Seine.*

LE VRAI COUPABLE

Réalisation : Dr Pierre Thévenard ; scénario et dialogues : Dr Pierre Thévenard ; photographie : Jean Bourgoin ; musique : André Jolivet ; montage : Georges Alépée ; production : Georges de La Grandière (EDIC – Édition et Diffusion Cinématographique) ; durée : 99 min.

Interprétation : Raymond Souplex : inspecteur Querneau. Philippe Lemaire : Mario. Jean Davy : Dr Delorme. Pauline Carton : concierge. André Valmy : inspecteur Dumont. France Descaut : Josette. Jeanne Lion : bonne. Clément Thierry : Georges.

Thème : Qui a tué Jacqueline Santini ? Les inspecteurs Querneau et Dumont mènent l'enquête, alors que l'autopsie révèle que la blessure – la gorge ouverte – a été faite après la mort. La victime était enceinte, abandonnée par Mario, l'homme qui l'avait séduite. Elle est, en réalité, morte lors d'une tentative d'avortement. S'agit-il du médecin de la famille ? Il s'avère que le coupable – en l'occurrence, la coupable – est la concierge, faiseuse d'anges.

Unique film de fiction du docteur Thévenard, celui-ci dénonce l'égoïsme de certains susceptibles de mettre enceinte une femme et de l'abandonner, posant au passage le problème de l'avortement et de ses risques.

***Notes :** Tournage du 4 avril au 12 mai 1951 aux studios Photosonor (Courbevoie).*

LE VRAI COUPABLE

BRELAN D'AS

Réalisation : Henri Verneuil ; scénario : Jacques Companéez, film à sketchs d'après des histoires de Georges Simenon, Stanislas-André Steeman et Peter Cheyney ; dialogues : André Tabet ; photographie : André Germain ; musique : Hans May ; montage : Gabriel Rongier ; assistance à la réalisation : Pierre Chevalier ; production : Jules Calamy, Raymond Froment (Terra Film / Les Productions Calamy) ; durée : 118 min.

Interprétation : Raymond Rouleau : inspecteur Wens (I). Jacqueline Porel : Denise (I). Maurice Teynac : Heldinge (I). John van Dreelen : Lemmy Caution (II). René Koldehoff : Hartner (II). Nathalie Nattier : Michèle Leroy (II). Michel Simon : commissaire Jules Maigret (III). Alexandre Rignault : Janvier (III). Louis Blanche : juge (III). Christian Fourcade : Justin (III).

Thème :

I – L'ALIBI DE M. WENS

L'inspecteur Wens réussit à démasquer Heldinge, assassin de deux femmes.

II – JE SUIS UN TENDRE

Lemmy Caution échappe à la séductrice Michèle Leroy et récupère un stock de bijoux volés.

III – LE TÉMOIGNAGE D'UN ENFANT DE CHŒUR

Justin est témoin d'un meurtre alors qu'il se rend à la messe. Le tueur l'oblige à lancer le commissaire Maigret sur de fausses pistes, mais ce dernier parviendra à découvrir la vérité et à tuer le meurtrier, qui s'apprêtait à précipiter Justin sous un train.

Une curiosité qui permet de réunir successivement les œuvres de trois romanciers et de découvrir Michel Simon sous les traits de Maigret.

Notes : *Tournage du 24 janvier au 1er mars 1952.*

CASQUE D'OR

Réalisation : Jacques Becker ; scénario : Jacques Becker, Jacques Companéez ; dialogues : Jacques Becker ; photographie : Robert Le Febvre ; musique : Georges van Parys ; montage : Marguerite Renoir ; production : Robert Hakim, Raymond Hakim, André Paulvé (Paris Film Production / Spéva Films) ; durée : 96 min.

Interprétation : Simone Signoret : Marie, dite « Casque d'or ». Serge Reggiani : Georges Manda. Claude Dauphin : Félix Leca. Raymond Bussières : Raymond. William Sabatier : Roland Dupuis. Gaston Modot : Danard. Loleh Bellon : Léonie Danard. Paul Barge : inspecteur Juliani. Roland Lesaffre : Anatole. Domnique Davray : Julie. Fernand Trignol : patron de *L'Ange Gabriel*. Yette Lucas : Adèle. Pierre Goutas : Guillaume. Paul Azaïs : Ponsard. Claude Castaing : Fredo.

Thème : Un dimanche d'automne, en 1898. Marie, surnommée « Casque d'or » en raison de la couleur de ses cheveux, rencontre dans une guinguette Manda, un ouvrier menuisier. Celui-ci s'éprend aussitôt de la jeune femme qui vit avec un mauvais garçon, Roland Dupuis. Quelques jours plus tard, Roland et Manda se retrouvent à *L'Ange Gabriel* et s'affrontent dans un combat à la loyale, dont Casque d'or est l'enjeu. Manda poignarde son adversaire et part dans une maison isolée de la banlieue avec Casque d'or. Mais Leca, qui en est lui aussi amoureux, désigne à la police le coupable en la personne de Raymond, le fidèle ami de Manda. Ce dernier se livre alors, comme l'avait espéré Leca, pour innocenter son camarade. Lors d'un transfert, les deux hommes s'évadent du fourgon cellulaire, mais Raymond est tué. Après avoir abattu Leca, Manda est arrêté et condamné à mort sous les yeux de Casque d'or qui, de la fenêtre d'un immeuble voisin, assiste à l'exécution du grand amour de sa vie.

Inspiré d'une histoire authentique, le film devait être initialement réalisé par Julien Duvivier avec Jean Gabin, Pierre Fresnay et Viviane Romance. La survenue de la guerre empêcha le tournage et, par la suite, plusieurs réalisateurs se penchèrent sur le projet, notamment Yves Allégret et Henri-Georges Clouzot. Ce fut finalement Jacques Becker, venant de tourner Édouard

CASQUE D'OR

et Caroline *(1951), qui parvint, avec l'aide des frères Hakim, à concrétiser ce vieux rêve cinématographique. « Dans mes films, déclarait Becker,* on s'intéresse, en général, d'assez près aux personnages. C'est ce côté entomologiste que j'ai peut-être : ça se passe en France, je suis Français, je travaille sur des Français, je regarde des Français, je m'intéresse aux Français. » *Le décor, c'est celui du Paris « canaille » de la fin du XIXe siècle et Becker a voulu avant tout montrer la vie quotidienne de ses personnages, pensant avec raison que seule la description rigoureuse de celle-ci permettrait au spectateur de s'attacher à eux et à leurs antagonismes. À ce titre,* Casque d'or *demeure une réussite exemplaire. La reconstitution de toute une époque disparue est remarquable. Comme dans ses autres films, Becker porte, en effet, une attention exceptionnelle aux détails, ceux des décors comme ceux des costumes. Ce souci et cette minutie confèrent au film et à l'œuvre de Becker, en général, une surprenante vérité. Casque d'or, Manda, Leca, Raymond et les autres ne sont plus, dès lors, les héros pittoresques d'une histoire de filles et de truands, mais des êtres de chair et de sang, prêts à se battre, à aimer, à souffrir et à tuer. Simone Signoret est resplendissante.*

Notes : *Tournage du 24 septembre au 22 novembre 1951 à Paris, en région parisienne (Meaux, Annet-sur-Marne) et aux studios de Billancourt.*

GIBIER DE POTENCE

Réalisation : Roger Richebé ; scénario : Jean Aurenche, Maurice Blondeau, d'après le roman de Jean-Louis Curtis ; photographie : Philippe Agostini ; musique : Henri Verdun ; montage : Yvonne Martin ; assistance à la réalisation : Pierre Gaspard-Huit ; production : Les Films Roger Richebé / Société des Films Sirius ; durée : 106 min.

Interprétation : Arletty : Mme Alice. Georges Marchal : Marceau Le Guern. Nicole Courcel : Dominique. Pierre Dux : père Quentin. Mona Goya : Henriette. Pierre Palau : M. Paul. Marie Ventura : tante Consuelo. Robert Dalban : boucher. Simone Paris : Émilie Dancourt. Renée Cosima : Ginette. Marcel Mouloudji : Ernest. André Carnège : frère Benedict. Simone Michels : bouchère. Pierre Morin : commissaire.

Thème : Faute de pouvoir trouver un emploi, Marceau Le Guern, un orphelin, tombe sous la coupe de Mme Alice, une proxénète qui lui procure des clientes d'âge mûr. Dès lors, il dispose de l'argent dont il a besoin, mais la guerre survient et il s'engage. En 1945, après avoir été prisonnier durant cinq ans, il retrouve Mme Alice qui décide à nouveau de se servir de lui. Elle compte, en effet, l'installer comme gérant d'un hôtel particulier appartenant à la tante Consuelo. Marceau s'éprend de la jeune Dominique, ce qui irrite Alice qui exige la fin de cette aventure. Marceau refuse et envisage de partir refaire sa vie au Chili. Il tue accidentellement Alice et se livre à la police. Dominique jure de l'attendre.

Le film commence par le carton « La vie ne tolère aucune lâcheté, aucune compromission ; tôt ou tard, on en paie les conséquences ». *Le cinéma français des années 1940-1950 s'est plus d'une fois attaché au thème de la prostitution féminine. Ici, il s'agit de prostitution masculine et de photographies pornographiques dont Marceau est l'objet, sous la direction de Mme Alice, mère maquerelle. On voit le photographe en question, M. Paul, effectuer à la fois des photos « artistiques » dont les protagonistes sont nus et des clichés de premières communiantes. Le sujet est donc, à ce titre, assez original pour être signalé et Roger Richebé tire très habilement son épingle du jeu autour d'une histoire difficile, très crue pour l'époque, à la fois mélodrame et constat social. Le rôle de Mme Alice, incapable de coucher ni avec les hommes ni – contrairement ce que peuvent croire certains – avec des femmes (elle a été violée dans son enfance), est très étonnant et remarquablement joué par Arletty. On se souviendra du bain de minuit de Marceau et de Dominique, des confidences qu'ils échangent et de l'interprétation particulièrement juste de Georges Marchal dont c'est un des plus beaux rôles. En fait, un très curieux film !*

Notes : *Tournage du 21 juin au 9 août 1951 à Paris – 78, rue de Passy (16e) ; passage des Abbesses (hôtel, 18e), Montmartre (18e) – et à Issy-les-Moulineaux (orphelinat).*

NOUS SOMMES TOUS DES ASSASSINS

Réalisation : André Cayatte ; scénario : André Cayatte, Charles Spaak ; dialogues : Charles Spaak ; photographie : Jean Bourgoin ; musique : Raymond Legrand ; montage : Paul Cayatte ; production : André Halley des Fontaines (UGC – Union Générale Cinématographique) ; durée : 115 min.

Interprétation : Marcel Mouloudji : René Le Guen. Raymond Pellegrin : Gino Bollini. Antoine Balpêtré : Dr Albert Dutoit. Lucien Nat : avocat général. Louis Arbessier : avocat. René Blancard : Albert Pichon. Julien Verdier : Bauchet. Jacqueline Pierreux : Yvonne Le Guen. Georges Poujouly : Michel Le Guen. Louis Seigner : abbé Roussard. Jean-Pierre Grenier : Dr Detouche. André Reybaz : père Simon. Yvonne de Bray : chiffonnière. Paul Frankeur : Léon. Léonce Corne : colonel instructeur. Henri Crémieux : avocat de Bauchet. Anouk Ferjac : Agnès. Roland Lesaffre : détenu-coiffeur. Line Noro : Mme Arnaud. Marcel Pérès : Malingré. Alexandre Rignault : gendarme. Sylvie : Laetitia. Jean-Marc Tennberg : Fredo. Maurice Dorléac : président.

Thème : Durant l'Occupation, René Le Guen, qui est entré dans la Résistance, a pris l'habitude de tuer. À la Libération, il continue, abattant plusieurs personnes. Il est, dès lors, condamné à mort. Mais le médecin qui le soigne et l'aumônier de la prison cherchent à mieux connaître son cas. D'autres condamnés attendent, eux aussi, leur exécution : le docteur Dutoit, un empoisonneur, Gino le Corse, Bauchet, qui a tué sa petite fille… Tous sont exécutés. Michel Le Guen, le frère de René, comprendra-t-il à temps cette leçon ?

André Cayatte a déclaré avoir rencontré tous les protagonistes qui ont inspiré le film, ajoutant que le

NOUS SOMMES TOUS DES ASSASSINS

président Vincent Auriol a gracié Le Guen du fait du film : « J'ai fait le film au moment même où l'affaire est en cours », *obligeant ses interprètes à porter des menottes, comme les personnages. Une fois de plus, le cinéaste s'interroge sur les motivations des criminels et, par-delà, la responsabilité de la société. Dans la version parallèle italienne – le film est une coproduction –, Amedeo Nazzari joue le rôle du docteur Detouche et Yvonne Sanson, celui d'Yvonne Le Guen.*

Notes : *Début du tournage du 7 janvier au 22 mars 1952 aux studios de Boulogne.*

OUVERT CONTRE X

Réalisation : Richard Pottier ; scénario : Me René Floriot ; adaptation et dialogues : Marc-Gilbert Sauvajon ; photographie : Maurice Barry ; musique : Marc Lanjean ; montage : Jean Feyte ; production : François Chavane, Marius Franay, Alain Poiré, Jean Le Duc (Cinéphonic / Société Nouvelle des Établissements Gaumont / Société Générale de Gestion Cinématographique) ; durée : 95 min.

Interprétation : Yves Deniaud : inspecteur-chef Bonnardel. Elina Labourdette : Catherine Villard. Yves Vincent : inspecteur Richard. Jean Debucourt : Me Landry. Marcel André : médecin légiste. Charles Deschamps : juge d'instruction. Guy Decomble : concierge. Henri Nassiet : Paul Dorgères. Robert Dalban : inspecteur Sylvestre. Michel Etcheverry : Bertrand Moal. Myriam Bru : nièce. Jacqueline Huet : vendeuse. Henri Crémieux : Phalempeau. Marie Déa : Mme Le Mesles. Nadine Tallier : Amélie. Alfred Adam : vendeur de bonbons. Marthe Mercadier : détenue-manucure.

Thème : Qui a tué le riche industriel Dorgères ? L'inspecteur-chef Bonnardel est chargé de le découvrir, alors que les soupçons se portent sur Catherine Villard, la maîtresse de la victime, avec laquelle il venait de rompre. Catherine est arrêtée et hésite à se défendre. L'inspecteur Richard démasque le véritable meurtrier, un homme que Dorgères avait ruiné.

Notes : *Tournage du 11 février au 20 mars 1952 à Paris et aux studios de Saint-Maurice.*

LA VÉRITÉ SUR BÉBÉ DONGE

Réalisation : Henri Decoin ; scénario : Maurice Aubergé, d'après le roman de Georges Simenon ; photographie : Léonce-Henri Burel ; musique : Jean-Jacques Grünenwald ; montage : Annick Millet ; production : André Halley des Fontaines (UGC – Union Générale Cinématographique) ; durée : 104 min.

Interprétation : Danielle Darrieux : Élisabeth « Bébé » Donge. Jean Gabin : François Donge. Daniel Lecourtois : Georges Donge. Claude Génia : Jeanne Donge. Gabrielle Dorziat : Mme d'Ortemont. Jacqueline Porel : Françoise. Jacques Castelot : Dr Jalabert. Marcel André : juge Drouin. Madeleine Lambert : Mme d'Onneville. Jean-Marc Tennberg : liftier. Juliette Faber : Marthe. Geneviève Guitry : Françoise.

Thème : Gravement malade, l'industriel François Donge est hospitalisé. Le docteur Jalabert le croit victime d'une intoxication alimentaire. En réalité, sa femme Élisabeth, surnommée « Bébé », l'a empoisonné. François revit son passé et comprend ses erreurs, alors qu'Élisabeth se laissera arrêter sans résistance.

Le drame est, dès les premiers plans, mis en place et le film ne s'attache pas uniquement à la découverte du criminel, Henri Decoin choisissant de privilégier l'atmosphère et le cadre pour mieux faire apparaître les mobiles. Utilisant la technique du flash-back, il s'attache à retracer les différents épisodes de la vie de François et d'Élisabeth Donge, brossant au passage un portrait impitoyable de la bourgeoisie française. Danielle Darrieux, que Decoin avait déjà dirigée à plusieurs reprises, n'est plus l'héroïne espiègle d'hier, mais une femme déçue, trahie par son mari et désormais prête au crime. Sa composition est aussi remarquable que celle de Jean Gabin, qui trouve ici l'un des rôles de grands bourgeois dont la seconde partie de sa carrière regorgera particulièrement.

Notes : *Tournage du 1er octobre au 1er décembre 1951 à Paris, Nice, Draguignan, Barjols et aux studios de la Victorine (Nice).*

LA VÉRITÉ SUR BÉBÉ DONGE

LES AMOURS FINISSENT À L'AUBE

Réalisation : Henri Calef ; scénario : Henri Calef, Marcel Rivet, d'après l'histoire de Marcel Rivet ; dialogues : André Tabet ; photographie : Henri Alekan ; musique : Maurice Thiriet ; montage : Denise Baby ; production : Adolphe Osso (Les Films Vendôme) ; durée : 95 min.

Interprétation : Georges Marchal : Didier Guéret. Françoise Christophe : Alberte Guéret. Nicole Courcel : Léone Fassier. Suzanne Dehelly : Clémence Guéret. Jacques Castelot : commissaire Lotte. Louis Seigner : Lanzel. Jacques Morel : Van Goffin. René Blancard : Jaltex. Margo Lion : Mme Platz. Jacques Dynam : inspecteur Sonnac. Olivier Hussenot : Dr Dufour. Paul Azaïs : Lulu. Daniel Ceccaldi : Fred. Albert Rémy : Picard.

Thème : Jeune ingénieur, Didier Guéret est marié avec Alberte, qui est très malade et toujours à la merci du moindre choc. Léone Fassier, l'une des maîtresses de Didier, se montre insistante, car elle attend un enfant de lui et menace de tout révéler à Alberte, ce qui serait fatal pour la malade. Didier étrangle accidentellement Léone, met le corps dans une malle et le jette dans un lac. La police retrouve cependant le cadavre et arrête Didier, qui est bientôt relâché, faute de preuves. De retour chez lui, il découvre que sa femme est morte. Il téléphone alors à la police pour se dénoncer.

Le mari, la femme et la maîtresse. Sans surprise.

***Notes :** Tournage du 3 novembre au 30 décembre 1952 dans la région parisienne.*

CET HOMME EST DANGEREUX

Réalisation : Jean Sacha ; scénario : Jacques Berland, d'après le roman de Peter Cheyney *This Man is Dangerous* ; dialogues : Marcel Duhamel ; photographie : Marcel Weiss ; musique : Jean Marion ; montage : Paulette Robert ; production : Georges Sénamaud (Les Films Lutétia / Sonofilm / EDIC – Édition et Diffusion Cinématographique) ; durée : 92 min.

Interprétation : Eddie Constantine : Lemmy Caution. Colette Deréal : Constance. Grégoire Aslan : Siegella. Claude Borelli : Miranda van Zelden. Véra Norman : Suzanne. Jacqueline Pierreux : Dora. Roland Bailly : Johnny. Guy Decomble : Jacques « le Dingue ». Luc Andrieux : Maurice. Henri Djanik : William Bosco. Émile Genevois : athlète. Gil Delamare : non précisé. Jacques Angelvin : non précisé.

Thème : Se faisant passer pour détenu évadé d'un pénitencier américain, Lemmy Caution se trouve désormais sur la Côte d'Azur à la recherche de la riche héritière Miranda van Zelden. Il la retrouve sur le yacht de Goyas, un gangster responsable de la mort d'un ami de notre héros. Ce dernier le venge en tuant Goyas et rencontre le dangereux Siegella, qui est décidé à enlever Miranda pour obtenir une rançon d'un million de dollars. À Paris, Lemmy doit faire face à Dora, qui dirige désormais le gang de Goyas et veut, elle aussi, mettre la main sur Miranda. Dora est tuée, alors que Lemmy s'empare de documents compromettants pour Siegella. Mais Lemmy est démasqué – il est en fait un agent fédéral américain – et risque alors d'être abattu. Heureusement, c'est lui qui aura le dernier mot, tuant Siegella et permettant l'arrestation du gang.

Lemmy Caution, qui se dit être « un cérébral », possède un automatique dans son chapeau, chante « Ah ! Les femmes » et, entre deux whiskies et quelques manchettes, réussit à vaincre ses adversaires avec l'aide de Jean Sacha, qui a manifestement été le premier avec Eddie Constantine à s'amuser de cette histoire. Les idées de mise en scène parsèment cette aventure qui n'est pas sans humour.

***Notes :** Tournage du 15 mai au 10 juillet 1953 à Cannes, Paris, Monte-Carlo et aux studios de Billancourt.*

LES COMPAGNES DE LA NUIT

Réalisation : Ralph Habib ; scénario : Jacques Constant ; adaptation : Jacques Companéez, Ralph

LES COMPAGNES DE LA NUIT

Habib ; dialogues : Paul Andréota ; photographie : Roger Hubert ; musique : Raymond Legrand ; montage : Madeleine Bagiau ; assistance à la réalisation : Claude Pinoteau ; production : Robert Woog, Ray Ventura (Films Metzger et Woog / Hoche Productions) ; durée : 100 min.

Interprétation : Françoise Arnoul : Olga Viterbo. Raymond Pellegrin : Jo Verdier. Nicole Maurey : Yvonne Leriche. Noël Roquevert : « le Souriant ». Marthe Mercadier : Ginette Bachelet. Pierre Cressoy : Paul Gamelan. Suzy Prim : Pierrette. Christian Fourcade : Jackie Viterbo. André Valmy : inspecteur Maréchal. Pierre Mondy : Sylvestre. Jeanne Marken : Mme Anita. Louis de Funès : joueur de cartes. Pierre Sergeol : Robert « le Trotteur ». Andréa Parisy : amie de Ginette.

Thème : Olga Viterbo, qui a été condamnée pour prostitution, est libérée. Elle se retrouve, avec son fils Jackie, seule et démunie. Un camionneur, Paul, accepte de la conduire à Paris où elle tombe sous la coupe du souteneur Jo Verdier. Elle revoit Paul, mais Jo est au courant. Alors qu'il corrige Ginette, une de ses filles, la jeune Yvonne intervient. Jo la frappe et, accidentellement, la tue. Olga le menace de témoigner contre lui et exige de pouvoir partir avec son fils. Mais Jo la retrouve et écrase Paul. Il a parallèlement fait enlever Ginette, témoin de la mort d'Yvonne, et l'a fait tuer. Olga retrouve Jo et l'abat. Paul survivra à ses blessures et la justice se montrera sans doute clémente envers Olga.

Le propos de Ralph Habib est clair : dénoncer la prostitution, le cas de ces jeunes filles isolées qui sont vite séduites par des souteneurs tels que Jo et mises sur le trottoir. Dans la mouvance de Jo apparaît « le Souriant » – un Noël Roquevert surprenant –, Mme Anita, une vieille tenancière, et, de l'autre côté, la naïve Yvonne ou encore Pierrette, la prostituée plus âgée qui en arrive à oublier le prénom de son propre fils.

***Notes :** Tournage du 19 janvier au 10 mars 1953 à Paris, Bordeaux et aux studios de Billancourt.*

DORTOIR DES GRANDES

Réalisation : Henri Decoin ; scénario : Henri Decoin, François Chalais, d'après le roman de Stanislas-André Steeman *Dix-huit fantômes* ; dialogues : Jacques Natanson ; photographie : Robert Lefebvre ; musique : Georges van Parys ; montage : Denise Reiss ; assistance à la réalisation : Michel Deville ; production : Raymond Eger (Compagnie Française Cinématographique / Films EGE) ; durée : 98 min.

Interprétation : Jean Marais : inspecteur Désiré Marco. Françoise Arnoul : Aimée de La Capelle. Denise Grey : Mme Hazard-Habran. Jeanne Moreau : Julie. Noël Roquevert : Émile. Line Noro : Mlle Brigitte Tournesac. Katherine Kath : Mlle Claude Persal. Louis de Funès : Triboudot. Humberto Almazán : Da Costa. Pierre Morin : inspecteur Broche. Jean Sylvère : receveur. Dany Carrel : Bettina de Virmant. Nicole Guézel : Martine. Michèle Nancey : Michèle. Jacqueline Monsigny : Rose-Christine. Françoise Goléa : pensionnaire. Nicole Besnard : Chantal. Lucile Saint-Simon : élève. Simone Bach : Dominique.

Thème : L'inspecteur Désiré Marco est chargé d'enquêter sur un meurtre qui s'est produit au collège de Mérémont, où une élève a été retrouvée étranglée sur son lit. La directrice espère que le meurtrier est quelqu'un d'extérieur au collège afin de protéger la notoriété de l'établissement, mais l'enquêteur est rapidement d'un avis opposé. La victime a été ligotée par ses propres camarades. L'une des élèves, Aimée de

DORTOIR DES GRANDES

L'ENVERS DU PARADIS

La Capelle, révèle à l'inspecteur que la victime faisait de petits films. Celui-ci découvre la vérité : la victime cherchait à se venger de la surveillante en révélant la liaison de Mlle Tournesac, que l'on voyait embrasser le photographe Triboudot sur l'un des films.

Un univers de jeunes filles en fleurs, de timides nudités, le charme de Françoise Arnoul et une intrigue signée par l'auteur de L'assassin habite au 21 *(1942). Clouzot aurait sans doute apporté à ce drame policier une noirceur indispensable.*

L'ENVERS DU PARADIS

Réalisation : Edmond T. Gréville ; scénario et dialogues : Edmond T. Gréville ; photographie : Léonce-Henri Burel, Jacques Lemare ; musique : Paul Misraki ; montage : Georges Arnstam ; production : Léon Gouble (Pafico / Union Cinématographique Lyonnaise) ; durée : 96 min.

Interprétation : Eric von Stroheim : Wiliam O'Hara. Jacques Sernas : Blaise d'Orliac. Denise Vernac : Claudine de Vervins. Jacques Castelot : inspecteur Gabriel Dautrand. Héléna Manson : Mme Roumégoux. Etchika Choureau : Violaine Roumégoux. Dora Doll : Michèle. Dina Sassoli : Pepita. Edmond Ardisson : Célestin. Pierre Lorsay : M. Roumégoux.

Thème : En vacances dans le Midi, le jeune écrivain Blaise d'Orliac s'éprend de Violaine, abandonnant sa maîtresse Michèle. Cette dernière le relance et le menace d'un revolver. Blaise s'oppose à elle et Michèle est accidentellement tuée. Violaine, qui se sait atteinte d'une maladie incurable et n'a plus que quelques mois à vivre, efface alors les empreintes de Blaise sur l'arme et y pose les siennes. Découvrant le journal intime de Violaine, l'inspecteur Dautrand comprend le sacrifice de la jeune femme et, la sachant mourante, laisse la justice disparaître avec elle. Grâce à Violaine, Blaise ne sera donc jamais soupçonné de la mort de Michèle.

Notes : *Tourné du 14 janvier au 18 mars 1953 à Cagnes-sur-Mer (Alpes-Maritimes).*

L'ESCLAVE

Réalisation : Yves Ciampi ; scénario : Henri-François Rey, Jacques Dopagne ; dialogues : Pierre Véry ; photographie : Marcel Grignon ; musique : Georges Auric ; montage : Roger Dwyre ; production : Jacques Bar (Cormoran Films / ICS – Industrie Cinematografiche Sociali) ; durée : 99 min.

Interprétation : Daniel Gélin : Michel Landa. Eleonora Rossi Drago : Elena Landa. Barbara Laage : Anne-Marie « Fétiche ». Gérard Landry : Bernard Turenne. Louis Seigner : Dr Denis. Christine Langier : Lola. Maurice Biraud : photographe. Joëlle Bernard : Jenny. Yves Brainville : Dr Vienne. Judith Magre : Claudie.

Thème : Lauréat du prix de Rome mais condamné à n'être qu'un pianiste dans un minable orchestre, le compositeur Michel Landa, qui se révèle incapable d'écrire, comme il le voudrait, une symphonie pour sa femme Elena, a développé une addiction à la drogue après avoir été soigné à la morphine lors d'une convalescence. Son ancienne maîtresse, Anne-Marie, l'incite à se droguer pour trouver l'inspiration et s'arrange pour avertir Elena de la situation de Michel. Ce dernier subit une cure de désintoxication, mais – alors qu'on le croit guéri – il retombe dans ses travers. La police finit par l'arrêter et le conduire à Sainte-Anne.

Yves Ciampi décrit sans hésiter l'enfer vécu par les drogués et ceux qui leur sont proches. La vision finale de Michel, hurlant, se débattant et immobilisé dans une camisole de force est à l'image de ce film sans concession, dépourvu de facilités.

Notes : *Tournage du 29 janvier au 8 avril 1953 à Paris et aux studios Francœur.*

L'ESCLAVE

LEUR DERNIÈRE NUIT

LEUR DERNIÈRE NUIT

Réalisation : Georges Lacombe ; scénario : Jacques Celhay, Georges Lacombe, d'après l'histoire de Jacques Constant ; dialogues : Jacques Celhay ; photographie : Philippe Agostini ; musique : Francis Lopez ; montage : Raymond Leboursier ; production : Édouard Harispuru (CCFC – Compagnie Commerciale Française Cinématographique) ; durée : 98 min.

Interprétation : Jean Gabin : Pierre Ruffin, dit M. Fernand. Madeleine Robinson : Madeleine Marsan. Michel Barbey : Dédé. Gaby Passet : prostituée. Robert Dalban : inspecteur Dupré. Suzanne Dantès : Mlle Mercier. Jean-Jacques Delbo : Antoine Pérez. Arthur Devère : marinier. Luce Fabiole : directrice du cours Sévigné. Jean Lanier : inspecteur Pierson. Raymond Loyer : Paulo. Henri San Juan : P'tit Louis. Georges Vitray : M. Villard. Yves Massard : codétenu dans le car de la police. Jackie Sardou : concierge.

Thème : Grâce à Pierre Ruffin qui s'occupe de la bibliothèque municipale, Madeleine Marsan, venue de Limoges, a décroché un poste d'enseignante au cours Sévigné. De son côté, Ruffin mène une double vie, puisque, sous le nom de M. Fernand, il est à la tête d'une bande de malfaiteurs. Après un hold-up qui a échoué, il tombe dans un piège tendu par la police et comprend qu'il a été trahi par l'un de ses complices, Pérez. Arrêté, il réussit à s'évader et demande alors l'aide de Madeleine, qui le soigne et le cache. Pierre décide, avant de quitter la France, de régler ses comptes avec Pérez, qui trouve la mort en tombant. Traqué par la police, Pierre se cache et, grâce à un marinier, trouve un moyen de transport – une péniche – pour s'enfuir en Belgique. Il cherche à revoir une dernière fois Madeleine, mais les policiers les poursuivent. Pierre est abattu et se noie.

Une question se pose : pourquoi a-t-on si souvent oublié ce film dans la carrière de Jean Gabin ? Le scénario s'attache à deux êtres marqués par la vie. Madeleine est victime d'un mariage qui a été un échec ; de son côté, Pierre, qui était un brillant médecin, a vu sa carrière s'achever à la suite d'un avortement. Le film dénonce le carcan bourgeois qui a écrasé ces deux personnages :Madeleine, contrainte de fuir à Paris pour devenir enseignante, et Pierre, obligé, pour survivre, de participer à des opérations criminelles. Celles-ci vont provoquer un nouveau drame en déclenchant l'intervention de la police et, jusqu'au dernier moment, le spectateur peut espérer que le couple puis Pierre pourront échapper à ceux qui les traquent. Il n'en sera rien et la fin, bouleversante, voit Pierre, grièvement blessé, glisser doucement dans l'eau où il va se noyer alors que Madeleine hurle son prénom. Toujours remarquable, Jean Gabin porte une moustache au début du film, mais dont il se débarrassera pour tenter d'échapper à la police alors que Madeleine Robinson trouve ici son plus beau rôle. Georges Lacombe – c'est sans doute son meilleur film – utilise remarquablement les décors parisiens jusqu'aux quais de la Seine où s'achèvera le drame.

***Notes :** Tournage du 15 janvier au 9 mars 1953 à Paris en région parisienne et aux studios de Boulogne.*

MINUIT… QUAI DE BERCY

Réalisation : Christian Stengel ; scénario : Christian Stengel, Claude Accursi, Jean Ferry, René Wheeler, d'après le roman de Pierre Lamblin *La concierge n'est plus dans l'escalier* ; photographie : René Gaveau ; musique : Georges van Parys ; montage : Claude Nicole ; production : Christian Stengel (ETPC – Équipe Technique de Productions Cinématographiques / Bellair Films) ; durée : 95 min.

Interprétation : Madeleine Robinson : Irène Cazenave. Erich von Stroheim : professeur Kieffer. Philippe Lemaire : Luc Genevoix. Georges Randax :

MINUIT... QUAI DE BERCY

inspecteur Marc Brénot. Jean-Jacques Delbo : Paul Martin. Francis Blanche : Boulay. Lysiane Rey : Mme Mado. Mary Marquet : vieille dame. Germaine Reuver : Mlle Gauthier. Louis Seigner : président Andrieux. Rosy Varte : Ginette Boulay. Jean Carmet : Merle. Claude Romain : José Kieffer. Nicole Guézel : Catherine. Georgette Anys : Mme Soryano. Charles Vissières : concierge.

Thème : Qui a tué Mme Mado, la concierge du 8, avenue Arthur-Rimbaud ? L'inspecteur Brénot enquête, aidé par Irène Cazenave, qui a emménagé il y a peu dans l'immeuble et dont le mari était un collègue. Les suspects sont nombreux : le professeur Kieffer qui veut prêcher la bonne parole, son fils José qui connaissait Mado, Luc qui avait eu une très brève liaison avec celle-ci, Boulay, l'épicier toujours prêt à secourir une jolie femme, sans oublier Mlle Gauthier qui compose des lettres anonymes… La vérité est que Mado a été tuée par Irène elle-même qu'elle avait reconnue et faisait chanter, lui connaissant un passé peu reluisant… Confondue, la jeune femme se suicidera.

Dans la tradition de Derrière la façade *(1939). Un crime et la valse des suspects du professeur Kieffer, pour qui « le salaire du péché est la mort », à Mademoiselle Gauthier qui écrit des lettres anonymes comme si l'époque de l'Occupation et de la Libération n'était pas si loin… Chacun des habitants mène ou a mené une vie assez ambiguë pour être capable d'éliminer un témoin gênant. Cette mauvaise conscience généralisée est l'un des intérêts du film, réalisé avec une certaine habileté et qui demeure un véritable document sur le Paris de l'époque avec ses habitudes, sa vie quotidienne et ses zones d'ombre.*

Notes : *Tournage du 1er décembre 1952 au 10 janvier 1953 à Paris (Montmartre, quai de Bercy, rue Lepic) et aux studios de Billancourt. On pourra noter qu'en réalité, l'avenue Arthur-Rimbaud n'existe pas.*

LA MÔME VERT-DE-GRIS

LA MÔME VERT-DE-GRIS

Réalisation : Bernard Borderie ; scénario : Bernard Borderie, d'après le roman de Peter Cheyney *Poison Ivy* ; dialogues : Jacques Berland ; photographie : Jacques Lemare ; musique : Guy Lafarge ; montage : Jean Feyte ; assistance à la réalisation : André Smagghe ; production : Raymond Borderie (CICC – Compagnie Industrielle et Commerciale Cinématographique / SNPC – Société Nouvelle Pathé Cinéma) ; durée : 97 min.

Interprétation : Eddie Constantine : Lemmy Caution. Dominique Wilms : Carlotta de La Rue. Howard Vernon : Rudy Saltierra. Jean-Marc Tennberg : G. D. B. Dario Moreno : Joe Madrigal. Nick Vogel : Kerts. Guy Henry : Skendt. Maurice Ronet : Mickey. Don Ziegler : directeur du FBI. Philippe Hersent : commissaire. Jess Hahn : marin-geôlier. Gaston Modot : inspecteur. Paul Azaïs : patron du bistrot. Giani Esposito : capitaine du bateau. Roger Hanin : homme de main de Rudy. Georges Wilson : Duncan.

Thème : Mickey évoque, avant de mourir, un convoi d'or en provenance des États-Unis qui menace d'être attaqué en Italie. Le FBI charge son agent Lemmy Caution de l'affaire, mais son contact Duncan est assassiné dans le cabaret de Joe Madrigal. Lenny y rencontre la belle Carlotta de La Rue, surnommée « la Môme Vert-de-gris », et son compagnon Rudy Saltierra. Il va bientôt comprendre que ce dernier dirige toute une bande de gangsters qui s'apprête à voler le chargement d'or. Fait prisonnier à bord du cargo de Saltierra, Lemmy parvient à s'enfuir, à s'allier à Carlotta – qui se trouve être la sœur de Mickey – et à faire arrêter toute la bande. Saltierra fera une chute mortelle.

Le film est l'adaptation de Poison Ivy, *publié à l'origine en 1937 et en France en 1945. C'est le premier numéro de la « Série noire ». Le personnage de Lemmy Caution était apparu pour la première fois en France dans* Brelan d'as *(1952) de Henri Verneuil, interprété par John van Dreelen. Assez habilement, Bernard Borderie cherche à rester fidèle à la mythologie du film policier américain, parfaitement aidé par Eddie Constantine qui campe avec conviction ce policier du FBI, amateur de whisky (double) et toujours prêt à draguer les jeunes femmes.* « Ne me regardez pas comme cela, vous me faites peur », *dit Carlotta à Lemmy Caution. Dominique Wilms, avec sa mèche de cheveux blonds, est là pour rappeler les vamps hollywoodiennes et Borderie évite les pièges de la parodie. Il n'en fera malheureusement pas autant pour* Les femmes s'en balancent *(1954) où Eddie Constantine retrouve d'ailleurs Dominique Wilms. Né à Los Angeles, d'origine russe, Eddie Constantine parlait mal le français. Il reconnaissait lui-même avoir appris en quatre semaines son texte :* « Je le savais par cœur. Mais je ne savais que ça. Impossible de dire une phrase qui n'était pas dans le texte. Aussi, pendant longtemps, ai-je parlé uniquement comme les héros de Peter Cheyney. Ce qui me faisait passer pour un snob. »

Notes : *Tournage 24 novembre au 14 février 1952 aux studios Photosonor (Courbevoie), à Mériel (Val-d'Oise) et au Maroc (Casablanca et Tanger).*

LA POCHARDE

Réalisation : Georges Combret ; scénario : Claude Boissol, Louis d'Yvré, d'après le roman de Jules Mary ; photographie : Pierre Petit ; musique : Hubert Giraud ; montage : Germaine Fouquet ; production : Georges Combret (Radius Productions) ; durée : 92 min.

LA POCHARDE

EDDIE CONSTANTINE - DOMINIQUE WILMS - HOWARD VERNON

dans un film de

BERNARD BORDERIE

La Môme vert-de-gris

Interprétation : Pierre Brasseur : Me Pierre Renneville. Monique Mélinand : Denise Lamarche. Jacqueline Porel : Lucienne Marignan. Henri Nassiet : Dr Marignan. Albert Duvaleix : président. Odette Laure : Mme Berthelin. Pauline Carton : Mlle Michel. Alice Tissot : Mme Pitois. François Patrice : Jacques. Sophie Leclair : Gisèle. Alfred Adam : Georges Lamarche. André Gabriello : Berthelin. Michel Etcheverry : avocat général.

Thème : Denise Lamarche est accusée d'avoir empoisonné son mari, le docteur Marignan déclarant, par ailleurs, qu'elle est une alcoolique. Jacques, qui est fiancé à la fille de Denise, souhaite que sa future belle-mère puisse être innocentée ; il charge l'avocat Renneville d'assurer la défense de l'accusée. On découvre bientôt la vérité : Lamarche n'a pas été tué par sa femme mais mortellement atteint par les émanations d'un gaz toxique venant d'une maison voisine habitée par un chimiste. De même, les troubles apparents de Denise Lamarche ne devaient rien à la boisson mais tout à ce même gaz. Denise est acquittée.

Revoici donc le grand classique du mélodrame naturaliste de Jules Mary. Sa présence dans ces pages est justifiée, car il pourrait s'agir d'une erreur judiciaire. En prime, un grand numéro d'avocat de Pierre Brasseur.

***Notes :** Tournage du 13 juin au 18 juillet 1952 à Paris et aux studios de Billancourt.*

THÉRÈSE RAQUIN

SUIVEZ CET HOMME

Réalisation : Georges Lampin ; scénario : Jacques Rémy et Denys de La Patellière, d'après l'histoire de Jacques Rémy ; dialogues : Alexandre Breffort ; photographie : Jean Bourgoin ; musique : Maurice Thiriet ; montage : Robert Isnardon, Monique Isnardon ; assistance à la réalisation : Denys de La Patellière ; production : Roger Ribadeau-Dumas (SFC – Société Française de Cinématographie / Société des Films Sirius) ; durée : 95 min.

Interprétation : Bernard Blier : commissaire François Basquier. Suzy Prim : Mme Olga. Andrée Clément : Arlette Génod. Guy Decomble : Émile Kortenwirth. Véronique Deschamps : Yvonne Chouquet. Paul Frankeur : M. Mallet. René Blancard : Dr Corbier. Julien Verdier : Couvoisier. Daniel Cauchy : Pierrot. Christian Fourcade : petit Jacky. Arthur Devère : M. Forgeat. Yves Robert : inspecteur Paulhan. Laurence Badie : Georgette. France Roche : Alice Tissot. Madeleine Barbulée : Mme Durbain.

Thème : Le commissaire Basquier évoque, à l'occasion de ses 50 ans, deux des affaires importantes de sa carrière. Dans la première, Olga avait provoqué la mort de la femme d'un médecin, qui s'était vengé plus tard en ne la soignant pas lors d'un empoisonnement. Bien sûr, Basquier avait découvert la vérité. De même, lorsqu'une concierge et Yvonne Chouquet avaient péri, l'enquêteur avait arrêté le bijoutier Courvoisier et ses complices. Blessé, il avait même été décoré de la Légion d'honneur.

Réalisation de série.

THÉRÈSE RAQUIN

Réalisation : Marcel Carné ; scénario : Marcel Carné, Charles Spaak, d'après le roman d'Émile Zola ; dialogues : Charles Spaak ; photographie : Roger Hubert ; musique : Maurice Thiriet ; montage : Henri Rust, Suzanne Rondeau, Marthe Gottié ; production : Robert Hakim, Raymond Hakim (Paris Film Production / Lux Films) ; durée : 102 min.

Interprétation : Simone Signoret : Thérèse Raquin. Raf Vallone : Laurent. Jacques Duby : Camille Raquin. Maria Pia Casilio : Georgette. Marcel André : Michaud. Martial Rèbe : Grivet. Paul Frankeur : contrôleur. Madeleine Barbulée : Mme Noblet. Roland Lesaffre : Riton. Sylvie : Mme Raquin. Nerio Bernardi : médecin.

Thème : Lyon. Thérèse Raquin vit avec son mari, le faible Camille, tout en ayant pour amant Laurent. Espérant résoudre cette situation, Laurent la révèle à Camille, qui décide de faire séquestrer Thérèse par ses parents. Laurent, monté dans le train, précipite Camille par la portière. La jeune femme est soupçonnée mais, faute de preuves, on conclut à un accident. Or le crime a eu pour témoin Riton, décidé à monnayer son silence. Thérèse est prête à s'en débarrasser en lui donnant l'argent que la SNCF considère comme une indemnité. Riton rencontre Thérèse et Laurent, récupère l'argent, avant d'être mortellement renversé par un camion. Georgette, l'amie de Riton, va faire parvenir à la police la lettre dans laquelle celui-ci dénonce Thérèse et son amant…

THÉRÈSE RAQUIN

L'un des meilleurs films de Marcel Carné qui, ayant transposé le roman de Zola dans un monde moderne, s'attache à ces deux amants qui n'échapperont jamais à un destin tragique, comme s'ils étaient condamnés, dès le début, à ne jamais trouver le bonheur. La qualité des dialogues va de pair avec une magnifique direction d'acteurs. C'est la réussite de la « qualité française » de l'époque, dénoncée par les « jeunes Turcs » de la Nouvelle Vague. C'est aussi un magnifique travail de producteur, signé par Robert et Raymond Hakim, trop oubliés de nos jours.

Notes : *Tournage du 2 mars au 28 avril 1953 à Lyon et aux studios de Neuilly-sur-Seine.*

LA VIERGE DU RHIN

Réalisation : Gilles Grangier ; scénario : Jacques Sigurd, d'après le roman de Pierre Nord ; photographie : Marc Fossard ; musique : Joseph Kosma ; montage : Paul Cayatte ; production : Évrard de Rouvre (Société des Films Véga) ; durée : 82 min.

Interprétation : Jean Gabin : Jacques Ledru / Martin Schmidt. Renaud Mary : Maurice Labbé. Claude Vernier : Pietr. Albert Dinan : commissaire Guérin. Nadia Gray : Maria Meister. Elina Labourdette : Geneviève Labbé. Andrée Clément : Anna Berg. Olivier Hussenot : Meister.

Thème : Porté disparu en 1940, Jacques Ledru revient à Strasbourg dix ans plus tard. Sa femme, Geneviève, s'est remariée avec son ancien associé Maurice Labbé – dans une société de transport fluvial dans laquelle il magouille et dont il est désormais le directeur – et le couple a dilapidé tout l'argent laissé par Ledru. Geneviève pense, dès lors, que le meilleur moyen est de se débarrasser de ce mari dont elle n'attendait plus le retour. De son côté, Labbé préférerait partir avec ce qui reste de l'argent de la société. Il est bientôt assassiné et les soupçons se portent naturellement sur Ledru. Mis hors de cause – le coupable est Pietr à qui Labbé devait de l'argent –, ce dernier réussit à reprendre ses affaires en main, se séparant de sa femme et trouvant une nouvelle compagne.

Ou un héros face à trois femmes symbolisant l'ambition meurtrière, l'innocence et l'intelligence. Ce n'est malheureusement pas l'un des grands rôles de Gabin.

Notes : *Tournage du 27 avril au 12 juin 1953 à Strasbourg et aux studios de Billancourt (Paris Studio Cinéma).*

L'AFFAIRE MAURIZIUS

Réalisation : Julien Duvivier ; scénario et dialogues : Julien Duvivier, d'après le roman de Jakob Wassermann ; photographie : Robert Lefebvre ; musique : Georges van Parys, Pierre Larrieu (ondes Martenot) ; montage : Marthe Poncin ; production : Arrigo Colombo, Henry Deutschmeister (Franco London Films) ; durée : 110 min.

Interprétation : Daniel Gélin : Léonard Maurizius. Charles Vanel : procureur Andergast. Madeleine Robinson : Élisabeth Maurizius. Eleonora Rossi Drago : Anna Jahn. Anton Walbrook : Grégoire Waremme. Jacques Chabassol : Etzel Andergast. Denis d'Inès : M. Maurizius. Jacques Varennes : juge d'instruction. Berthe Bovy : grand-mère. Jane Faber : gouvernante. Claude Sylvain : Mélita. Pierre Palau : conseiller. Jean d'Yd : président ; Harry-Max : avocat. Jim Gérald : professeur.

Thème : Berne. Fils du procureur Andergast, Etzel découvre que son père a fait condamner Léonard Maurizius sur de simples présomptions. Il décide alors de découvrir la vérité sur une affaire vieille de dix-huit ans, le meurtre d'Élisabeth Maurizius, la femme de Léonard. Au cours du procès, le témoignage de Grégoire Waremme, accablant, avait contribué à la condamnation de Léonard. Retrouvé par Etzel, Waremme finit par reconnaître que cette déposition était mensongère à l'époque et qu'il tenait à sauver Anna Jahn, la sœur d'Élisabeth, dont il était amoureux. Le procureur Andergast commence à remettre en doute la déposition de Waremme puis apprend lui aussi la vérité : Léonard s'était épris de sa belle-sœur Anna, ce qui avait provoqué la jalousie de sa femme. C'est Anna, armée par Waremme, qui avait tiré sur Élisabeth. Léonard est gracié mais, à bout de ressources, il saute du train.

Le film est, avant tout, une remarquable adaptation du roman de Jakob Wassermann. Duvivier joue sur le présent et le passé, intègre avec une habileté exceptionnelle les flash-backs et réussit à ce que le spectateur, plongé au sein d'une intrigue compliquée, la suive sans difficulté et avec passion. Une nouvelle fois, le talent du cinéaste s'impose de toute évidence et son adaptation est exemplaire. Il a parfois un peu plus de difficultés avec une interprétation cosmopolite – il reconnaîtra que le choix d'Eleonora Rossi Drago était une erreur –, mais cela ne nuit que très rarement à la qualité de cette œuvre remarquable.

***Notes :** Tournage à partir du 2 novembre 1953 au 2 janvier 1954 à Berne, Lucerne et aux studios de Boulogne.*

Le drame était noué, la mésentente survint. C'est alors que LEONARD fut accusé d'avoir tiré sur ELISABETH. Pourtant, aucune preuve n'en put être faite, mais la déposition d'un témoin important, l'écrivain Grégoire WAREMME, ami de LEONARD, et qui affirma l'avoir vu tirer, amena sa condamnation.

L'avocat avait été choisi par ANNA...

AVANT LE DÉLUGE

AVANT LE DÉLUGE

Réalisation : André Cayatte ; scénario : André Cayatte, Charles Spaak ; photographie : Jean Bourgoin ; musique : Georges van Parys ; montage : Paul Cayatte ; assistance à la réalisation : Jean Valère ; production : André Halley des Fontaines (UGC – Union Générale Cinématographique / Documento Film) ; durée : 138 min.

Interprétation : Bernard Blier : Marcel Noblet. Paul Frankeur : M. Boussard. Jacques Castelot : Serge de Montesson. Antoine Balpêtré : Albert Dutoit. Marina Vlady : Liliane Noblet. Jacques Fayet : Richard Dutoit. Clément Thierry : Philippe Boussard. Roger Coggio : Daniel Epstein. Léonce Corne : commissaire Auvain. Jacques Chabassol : Jean Arnaud. Isa Miranda : Françoise Boussard. Carlo Ninchi : président du tribunal. Marcel Pérès : inspecteur Mallingré. Albert Rémy : garçon de café. Delia Scala : Josette. Gérard Blain : lycéen. Roger Dumas : élève. Jacques Duby : manifestant. Jacques Marin : ouvrier à bicyclette.

Thème : Richard Dutoit, Philippe Boussard et Jean Arnaud ont eu comme professeur Marcel Noblet. Richard est épris de Liliane, la fille de ce dernier. Il est lui-même le fils d'un ancien collaborateur, alors que Philippe profite de la liaison de sa mère avec Serge de Montesson, un trafiquant, pour obtenir l'argent qu'il veut. Le troisième, Jean, est victime d'une mère possessive. Les trois jeunes gens, craignant une Troisième Guerre mondiale, rêvent de partir en Polynésie. Afin d'avoir l'argent nécessaire, ils décident de s'emparer de la collection de timbres de M. de Montesson. Surpris par un gardien, Jean l'abat. Le trio, craignant que leur camarade Daniel Epstein ne les dénonce, choisit de l'éliminer. La police les arrête et la justice les condamne.

André Cayatte poursuit avec Charles Spaak sa réflexion sur la société moderne et sa responsabilité criminelle. La société qu'il décrit est aussi noire que chez Clouzot : un père ex-collaborateur et antisémite, un autre prêt à tous les trafics, une mère abusivement possessive. Le décor est en place. C'est celui de la France de l'après-guerre avec – pour certains – sa mauvaise conscience et le souvenir d'un passé difficile à oublier. C'est aussi l'angoisse de toute une génération qui craint une Troisième Guerre mondiale (c'est la conséquence de la guerre froide) et ne croit déjà plus en un avenir radieux. Pour Cayatte, les responsables de ces jeunes sont leurs parents, incapables de leur donner le bon exemple et d'avoir assuré une éducation sérieuse. Dès lors, tous sont responsables… Le constat est sans appel. À ce titre, le film est un document très intéressant et important sur cette époque.

***Notes :** Tournage du 26 juin au 2 octobre 1953 à Paris, en banlieue parisienne et aux studios de Billancourt.*

BONNES À TUER

Réalisation : Henri Decoin ; scénario : Henri Decoin, Jean de Baroncelli, Jean-Claude Eger, d'après le roman de Patricia McGerr *Follow, as the Night* ; dialogues : Henri Decoin, Jean de Baroncelli, Jean-Claude Eger ; photographie : Robert Lefebvre ; musique : René Sylviano ; montage : Étiennette Muse, Denise Reiss ; assistance à la réalisation : Michel Deville ; production : Raymond Eger (Compagnie Française Cinématographique / Films EGE / Noria Film) ; durée : 90 min.

Interprétation : Danielle Darrieux : Constance Andrieux. Michel Auclair : François « Larry » Roques. Corinne Calvet : Vera Volpone. Gérard Buhr : William Jordan. Lyla Rocco : Cécile Germain-Thomas. Roberto Risso : Mario Mirador. Gil Delamare : Forestier. Myriam Petacci : Maggy Lang. Ky Duyen : Bao. Émile Genevois : postier. Jean Berton : inspecteur. Jacques Jouanneau : inspecteur. Raymond Gérôme : client de la boîte.

Thème : Paris. Arriviste sans scrupules, le journaliste « Larry » Roques, qui doit épouser Cécile Germain-Thomas, la fille de son riche patron, invite les quatre femmes auxquelles il doit son ascension sociale. Il est prêt à éliminer celle qui pourrait lui rappeler son passé. Constance Andrieux s'est séparée de lui devant ses crises de violence. Vera Volpone avait découvert que Larry, son mari, la trompait à l'époque avec Maggy. Elle s'est détachée de lui au profit de Mario Mirador. Cécile ne se fait guère d'illusions, mais elle est enceinte d'un autre homme. Constance comprend bientôt que Larry est décidé à la tuer en la précipitant dans le vide, mais c'est lui qui fait une chute mortelle.

Henri Decoin et Danielle Darrieux se retrouvent pour la huitième fois et le cinéaste dirige avec habileté ce drame qui voit un jeune homme arriviste, ambitieux sans scrupules, prêt à tout pour dissimuler un passé qui pourrait lui nuire.

***Notes :** Tournage du 3 août au 30 septembres 1954 à Paris et aux studios de Boulogne.*

LES FEMMES S'EN BALANCENT

Réalisation : Bernard Borderie ; scénario : Bernard Borderie, d'après le roman de Peter Cheyney *Dames Don't Care* ; dialogues : Jacques Vilfrid, Bernard Borderie ; photographie : Jacques Lemare ; musique : Paul Misraki ; montage : Jean Feyte ; production : Raymond Borderie (CICC – Compagnie Industrielle et

Commerciale Cinématographique / SNPC – Société Nouvelle Pathé Cinéma) ; durée : 109 min.

Interprétation : Eddie Constantine : Lemmy Caution / Selby Frayme. Nadia Gray : Henrietta Aymes. Dominique Wilms : Paulette Burdell. Robert Berri : Fernandez / Jean Termiglio. Dario Moreno : Perera. Nicolas Vogel : Jim Maloney. François Perrot : Langdon Burdell. Robert Burnier : Metts. Jacques Castelot : Granworth Aymes. Paul Azaïs : gardien du pont. Gil Delamare : Sagers. Giani Esposito : joueur. Pascale Roberts : femme au jeu de poker. Georgette Anys : Mme Martinguez.

Thème : L'agent fédéral Lemmy Caution arrive en Italie pour enquêter sur une affaire de faux dollars. Alors que son collègue Sagers est assassiné, Lemmy découvre que les dollars étaient possédés par Henrietta Aymes dont le mari se serait suicidé. Il rencontre Paulette, qui était la maîtresse de Aymes, et comprend que ce dernier est toujours en vie et souhaitait notamment se débarrasser d'Henrietta au profit de Paulette. Aymes et ses complices faux-monnayeurs Fernandez, Perera et Paulette seront arrêtés tandis que Lemmy filera le parfait amour avec Henrietta.

Le scénario est peu convaincant et la réalisation manque de souffle, mais il y a heureusement Eddie Constantine en grande forme, qui incarne pour la troisième fois Lemmy Caution. Il affronte avec un évident plaisir Fernandez, le bourrant de manchettes, de gifles et de coups de poing, retrouve au passage, dans la dernière partie du film, sa partenaire de La Môme vert-de-gris *(1953), considère que le whisky est son « médicament » et donne l'impression de ne jamais prendre tout cela très au sérieux, comme en témoigne le moment – très réussi ! – où il fait soudain face à la caméra et donc au spectateur, en avouant, avec son sourire carnassier :* « Quelles salades ! »

Notes : *Tournage du 15 décembre 1953 au 12 février 1954 à Franstudio (Pathé Francœur, 18e).*

LES INTRIGANTES

Réalisation : Henri Decoin ; scénario et dialogues : Jacques Robert, François Boyer, Henri Decoin, d'après le roman de Jacques Robert *La Machination* ; photographie : Michel Kelber ; musique : Georges van Parys ; montage : Denise Reiss ; assistance à la réalisation : Michel Deville ; production : Joseph Zielinski, Jean Paris (Memnon Films) ; durée : 96 min.

Interprétation : Raymond Rouleau : Paul Rémi. Jeanne Moreau : Mona Rémi. Raymond Pellegrin : Andrieux. Etchika Choureau : Marie. Marcel André : inspecteur Gosset. Paul Azaïs : brancardier. Claude Borelli : Jany Noël. Jacques Charon : Antonio Pan. Paul Demange : Émile Carcassone. Roger Saget : Damien. Louis de Funès : Marcange. Robert Hirsch : Pakévitch. Jean-Louis Le Goff : Guillaume. Jacqueline Maillan : femme de ménage. Renée Passeur : Mme Marcange. Guy Piérauld : « Rase-Mottes ». Jacques Jouanneau : reporter. Pascale Roberts : danseuse. Martine Sarcey : danseuse.

Thème : Paul Rémi, qui est directeur de théâtre, est accusé par son administrateur Andrieux d'avoir poussé son associé Bazine, mort en tombant d'une passerelle. Pour échapper à la police, Rémi accepte, sur les conseils de sa femme Mona, de se laisser interner dans une clinique psychiatrique. Mona, devenue la maîtresse d'Andrieux, assure alors, avec une véritable ambition, la direction du théâtre, souhaitant que son mari reste le plus longtemps possible hors course. La secrétaire Marie, qui est amoureuse de Rémi, parvient à prouver la duplicité d'Andrieux et l'innocence de son patron.

Le début – avec la préparation du spectacle Rendez-vous sur l'Olympe *(un spectacle navrant) – manque curieusement de conviction, alors que le reste du film se révèle, au contraire, d'une très grande efficacité, parfaitement joué par Jeanne Moreau dans un personnage de plus en plus machiavélique. Dommage que Louis de Funès (l'auteur de la pièce) et surtout Jacques Charon (le principal comédien de cette pièce) surjouent à ce point !*

Notes : *Tournage du 4 janvier au 10 février 1954 à Vernouillet (Yvelines) et aux studios de Billancourt.*

MINUIT… CHAMPS-ÉLYSÉES

Réalisation : Roger Blanc ; scénario : Pierre Gaurier ; adaptation : Roger Blanc ; dialogues : Jacques Celhay ; photographie : Pierre Dolley ; musique : Daniel White ; montage : Jeannette Berton ; production : Roger Blanc (Les Films Minerva / Les Films de Clairbois / Les Films du Dragon) ; durée : 90 min.

Interprétation : Jacqueline Pierreux : Lili. Robert Berri : Robert Duchemin. Janine Grenet : Micheline Gilbert. Pierre Larquey : M. Gilbert. Albert Rémy : Étienne. Alain Bouvette : camionneur. Bernard Charlan : gendarme. Jean Lara : Enrico.

Thème : Robert, Enrico et Frédéric ont volé des bijoux. Enrico élimine Frédéric, faisant accuser Robert du crime, qui est, en effet, condamné à vingt ans de travaux forcés tandis que le traître en profite pour séduire sa maîtresse Lili. Avide de vengeance, Robert s'évade et fait la connaissance de Micheline, qui espère le remettre dans le droit chemin et le dissuader de commettre l'irréparable. Il tuera au final Enrico mais en légitime défense. Son innocence ayant été reconnue, Robert peut se consacrer à Micheline.

Sans surprise.

Notes : *Tournage du 21 septembre au 20 octobre 1953 à Paris et dans la région parisienne.*

LA NEIGE ÉTAIT SALE

Réalisation : Luis Saslavsky ; scénario : André Tabet, Luis Saslavsky, d'après le roman de Georges Simenon ; photographie : André Bac ; musique : René Cloërec ; montage : Isabelle Elman ; assistance à la réalisation : Pierre Chevallier ; production : Fritz Bukofzer (Tellus-Films) ; durée : 104 min.

Interprétation : Daniel Gélin : Frank Friedmayer. Valentine Tessier : Mme Irma. Daniel Ivernel : Krommer. Véra Norman : Moune. Nadine Basile : Bertha. Jo Dest : Allemand. Antoine Balpêtré : Holtz. Marie Mansart : Suzy Holtz. Paul Faivre : concierge. Jean-Pierre Mocky : violoniste.

Thème : Sous l'Occupation. Profondément corrompu et cynique, Frank Friedmayer vit auprès de sa mère, Mme Irma, qui tient une maison de rendez-vous. Volontairement, il accentue sa dépravation morale alors que sa voisine, Suzy Holtz, est, malgré tout, éprise de lui. Frank assassine un officier allemand pour se procurer un revolver et, après avoir commis un vol, tue celle qui l'a élevé pour ne pas risquer d'être dénoncé. Suzy se donne à lui. Frank est arrêté, torturé et condamné à mort. Il meurt courageusement, après avoir obtenu le pardon de Suzy qu'il avait livrée à un camarade.

L'atmosphère de l'Occupation, et le conflit moral d'un jeune homme, corrompu par le vice mais finalement racheté par son courage et l'amour. En raison du sujet même du film et de la dureté des personnages, le film n'a pas obtenu tout de suite son visa d'exploitation, comme si tout cela ne pouvait pas arriver en France…

Notes : *Tournage du 4 décembre 1952 au 21 janvier 1953 à Strasbourg et aux studios Photosonor (Courbevoie).*

OBSESSION

Réalisation : Jean Delannoy ; scénario : Roland Laudenbach, Antoine Blondin, Jean Delannoy, Gian Luigi Rondi, d'après le roman de William Irish (= Cornell Woolrich) *Silent as the Grave* ; photographie : Pierre Montazel © ; musique : Paul Misraki ; montage : James Cuenet ; assistance à la réalisation : Jacques Rouffio ; production : Henry Deutschmeister (Les Films Gibé / Franco London Films / Continental Produzione) ; durée : 103 min.

Interprétation : Michèle Morgan : Hélène Giovanni. Raf Vallone : Aldo Giovanni. Marthe Mercadier : Arlette Bernardin. Jean Gaven : Alexandre Buisson. Duvaleix : Barnet. Robert Dalban : inspecteur Chardin. Jean Toulout : président des assises. Dora Doll : entraîneuse. Albert Michel : réceptionniste de l'hôtel de Rouen. Gil Delamare : homme de l'*Escurial.* Louis Seigner : avocat général. Robert Vattier : directeur de l'hôtel. Olivier Hussenot : Louis Bernardin. Jacques Castelot : Me de Ritter.

Thème : Aldo et Hélène sont un duo de célèbres trapézistes. La jeune femme est sur le point de le

quitter lorsque Aldo lui confirme son amour mais aussi les remords qu'il a éprouvés à cause de la mort de son ami Jim, il y a des années, dont il est responsable. Émue, Hélène choisit alors de l'épouser. Or, un jour, une blessure oblige Aldo à céder sa place pour le numéro à Alexandre Buisson – seul témoin à l'époque de la rixe entre Jim et Aldo. Il commence à être jaloux de son remplaçant, craignant qu'il ne le supplante dans le cœur d'Hélène. Le lendemain d'une bagarre entre les deux hommes, Alexandre est retrouvé mort ; Bernardin, le dresseur de chiens, est accusé du crime. Il est jugé et condamné à mort. Hélène, persuadée qu'Aldo est le coupable, le dénonce à la police. À tort, puisque Bernardin avoue son crime, commis pour une histoire d'argent. Aldo est libre, mais il doit désormais faire face à son passé.

D'un côté, le monde du cirque ; de l'autre, un drame à trois personnages dans lequel se mêlent l'amour et la jalousie. Michèle Morgan a assuré elle-même certains des numéros de trapèze de l'héroïne.

Notes : *Tournage du 20 avril au 1er juillet 1954 à Rouen, dans la région parisienne et aux studios de Boulogne.*

QUAI DES BLONDES

Réalisation : Paul Cadéac ; scénario : Pierre Foucaud ; adaptation : Pierre Foucaud, Michel Audiard, Paul Cadéac ; dialogues : Michel Audiard ; photographie : Marcel Grignon © ; musique : Jean Marion, Jerry Mengo ; montage : Roger Dwyre ; production : Andre Hunebelle (Production Artistique et Cinématographique / SNPC – Société Nouvelle Pathé Cinéma) ; durée : 80 min.

Interprétation : Michel Auclair : Jacques Fenner. Barbara Laage : Barbara. Madeleine Lebeau : Nelly. Dario Moreno : Lucky Esposito. René Blancard : commissaire Brochant. John Kitzmiller : Michel. Jacques Dynam : Dominique. Robert Hossein : chemise rose. André Valmy : Marco. Henri Arius : capitaine de *L'Atlanta*. Georges Chamarat : Me Chanu. Giani Esposito : tueur. Maurice Biraud : Laurent. Paul Demange : client.

Thème : Ancien officier de marine, Jacques Fenner se livre à un trafic de cigarettes américaines (blondes) en Méditerranée. Son rival, Lucky Esposito, attaque son équipage, pille sa cargaison et détruit son navire. Fenner décide alors de se venger. Il fait la connaissance de la chanteuse Barbara et revoit Nelly, une ancienne amie, qui travaille pour Esposito. Barbara le sauve alors qu'il risquait d'être tué. La police anéantit la bande d'Esposito et Fenner refera sa vie avec Barbara.

On notera le thème, le trafic de cigarettes ainsi que l'utilisation des couleurs du Gevacolor pour mettre en valeur les paysages. Le reste est sans surprise.

Notes : *Tournage à partir du 13 octobre 1953 à Tanger, Alger, Marseille et Villefranche-sur-Mer.*

LA RAFLE EST POUR CE SOIR

Réalisation : Maurice Dekobra ; scénario : Maurice Dekobra, film à sketchs d'après les nouvelles de Guy de Maupassant *Le Papa de Simon* et *La Morte* et celles de Maurice Dekobra *Le Roi du sex-appeal* et *Bébert le Balafré* ; photographie : André Bac ; musique : Jean Wiener ; montage : Georges Arnstam ; coaching dialogues : John Berry ; production : Maurice Dekobra (Les Films Onyx) ; durée : 85 min.

Interprétation : Jacqueline Pierreux : Danielle Vernaux (I). Grégoire Aslan : Mortimer Schoom (I). Chris Kersen : Freddy Cooper (I). Jeanne Fusier-Gir : Mme Vernaux (I). Jane Sourza : « La Pintade » (II). Christian Fourcade : Simon (II). Maurice Maillot : Philippe Rémy (II). Blanchette Brunoy : « La Blanchotte » (II). Armand Mestral : Robert Bertoli, dit Bébert le Balafré (III). Jocelyne Jany : Mireille (III). Jean Tissier : baron Thierry de Mormoy (III). Robert Burnier : brigadier. Jim Gérald : M. Mongileux. Henri Guisol : Jean Dupont. Roger Til : Raymond.

Thème : Un commissariat, un soir de rafle, est le cadre de plusieurs histoires contées… Danielle Vernaux, qui rêve de faire du cinéma, est convoquée par l'imprésario Mortimer afin de jouer une admiratrice accueillant un acteur célèbre et se faisant épouser par lui… « La Pintade » raconte l'histoire du petit Simon qui était victime des moqueries de ses camarades. Sur le point de se noyer, il avait été sauvé par Rémy qui avait épousé sa mère… Arrêté par la police, Bébert le Balafré, quant à lui, vouait un véritable amour à sa fille Mireille qui, le jour de sa première communion, avait volé, par atavisme, une statue précieuse dans l'église…

Notes : *Tournage à partir du 5 octobre au 15 novembre 1953 à Paris, Versailles, en Île-de-France et en décors naturels.*

TOUCHEZ PAS AU GRISBI

Réalisation : Jacques Becker ; scénario : Jacques Becker, Albert Simonin, Maurice Griffe, d'après le roman d'Albert Simonin ; dialogues : Albert Simonin ; photographie :

TOUCHEZ PAS AU GRISBI

TOUCHEZ PAS AU GRISBI

Pierre Montazel ; musique : Jean Wiener ; montage : Marguerite Renoir ; assistance à la réalisation : Jean Becker, Jean-François Hauduroy, Marc Maurette ; morceau « Le Grisbi » : Jean Wiener et son trio, avec Jean Wetzel à l'harmonica ; production : Robert Dorfmann (Del Duca Films) ; durée : 94 min.

Interprétation : Jean Gabin : « Max le menteur ». René Dary : Henri Ducros, dit Riton. Jeanne Moreau : Josy. Dora Doll : Lola. Paul Frankeur : Pierrot. Vittorio Sanipoli : Ramon. Marilyn Bufferd : Betty. Gaby Basset : Marinette. Paul Barge : Eugène. Lino Ventura : Angelo Fraiser. Alain Bouvette : chauffeur de taxi. Daniel Cauchy : Fifi. Denise Clair : Mme Bouche. Angelo Dessy : Bastien. Michel Jourdan : Marco. Paul Oettly : Oscar. Jean Riveyre : portier de l'hôtel *Moderna*. Delia Scala : Huguette. Dominique Davray : prostituée. Pierre Moncorbier : barman.

Thème : Max, un ancien gangster qui souhaite se retirer, a réussi avec son ami et complice Riton un vol de 50 millions de francs en lingots. Mais Riton, incapable de se taire, a tout révélé à sa maîtresse Rosy, qui en a parlé à Angelo, devenu son amant. Max échappe à deux « ambulanciers » – en fait, des tueurs aux ordres d'Angelo. Il prévient Riton, qui finit par être enlevé par les mêmes agresseurs. Max, qui a pour maîtresse Betty, cherche à savoir où se trouve Riton. Il interroge Rosy puis Fifi. Angelo le contacte et un rendez-vous est organisé : la vie de Riton contre les lingots. Fidèle en amitié, Max y va avec ses amis Pierrot et Marco. Le rendez-vous est un guet-apens, Angelo ayant prévu de tous les liquider. Si Marco est tué, Max parvient à se débarrasser de ses adversaires alors que la voiture de ceux-ci prend feu avec les lingots et Angelo. Blessé au cours de la fusillade, Riton meurt. Il ne reste plus à Max qu'à retrouver Betty.

Max porte une profonde amitié à Riton, moins prudent que lui. Rosy a peu à peu abandonné le même Riton, qui ne s'en est pas rendu compte, au profit du dangereux Angelo. Une fois de plus, le Milieu est un univers où l'amitié, l'ambition et la délation semblent encore plus importantes qu'ailleurs. Apprenant que Riton a été enlevé, Max va tout tenter pour le sauver. Dans une superbe scène, Max distribue quelques gifles, notamment à Rosy et à Lola pour connaître la planque d'Angelo. C'est un moment étonnant. Plus tôt, dans une scène très émouvante, Max avait conduit Riton dans son appartement secret, lui préparant un petit repas et lui faisant constater leurs rides et leur double menton qu'ils ont en commun. Face à Lino Ventura dans son premier rôle, Jean Gabin est impérial. On retrouvera, dans le rôle de Riton, René Dary, le célèbre Bébé, compagnon et « grand-frère » du Bout de Zan de Louis Feuillade.

Notes : *Tournage du 21 septembre au 18 décembre 1953 à Paris – avenue Frochot (9e), bar* Le Week-End *au 91, avenue de Wagram (17e), cabaret* Le Mystific *au 28, rue Victor-Massé (9e) ; place Blanche (18e) –, à Orgeval (Yvelines) et aux studios de Billancourt.*

VOTRE DÉVOUÉ BLAKE

Réalisation : Jean Laviron ; scénario : Jerry Epstein, Jacques Vilfrid ; photographie : Jacques Lemare ; musique : Jeff Davis ; montage : Andrée Feix ; assistance à la réalisation : Jean Dewewer, Édouard Molinaro ; production : Ignace Morgenstern, Marcel Berbert (Cocinor – Comptoir Cinématographique du Nord / Cocinex / Chaillot Films) ; durée : 97 min.

Interprétation : Eddie Constantine : Larry Blake. Danielle Godet : Michèle Marley / Marion Miller. Dora Doll : Isabelle. Jacques Dynam : Gaston. Henri Cogan : Sam. Gil Delamare : Georges. Jack Ary : inspecteur Brevan. Robert Dalban : inspecteur Tessier. Simone Paris : Elyane de Brissac. Colette Deréal : Stella. Robert Hirsch : Saganoff.

Thème : La vedette Marion Miller serait soupçonnée du meurtre de Lambert si elle n'avait pas passé la soirée à Paris avec le pilote Larry Blake. Celui-ci lui sert donc d'alibi et cherche en même temps à retrouver les coupables. Quel rôle joue Elyane de Brissac, la maîtresse de la victime ? Grâce à Stella, Larry parvient à éliminer les coupables.

Eddie Constantine change de nom mais son personnage ressemble étrangement aux autres, cocktail de (fausse) nonchalance, d'humour et d'actions musclées, les décors étant ceux d'un cirque ou d'une maison de couture.

Notes : *Tournage du 21 juin au 14 août 1954 à Paris, au château de Champlâtreux (Val-d'Oise) et aux studios Francœur.*

À TOI DE JOUER, CALLAGHAN !

Réalisation : Willy Rozier ; scénario et dialogues : Xavier Vallier (= Willy Rozier), d'après le roman de Peter Cheyney *Sorry You've Been Troubled* ; photographie : Michel Rocca ; musique : Jean Yatove ; montage : Madeleine Crétolle ; production : Willy Rozier (Sport-Films) ; durée : 88 min.

Interprétation : Tony Wright : Slim Callaghan. Lysiane Rey : Dolorès. Colette Ripert : Manon Gardel. Paul Cambo : Nicky Storata. Robert Berri : Raoul de Bois-Joli, dit « le Vicomte ». Yorick Royan : Denise Gardel. Roger Blin : Wladimir. Raymond Cordy : portier. Paul Demange : barman. Gil Delamare : Léon. Bénard : Boutillon.

Thème : Le détective Slim Callaghan enquête sur le mystérieux naufrage d'un yacht. Il soupçonne son propriétaire Storata et sa maîtresse Manon, dont l'oncle vient de mourir, pour une histoire d'assurances. Dolorès assiste Callaghan dans ses investigations, lequel échappe à plusieurs tentatives de meurtre mises au point par Raoul de Bois-Joli. Storta et Manon prennent la fuite avant de se suicider, mais Callaghan réussit à démasquer le véritable cerveau de l'affaire, Boutillon, agent de la compagnie d'assurances. Callaghan le livre à la police, avant de retrouver Dolorès.

Bagarres et déductions, charmes féminins et prises de vue sous-marines.

***Notes :** Tournage du 11 octobre 1954 au 25 janvier 1955 sur la Côte d'Azur, à Cannes, Antibes et aux studios de la Victorine (Nice).*

ÇA VA BARDER...

Réalisation : John Berry ; scénario : John Berry, Jacques Nahum, Jacques-Laurent Bost, d'après l'histoire de John Berry et Henri-François Rey ; photographie : Jacques Lemare ; musique : Jeff Davis ; montage : Marinette Cadix ; production : David Armand Medioni (Les Films Dispa) ; durée : 90 min.

Interprétation : Eddie Constantine : Johnny Jordan. May Britt : Gina Diego. Monique van Vooren : Irène. Jean Danet : Diego. Jean Carmet : Alvarez. Roger Saget : Moreno. Lyla Rocco : Flora. Irene Galter : Boubica. Clément Harari : Sammy Kern. Gérard Hoffman : Donald. André Versini : édenté. Évelyne Rey : Éveline. Jacques Marin : inspecteur. Mireille Ozy : Suzy. John Berry : Lopez. Henri Cogan : matelot. Pierre Brice : domestique.

Thème : L'armateur Moreno engage le détective privé Johnny Jordan pour 10 000 $ et le charge de découvrir qui pille régulièrement ses navires (qui lui servent essentiellement à un trafic d'armes). À Puerto Negro, Johnny revoit Gina, qui est désormais la femme de Diego, l'associé de Moreno. Plus tard, Johnny interroge un complice de Diego alors que Gina le retrouve et l'embrasse. Il comprend que la jeune femme l'aime comme autrefois. Il provoque une bagarre générale au *Paradise* entre le garde du corps de Moreno et une bande de marins américains. Accusé de meurtre, il réussit à s'enfuir. Lopez, un complice de Moreno, est abattu et, après s'être battu avec Johnny, Diego fait lui-même une chute mortelle. Moreno et sa bande de trafiquants ont été arrêtés, laissant Johnny libre de retrouver Gina.

Au lieu de jouer dans le registre de la parodie, John Berry – qui signe ici son premier film français, à la suite de son départ des États-Unis en raison du maccarthysme – se plaît à se souvenir du polar hollywoodien. Moreno est un trafiquant énorme qui passe son temps à manger et rigole volontiers, alors que May Britt a pour mission d'évoquer les femmes fatales de la grande époque hollywoodienne. Même si on reste loin du compte, l'efficacité de John Berry est évidente, notamment dans la longue séquence de la bagarre dans le cabaret et, à la fin, lorsque Johnny affronte Moreno au sommet d'un phare. Une réussite mineure.

***Notes :** Tournage du 27 septembre au 14 décembre 1954 aux studios Éclair à Épinay-sur-Seine, à Nice (port, promenade des Anglais), à Saint-Jean-Cap-Ferrat et aux studios de la Victorine.*

À TOI DE JOUER, CALLAGHAN !

CHANTAGE

Réalisation : Guy Lefranc ; scénario : Jacques Companéez, d'après une idée de Jacques Marcerou ; adaptation : Jacques Companéez ; dialogues : Paul Andréota ; photographie : Marcel Grignon ; musique : Norbert Glanzberg ; montage : Monique Kirsanoff ; assistance à la réalisation : Maurice Delbez ; production : Hugo Benedek, Jean-Jacques Vital. (Films Metzger et Woog / Simoja) ; durée : 102 min.

Interprétation : Raymond Pellegrin : Jean-Louis Labouret. Leo Genn : Lionel Kendall. Magali Noël : Denise Brisse. Georges Chamarat : Édouard Brisse. Noël Roquevert : Boussardel. Michel Etcheverry : commissaire Bretrannet. Madeleine Barbulée : infirmière. Henri Nassiet : Me Rougier. Nadine Tallier : Janine. Denise Provence : Gisèle. André Weber : Gilbert. Gérard Barray : gigolo moustachu. Marcel Bozzuffi : accusé dans le box.

Thème : Édouard Brisse se laisse condamner pour chantage plutôt que de dénoncer ses complices, alors que sa fille Denise est aimée par le voisin Jean-Louis

Labouret. Le riche antiquaire Lionel Kendall manifeste, lui aussi, un vif intérêt pour Denise. Brisse est tué au cours d'une tentative d'évasion montée par ses complices qui espéraient ainsi se débarrasser de lui. Denise découvre bientôt que Kendall dirige une vaste organisation de maîtres-chanteurs, dont son père était membre, tout comme Jean-Louis. Elle décide alors d'avertir la police, mais Kendall charge Boussardel de l'éliminer. Jean-Louis sauvera la jeune fille au prix de sa propre vie.

Ou la dénonciation du chantage et de ceux qui le pratiquent en poussant certaines de leurs victimes jusqu'au suicide.

Notes : *Tournage du 29 mars au 18 mai 1955 à Paris – gare Saint-Lazare, PJ (36, quai des Orfèvres), Saint-Germain – et aux studios de Billancourt.*

LES DIABOLIQUES

Réalisation : Henri-Georges Clouzot ; scénario : Henri-Georges Clouzot, Jérôme Géronimi, d'après le roman de Pierre Boileau et Thomas Narcejac *Celle qui n'était plus* ; collaboration au scénario : René Masson, Frédéric Grendel ; photographie : Armand Thirard ; musique : Georges van Parys ; montage : Madeleine Gug ; production : Georges Lourau, Henri-Georges Clouzot (Filmsonor / Vera Films) ; durée : 117 min.

Interprétation : Simone Signoret : Nicole Horner. Véra Clouzot : Christina Delassalle. Paul Meurisse : Michel Delassalle. Charles Vanel : commissaire Alfred Fichet. Jean Brochard : Plantiveau. Noël Roquevert : M. Herboux. Pierre Larquey : M. Drain. Thérèse Dorny : Mme Herboux. Michel Serrault : M. Raymond. Georges Chamarat : Dr Loisy. Robert Dalban : garagiste. Camille Guérini : photographe ; Jacques Hilling : employé de la morgue. Jean Lefebvre : soldat. Amanda Montserrat : Mme Plantiveau. Jean Témerson : garçon d'hôtel. Georges Poujouly : Soudieu. Jean Clarieux : chauffeur. Yves-Marie Maurin : Moynet. Jean-Philippe Smet (Johnny Hallyday) : élève.

Thème : Michel Delassale dirige d'une main de fer l'Institution Delassalle, un collège pour jeunes garçons, qui a été acheté avec la dot de sa femme Christina. Celle-ci, qui est cardiaque et fragile, supporte les brimades de son cruel et terrible mari et le fait qu'il la trompe avec Nicole Horner, l'une des professeurs. Cette dernière, décidée à se débarrasser de son amant, parvient à convaincre Christina de l'accompagner chez elle à Niort et d'y attirer Michel. Il les rejoint et, après l'avoir drogué avec son whisky, Nicole le noie dans une baignoire avec l'aide de Christina, avant de mettre le cadavre dans une malle. Les deux femmes rejoignent ensuite l'Institution et précipitent le corps dans le bassin. Alors même que certains s'étonnent de l'absence du directeur de l'établissement, Nicole et Christina font vider le bassin. Il est vide ! De plus, divers éléments inquiètent Christina, comme si Michel était encore en vie. Elle se rend à l'institut

LES DIABOLIQUES

médico-légal, mais le corps qu'on lui présente n'est pas celui de son mari. Elle y fait, en revanche, la connaissance du commissaire à la retraite Fichet, qui décide de rechercher Michel Delassalle. De nouveaux phénomènes étranges se produisent dans l'Institution et Christina est de plus en plus malade et angoissée. Une nuit, elle se lève malgré tout et se réfugie dans la salle de bains où le cadavre de Michel lui apparaît dans la baignoire et se relève ! Terrifiée, Christina meurt sur le coup. Nicole et Michel (bien vivant), les deux complices, s'en réjouissent, mais le commissaire Fichet est là !

Le film commence par une citation de Jules Barbey d'Aurevilly : « Une peinture est toujours assez morale quand elle est tragique et qu'elle donne l'horreur des choses qu'elle retrace. » *Le décor est celui de l'Institution Delassalle, un véritable petit huis clos dans lequel se développent la jalousie, la haine, la duplicité et le goût de la persécution, un petit monde avec quelques professeurs et des élèves parfois turbulents. Ce pourrait être* Les Disparus de Saint-Agil *(1938), mais ce sont* Les Diaboliques *(1955). Tous savent que le directeur trompe sa femme et ce dernier se plaît à humilier cette épouse qui lui a apporté de l'argent. Il faut avoir vu Michel disant à Nicole, en parlant de sa femme :* « Maintenant, c'est une jolie petite ruine. Elle ne risque plus rien ; c'est indestructible, les ruines. Elle nous enterrera tous. » *Ailleurs, il avoue à Christina :* « Nous sommes riches. Nous vivons comme des pauvres. » *Le talent de Clouzot est évident aussi bien dans la description du couple Delassalle que dans celle du couple Herboux, à Niort. Le personnage du mari – superbe Noël Roquevert –, exaspéré par les bruits qui risquent de lui faire mal entendre à la radio le* Quitte ou double *avec Zappy Max, est inoubliable.*

***Notes :** Tournage du 18 août au 30 novembre 1954 dans les Deux-Sèvres (Bressuire, Niort), les Yvelines (château de L'Étang-la-Ville, place Lebreton et rue de Dion à Montfort-l'Amaury, rond-point Saint-Laurent à Chevreuse), à Chinon (Indre-et-Loire), à Ville-d'Avray (Hauts-de-Seine), à Paris (institut médico-légal, place Mazas, 12e) et à Franstudio (Saint-Maurice).*

LE DOSSIER NOIR

Réalisation : André Cayatte ; scénario : André Cayatte, Charles Spaak ; dialogues : Charles Spaak ; photographie : Jean Bourgoin ; musique : Louiguy ; montage : Paul Cayatte ; production : Michel Safra, Angelo Rizzoli (Speva Films / Rizzoli Films) ; durée : 115 min.

Interprétation : Antoine Balpêtré : Dutoit. Bernard Blier : inspecteur Noblet. Nelly Borgeaud : Danièle Limousin. Jean-Marc Bory : juge Jacques Arnaud. Daniel Cauchy : Jo. Henri Crémieux : procureur Limousin. Lea Padovani : Françoise Le Guen. Danièle Delorme : Yvonne Dutoit. Noël Roquevert : commissaire Franconi. Paul Frankeur : Boussard. Edmond Ardisson : restaurateur. Madeleine Barbulée : sœur du procureur. Héléna Manson : femme du procureur. Sylvie : Mlle Daju. Gianni Esposito. Jean de Montesson.

Thème : Jacques Arnaud est nommé juge d'instruction dans une petite ville de province qui vit sous la coupe de l'entrepreneur Boussard. Dutoit, qui élève des chiens, accuse ce dernier de l'empoisonnement de plusieurs de ses bêtes. Il pense qu'on a cherché à lui voler un dossier compromettant pour le notable et établi par Le Guen avant de mourir. Le Guen a-t-il été empoisonné ? Son corps est exhumé et renferme en effet des traces de poison. La police, aux ordres de Boussard, arrête et fait avouer Dutoit. La police parisienne soupçonne inversement la veuve de Le Guen. En réalité, il n'y a pas eu d'empoisonnement. Arnaud a détruit sa carrière…

LES DIABOLIQUES

Une nouvelle fois, Cayatte s'interroge habilement avec Charles Spaak sur la justice et ses éventuels errements. Le scénario dénonce, au passage, la toute-puissance de riches entrepreneurs sur une petite ville et une police locale prête à les suivre au mépris de la loi et de la justice. Parfaite interprétation.

Notes : *Tournage du 20 janvier au 30 mars 1955 à Paris et aux studios de Boulogne.*

DU RIFIFI CHEZ LES HOMMES

Réalisation : Jules Dassin ; scénario : Jules Dassin, René Wheeler, Auguste Le Breton, d'après le roman d'Auguste Le Breton ; dialogues : Auguste Le Breton ; photographie : Philippe Agostini ; musique : Georges Auric ; montage : Roger Dwyre ; chanson : « Le Rififi » de Jacques Larue et Philippe-Gérard ; production : Henri Bérard, René Bezard, Pierre Cabaud (Indusfilms / SNPC – Société Nouvelle Pathé Cinéma / Primafilm) ; durée : 116 min.

Interprétation : Jean Servais : Tony le Stéphanois. Carl Möhner : Jo le Suédois. Robert Manuel : Mario Ferrati. Janine Darcey : Louise. Marie Sabouret : Mado. Perlo Vita (= Jules Dassin) : César. Magali Noël : Viviane. Claude Sylvain : Ida Ferrati. Marcel Lupovici : Pierre Grutter. Robert Hossein : Rémi Grutter. Pierre Grasset : Louis Grutter. Dominique Maurin : Tonio. Fernand Sardou : joueur de poker. Armandel : joueur de poker. Alain Bouvette : portier. Dalibert : Webb. Émile Genevois : Charlie. Teddy Bilis : Teddy Laurentin. Roger Rudel : doublure vocale de Carl Möhner.

Thème : Le voleur Tony le Stéphanois vient de purger cinq ans de prison. C'est un homme usé et malade. Il refuse de participer à un cambriolage que lui proposent ses vieux complices Jo et Mario, alors que son amie Mado est désormais sous la coupe de Pierre Grutter, le patron du cabaret *L'Âge d'or*. Il finit par accepter la proposition et exige de s'attaquer au coffre de l'établissement Mappi and Webb Ltd, un bijoutier de la place Vendôme. César, un spécialiste des coffres, ami de Mario, intègre l'équipe à Paris. L'opération est une réussite, mais l'indiscret nouveau venu cherche à séduire Viviane en lui offrant un bijou provenant du casse. Pierre Grutter comprend tout. Il torture César, qui avoue, tue Mario et sa femme Ida, et kidnappe Tonio, l'enfant de Jo, réclamant l'argent que le receleur a donné en échange du butin. Tony exécute César qui les a trahis, élimine Grutter qui a assassiné Jo, et ramène vivant Tonio à sa mère. Mortellement blessé, il meurt alors que la police met la main sur le butin.

Un chef-d'œuvre. Brisé par ses années de prison et atteint de tuberculose, Tony le Stéphanois n'est plus le brillant truand d'autrefois. Bien qu'il ait refusé de dénoncer son ami Jo et purgé la peine à sa place, le Milieu, qui, théoriquement, est au courant de tout, ne semble pas s'en souvenir. À la table de poker, aucun des joueurs n'est prêt à lui prêter quoi que ce soit. Son ancienne compagne, Mado, ne l'a pas attendu et s'est laissée séduire par Pierre Grutter, le patron de cabaret. Pour se prouver à lui-même qu'il n'est pas encore un homme fini, il se doit, avant sa mort qu'il sait proche, de participer à un coup spectaculaire. Il appartient encore à la mythologie du Milieu et il sait que, lorsqu'il le faut, il faut « appliquer la sanction ». Mado l'a trahi. Il la force à donner ses bijoux – cadeaux de Grutter –, à se déshabiller, et il la frappe avec sa ceinture. Comme il se doit… Plus tard, découvrant que César a trahi ses complices, il l'abattra sans que ce dernier ne s'en étonne. C'est la loi du Milieu. Du rififi chez les hommes est le premier film non américain de Jules Dassin, que la « chasse aux sorcières » a contraint à quitter son pays. N'ayant pu, à la suite de diverses pressions, tourner L'Ennemi public n° 1 *(1953) qui lui échappera au profit d'Henri Verneuil et dont le producteur avait été menacé de voir tous ses films boycottés aux États-Unis, Jules Dassin accepte ce sujet qui, au départ, ne l'enthousiasme pas. Il retrouve pourtant ici l'atmosphère sombre et crépusculaire du « film noir ». Très intelligemment, Dassin n'essaie d'ailleurs pas ici de faire un film policier américain « à la française », cherchant au contraire à mélanger dans*

DU RIFIFI CHEZ LES HOMMES

une même osmose le style de Quand la ville dort *(John Huston, 1950) à celui de* Touchez pas au grisbi *(Jacques Becker, 1954). L'aspect « usé » de Tony le Stéphanois, le romantisme de certaines scènes et toute la fin ressemblent néanmoins plus au film noir hollywoodien qu'au film de gangsters français. Jean Servais – admirable – personnifie ce vieux truand miné par la maladie, déçu par les femmes et presque anachronique tandis que Jules Dassin va choisir – imposer – ce cambriolage qui dure 32 minutes et se déroule sans une parole et sans musique.* « La fameuse scène du cambriolage, *avouait Dassin,* fut très largement improvisée. Elle ne devait pas durer aussi longtemps. Mais, à mesure qu'elle se développait, je sentais que nous tenions un morceau de bravoure. Alors, je laissais filer, j'ajoutais un plan, un détail. Une scène muette ? Oui et non. L'ingénieur du son a accompli un travail admirable. Retirez les cent petits bruits du fric-frac, les craquements, le souffle des acteurs, je dirais presque le bruit des gestes, et vous n'aurez plus du tout la même intensité. » *La scène – inoubliable – a d'ailleurs marqué de nombreux cinéastes, notamment Jean-Pierre Melville dans* Le Cercle rouge *(1970). Parallèlement à cette séquence, le talent de Dassin s'impose dans sa description de l'amitié de Jo et de Tony, dans le personnage de Mado, remarquablement joué par Marie Sabouret, et dans cette malédiction qui – comme dans* Quand la ville dort *– frappe tous les héros du film. Très justement, Robert Hossein reconnaissait :* « Tout ce que faisait Dassin était nouveau pour nous. Il redécouvrait même Paris : des rues sont filmées comme on ne les avait jamais vues. » *Lorsqu'il tournera* La Promesse de l'aube *(1970), Jules Dassin reprendra le pseudonyme de Perlo Vita pour interpréter le rôle d'Ivan Mosjoukine.*

Notes : *Tournage du 20 septembre au 25 décembre 1954 à Paris, Saint-Aubin, Saint-Rémy-lès-Chevreuse et aux studios Photosonor (Courbevoie). Jo habite 2, rue d'Annam (20e), mais on voit aussi le pont de Bir-Hakeim, la gare de Port-Royal, la place Vendôme, la place de l'Opéra, le 1, rue de la Paix, la rue Danielle-Casanova, la rue Pigalle.*

DU RIFIFI CHEZ LES HOMMES

LES IMPURES

Réalisation : Pierre Chevalier ; scénario : Juliette Saint-Giniez, Pierre Chevalier, d'après l'histoire de Juliette Saint-Giniez ; dialogues : André Tabet ; photographie : Henri Alekan ; musique : Georges van Parys ; montage : Monique Kirsanoff ; production : Simon Barstoff (S. B. Films) ; durée : 88 min.

Interprétation : Micheline Presle : Michèle. Colette Castel : Danièle. Dora Doll : Lili. Lila Kedrova : Mme Denis. Raymond Pellegrin : Mario. Bill Marshall : Charlie. Guy Mairesse : Bob. Daniel Cauchy : Dédé. Jacques Duby : Fernand. René Sarvil : M. Dominique. Louis de Funès : chef de train. Roger Hanin : client de Lili. Nadine Tallier : fille.

Thème : Mario sort de prison et accepte la proposition de son ami Bob de devenir rabatteur pour le compte de Charlie, qui dirige un trafic de femmes. Il séduit ainsi une chanteuse de cabaret, Michèle, qui est envoyée à Tanger, mais il comprend qu'il aime la jeune femme et part la rejoindre. Michèle découvre la vérité, s'échappe et rejoint Paris. Or Charlie enlève Danièle, la sœur de Michèle, pour éviter que celle-ci ne le dénonce. Mario délivre Danièle, avant d'être mortellement blessé. Il a persuadé Michèle de son amour.

On remarquera la présence de Bill Marshall, réalisateur de La Taverne de La Nouvelle-Orléans *(1951) dans le rôle du chef des trafiquants de femmes ; il était alors le mari de Micheline Presle, après avoir été celui de Michèle Morgan et avant d'être l'époux de Ginger Rogers.*

Notes : *Tournage du 14 juin au 31 juillet 1954 à Paris et à la gare de Lyon.*

INTERDIT DE SÉJOUR

Réalisation : Maurice de Canonge ; scénario : André Héléna, Simone Sauvage, Jean Rossignol, André Tabet, Albert Simonin, d'après l'histoire du commissaire Belin. Adaptation : Jean Rossignol, Albert Simonin ; dialogues : André Tabet ; photographie : André Germain ; musique Louiguy ; montage : Maurice Serein ; assistance à la réalisation : Michel Boisrond, Marcel Camus ; production : Edmond Ténoudji (Les Films Marceau) ; durée : 83 min.

Interprétation : Claude Laydu : Pierre Ménard. Joëlle Bernard : Suzy. Pierre Destailles : Jojo. Renaud Mary : Fernando. Daniel Cauchy : Paulo. Liliane Bert : Monique. Henri Crémieux : juge d'instruction. Clara Tambour : auditrice. Robert Dalban : inspecteur Chennier. Arlette Merry : Raymonde. Michel Piccoli : Georges. Robert le Béal : avocat de Pierre. Paul Frankeur : commissaire Bernard. Danik Patisson : jeune fille. Yôko Tani : entraîneuse. Malka Ribowska : droguée.

Thème : Compromis à tort dans un vol de bijoux, Pierre Ménard écope d'un an de prison et d'une interdiction de séjour à Paris. Incapable de trouver du travail, il retrouve Jojo, son compagnon de cellule qui lui fait intégrer la bande du gangster Fernando. Le commissaire Bernard accepte de fermer les yeux sur l'interdiction de séjour de Pierre à condition que ce dernier le renseigne. Désormais indicateur, il se retrouve mêlé à un trafic de drogue qui aboutit à l'arrestation de son ami Jojo. Sa compagne Suzy, dont le frère Paulo est un de ses complices, est scandalisée. Elle décide finalement de fuir avec lui. Pierre avoue sa trahison au gang, qui le rue de coups. La police intervient à l'appel de Suzy, mais Pierre est tué par ses anciens compagnons au cours de la fusillade.

Un budget sans doute minimaliste, une interprétation où l'on retrouve le héros du Journal d'un curé de campagne *(1951) et l'étrange Joëlle Bernard, au service d'un scénario habile, dépourvu de temps mort et mettant en cause aussi bien le Milieu que la police. Intéressant.*

Notes : *Tournage du 20 avril au 8 juin 1954 à Paris et aux studios Photosonor (Courbevoie).*

JE SUIS UN SENTIMENTAL

Réalisation : John Berry ; scénario : Lee Gold, Tamara Hovey, John Berry ; dialogues : Jacques-Laurent Bost ; photographie : Jacques Lemare ; musique : Jeff Davis ; montage : Marinette Cadix ; production : Lucien Viard, Ray Ventura (Orex Films / Hoche Productions / Ariel Films / Carol Films) ; durée : 95 min.

Interprétation : Eddie Constantine : Barney Morgan. Bella Darvi : Marianne Colas. Paul Frankeur : Jacques Rupert. Olivier Hussenot : Michel Gérard. Robert Lombard : Olivier de Villeterre. Walter Chiari : « Dédé la Couleuvre ». Cosetta Greco : Alice Gérard. Albert Rémy : Ledoux. Aimé Clariond : M. de Villeterre. Dinan : Henri. René Hell : « Raymond les Binocles ». Harry Max : typo. Umberto Spadaro : opéré. André Versini : Armand Sylvestre. Paul Azaïs : inspecteur. Jackie Sardou : concierge.

Thème : Michel Gérard sort de prison. Sa femme Alice ne l'a pas attendu. Elle est assassinée par son amant Olivier de Villeterre, qui craint le scandale. Incriminé, Gérard est arrêté et condamné à mort, malgré les efforts de son avocate Marianne Colas. Le journaliste Barney Morgan commence à nourrir des doutes sur la culpabilité de Gérard et il en vient à soupçonner Olivier de Villeterre, dont le père est son propre patron, propriétaire des *Nouvelles de Paris*. Ce dernier achète le silence de Rupert, le rédacteur en chef qui avait, lui aussi, compris la vérité. Barney établit un lien entre Alice et l'acteur Armand Sylvestre (qui faisait l'objet d'un chantage), qui le fait arrêter. M. de Villeterre est d'avis d'éliminer au plus vite Barney, qui s'évade, déguisé en avocat, avec son ami Dédé la Couleuvre. Le journaliste est blessé, mais il réussit à composer avec son ami typo la une d'une édition spéciale des *Nouvelles de Paris* qui sort alors en révélant toute l'affaire. Les coupables seront arrêtés, Gérard sera libéré et Marianne défendra les intérêts de Barney face aux poursuites intentées par la police.

Le premier titre du film était justement Édition spéciale *et John Berry, fidèle à la tradition hollywoodienne, dénonce ici la corruption et exalte la liberté de la presse. On découvrira la fin de* Hamlet *dégénérant en bagarre, Walter Chiari, devenu juge pour quelques instants dont il profite pour acquitter un malfaiteur comme lui et Eddie Constantine disant à Bella Darvi, séduisante avocate :* « Vous m'avez dit un jour que je n'avais pas plus de conscience qu'un singe ; d'accord, mais moi, je suis doué de la parole. » *La fin avec Barney blessé jetant ses forces pour dicter, composer et mettre en place la une qui va faire éclater la vérité, est très attachante. C'est l'un des très bons rôles d'Eddie Constantine.*

Notes : *Tournage du 2 mai au 8 juillet 1955 aux studios de Billancourt.*

LA MADONE DES SLEEPINGS

Réalisation : Henri Diamant-Berger ; scénario et dialogues : Henri Diamant-Berger, d'après le roman de Maurice Dekobra ; photographie : Léonce-Henri Burel ; musique : Louiguy ; montage : Hélène Basté ; production : Henri-Diamant Berger (Le Film d'Art) ; durée : 98 min.

Interprétation : Giselle Pascal : Lady Diana Wyndham. Erich von Stroheim : Dr Siegfried Traurig. Jean Gaven : Don Armando Félix. Philippe Mareuil : Gérard Dextrier. Katherine Kath : Irena. Fernand Rauzéna : Le Queledec. Robert Burnier : commodore Felton. Jacques Jouanneau : Henri. Paul Demange : voyageur. Denise Vernac : Anna.

Thème : Plusieurs pays et leurs différents agents secrets convoitent les terrains riches en uranium que possède, dans la république de San Miguel, la riche Lady Diana Wyndham. Le docteur Traurig, prêt à se vendre au plus offrant, est tué et l'uranium doit donc revenir à Gérard Dextrier, agent des services français, alors que Lady Diana s'éprend de Don Armando Félix…

L'histoire a été rajeunie et le scénario mêle l'humour à l'intrigue sans être réellement très convaincant. Erich von Stroheim est, une fois de plus, mal utilisé.

Notes : *Tournage du 3 janvier au 20 février 1955 aux studios de la Victorine (Nice) et rue Le-Regrattier (Paris 4e) où est censé être l'appartement de Traurig.*

M'SIEUR LA CAILLE

M'SIEUR LA CAILLE

Réalisation : André Pergament ; scénario : Frédéric Dard, André Pergament, d'après le roman de Francis Carco *Jésus-la-Caille* ; photographie : Michel Rocca ; musique : Joseph Kosma ; montage : Fanchette Mazin ; production : Jacques Santu, Marius Lesœur (SPIC – Société Parisienne de l'Industrie Cinématographique / Paris Nice Productions / Sopadec – Société Parisienne d'Études Cinématographiques / Compagnie d'Art Technique) ; durée : 82 min.

Interprétation : Jeanne Moreau : Fernande. Philippe Lemaire : Jésus la Caille. Roger Pierre : Pépé la Vache. Robert Dalban : Dominique le Corse. Marthe Mercadier : Bertha. Fernand Sardou : Riri. Paul Bisciglia : Loupé. Pierre Repp : le Marquis. Annie Fargue : la Puce. Gérard Barray : complice du Corse. Paul Crauchet : portier du garage.

Thème : Pigalle. Le Milieu. Dominique le Corse, Riri et le Marquis ont été dénoncés et se retrouvent en prison. Fernande en profite pour devenir la compagne de Jésus la Caille. De quoi déplaire à Pépé la Vache – c'est lui l'auteur de la dénonciation – qui espérait profiter ainsi de Fernande. Celle-ci comprend vite que Jésus n'est pas un homme tel qu'elle l'entend. Elle lui préfère Pépé, laissant Jésus à la Puce. Mais Fernande découvre que Pépé est la balance en question. Dominique le Corse tue Pépé alors que Fernande, admirative, revendique le meurtre.

L'un des premiers grands rôles de Jeanne Moreau.

***Notes :** Tournage du 18 avril au 27 mai 1955 aux studios de Saint-Maurice.*

PLUS DE WHISKY POUR CALLAGHAN

Réalisation : Willy Rozier ; scénario : Xavier Vallier (= Willy Rozier), Jacques Vildrid, d'après le roman de Peter Cheyney *Aucune importance* ; dialogues : Xavier Vallier, Jacques Vilfrid ; photographie : Michel Rocca ; musique : Jean Yatove, José Sentís ; montage : Madeleine Crétolle ; production : Willy Rozier (Sport-Films) ; durée : 89 min.

Interprétation : Tony Wright : Slim Callaghan. Magali de Vandeuil : Doria Varette. Robert Berri : comte Haragos. Robert Burnier : Nicholls. Christiane Barry : comtesse Haragos. Jean Max : commodore Schoubersky. Diana Bel : Irania Trasmonti. Mario David : Amédée. Jo Davray : inspecteur Vadet. Michel Etcheverry : professeur Ephraim Ponticollo. Manuela de Sébovia : la Montalban. Frédésric O'Brady : Souvaroff.

Thème : La mission de Slim Callaghan est de démasquer les espions responsables du vol, au laboratoire secret de Hartwell, du secret de la bombe au cobalt. Il réussit bientôt à démasquer le commodore Schoubersky, le chef de la bande. Ce dernier est tué dans l'explosion de son yacht et Callaghan récupère le document volé tout en séduisant Doria, qui lui a sauvé la vie.

Quelques poursuites et une once d'humour.

***Notes :** Tournage à partir du 23 mai 1953, au Lavandou, à Nice, Cannes, Paris et studios de la Victorine (Nice).*

LE PORT DU DÉSIR

Réalisation : Edmond T. Gréville ; scénario : Jacques Viot ; adaptation et dialogues : Edmond T. Gréville, Jacques Viot ; photographie : Henri Alekan ; musique : Joseph Kosma ; montage : Jean Ravel, Ginette Boudet ; chansons : « Big Boat Blues » de Joseph Kosma et Edmond T. Gréville chantée par Lucien Mans, « Port du désir » de Joseph Kosma et Edmond T. Gréville chantée par Éric Amado ; production : Eugène Tucherer (Élysée Films) ; durée : 94 min.

Interprétation : Jean Gabin : capitaine Lequévic. Andrée Debar : Martine. Henri Vidal : Michel. Jean-Roger Caussimon : M. Black. Gaby Basset : Mme Aimée. Édith Georges : Lola. Leopoldo Francés : Baba. Antonin Berval : Léon. Mireille Ozy : Gaby. Robert Berri : Frédo. Yôko Tani : entraîneuse. Jacques Dynam : Le Meur. Darling Légitimus : mère de Baba. Charles Blavette : homme du *Goéland*. René Sarvil : aveugle.

Thème : Marseille. Le capitaine Lequévic est chargé de renflouer le bateau de l'armateur M. Black. Ce dernier réussit à soudoyer le scaphandrier Michel, dont la maîtresse Lola a toujours besoin d'argent, car le bateau est plein de cigarettes de contrebande. Or Michel découvre que le cadavre d'une femme est prisonnier de l'épave du bateau. Il s'agit, en réalité, de Suzanne que Black a fait tuer et que recherche sa sœur Martine. Black fait abattre Lola qui devait se confier à la police. Michel s'éprend de Martine et décide de partir avec elle, mais ils sont enlevés. Martine réussit à s'enfuir tandis que Lequévic contribue à l'arrestation de Black.

Quel curieux film ! L'histoire elle-même n'est pas sans défauts, mais Edmond T. Gréville retrouve avec un grand talent une atmosphère réaliste, décrivant une ville poisseuse avec ses cabarets et ses bars, sa population cosmopolite, son pastis et ses trafiquants. On est frappé par la force des rapports sexuels, rares pour l'époque, entre Lequévic et Martine, parfaitement jouée par une Andrée Debar faussement asexuée, par ceux entre la même Martine et Michel qui vient de quitter son habituelle maîtresse, Lola, par les liens entre Mme Aimée, une entremetteuse qu'interprète Gaby Basset, ancienne épouse de Jean Gabin, et le mulâtre Baba. Ces personnages couchent entre eux, se convoitent, s'aiment avec passion, se jalousent, vivent intensément. On retrouve, d'autre part, avec plaisir Antonin Berval, l'ancien Justin de Marseille. Souvenons-nous de Jean Gabin envoyant dans la figure de Jean-Roger Caussimon, armé d'une mitraillette, le jet d'un extincteur d'incendie et le même Caussimon disant, à propos de Lola : « Quand on montre ses fesses, on ne tient pas sa langue ! »

***Notes :** Tournage du 16 août au 22 septembre 1954 aux studios de Billancourt et à Paris. Les chansons sont d'Edmond T. Gréville et les prises de vues sous-marines de Louis Malle.*

LE PORT DU DÉSIR

RAZZIA SUR LA CHNOUF

Réalisation : Henri Decoin ; scénario : Henri Decoin, Auguste Le Breton, Maurice Griffe, d'après le roman d'Auguste Le Breton ; dialogues : Auguste Le Breton ; photographie : Pierre Montazel ; musique : Marc Lanjean ; montage : Denise Reiss ; assistance à la réalisation : Fabien Collin, Michel Deville ; production : Alain Poiré, Louis Dubois, Paul Wagner (JAD Films – Jayet, Dubois et Cie / Société Nouvelle des Établissements Gaumont) ; durée : 105 min.

Interprétation : Jean Gabin : Henri Ferré, dit « le Nantais ». Lino Ventura : Roger le Catalan. Magali Noël : Lisette. Albert Rémy : Bibi. Jacqueline Porel : Solange Birot. Marcel Dalio : Paul Liski. Roland Armontel : Louis Birot. Michel Jourdan : Marcel. Lila Kedrova : Léa. Pierre-Louis : inspecteur Leroux. Paul Frankeur : commissaire Fernand. Jacques Morlaine : inspecteur Dupont. Auguste Le Breton : Auguste. Marcel Bozzuffi : client au revolver. Paul Azaïs : patron du bistrot. Roger Carel : policier au téléphone. Laurence Badie : revendeuse.

RAZZIA SUR LA CHNOUF

Thème : Henri Ferré, dit « le Nantais », arrive à Paris, venant des États-Unis. Il est chargé de réorganiser le trafic de drogue depuis *Le Troquet,* le bar que Paul Liski a mis à sa disposition. Alors que Lisette s'est éprise de lui, le Nantais commence ses investigations, rencontrant aussi bien Birot, le chimiste de l'organisation, que les patrons asiatiques des fumeries clandestines. Mais un stock important de morphine tombe aux mains de la police lors d'une rafle. Est-ce le Nantais qui a parlé ? Les forces de l'ordre l'arrêtent et le passage à tabac par les policiers dont il fait l'objet semble le disculper. En réalité, le Nantais est un agent infiltré qui, désormais, connaît toutes les filières de l'organisation. La brigade des stupéfiants peut alors boucler toute la bande. Le Catalan est tué et Liski, arrêté.

Jean Gabin retrouve donc un rôle de gangster jusqu'à ce que l'on découvre que « le Nantais » était un policier sous couverture. Henri Decoin recrée avec habileté l'univers du Milieu avec ses flics et ses truands, ses filles plus ou moins faciles, ses bistrots, plutôt louches, et surtout la drogue, cette drogue qui commence à tout bouleverser. Le cinéaste ne cache d'ailleurs pas les ravages physiques que le fléau peut avoir sur certains individus. Très efficace.

Notes : *Tournage du 29 novembre 1954 au 31 janvier 1955 au Havre, à Paris et aux studios Franstudio de Marseille.*

LES SALAUDS VONT EN ENFER

Réalisation : Robert Hossein ; supervision : Georges Lampin ; scénario : René Wheeler, Robert Hossein, d'après la pièce de Frédéric Dard ; dialogues : René Wheeler ; photographie : Michel Kelber ; musique : André Gosselain (= André Hossein) ; montage : Charles Bretoneiche ; assistance à la réalisation : Jean Valère ; production : Jules Borkon (Champs-Élysées Productions) ; durée : 91 min.

Interprétation : Marina Vlady : Éva. Henri Vidal : Pierre Macquart. Serge Reggiani : Rudel. Jacques Duby : Georges Bagot. Robert Dalban : Clément. Robert Hossein : Fred. Lucien Raimbourg : gardien-chef. Charles Blavette : pompiste. Bachir Touré : Noir. Marthe Mercadier : Germaine. Roger Hanin : mauvais garçon.

Thème : Pierre Macquart et Rudel, prisonniers l'un comme l'autre, s'accusent mutuellement d'avoir dénoncé un autre détenu qui vient d'être exécuté. Les gardiens et les autres prisonniers, dirigés par Fred, le leur reprochent. Un des détenus, Georges Bagot, favorise leur évasion après la mort du gardien Clément. Pierre et Rudel se réfugient dans une maison isolée dont ils tuent l'occupant. Éva, la maîtresse de ce dernier, le vengera en dressant les fugitifs l'un contre l'autre. Comprenant la manœuvre de la jeune femme, les deux hommes décident de fuir, mais ils meurent, victimes de sables mouvants, une ultime machination d'Éva.

La pièce de Frédéric Dard avait été créée au Grand-Guignol et, en effet, l'intrigue accumule l'angoisse et la violence, mettant en scène des personnages révoltés, haineux et manipulateurs. Le film, première réalisation de Robert Hossein, donne un rôle sulfureux et sensuel à souhait à Marina Vlady, parfaite.

Notes : *Tournage du 6 juin au 20 août 1955 à Marseille, Grau-du-Roi, en Camargue et aux studios Marcel-Pagnol à Marseille.*

LES SALAUDS VONT EN ENFER

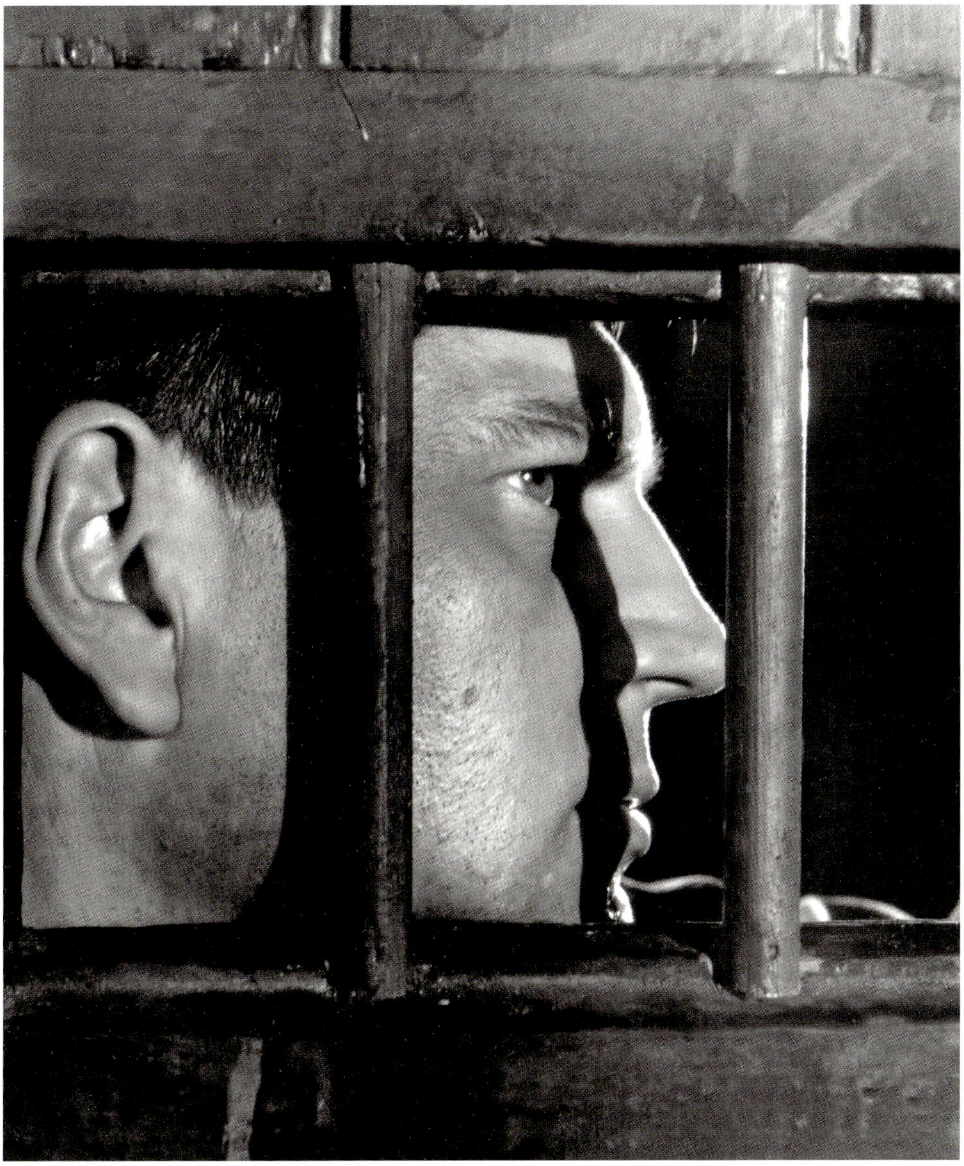

LES SALAUDS VONT EN ENFER

SÉRIE NOIRE

Réalisation : Pierre Foucaud ; scénario : Pierre Gaspard-Huit ; dialogues : Michel Audiard ; photographie : Paul Cotteret ; musique : Sidney Bechet ; montage : Jean Feyte ; assistance à la réalisation : Bernard Toublanc-Michel, Yves Prigent ; production : René Bezard, Paul Cadéac, Pierre Cabaud, André Hunebelle, Adrien Remaugé, René Thévenet (Production Artistique et Cinématographique / SNPC – Société Nouvelle Pathé Cinéma) ; durée : 88 min.

Interprétation : Henri Vidal : Léo Fardier. Monique van Vooren : Élaine. Erich von Stroheim : Sacha Zavaroff. Robert Hossein : Jo. Albert Dinan : Mariani. Louis Arbessier : commissaire Lefranc. Roger Hanin : Ménard. René Havard : Rinaldo. Paul Azaïs : Dominique « le Corse ». Gérard Barray : homme du Corse. Jacques Ary : inspecteur. Jacqueline Pierreux : Mado. Pascale Roberts : Gaby Ménard. Georges Chamarat : Me Fressencourt. Sidney Bechet : lui-même.

Thème : Patron du gang des Corses, Mariani charge Léo Fardier de remettre une lettre à sa compagne Éliane. Léo s'étant fait remarquer au cours d'une fusillade, Éliane l'engage dans la bande et devient sa maîtresse, alors même que Jo s'acoquine avec Ménard, le chef de la bande rivale. Ménard fait éliminer les hommes de Mariani. Restés seuls, Léo et Éliane font face au gang de Ménard, rejoints par Mariani, qui vient enfin d'être libéré. La rencontre se solde par un bain de sang. La police arrive et on découvre que Léo était un policier infiltré. Il a réussi sa mission, mais Éliane, qu'il aimait, est morte au cours de la bataille.

Le premier film de Pierre Foucaud. L'atmosphère noire du polar à la française, une once de jazz, mais malheureusement aussi un Erich von Stroheim sous-utilisé pour une de ses ultimes apparitions à l'écran.

Notes : *Tournage du 12 novembre 1954 au 22 janvier 1955 à Paris et aux studios Photosonor (Courbevoie).*

SOPHIE ET LE CRIME

Réalisation : Pierre Gaspard-Huit ; scénario : Pierre Gaspard-Huit, Pierre Lary, d'après le roman de Cecil Saint-Laurent (= Jacques Laurent) ; dialogues : Marcel Achard ; photographie : Michel Kelber ; musique : Georges van Parys ; montage : Yvonne Martin ; production : Roger Richebé, René Lafuite (Les Films Roger Richebé / Synimex / Ardennes Films) ; durée : 100 min.

Interprétation : Marina Vlady : Sophie Brulard. Peter van Eyck : Frank Richter. Jean Gaven : Ernest Sapinaud. Dora Doll : Louise Richter. Marcelle Géniat : Mme Gretchikine. Paul Guers : Claude Broux. René Havard : Tony. Maryse Martin : serveuse aux saucisses. André Bervil : commissaire. Olga Varen : journaliste dactylo. Yvette Lebon : Mme Gontcharoff. Pierre Dux : commissaire Moret. Daniel Emilfork : barman du *Montana*. Jess Hahn : Américain. Irène Tunc : belle-fille.

Thème : Louise Richter est assassinée. Son mari Frank, qui est suspecté et se dit innocent, se cache grâce à sa voisine Sophie Brulard, jeune journaliste chez *Tel Quel*. La police intervient in extremis lorsque Frank, qui est réellement l'assassin, tente de tuer Sophie. Celle-ci trouvera l'amour avec Ernest, le photographe du journal.

L'histoire est aussi peu convaincante que la mise en scène. C'est d'autant plus dommage que le film se révélait parfois un louable documentaire sur les rues du Paris de l'époque.

Notes : Tournage du 13 avril au 14 juin 1955.

BOB LE FLAMBEUR

Réalisation : Jean-Pierre Melville ; scénario : Jean-Pierre Melville ; adaptation et dialogues : Auguste Le Breton ; photographie : Henri Decaë ; musique : Eddie Barclay, Jo Boyer ; montage : Monique Bonnot ; production : Jean-Pierre Melville, Serge Silberman, Roger Vidal (OGC – Organisation Générale Cinématographique / Play Art / Productions Cyme / Studios Jenner) ; durée : 98 min.

Interprétation : Isabelle Corey : Anne. Roger Duchesne : Robert « Bob » Montagné. Daniel Cauchy : Paulo. Guy Decomble : commissaire Ledru. André Garet : Roger. Claude Cerval : Jean. Colette Fleury : Suzanne. Gérard Buhr : Marc. René Havard : inspecteur Morin. Simone Paris : Yvonne. Howard Vernon : McKimmie.

Thème : Montmartre. Ancien gangster retiré des affaires, Bob est un joueur compulsif qui bénéficie de l'admiration du jeune Paulo, son protégé. Il rencontre une jeune fille, Anne, qu'il cherche à arracher à Marc, prêt à la prostituer. Il l'héberge. Paulo et Anne deviennent amants. Bob, ayant appris que, le soir du Grand Prix, le coffre du casino de Deauville renferme un véritable magot et ayant perdu gros au jeu, accepte d'organiser un dernier casse. Il monte l'opération avec Paulo, McKimmie qui le finance, et un groupe d'hommes déterminés. Mais Paulo s'est confié à Anne, qui en a parlé à Marc. Celui-ci, qui déteste Bob, voit là l'occasion de se dédouaner auprès du commissaire Ledru. Paulo s'en rend compte et abat Marc, alors que Ledru, qui estime Bob, cherche à le prévenir et à l'empêcher d'agir. Pendant ce temps, ce dernier est déjà arrivé à Deauville où, cédant une nouvelle fois au démon du jeu, il s'est mis à jouer, ne cessant de gagner. S'il a raflé une fortune rendant inutile le cambriolage, il a complètement perdu la notion du temps. C'est alors qu'arrivent ses complices. La police est là, elle aussi, et au cours de la fusillade Paulo est mortellement touché. Bob est arrêté, mais il a assez d'argent pour assurer sa défense...

C'est le premier film policier de Melville, une description passionnante et passionnée du Montmartre de l'époque avec ses truands, vieux professionnels ou jeunes ambitieux, ses bars, ses joueurs, ses flics, ses filles perdues prêtes à tomber dans la prostitution et ses souteneurs toujours à la recherche de jeunes proies. On remarquera tout particulièrement l'estime et l'amitié du commissaire Ledru pour Bob qui, une fois, lui a sauvé la vie. Face à Roger Duchesne dont la propre vie a été, semble-t-il, une succession d'expériences – il aurait été proche de Bony et Lafont, les patrons de la Gestapo française de la rue Lauriston –, Isabelle Corey, née en 1939, fait ici sa première apparition, campant une jeune fille inconsciente et vicieuse.

BOB LE FLAMBEUR

Notes : *Tournage du 4 juillet au 3 septembre 1955 à Paris – avenue Junot (Bob y habite au n° 36, 18e), rue Carpeaux (18e), Montmartre (18e), place Pigalle (18e), basilique du Sacré-Cœur (18e), rue de Douai (9e), studios Jenner (13e) –, Trouville et Deauville (casino Barrière). Remake par Neil Jordan en 2002,* The Good Thief *(*L'Homme de la Riviera, *avec Nick Nolte et Ralph Fiennes).* Bob le Flambeur *est l'un des films préférés, notamment, de Quentin Tarantino et Stanley Kubrick.*

CRIME ET CHÂTIMENT

CRIME ET CHÂTIMENT

Réalisation : Georges Lampin ; scénario : Charles Spaak, d'après le roman de Fiodor Dostoïevski ; dialogues : Charles Spaak ; photographie : Claude Renoir ; musique : Maurice Thiriet ; montage : Emma Le Chanois ; production : Jules Borkon (Champs-Élysées Productions) ; durée : 107 min.

Interprétation : Jean Gabin : commissaire Gillet. Marina Vlady : Lili Marcellin. Ulla Jacobsson : Nicole Brunel. Bernard Blier : Antoine Monestier. Robert Hossein : René Brunel. Gaby Morlay : Mme Brunel. Gérard Blain : Jean Fargeot. Julien Carette : Pierre Marcellin. Roland Lesaffre : André. Yvette Etiévant : Thérèse Marcellin. Lino Ventura : Gustave. Gabrielle Fontan : Mme Orvet. Albert Rémy : inspecteur Renaud. Revé Havard : inspecteur Noblet.

Thème : René Brunel est scandalisé par le fait que sa mère a décidé de contraindre sa sœur Nicole à épouser le riche Antoine Monestier. Tout cela à cause de l'argent. Pour se prouver qu'il en est capable, il tue une vieille usurière, Mme Orvet, mais la police arrête un simple ouvrier, André, qui, durement questionné, finit par avouer. Le commissaire Gillet n'est pourtant pas dupe de cet aveu. Une prostituée, Lili, pousse René à se livrer. C'est ce que fait le jeune homme, évitant ainsi la condamnation d'un innocent. Nicole épousera l'homme qu'elle aime, Jean Fargeot.

Les auteurs du film ont choisi de déplacer l'intrigue de la Russie à la France et de la rendre contemporaine. Jean Gabin succède à Harry Baur, héros de la version de Pierre Chenal (1935), mais le côté philosophique et mystique du roman fait défaut à cette nouvelle adaptation.

Notes : *Tournage du 22 mai au 2 août 1956 à Lyon et aux studios de Neuilly-sur-Seine.*

L'HOMME AUX CLÉS D'OR

Réalisation : Léo Joannon ; scénario : Roland Laudenbach, Léo Joannon ; dialogues : Roland Laudenbach ; photographie : André Bac ; musique : Jean-Jacques Grünenwald ; montage : Monique Isnardon, Robert Isnardon ; production : Pierre O'Connell (Regina Films / Cinétel / Del Duca Films / Filmsonor) ; durée : 92 min.

Interprétation : Pierre Fresnay : Antoine Fournier. Annie Girardot : Gisèle Delmar / Lewarden. Grégoire Aslan : Bodoni. Jean Rigaux : Joseph Ansaldi. Gil Vidal : Rémy Bellanger. Françoise Soulié : Odette Bellanger. Jean-Pierre Jaubert : Lucien Jordan. Robert Lombard : Charles Lewarden. Henri Morvan : Paul Masson. Léo Joannon : Me Bellanger. Georgette Anys : Mme Irma.

Thème : À Lille, un professeur de collège, Antoine Fournier, surprend ses élèves Bellanger, Jordan et Masson voler le bénéfice d'une collecte, mais il se montre indulgent. Pour se venger de cette intervention humiliante, Bellanger le fait accuser par son amie Gisèle de tentative de viol. Déshonoré par cette fausse accusation, Fournier démissionne et quitte Lille, devenant portier d'un grand hôtel à Monte-Carlo où il monte les échelons au fil des ans, jusqu'au poste de premier concierge. Un jour, parmi les clients du palace, se retrouvent ses anciens élèves. Il revoit notamment Gisèle, mariée au riche Charles Lewarden, qu'elle trompe avec Bellanger. Il apprend que le père avocat de celui-ci a été rayé du barreau pour grivèlerie à cause de son fils. À la suite d'une nouvelle frasque de Bellanger au casino, se présente l'occasion pour Fournier de se venger, mais, une nouvelle fois, il préfère passer l'éponge. Ne croyant pas à sa sincérité, Gisèle et Bellanger montent un stratagème, espérant le faire tuer par Lewarden. Le plan est déjoué par Fournier et se retourne contre ses instigateurs. Bellanger est tué par Gisèle à qui il a tenté de faire porter le chapeau. Fournier demandera l'indulgence du jury la concernant.

Un scénario habilement construit, Annie Girardot dans son deuxième film, et Pierre Fresnay, remarquable.

Notes : *Tournage du 22 mai au 14 juillet 1956 à Monte-Carlo et aux studios de la Victorine (Nice).*

L'HOMME AUX CLÉS D'OR

L'HOMME ET L'ENFANT

Réalisation : Raoul André ; scénario : Jacques Constant ; dialogues : Raymond Caillava ; Orin Jannings ; photographie : Nicolas Hayer © ; musique : Jeff Davis ; montage : Gabriel Rongier ; production : Hoche Productions / Eden Productions / Carol Films ; durée : 90 min.

Interprétation : Eddie Constantine : Fred Barker. Juliette Gréco : Nicky Nistakos. Folco Lulli : Carlo Ferrelli. Jacqueline Ventura : Elvire. Grégoire Aslan : Zajir. Pascale Roberts : Rita. Jean d'Yd : Félix Mercier. Béatrice Altariba : Hélène Mercier. Georges Lannes : commissaire Denis. Jeff Davis : commissaire Richard. Jean Lefebvre : Albert. Michèle Philippe : Donna. Nadine Tallier : Pitel. Tania Constantine : Cathy. Mario David : Alec.

Thème : Un ancien héros de guerre, Fred Barker, qui dirige désormais une fabrique de parfums à Grasse, apprend l'enlèvement de sa fille adoptive Cathy et aussi le fait que son usine sert de couverture à un trafic de drogue et de « traite des Blanches ». Cathy ne lui sera rendue que si Hélène, la propre petite-fille de son ravisseur, victime du trafic, est libérée. Remontant la filière, Fred passe à l'action et, après moult aventures, met hors d'état de nuire ses adversaires et libère Hélène. Il retrouvera heureusement Cathy.

Le cadre – en couleurs – de la Côte d'Azur, une chanson interprétée par Eddie Constantine et sa fille, le cocktail habituel de poursuites et de bagarres.

***Notes :** Tournage du 4 juin au 14 août 1956 à Antibes, aux environs de Nice, aux studios de la Victorine (Nice) et aux studios Photosonor (Courbevoie).*

LA LOI DES RUES

Réalisation : Ralph Habib ; scénario : Auguste Le Breton, Jean Ferry, Ralph Habib, d'après le roman d'Auguste Le Breton ; dialogues : Auguste Le Breton ; photographie : Pierre Peti ; musique : Émile Stern, Joseph Kosma ; montage : Raymond Lamy ; assistance à la réalisation : Claude Pinoteau, Édouard Luntz ; production : Paul Graetz (Transcontinental Films) ; durée : 110 min.

Interprétation : Raymond Pellegrin : Jo le Grec. Silvana Pampanini : Wanda. Fernand Ledoux : père Blain. Jean-Louis Trintignant : Yves Tréguier, dit « le Breton ». Jean Gaven : André Remoulin, dit « Dédé la Glace ». Jean-Marc Tennberg : Marcel. Mary Marquet : Mme Blain. Josette Arno : Zette. Louis de Funès : Paulo. Lino Ventura : Mario. Roland Lesaffre : « le Grêlé ». Marius Laurey : « le Rat ». Robert Dalban : camionneur. Jacques Angelvin : Charlot.

Thème : Évadé d'une maison de correction, le jeune Yves Tréguier se lie d'amitié avec « Dédé la Glace », alors que le père Blain, bistrotier, le considère comme son propre fils et lui trouve du travail. Yves s'éprend de Zette, qui bientôt attend un enfant. Dédé travaille dans un cabaret où il retrouve sa maîtresse Wanda. Son rival, Jo le Grec le tue. Avant de mourir, Dédé est parvenu à révéler à Yves l'identité de son meurtrier. Son ami est, dès lors, décidé à agir, mais c'est le père Blain qui abat Jo, permettant à Yves de mener une vie honnête avec sa future famille.

L'action se passe avant la guerre dans un quartier, celui de la porte de Saint-Ouen qui était encore la zone avec ses petites maisons, ses locaux insalubres et ses bals de quartier, uniques distractions pour ces habitants. Silvana Pampanini chante « Je suis là pour ça » de Marcel Stein et Henri Contet.

***Notes :** Tournage du 11 janvier au 1er mars 1956 aux studios de Neuilly-sur-Seine.*

MÉMOIRES D'UN FLIC

Réalisation : Pierre Foucaud ; scénario et dialogues : Jean Halain ; photographie : Paul Cotteret ; musique : Louiguy ; montage : Jean Feyte ; assistance à la réalisation : Bernard Toublanc-Michel ; production : René Bezard, Pierre Cabaud, Paul Cadéac, André Hunebelle, Adrien Remaugé (Pathé Consortium Cinéma / Production Artistique et Cinématographique) ; durée : 78 min.

Interprétation : Michel Simon : commissaire Henri Dominique. Suzy Prim : Lola. Lucienne Le Marchand : Marthe. Pascale Roberts : Betty. Christine Langier : barmaid. Fernand Sardou : homme politique. Louis Arbessier : président de la Cour. Gérard Buhr : Gérard Dominique. Albert Dinan : Pino. Henri San Juan : Marco. Marcel Lupovici : Francis Bianconi. Françoise Fabian : comtesse. Michel Jourdan : Fred. Catherine Sauvage : chanteuse.

Thème : Le commissaire Dominique s'attaque aux rackets qui minent Marseille mais, faute de preuves, il ne peut rien faire contre Marco et Francis. Pino, le patron du *Petit Marabout,* est abattu par des tueurs persuadés que Fred les a trahis. Celui-ci est l'ami du fils du commissaire, Gérard. Le Milieu cherche à compromettre Fred qui, furieux, abat Marco et Théo. Dominique intervient lorsque Francis – qui est en fait son principal indicateur – est en danger et est contraint d'abattre Fred, qu'il n'a jamais pu raisonner.

Ou Michel Simon face à la pègre de Marseille. Catherine Sauvage chante « Un Inconnu a volé mon cœur » de Louiguy et Charles Aznavour.

Notes : *Tournage du 31 mai au 23 juillet 1955 à Marseille et aux studios Pathé-Cinéma de la rue Francœur (Paris 18e).*

PARDONNEZ NOS OFFENSES

Réalisation : Robert Hossein ; scénario : Robert Hossein, René Wheeler ; dialogues : René Wheeler ; photographie : Robert Juillard ; musique : André Gosselain (= André Hossein) ; montage : Charles Bretoneiche ; production : Ray Ventura (Hoche Productions / Productions Iéna / Eden Productions) ; durée : 81 min.

Interprétation : Marina Vlady : Dédée. Pierre Vaneck : René. Giani Esposito : Vani. Béatrice Altariba : Sassia. Julien Carette : père Rapine. Jacqueline Morane : Mama. Roger Coggio : Jean-Lou. Mireille Granelli : Ginette. Roger Dumas : Chocottes. André Royer : « Salade ». Avec aussi Sami Frey, Dario Moreno, Rosy Varte, Mario David, Guy Delorme, Robert Hossein : non précisé.

Thème : Dirigé par René, un groupe de jeunes, garçons et filles, se livre à la contrebande d'alcool et de cigarettes, espérant amasser assez d'argent pour pouvoir acheter un petit yacht et quitter leur quartier symbole de leur misère. Or des gitans s'installent à proximité et pillent le stock de whisky de la bande. Pour se venger, trois des garçons violent une des jeunes gitanes. À leur tour, les gitans décident une action punitive en infligeant la même chose à Dédée. Les deux bandes constatent finalement que le responsable de cette montée de la violence est « Salade », instigateur du premier viol. René et Dédée le corrigent, mais celui-ci réagit et tue Dédée qui allait partir avec un jeune gitan, Vani. La bande de René est arrêtée, après avoir abattu Salade.

Une description assez habile d'une succession de violences entre deux communautés a priori hostiles, le tout dans un quartier sans soleil et insalubre. Le drame social côtoie l'intrigue criminelle.

Notes : *Tournage du 16 janvier au 30 mars 1956 à Rouen (Seine-Maritime) et aux studios de Billancourt (Hauts-de-Seine).*

LE SALAIRE DU PÉCHÉ

Réalisation : Denys de La Patellière ; scénario : Denys de La Patellière, Roland Laudenbach, d'après le roman de Nancy Ruthledge *Emily le saura !* ; dialogues : Roland Laudenbach ; photographie : Henri Alekan ; musique : Maurice Leroux ; montage : Robert Isnardon, Monique Isnardon ; assistance à la réalisation : Maurice Delbez ; production : Roger Richebé, Roger Ribadeau-Dumas (SFC – Société Française de Cinématographie / Les Films Roger Richebé) ; durée : 110 min.

Interprétation : Danielle Darrieux : Isabelle Lindstrom. Jean-Claude Pascal : Jean de Charvin. Jeanne Moreau : Angèle Ribot. Jean Debucourt : Frank Lindstrom. Michel Etcheverry : Dr Maroual. Jean Lanier : pasteur. Marcel Bozzuffi : marin.

Thème : Jean de Charvin se débarrasse de son beau-père, Frank Lindstrom, pour pouvoir disposer de sa fortune. Angèle l'ayant surpris, il en fait sa maîtresse. Isabelle, sa femme, ayant eu un accident, il en profite pour commencer à dilapider les biens du foyer au jeu et pour faire venir Angèle chez lui. Mais Isabelle se rétablit et Jean comprend que le meilleur moyen est

LE SALAIRE DU PÉCHÉ

LE SALAIRE DU PÉCHÉ

de l'éliminer. Or, c'est une autre personne, innocente, qui est tuée. Isabelle surprend son mari avec Angèle, ce qui pousse la jeune femme à rompre avec son amant. Isabelle, ayant tout découvert, accorde son pardon à Jean qu'elle a convaincu de se livrer à la police.

Intrigue criminelle, drame de l'ambition, description des diverses formes d'amour et de passion, le film, habilement réalisé, est tout cela à la fois et Denys de La Patellière ne sacrifie jamais la psychologie de ses personnages – souvent ambiguë – à cette sombre histoire de famille. Parfaite direction d'acteurs.

***Notes :** Tournage du 16 janvier au 10 mars 1956 à La Rochelle et aux studios Photosonor (Courbevoie).*

SOUPÇONS

Réalisation : Pierre Billon ; scénario : Maurice Dekobra, Pierre Billon, d'après le roman de Maurice Dekobra *La Pavane des poisons* ; photographie : André Bac ; musique : Joseph Kosma ; montage : George Arnstam ; production : Maurice Dekobra, André Labrousse (Les Films Onyx / Les Films de la Licorne) ; durée : 93 min.

Interprétation : Anne Vernon : Claire Grandjean. Dora Doll : Angèle. Frank Villard : Étienne de Montenoy. Jacques Castelot : Thierry de Villesec. Henri Vilbert : Charles Tramillet. Roland Lesaffre : Raymond. Zina Rachevsky : Dora. Bernard Musson : notaire. Yves Massard : médecin. Ketti Gallian : Cécile de Villesec. Serge Nadaud : inspecteur Fiori. Isabelle Ebert : Simone Tramillet.

Thème : Riche et célibataire, Étienne de Montenoy, qui a pour maîtresse Angèle, la gouvernante de son château, engage une institutrice, Claire Grandjean, pour sa jeune filleule. Il s'éprend de Claire, récemment abandonnée par son fiancé Raymond, et la demande en fiançailles, ce qu'elle finit par accepter, au grand mécontentement d'Angèle ainsi que des sœurs d'Étienne, Cécile et Simone, et de leurs époux respectifs. Étienne, qui a rédigé un nouveau testament, est bientôt retrouvé mort, empoisonné. L'inspecteur Fiori enquête parmi les nombreux suspects et finit par démasquer l'un des beaux-frères, Charles Tramillet, qui s'est ruiné à entretenir sa maîtresse Dora.

Une atmosphère de mystères et – comme il se doit – plusieurs éventuels suspects.

VOICI LE TEMPS DES ASSASSINS

Réalisation : Julien Duvivier ; scénario : Julien Duvivier, Charles Dorat, Pierre-Aristide Bréal, d'après l'histoire de Julien Duvivier, Maurice Bessy et Charles Dorat ; photographie : Armand Thirard ; musique : Jean Wiener ; montage : Marthe Poncin ; production : Raymond Borderie, René Bezard, Pierre Cabaud (CICC – Compagnie Industrielle et Commerciale Cinématographique – Films Borderie / SNPC – Société Nouvelle Pathé Cinéma) ; durée : 113 min.

Interprétation : Jean Gabin : André Chatelin. Danièle Delorme : Catherine. Robert Arnoux : Bouvier. Liliane Bert : Antoinette. Gérard Blain : Gérard Delacroix. Lucienne Bogaert : Gabrielle. Aimé Clariond : M. Prévost. Germaine Kerjean : Mme Chatelin mère. Robert Manuel : Mario Bonnacorsi. Robert Pizani : président. Jean-Paul Roussillon : Amédée. Gaby Basset : femme de charge de la guinguette. Paul Demange : client au régime. Olga Valéry : duchesse. Nadine Basile : dîneuse. Jean-Louis Le Goff : Ernest. César : chien de Gérard.

Thème : À Paris, dans le quartier des Halles, le généreux André Chatelin est un restaurateur réputé. Catherine, fille de son ancienne femme Gabrielle, qu'elle dit être décédée, débarque à la recherche d'un travail. Il l'héberge alors qu'elle cherche à séduire le jeune Gérard Delacroix, un étudiant en médecine que Chatelin a pris sous sa protection. Catherine commence à monter les deux hommes l'un contre l'autre. Gabrielle, qui est finalement toujours en vie, veut que Catherine réussisse à se faire épouser par Chatelin pour s'emparer de sa fortune. Contre l'avis de sa mère, Chatelin se laisse subjuguer par Catherine et la prend

VOICI LE TEMPS DES ASSASSINS

pour femme. Il comprend bientôt que son épouse a eu divers « clients »... La jeune femme poursuit son plan machiavélique monté avec Gabrielle – les deux femmes envisagent de tuer Chatelin – afin d'opposer son nouveau mari à Gérard. Celui-ci découvre la duplicité de Catherine qui l'endort et le noie. Chatelin apprend que Catherine a tué Gérard. Pendant ce temps, celle-ci a été prise en chasse par César, le chien de Gérard, et Chatelin arrive trop tard pour empêcher l'animal d'égorger la meurtrière.

C'est après Marianne de ma jeunesse *(1955), superbe drame romanesque et romantique malheureusement encore sous-estimé, que Julien Duvivier met ici en scène l'un de ses chefs-d'œuvre, choisissant comme cadre les Halles de Paris et donnant à Jean Gabin, vulnérable, le rôle d'un restaurateur épris d'une vicieuse petite garce, prête à tout, y compris au meurtre.* « Je crois, *déclarait Duvivier,* que nous sommes entourés de monstres comme ça. On n'a qu'à lire les journaux, c'est quelque chose d'effrayant. Je crois que nous sommes dans une atmosphère comme ça depuis vingt ans, nous sommes au temps des assassins et je connais, moi, actuellement des filles qui sont exactement pareilles au personnage de Catherine. Si on prétend que l'histoire n'est pas vraie ou pas vraisemblable, je proteste avec énergie. Je crois avoir fait quelque chose qui est violent mais qui est logique, qui est vraisemblable. » *Lucienne Bogaert compose un personnage pervers, celui de l'ex-femme du héros, mère de Catherine, vicieuse et droguée. Dans l'ambiance du « ventre de Paris », au milieu des livraisons, le drame va se nouer et, face à Jean Gabin, la composition de Danièle Delorme est terrifiante. Sous une apparence de victime, Catherine est un personnage de cauchemar, jouant de sa féminité pour opposer Chatelin et Gérard, préparant la mort du premier et causant la mort du second.*

Notes : *Tournage du 25 novembre 1955 au 1er février 1956 à Herblay (Val-d'Oise), Paris – aux Halles (1er), gare de Lyon (12e), église Saint-Eustache (1er), rue Descartes (5e), rue des Boulangers (5e) – et aux studios de Billancourt.*

VOUS PIGEZ ?

Réalisation : Pierre Chevalier ; scénario et adaptation : Victor Trivas, Jacques Doniol-Valcroze, d'après le roman de Peter Cheyney ; dialogues : Louis Martin, Claude Desailly ; photographie : Léonce-Henri Burel ; musique : Jean Marion ; montage : Françoise Javet ; production : Jacques Mage (Dismage / Transalpina) ; durée : 98 min.

Interprétation : Eddie Constantine : Lemmy Caution. Maria Frau : Fernanda. François Perrot : Tony Martinelli. René-Jean Chauffard : Blynn. Roger Hanin : Istria. René Clermont : Romano. Furio Meniconi : Giuseppe. Nadine Tallier : Amanda. Irène Tunc : Lucia. René Blancard : Clifton. Luisa Rivelli : Zellara.

Thème : Un enlèvement commis par Istria et son bras droit Tony provoque l'intervention de l'agent fédéral Lemmy Caution, à la recherche de la victime du kidnapping. Tony élimine Istria et fait croire à la femme de ce dernier et à son gang que Lemmy Caution est responsable du meurtre. Attiré dans un piège, notre héros est laissé pour mort. Heureusement, il se rétablit et rejoint Palerme où, dans un cargo qui mouille au large, se trouve le kidnappé. Lemmy Caution intervient et met hors d'état de nuire les bandits.

Eddie Constantine est plus que jamais à l'aise, capable de donner l'impression qu'il ne croit pas fondamentalement à cette aventure tout en témoignant d'un véritable humour et d'une grande efficacité.

Notes : *Tournage du 19 septembre au 13 novembre 1955 à Rome et aux studios de Neuilly-sur-Seine.*

LES AVENTURES D'ARSÈNE LUPIN

Réalisation : Jacques Becker ; scénario : Jacques Becker, Albert Simonin, d'après l'œuvre de Maurice Leblanc ; dialogues : Albert Simonin, Jacques Becker ; photographie : Edmond Séchan © ; musique : Jean-Jacques Grünenwald ; montage : Geneviève Vaury ; production : François Chavane, Jules Borkon, Alain Poiré (Lambor Films / SNEG – Société Nouvelle des Établissements Gaumont / Cinéphonic / Films Costellazione) ; durée : 104 min.

Interprétation : Robert Lamoureux : Arsène Lupin / André Laroche / Aldo Parolini. O. E. Hasse : empereur Guillaume II. Liselotte Pulver : baronne Mina von Kraft. Huguette Hue : Léontine Chanu. Georges Chamarat : inspecteur Dufour. Henri Rollan : Émile Duchamp. Sandra Milo : Mathilde Duchamp. Hubert de Lapparent : bijoutier. Jacques Becker : Kronprinz. Renaud Mary : Paul Desfontaines. Pierre Stephen : Clérissy. Paul Muller : Rudolf von Ratz. Daniel Ceccaldi : Jacques Gauthier. Paul Préboist : palefrenier.

Thème : Paris, 1912. Des tableaux qui disparaissent, des bijoux qui sont volés… Tout cela est l'œuvre du célèbre Arsène Lupin, qui demeure insaisissable. Or Mina von Kraft, charmante aristocrate proche de l'empereur d'Allemagne, a découvert la véritable identité de celui qui se fait appeler André Laroche. Elle kidnappe donc le voleur à l'« invitation » de Guillaume II. Le Kaiser, qui a fait installer une cachette destinée à abriter ses secrets et trésors, veut savoir si quelqu'un est capable de la découvrir et sollicite l'« expertise » de Lupin à qui il lance le défi. Le gentleman cambrioleur y parvient mais, par amitié, feint d'avoir échoué. Il s'enfuit, non sans avoir profité de ce séjour forcé dans une résidence impériale pour dérober dans un coffre 1 million de marks. Un moindre mal aux yeux de Guillaume II, rassuré de l'inviolabilité de sa cachette. Il fêtera cette nouvelle réussite chez *Maxim's* avec Mina.

Une élégante aventure, réalisée avec soin et un certain humour grâce à Robert Lamoureux. Pour Jacques Becker, c'est une œuvre mineure.

Notes : *Tournage du 3 juillet au 1er septembre 1956 au château du Haut-Kœnigsbourg à Orschwiller, à Paris (galerie de Valois et place du Palais-Royal), en région parisienne et aux studios de Saint-Maurice.*

LES AVENTURES D'ARSÈNE LUPIN

LES ESPIONS

Réalisation : Henri-Georges Clouzot ; scénario : Henri-Georges Clouzot, Jérôme Géronimi, d'après le livre de Egon Hostovský *Le Vertige de minuit* ; photographie : Christian Matras ; montage : Madeleine Gug ; assistance à la réalisation : Robert Ménégoz ; production : Henri-Georges Clouzot (Filmsonor / Vera Films / Pretoria Film) ; durée : 125 min.

Interprétation : Curd Jürgens : Alex. Peter Ustinov : Michel Kaminsky. O. E. Hasse : Hugo Vogel. Sam Jaffe : Sam Cooper. Paul Carpenter : colonel Howard. Véra Clouzot : Lucie. Martita Hunt : Connie Harper. Gérard Séty : Dr Malic. Gabrielle Dorziat : Mme Andrée. Louis Seigner : Valette. Pierre Larquey : chauffeur de taxi. Georgette Anys : buraliste. Jean Brochard : surveillant-général. Bernard Lajarrige : garçon de café. Dominique Davray : Alsacienne. Jacques Dufilho : indicateur. Daniel Emilfork : Peterson. Robert Lombard : contrôleur. Patrick Maurin (= Patrick Dewaere) : petit Moynet. Clément Harari : Victor. Sacha Pitoëff : Léon. Fernand Sardou : Pierre.

Thème : Proche de la ruine, le docteur Malic craint de devoir prochainement fermer sa clinique psychiatrique, qui ne compte que deux pensionnaires (la jeune

LES ESPIONS

LES ESPIONS

muette Lucie et un vieil homme). Aussi ne fait-il pas la fine bouche lorsque le mystérieux colonel Howard, qui appartient aux services secrets américains, lui demande, contre une forte somme d'argent, d'abriter dans sa clinique un certain « Alex ». Très vite, il constate que les membres de son personnel ont été remplacés par d'autres individus et il voit débarquer deux agents secrets rivaux, Michel Kaminski (Est) et Sam Cooper (Ouest). Pas de doute, le nouveau pensionnaire, objet de toutes les convoitises, n'est pas n'importe qui et Malic comprend qu'il se trouve désormais au milieu d'une lutte d'espions particulièrement dangereuse. Désirant rendre son encombrant nouveau pensionnaire au colonel, il apprend que celui-ci a trahi son pays en ne lui remettant pas Alex. Il se demande si ce dernier n'est pas le savant atomiste Hugo Vogel. Pour l'aider, il lance alors Kaminski et Cooper sur une fausse piste, leur faisant délaisser la clinique et mettant ainsi à mal involontairement le plan du colonel, puisque l'Alex interné n'était qu'un leurre, destiné à gagner du temps pour permettre la fuite du véritable Vogel. Le colonel est empoisonné et, malgré les efforts de Malic pour sauver le savant, Vogel va être victime des espions dans le train à destination de Marseille. De retour à sa clinique, Malic est sous surveillance…

Une clinique psychiatrique, une curieuse bande de joueurs d'ocarina, un Lituanien kleptomane, les lunettes noires d'Alex, Julie qui est muette, des micros branchés partout, d'inquiétants guetteurs… C'est un univers à la Kafka que décrit ici Clouzot, plongeant en quelques instants le spectateur dans un monde – essentiellement nocturne – où personne ne semble être ce que l'on croit. L'humour noir de Peter Ustinov côtoie celui de Sam Jaffe, qui semble encore être dans The Asphalt Jungle *(*Quand la ville dort*, 1950). La maîtrise de Clouzot est, une fois de plus, exceptionnelle et sa direction d'acteurs un véritable plaisir. Il faut avoir vu ces dangereux personnages, prêts à blaguer avant de tuer et ces espions qui peuvent passer d'Est en Ouest ou inversement. Un petit chef-d'œuvre.*

Notes : *Tournage du 14 janvier au 20 avril 1957 à Maisons-Laffitte – villa Les Glycines (avenue Voltaire), café-restaurant (9, avenue Lafayette), intersection de l'avenue Lafayette et de l'avenue Voltaire, villa (9 bis, avenue Lafayette), avenue du cardinal-de-Retz –, Argenteuil (145, rue Michel-Carré), Versailles (place d'Armes, grille d'entrée du château) et aux studios de Saint-Maurice.*

L'ÉTRANGE MONSIEUR STEVE

Réalisation : Raymond Bailly ; scénario : Frédéric Dard, Raymond Bailly, d'après le roman de Marcel-Georges Prêtre (= Frédéric Dard) *La Revanche des médiocres* ; dialogues : Frédéric Dard ; photographie : Jacques Lemare ; musique : Philippe-Gérard ; montage : Louis Devaivre ; production : Pierre Chichério (Pécéfilms) ; durée : 90 min.

Interprétation : Philippe Lemaire : Georges Villard. Jeanne Moreau : Florence. Armand Mestral : M. Steve. Lino Ventura : Denis. Anouk Ferjac : Mireille. Jacques Varennes : Arthur. Paulette Simonin : Thérèse. Robert Rollis : André.

Thème : Modeste employé de banque, Georges Villard est vite séduit par le luxe de M. Steve. Il découvre une vie que ses moyens ne lui permettaient pas d'espérer. C'est alors que la bande de M. Steve lui demande en retour de se rendre complice du cambriolage de sa banque. Il est obligé d'accepter et ce n'est que le début d'une série de compromissions aux côtés de Florence et de Denis. Il délaisse, dès lors, sa propre fiancée, Mireille, s'éprend de Florence et décide de partir avec elle. Steve les retrouve, mais il se fait tuer par Georges en essayant de l'abattre.

Le premier film de Raymond Bailly, tourné du 11 mars au 30 avril 1957 à Forges-les-Eaux, Paris, Le Havre et aux studios de Boulogne-Billancourt. Une parabole – facile – sur un petit employé grisé par le luxe et fasciné par le Milieu.

L'ÉTRANGE MONSIEUR STEVE

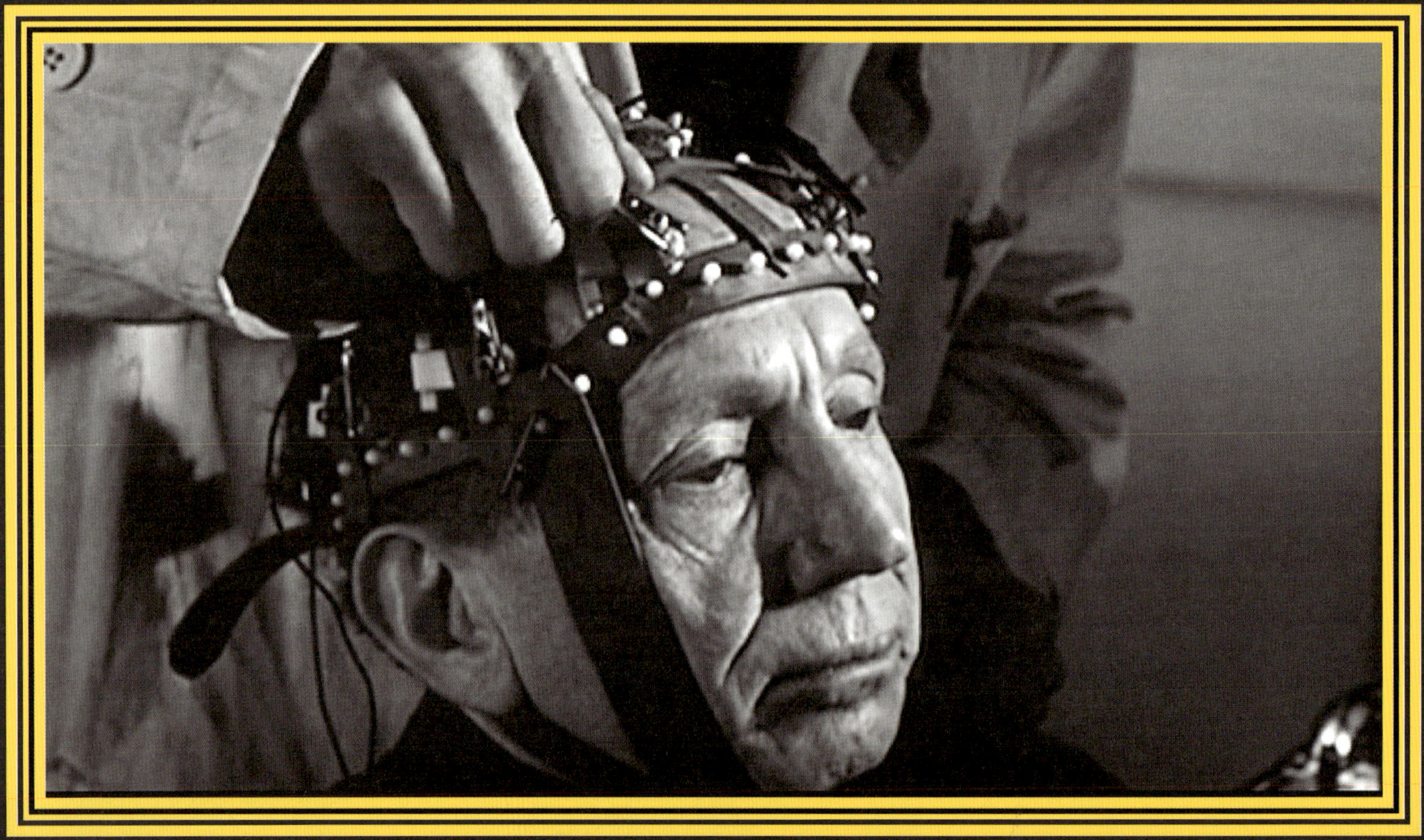

LES FANATIQUES

Réalisation : Alex Joffé ; scénario et dialogues : Alex Joffé, Jean Lévitte ; photographie : Léonce-Henri Burel ; musique : Paul Misraki ; montage : Raymond Lamy ; production : Pierre Lévy-Corti (CGCF – Coopérative Générale du Cinéma Français / Films Régent / Cinégraph) ; durée : 90 min.

Interprétation : Pierre Fresnay : Luis Vargas. Michel Auclair : Franco Géron. Françoise Fabian : Mme Lambert. Betty Schneider : Lili. Tilda Thamar : Juana Ribera. Grégoire Aslan : général Ribera. José Lewgoy : Ramirez. Pascal Alexandre : François.

Thème : Dictateur sud-américain, le général Ribera doit quitter la France, où il était en vacances, pour rejoindre d'urgence son pays en proie à la révolte en utilisant incognito un vol régulier à destination de Rome. Luis Vargas, un opposant décidé à le tuer, cherche dans ce but à embarquer une charge d'explosifs à bord de l'appareil. Son acolyte, Franco Géron, y est opposé, ne voulant pas tuer les autres passagers. Cependant, le très motivé Vargas prend le vol et, en menaçant Ribera, cause chez ce dernier, particulièrement affolé, une crise cardiaque fatale ! Ne restant que quelques minutes avant l'explosion qui n'a plus lieu d'être, Vargas provoque un atterrissage en catastrophe. Blessé, il parvient à sortir la bombe de l'avion et à la faire exploser sur la plage.

Tuer ou ne pas tuer. Le film pose assez habilement le problème des attentats et de leurs nombreuses victimes collatérales tandis que l'ensemble bénéficie de l'interprétation de Pierre Fresnay, terroriste fanatique devenant finalement un être humain confronté à ses responsabilités.

Notes : *Tournage du 14 juin au 23 août 1957 à Nice (notamment aux studios de la Victorine) et aux studios de Boulogne.*

LES FANATIQUES

LE FEU AUX POUDRES

Réalisation : Henri Decoin ; scénario : Henri Decoin, Jacques Robert, Albert Simonin ; dialogues : Albert Simonin ; photographie : Pierre Montazel ; musique : M. Philippe-Gérard, Maurice Jarre ; montage : Claude Durand ; assistance à la réalisation : Michel Deville, Edmond Agabra ; production : François Rigaud, Jean Tachard (Abbey Films / Galliera Films / Gallus Films / Jolly Film / SLPF – Société Lyonnaise de Production de Films / SGGC – Société Générale de Gestion Cinématographique) ; durée : 73 min.

Interprétation : Raymond Pellegrin : Ludovic « Ludo » Ferrier. Charles Vanel : Albatrasse. Peter van Eyck : Pedro Wassevitch. Françoise Fabian : Lola Wassevitch. Jacqueline Maillan : Mme Catherine. Lyla Rocco : Brigitte. Lino Ventura : Legentil. Dario Moreno : Jeff. Marthe Mercadier : aubergiste. Albert Simonin : Albert. Mathilde Casadesus : Mimi. Pierre Louis : inspecteur Fougeron. Roland Armontel : Antoine. François Chaumette : ingénieur du son. Henri Cogan : Matt. Michel Jourdan : Dédé.

Thème : Lola Wassevitch se sent attirée par le jeune Ludovic Ferrier, soi-disant peintre mais chargé, en réalité, d'acheter des armes à son mari, le trafiquant Pedro. Après négociations, l'accord est conclu, et la livraison de la marchandise, fixée. Alors que Lola et Ferrier s'avouent leur amour, il s'avère que ce dernier est un policier infiltré. Par le biais d'un savant montage d'enregistrements effectués lors de l'interrogatoire d'Albatrasse, le chef du trafic, ses collègues sont parvenus à le couvrir en donnant par téléphone de fausses indications à Pedro. Or Albatrasse réussit à s'évader et à prévenir son associé. La police intervient et cerne le repaire de Pedro, qui est mortellement blessé mais réussit tout de même à tuer Ferrier.

Charles Vanel personnifie un vieux truand et Peter van Eyck se déplace en complet blanc.

Notes : *Tournage du 15 août au 15 octobre 1956 à Sète, Roquefort et aux studios de Billancourt.*

L'HOMME À L'IMPERMÉABLE

Réalisation : Julien Duvivier ; scénario : Julien Duvivier, René Barjavel, d'après le roman de James Hadley Chase *Fugue pour clarinette* ; photographie : Roger Hubert ; musique : Georges van Parys ; montage : Marthe Poncin ; production : Jacques Bar, Giancarlo Cappelli (Cité-Films / Abbey Films / Monica-Films) ; durée : 106 min.

Interprétation : Fernandel : Albert Constantin. Bernard Blier : M. Raphaël. Claude Sylvain : Florence. Jean Rigaux : Émile Blondeau. Jacques Duby : Maurice Langlois. Judith Magre : Éva. John McGiver : O'Brien. Rob Murray : Sam. Armande Navarre : Esther. Édith Georges : Nelly. Mireille Perrey : Mme Constantin. Pierre Spiers : chef d'orchestre. Albert Dinan : peintre. Raoul Marco : régisseur. Julien Bertheau : metteur en scène. Paul Demange : auteur. Bernard Musson : garçon de café.

Thème : Albert Constantin est clarinettiste au théâtre du Châtelet. Son collègue Blondeau lui conseille de profiter de l'absence de sa femme Marguerite, partie

L'HOMME À L'IMPERMÉABLE

en voyage, pour aller voir Éva, qui vend ses charmes. D'abord timoré, Albert finit par y aller, mais, la trouvant assassinée, il s'enfuit. Or il a croisé le voisin, l'infâme M. Raphaël, qui décide de profiter de la situation en bon maître-chanteur, car la police recherche « l'homme à l'imperméable », Albert en personne. Ce dernier cherche à se débarrasser de ce signe distinctif trop compromettant alors même que Raphaël sait que l'assassin est Florence, une autre prostituée qui voulait éliminer Éva dont elle devenait jalouse. Celle-ci est tout à la fois éprise de son souteneur Maurice et la maîtresse du gangster américain O'Brien, qui décide d'éliminer ce nouvel amant. Albert, qui a suivi Raphaël dans le but de prouver son innocence, se retrouve ainsi au beau milieu d'un règlement de comptes général qui verra Maurice tuer Raphaël, avant d'être lui-même tué par l'un des gangsters. O'Brien et Florence sont arrêtés tandis qu'Albert, qui est parvenu à se faire discret vis-à-vis de la police, pourra attendre plus tranquillement le retour de son épouse.

Une curieuse expérience. Il y a, au départ, le roman de James Hadley Chase, une histoire purement criminelle, proche de l'univers du « film noir ». En raison de la présence de Fernandel, l'adaptation se rapproche de la comédie tout en décrivant habilement le véritable cauchemar éveillé que va vivre le sympathique Albert. Lui, qui n'a visiblement jamais trompé son épouse, a tort d'écouter les conseils de son collègue Blondeau, car il va, dès lors, se trouver plongé dans un univers de menaces et de violences, ponctué de cadavres. Bernard Blier campe un ignoble maître-chanteur barbu, flanqué d'un roquet, alors que le malheureux Albert se méfie du moindre policier et cherche à se débarrasser de l'imperméable susceptible de l'incriminer. Claude Sylvain offre ses cuisses au spectateur et Duvivier, à mi-chemin entre deux genres opposés, la comédie et le drame criminel, montre une nouvelle fois son habileté à éviter tous les écueils.

Notes : *Tournage du 8 octobre au 5 décembre 1956 à Paris et en région parisienne, ainsi qu'aux studios de Billancourt.*

JE REVIENDRAI À KANDARA

Réalisation : Victor Vicas ; scénario : Jacques Companéez, Alex Joffé, Victor Vicas, d'après le roman de Jean Hougron ; dialogues : Jean Hougron, François Boyer ; photographie : Pierre Montazel © ; musique : Joseph Kosma ; montage : Jean Feyte ; production : Paul Temps (JAD Films – Jayet, Dubois et Cie) ; durée : 95 min.

Interprétation : Daniel Gélin : Bernard Cormière. Bella Darvi : Pascale Barret. François Périer : André Barret. Jean Brochard : juge d'instruction. Julien Carette : Grindel. André Valmy : Rudeau. Julien Verdier : Lachaume. Guy Tréjan : Pélissier. Madeleine Barbulée : Mme Lachaume. Edmond Ardisson : buraliste. Robert Dalban : Cordelec. Patrick Maurin (= Patrick Dewaere) : petit garçon. Marcel Pérès : agent. Gisèle Grimm : Henriette.

Thème : André Barret, qui a tenté en vain sa chance dans les colonies, est désormais professeur dans une école de province. Un de ses voisins est assassiné et il soupçonne bientôt Bernard Cormière, un jeune homme venu lui demander des leçons de français en vue d'un examen, d'être le meurtrier. Se sachant découvert, celui-ci devient menaçant et tente de le supprimer sans succès. Une nuit, alors qu'il attend une nouvelle fois Barret, l'enseignant se sentant en danger lui tire dessus et le blesse gravement. Vu que le jeune homme n'était pas armé, André ne peut invoquer la légitime défense et se retrouve inculpé. De plus, son épouse, Pascale, qui se sent attirée par le blessé, met l'acte d'André sur le compte de la jalousie. Profitant de la situation, Cormière espère enfoncer le clou en accusant Barret d'être l'assassin et, pour lui faire porter le chapeau, cache chez lui l'argent qu'il avait volé à sa victime. Cette sortie secrète de l'hôpital lui sera fatale : il meurt d'une embolie. Si la police retrouve l'argent, elle découvre cependant une preuve innocentant André, qui repart retenter sa chance avec son épouse à Kandara, comme Pascal l'en priait.

L'intrigue criminelle va de pair avec une description psychologique assez réussie des rapports entre les trois principaux protagonistes. Également à l'actif du film, une description très juste de la vie dans une petite ville de province avec sa fête foraine, son école et aussi de mystérieuses zones d'ombre.

JUSQU'AU DERNIER

JUSQU'AU DERNIER

Réalisation : Pierre Billon ; scénario : Pierre Billon, André Duquesne, d'après le roman d'André Duquesne ; photographie : Pierre Petit ; musique : Georges van Parys ; montage : Georges Arnstam ; assistance à la réalisation : Claude Pinoteau ; production : Edmond Ténoudji (Les Films Marceau) ; durée : 90 min.

Interprétation : Raymond Pellegrin : Fernand Bastia. Jeanne Moreau : Gina. Paul Meurisse : Fredo Ricioni. Max Revol : Cinquo. Jacqueline Noëlle : Angèle. Jacques Dufilho : Pépé. Howard Vernon : Philippe Dario. Marcel Mouloudji : Guedchi. Orane Demazis : mère de Guedchi. Lila Kedrova : Marcella Bastia. Mijanou Bardot : Josiane.

Thème : Fernand Bastia sort de prison. Il y a passé six mois et il est le seul à savoir où se trouve le butin – 14 millions de francs – du hold-up commis par la bande de Fredo Ricioni. Pour se débarrasser de ses complices et sortir plus tôt, Bastia les a dénoncés à la police. Le gang a été éliminé en dehors de Ricioni et de son homme de main Pépé. Se sachant menacé, Bastia se cache dans le cirque *Cinquo* auquel appartient déjà sa sœur, la voyante Marcella. Il y rencontre la jeune danseuse Gina, qui devient sa maîtresse, mais Ricioni retrouve sa trace. Bastia découvre bientôt le vol du ticket de la consigne indispensable pour récupérer le magot. Le voleur est Guedchi, un gitan qui tient le stand de tir-pipes. Ricioni capture Bastia tandis que Pépé torture Gina, avant de provoquer la mort de Marcella. La police intervient et abat Ricioni. Bastia, qui devait partir avec Gina, affronte Pépé et les deux hommes s'entretuent. Craignant une perquisition, Guedchi a brûlé les billets et trouve la mort dans l'incendie de sa roulotte.

JE REVIENDRAI À KANDARA

Le dernier film de Pierre Billon. Jeanne Moreau joue les séductrices en maillot de danseuse, alors que Paul Meurisse semble moins à l'aise que d'habitude en chef de gang et que Jacques Dufilho se plaît à torturer avec une cigarette Jeanne Moreau. Le cadre d'un petit cirque, victime de la télévision et au bord de la ruine, est assez bien utilisé. Raymond Pellegrin est la véritable vedette du film où Howard Vernon interprète un acrobate et Marcel Mouloudji convoite Mijanou Bardot.

***Notes :** Tournage du 1er octobre au 24 novembre 1956 dans la Somme et aux studios Photosonor (Courbevoie).*

LES LOUVES

Réalisation : Luis Saslavsky ; scénario : Luis Saslavsky et Boileau-Narcejac, d'après leur roman ; dialogues : Boileau-Narcejac ; photographie : Robert Juillard ; musique : Joseph Kosma ; montage : Marinette Cadix ; production : Adolphe Osso (Zodiaque Productions) ; durée : 101 min.

Interprétation : François Périer : Gervais Larauch / Bernard Pradal. Micheline Presle : Hélène Venaux. Jeanne Moreau : Agnès Venaux. Madeleine Robinson : Julia Pradal. Marc Cassot : Bernard Pradal. Pierre Mondy : André Vilsan. Paul Faivre : Dr Jaume. Louis Arbessier : commissaire Drouin. Simone Angèle : Eulalie. Jo Peignot : pharmacien. Clément Harari : préparateur en pharmacie.

Thème : 1943. Bernard Pradal et Gervais Larauch, prisonniers tous les deux et amis, s'évadent d'un camp allemand. En chemin, le premier se fait écraser par un train et le second se fait passer pour lui auprès de la marraine de guerre de son camarade, Hélène Venaux, que le mort devait épouser sans encore la connaître. Hélène vit avec sa sœur Agnès et les deux jeunes femmes s'entendent mal. Gervais comprend qu'Agnès a découvert la vérité. Julia Pradal, la sœur de Bernard, apparaît. Elle feint de reconnaître son frère, car il y a un héritage important à la clé. Julia est abattue au cours d'une rafle tandis qu'Agnès meurt empoisonnée. Si l'on parle d'un suicide, c'est en fait un crime commis par Hélène. Gervais cherche à échapper à un empoisonnement, mais il mourra après avoir enfermé Hélène, qui sera dénoncée par André Vilsan, le compagnon de Julia.

Une succession de retournements de situation, la plupart du temps liés à la convoitise de l'argent, et un quatuor d'interprètes très convaincants, sans oublier la description d'une petite ville de province en pleine période de l'Occupation. Un assez beau moment est celui où Gervais choisit de révéler qui il est réellement à Hélène en jouant en virtuose au piano, sachant que Bernard n'était pas aussi brillant que lui.

***Notes :** Tournage du 17 décembre 1956 au 8 février 1957 aux studios d'Épinay-sur-Seine.*

UNE MANCHE ET LA BELLE

UNE MANCHE ET LA BELLE

Réalisation : Henri Verneuil ; scénario : Henri Verneuil, Annette Wademant, François Boyer, d'après le roman de James Hadley Chase *The Sucker Punch* ; dialogues : François Boyer, Annette Wademant ; photographie : Christian Matras ; musique : Paul Durand ; montage : Louisette Hautecœur ; production : Michel Safra (Speva Films) ; durée : 98 min.

Interprétation : Henri Vidal : Philippe Delaroche. Mylène Demongeot : Ève Dollan. Isa Miranda : Betty Farnwell. Jean-Lou Philippe : Bob Farnwell. Simone Bach : Sylvette Guibert. Antonin Berval : maire. Jean Galland : directeur de la banque. Ky Duyen : Chang. André Roanne : commissaire. Alfred Adam : inspecteur Malard. Robert Seller : notaire. Marc Valbel : M. Edmond.

Thème : Le jeune Philippe Delaroche, simple employé de banque, séduit la riche veuve Betty Farnwell, qui l'épouse. Vite lassé de cette femme plus âgée que lui, il fait d'Ève, la secrétaire de Betty, sa maîtresse. Celle-ci l'incite à se débarrasser de son épouse en mettant au point un crime parfait. Le meurtre, camouflé en accident, a lieu, mais la lecture du testament est une surprise, Betty ayant tout légué à son fils Bob, dont Philippe ignorait l'existence. En revanche, Ève était au courant de Bob : elle s'était même secrètement fiancée avec ce dernier pour s'assurer de sa fortune. Elle décide alors de se débarrasser de Philippe dont elle n'a plus besoin, mais il l'entraînera avec lui dans la mort.

Les crimes parfaits réussissent rarement dans les romans de James Hadley Chase et on retrouve ici des personnages connus, du jeune homme ambitieux à la femme vieillissante, sans oublier les personnages que l'on attend moins ou pas du tout…

***Notes :** Tournage à Nice, Venise et aux studios de la Victorine (Nice).*

MARCHANDS DE FILLES

Réalisation : Maurice Cloche ; scénario : Maurice Cloche ; photographie : Jacques Mercanton ; musique : Guy Magenta, Benny Bennett ; montage : Fanchette Mazin ; production : Robert de Nesle (CFPC – Comptoir Français de Production Cinématographique) ; durée : 102 min.

Interprétation : Georges Marchal : Mister John. Agnès Laurent : Josette Legrand. Daniela Rocca : Bettina. Saro Urzì : Mottia. Roger Duchesne : Gofferi. Richard Winkler : Henri. Pascale Roberts : Gaby. Jacques Dynam : M. Jean. Évelyne Dandry : Vera. Renée Cosima : Mme de Carnoule. Florence Arnaud : entraîneuse. Robert Porte : inspecteur Luis. Claude Cerval : René. Roger Coggio : « La Fouine ». Clément Harari : ivrogne.

Thème : Harcelée par son beau-père, Josette Legrand quitte son foyer provincial et cherche en vain du travail à Paris. On lui promet une situation en Amérique du Sud dans le bar qu'y possède Gofferi. Mister John s'intéresse à elle, alors qu'elle s'est fiancée, durant la traversée, à Henri. En réalité, elle a été trompée, prise dans un trafic de traite des Blanches, et Gofferi la vend à Mottia, décidé à la prostituer. Elle se révolte et, blessée, se retrouve dans la clinique de Mme de Carnoule. Craignant d'être dénoncé, Mottia la fait enlever. Gofferi et Mottia s'affrontent d'autant plus que Bettina, la maîtresse du premier, s'est éprise du second. Gofferi, avant de succomber, dénonce Bettina comme la responsable du réseau de trafic de drogue et de traite des Blanches. Mister John, qui est un agent de l'Interpol sous couverture, arrête Bettina et Josette retrouve Henri.

Cette fois-ci, c'est Maurice Cloche qui dénonce le fléau, très à la mode cinématographique du moment, qu'est la traite des Blanches qualifiée de « cancer social » dans la bande-annonce du film. L'occasion de montrer les maisons de filles des villes portuaires et les malheureuses victimes, frappées et violées.

***Notes :** Tournage du 11 mars au 13 avril 1957 aux studios Éclair d'Épinay-sur-Seine.*

MÉFIEZ-VOUS FILLETTES

Réalisation : Yves Allégret ; scénario : René Wheeler, d'après le roman de James Hadley Chase ; dialogues : René Wheeler, Jean Meckert ; photographie : Robert Juillard ; musique : Paul Misraki ; montage : Claude Nicole ; production : Agnès Delahaie, Robert Dorfmann (Silver Films / Agnès Delahaie Productions / Chrysaor Films) ; durée : 87 min.

Interprétation : Antonella Lualdi : Dany Dumont. Robert Hossein : Raven. Michèle Cordoue : Fan. Jacqueline Porel : Mme Cora. Gérard Oury : Marcel Palmer. Jean Gaven : Petit Jo. André Luguet : Spade. Pierre Mondy : Tonio. Georges Flamant : Mendetta. Élisabeth Manet : Stella Mendetta. Dominique Davray : Arlette. Dominique Page : Sophie. Claude Godard : Lucie. Alain Saury : Léo Dumont. Roland Lesaffre : Paul. Raymond Gérôme : Jacques. Jean-Claude Brialy : client du bar. Gérard Hernandez : client de l'hôtel de passe. Évelyne Rey : Odile. Hélène Vallier : concierge.

Thème : Raven sort de prison et élimine le vieux caïd Mendetta, responsable de son arrestation. Il est décidé à contrôler le Milieu à Montmartre, mais Marcel Palmer, le second de Mendetta, enlève Dany Dumont, celle-ci pouvant servir de témoin du meurtre. La jeune femme est désormais prisonnière de Mme Cora, qui tient une maison close. Pendant ce temps-là, son mari Léo est à sa recherche et Raven poursuit son ascension dans le quartier. Un jour, le nouveau caïd sauve Dany, sur le point de mettre fin à ses jours, après avoir été violée par son gardien. Il ignore qui elle est, ni qu'elle peut être un témoin à charge contre lui. La lutte fait rage entre Raven et Palmer et se termine en tuerie générale à laquelle prend part la police. Dany retrouve son mari Léo.

Le choix de Robert Hossein pour camper Raven, le dangereux héros de l'excellent roman de James Hadley Chase est assez habile et Antonella Lualdi est toujours ravissante. Efficacité garantie.

***Notes :** tournage du 28 février au 14 avril 1957 aux studios de Boulogne-Billancourt.*

O.S.S. 117 N'EST PAS MORT

Réalisation : Jean Sacha ; scénario : Jacques Berland, Jean Lévitte, d'après le roman de Jean Bruce *O.S.S. 117 n'était pas mort...* ; photographie : Marcel Weiss ; musique : Jean Marion ; montage : Paulette Robert ; production : Albert Bauer (Globe Omnium Films) ; durée : 80 min.

Interprétation : Ivan Desny : Vincent Bushrod / Hubert Bonisseur de La Bath, alias OSS 117. Magali Noël : Muriel Rousset. Anne Carrère : Lucile Morin. Yves Vincent : Boris Obarian. Danik Patisson : Anita Lead. André Valmy : Joseph Sliven. George Lannes : Anthony Lead. Marie Déa : Marion Lead. Charles Millot : Ralph. Gamil Ratib : Yakoub. Jacqueline Pierreux : Consuelo. Maurice Sarfati : Arthur. Béatrice Arnac : Nahedad Sin. Joëlle Bernard : barmaid. Colette Castel : Hélène. André Le Gall : Rolando.

Thème : Le vol de documents importants dans le coffre d'Anthony Lead provoque l'intervention à Toulon d'O.S.S. 117 et de sa collaboratrice Muriel Rousset. Lead leur avoue qu'il est l'auteur du vol, puis se suicide. L'agent secret comprend que Lead a cherché à couvrir quelqu'un d'autre et il démasque Anita, la propre fille de Lead, qui s'était laissée circonvenir par le dangereux Boris Obarian que le héros élimine.

Il s'agit de la première adaptation cinématographique d'une aventure d'O.S.S. 117 imaginée par Jean Bruce. La première surprise est de découvrir Ivan Desny dans le rôle d'Hubert Bonisseur de La Bath et de le comparer à ceux qui seront les autres interprètes du personnage... En dehors d'une belle bagarre au début du film et du final, plus musclé, O.S.S. 117 est particulièrement taciturne – il dit à Muriel : « Des idées, j'en ai autant que vous avez de chapeaux » *– et ne boit que du jus d'orange.*

QUAND LA FEMME S'EN MÊLE

Réalisation : Yves Allégret ; scénario : Jean Meckert, Charles Spaak, d'après le roman de John Amila (= Jean Meckert) *Sans attendre Godot* ; photographie : André Germain © ; musique : Paul Misraki ; montage : Claude Nicole ; production : Arys Nissotti, Pierre O'Connell, Cino Del Duca (Regina / Cino Del Luca / Royal Filmproduktions GmbH) ; durée : 90 min.

Interprétation : Edwige Feuillère : Angèle, alias « Maine ». Jean Servais : Henri Godot. Bernard Blier : Félix Seguin. Pierre Mondy : commandant Verdier. Jean Debucourt : Auguste Coudert de la Taillerie. Sophie Daumier : Colette Seguin. Jean Lefebvre : Fred. Yves

Deniaud : Boby. Pascale Roberts : Gigi. Alain Delon : Jo. Madeleine Barbulée : pâtissière. Jess Hahn : « La Couture ». Bruno Cremer : Bernard.

Thème : Le gangster Godot vole Angèle, la maîtresse de son vieux rival Boby. Pour assurer sa sécurité, il le fait tuer. Angèle accueille à Paris sa fille Colette et Félix, le père de celle-ci. Félix s'est remarié, après s'être séparé d'Hélène. Il est persuadé que l'incendie des grands magasins au cours duquel est morte sa femme est une combine d'Auguste Coudert de la Taillerie, qui en est le directeur et souhaitait toucher l'assurance. Il demande à Godot de le débarrasser de ce dernier. Après avoir tenté de faire chanter le directeur, Godot laisse Angèle l'abattre. Félix et Colette repartent en province, la conscience tranquille (si l'on peut dire…), laissant Godot et Hélène affronter la justice.

Le film mêle une intrigue criminelle avec extorsion de fonds, chantage à l'assurance et meurtres à un style plus léger parfois non dénué d'humour, mais Yves Allégret peine à trouver le juste ton comme si lui-même et ses interprètes n'étaient pas spécialement convaincus par cette histoire. Alain Delon trouve ici – comme Bruno Cremer – son premier rôle, interprétant Jo, l'un des hommes de main de Godot.

REPRODUCTION INTERDITE / MEURTRE À MONTMARTRE

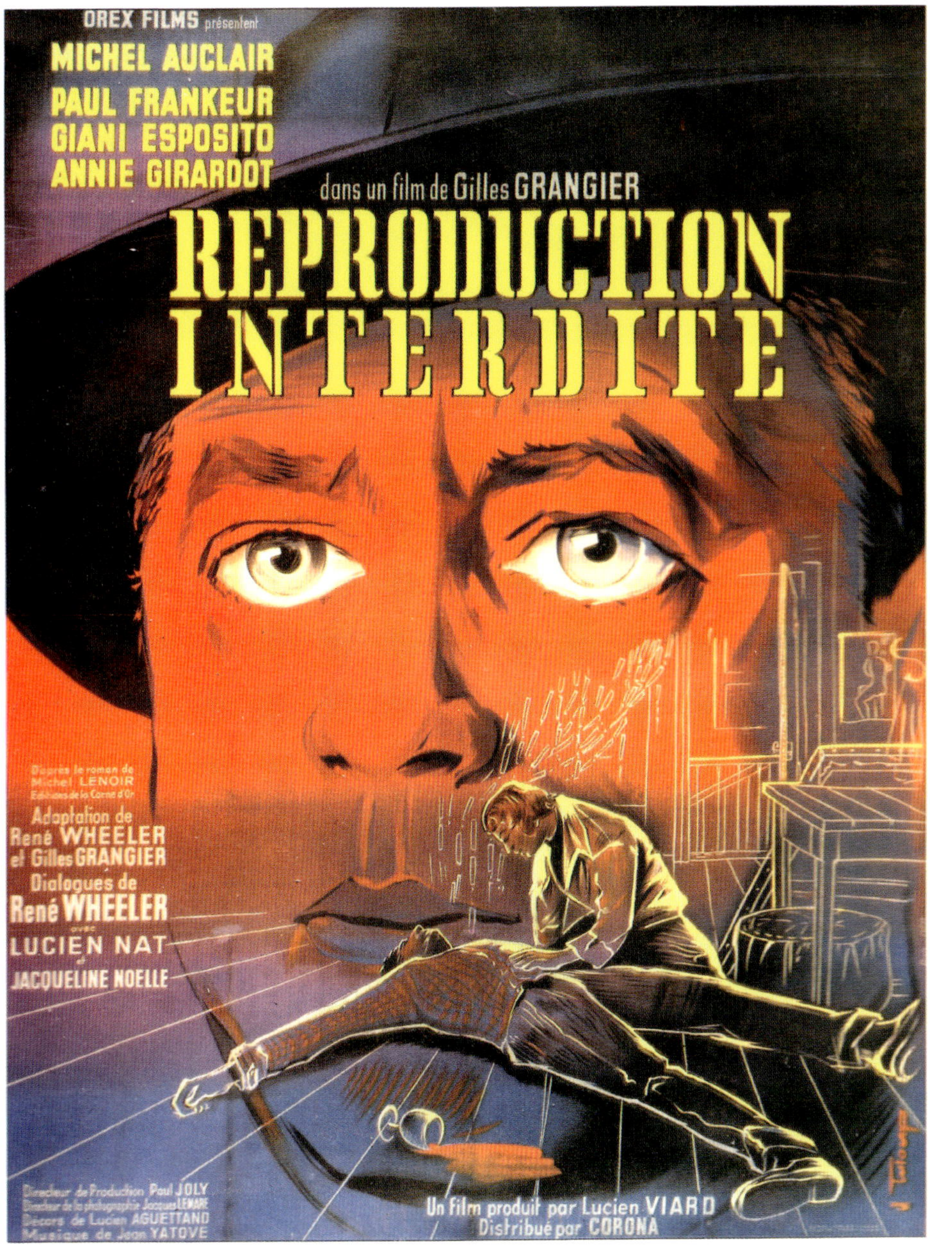

Réalisation : Gilles Grangier ; scénario : René Wheeler, Gilles Grangier, d'après le roman de Michel Lenoir (= Michel Lebrun) ; *Reproduction interdite* ; dialogues : René Wheeler ; photographie : Jacques Lemare ; musique : Jean Yatove ; montage : Jacqueline Sadoul ; assistance à la réalisation : Jacques Deray ; production : Lucien Viard (Orex Films) ; durée : 90 min.

Interprétation : Michel Auclair : Jacques Lacroix. Paul Frankeur : Marc Kelber. Giani Esposito : Claude Watroff. Annie Girardot : Viviane. Jacqueline Noëlle : Clara Kelber. Lucien Nat : Martinaud. Albert Dinan : boucher. Marcel Bozzuffi : Bernard. Jacques Moulières : Jean-Pierre Kelber.

Thème : Marc Kelber, marchand de tableaux, s'aperçoit qu'il s'est fait escroquer par Jacques Lacroix en lui achetant un faux Gauguin. Après l'avoir retrouvé, il accepte – il est en mauvaise situation financière – de s'associer avec Lacroix et ses complices. Le peintre faussaire de la bande, Claude Watroff, exécute trois copies du Gauguin, dont l'original était dans la famille de Lacroix. Possédant un certificat d'origine, il s'agit de vendre les trois copies. Or les remords de Watroff le font sombrer dans la boisson et il devient dangereux aux yeux de ses acolytes. Lacroix et Kelber profitent de l'absence de Viviane, la compagne de Watroff, pour empoisonner celui-ci. Selon la police, c'est un suicide. Viviane se venge en sabotant l'une des ventes. Lacroix est arrêté tandis que Kelber se suicide.

Le sujet, assez original, permet au spectateur de pénétrer dans l'univers des marchands de tableaux et des faussaires. Mécontent des recettes du film, le producteur Lucien Viard décida de le ressortir sous le titre plus commercial de Meurtre à Montmartre.

Notes : *Tournage du 16 juillet au 1er septembre 1956 dans la région parisienne et aux studios de Billancourt.*

RETOUR DE MANIVELLE

RETOUR DE MANIVELLE

Réalisation : Denys de La Patellière ; scénario : Denys de La Patellière, d'après le roman de James Hadley Chase ; dialogues : Michel Audiard ; photographie : Pierre Montazel ; musique : Maurice Thiriet ; montage : Georges Alépée, Jacqueline Thiédot ; production : Jean-Paul Guibert (Intermondia Films / Cinematografica Associati) ; durée : 118 min.

Interprétation : Michèle Morgan : Hélène Freminger. Daniel Gélin : Robert Montillon. Michèle Mercier : Jeanne. Bernard Blier : commissaire Plantavin. Peter van Eyck : Éric Freminger. François Chaumette : Charles Babin. Pierre Leproux : créancier. Jean Olivier : inspecteur. Hélène Roussel : secrétaire.

Thème : Robert Montillon sauve la vie d'Éric Freminger qui, ivre, allait être écrasé. Reconnaissant, ce dernier engage Robert comme chauffeur mais finit par se suicider face aux problèmes financiers qui l'accablent. Sa police d'assurance excluant le suicide, sa veuve Hélène doit donc faire passer ce décès pour un crime, faute de quoi elle ne pourra pas encaisser la prime de 300 millions de francs. Pour obtenir son aide, elle devient la maîtresse de Robert. Elle engage comme domestique Jeanne pour avoir un alibi et cherche à faire passer un ancien associé de son mari pour l'auteur du crime. Mais Robert tue Hélène accidentellement au cours d'une dispute et le commissaire Plantavin l'inculpe alors des deux meurtres.

Le roman de James Hadley Chase, qui se passait à l'origine à Los Angeles, a été translaté pour les besoins du film sur la Côte d'Azur. Brillant dialogue d'Audiard, entre Daniel Gélin et Michèle Morgan : « Salope ! – C'est une injure ? – Salope ! – Ne gaspillez pas ce mot. Il pourrait vous servir. Moi, on me l'a toujours dit comme un mot d'amour. »

Notes : *Tournage du 21 janvier au 23 mars à Nice, à Saint-Jean-Cap-Ferrat – où se trouve la villa des Freminger –, aux studios de la Victorine (Nice) et aux studios Éclair d'Épinay-sur-Seine.*

LE ROUGE EST MIS

Réalisation : Gilles Grangier ; scénario : Gilles Grangier, Auguste Le Breton, Michel Audiard, d'après le roman d'Auguste Le Breton ; dialogues : Auguste Le Breton ; photographie : Louis Page ; musique : Denis Kieffer ; montage : Christian Gaudin, Jacqueline Sadoul ; assistance à la réalisation : Jacques Deray, Jacques Rouffio ; production : Jacques Bar, Alain Poiré (Cité-Films / SNEG – Société Nouvelle des Établissements Gaumont) ; durée : 85 min.

Interprétation : Jean Gabin : Louis Bertain, dit « Louis le Blond ». Annie Girardot : Hélène. Paul Frankeur : Fredo. Lino Ventura : Pepito. Marcel Bozzuffi : Pierre Bertain. Albert Dinan : commissaire Pluvier. Jean Bérard : Raymond. Gina Niclos : Mme Bertain. Gaby Basset : Hortense. Jean-Pierre Mocky : Pierre. Lucien Raimbourg : Jo. Gabriel Gobin : inspecteur Bouvard. Berval : Zé. Thomy Bourdelle : catcheur. Claude Nicot : efféminé.

Thème : Paisible garagiste pour certains, Louis Bertain dit « le Blond » n'est autre que le chef d'une bande de casseurs. Son frère Pierre est arrêté par la police, qui espère obtenir ainsi de lui des tuyaux sur les activités de Louis. Il refuse de coopérer et se retrouve en prison, alors que Louis rencontre Hélène qu'aime Pierre. Jugeant qu'elle n'est intéressée que par l'argent, il exige d'elle qu'elle ne revoie plus son frère. Remis en liberté, Pierre travaille dans le garage de Louis et revoit Hélène contre l'avis de son frère. Ce dernier prépare avec ses complices l'attaque d'un fourgon blindé. L'opération se déroule mal : Pepito tue les deux convoyeurs et deux policiers, et leur complice Raymond est abattu. Louis est désormais persuadé que Pierre les

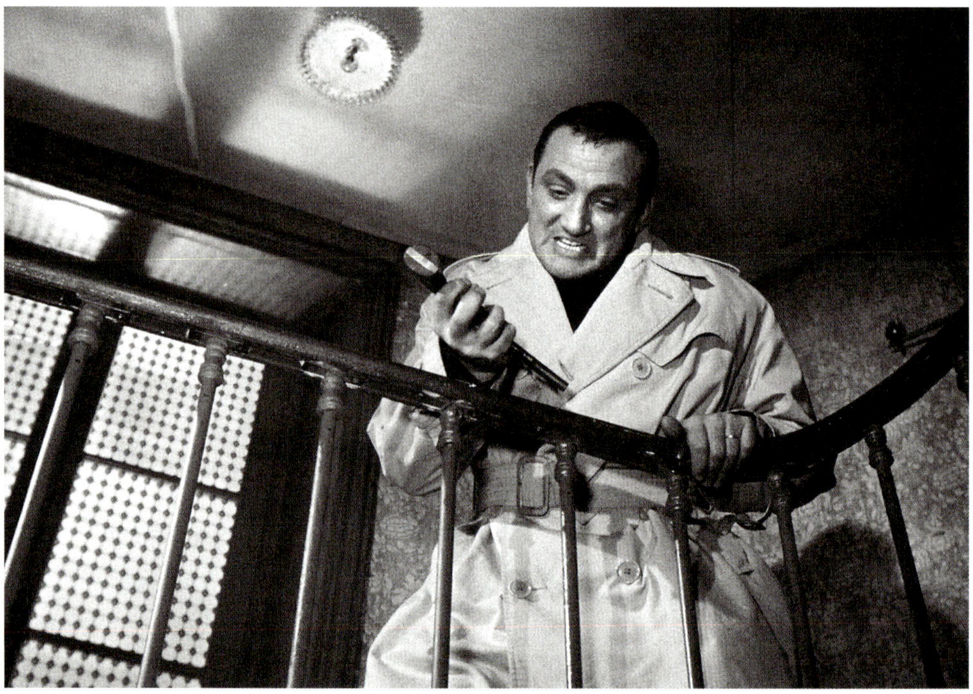

LE ROUGE EST MIS

LE ROUGE EST MIS

a dénoncés. Il finit par découvrir que le donneur est Fredo, le dernier acolyte de la bande. Il cherche alors à sauver Pierre que Pepito a décidé d'éliminer. Louis et Pepito s'entretuent.

Toute la mythologie du Milieu est en place, du frère aux deux visages au casse qui se transforme en un affrontement sanglant et à la recherche de la « balance ».

***Notes :** Tournage à partir du 14 janvier 1957 à Paris et dans la région parisienne, ainsi qu'aux studios de Saint-Maurice (Franstudio).*

LES SUSPECTS

Réalisation : Jean Dréville ; scénario et dialogues : Antoine-Louis Dominique ; photographie : André Germain ; musique : René Cloërec ; montage : Charles Bretoneiche, Raymond Leboursier ; assistance à la réalisation : Jean-Paul Rappeneau, Louis Pascal ; production : Édouard Harispuru, Albert Dodrumez (CCFC – Compagnie Commerciale Française Cinématographique / UDIF – Union des Distributeurs Indépendants de Films) ; durée : 120 min.

Interprétation : Charles Vanel : commissaire Perrache. Anne Vernon : Lucette Vignon. Jacques Morel : inspecteur Paul Duchamp. Yves Massard : inspecteur Louis Vignon. Maurice Teynac : Kurt Topfer. Grégoire Aslan : inspecteur Ben Hamman. René Blancard : inspecteur Rentier. Henri Crémieux : Saab Astérich. Berthe Tissen : Ianna Astérich. Robert Porte : Koskah. Marcelle Arnold : Lynda. Bob Ingarao : Bernard.

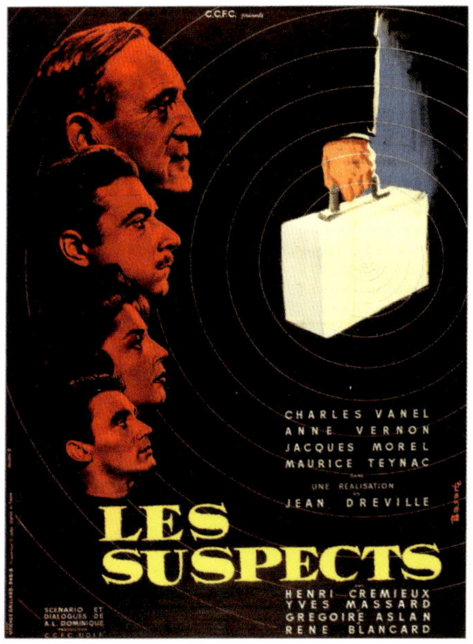

Thème : Un mystérieux groupe de terroristes, les « Partisans de la Métropole », prépare une opération nommée « La Journée du Sang ». Le commissaire Perrache et la DST enquêtent, mais l'inspecteur Vignon est capturé par Kurt Topfer, le chef des terroristes. L'inspecteur Duchamp arrête le couple Astérich, suspecté de faire partie du réseau, et découvre que Topfer est à l'origine de l'enlèvement de son collègue. Topfer veut échanger Duchamp contre son propre frère Hans, un criminel de guerre, détenu à Alger. Perrache fait arraisonner l'avion des terroristes dans lequel se trouve Vignon. L'avion s'écrase mais, heureusement, Vignon n'était pas à bord, étant parvenu à s'être échappé par ses propres moyens.

L'épisode de l'interception de l'avion des terroristes rappelle le détournement, le 22 octobre 1956, de l'avion d'Air Atlas-Air Maroc dans lequel se trouvaient Ben Bella et plusieurs responsables du FLN. Jean Dréville décrit avec un soin particulier les méthodes de la DST, depuis la surveillance jusqu'au fichage, des individus potentiellement dangereux.

***Notes :** Tournage du 26 novembre 1956 au 16 février 1957 au large de Monaco (bateau où Vignon est retenu prisonnier), à Paris et en région parisienne, ainsi qu'aux studios de Neuilly-sur-Seine.*

TOUS PEUVENT ME TUER

Réalisation : Henri Decoin ; scénario : André Versini ; adaptation : Henri Decoin, Albert Simonin, André Versini ; dialogues : Albert Simonin ; photographie : Pierre Montazel ; musique : Jean Marion ; montage : Claude Durand ; assistance à la réalisation : Michel Deville, Edmond Agabra ; production : Sofradis ; durée : 102 min.

Interprétation : André Versini : Antoine « Tony » Lefébure. Anouk Aimée : Isabelle. Peter van Eyck : Cyril Glad. Franco Fabrizi : Karl Herman. Pierre Mondy : Émile Chanu. Dario Moreno : Luigi Falconi. Pierre Louis : Gaston Berlioux. Francis Blanche : « La Bonbonne ». François Périer : directeur de la prison. Eleonora Rossi Drago : femme du directeur. Pierre Dudan : Fernand. Jean-Pierre Marielle : Jérôme. Jean-Claude Brialy : enquêteur. Albert Michel : gardien-brigadier Bricart.

Thème : Amoureux d'Isabelle, Tony s'acoquine avec l'ancien légionnaire Cyril Glad et trois autres hommes d'horizons différents. La bande commet un hold-up de 500 millions de francs et, pour se forger un alibi, ses membres s'introduisent dans une fabrique de pastis où ils se saoulent en attendant d'être arrêtés par la police. Ils sont condamnés à un an de prison, à la sortie de laquelle ils espèrent se partager le magot caché en lieu sûr. Herman, l'un des gangsters, meurt en chutant « accidentellement ». Un deuxième, Berlioux, est retrouvé pendu dans les douches. Vient le tour de Falconi, écrasé par un monte-charge. Innocent, Tony soupçonne logiquement Glad, mais ce dernier est poignardé. Se méfiant de tous les autres prisonniers – sauf de celui dont il devrait se méfier ! –, il finira par neutraliser le coupable. À la fin de sa peine, Tony retrouve Glad, qui est toujours en vie mais meurt de sa blessure. Une fois sorti, il retrouve Isabelle et, à la demande de celle-ci, restitue le butin.

Un certain mélange des genres avec André Versini et Peter van Eyck en criminels, Francis Blanche assurant un élément comique et surtout – et heureusement – Anouk Aimée, délicieusement désirable. Pour Decoin, une œuvre très mineure…

***Notes :** Tournage du 3 avril au 26 mai 1957 à Marseille et aux studios Francœur.*

LE R[illegible] EST MIS

ASCENSEUR POUR L'ÉCHAFAUD

Réalisation : Louis Malle ; scénario : Louis Malle, Roger Nimier, d'après le roman de Noël Calef ; dialogues : Roger Nimier ; première adaptation : Noël Calef ; photographie : Henri Decaë ; musique : Miles Davis ; montage : Léonide Azar ; assistance à la réalisation : Alain Fraisse (= Alain Cavalier), François Leterrier ; production : Jean Thuillier (NEF – Nouvelles Éditions de Films) ; durée : 90 min.

Interprétation : Jeanne Moreau : Florence Carala. Maurice Ronet : Julien Tavernier. Lino Ventura : commissaire Cherrier. Georges Poujouly : Louis. Jean Wall : Simon Carala. Félix Marten : Christian Subervie. Hubert Deschamps : substitut du procureur. Jacques Hilling : garagiste. Iván Petrovich : Horst Bencker. Yori Bertin : Véronique. Elga Andersen : Frieda Bencker. Sylviane Aisenstein : Yvonne. Micheline Bona : Geneviève.

Thème : Avec sa maîtresse Florence, Julien a décidé de tuer le mari de celle-ci, Simon Carala, homme d'affaires dont il est le bras droit. Il cherche à faire passer le meurtre pour un suicide. Mais, l'acte accompli, il se trouve coincé dans l'ascenseur privé de courant, alors qu'un couple de jeunes gens, Louis et Véronique, vole sa voiture et va séjourner dans un motel. Louis, de peur d'être démasqué par des touristes allemands, les abat avec un revolver appartenant à Julien. La police recherche, dès lors, ce dernier et finit par découvrir toute la vérité.

Premier film de Louis Malle et lauréat du prix Louis-Delluc. Toute l'action se noue et se dénoue en vingt-quatre heures. La musique de Miles Davis et de son quintette a été enregistrée lors de la première projection du film. Louis Malle a construit une succession d'engrenages tragiques, de la panne d'ascenseur jusqu'au crime, les personnages étant, dès lors, victimes d'un destin qu'ils sont incapables de contrôler.

Notes : *Tournage du 23 septembre au 15 novembre 1957 au Touquet, à Paris et aux studios d'Épinay-sur-Seine.*

ASCENCEUR POUR L'ÉCHAFAUD

ASCENCEUR POUR L'ÉCHAFAUD

ASCENCEUR POUR L'ÉCHAFAUD

UNE BALLE DANS LE CANON

Réalisation : Charles Gérard et Michel Deville ; scénario : Albert Simonin, Charles Gérard, Michel Deville, d'après le roman d'Albert Simonin ; dialogues : Albert Simonin ; photographie : Claude Lecomte ; musique : Raymond Bernard ; montage : Bernard Lefèvre ; production : Michel et François Sweerts (Filmatec / Les Films Corona) ; durée : 84 min.

Interprétation : Pierre Vaneck : Tony. Roger Hanin : Dick. Paul Frankeur : « Pépère ». Mijanou Bardot : Brigitte Geoffrain. Hazel Scott : elle-même / chanteuse de la boîte. Gérard Buhr : Alberto. Colette Duval : Colette. Mario David : protecteur évincé. Jean Rochefort : Léopold. Michel Lonsdale : M. Doory. Albert Simonin : Chang. Robert Le Béal : M. Geoffrain. Don Ziegler : « le Maltais ».

Thème : Tony et Dick, deux vétérans de retour d'Indochine, achètent une boîte de nuit à Montmartre avec l'argent du trafiquant « le Maltais ». Or celui-ci refait surface et réclame de manière insistante son dû, alors même que les affaires marchent mal. Acculés par leur dangereux créancier, ils acceptent l'aide de « Pépère », un gangster peu fiable, qui leur propose

de réaliser avec lui un hold-up, histoire de rembourser leur dette. Après le casse, Dick, qui se retrouve en voiture avec « Pépère », découvre que ce dernier a tué « le Maltais » et qu'il réserve le même sort aux deux anciens paras. Si « Pépère » a bien pris soin de vider le chargeur de Dick, il reste malgré tout une balle dans la chambre du revolver de celui-ci. Dick l'abat mais meurt dans l'accident automobile, provoqué par le tir, qui règle tragiquement le sort de tous passagers. De son côté, Tony a été inculpé à tort pour un meurtre commis par « le Maltais ».

Mention spéciale pour le cascadeur et comédien Gil Delamare à qui l'on doit l'accident d'auto final.

LA BONNE TISANE

Réalisation : Hervé Bromberger ; scénario : Hervé Bromberger, Louis Duchesne, Jacques Sigurd, d'après le roman de John Amila ; dialogues : Jacques Sigurd ; photographie : Jacques Mercanton ; musique : Georges van Parys ; montage : Maurice Serein ; production : Pierre Gurgo-Salice, René Thévenet, Raymond Lavanchy (Contact Organisation / Lux Compagnie Cinématographie de France / Cofrabel / TV Cinéma) ; durée : 104 min.

Interprétation : Raymond Pellegrin : Dr Augereau. Madeleine Robinson : Maine. Bernard Blier : René Lecomte. Estella Blain : Thérèse. Roland Lesaffre : Roger. Jacques Fabbri : Dr Carré. Marcelle Arnold : Mme Debrais. Georges Douking : Bob. Stéphane Audran : Alice Monnier. Michèle Nadal : Sylvie. Henri Vilbert : Riton.

Thème : Thérèse et Sylvie, récemment diplômées infirmières, viennent prendre leur première nuit de garde à l'hôpital Broussais. Thérèse découvre le corps de René Lecomte, un gangster qui a été blessé par un gang rival. Ce dernier revient à la vie et sa maîtresse Maine est décidée à organiser son évasion avec la complicité de Thérèse. Le docteur Augereau, qui avait fait des avances à Thérèse, prévient la police. Une fusillade oppose alors la police aux gangsters. René Lecomte est tué. Après ces débuts agités, Thérèse et Augereau apprendront à s'aimer.

Une idée originale, mêler le monde des gangsters – le fameux Milieu – à celui de l'hôpital.

Notes : *Tournage du 12 août au 28 septembre aux studios Francœur (Paris 18e).*

CARGAISON BLANCHE

Réalisation : Georges Lacombe ; scénario et dialogues : Jacques Sigurd, d'après le reportage de Jean Masson « Le Chemin de Rio » ; photographie : Roger Hubert ; musique : Francis Lopez ; montage : Denise Baby ; assistance à la réalisation : Philippe de Broca, Roger Dallier, Georges Casati, Georges Pellegrin ; production : Francis Lopez, Eugène Lépicier, Raymond Artus, Robert Vignon (Les Films Mars / CGC – Compagnie Générale Cinématographique / Filmel / Les Productions Francis Lopez) ; durée : 92 min.

Interprétation : Françoise Arnoul : Françoise. Renée Faure : Maria Ploit. Georges Rivière : M. Raymond. Jean-Claude Michel : Pierre Nolier. Judith Magre : Dora. Jean-Claude Brialy : Jean. Michel Salina : M. Paul. Colette Mars : Mado. Germaine Kerjean : Mme Irma. Robert Dalban : René. Georges Aminel : José. Clément Harari : client. Harry-Max : employé de l'imprimerie. Jean-Jacques Lécot : Tony. Pierre Cour : rédacteur en chef. Jean Valmence : journaliste.

UN CERTAIN MONSIEUR JO

Thème : Un journaliste, Jean, est retrouvé mort alors qu'il menait une enquête sur la traite des Blanches. Son amie et collègue Françoise décide d'enquêter à son tour. Elle se fait passer pour une jeune provinciale sans attache et l'« Office parisien des gens de maison » la place comme domestique chez Maria Ploit, une riche bourgeoise. L'infiltrée découvre que sa patronne est l'associée de M. Raymond, le patron du trafic dont le réseau s'étend de Casablanca à Tunis. Françoise est engagée par celui-ci comme barmaid, mais elle se trouve bientôt en danger : surprise avec un autre journaliste, Pierre, ils sont tous les deux démasqués et maltraités. Au moment où ils allaient être éliminés, la police intervient et les sauve. Maria se suicide et M. Raymond est arrêté.

Le film part du même reportage de Jean Masson que Le Chemin de Rio *(1937) de Robert Siodmak, mais il est loin d'être un remake fidèle de l'œuvre précédente. Le film ne doit être vu que pour Françoise Arnoul, superbe dans les deux scènes où on la voit en guêpière.*

Notes : *Tournage du 29 juillet au 21 septembre 1957 à Franstudio (Saint-Maurice). Philippe Lemaire avait initialement été prévu pour le rôle de Pierre.*

UN CERTAIN MONSIEUR JO

Réalisation : René Jolivet ; scénario : René Jolivet ; photographie : Nicolas Hayer ; musique : Joseph Kosma ; montage : Suzanne Sandberg ; production : Jérôme Goulven, Pierre Gurgo-Salice (Lux Compagnie Cinématographie de France / ATICA – Artistes et Techniciens de l'Industrie Cinématographique Associés) ; durée : 105 min.

Interprétation : Michel Simon : Joseph « Jo » Guardini. Geneviève Kervine : Simone Couturier. Jacques Morel : inspecteur Loriot. Raymond Bussières : Louis. Michel Salina : commissaire Leclerc. Gabrielle Fontan : Mme Michel. Gina Manès : Lolo. Véronique Simon : Mado. Jean Daurand : cafetier. Joëlle Fournier : Yvette Lemarchand.

Thème : Ancien membre du Milieu, Jo Guardini tient une petite auberge sur les bords de Marne. Pendant son absence, des truands, traqués par la police, confient à son employé, Louis, une petite fille, Yvette, qu'ils ont kidnappée. Découvrant la situation, compromettante au vu de son passé – il est en liberté conditionnelle –, Jo s'apprête à rendre la fillette à ses parents, mais le commissaire Leclerc, qui a confiance en Jo, envoie à l'auberge l'inspecteur Loriot pour surveiller le secteur. Obligé de cacher Yvette, Jo s'y attache et prend soin d'elle avec l'aide de Simone. Or les kidnappeurs, faute d'avoir pu obtenir la rançon demandée, exigent de Jo qu'il élimine l'enfant. Jo refuse et riposte en se débarrassant des gangsters. Il est mortellement blessé durant l'affrontement, mais l'enfant est sauvée.

Une sympathique guinguette, ses pensionnaires et son patron, pris entre son passé et le présent qui le voit s'attacher à une petite fille kidnappée. Un rôle en or pour Michel Simon.

Notes : *Tournage du 26 juin au 9 août 1957 à Paris, dans la région parisienne et aux studios de Saint-Maurice.*

LE DÉSORDRE ET LA NUIT

Réalisation : Gilles Grangier ; scénario : Jacques Robert, Gilles Grangier, Michel Audiard, d'après le roman de Jacques Robert ; dialogues : Michel Audiard ; photographie : Louis Page ; musique : Jean Yatove ; montage : Jacqueline Sadoul ; assistance à la réalisation : Jacques Deray ; production : Lucien Viard (Orex Films) ; durée : 93 min.

Interprétation : Jean Gabin : inspecteur Georges Vallois. Nadja Tiller : Lucky Fridel. Danielle Darrieux : Thérèse Marken. Paul Frankeur : inspecteur Chaville. Hazel Scott : Valentine Horse. Robert Manuel : Blasco. Robert Berri : Marquis. Roger Hanin : Albert Simoni. François Chaumette : commissaire principal Janin. Harald Wolff : M. Fridel. Raoul Saint Yves : Michou. Edward Fleming : Peter. Louis Ducreux : Henri Marken. Jean Degrave : préparateur en pharmacie. Marcel Bernier : portier de *L'Œuf.* Jacky Bomboo : Créole Combo. Jacques Marin : garçon de café. Ingrid Harrisson : Gina. Lucien Raimbourg : ivrogne. Gabriel Gobin : inspecteur Rocard. Jacques Muller : Léon. Jean-Pierre Cassel : jeune homme à *L'Œuf.*

Thème : Patron du club parisien *L'Œuf,* Albert Simoni est assassiné. Lucky Fridel, qui a assisté à la scène, a réussi à s'enfuir. Les inspecteurs Chaville et Vallois enquêtent. Le second comprend que Simoni était un trafiquant de drogue et s'éprend de Lucky. Il découvre que cette jeune Allemande rêve de devenir chanteuse, qu'elle vit au *George V* et que son père aimerait la voir réintégrer le foyer familial. Il comprend aussi qu'elle est morphinomane et que Simoni lui procurait la drogue dont elle avait besoin. Tout en cherchant à empêcher ses collègues d'arrêter Lucky, Vallois fait la connaissance de la pharmacienne Thérèse Marken, proche de Lucky. Accidenté de la route, il préfère démissionner devant les accusations de son chef Janin lui reprochant de protéger la suspecte, qui a disparu et qu'il retrouve chez Thérèse. La pharmacienne lui avoue qu'elle était la maîtresse de Simoni, qui la forçait par chantage à le fournir en morphine. En présence de Lucky qui ne l'a pas dénoncée, c'est elle qui l'a tué, pour l'empêcher de révéler la vérité à son mari. Thérèse est arrêtée et Vallois place Lucky en cure de désintoxication. Il l'attendra à sa sortie.

Lucky affirme à Vallois : « Tu es un bon amant mais un sale flic » *et* « C'est avec les bonnes bourgeoises qu'on fait les meilleures grues. Tous les séducteurs savent ça. » *Vallois vit seul, avec un chat noir et devant un cerisier. Giflé par Lucky, il riposte doublement et avec plus de violence – une scène superbe –, tout en se laissant séduire par cette jeune et belle Allemande qui boit des doubles Pernod-Rhum, et en réussissant, malgré tout, à découvrir la vérité et l'assassin du trafiquant de drogue Simoni, dont le frère bénéficie de protections politiques. Gilles Grangier délaisse parfois l'enquête policière proprement dite – Vallois démissionnera – pour dépeindre l'atmosphère de l'époque avec ses clubs des Champs-Élysées peuplés d'habitués, fêtards français et étrangers et filles plus ou moins faciles. La drogue y fait des ravages et les plans de Nadja Tiller en manque, yeux exorbités et visage en sueur, témoignent du fléau qui est en train de se répandre. Face à cet univers glauque, Danielle Darrieux symbolise la respectabilité bourgeoise alors qu'elle est une des importantes chevilles du trafic de drogue de Simoni. Elle avoue, non sans cynisme :* « C'est pour l'amour de mon mari que j'ai tué mon amant. » *Pour Gilles Grangier :* « Dans le film, Gabin n'était pas seulement vulnérable. Il pouvait encore séduire. Et ce fut la seule fois que, dans un de mes films, il était un peu séduisant. Il était d'autant plus crédible que Nadja Tiller, la jeune Allemande, était loin de lui déplaire. »

Notes : *Tournage du 20 janvier au 15 mars 1958 à Maisons-Laffitte (demeure de Vallois, au 5, avenue Eglé), Paris – hôtel George-V (8e), place Louis-Lépine (4e), hôpital Necker (15e) – et aux studios de Boulogne.*

LE DOS AU MUR

LE DOS AU MUR

Réalisation : Édouard Molinaro ; scénario : Frédéric Dard, Jean Redon, François Chavane, d'après le roman de Frédéric Dard ; dialogues : Frédéric Dard, Jean-Louis Roncoroni ; photographie : Robert Lefebvre ; musique : Richard Cornu ; montage : Monique Isnardon, Robert Isnardon ; assistance à la réalisation : Claude Sautet ; production : François Chavane, Alain Poiré (SNEG – Société Nouvelle des Établissements Gaumont) ; durée : 93 min.

Interprétation : Jeanne Moreau : Gloria Decrey. Gérard Oury : Jacques Decrey / Berthier. Philippe Nicaud : Yves Normand. Claire Maurier : Ghislaine. Jean Lefebvre : Mauvin. Colette Renard : Josiane Mauvin. Joëlle Janin : Madeleine. Micheline Luccioni : postière. Jean-Marie Rivière : Paul. Gérard Buhr : Mario. Bernard Musson : client impatient à la poste.

Thème : L'industriel Jacques Decrey découvre que sa femme Gloria le trompe avec un comédien sans emploi, Yves Normand. Il se fait passer pour un certain Berthier, maître-chanteur qui menace les amants par le biais de lettres anonymes, exigeant d'eux de l'argent. Yves tente de retrouver et de neutraliser le gênant Berthier. En vain. Le chantage n'étant pas assez efficace, Jacques monte un stratagème pour faire croire à Gloria qu'Yves est à l'origine du chantage et l'auteur des lettres. Au cours d'une dispute, Gloria provoque la mort de son amant et, affolée, appelle Jacques à la rescousse. Dépassé par les événements, celui-ci va cacher le cadavre dans un mur en construction de son usine. Plus tard, Gloria découvre avec horreur la duplicité de son mari. Elle le dénonce à la police avant de se donner la mort.

Une intrigue mitonnée par Frédéric Dard et Édouard Molinaro, dont c'est le premier film, qui utilise habilement d'authentiques décors parisiens, de la rue Bréa (6e) à l'avenue de Suffren (7e) sans oublier le café Les Deux Magots, *place Saint-Germain-des-Prés (6e).*

Notes : *Tournage du 13 novembre au 24 décembre 1957 à Paris, dans la région parisienne et aux studios de Saint-Maurice.*

ÉCHEC AU PORTEUR

Réalisation : Gilles Grangier ; scénario : Pierre Véry, Noël Calef, Gilles Grangier, d'après le roman de Noël Calef ; dialogues : Pierre Véry, Noël Calef ; photographie : Jacques Lemare ; musique : Jean Yatove ; montage : Jacqueline Douarinou (= Jacqueline Sadoul) ; production : Lucien Viard (Orex Films) ; durée : 86 min.

Interprétation : Paul Meurisse : commissaire divisionnaire Varzeilles. Serge Reggiani : Bastien Sassey. Jeanne Moreau : Jacqueline Tourieu. Simone Renant : Denise Giraucourt. Robert Porte : inspecteur Detourbe. Fernand Sardou : Arpaillargues. Louis Arbessier : Bailleul. Pierre Jourdan : Marc Giraucourt. Lucien Raimbourg : agent Gramier. Robert Lombard : inspecteur Planioles. Reggie Nalder : Dédé. Gert Froebe : Hans. Joël Flateau : petit malade. Bernard Lajarrige : inspecteur Le Crocq. Christian Fourcade : Jules. Albert Dinan : Aldo Varecchi.

Thème : Bastien Sassey accomplit pour la pègre une ultime mission avant de se ranger des voitures : le transport d'un ballon de football bourré de drogue. Mais, après la livraison, ses commanditaires le forcent à reprendre l'objet, dont ils ont remplacé à son insu la marchandise par une bombe à retardement, et à le livrer au gang adverse de Hans qu'ils veulent éliminer.

À la suite d'une confusion, ce ballon a été échangé avec celui d'enfants en train de jouer. Face à la situation, Bastien est abattu par les gangsters. Ayant finalement appris la véritable nature du contenu du ballon tombé entre les mains des enfants, il parvient, avant de mourir, à avertir le commissaire Varzeilles, qui pourra à la fois anéantir le gang de Hans et sauver les enfants de l'explosion.

Un suspense habilement agencé et une interprétation qui laisse peu de place aux rôles féminins.

Notes : *Tournage du 15 juillet au 7 septembre 1957 en Bretagne, en région parisienne et aux studios de Boulogne.*

EN CAS DE MALHEUR

Réalisation : Claude Autant-Lara ; scénario : Jean Aurenche, Pierre Bost, d'après le roman de Georges Simenon ; photographie : Jacques Natteau ; musique : René Cloërec ; montage : Madeleine Gug ; production : Raoul J. Lévy, Ray Ventura (Union Cinématographique Lyonnaise / Iéna Productions / CEI Incom / Cinédis) ; durée : 122 min.

Interprétation : Jean Gabin : Me André Gobillot. Brigitte Bardot : Yvette Maudet. Edwige Feuillère : Viviane Gobillot. Nicole Berger : Janine. Franco Interlenghi : Mazzetti. Julien Bertheau : commissaire. Jacques Clancy : Duret. Annick Allières : Noémie.

Albert Michel : patron du bazar. Gabrielle Fontan : Mme Langlois. Madeleine Barbulée : Bordenave. Suzanne Grey : fleuriste. Hubert de Lapparent : avocat du bijoutier. Georges Seey : bijoutier. Jacques Marin : réceptionniste de l'hôtel *Trianon*. Claude Magnier : Gaston. Mathilde Casadesus : Anna. Jean Daurand : inspecteur. Bernard Musson : agent bousculé. Julienne Paroli : Mme Blondel. Albert Rémy : commissaire à la préfecture. Madeleine Suffel : concierge d'Yvette. Jean-Pierre Cassel : trompettiste. Michel Roux : doublure vocale de Franco Interlenghi.

Thème : Avril 1957. Maître André Gobillot, célèbre avocat, accepte de défendre la jeune Yvette Maudet – coupable avec une amie d'une tentative de vol dans une bijouterie et d'une agression – en échange de ses charmes. Il obtient l'acquittement grâce notamment à un faux témoignage. Gobillot s'éprend d'Yvette qui devient sa maîtresse, son épouse Viviane laissant faire, histoire de ne pas perdre la face. L'avocat installe la jeune femme dans un appartement et assure ses dépenses, alors même qu'une procédure est engagée contre lui auprès du Conseil de l'Ordre. Mais Mazzetti, l'amant d'Yvette, réapparaît et elle se donne de nouveau à lui. Pour permettre à Yvette d'échapper à l'idéaliste Mazzetti – qui l'incite à avouer son délit –, Gobillot lui loue un hôtel particulier. Avant de partir en vacances d'hiver avec Gobillot, elle va voir Mazzetti pour lui faire part de son désir de le quitter, mais le jeune homme la poignarde. Gobillot, qui la recherchait, constate la mort de celle qu'il aimait.

C'est la rencontre au sommet des deux acteurs les plus célèbres de l'époque. Parfaitement aidé par ses scénaristes, Claude Autant-Lara décrit une respectabilité et un univers qui se désagrègent peu à peu. Avocat estimé, Me Gobillot ne peut résister à la jeune Yvette qui appartient à un monde opposé au sien. Elle n'est – même pas – une criminelle, comme la plupart de ses clients habituels et ce mélange de naïveté et d'inconscience le surprend. Yvette n'a-t-elle pas commencé à faire un petit trafic de drogue « pour pouvoir le rembourser ». Sa propre femme, Viviane, ne s'oppose même pas à lui, comme si, d'ailleurs, Yvette n'était pas la première aventure de son mari. Avec Yvette, c'est pourtant plus grave, car Me Gobillot l'a vraiment « dans la peau » pour employer une expression précise. Avec elle, toute la barrière des conventions s'est détruite. Bien que connu, il n'hésite pas à se laisser voir avec elle. La composition de Jean Gabin, aussi imposant que vulnérable, est ; à ce titre ; admirable et Brigitte Bardot est à la fois mutine, sensuelle – sa brève apparition nue choqua la France ! – et, parfois, même manipulatrice, comme dans la superbe scène à trois entre Gobillot, elle et la jeune domestique Janine.

Notes : *Tournage du 4 novembre au 4 février 1958 à Paris – préfecture de police (4e), boulevard du Palais (1er et 4e), palais de justice (1er), place de la Concorde (8e), île Saint-Louis (4e), 45, quai de Bourdon (la demeure de Me Gobillot, 4e), rue de Harlay (1er) et 3, rue de Vaugirard (5e) – et aux studios de Joinville-le-Pont (Franstudio).*

EN CAS DE MALHEUR

EN LÉGITIME DÉFENSE

Réalisation : André Berthomieu ; scénario : André Berthomieu ; adaptation : André Berthomieu, Frédéric Dard ; dialogues : Frédéric Dard ; photographie : Walter Wottitz ; musique : Paul Bonneau ; montage : Gilbert Natot ; assistance à la réalisation : Pierre Granier-Deferre ; production : Paul Wagner, Fernand Rivers, René Modiano (Les Films Paul Wagner / Les Films Fernand Rivers / Les Productions René Modiano / Royalty Films) ; durée : 98 min.

EN LÉGITIME DÉFENSE

Interprétation : Bernard Blier : inspecteur Gustave Martinet. Maria Mauban : Dora. Philippe Nicaud : Pierre Lambert. Pierre Mondy : « Petit Bob ». Gisèle Robert : Marcelle. Jean Lefebvre : Georges. Rosy Varte : Rita. Monique Tanguy : Ginette. Robert Dalban : Albert, dit « Bébert le Caïd ». Daniel Cauchy : Dédé. Jacqueline Cartier : Mme Martinet. Paul Bonifas : président de la Cour. Gabrielle Fontan : concierge. Pierre Doris : patron de *La Nouvelle Ève*.

Thème : Pierre Lambert dirige un bar à Montmartre et, sans jamais avoir osé le dire à son ami l'inspecteur Gustave Martinet, une partie de ses gains servent à lui assurer la protection d'une bande de gangsters. Ceux-ci se montrant de plus en plus gourmands, Pierre abat leur chef, « Bébert le Caïd », au cours d'une bagarre. Sur le conseil de Gustave, il se livre à la justice. Il passe en jugement et explique combien il est difficile – impossible – d'échapper à de tels rackets. « Petit Bob », l'un des complices de Bébert, confirme la légitime défense, voulant éviter que Pierre ne se retrouve en prison à l'abri de sa vengeance. Pierre est acquitté et le gang se prépare à appliquer la loi du talion. Mais Martinet intervient et neutralise la menace.

Pour les dialogues de Frédéric Dard (les policiers sont appelés « les roycos » et se raser se dit « gratter la couenne »). La musique est parfois incongrue…

***Notes :** Tournage du 13 janvier au 22 février 1958 à Paris et aux studios Éclair d'Épinay-sur-Seine. Maria Mauban a remplacé Barbara Laage, malade.*

LA FILLE DE HAMBOURG

Réalisation : Yves Allégret ; scénario : José Bénazéraf, Frédéric Dard, Maurice Aubergé, Yves Allégret ; dialogues : Maurice Aubergé ; photographie : Armand Thirard ; musique : Jean Ledrut ; montage : Claude Nicole ; production : José Bénazéraf, Georges Glass (Les Films Univers) ; durée : 86 min.

Interprétation : Daniel Gélin : Pierre. Hildegard Knef : Maria. Jean Lefebvre : Georges. Daniel Sorano : Jean-Marie. Frédéric O'Brady : barman.

Thème : Plus d'une décennie après y avoir été prisonnier de guerre en 1943, Pierre fait escale dans le port de Hambourg et cherche à retrouver Maria, la jeune fille qui, à l'époque, lui avait donné des cigarettes au mépris des gardiens. Il finit par découvrir que celle-ci est l'une des lutteuses d'un match de catch féminin dans la boue auquel il assiste. Épris d'elle, Pierre cherche à la sauver du louche milieu dans lequel elle se trouve. Après une nuit d'amour, il retrouve ses camarades qui, ayant laissé une ardoise, sont poursuivis par leur créancier. Ce dernier poignarde mortellement Pierre, qui parvient à se traîner devant la porte de son amour où il rend son dernier souffle. Maria, quant à elle, pensant qu'il ne reviendra pas, a décidé de mettre fin à ses jours en vidant un tube de somnifères.

Le film a été tourné à Sankt Pauli, le quartier réservé de Hambourg. Hildegard Knef chante « Das Mädchen aus Hamburg » de Jean Ledrut et Dr Lang, et c'est habilement qu'Yves Allégret se plonge dans cet univers glauque, criminel et qui se révélera impitoyable, détruisant les êtres qui s'aiment.

LE GORILLE VOUS SALUE BIEN

Réalisation : Bernard Borderie ; scénario : Bernard Borderie, Antoine-Louis Dominique (= Dominique Ponchardier), d'après le roman d'Antoine-Louis Dominique ; photographie : Louis Page ; musique : Georges van Parys ; montage : Pierre Gaudin, Jacqueline Brachet ; assistance à la réalisation : Jacques Rouffio, Paul Nuytens ; production : Raoul Ploquin (Les Films Raoul Ploquin / SNPC – Société Nouvelle Pathé Cinéma) ; durée : 100 min.

Interprétation : Lino Ventura : Géo Paquet, dit « le Gorille ». Charles Vanel : colonel Berthomieu, dit « le Vieux ». Pierre Dux : William Weslot. Bella Darvi : Isoline. René Lefèvre : commissaire Blavet. Robert Manuel : Casa. André Valmy : Mauricet. Henri Crémieux : X. A. Pallos. Jean-Roger Caussimon : Léon. Yves Barsacq : Berthier. Jean Mercure : directeur de la DST. Jean-Pierre Mocky : Sébut. Robert Berri : Combinat. Marie Sabouret : Chaboute.

Thème : Le colonel Berthomieu, dit « le Vieux », charge Géo Paquet, « le Gorille », d'infiltrer et de neutraliser un réseau d'espionnage dirigé par William Weslot, qui est protégé par un mandat diplomatique. Particulièrement motivé après le meurtre de son collègue et ami Mauricet, Géo passe à l'action. Suspecté, il est torturé par la bande de Sébut et Combinat, sur ordre de Weslot. Chaboute, la femme du Gorille, intervient et abat Sébut. Afin de s'assurer que Weslot ne s'en tire pas à bon compte, le Gorille informe le camp adverse que leur agent est grillé, si bien que Weslot est éliminé par ses propres complices.

C'est la première des trois aventures cinématographiques du « Gorille » imaginé par Antoine-Louis Dominique, alias Dominique Ponchardier, un ancien de la DGER, commandeur de la Légion d'honneur, compagnon de la Libération et proche de De Gaulle. C'est ce même Ponchardier qui servit dans la lutte contre l'OAS et exfiltra Régis Debray de Bolivie en 1967. On attribue d'ailleurs volontiers à Ponchardier l'expression de « barbouze ». « Le Vieux » explique lui-même à Berthier qui va travailler avec « le Gorille » : « La PJ pêche à la mouche, la DST à la cuillère, au lancer plus ou moins léger ; nous, on pêche à la grenade. On n'a pas de permis, on braconne. » *Brillante composition en force de Lino Ventura.*

Notes : *Tournage du 12 novembre 1957 au 11 février 1958 à Franstudio (Saint-Maurice).*

LES JEUX DANGEREUX

Réalisation : Pierre Chenal ; scénario : Pierre Chenal, Paul Andréota, d'après le roman de René Masson *Les Gamins du roi de Sicile* ; photographie : Marcel Grignon ; musique : Paul Misraki ; montage : Suzanne Rondeau ; production : Adolphe Osso, Robert Woog (Eden productions / Zodiaque Productions / Films Metzger et Woog) ; durée : 95 min.

Interprétation : Pascale Audret : Fleur. Jean Servais : Fournier. Judith Magre : Éliane Fournier. Louis Seigner : M. Leroy-Gomez. Germaine Montero : Mme Leroy-Gomez. Yvette Etiévant : mère de Fleur. François Simon-Bessy : Alain Leroy-Gomez. Joël Flateau : « La Puce ». Jean-Roger Caussimon : Bourdieux. Jacques Dynam : Dédé. Robert Vattier : De Fontbelle. Michel Etcheverry : aveugle. Claude Berri : jeune garçon.

Thème : Julien est le chef d'une bande de jeunes voleurs à Ménilmontant. Il tue un agent qui le poursuivait, et sa sœur Fleur, désirant s'adjoindre les services d'un prestigieux avocat pour le défendre, organise avec ses camarades le kidnapping d'Alain, fils du riche M. Leroy-Gomez. Ce dernier fait alors appel à un détective privé, Fournier, qui devine très vite avoir affaire à des mineurs. Leroy-Gomez hésite à payer la

LES JEUX DANGEREUX

rançon. Les kidnappeurs commencent à s'inquiéter. Avec l'aide de Fleur, qui s'est réciproquement attaché à lui, et celle de Fournier, Alain finira par être sauvé, alors même que certains membres de la bande étaient prêts à l'éliminer. Il demandera même à ses parents de financer la défense de Julien, ce qu'ils acceptent à condition qu'il coupe les ponts avec Fleur.

On retrouve le thème d'une jeunesse insatisfaite, déboussolée et prête au crime. Pour Pierre Chenal : « Je n'aurais pas dû montrer les parents. C'est une histoire de gosses, l'intrusion des parents bouleverse leur univers, rompt l'atmosphère du film. Il ne reste plus rien des lieux où j'ai tourné les extérieurs. Il y a là un élément "piéton de Paris" qui, avec le temps, aura valeur de témoignage archéologique. J'ai d'ailleurs toujours eu un faible pour l'ancien Ménilmuche. J'y avais déjà tourné *Rafles sur la ville* ».

Notes : *Tournage du 21 avril au 21 juin 1958 dans le quartier de Belleville (Paris 20e).*

MAIGRET TEND UN PIÈGE

Réalisation : Jean Delannoy ; scénario : Jean Delannoy, R. M. Arlaud, Michel Audiard, d'après le roman de Georges Simenon ; dialogues : Michel Audiard ; photographie : Louis Page ; musique : Paul Misraki ; montage : Henri Taverna ; production : Jean-Paul Guibert (Intermondia Films / Jolly Film) ; durée : 116 min.

Interprétation : Jean Gabin : commissaire Maigret. Annie Girardot : Yvonne Maurin. Jean Desailly : Marcel Maurin. Olivier Hussenot : inspecteur Lagrume. Alfred Adam : Émile Barberot. Lucienne Bogaert : Mme Maurin. Gérard Séty : Jojo. Paulette Dubost : Mauricette Barberot. Jean Debucourt : directeur de la PJ. Jeanne Boitel : Mme Maigret. Nadine Basile : assistante de police. André Valmy : inspecteur Lucas. Dominique Davray : Marguerite Juteau. Maurice Sarfati : inspecteur Lapointe. Pierre Louis : journaliste Rougin. Guy Decomble : Mazet. Jean Tissier : journaliste de *Paris-Presse.* Lino Ventura : inspecteur Torrence.

Thème : Le quartier de la place des Vosges sert de cadre à une série de meurtres ayant pour victimes des femmes dont on lacère les vêtements sans les violer. En arrêtant un faux coupable consentant, le commissaire Maigret cherche à provoquer le meurtrier et à le faire réagir lors d'une fausse reconstitution. Cela fonctionne – il s'attaque sans succès à une policière –, mais le tueur disparaît, prouvant sa parfaite connaissance du quartier. L'inspecteur Lagrume, quant à lui, a discrètement suivi jusqu'à son domicile d'Auteuil une femme, Yvonne Maurin, dont le comportement lui paraissait curieux. Maigret rend visite à celle-ci et rencontre son mari Marcel. Il est bientôt persuadé que ce dernier est le coupable (il a passé sa jeunesse place des Vosges et sa mère habite à l'endroit où le meurtrier a disparu). Cependant, alors qu'il l'interroge et le harcèle, un nouveau crime est commis. Maigret soupçonne à la fois Yvonne et la propre mère de Marcel, chacune d'elles étant capable de tuer pour tenter de

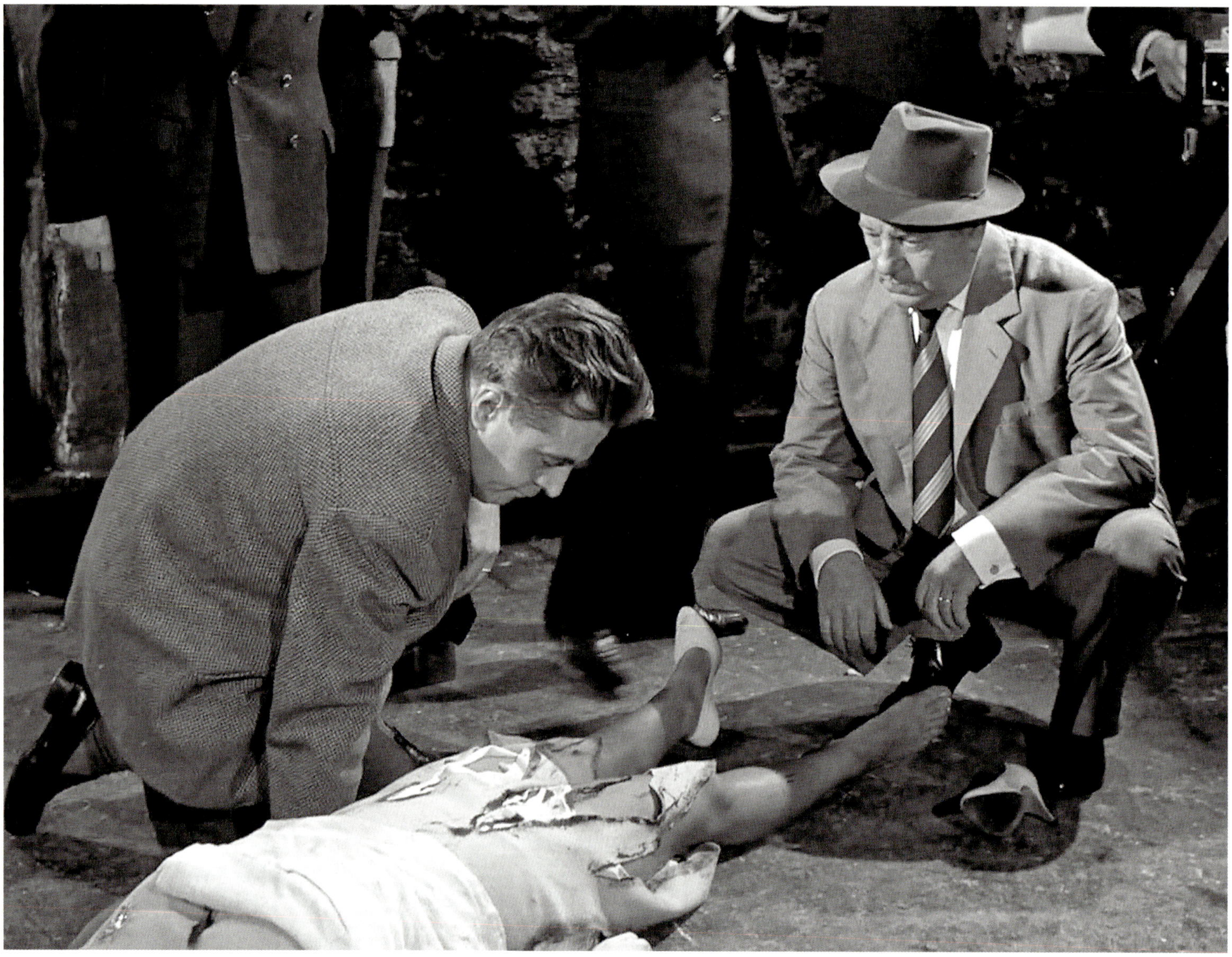

MAIGRET TEND UN PIÈGE

LE MIROIR À DEUX FACES

protéger l'accusé démasqué. Et, en effet, la véritable coupable du dernier crime est…

Un homme impuissant, une mère possessive, une femme frustrée qui cherche une aventure avec un gigolo… C'est tout un petit monde d'êtres mal dans leur peau, insatisfaits et finalement prêts à n'importe quoi. C'est en effet le monde des romans de Simenon dont Delannoy retrouve assez habilement l'univers sans soleil. Le quartier de la place des Vosges se réduit d'ailleurs ici à des décors de studio qui semblent étouffer les personnages. La grande scène de l'interrogatoire de Marcel Maurin par Maigret est un moment terrible où l'on sent que le policier va finir par faire craquer celui qui est désormais son adversaire. Jean Gabin interprète pour la première fois le commissaire Maigret, il le sera à nouveau à deux reprises par la suite.

Notes : *Tournage du 22 juillet au 28 septembre 1957 à Paris et aux studios Éclair d'Épinay-sur-Seine.*

LE MIROIR À DEUX FACES

Réalisation : André Cayatte ; scénario : André Cayatte, Gérard Oury ; adaptation : André Cayatte ; dialogues : Denis Perret, Jean Meckert ; photographie : Christian Matras ; musique : Louiguy ; montage : Paul Cayatte ; production : Henry Deutschmeister, Alain Poiré, Robert Sussfeld (Paris Union Films / Franco London Films / SNEG – Société Nouvelle des Établissements Gaumont / CEI Incom) ; durée : 96 min.

Interprétation : Michèle Morgan : Marie-Josée Vauzange-Tardivet. Bourvil : Pierre Tardivet. Ivan Desny : Gérard Durieu. Georgette Anys : Marguerite Benoît. Julien Carette : Albert Benoît. Georges Chamarat : Georges Vauzange. Élisabeth Manet : Véronique Vauzange-Durieu. Jane Maken : Mme Vauzange. Marcel Pérès : bistrot. Sylvie : Mme Tardivet. Pierre Brice : Jacques. Corrado Guarducci : maître d'hôtel à Venise. Jacques Marin : professeur. Sandra Milo : Ariane. Gérard Oury : Dr Bosc. Yves Barsacq : concierge. Jean-François Poron : danseur.

Thème : Pierre Tardivet, un médiocre petit professeur de mathématiques, rencontre Marie-Josée Vauzange dont le physique ingrat a éloigné d'éventuels soupirants. La jeune femme avait espéré se marier avec son patron, Gérard Durieu, mais ce dernier lui a préféré sa sœur Véronique. Marie-Josée épouse alors Pierre dont elle aura deux enfants, se résignant à une vie sans relief et supportant une agressive belle-mère. Dix ans plus tard, à la suite d'un accident de la route, Pierre est soigné par le docteur Bosc. Rencontrant Marie-José, ce grand chirurgien propose une opération esthétique à la jeune femme. Pierre n'y est pas favorable, mais sa femme passe secrètement outre et revient, transformée. Pierre est furieux de cette situation inattendue – il comprend qu'il peut désormais perdre son épouse – et Marie-Josée se rapproche alors de Gérard, qui a décidé de se séparer de Véronique. Les deux amants projettent de partir ensemble à l'étranger. Mais, apprenant que Pierre a abattu le docteur Bosc et s'est constitué prisonnier, Marie-Josée y renonce et retourne s'occuper de ses enfants, qui ont besoin d'elle.

Un vrai sujet qui, dépassant le cadre traditionnel du mélodrame, s'interroge avec justesse sur le thème de la vie du couple, de la résignation à la jalousie. Une authentique volonté de psychologie et une habile mise en scène de Cayatte. « Le Miroir à deux faces, écrivait Alain Poiré, a été écrit pour Michèle Morgan. Elle était une jeune fille très laide à laquelle la chirurgie donnera un beau visage à la fin de l'histoire et je dois rendre hommage au talent et au courage dont elle a dû faire preuve. Non seulement elle subissait un maquillage torturant, mais elle n'avait le droit de se montrer à personne – ni, donc, de sortir –, ni belle, ni laide, pendant toute la durée du film ! Elle était si sereine, elle était prête à pleurer certains soirs ! »

***Notes :** Tournage du 23 janvier au 29 mars 1958 à l'aéroport d'Orly (Val-de-Marne), à la gare de Lyon (Paris 12e), à Venise (pont de l'Académie, gare de Venise-Santa-Lucia) et aux studios de Boulogne. Sandra Milo est vocalement doublée par Claire Guibert. Remake réalisé par Barbra Streisand :* Leçons de séduction *(1996), avec Barbra Streisand, Jeff Bridges et Lauren Bacall.*

LE PASSAGER CLANDESTIN

LE PASSAGER CLANDESTIN

Réalisation : Ralph Habib ; scénario : Paul Andréota, Ralph Habib, Lee Robinson, Joy Cavill, Maurice Aubergé, d'après le roman de Georges Simenon ; photographie : Desmond Dickinson © ; musique : Michel Emer ; montage : Monique Kirsanoff ; assistance à la réalisation : Claude Pinoteau ; production : Lee Robinson, Paul-Edmond Decharme (Silver Films / Discifilm / Southern Films International) ; durée : 93 min.

Interprétation : Martine Carol : Lotte. Roger Livesey : major Owens. Serge Reggiani : Alfred Mougins. Karl-Heinz Boehm : Jean. Arletty : Gabrielle. Reg Lye : Buddington. Maea Flohr : Maea. Yvon Chabada : Max. Charles Mauu : Taro.

Thème : À Panama, Lotte, une entraîneuse de cabaret, reçoit la visite d'un notaire qui est à la recherche de René Maréchal, dont elle a quelque temps été la compagne et dont elle apprend qu'il est, en réalité, l'héritier d'une importante fortune. Décidée à le retrouver avant le notaire, elle part pour Tahiti où il se trouve, espérant enfin se faire épouser par lui et profiter de son héritage. Avec l'aide de Jean, un jeune officier radio américain qui est éperdument amoureux d'elle, la jeune femme embarque clandestinement à bord du même navire que le notaire, où se trouvent aussi le major Owens et l'aventurier Mougins projetant, tous les deux, de mettre la main sur cette fortune. À Tahiti, ayant découvert l'amour avec Jean, Lotte renonce à son plan. Après moult événements, Mougins assassine le major Owens avant de servir de nourriture aux requins, Lotte et Jean filent le parfait amour tandis que René touche son héritage.

Le film est tout à la fois une intrigue criminelle et, couleurs aidant, un séduisant documentaire sur les charmes de Tahiti et sa joie de vivre.

***Notes :** Tournage du 9 septembre au 10 novembre 1957 en extérieurs à Papeete. La version anglophone* (The Stowaway) *de cette coproduction franco-australienne a été dirigée par Lee Robinson.*

LE PIÈGE

Réalisation : Charles Brabant ; scénario : Jacques Marcerou, Charles Brabant, Roland Laudenbach, André Tabet, d'après une idée de Jacques Marcerou ; dialogues : Roland Laudenbach ; photographie : Edmond Séchan ; musique : Maurice Le Roux, Alain Goraguer (jazz) ; montage : Huguette Brabant ; production : Pierre Audouy (Globe Omnium Films) ; durée : 97 min.

Interprétation : Magali Noël : Cora Caillé. Charles Vanel : Caillé. Raf Vallone : Gino Carsone. Betty Schneider : Denise. Michel Bouquet : commissaire. Jimmy Urbain : Michel.

Thème : Le père Caillé dirige, près de l'étang de Berre, la *Pension Caillé,* aidé par sa belle-fille Cora et leur domestique Denise. Caillé convoite Cora, qui devient la maîtresse de Gino Carsone, un nouveau pensionnaire venu travailler à la raffinerie. Jalouse, Denise découvre que le beau Gino est un criminel recherché par la police. Caillé est satisfait, car cette révélation lui permet de se venger de son rival. Gino fait croire à sa disparition dans l'incendie volontaire de son camion-citerne. Caillé cherche à violer Cora, qui se défend et provoque la mort de son agresseur. Gino vient la chercher pour fuir avec elle, mais la police voit en lui un suspect idéal du meurtre de Caillé…

Une atmosphère glauque et sordide, un climat de plus en plus lourd où se mêlent le désir, la jalousie, la passion et la frustration sexuelle. Belle composition de Charles Vanel.

RAFLES SUR LA VILLE

Réalisation : Pierre Chenal ; scénario : Pierre Chenal, Paul Andréota, Jean Ferry, d'après le roman d'Auguste Le Breton ; dialogues : Paul Andréota (+ Pierre Vial Lesou) ; photographie : Marcel Grignon ; musique : Michel Legrand ; montage : Suzanne Rondeau ; production : Robert Woog (Films Metzger et Woog) ; durée : 82 min.

Interprétation : Charles Vanel : Léonce Pozzi, dit « le Fondu ». Michel Piccoli : inspecteur Vardier. Marcel Mouloudji : Lucien Donati, dit « le Niçois ». Bella Darvi : Cri-Cri. Danik Patisson : Lucie Barot. François Guérin : inspecteur Barot. Monique Tanguy : Lucienne, dite « Loulou ». Albert Rémy : Auguste, dit « Gus ». Albert Dinan : Émile. Jean Brochard : commissaire Brevet. Marcel Lupovici : Dédé. Georges Vitray : inspecteur Taillis. Paul Bonifas : inspecteur Renaud. Georges Douking : fou. Lucien Raimbourg : partenaire de Pozzi à la belote. Gaby Basset : habilleuse. Marie Glory : patronne du café.

Thème : En s'évadant de prison, le truand Pozzi « le Fondu » tue un inspecteur de police. Collègue et ami de la victime, l'inspecteur Vardier décide, quoi qu'il en coûte, de le venger. Le fugitif, ayant retrouvé ses anciens complices et sa maîtresse Cri-Cri, prépare déjà un nouveau casse. Par la contrainte, Vardier obtient des informations auprès du « Niçois », le neveu de Pozzi que celui-ci élimine, la trahison apprise. Après divers événements, Vardier poursuit sa traque et parvient à l'arrêter alors que le gangster cherche à revoir Cri-Cri. Se sachant perdu, le Fondu jette au milieu du poste de police la grenade qu'il cachait sur lui. Pour sauver ses collègues, Vardier se sacrifie en se couchant sur l'engin avant qu'il n'explose.

« On se demande comment, *écrivait Jean-Luc Godard,* et, pourtant, le fait demeure. Ce petit film policier de série est des plus attachants. Pour ma part, je mets *Rafles sur la ville* en troisième dans la liste, juste après *Touchez pas au Grisbi* et *Du rififi chez les hommes.* Pourquoi ? Tout simplement parce que, pour une fois, les flics français sont présentés comme des gens normaux avec des réactions comme tout le monde, comme s'envoyer la femme d'un copain pour peu qu'elle soit jolie. *"Un film vrai",* dit la publicité. Je dis : un vrai film. » *Belle composition de Charles Vanel.*

RAFLES SUR LA VILLE

Notes : Tournage du 26 juin au 17 août 1957 à Paris, en région parisienne et aux studios Photosonor de Courbevoie.

SOIS BELLE… ET TAIS-TOI !

Réalisation : Marc Allégret ; scénario : Marc Allégret, William Benjamin ; adaptation : Marc Allégret, Odette Joyeux, Gabriel Arout, Jean Marsan, Roger Vadim ; dialogues : Jean Marsan ; photographie : Armand Thirard ; musique : Jean Wiener ; montage : Suzanne de Troeye ; assistance à la réalisation : Pascal Jardin, Claude Vital ; production : Raymond Eger (Films EGE) ; durée : 110 min.

Interprétation : Henri Vidal : inspecteur Jean Morel. Mylène Demongeot : Virgine Dumayet. Béatrice Altariba : Olga Babitcheff. Jean-Paul Belmondo : Pierrot. Anne Collette : Prudence. Robert Dalban : commissaire Gotterat. François Darbon : Gino. Gabrielle Fontan : grand-mère de Jean. Alain Delon : Loulou. Roger Hanin : Charlemagne. Darry Cowl : inspecteur Jérôme. René Lefèvre : M. Raphaël.

Thème : Raphaël organise un habile trafic de pierres précieuses en se servant d'une bande de jeunes gens à laquelle appartient Loulou et à qui il offre des scooters. Évadée d'une maison de correction avec Loulou, Virginie est courtisée par l'inspecteur Jean Morel, alors même que le gangster Charlemagne, un homme dangereux lié aux pierres précieuses, se montre menaçant. Morel et Virginie en danger seront sauvés par les jeunes contrebandiers en question.

L'histoire bascule trop vite de l'intrigue policière vers la comédie. On remarquera surtout la présence de Jean-Paul Belmondo et Alain Delon dans le même film.

***Notes :** Tournage du 9 décembre 1957 au 22 février 1958 à Paris, dans la région parisienne et aux studios de Billancourt.*

TROIS JOURS À VIVRE

Réalisation : Gilles Grangier ; scénario : Gilles Grangier, Michel Audiard, Guy Bertret, d'après le roman de Peter Vanett ; dialogues : Michel Audiard ; photographie : Armand Thirard ; musique : Joseph Kosma ; montage : Jacqueline Douarinou (= Jacqueline Sadoul) ; production : André Deroual, Jacques Gauthier (International Motion Pictures) ; durée : 85 min.

Interprétation : Daniel Gélin : Simon Belin. Jeanne Moreau : Jeanne Fortin. Lino Ventura : Lino Ferrari. Aimé Clariond : Charlie Bianchi. Georges Flamant : inspecteur Ségalier. Roland Armontel : Alexandre Bérimont. Jannick Arvel : Thérèse. Évelyne Rey : Belina. Albert Augier : Dédé. Moustache : Davros. Robert Rollis : reporter. Jacques Marin : gendarme. Marcel Pérès : propriétaire du théâtre.

Thème : Témoin du meurtre d'un gangster, le jeune acteur Simon Belin trouve soudain une notoriété inespérée en identifiant formellement – tout en ayant de sérieux doutes qu'il passe sous silence – Lino Ferrari, le présumé coupable. Ce dernier s'évade et décide de régler son compte à Simon dans les trois jours. Paniqué, Simon avoue alors à sa compagne Jeanne son identification incertaine et pense fuir Le Havre, où il se produit avec sa troupe, pour New York. Ferrari, qui est innocent et n'a plus rien à perdre, est prêt à tuer Simon, que cherche à protéger Jeanne. Après une fusillade ayant coûté la vie à un policier, celle-ci, ne pouvant séduire Ferrari pour s'interposer entre Simon et lui, tue le gangster. Pris de remords, Simon fait une spectaculaire tentative de suicide. Il survit et retrouve Jeanne à son chevet.

Le deuxième, après Gas-oil *(1955) et avant* Échec au porteur *(1958), des trois films tournés par Jeanne Moreau sous la direction de Gilles Grangier.*

***Notes :** Tournage à Franstudio (Saint-Maurice) et, en extérieurs, au Havre, à Rouen, Versailles et Paris.*

LES VIOLENTS

Réalisation : Henri Calef ; scénario : André Haguet, Henri-André Legrand ; adaptation : Henri Calef ; dialogues : Jacques Chabannes ; photographie : Jean Isnard ; musique : Marcel Landowski ; montage : Denise Baby ; production : Claude Dolbert (Société Nouvelle Océans Films) ; durée : 92 min.

Interprétation : Paul Meurisse : inspecteur principal Malouvier. Françoise Fabian : Évelyne Tiercelin. Fernand Ledoux : Pierre Tiercelin. Béatrice Altariba : Lisiane Chartrain. Jean Meyer : Eugène Gallois. Louis Arbessier : Me Rodier. Daniel Clérice : Leo Geens / Pierrot. Jean Brochard : Bernard Chartrain. Alain Quercy : Bernard Chartrain. Paul Guers : Philippe de Coppet. Junie Astor : Irene Raalten. René Havard : inspecteur Damien.

Thème : Ruiné par son cousin Bernard Chartrain, Pierre Tiercelin est devenu un simple éclusier. Il s'adonne à la boisson, à la grande tristesse de sa fille, la danseuse Évelyne, que courtise son partenaire de music-hall Pierrot. Lisiane, la fille de Chartrain, est, de son côté, fiancée à Philippe de Coppet. Chartrain est bientôt retrouvé mort, empoisonné. L'inspecteur Malouvier découvre bientôt que Chartrain se livrait à un trafic d'armes. Lisiane disparaît, mais Malouvier la retrouve et démasque le meurtrier, Tiercelin.

De multiples suspects et un suspense qui ne se dissipe qu'à la fin.

Notes : Tournage du 6 février au 30 mars 1957 à Caen, Aubervilliers et aux studios de Boulogne-Billancourt / SFP.

1959

125, RUE MONTMARTRE

Réalisation : Gilles Grangier ; scénario : André Gillois, Gilles Grangier, Jacques Robert, d'après le roman d'André Gillois ; dialogues : Michel Audiard ; photographie : Jacques Lemare ; musique : Jean Yatove ; montage : Jacqueline Douarinou (= Jacqueline Sadoul) ; assistance à la réalisation : Jacques Deray ; production : Lucien Viard (Orex Films / SNPC – Société Nouvelle Pathé Cinéma) ; durée : 86 min.

Interprétation : Lino Ventura : Pascal. Andréa Parisy : Catherine Barrachet. Robert Hirsch : Didier Barrachet. Dora Doll : Germaine Montillier, dite « Mémène ». Alfred Adam : Philippe Barrachet. Lucien Raimbourg : Victor. Jean Desailly : commissaire Dodelot. Henri Crémieux : juge d'instruction. Gilles Grangier : acheteur de journaux. Paul Mercey : Raymond. Jacques Monod : médecin.

Thème : Pascal, un crieur de journaux parisien, sauve de la noyade Didier, qui s'était jeté dans la Seine. Une profonde amitié liant peu à peu les deux hommes, Didier lui explique les raisons de son acte désespéré : sa femme Catherine et son beau-frère Philippe veulent le faire passer pour fou afin de l'interner et lui subtiliser son importante fortune. À sa demande, Pascal accepte de s'introduire de nuit dans son appartement pour y récupérer de l'argent que Didier y a dissimulé. Mais Pascal y trouve un cadavre et, surpris par Catherine qui appelle la police, est inculpé pour meurtre. La victime n'est autre que le mari de Catherine dont Didier est l'amant… Bien que Pascal apparaisse comme un coupable idéal, le commissaire Dodelot, sceptique quant à cette culpabilité, finit par démasquer les deux criminels ayant monté ce plan machiavélique, à savoir les deux amants, Catherine et Didier.

Le métier de Pascal permet à Gilles Grangier d'en profiter pour décrire certains lieux de la capitale, alors que le roman d'André Gillois avait reçu le prix du Quai des Orfèvres. Lino Ventura est particulièrement convaincant.

Notes : *Tournage du 25 mai au 12 juillet 1959 aux studios de Billancourt et à Paris.*

À DOUBLE TOUR

Réalisation : Claude Chabrol ; scénario : Paul Gégauff, d'après le roman de Stanley Ellin *The Key to Nicholas Street* ; dialogues : Paul Gégauff, Claude Chabrol ; photographie : Henri Decaë © ; musique : Paul Misraki ; montage : Jacques Gaillard ; assistance à la réalisation : Philippe de Broca, Charles L. Bitsch ; production : Robert Hakim, Raymond Hakim (Paris Film Production / Panitalia / Titanus) ; durée : 100 min.

Interprétation : Madeleine Robinson : Thérèse Marcoux. Jacques Dacqmine : Henri Marcoux. Jeanne

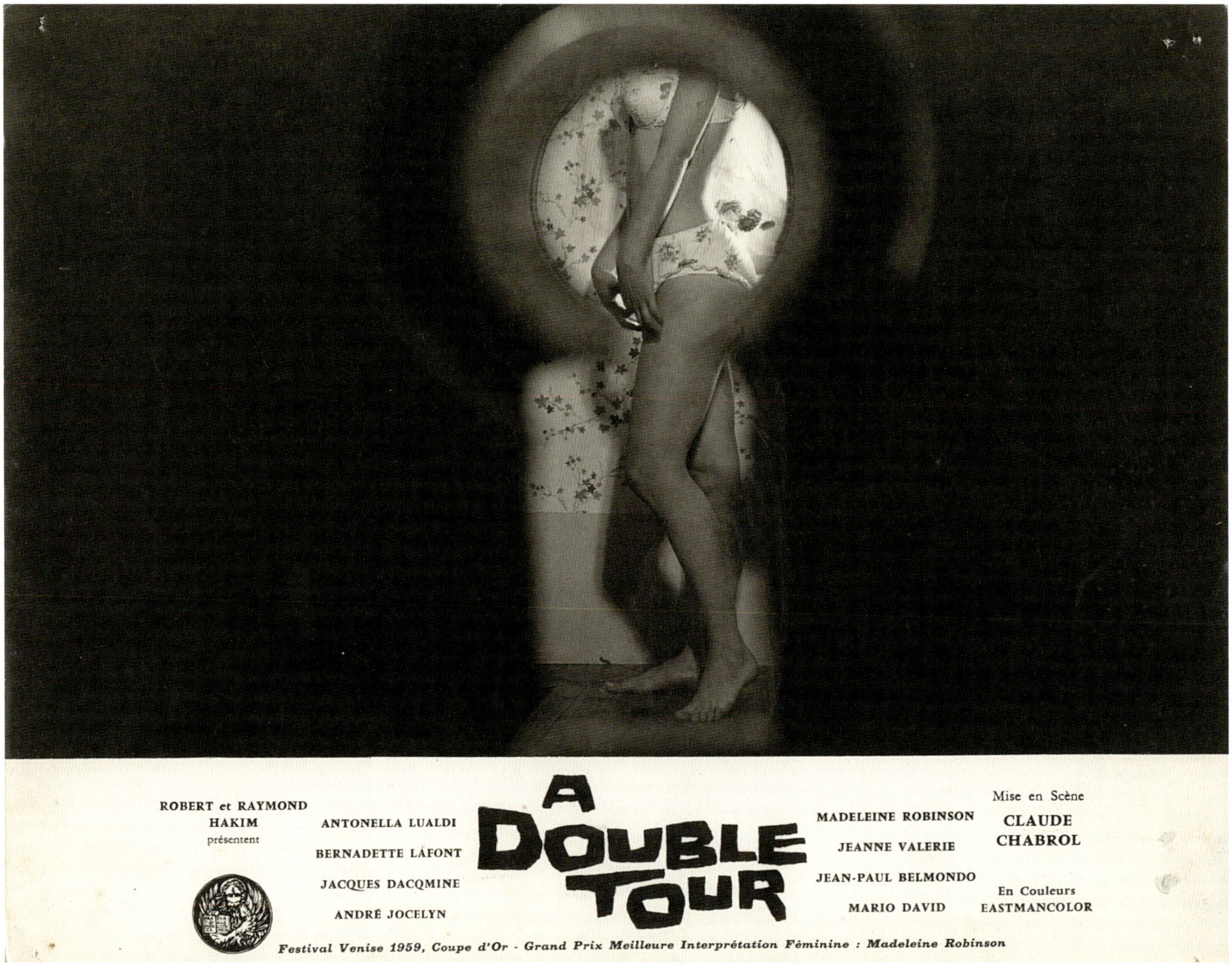

ASPHALTE

Valérie : Élisabeth. André Jocelyn : Richard Marcoux. Jean-Paul Belmondo : László Kovacs. Antonella Lualdi : Léda. Mario David : Roger. László Szabó : Vlado. Bernadette Lafont : Julie. Raymond Pélissier : jardinier. André Dino : inspecteur de police. Claude Chabrol : passant.

Thème : En Provence. Thérèse Marcoux comprend que son époux Henri, avec lequel elle est mariée depuis une vingtaine d'années, la trompe, alors même que leur fille Élisabeth est amoureuse de László Kovacs. Thérèse et Henri s'opposent à propos de cette liaison, que la première n'approuve pas. Henri en profite pour lui déclarer qu'il la quitte pour leur jeune et jolie voisine – et donc sa maîtresse –, Léda. Mais celle-ci est assassinée. László pourrait être un coupable tout trouvé, mais il est innocent et va même trouver le véritable meurtrier qui n'est autre que le propre frère d'Élisabeth, Richard, à l'état mental instable, qui a voulu venger l'affront subi par sa mère.

C'est la rencontre de la Nouvelle Vague – symbolisée ici par Claude Chabrol – et de l'univers du roman policier. Le cinéaste commence par placer un décor idyllique – ah, la Provence ! – et, peu à peu, le spectateur découvre que, derrière les apparences, se révèlent diverses frustrations, la tentation des uns, la jalousie et la haine des autres. La façade se lézarde peu à peu jusqu'à la découverte d'un corps.

Notes : *Tournage du 21 mai au 10 juillet 1959 à Aix-en-Provence. Prévu pour le rôle de László, Jean-Claude Brialy, malade, a dû être remplacé par Jean-Paul Belmondo.*

ASPHALTE

Réalisation : Hervé Bromberger ; scénario : Jacques Sigurd ; photographie : Roger Hubert ; musique : Francis Lopez ; montage : Gilbert Natot, Denise Natot ; assistance à la réalisation : Éric Le Hung ; production : Francis Lopez, Robert Vignon (Lyrica / Les Films Mars / Filmel) ; durée : 94 min.

Interprétation : Françoise Arnoul : Nicole. Massimo Girotti : Éric. Jean-Paul Vignon : Michel. Dany Saval : Monique. Anne-Marie Coffinet : Arlette. Roger Dumas : Marcel. Georges Rivière : Roger. Marcel Bozzuffi : Gino. Don Ziegler : Johnny. Jean-François Poron : Alain. Claude Berri : garçon de la bande de Gino.

Thème : Nicole est l'épouse d'Éric, un riche industriel allemand qu'elle suit au gré des affaires et des palaces. À Paris, d'où elle est originaire, elle revoit Michel, un ami d'enfance. Le lendemain, alors qu'Éric est parti seul pour Francfort, Nicole retourne sur les lieux de sa jeunesse, dans le quartier pauvre de la porte de Bagnolet, les endroits qu'elle et ses copains de l'époque avaient l'habitude de fréquenter. Elle revoit aussi Gino qui l'a toujours aimée et qui tue un maître-chanteur ayant voulu soutirer de l'argent à la jeune femme contre le promesse de ne pas informer son mari de son passé miséreux. Elle ne peut plus rien pour lui et rejoint Éric, qui a tout compris et tout pardonné.

Grâce à Françoise Arnoul, le personnage de Nicole, prise entre sa vie actuelle, celle des palaces internationaux, et les souvenirs de son enfance et des quartiers pauvres, trouve une véritable sensibilité. Le reste est moins original et convaincant. La plus belle scène voit Françoise Arnoul danser en robe de chambre dans sa chambre du Crillon devant la place de la Concorde.

Notes : *Tournage du 25 août au 18 octobre 1958 à Paris, en région parisienne et aux studios de Saint-Maurice.*

LA BÊTE À L'AFFÛT

Réalisation : Pierre Chenal ; scénario : Michel Audiard, Pierre Chenal, André Tabet, R. M. Arlaud, d'après le roman de Day Keene *Forests of the Night* ; dialogues : André Tabet, Michel Audiard ; photographie : Christian Matras ; musique : Maurice Jarre ; montage : Suzanne Rondeau ; production : Ray Ventura (Le Trident / Hoche Productions / Union Cinématographique Lyonnaise / Les Films Odéon) ; durée : 90 min.

Interprétation : Françoise Arnoul : Élisabeth Vermont. Henri Vidal : Daniel Morane. Gaby Silvia : Gilberte. Madeleine Barbulée : gouvernante de Liliane. Michel Piccoli : commissaire Guimard. Jean Brochard : commissaire François. Agnès Laury : femme du gardien. Harry-Max : notaire. Georges Douking : gardien du phare. Jacques Marin : Lesquet.

Thème : Daniel Morane s'évade de prison. Blessé et traqué, il trouve refuge auprès d'Élisabeth Vermont, une jeune et riche veuve réputée pour ses œuvres sociales. Il réussit à la persuader de son innocence à propos d'un vol du produit d'une vente aux enchères qu'elle a organisée et obtient qu'elle parte avec lui. Dans leur fuite, Élisabeth constate bientôt que le jeune homme est un dangereux truand, menteur et manipulateur. Elle cherche encore à le sauver, mais il meurt sous les balles de la police, alors que le couple s'était réfugié à l'intérieur d'un phare.

« L'épisode du phare n'existait pas dans le roman, *déclarait Pierre Chenal,* la scène se déroulait dans un bistro. Je pensais qu'en attendant la fin d'une tornade, se réfugier dans un phare était autrement inattendu, angoissant et surtout photogénique. On peut toujours s'enfuir d'un bistro, ou du moins le tenter. Un phare se transformait en un piège. » *De son côté, Françoise Arnoul se rappelait* « une qualité d'atmosphère proche du grand film noir américain, avec des taches de lumière, des personnages s'y brûlant ou s'enfonçant dans le noir ». *C'est aussi l'un des meilleurs rôles d'Henri Vidal qui, passant du jeune homme sympathique et victime de la société au malfaiteur égoïste, témoigne de son talent.*

Notes : *Tournage du 20 janvier au 6 mars 1959 à Melun (Seine-et-Marne) et ses environs, ainsi qu'aux studios de Boulogne.*

ÇA N'ARRIVE QU'AUX VIVANTS

Réalisation : Tony Saytor ; scénario : Jean Cosmos, François Boyer, Pierre Lary, d'après le roman de James Hadley Chase *The Things Men Do* ; photographie : Pierre Petit ; musique : Henri Bourtayre, Émile Prud'homme ; montage : Monique Kirsanoff ; production : Gérard Deytout, René Pignières, Louis Lefait (SNC – Société Nouvelle de Cinématographie / Les Films Marivaux) ; durée : 86 min.

Interprétation : Gisèle Pascal : Anne Brunier. Magali Noël : Gloria Selby. Raymond Pellegrin : Henri Brunier. Marc Valbel : Charles Laurent. Daniel Cauchy : Bébert. Pierre Larquey : gardien de nuit. Gilbert Gil : Marc Mattéï. Henri Cogan : Michel. Émile Prud'homme : Bernard Mauduy. André Valmy : commissaire.

Thème : Henri et Anne Brunier exploitent un garage dont les affaires périclitent. Henri dépanne Gloria Selby, dont le charme le fascine. La jeune femme lui présente Charles Laurent qui rembourse les dettes du garage et s'y installe avec ses compagnons. Laurent tient bientôt Henri à sa merci en gardant Anne en otage et exige qu'il participe au vol d'un fourgon postal en coupant le signal d'alarme. Laurent tue le convoyeur Bernard, un ami d'Henri. Soupçonné par la police, ce dernier démasque Laurent et le tue. L'argent volé est remis à la police.

Hold-up, chantage, dettes et séduction… On retrouve certains des thèmes chers aux romans de James Hadley Chase. Une réussite mineure.

Notes : *Tournage du 25 mars au 3 mai 1958.*

DÉLIT DE FUITE

Réalisation : Raymond Borderie ; réalisation de seconde équipe : Stevo Petrovic ; scénario : Jean Aurel, Bernard Borderie, d'après le roman de James Hadley Chase ; dialogues : Bernard Borderie ; photographie : Claude Renoir ; musique : Jean Leccia ; montage : Christian Gaudin ; assistance à la réalisation : Jacques Rouffio ; production : Jacques Bar, Raymond Borderie (CICC – Compagnie Industrielle et Commerciale Cinématographique / Les Films Borderie / Aurelia Cinematografica / UFUS / Le Groupe des Quatre) ; durée : 95 min.

Interprétation : Antonella Lualdi : Lucile Aitken. Félix Marten : Fred Bartel. Aimé Clariond : Aitken. Folco Lulli : Franco. Robert Berri : Hackett. Franco Interlenghi : Mario Rossi. Janez Vrhovec : Santelli. Olga Brajevic : Dolorès.

DÉLIT DE FUITE

Thème : Malgré son journal et son usine sur l'Adriatique, le riche industriel Aitken est au bord de la faillite. Il espère se sortir de cette grave situation par le crime, en sollicitant, à cet effet et à son insu, Fred Bartel, l'un de ses journalistes sportifs. Lucile, la jeune épouse d'Aitken, s'éprend de ce rédacteur plein de fougue. Aitken et son bras droit Hackett voient avec plaisir Lucile emprunter la Ferrari de Fred. Avec leur complicité, Lucile fait croire à Fred qu'elle a roulé accidentellement sur le corps d'un homme. En tant que propriétaire de la voiture, Fred – qui n'a pas signalé l'accident – est soupçonné et recherché, mais il découvre bientôt que la victime – un agent de police ! – était morte bien avant l'accident. Elle s'était refusée à participer à une louche opération montée par Aitken, qui l'avait fait éliminer par le tueur Mario Rossi. Cet « accident » était donc, en réalité, un crime maquillé dont Fred devait porter le chapeau. Le journaliste découvre aussi qu'Aitken est prêt à mettre le feu à son usine. À l'issue d'une bagarre finale, Aitken trouve la mort et les autres coupables sont arrêtés.

Le roman de James Hadley Chase est une habile histoire criminelle dont le film n'est qu'un faible reflet. Reste heureusement la toujours belle Antonella.

DES FEMMES DISPARAISSENT

Réalisation : Édouard Molinaro ; scénario : Gilles-Morris Dumoulin, Albert Simonin, d'après le roman de Gilles-Morris Dumoulin ; dialogues : Albert Simonin ; photographie : Robert Juillard ; musique : Art Blakey ; montage : Laurence Méry-Clark ; production : Jacques et Georges Roitfeld, Lucien Masson, Jean Mottet (La Société des Films Sirius / Les Productions Jacques Roitfeld) ; durée : 85 min.

Interprétation : Robert Hossein : Pierre Rossi. Magali Noël : Coraline Merlin. Estella Blain : Béatrice. Philippe Clay : Tom. Jacques Dacqmine : Victor Quaglio. Jane Marken : Mme Cassini. Pierre Collet : Nasol. Monique Vita : Nina. Liliane David : Madeleine. Anita Treyens : Brigitte. Robert Lombard : Merlin. François Darbon : Camille. William Sabatier : Carel.

Thème : Contre l'avis de Pierre, qui l'aime, Béatrice se rend à une soirée organisée par Mme Cassini. Celle-ci se révèle être la complice d'un truand, Victor Quaglio, à la tête d'un réseau de prostitution et de traite des Blanches. Après s'être frotté aux sbires de Quaglio qui ont tenté sans scrupules de le compromettre aux yeux de la police, Pierre réussit à atteindre la villa où se déroule la « soirée-piège ». Mais il est capturé malgré l'aide de la jeune Coraline, dégoûtée par son rôle de rabatteuse puis corrigée impitoyablement par le gang pour sa trahison. Béatrice comprend la situation et réussit à fuir avec Pierre, que les truands sont prêts à éliminer. Les amoureux sont trahis par Mme Cassini et se retrouvent à nouveau prisonniers des proxénètes. Mais Pierre est parvenu à alerter la police, qui lance l'assaut contre leur repaire. Au cours de la fusillade, Coraline est tuée en sauvant Béatrice et Pierre. Ce dernier se débarrasse de Quaglio, au terme d'un violent affrontement.

La traite des Blanches est l'un des thèmes à la mode dans le cinéma policier de ces années et, face à Robert Hossein en jeune héros, Philippe Clay incarne l'un des tueurs à gages du gang, un assassin particulièrement sinistre, aux ordres de Jacques Dacqmine, tout aussi sinistre.

***Notes :** Tournage du 29 septembre au 20 novembre 1958 à Marseille et aux studios de Boulogne-Billancourt / SFP.*

DEUX HOMMES DANS MANHATTAN

Réalisation : Jean-Pierre Melville ; scénario, adaptation et dialogues : Jean-Pierre Melville ; photographie : Nicolas Hayer ; musique : Christian Chevallier, Martial Solal ; montage : Monique Bonnot ; production : Florence Melville, Alain Térouanne (Belfort Films / Alter Films) ; durée : 82 min.

Interprétation : Pierre Grasset : Pierre Delmas. Jean-Pierre Melville : Moreau. Christiane Eudes : Anne Fèvre-Berthier. Ginger Hall : Judith Nelson. Jean Darcante : Rouvier. Monique Hennessy : Gloria. Michèle Bailly : Bessie Reed. Paula Dehelly : Mme Fèvre-Berthier.

DEUX HOMMES DANS MANHATTAN

Billy Beck : partenaire de Judith sur scène. Jerry Mengo : McKimmie. Colette Fleury : Françoise. Carl Studer : sergent de police. William Kearne : homme de la sécurité. Glenda Leigh : Virginia. Jean Lara : Aubert. Martial Solal : pianiste. Jean-Pierre Darras : ivrogne.

Thème : New York, un 23 décembre. Journaliste à l'AFP, Moreau est chargé par son rédacteur en chef d'enquêter sur l'étrange disparition de Fèvre-Berthier, délégué français à l'ONU. Il fait appel à Pierre Delmas, un photographe de presse alcoolique, habitué à la vie nocturne new-yorkaise et aux scandales. Leurs investigations les poussent à rencontrer successivement plusieurs femmes liées au diplomate : l'actrice Judith Nelson, la chanteuse Virginia Graham, Gloria, qui est call-girl, la strip-teaseuse Bessie Reed ou encore la secrétaire du disparu, Françoise Bonnot. Après leur passage, Judith fait une tentative de suicide. À l'hôpital, elle leur avoue que Fèvre-Berthier est mort chez elle d'une crise cardiaque. Moreau et Delmas s'y rendent et découvrent le cadavre. Dépourvu de scrupules, Delmas maquille la scène en mettant le corps du diplomate sur le lit de l'actrice, histoire d'avoir des photos spectaculaires de ce scoop qui peut lui rapporter gros. Moreau s'insurge et prévient son rédacteur dont le propre patron arrive et révèle au duo de journalistes que Fèvre-Berthier était un homme remarquable, ancien héros de la Résistance. Delmas fait semblant de céder en leur donnant un autre rouleau de photos. Retrouvé plus tard par Moreau et Anne, la fille de Fèvre-Berthier – qui les a pris en filature durant leur enquête et veut étouffer l'affaire pour préserver l'honneur de son père –, Delmas est finalement ému par les propos de la jeune femme et finit par détruire les bonnes pellicules qu'il avait conservées.

Après quelques plans peu convaincants et destinés à montrer l'ONU au travail, le film bascule avec le début de l'enquête de Moreau dans un univers nocturne de plus en plus inquiétant. Françoise, la propre secrétaire de Moreau, est lesbienne, plus sensibilisée par son amie que par la disparition de son patron ; et c'est le monde de New York la nuit sur lequel se concentre Melville, dont on connaît l'attachement pour l'Amérique, sa société et sa civilisation. Le cinéaste retrouve, à sa manière, l'univers du film noir qu'il admire, réfléchissant au passage sur la liberté de la presse, les journalistes à scandale prêts pour le scoop de leur vie et s'interrogeant, une fois de plus, sur la vérité, la réalité et les apparences. Avec, en prime, une musique lancinante. Très surprenant.

DOUZE HEURES D'HORLOGE

Réalisation : Géza Radványi ; scénario : Boileau-Narcejac ; dialogues : René Lefèvre, Jean-Louis Roncoroni ; photographie : Henri Alekan ; musique : Léo Ferré ; montage : René Le Hénaff ; production : Suzy Prim, Fernand Rivers, René Saurel (Estela Films / Transocean-Film / Les Films Fernand Rivers) ; durée : 106 min.

Interprétation : Lino Ventura : Albert Fourbieux. Eva Bartok : Barbara. Hannes Messemer : Serge. Laurent Terzieff : Kopetsky. Gert Fröbe : M. Blanche. Suzy Prim : Mme César. Lucien Raimbourg : M. César. Gil Vidal : Maurice de Tercy. Ginette Pigeon : Lucette. Guy Tréjan : Armand.

Thème : Albert, Serge et Kopetsky s'évadent d'une prison du Midi de la France et rejoignent un petit port d'où ils doivent partir pour l'étranger. Ils ont douze heures à attendre, le temps de se procurer argent et faux papiers. Kopetsky veut revoir son amie Barbara et la convaincre de s'enfuir avec lui. Mais, comme il est blessé, il demande à Serge d'y aller à sa place pour lui poser la question et aussi récupérer l'argent qu'il lui a confié pour le passage. Ce dernier a tellement entendu parler de la jeune femme qu'il est déjà amoureux d'elle. Après avoir installé Kopetsky sur le bateau, Albert obtient des faux documents auprès du couple César, mais il est arrêté par le gendarme Armand. De son côté, Kopetsky succombe à ses blessures. Enfin, Serge est tué par le patron de Barbara, M. Blanche. La jeune femme sera la seule à pouvoir fuir.

Il semble vite probable – ce que confirmera la suite – qu'aucun des trois évadés n'échappera à un sort tragique et que seule Barbara parviendra à s'en sortir. On pourra noter que Suzy Prim a participé à la production du film.

***Notes :** Tournage du 13 octobre au 20 décembre 1958 aux studios de la Victorine (Nice), à Nice et ses environs, Villefranche-sur-Mer et La Colle-sur-Loup.*

DOUZE HEURES D'HORLOGE

DU RIFIFI CHEZ LES FEMMES

Réalisation : Alex Joffé ; scénario : Auguste Le Breton, Alex Joffé, José Giovanni, Gabriel Arout, Jacques Mage, d'après le roman d'Auguste Le Breton ; dialogues : Auguste Le Breton ; photographie : Pierre Montazel ; musique : Louiguy ; montage : Léonide Azar ; production : Jacques Mage (Les Productions de l'Étoile / Dismage / Transalpina / Tecnostampa) ; durée : 110 min.

Interprétation : Nadja Tiller : Vicky de Berlin. Robert Hossein : Marcel Point-Bleu. Sylvia Monfort : Yoko. Roger Hanin : « le Bug ». Pierre Blanchar : « le Pirate ». Françoise Rosay : Berthe. Georges Rigaud : « le Marquis ». Daniel Emilfork : Luigi le Napolitain. Claude Piéplu : client au restaurant. Jean Gaven : Henri / James. Eddie Constantine : Williams. Lucien Raimbourg : gardien de la banque. Maurice Garrel : porte-flingue du Pirate. Tiberio Murgia : Ricci.

Thème : Vicky est la propriétaire d'une boîte de nuit de Bruxelles, installée sur une péniche, lui rapportant assez d'argent pour éveiller l'intérêt de Bug, le chef d'une bande adverse, qui exige que l'établissement lui soit vendu. Elle refuse et avertit ses complices, Berthe, Marcel et « le Marquis », qui sont en pleine préparation d'un braquage de banque. C'est désormais la lutte entre les gangs rivaux, Bug étant notoirement poussé à l'affrontement par sa maîtresse Yoko, qui déteste Vicky. Marcel espère qu'un arbitrage favorable leur sera rendu par « le Pirate » dans ce conflit, tandis que Bug est menacé d'être expulsé par un policier, Williams, s'il ne l'aide pas à démanteler un réseau de trafic de drogue. Le jour du casse, Bug prend en filature Vicky, qu'il espère impliquée dans des affaires de drogue, jusqu'à la banque. Son intrusion fait tomber à l'eau l'opération : il empêche Vicky d'exécuter la tâche qui lui était impartie et abat Marcel, avant d'être lui-même tué par Vicky. L'arrivée de la police empêchera celle-ci et le reste de la bande de profiter du magot.

Nadja Tiller, somptueuse, chante « L'argent est tout au monde » de Louiguy et Charles Aznavour, alors que gravite autour d'elle toute une bande de gangsters, fascinés, comme elle-même, par le pouvoir de l'argent.

Notes : *Tournage du 15 décembre 1958 au 14 février 1959 à Bruxelles et aux studios de Boulogne-Billancourt / SFP. Le sujet avait, un moment, intéressé Marcel Carné qui envisageait alors de confier le rôle de Vicky à Hildegard Knef. De son côté, Jules Dassin avait été pressenti pour le rôle du « Marquis ».*

ÉNIGME AUX FOLIES-BERGÈRE

Réalisation : Jean Mitry ; scénario : Gloria Phillips, d'après le roman de Léo Malet *Énigme aux Folies-Bergère* ; dialogues : Amédée ; photographie : Paul Fabian ; musique : Jerry Mengo ; montage : Paulette Robert ; production : Alphonse Gimeno, Linette Phillips (Gimeno-Phillips Films) ; durée : 82 min.

Interprétation : Frank Villard : commissaire Raffin. Bella Darvi : Solange. Dora Doll : Clara. Armand Mestral : Armand. Linda Roméo : danseuse. Jean Tissier : régisseur. Maximilienne : Mme Rosenthal. Charles Lemontier : Courvoisier. Liliane Robin : Dora. Claude Bolling : lui-même.

Thème : Le commissaire Raffin et son assistant mènent l'enquête à la suite de l'assassinat de l'industriel Courvoisier, survenu alors qu'il téléphonait à la police. L'entourage de la victime gravite autour des *Folies-Bergère,* où les policiers retrouvent Solange, la nièce de Courvoisier. Suite aux meurtres qui se succèdent, dont celui la veuve de ce dernier, Raffin est en mesure d'établir un lien entre tous ces événements et un vol de bijoux, cachés dans le théâtre. Il démasque le voleur et assassin, le chauffeur Armand, amant de sa complice Solange. À l'issue d'une course-poursuite, les deux coupables sont abattus par la police.

La principale énigme est bien de se demander ce que Jean Mitry, théoricien et historien du cinéma et dont c'est l'unique film de long métrage, est allé faire ici… Léo Malet déclarait d'ailleurs à François Guérif : « Énigme aux Folies-Bergère a été adapté à l'écran. J'ai été épouvanté de voir le résultat. Mais, en même temps, j'ai été très content parce que le metteur en scène est un de ces théoriciens qui vous coupent un poil du cul en quatre pour expliquer comment avoir du talent et qui ne sont pas foutus de se servir de la caméra qu'on leur a mise entre les mains. »

LE FAUVE EST LÂCHÉ

Réalisation : Maurice Labro ; scénario : Jean Redon, Claude Sautet ; adaptation : Frédéric Dard, François Chavane, Claude Sautet ; dialogues : Frédéric Dard, Jean Redon ; photographie : Pierre Petit ; musique : Georges van Parys ; montage : Germaine Lamy (= Germaine Artus) ; production : François Chavane (Cinéphonic / Les Productions Elan) ; durée : 98 min.

Interprétation : Lino Ventura : Paul Lamiani. Estella Blain : Nadine Maroux. Paul Frankeur : Raymond Maroux. Alfred Adam : colonel. François Chaumette : Paulan. Nadine Alari : Pierrette Lamiani. Eugène Deckers : Toni Luigi. André Weber : Walter. Jess Hahn : Donald. Jacqueline Caurat : présentatrice.

Thème : Ex-truand, Paul vit tranquillement – et honnêtement – avec sa femme et ses deux enfants en assurant la direction de son restaurant. Mais il est également un ancien du 2e Bureau et on lui demande de reprendre contact avec un certain Raymond, lié à un trafic de documents volés. Si Paul commence par refuser, il est contraint de céder, la DST le faisant

LE FAUVE EST LÂCHÉ

alors chanter et menaçant de le faire passer pour un faux-monnayeur. Très vite, Paul doit faire face à des gangsters qui exigent de toucher la part promise par la vente des documents que recherche le 2e Bureau. Raymond trouve la mort et Paul décide alors de passer à l'action. Tandis qu'il retrouve les documents chez Nadine Maroux, la petite amie de Raymond, il se les voit réclamés par Ton Luigi en échange de la vie de son fils, qui a été enlevé. Après moult bagarres et aventures, un rendez-vous est fixé avec la bande adverse. À peine Paul leur a-t-il transmis les documents et récupéré son fils que ses adversaires, pris en chasse par la DST, sont mis hors d'état de nuire. Le « fauve » peut retrouver sa vie paisible en famille.

Une belle poursuite à Étretat et Lino Ventura en grande forme. Selon la légende, Claude Sautet aurait tourné un tiers du film lorsque Maurice Labro est tombé malade. Sautet l'a confirmé, déclarant : « Le film prenait du retard, Labro a quitté le tournage à la fin de son contrat et m'a demandé, en accord avec le producteur, de le terminer à sa place. Il restait quinze jours à tourner, surtout des scènes d'extérieurs où j'essayais d'introduire un peu plus de lyrisme dans le mouvement. Je m'entends très bien avec Lino. Je ne suis pas mécontent de ce que j'apporte. »

***Notes :** Tournage du 9 juillet au 30 août 1958 à Paris et Étretat.*

MAIGRET ET L'AFFAIRE SAINT-FIACRE

Réalisation : Jean Delannoy ; scénario : Jean Delannoy, Rodolphe-Maurice Arlaud, d'après le roman de Georges Simenon *L'Affaire Saint-Fiacre* ; dialogues : Michel Audiard ; photographie : Louis Page ; musique : Jean Prodromidès ; montage : Henri Taverna ; production : Jean-Paul Guibert (Filmsonor / Intermondia Films / Cinétel / Pretoria Film / Titanus) ; durée : 98 min.

Interprétation : Jean Gabin : commissaire Jules Maigret. Michel Auclair : Maurice de Saint-Fiacre. Valentine Tessier : comtesse de Saint-Fiacre. Robert Hirsch : Lucien Sabatier. Paul Frankeur : Dr Bouchardon. Jacques Morel : Me Mauléon. Michel Vitold : abbé Jodet. Gabrielle Fontan : Marie Tatin. Camille Guérini : Gaultier. Serge Rousseau : Émile Gaultier. Jacques Marin : Albert. Marcel Pérès : sacristain. Micheline Luccioni : Arlette. Armande Navarre : Myriam.

Thème : Le commissaire Maigret répond à l'appel de la comtesse de Saint-Fiacre et revient ainsi dans son village natal. La vieille dame, qu'il connaît depuis son enfance, a reçu une lettre anonyme lui annonçant sa mort prochaine pour le mercredi des Cendres. Victime d'une crise cardiaque, elle s'effondre, en effet, au cours de l'office le jour J. Qui est responsable de ce qui est bien un meurtre ? Lucien Sabatier, son secrétaire et gigolo qui se dit antiquaire et lui faisait vendre les derniers objets de valeur ? Le régisseur Gaultier, qui a vendu les terres au profit de Maurice, le fils de la comtesse ? Maurice lui-même, qui a des goûts dispendieux ? Maigret découvre que le journal local a imprimé une fausse nouvelle ânonnant la mort de Maurice et que quelqu'un a glissé la coupure du journal correspondante dans le missel de la comtesse, d'où la crise cardiaque. Les coupables sont les Gaultier, père et fils. Maigret les démasque.

Certes, on suit l'intrigue avec un certain intérêt mais, loin de Paris, Maigret a perdu une partie de sa mythologie – tout en retrouvant ici une partie de son enfance ! – et Jean Gabin, moins convaincant que dans Maigret tend un piège (1958), interprète le légendaire commissaire comme s'il s'agissait presque de n'importe quel policier en quête des coupables.

***Notes :** Tournage du 18 février au 15 avril 1959 à Courquetaine (Seine-et-Marne), Gaillon-sur-Montcient (Yvelines), Vernon (Eure), à la gare SNCF de Vaux-sur-Seine et aux studios d'Épinay-sur-Seine.*

MAIGRET ET L'AFFAIRE SAINT-FIACRE

MARIE-OCTOBRE

Réalisation : Julien Duvivier ; scénario : Julien Duvivier, Jacques Robert, d'après le roman de Jacques Robert ; dialogues : Henri Jeanson ; photographie : Robert Lefebvre ; musique : Jean Yatove ; montage : Marthe Poncin ; production : Lucien Viard (Abbey Films / Doxa Films / Orex Films / Société Française du Théâtre et Cinéma) ; durée : 95 min.

Interprétation : Danielle Darrieux : Marie-Hélène Dumoulin, dite « Marie-Octobre ». Bernard Blier : Julien Simoneau. Robert Dalban : Léon Blanchet. Paul Frankeur : Lucien Marinval. Paul Guers : père Yves Le Gueven. Daniel Ivernel : Robert Thibaud. Paul Meurisse : François Renaud-Picart. Serge Reggiani : Antoine Rougier. Noël Roquevert : Étienne Vandamme. Lino Ventura : Carlo Bernardi. Jeanne Fusier-Gir : Victorine.

Thème : Le réseau résistant « Vaillance » a été démantelé au cours de l'Occupation et son chef Castille, tué. Quinze ans après, dix membres survivants sont invités dans le château de François Renaud-Picart à la demande de Marie-Hélène Dumoulin, dite « Marie-Octobre ». Celle-ci leur révèle qu'elle a appris que le réseau avait été trahi par un de ses propres membres. La raison de cette réunion est de démasquer le traître en question. Chacun est invité à s'exprimer. Simoneau semble suspect, mais sans une raison précise. La cuisinière Victorine a-t-elle trop parlé ? Certains ont bénéficié d'une importante somme d'argent à la Libération et, justement, un important versement destiné au réseau a été volé à l'époque. Qui a donc tué Castille, ce chef vénéré ? On découvre que ce n'est ni la Gestapo ni un policier. Rougier finit par reconnaître qu'il était le voleur et avait tué Castille par intérêt et jalousie. Il aimait Marie-Octobre, dont Castille était l'amant. Marie-Octobre s'empare d'une arme et l'abat, avant de se livrer à la justice.

Un même lieu – le salon du château imaginé par Georges Wakhévitch –, une unité de temps (une soirée) et une question : qui a tué Castille ? Julien Duvivier bénéficie d'un superbe huis clos et d'une exceptionnelle interprétation – Danielle Darrieux, admirable – et, peu à peu, le spectateur découvre des zones d'ombre de plus en plus noires. Castille, ce héros à qui l'on porte un toast, n'a donc pas été tué par la Gestapo mais par un des siens qui, de plus, a trahi le réseau « Vaillance ». Cet homme traitait mal Marie-Octobre, devenue sa maîtresse. Plusieurs des membres du réseau, des « camarades », avaient à la Libération trouvé moyen de développer – pour diverses raisons – de fructueuses affaires. Certains n'avaient d'ailleurs pas arrêté d'en faire durant l'Occupation, trafiquant au marché noir, imprimant pour les Allemands, étant trop facilement arrêtés puis relâchés par l'occupant. Il est bien évidemment impossible de ne

MARIE-OCTOBRE

MARIE-OCTOBRE

pas se souvenir, à cette occasion, de l'arrestation de Jean Moulin, de la mise en cause très ambiguë de René Hardy (si ce n'était pas lui, qui donc a révélé la rencontre de Caluire ?). Loin de célébrer – comme il a été longtemps de bon ton de le faire – l'œcuménisme de la Résistance, le film met le doigt sur une réalité moins glorieuse. C'est donc par jalousie que Castille a été tué. Remarquable directeur d'acteurs, Julien Duvivier réalise d'inoubliables moments comme la conversation entre Rougier – Serge Reggiani, plus émouvant que jamais – et le père Le Gueven qui, lui aussi, aimait Marie-Octobre ou encore la fin qui voit la vérité éclater, alors que, à un certain moment et pour des mobiles différents, chacun aurait pu être l'auteur de la tragédie.

Notes : *Tournage du 17 novembre au 10 décembre 1958 aux studios de Boulogne. Un remake a été tourné pour la télévision en 2008 par Josée Dayan avec Nathalie Baye.*

PICKPOCKET

Réalisation : Robert Bresson ; scénario : Robert Bresson ; photographie : Léonce-Henri Burel ; musique préexistante : Jean-Baptiste Lulli ; montage : Raymond Lamy ; production : Agnès Delahaie (Agnès Delahaie Productions) ; durée : 75 min.

Interprétation : Martin LaSalle : Michel. Pierre Leymarie : Jacques. Marika Green : Jeanne. Jean Pélégri : inspecteur principal. Dolly Scal : mère de Michel. Kassagi : pickpocket qui instruit Michel. Pierre Étaix : troisième pickpocket. César Gattegno : inspecteur.

Thème : Michel vole un premier portefeuille, plus par curiosité que réellement par besoin. Il persévère mais, arrêté, il est relâché, faute de preuves. Il délaisse son ami Jacques, qui lui conseille de trouver un travail honnête, et Jeanne qui est éprise de lui. Il s'associe à un pickpocket professionnel, qui l'aide à parfaire sa « formation », et, avec un autre complice, ils accomplissent une série de vols. Ses deux camarades étant arrêtés, Michel part pour l'étranger afin de se faire oublier. À son retour, il découvre que Jeanne a eu un enfant de Jacques qu'elle s'est pourtant refusée à épouser, ne l'aimant pas. Michel décide de travailler, mais la tentation le reprend et il tombe dans un piège tendu par la police. Il est arrêté et envoyé en prison. Jeanne vient le voir et le réconforter.

PICKPOCKET

Un texte introductif précise : « Ce film n'est pas du style policier. L'auteur s'efforce d'exprimer, par des images et des sons, le cauchemar d'un jeune homme poussé par sa faiblesse dans une aventure de vol à la tire pour laquelle il n'était pas fait. Seulement, cette aventure, par des chemins étranges, réunira deux âmes qui, sans elle, ne se seraient peut-être jamais connues. » Pour Louis Malle, parlant de Robert Bresson : « Autant dire, si l'on sait la valeur de ce cinéaste, que la sortie de Pickpocket *est une des quatre ou cinq grandes dates de l'histoire du cinéma.* Pickpocket *est un film profondément inspiré, un film libre, instinctif, brûlant, imparfait et bouleversant. Il dénoue tous les malentendus : si vous niez ce film, c'est le cinéma comme art autonome que vous mettez en question. »*

***Notes :** Tournage du 22 juin au 12 septembre 1959 à Paris et aux studios de Saint-Maurice.*

SIGNÉ ARSÈNE LUPIN

Réalisation : Yves Robert ; scénario : Jean-Paul Rappeneau, d'après l'œuvre de Maurice Leblanc ; adaptation : Yves Robert, Diego Fabbri, François Chavane ; dialogues : Jean-Paul Rappeneau, Robert Lamoureux, Yves Robert ; photographie : Maurice Barry ; musique : Georges van Parys ; montage : Gilbert Natot ; production : François Chavane, Jules Borkon, Alain Poiré (SNEG – Société Nouvelle des Établissements Gaumont / Films François Chavane / Lambor Films / Film Costellazione Produzione) ; durée : 100 min.

Interprétation : Robert Lamoureux : Arsène Lupin / lieutenant André Laroche. Alida Valli : Aurélia Valéano. Jacques Dufilho : Albert. Robert Dalban : inspecteur Béchoux. Yves Robert : La Ballu. Harold Kay : Henri. Jean Galland : général. Paul Préboist : ivrogne à Enghien. Michel Etcheverry : Van Nelden. Roger Dumas : Isidore Bautrelet, dit « Véritaz ».

Thème : 1919. Après la guerre, où il a été blessé en tant qu'héroïque aviateur sous le nom du lieutenant André Laroche, Arsène Lupin cambriole, en compagnie de son complice La Ballu, une villa à Enghien où ils volent un tableau constituant la première d'une fresque en trois parties. La Ballu dérobe le deuxième tableau tandis que le dernier, conservé au musée de Florence, a lui aussi disparu. Aidé du journaliste Isidore Bautrelet, Arsène Lupin découvre que les trois tableaux volés doivent indiquer l'endroit où est caché, en Bourgogne, le trésor de la Toison d'or que recherche Aurélia Valéano, une belle Roumaine qu'il avait rencontrée lors de sa convalescence à l'hôpital. Arène Lupin retrouve finalement ledit trésor et le fait remettre au gouvernement, après avoir mis de côté certains joyaux, bien sûr…

Revoilà donc Arsène Lupin plongé, après le la Première Guerre mondiale, dans une nouvelle intrigue. Agréable reconstitution d'époque.

***Notes :** Tournage du 2 juillet au 18 août 1959 au Château-Gaillard (Les Andelys), à Enghien-les-Bains – au lac d'Enghien, au restaurant* Pavillon du lac, *rue du Général-de-Gaulle –, à Florence – Piazza dei Pitti, Piazza della Santissima Annunziata, fontaine de Neptune, Ponte vecchio –, à Paris –* Harry's New Bar *(rue Daunou, 2e), place du Carrousel (1er), rue de la Paix (2e), boulevard Pereire (17e), rue Puvis-de-Chavannes (17e) –, à Neuilly-sur-Seine (lycée Pasteur) et à Franstudio (Saint-Maurice).*

UN TÉMOIN DANS LA VILLE

Réalisation : Édouard Molinaro ; scénario : Édouard Molinaro, Pierre Boileau, Thomas Narcejac, Gérard Oury, Alain Poiré ; dialogues : André Tabet, Georges Tabet ; photographie : Henri Decaë ; musique : Barney Wilen ; montage : Robert Isnardon, Monique Isnardon ; production : Alain Poiré, Henry Deutschmeister, Moris Ergas (Franco London Films / Paris Union Films / SNEG – Société Nouvelle des Établissements Gaumont / Tempo Film / Zebra Films) ; durée : 86 min.

Interprétation : Lino Ventura : Ancelin. Franco Fabrizi : Lambert. Sandra Milo : Liliane. Robert Dalban : Raymond. Jacques Berthier : Pierre Verdier. Ginette Pigeon : Muriel. Micheline Luccioni : Germaine. Jacques

TOI, LE VENIN

Jouanneau : vendeur de voitures. Daniel Ceccaldi : client étranger. Michel Etcheverry : juge d'instruction. Jacques Monod : avocat de Verdier. Janine Darcey : patronne de l'hôtel. Françoise Brion : Jeanne Ancelin. Dora Doll : prostituée. Geneviève Cluny : speakerine. Jean Ferrat : voyageur dans le métro. Sacha Briquet : client du strip-tease.

Thème : Faute de preuves, Verdier est acquitté, bien qu'il ait jeté sa maîtresse Jeanne hors d'un train en marche. Ancelin, le mari trompé de Jeanne, décide de se venger. Il tue Verdier en laissant croire que ce dernier se serait suicidé, mais il y a un témoin, un radio-taxi, Lambert. Il l'élimine. C'est le début d'une course-poursuite à travers Paris, Ancelin étant pourchassé par les collègues de sa victime. Ancelin est finalement abattu par la police au Jardin d'acclimatation.

La publicité a toujours raconté que le film a été fait avec l'aide de 400 radio-taxis, cette traque permettant au spectateur de redécouvrir Paris, de la rue d'Alleray (15e) à la rue Castagny (15e), de la rue Labrouste (15e) à l'avenue Émile-Zola (15e), de la rue de la Chaussée-d'Antin (9e) à Neuilly et au Jardin d'acclimatation. Le sujet est original et riche en péripéties.

Notes : *Tournage du 19 janvier au 15 mars 1959 à Paris et Neuilly-sur-Seine.*

TOI, LE VENIN

Réalisation : Robert Hossein ; scénario et dialogues : Robert Hossein, d'après le roman de Frédéric Dard *C'est toi le venin* ; photographie : Robert Juillard ; musique : André Gosselain (= André Hossein) ; montage : Gilbert Natot ; assistance à la réalisation : Pierre Guilbaud, Olga Waren (= Olga Baïdar-Poliakoff) ; production : Jules Borkon (Champs-Élysées Productions / Filmauro) ; durée : 92 min.

Interprétation : Robert Hossein : Pierre Menda. Marina Vlady : Éva Lecain. Odile Versois : Hélène Lecain. Héléna Manson : Amélie. Henri Crémieux : docteur. Charles Blavette : inspecteur de police. Lucien Callamand : Julien. Henri Arius : Titin. Pascal Mazzotti : homme de la discothèque.

TOI, LE VENIN

Thème : Pierre Menda a une aventure d'une nuit avec une riche inconnue qui l'a fait monter dans sa voiture. Ayant relevé la plaque du véhicule, il retrouve l'adresse de la conductrice et découvre alors la présence de deux sœurs, Hélène et Éva, dont la ressemblance est plus que troublante. Laquelle des deux sort la nuit à la recherche de brèves liaisons ? Ce serait Hélène, car Éva est handicapée des deux jambes. Mais le doute s'installe… Pierre s'éprend d'Hélène et vit en compagnie des deux sœurs. Hélène s'enfuit. Pierre trouve Éva debout – elle simulait donc bien la paralysie – et celle-ci lui avoue la haine qu'elle éprouve pour sa sœur. Mais son fauteuil chute dans l'escalier, ce qui la rendra paralysée pour de vrai. Devant cette vérité, Pierre préfère partir, seul.

Le film bénéficie évidemment du fait que Marina Vlady et Odile Versois soient sœurs dans la vie et se ressemblent, en effet, la troisième sœur Poliakoff, Olga, étant assistante réalisatrice du film. Cette ressemblance suffit pour faire vaciller la raison du héros. L'une d'elles est-elle coupable ? Est-ce Hélène ? Au fait, Éva est-elle réellement paralysée ? Rappelons que Robert Hossein était, à l'époque, marié avec Marina Vlady.

***Notes :** Tournage du 9 mai au 5 juillet 1958 à Nice et aux studios de la Victorine.*

LE TOUBIB DU GANG

Réalisation : Yvan Govar ; scénario : Marlène Gray, Herbert Schick ; dialogues : Yvan Govar ; photographie : Claude Beaugé ; musique : André Cazenabe ; montage : Marguerite Beaugé, Geneviève Falaschi ; production : Yvan Govar (Belgian Films / OFC / Sopadis) ; durée : 100 min.

Interprétation : Raoul de Manez : Dr Louis Krantz. Gaston Derblay : professeur Lowart. Patrick Domain : Jacky. Jean Gerardy : inspecteur Walters. Pierre Comte : Paul Hermann. Yvan Govar : René Minelli. Anne-Marie Mersen : Sonia. Gérard Viller : Éric Mertens.

Thème : Le docteur Louis Krantz, ayant perdu sa licence à la suite d'un avortement, a rejoint une bande de gangsters dont il est devenu le médecin. Mais le chef du gang le croit à tort responsable de l'échec de leur dernière opération…

Tourné en Belgique, à Bruxelles, le film est un polar de série et on aurait tort d'y voir un drame social consacré au problème de l'avortement illégal.

***Notes :** Ce film n'a été projeté sur les écrans français que trois ans après sa sortie en Belgique.*

LA VALSE DU GORILLE

Réalisation : Bernard Borderie ; scénario et dialogues :Jacques Robert, Bernard Borderie, Antoine-Louis Dominique (= Dominique Ponchardier), d'après le roman d'Antoine-Louis Dominique ; photographie : Claude Renoir ; musique : Jean Leccia ; montage : Christian Gaudin ; assistance à la réalisation : Jacques Rouffio, Paul Nuyttens ; production : Raoul Ploquin (SNPC – Société Nouvelle Pathé Cinéma / Les Films Raoul Ploquin / Télouet Films) ; durée : 100 min.

Interprétation : Charles Vanel : Berthomieu, dit « le Vieux ». Roger Hanin : Géo Paquet, dit « le Gorille ». Jess Hahn : Ted « the Hook ». Ursula Herwig : Luise Keibel. Wolfgang Preiss : Otto Lohn. Victor Tacik : Keibel. Yves Barsacq : Berthier. Micheline Gary : blonde. Claude Vernier : Rosberg. René Havard : chimiste. Lutz Gabor : Frantz. Pierre Collet : bergère. Michel Thomass : Boris Almazian.

Thème : Le savant allemand Keibel a inventé un moyen pour faire revenir sur Terre les satellites, dispositif dont les plans ne tardent pas à devenir l'objet de convoitise des services secrets de chaque nation. Se sont ainsi lancés dans une lutte acharnée l'Allemand Otto Lohn, l'Américain Ted « the Hook », le Russe Boris Almazian et, bien sûr, le « Vieux », chef de l'espionnage français. Ayant perdu deux de ses hommes, ce dernier sollicite son meilleur agent en la personne du « Gorille ». Enlevé par les Soviétiques, celui-ci est chargé par son supérieur de brûler les plans. Keibel est, à son tour, kidnappé par les Russes. Finalement, Boris est tué et les plans sont remis à l'OTAN.

Roger Hanin succède à Lino Ventura dans le rôle du « Gorille », sans être pour autant aussi convaincant. La guerre froide est toujours à l'ordre du jour… Ursula Herwig est vocalement doublée par Martine Sarcey. La trilogie du « Gorille » s'achèvera en 1962 avec Le Gorille a mordu l'archevêque *de Maurice Labro. C'est le moins intéressant des trois. Roger Hanin est encore là, mais Pierre Dac a remplacé Charles Vanel dans le rôle du « Vieux ».*

***Notes :** Tournage du 27 avril au 19 juin 1959 aux studios de Saint-Maurice (Franstudio).*

1960

À BOUT DE SOUFFLE

Réalisation : Jean-Luc Godard. Scénario : Jean-Luc Godard, François Truffaut, Claude Chabrol ; photographie : Raoul Coutard ; musique : Martial Solal ; montage : Cécile Decugis ; conseil technique : Claude Chabrol ; assistance à la réalisation : Pierre Rissient ; production : Georges de Beauregard (Les Films Impéria / Les Productions Georges de Beauregard / SNC – Société Nouvelle de Cinématographie) ; durée : 87 min.

Interprétation : Jean Seberg : Patricia Franchini. Jean-Paul Belmondo : Michel Poiccard / László Kovacs. Daniel Boulanger : inspecteur Vital. Henri-Jacques Huet : Antonio Berrutti. Roger Hanin : Carl Zubart. Van Doude : journaliste américain. Claude Mansard : Claudius Mansard. Liliane David : Minouche. Michel Fabre : second inspecteur. Jean-Pierre Melville : Parvulesco. Jean-Luc Godard : dénonciateur. Richard Balducci : Tolmatchoff. André S. Labarthe : journaliste à Orly. François Moreuil : journaliste à Orly. José Bénazéraf : homme à la voiture blanche. Philippe de Broca : journaliste. Jean Douchet : journaliste. Jean Domarchi : homme éméché. Michel Mourlet : homme dans le cinéma. Gérard Brach : photographe. Raymond Huntley : journaliste. Jean-Louis Richard : journaliste. Jacques Rivette : homme renversé. Jacques Siclier : journaliste à Orly. Avec aussi Guido Orlando, Émile Villion, Virginie Ullmann, Louiguy, Jacques Serguine et Raymond Ravanbaz (= Jacques Lourcelles) : non précisés.

Thème : Michel Poiccard vole une voiture à Marseille et part pour Paris. En chemin, il abat un motard de la police de la route. Arrivé à la capitale, il retrouve Patricia Franchini, une jeune étudiante américaine, mais il a été identifié et l'inspecteur Vital est sur ses traces. Ce dernier se rend d'ailleurs au siège du *New York Herald Tribune* pour interroger Patricia – elle vend le journal sur les Champs-Élysées et rêve de devenir journaliste –, qui, prise en filature, réussit à rejoindre Michel. Patricia finit par dénoncer Michel afin de ne pas connaître de problèmes avec l'immigration. Michel, qui a le revolver de son ami Berrutti, fuit en courant, mais l'inspecteur Vital lui tire dessus et le blesse mortellement.

L'origine du sujet est un fait divers survenu en novembre 1952 et mettant en cause un certain Michel Portail. Le film est dédié à la Monogram Pictures. Revoir soixante ans après sa sortie ce qui était considéré avec Les Quatre Cents Coups *(1959) comme l'un des manifestes les plus réussis de la Nouvelle Vague est une curieuse expérience, car la réalisation y est, en fait, d'un véritable classicisme, sans les provocations et les afféteries de certains autres cinéastes. Bien que tourné en extérieurs sans autorisation, notamment sur les Champs-Élysées, le film ne témoigne jamais de son peu de préparation, comme si Godard, et ceci contrairement à ce que l'on dit volontiers, avait toujours su, dès le début, très précisément ce qu'il voulait, l'improvisation étant ainsi complètement contrôlée. À ce titre, la grande scène dialoguée près*

du lit entre Jean Seberg et Jean-Paul Belmondo est totalement maîtrisée, alors même que – paraît-il – Godard donnait le texte à ses deux interprètes phrase après phrase pour qu'ils les répètent. De même, la fin et la mort du héros, abattu sur la voie publique après une course rue Campagne-Première, retrouvent très curieusement la tradition de certains polars – français ou américains – des années 1950. La différence est, sans doute, dans les ultimes phrases. Le « C'est vraiment dégueulasse » prononcé par Jean-Paul Belmondo et le « Qu'est-ce que c'est, "dégueulasse" ? » de Jean Seberg qui clôt définitivement le film. Le personnage de Patricia retrouve d'ailleurs aussi une certaine tradition misogyne du film noir, car c'est elle qui trahit le héros… On pourra aussi remarquer que le film a été, dès sa sortie, un grand succès commercial – 2 808 962 spectateurs pour Paris, 8 222 368 pour la France entière – programmé dans le circuit Balzac-Helder-Scala-Vivienne. Il ne s'agissait pas d'une œuvre sortie en catimini dans une petite salle d'art et d'essai !

Notes : *Tournage du 17 août au 12 septembre 1959 à Marseille (Vieux-Port), Orly (aéroport) et à Paris – 11, rue Campagne-Première (14e),* Les Rives de Notre-Dame *(15, quai Saint-Michel, 5e), cinéma* Normandie *(116 bis, avenue des Champs-Élysées, 8e), boulevard Raspail (14e), cinéma Mac-Mahon (5, avenue Mac-Mahon, 8e), métro George-V (8e), place de la Concorde (8e), brasserie* La Coupole *(14e),* La Pergola *(rue du Four, 6e), bar* Le Royal *(149, boulevard Saint-Germain, 6e), 21, rue du Colonel-Moll (17e), boulevard des Italiens (9e), rue Galande (5e), 21, rue de Berri (8e), boutique* Christian Dior *(30, avenue Montaigne, 8e),* La Rotonde *(105, boulevard du Montparnasse, 6e),* Le Cosmos *(101, boulevard du Montparnasse, 6e),* Le Select *(99, boulevard du Montparnasse, 6e). Jim McBride a tourné, en 1983, un remake du film :* Breathless (À bout de souffle, made in USA)*, avec Richard Gere et Valérie Kaprisky.*

LES CANAILLES

Réalisation : Maurice Labro ; scénario : R. M. Arlaud, Louis Martin, Claude Desailly, Maurice Labro, d'après le roman de James Hadley Chase *Fais-moi confiance* ; dialogues : Louis Martin, Claude Desailly ; photographie : Jacques Robin ; musique : Marguerite Monnot, Georges Alloo ; montage : Henri Taverna, Germaine Artus ; production : Georges Legrand (Princia / Transmonde Film) ; durée : 102 min.

Interprétation : Marina Vlady : Hélène Chalmers. Robert Hossein : Ed Dawson. Philippe Clay : Carlo Sarotti. Scilla Gabel : Gina. Claire Maurier : June Chalmers. Alexandre Gauge : Chalmers. Georges Vitaly : Rocky. Arnoldo Foà : Tonioni.

Thème : Hélène Chalmers arrive à Rome où elle est accueillie par Ed Dawson, le représentant de son père, qui dirige un groupe de presse. Dawson surveille la jeune femme et la rejoint dans une villa de Naples où ils passent la nuit ensemble. Hélène disparaît et Dawson la retrouve morte. Suspecté et risquant d'être accusé, Dawson cherche à résoudre ce mystère et fait arrêter le gangster Caro Sarotti. La vérité est qu'Hélène, pour prévenir son père, avait filmé des scènes scabreuses entre Carlo et sa propre belle-mère infidèle. C'est ainsi June Chalmers qui avait tué Hélène. Carlo assume le crime et se tue.

Jalousie et haine, chantage et jeux criminels, l'univers de James Hadley Chase est bien là et la force du sujet l'emporte vite sur les inégalités de la réalisation. Une réussite mineure.

Notes : *Tournage du 6 août au 17 octobre en Italie et aux studios de Billancourt.*

CLASSE TOUS RISQUES

Réalisation : Claude Sautet ; scénario : José Giovanni, Claude Sautet, Pascal Jardin, d'après le roman de José Giovanni ; dialogues : José Giovanni ; photographie : Ghislain Cloquet ; musique : Georges Delerue ; montage : Albert Jurgenson ; production : Robert Amon, Jean Darvey (Les Films Odéon / Mondex Films / Filmsonor / Zebra Films) ; durée : 110 min.

Interprétation : Lino Ventura : Abel Davos. Jean-Paul Belmondo : Eric Stark. Sandra Milo : Liliane. Marcel Dalio : Arthur Gibelin. Jacques Dacqmine : commissaire Blot. Claude Cerval : Raoul Fargier. Michel Ardan : Henri « Riton » Vintran. Bernard Dhéran : Blastone. Corrado Guarducci : Ferucci. Simone France : Therèse. Stan Krol : Raymond Naldi. René Génin : M. Chapuis. Jeanne Pérez : Jacqueline Chapuis. Charles Blavette : M. Bénazet. Aimé de March : Jean Martin, dit « Petit Jeannot ». Betty Schneider : petite bonne.

Thème : Réfugié avec sa famille en Italie car fugitif recherché par la police française, le truand Abel Davos commet une attaque à main armée à Milan avec son ami Ferucci. Obligé de quitter le pays, il débarque clandestinement en France, mais des douaniers les surprennent et sa femme, Thérèse, est tuée dans la fusillade, ainsi que Ferucci. Traqué, Abel réussit à atteindre Marseille avec ses deux petits garçons. Il fait alors appel à ses amis Riton Vintran et Fargier, qui ne daignent pas se déplacer et lui envoient une nouvelle recrue, Eric Stark. Ce dernier et Abel finissent par sympathiser et remontent dans une ambulance à Paris. Abel est caché par Stark mais trahi par Gibelin, un riche receleur. Il se venge de ce dernier et de Fargier. Épargnant Riton, il sera arrêté, jugé et exécuté.

Très justement, Bertrand Tavernier explique que le film est une œuvre sur la déchéance et la survie. Abel Davos sera responsable de la mort de sa femme, tuée par des douaniers, et de la vie difficile de ses deux petits garçons. Giovanni, Sautet et Tavernier ont expliqué que le film est « l'histoire d'un homme qui marche avec ses deux enfants qui marchent derrière » *(pour qu'il ne soit pas repéré par la police). Tendre et paternel avec ses enfants, fidèle en amitié, Abel est aussi celui qui est capable d'exécuter ceux qui l'ont trahi, à l'abri de leur appartement bourgeois. Giovanni parle, en effet, de l'amitié et de la délation, de l'honneur et de la trahison, l'interprétation de Lino Ventura étant aussi exemplaire que celle de Jean-Paul Belmondo. Le personnage d'Abel Davos s'inspire de celui d'Abel Danos, dit « le Mammouth », que Giovanni a connu à la Santé et qui était en fait un des bourreaux de la Gestapo de la rue Lauriston, ce que dit avoir toujours ignoré Sautet. Le commissaire Blot est, quant à lui, inspiré du commissaire Georges Clot chargé de la cellule anti-Gestapo. La fin posa divers problèmes,*

CLASSE TOUS RISQUES

car les producteurs ne souhaitaient pas la mort du héros et Sautet ne voulait pas que son héros se rende. D'où ce dernier plan d'Abel marchant dans la foule alors qu'une voix révèle : « Quelques jours plus tard, Abel fut arrêté, condamné et exécuté. »

***Notes :** Tournage du 7 octobre au 8 décembre 1959 à Milan, Nice, Paris et aux studios Francœur.*

LA CORDE RAIDE

Réalisation : Jean-Charles Dudrumet ; scénario et adaptation : Jean-Charles Dudrumet, Roland Laudenbach, d'après le roman de Michel Lebrun *La Veuve* ; dialogues : Roland Laudenbach ; photographie : Pierre Guéguen ; musique : Maurice Jarre ; montage : Janine Verneau ; production : Robert Ciriez (Panda Films) ; durée : 79 min.

Interprétation : Annie Girardot : Cora Lambert. François Périer : Daniel Lambert. Gérard Buhr : Henri Simon. Georges Descrières : Simon. Geneviève Brunet : Isabelle. Henri Crémieux : médecin. Henri Virlojeux : garçon d'étage. Piella Sorano : Maria. Christine Caron : infirmière. Michel Seldow : homme aux lunettes. Léonce Corne : curé. Lucien Raimbourg : portier de l'hôpital.

Thème : Cora Lambert, dont le mari Daniel fait de riches opérations, le trompe avec Henri. Daniel se doute de la situation sans connaître l'identité de son rival, alors que les deux amants décident de se débarrasser de ce mari malgré tout gênant. Cora donne à son époux, qui part en voiture pour Lyon avec son associé Simon (qui est aussi le frère d'Henri), un thermos de café qui doit contenir du gardénal. La voiture s'écrase contre un arbre, mais la victime n'est pas Daniel ; c'est Simon – que Daniel soupçonnait d'être l'amant de sa femme – qui trouve la mort. Cora, n'ayant pas drogué le café destiné à son mari, est innocentée, mais Henri, qui a saboté la voiture, est confondu et arrêté. Il restera à Cora et à Daniel à reprendre une vie commune.

Un certain suspense…

***Notes :** Tournage du 21 septembre au 7 novembre 1959 à Paris et Nevers.*

LA CORDE RAIDE

LES MAGICIENNES

Réalisation : Serge Friedman ; scénario : François Boyer, d'après le roman de Boileau-Narcejac ; adaptation : Serge Friedman, Bernard Revon ; photographie : Christian Matras ; musique : Georges van Parys ; montage : Louisette Hautecœur ; production : Michel Safra (Speva Films) ; durée : 101 min.

Interprétation : Jacques Riberolles : Peter. Alice Kessler : Greta. Ellen Kessler : Hildegarde. Jean Mercure : Ludwig. Ginette Leclerc : Odette. Daniel Sorano : Vladimir.

Thème : Pierre doit assister à l'enterrement de son père, illustre membre d'une troupe de cirque. Sa mère Odette souhaiterait le retenir, mais il n'est nullement tenté par la vie des gens du voyage. Il s'éprend néanmoins de Greta, l'une des vedettes du spectacle, qui devient sa maîtresse. Celle-ci semble parfois curieuse et Odette avoue avoir engagé deux sœurs jumelles, ce qui permet d'augmenter les surprises. Hilda, jalouse de Greta, se fait passer pour elle et Pierre est incapable de déceler la supercherie, ce qui le perturbe. Il devient inquiet à l'idée de ne pas savoir à quelle sœur il a affaire. Bientôt, on retrouve Hilda morte : elle s'est suicidée. Devant la réaction de Pierre qui en est presque soulagé, Greta est horrifiée et le repousse. Pierre sombre dans la folie. Est-il vraiment « délivré » par cette mort ? Est-ce vraiment un suicide ?

Le monde du cirque et le thème de la gémellité. Avec un scénario plus fouillé et une réalisation plus ambitieuse, le film aurait pu être curieux et même réussi.

MEURTRE EN 45 TOURS

Réalisation : Etienne Périer ; scénario : Étienne Périer, Dominique Fabre, Albert Valentin, d'après le roman de Boileau-Narcejac *À cœur perdu* ; dialogues : Dominique Fabre ; photographie : Marcel Weiss ; musique : Yves Claoué, Jo Moutet ; montage : Monique Isnardon, Robert Isnardon ; production : Jacques Bar (Cité-Films) ; durée : 93 min.

Interprétation : Danielle Darrieux : Ève Faugères. Michel Auclair : Jean Le Prat. Jean Servais : Maurice Faugères. Henri Guisol : Georges Meliot. Jacqueline Danno : Florence. Raymond Gérôme : commissaire. Julien Verdier : aveugle. Bernard Lajarrige : Moureu. Mathilde Casadesus : Elsa. Bernard Musson : domestique. Madeleine Barbulée : secrétaire. Peggy Lonati : bonne. Philippe Prince : Constantin.

Thème : Le jaloux Maurice Faugères compose les chansons de son épouse Ève, célèbre vedette. Celle-ci a un amant en la personne de Jean Le Prat, son pianiste. Maurice est au courant de cette liaison et est persuadé que les deux amants envisagent de le supprimer. Une nuit, Maurice a un accident de voiture où il trouve la mort, défiguré. Ève et Jean se suspectent mutuellement. Choquée, la veuve refuse d'interpréter la dernière chanson composée par son défunt mari et c'est l'ambitieuse Florence qui s'empresse de le faire avec l'aide de Georges Meliot, le producteur des disques. Mais d'étranges faits se produisent et des disques enregistrés avec la voix de Maurice accusent Ève et Jean. À son tour, Meliot meurt accidentellement et la police commence à s'intéresser à l'affaire. Qui a tué Maurice ? Ève et Jean ? Meliot qui a trafiqué sa voiture ? Florence qui en profitait pour faire chanter Meliot ? Le responsable est, en réalité, un auto-stoppeur dont la femme était en danger et que Maurice avait refusé de prendre…

Un mari mort… Peut-être ? Peut-être pas ? Boileau et Narcejac se souviennent des Diaboliques (1955), mais Étienne Périer n'est malheureusement pas Clouzot ! Reste heureusement Danielle Darrieux chantant avec son charme « Bonjour mon cœur ».

***Notes :** Tournage à Franstudio (Saint-Maurice). Remake par Gabriel Pelletier :* Meurtre en musique *(1994).*

PLEIN SOLEIL

Réalisation : René Clément ; scénario : René Clément, Paul Gégauff, d'après le roman de Patricia Highsmith *The Talented Mr. Ripley* ; photographie : Henri Decaë © ; musique : Nino Rota ; montage : Françoise Javet ; générique : Maurice Binder ; production : Robert Hakim, Raymond Hakim (Paris Film Production/Paritalia/Titanus) ; durée : 115 min.

Interprétation : Alain Delon : Tom Ripley. Marie Laforêt : Marge Duval. Maurice Ronet : Philippe Greenleaf. Erno Crisa : inspecteur Ricardi. Frank Latimore : O'Brien. Bill Kearns : Freddy. Ave Ninchi : Signora Gianna. Viviane Chantel : touriste belge. Romy Schneider : amie de Freddy. Paul Muller : aveugle. Elvire Popesco : Mme Popova. Nicolas Petrov : Boris. Nerio Bernardi : directeur de l'agence. René Clément : serveur maladroit.

Thème : Parasite désœuvré, Tom Ripley a été chargé par le riche M. Greenleaf, contre 5 000 $, de décider Philippe, le fils de ce dernier, à revenir à San Francisco. Mais Tom comprend vite qu'il lui sera difficile d'arracher Philippe aux charmes de l'Italie. De Rome à Mongibello, il imagine alors une diabolique machination. Il parvient à provoquer à bord de leur voilier une scène violente entre Philippe et son amie Marge. Celle-ci débarque. Les deux hommes se retrouvant seuls à bord, Tom poignarde Philippe, se débarrasse du corps en le jetant à la mer, apprend à imiter sa signature et se fait passer pour lui, ce qui l'oblige à tuer Freddy, un ami de Philippe. Il fait en sorte que la police pense que Philippe, disparu, est l'assassin de Freddy et qu'il s'est suicidé. Il prend désormais la place de ce dernier auprès de Marge, mais le corps de Philippe réapparaît…

« La vérité de Tom, c'est d'être faux ; c'est-à-dire un autre. Tom va se substituer à Philippe, va le déposséder de sa réalité physique », *écrivait Claude-Michel Cluny ; René Clément fait de* Plein soleil *l'un de ses films les plus réussis et les plus fascinants par l'ambiguïté de ses personnages jouant sur les objets (la chemise, le couteau). Il n'hésite pas, dans certaines scènes (celle du marché aux poissons notamment), à laisser ses interprètes improviser et la manière dont il parvient à réaliser les scènes à bord du voilier témoigne d'une*

PLEIN SOLEIL

exceptionnelle maestria technique. Parallèlement, le couple formé par Alain Delon et Maurice Ronet échappe aux conventions du moment et contribue à l'atmosphère de plus en plus inquiétante et morbide, le tout se déroulant sous le soleil éclatant de l'Italie magnifiée par Henri Decaë. On pourra remarquer que, quelques années plus tard, Alain Delon tuera – en le noyant – à nouveau Maurice Ronet. Ce sera dans La Piscine.

Notes : *Tournage du 3 août au 22 octobre 1959 sur l'île d'Ischia (port, Maronti Beach à Sant'Angelo, Ischia Ponte, Palazzo d'Ambro), à Naples (île de Procida) et Rome (piazza della Rotonda, via Savoia). Une première version avait été tournée pour la télévision en 1956 sous le titre* Purple Noon *(avec Keefe Brasselle et William Redfield) dans le cadre de la série « Studio One ». Un remake américain,* Le Talentueux Mr. Ripley, *sera mis en scène par Anthony Minghella en 1999, avec Matt Damon (Tom), Gwyneth Paltrow (Marge) et Jude Law (Greenleaf).*

PLEIN SOLEIL

PRÉMÉDITATION ?

Réalisation : André Berthomieu ; scénario : André Berthomieu, d'après le roman de Frédéric Dard *Toi qui vivais* ; dialogues : Frédéric Dard, André Berthomieu ; photographie : Pierre Petit ; musique : Georges van Parys ; montage : Denise Natot ; production : André Berthomieu, Eugène Lépicier (Bertho Films / Filmel) ; durée : 90 min.

Interprétation : Jean-Claude Pascal : Bernard Sommet. Jean Desailly : juge Lenoir. Pascale Roberts : Me Sylvie Foucot. Jacques Dufilho : Martinot. Duong Van De : Li. Denise Vernac : Mme Foucot. Jacqueline Porel : Mme Lenoir. Caroline Saint : Marie-Claire. Charles Bouillaud : gardien.

Thème : Bernard Sommet a tué sa femme qu'il a surprise avec son meilleur ami Stéphane Roussel. Le juge Lenoir, dubitatif, pense que le mari trompé s'est débarrassé de sa femme en faisant croire à un crime passionnel et qu'il a depuis longtemps imaginé ce meurtre. La jeune avocate Sylvie Foucot est chargée de la défense du meurtrier dont elle s'éprend. Le juge accumule les preuves contre l'accusé, alors que Me Foucot cherche, au contraire, à faire innocenter son client par tous les moyens. On apprend bientôt que Sommet était à la fois couvert de dettes et jaloux de son épouse, qu'il n'avait pourtant jamais cessé d'aimer. Pris de remords, Sommet finit par avouer la préméditation. Il sera condamné à la peine capitale.

André Berthomieu, dont c'est le dernier film, évite les scènes spectaculaires pour choisir d'approfondir les rapports entre ses personnages, entre Sommet et le juge Lenoir, entre le même Sommet et son avocate Me Foucot.

RECOURS EN GRÂCE

Réalisation : Laslo Benedek ; scénario : Noël Calef, Laslo Benedek, Claude Brulé, d'après le roman de Noël Calef ; dialogues : Noël Calef ; photographie : Michel Kelber ; musique : Maurice Jarre ; montage : Marinette Cadix ; production : Edmond Ténoudji (Les Films Marceau / Laetitia Film / Cocinor – Comptoir Cinématographique du Nord) ; durée : 97 min.

Interprétation : Raf Vallone : Mario di Donati. Emmanuelle Riva : Germaine Tourier. Annie Girardot : Lilla. Fernand Ledoux : curé. Michel Ardan : Marcel. Marie Mansart : Mlle Berthe. Renaud Mary : Paulier. Michel Etcheverry : inspecteur-chef Pardelles. Ginette Pigeon : foraine. Robert Manuel : forain. Edmond Ardisson : gendarme Piletti. Vittorio Caprioli : Sergio. Patricia Gozzi : Denise. Yves Barsacq : avocat. Jacques Ary : Georges. Mario David : Jacques.

Thème : Découvrant que son amoureux Mario vivait sous un faux nom et était un déserteur, Germaine, qui déteste le mensonge, se sépare de lui. Pour obtenir son pardon, l'homme va se dénoncer. Durant son emprisonnement et son procès, il espère qu'elle viendra le voir, ce qui n'est pas le cas. Aussi décide-t-il de s'évader pour venir à elle. Dans sa fuite, il tue accidentellement un policier. Aidé par quelques amis et par son ancienne maîtresse, qui l'aime toujours, il donne rendez-vous à Germaine. Mais celle-ci, étant surveillée par la police, aura à peine eu le temps de lui accorder son pardon avant que les policiers n'abattent le fugitif. Rentrant chez elle, Germaine entend la voix de Mario, qui avait enregistré un disque pour l'assurer de son amour.

Dès le début, il semble évident que le personnage de Mario, marqué par son passé, ne pourra que difficilement échapper à un destin tragique que symbolisera l'inspecteur de police disant sèchement à Germaine : « Il n'a pas souffert. » L'idée de Germaine retrouvant la voix de Mario chez elle est très belle. Mario avait enregistré dans une baraque foraine un petit disque à son intention.

***Notes :** Tournage du 5 novembre 1959 au 15 janvier 1960 à Paris et aux studios de Billancourt.*

LE SAINT MÈNE LA DANSE

Réalisation : Jacques Nahum ; scénario et adaptation : Albert Simonin, Jacques Nahum, d'après le roman de Leslie Charteris *The Saint in Palm Springs* ; dialogues : Yves Audouard ; photographie : Roger Hubert ; musique : Paul Durand ; montage : Georges Arnstam ; production : Les Films du Cyclope / Lux Compagnie Cinématographie de France ; durée : 89 min.

Interprétation : Félix Marten : Simon Templar, alias « le Saint ». Michèle Mercier : Dany. Jean Desailly : Fred Pellmann. Françoise Brion : Norma. Jean-Roger Caussimon : maître d'hôtel. Clément Harari : Archie. Nicole Mirel : Gina. André Valmy : policier. Henri Nassiet : Louis.

Thème : Le milliardaire Fred Pellman, qui a reçu une menace de mort anonyme, fait appel à Simon Templar. « Le Saint » s'installe donc chez lui pour le protéger, faisant la connaissance de ses deux secrétaires, Norma et Gina. Une troisième jeune femme, Dany, échappe bientôt à un assassinat. Qui était l'agresseur ? Le chauffeur de Pellman est bientôt tué et celui-ci est lui-même la cible d'un tireur. Templar conseille à Pellman de se cacher dans un lieu secret. Il découvre que Pellman est le mari de Dany et qu'il cherche d'ailleurs à s'en débarrasser afin de toucher l'héritage de son père (qui a exigé qu'il demeure

LE SAINT MÈNE LA DANSE

célibataire). Pour écarter les soupçons, Pellman a fait croire qu'il était menacé, mais c'est lui qui est finalement arrêté.

Le scénario suit fidèlement le roman avec un mélange de suspense et d'humour. Sans grande surprise. Malheureusement.

LES SCÉLÉRATS

Réalisation : Robert Hossein ; scénario : Robert Hossein, Frédéric Dard, d'après le roman de Frédéric Dard ; dialogues : Frédéric Dard ; photographie : Jacques Robin ; musique : André Hossein ; montage : Louisette Hautecœur ; production : Les Films Marceau/Cocinor / Les Productions Francis Lopez ; durée : 90 min.

Interprétation : Michèle Morgan : Thelma Rooland. Robert Hossein : Jess Rooland. Olivier Hussenot : Arthur Martin. Jacqueline Morane : Adeline Martin. Perrette Pradier : Louise Martin. Frank Latimore : Ted. Alice Sapritch : invitée.

Thème : Louise devient la domestique du couple américain formé par Thelma et Jess Rooland. Ceux-ci sont venus vivre en France pour tenter d'oublier la mort de leur fils, tué dans un accident de voiture. Thelma tient son mari pour responsable du drame et boit pour l'oublier. Elle s'éloigne de plus en plus affectivement de lui, qui ne supporte plus l'alcoolisme de son épouse. À son tour, Thelma meurt dans un accident de la route et Jess garde Louise auprès de lui, la jeune femme espérant pouvoir lui avouer un jour qu'elle l'aime. Mais il repousse ses avances et elle décide de le détruire psychologiquement en lui mentant. Elle lui fait croire que Thelma, avant de mourir, a accusé son mari d'avoir volontairement causé la mort de leur fils. Prise de remords, Louise veut finalement dire la vérité à Jess, mais ce dernier a disparu, ayant tenu à mourir lui aussi là où était morte Thelma, la femme qu'il avait toujours aimée.

Un couple qui se défait, le souvenir d'un drame familial et une jeune femme ambitieuse, prête à mentir pour séduire l'homme dont elle espère l'amour.

TIREZ SUR LE PIANISTE

Réalisation : François Truffaut ; scénario : François Truffaut, Marcel Moussy, d'après le roman de David Goodis *Down There* ; dialogues : François Truffaut, Marcel Moussy ; photographie : Raoul Coutard ; musique : Georges Delerue ; montage : Cécile Decugis, Claudine Bouché ; production : Pierre Braunberger (Les Films de la Pléiade) ; durée : 81 min.

Interprétation : Charles Aznavour : Charlie Kohler / Édouard Saroyan. Marie Dubois : Léna. Nicole Berger : Thérèse Saroyan. Michèle Mercier : Clarisse. Catherine Lutz : Mamy. Albert Rémy : Chico Saroyan. Richard Kanayan : Fido Saroran. Claude Mansard : Momo. Daniel Boulanger : Ernest. Serge Davri : Plyne. Jean-Jacques Aslanian : Richard. Alex Joffé : passant. Bobby

TIREZ SUR LE PIANISTE

Lapointe : chanteur. Claude Heymann : imprésario. Alice Sapritch : concierge.

Thème : Petit pianiste d'orchestre dans un café, Charlie Kohler vit avec son jeune frère, Fido. Il se souvient avec nostalgie de l'époque où, pianiste reconnu, il vivait avec sa femme, Thérèse, qui avait contribué à sa notoriété, avant de se suicider. Il est bientôt poursuivi par Momo et Ernest qui enlèvent Fido. Les tueurs s'acharneront sur Lena, la jeune serveuse du bar du jaloux Plyne – que Charlie a dû tuer malgré lui dans une bagarre –, soucieuse de l'arracher à ce passé et de lui permettre de redevenir un grand musicien…

« Je me souviens que j'ai voulu faire ce livre parce que je l'avais admiré. J'ai dit à Braunberger : *"Il y a un livre que j'ai très envie de faire ; j'ai beaucoup aimé Aznavour, d'autre part aussi. Si l'on peut réunir les deux, faisons-le !"* Braunberger a acheté les droits et pris un contrat avec Aznavour. Et après, en relisant le livre je me suis aperçu que je n'avais pas du tout été scrupuleux, le livre exigeant réellement un personnage très fort, un personnage opulent dans le genre de Sterling Hayden. Tout cela s'effondrait à cause du choix d'Aznavour. Cela m'a tourmenté pendant quelques jours jusqu'à ce que je renverse la vapeur. C'est pour cela aussi que j'ai fait appel à Marie Dubois, parce que je me suis dit : *"On va faire le contraire, on va prendre une fille qui sera la plus forte, qui le portera presque sur son dos ; et puis un type qui sera presque une loque et on se débrouillera avec ça."* Et on s'est arrangé. » *Truffaut avoue de nombreuses références, du roman* Le Mépris *(publié en 1954) d'Alberto Moravia à* Johnny Guitare *(1954) de Nicholas Ray, ajoutant :* « J'ai pensé à Audiberti pendant le tournage et une partie du personnage de Plyne est nettement influencée, plus influencée par la personnalité d'Audiberti lui-même que par ses livres. »

Notes : *Tournage du 30 novembre 1959 au 22 janvier 1960 en Isère (Grenoble, Le Sappey-en-Chartreuse), à Paris (rue des Martyrs, avenue Duquesne, avenue de la Porte-de-Villiers) et Levallois-Perret (37, rue Voltaire, 81, rue Marius-Aufan).*

LE TROU

Réalisation : Jacques Becker ; scénario : Jacques Becker, Jean Aurel, José Giovanni, d'après le roman de José Giovanni ; dialogues : Jacques Becker, José Giovanni ; photographie : Ghislain Cloquet ; musique : Philippe Arthuys ; montage : Marguerite Renoir, Geneviève Vaury ; assistance à la réalisation : Jean Becker ; production : Serge Silberman (Play Art / Filmsonor) ; durée : 131 min.

Interprétation : Michel Constantin : Geo Cassine. Jean Keraudy : Roland Darban. Philippe Leroy : Manu Borelli. Raymond Meunier : Vosselin / Monseigneur. Marc Michel : Claude Gaspard. Jean-Paul Coquelin : lieutenant Grinval. André Bervil : directeur de la prison. Eddy Rasimi : Bouboule. Jean Becker : gardien. Paul Préboist : gardien. Gérard Hernandez : détenu à l'infirmerie.

Thème : Accusé par sa femme d'avoir voulu la tuer, Claude Gaspard est interné à la Santé avec, pour compagnons de cellule, Manu, Monseigneur, Roland et Geo. Il découvre que ses compagnons sont en train de creuser un trou pour s'évader. Il les aide, décidé à partir avec eux. Roland et Manu parviennent jusqu'aux égouts, mais le tunnel est bouché par un mur en béton. Il faut, dès lors, contourner cet obstacle et le travail reprend chaque nuit. Manu et Gaspard atteignent enfin l'extrémité du tunnel : c'est une rue, donc la liberté. Ils reviennent prévenir leurs camarades et le lendemain est fixé comme date du départ. Gaspard est libéré, sa femme ayant retiré sa plainte. Mais ses compagnons sont arrêtés. Gaspard les a trahis !

Jacques Becker est mort deux semaines après la fin du tournage. Le producteur a retiré alors 24 minutes du film, qu'il jugeait trop long. Le personnage de Manu est en fait José Giovanni. Le film est à la fois un véritable documentaire sur le monde carcéral avec ses espoirs et ses déceptions et la description d'un groupe d'hommes œuvrant comme de véritables fourmis à la recherche d'une liberté qu'ils ne pourront pas atteindre. « Le Trou, écrivait François Truffaut, est pour Becker le sujet idéal, car il n'y avait pas d'ellipses à faire ; tout comptait pareillement, tout y avait la même importance, la même force ; si l'on ne se rend pas compte en sortant que l'on a été assis deux heures trente, c'est que le film est un trajet sans halte, sans digression. Chaque geste, chaque réplique font avancer l'action. Il n'y a pour les cinq personnages du *Trou* qu'un but à atteindre et qu'une façon de l'atteindre. Ils avancent vers la liberté en même temps que Becker avance vers la poésie, c'est-à-dire vers l'apparence du documentaire pur. » *Pour Jean-Pierre Melville :* « Combien faudrait-il de pages pour énumérer les merveilles de ce chef-d'œuvre, de ce film que je considère – et je pèse bien attentivement mes mots – comme le plus grand film français de tous les temps ? »

Notes : *Tournage du 21 juillet au 9 octobre 1959 aux studios de Billancourt et au fort d'Ivry.*

LA VÉRITÉ

Réalisation : Henri-Georges Clouzot ; scénario et dialogues : Henri-Georges Clouzot ; collaboration au scénario : Christiane Rochefort, Simone Drieu, Michèle Perrein, Jérôme Géromini, Véra Clouzot ; photographie : Armand Thirard ; montage : Albert Jurgenson ; production : Raoul J. Levy (Han Productions / Compagnia Edizioni Internazionali Artistiche Distribuzione) ; durée : 124 min.

Interprétation : Brigitte Bardot : Dominique Marceau. Sami Frey : Gilbert Tellier. Marie-José Nat : Annie Marceau. Paul Meurisse : Me Éparvier. Charles Vanel : Me Guérin. Jean-Loup Reynold : Michel. André

Oumansky : Ludovic. Claude Berri : Georges. Jacques Perrin : Jérôme. Louis Seigner : président du tribunal. René Blancard : avocat général. Paul Bonifas : greffier. Fernand Ledoux : médecin légiste. Jacques Marin : conducteur du bus. Guy Tréjan : médecin.

Thème : Dominique Marceau est jugée pour le meurtre de son amant Gilbert Tellier. Elle l'avait séduit alors qu'il était le fiancé de sa sœur Annie. Pour Gilbert, c'était une folle passion, alors que Dominique n'y voyait qu'une conquête de plus. Découvrant qu'il est trompé, Gilbert quitte Dominique et retrouve Annie. C'est alors que Dominique l'abat avec un revolver. Au palais de justice, les magistrats s'affrontent sans ménager l'accusée qui n'est, pour l'avocat général Éparvier, qu'une femme immorale et perverse. Pour Me Guérin, l'avocat de Dominique, celle-ci est, au contraire, une victime qui n'a plus supporté un monde immoral et cruel. La veille du jugement, Dominique s'ouvre les veines dans sa prison. On ne connaîtra jamais le verdict du jury...

Un des grands films de Clouzot. La légende a volontiers rappelé la dureté du cinéaste durant le tournage, mais le résultat est une composition remarquable de Brigitte Bardot, symbole d'une femme libre qui est opposée ici à la bourgeoisie et à la magistrature. Elle est inoubliable lorsqu'elle hurle « Vous êtes tous morts » *à ces magistrats avec leur grande tenue et leurs décorations, leur morgue et le plaisir qu'ils prennent à insulter l'accusée. La fin voit à la fois l'annonce de la mort de Dominique, trop frêle dans ce monde d'hommes, et la complicité qui finit pour unir ces juges, procureurs ou avocats de la défense, devenus les pièces d'un tragique jeu d'échecs dont l'accusé(e) est la victime. Le film est inspiré de l'histoire authentique de Pauline Dubuisson.*

Notes : *Tournage à Paris – rue Saint-Antoine (4e), rue Stephenson (18e), rue Antoine-Dubois (c'est l'hôtel de Dominique, 6e), Saint-Michel (5e), rue Saint-Julien-le-Pauvre (5e) – et aux studios de Joinville-le-Pont.*

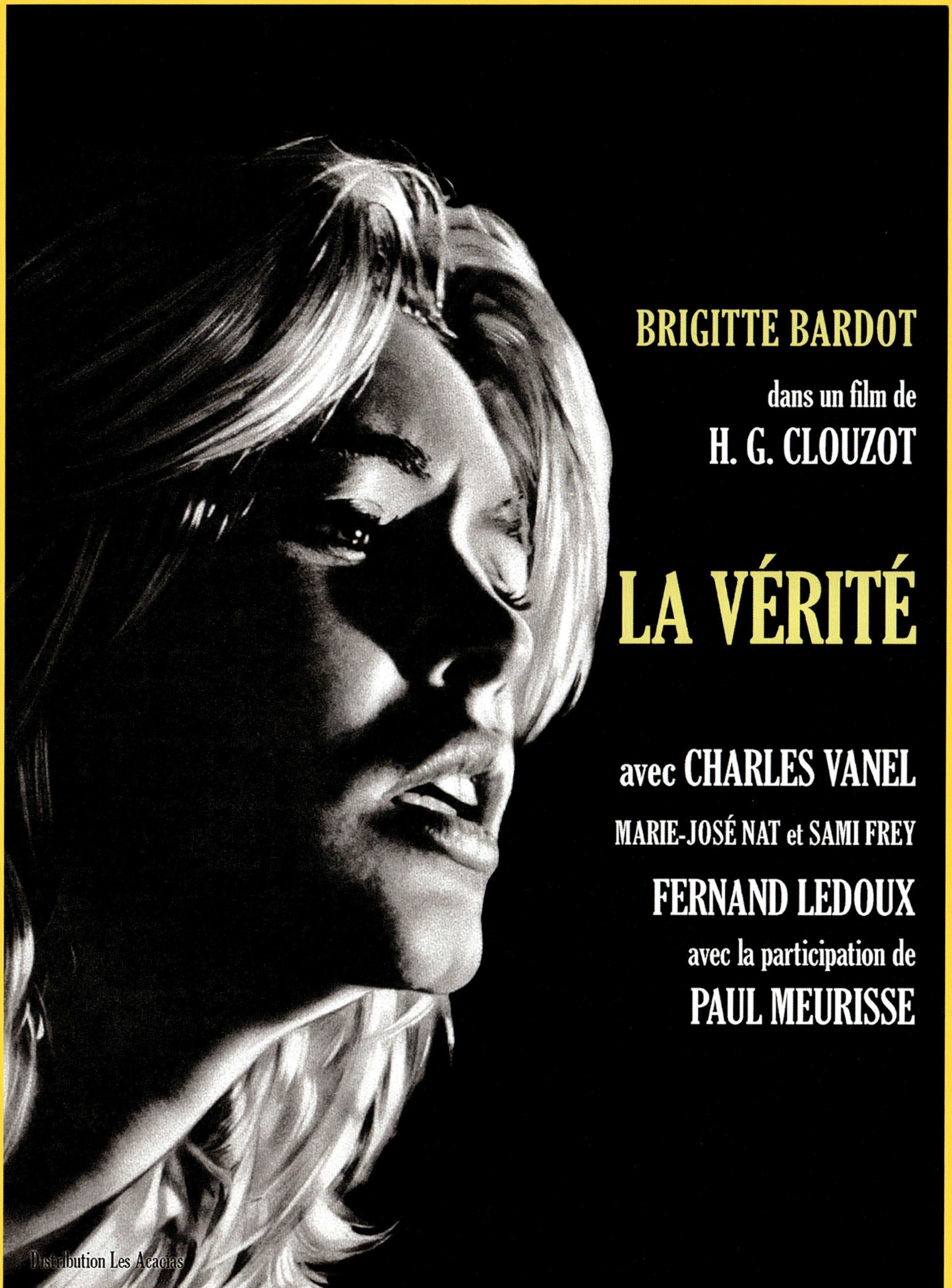
BRIGITTE BARDOT
dans un film de
H. G. CLOUZOT
LA VÉRITÉ
avec CHARLES VANEL
MARIE-JOSÉ NAT et SAMI FREY
FERNAND LEDOUX
avec la participation de
PAUL MEURISSE
Distribution Les Acacias

1961-1970

L'AFFAIRE NINA B.

L'AFFAIRE NINA B.

Réalisation : Robert Siodmak ; scénario : Roger Nimier, Robert Siodmak, d'après le roman de Johannes Mario Simmel *Affäre Nina B* ; dialogues : Roger Nimier, Jacques Robert ; photographie : Michel Kelber ; musique : Georges Delerue ; montage : Henri Taverna ; production : Serge Silberman (Ciné-alliance / Filmsonor / Bavaria Film) ; durée : 104 min.

Interprétation : Nadja Tiller : Nina Berrera. Pierre Brasseur : Michel Berrera. Walter Giller : Holden. Jacques Dacqmine : Me Zorn. Étienne Bierry : Karl Dietrich. Dominique Dandrieux : Micky. Hubert Deschamps : Romberg. Maria Meriko : Mila. Guy Decomble : juge Lofting. José Luis de Vilallonga : Kurt. Nicola Vogel : Von Knapp. André Certes : Falkenberg. Ellen Bernsen : Fräulein Richter. Marie Mergey : infirmière. Charles Régnier : Schwerdtfeger. Philippe Forquet : fils de Schwerdtfeger.

Thème : Financiers, hommes politiques et gens du monde viennent se recueillir devant la dépouille de Michel Berrera, qui repose dans le hall de son luxueux hôtel particulier. Nina, sa veuve, est présente, de même que Holden, son chauffeur et homme de confiance. Mais qui était Berrera ? Holden se souvient du jour où il a été engagé. Il découvre vite à l'époque que son employeur est un affairiste impitoyable, prêt à broyer quelqu'un pour obtenir un contrat. Se sentant menacé, Berrera passe de l'autre côté du rideau de fer berlinois pour récupérer certains documents compromettants pour ses ennemis. Ces derniers le font arrêter prétendument pour diverses malversations financières, mais Holden parvient à récupérer la serviette en question qui contient, en effet, des preuves accablantes sur le passé de ses partenaires dont certains sont des criminels de guerre. L'avocat Zorn obtient, grâce à ces documents, la libération de Berrera qui fait capituler ses adversaires, alors même que Holden est devenu l'amant de Nina. Zorn est finalement obligé de détruire les papiers compromettants et Berrera meurt d'une crise cardiaque, empoisonné par Nina.

Robert Siodmak a lui-même défini le film comme une « histoire criminelle sur arrière-fond politico-économique ». *Le décor est celui de l'Allemagne de l'après-guerre et, dans ce pays divisé, chacun tente d'oublier ou, au contraire, de faire ressurgir le passé. Siodmak manifeste d'ailleurs la même antipathie pour les bourreaux d'hier et les maîtres-chanteurs d'aujourd'hui. L'atmosphère oppressante et volontiers nocturne, dans laquelle rendez-vous secrets et manœuvres tortueuses se succèdent dans l'ombre, permet à l'auteur des* Tueurs *(1946) de retrouver l'ambiance de ses meilleurs longs métrages. Au fur et à mesure que le film se déroule et que Siodmak décrit la personnalité de Berrera, le spectateur découvre un monde interlope, peuplé d'affairistes et d'anciens nazis, criminels de guerre, dans lequel chacun cherche à avoir un moyen de pression sur son adversaire. Les scènes de l'autoroute – lorsque Berrera doit récupérer la précieuse serviette – suffisent à témoigner du talent de Siodmak. Parallèlement à cette peinture passionnante d'une Allemagne qui cherche à exorciser son passé, l'interprétation est parfaite, de Pierre Brasseur à Nadja Tiller dont le personnage vénéneux a visiblement séduit Siodmak.*

L'AFFAIRE NINA B.

LES BRAS DE LA NUIT

Réalisation : Jacques Guymont ; scénario : Jacques Guymont, d'après le roman de Frédéric Dard ; dialogues : Frédéric Dard, Jacques Guymont ; photographie : Jean Tournier ; musique : Jean Wiener ; montage : Charles Bretoneiche ; production : Arès Production / Transfilm G. M. / SNC – Société Nouvelle de Cinématographie ; durée : 85 min.

Interprétation : Danielle Darrieux : Danielle Garnier. Roger Hanin : inspecteur Landais. Pierre Destailles : inspecteur Morel. Eva Damien : Dora Latour. Pierre Larquey : Belleau. Carol Grove : domestique. Robert Le Béal : Étienne Garnier. Michel Vocoret. George Dems. Jean-Pierre Kérien : non précisé.

Thème : Cannes. La police soupçonne Danielle Garnier d'être responsable de la disparition de son mari. L'inspecteur Landais et son adjoint Morel sont chargés de l'affaire, mais la suspecte et Landais s'éprennent l'un de l'autre et deviennent amants. Landais apprend alors de la bouche de la jeune femme qu'elle a tué son mari en légitime défense, alors qu'il fuyait avec une importante somme d'argent ne lui appartenant pas. Celui-ci avait menacé son épouse, qui lui avait tiré dessus et provoqué sa chute dans la mer. Très amoureux, Landais est décidé à innocenter Danielle tandis que Morel croit avoir retrouvé en Italie les traces de Garnier. Craignant le retour du mari, Landais se rend à Gênes et abat le prétendu Garnier. Mais, entre-temps, le corps du vrai Garnier a été retrouvé sur la plage, Danielle a avoué son crime et a été arrêtée. Ayant tué un innocent et perdu la femme qu'il aimait, Landais enregistre sa confession et se tue.

L'unique film de long métrage de Jacques Guymont superbement servi par le charme de Danielle Darrieux.

LE CAVE SE REBIFFE

Réalisation : Gilles Grangier ; scénario : Albert Simonin, Gilles Grangier, Michel Audiard, d'après le roman d'Albert Simonin ; dialogues : Michel Audiard ; photographie : Louis Page ; musique : Michel Legrand, Francis Lemarque ; montage : Jacqueline Thiédot ; production : Jacques Bar (Cité-Films / CCM – Compagna Cinematografica Mondiale) ; durée : 98 min.

Interprétation : Jean Gabin : Ferdinand Maréchal, dit « le Dabe ». Maurice Biraud : Robert Mideau. Martine Carol : Solange Mideau. Bernard Blier : Charles Lepicard. Françoise Rosay : Mme Pauline. Ginette Leclerc : Léa Lepicard. Frank Villard : Éric Masson. Antoine Balpêtré : Lucas Malvoisin. Clara Gansard : Georgette. Albert Dinan : commissaire Rémy. Gérard Buhr : inspecteur Martin. Robert Dalban : inspecteur Maffeux. Heinrich Gretler : Tauchmann. Hélène Dieudonné : Mme Mattia. Charles Bouillaud : graveur. Jacques Marin : inspecteur Larpin. Albert Michel : facteur.

Thème : Retiré du Milieu depuis des années, Ferdinand Maréchal, dit « le Dabe », quitte sa vie paisible à Caracas et revient à Paris pour superviser une importante opération de fausse monnaie à la demande de l'un de ses anciens partenaires. S'il déplore d'abord que le graveur, Robert Mideau, soit un « cave » (un gogo), il constate vite que celui-ci est très compétent et il organise donc l'opération, s'employant notamment à se fournir en papier auprès de son amie Mme Pauline. L'impression des billets est

LE CAVE SE REBIFFE

faite selon l'horaire déterminé, mais l'un des acolytes, Éric Masson – qui a pour maîtresse Solange Mideau, la femme de Robert –, projette, avec la complicité de Charles Lepicard et de Lucas Malvoisin, de doubler Maréchal en faisant imprimer plus de billets que ce qui est prévu et de se débarrasser du « cave ». Or les trois complices découvrent bientôt que l'argent – des faux florins – a disparu, tout comme le graveur. Robert a changé les florins contre des dollars et retrouvé dans l'avion quittant la France nul autre que Maréchal, qui, ayant senti le danger et s'étant pris d'affection pour le « cave », a monté leur propre plan.

À revoir pour Gabin, impérial, et les dialogues mitonnés par Michel Audiard qui met dans sa bouche : « Depuis Adam se laissant enlever une côte jusqu'à Napoléon attendant Grouchy, toutes les grandes affaires qui ont raté étaient basées sur la confiance… Faire confiance aux honnêtes gens est le seul vrai risque des professions aventureuses. »

Notes : *Tournage à Paris –* Le Balajo *(rue de Lappe, 11e), bateau mouche sur la Seine, quai de la Seine, rue Saint-Blaise (20e), rue du Conseiller-Collignon (16e), rue de la Volga (20e), hôtel* Napoléon *(avenue de Friedland, 8e), statue équestre du maréchal Foch (esplanade du Trocadéro, 16e), hippodrome de Vincennes (12e) –, Hyères (hippodrome, quartier de l'Ayguade) et à l'aéroport d'Orly (Val-de-Marne).*

LE JEU DE LA VÉRITÉ

Réalisation : Robert Hossein ; scénario : Robert Chazal, Jean Serge ; adaptation : Robert Chazal, Robert Hossein, Jean Serge, Louis Martin ; dialogues : Steve Passeur ; photographie : Christian Matras ; musique : André Hossein ; production : Francis Lopez, Edmond Ténoudji (Cocinor – Comptoir Cinématographique du Nord / Les Films Marceau / Lyrica) ; durée : 92 min.

Interprétation : Robert Hossein : inspecteur de police. Françoise Prévost : Guylaine de Fleury. Jean Servais : Jean-François Vérate. Paul Meurisse : Portrant. Nadia Gray : Solange Vérate. Jeanne Valérie : Françoise Bribant. Georges Rivière : Bertrand Falaise. Jean-Louis Trintignant : Guy de Fleury. Jacques Dacqmine : Guillaume Geder. Marc Cassot : Étienne Bribant. Daliah Lavi : Gisèle Palerse. Thien Huong : Eurasienne.

Thème : Le romancier Jean-François Vérate réunit dans sa luxueuse demeure de Beaumont-le-Roger plusieurs de ses invités. Parmi eux, le dangereux Portrant se dit porteur d'une « bombe », une révélation compromettante contenue dans un mystérieux pli qu'il ouvrira à minuit au détriment de l'un des invités. En attendant et pour dissiper leur ennui, ceux-ci décident de jouer au jeu de la vérité, acceptant de répondre à de très indiscrètes questions. À l'occasion d'une panne de courant, Portrant est assassiné. Arrive alors un policier, en réalité un tueur engagé par l'un des invités pour éliminer le maître-chanteur. Il est démasqué et lynché. La « bombe » est alors révélée : Françoise Bribant, l'une des personnes présentes, a été condamnée pour avoir tué le sadique qui l'avait violée.

D'un côté, une brillante interprétation, très habilement choisie ; de l'autre, des invités qui se complaisent dans la révélation de turpitudes, les leurs comme celles des autres. Encore un film sur la mauvaise conscience !

LA MENACE

Réalisation : Gérard Oury ; scénario : Frédéric Dard, Gérard Oury, Alain Poiré, d'après le roman de Frédéric Dard *Les Mariolles* ; dialogues : Frédéric Dard ; photographie : André Villard ; musique : André Hossein ; montage : Geneviève Vaury ; production : Alain Poiré (SNEG – Société Nouvelle des Établissements Gaumont / Paris Union Films / Franco London Films / Continental Produzione) ; durée : 85 min.

Interprétation : Robert Hossein : Savary. Marie-José Nat : Josépha. Philippe Caster : Stephan. Henri Tisot : Jérôme. Elsa Martinelli : Lucile. Paolo Stoppa : Cousin. Bernard Murat : Jean-Louis. Philippe Forquet : Patrick. Michel Gonzalès : Philippe. Joëlle Latour : Sylvie. Gérard Oury : médecin. Robert Dalban : inspecteur. André Cellier : commissaire. Alice Sapritch : cliente.

Thème : Recueillie par son vieil oncle ivrogne, Josépha souhaite faire partie de la bande des « Mariolles », mais, pour cela, elle doit se « distinguer ». Elle décide alors d'emprunter de l'argent au pharmacien Savary à qui elle n'est pas indifférente pour s'acheter une moto. C'est chose faite et elle rejoint donc la bande. Lorsqu'une des membres de la bande est violée et étranglée, Josépha dénonce au hasard Savary, mais Lucile, la femme de ce dernier, force la jeune fille à reconnaître qu'elle a menti. La bande veut alors se venger de Josépha, qui est victime d'un accident de scooter. Savary la recueille et la soigne avant de chercher à l'étrangler. Lucile arrive *in extremis* pour la

LA MENACE

sauver et convainc son mari – qui était donc bien le coupable – à se rendre à la police.

Des jeunes à la recherche de distractions plus ou moins dangereuses, un pharmacien moins innocent qu'on ne peut le croire et une héroïne plus inconsciente que réellement amorale.

LES MENTEURS

Réalisation : Edmond T. Gréville. Scénario et dialogues : Frédéric Dard, Max Montagu, d'après le roman de Frédéric Dard *Cette mort dont tu parlais* ; photographie : Armand Thirard ; musique : André Hossein ; montage : Jean Ravel ; production : Georges Cheyko, Ludmilla Goulian (Méditerranée Cinéma Productions) ; durée : 90 min.

Interprétation : Dawn Addams : Norma O'Brien. Jean Servais : Paul Dutraz. Claude Brasseur : Dominique. Francis Blanche : Blanchin. Roland Lesaffre : Clément. Wim Patten : Hervé. Gaston Modot : Carlotti. Anne-Marie Bellini : Maud. Anne-Marie Coffinet : Valentine. Claude Chabrol : réceptionniste de l'hôtel.

Thème : Fortune faite, Paul Dutraz revient d'Afrique et s'installe dans un pavillon des environs de Paris. Passant une annonce matrimoniale, il rencontre Norma O'Brien, s'éprend d'elle et l'épouse. Celle-ci lui apprend alors qu'elle a un fils, Dominique, qui, ayant la jambe cassée, vient s'installer chez eux. Paul découvre bientôt que ce dernier n'est en réalité pas blessé et, plus grave, qu'il n'est absolument pas le fils mais l'amant de Norma, qui s'avère une jeune actrice grimée en femme mûre… Paul fait croire à un voyage et épie Norma et Dominique qu'il surprend. Dominique sabote la voiture de Paul et est lui-même renversé accidentellement par une voiture après avoir tout avoué à Paul. Ce dernier revient auprès de Norma qu'il aime toujours et à qui il pardonne ses mensonges.

Le climat du film devient de plus en plus trouble et, à la fin, c'est l'amour – celui de Paul pour la belle Norma – qui finit par l'emporter, le faux fils et véritable amant ayant été opportunément éliminé. À voir pour le couple formé justement par Jean Servais et Dawn Addams.

LA MORT DE BELLE

Réalisation : Édouard Molinaro ; scénario : Jean Anouilh (+ Pierre Kast, Édouard Molinaro), d'après le roman de Georges Simenon ; dialogues : Jean Anouilh ; photographie : Jean-Louis Picavet ; musique : Georges Delerue ; montage : Monique Isnardon, Robert Isnardon ; production : François Chavane (Cinéphonic / Les Films Odéon) ; durée : 100 min.

Interprétation : Jean Desailly : Stéphane Blanchon. Alexandra Stewart : Belle Shermann. Yves Robert : barman. Monique Mélinand : Christine Blanchon. Jacques Monod : juge d'instruction Beckman. Marc Cassot : commissaire Dalcroze. Yvette Etiévant : Nina Graff. Maurice Teynac : ivrogne. Jacques Pierre : Philippe Berthé. Van Doude : professeur Lewis. Pierre Vaneck : gardien de la morgue.

Thème : Stéphane Blanchon vit en Suisse la calme existence d'un professeur marié à Christine. Ce n'est

pas la passion qui régit le couple mais simplement une véritable affection. Ils accueillent Belle, une jeune Américaine, fille d'une amie de Christine. Rien ne semble bouleverser la vie des Blanchon jusqu'au jour où Belle est retrouvée assassinée. Sa femme ayant passé une partie de la nuit chez des amis, Stéphane est vite soupçonné. Pour certains habitants, ce Français est un suspect idéal et la vie de Stéphane est complètement perturbée. D'autant plus que sa propre femme ne sait que penser. On découvre en plus que Belle était secrètement amoureuse de Stéphane.

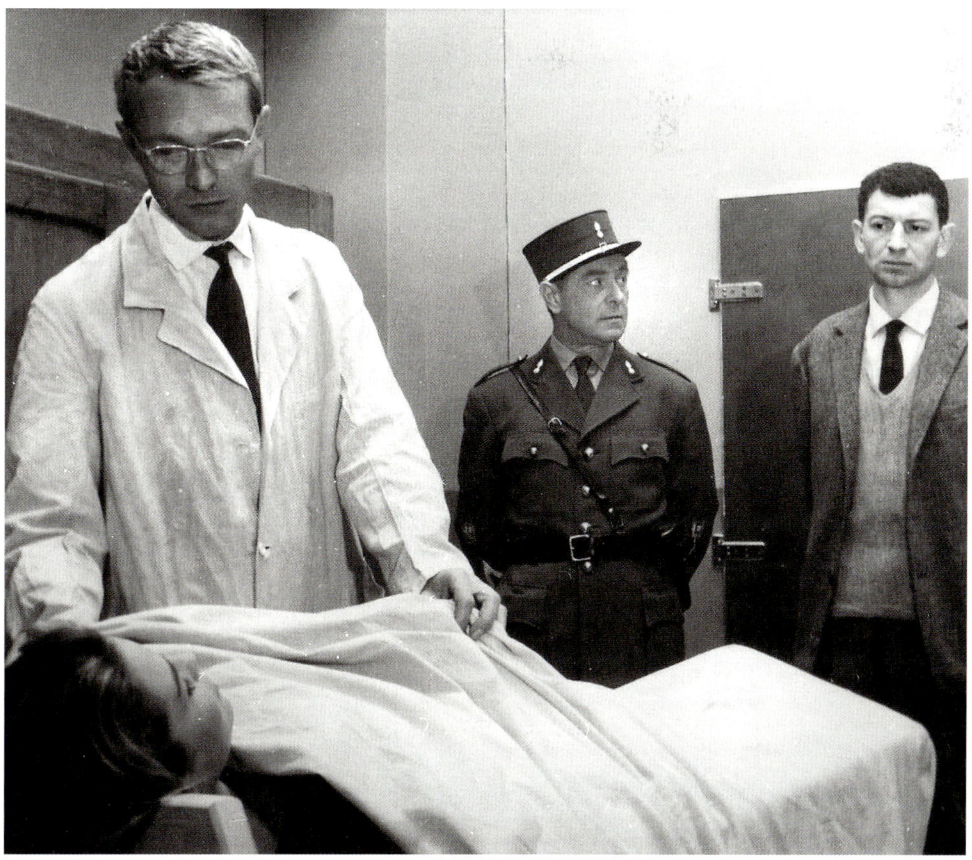

LA MORT DE BELLE

Ce dernier décide alors de profiter – enfin – de la vie et il emmène dans une auberge Nina, la maîtresse du juge d'instruction. La police découvre le véritable assassin, mais il est déjà trop tard, car, entre-temps, Stéphane a, lui aussi, tué.

C'est le meilleur film de l'inégal Édouard Molinaro. Superbement servi par le sujet de Simenon et les dialogues de Jean Anouilh, il décrit avec un grand talent la vie trop calme de ce professeur français travaillant en Suisse, s'étant refusé à avoir une liaison avec Belle et finissant par se demander s'il ne devrait pas vivre plus intensément qu'auparavant. Ce qui veut dire sortir avec une fille facile et aller jusqu'à la tuer. La description psychologique du héros, remarquablement joué par Jean Desailly, rappelle qu'en chaque homme, il peut – peut-être – y avoir une part d'assassin qui sommeille…

***Notes :** Tournage à Genève (lac, aéroport) et aux studios de Joinville le Pont (Val de Marne).*

UN NOMMÉ LA ROCCA

Réalisation : Jean Becker ; scénario : Jean Becker, d'après le roman de José Giovanni *L'Excommunié* ; dialogues : José Giovanni ; photographie : Ghislain Cloquet ; musique : Claude Normand ; montage : Denise de Casabianca ; production : Roland Girard, Adry de Carbuccia (Les Films du Cyclope / Da Ma Produzione) ; durée : 102 min.

Interprétation : Jean-Paul Belmondo : Roberto La Rocca. Pierre Vaneck : Xavier Adé. Henri Virlojeux : Ficelle. Mario David : Charlot « l'élégant ». Christine Kaufmann : Geneviève Adé. Béatrice Altariba : Maud. Nico : Villanova. Pedro Serano : Migli. Michel Constantin : chef des gangsters américains. Claude Piéplu : directeur de la prison. Jean-Pierre Darras : Névada.

Thème : Xavier Adé est arrêté et accusé d'un meurtre dont il est innocent, ce qui arrange son associé Villanova, qui l'a piégé. Son ami Roberto La Rocca arrive à Marseille pour l'aider. Démasqué par La Rocca, Villanova est tué lors de leur affrontement, mais une fusillade entre gangsters conduit à son tour La Rocca en prison où il retrouve Xavier. Les deux amis acceptent, en échange d'une remise de peine, de participer au déminage des plages du débarquement. Xavier y perd un bras mais y gagne, comme Roberto, sa liberté. Roberto espère désormais pouvoir mener une vie plus calme avec Xavier et Geneviève, la sœur de ce dernier. Pour avoir de quoi acheter une maison, Xavier cherche à faire chanter le gangster Névada qui, pour se venger, lui envoie deux tueurs. Geneviève est abattue et Roberto quitte Xavier…

Sans doute partiellement insatisfait par l'adaptation de son roman L'Excommunié *(1958), José Giovanni lui-même réalisera un remake du film sous le titre* La Scoumoune *(1972).*

IL TIRAIT TOUJOURS PLUS VITE...
Jean-Paul BELMONDO
Christine KAUFMANN
un nommé
LA ROCCA
d'après le roman "L'EXCOMMUNIÉ"
de José GIOVANNI
Editions Gallimard
Un film de Jean BECKER
Adaptation de José GIOVANNI
et Jean BECKER
Dialogues de José GIOVANNI
avec
Béatrice ALTARIBA
Mario DAVID
Jean-Pierre DARRAS - Jean GRAS - Frédéric LAMBRE - NICO - Henri VIRLOGEUX
Edmond BEAUCHAMP
et
Pierre VANECK
Musique de Claude NORMAND • Directeur de la Production René G. VUATTOUX • Directeur de la Photographie Ghislain CLOQUET • Décors de Maurice PETRI
Diffusion Internationale Exclusive OMNIA DEUTSCHE FILM EXPORT MUNICH
Production LES FILMS CYCLOPE et DA. MA. Cinématografica • Consortium PATHE distributeur
Imp AFFICHES GAILLARD PARIS
pilote publicité
VISA CENSURE N° 189
Imprimé en France

LA PEAU ET LES OS

Réalisation : Jean-Paul Sassy, Jacques Panijel ; scénario : Jean-Paul Sassy, Jacques Panijel ; photographie : Georges Leclerc ; musique : Louiguy ; montage : Pierre Gillette ; production : Les Films Raoul Ploquin / Standard Films / Contact Organisation ; durée : 92 min.

Interprétation : Gérard Blain : Mazur. Juliette Mayniel : Michèle. André Oumansky : Charly. Jean-Pierre Jaubert : Théo. René Dary : directeur de la prison. Robert Party : sous-directeur. Julien Verdier : Buttiaux. Étienne Bierry : Gagnaire. Pierre Richard : Pierini. Yves Barsacq : metteur en scène.

Thème : Désormais sans illusion, le directeur de la prison a pour principal interlocuteur Charly, le véritable patron des prisonniers. L'arrivée d'un nouveau détenu, Mazur, va rompre cet équilibre et le directeur avertit Charly qu'il le tiendra responsable en cas d'éventuels troubles. Alors que Mazur se prétend innocent du crime dont il a été condamné et est détesté de tous, Charly demande à son bras droit Théo de l'éliminer, mais ce dernier s'y refuse, s'étant pris de sympathie pour Mazur. À la suite d'une méprise lui conférant un nouveau prestige, ce dernier s'attire finalement l'amitié de ses codétenus, dont Charly qui imagine alors de prouver l'innocence de Mazur afin de le faire quitter la prison. Grâce à eux, la vérité éclate au grand jour et Mazur est libéré.

Revoici l'univers carcéral avec des détenus qui vont œuvrer pour prouver l'innocence de l'un des leurs. C'est la principale originalité du film tourné avec des moyens minimalistes.

PLEINS FEUX SUR L'ASSASSIN

Réalisation : Georges Franju ; scénario : Boileau-Narcejac (= Pierre Boileau, Thomas Narcejac) ; adaptation : Boileau-Narcejac, Georges Franju ; dialogues : Boileau-Narcejac Narcejac, Robert Thomas ; photographie : Marcel Fradetal ; musique : Maurice Jarre ; montage : Gilbert Natot ; production : Jules Borkon (Champs-Élysées Productions) ; durée : 88 min.

Interprétation : Pierre Brasseur : comte Hervé de Kéraudren. Pascale Audret : Jeanne. Marianne Koch : Edwige. Jean-Louis Trintignant : Jean-Marie. Dany Saval : Micheline. Jean Babilée : Christian. Georges Rollin : Claude. Philippe Leroy-Beaulieu : André. Jean Ozenne : Guillaume. Serge Marquand : Yvan. Maryse Martin : Marthe. Gérard Duhr : Henri. Lucien Raimbourg : Julien. Robert Vattier : notaire.

Thème : Condamné, le vieux comte de Kéraudren sent sa mort imminente et se cache dans une pièce secrète de son château. Ses sept héritiers en sont les premières victimes. Faute de corps, il leur faut attendre cinq ans pour que le testament puisse être effectif. Ils décident alors pour pouvoir entretenir le château de monter un spectacle de son et lumière. Mais les drames vont se succéder. Henri est électrocuté. Claude découvre que sa femme Jeanne renoue amoureusement avec André et tue celui-ci. Jeanne se jette dans le vide au cours du spectacle. L'étudiant Jean-Marie et l'écuyère Edwige démasquent le responsable, Guillaume, qui travaille aux Beaux-Arts. C'est alors que l'on retrouve le cadavre du comte…

PLEINS FEUX SUR L'ASSASSIN

Même si le film est moins personnel que la plupart de ses autres œuvres, Franju joue habilement – on sent que c'est ce qui l'a intéressé – sur le thème d'un spectacle de son et lumière avec ses bruits, ses lumières et ses zones d'ombre.

***Notes :** Tournage du 1er septembre au 30 octobre 1960 au château de la Bretesche (Loire-Atlantique), à Carnac (Morbihan) et au château de Goulaine (Loire-Atlantique). On entend à la fin, lors de l'enterrement, « Les Funérailles d'antan » de Georges Brassens.*

LE PUITS AUX TROIS VÉRITÉS

Réalisation : François Villiers ; scénario : Rémo Forlani, d'après le roman de Jean-Jacques Gautier ; adaptation : Henri Jeanson, Jean Canolle, François Villiers, Turi Vasile ; dialogues : Henri Jeanson ; photographie : Jacques Robin ; montage : Christian Gaudin ; production : Irénée Leriche (Les Films Caravelle / SNEG – Société Nouvelle des Établissements Gaumont / Ultra Films / Este Films) ; durée : 94 min.

Interprétation : Michèle Morgan : Renée Plèges. Jean-Claude Brialy : Laurent Lénaud. Catherine Spaak : Danièle Plèges. Michel Etcheverry : commissaire Bertrand. Scilla Gabel : Rossana Stromboli. Franco Fabrizi : Philippe Guerbois. Dany Saval : Migraine. Béatrice Altariba, Françoise Christophe, Guy Béart, Marie Daëms, Marisa Pavan, Jean-Pierre Aumont, Jean-Louis Trintignant : invités au vernissage.

Thème : Qui a tué d'une balle de revolver la jeune Danièle Plèges ? La police recherche son mari, Laurent, qui s'est disputé avec elle. Le commissaire Bertrand interroge Renée, la mère de Danièle, persuadée que Laurent est le meurtrier. De son côté, Laurent raconte à sa maîtresse Rossana sa rencontre avec Renée. N'ayant pu séduire celle-ci, il avait épousé Danièle. Le jeune couple avait alors souffert de la jalousie de Renée. Selon lui, la jeune femme se serait tuée après qu'il l'a giflée, ayant cru qu'elle avait saccagé ses vêtements. En réalité, c'est Renée qui avait tout dévasté et Danièle s'était réellement suicidée. Innocents vis-à-vis de la loi, Renée et Laurent ont une lourde responsabilité dans le drame.

Un sujet astucieux qui aurait sans doute nécessité une réalisation remarquable. C'était un thème pour Clouzot ou Duvivier…

LE RENDEZ-VOUS

Réalisation : Jean Delannoy ; scénario : Jean Aurenche, Pierre Bost, Jean Delannoy, d'après le roman de Patrick Quentin (= Richard Wildon Webb, Hugh

LE RENDEZ-VOUS

Callingham Wheeler) *The Man with Two Wives (La Vérité du mensonge)* ; dialogues : Jean Aurenche, Pierre Bost ; photographie : Robert Juillard ; musique : Paul Misraki ; montage : Henri Taverna ; production : Silver Films / Cinétel / Incei Film ; durée : 128 min.

Interprétation : Annie Girardot : Madeleine Robert. Andréa Parisy : Daphné Kellerman. Odile Versois : Édith Larivière. Jean-Claude Pascal : Pierre Larivière. Philippe Noiret : inspecteur Maillard. Michel Piccoli : Paul. Jean-François Poron : Daniel Marchand. Marie-Claude Breton : Catherine Kellerman. Robert Dalban : patron du bistro. George Sanders : John Kellerman.

Thème : Divorcé de Madeleine, Pierre a épousé Édith, fille du riche Kellerman. Daphné, la sœur d'Édith, a une liaison avec un photographe peu scrupuleux, Daniel Marchand, qui n'est autre que l'amant de Madeleine. Pierre regrette cette situation et le fait que Madeleine soit trompée. Daniel – qui a pris des photographies compromettantes de Daphné et la fait chanter – est assassiné et Kellerman exige de Pierre qu'il fournisse un alibi à Daphné. Madeleine est arrêtée, mais Pierre pense que Paul, secrétaire de Kellerman et amant de Daphné, n'est pas étranger au drame. Il découvre bientôt que Kellerman a une troisième fille cachée, Catherine, malade mentale, que Daniel avait séduite. Le même Daniel faisait chanter Kellerman, menaçant de révéler publiquement l'existence de Catherine. Édith, la véritable meurtrière, et Catherine trouvent la mort dans un accident de voiture alors même qu'Édith conduisait sa jeune sœur dans une maison de santé. Kellerman se sent responsable de tout, mais Pierre rejoint Madeleine.

Une famille plongée dans une succession de drames, des personnages qui s'affrontent et se heurtent, chacun connaissant en partie les secrets des autres, et la puissante personnalité de Kellerman qui permet de retrouver George Sanders. La complexité de ces rapports familiaux explique la relative longueur du film, l'occasion pour Jean Delannoy de parfaire la description psychologique de ses personnages. Les premières scènes sont particulièrement habiles. Jean-Claude Pascal dans un de ses meilleurs rôles.

UN SOIR SUR LA PLAGE

Réalisation : Michel Boisrond ; scénario : Michel Boisrond, Annette Wademant ; dialogues : Annette Wademant ; photographie : Léonce-Henri Burel ; musique : Michel Durand ; montage : Claudine Bouché ; production : Cocinor – Comptoir Cinématographique du Nord / Les Films Marceau / Francos Films / Mannic Films ; durée : 85 min.

Interprétation : Martine Carol : Georgina. Jean Desailly : Dr Francis. Geneviève Grad : Sylvie. Henri-Jacques Huet : Michel Saint Hamand. Dalhia Lavi : Marie. Michel Galabru : commissaire Thomas. François Nocher : Olivier. Gianni Garko : Heinrich. Rellys : Louis. Annibale Ninchi : Pépé.

Thème : Dans sa somptueuse villa au bord de la mer, Georgina, qui est veuve, passe l'été avec ses deux enfants Sylvie et Olivier, ayant comme invités son amant le Dr Francis et Michel, un jeune auteur. Marie, la fille du jardinier Louis, est la maîtresse d'Olivier, de Michel et du valet de chambre Heinrich. Amoureuse de Michel, Sylvie lui fait croire que Marie est enceinte. On découvre bientôt le corps de celle-ci sur la plage. Noyée ? Le commissaire Thomas mène l'enquête et il s'avère que Marie a été empoisonnée. On soupçonne alors Francis du fait qu'il est médecin, mais Louis finit par avouer. Il a lui-même tué sa fille qui était folle pour lui éviter d'être internée.

Plus habitué aux comédies qu'aux drames, Michel Boisrond passe peu à peu de la chronique estivale au drame policier.

UN SOIR SUR LA PLAGE

ARSÈNE LUPIN CONTRE ARSÈNE LUPIN

Réalisation : Édouard Molinaro ; scénario : Édouard Molinaro, Georges Neveux, François Chavane, d'après l'œuvre de Maurice Leblanc ; dialogues : Georges Neveux ; photographie : Pierre Petit ; musique : Georges van Parys ; montage : Monique Isnardon, Robert Isnardon ; production : François Chavane (Gaumont / Cinéphonic / Da. Ma. Cinematografica) ; durée : 106 min.

Interprétation : Jean-Claude Brialy : François de Vierne. Jean-Pierre Cassel : Gérard Dagmar. Françoise Dorléac : Nathalie Cartier. Geneviève Grad : Catherine. Anne Vernon : Mme de Bellac. Jean Le Poulain : préfet de police. Michel Vitold : Kartenberg / baron von Krantz. Daniel Cauchy : Charly. Jean-Marie Proslier : M. de Bellac. Henri Garcin : Hans. Mary Marquet : reine mère Élisabeth de Moldavie. Henri Virlojeux : inspecteur Ganimard. Gregory Chmara : Basile. Yvonne Clech : Anne de Vierne.

Thème : L'industriel André Laroche est enterré – c'était Arsène Lupin ! – et laisse deux fils. L'un est François de Vierne, kleptomane ; l'autre, Gérard Dagmar, prestidigitateur et voleur. Chacun des deux va se faire un plaisir d'utiliser le nom de leur prestigieux père. Le préfet de police est, dès lors, doublement ridiculisé. François a reçu comme mission de son père de porter secours aux descendants de son ami le roi de Poldavie menacés par le baron von Krantz. Dagmar s'occupe aussi de l'affaire, car il s'est épris de Catherine, la petite-fille du roi, également menacée par Krantz et ses hommes de main. Le royaume et son trésor sont finalement sauvés par les deux frères, unis dans ce combat.

Revoilà donc Arsène Lupin ! Ou plutôt ses dignes héritiers, se portant au secours de la veuve d'un souverain en exil et luttant ensemble contre un dangereux ennemi. Distrayant.

Notes : *Tournage du 25 avril au 15 juin 1962 à Paris, Saint-Ouen et aux studios de Billancourt.*

LA CHAMBRE ARDENTE

LA CHAMBRE ARDENTE

Réalisation : Julien Duvivier ; scénario : Julien Duvivier, Charles Spaak, d'après le roman de John Dickson Carr ; dialogues : Charles Spaak ; photographie : Roger Fellous ; musique : Georges Auric ; montage : Paul Cayatte ; production : Julien Duvivier, Yvon Guézel (COMACICO – Compagnie Africaine Cinématographique et Commerciale / International Productions / Laura Cinematografica / Taurus Film / Universum Film) ; durée : 111 min.

Interprétation : Jean-Claude Brialy : Marc Desgrez. Nadja Tiller : Myra Schneider. Perrette Pradier : Lucy Desgrez. Walter Giller : Michel Boissard. Claude Rich : Stéphane Desgrez. Antoine Balpêtré : Dr Hermann. Héléna Manson : Mme Henderson. Édith Scob : Marie d'Aubray Boissard. Dany Jacquet : Frieda. René Génin : Frédéric Henderson. Frédéric Duvallès : Mathias Desgrez. Claude Piéplu : inspecteur Krauss. Catherine Rich : Elsa Braun.

Thème : Descendant d'émigrés en Allemagne au moment des guerres de Religion, le vieux châtelain Mathias Desgrez invite à passer des vacances chez lui, dans la Forêt-Noire, ses héritiers – l'avocat Marc, accompagné de son épouse Lucy, et son frère Stéphane, un jeune cynique – ainsi que le journaliste Michel Boissard et son épouse Marie. Adepte des sciences occultes, Mathias est frappé par la ressemblance entre celle-ci et la fameuse marquise empoisonneuse de Brinvilliers, qui a vécu au XVIIe siècle et dont la jeune femme est, en effet, une descendante. Les Desgrez sont eux-mêmes issus de la lignée maudite du dernier amant de ladite marquise qu'il avait trahie. Une nuit, Mathias meurt, probablement d'empoisonnement, ayant reçu la visite d'une femme selon le témoignage de la domestique. La police enquête, les suspects se multiplient. Marie est-elle coupable ? Le Dr Hermann exorcise celle-ci, mais on constate bientôt que le cadavre de la victime a disparu… Marc étrangle sa maîtresse, Myra Schneider, l'infirmière du défunt, qui avait tenté de faire accuser son épouse Lucy. Que s'est-il vraiment passé ?

Tourné après le décevant Boulevard *(1960),* La Chambre ardente *retrouve le style des films d'atmosphère souvent chers à Duvivier. La Forêt-Noire, des héritiers impatients, une mystérieuse malédiction, le souvenir de l'affaire des poisons et l'habileté du cinéaste et de son dialoguiste qui jouent volontairement sur les ruptures de ton. Une curiosité. Nadja Tiller est toujours troublante.*

Notes : *Tournage du 14 août au 15 octobre 1961 dans le* Land *allemand de la Hesse (Schlangenbad, Limbourg-sur-la-Lahn) et aux studios de Boulogne.*

LE COUTEAU DANS LA PLAIE

Réalisation : Anatole Litvak ; scénario : Peter Viertel, Hugh Wheeler, d'après une idée d'André Versini ; dialogues : Maurice Druon ; photographie : Henri Alekan ; musique : Mikis Theodorakis ; montage : Bert Bates ; production : Anatole Litvak (Filmsonor / Dear Film Produzione / Mercury) ; durée : 110 min.

Interprétation : Sophia Loren : Lisa Macklin. Anthony Perkins : Robert Macklin. Gig Young : David Barnes. Jean-Pierre Aumont : Alan Stewart. Elina Labourdette : Mme Lafont. Pascale Roberts : prostituée. Mathilde Casadesus : Mme Duval. Yolande Finch (= Yolande Turner) : Barbara Ford. Jacqueline Porel : vendeuse. Clément Harari : Schmidt. Jacques Marin : commissaire. Albert Rémy : inspecteur. Yves Brainville : M. Dompier. Marc Doelnitz : Marc. Tommy Norden : Gérard. Guy Laroche : lui-même. Régine : elle-même. Billy Kearns : capitaine Wade.

LE COUTEAU DANS LA PLAIE

Thème : Espérant échapper à sa vie miséreuse à Naples, Lisa a épousé l'Américain Robert Macklin. Celui-ci s'est montré possessif et violent vis-à-vis de la jeune femme qui est vendeuse chez Guy Laroche et a une liaison avec Alan Stewart. Elle déclare à Robert, alors qu'il part pour Casablanca, qu'elle souhaite le quitter. L'appareil s'écrase sans laisser aucun rescapé. Mais Robert réapparaît en secret. Ayant survécu, il espère bénéficier de la prime d'assurance souscrite avant son départ et sollicite sa femme pour l'escroquerie. D'abord réticente, puis espérant que cela le fasse disparaître de sa vie, Lisa accepte d'entreprendre la procédure d'indemnisation et récupère bientôt les 60 millions attendus. Conduit à la frontière par Lisa, dans le but de fuir à l'étranger avec l'argent, Robert rompt sa promesse en voulant la forcer à l'accompagner. En chemin, Lisa, ne le supportant plus, préfère l'écraser en voiture et jeter son cadavre dans une rivière. C'est une femme traumatisée à laquelle son ami David Barnes a désormais affaire et qu'il va livrer aux autorités judiciaires et médicales.

En dépit de quelques « trous » dans le scénario, Anatole Litvak demeure un remarquable technicien. L'aspect branché de l'époque (Régine, le twist) a considérablement vieilli et Anthony Perkins est finalement peu convaincant dans son personnage, désormais convenu, de jeune chien fou prêt à la violence. La mort de Robert est, en revanche, une belle séquence. Prétextant une panne, Lisa le fait descendre de la voiture, fait reculer celle-ci et lui fonce dessus. Découvrant qu'il n'est pas mort, elle l'écrase une seconde fois. Le titre vient des vers d'un poème de Baudelaire dans Les Fleurs du mal : « Je suis la plaie et le couteau ! *[…]* Et la victime et le bourreau ! »

***Notes :** Tournage du 12 décembre 1961 au 24 février 1962 à Paris, en région parisienne et aux studios de Saint-Maurice. Titre de tournage :* La Troisième Dimension. *Titre en anglais :* Five Miles to Midnight.

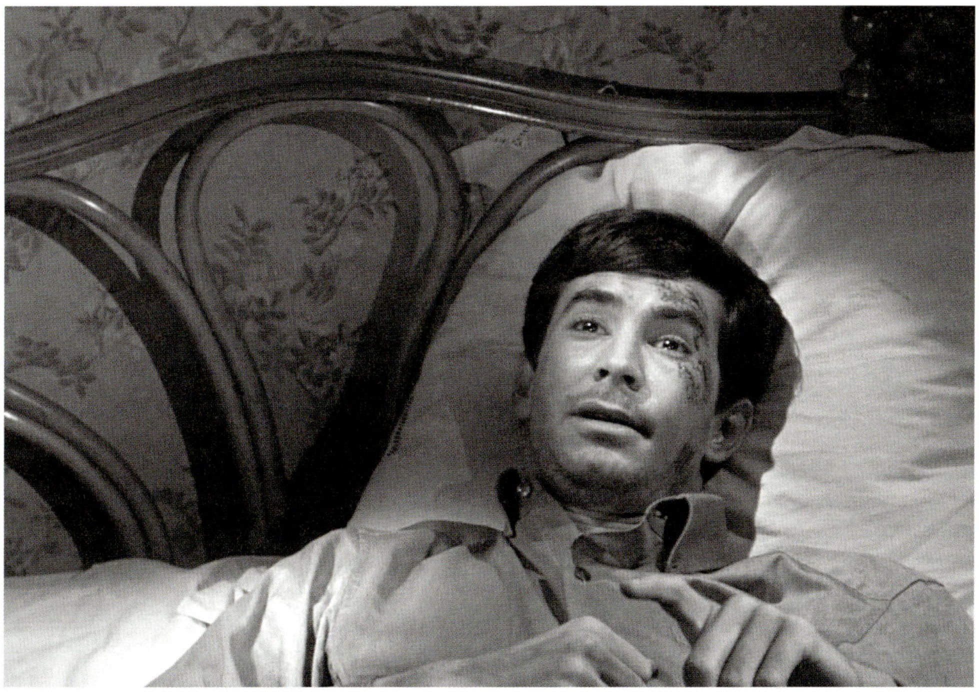

LE COUTEAU DANS LA PLAIE

LES ENNEMIS

Réalisation : Édouard Molinaro ; scénario : Édouard Molinaro, François Nourissier, André Tabet, d'après le roman de Fred Noro *Un certain code* ; dialogues : Georges Tabet ; photographie : Louis Miaille ; musique : Martial Solal ; montage : Gilbert Natot ; production : Michel Ardan (Les Productions Belles Rives / La Société des Films Sirius / Véga Films) ; durée : 92 min.

Interprétation : Roger Hanin : capitaine Jean de Lursac. Pascale Audret : Christine Janin. Dany Carrel : Lilia Fromont. Claude Brasseur : Vigo Curici. Michel Vitold : Andreï Smoloff. Daniel Cauchy : Patrick Lemoine. Jean Lefebvre : médecin du contre-espionnage. Georges Cusin : commandant. Charles Millot : Borghine. Claude Chabrol : moniteur de gymnastique. Édouard Molinaro : amoureux dans le parc. Jacques Monod : Raoul Gerlier.

Thème : Amoureux de Lilia, Andreï Smoloff, l'attaché culturel russe, est affolé, car des documents secrets ont été volés dans son coffre. Les Soviétiques veulent les récupérer tandis que le capitaine Lursac et Vigo Currici enquêtent pour le compte du 2e Bureau. Les Américains s'y intéressent aussi. Christine, l'amie de Lursac, surveille Lilia et les officiers se méfient du jeune Lemoine qui est en possession des documents. Les Américains refusent d'acquérir les documents qui sont chiffrés. Le gangster Gerlier enlève alors Smoloff et Lilia, mais Christine se tue en les poursuivant. Gerlier est traqué et les Russes récupèrent les documents. Smoloff trouve la mort dans l'assaut, trahi par Lilia, en fait la maîtresse de Lemoine.

La principale surprise est que, à la fin, les services secrets russes et leurs homologues français font cause commune…

***Notes :** Tournage du 16 juin à juillet 1961 à Paris – esplanade du Trocadéro (16e), rue de Grenelle (6e et 7e) – et à l'aéroport du Bourget (Seine-Saint-Denis).*

LE GORILLE A MORDU L'ARCHEVÊQUE

Réalisation : Maurice Labro ; scénario : Antoine Flachot (= Roger Hanin), Maurice Labro, Jacques Pierre, d'après le roman d'Antoine-Louis Dominique ; dialogues : Antoine Flachot, Antoine-Louis Dominique ; photographie : Robert Lefebvre ; musique : Michel Magne ; montage : Germaine Artus ; production : Christine Gouze-Rénal, Georges Giller (Progéfi – Production Générale de Films) ; durée : 88 min.

Interprétation : Roger Hanin : Géo Paquet, dit « le Gorille ». Roger Dumas : Louis. Huguette Hue : Jocelyne. Fernand Fabre : secrétaire général. James Campbell : Ouemele. Jean Le Poulain : Lehurit, dit « l'Archevêque ». Pierre Dac : colonel Berthomieu.

Thème : Qui cherche à assassiner le secrétaire général de la Communauté française des États africains ? L'espion Géo Paquet, alias « le Gorille », prend la place du tueur prévu et rencontre « l'Archevêque » qui risque d'être ruiné par la construction d'une voie ferrée en Afrique. Géo fait rater l'attentat et provoque le suicide de l'Archevêque.

Sans surprise.

LE GORILLE A MORDU L'ARCHEVÊQUE

HORACE 62

Réalisation : André Versini ; scénario : René Fallet, André Versini, Jean-Paul Le Chanois ; dialogues : René Fallet ; photographie : Marcel Grignon ; musique : Paul Mauriat ; montage : Borys Lewin ; production : Pierre Gout (Franco London Films / David Film) ; durée : 90 min.

Interprétation : Charles Aznavour : Horace Fabiani. Giovanna Ralli : Camille Fabiani. Raymond Pellegrin : Noël Colonna. Jean-Louis Trintignant : Joseph Fabiani. Étienne Bierry : Antoine Fabiani. Danielle Godet : Monique. Nerio Bernardi : Napoléon. Paolo Stoppa : Graziani. Henri Virlojeux : commissaire. Kempetian : Toto. Louis Lalanne : Victor.

Thème : Depuis plusieurs années, les Fabiani et les Colonna s'opposent en Corse. La nouvelle mort d'un membre du clan Fabiani ranime la vendetta en plein

Paris. Napoléon Fabiani est à la tête d'un cabaret de luxe alors que l'établissement de Toto Colonna n'est pas de la même classe. Chacun des deux chefs de clan a trois fils tandis que Camille Fabiani est mariée, contre la volonté de son père, à Noël Colonna. Le chef des Corses de Paris, Graziani, décide, afin d'éviter des tueries inutiles, que seuls les fils aînés s'affronteront, mais les trois frères Colonna rencontrent les trois Fabiani, et s'engage alors une lutte sanglante dont Horace Fabiani sera l'unique survivant. Apprenant l'issue tragique de ces événements et la mort de son mari, Camille se suicide.

C'est le premier film d'André Versini, tourné sous le patronage de Pierre Corneille (1606-1684) en personne…

LEMMY POUR LES DAMES

Réalisation : Bernard Borderie ; scénario : Marc-Gilbert Sauvajon, d'après le roman de Peter Cheyney ; adaptation : Marc-Gilbert Sauvajon, Bernard Borderie ; dialogues : Marc-Gilbert Sauvajon ; photographie : Armand Thirard ; musique : Paul Misraki ; montage : Christian Gaudin ; production : Raymond Borderie (CICC – Compagnie Industrielle et Commerciale Cinématographique / Les Films Borderie) ; durée : 97 min.

Interprétation : Eddie Constantine : Lemmy Caution. Françoise Brion : Marie-Christine. Claudine Coster : Françoise. Éliane d'Almeida : Sophie. Yvonne Monlaur : Claudia. Lionel Roc : Hugo. Jacques Berthier : Dr Nollet. Jacques Hilling : directeur de l'hôtel. Robert Berri : Dombie. Guy Delorme : Mirko.

Thème : Bien qu'il recherche à passer incognito ses vacances sur la Côte d'Azur, le célèbre agent du FBI Lemmy Caution est vite poursuivi par les chasseurs d'autographes et se retrouve à devoir élucider la mort de Claudia. Les suspects sont au nombre de six : trois femmes et trois hommes évoluant dans le milieu de la diplomatie internationale. Après avoir survécu aux charmes de certaines de ses adversaires et aux bagarres avec d'autres, Lemmy démasque le Dr Nollet. Le coupable fuit dans un canot automobile dans lequel est placée une bombe à retardement qu'il destinait initialement à notre héros. Boum !

L'intrigue n'est plus qu'un prétexte pour donner l'occasion à Eddie Constantine de distribuer aux uns quelques coups de poing ; aux autres, quelques baisers.

LÉVIATHAN

Réalisation : Léonard Keigel ; scénario : René Gérard, Léonard Keigel, d'après le roman de Julien Green ; dialogues : Julien Green ; photographie : Nicolas Hayer ; musique préexistante : Arnold Schönberg ; montage : Armand Psenny ; production : Pierre Jourdan (Les Films du Valois) ; durée : 98 min.

Interprétation : Louis Jourdan : Paul Guéret. Lilli Palmer : Éva Grosgeorges. Marie Laforêt : Angèle. Madeleine Robinson : Mme Londe. Georges Wilson : M. Grosgeorges. Nathalie Nerval : Marie Guéret. Patrick Monneron : André Grosgeorges. Florence Landon : Fernande.

Thème : Dans la petite ville provinciale de Lorges, Paul, qui est professeur, s'installe avec sa femme Marie

mais s'éprend vite de la jeune blanchisseuse Angèle. Si celle-ci, que l'on accuse de mœurs légères – sa tante la pousse à la prostitution –, espère rompre avec son passé et n'est pas indifférente aux sentiments que Paul nourrit à son égard, elle persiste à se refuser à lui. Paul la blesse au visage en tentant d'abuser d'elle. Dans sa fuite, il tue accidentellement un vieil homme qu'il a bousculé. La police le traque, et Angèle, qui lui a pardonné, accepte de partir avec lui. Éva, dont le fils était un des élèves de Paul, propose son aide au professeur qu'elle convoite depuis longtemps. Son amour étant à sens unique, elle finit par se tuer tandis que Paul se laisse arrêter. Angèle sombre dans la folie en appelant Paul…

LÉVIATHAN

Léonard Keigel adapte avec une grande habileté le roman de Julien Green, recréant une terrible galerie de personnages complexés, inhibés et frustrés. Pour son premier film, il parvient à échapper aux conventions du moment et s'attache à des êtres marqués par la vie et qui croient encore à une forme de rédemption par l'amour, quitte à se laisser guider par leurs passions.

MALÉFICES

Réalisation : Henri Decoin ; scénario : Claude Accursi, Mireille de Tissot, d'après le roman de Boileau-Narcejac ; dialogues : Albert Husson ; photographie : Marcel Grignon ; musique : Pierre Henry ; montage : Monique Isnardon, Robert Isnardon ; production : Alain Poiré, Michel Bernheim, Irénée Leriche, Robert Sussfeld (Marianne Productions / SNEG – Société Nouvelle des Établissements Gaumont) ; durée : 104 min.

Interprétation : Juliette Gréco : Myriam Heller. Jean-Marc Bory : François Rauchelle. Jacques Dacqmine : Dr Vial. Liselotte Pulver : Catherine. Georges Chamarat : Malet. Jeanne Peres (= Jeanne Pérez) : « la Mère Capitaine ». Robert Dalban : boucher. Maïté Mansoura : Ronga.

Thème : Noirmoutier. Le docteur Vial demande au vétérinaire François Rauchelle de soigner le guépard d'une ravissante veuve, Myriam Heller. Celle-ci séduit François et aspire à retourner en Afrique. Vial lui révèle que Myriam est un peu une sorcière alors que Catherine, la femme de François, est bientôt victime d'un mystérieux malaise. Serait-elle victime d'un envoûtement ? Myriam oblige le vétérinaire, qui est devenu son amant, à partir avec elle et tue le fauve avec de l'arsenic volé à François. Catherine, qui est au courant des infidélités de son mari, semble d'ailleurs, elle aussi, victime d'un tel empoisonnement. Myriam meurt noyée, surprise par la marée montante. Catherine avoue alors à son mari qu'elle avait simulé son mal pour qu'il revienne à elle. François part.

Henri Decoin est quelque peu gêné par ce sujet criminel qui se révèle proche du fantastique. Une décevante expérience.

***Notes :** Tournage du 11 septembre au 31 octobre 1961 à Nantes (Loire-Atlantique) et sur l'île de Noirmoutier (Vendée).*

LE MONTE-CHARGE

Réalisation : Marcel Bluwal. Scénario et dialogues : Marcel Bluwal, Frédéric Dard, d'après le roman de Frédéric Dard ; photographie : André Bac ; musique : Georges Delerue ; montage : Germaine Vaury ; production : André Deroual, Robert Sussfeld (Marianne Productions / SNEG – Société Nouvelle des Établissements Gaumont / Galatea Film) ; durée : 85 min.

Interprétation : Robert Hossein : Robert Herbin. Lea Massari : Marthe Dravet. Maurice Biraud : Adolphe Ferry. Robert Dalban : inspecteur. Pascale Brouillard : Nicole. André Badin : agent cycliste.

Thème : À sa sortie de prison, Robert Herbin revient chez lui, à Asnières, la nuit de Noël et rencontre Marthe Dravet. Il passe la soirée avec elle avant de la raccompagner à son domicile où ils découvrent le cadavre du mari de la jeune femme. Vu son passé, il explique à Marthe qu'il ne peut prévenir la police – sinon il serait immédiatement soupçonné – qui le chasse et cherche un autre pigeon. Ce sera Adolphe Ferry, un concessionnaire automobile. Il témoigne auprès de la police en assurant que le crime a eu lieu alors qu'il était avec la jeune femme. Celle-ci a en fait installé un appartement identique à l'autre afin de se créer un parfait alibi, mais un détail la perdra...

Le premier film au cinéma de Marcel Bluwal, célèbre réalisateur de télévision. L'idée des deux appartements identiques est particulièrement astucieuse.

L'ŒIL DU MALIN

Réalisation : Claude Chabrol ; scénario : Martial Matthieu (= Claude Chabrol), Paul Gégauff ; photographie : Jean Rabier ; musique : Pierre Jansen ; montage : Jacques Gaillard ; production : Georges de Beauregard, Carlo Ponti, Pierre Gurgo-Salice (Rome-Paris Films / Compagnia Cinematografica Champion / Lux Compagnie Cinématographique de France) ; durée : 80 min.

LE MONTE-CHARGE

L'ŒIL DU MALIN

Interprétation : Jacques Charrier : Albin Mercier. Stéphane Audran : Hélène. Walther Reyer : Andreas Hartman. Daniel Boulanger : policier. Claude Chabrol : homme du peep-show. Cécilia Ciganer : petite fille.

Thème : Journaliste sans envergure, Albin Mercier est envoyé par son journal dans une petite ville de Bavière pour faire un reportage sur la vie quotidienne allemande. Il fait la connaissance de ses voisins Andreas et Hélène Hartman. Le couple semble symboliser le bonheur, mais Albin est de plus en plus épris d'Hélène. Après avoir tenté en vain de la séduire, il la suit, l'épie et découvre qu'elle a un amant. Jaloux, il la photographie en plein adultère et lui fait du chantage. Or Hélène ne cède pas et lui avoue son mépris. Par vengeance, Albin montre les photos à Andreas qui égorge alors sa femme avant de se livrer à la police.

Un couple heureux et sans histoire, un étranger devenu la proie d'obsessions et d'une jalousie vengeresse.

Notes : *Tournage à partir d'octobre 1961 en région parisienne, à la maison de campagne La Bergerie de Montchauvet (Yvelines) et en Bavière (Munich). Une partie du film a été tournée dans la propriété d'André Ciganer dont la fille Cécilia, présente dans la distribution, est devenue plus tard l'épouse de Nicolas Sarkozy.*

LE PROCÈS

Réalisation : Orson Welles ; scénario et dialogues : Orson Welles, d'après le roman de Franz Kafka ; adaptation : Pierre Cholot ; photographie : Edmond Richard ; musique : Jean Ledrut ; musique préexistante : Tomaso Albinoni ; montage : Yvonne Martin, Fritz H. Muller, Orson Welles, Chantal de Lattre ; prologue à l'écran d'épingles : Alexandre Alexeieff, Claire Parker ; production : Alexandre Salkind, Michel Salkind (Paris Europa Productions / Hisa-Films / Finanziara Cinematografica Italiana) ; durée : 120 min.

Interprétation : Anthony Perkins : Joseph K. Jeanne Moreau : Mlle Burstner. Elsa Martinelli : Hilda. Romy Schneider : Leni. Suzanne Flon : Mlle Pittl. Madeleine Robinson : Mme Grubach. Orson Welles : avocat Albert Hastler. Akim Tamiroff : Bloch. Arnoldo Foà : inspecteur A. Fernand Ledoux : greffier en chef. Maurice Teynac : sous-directeur. Billy Kearns : premier sous-inspecteur. Jess Hahn : second sous-inspecteur. Raoul Delfosse : premier bourreau. Wolfgang Reichmann : huissier. Thomas Holtzmann : Bert. Naydra Shore : Irmie. Max Haufler : oncle Max. Michael Lonsdale : prêtre. Max Buschbaum : juge. Van Doude : archiviste. Karl Studer : bourreau. Jean-Claude Rémoleux : bourreau. Paola Mori : archiviste. William Chappell : Titorelli.

Thème : Joseph K. est brusquement réveillé par des inspecteurs qui lui signifient son arrestation. À la Cour de justice, il met en cause le système judiciaire. Il sollicite, à la demande de son oncle Max, l'aide de l'avocat Hastler et a une intrigue amoureuse avec Leni, la maîtresse de ce dernier. Il rencontre Bloch, l'un des clients de Hastler et, sur les conseils de Leni,

LE PROCÈS

le peintre Titorelli avant que le prêtre ne l'informe de sa condamnation. Il est alors conduit par deux bourreaux dans un espace désert qui jettent dans le trou où il se trouve un paquet de dynamite. Une explosion s'ensuit.

« K. n'est pas métaphysiquement coupable de naissance tel qu'il a été conçu par Kafka, car Kafka est juif. La notion de péché originel est chrétienne. Le problème, ce n'est pas que K. soit coupable ou innocent, c'est tout le sujet du film. Car qu'est-ce que la culpabilité ? La culpabilité de quoi ? Kafka s'y attaque d'une certaine manière, et je vois les choses d'un angle légèrement différent. Pourtant, je crois que c'est la vérité fondamentale du livre comme du film ; l'essentiel, c'est l'attitude, non les faits. Ou il est coupable, ou il se sent coupable. Qu'il soit coupable ou non n'a aucun sens. Le film est censé incarner une angoisse sans objet précis et l'angoisse, c'est une sorte de rêve qui te fait te réveiller en sursaut. C'est tout. C'est une expérience. » *(Orson Welles, in* Moi Orson Welles, entretiens avec Peter Bogdanovich.*) Dans un premier temps, Welles jouait lui-même le rôle du prêtre à la fin, mais Jackie Gleason n'ayant pas souhaité incarner l'avocat, le cinéaste a assuré le rôle, confiant alors à Michael Lonsdale le soin de jouer à sa place le prêtre. Au dernier moment, Welles a choisi de couper le rôle de Katína Paxinoú qui reste pourtant créditée au générique. Il a reconnu lui-même avoir doublé onze des voix du film :* « Je dis même dix lignes du texte de Perkins. Je l'ai mis au défi de les trouver, il n'y est jamais parvenu. »

Notes : *Tournage du 26 mars au 3 juin 1962 à Rome, Zagreb et dans la gare d'Orsay dont Welles considérait que les deux grandes horloges qu'il voyait depuis son hôtel ressemblaient à deux énormes yeux.*

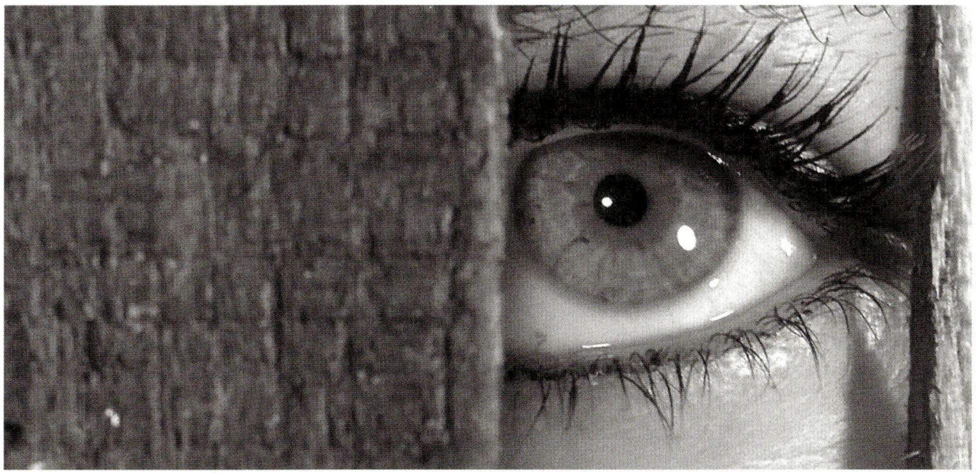

LE PROCÈS

LE SEPTIÈME JURÉ

Réalisation : Georges Lautner ; scénario : Jacques Robert, d'après le roman de Francis Didelot ; dialogues : Pierre Laroche ; photographie : Maurice Fellous ; musique : Jean Yatove ; montage : Michelle David ; production : Lucien Viard (Orex Films) ; durée : 96 min.

Interprétation : Bernard Blier : Grégoire Duval. Danièle Delorme : Geneviève Duval. Maurice Biraud : vétérinaire. Jacques Riberolles : Sylvain Sautral. Françoise Giret : Catherine Nortier. Francis Blanche : procureur général. Jacques Monod : juge d'instruction. Albert Rémy : commissaire. Henri Crémieux : médecin légiste. Anne Doat : Alice Moreux. Raymond Meunier : Henri Souchon. Yves Barsacq : Me Adreux. Robert Dalban : pêcheur. Madeleine Geoffroy : Mme Sevestrain.

Thème : Pontarlier. Pharmacien respecté, Grégoire Duval mène une vie de notable aux côtés de son épouse Geneviève et de leurs deux enfants. Un jour, lors d'une promenade, il tente d'embrasser une jeune baigneuse se faisant bronzer, Catherine Nortier, et finit par l'étrangler en l'empêchant de crier. Ce crime l'obsède d'autant plus que toutes ses connaissances en parlent, la plupart souhaitant une justice expéditive. Un suspect est bientôt arrêté. C'est Sylvain Sautral, l'amant de Catherine. Un témoignage l'accable. Au cours du procès, Duval, choisi comme juré, tente en vain de se faire récuser. Par ses nombreuses interventions, il parvient à détruire l'accusation et le jury acquitte Sautral. Cette décision mécontente la population, qui en veut à Duval et considère toujours Sautral comme coupable. Duval avoue son crime à sa femme puis aux autorités, qui ne le croient pas. En voulant arracher des mains l'arme avec laquelle Sautral s'apprêtait à se suicider, Duval le tue accidentellement et décide de se faire accuser du drame, mais sa femme a déjà décidé de le faire interner pour démence.

Un beau sujet qui donne à Bernard Blier, loin de ses rôles de comédie, un véritable personnage tragique, celui d'un homme vivant une existence bourgeoise, alternant parties de bridge entre amis et conventions familiales, soudain pris d'un coup de folie. Le déroulement du film est un suspense très habile.

***Notes :** Tournage du 14 novembre au 23 décembre 1961 dans le Doubs (Pontarlier, Jougne, Malbuisson, La-Cluse-et-Mijoux). Le lieu du meurtre est le lac Saint-Point à Malbuisson. Le film a fait l'objet de remakes : d'abord, dans la série d'Alfred Hitchcock* Suspicion, *avec l'épisode « The Star Juror » (1963) réalisé par Herschel Daugherty avec Dean Jagger ; puis, avec un téléfilm réalisé par Édouard Niermans (diffusé en 2008) avec Jean-Pierre Darroussin.*

BALLADE POUR UN VOYOU

Réalisation : Jean-Claude Bonnardot ; scénario : Jean-Claude Bonnardot, Jacqueline Sundstrom, Alexandre Tabor, d'après leur histoire ; dialogues : Marcel Moussy ; photographie : Jean Badal ; musique : Samson François ; montage : Ginette Boudet ; assistance à la réalisation : Pierre Grunstein, Philippe Fourastié ; production : Jean Thuillier (Les Éditions Cinégraphiques / Caméra Productions) ; durée : 90 min.

Interprétation : Laurent Terzieff : Vincent Vivant. Hildegard Knef : Martha Schwartz. Philippe Noiret : inspecteur Fabien Mathieu. Michel Vitold : Stéphane Donnacil. Daniel Emilfork : Molok. Étienne Bierry : Max Benoît. Marc Duchamp : Philippe La Roche. Jacques Bertrand : Martial. Michel de Ré : Paulo Verini. Nancy Holloway : danseuse noire. Jean Martin : chef de la PJ. Gisèle Grimm : coiffeuse. André Weber : homme des surplus. Robert Bousquet : Robi. Maurice Garrel : inspecteur.

Thème : Inconnu dans le milieu de l'espionnage, Vincent Vivant est contraint par Stéphane Donnacil de transporter une valise introduite clandestinement en France. Le jeune homme, qui en veut à la société, espère gagner à cette occasion assez d'argent pour pouvoir partir avec sa maîtresse Martha Schwartz. On lui adjoint un convoyeur, Molok, chargé de l'éliminer à l'issue de l'opération. Ayant appris le sort qui lui est réservé, Vincent se débarrasse de Molok avant de découvrir que la valise est piégée. Il est désormais traqué à la fois par le gang d'espions et la police. Or Stéphane fait enlever Martha et propose d'échanger celle-ci contre la valise. S'étant présenté au rendez-vous, Vincent parvient à neutraliser les espions et sauver Martha, mais l'inspecteur Mathieu, qui l'estime, et ses collègues surviennent. Déchaîné, Vincent est abattu par un policier. La valise explose.

C'est le monde de l'espionnage international, un univers sans pitié avec ses secrets et ses trahisons, ses poursuites et ses victimes. Péripéties garanties.

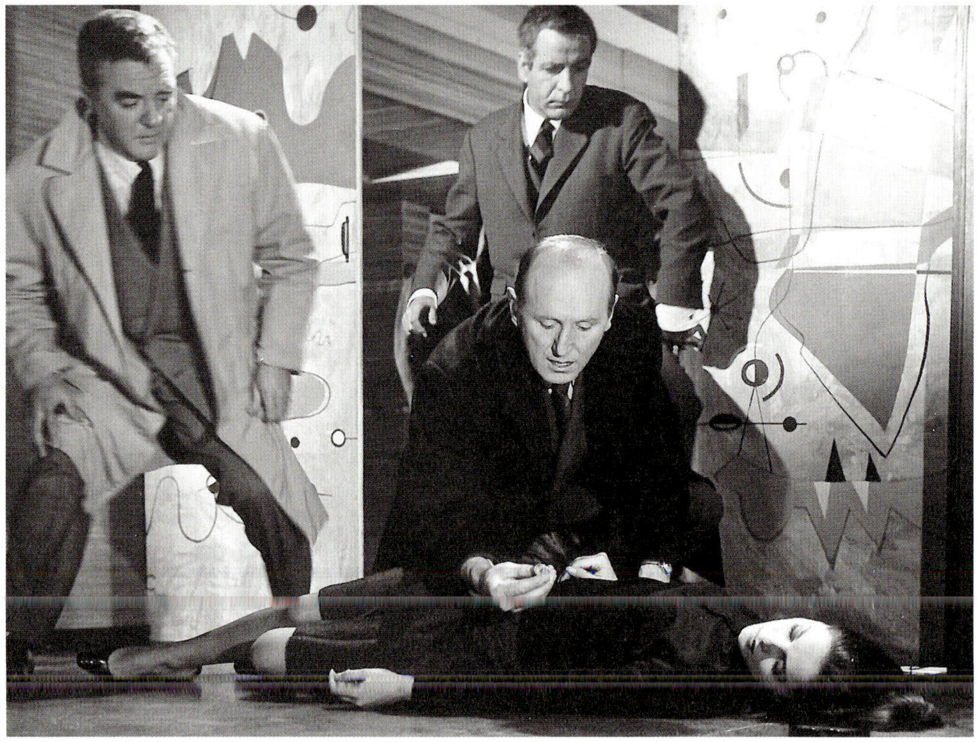

LES BONNES CAUSES

LES BONNES CAUSES

Réalisation : Christian-Jaque ; scénario : Paul Andréota, Christian-Jaque, Henri Jeanson, d'après le roman de Jean Laborde ; dialogues : Henri Jeanson ; photographie : Armand Thirard ; musique : Georges Garvarentz ; montage : Jacques Desagneaux ; assistance à la réalisation : Raymond Villette ; production : Georges Cheyko (Méditerranée Cinéma Productions / Flora Film / Mizar Films) ; durée : 120 min.

Interprétation : Marina Vlady : Catherine Dupré. Bourvil : juge Albert Gaudet. Virna Lisi : Gina Bianchi. Pierre Brasseur : Charles Cassidi. Umberto Orsini : Philliet. Mony Dalmès : Mme Marjorie. Jacques Monod : procureur Magnin. Jacques Mauclair : Georges Boisset. Jean-Loup Philippe : ami de Gina. Robert Vidalin : président. Gilbert Gil : Garat. Hubert Noël : amant de Catherine. Hubert Deschamps : Dr Mermet. José Luis de Vilallonga : Paul Dupré. Frédéric Pottecher : chroniqueur judiciaire.

Thème : Souhaitant se débarrasser de son mari Paul, qui est cardiaque, Catherine Dupré remplace une ampoule de son traitement qui lui est destinée par une autre, empoisonnée. D'une piqûre, l'infirmière Gina Bianchi provoque ainsi involontairement la mort de Paul. Catherine appelle aussitôt son avocat, Charles Cassidi, dont elle a été la maîtresse autrefois. Gina héritant de Paul Dupré, son cas est évident, mais le testament semble être un faux. Si Cassidi obtient l'inculpation de Gina, le juge Gaudet doute cependant de la culpabilité de celle-ci. Il lui est, en revanche, impossible d'inculper Catherine. Le procès a lieu. Cassidi, qui connaît la vérité et est redevenu l'amant de Catherine, charge l'infirmière, qui est condamnée. Pensant qu'elle n'a, dès lors, plus besoin de lui, Catherine abandonne Cassidi qui, trahi, va se venger et la perdre.

L'histoire est un très habile engrenage qui semble – jusqu'à la fin – broyer l'innocente Gina, et Christian-Jaque, de retour à un registre plus dramatique que la plupart de ses derniers films, renoue avec un style policier parfaitement maîtrisé. Belle composition de Pierre Brasseur en avocat prêt à faire condamner une innocente pour l'amour d'une femme qui va le trahir. Très efficace.

CHAIR DE POULE

Réalisation : Julien Duvivier ; scénario : René Barjavel, Julien Duvivier, d'après le roman de James Hadley Chase *Tirez la chevillette* ; photographie : Léonce-Henri Burel ; musique : Georges Delerue ; montage : Suzanne de Troeye ; production : Robert Hakim, Raymond Hakim (Paris Film Production / Société Nouvelle Pathé Cinéma / Pans-Interopa Film) ; durée : 110 min.

CHAIR DE POULE

Interprétation : Catherine Rouvel : Maria. Robert Hossein : Daniel Boisset. Georges Wilson : Thomas. Nicole Berger : Simone. Jean Sorel : Paul Genest. Jacques Bertrand : Marc. Robert Dalban : brigadier. Jean Lefebvre : prêtre. Sophie Grimaldi : starlette. Lucien Raimbourg : Roux. Armand Mestral : Corenne. Jean-Jacques Delbo : Joubert.

Thème : Daniel Boisset, qui a été condamné à vingt ans de réclusion à la suite d'un cambriolage ayant mal tourné, s'est évadé et se retrouve en cavale, trouvant refuge auprès de Thomas, un garagiste qui lui offre emploi et hébergement. Le fugitif se sent attiré par la jeune épouse de ce dernier, Maria, qui ne pense qu'à mettre la main sur le magot caché de son mari. Ayant découvert qui est Daniel, elle l'oblige, sous la contrainte d'une arme, à ouvrir le coffre-fort de Thomas, qui survient. Maria abat son mari et Daniel enterre Thomas dans le garage, devenant l'amant de la jeune femme. Alors que Paul Genest, l'ancien complice de Daniel, venu lui apporter de faux-papiers en vue de sa fuite, se laisse séduire par Maria, Daniel est grièvement blessé lors d'une lutte avec Roux, le beau-frère de Thomas, et son fils, appâtés, eux aussi, par le magot. De retour, Genest parvient à ouvrir le coffre, tuant Maria qui l'a surpris, avant de prendre la fuite avec l'argent et d'abandonner Daniel. Les gendarmes interviennent, Genest est blessé et son camion explose avec le garage en percutant la pompe à essence.

Avant-dernier film de Duvivier, cette adaptation d'un roman de James Hadley Chase est une réussite, dans laquelle se mêlent la jalousie et la passion, la tentation de l'argent et celle du sexe. Catherine Rouvel trouve ici de beaucoup son meilleur rôle face à un Robert Hossein parfaitement crédible dans l'un de ces personnages qui lui sont chers. Sans avoir la splendeur des plus grands films de Duvivier, celui-ci, régulièrement sous-estimé, se vautre, non sans plaisir, dans un univers particulièrement noir. À redécouvrir.

LE DOULOS

Réalisation : Jean-Pierre Melville ; scénario : Jean-Pierre Melville, d'après le roman de Pierre Lesou ; photographie : Nicolas Hayer ; musique : Paul Misraki ; montage : Monique Bonnot ; assistance à la réalisation : Volker Schlöndorff ; production : Georges de Beauregard, Carlo Ponti (Rome-Paris Films / Compagnia Cinematografica Champion) ; durée : 108 min.

Interprétation : Jean-Paul Belmondo : Silien. Serge Reggiani : Maurice Faugel. Jean Desailly : commissaire Clain. Fabienne Dali : Fabienne. Michel Piccoli : Nuttheccio. René Lefèvre : Gilbert Varnove. Marcel Cuvelier : premier inspecteur. Jack Léonard : second inspecteur. Aimé de March : Jean. Monique Hennessy : Thérèse. Carl Studer : Kern. Christian Lude : médecin. Jacques De Léon : Armand. Paulette Breil : Anita.

Thème : À sa sortie de prison, Maurice Faugel abat par vengeance Gilbert Varnove, un receleur responsable de la mort de sa femme, et s'empare d'un lot de bijoux qui devait être livré à Nuttheccio et Armand. Il enterre le butin et prépare ensuite, avec l'aide de son ami Silien qui lui fournit le matériel, un cambriolage. Silien, qui est un « doulos » (un indic), torture Thérèse pour connaître le lieu du cambriolage et avertit la police. Sur place, Rémy, le complice de Maurice, et un policier sont tués lors de la confrontation. Blessé, Maurice est soigné par Jean et Anita à qui il indique l'emplacement des bijoux cachés. Thérèse est retrouvée morte et le commissaire Clain, grâce à Silien, arrête Maurice, qui n'avoue rien. Pendant ce temps, Silien abat Nuttheccio et Armand, laissant près d'eux les bijoux volés

LE DOULOS

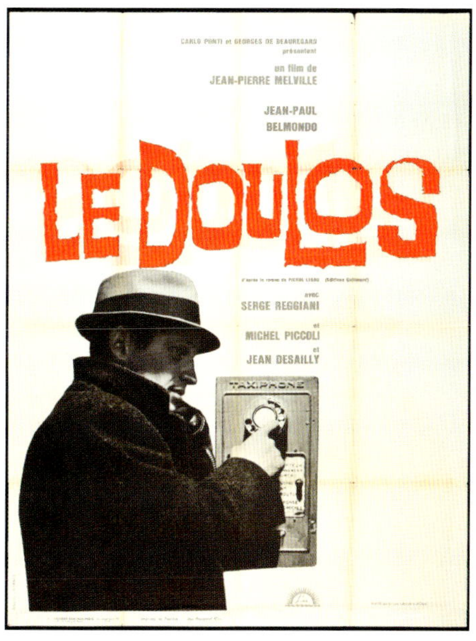

LE DOULOS

en plus insolubles. Cherchant à contrôler leur destin, ils en seront les victimes. Dès le début – la superbe déambulation de Faugel allant voir Varnove –, le film prend le spectateur pour ne plus le lâcher. « Les décors de mon film, *précisait Melville,* témoignent de ma passion pour le cinéma américain qui a été à la fondation de ma vocation. » *Il ajoutait une anecdote :* « Ce n'est que *Le Doulos* terminé que Jean-Paul Belmondo, en se voyant à l'écran, s'est écrié, très étonné : *"Merde alors ! L'indic, c'est moi !"* » *(in* Le Cinéma selon Melville *de Rui Nogueira.)*

***Notes :** Tournage du 16 avril au 14 juin 1962 dans le Val-d'Oise (Enghien-les-Bains, Saint-Gratien), les Yvelines (Guerville) et à Paris (Studios Jenner, rue Watt, place des Fêtes). Remake par Dimitris Stavrakas,* I Parexigisi *(1983), avec Spyros Fokas.*

LE GLAIVE ET LA BALANCE

Réalisation : André Cayatte ; scénario : André Cayatte ; adaptation : Charles Spaak ; dialogues : Henri Jeanson ; photographie : Roger Fellous ; musique : Louiguy ; montage : Paul Cayatte ; production : Ulrich Picard, Robert Sussfeld, Alain Poiré (Gaumont International / Trianon Films / Ultra Film / Sicilia Cinematografica) ; durée : 131 min.

Interprétation : Anthony Perkins : Johnny Parsons. Jean-Claude Brialy : Jean-Philippe Prévost. Renato Salvatori : François Corbier. Pascale Audret : Agnès.

à Varnove afin de les incriminer et innocenter Maurice. Ce dernier est libéré et Silien cherche à lui faire croire que Thérèse était une indicatrice de la police. Maurice, qui a chargé Kern d'éliminer Silien, se ravise et veut alors empêcher l'irréparable, mais c'est lui qui est tué par erreur. Silien et Kern s'entretuent.

*Le film commence par une citation de Céline (*Voyage au bout de la nuit, *1932) :* « Il faut choisir, mourir ou mentir. » « Tous les personnages sont doubles, tous les personnages sont faux. J'ai d'ailleurs bien prévenu les spectateurs au début du film, *déclarait Melville,* avec la phrase, tronquée, de Céline : *"Il faut choisir… mourir… ou mentir ?"* J'ai coupé la fin qui est : *"Moi, je vis."* *Le Doulos* est un film très compliqué, très difficile à comprendre, car j'ai retourné deux fois les situations qui étaient dans le roman. » *Comme la plupart des œuvres de Melville,* Le Doulos *est une réflexion sur l'honneur, le mensonge, la trahison, l'amitié et la délation. Ce qui n'est pas sans expliquer l'admiration que Martin Scorsese et Quentin Tarantino portent au film. Comme dans les films policiers américains préférés de Melville, une véritable malédiction va frapper tous les héros du film. Plus ils tenteront d'y échapper, plus ils perdront pied et sombreront dans des situations de plus*

LE GLAIVE ET LA BALANCE

Anne Tonietti : Christine Prévost. Marie Déa : Mme Winter. Elina Labourdette : Simone Darbon. Fernand Ledoux : procureur. Jacques Monod : commissaire Pranzini. Henri Vilbert : juré. Sophie Grimaldi : Brigitte. Claude Cerval : Plouzenec. Gilbert Gil : inspecteur Portal. Marcel Pérès : juré. Jacques Marin : gendarme.

Thème : Deux ravisseurs kidnappent un enfant pour obtenir une rançon et, se croyant repérés, tuent ce dernier ainsi qu'un policier. Les forces de l'ordre arrêtent à Cannes trois hommes : Johnny Parsons, Jean-Philippe Prévost et François Corbier. Tous ont d'importants besoins d'argent et aucun n'a d'alibi solide. Ils se connaissent mais chacun se dit innocent. Le juge d'instruction ne sait comment se décider entre ses trois suspects, mais il transmet pourtant le dossier comme le veut le procureur. Incapable de déterminer la vérité, le jury acquitte les trois inculpés au bénéfice du doute. Indignée, la foule les lynche.

Une fois de plus, André Cayatte s'attache à la mécanique judiciaire dont il montre les rouages (l'interrogatoire des trois suspects), les doutes (ceux du juge d'instruction comme ceux du jury) et aussi les failles, car la fin va montrer qu'il y aura une victime innocente d'une foule bafouée par la justice. Impeccable direction d'acteurs.

***Notes :** Tournage en 1962 dans les Alpes-Maritimes (Antibes, Juan-les-Pins, cap d'Antibes, Mandelieu-la-Napoule, Nice), les Yvelines (Le Mesnil-Saint-Denis), en Ille-et-Vilaine (Saint-Malo), aux studios de la Victorine (Nice) et à Franstudio.*

L'HONORABLE STANISLAS, AGENT SECRET

Réalisation : Jean-Charles Dudrumet ; scénario : Jean-Charles Dudrumet, Michel Cousin ; dialogues : Michel Cousin ; photographie : Pierre Guéguen ; musique : Georges Delerue ; montage : Charles Bretoneiche ; production : Jean-Charles Dudrumet (Les Films de la Licorne) ; durée : 91 min.

Interprétation : Jean Marais : Stanislas-Évariste Dubois. Geneviève Page : Ursula Keller. Maurice Teynac : Alfred Thirios. Jean Galland : colonel Derblay. Gaia Germani : Andrea. Marcelle Arnold : Mlle Morin. Christian Marin : Lecanut. Hélène Dieudonné : grand-mère de Stanislas. Louis Arbessier : directeur du musée. Mathilde Casadesus : Maria Linas. Noël Roquevert : commissaire Mouton. Pierre Tornade : inspecteur.

Thème : Publiciste, Stanislas-Évariste Dubois se trouve, après la mort d'un agent de l'Intelligence Service à laquelle il est mêlé par un mauvais coup du sort, plongé dans une incroyable aventure d'espionnage. Il est alors contraint de devenir un honorable « correspondant » des services secrets

français. L'agent Andréa est bientôt assassiné et Stanislas est menacé par les tueurs d'Alfred Thirios. Après moult aventures, il réussit à livrer ce dernier au colonel Derblay.

Un distrayant mélange de comédie et d'aventures d'espionnage.

***Notes :** Tournage à Meulan-en-Yvelines et ses environs, à « La Moissandière » (Gency, Val-d'Oise), à la gare de Boissy-l'Aillerie (Val-d'Oise) et à Enghien-les-Bains (Val-d'Oise).*

JUDEX

Réalisation : Georges Franju ; scénario et dialogues : Jacques Champreux, Francis Lacassin, d'après l'œuvre d'Arthur Bernède et le film de Louis Feuillade (1917) ; photographie : Marcel Fradetal ; musique : Maurice Jarre ; montage : Gilbert Natot ; production : Robert de Nesle (CFFP – Comptoir Français du Film Production / Filmes Cinematorafica) ; durée : 98 min.

Interprétation : Channing Pollock : Judex / Vallières. Francine Bergé : Diana Monti / Marie Verdier. Édith Scob : Jacqueline Favraux. Michel Vitold : Favraux. Théo Sarapo : Moralès. Jacques Jouanneau : Alfred Cocantin. René Génin : Pierre Kerjean. Sylva Koscina :

JUDEX

JUDEX

Daisy. Philippe Mareuil : vicomte Amaury de la Rochefontaine. Benjamin Boda : môme Réglisse. André Méliès : médecin. Luigi Cortese : Pierrot.

Thème : Un mystérieux Judex somme le banquier Favraux, dont la fortune a bénéficié de documents compromettants relatifs au scandale de Panama, de restituer l'argent qu'il a volé. Ce dernier n'obéit pas et donne une somptueuse réception en l'honneur de sa banque et des futures fiançailles de sa fille Jacqueline avec Amaury de la Rochefontaine. Or Favraux, qui voulait profiter de la soirée pour supprimer un témoin de ses malversations, est lui-même victime d'une syncope fatale, comme l'en avait menacé le justicier. Jacqueline refuse l'héritage et Amaury de la Rochefontaine la quitte. Mais le banquier véreux est toujours vivant : il n'était que sous l'effet d'un produit simulant la mort et a été exhumé par Judex, qui le retient captif. C'est alors que deux escrocs, Diana Monti et Moralès, cherchent également à s'emparer des fameux papiers dont se servait Favraux. La vie de Jacqueline, qui les a surpris, est menacée et sauvée par Judex. Monti et Moralès parviennent à enlever Favraux, qui finira par se suicider. Moralès est tué tandis que Diana affronte l'acrobate Daisy et trouve la mort en tombant d'un toit. Jacqueline s'unira à Vallières (identité civile de Judex).

Initialement, Georges Franju avait envie de faire une nouvelle version de Fantômas. *Les droits n'étant pas libres – ils serviront aux films avec Louis de Funès et Jean Marais –, il choisit* Judex *et en profite pour rendre hommage à Louis Feuillade et au cinéma muet en général. Il tourne ainsi en noir et blanc et utilise, au passage, quelques cartons pour annoncer l'histoire.* « Feuillade, *déclarait Franju,* est lié à mes souvenirs d'enfance. À l'âge où l'on s'étonne, j'ai traversé cette époque de la Première Guerre dans une atmosphère bourgeoise et sans souci, avec des visions d'espions, de rats d'hôtel, de Romanichels voleurs, d'épingles à chapeau, de bottines à boutons, d'automobiles capitonnées dont les lanternes à acétylène produisaient une flamme en ailes de papillon. C'est bien le climat de cette époque que nous avons essayé de retrouver dans notre *Judex.* » *Le résultat est une véritable réussite et on se souviendra notamment de la métamorphose de Francine Bergé se délaissant de ses habits de religieuse pour apparaître en maillot noir – comme Musidora – et de l'affrontement symbolique de la même Francine Bergé en noir face à Sylva Koscina en maillot blanc. La plus belle scène, tournée à Chaalis, est celle du bal costumé avec l'apparition de Judex portant un masque d'oiseau et faisant apparaître des pigeons.*

Notes : *Tournage à Château-Gaillard (Les Andelys), dans l'Oise (abbaye royale de Chaalis, musée Jacquemart-André de Chaalis), dans le Val-d'Oise (gare SNCF de Méry-sur-Oise) et à Paris – avenue Rapp (7e, Judex habite au n° 29) ; avenue de Camoens (16e, appartement de Jacqueline), place Étienne-Pernet, 15e.*

LANDRU

Réalisation : Claude Chabrol ; scénario et dialogues : Françoise Sagan, Claude Chabrol ; photographie : Jean Rabier © ; musique : Pierre Jansen ; montage : Jacques Gaillard ; production : Georges de Beauregard, Carlo Ponti (Rome-Paris Films / Compagnia Cinematografica Champion) ; durée : 111 min.

Interprétation : Charles Denner : Henri Désiré Landru. Michèle Morgan : Célestine Buisson. Danielle Darrieux : Berthe Héon. Hildegarde Neff (= Hildegard Knef) : Mme X. Denise Provence : sœur de Célestine. Stéphane Audran : Fernande Segret. Catherine Rouvel : Andrée Babelet. Mary Marquet : Mme Guillin. Françoise Lugagne : Mme Landru. Juliette Mayniel : Anna Colomb. Jean-Louis Maury : commissaire Belin. Robert Burnier : président. Raymond Queneau : Georges Clemenceau. Jean-Pierre Melville : Georges Mandel. Mario David : procureur.

Thème : Pour subvenir à la vie de sa famille, de sa femme et de ses enfants durant la Grande Guerre, Désiré Landru se sert des annonces matrimoniales pour rencontrer diverses femmes, plutôt riches, qu'il invite dans sa propriété de Gambais avant de les tuer et de faire brûler leur corps. La sœur d'une de ses victimes alerte la police et Landru finit par être identifié, condamné et exécuté, proclamant jusqu'au bout son innocence.

Le personnage de Landru avait inspiré Charles Chaplin pour Monsieur Verdoux *(1947). Tout en soignant particulièrement la reconstitution d'époque (les costumes, les décors), Chabrol en profite pour témoigner d'un humour féroce et pour rappeler qu'au même moment la Première Guerre mondiale faisait aussi des victimes… Comme dit le commissaire Belin :* « Nous vivons une époque terrible. D'un côté, les hommes qui disparaissent ; de l'autre, les femmes. Bientôt, on n'aura plus personne ! » *C'est à la suite de plusieurs insuccès que Chabrol a choisi de tourner avec l'histoire*

LANDRU

LANDRU

de Landru une œuvre plus commerciale et bénéficiant d'une brillante distribution. Fernande Segret, ancienne maîtresse de Landru, s'étant jugée diffamée, a fait un procès aux producteurs, mais la justice lui a finalement donné tort…

***Notes :** Tournage du 12 juin au 11 août 1962 à Gambais (Yvelines), Paris – jardin du Luxembourg (6e), Opéra-Comique (place Boieldieu, 2e) – et aux studios de Boulogne-Billancourt / SFP.*

MAIGRET VOIT ROUGE

Réalisation : Gilles Grangier ; scénario : Gilles Grangier, Jacques Robert, d'après le roman de Georges Simenon *Maigret, Lognon et les gangsters* ; dialogues : Jacques Robert ; photographie : Louis Page ; musique : Francis Lemarque, Michel Legrand ; montage : Marie-Sophie Dubus ; production : Raymond Danon, Georges Charlot (Les Films Copernic / Titanus) ; durée : 85 min.

Interprétation : Jean Gabin : commissaire Jules Maigret. Françoise Fabian : Lily. Roland Armontel : Dr Fezin. Paul Frankeur : Bonfils. Paul Carpenter : Harry Mc Donald. Edward Meeks : Bill Larner. Ricky Cooper : Charlie. Michel Constantin : Cicero. Carlo Nell : garçon du *Manhattan.* Charles Bouillaud : pharmacien Dullac. Harry-Max : Curtis. Paulette Dubost : patronne de l'hôtel. Jacques Dynam : inspecteur. Laurence Badie : Lucienne. Marcel Bozzuffi : Torrence. Guy Decomble : inspecteur Lognon. Vittorio Sanipoli : Pozzo.

Thème : À Pigalle, l'inspecteur Lognon est témoin d'un meurtre, avant d'être lui-même enlevé et frappé. Le commissaire Maigret mène l'enquête et se trouve confronté à la venue en France de deux tueurs, Charlie et Cicero, dont la mission est d'empêcher un témoin d'apporter son aide au FBI. Maigret rencontre, à cette occasion, Harry Mc Donald, un ancien agent fédéral qu'il connaît et qui travaille à l'ambassade américaine. Menacé par les deux tueurs en question, Maigret avertit ses collègues qui interviennent en force, mais Cicero leur échappe. La police le retrouve et l'arrête. Maigret laisse partir le témoin dont Mc Donald a besoin, mais garde les deux tueurs pour les faire juger en France.

C'est de beaucoup le moins intéressant des trois films dans lesquels Jean Gabin incarne le commissaire Maigret. Le scénario est souvent confus, les dialogues souffrent de l'absence de Michel Audiard alors que Gilles Grangier se contente de réaliser un film de gangsters de plus, sans retrouver l'univers cher à Simenon. Jean Gabin, lui-même, ne semble plus du tout croire à son personnage qu'il interprète sans conviction. Le seul moment surprenant est l'arrestation de Cicero. Tout cet univers de truands, d'entraîneuses et de petits malfrats est beaucoup plus celui de ce type de cinéma que celui de Georges Simenon dont l'acuité documentaire et la vérité humaine ont été sacrifiées au profit d'une intrigue crapuleuse que l'on suit avec curiosité mais sans aucune passion.

MAIGRET VOIT ROUGE

MÉLODIE EN SOUS-SOL

Réalisation : Henri Verneuil ; scénario : Albert Simonin, d'après le roman de John Trinian ; dialogues : Michel Audiard ; photographie : Louis Page ; musique : Michel Magne ; montage : Françoise Bonnot ; assistance à la réalisation : Claude Pinoteau, Costa-Gavras ; production : Jacques Bar (CIPRA – Compagnie Internationale de Productions et Réalisations Artistiques / Cité-Films / Compagnia Cinematografica Mondiale) ; durée : 117 min.

Interprétation : Jean Gabin : Charles. Alain Delon : Francis Verlot. Viviane Romance : Ginette. Carla Marlier : Brigitte. Georges Wilson : Walther. Maurice Biraud : Louis Naudin. Claude Cerval : commissaire. José Luis de Vilallonga : M. Grimp. Germaine Montero : Mme Verlot. Jean Carmet : barman. Dora Doll : comtesse Doublianoff. Jimmy Davis : Sam. Dominique Davray : Léone. Henri Virlojeux : Mario. Rita Cadillac : Liliane.

MÉLODIE EN SOUS-SOL

Jean-Jacques Delbo : chorégraphe. Michel Magne : chef d'orchestre.

Thème : Charles, qui vient de sortir de prison, sent le besoin d'un gros coup. Son ami Mario lui parle d'un possible hold-up, celui du casino du *Palm Beach*, à Cannes. Sont alors recrutés pour l'opération Francis Verlot, jeune ambitieux et sans scrupules, et Louis, un mécanicien destiné à être le chauffeur du groupe. Charles épie M. Grimp qui est chargé quotidiennement de déposer la recette des jeux au coffre alors que Francis séduit Brigitte, une jeune danseuse. Il a besoin d'elle pour monter sur le toit et atteindre la salle du coffre. L'opération a lieu et Francis enfouit l'argent dans des sacs de plage, mais il a été repéré. La photo de Francis faisant la une de la presse, il ne reste plus à Charles et Francis qu'à jeter les sacs dans la piscine voisine, mais l'un de ceux-ci, mal fermé, laisse bientôt s'échapper des billets…

Le scénario et le déroulement du hold-up sont impeccables, mais il manque aux personnages la profondeur psychologique que l'on trouve dans les grands classiques hollywoodiens, notamment Quand la ville dort *(*The Asphalt Jungle*, 1950) de John Huston. Restent donc des personnages unidimensionnels et, heureusement, le face-à-face – il y en aura d'autres – entre Jean Gabin et Alain Delon, chacun étant le symbole de sa génération. Au départ, c'est Jean-Louis Trintignant qui devait interpréter le rôle de Francis. Alain Delon, qui voulait absolument tourner avec Jean Gabin, insista pour obtenir le rôle, acceptant de ne pas être payé…*

Notes : *Tournage du 22 octobre au 30 décembre 1962 à Cannes (Alpes-Maritimes), Garges-lès-Gonesse (Val-d'Oise), Pierrefitte-sur-Seine (Seine-Saint-Denis), Sarcelles (Val-d'Oise), Paris et aux studios de la Victorine (Nice).*

LE MEURTRIER

Réalisation : Claude Autant-Lara ; scénario : Jean Aurenche, Pierre Bost, d'après le roman de Patricia Highsmith ; photographie : Jacques Natteau ; musique : René Cloërec ; montage : Madeleine Gug ; production : Alexandre Grüter (Cocinor – Comptoir Cinématographique du Nord / Les Films Marceau / International Productions / Corona Filmproduktion GmbH / Galatea Film / Sancro Film) ; durée : 107 min.

Interprétation : Marina Vlady : Ellie. Gert Fröbe : Melchior Kimmel. Robert Hossein : inspecteur Corby. Harry Meyen : Tony. Maurice Ronet : Walter Saccard. Yvonne Furneaux : Clara Saccard. Laurence Badie : serveuse. Paulette Dubost : Helen Kimmel. Clara Gansard : bonne. Jacques Monod : commissaire.

LE MEURTRIER

Thème : Nice. Vieux libraire d'origine allemande, Melchior Kimmel a tué son épouse, Helen. Bien que fortement soupçonné, il est protégé par un bon alibi et n'est pas inquiété, mais l'un de ses clients, Walter Saccard – qui a pour maîtresse Ellie –, comprend la vérité et décide de se débarrasser, à son tour, de sa propre femme Clara, qui est riche et ne veut pas divorcer. On retrouve bientôt le corps de Clara. Est-ce un suicide ou un meurtre ? Corby mène l'enquête et découvre l'intérêt de Walter pour la mort d'Helen Kimmel. La mort des deux femmes est-elle liée ? Qui est vraiment coupable ? Corby va-t-il résoudre les deux affaires ?

Un meurtre dont on connaît, dès le début, le criminel, un policier vindicatif campé par Robert Hossein et un roman de Patricia Highsmith.

***Notes :** Tournage à Menton et Nice, ainsi qu'aux studios de la Victorine (Nice). Le titre allemand du film est* Im Schatten einer Nacht. *Le roman de Patricia Highsmith (*The Blunderer *en version originale) a aussi fait l'objet d'une adaptation par Andy Goddard :* A Kind of Murder *(2016) avec Patrick Wilson, Jessica Biel et Haley Bennett.*

OPHÉLIA

Réalisation : Claude Chabrol ; scénario : Claude Chabrol, Martial Matthieu (= Paul Gégauff), d'après la pièce de William Shakespeare *Hamlet* ; photographie : Jean Rabier, Jacques Rabier ; musique : Pierre Jansen ; production : László Szabó (Boréal Films) ; durée : 103 min.

Interprétation : Alida Valli : Claudia Lesurf. Claude Cerval : Adrien Lesurf. André Jocelyn : Yvan Lesurf. Juliette Mayniel : Lucie Lagrange. Robert Burnier : André Lagrange. Serge Bento : François. Jean-Louis Maury : Sparkos. Sacha Briquet : fossoyeur. Liliane David : Ginette. Pierre Vernier : Paul. Roger Carel : ouvrier. Henri Attal : garde. Dominique Zardi : garde.

OPHÉLIA

Thème : Yvan Lesurf est persuadé que sa mère Claudia et son oncle Adrien ont assassiné son père avant de se marier quelques mois plus tard. Yvan est épris de Lucie, la fille de l'intendant André Lagrange, ce qui ne rassure pas ce dernier, inquiet de l'instabilité psychologique du jeune homme. Yvan se prend d'ailleurs de plus en plus pour Hamlet, le héros de Shakespeare, et il réalise un court métrage, *La Souricière*, amené à jouer le même rôle que la pièce dans l'œuvre de Shakespeare. Les événements tragiques s'enchaînent. Yvan se perd dans ses fantasmes, André succombe à une crise cardiaque alors qu'Adrien s'empoisonne en révélant à Yvan qu'il est son père.

Était-ce réellement une bonne idée que cette transposition de la tragédie de Shakespeare ? Chabrol avoue avoir joué sur trois registres différents : celui de la bouffonnerie, celui de la fantasmagorie, enfin le style réaliste. On peut trouver la tentative sinon intéressante, du moins curieuse, le village d'Erneles, où se déroule l'action, étant – presque – l'anagramme d'Elseneur...

***Notes :** Tournage de décembre 1961 à janvier 1962 à Villepreux, dans les Yvelines. Le film a, par ailleurs, été une catastrophe commerciale.*

O.S.S. 117 SE DÉCHAÎNE

Réalisation : André Hunebelle ; scénario : Raymond Borel, Pierre Foucaud, André Hunebelle, d'après le roman de Jean Bruce ; photographie : Raymond Pierre Lemoigne ; musique : Michel Magne ; montage : Jean Feyte ; production : Paul Cadéac, Cyril Grize (CICC – Compagnie Industrielle et Commerciale Cinématographique / Les Films Borderie / Production Artistique et Cinématographique / Produzioni Cinematografiche Mediterranee) ; durée : 110 min.

Interprétation : Kerwin Mathews : Hubert Bonisseur de La Bath, alias « OSS 117 ». Nadia Sanders : Brigitta. Irina Demich : Lucia. Henri-Jacques Huet : Renotte. Jacques Harden : Roos. Roger Dutoit : Mayan. Albert

Dagnan : Forestier. Daniel Emilfork : Sacha. Yvan Chiffre : agent Thibaud.

Thème : Suite à la mort d'un agent américain qui faisait une reconnaissance sous-marine en Corse, les services secrets envoient Hubert Bonisseur de la Bath, OSS 117, enquêter…

Après James Bond, voici donc le héros de Jean Bruce, OSS 117, personnifié par l'ancien interprète du Septième voyage de Sinbad *(1958), des* Voyages de Gulliver *(1960) et de* Jack le tueur de géants *(1962). Bien que tourné en noir et blanc (du 18 février au 27 mars 1963 à Bonifacio et Toulon), le film est donc le premier volet d'un nouveau corpus d'aventures – le premier OSS était, rappelons-le,* O.S.S. 117 n'est pas mort *de Jean Sacha en 1957 –, suivi de quatre films, soit dans l'ordre :*

BANCO À BANGKOK POUR O.S.S. 117 (1964)

Réalisation : André Hunebelle ; réalisation de seconde équipe : Jacques Besnard ; scénario et dialogues : Pierre Foucaud, André Hunebelle, Michel Lebrun, d'après le roman de Jean Bruce *Lila de Calcutta* ; adaptation : Raymond Borel, Pierre Foucaud, Michel Lebrun, Patrice Rhomm, Richard Caron ; photographie : Raymond Pierre Lemoigne © ; musique : Michel Magne ; montage : Jean Feyte ; production : Paul Cadéac (CICC – Compagnie Industrielle et Commerciale Cinématographique / Production Artistique et Cinématographique / Da. Ma. Film) ; durée : 118 min.

Interprétation : Kerwin Mathews : Hubert Bonisseur de La Bath, alias « OSS 117 ». Robert Hossein : Dr Guna Sinn. Pier Angeli : Lila Sinn. Dominique Wilms : Eva Davidson. Gamil Ratib : Akhom. Henri Virlojeux : Leacock. Jacques Mauclair : M. Smith. Raoul Billerey : Christopher Lemmon. Jacques Hilling : professeur Hogby.

Thème : L'assassinat d'un agent américain à Bangkok met OSS 117 sur la piste d'un dangereux virus et l'oblige à affronter le dangereux docteur Sinn.

Le succès du précédent OSS 117 a permis à celui-ci et aux suivants d'être désormais tournés en couleurs.

Notes : *Tournage du 8 janvier au 25 mars 1964 à Bangkok et aux studios de Boulogne.*

FURIA À BAHIA POUR OSS 117 (1965)

Réalisation : André Hunebelle ; réalisation de seconde équipe : Jacques Besnard ; scénario : Pierre Foucaud, Jean Halain, André Hunebelle, d'après le roman de Jean Bruce ; photographie : Marcel Grignon © ; musique : Michel Magne ; montage : Jean Feyte ; assistance à la réalisation : Michel Lang ; production : Paul Cadéac, Luciano Ercoli, Alberto Pugliese (Production Artistique et Cinématographique / Produzioni Cinematografiche Mediterranee / Da. Ma. Cinematografica) ; durée : 99 min.

Interprétation : Frederick Stafford : Hubert Bonisseur de La Bath, alias « OSS 117 ». Mylène Demongeot : Anna-Maria Sulza. Raymond Pellegrin : Leandro Oliveira. Perrette Pradier : Consuela Moroni 1. Annie Andersson : Consuela Moroni 2. François Maistre : Carlos. Yves Furet : Clark. Guy Delorme : Karl. Jacques Riberolles : Miguel Sulza.

Thème : Enquêtant sur des attentats suicides qui ont coûté la vie à plusieurs hommes d'État, OSS 117 part pour Rio de Janeiro où une dangereuse organisation terroriste met au point une drogue annihilante.

Frederick Stafford remplace Kerwin Matthews et trouve ici son premier rôle. Il sera, cinq ans plus tard, le héros de L'Étau *(Topaz, 1969) d'Alfred Hitchcock. On constatera, une fois de plus, que OSS 117 est loin d'avoir le charme cynique de son collègue James Bond.*

Notes : *Tournage au Brésil (Rio de Janeiro, Salvador de Bahia, chutes d'Iguazú). L'un des moments les plus spectaculaires du film a été tourné près des chutes d'Iguazú, à la frontière avec l'Argentine.*

FURIA À BAHIA POUR OSS 117

ATOUT CŒUR À TOKYO POUR OSS 117

ATOUT CŒUR À TOKYO POUR OSS 117 (1966)

Réalisation : Michel Boisrond ; réalisation de seconde équipe : Michel Wyn ; scénario : Terence Young, Pierre Foucaud, d'après le roman de Jean Bruce ; dialogues : Marcel Mithois ; collaboration au scénario : Claude Sautet ; photographie : Marcel Grignon © ; musique : Michel Magne ; montage : Pierre Gillette ; production : Paul Cadéac. (Production Artistique et Cinématographique / CMV Produzione Cinematografica) ; durée : 100 min.

Interprétation : Frederick Stafford : Hubert Bonisseur de La Bath, alias « OSS 117 ». Marina Vlady : Eva Wilson. Jacques Legras : M. Chan. Jitsuko Yoshimura : Tetsuko. Valéry Inkijinoff : Yekota. Henri Serre : John Wilson. Mario Pisu : Vargas. Colin Drake : Babcock. Billy Kearns : M. Smith.

Thème : OSS 117 part pour Tokyo pour tenter d'élucider la destruction d'une base américaine du Pacifique. Les terroristes préparent un nouveau coup, mais notre héros réussit à dévier l'avion téléguidé des agresseurs.

***Notes :** Tournage du 23 avril au 8 juillet 1966 au Japon (Kyoto, Tokyo), à la Fondation Maeght (Saint-Paul-de-Vence) et aux studios de la Victorine (Nice).*

PAS DE ROSES POUR OSS 117 / NIENTE ROSE PER OSS 117 (1968)

Réalisation : Renzo Cerrato, Jean-Pierre Desagnat, André Hunebelle (supervision) ; scénario : Renzo Cerrato, Jean-Pierre Desagnat, Pierre Foucaud, Michel Lévine, d'après le roman de Jean Bruce *Pas de roses à Ispahan* ; photographie : Tonino Delli Colli © ; musique : Piero Piccioni ; montage : Jolanda Benvenuti ; production : André Hunebelle, Marcello Danon (Da. Ma. Cinematografica / Production Artistique et Cinématographique) ; durée : 105 min.

Interprétation : John Gavin : Hubert Bonisseur de La Bath, alias « OSS 117 ». Margaret Lee : Aïcha Melik. Curd Jürgens : « le Major ». Luciana Paluzzi : Maud. Robert Hossein : Dr Saadi. Rosalba Neri : Conchita Esteban. Renato Baldini : MacLeod. Piero Lulli : Heindrich Van Dyck. George Eastman : Karas. Guido Alberti : Faruk Melik.

Thème : OSS 117 prend l'identité du gangster William Chandler pour empêcher le meurtre d'un diplomate de l'ONU.

*C'est le dernier volet de ce corpus des aventures de Jean Bruce. Bénéficiant d'un important budget et d'une certaine ambition, cet épisode est le plus réussi de cette série. John Gavin est en grande forme face à Curd Jürgens et Robert Hossein, sans oublier Luciana Paluzzi, la Fiona Volpe d'*Opération Tonnerre *(Thunderball, 1965).*

PAS DE ROSES POUR OSS 117 / NIENTE ROSE PER OSS 117

RIFIFI À TOKYO

Réalisation : Jacques Deray ; scénario : José Giovanni, Jacques Deray, Rodolphe-Maurice Arlaud, d'après le roman d'Auguste Le Breton ; dialogues : José Giovanni ; photographie : Tadashi Aramaki ; musique : Georges Delerue ; montage : Albert Jurgenson ; production : Jacques Bar, Luigi Nannerini (CIPRA – Compagnie Internationale de Productions et Réalisations Artistiques / Compagnia Cinematografica Mondiale) ; durée : 98 min.

Interprétation : Karlheinz Böhm : Carl Mersen. Keiko Kishi : Asami. Barbara Lass : Françoise Mérigné. Charles Vanel : Van Hekken. Michel Vitold : Pierre Mérigné. Dante Maggio : Luigi. Masao Oda : Kan. Eiji Okada : Danny Riquet. Hideaki Suzuki : Itoushi. Eijirō Yanagi : Ishimoto.

Thème : Avant de prendre sa retraite, Van Hekken veut réussir un ultime coup, voler le diamant que détient Ishimoto dans le coffre-fort de la banque de Tokyo. Ses complices vont être l'Italien Luigi, Danny Riquet et la Japonaise Asami dont le frère, Itoushi, travaille dans la banque. À ce groupe s'ajoute bientôt Pierre Mérigné, spécialiste en électronique, venu avec son épouse, Françoise, qui ignore tout de ces activités criminelles. Riquet ayant été abattu par la mafia locale, il est remplacé par Carl Mersen, qui devient l'amant de Françoise. Après diverses péripéties et altercations avec les Yakuzas, l'opération a enfin lieu. Van Hekken met la main sur le diamant mais se retrouve prisonnier à cause d'un système de sécurité supplémentaire non prévu. Mérigné prend peur et fuit. Alors que Van Hekken va se suicider, Mersen part seul,

RIFIFI À TOKYO

sans le diamant, mais la pègre japonaise est déjà sur ses traces.

Il s'agit du deuxième film – après Le Gigolo *(1960) – de Jacques Deray, qui a déclaré, à son sujet :* « Au Japon, loin de mes habitudes, de mon quotidien, je me sens très vite à l'aise. Je recherche de nouvelles images dans l'idée que le dépaysement géographique crée le dépaysement psychologique ; je m'aperçois aujourd'hui que la ville a souvent tenu une place importante dans mes récits et leur donne une dimension supplémentaire. Je veux qu'à chaque image on sente la rue, la population, la vie. Je tourne avec une petite équipe, allant d'un point à l'autre, pour retrouver l'impression de ville immense, tentaculaire et chaotique que j'ai ressentie dès mon premier voyage. »

ROCAMBOLE

Réalisation : Bernard Borderie ; scénario : Bernard Borderie, Fulvio Gicca Palli, Ugo Liberatore, d'après l'œuvre de Pierre Alexis de Ponson du Terrail ; adaptation : Bernard Borderie, Gerald Devriès ; photographie : Angelo Lotti © ; musique : Giovanni Fusco ; montage : Antonietta Zita ; production : Raymond Borderie (Les Films Borderie / Les Films Modernes / Explorer Film / CICC – Compagnie Industrielle et Commerciale Cinématographique) ; durée : 96 min.

Interprétation : Channing Pollock : Rocambole. Edy Vessel : Cléo Santelli. Alberto Lupo : baron Rudolf Keller. Nadia Gray : comtesse. Rik Battaglia : Conrad von Berthold. Guy Delorme : commissaire Agus. Lilla Brignone : grande-duchesse. Mino Doro : avocat.

Thème : À Londres, en 1903, le légendaire escroc Rocambole commet un vol à l'ambassade de Prusse, permettant aux services secrets anglais de compromettre un diplomate. De retour à Paris sous le nom de Roland de Chamery, il fréquente le *Maxim's* et y rencontre la danseuse étoile Cléo Santelli, fiancée au baron Rudolf Keller, célèbre marchand de canons. Rocambole s'éprend de Cléo et commet divers vols pour assurer son luxueux train de vie alors que Keller espère la proximité de la guerre et compter le grand-duc Alexandre parmi ses clients. Rocambole parvient à contrecarrer les plans de Keller, qui cherche alors à faire assassiner à Rome le président Loubet par Conrad von Berthold. Rocambole l'en empêchera et épousera Cléo.

Revoici Rocambole, le héros de Ponson du Terrail – déjà l'objet de multiples adaptations cinématographiques –, interprété cette fois-ci par Channing Pollock, authentique illusionniste. Une chatoyante reconstitution de la Belle Époque avec vols de bijoux, intrigues diplomatiques et assassinats politiques.

Notes : *Tournage à Senlis (Oise) et aux thermes de Caracalla (Rome).*

ROCAMBOLE

SOUPE AUX POULETS

Réalisation : Philippe Agostini ; scénario : René Wheeler, d'après le roman d'Ed McBain (= Salvatore Lombino) ; dialogues : Michel Subiela, René Wheeler, Philippe Agostini ; photographie : Henri Raichi ; musique : Jacques Stern ; montage : Victoria Mercanton ; production : Maintenon Films / Élysées Films / France Vedettes Films ; durée : 90 min.

Interprétation : Françoise Spira : Maria. Jean Servais : commissaire Beronnet. Gérard Blain : Claudio. Claude Brasseur : inspecteur Girel. Guy Bedos : Hardouin. Paul Mercey : Rimbert. Anne-Marie Coffinet : Corinne. Maurice Biraud : inspecteur Morel. Roger Dutoit : Cazenave. Hélène Dieudonné : vieille dame. Ellen Bahl : patronne du restaurant.

Thème : Comment est mort le gangster Stéphane Paoli ? Son épouse Maria ne croit pas au suicide et accuse l'inspecteur Morel, ignorant – semble-t-il – que son mari était un trafiquant de drogue. Elle se rend au commissariat avec un revolver et une bouteille de nitroglycérine alors que Morel poursuit son enquête et soupçonne Cazenave, qui est patron de bar, d'être le patron de Paoli. Maria, de son côté, neutralise les inspecteurs présents dans le commissariat alors que le commissaire Beronnet tente vainement de la raisonner. On découvre bientôt que Paoli a bien été assassiné et que Morel est sur la piste du meurtrier.

L'intrigue criminelle s'accompagne d'un véritable huis clos dans le commissariat entre Maria, sa nitroglycérine et les différents personnages qui y sont policiers, journalistes ou simples citoyens.

Notes : *Tournage du 21 février au 4 avril 1963.*

SYMPHONIE POUR UN MASSACRE

Réalisation : Jacques Deray ; scénario : Jacques Deray, José Giovanni, Claude Sautet, d'après le roman d'Alain Reynaud-Fourton *Les Mystifiés* ; photographie : Claude Renoir ; musique : Michel Magne ; montage : Paul Cayatte ; production : Julien Derode (CICC – Compagnie Industrielle et Commerciale Cinématographique / PECF – Productions et Éditions Cinématographiques Françaises / Ultra Film / Dear Film Produzione) ; durée : 110 min.

Interprétation : Jean Rochefort : Christian Jabeke. Charles Vanel : Paoli. Claude Dauphin : Maurice Valoti. Michel Auclair : Clavet. José Giovanni : Moreau. Michèle Mercier : Madeleine Clavet. Daniela Rocca : Hélène Valoti. Marcello Pagliero : Repellini. Billy Kearns : client américain. Claude Cerval : homme du cercle. Jacques Deray : guichetier à la gare de Perrache.

Thème : Paoli, Valoti, Clavet et Jabeke dirigent conjointement un cercle de jeux qui leur sert de façade à d'autres activités plus rentables (et illégales). Ils négocient avec le Marseillais Repellini l'achat d'un lot de drogue contre 500 000 $. Moreau est chargé de transporter l'argent jusqu'à Marseille et de rapporter la marchandise. Jabeke voit là l'occasion de se séparer de ses partenaires. Il fait donc croire qu'il est à Bruxelles et vole la mallette de billets dans le train, après avoir tué Moreau. Paoli convoque alors toute la bande, mais, ayant confondu Jabeke, celui-ci le poignarde avant l'arrivée des autres et maquille la scène en règlement de comptes. Après s'être débarrassé du cadavre pour éviter d'attirer l'attention, les trois associés décident

SYMPHONIE POUR UN MASSACRE

de continuer comme si de rien n'était. Or des clients américains de leur cercle de jeux font sauter la banque. Pour couvrir une partie de la dette, Janeke se sert dans la mallette, ne sachant pas que Clavet y a glissé de faux dollars. Les Américains, qui sont des banquiers, repèrent les billets contrefaits parmi l'argent que leur a remis Valoti. De peur d'être démasqué, Jabeke élimine Clavet – qui, du coup, suspectait Valoti et en avait parlé à sa femme Madeleine –, puis Valoti qui a découvert la vérité. Il lui reste à récupérer le contenu de la mallette, espérant partir avec sa maîtresse Hélène, la veuve de Valoti. C'est sans compter sur Madeleine Clavet qui, le prenant pour Valoti, l'abat pour venger son mari.

« Pour le rôle principal, *déclarait Jacques Deray*, je pense à Jean Rochefort, mais le producteur pense qu'il serait trop à contre-emploi. Il n'a pas tort. Je parviens pourtant à l'imposer. Je veux que l'histoire soit traitée à la manière d'un film anglais avec suspense, rebondissements et meurtres en série ; je sais que Rochefort fera une éblouissante démonstration d'humour noir. Je suis content du résultat, j'ai franchi le difficile obstacle que constitue un deuxième film policier. »

SYMPHONIE POUR UN MASSACRE

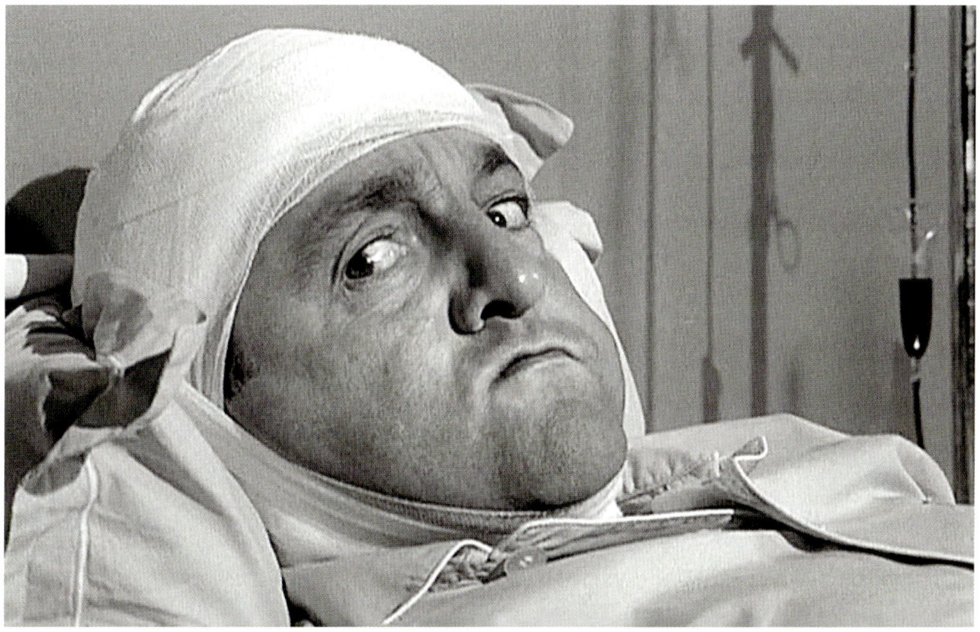

LES TONTONS FLINGUEURS

Réalisation : Georges Lautner ; scénario : Georges Lautner, Albert Simonin, d'après le roman d'Albert Simonin *Grisbi or not grisbi* ; dialogues : Michel Audiard, Georges Lautner ; photographie : Maurice Fellous ; musique : Michel Magne ; montage : Michelle David ; production : Alain Poiré, Irénée Leriche, Robert Sussfeld (SNEG – Société Nouvelle des Établissements Gaumont / Corona Filmproduktion GmbH / Ultra Film) ; durée : 105 min.

Interprétation : Lino Ventura : Fernand Naudin. Bernard Blier : Raoul Volfoni. Francis Blanche : Me Folace. Claude Rich : Antoine Delafoy. Pierre Bertin : Adolphe Amédée Delafoy. Robert Dalban : Jean. Jean Lefebvre : Paul Voloni. Horst Frank : Théo. Charles Régnier : « Tomate ». Sabine Sinjen : Patricia. Venantino Venantini : Pascal. Jacques Dumesnil : Louis « le Mexicain ». Dominique Davray : Mme Mado. Paul Meurisse : homme au monocle.

Thème : Ancien gangster, Fernand Naudin est chargé par son ami mourant, Louis « le Mexicain », de prendre soin de ses « affaires » et de veiller sur sa fille Patricia, qui doit bientôt se marier avec Antoine Delafoy. Un rôle de caïd et de père qui ne sera pas de tout repos...

C'est le grand classique de la comédie policière de l'époque, un film qui a vu le jour grâce à la ténacité de son producteur Alain Poiré. Avant de devenir « culte » – l'horrible expression ! –, le film a ravi à sa sortie 3,3 millions de spectateurs tout en étant rejeté par une partie de la critique cinématographique d'alors, incapable d'apprécier les dialogues de Michel Audiard, telles ces phrases que déclare goulûment Lino Ventura : « Les cons, ça ose tout. C'est même à ça qu'on les reconnaît » *ou* « Patricia, mon petit... Je ne voudrais pas te paraître vieux jeu, ni encore moins grossier. L'homme de la pampa, parfois rude, reste toujours courtois, mais la vérité m'oblige à te le dire : ton Antoine commence à me les briser menu ».

Notes : *Tournage du 8 avril au 29 mai 1963 au bowling de Fontenay-sous-Bois (Val-de-Marne), à l'église Saint-Germain-de-Charonne (Paris 20e), dans une villa de Rueil-Malmaison (Hauts-de-Seine), au château de Vigny (Val-d'Oise). Sabine Sinjen est doublée – coproduction oblige – par Valérie Lagrange.*

CONSTANCE AUX ENFERS

1964

CONSTANCE AUX ENFERS

Réalisation : François Villiers ; scénario et dialogues : Jacques Sigurd, Jean-Pierre Ferrière, d'après le roman de Jean-Pierre Ferrière ; photographie : Manuel Berenguer ; musique : Claude Bolling ; montage : Christian Gaudin, Teresa Alcocer ; production : Almos Mezo, Francisco Balcázar (Luxor Films / Capitole Films / Balcázar Producciones Cinematográficas) ; durée : 88 min.

Interprétation : Michèle Morgan : Constance. Dany Saval : Pascale. Simón Andreu : Hugo. Maria Pacôme : Marie-Cécile. Claude Rich : élève. George Rigaud ; Sartori. Carlos Casaravilla : détective. Matilde Muñoz Sampedro : concierge.

Thème : Veuve et riche, Constance a un problème avec sa jeune voisine Pascale, une starlette, dont les nuisances sonores dues à ses réceptions la dérangent. Lors d'une crise de jalousie, Hugo, l'amant de Pascale, étrangle celle-ci. Constance, qui a été témoin du meurtre depuis sa fenêtre, accepte d'héberger l'assassin qui, paniqué, s'est présenté chez elle. Dès lors, sa vie est bouleversée. N'ayant pas eu le courage de le dénoncer, Constance a désormais un amant en la personne d'Hugo. Elle le cache et s'occupe de lui, mais une première lettre de chantage obscurcit soudain cette nouvelle idylle. Le meurtre a eu un autre témoin et ce dernier réclame de l'argent contre son silence. Malgré les conseils d'Hugo de ne pas céder, elle préfère ne pas prendre le risque et paie à plusieurs reprises tout en commençant à nourrir des doutes sur les fréquentes sorties de son amant à la piscine Deligny. Elle se décide alors à le faire suivre par un détective jusqu'à un hôtel de la place du Panthéon et apprend bientôt que Pascale y est toujours en vie. Comprenant la supercherie dont elle a été victime, elle lui rend visite et, dans le but de monter les complices l'un contre l'autre, lui reprend l'argent en mentant sur le fait qu'Hugo en aurait gardé pour lui. De l'autre côté, elle fait croire à Hugo qu'un second maître-chanteur s'est manifesté, ce qui signifierait que Pascale a un autre amant. De plus, elle leur téléphone pour leur annoncer qu'elle sait tout, provoquant une violente altercation entre les jeunes gens au cours de laquelle Hugo étrangle – véritablement, cette fois – la jeune femme. À nouveau, Constance a assisté, horrifiée, à la scène depuis chez elle, mais, cette fois-ci, elle n'ouvrira pas la porte à Hugo.

Un meurtre, un chantage et un mystère qui va en augmentant. Efficace.

ÉCHAPPEMENT LIBRE

Réalisation : Jean Becker ; scénario : Daniel Boulanger, Claude Sautet, Maurice Fabre, Didier Goulard, Jean Becker, d'après le roman de Clet Coroner ; dialogues : Daniel Boulanger ; photographie : Edmond Séchan ; musique : Martial Solal ; montage : Monique Kirsanoff ; assistance à la réalisation : Costa-Gavras ; production : Paul-Edmond Decharme (Sud-Pacifique Films / Capitole Films / Prodduciones Benito Perojo / Transmonde Film / Eichberg-Film) ; durée : 105 min.

Interprétation : Jean-Paul Belmondo : David Ladislas. Jean Seberg : Olga Celan. Gert Fröbe : Karl Fehrman. Jean-Pierre Marielle : Van Houde. Enrico Maria Salerno : Mario. Wolfgang Preiss : Grenner. Fernando Rey : commissaire au port de Beyrouth. Diana Lorys : Rosetta. Margarita Gil : standardiste. Roberto Camardiel : Stefanidès. Renate Ewert : comtesse avec Mario. Romain Gary : client de l'hôtel.

ECHAPPEMENT LIBRE

Thème : David Ladislas travaille pour une organisation de trafic de diamants et d'or. Devant transporter 300 kg d'or dans une voiture au Liban, il se fait passer pour un reporter et part avec Olga Celan, qui est photographe. Leur contact ayant été arrêté, David décide alors de livrer la marchandise à son compte et d'en assurer la négociation mais, en Grèce, son acheteur est abattu. David passe donc en Italie où son client avertit Karl Fehrman, l'un des chefs de l'organisation. David échappe à une tentative d'assassinat des sbires qui le poursuivent jusqu'en Allemagne où la voiture prend feu. Il a perdu l'or mais a heureusement gagné l'amour d'Olga !

*Du Liban à l'Allemagne, via l'Italie, une distrayante suite d'aventures policières menées par le couple d'*À bout de souffle *(1960).*

***Notes :** Tournage du 10 février au 7 avril 1964 à Beyrouth (hôtel* Phoenicia*), Genève, Athènes (Philopappos Hill), Rome, Naples (Vésuve,* Grand Hôtel Vesuvio*), Gênes, Marseille, Brême, Barcelone, Grenade et Almería (Roquetas de Mar, Cabo de Gata, désert de Tabernas).*

L'INSOUMIS

L'INSOUMIS

Réalisation : Alain Cavalier ; scénario : Alain Cavalier ; dialogues : Jean Cau ; photographie : Claude Renoir ; musique : Georges Delerue ; montage : Pierre Gillette ; production : Jacques Bar, George Beaume, Alain Delon (CIPRA – Compagnie Internationale de Productions et Réalisations Artistiques / Cité-Films / Produzioni Cinematografiche Mediterranee) ; durée : 114 min.

Interprétation : Alain Delon : Thomas Vlassenroot. Lea Massari : Dominique Servet. George Géret : lieutenant Fraser. Maurice Garrel : Pierre Servet. Robert Castel : Amerio. Viviane Attia : Maria. Robert Bazil : père de Maria. Paul Pavel : Félicien. Camille de Casabianca : fille de Thomas. Alain Cavalier : passant à Lyon.

Thème : Déserteur de la Légion étrangère au sein de laquelle il a combattu durant la guerre d'Algérie, Thomas Vlassenroot, qui est Luxembourgeois, s'est réfugié à Alger chez son amie Maria. En échange d'argent qui lui permettra de rentrer au pays, son lieutenant, désormais membre de l'OAS, lui propose de participer à l'enlèvement de l'avocate Dominique Servet, venue défendre des combattants algériens. Dominique est séquestrée avec un autre prisonnier, Félicien, sous la garde de Thomas et d'Amério. À la suite d'une altercation qui le voit tuer Amério, Thomas facilite l'évasion de la jeune femme. Blessé, il reçoit les premiers soins mais devra se faire opérer dans un délai trois jours, sinon il risque l'infection. Très affaibli par sa blessure, il retrouve Dominique à Lyon et ils deviennent amants. Le lieutenant, accompagné d'un tueur, les surprend, mais Thomas assomme le premier et abat le second. Ayant forcé un barrage de police, le couple doit désormais fuir les forces de l'ordre tandis que l'état de santé du légionnaire s'aggrave. Dominique fait appel à son mari Pierre, qui les emmène jusque chez Thomas. Mais ce dernier meurt, victime de ses blessures.

C'est l'un des films les plus attachants d'Alain Cavalier qui a, malheureusement, dû faire face à une plainte de l'avocate Mireille Glaymann ayant été enlevée en janvier 1962 à Alger, tout comme l'héroïne. Son avocat, Me Matarasso, avait déclaré que la seconde partie du

L'INSOUMIS

FANTOMAS SE DÉCHAÎNE

film – la liaison de Thomas et de Dominique – pouvait porter atteinte à la vie privée de sa cliente. Le film fut provisoirement interdit puis subit diverses mutilations – un ensemble de scènes d'une durée de 25 minutes a été coupé notamment à la fin, une partie du dialogue a été redoublée –, mais, en dépit de ces atteintes à son intégrité, il demeure une œuvre d'une grande qualité. Coproducteur du film, Alain Delon est particulièrement remarquable.

***Notes :** Tournage du 24 février au 29 mai 1964 à Marseille (pas de la Demi-Lune, rue Sainte-Françoise), Lyon (quai Jean-Jacques-Rousseau, gare de Perrache, rue des Tourelles) et à Franstudio (Saint-Maurice).*

FANTÔMAS

Réalisation : André Hunebelle ; réalisation de seconde équipe : Jacques Besnard ; scénario : Jean Halain, Pierre Foucaud, d'après les romans de Pierre Souvestre et Marcel Allain ; dialogues : Jean Halain ; photographie : Marcel Grignon © ; musique : Michel Magne ; montage : Jean Feyte ; production : Paul Cadéac, Alain Poiré, Cyril Grize (SNEG – Société Nouvelle des Établissements Gaumont / Production Artistique et Cinématographique / Produzioni Cinematografiche Mediterranee / Da. Ma. Film) ; durée : 105 min.

Interprétation : Jean Marais : Fantômas et Fandor. Louis de Funès : commissaire Juve. Mylène Demongeot : Hélène. Jacques Dynam : inspecteur Bertrand. Robert Dalban : directeur du journal. Marie-Hélène Arnaud : Lady Beltham. Anne-Marie Peysson : speakerine.

Thème : Le commissaire Juve est décidé à arrêter coûte que coûte le mystérieux Fantômas qui bafoue la loi. De son côté, le journaliste Fandor, qui travaille pour *Le Point du Jour,* enquête sur ledit Fantômas, met en cause son existence et provoque sa colère...

Célèbre pour ses films de cape et d'épée, André Hunebelle retrouve le bondissant Jean Marais qui va se livrer, une fois de plus, à de très brillantes cascades, pendant que Louis de Funès personnifie un commissaire Juve particulièrement irascible et capable de savoureuses grimaces. La publicité annonce d'ailleurs : « Le film aux 100 000 gags, l'ennemi public de tous vos soucis quotidiens. » *Pourquoi pas ? Le problème est la référence directe aux romans de Souvestre et Allain, dont le style et l'ambiance ont complètement disparu. Francis Lacassin et Henri Fescourt ont rappelé, comme nous l'indiquions plus haut, combien les œuvres originales et les adaptations de Louis Feuillade étaient d'exceptionnels reflets de la société de l'époque alors que Blaise Cendrars voyait dans* Fantômas « l'*Énéide* des temps modernes ». *Tour cela n'existe plus dans cette adaptation destinée à combler les amateurs de comédies policières françaises. Le succès a bien été là – 4,5 millions de spectateurs –, ce qui provoquera inévitablement deux suites :* Fantômas se déchaîne *(1965) et* Fantômas contre Scotland Yard *(1967).*

FANTOMAS

LES FÉLINS

Réalisation : René Clément ; scénario : Pascal Jardin, Charles Williams, d'après le roman de Charles Williams *Vive le marié !* ; dialogues : Pascal Jardin, Charles Williams, René Clément ; photographie : Henri Decaë ; musique : Lalo Schifrin ; montage : Fedora Zincone ; assistance à la réalisation : Costa-Gavras, Bernard Paul ; production : Jacques Bar (CIPRA – Compagnie Internationale de Productions et Réalisations Artistiques / Cité-Films) ; durée : 97 min.

Interprétation : Jane Fonda : Melinda. Alain Delon : Marc. Lola Albright : Barbara. Sorrell Booke : Harry. Carl Studer : Loftus. André Oumansky : Vincent. Arthur Howard : père Nielson. Annette Poivre : employée du journal. Berett Arcaya : Diana. Marc Mazza : Corse. Jacques Bézard : Napoléon. Jean-Pierre Honoré : Schneider. Douking : clochard. Del Negro : Mick. George Gaynes : Mac Kee.

Thème : Furieux d'avoir été trompé par sa femme, le gangster américain Mac Kee envoie ses hommes de main en France afin de retrouver Marc, l'amant en question, et de le tuer. Bientôt localisé, sauvagement corrigé et presque exécuté, celui-ci réussit à échapper à la mort et à se cacher dans un foyer d'hébergement pour sans-abri. Là-bas, il est repéré et engagé comme chauffeur par la riche Barbara, qui vit dans une luxueuse villa avec sa cousine Melinda, qui lui sert de domestique. Barbara cherche à séduire Marc et Melinda les voit s'embrasser. L'homme comprend vite qu'il est la proie d'une machination et qu'il n'a pas été choisi par hasard. En effet, Barbara a pour amant Vincent qui, recherché par la police pour le meurtre de son mari, vit caché dans la maison depuis deux ans. Le plan des amants est d'éliminer Marc pour que Vincent puisse prendre son identité (et son passeport) et s'enfuir. Cependant, Marc parvient à réellement séduire Barbara, qui n'envisage plus d'aider Vincent. Éprise également de Marc, Melinda est jalouse et prévient l'amant trahi. Alors que ce dernier, après avoir tué Barbara, s'apprête à régler son compte à Marc pour se venger, les sbires de Mac Kee, qui ont poursuivi leur traque, abattent Vincent par erreur. Au moment de se débarrasser des corps des deux amants, Marc est repéré par la police à cause de Melinda qui fait tout pour attirer l'attention. Désormais recherché pour un double meurtre qu'il n'a pas commis, il n'a d'autre choix que de se réfugier dans la villa, au grand bonheur de Melinda, qui le cache comme Barbara cachait Vincent.

René Clément retrouve Alain Delon, après Plein soleil *(1960) et* Quelle joie de vivre *(1961), et s'attache à l'univers du film noir, jouant sur un superbe trio de comédiens, Delon formant un couple éblouissant aussi bien avec Jane Fonda, ravissante, qu'avec Lola Albright, dont c'est un des plus beaux rôles. Nous n'avions d'ailleurs pas oublié son strip-tease dans* A Cold Wind in August *(1961), le curieux film d'Alexander Singer. « Vous me plaisez parce que vous êtes pauvre », dit Melinda*

LES FÉLINS

à Marc, et c'est dans une maison magnifiquement embellie que va se jouer ce qui est, en même temps qu'une intrigue située sur la Côte d'Azur, un véritable huis clos. Melinda est jalouse de Barbara, Vincent de Marc, et chacun finit par cacher son jeu. Jeune loup séducteur, Marc est très sûr de son charme, mais il va se trouver prisonnier d'une véritable toile d'araignée dont Melinda et Barbara tissent les fils. Lumineuse photographie d'Henri Decaë.

Notes : *Tournage du 2 octobre au 7 décembre 1963 dans les Alpes-Maritimes – à Beausoleil, Nice (gare de Nice-Ville, promenade des Anglais, cours Saleya et studios de la Victorine) et Roquebrune-Cap-Martin (la villa de Barbara) –, le Var (Saint-Raphaël), à New York (hôtel Sheraton) et aux studios Éclair (Épinay-sur-Seine).*

LUCKY JO

Réalisation : Michel Deville ; scénario : Michel Deville, Nina Companeez, d'après le roman de Pierre Lesou *Main pleine* ; dialogues : Nina Companeez ; photographie : Claude Lecomte ; musique : Georges Delerue ; montage : Nina Companeez ; assistance à la réalisation : José Varela, Gérard Follin ; production : Jacques Roitfeld (Belmont Films / Éléfilm / Les Productions Jacques Roitfeld) ; durée : 90 min.

Interprétation : Eddie Constantine : Christopher « Lucky Jo » Joett. Georges Wilson : Simon Archambault. Christiane Minazzoli : Adeline Archambault. Jean-Pierre Darras : Napo. André Cellier : Gabriel Farcasse. Françoise Arnoul : Mimi Perrin. Pierre Brasseur : commissaire Loudéac. Claude Brasseur : Loudéac fils, dit « Junior ». Christian Barbier : commissaire Odile. Marcelle Ranson : hôtelière. Anouk Ferjac : femme importunée. Roger Lumont : chauffeur de la police. Jean-Pierre Rambal : commissaire Guillaumet.

Thème : Christopher Joett a comme surnom « Lucky Jo », ce qui est d'autant plus paradoxal qu'il porte, en réalité, la poisse à toutes les opérations qu'il organise avec ses complices Gabriel, Napo et Simon. D'ailleurs, le gentil escroc sort tout juste de cinq années de prison et ses anciens acolytes, qui l'évitent, se défient de lui. Retiré des affaires et devenu garagiste, Simon accepte cependant de lui prêter sa voiture (une Peugeot 404) afin qu'il puisse rendre visite à son ancienne petite amie Mimi. Pendant que Lucky Jo célèbre ces retrouvailles, le véhicule est volé et utilisé lors d'un braquage. Le commissaire Loudéac a vite fait d'en identifier le propriétaire. Or Simon refuse de dénoncer Lucky Jo, qui décide alors de trouver les responsables du braquage pour innocenter son ami. Gabriel et Napo sont dans le coup, mais Lucky Jo cherche quand même à blanchir tous ses anciens complices. Évidemment, le mauvais sort s'en mêle : la police abat Gabriel et Napo alors que Mimi est assassinée par son amant jaloux. Innocenté, à l'instar de Simon, Lucky Jo choisit alors de se perdre dans la foule avec son fidèle chien.

Françoise Arnoul chante « J'aime mon Totor » de Nina Companeez et Georges Delerue, et Michel Deville décrit avec humour ce truand sympathique qui porte malheur à ses complices. Le film policier traditionnel trouve, dès lors, un ton nouveau, très original dans lequel Eddie Constantine est le premier à s'amuser, lui aussi, de cette situation inattendue pour l'ancien Lemmy Caution. « Il y avait un autre policier de Lesou, *déclarait Jean-Pierre Melville,* que j'aurais voulu porter à l'écran : *Main pleine*, qui est mille fois plus beau que *Le Doulos*. Mais il a été tourné en 1964 par Michel Deville sous le titre de *Lucky Jo*. Il l'a complètement raté. J'en suis malade quand j'y pense. Si vous saviez le film qu'on aurait pu faire… »

Notes : *Tournage du 27 juillet au 14 septembre 1964 à Paris et Bougival (Yvelines).*

LA MORT D'UN TUEUR

Réalisation : Robert Hossein ; scénario et adaptation : Claude Desailly, Robert Hossein, Louis Martin ; dialogues : André Tabet, Georges Tabet ; photographie : Jean Boffety ; musique : André Hossein ; montage : Marie-Sophie Dubus ; production : Raymond Danon (Les Films Copernic / Filmerc) ; durée : 79 min.

Interprétation : Robert Hossein : Pierre Massa. Marie-France Pisier : Maria / Claudia. Simon Andreu : Luciano. Robert Dalban : Albert. Jean Lefebvre : Tony. Maurice Jacquin : « le Balafré ». Roger Carel : patron du café. Paul Préboist : coiffeur. Dominique Zardi : dur autour du « Vieux ». Lila Kedrova : mère de Massa. Roger Dutoit : « le Vieux ». Serge Marquand : homme de main du « Vieux ». Sherry Young : strip-teaseuse.

Thème : À la suite d'un hold-up qui lui a valu cinq ans de prison, Pierre Massa revient à Nice. Il est persuadé qu'il a été trahi par Luciano, qui vit d'ailleurs avec Maria, la propre sœur de Massa. Ce dernier nourrissait une véritable passion pour elle avant d'être emprisonné et tente en vain de la reconquérir. L'accusation de trahison de Massa à l'encontre de Luciano est portée devant le « tribunal » de la pègre, que préside le « Vieux ». Incapable de trancher, celui-ci décide de s'en remettre au « jugement de Dieu » au cours d'un duel à la roulette russe. Un revolver et une balle sont ainsi remis aux deux adversaires. Massa abat Luciano, mais sa sœur, follement éprise de la victime, dénonce son frère à la police. Massa est désormais traqué par les forces de l'ordre dans les rues de Nice. Il finit par être tué.

Une utilisation habile des décors de Nice, une intrigue très ramassée avec la passion incestueuse de Massa pour sa sœur et, pour Hossein, une réussite.

NICK CARTER VA TOUT CASSER

Réalisation : Henri Decoin ; scénario : Jean Marcillac, d'après le personnage de John R. Coryell ; adaptation : Jean Marcillac, André Haguet, André Legrand ; dialogues : André Haguet, Robert Braun ; photographie : Lucien Joulin, Henri Persin ; musique : Pierick Houdy ; montage : Charles Bretoneiche ; production : André Legrand, André Michelin (Chaumiane Productions / Florida Films / Filmstudio) ; durée : 94 min.

Interprétation : Eddie Constantine : Nick Carter. Daphné Dayle : Catherine. Paul Frankeur : Antonio. Charles Belmont : Bruno. Barbara Somers : Gladys. Yves Rousselin : Colibri. Inkijinoff : Li-Hang. Jean-Paul Moulinot : Didier Formentaire. André Valmy : inspecteur Daumale. Yvonne Monlaur : Mireille. Margo Lion : Marie-Jeanne. Mitsouko : assistante de Li-Hang.

Thème : Li-Hang convoite l'arme secrète mise au point par le professeur Formentaire. Appelé à la rescousse par ce dernier, qui est un vieil ami de son père (le célèbre détective), Nick Carter (Junior) échappe à une succession de tentatives de meurtre, démasque les membres du gang ennemi et les met hors d'état de nuire.

L'ultime film d'Henri Decoin. À oublier.

1965

ALPHAVILLE, UNE ÉTRANGE AVENTURE DE LEMMY CAUTION

Réalisation : Jean-Luc Godard ; scénario : Jean-Luc Godard ; photographie : Raoul Coutard ; musique : Paul Misraki ; montage : Agnès Guillemot ; production : André Michelin (Chaumiane Productions / Filmstudio) ; durée : 98 min.

Interprétation : Eddie Constantine : Lemmy Caution / Ivan Johnson. Anna Karina : Natacha von Braun. Akim Tamiroff : Henry Dickson. Howard Vernon : professeur Von Braun. László Szabó : ingénieur en chef. Michel Delahaye : assistant du professeur von Braun. Jean-André Fleschl : professeur Heckell. Jean-Louis Comolli : professeur Jeckell. Valérie Boisgel : deuxième séductrice de 3e classe. Christa Lang : première séductrice de 3e classe. Jean-Pierre Léaud : employé de l'hôtel.

Thème : L'agent secret Lemmy Caution arrive à Alphaville. Il s'y présente comme Ivan Johnson, journaliste du *Figaro-Pravda.* Il est, en réalité, chargé de retrouver et de neutraliser le professeur von Braun. Il rencontre Natacha, la fille de ce dernier, avec qui il commence à avoir des relations plus précises et chaleureuses qu'avec les autres membres de cette communauté déshumanisée. Mis en garde contre l'ordinateur Alpha 60 par son collègue mourant, l'agent Henry Dickson, il assiste à l'exécution d'opposants au régime au bord d'une piscine, puis il est confronté à la machine-dictatrice. Condamné à mort par celle-ci, Lemmy parvient à échapper aux bourreaux grâce à une Natacha tombée amoureuse. Ils quittent la ville détruite, après avoir éliminé von Braun et neutralisé Alpha 60.

Comme le dit Lemmy Caution : « Décidément, quelque chose ne tournait pas rond dans cette capitale de la galaxie. » *C'est la curieuse rencontre du cinéaste d'*À bout de souffle *et de l'interprète du héros de Peter Cheyney, Lemmy Caution. Pour Godard, visionnaire, il s'agit de décrire un monde totalement déshumanisé avec ses grands immeubles sans personnalité, ses nombreux couloirs qui ressemblent les uns aux autres, ses femmes (les « séductrices ») et cet ordinateur (Alpha 60) qui dirige tout. Le cinéaste cite, au passage, Borges et Bergson, Paul Éluard et Pascal, Nietzsche et La Fontaine, Beaumarchais et Céline. Akim Tamiroff renvoie à Orson Welles, Howard Vernon, à Fritz Lang, Jean-Pierre Léaud, à Truffaut ; Lemmy Caution lit* Le Grand Sommeil *alors que les professeurs Heckell et Jeckell évoquent les deux corbeaux (Heckle et Jeckle) des dessins animés de Paul Terry.*

Notes : Tournage du 4 janvier au 14 février 1965 à Paris – Maison de la radio (16ᵉ), hôtel Scribe (Paris 9ᵉ), EDF (12ᵉ), boulevard périphérique – et à la tour Esso de La Défense (Hauts-de-Seine). On pourra remarquer que le générique de l'émission Cinéma Cinémas *– Eddie Constantine et les portes – provient du film et que Christa Lang sera la future épouse de Samuel Fuller.*

L'ARME À GAUCHE

Réalisation : Claude Sautet ; scénario : Claude Sautet, Charles Williams, Fouli Elia, Michel Levine, d'après le roman de Charles Williams *Ont-ils des jambes ?* ; photographie : Walter Wottitz ; musique : Eddie Barclay, Michel Colombier ; montage : Jacques Thiédot ; assistance à la réalisation : Yves Boisset, Fernando Merino, Philippe Monnier ; production : Jean-Paul Guibert, Jacques Bar (Intermondia Films / TC Productions / Ágata Films / Vides Cinematografica) ; durée : 103 min.

Interprétation : Lino Ventura : Jacques Cournot. Sylva Koscina : Rae Osborne. Leo Gordon : Morrison. Alberto de Mendoza : Hugo Hendrix. Antonio Martín : Ruiz. Jean-Claude Bercq : Avery. Jack Léonard : Keefer. Antonio Casas : lieutenant Tellaga. Ángel del Pozo : adjoint de Tellaga. José Jaspe : Pepe.

Thème : Aux Caraïbes, le navigateur Jacques Cournot est contacté par un certain Hendrix, qui a besoin de lui pour acheter un yacht, le Dragoon. Mais bientôt, Hendrix et le Dragoon ont mis les voiles. La police soupçonne Cournot, qui est innocenté grâce à Rae Osborne, la véritable propriétaire du yacht. Cournot et Rae retrouvent le navire échoué sur un banc de sable, mais ils sont faits prisonniers par le dangereux Morrison et Hendrix, des trafiquants d'armes. Sous la menace, Cournot est contraint de remettre le yacht à flot. Il parvient à prendre possession du yacht, mais Morrison ouvre le feu sur les occupants du bateau qu'il est prêt à faire sauter. Cournot réussit finalement à le tuer.

« Ce film que je croyais vraiment très facile à faire, *déclarait Claude Sautet,* s'est révélé une mésaventure épouvantable. D'abord, j'ignorais – on avait pourtant dû m'avertir – que tourner dans une mer qui n'existe pas, ça n'existe pas ! Rien n'est plus impossible à faire. Les Américains, eux, utilisent des piscines très perfectionnées pour obtenir divers effets. Tout ça, on ne l'avait évidemment pas, faute de moyens. Je me suis rendu compte tardivement que j'étais parti sur un défaut rédhibitoire, vouloir faire un faux film américain. Chose que j'avais évitée dans *Classe tous*

L'ARME À GAUCHE

risques. Lino Ventura, lui, dans ce rôle d'aventurier typique, n'avait pas de problème d'image comme dans *Classe tous risques*. En même temps, je me suis rendu compte qu'il ne pouvait pas être tout à fait le personnage. Disons très bêtement qu'il n'est pas Bogart. C'est aussi simple que ça. Ceci dit, j'aime bien certaines parties du film. Il y a cet îlot, au crépuscule, avec toutes ces caisses empilées verticalement de façon à ce que ça ressemble à des gratte-ciel à New York. C'est beau, on dirait un peu Manhattan. C'était mon idée. Je me suis beaucoup amusé à imaginer et à tourner ça. Mais, dans l'ensemble, le film a été pour moi vraiment ce qu'on appelle une épreuve qui me laissait par moment très déprimé. »

Notes : *Tournage du 12 novembre 1964 au 28 janvier 1965 à Cannes, Dieppe, Nice, Huelva et Almería (Andalousie).*

COMPARTIMENT TUEURS

Réalisation : Costa-Gavras ; scénario : Costa-Gavras, d'après le roman de Sébastien Japrisot ; photographie : Jean Tournier ; musique : Michel Magne ; montage : Christian Gaudin ; production : Julien Derode (PECF – Productions et Éditions Cinématographiques Françaises) ; durée : 95 min.

Interprétation : Simone Signoret : Éliane Darrès. Yves Montand : inspecteur Graziani, dit « Grazzi ». Pierre Mondy : commissaire Tarquin. Catherine Allégret : Benjamine Bombat, dite « Bambi ». Pascale Roberts : Georgette Thomas. Jacques Perrin : Daniel. Michel Piccoli : René Cabourg. Jean-Louis Trintignant :

COMPARTIMENT TUEURS

Éric Grandin. Charles Denner : Bob Vaski. Claude Mann : inspecteur Jean-Lou Gabert. Nadine Alari : Mme Graziani. Georges Géret : agent. Paul Pavel : Rivolani. Jacques Dynam : inspecteur Malec. Monique Chaumette : Mme Rivolani. Daniel Gélin : vétérinaire. Claude Dauphin : frère d'Éliane. José Artur : journaliste. Marcel Bozzuffi : agent de police. Claude Berri : porteur. Charles Millot : médecin légiste. Françoise Arnoul : infirmière. Serge Marquand : amant de Georgette. Bernadette Lafont : sœur de Georgette. Christian Marin : beau-frère de Georgette. Tanya Lopert : Mme Garaudy. Charles Gérard : travesti.

Thème : Bambi prend le train de nuit à Avignon pour Paris. À la gare de Lyon, le lendemain matin, une jeune femme, Georgette, est retrouvée étranglée dans le compartiment. L'inspecteur Grazzi et son collègue Jean-Lou mènent l'enquête et cherchent à interroger les autres voyageurs du compartiment, mais il semble que l'assassin ait toujours de l'avance sur la police. Une succession de meurtres est ainsi commise parmi les potentiels témoins (René Cabourg, un employé, Éliane Darrès, une actrice, et Rivolani, un camionneur). La police soupçonne plusieurs personnes ayant eu, à des titres divers, des liens avec la victime alors que Daniel protège Bambi dont il s'est épris. Grazzi comprend finalement que Georgette n'a été tuée que pour détourner l'attention du meurtre d'une autre passagère, l'actrice Éliane Darrès. Le véritable coupable est finalement démasqué : c'est Jean-Lou, qui préfère se suicider plutôt qu'être arrêté.

C'est le premier film de Costa-Gavras qui, avant de signer les longs métrages politiques qui feront sa notoriété, réalise avec beaucoup d'habileté ce film policier aux multiples fausses pistes. Le suspense est de rigueur et on pourra noter la multitude des interprètes de cette première réussite.

JE VOUS SALUE... MAFIA

JE VOUS SALUE… MAFIA

Réalisation : Raoul J. Levy ; scénario : Raoul Lévy, d'après le roman de Pierre Vial-Lesou ; photographie : Raoul Coutard ; musique : Hubert Rostaing ; montage : Victoria Mercanton ; production : Raoul J. Lévy (ITTAC / PECF – Productions et Éditions Cinématographiques Françaises / Filmstudio) ; durée : 90 min.

Interprétation : Henry Silva : Schaft. Jack Klugman : Phil. Micheline Presle : Daisy. Elsa Martinelli : Sylvia. Eddie Constantine : Rudy Hamberg. Michael Lonsdale : Hyman. Ricky Cooper : Ben. Karl Studer : Ruidosa. Daniel O'Brien : membre de la mafia.

Thème : Depuis New York, deux tueurs, Schaft et Phil, sont envoyés à Marseille afin d'éliminer Rudy Hamberg. Ancien mafioso, devenu homme d'affaires aux méthodes restées troubles, leur patron Ruidosa est inquiété par la justice et craint en effet le témoignage de son ancien associé, au cas où il serait appelé à la barre. Cela n'arrive pas et il est finalement acquitté, alors même que ses deux assassins sont déjà arrivés dans le Midi. Ne parvenant pas à les joindre pour annuler l'exécution qu'il juge désormais inutile, il demande à un troisième sbire d'alerter d'urgence Rudy. Mais celui-ci, méfiant, abat l'homme avant qu'il n'ait pu parler. Parti chasser dans un mas de Camargue, la cible est finalement rejointe par Phil et Schaft. Le premier tueur insiste fortement auprès du second pour être l'exécuteur et abat Rudy. Mais Schaft découvre que l'arme de Phil est chargée à blanc, ce dernier voulant sauver Rudy, qui était son ami. Schaft poursuit Rudy dans les marais et le blesse. Phil intervient et élimine Schaft au moment où il s'apprête à achever Rudy.

Raoul Lévy rend hommage au polar américain en engageant Henry Silva, toujours dangereux, et Jack Klugman.

***Notes :** Tournage du 6 avril au 26 mai 1965 à New York, Marseille et Paris.*

MARIE-CHANTAL CONTRE DR. KHA

Réalisation : Claude Chabrol ; scénario : Claude Chabrol, Christian Yves, d'après le personnage créé par Jacques Chazot ; dialogues : Daniel Boulanger ; photographie : Jean Rabier © ; musique : Gregorio García Segura, Pierre Jansen ; montage : Jacques Gaillard ; production : Georges de Beauregard, Pierre Gauchet (Rome-Paris Films / Prodduciones DIA / Compagnia Cinematografica Champion / Mega Film / Maghreb Uni-Films) ; durée : 114 min.

Interprétation : Marie Laforêt : Marie-Chantal Froidevaux des Chatenets. Francisco Rabal : Paco Castillo. Serge Reggiani : Ivanov. Charles Denner : Johnson. Akim Tamiroff : professeur Lambaré / Dr Kha. Stéphane Audran : Olga. Roger Hanin : Bruno Kerrien. Antonio Passalia : Sparafucile. Pierre-François Moro : Hubert de Ronsac. Claude Chabrol : client se plaignant de son jus de fruit. Gérard Tichy : maître d'hôtel.

Thème : À bord d'un train, un inconnu confie à Marie-Chantal, une jeune et jolie snob en route pour la Suisse, un bijou représentant une panthère dont les yeux sont des rubis. L'homme est assassiné et de nombreux espions cherchent alors à mettre la main sur le bijou, car les yeux de la panthère contiennent un liquide susceptible de détruire toute vie sur Terre. Après moult poursuites et aventures, Marie-Chantal échappe au Dr Kha, l'inventeur du virus.

Un Chabrol mineur…

***Notes :** Tournage à partir du 23 février au 13 mai 1965 au Maroc et à Paris.*

MARIE-CHANTAL CONTRE DR. KHA

LA MÉTAMORPHOSE DES CLOPORTES

Réalisation : Pierre Granier-Deferre ; scénario : Albert Simonin, Pierre Granier-Deferre, d'après le roman d'Albert Simonin ; dialogues : Michel Audiard ; photographie : Nicolas Hayer ; musique : Jimmy Smith ; montage : Jean Ravel ; production : Bertrand Javal, Paul Javal (Les Films du Siècle / Produzioni Artistiche Internazionali) ; durée : 94 min.

Interprétation : Lino Ventura : Alphonse Maréchal, dit « le Malin ». Charles Aznavour : Edmond, dit « le Naïf ». Irina Demick : Catherine Verdier. Maurice Biraud : Arthur, dit « le Mou ». Georges Géret : Joseph Rouquemoute, dit « le Rouquin ». Pierre Brasseur : Demuldère, dit « Tonton le Brocanteur ». Françoise Rosay : Gertrude. Annie Fratellini : Léone Rouquemoute. Daniel Ceccaldi : inspecteur Lescure. Jean Carmet : critique d'art. Georges Chamarat : Clancul. Georges Blaness : Omar. Renée Passeur : amie de Léone. Patricia Scott : Élisabeth.

Thème : Edmond, Arthur et Joseph préparent un coup d'importance, mais il leur faut louer un chalumeau

LA MÉTAMORPHOSE DES CLOPORTES

spécial à même de percer le coffre visé. Une raison de plus pour faire participer à cette opération Alphonse auquel on demande d'avancer les fonds. Le jour J, ce dernier est le seul de la bande à être arrêté. Il est condamné à cinq ans de prison. Cinq années pour préparer sa vengeance contre les « cloportes » qui l'ont abandonné et sont responsables de son incarcération. Il sort enfin, élimine d'abord Arthur, reconverti dans les courses de chevaux, puis Edmond qui est devenu… fakir. Alphonse s'installe aux frais de son ancien receleur Demuldère – qui doit de l'argent aux trois « cloportes » – avec Catherine, la « protégée » du propriétaire des lieux. C'est au tour de Joseph de subir la vengeance d'Alphonse, mais Catherine, qui devait lui servir d'alibi, le trahit : elle tue Demuldère – qui a fait d'elle son héritière – et fait porter le chapeau à Alphonse…

Un très brillante interprétation et des dialogues signés Michel Audiard. Du cousu main.

Notes : *Tournage du 4 mars au 27 avril 1965 à Paris – hippodrome de Vincennes (12e), boulevard de la Bastille (12e), passerelle de la Mare (20e), rue de la Mare (20e), place Denfert-Rochereau (14e) –, Nanterre (Maison départementale du Petit-Nanterre), Sèvres (Castel Henriette, rue des Binelles) et aux studios de Billancourt.*

PIÈGE POUR CENDRILLON

Réalisation : André Cayatte ; scénario : André Cayatte, Jean Anouilh, Jean-Baptiste Rossi (= Sébastien Japrisot), d'après le roman de Sébastien Japrisot ; photographie : Armand Thirard ; musique : Louiguy ; montage : Paul Cayatte ; production : Alain Poiré (Gaumont International / Jolly Film) ; durée : 115 min.

Interprétation : Dany Carrel : amnésique / Michèle Isola / Dominique Loï. Madeleine Robinson : Jeanne Murneau. Hubert Noël : François. Jean Gaven : Gabriel. René Dary : Dr Doulin. Robert Dalban : patron du garage. Francis Nanni : Serge. Héléna Manson : infirmière. Dominique Davray : concierge.

Thème : Elle se réveille dans un hôpital, souffrant d'amnésie. Est-elle Dominique ou Michèle ? Est-elle une criminelle ? Sa gouvernante, Jeanne Murneau, va chercher à lui faire recouvrer la mémoire, mais elle est face à deux personnalités, Michèle et Dominique…

« Anouilh a fait du personnage principal une sœur d'Antigone, ajoutant dimension et grandeur », *écrivait André Cayatte lui-même.*

Notes : *Un remake britannique réalisé par Iain Softley est sorti en 2013 sous le titre* Trap for Cinderella *avec Tuppence Middleton.*

PIÈGE POUR CENDRILLON

LE TIGRE SE PARFUME À LA DYNAMITE

Réalisation : Claude Chabrol ; scénario : Antoine Flachot (= Roger Hanin) ; adaptation : Antoine Flachot, Jean Curtelin ; dialogues : Jean Curtelin ; photographie : Jean Rabier © ; musique : Jean Wiener ; montage : Jacques Gaillard ; production : Christine Gouze-Rénal (Progéfi – Production Générale de Films / Balcázar Producciones Cinematográficas / Dino de Laurentiis Cinematografica) ; durée : 85 min.

Interprétation : Roger Hanin : Louis Rapière, alias « le Tigre ». Margaret Lee : Pamela Mitchum / Patricia Johnson. Michel Bouquet : Jacques Vermorel. Micaela Cendali : Sarita Sanchez. Carlos Casaravilla : Ricardo Sanchez. George Rigaud : commandant Damerec. José María Caffarel : colonel Pontarlier. Roger Dumas : Duvet. Claude Chabrol : médecin radiologue.

Thème : L'agent de la DST Louis Rapière, alias « le Tigre », est envoyé à Pointe-à-Pitre pour récupérer le trésor d'un navire coulé, mais une organisation terroriste veut s'en emparer pour le compte d'un groupement néonazi nommé l'« Orchidée ». Redoutant des manifestations, les autorités françaises choisissent de ne pas agir, laissant le Tigre seul face à ses adversaires.

Sans surprise.

Notes : *Tournage du 19 juillet au 14 septembre 1965 à Barcelone et Marbella.*

TRAIN D'ENFER

Réalisation : Gilles Grangier ; scénario : Jacques Robert, Gilles Grangier, d'après le roman de René Cambon ; dialogues : Jacques Robert ; photographie : Antonio Macasoli © ; musique : André Hossein ; montage : Jacqueline Sadoul ; production : Les Films Marceau / Balcázar Producciones Cinematográficas / Cocinor – Comptoir Cinématographique du Nord ; durée : 92 min.

Interprétation : Jean Marais : Antoine Donadieu. Marisa Mell : Frieda. Gérard Tichy : Matras. Howard Vernon : « le Professeur ». Jean Lara : Pelletier. André Cagnard : Gouferolles. Léon Zitrone : lui-même. Antonio Casas : colonel. Álvaro de Luna : Hamlet.

Thème : Antoine Donadieu, qui travaille pour les services secrets français, découvre qu'un complot se prépare pour assassiner l'émir Ali Selim. Il se fait passer pour un agent double et parvient à infiltrer l'organisation que dirige Matras. Victime d'une voiture piégée, Donadieu passe pour mort. Finalement, il réussira à tuer Matras et à empêcher « le Professeur » de détruire avec un canon atomique le train dans lequel se trouve l'émir.

Gilles Grangier semble parfois se désintéresser lui-même de cette aventure…

***Notes :** Tournage à Palma de Majorque, Madrid et Almería.*

LE VAMPIRE DE DÜSSELDORF

LE VAMPIRE DE DÜSSELDORF

Réalisation : Robert Hossein ; scénario : Robert Hossein, Claude Desailly, Georges Tabet, André Tabet ; dialogues : Georges Tabet, André Tabet ; photographie : Alain Levent ; musique : André Hossein ; montage : Marie-Sophie Dubus ; production : Georges de Beauregard, Benito Perojo (Rome-Paris Films / Producciones Benito Perojo / Mega Film) ; durée : 89 min.

Interprétation : Robert Hossein : Peter Kuerten. Marie-France Pisier : Anna. Roger Dutoit : commissaire Momberg. Paloma Valdés : Rosa. Annie Anderson : Paula. Danick Patisson : Erna. Michel Dacquin : Beck. Paul Pavel : Lehndorf. Robert Le Béal : Schroeder. Tanya Lopert : fille.

Thème : Allemagne, fin des années 1920. La ville de Düsseldorf est le théâtre des agissements d'un tueur en série, qui s'attaque aux femmes et se vante de ses crimes par des lettres à destination de la police. Il s'agit d'un ouvrier du nom de Peter Kuerten, épris d'Anna, une chanteuse qui se produit dans une brasserie et finit par s'abandonner à cet être fascinant. Avec le temps, Peter comprend que, peu à peu, l'étau de la police se resserre. En lisant l'une de ses fameuses lettres, Anna découvre que Peter est l'assassin recherché et le dénonce. Poursuivi, Peter met le feu à la brasserie et poignarde Anna. La police arrive et l'arrête…

Le meilleur film de Robert Hossein, qui décrit avec beaucoup d'habileté cette Allemagne de l'après-guerre minée par la pauvreté et le chômage et dans laquelle tout semble désormais possible. Le cinéaste bénéficie d'une magnifique photographie crépusculaire et nocturne d'Alain Levent, des décors de Pierre Guffroy et de la présence de Marie-France Pisier, alors âgée de 21 ans et qui trouve ici l'un de ses plus beaux rôles. Très réussi.

BRIGADE ANTI-GANGS

1966

BRIGADE ANTI-GANGS

Réalisation : Bernard Borderie ; scénario : Bernard Borderie, Francis Cosne, Auguste Le Breton, d'après le roman d'Auguste Le Breton ; photographie : Henri Persin © ; musique : Michel Magne ; montage : Christian Gaudin ; production : Francis Cosne (CICC – Compagnie Industrielle et Commerciale Cinématographique / Les Films Borderie / Francos Films / Fono Roma) ; durée : 95 min.

Interprétation : Robert Hossein : commissaire principal Le Goff. Raymond Pellegrin : Roger Sartet. Pierre Clémenti : « Trois-Pommes ». Gabriele Tinti : Jobic Le Goff. Amidou : « Nez Cassé ». Ilaria Ochini : Angèle Le Goff. Michel Tureau : Le Bosco. Jacques Castelot : directeur de la PJ. André Weber : Barani. Carole Lebel : Martine Sartet. Michel Galabru : Larmeno. Robert Berri : Merlu. Philippe Lemaire : Randier. Patrick Préjean : « Beau Môme ». Sady Rebbot : Vrillard. Yves Barsacq : sous-préfet. Simone Valère : Mme Sartet. Robert Dalban : « Paletot-de-cuir ».

Thème : Sous les faux airs d'un paisible restaurateur, Roger Sartet est, en réalité, le chef d'une bande de braqueurs auteurs de plusieurs hold-up dans le viseur de la police. Avant d'être finalement arrêté, il confie son butin à sa fille et celle-ci enlève le frère du commissaire Le Goff, chef de la brigade anti-gangs, pour obtenir la libération de son père. Lorsque l'échange des prisonniers aura lieu, « Trois-Pommes », l'un des complices de Sartet, cherchera à se repentir. Il assommera Sartet mais sera abattu par la police.

Un banal produit de série utilisant l'attirance que le grand banditisme, symbolisé par Sartet, peut exercer sur de jeunes spectateurs. L'une des curiosités du film est la présence de Pierre Clémenti, futur interprète de Pasolini, Buñuel et Bertolucci. Son jeu est parfois en complète opposition avec celui des autres comédiens.

LE DEUXIÈME SOUFFLE

Réalisation : Jean-Pierre Melville ; scénario : Jean-Pierre Melville, d'après le roman de José Giovanni ; dialogues : Jean-Pierre Melville, José Giovanni ; photographie : Marcel Combes ; musique : Bernard Gérard ; montage : Monique Bonnot, Michèle Boëhm ;

LE DEUXIÈME SOUFFLE

LE DEUXIÈME SOUFFLE

assistance à la réalisation : Jean-François Adam, Georges Pellegrin ; production : André Labay, Charles Lumbroso (Les Productions Montaigne) ; durée : 150 min.

Interprétation : Lino Ventura : Gustave Minda, dit « Gu ». Paul Meurisse : commissaire Blot. Raymond Pellegrin : Paul Ricci. Christine Fabrega : Simone, dite « Manouche ». Pierre Zimmer : Orloff. Michel Constantin : Alban. Marcel Bozzuffi : Jo Ricci. Paul Frankeur : inspecteur Fardiano. Denis Manuel : Antoine Ripa. Pierre Grasset : Pascal Léonetti. Jean Negroni : homme. Raymond Loyer : notaire. Jack Leonard : Henri Tourneur. Albert Michel : Marcel le Stéphanois. Jean-Claude Bercq : inspecteur Godefroy.

Thème : Gustave Minda dit « Gu » s'évade de prison et rejoint Paris. Il arrive à temps pour sauver sa bien-aimée « Manouche », en éliminant deux tueurs aux ordres de Jo Ricci qui viennent d'exécuter le compagnon de celle-ci. Le commissaire Blot mène l'enquête et soupçonne vite Gu. Obligé de se planquer, le fugitif préfère passer à Marseille où Paul Ricci, le frère de Jo, prépare le hold-up d'un transport de lingots. N'ayant plus d'argent et espérant pouvoir fuir à l'étranger avec Manouche,

LE DEUXIÈME SOUFFLE

Gu accepte de faire partie de l'opération. Au cours de celle-ci, il abat – comme prévu – l'un des motards d'escorte et le braquage est un succès. Quelques jours plus tard, il est cependant reconnu et arrêté par le commissaire Fardiano. Usant d'un stratagème faisant croire à la presse que Gu a donné toute la bande, le policier sans scrupule parvient à coincer Paul. Blessé au cours de l'interrogatoire musclé, Gu réussit à s'enfuir et à obtenir de Fardiano, avant de le tuer, une confession indiquant que Gu n'a pas trahi. Il affronte ensuite dans un règlement de comptes Jo Ricci, Antoine Ripa et Pascal Léonetti, ses deux complices du hold-up. Les quatre hommes trouvent la mort, mais le commissaire Blot s'arrange pour que la presse puisse publier les aveux de Fardiano.

Un très grand film. Jean-Pierre Melville profite de la durée du long métrage pour s'attacher à ses personnages et revenir à ses thèmes les plus chers, et le spectateur ne peut que prendre parti pour Gu qui, malgré la facilité avec laquelle il tire et tue, bénéficie de la remarquable et sensible interprétation de Lino Ventura. Face à lui, c'est la valse habituelle des truands et des flics. Chacun de ses groupes renferme à la fois ses hommes d'honneur et ses traîtres. Paul Ricci est ainsi le contraire même de son frère Jo. Du côté des policiers, c'est pareil. Le commissaire Blot ne peut s'empêcher d'avoir une certaine estime pour Gu dont il laisse le carnet accablant son collègue Fardiano à la disposition de la presse, alors que ce Fardiano et ses hommes frappent sans vergogne Gu et Paul Ricci (on voit leur visage tuméfié) et font croire que Gu est un délateur. Le pire crime pour le Milieu ! Une fois de plus, Melville parle donc de l'amitié et de la trahison, de l'honneur et de la soif de liberté, de la relativité de la morale aussi. « Du livre, *déclarait-il,* je n'ai gardé que ce qui était "melvillien". Tout le reste, je l'ai foutu en l'air. » *Il ajoutait :* « Je crois que la trahison, beaucoup plus que l'amour, est l'un des moteurs fondamentaux qui fait agir les hommes. Dans *Carmen,* on dit que c'est l'amour qui fait vivre. Ce n'est pas vrai. C'est la trahison ! » *(in* Le Cinéma selon Melville *de Rui Nogueira).*

Notes : *Tournage du 7 juin au 5 août 1966 à Marseille – place Joseph-Étienne (scène finale), avenue du Prado, Vieux-Port, Le Redon (la cache de Gu) –, La Ciotat (gare), Cassis (cap Canaille, lieu du hold-up), Paris – avenue Kléber (restaurant de Jacques, 8ᵉ), rue Washington (bar de Jo Ricci, 8ᵉ), Champs-Élysées –, Ville-d'Avray (Hauts-de-Seine) et aux studios Jenner (Paris 13ᵉ). Pierre Zimmer a remplacé Mel Ferrer dans le rôle d'Orloff.*

DU RIFIFI À PANAME

Réalisation : Denys de La Patellière ; scénario : Denys de La Patellière, d'après le roman d'Auguste Le Breton ; dialogues : Alphonse Boudard ; photographie : Walter Wottitz © ; musique : Georges Garvarentz ; montage : Claude Durand ; production : Raymond Danon, Maurice Jacquin (Les Films Copernic / Gloria-Film GmbH / Fida Cinematografica) ; durée : 100 min.

Interprétation : Jean Gabin : Paul Berger, dit « Paulo les Diam's ». George Raft : Charles Binnagio. Nadja Tiller : Irène. Mireille Darc : Lili Princesse. Gert Fröbe : Walter. Claudio Brook : Mike Coppolano. Jean-Claude Bercq : « Jo le Pâle ». Dany Dauberson : Lea. Claude Brasseur : Giulio. Marcel Bozzuffi : « Marque mal ». Daniel Ceccaldi : commissaire Noël. Christa Lang : fille de Mario. Claude Cerval : René. Carlo Nell : Sergio. Philippe Clair : blessé. Yves Barsacq : quinquagénaire.

Thème : Paul Berger, surnommé « Paulo les Diam's », contrôle depuis Paris un trafic international d'or. Ses passeurs ne possèdent aucun casier judiciaire et tout se déroule bien jusqu'au jour où son empire est menacé par une bande rivale. Il recrute Mike, un journaliste américain qui est, en réalité, un agent spécial chargé d'enquêter sur les relations qui pourraient exister entre le gang de Paulo et des trafiquants d'armes cubains. Paulo se débarrasse de Binnagio et de ses hommes, mais la police l'arrête alors que Mike révèle sa véritable identité.

Un roman signé Auguste Le Breton, des dialogues d'Alphonse Boudard, la réunion au sommet de Jean Gabin, Gert Fröbe, l'interprète de Goldfinger *(1964), et George Raft, célèbre partenaire de Paul Muni dans* Scarface *(1932). Le film est parfaitement conforme à ce qui était espéré : carré, habile, efficace et sans surprises. Les zones d'ombre et la réflexion propres aux grands films hollywoodiens du genre sont sacrifiées à la réussite d'une intrigue comme on en connaît des dizaines. Reste le talent des interprètes.*

DU RIFIFI À PANAME

L'HOMME DE MARRAKECH

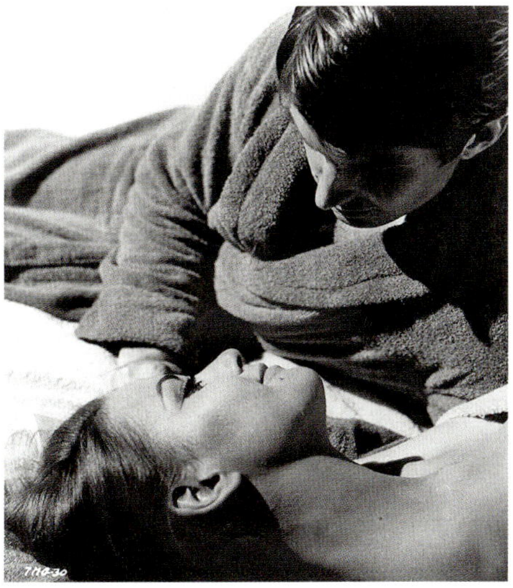

Réalisation : Jacques Deray ; scénario : Jacques Deray, José Giovanni, Suzanne Arduini (= Suzy Prim), Henri Lanoë, d'après l'histoire de Jacques Deray et le roman de Robert Page Jones *Les Pilleurs du dimanche (The Heisters)* ; photographie : Henri Raichi © ; musique : Alain Goraguer ; montage : Antonio Ramírez de Loaysa, Paul Cayatte ; production : Claude Giroux, Benito Perojo (Europazur / Jolly Film) ; durée : 92 min.

Interprétation : George Hamilton : George. Claudine Auger : Lila. Alberto de Mendoza : Travis. Tiberio Murgia : José. Daniel Ivernel : Vibert.

Thème : Cinq aventuriers – George, Lila, Travis, José et Vibert – participent au braquage d'un fourgon blindé au Maroc. Travis tue José, avant d'être abattu par George à qui Lila a passé une arme. Lila et George fuient vers Tanger avec l'or, mais Vibert demande sa part du butin et prévient George qu'il risque d'être la prochaine victime de Lila. Vibert et Lila sont finalement tués par la police alors que George continuera seul sa vie d'aventurier.

Notes : *Le film aurait été tourné au départ par Robert Siodmak puis achevé par Jacques Deray. Tournage du 20 septembre au 30 décembre 1965 à Almería, Lisbonne et au Maroc.*

SAFARI DIAMANTS

Réalisation : Michel Drach ; scénario : Michel Drach, Albert Kantoff ; photographie : Andréas Winding © ; musique : Ward Swingle ; montage : Geneviève Winding ; production : Chronos Films / Port-Royal Films / Hans Oppenheimer Film GmbH ; durée : 90 min.

Interprétation : Marie-José Nat : Électre. Jean-Louis Trintignant : Raphaël Vincente. Horst Frank : Federico. Hellmut Lange : Robert Alphène. Jean-Pierre Kalfon : Éric. Jean-Pierre Darras : Pascal Moratti. Frédéric de Pasquale : routier. Lucienne Bogaert : vieille dame sur le banc. Paul Le Person : Joseph.

Thème : Ancien parachutiste, Raphaël Vincente a des difficultés à s'adapter à la vie civile. Il participe au vol d'un collier de diamants et s'éprend d'Électre, la maîtresse d'Alphène, le chef du gang. Ils deviennent amants et elle l'incite à partir avec elle. Le couple cherche à rejoindre Monte-Carlo où se trouve le collier, mais le gangster Federico, qui a éliminé Alphène, est sur leurs traces, car il convoite lui aussi le magot. Federico finira par être abattu par la police. Raphaël mourra à son tour.

Michel Drach ne parvient pas à donner une réalité à cette suite de conventions.

LE SAINT PREND L'AFFÛT

Réalisation : Christian-Jaque ; scénario : Christian-Jaque, Jean Ferry, Henri Jeanson, Marcel Jullian, d'après le personnage créé par Leslie Charteris ; photographie : Pierre Petit © ; musique : Gérard Calvi ; montage : Jacques Desagneaux ; production : Jean-Paul Guibert (SNC – Société Nouvelle de Cinématographie / Intermondia Films / TC Productions / Medusa Distribuzione) ; durée : 90 min.

Interprétation : Jean Marais : Simon Templar, alias « le Saint ». Jess Han : Hoppy Uniatz. Jean Yanne : Mueller-Strasse. Danièle Evenou : Sophie Chartier. Raffaella Carra : Anita Pavone. Tiberio Murgia : Tonio Cotone. Henri Virlogeux : Oscar Chartier. Claudio Gora : Cesare Pavone. Roger Carel : professeur. Hélène Dieudonné : Herminie. Reinhard Koldehoff : Schmutz. Carlo Pisacane : Agatino Camaleonte. Siegfried Rauch : Johnny K. W. West. Dario Moreno : Slimane.

Thème : Oscar Chartier mène un dangereux double jeu en vendant simultanément des plans secrets aux Allemands et aux Américains afin d'assurer l'avenir de sa fille Sophie. Le plan ayant mal tourné, il demande l'aide de son ami Simon Templar, dit « le Saint ». Le dangereux Slimane enlève alors Sophie à la rescousse de laquelle se lance Templar. Oscar, que l'on croyait mort, réapparaît, prêt à imaginer de nouveaux coups…

Notes : *Le film est surtout connu pour la mort du cascadeur Gil Delamare, qui doublait Jean Marais, sur une portion de l'autoroute A1 alors en construction. Tournage du 25 avril au 2 juillet 1966.*

LA SECONDE VÉRITÉ

Réalisation : Christian-Jaque ; scénario : Christian-Jaque, Paul Andréota, d'après le roman de Jean Laborde *Un homme à part entière* ; dialogues : Jacques Sigurd ; photographie : Pierre Petit © ; musique : Jacques Loussier ; montage : Jacques Desagneaux ; production : Agnès Delahaie (Explorer Films / Valoria Films / Agnès Delahaie Productions) ; durée : 90 min.

Interprétation : Michèle Mercier : Nathalie Neuville. Robert Hossein : Pierre Montaud. Pascale de Boysson : Suzanne. Jacques Castelot : procureur. Jean-Pierre Darras : commissaire. Raymond Gérôme : juge. Fernand Guiot : reporter. Pierre Louis : radio reporter. Malka Ribovska : Hélène Montaud. Jean-Claude Rolland : Olivier Lacat. Bernard Tiphaine : Vaden. Pierre Leproux : juge d'instruction. André Luguet : avocat.

Thème : Marié, le célèbre avocat Pierre Montaud s'éprend de Nathalie, qui travaille dans une discothèque pour pouvoir payer ses études médicales. Ne se contentant plus de cette liaison adultère, la jeune femme veut rompre. Amoureux fou et jaloux, Pierre refuse et, sous l'emprise de l'alcool, va jusqu'à la menacer avec une arme et perdre la mémoire durant quelques heures. Lorsqu'un ex-fiancé de Nathalie est retrouvé mort, Pierre est accusé du crime, son revolver ayant été retrouvé près du cadavre. Faute de preuves, il est tout de même acquitté. Se soupçonnant lui-même, Pierre mène sa propre enquête et découvre que c'est Nathalie qui a tué. Celle-ci finit par fuir et meurt en voiture, broyée par un train à un passage à niveau.

*Christian-Jaque dirige le couple vedette d'*Angélique, marquise des anges *(1964) sans jamais donner l'impression qu'il croit à cette histoire.*

LES AVENTURIERS

1967

LES AVENTURIERS

Réalisation : Robert Enrico ; scénario : José Giovanni, Robert Enrico, Pierre Pelegri, d'après le roman de José Giovanni ; dialogues : José Giovanni, Pierre Pelegri ; photographie : Jean Boffety © ; musique : François de Roubaix ; montage : Jacqueline Meppiel ; production : Gérard Beytout, René Pignières (SNC – Société Nouvelle de Cinématographie / Compagnia Generale Finanzaria Cinematografica) ; durée : 112 min.

Interprétation : Alain Delon : Manu. Lino Ventura : Roland. Joanna Shimkus : Laetitia. Paul Crauchet : assureur. Guy Delorme : tueur. Odile Poisson : Yvette. Raoul Guylad : snob. Irène Tunc : secrétaire de Kyobaski. Jean Landier : directeur de l'aéro-club. Ousmane Sembene : conducteur du bus. Hans Meyer : mercenaire. Jean Darie : oncle. Jean Trognon : Jean-Jean. Jean Falloux : Jean. Valéry Inkijinoff : Kyobaski. Serge Reggiani : pilote.

Thème : Manu, qui est moniteur d'aéro-club, reçoit une importante somme pour passer sous l'Arc de triomphe. Il prépare l'opération avec son ami Roland, un ancien pilote de course, mais rate l'opération à cause d'un imprévu et perd sa licence : ils ont été victimes, en réalité, d'une mystification dont l'un des auteurs, pour éviter les représailles, leur parle d'un avion rempli d'or et tombé au large de l'Afrique. Manu, Roland et Laetitia partent alors à la chasse au trésor. Celui-ci est enfin découvert, mais une bande de tueurs fait son apparition et Laetitia trouve la mort. De retour en Europe avec le butin, les deux amis se retrouvent face à face avec leurs ennemis qu'ils parviennent à repousser lors d'une violente opposition au cours de laquelle Manu est mortellement blessé.

Le scénario adapte la première partie du roman éponyme de José Giovanni et lui ajoute une part provenant de La Loi du survivant, *seconde partie du même roman que l'auteur adaptera et réalisera en personne la même année. À l'origine, le trio ne se composait que de héros masculins. Le scénario préféra remplacer l'un de ceux-ci par une femme, jouée par Joanna Shimkus dont on peut apprécier le deux-pièces bleu. Le film est célèbre pour l'utilisation du cadre du fort Boyard, bien connu des téléspectateurs.*

Notes : *Tournage du 15 septembre au 5 novembre 1966 en Charente-Maritime (fort Boyard ; pointe de la Fumée à Fouras, musée africain de l'île d'Aix, Boyardville, île d'Oléron), dans l'Essonne (autodrome de Linas-Montlhéry, lieu-dit Les Champarts, Champlan), le Val-d'Oise (aérodrome d'Enghien-Moisselles), en Lozère (Quézac), à La Ciotat, Paris – restaurant japonais au 51, avenue George-V (8e), rue Serpente (6e), rue Hautefeuille (6e), rue Saint-André-des-Arts (6e) – et Dakar (Sénégal).*

LE CANARD EN FER BLANC

Réalisation : Jacques Poitrenaud ; scénario : Michel Lévine, Jacques Poitrenaud, Albert Valentin, Jean-Loup Dabadie, d'après le roman de Day Keene ; dialogues : Jean-Loup Dabadie ; photographie : Miguel Fernández Mia © ; musique : José Berghmans ; montage : Albert Jurgenson ; production : Christine Gouze-Rénal, Santos Alcocer (Progéfi – Production Générale de Films / Santos Alcocer PC) ; durée : 88 min.

Interprétation : Roger Hanin : François Cartier. Corinne Marchand : Maria. Lila Kedrova ; Rosa. Francis Blanche : Dr Grego. Jean-Marc Tennberg : Georget. Andrés Mejuto : Diego. Frank Oliveras : Manuel. Tomás Blanco : officier. José Nieto : colonel.

Thème : Sauvé du peloton d'exécution par des révolutionnaires sud-américains, le pilote François Cartier doit voler jusqu'au Santa Costa où se trouve un trésor convoité par ceux-ci. Mais certains d'entre eux ont d'autres soucis que la liberté et plusieurs membres du groupe sont assassinés les uns après les autres. C'est alors que François s'éprend de Maria...

Peu convaincant.

Notes : *Tournage du 3 novembre au 24 décembre 1966 à Almería (Andalousie).*

UN CHOIX D'ASSASSINS

UN CHOIX D'ASSASSINS

Réalisation : Philippe Fourastié ; scénario : Philippe Fourastié, d'après le roman de William P. McGivern ; dialogues : Rémo Forlani ; photographie : Alain Levent © ; musique : Alain Goraguer ; montage : Armand Psenny ; production : Georges de Beauregard, Clément Steyaert, Felice Testa Gay (SEPIC – Société d'Études Pour l'Industrie Cinématographique / Rome-Paris Films / Cinegai) ; durée : 90 min.

Interprétation : Bernard Noël : Stéphane Destouches. Duda Cavalcanti : Tani. Mario David : Scarlatti. Robert Dalban : commissaire Macias. Corinne Armand : Jennifer Davis. Guido Alberti : Domenico. Raymond Studer : caporal Kelly. Manuela von Oppen : Catherine Davis. Antonio Passalia : Tonio. Marcel Lupovici : Quesada.

Thème : La mort de son épouse a plongé Stéphane Destouches dans l'alcool et la déchéance. La rencontre d'une petite fille va changer sa vie, lorsque la mère de l'enfant se suicide. Il en profitera pour démanteler un gang de trafiquants d'armes.

Le premier film de Philippe Fourastié, ancien assistant de Claude Chabrol et de Jean-Luc Godard. On remarquera surtout l'habile construction du scénario et la volonté d'échapper aux habituelles bagarres et cascades désormais à la mode.

***Notes :** Tournage du 29 août au 15 octobre 1966.*

COPLAN OUVRE LE FEU À MEXICO

Réalisation : Riccardo Freda ; réalisation de seconde équipe : Yves Boisset ; scénario : Bertrand Tavernier, d'après le roman de Paul Kenny *Coplan fait peau neuve* ; dialogues : Bertrand Tavernier, Christian Plume ; photographie : Juan Gelpí, Paul Soulignac © ; musique : Jacques Lacome ; montage : Claude Gros, Vincenzo Tomassi ; production : Robert de Nesle, Alfonso Balcázar, Edmondo Amati (CFFP – Comptoir Français du Film Production / Balcázar Prodduciones Cinamatográficas / Fida Cinematografica) ; durée : 98 min.

Interprétation : Lang Jeffries : Coplan. Sabine Sun : comtesse. José María Caffarel : Langis. Robert Party : « le Vieux ». Frank Oliveras : Fondane. Guido Lollobrigida : Montez. Guy Marly : Dr Krauz. Luciana Gilli : Maya. Silvia Solar : Francine.

Thème : L'agent secret Coplan est chargé d'enquêter sur la réapparition de tableaux volés par les Allemands durant la guerre. Il part pour Mexico et se fait passer pour un géologue. Il découvre alors qu'une bande de néonazis cherche à revendre lesdits tableaux pour financer ses opérations, l'une d'elles consistant à prendre le pouvoir sur la planète en remplaçant le président des États-Unis par un sosie. Bien sûr, après moult péripéties, Coplan interviendra à temps pour contrecarrer leurs plans.

Lang Jeffries est particulièrement peu convaincant, mais, grâce à Freda et à son scénariste Bertrand Tavernier, l'intrigue se suit avec curiosité, rendant hommage au serial (le plafond qui descend), au film d'espionnage et à ses gadgets (la canne), avec parfois un certain humour (Coplan lançant la « Marche funèbre » de Chopin) et un sens de l'action (Coplan ouvrant le feu alors qu'il est en ULM).

***Notes :** Tournage à partir du 4 juillet 1966 à Barcelone, Mexico et Paris.*

DEUX BILLETS POUR MEXICO

Réalisation : Christian-Jaque ; scénario : Christian-Jaque, Michel Lévine, Dany Tyber, d'après le roman de Robert Sheckley ; dialogues : Pascal Jardin ; photographie : Pierre Petit © ; musique : Gérard Calvi ; montage : Jacques Desagneaux, Fred Srp ; production : Artur Brauner (SNC – Société Nouvelle de Cinématographie / Intermondia Films / Metheus Film / CCC Filmkunst GmbH / TC Productions) ; durée : 92 min.

Interprétation : Peter Lawford : Stephen Daine. Ira von Fürstenberg : Suzanne Belmont. Georges Géret : Carlos. Maria Grazia Buccella : Anna. Werner Peters : Bardieff. Wolfgang Preiss : inspecteur Noland. Siegfried Wischnewski : Klaas. Eva Pflug : Lili Manchingen. Jean Tissier : Adelgate. Horst Frank : Manganne. Roger Tréville : général américain. Guy Delorme : homme de main.

Thème : Berlin. Témoin de l'agression d'un homme, un pickpocket, Carlos, prend la fuite tout en s'emparant de son importante mallette dans laquelle il découvre un mystérieux document. Il est, dès lors, traqué à la fois par les membres d'une dangereuse organisation chargée de la négociation de documents secrets et par Stephen Daine, un agent de la CIA. Carlos fuit à Paris puis à Vienne dans le but de trouver un acquéreur à sa précieuse marchandise. Daine sauve Carlos et son amie Anna, menacés par les assassins de l'organisation.

Il récupère le document si convoité et laisse partir Carlos et Anna, lesquels finiront par partir pour Mexico grâce aux deux billets et à l'argent contenus dans le portefeuille de Daine volé par le pickpocket.

Une interprétation « internationale » pour Christian-Jaque que l'on a connu en meilleure forme.

***Notes :** Tournage du 14 février au 11 avril 1967 à Berlin (aéroport de Tempelhof), Lucerne, Paris et Vienne. Titre original allemand :* Geheimnisse in Goldenen Nylons.

DIABOLIQUEMENT VÔTRE

Réalisation : Julien Duvivier ; scénario : Julien Duvivier ; Jean Bolvary, Roland Girard, d'après le roman de Louis C. Thomas *Manie de la persécution* ; dialogues : Paul Gégauff ; photographie : Henri Decaë © ; musique : François de Roubaix ; montage : Paul Cayatte ; production : Raymond Danon (SNC – Société Nouvelle de Photographie / Les Films Copernic / COMACICO – Compagnie Africaine Cinématographique et Commerciale / Igor film / Lira Films / Pegaso Films / Eichberg-Film GmbH) ; durée : 93 min.

Interprétation : Alain Delon : Pierre Lagrange / Georges Campo. Senta Berger : Christiane. Sergio Fantoni : Frédéric Launay. Peter Mosbacher : Kim. Albert Augier : médecin. Claude Piéplu : décorateur. Renate Birgo : infirmière. Albert Daumergue : barman.

Thème : Après trois semaines d'un coma consécutif à un accident d'automobile, un homme se réveille amnésique dans une clinique. Une séduisante jeune femme, Christiane, le déclare comme étant son mari, Georges Campo. Elle le ramène dans leur luxueux château, lui apprend qu'il venait juste de rentrer de Hong Kong, où il avait vécu et travaillé plusieurs années, et que son meilleur ami est le Dr Frédéric Launay. Georges accepte avec incrédulité tous ces témoignages de son identité alors qu'en même temps un nom lui revient sans cesse à la mémoire : Pierre Lagrange. Qui est Pierre Lagrange ? Ne serait-ce pas lui ? Mais alors, qui est Georges Campo ? Après avoir échappé deux fois à la mort – des tentatives de meurtre maquillées en accidents –, il cesse de prendre le traitement prescrit par Launay et découvre qu'il est victime d'un lavage de cerveau. Christiane, qui s'est offerte à lui, lui avoue qu'il est, en effet, Pierre Lagrange et que Launay, son amant, a assassiné le véritable Campo. Leur but était de tuer Pierre – qu'ils ont ramassé ivre dans un bar –, après lui avoir fait endosser l'identité du défunt, et de faire passer sa mort comme naturelle. Se jugeant trahi, Launay frappe Christiane, qui appelle au secours son domestique Kim. Celui-ci arrive et poignarde Launay, avant d'être abattu par la jeune femme, qui place

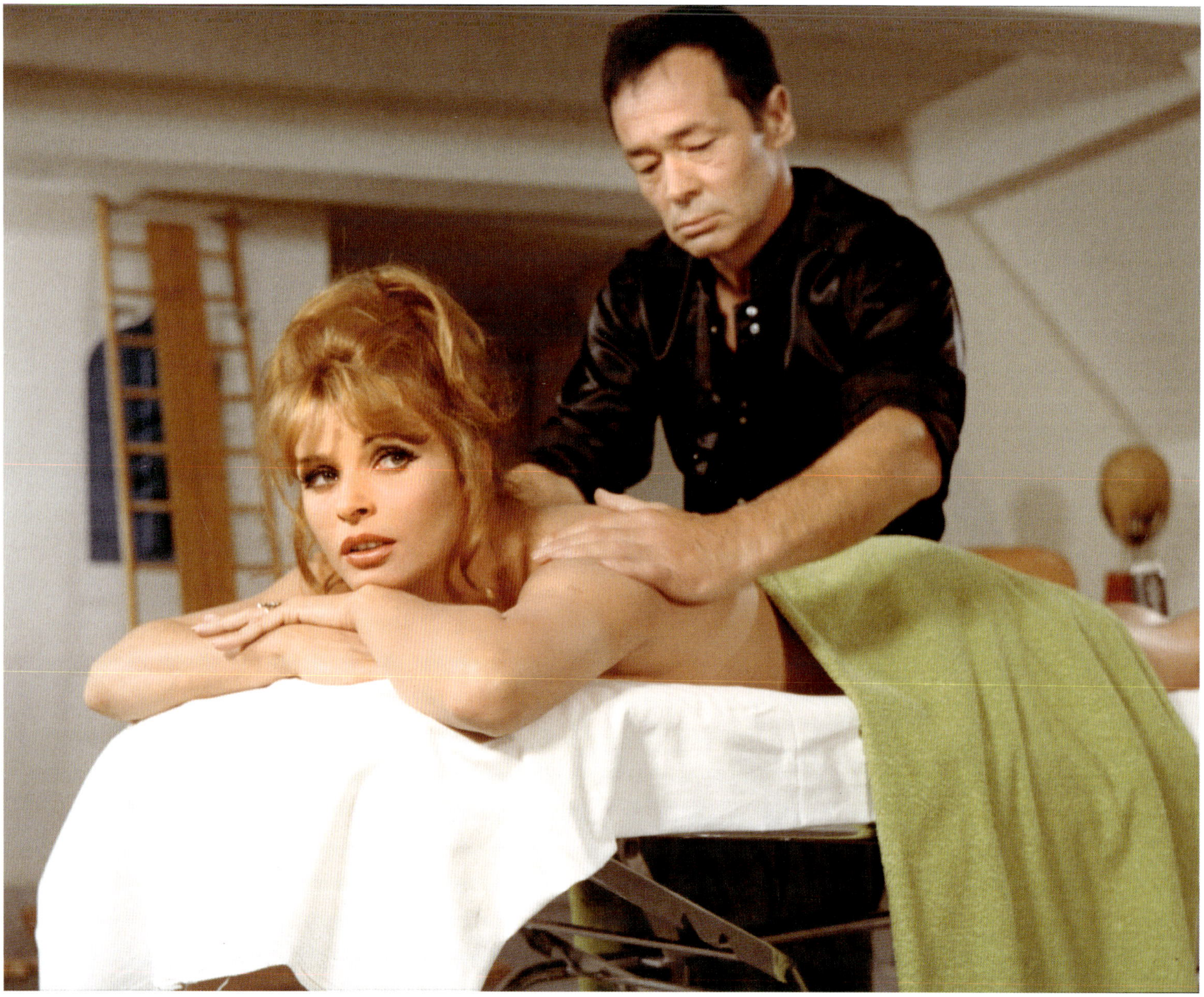

DIABOLIQUEMENT VÔTRE

DIABOLIQUEMENT VÔTRE

le revolver dans la main de Freddy. La police arrive. Lagrange se fait passer pour Georges Campo, mais la découverte d'un magnétophone peut faire douter la police…

Diaboliquement vôtre *est le dernier film mis en scène par Julien Duvivier, mort à la suite d'une crise cardiaque au volant de sa voiture le 29 octobre 1967. L'auteur prestigieux de* La Belle Équipe *(1936) et de* La Fin du jour *(1939) n'a pratiquement pas cessé de tourner depuis ses débuts en 1919. Cette dernière œuvre n'occupe pas une place de choix dans cette exceptionnelle carrière de près d'un demi-siècle et jalonnée de chefs-d'œuvre. Duvivier semble ici être gêné par cette histoire d'amnésique à la recherche de son identité. Ce thème, qui fut celui de plusieurs films noirs hollywoodiens, est indissociable de tout le climat psychanalytique des années 1940. En 1967, ce type de sujet nécessitait une approche plus originale, ce qui n'est pas le cas, et Alain Delon est loin d'être toujours convaincant. Malgré ces réserves, le film porte la marque de Duvivier. Cette manière de s'attacher à Senta Berger avec ses déshabillés vaporeux, la personnalité équivoque et inquiétante de Kim, le domestique asiatique, dévoué presque maladivement à sa maîtresse et le rôle même de Senta Berger, pulpeuse et vénéneuse, rappellent le Duvivier des grands jours. Derrière cette intrigue parfois peu crédible, on sent une atmosphère lourde de menaces et ce n'est pas un hasard si Senta Berger fait songer à la Viviane Romance de* La Belle Équipe *ou à ces héroïnes maléfiques – Danièle Delorme dans* Voici le temps des assassins *(1956), Brigitte Bardot dans* La Femme et le Pantin *(1959) – dont le charme corrupteur apparaît dans l'œuvre de Duvivier. Ici, en tout cas, il faut avoir vu le domestique Kim recoudre le soutien-gorge de sa maîtresse, dont il fait sécher les sous-vêtements, confectionner une blouse sur un mannequin nu aux proportions identiques à celles de Christiane et aider la jeune femme avec ses bas.*

Notes : *Tournage du 21 août au 27 septembre 1967.*

ESTOUFFADE À LA CARAÏBE

Réalisation : Jacques Besnard ; réalisation de seconde équipe : Pierre Cosson ; scénario : Michel Lebrun, Pierre Foucaud, d'après le roman d'Albert Conroy (= Marvin Albert) ; dialogues : Michel Lebrun ; photographie : Marcel Grignon © ; musique : Michel Magne ; montage : Gilbert Natot ; production : Paul Cadéac, André Hunebelle (Production

FLEUR D'OSEILLE

Artistique et Cinématographique / CMV Produzione Cinematografica) ; durée : 100 min.

Interprétation : Frederick Stafford : Sam Morgan. Jean Seberg : Colleen O'Hara. Maria-Rosa Rodriguez : Estella. Serge Gainsbourg : Clyde. Mario Pisu : Patrick O'Hara. Paul Crauchet : Valdés. Vittorio Sanipoli : Kosta. Marco Guglielmi : Dietrich. Fernand Bellan : Targo.

Thème : Alors qu'il organise des parties de pêche dans le golfe du Mexique, Sam Morgan est enlevé par Patrick O'Hara, qui connaît ses talents de perceur de coffres et a besoin de lui pour vider la chambre forte, riche en lingots d'or, du dictateur Cuevas. Morgan accepte, mais il est trahi. Patrick O'Hara est tué par les forces de l'ordre. Cependant, Morgan réussira à atteindre à la fois la chambre forte et le cœur de Colleen, la fille d'O'Hara.

Des paysages exotiques, un mélange de bagarres et de poursuites, et le plaisir de revoir Jean Seberg.

Notes : *Tournage du 8 août au 30 octobre 1966 en Colombie et à Franstudio (Saint-Maurice).*

FLEUR D'OSEILLE

Réalisation : Georges Lautner ; scénario : Marcel Jullian, Georges Lautner, Jean Meckert, d'après le roman de John Amila (= Jean Meckert) *Langes radieux* ; dialogues : Michel Audiard ; photographie : Maurice Fellous © ; musique : Michel Magne ; montage : Michelle David ; production : Michel Safra (Speva Films) ; durée : 100 min.

Interprétation : Mireille Darc : Catherine. Anouk Ferjac : Marité. Fany Robiane : assistante sociale. Renée Saint-Cyr : directrice. Cécile Vassort : Cécile. Frédéric de Pasquale : « Pierrot la Veine ». Maurice Biraud : commissaire Verdier. Henri Garcin : Jo de Fréjus. Amidou : Francis. André Pousse : Albert Roza. Henri Cogan : Riton Godot. Paul Préboist : peintre Gallières.

Thème : Catherine se retrouve mère célibataire après la mort de son compagnon, « Pierrot la Veine », un truand abattu par la police et auteur d'un hold-up lui ayant rapporté 800 000 $. Bien sûr, sourires, promesses et menaces des visiteurs défilent à la maison… Avec l'aide de Marité, qui partage avec elle le fait d'être seule avec un nouveau-né à charge, elle va se mettre à la recherche du butin, que convoitent également le commissaire Verdier et les anciens complices de Pierrot. Suivies de près par la bande de malfrats, les deux mères et leurs bambins se rendent jusqu'à une bastide en Haute-Provence, possible cachette choisie par Pierrot. Entre fusillades et négociations, elles y tiennent le siège face aux gangsters, sous les yeux d'un drôle de voisin, le peintre Gallières. Lorsque son enfant et celui de Marité sont enlevés par leurs assaillants, Catherine passe à l'action, fusil à deux coups à la main, et dézingue à tout-va. Le magot est finalement remis au commissaire Verdier par le peintre Gallières chez qui il était caché ; grâce au témoignage de ce dernier, Catherine touche une énorme récompense.

Des cascades signées Rémy Julienne, un mélange de comédie et d'histoire de truands, et Mireille Darc, ravissante.

Notes : *Tournage du 4 avril au 14 juin 1967 à Montargis (Loiret), Brenon (Var) et aux studios de la Victorine (Nice).*

UN HOMME À ABATTRE

Réalisation : Philippe Condroyer ; scénario : Philippe Condroyer, Mariette Condroyer ; dialogues : Jacques-Francis Rolland ; photographie : Jean Penzer © ; musique : Antoine Duhamel ; montage : Renée Lichtig ; production : Pierre Roustang, Almos Mezo (Ulysse Productions / Intercontinental Productions / Carlton Continental / Producciones Cinematográficas Teide) ; durée : 81 min.

Interprétation : Jean-Louis Trintignant : Raphaël. Valérie Lagrange : Sandra. Luis Prendes : Julius. André Oumansky : Georges. Joseph Maria Angelat : Nils. Luis Padrós : Schmidt. Manuel Bronchud : Romain.

Thème : Barcelone, 1967. Julius, dont le frère a été torturé et tué par le nazi Schmidt durant la Seconde Guerre mondiale, espionne avec ses camarades – Nils (un détective), Georges (le neveu de Julius) et

UN HOMME À ABATTRE

Raptail – l'architecte Fromm, d'origine allemande, susceptible d'être le bourreau en question. Afin d'en être sûr, il s'introduit chez Fromm pour trouver des preuves, et le groupe, persuadé d'avoir identifié l'ancien SS, se prépare à agir pour l'abattre. Fromm se méfie, tue Nils et parvient à fuir. Cependant, il sera exécuté par un des membres de son propre réseau, qui le jugeait trop compromis.

Le film est tout à la fois la préparation d'une opération punitive et une réflexion sur le droit à la vengeance et la mauvaise conscience.

Notes : *Tournage à partir de fin janvier 1967 à Barcelone.*

L'HOMME QUI TRAHIT LA MAFIA

Réalisation : Charles Gérard ; scénario : Charles Gérard, Gilles Duvernier ; dialogues : Gilles Duvernier, Lise Fayolle ; photographie : Patrice Pouget © ; montage : André Delage ; musique : André Hossein ; production : François Sweerts (Filmatec / Mercurfilm Italiana) ; durée : 90 min.

Interprétation : Robert Hossein : Me Bianchini. Claude Mann : commissaire Lambert. Claudine Coster : Isabelle Bianchini. Robert Manuel : chef de la brigade des stupéfiants. José Luis de Vilallonga : Mario Vérona. Carl Studer : Morgan. Noëlle Noblecourt : hôtesse de l'air. Michel Creton : Fabiani. Paul Préboist : garagiste.

Thème : Le commissaire Claude Lambert a pour mission de découvrir les auteurs de plusieurs meurtres manifestement liés à un trafic de drogue. Le mafieux Fabiani est bientôt arrêté mais remis en liberté à la suite de l'intervention de Me Bianchini, l'avocat du gang. Ce dernier est à son tour menacé, puis empoisonné. Lambert arrête finalement les coupables et découvre la cachette de la drogue, un terrain de golf…

Polar de série.

Notes : *Tournage du 25 novembre au 25 décembre 1966.*

L'HOMME QUI VALAIT DES MILLIARDS

Réalisation : Michel Boisrond ; scénario : Michel Boisrond, Michel Lebrun, d'après le roman de Jean Stuart ; photographie : Marcel Grignon, Raymond Pierre Lemoigne © ; musique : Georges Garvarentz ; montage : Claudine Bouché ; production : France Cinéma Productions / SNEG – Société Nouvelle des Établissements Gaumont / CMV Produzione Cinematografica ; durée : 90 min.

Interprétation : Frederick Stafford : Jean Sarton. Raymond Pellegrin : Novak. Peter van Eyck : Muller. Anny Duperey : Barbara Novak. Sarah Stéphane : Monique. Christian Barbier : Carl. Henry Czarniak : Mario. Sylvain Lévignac : Georges. Jacques Dynam : Loulou. Jess Hahn : Henry.

Thème : Jean Sarton et Novak s'évadent de la prison de Melun. Muller et Carl, les anciens complices du second, veulent savoir où Novak a caché les milliards de faux dollars fabriqués par les Allemands durant la guerre, dont il devait assurer la livraison. Jean Sarton cherche à le découvrir lui aussi, car il est, en réalité, un agent du Trésor américain. Il prend contact avec Barbara, la fille de Novak, qui possède le plan conduisant aux faux dollars, cachés au Maroc. Ils s'y rendent, à l'instar de Muller et Carl qui ont enlevé Novak entre-temps. La jeune femme est, à son tour, capturée par les deux gangsters, qui veulent faire chanter Novak. Sarton parvient à mettre hors d'état de nuire Carl au moment où il s'apprête à exécuter le père et la fille, tandis que, dans la confusion, les billets sont détruits par le feu. Novak reste en liberté et Barbara part avec Sarton.

Des extérieurs tournés au Maroc, Frederick Stafford devenu désormais l'agent des missions périlleuses et Michel Boisrond, qui a délaissé la comédie pour le cinéma d'aventures. Sans prétention et sans grande surprise.

LA LOI DU SURVIVANT

Réalisation : José Giovanni ; supervision de la réalisation : Paul Vecchiali ; scénario : José Giovanni, d'après son roman *Les Aventuriers* ; photographie : Georges Barsky © ; musique : François de Roubaix ; montage : Anne-Marie Cotret ; production : Véra Belmont (Stephan Films / SNC – Société Nouvelle de Cinématographie) ; durée : 100 min.

Interprétation : Michel Constantin : Stan Krol, dit « le Kalmouk ». Alexandra Stewart : Hélène Stafford. Roger Blin : Pao. Edwine Moatti : Maria. Albert Dagnant : Galinetti. Jean Franval : jardinier. Frédéric Lambre : frère de Pao. Daniel Moosmann : frère de Pao.

Thème : L'aventurier Stan Krol, dit « le Kalmouk », a fait fortune en trouvant un trésor en Asie. Alors qu'il est en Corse, il fait la connaissance d'Hélène, à qui il apprend à maîtriser sa peur, mais il est lui-même menacé. Apparaît bientôt un mystérieux homme masqué qu'Hélène avait livré aux Allemands. Ceux-ci l'avaient défiguré et, pour se venger d'elle, l'homme en question l'avait contrainte à la prostitution. Hélène

L'HOMME QUI VALAIT DES MILLIARDS

préfère se tuer en se jetant dans le vide du haut des remparts, ne supportant pas que Krol ait appris la vérité sur elle.

Le premier film en tant que metteur en scène de José Giovanni. Une réflexion sur le code de l'honneur.

Notes : *Tournage du 5 septembre au 26 octobre 1966 en Corse.*

MAIGRET À PIGALLE

Réalisation : Mario Landi ; scénario : Mario Landi, Sergio Amidei, d'après le roman de Georges Simenon *Maigret au « Picratt's »* ; dialogues : Georges Tabet, André Tabet ; photographie : Giuseppe Ruzzolini © ; musique : Armando Trovajoli ; montage : Luciano Anconetani ; production : Mario Attene (Riganti Produzione / Les Films Number One) ; durée : 100 min.

Interprétation : Gino Cervi : commissaire Maigret. Lila Kedrova : Sonia Doniecki, alias Rose Alfonsi. Raymond Pellegrin : Fred Alfonsi. Alfred Adam : inspecteur Lognon. Daniel Ollier : Philippe Mortemart. José Greci : Arlette. Enzo Carusico : Albert Maritain. Christian Barbier : Torrence. Ricard Garrone : La Pointe.

Thème : Arlette, qui est strip-teaseuse au *Picrate,* un cabaret de Pigalle appartenant à Fred Alfonsi, avertit la police qu'un meurtre est en préparation. La police n'y prête aucune attention, la jeune femme étant ivre au moment de sa déclaration. Cependant, Arlette est assassinée, de même que la personne qui était ciblée, une comtesse. Le commissaire Maigret mène l'enquête. En plus d'identifier l'assassin de la comtesse, il découvre que c'est Rose, l'épouse d'Alfonsi, jalouse des liens entre ce dernier et Arlette, qui a tué la strip-teaseuse.

Voici donc un nouveau Maigret. Le film est en couleurs et la réalisation, parfois hésitante, mais, peu à peu, la force du sujet rend l'intrigue intéressante et Gino Cervi, au demeurant un excellent comédien, tout en ne restant pas le meilleur interprète du rôle, est souvent crédible.

MISE À SAC

Réalisation : Alain Cavalier ; scénario : Claude Sautet, Alain Cavalier, Oscar Dancigers, d'après le roman de Richard Stark (= Donald E. Westlake) ; photographie : Pierre Lhomme, Alain Cavalier © ; musique : Jean Prodromidès ; montage : Pierre Gillette ; production : Georges Dancigers, Georges Laurent, Alexandre Mnouchkine (Les Films Ariane / Les Productions Artistes Associés / Registi Produttori Associati) ; durée : 98 min.

Interprétation : Michel Constantin : Georges. Daniel Ivernel : Edgar. Franco Interlenghi : Maurice. Paul Le Person : Stéphane. Philippe Moreau : Paulus. Philippe Ogouz : Wiss. Julien Verdier : Lebuisson. Jean Champion : Kerini. André Rouyer : Rotenbach. Irène Tunc : Marie-Ange. Tanya Lopert : Marthe. Xavier Gélin : Michel Castagnier.

Thème : Edgar a mis au point une audacieuse opération criminelle de grande envergure : mettre à sac la petite ville de Servage où il a jadis habité. À cet effet, il prend contact avec Georges, qui engage un

MISE À SAC

véritable commando composé de spécialistes du hold-up et d'hommes de main. En pleine nuit, Edgar et ses hommes cernent littéralement la ville et s'emparent de tous les centres vitaux (poste de police, pompiers, central téléphonique, etc.), histoire d'isoler la localité endormie du reste du monde. Les différents coffres des banques et des commerces sont attaqués. Mais le vrai motif de ce braquage exceptionnel est la haine nourrie par Edgar à l'encontre de Murtens, à la fois le patron de l'usine où il travaillait à l'époque et l'amant de sa femme (qui s'est suicidée). Pendant que ses complices opèrent à travers la ville, Edgar met le feu à la demeure de son ancien employeur, mais l'alarme alerte la police qui déclenche une chasse à l'homme générale. Edgar meurt au cours de sa fuite.

C'est sans doute, pour Alain Cavalier, un film moins personnel que la plupart de ses autres – et surtout – futures œuvres. Reste un véritable sujet de film policier et la description d'une fraternité des casseurs, une fraternité à laquelle n'appartient pas Edgar qui a transformé une vengeance purement personnelle – ce qui le perdra – en une opération d'envergure.

PEAU D'ESPION

Réalisation : Édouard Molinaro ; scénario : Édouard Molinaro, Jacques Robert, d'après le roman de Jacques Robert ; dialogues : Jacques Robert ; photographie : Raymond Pierre Lemoigne © ; musique : José Berghmans ; montage : Robert Isnardon ; production : Alain Poiré (SNEG – Société Nouvelle des Établissements Gaumont / Eichberg-Film GmbH / Franca Film) ; durée : 93 min.

Interprétation : Louis Jourdan : Charles Beaulieu. Senta Berger : Gertraud Sphax. Edmond O'Brien : Arys Sphax. Bernard Blier : commandant Rhome. Maurice Garrel : Henri Banck. Fabrizio Capucci : Cecil Barnette. Gamil Ratib : Belloum. Pierre Dumayet : lui-même. Anna Gaël : Kiki. Charles Millot : joueur de poker.

Thème : Ancien officier durant la guerre d'Algérie, Charles Beaulieu est devenu romancier mais, ayant besoin d'argent, il accepte la mission que lui confie son ancien camarade, le commandant Rhome, désormais membre du contre-espionnage français. Il s'agit d'empêcher le départ vers la Chine d'Henri Banck, un spécialiste du laser que l'on pense être la cible d'enlèvement par les communistes. Après avoir été introduit dans le cercle de l'éditeur Arys Sphax, responsable du transfert et mari de la belle Sandra, à laquelle il n'est pas insensible, Beaulieu découvre que le savant, avec lequel il s'est réellement lié d'amitié, veut partir de son plein gré. On lui ordonne donc de l'éliminer. Beaulieu s'y refusant, Rhome décide d'abattre lui-même Banck à l'aéroport, mais l'un des hommes de Sphax le blesse. Il reste au romancier à convaincre Banck que des espions l'ont manipulé.

Pour les inconditionnels de Senta Berger.

Notes : *Tournage du 28 septembre au 26 novembre 1966 aux studios de Boulogne (Boulogne-Billancourt), à Paris – bois de Boulogne (16e), Maison de Radio-France (16e) –, dans la région parisienne, à l'université d'Heidelberg (Bade-Wurttemberg) et à l'aéroport de Francfort.*

LES RISQUES DU MÉTIER

Réalisation : André Cayatte ; scénario : André Cayatte, Armand Jammot, d'après le livre de Jean et Simone Cornec ; dialogues : Armand Jammot ; photographie : Christian Matras © ; musique : Jacques Brel, François Rauber ; montage : Hélène Plemiannikov ; production : Alain Poiré (Gaumont International) ; durée : 105 min.

Interprétation : Jacques Brel : Jean Doucet. Emmanuelle Riva : Suzanne Doucet. René Dary : M. Beaudoin. Nadine Alari : Mme Arnaud. Christine Fabréga : Mme Roussel. Jacques Harden : Robert Arnaud. Gabriel Gobin : juge d'instruction. Muriel Baptiste : Martine Augier. Christine Simon : Brigitte Canet. Chantal Martin : Josette Monnier. Nathalie Nell : Hélène Arnaud. Delphine Desyeux : Catherine Roussel. Claudine Berg : Mme Canet. Jacques Dynam : inspecteur Michaux. Marcel Pérès : Vignol.

Thème : Depuis plusieurs années, Jean Doucet est un instituteur sympathique et populaire dans son village de Normandie. Un jour, une de ses élèves, Catherine Roussel, l'accuse de tentative de viol, et ses parents

PEAU D'ESPION

LES RISQUES DU MÉTIER

portent plainte. Lors de l'enquête, la jeune Hélène Arnaud prétend être la maîtresse de l'instituteur, afin de cacher sa liaison avec un ouvrier portugais. Une troisième jeune fille, Josette, accuse aussi l'instituteur, qui est incarcéré malgré ses dénégations et l'appui de son épouse, Suzanne. Celle-ci mène des investigations de son côté et relève des incohérences dans les versions des témoins. Le jour de la reconstitution, Catherine est confondue, les autres accusatrices l'étant ensuite. Malgré l'innocence prouvée de Jean, les Doucet quittent la ville.

André Cayatte traite de la pédophilie, thème alors encore particulièrement tabou, et dénonce les faux témoignages et les affabulations de jeunes élèves. Le scénario est courageux – on pense au Corbeau *(1943) ! –, la réalisation très efficace et Jacques Brel trouve ici un de ses meilleurs rôles.*

Notes : *Tournage du 18 juillet à août 1967 à Louviers (Eure), Ecquevilly (Yvelines) et chez Paris Studios Cinéma (Boulogne-Billancourt).*

LA ROUTE DE CORINTHE

Réalisation : Claude Chabrol ; scénario : Claude Brulé, Daniel Boulanger, d'après le roman de Claude Rank ; dialogues : Daniel Boulanger ; photographie : Jean Rabier © ; musique : Pierre Jansen ; montage : Jacques Gaillard ; production : André Génovès (Les Films de la Boétie / Compagnia Generale Finanziaria Cinematografica / Orion Film) ; durée : 90 min.

Interprétation : Jean Seberg : Shanny. Maurice Ronet : Dex. Christian Marquand : Robert Ford. Michel Bouquet : Sharps. Saro Urzzi : Kalhidès. Antonio Passalia : tueur. Paolo Giusti : Josio. Claude Chabrol : Alcibiade. Romain Gary : pope dans l'avion.

Thème : L'agent Robert Ford reçoit pour mission de démanteler un réseau qui introduit en Grèce des boîtes noires capables de perturber les radars américains. Au cours de son enquête, il est assassiné et Shanny, sa veuve, est inculpée du meurtre, à l'instigation du rancunier Sharps, supérieur hiérarchique de Ford, qui la convoitait en vain. Décidée à venger son mari, Shanny est heureusement protégée par un ami de celui-ci, Dex. Le duo découvre que les boîtes noires sont cachées dans des statues creuses et que le marbrier Kalhidès est à la tête de ce trafic. Après différentes mésaventures, Dex délivrera Shanny, prisonnière de Kalhidès, et provoquera la mort de celui-ci.

Un des films mineurs de la carrière de Chabrol. Michel Bouquet y dirige Au Loukhoum enchanté, *Jean Seberg arbore une ravissante mini-robe verte et se livre à un vigoureux bras d'honneur à destination de Maurice Ronet, alors que Claude Chabrol se déguise en pope. L'ensemble est donc peu sérieux mais, par moments, divertissant.*

Notes : *Tournage du 8 mai au 30 juin 1967 à Paris, Saint-Tropez et en Grèce.*

LE SAMOURAÏ

Réalisation : Jean-Pierre Melville ; scénario : Jean-Pierre Melville, Georges Pellegrin, d'après le roman de Joan McLeod *The Ronin* ; photographie : Henri Decaë © ; musique : François de Roubaix ; montage : Monique Bonnot, Yolande Maurette ; production : Raymond Borderie, Eugène Lépicier (Filmel / CICC – Compagnie Industrielle et Commerciale Cinématographique / Fida Cinematografica / TC Productions) ; durée : 105 min.

Interprétation : Alain Delon : Jef Costello. François Périer : commissaire. Nathalie Delon : Jane Lagrange. Cathy Rosier : Valérie. Jacques Leroy : tueur. Jean-Pierre Rosier : Olivier Rey. Catherine Jourdan : demoiselle du vestiaire. Michel Boisrond : Wiener. Robert Favart : barman. André Salgues : homme du garage. Roger Fradet : premier inspecteur. Carlo Nell : deuxième inspecteur. Robert Rondo : troisième inspecteur. Georges Casati : Damolini. Jack Léonard : Garcia. André Thorent : policier.

Thème : Jef est un tueur à gages. Il remplit un contrat en exécutant le patron du cabaret *Le Mathey's*. Sa maîtresse Jane Lagrange lui sert d'alibi, lorsqu'il est arrêté en même temps que d'autres suspects, alors qu'il est en train de jouer au poker. Faute de preuves,

LE SAMOURAÏ

il est relâché. Cependant convaincu de sa culpabilité, le commissaire le fait prendre en filature. Le gang qui avait commandité le meurtre cherche à se débarrasser de Jef, le croyant compromis, et lui envoie un autre tueur professionnel, censé le payer. Blessé, Jef échappe à la mort et décide de retrouver la trace de celui qui a tenté de l'éliminer. Il obtient de son « collègue » assassin, qui l'attend chez lui avec d'autres intentions – désirant « repartir sur des bases saines », il est venu lui payer ce qu'il lui devait et lui proposer une seconde mission –, l'identité de son commanditaire, Olivier Rey. Après avoir exécuté ce dernier, Jef s'en va rejoindre au cabaret la cible de son nouveau contrat, Valérie, la pianiste, qui peut servir de témoin. La police l'y attend et l'abat lorsqu'il sort son arme. Le commissaire constate que celle-ci est vide…

« Il n'y a pas de solitude plus profonde que celle du Samouraï, si ce n'est celle du tigre dans la jungle. » *Cette phrase prétendument extraite du* Bushidō *et inventée par Melville, est placée en exergue. Juste avant que le spectateur ne découvre le repaire de Jef, un lieu minimaliste mais avec une référence, la chambre du* Songe de sainte Ursule *(1495) de Vittore Carpaccio.*

LE SAMOURAÏ

En dehors de Jef, il ne vit dans cette pièce qu'un oiseau qui sert de garde, susceptible d'indiquer à son possesseur si quelqu'un ne s'est pas infiltré dans le lieu. Les premières minutes sont volontairement muettes, destinées à accentuer, s'il en était encore besoin, la solitude du héros avec sa gabardine, son chapeau et son mutisme. Alain Delon, prodigieux d'intensité, y est inoubliable. Traqué par la police, qui met en œuvre des moyens extraordinaires pour capturer un simple tueur, menacé par ses commanditaires qui cherchent à se débarrasser de lui, Jef Costello est une victime de son destin essayant, dans un dernier sursaut, d'échapper à ce dernier, tout en n'ayant même pas chargé son arme, comme si tout cela lui semblait l'œuvre d'une fatalité impossible à combattre. « Je crois, *déclarait Melville,* que le monde des hors-la-loi est le dernier bastion où s'affrontent les forces du bien et celles du mal. C'est le refuge de la tragédie moderne. Ce ne sont pas des héros mais des anti-héros. Je ne leur fournis d'ailleurs ni excuses ni circonstances atténuantes. Ce sont des êtres amoraux. La construction du film est très importante. Elle n'est pas faite pour des gens distraits qui s'absentent de l'écran. Au mot "fin", il subsiste encore un point d'interrogation. Il faut que les gens réfléchissent, car tout ne leur est pas expliqué. » *Le cinéaste joue remarquablement sur les couleurs opposant les lumières du cabaret aux tons anonymes des locaux de la police, particulièrement sinistres et inhumains, ou aux extérieurs filmés dans une atmosphère presque bleutée. Tout en n'oubliant pas le film noir hollywoodien qui lui est cher – on pense évidemment à* Tueurs à gages *(1942) avec Alan Ladd –, Melville n'en est jamais prisonnier et signe avec génie l'un des plus beaux polars du cinéma français.*

Notes : *Tournage du 19 juin au 5 août 1967 à Paris – gare du Nord (10ᵉ), dans le métro (Télégraphe, Place des Fêtes, Châtelet, Jourdain, Porte des Lilas), impasse*

LE SAMOURAÏ

des Rigaunes (19e), au 36, quai des Orfèvres (1er), au 11, boulevard de l'Amiral-Bruix (appartement de Jane, 16e), rue Regnault (13e), rue de Berri (8e), studios Jenner (13e) – et aux studios de Saint-Maurice (Val-de-Marne). On sait à quel point le film a fasciné John Woo, Quentin Tarantino, Michael Mann, Jim Jarmusch. Rappelons enfin que les studios Jenner de Melville ont été détruits par le feu dans la nuit du 28 au 29 juin 1967, alors que le film y était en production.

LE SCANDALE

Réalisation : Claude Chabrol ; scénario : Claude Brulé, Derek Prouse, d'après l'idée de William Benjamin ; dialogues : Paul Gégauff ; photographie : Jean Rabier © ; musique : Pierre Jansen ; montage : Jacques Gaillard ; production : Raymond Eger (Universal Pictures) ; durée : 105 min.

Interprétation : Maurice Ronet : Paul Wagner. Anthony Perkins : Christopher Belling. Yvonne Furneaux : Christine Belling. Stéphane Audran : Jacqueline Belling / Lydia. Christa Lang : Paula. Catherine Sola : Denise Vaillant. Suzanne Lloyd : Evelyn Wharton. Henry Jones : M. Clark. George Skaff : M. Pfeiffer. Marie-Ange Aniès : Michèle. Catherine Langeais : invitée chez Evelyn. Annie Vidal : blonde.

Thème : Paul Wagner est le riche héritier d'une marque de champagne, mais c'est sa cousine Christine qui en possède, en réalité, les actions et la jeune femme souhaite vendre l'entreprise aux Américains, ce qu'elle ne peut faire sans son accord. Son mari Christopher, meilleur ami de Paul, tente en vain de le convaincre. À Hambourg, Paul passe la nuit avec une prostituée, qu'il retrouve morte à son réveil. Tout semble l'accuser. Christine, qui a reçu une lettre anonyme l'informant de l'événement, accepte de se taire à condition que Paul consente à la vente. Puis c'est au tour d'Evelyn, la propre maîtresse de Paul, d'être retrouvée étranglée. Là encore, Paul se croit coupable et envisage de se faire interner. Ayant obtenu l'acte de vente qu'elle transmet à sa secrétaire Jacqueline pour qu'il soit dactylographié, Christine croit avoir gagné, mais elle est tuée à son tour, victime de Lydia, la maîtresse de Christopher. En fait, Lydia n'est autre, grâce à un savant maquillage, que Jacqueline. Associée avec Christopher, elle espérait mettre la main sur la fortune de sa femme, mais le triple meurtre, décidé de sa seule initiative, dédouane – en partie – Paul…

Une (très) riche famille bourgeoise, un vignoble et des personnages aussi corrompus que prêts au crime. Chabrol s'attaque, une fois de plus et avec un plaisir évident, à cet univers décadent, aidé par les dialogues incisifs de Paul Gégauff. « Il n'y a pas un plan, *déclarait Claude Chabrol,* qui soit tel qu'il peut être prévisible. On ne saura jamais quand le plan commence, ce que sera la fin du plan, ce qui aura basculé. Dans les deux dernières minutes, les gens n'y comprendront rien ou bien ils comprendront A, ou bien ils comprendront B. Or les trois solutions sont bonnes. »

Notes : *Tournage du 6 juin au 3 août 1966 à Hambourg (Allemagne), Reims (place du Général-Gouraud), Paris (Champs-Élysées), au château de Rosny-sur-Seine (Yvelines) ; et aux studios d'Épinay-sur-Seine (Seine-Saint-Denis).*

SI J'ÉTAIS UN ESPION

Réalisation : Bertrand Blier ; scénario : Jacques Cousseau, Jean-Pierre Simonot, Philippe Adrien, Bertrand Blier, d'après l'histoire de Bertrand Blier et Antoine Tudal ; dialogues : Philippe Adrien ; photographie : Jean-Louis Picavet ; musique : Serge Gainsbourg, Michel Colombier ; montage : Kenout Peltier ; production : Pierre Cabaud, Marcel Lathière (La Société des Films Sirius / CFDC – Compagnie Française de Distribution Cinématographique / SNPC – Société Nouvelle Pathé Cinéma / UGC – Union Générale Cinématographique) ; durée : 95 min.

Interprétation : Bernard Blier : Dr Lefèvre. Bruno Cremer : Matras. Suzanne Flon : Geneviève Laurent. Patricia Scott : Sylvie Lefèvre. Claude Piéplu : Monteil. Pierre Le Rumeur : Kruger. Francis Lax : Rodard.

Thème : Menant jusqu'ici une vie paisible avec sa fille Sylvie, le Dr Lefèvre voit l'un de ses patients, Guérin, activement recherché par une femme, Geneviève Laurent, et par des inconnus qui n'hésitent pas à le harceler et menacer de s'en prendre à sa fille si le médecin ne les aide pas à retrouver le disparu. Un certain Matras fouille chez lui et trouve des clichés où il s'avère que le Dr Lefèvre a connu Guérin au cours d'un voyage en Pologne. Guérin est-il un espion ? Sylvie est victime d'un accident, puis est enlevée alors même que la mort de Guérin est confirmée. Sylvie revient finalement saine et sauve chez elle, reconduite par Matras. Toute cette histoire était-elle juste un cauchemar ?

C'est le second film du futur réalisateur des Valseuses *(1974), après* Hitler, connais pas *(1963).* « J'ai rencontré un producteur, *déclarait Bertrand Blier,* reçu une avance sur recettes, acquis l'accord de mon père pour l'interprétation. C'était l'époque où les films d'espionnage étaient traités généralement sous la forme parodique, style James Bond. L'espionnage est une chose tellement absurde que personne n'en accepte une vision autre que burlesque. Moi, je voulais surtout, avec ce scénario, proposer une réflexion sur le fascisme. »

LE SOLEIL DES VOYOUS

LE SOLEIL DES VOYOUS

Réalisation : Jean Delannoy ; scénario : Jean Delannoy, Alphonse Boudard, d'après le roman de J. M. Flynn *The Action Man (Je fignole)* ; dialogues : Alphonse Boudard ; photographie : Walter Wottitz © ; musique : Francis Lai ; montage : Henri Taverna ; assistance à la réalisation : François Dupont-Midy ; production : Raymond Danon, Maurice Jacquin (Les Films Copernic / Fida Cinematografica / Maurice Jacquin Films) ; durée : 100 min.

Interprétation : Jean Gabin : Denis Farrand, dit « le Fignoleur ». Robert Stack : Jim Beckley. Suzanne Flon : Marie-Jeanne Farrand. Margaret Lee : Betty. Walter Giller : Maurice Labrousse. Jean Topart : M. Henri. Lucienne Bogaert : vieille femme. Georges Aminel : commissaire Leduc. Albert Michel : Gaston. Henri Coutet : vigile. Pierre Koulak : Ange Peresi. Bernard Musson : M. Goulette. Mino Doro : Luigi Savani. Carlo Nell : malfrat. Pierre Moncorbier : client ivre. Yves Barsacq : loueur de véhicules. Michèle Bardollet : doublure vocale de Margaret Lee.

Thème : Ancien truand, Denis Farrand vit dans une petite ville de province où il dirige tranquillement un bar et une auberge avec son épouse Marie-Jeanne. À force de voir les allées et venues des convois au Crédit industriel du Nord, qui se trouve en face, il ne peut s'empêcher de « fignoler » un nouveau coup. Débarque alors Jim Beckley, un ancien ami américain connu à Saïgon, qu'il accepte de cacher chez lui, ce dernier étant traqué par des truands. Avec la complicité de Jim, qui s'éprend de Betty, la domestique de l'auberge, Farrand exécute son hold-up. L'opération est une réussite et leur rapporte 500 millions. Mais Marie-Jeanne est enlevée par les poursuivants de Jim, qui exigent en guise de rançon le butin du casse. Le sanglant règlement de comptes qui s'ensuit voit la mort de Jim. Betty, qui s'est enfuie avec le magot, se fait arrêter par la police pour une banale infraction au code de la route. Une erreur de conduite qui va coûter cher à Ferrand…

C'est la rencontre du héros de Touchez pas au grisbi *(1954) et de l'interprète de* Scarface *(1932) aux côtés de Paul Muni. Jean Delannoy renonce à l'un des « grands sujets » dont son œuvre est friande au profit d'un film policier bien ficelé mais sans génie.*

TRANS-EUROP-EXPRESS

Réalisation : Alain Robbe-Grillet ; scénario et dialogues : Alain Robbe-Grillet ; photographie : Willy Kurant ; musique : Michel Fano ; musique préexistante : Giuseppe Verdi ; montage : Bob Wade ; production : Samy Halfon (Como Films) ; durée : 105 min.

Interprétation : Jean-Louis Trintignant : Elias / lui-même. Marie-France Pisier : Éva / elle-même. Alain Robbe-Grillet : Jean. Catherine Robbe-Grillet : Lucette. Paul Louyet : Marc. Christian Barbier : Lorentz. Charles Millot : Franck. Daniel Emilfork et Henri Lambert : faux policiers. Gérard Palaprat : Mathieu. Virginie Vignon : vendeuse. Jérome Lindon : passager.

Thème : Jean qui est auteur de films, prend le train en gare du Nord à destination d'Anvers. Son producteur Marc et sa secrétaire Lucette l'accompagnent. Sa rencontre avec le comédien Jean-Louis Trintignant, également à bord, lui fait imaginer un film qui voit Elias – incarné par Trintignant –, un trafiquant, se rendre lui aussi à Anvers pour y récupérer une valise de drogue. Elias, qui est régulièrement surveillé, rencontre Éva, une prostituée, qu'il attache puis étrangle. Jean apprend, en arrivant à Anvers, la mort d'une prostituée et celle de son assassin…

L'histoire est d'une grande et volontaire complexité, Alain Robbe-Grillet s'amusant à brouiller les pistes. On trouvera donc, selon son goût, l'ensemble intellectuellement exaspérant, à moins d'y voir un style novateur – l'équivalent du « nouveau roman » –, ici parfaitement maîtrisé.

Notes : *Tournage du 31 mai au 2 juillet 1966 à Anvers (gare centrale, Lambermontplaats).*

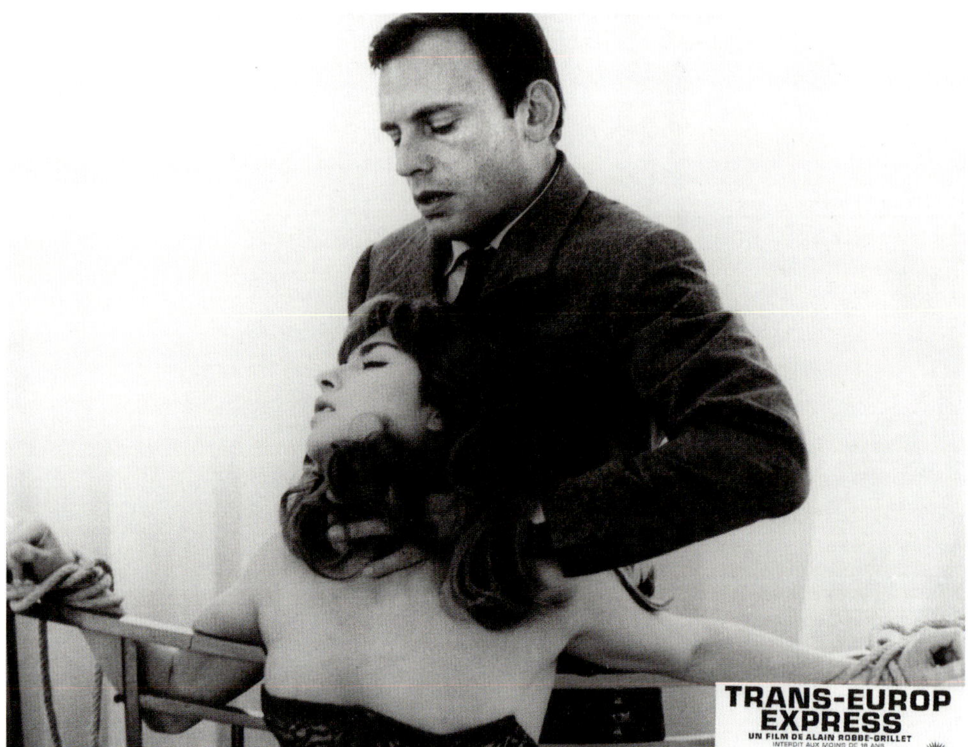

LE VICOMTE RÈGLE SES COMPTES

Réalisation : Maurice Cloche ; scénario : Georges Farrel, d'après le roman de Jean Bruce *Bonne mesure* ; adaptation : Luis Marquina, Clarke Reynolds ; photographie : Henri Raichi © ; musique : Georges Garvarentz ; montage : Raymond Leboursier, Antonio Ramírez de Loaysa ; production : Nat Wachsberger (Compagnia Cinematografica Mondiale / Critérion Films / Prodduciones DIA / Franca Film / Senior Cinematografica) ; durée : 98 min.

Interprétation : Kerwin Mathews : Clint de la Roche, dit « le Vicomte ». Sylvia Sorrente : Lili Dumont. Jean Yanne : Billette. Fernando Rey : Marco Demoygne. Folco Lulli : Rico Barone. Yvette Lebon : Claudia. Maria Latour : Tania. Armand Mestral : commandant Claude Perroux. Pierre Massimi : Louis. Franco Fabrizzi : Ramon. Alain Saury : Vincento.

Thème : Marco Demoygne réussit avec ses hommes un audacieux hold-up dans une banque parisienne. La société d'assurances charge Clint de la Roche, alias « le Vicomte », d'enquêter. Celui-ci est contacté par le mafioso Rico Barone, lui aussi client victime du vol, puisqu'il avait déposé dans ses coffres un stock d'opium. La police s'arrange pour mettre en présence le gang de Demoygne et celui de Rico. À l'issue d'une bataille générale, le Vicomte récupère la drogue qu'il remettra aux autorités.

Dans la tradition des sous-James Bond. Sans aucune surprise.

Notes : *Tournage à Paris, Malaga, Torremolinos (Andalousie) et en Sicile.*

LE VOLEUR

Réalisation : Louis Malle ; scénario : Louis Malle, Jean-Claude Carrière, d'après le roman de Georges Darien ; dialogues : Daniel Boulanger ; photographie : Henri Decaë © ; musique : Henri Lanoë ; montage : Henri Lanoë ; production : Norbert Auerbach, Georges Laurent, Alain Quefféléan (NEF – Nouvelles Éditions de Films / Les Productions Artistes Associés / Compagnia Cinematografica Champion) ; durée : 120 min.

Interprétation : Jean-Paul Belmondo : Georges Randal. Geneviève Bujold : Charlotte. Marie Dubois : Geneviève Delpiels. Françoise Fabian : Ida. Charles Denner : Jean-François Cannonier. Pierre Étaix : pickpocket. Julien Guiomar : abbé Félix La Margelle. Paul Le Person : Roger Voisin, dit « Roger la Honte ». Christian Lude : Urbain Randal. Marlène Jobert : Broussaille. Bernadette Lafont : Marguerite. Martine Sarcey : Renée Mouratet. Roger Crouzet : Mouratet. Jacques Debary : Courbassol. Monique Mélinand : Mme de Montareuil. Nane Germon : Mme Voisin. Jean-Luc Bideau : huissier anglais.

Thème : C'est la Belle Époque. Orphelin, Georges Randal vit chez son oncle Urbain. Il est amoureux de sa cousine Charlotte, mais le père de celle-ci lui a choisi un autre parti, le jeune homme étant désormais pauvre (Urbain l'a dépouillé de sa fortune). Georges décide alors, par dépit, de cambrioler la future belle-famille. Les fiançailles sont, dès lors, rompues et Georges découvre le véritable plaisir de voler. Il s'acoquine, par la suite, avec l'abbé La Margelle, à la tête d'une bande de truands, le voleur « Roger la Honte » et l'anarchiste Jean-François Cannonier, avant de continuer seul et de mettre la main sur un héritage. Sa vocation est désormais le vol !

« Je fais un sale métier, *dit Georges Randal,* mais j'ai une excuse, je le fais salement. » *Jean-Paul Belmondo, en grande forme, trouve un de ses meilleurs rôles, loin de tous ceux qui vont marquer la suite de sa carrière, et Louis Malle signe peut-être ici son film le plus accompli en portant à l'écran le roman publié par Georges Darien en 1897. La perfection de la photographie d'Henri Decaë et la qualité des décors de Jacques Saulnier vont de pair avec une description impitoyable du monde de la Belle Époque avec son hypocrisie, sa fascination pour l'argent et tout ce qu'il procure. Les femmes ne sont pas épargnées, car elles sont souvent les propres indicatrices des voleurs et l'interprétation est particulièrement remarquable, de Julien Guiomar, l'abbé devenu voleur, à Charles Denner, l'anarchiste Cannonier. La bourgeoisie, la justice et la religion ne sont pas épargnées tout au long de ce jeu de massacre mené de main de maître.*

Notes : *Tournage du 4 août au 25 septembre 1966 à Saint-Germain-en-Laye et Paris (rue du Ranelagh, 16e).*

LE VOLEUR

ADIEU L'AMI

Réalisation : Jean Herman (= Jean Vautrin) ; scénario : Sébastien Japrisot, Jean Herman, d'après l'histoire de Sébastien Japrisot ; dialogues : Sébastien Japrisot ; photographie : Jean-Jacques Tarbès © ; musique : François de Roubaix ; montage : Hélène Plemiannikov ; production : Serge Silberman (Greenwich Film Productions / Medusa Distribuzione) ; durée : 115 min.

Interprétation : Alain Delon : Dino Barran. Charles Bronson : Franz Propp. Olga-Georges Picot : Isabelle Moreau. Brigitte Fossey : Dominique « Waterloo » Austerlitz. Bernard Fresson : inspecteur Antoine Méloutis. Ellen Bahl : Martha. Jean-Claude Balard : inspecteur de police. Michel Barcet : inspecteur Muratti. Marianna Falk : Catherine. Lisette Lebon : Gilberte. Guy Delorme : homme à Neuilly. John Berry : doublure vocale de Charles Bronson.

ADIEU L'AMI

Thème : Récemment démobilisé de la guerre d'Algérie, le légionnaire et médecin Dino Barran accepte de remplacer son ami Mozart, qu'il avait accidentellement tué, dans une opération confiée par Isabelle Moreau et consistant à replacer dans le coffre d'une société les titres détournés par la jeune femme. Il devra, pour cela, s'attaquer à la combinaison, dont il connaît à peine la moitié des chiffres, dans un délai de trois jours et trois nuits que lui ménagent les fêtes de fin d'année. Franz Propp, légionnaire lui aussi démobilisé, est décidé à l'aider et à en profiter pour vider le coffre de son argent. Mais lorsque les deux hommes parviennent enfin à l'ouvrir, celui-ci est vide. Ils ont été doublés et découvrent dans les locaux le corps d'un gardien criblé de balles. Parvenu à s'enfuir, le duo est recherché par la police. Pendant que Franz est arrêté, Dino se réfugie chez son assistante dans ladite société, Dominique, et comprend que c'est elle qui les a trahis et qu'elle est de mèche avec Isabelle – qui est une fausse identité – pour dérober l'argent et leur faire porter le chapeau. Alors que les deux femmes s'apprêtent à l'éliminer, elles sont abattues par la police. Interrogé par l'inspecteur, Franz et Dino continuent à feindre de ne pas se connaître, comme ils se l'étaient promis.

La rencontre d'Alain Delon et de Charles Bronson donne – comme on peut le deviner – toute sa force à ce film d'hommes trahis par un duo de femmes. Le film joue sur le thème de l'enfermement (la chambre forte) et aussi sur celui du secret, Dino et Franz ont promis de ne jamais se trahir mutuellement. Très à l'aise, Jean Herman (connu aussi sous le nom de plume de Jean Vautrin) dirige ses deux interprètes sans un temps mort, servi par un scénario riche en suspense. Efficacité garantie.

Notes : *Tournage du 15 janvier au 9 mars 1968 à Paris (place de Breteuil, 7e), Marseille (port), L'Estaque (viaduc de Corbière), La Défense, à l'aéroport d'Orly (Val-de-Marne) et à Franstudio (Saint-Maurice).*

À TOUT CASSER

Réalisation : John Berry ; réalisation de seconde équipe : Sam Itzkovitch ; scénario : Christian Plume, John Berry, Guy Lionel ; photographie : Raymond Letouzey © ; musique : Eddie Vartan ; montage : Gilbert Natot ; production : Jean Kerchner (CFPF – Consortium Financier de Production de Films / CCFC – Compagnie Commerciale Française Cinématographique / Finistère Films / United Pictures) ; durée : 88 min.

Interprétation : Eddie Constantine : Ric Benton. Johnny Hallyday : Frankie. Michel Serrault : Aldo Morelli. Catherine Allégret : Mimi. Annabella Incontrera : Eva. Hélène Soubielle : Jacqueline. Clément Michu : Gus. Amarande : Poupette. Robert Lombard : Reggie. Pierre Koulak : Charlie. Denis Berry : Ange. Yves Beneyton : Toto. René Berthier : Gaston. Roger van Hool : Marco. Jean Rupert : Kiki le Stéphanois. Yves Barsacq : inspecteur.

Thème : Frankie et sa sympathique bande de jeunes motards préparent l'ouverture d'une boîte de nuit, mais leur installation gêne leurs voisins, le truand Aldo Morelli et son gang, en pleins préparatifs de l'attaque d'un fourgon transportant la tiare des Borgia, pièce maîtresse d'une exposition imminente. Morelli cherche à chasser Frankie, mais ce dernier trouve de l'aide en la personne de Ric Benton, un ancien gangster qui déteste le caïd. Courses-poursuites, imbroglios, bagarres se succèdent jusqu'à ce que la tiare atterrisse entre les mains de Benton et que la bande de Morelli soit mise hors d'état de nuire.

Johnny Hallyday, en grande forme, chante « À tout casser » et « Cheval d'acier » au guidon de sa Harley-Davidson et sable le champagne avec ses amis, tous en moto. Eddie Constantine retrouve avec un certain plaisir John Berry alors que Michel Serrault incarne le traître de service. Jugeant que le producteur avait trahi son montage, John Berry avait menacé de retirer son nom du générique. L'ensemble reste – heureusement – sans prétention, mais on est évidemment loin de Menaces dans la nuit (1951)...

AVEC LA PEAU DES AUTRES

Réalisation : Jacques Deray ; scénario : José Giovanni, d'après l'histoire de José Giovanni et le roman de Gilles Perrault *Au pied du mur* ; dialogues : Georges Bardawil, Jacques Deray ; photographie : Jean Boffety © ; musique : Michel Magne ; montage : Henri Lanoë ; assistance à la réalisation : Claude Vital, Franco Contini ; production : Eugène Tucherer (Les Films Montfort / Fida Cinematografica) ; durée : 90 min.

Interprétation : Lino Ventura : Pascal Fabre. Jean Bouise : Margery, dit « le Boiteux ». Marilù Tolo : Anna. Jean Servais : Wegelt. Wolfgang Preiss : Chalieff. Louis Arbessier : colonel. Adrian Hoven : Kern. Ellen Baal : Ingrid Kern. Charles Régnier : Erfuhrt. Reinhard Kolldehoff : Hoffman.

Thème : Pascal Fabre, qui travaille pour les services secrets français, est envoyé à Vienne pour y récupérer son collègue et camarade Margery, récemment disparu et que l'on soupçonne d'être un agent double. Il tue les agents qui fouillaient le domicile de Margery, lequel lui soutient alors qu'il n'a jamais été un traître et qu'il est poursuivi par l'organisation de Chalieff. Margery a d'ailleurs décidé de prendre sa retraite, mais il est enlevé et torturé, avant de se suicider pour ne pas parler. Fabre finit par comprendre que son vieil ami ne trahissait pas pour le compte des Russes mais pour celui des Chinois.

Le mythe glorieux de l'espionnage laisse ici la place à une intrigue dans laquelle s'enchevêtrent l'amitié, la délation, le crime et le mensonge. Nous savons depuis Le Troisième Homme *(1949) que rien n'est simple dans cette Vienne où se croisent les différents services d'espionnage et où s'échangent, se volent ou s'achètent les documents les plus secrets. Lino Ventura, remarquable, est plongé dans cette ténébreuse atmosphère.*

Notes : *Tournage à partir du 21 mars 1966 à Vienne (Margaretenhof, Konzerthaus), en région parisienne et aux studios de Billancourt.*

LA BANDE À BONNOT

Réalisation : Philippe Fourastié ; scénario : Pierre Fabre, Philippe Fourastié, Jean-Pierre Beaurenaut, Rémo Forlani ; dialogues : Marcel Jullian ; photographie : Alain Levent © ; musique : Jacques Brel, François Rauber ; montage : Jacqueline Thiédot ; assistance à la réalisation : Claude Miller, Pierre Fabre, Bernard Bolzinger ; production : Jean-Paul Guibert (Intermondia Films / Mega Film / Kinesis Films) ; durée : 110 min.

Interprétation : Jacques Brel : Raymond Callemin, dit « Raymond la Science ». Bruno Cremer : Jules Bonnot. Annie Girardot : Marie Vuillemin, dite « Marie la Belge ». Jean-Pierre Kalfon : Octave Garnier. Michel Vitold : Victor Kibaltchiche. Armand Mestral : commissaire Jouin. Nella Bielski : Rirette Maîtrejean. François Dyrek : Édouard Carouy. Dominique Maurin : Soudy. Pascal Aubier : Eugène Dieudonné. Anne Wiazemsky : « La Vénus Rouge ». Léonce Corne : préfet.

Thème : Callemin, Carouy et Soudy, tous ouvriers, se séparent du mouvement anarchiste pacifique de Victor Kibaltchiche pour passer à l'action violente. Jules Bonnot, un mécanicien, prend la tête de la bande, que rejoignent Garnier et sa maîtresse Marie la Belge. Le 21 décembre 1911, ils exécutent un premier hold-up en automobile à Paris, avant de poursuivre impunément leurs exactions à Bruxelles. Pendant ce temps, à Paris, le commissaire Jouin arrête un anarchiste, Dieudonné, qu'il sait pourtant innocent, espérant que « la Vénus Rouge », la compagne de ce dernier, dénoncera les vrais criminels pour l'innocenter. Après quelques mois de cavale, de vols de voitures et d'autres attaques, Jouin finit par arrêter Soudy, Carouy et Callemin, désormais connu comme « Raymond la Science ». Bonnot tue ensuite Jouin et fuit la police, qui assiège le pavillon à Nogent-sur-Marne où il s'est réfugié avec ses complices Garnier et Marie-la-Belge. Bonnot y trouvera la mort lors de l'assaut des forces de l'ordre.

Le film s'inspire des dessins de La Petite Illustration *pour retrouver le style de l'époque. Il a été tourné du 18 mars au 31 mai 1968 et, malgré un succès relatif (plus de 1,4 million d'entrées en France), on peut penser qu'il a été gêné lors de son tournage et au moment de sa sortie, le 30 octobre, par la proximité des événements de Mai. Le scénario fait néanmoins une entorse à la vérité historique, car Bonnot n'est pas mort à Nogent-sur-Marne mais trois jours plus tôt, lors d'un autre siège à Choisy-le-Roi. Ce sont Garnier et Valet qui ont été abattus à Nogent-sur-Marne.*

Notes : *Tournage du 18 mars à mai 1968 dans la région parisienne, à Dieppe (Seine-Maritime) et aux studios d'Épinay-sur-Seine (Seine-Saint-Denis).*

LA BANDE À BONNOT

LA BLONDE DE PÉKIN

Réalisation : Nicolas Gessner ; scénario : Marc Behm, Nicolas Gessner, Jacques Vilfrid, d'après le roman de James Hadley Chase ; photographie : Claude Lecomte © ; musique : François de Roubaix ; montage : Jean-Michel Gautier ; production : Raymond Danon, Hanns Eckelkamp, Maurice Jacquin (Les Films Copernic / Clesi Cinematografica / Hanns Eckelkamp Filmproduktion) ; durée : 87 min.

Interprétation : Mireille Darc : Christine Olsen. Claudio Brook : Marc Garland. Françoise Brion : Erica Olsen. Jean-Jacques Delbo : M. Olsen. Edward G. Robinson : Douglas, chef de la CIA. Giorgia Moll : Peggy. Pascale Roberts : Monica Davis. Karl Studer : capitaine Hardy. Hellmut Lange : Malik. Valéry Inkijnoff : Fang Ho Kung.

Thème : Qui est Erica Olsen, retrouvée amnésique sur un banc à Paris ? Marc Garland, qui travaille pour les services secrets américains, est chargé d'élucider ce mystère. Il comprend que ce n'est pas une espionne et qu'elle possède une perle fabuleuse dont il projette de s'emparer. Désirant supprimer la jeune femme susceptible de parler, les Chinois tentent de l'assassiner mais tuent par erreur son infirmière. De plus, elle n'est pas Erica mais sa sœur Christine. Ayant recouvré la mémoire, elle se souvient qu'elle a justement rendez-vous avec la vraie Erica à Hong Kong, où elle se rend donc en compagnie de Garland. Lors d'une attaque des Russes et des Chinois, Erica est mortellement touchée et la perle finit par tomber à l'eau. Quant à Christine, elle partira avec Marc.

Un mélange de comédie et d'intrigue criminelle, le charme de Mireille Darc et celui de la toujours belle Giorgia Moll.

Notes : *Tournage du 10 octobre au 27 décembre 1966 à Monaco (Radio Monte-Carlo), Paris (aéroport), en région parisienne et à Nice (aéroport, École universelle et studios de la Victorine).*

COPLAN SAUVE SA PEAU

COPLAN SAUVE SA PEAU

Réalisation : Yves Boisset ; scénario : Claude Veillot, Yves Boisset, d'après le roman de Paul Kenny *Coplan paie le cercueil* ; dialogues : Claude Veuillot ; photographie : Pierre Lhomme, Alain Derobe © ; musique : Jean-Claude Pelletier ; montage : Gilbert Kikoïne, Claude Gros ; production : Robert de Nesle (CCF – Comptoir Français du Film Production / Cinesecolo) ; durée : 110 min.

Interprétation : Claudio Brook : Francis Coplan. Margaret Lee : Mara Saroghu / Éva. Bernard Blier : Abdul Mascar. Jean Servais : Abrahim Saroghu. Jean Topart : lieutenant Sakki. Nana Michael : Carole. Klaus Kinski : Theler. Hans Meyer : Hugo Gemsbach. Roger Lumont : « le Glouton ». Marcella Saint-Amant : Yasmine.

Thème : Qui a tué Mara à Istanbul ? Coplan mène l'enquête et, grâce à Éva, la propre sœur jumelle de Mara, il pourra faire échouer le projet de Hugo Gemsbach, un scientifique atomiste prêt à faire sauter la planète pour la « purifier ». Coplan survivra à une chasse à l'homme organisée par Carole et Hugo (qui est aussi le frère de Mara et Éva), dont il est le gibier. Le savant fou et Éva seront finalement victimes du feu atomique tandis que Coplan fuira avec Yasmine.

Yves Boisset se souvient des Chasses du comte Zaroff *(*The Most Dangerous Game, *1932) et de* En quatrième vitesse *(*Kiss Me Deadly, *1955). L'ensemble est distrayant, parfaitement réalisé, et on appréciera notamment la longue séquence de la chasse, Coplan affrontant avec un arc la redoutable Carole, qui apparaîtra comme Ursula Andress dans* Dr. No *(1962).*

Notes : *Tournage en juillet 1967 à Istanbul.*

HO !

Réalisation : Robert Enrico ; scénario : Pierre Pelegri, Lucienne Hamon, Robert Enrico, d'après le roman de José Giovanni *Ho !* ; dialogues : Pierre Pelegri, Lucienne Hamon ; photographie : Jean Boffety © ; musique : François de Roubaix ; montage : Jacqueline Meppiel ; production : Cocinor / Les Films Marceau / Filmsonor / Mega Film ; durée : 107 min.

Interprétation : Jean-Paul Belmondo : François Holin, dit « Ho ». Joanna Shimkus : Bénédicte. Sydney Chaplin : François Canter. Paul Crauchet : Gabriel Briand. Alain Mottet : commissaire Paul. Stéphane Fey : Schwartz junior. Tony Taffin : aîné des Schwartz. André Weber : « la Praline ». Raymond Bussières : Robert. Jean-Pierre Bertrand : Bogie. Jacky Rollin (= Jackie Sardou) : Mado. Patrick Préjean : employé du journal. Jean-Pierre Castaldi : ami de Bénédicte. Alain Delon : piéton à l'aéroport.

Thème : Ancien coureur automobile, François Holin dit « Ho » est désormais le chauffeur du gang que dirige François Canter. La bande le traite sans ménagement, l'humilie parfois, alors qu'il a été d'une grande efficacité lors d'un hold-up. Canter trouvant la mort accidentellement, Ho envisage de diriger le groupe lors du prochain coup en préparation, mais les frères Schwartz s'y opposent. Il décide alors de faire cavalier seul. Arrêté cependant pour vol de voiture, il parvient à s'échapper et la presse le considère comme un dangereux individu. Sa compagne Bénédicte se sépare alors de lui. Ho attaque un fourgon bancaire et retrouve Bénédicte, qui a cherché à le sauver d'un piège et accepte finalement de partir avec lui. Or les Schwartz, eux-mêmes recherchés par les autorités, veulent mettre la main sur le butin. Affrontant ses anciens complices, Ho parvient à les éliminer, mais Bénédicte est tuée au cours de la fusillade. Ho se rend à la police.

Joanna Shimkus est ravissante, mais le scénario et donc le film ne restituent que partiellement l'univers cher à José Giovanni. Dommage !

OH !

LA MARIÉE ÉTAIT EN NOIR

Réalisation : François Truffaut ; scénario : François Truffaut, Jean-Louis Richard, d'après le roman de William Irish (= Cornell Woolrich) *The Bride Wore Black* ; dialogues : Jean-Louis Richard, François Truffaut ; photographie : Raoul Coutard © ; musique : Bernard Herrmann ; musique préexistante : Antonio Vivaldi (Concerto pour mandoline) ; montage : Claudine Bouché ; production : Marcel Berbert, Oscar Lewenstein (Les Films du Carrosse / Les Productions Artistes Associés / Dino de Laurentiis Cinematografica) ; durée : 107 min.

Interprétation : Jeanne Moreau : Julie Kohler. Michel Bouquet : Robert Coral. Jean-Claude Brialy : Corey. Charles Denner : Fergus. Claude Rich : Bliss. Michael Lonsdale : Clément Morane. Daniel Boulanger : Delvaux. Alexandra Stewart : Mlle Becker. Van Doude : inspecteur. Gilles Quéant : juge d'instruction. Luce Fabiole : mère de Julie.

Thème : Le jour de son mariage, Julie Kohler voit l'homme qu'elle aime abattu à la sortie de l'église. La jeune mariée aussitôt veuve réussit à identifier les responsables – cinq amis réunis pour s'amuser et dont le tir en jouant avec un fusil était involontaire – et décide de se venger en les éliminant les uns après les autres. Elle pousse dans le vide Bliss, empoisonne Robert Coral, provoque la mort par étouffement du riche Morane, mais sa prochaine victime, Delvaux, un trafiquant de voitures, est arrêté par la police. Julie tue d'une flèche l'artiste peintre Fergus et se laisse arrêter, espérant ainsi approcher en prison celui qui lui a échappé…

« À l'origine du film, *déclarait François Truffaut,* il y a mon admiration pour William Irish, auteur de romans criminels qui ressemblent à des rêves, mon désir de tourner à nouveau avec Jeanne Moreau et enfin mon envie de tenter cette expérience : filmer une histoire archidramatique jalonnée de situations extrêmes mais nourrie d'une quantité de détails réalistes. Comme il s'agit d'un roman étranger et non situé, j'ai fait en sorte qu'aucun lieu ne soit reconnaissable ; plutôt que de franciser le livre, j'ai suggéré une sorte de pays imaginaire. En fait, une chose me passionnait : faire un film d'amour sans aucune scène d'amour. On ne trouvera pas un baiser dans ce film. L'action, sur l'écran, est quasiment celle d'un film criminel et, pourtant, le dialogue ne concerne jamais cette action. Le dialogue ne traite que des rapports entre les hommes et les femmes. Ce décalage systématique me permet d'avoir deux films complètement différents qui avancent simultanément. Je voudrais dire enfin que les cinq hommes que Julie retrouve sur son chemin nous font revenir à ce principe de l'énumération qui rend fascinante la lecture des contes de fées : *Boucles d'or et les trois ours, Les Trois Petits Cochons et le Grand Méchant Loup, Blanche-Neige et les sept nains.* »

***Notes :** Tournage du 16 mai au 10 novembre 1967 dans les Yvelines (Le Chesnay, Versailles), l'Oise (Senlis), l'Essonne (Étampes), le Val-de-Marne (Chevilly-Larue), l'Isère (vallée de Grésivaudan, Le Bourg-d'Oisans), à Paris – église Saint-Lambert-de-Vaugirard, 15e (le tireur a fait feu depuis le 15, rue Gerbert) – et dans les Alpes-Maritimes (Cannes, Nice).*

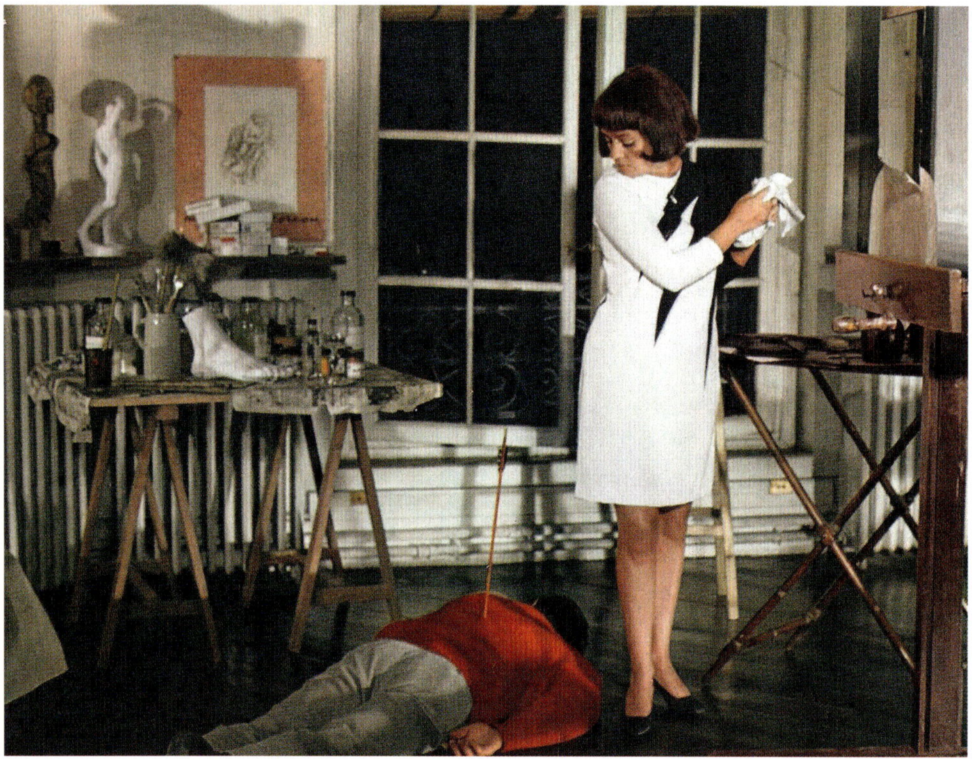

LES OISEAUX VONT MOURIR AU PÉROU

Réalisation : Romain Gary ; scénario : Romain Gary, d'après sa nouvelle ; photographie : Christian Matras © ; musique : Kenton Coe ; montage : Denise Charvein ; production : Jacques Natteau (Universal Productions France) ; durée : 95 min.

Interprétation : Jean Seberg : Adriana. Maurice Ronet : Rainier. Pierre Brasseur : mari d'Adriana. Danielle Darrieux : Mme Fernande. Jean-Pierre Kalfon : chauffeur. Michel Buades : Alejo. Pierre Koulak : videur. Henri Czarniak : camionneur. Jackie Lombard : Rita.

Thème : Sur une plage péruvienne (où les oiseaux, pour une raison obscure, viennent mourir), une nuit de carnaval, la sensuelle et névrosée Adriana s'est donnée à trois inconnus. Elle est recherchée par son instable et machiavélique mari, bien plus âgé qu'elle et qui, excédé par cette énième crise de nymphomanie dont elle est victime, a la ferme intention de la tuer avant de se suicider. La jeune femme trouve refuge d'abord dans la maison de passe locale, tenue par Mme Fernande, puis auprès de Rainier, patron d'un café qui l'a sauvée de la noyade. Mais l'époux, accompagné de son inquiétant chauffeur-homme de main, retrouve sa trace…

Quel curieux film ! Une véritable œuvre d'un auteur aux multiples fascinations. Le fait que le mari de Rebecca ressemble à Romain Gary – alors époux de Jean Seberg à la ville – n'est qu'une des surprises du film, qui parle de la nymphomanie, de l'homosexualité et de diverses obsessions sexuelles. Le film est connu pour être le premier long métrage étranger à avoir été classé X par la Motion Picture Association of America. En France, la commission de contrôle souhaitait l'interdire totalement, mais, heureusement, le ministre n'a pas promulgué cette interdiction et a autorisé la vision du film aux plus de 18 ans.

Notes : *Tournage du 2 octobre au 18 novembre 1967 en Mauritanie, Espagne et aux studios de Billancourt.*

LE PACHA

Réalisation : Georges Lautner ; scénario : Albert Simonin, Georges Lautner, Michel Audiard, d'après le roman de Jean Delion (= Jean Laborde) *Pouce !* ; dialogues : Michel Audiard ; photographie : Maurice Fellous © ; musique : Serge Gainsbourg ; montage : Michelle David ; assistance à la réalisation : Paul Nuyttens, Claude Vital, Robin Davis ; production : Alain Poiré (SNEG – Société Nouvelle des Établissements Gaumont / Rizzoli Film / Gafer Films) ; durée : 90 min (version restaurée : 82 min).

Interprétation : Jean Gabin : commissaire Joss, dit « le Pacha ». Dany Carrel : Nathalie Villar. Jean Gaven : Marc. Maurice Garrel : Brunet. Félix Marten : Ernest. André Pousse : Quinquin. Serge Gainsbourg : lui-même. Noëlle Adam : Violette. Robert Dalban : inspecteur Gouvion. Frédéric de Pasquale : Alfred. Dominique Zardi : Horst Weiss. André Weber : Gino. Marianne Comtell : Odile. Louis Seigner : directeur de la PJ. Henri Deus : Léon. Gérard Buhr : Arsène. Yves Barsacq : médecin légiste. Rémy Julienne : motard. Léon Zitrone : lui-même.

Thème : Malgré son escorte de motards, un fourgon transportant des diamants est intercepté par la bande du gangster Quinquin, qui se débarrasse par la suite de la plupart de ses complices, afin de garder pour lui la totalité du butin. La mort de l'inspecteur Gouvion – on parle d'un suicide – incite le commissaire Joss, à quelques mois de la retraite, à rechercher lui-même comment a été tué son collègue et ami. Il comprend vite qu'il s'agit d'un meurtre, car Gouvion, par amour pour la jeune Nathalie (sœur de l'un des complices éliminés par Quinquin), avait eu tort de se compromettre avec le Milieu. Joss décide alors de venger Gouvion en montant un stratagème dont le but est de provoquer une véritable tuerie entre les truands. Il utilise Nathalie pour mettre au point son projet peu orthodoxe. La jeune fille est assassinée par Quinquin, mais, comme l'espérait Joss, c'est un véritable massacre qui se produit entre les bandes rivales. Lorsque la police intervient, Quinquin est tué sans sommation par Joss, qui a vengé la mémoire de son ami, tout en sachant que ce dernier n'était pas un saint…

Le film donne de nouveau à Jean Gabin le rôle d'un flic obstiné, et l'idée d'une « Saint-Barthélemy des truands » qu'organise le commissaire Joss va lui permettre de manipuler la pègre. Après plusieurs comédies, Georges Lautner revient ici à un registre plus dramatique. Sa description – souvent violente – du Milieu bénéficie d'un scénario très efficace et Michel Audiard a, comme on peut le penser, soigné tout particulièrement le personnage du commissaire, ce qui permet à Jean Gabin de mettre en valeur un dialogue sur mesure. Deux exemples : « Tout le monde parle d'infarctus, de cirrhose, de cancer ; ben moi, j'dis que la pire maladie des hommes, c'est de donner tout son amour à une seule bonne femme » et « Le mitan, j'en ai jusque-là. Voilà quarante ans que le truand me charrie ! Dans mon bureau, au ciné, dans le journal ! […] En costard clair ou en blouson noir, je l'ai digéré à tous les âges et sous toutes les modes ! […] Ça tue, ça viole, mais ça fait rêver le bourgeois et reluire les bonnes femmes ! C'est romantique ! […] Alors, je vais me mettre au goût du jour ? Les voyous, je vais plus les confier aux jurés de la Seine, je vais les sortir du bal ! Et pas à coups de mandat, à coups de

LE PACHA

LE PACHA

flingue ! Cette fois-ci, y'aura pas de non-lieu, ni de remise de peine ! Je vais organiser la Saint-Barthélemy du mitan ! Et je compte sur personne pour me couvrir. Je décroche dans six mois. Je sais que vous avez préparé les allocutions et commandé les petits fours. Alors qu'est-ce que tu veux qui m'arrive ? Je serai privé de gâteau. » *(in* Audiard par Audiard *de René Chateau.) C'est l'occasion de citer Pascal Jardin à propos justement de Michel Audiard :* « Il m'a appris que la place d'un mot n'est pas là où l'on dit mais là où il chante, là où il y a de l'écho et aussi de l'effet. Il possède la langue française comme ne la connaissent que ses inventeurs. Il joue avec les mots comme avec des billes, il tord les phrases comme on tord les joncs pour en faire des paniers, il truque la syntaxe, infléchit le vocabulaire, fait dire aux adjectifs le contraire de ce qu'ils disent et bricole l'édifice de la phraséologie au point d'en foutre la colique à Littré et le fou rire à Rabelais. »

Notes : *Tournage du 14 novembre à décembre 1967 à Paris – 40, avenue Pierre-Ier-de-Serbie (8e), place des Pyramides (1er) –, dans l'Oise (Beaurains-les-Noyon, Duvy, Balagny-sur-Aunette, Trumilly), à Chaumont (Haute-Marne), Troyes (Aube) et L'Île-Saint-Denis (Seine-Saint-Denis).*

LA PETITE VERTU

Réalisation : Serge Korber ; scénario : Serge Korber, Michel Audiard, Claude Sautet, d'après le roman de James Hadley Chase ; dialogues : Michel Audiard ; photographie : Jean Rabier © ; musique : Georges Delerue, Jean-Claude Massoulier ; montage : Marie-Claire Korber ; production : Gaumont International ; durée : 105 min.

Interprétation : Dany Carrel : Claire Augagneur. Jacques Perrin : Ferdinand / Freddy. Robert Hossein : Louis Brady. Pierre Brasseur : Jules Polnick. Alfred Adam : Marcel, dit « Lajoie ». Micheline Luccioni : Doris. Michel Creton : François. Jean-Claude Massoulier : Hubert. Robert Dalban : Lorenzi. Raymond Gérôme : Kerman. Cécile Vassort : Janine. Pierre Richard : Théo. Odile Poisson : Martine. Claude Chabrol : client du club.

Thème : Un jeune photographe, Ferdinand, s'éprend de Claire, une petite voleuse vivant sous la coupe de Louis Brady, qui l'a arrachée à la misère. Ferdinand et Claire décident alors d'affronter ensemble une nouvelle vie. Mais en raison d'un porte-cigarette volé, Claire est condamnée à un an de prison. À sa sortie, Ferdinand et elle décident de se marier. Claire monte un numéro dans un cabaret qui se révèle fructueux, mais Brady réapparaît, menaçant de révéler qu'elle est bigame (ils n'ont jamais divorcé) si elle ne lui cède pas une grande partie de ses gains. Les jeunes gens ont décidé de fuir, mais, lorsque Ferdinand la retrouve, Claire vient d'abattre Brady.

L'histoire porte la marque de l'efficacité de James Hadley Chase, et Robert Hossein est particulièrement menaçant face au couple formé par Dany Carrel et Jacques Perrin.

LA PRISONNIÈRE

Réalisation : Henri-Georges Clouzot ; réalisation de seconde équipe : Robert Ménégoz ; scénario : Henri-Georges Clouzot (+ Marcel Moussy, Monique Lange) ; photographie : Andréas Winding © ; musique : Gilbert Amy, Iannis Xenakis ; musique préexistante : Gustav Mahler, Anton Webern ; montage : Noëlle Balenci ; production : Robert Dorfmann (Les Films Corona / Fono Roma / Vera Films) ; durée : 106 min.

Interprétation : Élisabeth Wiener : Josée. Laurent Terzieff : Stanislas Hassler. Bernard Fresson : Gilbert Moreau. Dany Carrel : Maguy. Daniel Rivière : Maurice. Darío Moreno : Sala. Michel Etcheverry : chirurgien. Claude Piéplu : père de Josée. Noëlle Adam : mère de Josée. Gilberte Géniat : patronne de l'auberge. Jackie Sardou : caissière. Pierre Richard : artiste. Roger van Hool : artiste. Michel Piccoli, André Luguet, Charles Vanel, Béatrice Altariba, René Floriot, Jean Ozenne, Joanna Shimkus, Françoise Christophe : invités au vernissage.

Thème : L'artiste Gilbert Moreau travaille pour Stanislas Hassler, qui dirige une galerie d'art moderne souhaitant mettre l'art abstrait à la portée de tous. Invitée chez le galeriste, Josée, la compagne de Gilbert, découvre le goût de celui-ci pour les femmes soumises qu'il photographie nues. Elle assiste à la

séance de pose de Maguy, d'où elle part, troublée et honteuse. Fascinée par la nature sadomasochiste de leur relation qui s'installe, Josée revoit Stanislas qui l'oblige à téléphoner à Maguy et la force à s'imaginer à sa place. Pendant l'absence de Gilbert, qui est en voyage, elle fait un bref séjour avec Stanislas en Bretagne et devient sa maîtresse. Mais, au bout de trois jours, l'homme décide de rompre. Désespérée, elle avoue tout à Gilbert qui, furieux, a une violente confrontation avec Stanislas, qui n'a même pas le courage de se suicider… Josée, au contraire, passe à l'acte en arrêtant son véhicule au milieu d'un passage à niveau. Échappant à la mort malgré la violence de l'accident, elle se retrouve gravement blessée, prisonnière de ses corsets et bandages, mais aussi de ses obsessions : lorsque Gilbert la retrouve gisant sur son lit d'hôpital, elle réclame Stan.

N'ayant pu, en raison de sa santé, achever L'Enfer *(partiellement tourné en 1964) qu'il tournait avec Romy Schneider, Henri-Georges Clouzot met en scène avec* La Prisonnière *son premier film en couleurs et l'ultime long métrage de sa prestigieuse carrière. C'est à la suite de la commande d'un livre composé de photos*

LA PRISONNIÈRE

de nus que Clouzot découvre le monde de la perversion photographique. Il s'attache, dès lors, à découvrir ce qui peut se passer derrière une photo, évitant son premier sujet qu'il juge trop proche de Blow Up *(1966) de Michelangelo Antonioni, préférant décrire les rapports sadomasochistes entre le pervers directeur d'une galerie et la femme d'un de ses artistes. Dès les premières images – une statue de Dogon, une figurine en plastique que fait onduler Stanislas, une petite poupée que ce dernier commence à déshabiller –, il est évident que les rapports au sexe vont constituer la base même du film. Pourtant, en dehors de la longue séquence où Maguy se déshabille devant les appareils photographiques de Stanislas et devant Josée, de plus en plus gênée d'y assister, le film refusera d'être un banal film érotique. Il se rapproche, au contraire, d'un autre film d'Antonioni,* Le Désert rouge *(1964), se passionnant pour les recherches de couleurs et les décors. Stanislas parle à Josée de l'art cinétique et c'est sous ce signe que Clouzot place son film, créant un univers invraisemblable de portes de couleurs, de la robe verte de Josée aux collants de la même couleur de la jeune fille. Il va, dès lors, dans cet univers désincarné, parler du sexe, de la soumission et de la frustration. À l'opposé de ces premières scènes, l'épisode du séjour en Bretagne relève volontairement d'un romanesque tout aussi invraisemblable avec notamment la vision du couple au milieu des vagues qui se fracassent sur les rochers. Clouzot se plaît à diriger Élisabeth Wiener, très surprenante, comme si elle était Brigitte Bardot dont elle retrouve la manière de parler. Le cinéaste a obtenu la collaboration du Groupe de recherche d'art visuel auquel appartient Yvaral, le propre fils de Victor Vasarely. Rappelons que Clouzot était lui-même un amateur de peinture, possédant des œuvres de Dubuffet, Vieira da Siva, Braque, Bissière, et qu'il avait signé le passionnant documentaire* Le Mystère Picasso *(1955).*

***Notes :** Tournage du 11 septembre au 14 décembre 1967 à Paris – gare de l'Est (10e), rue du Bac (7e, la galerie de Stanislas Hassler se situe au n° 34), avenue Montaigne (8e), Théâtre des Champs-Élysées (8e) –, Camaret-sur-Mer (Finistère), en Seine-et-Marne (Lagny-sur-Marne, Thorigny-sur-Marne), à la centrale EDF de Porcheville (Yvelines), aux studios de Boulogne-Billancourt / SFP et à Franstudio (Saint-Maurice).*

LE RAPACE

LE RAPACE

Réalisation : José Giovanni ; scénario : José Giovanni, d'après le roman de John Garrick ; photographie : Pierre Petit © ; musique : François de Roubaix ; montage : Kenout Peltier ; production : Paul Cadéac (Cinétel / Production Artistique et Cinématographique / Valoria films / Da. Ma. Film / Prodduciones Marte) ; durée : 105 min.

Interprétation : Lino Ventura : « le Rapace » / « le Rital ». Xavier Marc : Miguel « Chico » Juarez. Rosa Furman : Camito. Aurora Clavel : Aurora. Enrique Lucero : El Bosco. Carlos Lopez Figueroa (= Carlos Cardán) : Ruiz. Augusto Benedico : Me Calvez. Farnecio de Bernal : président.

LE RAPACE

Thème : 1938. Amérique latine. « Le Rital » arrive à Vera Cruz et retrouve Me Calvez qui l'a engagé pour assassiner le président. Il doit prendre sous son aile Miguel Juarez, le petit-fils de l'ancien dirigeant qui, selon le plan, doit passer pour l'auteur du meurtre afin d'être accepté comme le futur leader du pays libéré. Le Rital envisage de s'introduire dans la maison de l'actrice Camito, la maîtresse du président, pour accomplir sa mission. Malgré des tensions avec le jeune homme et un imprévu, l'assassinat a lieu et le Rital empêche Miguel d'abattre Camito, qu'il a fini par admirer. Mais Calvez est décidé à éliminer à la fois le Rital et Juarez. Les deux hommes échappent à un attentat et le Rital comprend que Calvez et ses acolytes sont des traîtres. La révolution se solde par un échec et le pays est désormais dirigé par un médiocre général. Le Rital profitera des circonstances pour éliminer les chefs du mouvement révolutionnaire qui l'ont doublé avant de blesser volontairement Miguel, qui lui a sauvé la vie et désire partir avec lui, pour lui épargner un sort funeste. Il ne lui reste plus qu'à partir à la recherche d'un autre contrat.

José Giovanni décrit avec beaucoup de justesse ce « Rital », tueur à gages ambigu et silencieux, prêt à assumer les contrats qu'on lui offre, mais aussi respectueux d'un certain code de l'honneur (il tuera les traîtres) et refusant l'amitié de Miguel afin de laisser le jeune homme libre de ses futurs choix. C'est pour cela qu'il finit par le blesser. Belle composition de Lino Ventura, idéal interprète du rôle.

***Notes :** Tournage à partir du 26 octobre 1967 au Mexique.*

1969

LE CLAN DES SICILIENS

Réalisation : Henri Verneuil ; scénario : Henri Verneuil, José Giovanni, Jean Pelegri, d'après le roman d'Auguste Le Breton ; dialogues : José Giovanni ; photographie : Henri Decaë © ; musique : Ennio Morricone ; montage : Pierre Gillette ; assistance à la réalisation : Bernard Stora, Marc Grunebaum ; production : Jacques-Éric Strauss, Henri Verneuil (Les Productions Fox Europa / Les Films du Siècle) ; durée : 120 min.

Interprétation : Jean Gabin : Vittorio Manalese. Alain Delon : Roger Sartet. Lino Ventura : commissaire Le Goff. Irina Demick : Jeanne Manalese. Amedeo Nazzari : Tony Nicosia. Sydney Chaplin : Jack. Elisa Cegani : Maria Manalese. Karen Blanguernon : Teresa. Marc Porel : Sergio Manalese. Philippe Baronnet : Luigi. Yves Lefebvre : Aldo Manalese. Leopoldo Trieste : expert en timbres. César Chauveau : Roberto Manalese. Jacques Duby : Raymond Rovel. Danielle Volle : Monique Sartet. Edward Meeks : pilote. André Pousse : Malik. Sabine Sun : Simone. Gérard Buhr : inspecteur. Sally Nesbitt : Mrs Evans. André Thorent : inspecteur Bordier.

Thème : Grâce à Aldo Manalese, le tueur Roger Sartet, récemment arrêté par le commissaire Le Goff, s'évade de son fourgon cellulaire et rejoint le « clan des Siciliens ». C'est en effet celui-ci, dirigé le patriarche Vittorio Manalese, qui a mis au point cette évasion. Sartet confie à Vittorio le projet qu'il a d'un coup très important, dont l'idée lui est venue en prison : le vol de la collection de bijoux d'une exposition à Rome. Intéressé par cette proposition, Vittorio fait appel à son ami new-yorkais Tony Nicosia. L'opération ne pouvant avoir lieu à Rome d'après ce dernier, Sartet et Vittorio décident alors de s'emparer du Boeing qui doit transporter la collection depuis l'Italie jusqu'à New York. L'avion est détourné en vol et atterrit sur une autoroute américaine où des complices récupèrent le butin. Or Sartet a eu une brève liaison avec Jeanne, la belle-fille de Manalese, ce dont a eu vent ce dernier. Vittorio tue Sartet, mais la police arrête tous les membres du « clan des Siciliens ».

Des dialogues sur mesure, les trois plus grands interprètes du film policier français du moment et Henri Verneuil, sans oublier un roman signé Auguste Le Breton. Tout a été mis en œuvre pour assurer la réussite de cette production à l'américaine, pur produit de consommation, habilement ficelé, qui se plaît à opposer Gabin, vieux patriarche à la carrière criminelle, au jeune loup que campe très brillamment Alain Delon. Le face-à-face de ces deux acteurs, les plus prestigieux de leurs générations respectives, suffit pour que l'on suive avec intérêt cette histoire de gangsters. Comparé au Parrain *(1972),* Le Clan des Siciliens *échoue, en revanche, dans sa description d'une « famille » d'origine italienne. La peinture de Vittorio Manalese et de ses fils est loin de présenter l'authenticité des trois films de Coppola. Ces « Siciliens » pourraient en fait être des Parisiens ou des Marseillais, le code de l'honneur qui régit la famille étant une vieille tradition du Milieu, tel que l'ont toujours vu les cinéastes français.*

Notes : *Tournage du 24 mars au 5 juillet 1969 à Rome (villa Borghèse, place de la Minerve, place Navone, aéroport de Fiumicino), New York (et sur l'Interstate 80, dans le New Jersey), Paris – quai de Jemmapes (demeure des Manalese, 10e), quai des Orfèvres (1er), Saint-Michel (5e), gare de l'Est (sortie de la rue d'Alsace, 10e) –, dans le Val-de-Marne (Gentilly, aqueduc de la Vanne à Arcueil, Cachan, aéroport d'Orly, Charenton-le-Pont, Vitry-sur-Seine, Fresnes), les Hauts-de-Seine (rue Bellini à Puteaux), à l'aéroport Châteauroux-Centre (Déols, dans l'Indre), dans le Var (Anthéor, Agay, Saint-Raphaël), au Bourget (Seine-Saint-Denis), à Fransudio (Saint-Maurice) et aux studios de la Victorine (Nice).*

LA FEMME INFIDÈLE

Réalisation : Claude Chabrol ; scénario : Claude Chabrol ; dialogues : Sauro Scavolini, Claude Chabrol ; photographie : Jean Rabier © ; musique : Pierre Jansen ; production : André Génovès, Felice Testa Gay (Les Films de la Boétie / Cinegai) ; durée : 95 min.

Interprétation : Stéphane Audran : Hélène Desvallées. Michel Bouquet : Charles Desvallées. Maurice Ronet : Victor Pegala. Michel Duchaussoy : officier de police Duval. Guy Marly : officier de police Gobet. Serge Bento : détective privé Bignon. Louise Chevalier : domestique. Louise Rioton : belle-mère de Charles. Henri Marteau : Paul. Stéphane Di Napoli : Michel Desvallées. François Moro-Giafferi : Frédéric. Dominique Zardi : camionneur.

Thème : Charles et Hélène Desvallées forment un couple uni et vivent dans leur belle maison de la banlieue parisienne avec leur fils Michel. Très absorbé par son métier d'assureur, Charles délaisse parfois son épouse, qui a un amant, Victor Pegala. Le mari découvre cette liaison en faisant suivre Hélène par un détective privé. Il se rend alors chez Victor, qu'il rassure avant de le frapper mortellement avec une statuette. Le corps est ensuite jeté dans un étang. La police enquête chez les Desvallées, le nom d'Hélène figurant dans le carnet d'adresses de la victime. Elle comprend que son mari est coupable. La police finira par arrêter Charles.

« Sur le tournage, *disait Michel Bouquet,* Chabrol disait que je jouais à travers lui. Que je le protégeais des drames de la vie en les mettant dans ses films, comme pour les exorciser. » *C'est l'un des plus parfaits contes bourgeois de Chabrol qui, comme un entomologiste, s'attache à cette société policée qui peut soudain basculer dans le crime. La découverte de l'infidélité de sa femme excite tout à la fois la curiosité et la jalousie de Charles Desvallées et se transforme en un étonnant moment de complicité entre ces deux hommes amoureux de la même femme. Trompée par Hélène, trahie par elle, Charles a vu ainsi se briser la connivence amoureuse de leur couple. L'assassinat de Victor, l'amant, va, au contraire, peu à peu, réunir dans une nouvelle complicité le mari et la femme, plus liés l'un à l'autre que jamais. Le fait qu'Hélène, innocente du meurtre de son amant, finisse par en devenir complice – comme si elle l'avait elle-même souhaité – fait penser au vertigineux scénario de* L'Inconnu du Nord-Express (Strangers on a Train, *1951) d'Hitchcock, auquel Chabrol portait une profonde admiration. Le film possède la clarté d'une épure et la direction d'acteurs est éblouissante.*

Notes : *Tournage du 8 juillet au 21 août 1968. Remake par Adrian Lyne en 2002,* Unfaithful (Infidèle), *avec Richard Gere, Diane Lane et Olivier Martinez.*

LA FEMME INFIDÈLE

JEFF

Réalisation : Jean Herman (= Jean Vautrin) ; scénario : André G. Brunelin ; dialogues : Jean Cau ; photographie : Jean-Jacques Tarbès © ; musique : François de Roubaix ; montage : Hélène Plemiannikov ; production : Alain Delon (Adel Productions / PECF – Productions et Éditions Cinématographiques Françaises / Produzione Intercontinentale Cinematografica) ; durée : 90 min.

Interprétation : Alain Delon : Laurent. Mireille Darc : Éva. Georges Rouquier : Jeff. Frédéric de Pasquale : Diamant. Albert Médina : Merkès. Henry Czarniak : Lescure. Jean Saudray : Pépin. Guus Oster : De Groote. Gabriel Jabbour : Zucci. Suzanne Flon : Mme De Groote. Nathalie Nerval : Mme Grunstein. Robert Lombard : Grunstein. Georges Jamin : Peter. Christian Melsen : Van Hoof.

Thème : Ayant parfaitement réussi avec sa bande le vol d'un important lot de pierres précieuses, Jeff est parti seul négocier la marchandise à Anvers et ne revient pas. À l'exception de Laurent, qui lui maintient sa confiance, tous ses complices sont persuadés que leur chef les a trahis et ils forcent Éva, la maîtresse de ce dernier, à parler. C'est alors le début d'une chasse à l'homme. Laurent se débarrasse de deux de ses complices et part à Anvers avec Éva, dont il tombe amoureux et devient l'amant. L'unique complice survivant, Diamant, révèle alors à Éva que Jeff et Laurent l'ont utilisée, car les deux hommes sont de mèche pour doubler les autres et se partager le butin. Mais, en réalité, Laurent est décidé à tuer aussi Jeff pour avoir Éva. Après l'avoir éliminé, il part rejoindre la jeune femme, mais il affronte Diamant et trouve la mort.

Produit par Alain Delon lui-même, Jeff *n'est pas un de ces polars élégiaques et romanesques souvent à la mode. Le film est, d'ailleurs, à l'image des paysages de la Belgique, avec un ciel lourd, un manque évident de lumière et une intrigue qui va devenir de plus en plus glauque. On découvre ainsi que la machination montée par Jeff et Laurent est une succession de trahisons entre anciens complices.*

Notes : *Tournage du 28 octobre au 22 décembre 1968. La fin qui voit la mort de Laurent a été tournée à Blankenberge, en Belgique.*

MALDONNE

JOË CALIGULA – DU SUIF CHEZ LES DABES

Réalisation : José Bénazéraf ; scénario : Gérard Trion (= Gérard de Niort), Jacques Scandelari, Jean-Pierre Deloux, d'après l'histoire de Gérard de Niort ; adaptation et dialogues : José Bénazéraf ; photographie : Étienne Becker ; musique : Jacques Loussier (avec notamment des chansons interprétées par Eddy Mitchell, Vince Taylor ou les Bowlers) ; montage : Francine Gruber ; production : Productions du Chesne ; durée : 85 min.

Interprétation : Gérard Blain : Joë Caligula. Jeanne Valérie : Brigitte. Ginette Leclerc : Ariane. Maria Vincent : Léa. Junie Castor : compagne de gangster. Kim : Paul. Jean-Jacques Daubin : Alexandre. Pierre Senor : Jean. Marcel Gassouk : Antoine. José Bénazéraf : homme qui suit Brigitte.

Thème : Une bande de jeunes voyous dirigée par Joe Silverstein, surnommé Joë Caligula, quitte Marseille pour Pigalle, décidée à imposer sa loi par la violence. Ne respectant pas les règles du Milieu et n'ayant aucun scrupule, ils s'attaquent aux gangsters locaux, les menacent et déclenchent une sanglante guerre des gangs. Mais les anciens du Milieu réagissent et Joë Caligula est trahi par sa propre sœur dont il est amoureux.

Tourné en 1966, le film est surtout connu pour avoir été bloqué par la censure jusqu'en 1969 en raison de scènes jugées violentes et érotiques. « Caligula, déclarait José Bénazéraf, est un film marlowien : complètement linéaire et très pur, il a une tenue entière sur une note et c'est toujours la même note, une note assez aiguë. »

MALDONNE

Réalisation : Sergio Gobbi ; scénario : Sergio Gobbi, Maurice Chatelain, Jeanne Cressanges, d'après le roman de Thomas Narcejac et Pierre Boileau ; photographie : Daniel Diot © ; musique : Vladimir Cosma ; montage : Gabriel Rongier ; production : Fernand Rivers (Paris-Cannes Productions / Mega Film) ; durée : 96 min.

Interprétation : Pierre Vaneck : Jacques Christens. Elsa Martinelli : Gilberte de Baer. Robert Hossein : Martin von Klaus. Jean Topart : Frank Herman. Roger Coggio : imprésario Bosche. Jacques Castelot : chef des justiciers. Daniel Moosmann : David. Robert Dalban : patron du cabaret. Claude Génia : visiteuse. Albert Minski : musicien. Rudy Lenoir : officier allemand. Geneviève Thénier : Sarah.

Thème : Pianiste sans le sou, Jacques Christens accepte, contre une très intéressante rémunération, de se faire passer pour Paul de Baer, exilé en Amazonie, afin de permettre à la femme de celui-ci, Gilberte, de toucher l'héritage d'un oncle mourant. Il s'installe à cet effet dans la demeure de celle-ci et, en parfait sosie, joue son rôle, le majordome Frank Herman étant là pour sauver les apparences. Or la maison est sous surveillance d'un groupe d'Israélites. En effet, Frank était, pendant la guerre, l'ordonnance du colonel SS Martin von Klaus qui, pourchassé, se cache depuis sous le nom de... Paul de Baer. De plus, le nazi n'est pas en Amazonie mais caché dans la maison, son plan étant de jeter en pâture son remplaçant à ses ennemis. Malgré les efforts de Gilberte, qui n'est pas insensible à son faux mari, Christens est finalement tué. Martin von Klaus, quant à lui, meurt d'une crise cardiaque.

Polar de série.

***Notes :** Tournage du 9 septembre au 25 octobre 1968.*

LE PARIA

LE PARIA

Réalisation : Claude Carliez ; supervision de la réalisation : Maurice Delbez ; scénario : Claude Rank, Mireille de Tissot ; photographie : Juan Gelpí, Josep Castillo Escalona © ; musique : Jean-Claude Pelletier ; montage : Raymond Lamy ; production : Hélène Dassonville, Santos Alcocer (Carlton Continental / Ceres Films / Santos Alcocer PC) ; durée : 102 min.

Interprétation : Jean Marais : Manuel Thomas, dit « Manu ». Marie-José Nat : Lucia. Nieves Navarro : Sylvia Delambre. Horst Frank : Rolf. Jacques Stany : superintendant Walt. Jean Lara : inspecteur. Béatrice Delf : Gisela. Eric Donat : José. Jaume Picas : Toccelli. Josep Castillo Escalona : Max.

Thème : Le gangster Manuel Thomas, dit « Manu », est blessé dans l'attaque de l'express Rotterdam-Madrid, qui a mal tourné mais au cours de laquelle il a volé des diamants. Il se réfugie chez Lucia, veuve d'un contrebandier, qui le soigne. Tombant amoureux, Manu, qui a perdu sa femme et sa fille dans un accident de voiture, et Lucia, mère du jeune José, envisagent de refaire leur vie ensemble. Or, la police, le gang qui a attaqué le train et Sylvia, la maîtresse de Manu, sont tous à la recherche du magot. Localisé par les différentes parties, Manu est assiégé de toutes parts. La police neutralise les gangsters, mais Manu va devoir sacrifier sa vie pour sauver sa nouvelle famille.

C'est l'unique film de Claude Carliez, fameux chef cascadeur du cinéma français.

LA PISCINE

Réalisation : Jacques Deray ; scénario : Jean-Emmanuel Conil (= Alain Page) ; adaptation et dialogues : Jean-Claude Carrière, Jacques Deray ; photographie : Jean-Jacques Tarbès © ; musique : Michel Legrand ; montage : Paul Cayatte ; production : Gérard Beytout (SNC – Société Nouvelle de Cinématographie / Tritone Cinematografica) ; durée : 120 min.

Interprétation : Alain Delon : Jean-Paul. Romy Schneider : Marianne. Maurice Ronet : Harry. Jane Birkin : Pénélope. Paul Crauchet : inspecteur Lévêque. Steve Eckardt : Fred. Suzy Jaspard : Émilie. Thierry Chabert : ami. Ruth Price : chanteuse. Stéphanie Fugain : amie à la party. Madlybamy : danseur mulâtre.

Thème : Les amoureux Jean-Paul et Marianne sont en vacances dans une superbe villa au-dessus de Saint-Tropez. Arrivent bientôt Harry, un ancien amant de Marianne, et sa fille Pénélope. L'ambiance amoureuse devient, dès lors, plus ambiguë. Marianne danse avec Harry alors que Pénélope, qui a 18 ans, s'abandonne à Jean-Paul, ne serait-ce que pour se venger de son père qu'elle n'aime pas. Harry reproche bientôt à Jean-Paul sa conduite avec Pénélope. Il veut le frapper mais tombe dans la piscine où il se noie, Jean-Paul lui maintenant la tête sous l'eau. L'inspecteur Lévêque enquête sans pour autant pouvoir démasquer Jean-Paul, que protège Marianne. Pénélope repart tandis que Jean-Paul et Marianne restent ensemble.

Alain Delon a exigé – en dépit des réticences du producteur Gérard Beytout – d'avoir comme partenaire Romy Schneider, qui avait été sa compagne de 1958 à 1963. Les deux comédiens forment un couple inoubliable et d'une suprême sensualité. Souvenons-nous de la scène de la piscine avec Alain Delon, sur le bord, laissant admirer sa beauté et son bronzage. Romy Schneider se baigne dans la piscine. Elle en sort, arborant, en même temps que sa splendeur bronzée, un beau maillot deux-pièces noir. Elle rejoint Delon, se love contre lui avant qu'il ne lui gratte le dos et lui enlève son soutien-gorge. Les décennies peuvent passer, mais la beauté sensuelle du film reste intacte grâce à ce couple hors du commun. Parallèlement, Jacques Deray, qui dirige Alain Delon pour la première fois, crée une atmosphère de plus en plus équivoque, jouant sur le double rapport Harry / Marianne et Jean-Paul / Pénélope. L'univers malsain ne pourra s'achever que par le crime commis par Jean-Paul avec – finalement – la complicité tardive de Marianne. Un superbe film noir.

***Notes :** Tournage du 19 août au 19 octobre 1968 à Saint-Tropez (cimetière marin), Ramatuelle (chemin de l'Oumède où se trouve la villa) et à l'aéroport Nice-Côte d'Azur. Un remake réalisé par Luca Guadagnino, A Bigger Splash, est sorti en 2015, avec Tilda Swinton, Matthias Schoenaerts, Ralph Fiennes et Dakota Johnson.*

QUE LA BÊTE MEURE

Réalisation : Claude Chabrol ; scénario et dialogues : Paul Gégauff, Claude Chabrol, d'après le roman de Nicholas Blake (= Cecil Day-Lewis) *The Beast Must Die* ; photographie : Jean Rabier © ; musique : Pierre Jansen ; montage : Jacques Gaillard ; assistance à la réalisation : Jacques Fansten ; production : André Génovès (Les Films de la Boétie / Rizzoli Film) ; durée : 110 min.

Interprétation : Michel Duchaussoy : Charles Thénier. Jean Yanne : Paul Decourt. Caroline Cellier : Hélène Lanson. Marc Di Napoli : Philippe Decourt. Anouk Ferjac : Jeanne. Guy Marly : Jacques Ferrand. Lorraine Rainer : Anna Ferrand. Stéphane Di Napoli : Michel Thénier. Maurice Pialat : commissaire de police Constant. Louise Chevalier : Mme Levenes. Dominique Zardi : premier inspecteur de police.

Thème : Michel, âgé de 9 ans, est tué par un chauffard qui prend la fuite. Devant les piètres résultats de l'enquête policière, son père Charles Thénier, qui est veuf, décide de mener ses propres investigations avec pour objectif de se venger du coupable. Il parvient à retrouver la trace de celui-ci, grâce à l'actrice Hélène Lanson qui a été reconnue. Il la rencontre et devient son amant. Elle emmène séjourner Charles chez son beau-frère, Paul Decourt, qui est garagiste, un véritable tyran domestique et son ancien amant. Les Decourt ont un fils, Philippe, 12 ans, qui déteste son père et avec lequel Charles sympathise. Un jour, alors qu'il en a la possibilité, Charles ne tue pas Paul qu'il a identifié comme le meurtrier de son fils. Mais celui-ci, qui a lu le journal intime de Charles, découvre la vérité et, une arme à la main, se moque de lui et l'humilie avant de le chasser. La mort de Paul, empoisonné, est bientôt annoncée. Philippe s'est accusé du crime mais Charles innocente le jeune garçon dans une lettre et disparaît en bateau vers le large.

QUE LA BÊTE MEURE

Face à Michel Duchaussoy, au jeu retenu, Jean Yanne campe un individu réellement ignoble, trompant ouvertement son épouse, humiliant son fils et faisant régner dans sa demeure une atmosphère de haine. Chaude Chabrol déclarait d'ailleurs, à propos de Jean Yanne : « C'est le terroir qui gronde. C'est la banlieue qui rugit. C'est tout ce qu'on veut et tout ce que j'aime : c'est l'humour qui vous crispe pour s'épanouir dans la tragédie. » *Si l'abjection de Paul est évidente, le comportement de Charles n'est pas sans ambiguïté, car, pour assouvir sa vengeance, il utilisera avec égoïsme et cynisme aussi bien Hélène Lanson que le jeune Philippe, ce qui permet d'ailleurs aux auteurs du film de s'interroger sur le sujet de la vengeance personnelle et sur le droit de vie et de mort. Dans le roman original de Nicholas Blake, l'action se passait en Cornouailles. Chabrol l'a transférée en Bretagne.*

Notes : *Nicolas Blake est le pseudonyme de Cecil Day-Lewis, le père du comédien Daniel. Tournage du 11 mars au 30 avril 1969 en Bretagne (Argol, cap de la Chèvre à Crozon, chapelle Sainte-Anne-la-Palud à Plonévez-Porzay, Quimper) et à Paris.*

LE VOLEUR DE CRIMES

Réalisation : Nadine Trintignant ; scénario et dialogues : Nadine Trintignant ; photographie : Pierre Willemin © ; musique : Jack Arel ; montage : Nicole Lubtchansky ; production : Jacques Dorfmann, Nadine Trintignant (Les Films Corona / Euro International Film / Capitole Films) ; durée : 90 min.

Interprétation : Jean-Louis Trintignant : Jean Girod. Robert Hossein : Christian, dit « Tian ». Florinda Bolkan : Florinda. Serge Marquand : Guieff. Giorgia Moll : femme de Jean. Karen Blanguernon : Olga. Bernadette Lafont : logeuse. Tanya Lopert : femme au café. Francis Girod : garçon de café.

Thème : Marié et père de deux enfants, Jean est sévèrement dépressif et s'ennuie. Traumatisé et obsédé par le suicide d'une automobiliste dont il a été témoin, il décide, dès lors, de se faire passer pour l'auteur de cet accident qu'il transforme en meurtre. Il écrit à *France-Soir* auquel il dénonce son « crime » et scrute la couverture médiatique de ses allégations. Comme il n'est pas cru, il passe à l'acte en reproduisant le crime qu'il revendique : il tue Florinda, la compagne d'un de ses amis, en l'attachant au siège de sa voiture qu'il précipite dans le vide. Il se livre et, enfin heureux, est arrêté.

C'est le second film de Nadine Trintignant, la description d'un homme fasciné par le crime au point d'un commettre un lui-même.

Notes : *Tournage du 24 juin au 27 juillet 1968 à Paris.*

L'ARDOISE

1970

L'ARDOISE

Réalisation : Claude Bernard-Aubert ; scénario : Claude Bernard-Aubert, Jean-Marie Durand, d'après le roman de Pierre Vial-Lesou *L'Ardoise d'un Apache* ; dialogues : Pascal Jardin ; photographie : Jean Tournier © ; musique : Salvatore Adamo ; montage : Gabriel Rongier ; assistance à la réalisation : Roger Dallier, Claude Nouchy ; production : Michel Ardan (Les Productions Belles Rives / Adelphia Compagnia Cinematografica) ; durée : 85 min.

Interprétation : Salvatore Adamo : Philippe. Michel Constantin : Théo Gilani. Élisabeth Wiener : Élisabeth. Jess Hahn : Bob Daniels. Simone Valère : Louisa. Max Amyl : gardien-chef. Bobby Lapointe : fermier. Fernand Sardou : Ricky. Paul Pavel : Bastien. Christine Ruffet : fille du pavillon. Jean Desailly : commissaire Clair. Jacques Legras : homme à la voiture. Guy Delorme : détenu.

Thème : Philippe atterrit en prison et se retrouve en cellule avec Théo et Bob. Il en veut à un diamantaire responsable de la mort de son père, victime d'un chantage exercé à l'aide d'un document compromettant, et propose à ses deux camarades d'organiser le cambriolage du diamantaire en question. Théo et Bob mettraient la main sur les diamants et lui obtiendrait le papier innocentant *a posteriori* son père. Le cambriolage a lieu mais ne se passe pas comme prévu à cause de l'intervention de la police, tandis que Philippe est blessé dans un accident de voiture. Théo et Bob en viennent à le soupçonner, Théo le frappant sauvagement alors que le jeune homme est innocent. Théo se tue et Bob est abattu par la femme de Bastien, qu'il avait assassiné.

Curieuse carrière que celle de Claude Bernard-Aubert qui, après des films « engagés » et ayant sans doute des problèmes pour trouver des producteurs, se contenta de films de série – comme celui-ci – avant de finir par des films pornographiques signés sous le nom de Burd Tranbaree. On remarquera ici une certaine justesse dans la description de l'univers carcéral au quotidien et, malgré Salvatore Adamo, peu convaincant, une intrigue que l'on finit par suivre.

Notes : *Tournage du 12 mai au 1er juillet à Valmondois (Val-d'Oise), Paris et Le Havre.*

BORSALINO

Réalisation : Jacques Deray ; scénario : Jacques Deray, Claude Sautet, Jean Cau, Jean-Claude Carrière, d'après le roman d'Eugène Saccomano *Bandits à Marseille* ; dialogues : Jean-Claude Carrière ; photographie : Jean-Jacques Tarbès © ; musique : Claude Bolling ; montage : Paul Cayatte ; production : Henri Michaud, Alain Delon (Adel Productions / Marianne Productions / Mars Film Produzione) ; durée : 126 min.

Interprétation : Jean-Paul Belmondo : François Capella. Alain Delon : Roch Siffredi. Michel Bouquet : Me Rinaldi. Catherine Rouvel : Lola. Françoise Christophe : Simone Escarguel. Corinne Marchand : Mme Rinaldi. Julien Guiomar : Simon Boccace. Arnoldo Foà : Marello. Nicole Calfan : Ginette. Daniel Ivernel : commissaire. Mario David : Mario. André Bollet : Poli. Laura Adani : mère de Siffredi. Christian de Tillière : « le Danseur ». Denis Berry : Nono. Hélène Rémy : Lydia. Mireille Darc : prostituée. Odette Piquet : chanteuse. Lionel Vitrant : Fernand. Jean Aron : Martial Roger.

Thème : Marseille, les années 1930. Roch Siffredi sort de prison et découvre que sa compagne Lola est désormais avec François Capella. Devenus amis, les deux truands commencent ensemble à commettre diverses opérations au détriment des caïds de la ville. Ils tuent Poli responsable du racket de la viande à Marseille. Lorsque Rinaldi, l'avocat de leur rival, le mafieux Marello – qui dirige un casino clandestin –, est blessé, François croit que Roch est responsable et lui demande des explications, car cela les met en danger. Mais il n'y est pour rien : Rinaldi a été la cible du « Danseur » qui finit par le tuer lors d'une seconde tentative, espérant provoquer des règlements de

comptes entre les deux gangs. S'il est identifié et tué par la bande de Capella et Siffredi, le mal est fait : Marello en a après eux. Grâce à un plan échafaudé avec François, Roch parvient à éliminer Marello, alors que la police est plus impuissante que jamais. Pour célébrer leur succès, ils organisent une réception sur laquelle s'abat une rafale de mitraillette : François, mortellement blessé, alors qu'il avait décidé de quitter Marseille, meurt dans les bras de Roch.

Séduit par le roman d'Eugène Saccomano Bandits à Marseille *(1968), Alain Delon décide d'en produire l'adaptation cinématographique. Le premier titre est* Carbone et Spirito, « mais, *raconte Jacques Deray,* la famille de Bonnaventure Carbone nous refuse le droit d'utiliser les noms de Carbone et Spirito et d'évoquer la guerre et l'Occupation. Le vent tourne. Aucun Marseillais n'accepte de collaborer à la préparation des décors. Les menaces pleuvent. Je reçois, la nuit, des coups de téléphone anonymes ». *Delon fait alors un voyage en Corse et le film change de nom, devenant* Marseille 1930 *puis, finalement,* Borsalino. *Deray peut enfin annoncer :* « Nous tenons nos deux héros : ils seront très différents l'un de l'autre, comme Belmondo et Delon, différents et si attachants... Carbone / Jean-Paul aime la vie, veut toute la vie, Spirito / Alain veut plus que la vie... Je file à Marseille pour les besoins des repérages et pour rencontrer des anciens truands : ils pourront me parler de l'époque et me faire goûter un peu de l'atmosphère dont je veux imprégner mon film. Grâce à un ami, je rencontre Jacques-Henri Lartigue qui met à ma disposition tous ses instantanés pris dans les années 1930. Je sais qu'aux côtés des deux acteurs et de leur affrontement il y a une troisième vedette dans le film : Marseille. J'aborde la ville avec sérieux et avec amour. » *Le film sera un triomphe public avec plus de 4 millions d'entrées.*

BORSALINO

LE BOUCHER

Réalisation : Claude Chabrol ; scénario : Claude Chabrol ; photographie : Jean Rabier © ; musique : Pierre Jansen ; montage : Jacques Gaillard ; production : André Génovès (Les Films de la Boétie / Euro International Film) ; durée : 93 min.

Interprétation : Stéphane Audran : Hélène David. Jean Yanne : Paul Thomas, dit « Popaul ». Antonio Passalia : Angelo. Roger Rudel : commissaire Grumbach. Mario Beccaria : Léon Hamel. William Guérault : Charles. Pascal Ferone : père Charpy. Dominique Zardi : doublure vocale pour le chant d'Antonio Passalia.

Thème : Après avoir combattu en Indochine et en Algérie, Paul a repris le commerce de boucherie familial dans son bourg natal. Au mariage de Marie-Jeanne, il fait la connaissance de Mlle Hélène, qui est directrice

LE BOUCHER

d'école. Ils se plaisent mutuellement mais craignent de commencer une liaison. On retrouve bientôt le corps d'une jeune femme sauvagement assassinée à coups de couteau. Lors d'une promenade avec ses élèves, Hélène découvre avec horreur le cadavre d'une nouvelle victime, Marie-Jeanne, reconnaissant à ses côtés le briquet qu'elle avait offert à Paul. Elle récupère l'objet sans en parler à la police. Un soir, Paul voit le briquet chez Hélène et le fait disparaître. Un troisième meurtre similaire est commis. Hélène se sent désormais en danger et se barricade dans l'école. Paul arrive avec un couteau et se poignarde lui-même, lui avouant son amour. Hélène le conduit à l'hôpital où il meurt.

Paul est un vétéran, il a connu la guerre et se contente de diriger la boucherie paternelle. Hélène a été déçue par une première aventure sentimentale. L'un et l'autre craignent de s'engager et Claude Chabrol décrit en entomologiste cette petite ville de province avec ses habitudes, une petite ville où chacun se croise. Face à Jean Yanne, Stéphane Audran joue pour la troisième fois un personnage prénommé Hélène – après L'Œil du Malin *(1962) et* La Femme infidèle *(1969), et avant* La Rupture *(1970) et* Juste avant la nuit *(1971). Sans effets de mise en scène, sans dialogues à la mode, Chabrol s'attache à ses personnages avec une justesse de ton et une sensibilité exceptionnelles. On se sent peu à peu pris par la vie quotidienne qui se déroule sous nos yeux. On a l'impression d'en redécouvrir les gestes familiers et les sentiments élémentaires, loin des bruits de la ville et des fracas des voitures.*

Notes : *Tournage du 18 septembre à la fin octobre 1969 en Dordogne (Trémolat et ses environs) et dans le Lot (grottes de Cougnac à Payrignac).*

LE CERCLE ROUGE

Réalisation : Jean-Pierre Melville ; scénario : Jean-Pierre Melville ; photographie : Henri Decaë © ; musique : Éric Demarsan ; montage : Marie-Sophie Dubus ; production : Robert Dorfmann (Les Films Corona / Selenia Cinematografica / Euro International Film) ; durée : 140 min.

Interprétation : Alain Delon : Corey. André Bourvil : commissaire Mattei. Yves Montand : Jansen. François Périer : Santi. Gian Maria Volonté : Vogel. André Ekyan : Rico. Pierre Collet : gardien-chef de la prison. Paul Crauchet : receleur. Paul Amiot : inspecteur général des services. Jean-Pierre Posier : assistant de Mattei. Jean-Marc Boris : fils de Santi. Yvan Chiffre : policier. Robert Favart : vendeur chez Mauboussin.

Thème : Le commissaire Mattei est chargé de convoyer par le train le gangster Vogel, mais ce dernier réussit à s'enfuir. De son côté, Corey, à sa sortie de prison, fait par hasard la connaissance dudit Vogel – qui lui sauve la vie en abattant deux truands à ses trousses – et les deux nouveaux camarades décident d'accomplir ensemble le hold-up d'une bijouterie après avoir recruté Jansen, un ancien policier. L'opération est un succès, mais le receleur ne tient pas sa promesse. À la recherche d'un autre partenaire pour écouler leur butin, Jansen fait appel à Santi qui les trahit, son fils venant d'être arrêté par Mattei pour une histoire de drogue. Le commissaire se fait passer pour un acheteur de diamants et donne rendez-vous au trio. Tombant dans le piège, ils sont tués tous les trois.

« Çakyamuni le Solitaire, dit Siddhartha Gautama le Sage, dit le Bouddha, se saisit d'un morceau de craie rouge, traça un cercle et dit : "Quand des hommes, même s'ils l'ignorent, doivent se retrouver un jour, tout peut arriver à chacun d'entre eux et ils peuvent suivre des chemins divergents, au jour dit, inéluctablement, ils seront réunis dans le cercle rouge." » *(Râmakrishna). C'est par cette citation – apocryphe – que Jean-Pierre Melville ouvre le film, son œuvre la plus ambitieuse, tournée en couleurs et d'une durée inhabituelle dans*

la production des films policiers français. Initialement, le cinéaste avait pensé réunir Lino Ventura (Mattei), Paul Meurisse (Jansen) et Jean-Paul Belmondo (Vogel), des comédiens qu'il avait déjà dirigés. L'interprétation définitive va, en dehors d'Alain Delon, le faire choisir Yves Montand, Gian Maria Volonté et Bourvil, devenu ici André Bourvil et complètement à contre-emploi par rapport à ses précédents rôles. L'atmosphère, superbement rendue par la photo de Decaë, est volontairement grise comme pour augmenter encore la tragédie qui va se dérouler sous les yeux des spectateurs et il est vite évident, dès le début, que ce Cercle rouge est celui de la mort qui va enserrer les héros du film – à l'exception de Mattei – et les détruire. Comme si ceux-ci n'étaient, dès l'origine, que des morts en sursis. L'estime entre la police et le Milieu, souvent chère à Giovanni, n'est plus de mise. Comme en témoigne la conversation entre Mattei et son supérieur, qui affirme : « Il n'y a pas d'innocents. Les hommes sont coupables. Ils viennent au monde innocents, mais cela ne dure pas. Tous coupables. » « Même les policiers ? », *hasarde*

LE CERCLE ROUGE

Mattei. « Tous les hommes, Monsieur Mattei », *lui répond son supérieur. On découvre, au début, un fait troublant qui va donner le ton du film : une voiture de police brûle volontairement un feu rouge. De même, pour forcer Santi à parler, Mattei fait pression sur lui en profitant de l'arrestation de son fils.*

Notes : *Tournage du 26 janvier au 13 avril 1970 à Paris – bijouterie Mauboussin. (20, place Vendôme, 1er), place du Panthéon (5e), avenue Paul-Doumer (16e), pont au Change (1er), rue des Carmes (5e), rue Danielle-Casanova (1er), quai des Orfèvres (1er) –, Marseille (gare de Marselle-Blancarde), Saint-Loup-de-Varennes (monument à Nicéphore Niepce), Chalon-sur-Saône, Meursault (Côte-d'Or), Monthyon (parc du château de Jean-Claude Brialy en Seine-et-Marne) et aux studios de Boulogne-Billancourt / SFP.*

UN CONDÉ

Réalisation : Yves Boisset ; scénario : Yves Boisset, Claude Veillot, Sandro Continenza, d'après le roman de Pierre-Vial Lesou *La Mort d'un condé* ; dialogues : Claude Veillot ; photographie : Jean-Marc Ripert © ; musique : Antoine Duhamel ; montage : Albert Jurgenson (version française), Vincenzo Tomassi (version italienne) ; production : Véra Belmont (Stephan Films / Empire Films) ; durée : 95 min.

Interprétation : Michel Bouquet : inspecteur Favenin. Françoise Fabian : Hélène Dassa. Pierre Massimi : Roger Dassa. Michel Constantin : Viletti. John Garko : Dan Rover. Anne Carrère : Christine Favenin. Rufus : Raymond Aulnay. Théo Sarapo : Lupo. Henri Garcin : Georges Duval. Bernard Fresson : inspecteur Barnero. Adolfo Celi : commissaire divisionnaire. Jean-Claude Bercq : Germain. Michel Peyrelon : inspecteur. Francis Cosne : Tavernier, dit « le Mandarin ».

Thème : L'inspecteur Barnero assiste, sans pouvoir s'y résigner, à l'ascension de Tavernier, dit « le Mandarin », qui fait fortune grâce au trafic de drogue et à ses appuis politiques d'extrême droite. Roger Dassa, qui dirige une boîte de nuit, refuse de vendre de la drogue à ses clients. Il est alors assassiné par les hommes de Tavernier. Hélène, la sœur de Roger, refuse à son tour et l'établissement est saccagé. Les règlements de comptes se multiplient dans le Milieu. Lorsque son collègue et ami Barnero est tué, l'inspecteur Favenin décide d'agir seul et de « faire le ménage », quitte à avoir recours à des moyens illégaux… Il traque et abat, les uns après les autres, les truands mêlés à l'affaire, mais Dan Rover, ami et associé de Dassa, s'évade et décide de se venger du « condé ». Il est tué par la police tandis que Favenin écrit au procureur de la République pour lui avouer les crimes qu'il a commis afin de venger Barnero.

Trop souvent oublié, le film mérite d'être revu, ne serait-ce que pour la composition superbe de Michel Bouquet en policier intraitable, individualiste et particulièrement violent. Il tue et torture sans hésiter. La grande composition d'un grand acteur !

UN CONDÉ

CRAN D'ARRÊT

Réalisation : Yves Boisset ; scénario : Antoine Blondin, Yves Boisset, Francis Cosne, d'après le roman de Giorgio Scerbanenco *Vénus privée* ; dialogues : Antoine Blondin ; photographie : Jean-Marc Ripert © ; musique : Michel Magne ; montage : Paul Cayatte ; production : Francis Cosne (Francos Films / San Marco Cinematografica) ; durée : 90 min.

Interprétation : Bruno Cremer : Dr Lucas Lambert. Renaud Verley : David. Marianne Comtell : Livia Ussaro. Raffaella Carrà : Alberta Radelli. Claudio Gora : Dr Carrua. Marina Berti : sœur d'Alberta. Mario Adorf : homme aux cheveux longs. Rufus : assistant du photographe. Jean Martin : majordome. Agostina Belli : Mara. Vanna Brosio : Marilina. Claudine Berg : concierge. Jean Mermet : Alfredo.

Thème : Condamné pour euthanasie, le Dr Lucas Lambert a passé trois ans en prison. Par l'intermédiaire de son ami, le Dr Carrua, il va trouver un nouveau travail : s'occuper de David, 22 ans, devenu alcoolique et dégoûté de tout. Il sauve le jeune homme alors qu'il tentait de s'ouvrir les veines et découvre que ce dernier est obsédé par le suicide d'une jeune fille, Alberta, qu'il avait rencontrée. Il se lance alors dans une enquête pour le délivrer du mal qui le ronge et commence à douter de la version du suicide. Alberta, qui posait pour certaines photos, avait eu un dernier client bizarre.

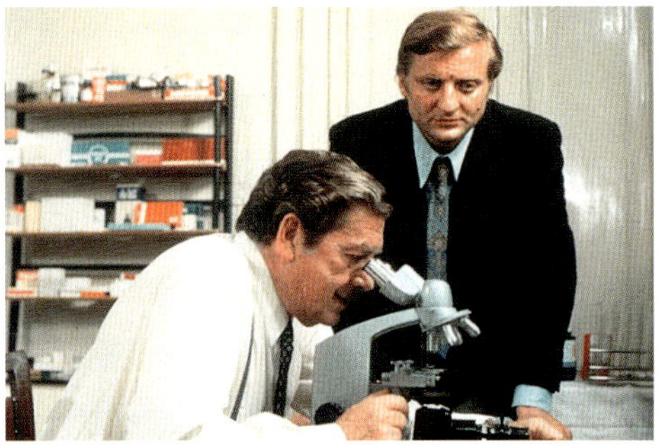

Lucas imagine alors un stratagème et Livia, assistante à la faculté, se transforme en un souvenir fantomatique de la défunte pour servir d'appât. Elle est ainsi accostée par l'homme en question. Posant pour lui, il cherche à la défigurer. Lucas et David la sauvent et, à la suite d'une poursuite en voiture, l'homme fait une chute mortelle. David est enfin délivré de son obsession.

Un beau sujet pour un giallo !

***Notes** : Tournage du 24 juillet au 16 septembre 1969 à Paris, Milan, au lac de Côme et aux studios de Boulogne-Billancourt / SFP.*

LA DAME DANS L'AUTO AVEC DES LUNETTES ET UN FUSIL / THE LADY IN THE CAR WITH GLASSES AND A GUN

Réalisation : Anatole Litvak ; scénario : Anatole Litvak, Lucienne Racz, Richard Harris, Eleanor Perry, d'après le roman de Sébastien Japrisot ; dialogues : Anatole Litvak, Lucienne Racz, Sébastien Japrisot ; photographie : Claude Renoir © ; musique : Michel Legrand, Gilles Thibaut ; montage : Peter Thornton, Geneviève Billo ; production : Raymond Danon, Anatole Litvak (Lira Films / Columbia Pictures) ; durée : 105 min.

Interprétation : Samantha Eggar : Dany Lang. Oliver Reed : Michael Caldwell. Stéphane Audran : Anita Caldwell. John McEnery : Yves-Marie, alias Philippe. Bernard Fresson : Jean Yvain. Marcel Bozzuffi : Manuel. Yves Pignot : Baptistin. Jacques Fabbri : docteur. André Oumansky : Bernard Thorr. Martine Kelly : Kiki. Philippe Nicaud : policier en moto. Lisa Jouvet : touriste danoise. Jacques Legras : agent cycliste. Roger Lumont : réceptionniste. Monique Mélinand : barmaid. Raoul Delfosse : touriste américain.

Thème : Michael Caldwell, qui dirige une agence de publicité, demande à sa secrétaire, Dany, de les accompagner avec sa femme Anita et leur fille à Orly, puis de ramener chez eux l'automobile. Seule au volant de cette voiture américaine, Dany part à l'aventure et roule vers la Côte d'Azur. Elle échappe à un homme qui l'a attaquée dans les toilettes, passe quelques heures avec le jeune Philippe et découvre soudain un cadavre dans le coffre du véhicule, alors que plusieurs personnes disent l'avoir déjà vue sur cette même route la veille au soir. Elle cherche désormais à connaître la vérité sans savoir si elle est folle, si elle est l'assassin ou la prochaine victime. Elle découvre enfin les raisons de ce mystère. Anita ayant tué l'un de ses amants, Michael et elle avaient monté une véritable machination pour faire accuser Dany. Celle-ci, qui a prévenu par lettre la police, échappe ainsi à Michael qui avait décidé de la tuer.

C'est donc avec ce brillant film noir qu'Anatole Litval met fin à une carrière qui mérite absolument d'être réévaluée. On remarquera, au passage, combien le film est aussi un témoignage sur cette fin des années 1960. Dany, fille de pasteur, « fidèle au blanc », ne peut oublier l'avortement dont elle a été la victime. Vêtue d'une robe

courte, elle n'hésite pas longtemps à jouir d'une liberté que semblent lui offrir l'argent que lui a donné son patron et cette belle voiture américaine. Elle part pour le Sud, couche avec un garçon toujours prêt à profiter de la première aubaine possible, avant de se trouver – comme les héros de William Irish – plongée dans un véritable cauchemar éveillé. Pourquoi autant de gens qu'elle ne connaît pas semblent la reconnaître ? Est-elle bien passée dans ces lieux qu'elle découvre pour la première fois ? Dès lors, le cadre joyeux et bruyant du Sud devient celui d'un cauchemar auquel Dany échappera miraculeusement. Samantha Eggar est parfaite.

Notes : *Tournage à partir du 7 juillet 1969 dans l'Yonne (Auxerre, Avallon), le Vaucluse (Avignon), le Gard (Villeneuve-lès-Avignon, pont du Gard, Remoulin), sur l'autoroute A6, à l'aéroport d'Orly (Val-de-Marne), à Cassis, Marseille, Mâcon, Moret-sur-Loing, Chalon-sur-Saône, Paris, dans la région parisienne et aux studios de Boulogne-Billancourt / SFP. Samantha Eggar est doublée en français par Martine Sarcey. Un remake réalisé par Joann Sfar est sorti en 2015, avec Freya Mavor et Benjamin Biolay.*

DE LA PART DES COPAINS

Réalisation : Terence Young ; scénario : Shimon Wincelberg, Albert Simonin, Jo Eisinger, Dorothea Bennett, d'après le roman de Richard Matheson *Ride the Nightmare* ; photographie : Jean Rabier © ; musique : Michel Magne ; montage : Johnny Dwyre ; production : Robert Dorfmann (Les Films Corona / COMACICO – Compagnie Africaine Cinématographique et Commerciale / Fair Film) ; durée : 94 min.

Interprétation : Charles Bronson : Joe Martin. Liv Ullman : Fabienne Martin. James Mason : capitaine Ross. Jill Ireland : Moira. Michel Constantin : Whitey Vernon. Jean Topart : Katanga. Yannick Delulle : Michèle Martin. Luigi Pistilli : Fausto Gelardi. Paul Bonifas : médecin. Sabine Sun : infirmière. Remo Mosconi : Marius.

Thème : Joe Martin, un Américain, vit paisiblement avec sa femme Fabienne et leur fille Michèle à Villefranche-sur-Mer où il possède une petite entreprise de bateaux de plaisance. Il a toujours caché à sa famille son double passé militaire et de truand, mais celui-ci réapparaît en la personne de Whitey Vernon, un ex-complice qui veut l'obliger à participer avec son bateau à une opération illicite. Joe refuse et neutralise Whitey, menaçant. Ross, le patron de ce dernier, intervient alors personnellement et kidnappe Michèle et Fabienne pour forcer Joe à faire ce qu'il exige de lui. Ross et ses complices n'ont d'ailleurs jamais pardonné sa conduite à Joe, qui les avait laissé tomber au cours d'une évasion. Joe réagit en s'emparant de Moira, la maîtresse de Ross. Ce dernier est blessé. Joe et Moira cherchent un médecin, sachant que, si Ross décède, le dangereux Katanga tuera Michèle et Fabienne. Et Ross meurt… Heureusement, Joe réussit à éliminer Katanga à temps et à sauver sa famille.

Le sujet se situe entre Les Tueurs *(The Killers, 1946) et* La Maison des otages *(*The Desperate Hours*, 1955), mais il manque malheureusement à Charles Bronson la dimension tragique qui est celle des grands héros du film noir hollywoodien. Comme il se doit dans ce type de coproduction, l'interprétation est souvent déroutante et Terence Young est nettement moins à l'aise que dans les deux premiers James Bond. En dehors d'une brillante séquence de seconde équipe mise au point par Rémy Julienne, le film vaut surtout par la composition de James Mason en gangster vindicatif. Titre de tournage :* The Night Visitors.

Notes : *Tournage à Beaulieu-sur-Mer, Villefranche-sur-Mer, Nice et aux studios de la Victorine (Nice).*

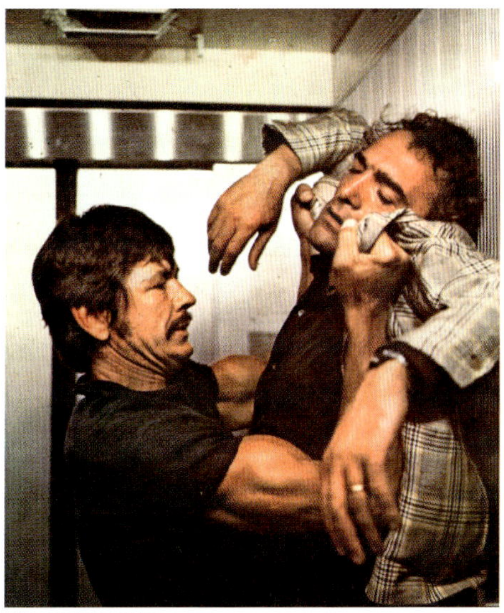
DE LA PART DES COPAINS

DERNIER DOMICILE CONNU

Réalisation : José Giovanni ; scénario : José Giovanni, d'après le roman de Joseph Harrington ; photographie : Étienne Becker © ; musique : François de Roubaix ; montage : Kenout Peltier ; production : Jacques Bar (Cité-Films / Parme Productions / Rizzoli Film / Simar Films / Valoria Films) ; durée : 95 min.

Interprétation : Lino Ventura : inspecteur principal Marceau Léonetti. Marlène Jobert : Jeanne Dumas. Michel Constantin : Greg. Jean Sobieski : Aden. Paul Crauchet : Jacques Loring. Alain Mottet : Frank Lambert. Philippe March : Roger Martin. Béatrice Arnac : Silvia. Guy Heron : Soramon. Albert Dagnant : Arnold. Marcel Pérès : Lenoir. Germaine Delbat : Mme Lenoir. Hervé Sand : Gravel. François Jaubert : braqueur. Robert Favart : directeur de l'école. Serge Marquand : gueulard. Bernard Musson : pharmacien.

Thème : Malgré d'excellents états de service et sa Légion d'honneur, l'inspecteur Marceau Léonetti se heurte à une personne protégée. Il est, dès lors, muté dans un petit commissariat de quartier, chargé, avec la jeune stagiaire Jeanne Dumas, de traquer les satyres des cinémas. Prouvant ses compétences, il reçoit pour mission de retrouver Roger Martin, qui peut être un témoin capital dans une affaire de meurtre, dont l'accusé, le truand Soramon, doit être jugé prochainement. Léonetti et Jeanne découvrent que Marie, la petite fille de Martin, souffre d'une maladie. Enquêtant dans les pharmacies, ils parviennent à retrouver la trace de Martin et Marie. L'inculpé Soramon est condamné, mais Martin, privé de protection après le procès, est mortellement poignardé par l'un des sbires de Soramon. Jeanne quittera la police, écœurée.

C'est une phrase du poète roumain Mihai Eminescu qui achève le film : « Car la vie est un bien perdu quand on n'a pas vécu comme on l'aurait voulu. » *Les films adaptés d'œuvres de José Giovanni ou écrits et réalisés par lui parlent volontiers du code d'honneur du Milieu et des rapports ambigus mais parfois chevaleresques tissés entre la police et le grand banditisme. Cet aspect romanesque a complètement disparu ici.* « L'idée m'avait passionné de montrer un flic qui marchait à pied dans la ville, qui ne prenait pas de bagnole rapide, ni tout ce folklore qu'on voit dans les films Je l'ai fait pour cette raison, en contrepoint de tout ce qui existait. » *Policier intègre, Marceau Léonetti est muté pour s'être opposé au monde de la politique et de l'affairisme. Ses supérieurs ne l'ont pas soutenu. Pour retrouver Roger Martin, tout va lui être bon, utilisant le fait que la fille de ce dernier est malade, il en profitera pour enquêter auprès des pharmaciens pour retrouver le médecin de l'enfant. À cause de lui et des garanties non tenues de la police, le témoin Roger Martin en sera victime. Abandonné sans protection, il sera mortellement blessé. Policier intègre mais pour qui la fin justifie les moyens, Léonetti aura ainsi provoqué la mort du témoin, le fait que la fille de celui-ci n'ait plus de père ainsi que la démission de sa stagiaire Jeanne dont l'idéal s'est trouvé ainsi bafoué. Une amère victoire. Loin d'être un brillant inspecteur, Léonetti souffre du manque de moyens mis à sa disposition, obligé d'arpenter Paris comme un chien suivant une piste. Grâce à Giovanni, le film devient ainsi un remarquable document sur le Paris d'alors, du boulevard Arago à Belleville, du parc Montsouris aux pharmacies du 13ᵉ arrondissement, de la rue de Rivoli à la rue Saint-Vincent, sans oublier les Grands Boulevards et le boulevard Bonne-Nouvelle où l'on revoit le cinéma* Le Bikini.

Notes : *Tournage du 29 septembre au 29 novembre 1969 à Paris et en région parisienne.*

LA HORSE

Réalisation : Pierre Granier-Deferre ; scénario : Pascal Jardin, Pierre Granier-Deferre, d'après le roman de Michel Lambesc (= Georges Godefroy) ; dialogues : Pascal Jardin ; photographie : Walter Wottitz © ; musique : Serge Gainsbourg ; montage : Jean Ravel ; production : Gérard Beytout, René Pignières, Paul Cadéac, Cyril grize (SNC – Société Nouvelle de Cinématographie / Production Artistique et Cinématographique / Gafer Films / Romana Films / Roxy Film GmbH) ; durée : 100 min.

Interprétation : Jean Gabin : Auguste Maroilleur. Éléonore Hirt : Mathilde. Christian Barbier : Léon. Marc Porel : Henri. Orlane Paquin : Véronique. Danièle Ajoret : Louise. Michel Barbey : Maurice. André Weber : Bien-Phu. Pierre Dux : juge d'instruction. Julien Guiomar : commissaire. Armando Francioli : Francis. Dominique Zardi : Tony. Félix Marten : Marc. Reinhard Kolldehoff : Hans. Astrid Frank : amie de Hans. Henri Poirier : commissaire adjoint. Paul Bonifas : témoin. Albert Delpy : journaliste.

Thème : Auguste Maroilleur est propriétaire terrien. Il vit dans sa ferme avec ses filles Louise et Mathilde, ses gendres Maurice et Léon, et ses petits-enfants Véronique et Henri. Le patriarche découvre que ce dernier est mêlé à un trafic de drogue – la « horse » – et détruit le stock qu'il a trouvé dans une cabane sur l'exploitation avant de séquestrer Henri. Marc, un des complices de ce dernier, apparaît et menace Auguste, qui l'abat sans hésiter. Les truands ripostent en brûlant la grange, en tuant une partie du cheptel, puis en violant Véronique. Refusant de s'en remettre à la police, Auguste élimine les quatre trafiquants survivants, aidé de Maurice, Léon et Bien-Phu, un employé de la ferme vétéran d'Indochine. Averties, les forces de l'ordre arrêtent Auguste qui se tait, de même que toute sa famille. Le juge d'instruction relâche l'agriculteur et, faute de preuves, l'affaire est classée. Il trouvera en la personne d'Henri une aide et un successeur pour sa ferme.

Lui-même patron d'une exploitation en Normandie, Jean Gabin compose un personnage remarquable de patriarche terrien, un homme dont on dit qu'il « ne dort jamais », *qui déclare* « Personne, chez nous, n'a jamais été en prison » *et qui exige d'être arrêté à la place de Bien-Phu. Il est respecté et obéi. Le repas ne peut commencer que lorsqu'il est là – la séquence du repas de famille est, à ce titre, remarquable – et le moment où il ouvre symboliquement son couteau permet aux autres de commencer à leur tour. Le cadre est la baie de Somme – on se plaint que* « les avions foutent la frousse aux bêtes » *– et la famille d'Auguste Maroilleur peut presque sembler anachronique dans une France qui évolue trop*

vite. Les trafiquants de drogue pensent qu'ils vont faire céder l'ancien, mais, lorsque le personnage de Félix Marten menace de violer la petite-fille d'Auguste, celui-ci, sans sommation, l'abat. Il va désormais appliquer sa propre loi, interdisant à sa famille de faire appel aux pompiers ou à la police. Désireux d'en finir avec ceux qui ont agressé les siens, il dit à ses deux gendres : « Prenez vos fusils avec vos 4-0. » *À la fin, relâché par la police, il préside un nouveau repas de famille et le dernier plan cadre sa nuque, presque omniprésente face à son entourage. La composition de Jean Gabin, patriarche terrien, icône tellurique, est éblouissante et il est évident que nul mieux que lui ne pourra interpréter cet autre patriarche familial qu'est Gaston Dominici en 1973. Grâce au scénario, aux dialogues et à Jean Gabin remarquablement entouré, ce qui n'aurait pu être qu'un film de série devient une grande réussite.*

Notes : *Tournage du 20 octobre au 29 novembre 1969 dans le Calvados (Gefosse-Fontenay, haras de Gruchy à Saon, Caen, Crépon), en Suisse (aéroport de Genève, Montreux) et aux studios de Saint-Maurice (Val-de-Marne). Remake pour la télévision en 2005,* Joseph, *réalisé par Marc Angelo, avec Pierre Mondy.*

LE PASSAGER DE LA PLUIE

LE PASSAGER DE LA PLUIE

Réalisation : René Clément ; scénario : Sébastien Japrisot ; photographie : Andréas Winding © ; musique : Francis Lai ; montage : Françoise Javet ; production : Serge Silberman (Greenwich Film Productions / Medusa Distribuzione) ; durée : 119 min.

Interprétation : Marlène Jobert : Mélancolie « Mélie » Mau. Charles Bronson : colonel Harry Dobbs. Annie Cordy : Juliette Mau. Jill Ireland : Nicole. Gabriele Tinti : Tony Mau. Jean Gaven : inspecteur Toussaint. Marc Mazza : passager (Mc Guffin). Corinne Marchand : Tania. Jean Piat : M. Armand. Marika Green : hôtesse. Ellen Bahl : Madelein Legauff. Marcel Pérès : chef de gare.

Thème : Alors que son mari Tony, qui est pilote de ligne, est en déplacement, sa femme Mélancolie Mau, dite « Mellie », est violée par un homme qu'elle parvient à tuer. Bien qu'en état de légitime défense, elle craint la gendarmerie et balance le cadavre dans la mer. Le lendemain, un Américain, Harry Dobbs, cherche à lui faire avouer son crime, recherchant un sac que possédait la victime-agresseur. L'homme avait volé 60 000 $ à l'armée. Alors que Mellie tente de se débarrasser du sac en question, Harry le récupère. La police retrouve le corps de l'homme, mais Harry a supprimé la seule preuve de la culpabilité de Mellie, un bouton de robe qu'il lui rend.

René Clément parle ici de l'innocence et de la culpabilité, du poids du mal et de l'importance d'un aveu rédempteur, donnant à une intrigue policière presque banale une autre dimension, celle qui va permettre de comprendre la psychologie de Mellie, remarquablement jouée par Marlène Jobert. Au lieu de justifier son acte, une réaction plausible, elle va chercher à le cacher. Comme si elle se sentait réellement coupable de cela d'abord et, peut-être aussi, d'autres choses. René Clément donne alors à un Charles Bronson inhabituel le rôle de celui qui va permettre à Mellie d'échapper à cette culpabilité. Une très grande réussite.

***Notes :** Tournage du 2 juin au 4 août 1959 dans le Var (presqu'île de Giens, Hyères), à Marseille, Marignane (aéroport), Paris (tour Eiffel), à l'aéroport d'Orly, en région parisienne et aux studios de Billancourt. Le film a été tourné à la fois en anglais et en français. La légende veut que Jim Morrison, très influencé par le film, ait écrit, en s'en souvenant, « Riders on the Storm » (1971).*

LA PEAU DE TORPÉDO

Réalisation : Jean Delannoy ; scénario : Jean Delannoy, Jean Cau, d'après le roman de Francis Ryck ; dialogues : Jean Cau ; photographie : Edmond Séchan © ; musique : François de Roubaix ; montage : Louisette Hautecœur, Henri Taverna ; production : Maurice Jacquin (Les Films Copernic / COMACICO – Compagnie Africaine Cinématographique et Commerciale / Mars Film / Roxy Films GmbH / Ultra Film / Paramount-Orion Filmproduktion) ; durée : 110 min.

Interprétation : Stéphane Audran : Dominique Krestowitz. Klaus Kinski : Pavel Richko / Torpédo I. Lilli Palmer : Helen Winckler. Michel Constantin : Coster. Angelo Infanti : Jean / Gianni. Jean Claudio : Fédor « la Filature ». Frédéric de Pasquale : Nicolas Baslier Krestowitz. Noëlle Adam : Laurence. Christine Fabréga : Sylvianne Collet. Jacques Harden : inspecteur de police. Micheline Luccioni : employée des postes. Georges Lycan : Torpédo II.

Thème : À l'insu de son épouse Dominique, l'antiquaire Nicolas Krestowitz travaille dans le domaine de l'espionnage. Après une mission délicate qu'il a remplie avec succès, sa supérieure hiérarchique Helen Winckler

lui ordonne d'aller se mettre au vert chez Françoise, alors que Dominique le croit en Italie. Mais l'une de ses amies dit à celle-ci avoir aperçu Nicolas en compagnie d'une femme à Paris. Dominique se rend à l'adresse indiquée, surprend Nicolas et, folle de jalousie, le tue tandis que Françoise est blessée. Helen pense que Dominique risque de devenir gênante et elle charge deux exécuteurs professionnels – des « Torpédos » – de l'éliminer. Leur mission échoue et c'est Helen qui est finalement tuée.

Passant souvent avec élégance d'un genre à un autre, Jean Delannoy signe pourtant ici une œuvre bien mineure.

***Notes :** Tournage du 16 mai au 20 juillet 1969 aux studios de Boulogne.*

POINT DE CHUTE

POINT DE CHUTE

Réalisation : Robert Hossein ; scénario et adaptation : Robert Hossein, Claude Desailly ; dialogues : André Tabet, Georges Tabet ; photographie : Daniel Diot © ; musique : André Hossein ; montage : Jacqueline Thiédot ; production : Cocinor – Comptoir Cinématographique du Nord / Les Films Marceau / Filmsonor ; durée : 85 min.

Interprétation : Johnny Hallyday : Vlad, dit « le Roumain ». Robert Hossein : caïd. Pascale Rivault : Catherine. Albert Minski : Eddy. Robert Dalban : inspecteur. Jacques Castelot : père.

Thème : Catherine, une lycéenne, est enlevée par des gangsters qui exigent une rançon et placée sous la surveillance de Vlad « le Roumain » dans une cabane isolée au bord de la mer. *A priori,* tout oppose la jeune prisonnière à son gardien, mais une certaine complicité va bientôt les unir.

Certains ont noté des ressemblances avec The Night of the Following Day (La Nuit du lendemain, *1968) de Hubert Cornfield, avec Marlon Brando.*

QUI ?

Réalisation Léonard Keigel ; scénario : Léonard Keigel, Paul Gégauff ; photographie : Jean Bourgoin © ; musique : Claude Bolling ; montage : André Delage ; production : Raymond Danon, Edmondo Amati (Lira Films / Fida Cinematografica) ; durée : 78 min.

Interprétation : Romy Schneider : Marina. Maurice Ronet : Serge. Gabriele Tinti : Claude. Simone Bach : Dorothée. Jacques Duby : invité ennuyeux. Anne-Marie Coffinet : invitée. Jean Berger : médecin.

Thème : Marina échappe à la mort alors que sa voiture dans laquelle était son amant Claude tombe dans la mer. La police est perplexe, car on n'a pas retrouvé le corps dans l'épave. Serge, le frère de Claude, soupçonne peu à peu Marina de l'avoir tué, car il a découvert dans le sac de celle-ci un chargeur de pistolet dans lequel manque une balle. Or Claude, qui a survécu, réapparaît à Marina alors que celle-ci est devenue la maîtresse de Serge. Elle poignarde Claude, enterre le cadavre et épouse Serge qui, entre-temps, a identifié à la morgue un autre corps sans trop de conviction mais avec soulagement – pas de trace de blessure par balle, ce qui innocente Marina – comme étant celui de son frère. Mais, à leur retour de leur lune de miel, la police les attend, le ruissellement des eaux de pluie ayant déterré le cadavre…

Réservé aux admirateurs de Romy Schneider dans un rôle surprenant.

***Notes :** Tournage du 2 janvier au 25 février 1970 dans le Finistère (Locronan, Audierne, Plonévez-Porzay) et à Paris.*

LA RUPTURE

Réalisation : Claude Chabrol ; scénario : Claude Chabrol, d'après le roman de Charlotte Armstrong *Le Jour des Parques* ; photographie : Jean Rabier © ; musique : Pierre Jansen ; montage : Jacques Gaillard ; production : André Génovès (Les Films de la Boétie / Cinévog Films / Euro International Film) ; durée : 124 min.

Interprétation : Stéphane Audran : Hélène Régnier. Jean-Pierre Cassel : Paul Thomas. Michel Bouquet : Ludovic Régnier. Annie Cordy : Mme Pinelli. Jean-Claude Drouot : Charles Régnier. Jean Carmet : Henri Pinelli. Marguerite Cassan : Émilie. Margo Lion : Mme Humbert. Mario David : Gérard Mostelle. Michel Duchaussoy : Me Allan Jourdan. Catherine Rouvel : Sonia. Claude Chabrol : passager dans le tramway. Harry Kümel : chauffeur de taxi.

Thème : Drogué, Charles Régnier frappe sa femme Hélène et brutalise leur fils, victime d'une fracture de la jambe et d'un traumatisme crânien. Hélène quitte la maison et décide alors de divorcer, mais Ludovic Régnier, le père de Charles, veut récupérer la garde de l'enfant. À cet effet, il cherche à discréditer Hélène avec l'aide du peu scrupuleux Paul Thomas. S'installant dans la même pension de famille, ce dernier s'emploie à attirer l'attention d'Hélène et se fait passer pour un malade incurable. Ne réussissant pas à trouver une preuve la compromettant, il drogue la petite fille de la pension où habite Hélène pour faire croire que la jeune femme a des goûts anormaux. C'est alors qu'intervient Charles que Paul finit par poignarder. Hélène retrouvera son fils.

Violences, jalousie, pédophilie… Les ressorts dramatiques sont nombreux et Claude Chabrol, dont c'est une des œuvres les plus noires, décrit un univers en décomposition.

SOLO

Réalisation : Jean-Pierre Mocky ; scénario : Jean-Pierre Mocky ; adaptation : Alain Moury, Jean-Pierre Mocky ; dialogues : Alain Moury ; photographie : Marcel Weiss © ; musique : Georges Moustaki ; montage : Marguerite Renoir ; production : Jean-Pierre Mocky (Balzac Films / Société Nouvelle Cinévog / Showking Films / Ciné Éclair) ; durée : 83 min.

Interprétation : Jean-Pierre Mocky : Vincent Cabral. Denis Le Guillou : Virgile Cabral. Anne Deleuze : Annabel. Éric Burnelli : Marc. Alain Fourès : Éric. Sylvie Bréal : Micheline. R. J. Chauffard : Le Rouquin. Henri Poirier : commissaire Verdier. Christian Duvaleix : inspecteur Larrighi. Marcel Pérès : maître d'hôtel. Roger Lumont : garçon de café-indicateur. Rudy Lenoir : maître d'hôtel russe. Dominique Zardi : juge d'instruction.

Thème : Les participants d'une soirée sexuelle sont assassinés par de jeunes exécuteurs décidés à punir la corruption. Virgile, le propre frère du trafiquant Vincent Cabral, fait partie de cette organisation anarchiste. Afin de le retrouver, Vincent s'occupe d'Annabel qui fait partie du groupuscule et tente d'empêcher une nouvelle action punitive. Identifié par erreur comme leur chef des terroristes par la police, il est pourchassé et est abattu alors que Virgile et Annabel fuient à l'étranger.

« Mai 68, *disait Mocky,* m'a déçu. Et de cette déception est né *Solo,* ma façon de voir l'après-Mai. *Solo* annonçait Action directe et les Brigades rouges. Il ne s'agit pas d'une apologie de la violence mais d'une écoute des jeunes qui veulent changer la société et qui vont être pris dans l'engrenage. Les desperados du capitalisme sauvage. Leur mort sera inutile mais inévitable. Le film a eu un certain retentissement parce qu'il montre la fin des révolutions et de l'espérance. »

***Notes :** Tournage à partir du 14 avril 1969 à Anvers ; Bruxelles ; Reims, Paris et en région parisienne.*

TROP PETIT MON AMI

Réalisation : Eddy Matalon ; scénario : Jean-Claude Grumberg, Sady Rebbot, d'après le roman de James Hadley Chase ; photographie : Jean-Jacques Tarbès © ; musique : William Sheller ; montage : Jacques Poyon (= Jacques Doillon), Françoise Garnault ; production : Bob Zagury (Les Films Corona / Les Films du Quadrangle) ; durée : 80 min.

Interprétation : Jane Birkin : Christine Mars / Christine Devone. Michael Dunn : Ticky Edriss. Bernard Fresson : Philippe Algir. Claude Brasseur : inspecteur Hess. André Pousse : inspecteur Terrell. Sady Rebbot : inspecteur Lepsky. Roger Blin : Boris. Martine Renaud : Patricia Devone. Jean-Claude Michel : Robert Devone. Billy Kearns : Wanassee. Jacques Hilling : médecin légiste.

SOLO

Thème : Ticky Edriss souffre de sa condition de nain et veut se venger des humiliations que lui fait subir la société. Il commence par assassiner une femme et son amant, puis fait tuer la fille d'un banquier, que ce dernier n'a pas vue depuis très longtemps, et la remplace par sa complice Christine. Celle-ci commence à travailler dans l'établissement dudit banquier dans l'optique de voler une importante somme d'argent. Le forfait effectué, la situation dégénère, les complices s'entretuent et la jeune femme finit par trouver la mort, noyée, sous les yeux du nain, épris d'elle.

Le principal intérêt du film est la présence, dans le rôle de Ticky, de Michael Dunn, l'ancien interprète de Boom *(1968) et de* La Nef des fous *(*Ship of Fools*, 1965) et surtout de la série télévisée* Les Mystères de l'Ouest *(*The Wild Wild West*, 1965-1969) où il jouait le personnage du Dr Miguelito Loveless.*

LE VOYOU

VERTIGE POUR UN TUEUR

Réalisation : Jean-Pierre Desagnat ; scénario : Jean-Pierre Desagnat, Pierre Rey, André Tabet, Georges Tabet ; dialogues : André Tabet, Georges Tabet ; photographie : Roland Dantigny © ; musique : Romuald Figuier ; montage : Gabriel Rongier ; production : Sergio Gobbi (Paris-Cannes Productions / Centro Film) ; durée : 90 min.

Interprétation : Marcel Bozzuffi : Marc Régent. Sylva Koscina : Sylvie Dussart. Marc Cassot : Philippe Dussart. Miche Constantin : René. Jean Luciani : Charles Barcus. Jacques Castelot : Stéphane. Robert Dalban : Juan. Michel Peyrelon : Jean. Michel Bedetti : Francis.

Thème : Sous sa façade de « respectable » PDG, Charles Barcus n'est autre qu'un chef de bande impitoyable décidé à se débarrasser de son rival René. Marc Régent, son tueur, est chargé de l'exécution, mais il rate son coup et, désormais, c'est lui qui devient le gibier à abattre, après qu'il a fait croire à un faux suicide. Il reçoit l'aide de la belle Sylvie Dussart, qui ne prend son parti que pour le faire accuser de la mort de l'associé de son mari et ne pourra échapper à ses poursuivants.

Un polar de série.

Notes : *Tournage du 23 mars au 8 mai 1970 sur la Côte d'Azur et à l'aéroport de Nice.*

VERTIGE POUR UN TUEUR

LE VOYOU

Réalisation : Claude Lelouch ; scénario et dialogues : Claude Lelouch ; collaboration au scénario : Claude Pinoteau, Pierre Uytterhoeven ; photographie : Jean Collomb, Claude Lelouch © ; musique : Francis Lai ; montage : Marie-Claude Lacambre ; assistance à la réalisation : Claude Pinoteau ; production : Georges Dancigers, Alexandre Mnouchkine (Les Films 13 / Les Films Ariane / Les Productions Artistes Associés / Produzioni Europee Associati) ; durée : 120 min.

Interprétation : Jean-Louis Trintignant : Simon Duroc, dit « le Suisse ». Christine Lelouch : Martine. Charles Gérard : Charlot. Danièle Delorme : Janine, dite « la Planque ». Yves Robert : commissaire. Judith Magre : Mme Gallois. Charles Denner : père. Alexandre Mnouchkine : administrateur. Amidou : Bill. Pierre Zimmer : mari de Martine. Jacques Doniol-Valcroze : banquier. Gérard Sire : maire. Aldo Maccione : Aldo Ferrari. Paul Le Person : faussaire. Sacha Distel : lui-même. Victor Upshaw : ballet du voyou.

Thème : Gangster en fuite, Simon, dit « le Suisse », se réfugie dans un cinéma et oblige une spectatrice à l'héberger. Il récupère, avec son ancienne compagne Martine et leurs complices, le butin généré par le kidnapping d'un enfant commis cinq ans plus tôt. À l'époque, Simon avait cherché à obtenir la complicité du père, M. Gallois, qui avait fini par le dénoncer à la police, faute d'avoir été payé. Ayant donc un compte à régler avec Gallois, le Suisse, assisté de son ami Charlot, obtient des aveux signés de Gallois avant de s'enfuir à l'étranger…

*Claude Lelouch avouait que Jean-Louis Trintignant, son interprète d'*Un homme et une femme *(1966), en avait assez de ses rôles habituels et* « souhaitait jouer un salaud », *reconnaissant lui-même qu'il aimait ceux qui prenaient des risques et mettaient leur vie en jeu. Le cinéaste se plaît, au passage, à brouiller des cartes et à jouer sur le présent et le passé.*

Notes : *Tournage à partir du 4 mai 1970 à Gazeran, Rambouillet, Paris – rue de Rivoli (1er), place du Palais-Royal (1er) – et Bruxelles. On pourra noter que le cinéma dans lequel se réfugie Simon est le* Miramar *à Montparnasse.*

1971-1980

UN ALLER SIMPLE

Réalisation : José Giovanni ; scénario : José Giovanni, d'après le roman de Henry Edward Helseth *The Chair for Martin Rome* ; photographie : Pierre-William Glenn © ; musique : François de Roubaix ; montage : Kenout Peltier ; production : Jacques Bar (Cité-Films / Copercines / Rizzoli Film / Valoria Films) ; durée : 120 min.

Interprétation : Jean-Claude Bouillon : Marty. Maurice Garrel : inspecteur Mendel. Jean Gaven : Dietrich. Rufus : Tom Mills. Nicoletta : Rose. Paola Pitagora : Lucile. Alain Mottet : Nilesse. Ottavia Piccolo : Tina. Giancarlo Giannini : Weber. Paul Beauvais : Palmer. Serge Davri : « le Balafré ». Jean de Coninck : Leggett.

Thème : Son compère Toms Mills ayant été abattu et lui-même ayant été grièvement blessé et arrêté à l'issue d'un hold-up, Marty assume ses actions criminelles et s'attend à être exécuté, mais il refuse la proposition de l'avocat véreux qui voudrait le voir endosser une autre attaque commise par un certain Leggett et sa complice. L'avocat menace alors de compromettre Tina, qu'aime Marty. Pour la sauver, ce dernier s'évade de l'hôpital pour retrouver les vrais coupables, élimine l'avocat chez qui il découvre le butin du hold-up de Leggett. Traqué par la police, Marty rejoint Liège et comprend que la complice de Leggett est Rose. Il la livre, ainsi que le magot, à l'inspecteur Mendel et, ayant disculpé Tina, retourne en prison en attendant le jour de son exécution.

Le film est le remake de Cry of the City *(*La Proie*, 1948) de Robert Siodmak, qui lui est nettement supérieur, en raison notamment de la décevante interprétation du casting, par rapport à celui du film original.*

Notes : *Tournage à Anvers et Bruxelles.*

LES ASSASSINS DE L'ORDRE

LES ASSASSINS DE L'ORDRE

Réalisation : Marcel Carné ; scénario : Paul Andréota, Marcel Carné, d'après le roman de Jean Laborde ; dialogues : Paul Andréota ; photographie : Jean Badal © ; musique : Pierre Henry, Michel Colombier ; montage : Henri Rust ; production : Michel Ardan (Les Productions Belles Rives / West Film) ; durée : 107 min.

Interprétation : Jacques Brel : juge Bernard Level. Catherine Rouvel : Danièle Lebègue. Charles Denner : M. Graziani. Didier Haudepin : François Level. Michel Lonsdale : commissaire Bertrand. Bobby Lapointe : Louis Casso. Paola Pitagora : Laura. Roland Lesaffre : Saugeat. Luc Merenda : Marco. Jean-Roger Caussimon : commissaire Lagache. Henri Nassiet : président du tribunal. Harry Max : Moulard. Katia Tchenko : assistante de Graziani. Jacques Legras : inspecteur du magasin.

Thème : Le juge Level enquête sur la mort de Saugeat à la suite de son arrestation et son interrogatoire par deux inspecteurs de police. En dehors de Danièle Lebègue, une prostituée que le commissaire Bertrand a cherché à éloigner, les témoins sont particulièrement discrets. Soutenu par la presse, le magistrat poursuit ses investigations, inculpant les policiers, mais son fils François est faussement accusé de trafic de drogue et le protecteur de Danièle est lui-même menacé. Subissant pressions et chantages, Level comprend que le commissaire Bertrand et ses inspecteurs cherchent à cacher la vérité, à savoir une bavure policière. Les camarades étudiants de François apportent leur aide au juge, mais, lors du procès, les accusés sont acquittés par les jurés.

Loin de la glorieuse période du Jour se lève *(1939) et du* Quai des brumes *(1938), Carné a manifestement cherché un sujet à la mode qui va parler des violences policières et de l'erreur judiciaire, mais il est malheureusement moins habile que Cayatte. Reste une belle composition de Jacques Brel.*

Notes : *Tournage du 30 novembre à décembre 1970 dans le Val-d'Oise (villa, rue des Rossignols, à Montlignon), le Vaucluse, les Bouches-du-Rhône et aux studios de Boulogne.*

LES AVEUX LES PLUS DOUX

Réalisation : Édouard Molinaro ; scénario : Jean-François Hauduroy, Édouard Molinaro, d'après la pièce de Georges Arnaud ; photographie : Raoul Coutard © ; musique : Georges Delerue ; montage : Monique Isnardon, Robert Isnardon ; production : Christine Gouze-Rénal (Progéfi – Production Générale de Films / Trianon Films / ONCIC – Office National Commerce Industrie Cinéma / OAA / Ultra Film) ; durée : 95 min.

Interprétation : Philippe Noiret : inspecteur Muller. Roger Hanin : inspecteur Borelli. Caroline Cellier : Catherine. Marc Porel : Jean Dubreuil. Gérard Landry : Lopez. Hassan Hassani : huissier. Léa Nanni : Elsa.

Thème : Mêlé à un hold-up, Jean Dubreuil est arrêté. Chargés de l'affaire, les inspecteurs Muller et Borelli cherchent à obtenir les aveux du jeune homme ainsi que le nom de son complice en fuite. Malgré l'emploi de la technique du « gentil flic / méchant flic », Jean résiste. Les deux inspecteurs lui proposent de le laisser sortir afin de se marier avec sa fiancée Catherine s'il avoue sa culpabilité. D'abord méfiant, Jean finit par accepter, mais il s'avère que le hold-up a provoqué la mort d'un homme. Jean doit alors dénoncer son complice – responsable du meurtre – pour revoir Catherine. Ne cédant pas cette fois-ci, Jean subit les humiliations et interrogatoires musclés des deux inspecteurs, qui se montrent alors violents. Catherine s'ouvre les veines pour dénoncer le comportement des deux policiers.

La pièce de théâtre avait été jouée à l'origine par Michel Piccoli puis Roger Hanin. Édouard Molinaro en profite pour dénoncer les violences policières.

Notes : *Tournage du 9 novembre 1970 au 9 janvier 1971 à Alger.*

LE CASSE

LE CASSE

Réalisation : Henri Verneuil ; scénario : Henri Verneuil, Vahé Katcha, d'après le roman de David Goodis *The Burglar* ; photographie : Claude Renoir, Vladimir Ivanov © ; musique : Ennio Morricone ; montage : Pierre Gillette ; production : Henri Verneuil (Columbia / Vides Cinematografica) ; durée : 123 min.

Interprétation : Jean-Paul Belmondo : Azad. Omar Sharif : Abel Zacharia. Robert Hossein : Ralph. Renato Salvatori : Renzi. Dyan Cannon : Lena. Nicole Calfan : Hélène. José Luis de Vilallonga : M. Tasco. Robert Duranton : culturiste Johnny. Myriam Colombi : Isabelle Tasco. Raoul Delfosse : gardien de la villa.

Thème : Azad et sa bande (Ralph, Renzi et Hélène) s'emparent d'un exceptionnel lot d'émeraudes dans la villa athénienne du richissime Tasco, mais ils se voient contraints de différer leur fuite de quatre jours – le temps des réparations imprévues de leur cargo –, se dispersant à travers la ville durant cette période pour faire profil bas. Or Azad s'aperçoit que la police le file et le cambrioleur doit faire face à l'inspecteur Abel Zacharia. Celui-ci réclame les émeraudes dont il veut s'emparer pour son propre compte, tue Renzi en faisant porter le chapeau à Ralph et finit par cerner avec ses troupes le cargo prêt à lever l'ancre, arrêtant Ralph. Dans le but de monnayer leur liberté contre les émeraudes, Azad entraîne l'inspecteur dans un silo à grains sur les docks où il aurait caché le butin et y affronte Zacharia. Ce dernier périt, enseveli.

Une première version du roman de David Goodis, Le Cambrioleur *(*The Burglar*, 1957), avait été tournée*

LE CASSE

LE CASSE

par Paul Wendkos avec Dan Duryea. C'était l'un des joyaux de la série B hollywoodienne de l'époque, un petit film plein d'idées, rapide et superbement réussi. Le film de Verneuil est, au contraire, une superproduction avec des scènes de cascades spectaculaires signées Rémy Julienne et destinées à mettre en valeur les prouesses athlétiques de Jean-Paul Belmondo.

***Notes :** Tournage en février-mars 1971 en Grèce (Corfou, Athènes, Le Pirée) et aux studios de Saint-Maurice (Val-de-Marne).*

LE CHAT

Réalisation : Pierre Granier-Deferre ; scénario : Pascal Jardin, Pierre Granier-Deferre, d'après le roman de Georges Simenon ; photographie : Walter Wottitz © ; musique : Philippe Sarde ; montage : Nino Baragli, Jean Ravel ; production : Raymond Danon (Lira Films / Cinétel / Gafer Films / COMACICO – Compagnie Africaine Cinématographique et Commerciale) ; durée : 86 min.

LE CHAT

LE CHAT

Interprétation : Jean Gabin : Julien Bouin. Simone Signoret : Clémence Bouin. Annie Cordy : Nelly. Jacques Rispal : médecin. Nicole Desailly : infirmière. Harry-Max : retraité. André Rouyer : délégué. Carlo Nell : agent immobilier. Yves Barsacq : architecte.

Thème : Après vingt-cinq ans de mariage, les sentiments de Clémence et Julien Bouin, deux retraités, se sont émoussés. L'affection que le second porte à un chat perdu appelé « Greffier » excite la jalousie et la haine de son épouse et la pousse à abattre à coups de revolver l'animal. Julien quitte alors Clémence et va s'installer chez Nelly, une ancienne maîtresse. Clémence harcèle son mari, qui finit par revenir. Le couple ressasse sa haine. Clémence est victime d'une crise cardiaque. Julien la veille puis se suicide.

Jean Gabin retrouve l'univers de Simenon, et Pierre Granier-Deferre oppose un monde en évolution avec ses nouveaux immeubles au couple formé par Julien et Clémence, deux êtres qui passent leur temps à s'opposer mais craindront la solitude et n'auront sans doute jamais fini de s'aimer.

COMPTES À REBOURS

Réalisation : Roger Pigaut ; scénario : André G. Brunelin ; adaptation : André G. Brunelin, Roger Pigaut ; dialogues : André G. Brunelin ; photographie : Jean Tournier © ; musique : Georges Delerue ; montage : Gilbert Natot ; production : Eugène Lépicier, Enzo Boetani, Solly V. Bianco (Filmel / Cine Azimut / Filmes Cinematografica) ; durée : 108 min.

Interprétation : Serge Reggiani : François Nolan. Simone Signoret : Léa. Jeanne Moreau : Madeleine Saint-Rose. Charles Vanel : Juliani. Marcel Bozzuffi : Zampa. André Pousse : Gilbert Levasseur, dit « Gi ». Jean-Marc Bory : Ferrier. Serge Sauvion : Jebel. Michel Bouquet : Valberg. Jean Desailly : Dr Michel Saint-Rose. Bob Asklöf : Narcisse. Hubert Deschamps : concierge. Amidou : Macias.

Thème : François Nolan revient à Paris après dix ans d'absence, dont sept passés en prison. Son ancienne compagne, Madeleine, est désormais l'épouse du Dr Saint-Rose. Il revoit aussi ses anciens complices, Ferrier, Zampa, « Gi » et Jebel, qui se sont partagés le butin. Nolan est décidé à retrouver Valberg, celui qui l'a trahi lors du hold-up ayant coûté la vie à son frère Pierre et provoqué sa capture. Il échappe à Narcisse, un tueur à gages chargé par « Gi » et Zampa de l'éliminer et met définitivement hors d'état de nuire ses adversaires. Il apprend cependant que ce n'est pas Valberg qui l'avait trahi mais Saint-Rose, qui voulait se débarrasser d'un rival pour conquérir Madeleine. Le médecin est tué par Valberg, mais c'est Nolan qui est arrêté…

C'est par amitié pour Roger Pigaut que tous ses amis comédiens ont accepté de jouer dans le film, qui bénéficie, grâce à cela, d'une brillante distribution. Ancien prisonnier, Nolan, parfaitement joué par Serge Reggiani, est, dès le début, un héros marqué par le destin. Il n'a pas bénéficié – à l'inverse de ses complices – du fructueux hold-up, il a manifestement été le seul à avoir été trahi et, à la fin, il est accusé d'un crime dont il est innocent.

LA DÉCADE PRODIGIEUSE

Réalisation : Claude Chabrol ; scénario : Claude Chabrol, Paul Gégauff, Eugene Archer, Paul Gardner, d'après le roman d'Ellery Queen ; photographie : Jean Rabier © ; musique : Pierre Jansen ; montage : Jacques Gaillard ; production : André Génovès (Les Films de la Boétie / EIA – Euro International Film) ; durée : 110 min.

Interprétation : Marlène Jobert : Hélène van Horn. Orson Welles : Théo van Horn. Anthony Perkins : Charles van Horn. Michel Piccoli : Paul Régis. Guido Alberti : Ludovic van Horn. Giovanni Sciuto : prêteur. Vittorio Sanipoli : commissaire. Tsilla Chelton : mère de Théo. Ermanno Casanova : vieillard borgne. Eric Frisdal : Charles, enfant. Aline Montovani : Hélène, enfant. Sylvana Blasi : femme de l'hôtel.

Thème : Inquiet après une énième absence et crise d'amnésie, dont il est victime depuis quelque temps, Charles van Horn demande l'aide de Paul Régis, son

professeur de philosophie, afin que celui-ci le surveille et l'accompagne chez son père, le riche et puissant Théo van Horn, en Alsace. Là-bas, Paul découvre que Charles et Hélène, sa belle-mère, sont amants et que quelqu'un les fait chanter. Aidée de Paul, Hélène récupère les lettres compromettantes contre rançon – dont son amant et beau-fils a volé le montant dans le coffre de son époux, simulant un cambriolage – tandis que Théo révèle à Charles qu'il n'est pas son fils. Paul reproche à Théo – qui soupçonne son fils du vol et demande au professeur d'en découvrir la raison – de manipuler les autres comme s'il était Dieu en personne. Le chantage recommence et Charles, drogué, assassine Hélène, Paul reprochant à Théo d'être à l'origine de ce meurtre. Charles finit par se suicider et Paul découvre que Théo est le maître-chanteur en question. Il droguait Charles et avait tué Hélène. Il ne reste plus à van Horn qu'à se tirer une balle dans la tête.

Le film se déroule sur dix journées en relation avec les Commandements de la Bible que refuse de suivre le tout-puissant Théo van Horn, mi-Dieu, mi-Jupiter. Chabrol se perd quelque peu dans les méandres de cette intrigue aux innombrables références et dont l'atmosphère devient de plus en plus étouffante. Il semble souffrir aussi d'une interprétation – volontairement ? – incohérente. Une curiosité.

Notes : *Tournage du 2 juin à août 1971 à Colmar et Paris.*

JUSTE AVANT LA NUIT

Réalisation : Claude Chabrol ; scénario : Claude Chabrol, d'après le roman d'Edward Atiyah *The Thin Line* ; photographie : Jean Rabier © ; musique : Pierre Jansen ; montage : Jacques Gaillard ; production : André Genovès, Felice Testa Gay (Les Films de la Boétie / Columbia Pictures / Cinegai / Cinemar) ; durée : 106 min.

Interprétation : Michel Bouquet : Charles Masson. Stéphane Audran : Hélène Masson. François Périer : François Tellier. Jean Carmet : Jeannot. Dominique Zardi : Prince. Henri Attal : inspecteur Cavanna. Paul Temps : Bardin. Daniel Lecourtois : Dorfmann. Marina Ninchi : Gina Mallardi. Anna Douking : Laura Tellier. Michel Duchaussoy : homme au cimetière. Clelia Matania : Mme Masson.

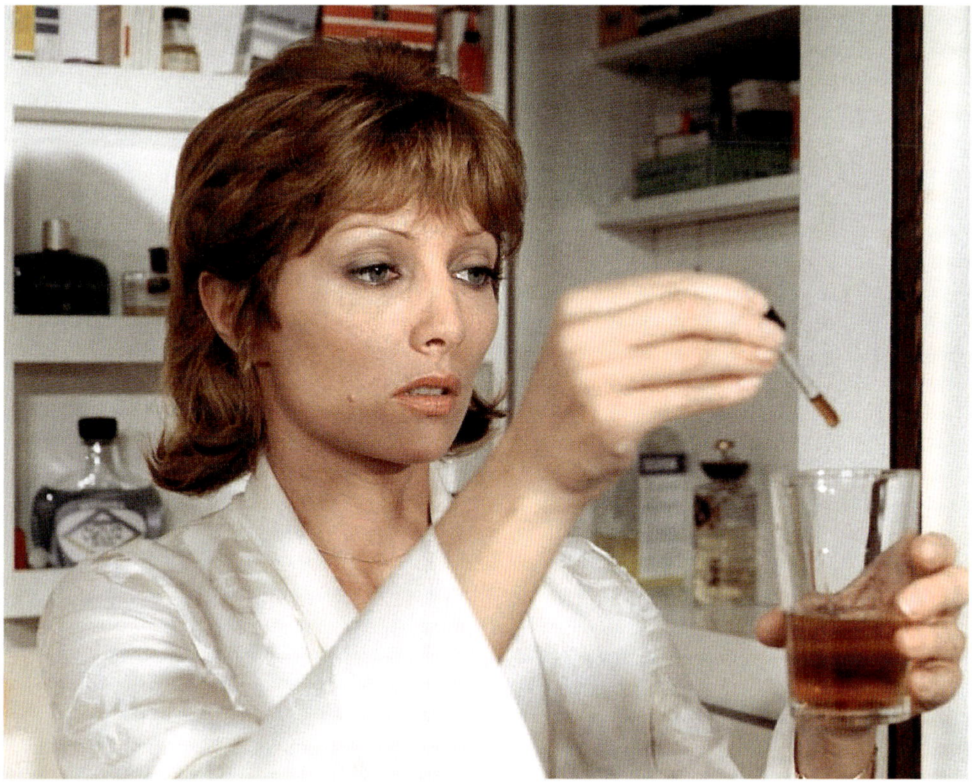

Thème : Marié à Hélène et père de deux enfants, Charles Masson étrangle sa maîtresse Laure, qui n'est autre que l'épouse de son voisin et ami François Tellier. Ce dernier ne peut croire que Charles soit responsable du drame, car il représente, à ses yeux, l'incarnation même du parfait mari. Obsédé par son acte, Charles confesse à sa femme sa liaison avec Laure puis le meurtre. Désirant sauver son foyer, Hélène le rassure tandis que François, auquel il a tout avoué, lui pardonne et lui demande de tout oublier. Rongé par la culpabilité, Charles annonce son attention de se livrer à la police. Juste avant la nuit, Hélène lui administre alors une dose mortelle de somnifères, avec pour objectif de faire croire au suicide.

Comme dans La Femme infidèle *(1969), Michel Bouquet et Stéphane Audran incarnent un couple, et Chabrol tourne avec élégance ce nouveau drame bourgeois et criminel. Plus Charles voit sa femme Hélène et son ami François, prêts à lui faire oublier sa liaison et le meurtre qu'il a commis, plus Charles – superbe Michel Bouquet – est harcelé par sa mauvaise conscience.*

Notes : *Tournage du 8 décembre 1970 à janvier 1971 au Touquet (Pas-de-Calais), à Paris (rue Beethoven, 16e), La Mure (Isère) et Garches (Hauts-de-Seine) – 18, rue des Bures (c'est la demeure des Masson), gare de Garches-Marnes-la-Coquette.*

LA MAISON SOUS LES ARBRES

Réalisation : René Clément ; scénario : Sidney Buchman, Eleanor Perry, d'après le roman d'Arthur Cavanaugh *The Children Are Gone* ; adaptation : Daniel Boulanger, René Clément, Ring Lardner Jr. ; photographie : Andréas Winding © ; musique : Gilbert Bécaud ; montage : Jean Ravel, Françoise Javet, Christiane Lack ; production : Robert Dorfmann, Bertrand Javal (Les Films Corona / Les Films Pomereu / Oceania Produzioni Internazionali Cinematografiche) ; durée : 105 min.

Interprétation : Faye Dunaway : Jill Hallard. Frank Langella : Philip Hallard. Barbara Parkins : Cynthia. Raymond Gérôme : commissaire Chameille. Maurice Ronet : homme de l'Organisation. Karen Blanguernon : Lucy Hansen. Patrick Vincent : Patrick. Michèle Lourie : Kathy. Gérard Buhr : Dr Nolac. Patrick Dewaere : homme à l'écharpe jaune.

Thème : Depuis deux ans, Philip Hallard, qui est un mathématicien américain, vit à Paris avec sa femme Jill et leurs enfants Patrick et Kathy. Ceux-ci sont enlevés par une mystérieuse Organisation à laquelle a appartenu Philip. Alerté, le commissaire Chameille se demande, dans un premier temps, si les deux enfants n'ont pas été victimes de Jill elle-même, qui souffre de troubles du comportement et de pertes de mémoire. L'Organisation prend contact avec Philip et exige de lui de pratiquer de l'espionnage industriel contre la vie de ses enfants. Jill mène sa propre enquête et découvre le rôle joué par leur amie Cynthia, membre de l'Organisation qui, une fois démasquée, trouve la mort. Aidés par la police, Philip et Jill retrouvent leurs enfants sains et saufs.

René Clément se livre, avec l'aide d'Andréas Winding, à de très belles recherches coloristes. Les couleurs finissent ainsi par définir certains des personnages d'une manière tout à fait passionnante. Comme si le cinéaste avait trouvé ainsi un moyen d'échapper aux conventions de l'histoire. La manière dont le film rend compte de Paris est tout aussi remarquable.

LA MAISON SOUS LES ARBRES

MAX ET LES FERRAILLEURS

Réalisation : Claude Sautet ; scénario : Claude Sautet, Claude Néron, Jean-Loup Dabadie, d'après le roman de Claude Néron ; photographie : René Mathelin © ; musique : Philippe Sarde ; montage : Jacqueline Thiédot ; production : Raymond Danon, Jean Bolvary, Roland Girard (Lira Films / Sonocam / Fida Cinematografica) ; durée : 110 min.

Interprétation : Michel Piccoli : Max. Romy Schneider : Julia Anna « Lily » Ackermann. Georges Wilson : commissaire. Bernard Fresson : Abel Maresco. François Périer : Rosinsky. Boby Lapointe : Lui Serafino, dit « P'tit Lu ». Michel Creton : Robert Saidani. Henri-Jacques Huet : A. Cyriaque, dit « Dromadaire ». Jacques Canselier : Jean-Marie Patinet, dit « Jean-Jean ». Alain Grellier : Guy. Maurice Auzel : Antoine Chantoiseau, dit « Tony ». Philippe Léotard : Losfeld. Robert Favart : Loiselle.

Thème : Pour Max, policier intransigeant, le flagrant délit est une véritable obsession. Il décide de piéger une bande de ferrailleurs de Nanterre (quitte à les manipuler pour les pousser au crime) et devient le client de Lily, une prostituée auprès de qui il se fait passer pour un banquier. Il séduit celle-ci, afin qu'elle transmette des informations sur un casse « facile » destinées à Abel, l'amie de Lily (et ancien camarade de régiment du policier), qui travaille avec les ferrailleurs en question. La machination réussit, puisque la bande de truands ratés tombe dans le piège tendu : Max arrête Abel et ses complices lors de l'attaque de la banque. Or Lily est également arrêtée par ses collègues. Max insiste auprès du commissaire Rosinsky pour qu'il relâche Lily. Comme l'officier refuse, il le tue et se laisse – à son tour – arrêter en flagrant délit.

« Max, *déclarait Claude Sautet, qui retrouve ici le couple de ses* Choses de la vie *(1970),* est un idéaliste frustré et essentiellement pervers. Il s'est éloigné des rapports humains pour s'enfermer dans une attitude théorique. Ancien juge d'instruction et se sentant inefficace dans cette fonction, il est devenu flic pour pouvoir coincer les pilleurs de banques en flagrant délit. Pour lui, il y a *"d'un côté les ordures, de l'autre, les imbéciles".* Tout ce que dit Max est un chapelet de lieux communs. C'est peut-être ce qui fait son efficacité et son danger. Il est habillé tout en noir et il a le teint blafard. Il est à l'image de la mort. »

Notes : *Tournage du 18 août au 31 octobre 1970 à Paris – rue d'Armaillé (17e), au café* Le Rouge Limé *(boulevard Voltaire, 11e) –, Lille (rue Sainte-Anne), Issy-les-Moulineaux, Alfortville et aux studios de Neuilly-sur-Seine.*

MAX ET LES FERRAILLEURS

OÙ EST PASSÉ TOM ?

Réalisation : José Giovanni ; scénario : José Giovanni, d'après le roman de Bill Reade (= Alan White) *I Wonder What Happened to Tom ?* ; photographie : Pierre-William Glenn © ; musique : François de Roubaix ; assistance à la réalisation : Denis Amar ; production : Jacques Rouffio (Profilms / Valoria Films) ; durée : 110 min.

Interprétation : Rufus : Tom Coupar. Alexandra Stewart : Alexandra. Jean Gaven : Anton Caras. Paul Crauchet : Zagra. Philippe March : professeur. Lucie Arnold, Frédéric Santaya, Charles Denner, Hervé Sand, Albert Augier, François Simon : non précisés.

Thème : Membre d'une organisation qui défend les prisonniers politiques, Tom décide d'assassiner le dictateur Anton Caras, mais il est arrêté en compagnie de rebelles. Il décide alors de s'évader. Or, en dehors d'un des prisonniers, tous les autres choisissent de rester pour pouvoir témoigner pendant leur procès.

Une curieuse réflexion sur l'engagement politique – Tom est secrétaire de la SLOPP (Société pour la libération des prisonniers politiques) – et le pacifisme, mais ce n'est pas le meilleur film de José Giovanni.

Notes : *Tournage du 14 mai au 13 juillet 1971 dans les Pyrénées-Orientales (Banyuls-sur-Mer, Céret, Opoul-Périllos, Port-Vendres, Salses-le-Château, Villefranche-de-Conflent).*

QUELQU'UN DERRIÈRE LA PORTE

Réalisation : Nicolas Gessner ; scénario : Nicolas Gessner, Jacques Robert, Marc Behm, Lorenzo Ventavoli, d'après la nouvelle de Jacques Robert ; photographie : Pierre Lhomme © ; musique : Georges Garvarentz ; montage : Victoria Mercanton ; assistance à la réalisation : Michel Lang, Guy Sauteret ; production : Raymond Danon, Nicolas Gessner, Maurice Jacquin (COMACICO – Compagnie Africaine Cinématographique et Commerciale / Lira Films / Medusa Film / SNC – Société Nouvelle de Photographie) ; durée : 97 min.

Interprétation : Charles Bronson : « l'Étranger ». Anthony Perkins : Laurence Jeffries. Jill Ireland : Frances Jeffries. Henri Garcin : Paul Damien. Adriano Magistretti : Andrew. Agathe Natanson : Lucy. Viviane Everly : jeune fille sur la plage. André Penvern : interne. Carl Studer : pêcheur.

Thème : Passionné par ses recherches, le neurochirurgien Laurence Jeffries néglige son épouse Frances, qui prend alors pour amant le journaliste Paul Damien. Découvrant la situation, Laurence est décidé à se venger et à utiliser, à cet effet, son métier. Il accueille chez lui un amnésique (recherché par la police pour viol) auquel il fait croire que Frances est sa femme, qu'il est trompé et qu'il doit donc se venger. L'étranger tue en effet l'amant. Le médecin le livre à la police, mais Frances n'est pas dupe et comprend que son mari est responsable de ce crime.

Ou la preuve qu'il ne suffit pas de réunir deux comédiens connus…

Notes : *Tournage à partir de décembre 1970 à Folkestone, dans le Kent.*

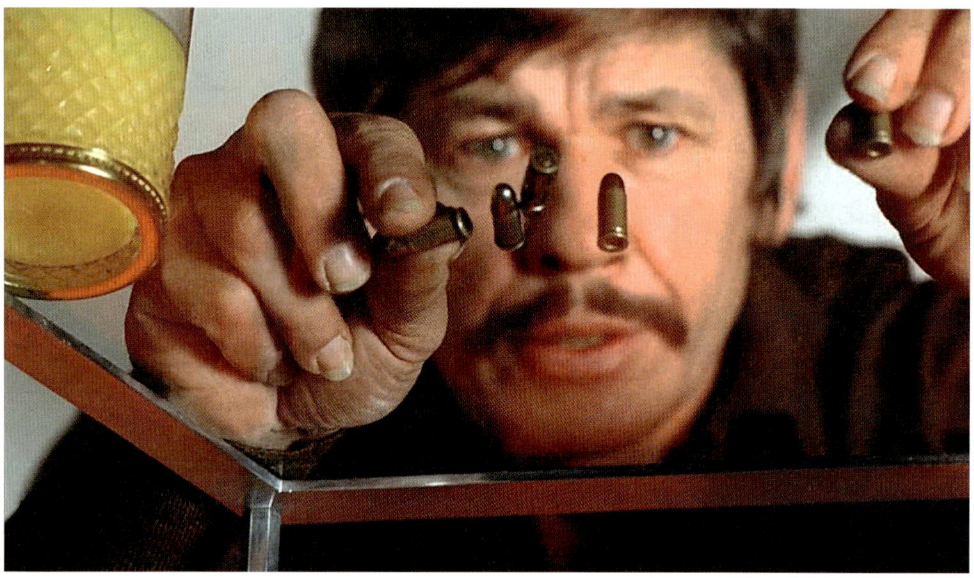

QUELQU'UN DERRIÈRE LA PORTE

SANS MOBILE APPARENT

Réalisation : Philippe Labro ; scénario : Philippe Labro, Jacques Lanzmann, Vincenzo Labella, d'après le roman d'Ed McBain *Ten plus One* ; dialogues : Philippe Labro, Jacques Lanzmann ; photographie : Jean Penzer © ; musique : Ennio Morricone ; montage : Claude Barrois, Nicole Saunier ; production : Jacques-Éric Strauss (Président Films / Cinétel / Euro International Film) ; durée : 105 min.

Interprétation : Jean-Louis Trintignant : inspecteur Stéphane Carella. Dominique Sanda : Sandra Forest. Carla Gravina : Jocelyne Rocca. Sacha Distel : Julien Sabirnou. Paul Crauchet : Francis Palombo. Laura Antonelli : Juliette Vaudreuil. Jean-Pierre Marielle : Perry Rupert-Foote. Erich Segal : Hans Kleinberg. Stéphane Audran : Hélène Vallée. Gilles Segal : Di Bozzo. André Falcon : sous-préfet. Michel Bardinet : Tony Forest. Alexis Sellan : Pierre Barroyer. Jean-Claude Rémoleux : candidat du jeu télévisé *Mysterobjet*. Jean-Jacques Delbo : supérieur de Carella. Esmeralda Ruspoli : Mme Forest. Philippe Labro : journaliste.

Thème : Nice. Tony Forest et Pierre Barroyer sont abattus d'une balle en plein front. Chargé de l'enquête, l'inspecteur Carella ne voit aucun lien entre les deux

SANS MOBILE APPARENT

victimes, mis à part Hans Kleinberg, tué à son tour, et qui servait de passeur d'argent. Carella cherche à utiliser le carnet de rendez-vous de Kleinberg et revoit, à cette occasion, son ancienne amie Jocelyne Rocca. Celle-ci est bientôt, elle aussi, victime du tireur embusqué. Carella découvre que les quatre victimes ont été ensemble à l'Université. Il réussit alors à protéger l'animateur d'un jeu télévisé, Julien Sabirnou, qui faisait partie du même groupe, alors qu'Hélène Dumont lui parle des curieuses habitudes des étudiants en question. Juliette Vaudreuil en avait été la victime. Il s'avère que l'auteur des meurtres est Perry Rupert-Foote, le mari de Juliette, désireux de venger celle-ci. Carella abat l'assassin et démissionne de la police.

Un sujet riche en suspense, une brillante distribution, Jean-Louis Trintignant régulièrement en train de courir et de se laver les mains, et le goût évident de Philippe Labro pour le film policier. En prime un décolleté prometteur de Stéphane Audran.

***Notes :** Tournage à partir du 7 mai 1971 à Nice – place Rossetti, port de Nice ; résidence Haussmann (rue Henri-de-Bournagel), parc Vigier, quai des Docks, aéroport Nice-Côte d'Azur, parc Valrose, hôtel Negresco, avenue Regina, cimetière de l'Est – et aux studios de la Victorine.*

LE SAUT DE L'ANGE

Réalisation : Yves Boisset ; scénario : Yves Boisset Richard Winckler, d'après le roman de Bernard-Paul Lallier ; dialogues : Claude Veillot ; photographie : Jean Boffety © ; musique : François de Roubaix ; montage : Albert Jurgenson ; production : Raymond Danon (Lira Films / Les Films Océanic / Apollo Film) ; durée : 95 min.

Interprétation : Jean Yanne : Louis Orsini. Sterling Hayden : Mason / Custer. Senta Berger : Sylvaine Orsini. Gordon Mitchell : Henry Di Fusco. Giancarlo Sbragia : Forestier. Raymond Pellegrin : Diego Alvarez. Daniel Ivernel : commissaire Pedrinelli. Claude Cerval : Mme Orsini. Sophie Boudet : Lee. Marcel Lupovici : Lucien Orsini.

Thème : Marseille. La bataille électorale voit s'opposer le clan des Corses, dominé par les Orsini, aux hommes du promoteur immobilier Forestier. Lucien et Marc Orsini sont bientôt assassinés. Il reste Louis Orsini, qui vit en Thaïlande avec sa famille. Ses adversaires ont chargé Di Fusco de l'éliminer. Si ce dernier rate Louis, il provoque toutefois la mort de sa femme et de sa fille. Louis réunit alors ses amis vietnamiens et arrive à Marseille, décidé à se venger. La cité phocéenne est désormais à feu et à sang et Louis est recherché à la fois par les tueurs de Forestier et les hommes de la police. Sa belle-sœur, Sylvaine, et l'Américain Mason, un policier vieux copain de Louis, cherchent à arrêter ce dernier. Louis découvre que Sylvaine l'a trahi et fait faire à Forestier le « saut de l'ange », se débarrassant définitivement de lui. Il lui reste à affronter Mason, qui le blesse mortellement.

Le Marseille de la politique, la guerre des clans et un survivant devenu un véritable ange (?) exterminateur. Jean Yanne, à contre-emploi, est très à l'aise avec, en prime, Gordon Mitchell, l'interprète de Maciste contre le Cyclope *(1961) et du* Géant de Métropolis *(1961). Un mélange réussi de polar et de film politique, comme savent le faire les cinéastes italiens.*

LA VEUVE COUDERC

Réalisation : Pierre Granier-Deferre ; scénario : Pierre Granier-Deferre, Pascal Jardin, d'après le roman de Georges Simenon ; dialogues : Pascal Jardin ; photographie : Walter Wottitz © ; musique : Philippe Sarde ; montage : Jean Ravel ; production : Raymond Danon (Lira Films / Pegaso Cinematografica) ; durée : 92 min.

Interprétation : Simone Signoret : Tati (veuve Couderc). Alain Delon : Jean Lavigne. Ottavia Piccolo : Félicie. Jean Tissier : Henri Couderc. Monique Chaumette : Françoise. Boby Lapointe : Désiré. Pierre Collet : commissaire Mallet. André Rouyer : gendarme. François Valorbe : colonel Luc de Mortemont. Jean-Pierre Castaldi : inspecteur. Robert Favart : préfet.

Thème : La campagne française, à l'été 1934. Jean aide la veuve Couderc en portant jusqu'à la ferme de celle-ci une lourde couveuse à pétrole. Il cherche du travail et demeure désormais chez elle. Evadé du bagne, il est en cavale. La veuve Couderc vit seule alors que sa belle-famille souhaite récupérer à son profit l'exploitation. Jean se prend d'affection pour la veuve Couderc et devient aussi l'amant – un des amants ! – de la jeune Félicie. Mais la gendarmerie encercle la ferme, abattant Jean. La veuve Couderc, quant à elle, est mortellement blessée par une balle perdue.

La France à la veille du Front populaire, un monde provincial et campagnard, des canaux, un lavoir, des chevaux, le blé que l'on fauche, les gendarmes encore à cheval et l'amitié devenue affection entre la veuve Couderc et Jean. Un couple d'acteurs célèbres et une cinéaste plutôt habile : c'est le retour à la « tradition de qualité » du cinéma français. Sans surprise et sans défaut.

Notes : *Tournage du 26 mai au 27 juillet 1971 en Côte-d'Or – Cheuge, Oisilly, L'Étrier de Bourgogne, ferme Boussageon – Haute-Saône (Gray) et aux studios de Billancourt.*

L'ATTENTAT

Réalisation : Yves Boisset ; scénario : Ben Barzman, Basilio Franchina ; adaptation et dialogues : Jorge Semprún ; photographie : Ricardo Aronovich © ; musique : Ennio Morricone ; montage : Albert Jurgenson ; production : Yvon Guézel (AMLF / Transinter Films / Corona Filmproduktion GmbH / Sancrosiap / Terzafilm Produzione Indipendente) ; durée : 124 min.

Interprétation : Jean-Louis Trintignant : François Darien. Gian Maria Volonté : Sadiel. Michel Piccoli : colonel Kassar. Jean Seberg : Édith Lemoine. François Périer : commissaire René Rouannat. Philippe Noiret : Pierre Garcin. Michel Bouquet : Me Lempereur. Daniel Ivernel : Antoine Acconetti. Bruno Cremer : Me Michel Vigneau. Roy Scheider : Michael Howard. Jacques François : Lestienne. Jean Bouise : policier français. Denis Manuel : Azam. Karin Schubert : Sabine. Nigel Davenport : homme de la CIA.

Thème : En exil politique, Sadiel s'est réfugié en Suisse à la suite d'un coup d'État. Le pouvoir en place dans son pays d'Afrique du Nord est décidé à se débarrasser de ce leader progressiste. Le colonel Kassar fait donc appel aux services secrets français et, sous le prétexte de participer à une émission de télévision, Sadiel est invité à Paris par son ancien ami François Darien. Sadiel est alors enlevé en plein Paris et livré à son ennemi. Darien comprend qu'il a été manipulé et, en possession de preuves, menace de faire des révélations. Il est alors éliminé par la CIA tandis que Kassar exécute Sadiel après l'avoir torturé. La presse s'émeut, mais l'affaire est vite classée.

L'ATTENTAT

Le film est bien évidemment inspiré de l'affaire Ben Barka et, au sein d'une production française politiquement aseptisée, le film d'Yves Boisset est une surprise qui le relie aux œuvres que l'on peut trouver au même moment en Italie ou aux États-Unis. La présence au générique de Jorge Semprún, Ben Barzman et de Gian Maria Volonté, vocalement doublé par Marcel Bozzuffi, contribuent à cette parenté. Boisset, qui a subi – on le devine – de multiples pressions, a eu besoin de trouver des coproducteurs allemands et italiens pour mener à bien son projet. Il y est parvenu en réalisant le film comme un véritable polar – tout en signalant au passage le rôle malsain des services secrets – bénéficiant d'une prestigieuse interprétation.

BARBE-BLEUE

Réalisation : Edward Dmytryk ; scénario : Ennio De Concini, Edward Dmytryk, Maria Pia Fusco ; photographie : Gábor Pogány © ; musique : Ennio Morricone ; montage : Jean Ravel ; production : Alexander Salkind (Barnabé Productions / Gloria Film / Geiselgasteig Film GmbH) ; durée : 123 min.

Interprétation : Richard Burton : baron Kurt von Sepper. Raquel Welch : Magdalena (nonne). Joey Heatherton : Anne. Virna Lisi : Elga (chanteuse). Nathalie Delon : Erika. Marilù Tolo : Brigitte. Karin Schubert : Greta. Agostina Belli : Caroline. Sybil Danning : prostituée. Edward Meeks : Sergio. Jean Lefebvre : père de Greta. Mathieu Carrière : violoniste. Doka Bukova : Rosa. Erica Schramm : mère de Greta.

Thème : Ancien héros de l'aviation durant la guerre, le baron von Sepper vit dans un château retiré. Incapable de consommer son mariage, il a tué au cours d'une partie de chasse son épouse Greta. Il s'est désormais remarié avec Anne. Elle découvre un jour une immense chambre froide où son mari conserve les corps de ses six précédentes compagnes. La surprenant, le baron la séquestre et lui raconte ce qui leur est arrivé. Ne supportant plus Elga qui chantait tout le temps, il l'avait guillotinée. Sexuellement frustrée, Erika avait pris des leçons de séduction avec une prostituée. Les constatant amoureuses, le baron les avait tuées en provoquant la chute d'un lustre. Magdalena était une novice et avait avoué diverses aventures, notamment avec un communiste, avant que Von Sepper ne l'enferme pour toujours dans un cercueil. Il avait ensuite noyé dans du vin la féministe Brigitte. Quant à Caroline, elle avait été tuée par le faucon familier du baron. Ce dernier cherche à se débarrasser d'Anne, mais un juif, dont le baron avait tué des membres de sa famille, l'élimine. Anne part avec Sergio.

Nathalie Delon, dont les seins se nomment Cyclamen et Jasmine, prend des leçons de strip-tease avec Sybil Danning avant de l'étreindre. Richard Burton reproche à Raquel Welch d'avoir couché avec un communiste, Jean Lefebvre joue le père de Karin Schubert et le scénario fait du baron un dignitaire d'un parti proche des nazis. Tout cela n'est donc pas sérieux et, en dehors des cuisses de Raquel Welch, le film, tourné en Hongrie, est complètement indigne d'Edward Dmytryk, l'auteur de L'Homme aux colts d'or *(1959), du* Bal des maudits *(1958) et de* Feux croisés *(1947). Incapable de satisfaire ses épouses, Richard Burton s'ennuie manifestement…*

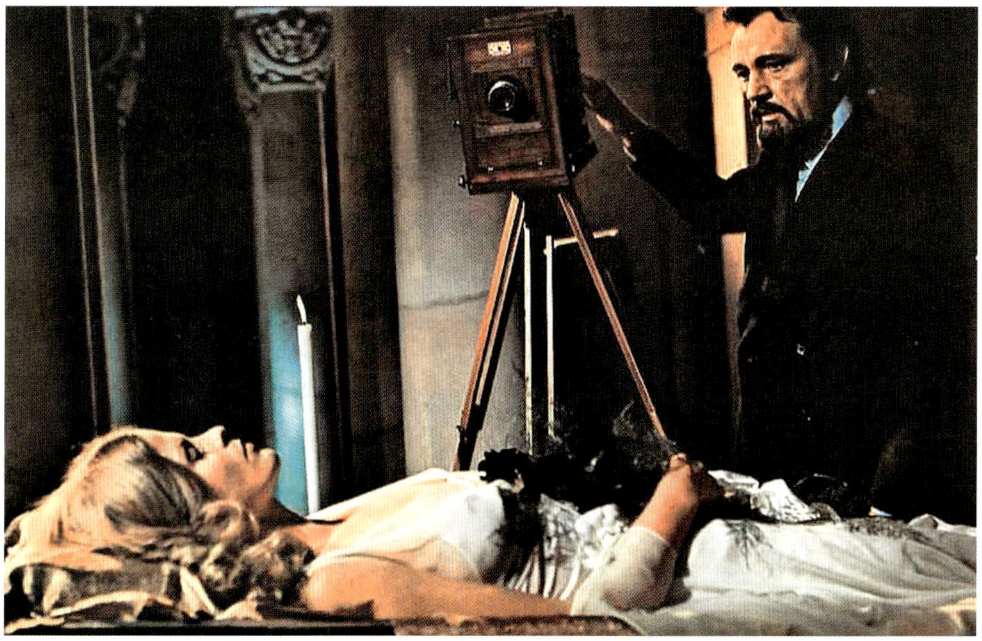

BARBE BLEUE

LES CAÏDS

Réalisation : Robert Enrico ; scénario : Robert Enrico, Pierre Pelegri, d'après le roman de M. G. Braun *L'enfer est au sous-sol* ; photographie : Jean Boffety © ; musique : François de Roubaix ; montage : Eva Zora ; assistance à la réalisation : Bernard Queysanne, Jean-Louis Lapassade ; production : Michel Ardan (Les Productions Belles Rives) ; durée : 91 min.

Interprétation : Serge Reggiani : Thia. Jean Bouise : Nino Murelli. Michel Constantin : Weiss. Juliet Berto : Célia Murelli. Patrick Bouchitey : Jock. Michel Ardan : René Bazin. Luce Garcia-Ville : Lily Bazin. Françoise Giret : Toutoune. Christian de Tillière : La Huppe. Danièle Évenou : Kiki. Roland Bertin : banquier. Robert Lombard : avocat. Jean Champion : vigile.

Thème : Fou de jalousie, Jock abat sa compagne, Kiki, et l'amant de celle-ci dans un bar. Thia, qui assiste à la scène, fait fuir le jeune assassin et le cache. Thia et son copain Nino sont des cascadeurs automobiles, par ailleurs auteurs de hold-up. Alors que Jock s'est épris de Célia, la fille de Nino, ce dernier et Thia participent avec leurs complices Weiss et La Huppe à ce qui doit être un ultime coup. Or le braquage tourne mal et la police intervient. Nino et Weiss trouvent la mort alors que Jock et Célia, accusés de complicité, sont arrêtés. Dès sa libération, Célia décide de sortir Jock de la prison d'Autun. Elle y parvient avec l'aide de Thia, provoquant une évasion massive pour jeter la confusion et couvrir leurs traces. Thia cache Jock et Célia chez René Bazin, qui finit par les dénoncer à la police. Après avoir fui en Normandie, les deux jeunes gens sont repérés puis cernés avant d'être abattus.

Serge Reggiani, très attachant, est le plus convaincant alors que Juliet Berto et Patrick Bouchitey incarnent la nouvelle génération de criminels, déjà marqués par un destin auquel ils ne pourront échapper.

Notes : *Tournage à partir du 12 juin 1972 dans la Manche (Saint-Germain-des-Vaux, Cherbourg), en Saône-et-Loire (Autun), à Poitiers (Vienne), Paris et en région parisienne.*

UN CAVE

UN CAVE

Réalisation : Gilles Grangier ; scénario : Albert Simonin, François Chavane, Gilles Grangier (+ Jean Cosmos) d'après l'histoire de Jean Stuart ; dialogues : Albert Simonin ; photographie : Didier Tarot © ; musique : Alain Lemeur ; montage : Germaine Lamy ; production : François Chavane (Cinéphonic / Optimax Films) ; durée : 95 min.

Interprétation : Claude Brasseur : Granier. Marthe Keller : Catherine. André Weber : Marcel Laigneau, dit « Marcel le Dingue ». Paul Le Person : commissaire Taillant. Jacques Balutin : Tunel. Jacques Couturier : oncle de Granier. Hélène Dieudonné : tante. Robert Dalban : médecin. Henri Garcin : Véron. Francis Lax : directeur de la prison. Max Amyl : avocat. Pierre Tornade : Fernier.

Thème : Escroc à la petite semaine, Granier est un « cave » (un pigeon). C'est pourtant lui qui, à sa sortie de prison, partira à la fin avec Catherine et les millions cachés de son compagnon de cellule Laigneau.

Pour Marthe Keller, toujours ravissante.

COSA NOSTRA

COSA NOSTRA (L'AFFAIRE VALACHI) / THE VALACHI PAPERS / JOE VALACHI, I SEGRETI DI COSA NOSTRA

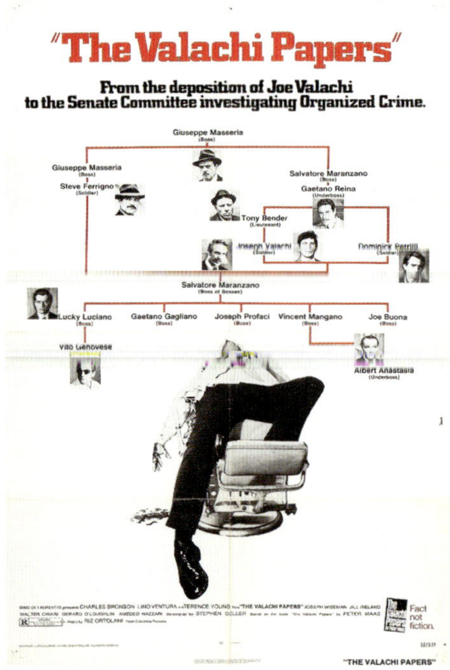

Réalisation : Terence Young ; scénario : Stephen Geller, d'après le roman de Peter Maas *The Valachi Papers* ; photographie : Aldo Tonti © ; musique : Riz Ortolani ; montage : John Dwyre ; production : Dino De Laurentiis, Roger Duchet (De Laurentiis Intermarco / Euro-France Films) ; durée : 110 min, 125 min (version américaine).

Interprétation : Charles Bronson : Joseph « Joe » Valachi. Lino Ventura : Vito Genovese. Jill Ireland : Maria Reina Valachi. Walter Chiari : Dominick Petrilli, dit « Gap ». Amedeo Nazzari : Gaetano Reina. Mario Pilar : Salierno. Gerald S. O'Loughlin : agent fédéral Ryan. Guido Leontini : Tony Bender. Joseph Wiseman : Salvatore Maranzano. Alessandro Sperli : Giuseppe Masseria, dit « le Boss ». Angelo Infanti : Charles « Lucky » Luciano. Sabine Sun : Jane. Fausto Tozzi : Albert Anastasia.

Thème : 1962. Sachant que sa tête a été mise à prix par la mafia, Joseph Valachi, qui est emprisonné au pénitencier d'Atlanta, décide de se confier à la justice. Tout avait commencé en 1929. Valachi avait été présenté à Salvatore Maranzano, l'un des patrons de la mafia. Il était devenu le chauffeur de Gaetano Reina, mais, ce dernier ayant été assassiné sur les ordres de Vito Genovese et Lucky Luciano, Valachi était passé au service de Maranzano, lui-même tué

COSA NOSTRA

en 1931. Genovese l'avait pris sous sa protection et lui avait fait épouser Maria, la veuve de Gaetano Reina. Or Genovese s'était ensuite attaqué au marché de la drogue, provoquant sa propre perte. Valachi, arrêté à son tour, mourra en prison.

Contemporain du Parrain *(1972) de Francis Ford Coppola et de* Lucky Luciano *(1973) de Francesco Rosi, le film de Terence Young n'est pourtant pas une réflexion baroque sur la mafia et ses nombreux conflits internes. Il manque au film une dimension historique, politique et sociale, même si on y retrouve certaines des figures les plus emblématiques de la Cosa Nostra, de Salvatore Maranzano, remarquablement joué par Joseph Wiseman, à Lucky Luciano.*

LA COURSE DU LIÈVRE À TRAVERS LES CHAMPS

Réalisation : René Clément ; scénario : Sébastien Japrisot, d'après les romans de David Goodis *Vendredi 13 (Black Friday)* et *La Pêche aux avaros (Somebody's Done For / The Raving Beauty)* ; photographie : Edmond Richard © ; musique : Francis Lai ; montage : Roger Dwyre ; production : Serge Silberman (Greenwich Film Productions / Rizzoli Film) ; durée : 122 min.

Interprétation : Jean-Louis Trintignant : Antoine Cardot, alias Froggy. Robert Ryan : Charley Ellis. Lea Massari : Sugar. Aldo Ray : Mattone. Jean Gaven : Rizzio. Tisa Farrow : Pepper. Nadine Nabokov : Majorette. André Lawrence : chef gitan. Don Arrès : Mastragos. Emmanuelle Béart : petite fille qui mange de la tarte. Louis Aubert (= Aubert Pallascio) : Renner. Jean Coutu : inspecteur. Jean-Marie Lemieux : Lester. Michel Maillot : gitan. Mario Verdon : MacCarthy. Daniel Breton : Paul. Martine Ferrière : folle à l'infirmerie.

Thème : Poursuivi par des Gitans qui lui reprochent la mort accidentelle d'enfants, Antoine Cardot fuit à Montréal. Il y est témoin d'un règlement de comptes et intègre la bande de Charley qui y participait. Charley et ses complices préparent l'enlèvement d'une jeune femme, témoin gênant pour le truand MacCarthy. Or celle-ci est en réalité déjà morte (elle s'est suicidée) et il ne restera plus à Antoine et à Charley, après une nouvelle et sanglante fusillade, qu'à attendre la police…

René Clément a placé en exergue du film la phrase de Lewis Carroll : « Nous ne sommes, mon amour, que des enfants vieillis qui s'agitent avant de trouver du repos… » *Et, comme le reconnaît lui-même Jean Gaven, interprète du rôle de Rizzio :* « Les personnages de ce film sont restés des enfants. » *C'est l'avant-dernier film de René Clément, dont on retrouve la mise en scène perfectionniste, le choix des décors et une direction d'acteurs parfaite qui permet, au passage, de retrouver deux comédiens américains que nous avons tous vus dans de remarquables films noirs.*

***Notes :** Tournage du 30 août au 3 octobre 1971, à Montréal (Expo 67), aux studios d'Épinay-sur-Seine et aux studios de Billancourt (Paris Studios Cinéma). On notera que Tisa Farrow est la sœur cadette de Mia Farrow et que Robert Ryan est doublé par John Berry.*

LA COURSE DU LIÈVRE À TRAVERS LES CHAMPS

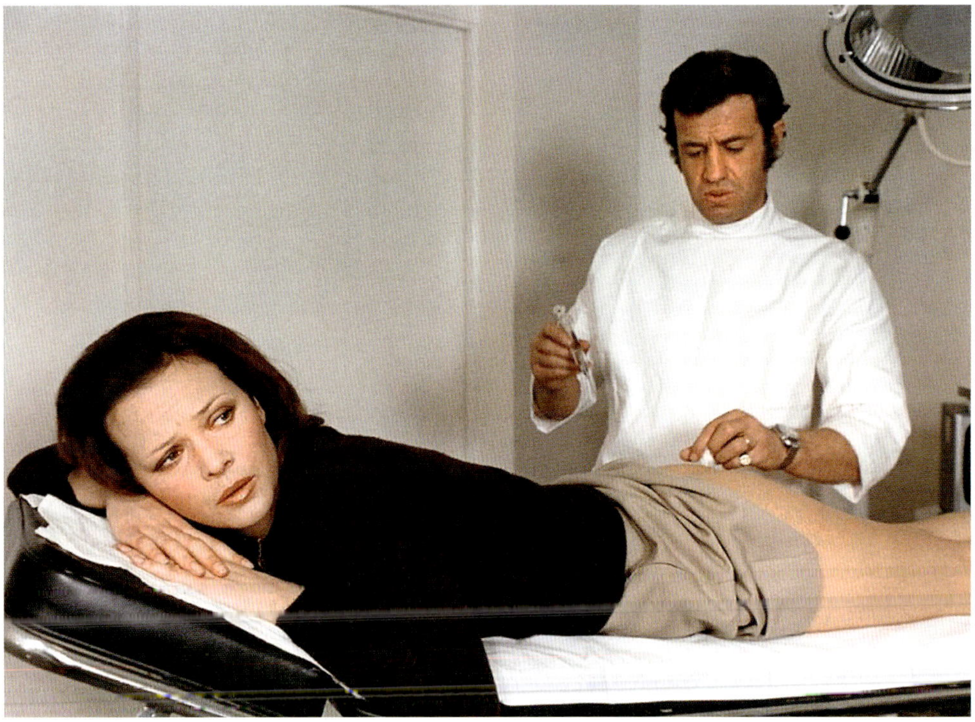

DOCTEUR POPAUL

DOCTEUR POPAUL

Réalisation : Claude Chabrol ; scénario : Paul Gégauff, d'après le roman de Hubert Monteilhet *Meurtre à loisir* ; dialogues : Claude Chabrol ; photographie : Jean Rabier © ; musique : Pierre Jansen ; montage : Jacques Gaillard ; production : André Génovès, Jean-Paul Belmondo (Les Films de la Boétie / Cérito Films / Rizzoli Film) ; durée : 95 min.

Interprétation : Jean-Paul Belmondo : Dr Paul Simay. Mia Farrow : Christine Dupont. Daniel Ivernel : Dr Berthier. Laura Antonelli : Martine Dupont. Daniel Lecourtois : professeur Dupont. Monique Appelt : Carole. Josiane Balasko : fille laide. Michel Peyrelon : Joseph Melville. Dominique Zardi : évêque. Patrick Préjean : Arthur Ringard.

Thème : Victime d'un accident de voiture, le Dr Paul Simay est soigné dans sa propre clinique par son collègue Berthier et Christine, sa femme. Il se remémore alors son passé et son goût pour les filles laides qui l'avait fait rencontrer Christine, victime d'un appareil orthopédique. Le père de celle-ci, le professeur Dupont, célèbre chirurgien de Bordeaux, avait favorisé le mariage des deux jeunes gens. Paul en avait gagné une clinique toute neuve, mais il était bientôt tombé amoureux de sa belle-sœur Martine. Il s'était arrangé pour en éloigner tous les éventuels soupirants et lui avait fait un enfant. D'où la naissance de Claudine, de père inconnu. Paul découvre bientôt qu'il sera condamné à un fauteuil de paralytique... C'est en fait une machination de Christine qui, trompée, était devenue la maîtresse de Berthier. Paul est poussé au suicide tandis que Berthier et Christine font croire à un accident de la route.

On découvre, au début, Paul, alité et allongé, plâtré, fumant un cigare et demandant le dernier Lucky Luke. *Le grand flash-back qui suit montre la fascination de Paul pour les femmes laides –* « Je suis pour la beauté morale, et la beauté morale, tu ne la trouves que chez les moches » *–, et Claude Chabrol, qui a toujours avoué son goût pour la comédie italienne, trouve ici un ton qui n'aurait pas déplu à Pietro Germi. Le film souffre, en revanche, d'une séquence onirique, où Jean-Paul Belmondo interprète plusieurs personnages, particulièrement peu convaincante, comme l'est d'ailleurs l'épisode tunisien. Très à l'aise, Belmondo tire la couverture à lui, Chabrol donnant parfois même l'impression qu'il a renoncé à le diriger.*

Notes : *Tournage du 12 janvier au 19 mars 1972 à Bordeaux, Paris et en Tunisie.*

UN FLIC

Réalisation : Jean-Pierre Melville ; scénario : Jean-Pierre Melville ; photographie : Walter Wottitz © ; musique : Michel Colombier ; montage : Patricia Nény ; production : Robert Dorfmann (Les Films Corona / Euro International Film / Oceania Produzioni Internazionali Cinematografiche) ; durée : 100 min.

Interprétation : Alain Delon : commissaire Édouard Coleman. Catherine Deneuve : Cathy. Richard Crenna : Simon. Riccardo Cucciolla : Paul Weber. Michael Conrad : Louis Costa. André Pousse : Marc Albouis. Paul Crauchet : Morand. Simone Valère : femme de Paul. Jean Desailly : monsieur très distingué. Valérie Wilson : Gaby. Léon Minisini : « Mathieu la Valise ».

Thème : Au cours d'un hold-up commis dans une station balnéaire, l'un des braqueurs, Marc Albouis, abat un caissier de la banque. Simon, le chef de la bande et propriétaire d'une boîte de nuit, le cache à Paris. Ses deux associés, Louis Costa et Paul Weber, préparent un second coup. Or le commissaire Édouard Coleman, qui cherche à démanteler un réseau de trafiquants de drogue, s'intéresse de près à leurs manœuvres. Pour les prendre en flagrant délit, il laisse le gang commettre la nouvelle opération à l'issue de laquelle Simon réussit à fuir en hélicoptère. Coleman est face à un problème moral. Simon est son ami, mais il le sait coupable et, en même temps, ils aiment tous les deux la même femme, Cathy. Son devoir de policier l'emporte et c'est lui-même qui abat Simon devant Cathy.

Cet ultime film de Jean-Pierre Melville, qui commence par une citation d'Eugène-François Vidocq (« Les seuls sentiments que l'homme ait jamais été capable d'inspirer au policier sont l'ambiguïté et la dérision »*), apparaît comme une méditation crépusculaire sur le monde du crime et les rapports très équivoques qui peuvent s'établir entre la police et*

UN FLIC

UN FLIC

ses adversaires. S'inspirant du cinéma hollywoodien qu'il admire et, en même temps, du rythme propre au cinéma japonais qui a toujours marqué son œuvre – dans Le Samouraï *(1967) comme dans* Le Cercle rouge *(1970) –, Melville laisse volontiers de grandes zones d'ombre. Comme si le cinéaste avait déjà compris que ce serait sa dernière œuvre. Il peaufine sa peinture de Paris, ville déserte ou glauque, filmée au crépuscule ou au petit jour, hantée par toute une faune de flics et de voyous, de traîtres, de complices, de compagnes. Tout un monde qui s'affronte, s'épie, s'oppose, sans jamais oublier qu'il faudra, à un certain moment, choisir entre l'amitié, l'amour et le devoir. Comme dans* Le Samouraï, *Alain Delon est remarquable.*

Notes : *Tournage du 13 décembre 1971 au 14 février 1972 en Vendée (Saint-Jean-de-Monts, Challans), à Bordeaux, Paris – rue d'Armaillé (17ᵉ), rue de Provence (9ᵉ), avenue des Champs-Élysées (8ᵉ),* Hôtel Splendid *(54, rue Fondary, 15ᵉ), rue Geoffroy-Saint-Hilaire (5ᵉ), rue de Tilsitt (17ᵉ), gare de Paris-Austerlitz (13ᵉ) – et aux studios de Boulogne.*

KILL

Réalisation : Romain Gary ; scénario : Romain Gary ; photographie : Edmond Richard © ; musique : Jacques Chaumont, Berto Pisano ; montage : Roger Dwyre ; production : Alexander Salkind (Barnabé Productions / Procinex / Este Films / Dieter Geissler Filmproduktion GmbH / Industrie Cinematografiche Artistiche Romane) ; durée : 90 min.

Interprétation : Stephen Boyd : Brad Killian. Jean Seberg : Emily Hamilton. James Mason : Alan Hamilton. Curd Jürgens : Grueningen. Daniel Emilfork : Mejid. Mauro Parenti : Cremona. Henri Garcin : avocat. Aldo Sambrell : Carcopino. Memphis Slim : lui-même.

Thème : Le policier d'Interpol Hamilton se rend au Congrès des trafiquants internationaux de drogue au Moyen-Orient. Sa femme, Emily, s'y rend également et est enlevée par Brad Killian, qui veut mettre la main sur son mari. Killian est décidé à se venger, car sa petite-fille a été victime de la drogue et il s'avère que Hamilton joue un double jeu. Killian et Emily réussissent à exterminer les trafiquants ainsi que le traître.

L'intrigue est invraisemblable et l'ensemble particulièrement peu crédible. Il reste un élément de surprise : James Mason, qui joue ici le mari de Jean Seberg, ressemblant curieusement à Romain Gary lui-même.

Notes : *Tournage de mars à mai 1971 en Afghanistan, Tunisie et Espagne (Madrid, Murcie et Alicante).*

UN MEURTRE EST UN MEURTRE

UN MEURTRE EST UN MEURTRE

Réalisation : Étienne Périer ; scénario et dialogues : Dominique Fabre, Étienne Périer, d'après le roman de Dominique Fabre ; photographie : Marcel Grignon © ; musique : Paul Misraki ; montage : Renée Lichtig ; production : Jean-Claude Roblin, Adolphe Viezzi (Les Films de l'Épée / Planfilm / Tritone Cinematografica / Peel) ; durée : 102 min.

Interprétation : Jean-Claude Brialy : Paul Kastner. Stéphane Audran : Marie Kastner / Anne Andrieux. Michel Serrault : commissaire Plouvier. Robert Hossein : Jean Carouse. Catherine Spaak : Françoise Noblet. Michel Creton : Moureux. Olivier Hussenot : notaire. Claude Chabrol : employé des wagons-lits. Jeanne Pérez : vieille commère. Madeleine Damien : vieille commère. Paul Bisciglia : employé de Kastner.

Thème : Marie Kastner, qui est infirme, est écrasée accidentellement par sa propre voiture. Sa sœur, Anne, est persuadée qu'il s'agit d'un meurtre maquillé et organisé par Paul, son beau-frère, qui a pour maîtresse Françoise Noblet. Le veuf reçoit la visite de Jean Carouse, qui lui déclare avoir trafiqué la voiture de Marie de telle façon que Paul sera accusé. Il exige ainsi de ce dernier et de Françoise de l'argent en échange de son silence. Les amants décident alors de se débarrasser de ce maître-chanteur, qui est bientôt retrouvé pendu. L'histoire continue : le pharmacien Moureux réclame, à son tour, d'être payé, car c'est lui qui aurait tué Jean. Le commissaire Plouvier découvrira que Jean n'avait en réalité tué personne…

Stéphane Audran dans un double rôle et une intrigue à rebondissements jouant sur la mauvaise conscience du héros et de sa maîtresse. Sans surprise.

LA SCOUMOUNE

Réalisation : José Giovanni ; scénario et dialogues : José Giovanni, d'après son roman *L'Excommunié* ; photographie : Andréas Winding © ; musique : François de Roubaix ; montage : Françoise Javet ; production : Raymond Danon, Ralph Baum (Lira Films / Praesidens) ; durée : 105 min.

Interprétation : Jean-Paul Belmondo : Roberto Borgo, dit « la Scoumoune ». Claudia Cardinale : Georgia Saratov. Michel Constantin : Xavier Saratov. Enrique Lucero : « le Mexicain » / Migli. Alain Mottet : Ficelle. Michel Peyrelon : « l'Élégant ». Philippe Brizard : Fanfan. Aldo Bufi Landi : Jeannot Villanova. Gérard Depardieu : homme de main. Jacques Debary : Carl. Andréa Ferréol : prostituée en colère. Marie-Claude Mestral : prostituée. Jacques Rispal : M. Dubois. Jacques Marchand, Jacques Brunet : bagnards. Pierre Collet : directeur de la prison. Lucie Arnold : chanteuse. Bruno Balp : inspecteur à la morgue. Pierre Danny : sergent démineur. Marc Eyraud : « Bonne Aventure ». Henri Lambert : joueur coléreux.

Thème : 1934. Le truand Roberto Borgo quitte sa Sicile natale pour Marseille où son ami Xavier Saratov vient d'être condamné à tort à vingt ans de prison, à la suite d'une magouille du caïd Jeannot Villanova. Roberto tue ce dernier et le remplace à la tête de son

LA SCOUMOUNE

gang. Il est désormais « l'Excommunié » ou encore « la Scoumoune » (celui qui porte la poisse à ses ennemis). Il permet à Georgia, la sœur de Xavier, de prendre la direction d'une maison de passe et fait face à des gangsters américains. Bien qu'il les ait éliminés, la police l'arrête et il retrouve Xavier en prison. Les deux amis ne parviennent pas à s'évader mais, à la Libération, ils sont volontaires – en échange d'une promesse de grâce – pour déminer les plages. Xavier y perd un bras mais, de nouveau libres, Roberto et lui se retrouvent à Pigalle mêlés à une nouvelle affaire du Milieu. Xavier est tué et Georgia blessée. Il reste à Roberto à venger son ami…

Onze ans après Un Nommé La Rocca *(1961) de Jean Becker, qui l'avait déçu, José Giovanni décide donc de tourner lui-même cette nouvelle adaptation de son roman* L'Excommunié *(1958), redonnant à Jean-Paul Belmondo le rôle principal. On pourra d'ailleurs remarquer que Michel Constantin jouait déjà – mais dans un autre personnage – dans le film de 1961. Revu par Giovanni et joué par un Belmondo, beaucoup plus sûr de lui, le film est un remake efficace. Belmondo y retrouve Claudia Cardinale, sa partenaire de* Cartouche *(Philippe de Broca, 1962) et de* La Viaccia *(*Le Mauvais Chemin*, 1961), le superbe film de Mauro Bolognini.*

Notes : *Tournage à partir du 2 mai 1972 en Corse, dans les Pyrénées-Orientales (Perpignan, fort de Bellegarde), à Paris, Nice et aux studios de la Victorine (Nice).*

TROIS MILLIARDS SANS ASCENSEUR

Réalisation : Roger Pigaut ; scénario : Roger Pigaut, André G. Brunelin ; photographie : Jean Tournier © ; musique : Teo Usuelli ; montage : Gilbert Natot ; production : André Cohen, Eugène Lépicier (Filmel / Cosefa Films / CFDC – Compagnie Française de Distribution Cinématographique) ; durée : 92 min.

Interprétation : Michel Bouquet : Albert. Marcel Bozzuffi : Gus. Dany Carrel : Lulu. Bernard Fresson : Julien. Serge Reggiani : Pierrot. Françoise Rosay : Mme Dubreuil. Amidou : José. Nike Arrighi : Minouche. Gabriele Ferzetti : M. Raphaël. Claude Lochy : Duval. Victor Lanoux : Gino.

Thème : Cinq amis régulièrement réunis au bistrot *Chez Lulu* imaginent de s'emparer d'une extraordinaire collection de bijoux présentée lors d'une exposition au 27e étage d'un building voisin. Peu aguerris, ils chargent un professionnel, M. Raphaël, de réaliser l'opération, qui s'avère un succès. Il ne leur reste plus qu'à voler ce dernier, mais leur réussite sera bien faible par rapport à leurs espoirs…

Une sympathique petite comédie policière, réalisée entre amis et sans prétention, dans le style de certains films italiens.

LE TUEUR

Réalisation : Denys de La Patellière ; scénario : Pascal Jardin, Denys de La Patellière ; photographie : Claude Renoir © ; musique : Hubert Giraud ; montage : Clarissa Ambach, Claude Durand ; production : Claude Giroux, Éric Rochat (Gafer Films / COFCI – Compagnie Française de Coproductions Internationales / Rialto Film / Mondial Televisione Film / Europa Films) ; durée : 87 min.

Interprétation : Jean Gabin : commissaire Le Guen. Fabio Testi : Georges Gassot. Uschi Glas : Gerda. Bernard Blier : François Tellier. Jacques Richard : François Gassot. Gérard Depardieu : Frédo Babasch. Ginette Garcin : Lulu. Sady Rebbot : Lucien. Félix Marten : Campana. Jacques Debary : commissaire de Marseille.

Thème : Aidé par son frère François, le tueur Georges Gassot parvient à s'évader de l'hôpital psychiatrique et à rejoindre Marseille, espérant fuir à l'étranger. Là-bas, il s'éprend de Gerda, une prostituée dont il abat les protecteurs. Il revient finalement à Paris alors que le commissaire Le Guen, partisan de l'efficacité, s'oppose à son supérieur François Tellier. Le Guen et son adjoint Campana traquent Gassot et finissent par dresser le Milieu contre lui. Se sentant cerné, Gassot préfère se tuer plutôt que d'être arrêté.

Jean Gabin retrouve Bernard Blier – leurs deux personnages s'opposent – et le film est tout à la fois efficace et sans grande surprise, bénéficiant – une fois de plus – de la présence de Gabin, toujours remarquable, et d'une habile composition de Fabio Testi.

Notes : *Tournage du 8 novembre 1971 au 7 janvier 1972.*

LE TUEUR

L'AFFAIRE CRAZY CAPO

1973

L'AFFAIRE CRAZY CAPO

Réalisation : Patrick Jamain ; scénario : Patrick Jamain, d'après le roman de Gilbert Tanugi *Crazy Capo* ; dialogues : Patrick Jamain, Gilbert Tanugi ; photographie : Daniel Diot © ; musique : Vladimir Cosma ; montage : Gabriel Rongier ; production : Sergio Gobbi (Paris-Cannes Productions / Films Télé-Cass / Naxos Film) ; durée : 90 min.

Interprétation : Maurice Ronet : Diserens. Jean-Pierre Marielle : commissaire Martin. Jean Servais : Joseph Marchesi, dit « Crazy Capo ». Antonio Cantafora : Antonio Marchesi. Alice Sapritch : Mme Rose. Marika Green : Leonora. Michel Peyrelon : Albani. Christian Barbier : adjoint. Charles Millot : Slavio. William Sabatier : médecin légiste. Gabrielle Doulcet : secrétaire. Guy Marly : docteur. André Le Gall : Torini. Yvon Sarray : Ed. Michel Robbe : Paco. Maurice Ducasse : premier inspecteur. Bernard Sancy : second inspecteur. Paul Bisciglia : barman.

Thème : Sous une façade d'honorable promoteur immobilier, Jean Diserens n'est autre qu'un trafiquant de drogue ayant en tête un nouveau plan lui permettant d'augmenter la diffusion de sa marchandise. Le mafioso Joseph Marchesi dit « Crazy Capo » étant contre, Diserens le fait liquider par son propre fils Antonio. Diserens et ce dernier, devenu son second, montent alors un nouveau gang. Arrêté par la police, Diserens s'évade grâce à Antonio qui, ayant pris connaissance des détails du fameux plan, l'assassine (comme le souhaitait son père Crazy Capo). Antonio est tué à son tour par la mafia, mais la police réussira à mettre la main sur les documents compromettants.

Gangsters à la française.

***Notes :** Tournage à partir du 12 février 1973 à Paris et en région parisienne (ancienne distillerie de Vaulerent, à Villeron, dans le Val-d'Oise).*

L'AFFAIRE DOMINICI

Réalisation : Claude Bernard-Aubert ; scénario : Claude Bernard-Aubert, Daniel Boulanger (+ Louis-Émile Galey), d'après leur histoire ; dialogues : Daniel Boulanger ; photographie : Ricardo Aronovich © ; musique : Alain Goraguer ; montage : Louisette Hautecœur ; production : Claude Giroux, Éric Rochat (COFCI – Compagnie Française de Coproductions Internationales / Gafer Films / SNC – Société Nouvelle de Cinématographie / Mondial Televisione Film) ; durée : 105 min.

Interprétation : Jean Gabin : Gaston Dominici. Victor Lanoux : Gustave Dominici. Henri Vilbert : président de la chambre correctionnelle. Gérard Depardieu : Roger Perrin, dit « Zézé ». Paul Crauchet : commissaire Sébeil. Gérard Darrieu : Clovis Dominici. Colin Drake : Sir Jake Drummond. Geneviève Fontanel : Yvette Dominici. Alberto Farnese : journaliste italien. Nicole Giroux : Élizabeth Drummond. Daniel Ivernel : président de la cour d'assises ; Evi Maltagliati : Marie Dominici. Jane Martel : Lady Ann Drummond. Michel Robin : Perrin. Jacques Debary : commissaire divisionnaire. Jean-Paul Moulinot : Dr Dragon. Jacques Richard : adjoint du commissaire. Jeanne Allard : Augusta Callat. Jacques Rispal : Paul Maillet. Max Amyl : avocat Émile Pollack. Jean-Pierre Castaldi : premier journaliste. Jean-Claude Massoulier : second journaliste. Michel Bertay : juge d'instruction Périez. Pierre Forget : père d'Yvette. Annick Fougery : Germaine Perrin. Michel Robin : Perrin.

Thème : Août 1952. Un touriste anglais, Sir Jake Drummond, sa femme et sa fille sont assassinés près

L'AFFAIRE DOMINICI

L'AFFAIRE DOMINICI

d'un village de Haute-Provence. Soupçonnés, les fils Dominici accusent leur père Gaston, 75 ans, de ce triple meurtre. Dans un premier temps, Gaston Dominici avoue, puis se rétracte. Il est finalement condamné, malgré l'absence de preuves.

Le film recrée sans surprise mais avec sérieux le crime et ses conséquences. Les zones d'ombre de cette tragique affaire demeurent, prudence oblige. Les nombreuses pistes – souvent gênantes – évoquées à l'époque sont volontairement et malheureusement oubliées. Jean Gabin était inévitablement tout destiné pour incarner le patriarche de Lurs.

***Notes :** Tournage à partir du 2 octobre 1972 à Peipin (Alpes-de-Haute-Provence) et Ribiers (Hautes-Alpes). Une partie du tournage a eu lieu à 20 km de l'endroit exact où avait eu lieu le triple assassinat.*

BIG GUNS – LES GRANDS FUSILS / TONY ARZENTA

Réalisation : Duccio Tessari ; scénario : Franco Verucci, Ugo Liberatore, Roberto Gandus, d'après l'histoire de Franco Verucci ; photographie : Silvano Ippoliti © ; musique : Gianni Ferrio ; montage : Mario Morra ; production : Luciano Martino, Raymond Danon, Alain Delon (Adel Productions / Mondial Televisione Film / Lira Films) ; durée : 100 min.

Interprétation : Alain Delon : Tony Arzenta. Carla Gravina : Sandra. Richard Conte : Nick Gusto. Marc Porel : Domenico Maggio. Umberto Orsini : Isnello. Lino Troisi : Rocco Cutitta. Roger Hanin : Jean Carré. Anton Diffring : Hans Grünwald. Corrado Gaipa : père d'Arzenta. Regina Bianchi : mère d'Arzenta. Guido Alberti : Don Mariano. Nicoletta Machiavelli : Anna. Ettore Manni : Gesmundo. Rosalba Neri : femme de Cutitta.

Thème : Tony Arzenta, un tueur de la mafia, décide de quitter son dangereux métier pour se consacrer à sa famille. Nick Gusto, qui l'emploie, s'y résignerait bien, mais le conseil de la mafia estime qu'il en sait trop : il faut donc l'éliminer. Si sa voiture est piégée, c'est sa femme et son fils qui sont toutefois tués par erreur dans l'explosion. Tony, toujours menacé, décide alors de se venger, aidé de son ami Domenico. Il commence donc à abattre les tueurs lancés à ses trousses puis des patrons de l'organisation criminelle, Carré et Grünwald. Il s'éprend de Sandra, l'ancienne maîtresse de Carré, et la cache. Cependant, la mafia torture Domenico, qui finit par avouer où se trouvent Tony et Sandra. Celle-ci est brutalisée. Le couple fuit en Sicile alors que Nick Gusto cherche à négocier avec Tony. Tout devrait bien se passer, mais Tony est abattu par un des chefs de la mafia.

Réalisateur de péplums et de westerns italiens, futur metteur en scène du médiocre Zorro (1975) dans lequel il retrouvera Alain Delon, Duccio Tessari se plonge ici dans l'univers de la mafia, un monde ponctué de violences et dans lequel l'ambition, la jalousie et le désir de vengeance vont mener une redoutable danse de mort.

***Notes :** Tournage à partir de janvier 1973 à Copenhague, Milan, Paris, Syracuse (duomo de Noto) et aux Dear Studios (Rome).*

LE COMPLOT

LE COMPLOT

Réalisation : René Gainville ; scénario : René Gainville, Jean Laborde ; dialogues : Jean Laborde ; photographie : Étienne Szabo © ; musique : Michel Magne ; montage : Monique Kirsanoff ; production : Simone Allouche, Lela Milcic (Les Productions Simone Allouche / FDL / Eguiluz Films / 14 Luglio Cinematografica / Les Films de la Boétie) ; durée : 116 min.

Interprétation : Michel Bouquet : commissaire Lelong. Raymond Pellegrin : Paraux. Jean Rochefort : Dominique Clavet. Marina Vlady : Christiane Clavet. Simon Andreu : lieutenant Baudry. Gabriele Tinti : inspecteur Moret. Robert Castel : Sapporo. Daniel Ceccaldi : Louis Carat. Michel Duchaussoy : Leblanc. Maurice Biraud : Brunet. Michel Fortin : Delmas. Raymond Gérôme : Me Vignaux. André Rouyer : Majoux. Dominique Zardi : Hans. Maurice Auzel : gardien pris en otage. Stelio Scandelli : commandant Vals. Ángel del Pozo : Marchand. Simón Andreu : Baudry. Yves Barsacq : médecin-major. Jean Degrave : général. Jacques Galland : commandant Fuaux. El Kebir : Abder.

Thème : Dominique Clavet, un activiste de l'OAS, a pour mission de faire évader le général Challe de la prison de Tulle. Il recrute le lieutenant Baudry, le charge d'employer des hommes de confiance et de s'assurer par un hold-up des fonds nécessaires. Le commissaire Lelong, responsable du service action, identifie Baudry alors que Brunet, l'un des membres du commando, passe aux aveux. Clavet désapprouve la politique de terreur qui peut être envisagée. Plusieurs membres du commando sont éliminés et Lelong finit par obtenir la reddition de la plupart des autres participants.

L'un des rares films, avec L'Insoumis *(Alain Cavalier, 1964), à évoquer le thème – tabou – de la lutte de l'OAS. À ce titre, une curiosité.*

DEUX HOMMES DANS LA VILLE

Réalisation : José Giovanni ; scénario : José Giovanni ; adaptation : José Giovanni, Daniel Boulanger ; dialogues : Daniel Boulanger ; photographie : Jean-Jacques Tarbès © ; musique : Philippe Sarde ; montage : Françoise Javet ; production : Alain Delon, André Mucchielli, Hercule Mucchielli (Adel Productions / Medusa Produzione) ; durée : 100 min.

DEUX HOMMES DANS LA VILLE

Interprétation : Jean Gabin : Germain Cazeneuve. Alain Delon : Gino Strabliggi. Mimsy Farmer : Lucie. Michel Bouquet : inspecteur Goitreau. Ilaria Occhini : Sophie Strabliggi. Victor Lanoux : Marcel. Guido Alberti : patron de l'imprimerie. Christine Fabréga : Geneviève Cazeneuve. Bernard Giraudeau : Frédéric Cazeneuve. Malka Ribowska : avocate. Robert Castel : André Vaultier. Jacques Monod : procureur. Gérard Depardieu : jeune truand. André Rouyer : capitaine des CRS. Maurice Barrier : juge d'instruction. Armand Mestral : directeur de la prison. Roland Monod :

président du tribunal. Charles Millot : bourreau. Cécile Vassort : Évelyne. Pierre Collet : commissaire. Raymond Loyer : capitaine de gendarmerie.

Thème : Grâce aux conseils et à l'appui de l'éducateur Germain Cazeneuve, Gino Strabliggi est décidé, à sa sortie de prison – il a purgé une peine de dix ans pour attaque à main armée –, de ne pas renouer avec le Milieu et de mener une vie honnête. Il réussit à trouver du travail dans une imprimerie à Meaux, mais sa femme Sophie meurt dans un accident de voiture. Une nouvelle fois, Cazeneuve l'aide moralement et l'invite à le rejoindre à Montpellier où il vit désormais. Là-bas, Gino s'éprend de Lucie, une jeune employée de banque, mais il rencontre l'inspecteur Goitreau, qui l'avait arrêté autrefois. Pour le policier, il n'y a pas de doute possible : Gino va tôt ou tard récidiver. Il harcèle et menace le jeune homme qui finit par l'étrangler. Gino est alors condamné à mort et guillotiné.

José Giovanni a cherché à échapper aux conventions propres au film policier en tentant d'aborder plusieurs points importants, tels ceux de la peine de mort et de la réinsertion des anciens criminels au sein d'une société trop souvent prête à les rejeter. Giovanni connaît d'autant mieux la question qu'il a lui-même été condamné à mort en 1948 avant de bénéficier d'une grâce présidentielle. L'entreprise était donc des plus louables et les rapports entre Gino et Cazeneuve, devenu un véritable ami, possèdent une réelle sincérité. Anciens partenaires de Mélodie en sous-sol *(1963) et du* Clan des Siciliens *(1969), Jean Gabin et Alain Delon sont particulièrement excellents. Beaucoup moins convaincant est, en revanche, le personnage de l'inspecteur Goitreau à côté de qui Javert – que Michel Bouquet interprétera d'ailleurs plus tard – paraît un ange de miséricorde. À cause de lui, le film bascule dans un manichéisme gênant et perd une grande partie de sa vérité. En dépit de ce rôle, trop outré pour être crédible, le film pose certaines questions auxquelles il est utile de réfléchir.*

***Notes :** Tournage du 28 mai au 30 juillet 1973 dans l'Hérault – Montpellier (gare SNCF, square Sainte-Bernadette, rue Glaize, avenue Jean-Mermoz, palais de justice, rue Castilhon, quai des Tanneurs, maison de Heidelberg), Saint-Guilhem-le-Désert (pont du Diable), lac du Salagou –, les Yvelines – Saint-Cyr-l'École (rue du Docteur-Vaillant, avenue Pierre-Curie), Marly-le-Roi (route forestière royale) –, le Val-d'Oise (maison d'arrêt d'Osny-Pontoise), en Seine-et-Marne – Meaux (gare SNCF, rue du Commandant-Berge, place Jean-Bureau) –, à Paris – rue de la Roquette (11e), rue Servan (11e) – et aux studios de Boulogne-Billancourt / SFP. Le film a fait l'objet d'un remake,* La Voie de l'ennemi *(2014), réalisé par Rachid Bouchareb, avec Forrest Whitaker et Harvey Keitel.*

LE GANG DES OTAGES

Réalisation : Édouard Molinaro ; scénario : Alphonse Boudard ; photographie : Raoul Coutard © ; musique : Michel Legrand ; montage : Monique Isnardon, Robert Isnardon ; production : Daniel Cauchy, Alain Poiré (SNEG – Société Nouvelle des Établissements Gaumont / Citeca Productions / Medusa Distribuzione) ; durée : 100 min.

Interprétation : Daniel Cauchy : Gilbert Nodier. Bulle Ogier : Liliane Guerec Nodier. Gilles Ségal : Serge Donati. Gérard Darrieu : Maurice Perret. Michel Favory : Me Meyer. Maurice Travail : juge Imbert. Ginette Garcin : Ginette Bertheau. Simone Rieutor : Monique Descamps. Armand Mestral : commissaire Crenoy. Maurice Barrier : Jo Franck. Évelyne Dress : Colette. Christian Barbier : brigadier de gendarmerie. Bernard Le Coq : journaliste. Germaine Delbat : Mme Roques, dite « Marraine ». Pierre Collet : Raymond Roques, dit « Parrain ». Claire Maurier : Nelly Cerutti. Gabriel Cattand : Charles Aubrey, dit « Charlot ». Robert Favart : Ange Cerutti. Pippo Merisi : greffier. Michel Duplaix : inspecteur. Évelyne Dassas : prostituée. André Dumas : reporter d'Europe 1.

Thème : Gilbert Nodier, un jeune voyou qui sort à peine de l'hôpital psychiatrique, vole aussitôt une voiture et commet plusieurs larcins. Il revoit Monique qu'il a connue, mais il est arrêté et emprisonné. Il devient l'ami de Serge Donati, son compagnon de cellule. Une fois dehors, il épouse Liliane, une prostituée, et accumule les mauvais coups avec la complicité de Serge, ce qui leur vaut bientôt d'être traqués à la fois par la police et le Milieu. Liliane pénètre au palais de justice où sont interrogés Gilbert et Serge auxquels elle fournit des armes. Le trio fuit en prenant des otages, notamment le juge Imbert qu'ils relâchent, mais ils sont finalement arrêtés à l'issue de leur cavale.

Le film, qui s'inspire de l'authentique et spectaculaire évasion de l'assassin Christian Jubin en avril 1972, est la relation de la longue cavale de Gilbert et de Liliane. L'histoire est simple, racontée avec justesse et avec un mélange de scènes d'action et de vrais moments de tendresse.

LES GRANGES BRÛLÉES

Réalisation : Jean Chapot ; scénario : Jean Chapot, Sébastien Roulet, d'après l'histoire de Franz-André Burguet et Jean Chapot ; photographie : Sacha Vierny © ; musique : Jean-Michel Jarre ; montage : Hélène Plemiannikov ; production : Ralph Baum, Raymond Danon (Lira Films / Oceania Internazionali Cinematografiche) ; durée : 95 min.

Interprétation : Alain Delon : juge Pierre Larcher. Simone Signoret : Rose. Paul Crauchet : Pierre. Bernard Le Coq : Paul. Christian Barbier : officier de gendarmerie. Pierre Rousseau : Louis. Miou-Miou : Monique. Jean Bouise : journaliste. Catherine Allégret : Françoise. Fernand Ledoux : doyen des juges. Renato Salvatori : hôtelier. Anna Gaylor : institutrice. Dany Jacquet : jeune morte. Florence Moncorgé-Gabin : femme de Larcher. Armand Abplanalp : officier de police. Béatrice Constantini : Lucile.

Thème : Une ferme isolée dans le Haut-Doubs, près de laquelle a été commis le meurtre d'une jeune femme. Chargé de l'enquête, le juge Larcher porte ses premiers soupçons sur ses habitants. Il interroge la chef de famille, Rose, et son mari Pierre qui forment, avec deux autres couples, un véritable clan. Raoul est bientôt soupçonné, puis c'est le tour de Paul. Rose découvre chez Raoul les 7 000 CHF volés dans le sac de la victime. Elle les cache alors que le juge Larcher fait fouiller toute la grange, à la fois mécontent de ne rien trouver et admiratif devant l'indomptable énergie de Rose à défendre les siens. On apprend finalement que le meurtre a été commis par deux jeunes filles. Rose rend l'argent au juge au moment du départ de celui-ci.

LES GRANGES BRÛLÉES

LES GRANGES BRÛLÉES

Alain Delon retrouve Simone Signoret après La Veuve Couderc *(1971). C'est donc à nouveau l'affrontement de deux monstres sacrés dans l'univers clos de la paysannerie française, un univers qui rejette toutes les interventions extérieures.*

Notes : *Tournage du 27 décembre 1972 au 14 février 1973 dans le Doubs, à Pontarlier.*

UN HOMME EST MORT

Réalisation : Jacques Deray ; scénario : Jean-Claude Carrière, Jacques Deray, Ian McLellan Hunter, d'après l'histoire de Jean-Claude Carrière et Jacques Deray ; photographie : Silvano Ippoliti, Terry K. Meade © ; musique : Michel Legrand ; montage : William K. Chulack, Henri Lanoë ; production : Jacques Bar (Cité-Films / Les Productions Artistes Associés / Mondial Televisione Film / General Production Company) ; durée : 105 min.

Interprétation : Jean-Louis Trintignant : Lucien Bellon. Ann-Margret : Nancy Robson. Roy Scheider : Lenny. Angie Dickinson : Jackie Kovacs. Umberto Orsini : Alex Kovacs. Michel Constantin : Antoine. Giorgia Engel : Jane Barnes. Ted de Corsia : Victor Kovacs. Carlo De Mejo : Karl. Felice Orlandi : inspecteur Anderson. Carmen Argenziano : deuxième « faucon ». Rico Cattani : majordome. Edward Greenberg : auto-stoppeur. Jackie Earle Haley : Éric. John Hillerman : gérant du magasin. Ben Piazza : employé de bureau. Alex Rocco : Miller. Talia Shire : maquilleuse.

Thème : Un tueur à gages français, Lucien Bellon, arrive à Los Angeles et élimine Victor Kovacs, comme il le devait à son ami Antoine. Son contrat rempli, il découvre bientôt que ses affaires ont disparu de l'hôtel et qu'un tueur américain est lancé à ses trousses. Il se réfugie de force chez Jane Barnes, téléphone à Antoine qui le met en contact avec Nancy Robson pour la préparation d'un nouveau passeport. Lucien décide alors, avant de revenir en France, de régler le problème de sa survie. Il comprend que la famille de Kovacs a

UN HOMME EST MORT

ordonné sa mort, mais il parvient à abattre le tueur, Lenny. Antoine intervient au moment de l'enterrement de Kovacs et élimine Alex, le fils de ce dernier. Antoine est tué à son tour par la police tandis que Lucien, grièvement blessé, prend la fuite avec le corbillard.

« Convaincu, *écrivait Jacques Deray, que seul le tournage sur les lieux réels de l'action donne force et vérité à l'histoire, je me retrouve dans les mêmes conditions qu'à Tokyo, à la rencontre d'une ville démesurée, surprenante et hallucinante. J'abandonne vite les assistants chargés de me la faire découvrir. Chaque jour, je pars seul à la recherche de lieux de tournage. Je me perds bien souvent mais trouve des endroits inconnus des professionnels et des habitants d'Hollywood. Mes étonnements devant un décor, mes rencontres, mes envies guident le travail des auteurs. Tous les soirs, je leur fais part de mes découvertes. Je suis en plein documentaire-fiction. Les yeux d'un Français arrivant pour la première fois à Hollywood, hors de toute mesure humaine, seront les miens.* »

Notes : *Tournage à partir du 5 juin 1972 à Los Angeles (Venice, aéroport international, International Airport, hôtel* The Beverly Hilton*) et aux studios de Billancourt (Paris Studios Cinéma).*

LES HOMMES

Réalisation : Daniel Vigne ; scénario : Léo Carrier ; dialogues : Léo Carrier, Jacques Robert ; photographie : Jean Charvein © ; musique : Francis Lai, Christian Gaubert ; montage : Laurence Leininger ; production : Gisèle Rebillon, Catherine Winter (Sofracima / Mondial Televisione Film) ; durée : 100 min.

Interprétation : Michel Constantin : Marius Fantoni, dit « Fanto ». Marcel Bozzuffi : Félix Vinciguerra, dit « Vinci ». Nicole Calfan : Nuncia Marchetti. Denis Manuel : Sauveur Leoni. Angelo Infanti : Ange Leoni. Henry Silva : Everett. Vittorio Sanipoli : Grisoni. Marco Perrin : commissaire Maestracci. André Bollet : Raphaël Bozzoconi. George Birt : Sam. Francis Linel : Francis Marchetti, dit « Francis le Boiteux ». Michel Bertay : commissaire divisionnaire Villedieu. Yves Gabrielli : Simon Castelli.

Thème : À la mort de Raphaël Bozzoconi, ses complices poursuivent le trafic des cigarettes avec l'Américain Everett. C'est désormais par tonnes que les cigarettes inondent le marché français, mais le truand corse Marius Fantoni est arrêté pour un crime qu'il n'a pas commis. Lorsqu'il sort de prison, il découvre que ses acolytes cherchent à se passer de lui. Il pense que Sauveur Leoni en a profité et il l'assassine. Désormais le Milieu le traque…

Un polar de série sur fond de trafic de cigarettes. Une certaine efficacité.

IL N'Y A PAS DE FUMÉE SANS FEU

Réalisation : André Cayatte ; scénario : André Cayatte, Pierre Dumayet ; photographie : Maurice Fellous © ; musique : François de Boisvallée, Pierre Duclos ; montage : Françoise Javet ; production : Lucien Massé (Labrador Films / Carlton Film Export / Audio Production / Euro International Film / Unidis) ; durée : 120 min.

Interprétation : Annie Girardot : Sylvie Peyrac. Mireille Darc : Olga Leroy. Bernard Fresson : Dr Peyrac. Michel Bouquet : Morlaix. André Falcon : Boussard. Paul Amiot : Georges Arnaud. Micheline Boudet : Corinne. Pascale de Boysson : Véronique. Marc Michel : Jean-Paul Leroy. Georges Riquier : juge. Mathieu Carrière : Ulrich Berl. Patrick Bouchitey : ami d'Ulrich. Nathalie Courval : Gaby.

Thème : Le Dr Peyrac, réputé à gauche, décide de se présenter aux élections contre le maire sortant Boussard. C'est alors que sa femme Sylvie se voit accuser d'avoir participé à des parties fines. Il s'agit d'une machination montée par Morlaix, le collaborateur sans scrupules de Boussard, qui se sert d'une photographie truquée d'Ulrich Berl. Ce dernier est bientôt assassiné et Peyrac est soupçonné. Grâce à Olga Leroy, l'amie de Sylvie qui bénéficie d'importantes amitiés, l'affaire est finalement démontée, et le médecin, innocenté. Boussard ne se représentera pas, mais le Dr Peyrac est gravement touché.

André Cayatte s'inspire de l'affaire Marković, qui chercha – on s'en souvient – à mettre en cause Mme Pompidou, et le cinéaste témoigne, une fois de plus, de son habileté aussi bien dans la direction d'acteurs que dans sa volonté de séparer la vérité de la calomnie. Ce qui a toujours été sa passion. On a trop souvent sous-estimé le film et son réalisateur !

***Notes :** Tournage à partir de janvier 1973 dans le Val-d'Oise – Garges-lès-Gonesse, Sarcelles (centre commercial* Les Flanades, *place de France, Maison des jeunes) – et aux studios de Boulogne-Billancourt / SFP.*

IL N'Y A PAS DE FUMÉE SANS FEU

LE MATAF

Réalisation : Serge Leroy ; scénario : Serge Leroy, Charles Slama, Roberto Gianviti ; dialogues : Serge Leroy ; photographie : Edmond Séchan © ; musique : Stelvio Cipriani ; production : Eugène Lépicier (Filmel / Medusa Produzione) ; durée : 90 min.

Interprétation : Michel Constantin : Bernard Solville. Georges Géret : Basilio Hagon. Annie Cordy : Nina. Cathy Rosier : Cathy Mondor. Adolfo Celi : Me Desbordes. Pierre Santini : Frank Mazier. Bob Asklöf : Bob. Julie Dassin : Madeleine. Billy Kearns : homme de main. Carl Studer : Sam. Pippo Merisi : Jackie. Jacques Rispal : infirmier.

Thème : Les truands Bernard Solville, dit « Le Mataf », Frank et Basilio préparent un vol de diamants à la gare du Nord, mais l'intervention de deux assassins compromet leur coup. Les hommes en question possèdent des photos des braqueurs qui sont alors victimes d'un chantage : un avocat véreux, Me Desbordes, exige d'eux le vol d'une boîte de microfilms en échange des clichés compromettants. La bande exécute avec succès le nouveau coup, mais les microfilms leur sont dérobés et Frank est tué. Bernard retrouve la marchandise et obtient l'aide de Cathy, la maîtresse de Desbordes. Les gangsters torturent à mort Nina, la femme de Basilio, et cherchent à battre Bernard et Cathy. Ceux-ci parviennent à fuir ; après que Basilio a éliminé les gangsters.

Le scénario est sans grande surprise et on se souvient surtout de la très longue scène de torture d'Annie Cordy par les gangsters aux ordres de Me Desbordes, scène qui s'achève par la mort de Nina, et par la présence presque énigmatique de Cathy Rosier. En fait, une déception.

LES NOCES ROUGES

LES NOCES ROUGES

Réalisation : Claude Chabrol ; scénario : Claude Chabrol ; photographie : Jean Rabier © ; musique : Pierre Jansen ; montage : Jacques Gaillard, Monique Gaillard ; production : André Génovès (Les Films de la Boétie / Canaria Film / Italian International Film) ; durée : 95 min.

Interprétation : Stéphane Audran : Lucienne Delamare. Michel Piccoli : Pierre Maury. Claude Piéplu : Paul Delamare. Clotilde Joano : Clotilde Maury. Eliana De Santis : Hélène Chevalier. François Robert : Auriol. Daniel Lecourtois : préfet. Pippo Merisi : Berthier. Ermanno Casanova : conseiller.

Thème : Une petite ville de province. Pierre Maury, marié avec Clotilde, partiellement impotente, a pour maîtresse Lucienne Delamare. Celle-ci est l'épouse de Paul, qui est tout à la fois impuissant et député-maire. Pierre et Lucienne deviennent amants, mais leur passion a donc des limites : Pierre tue Clotilde et aide Lucienne à se débarrasser de Paul. Tout semble donc réglé. Or Hélène, la fille de Lucienne veut absolument faire taire les insinuations et rumeurs concernant sa mère. La police enquête. Pierre et Lucienne finissent par reconnaître leurs forfaits.

Claude Chabrol s'attaque avec gourmandise à la bourgeoisie provinciale, mettant dans le même sac député-maire de droite et conseiller municipal de gauche, jouant au passage sur le thème de l'impuissance sexuelle. Très brillante interprétation.

Notes : *Tournage du 16 octobre au 6 décembre 1972 dans l'Indre (Fontguenand, Varennes-sur-Fouzon, Chabris et Valencay).*

UN OFFICIER DE POLICE SANS IMPORTANCE

Réalisation : Jean Larriaga ; scénario : Marc Porel, Jean Larriaga ; photographie : Roland Dantigny © ; musique : Laurent Petitgirard ; montage : Gabriel Ronger ; production : Daniel Moosmann, Philippe Ogouz (Les Films Marceau / Mog-Films / Sédimo / Filmsonor) ; durée : 97 min.

Interprétation : Marc Porel : Camille Fresse. Julian Negulesco : Dov. Dani : Joëlle. Robert Hossein : Pierre Fresse. Charles Denner : officier de police adjoint

UN OFFICIER DE POLICE SANS IMPORTANCE

SANS SOMMATION

Serge Monnier. Raymond Pellegrin : commissaire Jean Dekervan. Nicole Courcel : Fabienne Fresse. Georges Géret : Rémy Scoto.

Thème : Camille, Dov et Dani vivent de divers larcins pour pouvoir s'acheter de la drogue. Au cours d'un de ces vols, ils provoquent le système d'alarme, et Pierre, le propre frère de Camille, qui était lui aussi en train de forcer un coffre-fort, est arrêté. Le trio décide alors de kidnapper un officier de police, Serge Monnier, et d'exiger en échange de sa libération celle de Pierre. Mais Doc tue un homme et, dans l'affrontement final, le trio de voleurs et leur otage trouveront la mort.

***Notes :** Tournage du 18 août au 8 octobre 1972. Marc Porel, fils de Jacqueline Porel et de Gérard Landry, était l'arrière-petit-fils de Réjane.*

SANS SOMMATION

Réalisation : Bruno Gantillon ; scénario : Bruno Gantillon, Pierre Vial-Lesou, Roberto Infascelli, Horst Zommer ; dialogues : Pierre Vial-Lesou ; photographie : Jean Monsigny © ; musique : Daniele Patucchi ; montage : Michel Lewin ; production : Gisèle Rebillon, Catherine Winter, Dieter Geissler (Sofracima / Primex / Dieter Geissler Filmproduktion GmbH) ; durée : 98 min.

Interprétation : Maurice Ronet : inspecteur Raoul Maury / Kieffer. Bruno Cremer : ex-sergent Donetti. Mario Adorf : ex-commandant Pierre Capra. Anny Duperey : Cora. Georges Staquet : premier policier en filature. Jacques Monod : député. Marina Malfatti : Isabelle Maury. Solange Pradel : Christine. Michel Bertay : avocat. Giacomo Furia : commissaire. Renato Romano : inspecteur principal Gérard Louvel. Jean Luisi : second policier en filature. Alfred Baillou : joueur de billard.

Thème : Discrédité et rétrogradé pour excès de zèle, l'inspecteur Raoul Maury obtient une seconde chance. Il doit, en raison de sa ressemblance avec le mercenaire Kieffer, se faire passer pour lui afin de réussir à éliminer Capra, un ex-commandant de l'Indochine devenu hors-la-loi qui en sait trop sur certaines personnalités haut placées. Or, le faux Kieffer comprend bientôt que les autorités cherchent, par la même occasion, à se débarrasser de lui. Il choisit alors de se ranger du côté de Capra. Ce dernier sera tué tandis que Maury fuira au Venezuela.

Depuis longtemps, le cinéma américain nous a appris que ce genre de mission était le plus souvent un piège, car les commanditaires de ce type d'opérations cherchaient avant tout à faire place nette et à ne pas laisser de témoin.

***Notes :** Tournage du 26 octobre au 13 décembre 1972.*

LE SILENCIEUX

Réalisation : Claude Pinoteau ; scénario : Jean-Loup Dabadie, Claude Pinoteau, d'après le roman de Francis Ryck *Drôle de pistolet* ; dialogues : Jean-Loup Dabadie ; photographie : Jean Collomb © ; musique : Jacques Datin, Alain Goraguer ; montage : Marie-Josèphe Yoyotte ; production : Alain Poiré (Gaumont International / Medusa Distribuzione / Trianon Films) ; durée : 117 min.

Interprétation : Lino Ventura : Anton Haliakov / Clément Tibère. Lea Massari : Maria Menela. Suzanne Flon : Jeanne. Leo Genn : chef du MI5. Robert Hardy : adjoint du chef du MI5. Pierre-Michel Le Conte : Boris Korodine. Bernard Dhéran : M. Chat. Lucienne Legrand : libraire. Pierre Zimmer : nouveau mari de Maria. André Falcon : commissaire de police. Robert party : tueur. Michel Fortin : camionneur. Roger Crouzet : agent de la DST. Pierre Collet : garagiste. Michel Duplaix : analyste de la DST.

Thème : Membre d'une délégation de savants soviétiques venue en Grande-Bretagne, le physicien Haliakov est victime d'un accident de la route. Son « cadavre » est prétendument incinéré, mais Haliakov est en réalité Clément Tibère, un savant français, et se retrouve interrogé au MI5 où il lui est demandé, en échange de sa liberté, de dénoncer deux espions

LE SILENCIEUX

LE SILENCIEUX

russes. Il accepte et retourne en France, où son amie Jeanne est mise au courant de la situation par les services secrets français. Clément se rend à Genève et veut démasquer le chef d'orchestre Boris Korodine, en fait un agent soviétique qui fait passer des documents secrets dans des partitions de musique. Alors que Tibère est capturé par les Russes, Borodine est arrêté par les Occidentaux. Une transaction voit l'échange des deux espions.

Une réalisation habile de Claude Pinoteau, ancien assistant de René Clair, Henri Verneuil et Claude Lelouch, et dont c'est le premier film, avec une excellente composition de Lino Ventura, qui retrouvera Pinoteau pour La Gifle *(1974) et* L'Homme en colère *(1979). Une réussite.*

Notes : *Tournage du 11 septembre au 14 novembre 1972 à Paris – 8, rue Castiglione (1er), théâtre des Champs-Élysées (8e), avenue de Lowendal (7e), avenue de Flandre (19e), avenue Paul-Appell (14e), place de Fontenoy (7e), rue Sédillot (7e), rue Dupont-des-Loges (7e) –, Lyon, Grenoble, Gap (place Frédéric-Euzière), Fontenay-aux-Roses (centre CEA), Genève et Londres (Royal College of Music).*

TRAITEMENT DE CHOC

Réalisation : Alain Jessua ; scénario : Alain Jessua, Roger Curel ; dialogues : Alain Jessua ; photographie : Jacques Robin © ; musique : Alain Jessua, René Koering ; montage : Hélène Plemiannikov ; production : Raymond Danon, Jacques Dorfmann (Belstar Productions / AJ Films / Lira Films / Medusa Distribuzione) ; durée : 91 min.

Interprétation : Alan Delon : Dr Devilers. Annie Girardot : Hélène Masson. Robert Hirsch : Gérôme Savignat. Michel Duchaussoy : Dr Bernard. Gabriel Cattand : procureur de Boissière. Jeanne Colletin : Camille Giovanelli. Robert Party : colonel de Riberolles. Roger Muni : Paul Giovanelli. João Pareira Lopez : João. Jean-François Calvé : Me René Gassin. Ana Gaylor : Denise. Jacques Santi : Le Quérec. Jean Roquel : Marcel Lussac. Lucienne Legrand : Lise de Riberolles. Anne-Marie Deschodt : Henriette Lussac. Jean Leuvrais : commissaire. Guy Saint-Jean : cafetier. Nicole Gueden : femme du cafetier.

Thème : Gérôme Savignat conseille à Hélène Masson, directrice d'une entreprise de prêt-à-porter au bord de la dépression, de prendre du repos comme lui dans la clinique du Dr Devilers. Bien accueillie par les autres patients et le personnel (dont João, un immigré portugais en situation irrégulière), Hélène effectue sa cure et se sent mieux à la suite d'une première injection de sang animal. Mais Gérôme se suicide et João disparaît. Hélène, qui est tombée amoureuse de Devilers, enquête sur la mort de son ami et les mystérieux événements qui se succèdent à la clinique,

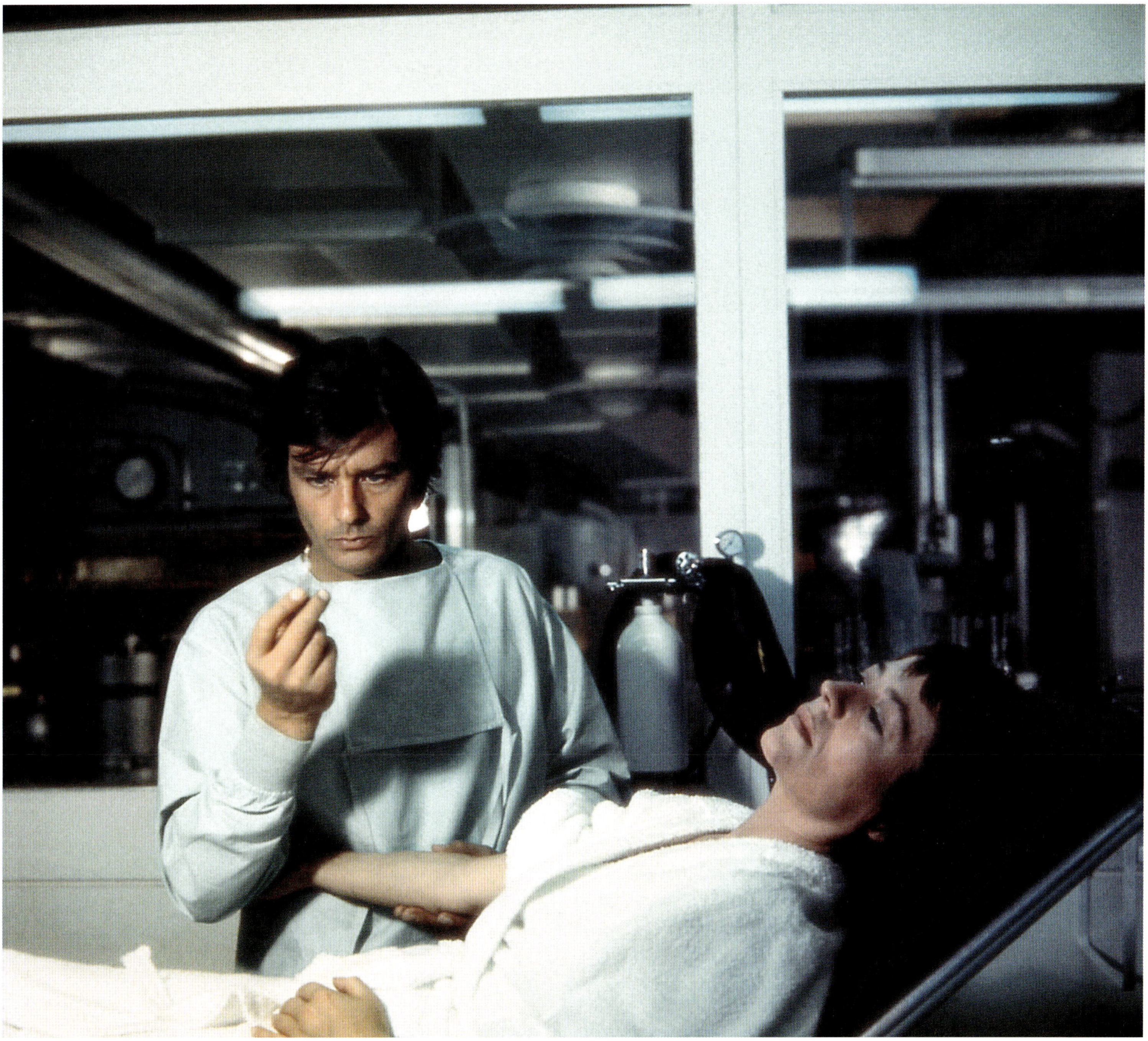

TRAITEMENT DE CHOC

découvrant bientôt une terrible vérité : ce sont des organes humains – ceux du personnel portugais – qui servent d'ingrédients à la cure de rajeunissement du Dr Devilers. Bouleversée, elle tue ce dernier en lui échappant. Elle est arrêtée par la police, dont le commissaire est un patient régulier de la clinique bien conscient de ce qui s'y passe…

Très habilement, Alain Jessua passe du drame psychologique à la frontière du fantastique. Le film est célèbre pour montrer Alain Delon et Annie Girardot complètement nus. Il mérite d'être redécouvert pour l'acuité psychologique et l'habileté d'Alain Jessua dont c'est le meilleur film.

Notes : *Tournage à partir du 17 août 1972 dans le Morbihan – Hôtel Castel Clara (Bangor), Le Palais, Belle-Île-en-Mer.*

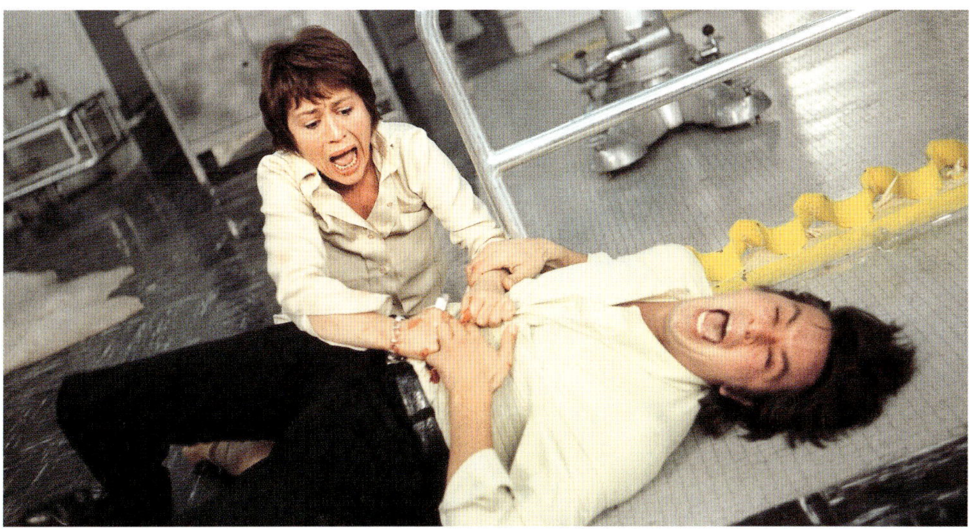

BORSALINO AND CO.

Réalisation : Jacques Deray ; scénario : Jacques Deray, Pascal Jardin ; dialogues : Pascal Jardin ; photographie : Jean-Jacques Tarbès © ; musique : Claude Bolling ; montage : Henri Lanoë ; production : Alain Delon, Maurice Jacquin (Adel Productions / COMACICO – Compagnie Africaine Cinématographique et Commerciale / Medusa Produzione / TIT Film-produktion GmbH) ; durée : 110 min.

Interprétation : Alain Delon : Roch Siffredi. Riccardo Cucciolla : Giovanni Volpone et Francesco Volpone. Daniel Ivernel : commissaire Fanti. Catherine Rouvel : Lola. André Falcon : commissaire Cazenave. Lionel Vitrant : Fernand. Reinhard Kolldehoff : Sam. Marc Eyraud : médecin chef aliéniste. Jacques Debary : préfet. Henri Attal : gardien de l'asile. Anton Diffring : Allemand. Mireille Darc : prostituée. Claudine Auger : jeune femme sur le bateau. Greg Germain : « le Noir ». Günter Meisner : médecin. Philippe Castelli : coiffeur. Adolfo Lastretti : Luciano. Pierre Koulak : Spada. Marius Laurey : Teissere. Serge Davri : Charlie. Bruno Balp : spectateur. Yvan Chiffre, Maurice Auzel, Jacques Pisias : hommes de main de Sam. Henri Attal : surveillant de l'asile.

Thème : 1933, Marseille. Roch Siffredi assiste aux obsèques de son ami François Capella et décide de le venger. Il découvre qu'il a été abattu par un tueur à la solde de Giovanni Volpone, dont il commence par éliminer le frère, Francesco. Volpone riposte en saccageant les cercles de jeux de Siffredi que met en garde le commissaire Fanti, craignant que Marseille ne soit à nouveau le lieu d'une guerre des gangs. Mais Fanti est remplacé par le commissaire Cazenave sur lequel compte Volpone. Siffredi est alors enlevé par Sam, puis saoulé et interné comme s'il était fou. Son ami Fernand parvient à le faire évader de l'asile avant de s'enfuir avec lui en Italie. Trois années passent. Siffredi revient à Marseille et fait subir à Cazenave et Sam le même sort qu'ils lui avaient réservé : il les kidnappe, les fait boire de force et les expose à la presse. Fanti retrouve son poste et, après avoir réglé son compte à Sam, la bande de Siffredi s'arrange pour

que Volpone finisse dans le foyer de la locomotive du Marseille-Berlin. Sa vengeance obtenue, Siffredi quitte alors Marseille en bateau pour l'Amérique.

« L'histoire, *écrivait Jacques Deray,* se déroule de 1933 à 1937, côtoie la période du Front populaire et fait résonner dans le lointain, déjà, le chaos du nazisme. Si le premier film pouvait se référer à des personnages ayant existé, celui-ci prend beaucoup plus de liberté avec les faits réels. Je décide de choisir un autre style, plus proche peut-être d'une bande dessinée, au rythme plus rapide, où la violence est toujours accompagnée d'un clin d'œil. La nouveauté pour moi est le personnage joué par Delon qui, au départ, est un perdant ivre de vengeance. Le film nous décrit sa remontée. » *Le film raconte donc une double vengeance : celle de Siffredi et celle de Volpone. Face à ce dernier, gangster fasciste, Siffredi incarne la tradition romanesque du mauvais garçon chère au cinéma français.*

L'HORLOGER DE SAINT-PAUL

Réalisation : Bertrand Tavernier ; scénario : Jean Aurenche, Pierre Bost, Bertrand Tavernier, d'après le roman de Georges Simenon *L'Horloger d'Everton* ; photographie : Pierre-William Glenn © ; musique :

L'HORLOGER DE SAINT-PAUL

L'HORLOGER DE SAINT-PAUL

Philippe Sarde ; montage : Armand Psenny ; assistance à la réalisation : Claude Othnin-Girard, Laurent Heynemann ; production : Raymond Danon (Lira Films) ; durée : 105 min.

Interprétation : Philippe Noiret : Michel Descombes. Jean Rochefort : commissaire Guilboud. Jacques Denis : Antoine. Julien Bertheau : Édouard. Yves Afonso : officier de police Bricard. Clotilde Joano : Janine Boitard. William Sabatier : avocat. Sylvain Rougerie : Bernard Descombes. Andrée Tainsy : Madeleine Fourmet. Cécile Vassort : Martine. Christine Pascal : Liliane Torrini. Monique Chaumette : Mme Torrini. Paul Mercey : M. Torrini. Pierre-William Glenn : cycliste. Albert Husson : Lucien. Tiffany Tavernier : petite fille dans le train. Jacques Hilling : journaliste Costes. Liza Braconnier : femme de ménage. René Morard, Henri Vart : plombiers.

Thème : À Lyon, Michel Descombes vit seul et exerce comme artisan horloger. Sa femme l'a abandonné et il apprend que Bernard, le fils qu'il a élevé seul, a tué le vigile d'une usine. Ce dernier harcelait Liliane, la compagne du jeune homme. Pour retrouver le fugitif, le commissaire Guilboud fait appel à Michel, qui prend alors conscience que la relation filiale n'était en rien nourrie. Bernard est arrêté et condamné à vingt ans de prison. Michel rend visite à son fils et, sans qu'il y ait besoin de grands dialogues, le père et le fils se comprennent…

Bertrand Tavernier a choisi, en adaptant le roman de Simenon, de déplacer l'action des États-Unis, où se déroule initialement le roman, à Lyon, sa ville natale, « sa » ville. Le film est donc tout à la fois le témoignage de Tavernier, dont c'est le premier film de long métrage, pour cette ville – le magasin de Michel Descombes est situé au 4, rue de la Loge (Saint-Paul) – et l'histoire d'une double amitié. Michel va découvrir en la personne du commissaire Guilboud un homme qui, lui aussi, peut avoir des relations conflictuelles avec ses enfants. Nous n'avons donc pas affaire ici à un flic bourru ou violent mais à un homme qui est à même de comprendre les problèmes et les drames des autres. Enfin et surtout, le film va permettre à Michel Descombes de renouer des liens perdus avec ce fils qu'il a élevé sans le comprendre profondément. « Finalement, dit *Bernard Descombes,* on n'entend que ce qui nous intéresse. » *C'est justement le reste qu'a choisi Tavernier. Ce premier film est une grande réussite.*

Notes : *Tournage du 26 juin au 10 août 1973 à Lyon (Croix-Rousse, parc de la Tête d'or, Saint-Paul, Vieux-Lyon, cathédrale Saint-Jean), Couzon-au-Mont-d'Or (Rhône) et Saint-Sorlin-en-Bugey (Ain).*

UN LINCEUL N'A PAS DE POCHES

Réalisation : Jean-Pierre Mocky ; scénario : Jean-Pierre Mocky, Alain Moury, d'après le roman de Horace McCoy ; dialogues : Alain Moury ; photographie : Marcel Weiss © ; musique : Paul de Senneville, Olivier Toussaint ; montage : Marie-Louise Barberot ; production : Jean-Pierre Mocky (Balzac Films / SN Prodis) ; durée : 125 min.

Interprétation : Jean Carmet : commissaire Bude. Michel Constantin : Culli. Michel Galabru : Thomas. Daniel Gélin : Laurence. Michel Lonsdale : Raymond. Jean-Pierre Marielle : Dr Carlille. Jean-Pierre Mocky : Michel Dolannes. Martine Sarcey : Mme Mardène. Michel Serrault : Justin Blesh. Sylvia Kristel : Avril. Jess Hahn : Walter. Myriam Mézières : Mira Barnowski. Francis Blanche : Nathaël Grissom. Christian Duvaleix : Jo. Alan Adair : David. Betty Beckers : Mme Carlille. Robert Berri : militant communiste. Jacques Duby : Eckmann. Samson Fainsilber : Gonzague. Pierre Gualdi : Ferdinand Blesh. Élisabeth Braconnier : Mme Culli. Dominique Zardi, Gérard Hoffman : hommes de main. Paul Muller : Minecci. Rudy Lenoir : journaliste. Lisa Livane : Anne-Marie Minecci. Georges Lucas : acteur maquillé. Guy Denancy : Bernard. Jean-Claude Rémoleux : metteur en scène. Jean-Claude Romer : lecteur de *Cosmopolite*. Percival Russel : boxeur. Carl Studer : Raff.

Thème : Michel Dolannes fonde *Cosmopolite*, un journal qui dénonce les turpitudes des médecins avorteurs et des hommes politiques corrompus. Il est jugé assez gênant pour être assassiné.

Quel dommage de voir un si beau roman si mal adapté ! Même si on peut retrouver parfois la verve de Mocky dans ce jeu de massacre, le résultat est bien décevant.

***Notes :** Tournage à Alfortville, Paris et Rouen.*

LA MAIN À COUPER

Réalisation : Étienne Périer ; scénario : Dominique Fabre, Étienne Prier, Charles Spaak, d'après le roman de Pierre Salva ; photographie : Marcel Grignon © ; musique : Paul Misraki ; production : Jacques Roitfeld, Adolphe Viezzi (Les Productions Jacques Roitfeld / Clodio Cinematografica / Planfilm) ; durée : 93 min.

Interprétation : Lea Massari : Hélène Noblet. Michel Bouquet : Georges Noblet. Bernard Blier : Moureu. Michel Serrault : Édouard Henricot. Michel Albertini : Daniel Noblet. Lise Danver : Nadine Noblet. Dora Doll : Pascale Effront. José Artur : antiquaire. Pierre Tabard : inspecteur Benoît. Lita Recio : concierge. Étienne Périer : homme au téléphone. Raoul Curet : joaillier. Pierre Orcel : jeune homme. Paul Bisciglia : médecin légiste. Antoine Frebet : Philippe.

Thème : Hélène et Georges donnent l'apparence d'un couple heureux et uni. Elle est antiquaire, lui est médecin. La vie d'Hélène est troublée par le meurtre de son amant Philippe, un ami de son fils Daniel. La police soupçonne ce dernier tandis qu'un maître-chanteur, Henricot, apparaît. Hélène en vient à soupçonner son propre mari… Le coupable est Henricot.

Un mari joué par Michel Bouquet, une épouse qui se prénomme Hélène… Ce pourrait être du Chabrol, mais ce n'est malheureusement pas du Chabrol !

LE MOUTON ENRAGÉ

Réalisation : Michel Deville ; scénario : Christopher Frank, Michel Deville, d'après le roman de Roger Blondel ; photographie : Claude Lecomte © ; musique : José Berghmans, d'après des œuvres de Camille Saint-Saëns ; montage : Raymonde Guyot ; production : Léo L. Fuchs (Viaduc Productions / TRAC Cinematografica) ; durée : 105 min.

Interprétation : Jean-Louis Trintignant : Nicolas Mallet. Jane Birkin : Marie-Paule Allard. Jean-Pierre Cassel : Claude Fabre. Romy Schneider : Roberte Groult. Florinda Bolkan : Flora. Georges Wilson : Julien Lourceuil. Henri Garcin : Berthoud. Michel

LA MAIN À COUPER

Vitold : Georges Groult. Mary Marquet : Mme Hermens. Estella Blain : Shirley Douglas. Jean-François Balmer : Vischenko. Christine Boisson : Zouzou, jeune fille nue chez Flora. Gisèle Casadesus : Mme Lourceuil. Georges Beller : Jean-Mi. Betty Berr : Sylvie. Dominique Costanza : Sabine. Madeleine Damien : Éléonore.

Thème : Claude Fabre se sert de son ami Nicolas Mallet, tombé soudain amoureux de Marie-Paule, pour vivre à travers lui dans le monde des puissants. Il lui fait quitter la banque où il travaillait et séduire Roberte Groult, dont le mari est instituteur. Grâce à Marie-Paule, Nicolas devient le collaborateur de l'ambitieux Julien Lourceuil qu'il réussit à faire élire avec l'appui du *Témoin,* le journal de Mme Hermens. Mais Roberte tombe enceinte de Nicolas. Son mari la tue avant de se suicider. Nicolas continue à séduire. Cette fois-ci, c'est l'actrice Shirley Douglas, l'amour de jeunesse de Claude. Désespéré de la situation qu'il a provoquée, celui-ci se donne la mort. Riche héritier de Mme Hermens, Nicolas peut épouser Marie-Paule.

La soif du pouvoir et des honneurs pousse le provisoirement timide Nicolas à bafouer la morale et à trahir sans vergogne. Face à cet homme manipulé – et ravi de se laisser faire ! –, Michel Deville constitue une brillante galerie de femmes, fragiles ou vénéneuses, corrompues ou prêtes à corrompre. Le film, avec Eaux profondes *(1981), est l'œuvre la plus délicatement perverse de Michel Deville, un portrait balzacien d'une société profondément immorale.*

LE MOUTON ENRAGÉ

Notes : *Tournage à partir du 24 septembre 1973 à Paris – jardin des Batignolles (17e), place de l'Odéon (6e), rue de Tournon (6e), rue des Ciseaux (6e), brasserie* La Renaissance *(112, rue Championnet, 18e) et autres lieux dans la capitale –, dans les Yvelines (zoo de Thoiry, Bougival) et à Cormeilles-en-Vexin (Val-d'Oise).*

NADA

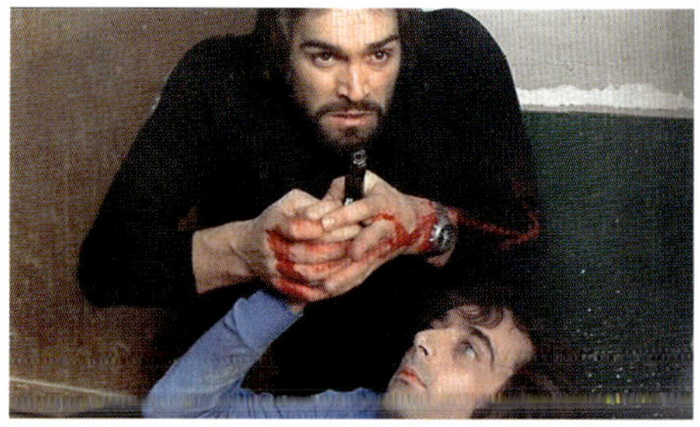

Réalisation : Claude Chabrol ; scénario : Claude Chabrol, Jean-Patrick Manchette, Antonietta Malzieri, d'après le livre de Jean-Patrick Manchette ; photographie : Jean Rabier © ; musique : Pierre Jansen ; montage : Jacques Gaillard ; assistance à la réalisation : Régis Wargnier, Antonio Raffa ; production : André Génovès (Les Films de la Boétie / Verona Produzione / Italian International Film) ; durée : 129 min.

Interprétation : Fabio Testi : Buenaventura Diaz. Mariangela Melato : Véronique Cash. Maurice Garrel : André Épaulard. Michel Duchaussoy : Marcel Treuffais. Michel Aumont : commissaire Goemond. Didier Kaminka : Meyer. Lou Castel : D'Arey. Katia Romanoff : Anna Meyer. André Falcon : ministre. Lyle Joyce : ambassadeur Richard Poindexter. Francis Lax : Édouard Longuevache. Viviane Romance : Mme Gabrielle. Rudy Lenoir : M. Bouillon. François Perrot : chef de cabinet. Daniel Lecourtois : préfet. Jacques Préboist : automobiliste. Sandra Julien : Salomé. Henri Attal : policier. Ibrahim Seck : journaliste. Dominique Zardi : policier.

Thème : Le groupe terroriste anarchiste Nada – composé d'Épaulard, Diaz, Treuffais, Meyer et D'Arey – décide d'organiser l'enlèvement de l'ambassadeur des États-Unis Richard Poindexter. L'opération a lieu et le diplomate est séquestré dans une ferme isolée où habite leur alliée Véronique Cash. Celle-ci et André Épaulard deviennent amants. Le chef de cabinet du ministre de l'Intérieur confie au commissaire Goemond le soin de régler au plus vite l'affaire. Le policier trouve la planque des ravisseurs et donne l'assaut alors même qu'Épaulard arborait un drapeau blanc. Les anarchistes sont abattus à l'exception de Buenaventura Diaz qui assassine l'ambassadeur et réussit à prendre la fuite. Blessé et réfugié chez Treuffais, il y attend Goemond, transformé en bouc émissaire par sa hiérarchie devant ce fiasco, et les deux hommes s'entretuent.

« Le terrorisme d'État et le terrorisme gauchiste sont les deux mâchoires d'un même piège à cons », dit Treuffais. D'Arey, joué par Lou Castel, symbole du cinéma politique italien, boit Aux desperados *et Truffais parle de la* « vermine marxiste ». *Claude Chabrol se délecte de ce nouveau jeu de massacre, mettant dans le même sac les terroristes qui* « préfèrent mourir dans le sang que dans le caca », *apparaissant comme particulièrement irresponsables, et la police, violente et tout aussi irresponsable. On découvre, au passage, que la police et les Renseignements généraux se tirent régulièrement dans les pattes, alors que leurs adversaires terroristes sont d'irréductibles nostalgiques de leurs actions en Algérie, en Afrique et à Cuba. Régulièrement oublié dans la carrière de Chabrol,* Nada *est particulièrement réjouissant. Fabio Testi fait une belle composition d'anarchiste avec grand chapeau noir, écharpe noire et tenue noire.*

NUITS ROUGES

Réalisation : Georges Franju ; scénario : Jacques Champreux ; photographie : Guido Renzo Bertoni © ; musique : Georges Franju ; montage : Gilles Mathot, Gilbert Natot ; production : Raymond Froment (Terra Films / SOAT) ; durée : 105 min.

Interprétation : Jacques Champreux : « l'Homme sans visage ». Gayle Hunnicutt : femme. Joséphine Chaplin : Martine Leduc. Gert Fröbe : commissaire Sorbier. Enzo Fisichella : inspecteur Péclet. Patrick Préjean : Séraphin Beauminon. Clément Harari : Dr Dutreuil. Gérard Croce : La Futaille. Raymond Bussières : acheteur. Ugo Pagliai : Paul de Borrego. Yvon Sarray : Albert. Jean Saudray : sacristain. André Jaud : inspecteur Lenfant. Michel Paulin : inspecteur Florent. Jacqueline Hopstein : concierge. Roberto Bruni : Maxime de Borrego.

Thème : « L'Homme sans visage » espère arracher à Maxime de Borrego le secret du trésor des Templiers, mais le vieillard meurt sans avoir révélé quoi que ce soit. La société secrète des Templiers jure de venger Maxime, son Grand Sénéchal. Après moult péripéties, l'Homme sans visage, devenu la vieille Mlle Ermance, sympathique mercière accompagnée de sa prétendue nièce, réussit à fuir…

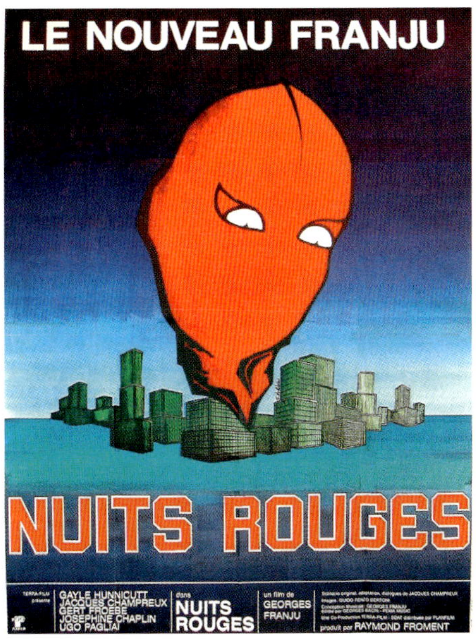

Petit-fils de Louis Feuillade, Jacques Champreux retrouve Georges Franju dont il avait été le collaborateur pour Judex (1963). Le film est un hommage à l'univers de Feuillade, accumulant poursuites et armes surprenantes, gaz mortels et robots humains, sans oublier le « Requiem » de Berlioz. « C'est, déclarait Franju, un spectacle d'action onirique, fantastique, un divertissement dramatique où se mêlent l'insolite et l'humour. »

***Notes :** Tournage à Paris – place de l'Europe (8e), hôtel des ventes Drouot (9e).*

PAR LE SANG DES AUTRES

Réalisation : Marc Simenon ; scénario : Jean-Max ; photographie : René Verzier © ; musique : Francis Lai ; montage : Etiennette Muse ; production : Claude Héroux (Les Films de la Boétie / Kangourou Films / Cinévidéo) ; durée : 95 min.

Interprétation : Yves Beneyton : psychopathe. Francis Blanche : médecin. Bernard Blier : maire. Mylène Demongeot : prostituée. Monita Derrieux : Amélie. Georges Géret : inspecteur. Mariangela Melato : fille du maire. Claude Piéplu : préfet. Charles Vanel : curé. Jacques Godin : Francis. Denise Filiatrault : Geneviève Barthélemy. Robert Castel : Paul. Nathalie Guérin : Caroline Barthélemy.

Thème : Dans un petit village habituellement tranquille, un psychopathe kidnappe deux femmes venues de Paris et exige comme rançon la plus belle fille de la région. Une prostituée qui lui est proposée refuse de faire ce que veulent les autorités – le maire, le responsable de la police, celui de la gendarmerie et le préfet. La tension augmente jusqu'à ce que la propre fille du maire intervienne et réussisse à calmer le kidnappeur. Les otages sont libérées, mais l'homme est abattu par la police.

Un véritable sujet qui oppose à son héros psychopathe les respectables citoyens prêts à toutes les turpitudes pour protéger leur carrière. Dommage que la réalisation ne soit pas plus virulente.

***Notes :** Tournage dans le Gard. Marc Simenon était le fils de Georges Simenon et le mari de Mylène Demongeot.*

LE PROTECTEUR

Réalisation : Roger Hanin ; scénario : Roger Hanin ; photographie : Tadasu Suzuki, Alejandro Ulloa © ; musique : Gregorio García Segura ; montage : Noëlle Balenci ; production : Christine Gouze-Rénal (Progéfi – Production Générale de Films / Les Productions Belles Rives / ORTF – Office de Radiodiffusion et Télévision Française / Producciones Cinematográficas DIA) ; durée : 80 min.

Interprétation : Georges Géret : Samuel Malakian. Bruno Cremer : Beaudrier. Robert Hossein : Arnaud. Roger Coggio : baron Metzger. Jean Servais : Ancelin. Alain Noury : Sergio Vitale. Manuel de Blas : Beppo Manzoni. Roger Hanin : Julien da Costa. Juliet Berto : Nathalie Malakian. Lynne Chardonnet : fille blonde. Évelyne Dassas : Giovanella. Jean-Paul Tribout : Gilles Moreau.

Thème : Samuel Malakian cherche à infiltrer le Milieu pour retrouver sa fille Nathalie, promise à la prostitution. Le baron Metzger, qui contrôle ce fléau, décide d'offrir la jeune femme comme épouse à son protecteur Beppo Manzoni. Prévenu des investigations de Malakian, le caïd finit par faire tuer Nathalie par Manzoni. Le protecteur est lui-même tué. Metzger veut se rendre. Malakian l'abat.

C'est le premier film de Roger Hanin, une réalisation peu convaincante et des personnages complaisants tels que Robert Hossein en travesti…

LE SECRET

Réalisation : Robert Enrico ; scénario : Robert Enrico, Pascal Jardin, d'après le roman de Francis Ryck *Le Compagnon indésirable* ; dialogues : Pascal Jardin ; photographie : Étienne Becker © ; musique : Ennio Morricone ; montage : Eva Zora ; assistance à la réalisation : Claire Denis, Denys Granier-Deferre, Jean Achache ; production : Jacques-Éric Strauss (Président Films / Valoria Films) ; durée : 102 min.

Interprétation : Jean-Louis Trintignant : David Daguerre. Philippe Noiret : Thomas Berthelot. Marlène Jobert : Julia Vandal. Jean-François Adam : Claude Vandal. Solange Pradel : Greta. Michel Delahaye : Dr Pelletier. Maurice Vallier : Bertram. Antoine Saint-John : gardien. Jean-Claude Fal : forestier. Patrice Melennec : gendarme.

Thème : David Daguerre s'évade d'une prison psychiatrique, tuant un gardien et se réfugiant dans la maison isolée qu'habitent Thomas Berthelot et Julia Vandal. Thomas, ancien militant politique, croit David qui se dit être pourchassé et se prend d'affection pour lui. Il décide de le faire fuir en Espagne, alors que Julia, plus méfiante, demande à son frère Claude, qui est journaliste, s'il peut trouver des informations concernant leur « invité ». Elle craint d'ailleurs l'emprise que David peut avoir sur Thomas. Paranoïaque, David abat un forestier qu'il a pris pour un de ses poursuivants. Julia couche brièvement avec David et décide de partir. Claude lui apprend que David est un homme dangereux. Elle revient et tue David, mais le couple est à son tour abattu par de mystérieux individus, qui vont mettre ces meurtres sur le dos de David. Claude est désormais en danger, car il en sait trop.

Quel est ce secret ? Que sait David ? Qui sont les meurtriers ? Autant de questions auxquelles le film ne répond pas… Reste une intrigue que l'on peut suivre en raison de ses interprètes, mais un ensemble décevant.

***Notes :** Tournage du 14 février au 13 avril 1974 à Paris (rue des Saussaies, 8e), dans les Landes (Mimizan Plage) et en Ardèche (Antraigues-sur-Volane, château de Craux à Genestelle).*

LES SEINS DE GLACE

Réalisation : Georges Lautner ; scénario : Georges Lautner, d'après le roman de Richard Matheson *Someone Is Bleeding* ; photographie : Maurice Fellous © ; musique : Philippe Sarde ; montage : Michelle David ; production : Alain Delon, Raymond Danon (Lira Films / Belstar Productions / Capitolina Produzioni Cinematografiche) ; durée : 105 min.

Interprétation : Alain Delon : Marc Rilson. Mireille Darc : Peggy Lister. Claude Brasseur : François Rollin.

Fiore Altoviti : Denis Rilson. Nicoletta Machiavelli : Mme Rilson. Emilio Messina : Steig. Michel Peyrelon : Albert. André Falcon : commissaire Garnier. Philippe Castelli : homme dans le parking.

Thème : François Rollin, qui est scénariste pour la télévision, s'éprend de l'énigmatique Peggy, rencontrée sur une plage. La jeune femme, qui se dit divorcée, aurait tué son mari selon son avocat, Marc Rilson. Peu convaincu, François décide de la soustraire à l'emprise de Marc, qui veille jalousement sur elle. Steig, le garde du corps de Peggy, est bientôt égorgé. Denis, le frère de Marc, trouve aussi la mort. En fuite, François et Peggy veulent se marier, mais Marc tue la jeune femme, qui avait l'intention d'égorger François.

Écrit et réalisé sans conviction, le film n'est qu'un pâle reflet du très beau roman de Richard Matheson, qui méritait vraiment mieux, créant un superbe personnage féminin et brossant une atmosphère de plus en plus inquiétante. Seule, Mireille Darc reste fidèle à l'œuvre d'origine.

Notes : *Tournage dans les Alpes-Maritimes : Villeneuve-Loubet, col de Turini, Juan-les-Pins (boulevard Beaudoin), Antibes, Le Cannet (boulevard d'Olivetum), Èze, Nice (hôtel Negresco et aux studios de la Victorine) et château des Quatre-Tours (Andon).*

LE TRIO INFERNAL

Réalisation : Francis Girod ; scénario : Francis Girod, Jacques Rouffio, d'après le roman de Solange Fasquelle ; photographie : Andréas Winding © ; musique : Ennio Morricone ; montage : Claude Barrois ; production : Raymond Danon, Jacques Dorfmann, Wolfdieter von Stein (Lira Films / Belstar Productions / Films 66 / Oceania Produzioni Internazionali Cinematografiche / TIT Filmproduktion GmbH / Les Productions Fox-Europa) ; durée : 107 min.

Interprétation : Michel Piccoli : Georges Sarret. Romy Schneider : Philomène Schmidt. Mascha Gonska : Catherine Schmidt. Philippe Brizard : Chambon. Jean Rigaux : Villette. Monica Fiorentini : Magali. Hubert Deschamps : Detreuil. Andréa Ferréol : Noémie. Francis Claude : médecin. Pierre Dac : médecin des assurances. Monique Tarbès : infirmière.

Thème : Marseille. Ancien héros de guerre, Georges Sarret est un respectable avocat, mais sa maîtresse d'origine allemande, Philomène Schmidt, risquant d'être déportée, il décide, avec l'aide de celle-ci et de sa sœur Catherine, d'augmenter leur fortune par le crime. Catherine épouse ainsi Villette, que Sarret fait chanter. Sarret et ses deux complices pratiquent, dès lors, des escroqueries à l'assurance et à l'héritage, se débarrassant des corps de leurs victimes avec de l'acide sulfurique. Catherine trouve la mort tandis que Philomène touchera l'assurance de sa propre sœur.

Une habile reconstitution d'époque inspirée d'une affaire criminelle authentique (l'affaire Sarret) et l'humour noir, très noir, de Francis Girod, très à l'aise, qui avouait : « Je place trois monstres dans un bocal. Et je les observe. À intervalles réguliers, je jette une victime dans le bocal et regarde comment elle se fait dévorer. Mes trois monstres ne peuvent venir à bout de la dernière victime. Elle est "indigeste". »

VERDICT

Réalisation : André Cayatte ; scénario : André Cayatte, Henri Coupon, Pierre Dumayet, d'après le roman d'Henri Coupon ; adaptation : Pierre Dumayet, Paul Andréota, André Cayatte ; dialogues : Pierre Dumayet ; photographie : Jean Badal © ; musique : Louiguy ; montage : Paul Cayatte ; production : Carlo Ponti (Compagnia Cinematografica Champion / Les Films Concordia / PECF – Productions et Éditions Cinématographiques Françaises) ; durée : 95 min.

Interprétation : Jean Gabin : président Leguen. Sophia Loren : Teresa Leoni. Henri Garcin : Me Lannelongue. Julien Bertheau : avocat général Verlac. Gisèle Casadesus : Nicole Leguen. Muriel Catalá : Annie Chartier. Daniel Lecourtois : procureur général. Michel Robin : Véricel. Mario Pilar : Joseph Sauveur. Umberto Orsini : médecin du Milieu. Pierre Tabard : patron de la boîte de nuit. Michel Albertini : André Leoni. Marthe Villalonga : concierge. Chantal Ladesou : jurée.

Thème : Leguen, président de la cour d'assises de Lyon, reçoit la visite de Teresa Leoni, qui entend le convaincre de l'innocence de son fils André, accusé du viol et du meurtre d'Annie Chartier. Comprenant qu'elle ne le fera pas fléchir, elle demande l'aide d'anciens amis de son mari, qui était un truand, pour enlever Nicole, la femme du président, et pouvoir ainsi faire pression sur lui. Cédant au chantage, Leguen change, dès lors, d'attitude et favorise la défense. Le procureur est mécontent et Nicole comprend que son mari renonce à ses convictions. Diabétique, elle est prête à se laisser mourir en ne prenant pas son traitement. Leguen met en cause l'article 353 du Code pénal, relatif à l'« intime conviction ». André est acquitté, mais Nicole est morte. Teresa comprend qu'André est réellement coupable ; elle se tue.

C'est à un véritable cours de justice pénale que s'attache ici André Cayatte en s'attaquant à l'article 353 du Code pénal. Le métier et la compétence de Cayatte s'imposent et permettent de suivre avec intérêt les méandres de cette intrigue juridico-criminelle. Le face-à-face de Sophia Loren et de Jean Gabin est souvent grandiose.

ADIEU POULET

Réalisation : Pierre Granier-Deferre ; scénario et dialogues : Francis Veber, d'après le roman de Raf Vallet ; photographie : Jean Collomb © ; musique : Philipe Sarde ; montage : Jean Ravel ; production : Georges Dancigers, Alexandre Mnouchkine (Les Films Ariane / Mondex Films) ; durée : 95 min.

Interprétation : Lino Ventura : commissaire Verjeat. Patrick Dewaere : inspecteur Lefèvre. Victor Lanoux : Pierre Lardatte. Julien Guiomar : contrôleur général Ledoux. Françoise Brion : Marthe Rigaux. Claude Rich : juge Delmesse. Pierre Tornade : commissaire Pignol. Claude Brosset : Antoine Portor. Jacques Rispal : Mercier. Michel Peyrelon : Roger. Christine Laurent : Christine. Ève Francis : vieille dame. Valérie Mairesse : fille à la cocarde. Jacques Serres : inspecteur Martin. Henri Attal : Luigi. Dominique Zardi : homme blessé à la jambe. Gérard Hérold : inspecteur Moitrié. Gérard Dessalles : inspecteur Ransac. Michel Beaune : inspecteur Dupuy. Jean-Yves Gautier : Letellier. Pierre Londiche : Jeanvier. Christiane Tissot : Marie Portor. Lionel Vitrant : pompiste. Marie-Pierre de Gérando : commandant de gendarmerie. Sylvie Matton : infirmière. Raoul Curet : président. Jean Turlier : Moissat. Éric Vasberg : Lopez. Charles Dalin : Sergio.

ADIEU POULET

Thème : Rouen. Un colleur d'affiches est abattu par les hommes de main du candidat adverse. Un policier est lui aussi tué en tentant d'intervenir. Le commissaire Verjeat connaît le nom du meurtrier, un certain Portor. Verjeat cherche, avec l'aide du jeune inspecteur Lefèvre, à pouvoir faire inculper Portor, qui fait partie de l'équipe de campagne de Pierre Lardatte, mais ce dernier est protégé par de puissants appuis. Verjeat réussit à faire accuser publiquement Lardatte du meurtre du jeune colleur d'affiches, mais l'homme politique parvient à faire muter Verjeat à Montpellier. Afin d'empêcher ce départ, Lefèvre fait accuser Lardatte par Marthe Rigaux qui tient une « maison ». Lardatte renonce à protéger Portor, qui le menace d'une arme, et Verjeat se garde bien de régler la situation, rappelant qu'il est à Montpellier...

L'histoire s'inspire d'un fait authentique survenu en 1971 à Puteaux et ici transposé à Rouen. Le film bénéficie de l'efficacité du couple formé par Verjeat, le pro, et Lefèvre, le jeune inspecteur, très chien « fou », d'un scénario bien huilé et de la réalisation habile de Granier-Deferre. Résultat sans surprise mais qui se suit avec intérêt.

***Notes :** Tournage en Normandie (Rouen, Bonsecours, Étréville, Mont-Saint-Aignan).*

L'AGRESSION

Réalisation : Gérard Pirès ; scénario : Gérard Pirès, Jean-Patrick Manchette, d'après le roman de John Buell *The Shrewsdale Exit* ; dialogues : Jean-Patrick Manchette ; photographie : Silvano Ippoliti © ; musique : Robert Charlebois ; montage : Jacques Witta ; production : Alain Poiré, Pierre Braunberger (Gaumont / Les Films du Jeudi / Les Films de la Seine / Primex Italiana) ; durée : 103 min.

Interprétation : Jean-Louis Trintignant : Paul Varlin. Catherine Deneuve : Sarah. Claude Brasseur : André Ducatel. Philippe Brigaud : Escudero. Michèle Grellier : Hélène Varlin. Delphine Boffy : Patty Varlin. Franco Fabrizi : Sauguet. Robert Charlebois : Justin. Jacques Rispal : Raoul Dumouriez. Daniel Auteuil : fiancé de Natacha. Milena Vukotic : juge. Leonora Fani : Josy. Étienne Chicot, Daniel Duval, Tony Gatlif, Jacques Chailleux : motards. Michel Delahaye : armurier. Valérie Mairesse : Natacha. Jean-Marie Poiré : chanteur des « Frenchies ». Claude Mercutio : policier à moto. Mario Santini : pompiste. Jean-Jacques Moreau : agent de Police-Secours.

Thème : Lors d'une halte sur la route des vacances, Paul Varlin a une altercation avec des motards. Peu de temps après, ceux-ci le retrouvent et le père de famille est bientôt agressé et assommé. Revenu à lui, il découvre que sa femme Hélène et leur fille Patty ont été assassinées. Épuisé et ivre, il violente sa propre belle-sœur Sarah après l'enterrement. Il décide alors de retrouver les coupables. Il pense bientôt les avoir identifiés, mais il n'a aucune preuve. Il achète un fusil avec l'intention de se substituer à la justice. Sarah s'attache à lui et ne le quitte pas, de peur de le voir sombrer dans la vengeance. Ducatel, le serveur du restauroute, devient l'ami de Paul qui affronte les voyous, mais la vérité apparaît : si les voyous l'ont bien assommé, c'est Ducatel qui a violé Hélène et tué celle-ci ainsi que Patty.

Le film dénonce les dangers de ceux qui chercheraient à se substituer à une police et une justice souvent impuissantes.

***Notes :** Tournage en septembre-octobre 1974 à Nîmes, Noyers-sur-Jabron (Alpes-de-Haute-Provence) et Grisy-les-Plâtres (Val-d'Oise) – discothèque* Grisy Apple's, *rue du Général-de-Gaulle. Pierre Mondy double vocalement Franco Fabrizi.*

L'AGRESSION

LA BABY-SITTER

Réalisation : René Clément ; scénario : Nicola Badalucco, René Clément, Mark Peploe, Luciano Vencenzoni, d'après l'histoire de Nicola Badalucco et Luciano Vincenzoni ; photographie : Alberto Spagnoli © ; musique : Francis Lai ; montage : Christiane Lack, Fedora Zincone ; production : Jacques Bar, Carlo Ponti, Zev Braun, Wolfdieter von Stein (Cité-Films / Compagnia Cinematografica Champion / TIT Filmproduktion GmbH) ; durée : 110 min.

Interprétation : Maria Schneider : Michelle. Sydne Rome : Ann Carson. Vic Morrow : Vic. Robert Vaughn : Stuart Chase. John Whittington : « Boots » Peter Franklin. Nadja Tiller : Lotte. Karl Möhner : Cyrus Franklin. Clelia Matania : voisine âgée. Marco Tulli : commissaire Trieste. Armando Brancia : inspecteur Carrara. Renato Pozzetto : Gianni.

Thème : Rome, Italie. Maîtresse de l'industriel Cyrus Franklin, qui vient de la renvoyer, Ann Carson est renversée par un taxi. Secourue par Henderson, le bras droit de Franklin, et Michelle, une étudiante aux Beaux-Arts, qui ont assisté à l'accident, elle s'installe en colocation avec cette dernière. Avec deux amis, Stuart et Lotte, elle décide de kidnapper Boots, le fils de Franklin, pour se venger et obtenir une rançon. Michelle, qui s'adonne à du baby-sitting parallèlement à ses études, est appelée pour garder l'enfant dans une maison inoccupée, mais elle comprend qu'elle est aussi prisonnière de cette machination. Gianni, le petit ami de Michelle, prévient la police alors que Franklin accepte de payer la rançon. Stuart et Lotte sont tués par Henderson, qui manipulait tout son monde. Ann se suicide, ayant pris connaissance du traitement subi par Michelle. La baby-sitter et Boots sont sains et saufs.

C'est l'ultime film de la carrière de René Clément et – malheureusement aussi – son œuvre la moins intéressante. On peut penser à une intrigue à la Hitchcock et au style du giallo italien mais, dans un cas comme dans l'autre, le cinéaste semble gêné par l'histoire, les rapports confus entre les personnages et une interprétation complètement disparate. Dommage !

LA CHAIR DE L'ORCHIDÉE

Réalisation : Patrice Chéreau ; scénario : Jean-Claude Carrière, Patrice Chéreau, d'après le roman de James Hadley Chase ; photographie : Pierre Lhomme © ; musique : Fiorenzo Carpi ; montage : Pierre Gillette ; production : Vincent Malle, Sergio Gobbi, Ennio Nobili (VM Productions / Paris-Cannes Production / Les Films Méric / ORTF – Office de Radiodiffusion et Télévision Française / Les Films de l'Astrophore / Oceania Produzioni Internazionali Cinematografiche / TIT Filmproduktion GmbH) ; durée : 115 min.

Interprétation : Charlotte Rampling : Claire Wegener. Bruno Cremer : Louis Delage. Edwige Feuillère : Mme Bastier-Wegener. Simone Signoret : Lady Vamos. Alida Valli : folle de la gare. Hugues Quester : Marcucci. Hans Christian Blech : Gyula Berekian. François Simon : Joszef Berekian. Ève Francis : mère de Delage. Pierre Asso : médecin. Roland Bertin : homme d'affaires. Marcel Imhoff : directeur de l'asile. Jenny Clève : femme de chambre. Günter Meisner : avocat-conseil.

Thème : Mme Batien-Wegener a fait interner abusivement sa nièce Claire afin de profiter de sa fortune. Mais la jeune femme parvient à s'évader de la clinique. Elle est recueillie par un éleveur de chevaux, Louis Delage, dont le compagnon, Marcucci, est poursuivi par deux tueurs, les frères Berekian. Ceux-ci assassinent Marcucci, blessent Delage et font prisonnière Claire (qui s'est éprise de ce dernier) qu'ils confient à Lady Vamos, une ancienne artiste de cirque, le temps d'en tirer quelque chose. Lady Vamos révèle alors à Claire que son véritable père est « le Tueur à l'orchidée » et favorise sa fuite. Claire se

LA CHAIR DE L'ORCHIDÉE

réfugie chez sa tante qui, avec son fils et deux gardes du corps, retient Delage. Mais les frères Berekian sont toujours là. Delage et les autres sont tués. Claire échappe au massacre. Elle est désormais richissime !

Patrice Chéreau tourne ici son premier film, créant un polar glauque et violent, baroque et souvent fascinant. Charlotte Rampling est magnifique au milieu de personnages inquiétants, menaçants et surprenants.

***Notes :** Tournage du 22 juillet au 24 septembre 1974 à Uriage-les-Bains (Isère), Milan, Lyon et ses environs. Bruno Cremer et Charlotte Rampling se retrouveront dans* Sous le sable *(2000) de François Ozon.*

LE CHAT ET LA SOURIS

Réalisation : Claude Lelouch ; scénario : Claude Lelouch ; photographie : Jean Collomb © ; musique : Francis Lai ; montage : Georges Klotz ; production : Claude Lelouch (Les Films 13) ; durée : 108 min.

Interprétation : Michèle Morgan : Mme Richard. Serge Reggiani : commissaire Lechat. Philippe Léotard : Pierre Chemin. Jean-Pierre Aumont : M. Richard. Valérie Lagrange : Manuelle. Michel Peyrelon : Germain. Christine Laurent : Christine. Anne Libert : Anne. Jacques François : préfet. Judith Magre : dame au petit chien. Vernon Dobtcheff : complice de Germain. Philippe Labro : Philippe Lacombe. Arlette Emery : Rose. Jean Mermet : domestique. Yves Afonso : William Daube. Jack Berard : policier balistique. Erik Colin : Robert. Gérard Dournel : supérieur de Lechat. Gérard Lemaire : faux-monnayeur.

Thème : Le commissaire Lechat enquête sur la mort de M. Richard, dont les tableaux ont, par ailleurs, disparu. Mme Richard a de multiples raisons de vouloir éliminer son mari, mais son alibi semble parfait, bien que ne satisfaisant pas complètement Lechat. Quel rôle a joué Manuelle, la maîtresse de la victime ? Manuelle a elle-même un amant. L'agent d'assurances est-il à l'abri de tout soupçon ? Lechat découvre la vérité : Richard s'est tué lui-même, après sa rupture avec sa maîtresse, tandis que ses propres domestiques ont mis la main sur les tableaux.

« J'ai construit l'intrigue, *avouait Claude Lelouch,* de façon à ce que le spectateur participe. Je souhaite qu'il ne vienne pas simplement au cinéma pour regarder, pour arbitrer un conflit, mais pour agir, pour jouer un rôle au même titre que les vedettes. Ma caméra devient subjective : chaque spectateur doit avoir l'impression de la diriger au cours de l'enquête. Il doit avoir la sensation de piloter les voitures ou les motos. » *C'est le dernier grand rôle de Michèle Morgan et on peut prendre un certain plaisir à la description du couple qu'elle forme avec Serge Reggiani.*

DUPONT LAJOIE

Réalisation : Yves Boisset ; scénario : Jean-Pierre Bastid, Michel Martens, Yves Boisset, Jean Curtelin ; photographie : Jacques Loiseleux © ; musique : Vladimir Cosma ; montage : Albert Jurgenson ; production : Gisèle Rebillon, Catherine Winter (Sofracima) ; durée : 103 min.

Interprétation : Jean Carmet : Georges Lajoie. Pierre Tornade : Colin. Jean Bouise : inspecteur Boulard. Michel Peyrelon : Albert Schumacher. Ginette Garcin : Ginette Lajoie. Pascale Roberts : Mme Colin. Jean-Pierre Marielle : Léo Tartaffione. Robert Castel : Loulou. Pino Caruso : Vigorelli. Isabelle Huppert : Brigitte Colin. Victor Lanoux : costaud. Mohamed Zinet : frère de Saïd. Jacques Chailleux : Léon Lajoie. Paul Bonifas : maire. Jean-Jacques Delbo : médecin légiste. Jacques Villeret : Gérald. Abderrahmane Ben Kloua : Saïd. Odile Poisson : Mme Schumacher. Henri Garcin : haut fonctionnaire. Jacques Ramade : ivrogne du café. Jean-Claude Rémoleux : vacancier du camping. François Cadet : Léglise. Pierre Collet : ivrogne. Bernard Dumaine : brigadier de police. Marcel Gassouk : boucher. Carlo Nell : Allemand au cigare.

Thème : Comme chaque année, Georges Lajoie passe ses vacances au *Camping du soleil* avec sa femme et son fils, retrouvant ses habituels amis parmi les autres clients réguliers. Cafetier à Paris, il voit sans plaisir la présence d'ouvriers arabes qui travaillent sur un bruyant chantier voisin. Alors que tout le camping est intéressé par les jeux « Intercamping », Georges rencontre la jeune Brigitte, fille du couple Colin. Sous l'emprise de l'alcool, il l'agresse et la tue accidentellement. Georges ayant transporté le corps près du chantier, les soupçons de l'inspecteur Boulard se portent vite sur des ouvriers, deux frères algériens, malgré leur solide alibi. Lajoie, son camarade Schumacher et quelques autres campeurs organisent une expédition punitive au cours de laquelle l'un des deux frères est tué, et l'autre, blessé. Pour éviter le scandale, Boulard est contraint de parler alors d'un accident… Georges rentre à Paris et, tandis qu'il se vante de la leçon qu'il a donnée aux immigrés, le frère de celui qui a été lynché arrive et lui tire dessus.

Comme la plupart des autres films d'Yves Boisset, celui-ci n'hésite pas à frapper là où cela fait mal. Alors que le cinéma français de l'époque est particulièrement

LE CHAT ET LA SOURIS

pusillanime, si on le compare à ses homologues américain et italien, Dupont Lajoie *frappe fort, montrant que ces « sympathiques » campeurs qui se connaissent et boivent parfois un peu trop peuvent soudain se révéler dangereux et se livrer aux pires violences. Il suffit d'un drame – la mort d'une jeune fille – pour identifier des boucs émissaires tout trouvés et causer la mort de l'un d'eux. Le film est à la fois la dénonciation du racisme et une réflexion sur la bêtise humaine et ses conséquences lorsque la xénophobie entre en jeu. En réalité, Jean Carmet, Jean-Pierre Marielle (inoubliable bateleur nommé Tartaffione) et Michel Peyrelon composent des figures – malheureusement – familières…*

FLIC STORY

Réalisation : Jacques Deray ; scénario : Jacques Deray, Alphonse Boudard, d'après le livre de Roger Borniche ; dialogues : Alphonse Boudard ; photographie : Jean-Jacques Tarbès © ; musique : Claude Bolling ; montage : Henri Lanoë ; production : Alain Delon, Raymond Danon (Adel Productions / Lira Films / Mondial Televisione Film) ; durée : 112 min.

Interprétation : Alain Delon : inspecteur Roger Borniche. Jean-Louis Trintignant : Émile Buisson. Renato Salvatori : Mario Poncini, dit « le Rital ». Claudine Auger : Catherine. Marco Perrin : commissaire Vieuchêne. André Pousse : Jean-Baptiste Buisson. Denis Manuel : inspecteur Lucien Darros. Françoise Dorner : Suzanne Bollec. Maurice Barrier : René Bollec. Paul Crauchet : Paul Robier, dit « le Bombé ». Henri Guybet : inspecteur Hidoine. Mario David : Raymond Pelletier, dit « le Stéphanois ». Maurice Biraud : patron de l'*Hôtel Sainte-Apolline.* Adolfo Lastretti : « Jeannot le Niçois ». William Sabatier : Ange. Christine Boisson :

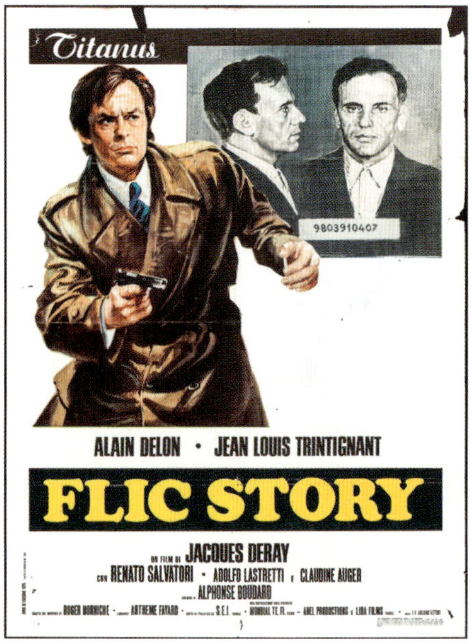

Jocelyne. Jacques Marin : patron de l'auberge. Catherine Lachens : Jenny. Frédérique Meininger : Mado. Giampiero Albertini : Marcel. Lionel Vitrant : gendarme.

Thème : 1947. L'inspecteur Borniche est chargé de retrouver Émile Buisson, évadé de l'asile psychiatrique de Villejuif. Le fugitif est localisé grâce à Raymond Pelletier dit « le Stéphanois », mais il échappe à la police et élimine l'indic. Borniche apprend que Buisson doit rencontrer Mario Poncini, dit « le Rital ». Un piège est tendu, mais Buisson réussit à s'en échapper et le commissaire Vieuchêne retire l'affaire à Borniche, qui y revient, car il doit enquêter sur un cadavre retrouvé dans un champ qui n'est autre que celui de Poncini… Borniche remonte grâce à Paul Robier, dit « le Bombé », jusqu'à une auberge de Saint-Rémy-lès-Chevreuse où Bisson est arrêté. Pendant des mois, Borniche interroge à plusieurs reprises Buisson qui finira par être exécuté le 28 février 1956.

Loin de la recréation sans doute un peu trop rétro des deux Borsalino (1970 et 1974), Jacques Deray reconstitue méthodiquement et avec un sens parfait du réalisme la traque de l'inspecteur Borniche, opposant à un Jean-Louis Trintignant survolté la fausse passivité d'Alain Delon, remarquable. La séquence de l'arrestation de Buisson est un brillant moment de suspense. Très efficace.

Notes : *Tournage à partir du 3 février 1975 à Paris – ministère de l'Intérieur (place Beauvau, 8ᵉ), rue Désirée (20ᵉ), place de Fontenoy (7ᵉ), angle rue Désirée / rue Robineau (20ᵉ), pont de Bir-Hakeim, ménagerie du Jardin des plantes (5ᵉ) –, dans le parc aux Loups de Jouars-Pontchartrain (Yvelines) et aux studios de Boulogne. Rappelons qu'initialement Alain Delon avait envisagé d'interpréter le rôle d'Émile Buisson.*

FOLLE À TUER

Réalisation : Yves Boisset ; scénario : Yves Boisset, d'après le roman de Jean-Patrick Manchette ; dialogues : Sébastien Japrisot ; photographie : Jean Boffety © ; musique : Philippe Sarde ; montage : Albert Jurgenson ; assistance à la réalisation : Claude Othnin-Girard, Laurent Heynemann ; production : Jean Bolvary, Raymond Danon, Roland Girard (Lira Films / Produzioni Artistiche Internazionali) ; durée : 97 min.

Interprétation : Marlène Jobert : Julie Ballanger. Tomas Milian : Thompson. Thomas Waintrop : Thomas Mostri. Michel Peyrelon : Walter. Victor Lanoux : Georges. Jean Bouchaud : commissaire Melin. Jean Bouise : Dr Rosenfeld. Michel Lonsdale : Stéphane Mostri. Loredana Nusciak : Marcella Mostri. Henri Poirier : automobiliste. Roger Ibáñez : agriculteur. Antoine Saint-John : Marcellin.

Thème : Julie Ballanger a été engagée comme gouvernante du petit Thomas Mostri, le fils d'un riche industriel, mais elle est enlevée ainsi que Thomas et Georges, le chauffeur, par un tueur dont Georges est en fait le complice. Les ravisseurs exigent une rançon et veulent faire croire à la responsabilité de Julie, qui a été victime par le passé de troubles psychiatriques. Julie parvient à fuir avec Thomas, poursuivie à la fois par la police qui veut la retrouver et un mystérieux tueur qui souhaite l'éliminer. Ce dernier est abattu, et Julie, arrêtée. L'organisateur de toute cette machination est le Dr Rosenfeld lui-même, frère de Mostri et directeur de la clinique où était internée Julie. C'est Thomas qui réussit à confondre celui qui se révèle être son oncle grâce à une preuve, innocentant par la même occasion sa gouvernante.

Boisset renonce au cinéma politique engagé, qui a toujours fait peur aux producteurs, pour revenir au polar psychologique.

Notes : *Tournage à Nice et Senlis.*

LE GITAN

Réalisation : José Giovanni ; scénario : José Giovanni, d'après son roman *Histoire de fou* ; photographie : Jean-Jacques Tarbès © ; musique : Claude Bolling, Lick, Django Reinhardt ; montage : Jacqueline Thiédot ; production : Alain Delon, Raymond Danon (Adel Productions / Lira Films / Mondial Televisione Film) ; durée : 102 min.

Interprétation : Alain Delon : Hugo Sennart, dit « le Gitan ». Paul Meurisse : Yan Kuq. Annie Girardot : Ninie. Renato Salvatori : Jo Amila, dit « Jo le Boxeur ». Bernard Giraudeau : Mareuil. Maurice Barrier : Jacques Helman. Maurice Biraud : « Pierrot le Naïf ». Marcel Bozzuffi : commissaire Blot. Nicolas Vogel : Jeannot. Jacques Rispal : Dr Weiss. Michel Fortin : Marcel. Pierre Danny : Riquet. Mario David : Bob. Adolfo Lastretti, Rino Bolognesi : frères Rinaldi.

Thème : Le gangster Hugo Sennart, dit « le Gitan », s'est évadé. Décidé à venger les humiliations subies par son peuple, il règle ses comptes avec la société en attaquant des banques. Il va ainsi troubler la retraite de Yan Kuq, un vieux truand. Après moult aventures, ce dernier finit par être arrêté avant d'être relâché pour vice de forme. Jo et Jacques, les deux complices d'évasion de Hugo, sont tués tandis que ce dernier va poursuivre sa cavale, après avoir aidé son désormais ami Yan Kuq à échapper une nouvelle fois aux autorités…

FOLLE À TUER

LE GITAN

Le film développe trois histoires : celle d'un hors-la-loi des temps modernes, loup solitaire traqué par la police ; celle, à peine esquissée, des rapports entre deux criminels – Sennart et Yan Kuq – d'âges et de milieux différents ; enfin, celle du monde gitan, paria d'une société qui le repousse. Cette dernière histoire est la moins convaincante en raison d'une approche superficielle. Plus intéressante est, sans doute, la curieuse complicité et l'indiscutable compréhension unissant les deux gangsters, comme s'ils n'étaient presque que les deux visages complémentaires d'un même être. Raison de plus pour regretter que José Giovanni ait préféré le style conventionnel du polar à la mode à une étude psychologique ébauchée mais vite abandonnée. Le film s'inspirerait de la vie de Luciano Lutring, le « soliste à la mitraillette ».

LES INNOCENTS AUX MAINS SALES

Réalisation : Claude Chabrol ; scénario : Claude Chabrol, d'après le roman de Richard Neely *The Damned Innocents* ; photographie : Jean Rabier © ; musique : Pierre Jansen ; montage : Jacques Gaillard ; production : André Génovès (Les Films de la Boétie / Terra-Filmkunst GmbH / Jupiter Generale Cinematografica) ; durée : 120 min.

Interprétation : Romy Schneider : Julie Wormser. Rod Steiger : Louis Wormser. Jean Rochefort : Me Albert Légal. Paolo Giusti : Jeff Marle. François Maistre : commissaire Lamy. Pierre Santini : commissaire Villon. François Perrot : Georges Thorent. Hans-Christian Blech : juge. René Piget : mécanicien. Dominique Zardi, Henri Attal : policiers. Jean Cherlian : policier du bateau. Serge Bento : directeur de la banque.

Thème : La Côte d'Azur. Louis Wormser délaisse sa femme, Julie, et s'adonne à la boisson. Julie se laisse séduire par Jeff Marle, un jeune écrivain. Les deux amants décident bientôt de se débarrasser du mari. Jeff s'en charge en camouflant le crime en accident de canotage et disparaît, tout comme l'argent de Louis. Avant d'obtenir un non-lieu, Julie est soupçonnée. Elle retrouve finalement Louis, toujours en vie. Jeff, que Louis disait avoir tué, réapparaît à son tour. Louis meurt d'une crise cardiaque et Jeff, qui exigeait plus d'argent pour sa collaboration au faux meurtre, est désormais arrêté. Seule chez elle, Julie entend une voix prononcer son nom…

L'histoire est riche en rebondissements mais Claude Chabrol semble souffrir d'une interprétation peu cohérente. Paolo Giusti est particulièrement insuffisant et le cinéaste préfère – on le comprend – s'attacher à la beauté de Romy Schneider, à son corps bronzé et à ses différents costumes qui accompagnent, à leur manière, l'intrigue.

***Notes :** Tournage du 24 octobre au 20 décembre 1974 à Saint-Tropez (Var). Hans-Christian Blech est vocalement doublé par André Falcon.*

PEUR SUR LA VILLE

Réalisation : Henri Verneuil ; scénario : Henri Verneuil ; adaptation : Henri Verneuil, Jean Laborde, Francis Veber ; dialogues : Francis Veber ; photographie : Jean Penzer © ; musique : Ennio Morricone ; montage : Pierre Gillette, Henri Lanoë ; production : Jean-Paul Belmondo (Cérito Films / Mondial Televisione Film) ; durée : 125 min.

Interprétation : Jean-Paul Belmondo : commissaire Jean Letellier. Charles Denner : inspecteur Moissac. Adalberto Maria Merli : Pierre Valdeck / Minos. Rosy Varte : Germaine Doizon. Roland Dubillard : psychologue. Jean Martin : commissaire divisionnaire Sabin. Catherine Morin : Hélène Grammont. Jean-François Balmer : Julien Dallas. Lea Massari : Nora Elmer. Henry Djanik, Maurice Auzel : inspecteurs de police. Germana Carnacina : Pamela Sweet. Giovanni Cianfriglia : Marcucci. Gilberte Géniat : concierge de Germaine. Philippe Brigaud : commissaire de quartier. Roger Riffard : gardien. Georges Riquier : préfet. Jean-Louis Le Goff : sous-préfet. Henri-Jacques Huet : Julio Cortes. Jacques Rispal : « Cacahuète ».

Thème : Un homme qui se fait appeler « Minos », en référence à l'*Enfer* de Dante, a décidé d'éliminer les femmes qu'il juge immorales. Le commissaire Letellier et l'inspecteur Moissac mènent l'enquête et comprennent que Minos est, en réalité, Pierre Valdeck, un infirmier borgne. Alors que Minos séquestre des otages, Letellier descend avec un harnais depuis un hélicoptère et met le tueur de femmes hors d'état de nuire.

LES INNOCENTS AUX MAINS SALES

PEUR SUR LA VILLE

ジャン=ポール・ベルモンドの
■カラー作品■
恐怖に襲われた街
全世界のド胆を抜いた
史上空前のスーパー・アクション！
パリ中を恐怖のどん底に叩きこんだ
美女連続殺人を追って
鬼警部ベルモンドの怒りが走る！
ジャン=ポール・ベルモンド■シャルル・デネール■アダルベルト=マリア・メルリ
ロジー・バルテ■レア・マッサリ
製作・監督・脚本／アンリ・ベルヌイユ■音楽 エンニオ・モリコーネ
コロムビア映画
PEUR
SUR
LA
VILLE

SEPT MORTS SUR ORDONNANCE

Réalisation : Jacques Rouffio ; scénario : Georges Conchon, Jacques Rouffio (+ Jean-Louis Chevrier), d'après l'histoire de Georges Conchon ; photographie : Andréas Winding © ; musique : Philippe Sarde ; montage : Geneviève Winding ; production : Jacques Dorfmann (Belstar Productions / Films 66 / Jet Films / TIT Filmproduktion GmbH) ; durée : 106 min.

Interprétation : Michel Piccoli : Dr Pierre Losseray. Gérard Depardieu : Dr Jean-Pierre Berg. Jane Birkin : Jane Berg. Marina Vlady : Muriel Losseray. Charles Vanel : professeur Alphonse Brézé. Michel Auclair : Dr Mathy. Antonio Ferrandis Monrabal : commissaire Giret. Monique Mélinand : Mme Giret. José-María Prada : Simon Mauvagne. Coline Serreau : Mme Mauvagne. Francis Girod : joueur de poker refusé à la table. Georg Marischka : Paul Brézé. Karl Schönböck : Joseph Brézé. Étienne Draber : Robert Brézé. Claude Barrois : joueur de poker professionnel. Marie Marczack : infirmière-secrétaire de Losseray. Elisabeth Strauss : Mme Robert Brézé. Valérie Mairesse : Mlle Lambert.

Thème : Une petite ville de province. Le Dr Losseray, attaché à une clinique mutualiste, gêne par sa réputation le vieux professeur Brézé, le patriarche dont la tribu de médecins libéraux tient à conserver son ascendance sur la ville, même si, parfois, certains de leurs malades sont victimes de cette volonté de puissance. Losseray découvre que, quinze ans auparavant, le Dr Berg s'était suicidé à la suite d'un drame familial et des pressions de Brézé. Tentant de résister au harcèlement, Losseray

Le scénario manque de dimension psychologique, car tout semble avoir été sacrifié au profit de Jean-Paul Belmondo dont les performances athlétiques et les cascades demeurent en effet inoubliables. Que ce soit aux Galeries Lafayette, à la fin, lors de sa descente depuis un hélicoptère, et peut-être surtout lors de sa traque qui le fait avancer sur le toit du métro au pont de Bir-Hakeim. L'affiche se plaît à faire référence à Bullitt *(1968) et le public (3 357 643 spectateurs) a donné raison au producteur qui n'est autre que Belmondo en personne…*

***Notes :** Tournage à Paris – métro Porte-des-Lilas (19e-20e), maison de la Radio (16e), rue Eugène-Poubelle (16e), rue du Faubourg-Saint-Honoré (8e), Gare RER Auber, Gare RER Étoile, ligne 6 du métro, place de la Madeleine, cité d'Antin (9e), Galeries Lafayette Haussmann (9e), Front de Seine (15e) avec tour Avant-Seine –, Courbevoie (tour Les Poissons), Clamart (hôpital Antoine-Béclère), Asnières-sur-Seine (place de l'Hôtel de ville) et aux studios de Billancourt.*

SEPT MORTS SUR ORDONNANCE

SEPT MORTS SUR ORDONNANCE

LA TRAQUE

finira pourtant, lui aussi, par tuer sa femme Muriel et se suicider devant le poids de ces morts du passé et du présent…

Le film s'inspire d'un fait divers de 1969, et Jacques Rouffio et son scénariste Georges Conchon en profitent pour s'attaquer aux grands patrons de la médecine et à ce puissant mandarinat, régulièrement protégé par une omerta professionnelle. Ils décrivent aussi l'espèce d'envoûtement qui pousse Losseray à reproduire le comportement de cet homme – Berg – qu'il n'a pas connu et à devenir aussi fou que lui.

***Notes :** Tournage du 22 juin au 16 août 1975 à Clermont-Ferrand : rue Ernest-Renan, avenue Julien, Hôtel-Dieu, rue Godefroy-de-Bouillon, cimetière des Carmes et place de la Victoire.*

LA TRAQUE

Réalisation : Serge Leroy ; scénario : André G. Brunelin, d'après l'histoire de Serge Leroy ; adaptation et dialogues : André G. Brunelin ; photographie : Claude Renoir © ; musique : Giancarlo Chiaramello ; production : Eugène Lépicier, Édouard Garrouste, Claire Duval (Filmel / Orphée Productions / PECF – Productions et Éditions Cinématographiques Françaises / Produzione Intercontinentale Cinematografica) ; durée : 95 min.

Interprétation : Mimsy Farmer : Helen Wells. Jean-Pierre Marielle : Albert Danville. Jean-Luc Bideau : Philippe Mansart. Michael Lonsdale : David Sutter. Philippe Léotard : Paul Danville. Michel Constantin : capitaine Nimier. Françoise Brion : Françoise Sutter. Paul Crauchet : Rollin. Michel Robin : Chamond. Georges Géret : braconnier. Michel Fortin : chauffeur de taxi. Gérard Darrieu : Maurois. Béatrice Constantini : Fernande. Giselle Grandpré : Mme Paulette. Jean-Marie Richier : employé de la SNCF.

Thème : Professeur à l'université de Caen, une jeune Anglaise, Helen Wells, arrive dans une bourgade normande où elle espère pouvoir louer une ancienne ferme. Philippe Mansart, qui est son guide, a pour maîtresse Françoise, la femme de David Sutter. Mansart participe avec plusieurs amis notables – dont Sutter – à une chasse au sanglier. Les frères Albert et Paul Danville, qui figurent aussi parmi le groupe de chasseurs, pris de boisson, violent Helen qui réussit à blesser mortellement Paul. Pour éviter le scandale, il faut faire passer cette mort pour un accident. Il est donc indispensable de faire taire Helen que les chasseurs poursuivent impitoyablement jusqu'à ce que les marais l'engloutissent. Tous les chasseurs complices sont désormais solidaires face à ces drames.

Le meilleur film de Serge Leroy, qui dénonce la lâcheté collective, la misogynie, la violence et le goût pour le meurtre. Sans complaisance mais avec une réelle force, le cinéaste attaque cette bande de chasseurs qui – après tout – poursuivent une jeune femme, comme si elle était un animal avec une seule obsession, la tuer pour qu'elle ne puisse pas parler. Face à cette bande de meurtriers en puissance, Mimsy Farmer est remarquable. Le film mérite absolument d'être redécouvert.

LA TRAQUE

1976

L'ALPAGUEUR

Réalisation : Philippe Labro ; scénario : Jacques Lanzmann, Philippe Labro, d'après l'histoire de Philippe Labro ; dialogues : Jacques Lanzmann ; photographie : Jean Penzer © ; musique : Michel Colombier ; montage : Jean Ravel ; production : Jean-Paul Belmondo (Cérito Films) ; durée : 110 min.

Interprétation : Jean-Paul Belmondo : Roger Pilard, dit « l'Alpagueur ». Bruno Cremer : « l'Épervier ». Jean Négroni : Spitzer. Patrick Fierry : Costa Valdes. Jean-Pierre Jorris : Salicetti. Victor Garrivier : inspecteur Doumecq. Francis Huger : commissaire Gavarni. Claude Brosset : Granier. Marcel Imhoff : directeur de cabinet. Jacques Dhéry : directeur de la prison. Max Doria : bijoutier. François Germain : gardien de prison. René Château : mafioso sud-américain. Maurice Auzel : routier gros-bras. Muriel Belmondo : première hôtesse de l'air. Laura Antonelli : blonde à l'héroïne. Michèle Delacroix : seconde hôtesse de l'air. Jacques Destoop : mafioso sicilien.

Thème : Roger Pilard, dit « l'Alpagueur », est un chasseur de primes des temps modernes. Il agit pour le compte de la police sur des opérations spéciales et contribue ainsi notamment à démanteler un important réseau de prostitution auquel est mêlé le commissaire ripou Gavarni. Sa nouvelle mission est de mettre fin aux actions de « l'Épervier », un dangereux criminel qui se sert de petits malfrats pour commettre divers crimes avant de les exécuter systématiquement, ne laissant jamais aucun témoin derrière lui. Emprisonné volontairement sous couverture, l'Alpagueur se fait enfermer avec Costa Valdes, le seul des complices de l'Épervier ayant survécu. Il s'évade avec son codétenu pour remonter la piste de sa cible, mais il est identifié par Spitzer et feint alors d'être mort pour tromper ses adversaires. L'Épervier abat Costa, mais l'Alpagueur le retrouve et l'élimine.

Grand admirateur de la littérature policière américaine et du film noir hollywoodien, Philippe Labro se refuse à faire un polar à l'américaine, jouant au contraire sur la personnalité de Belmondo, habilement dirigé et qui avait déjà été son interprète dans L'Héritier *(1973). Le film se termine par une citation d'Oscar Wilde : « Aucun homme n'est assez riche pour racheter son propre passé. »*

Notes : *Tournage du 13 octobre 1975 au 20 janvier 1976 dans le Val-d'Oise – Beaumont-sur-Oise (32, rue Albert-Ier), Luzarches, Épinay-Champlâtreux, Le Thillay (usine de peinture Villemer) –, à la prison centrale de Saint-Maur (Indre), dans les Pyrénées-Orientales – Port-Barcarès (paquebot des Sables Le Lydia, port) –, dans les Yvelines – Carrières-sur-Seine (350, route de Saint-Germain) – et à Paris (bijouterie au 49, boulevard Jean-Jaurès).*

LE BON ET LES MÉCHANTS

LE BON ET LES MÉCHANTS

Réalisation : Claude Lelouch ; scénario : Claude Lelouch, Pierre Uytterhoeven ; photographie : Jacques Lefrançois (sépia) ; musique : Francis Lai ; montage : Georges Klotz ; production : Claude Lelouch (Les Films 13) ; durée : 120 min.

Interprétation : Jacques Dutronc : Jacques. Marlène Jobert : Lola. Jacques Villeret : Simon. Bruno Cremer : Bruno Deschamps. Brigitte Fossey : Dominique Blanchot. Jean-Pierre Kalfon : Henri Lafont. Alain Mottet : commissaire Blanchot. Serge Reggiani : chef de la Résistance. Marie Déa : Mme Blanchot. Philippe Léotard : vendeur de Citroën. Valérie Lagrange : Françoise. José Luis de Vilallonga : homme dévalisé. André Falcon : maire. Adrien Cayla-Legrand : Charles de Gaulle. Stéphane Bouy : Bony. Michel Charrel, Michel Fortin, Jean Luisi : truands. Étienne Chicot : premier client de Lola. Gérard Dournel : chef de cabinet. Maurice Illouz : détenu. Arlette Emmery : Arlette. Anne Libert : amie d'Arlette. Michel Peyrelon : présentateur du défilé de mode.

Thème : 1935. Jacques, qui aurait voulu devenir boxeur, et son ami Simon vivent de divers méfaits, réussissant à échapper souvent à la police, grâce à l'usage de la nouvelle Citroën Traction Avant. Jacques devient l'amant de Lola, une prostituée. Lorsque la guerre éclate, l'inspecteur Bruno Deschamps – c'est lui qui traquait en vain Jacques et Simon – se retrouve à Vichy avec son épouse Dominique. À Paris, Jacques, Lola et Simon acceptent de se mettre au service de Bony et Lafont, ce dernier ayant empêché que Simon – qui est juif – soit déporté. Or le trio finit par être gêné par les méthodes de Bony et de Lafont qui travaillent pour la Gestapo. Jacques réussit à s'emparer d'une collection de tableaux dérobés par les Allemands aux juifs, mais Deschamps, chargé de l'enquête, arrête et torture Lola. Jacques riposte en enlevant Dominique et en organisant alors un échange avant de rejoindre la Résistance. Dominique trouve la mort, tué par son mari, qu'elle accusait pour sauver Jacques devenu son amant. Les Allemands emprisonnent alors Deschamps (tenu à tort pour agent double) qui, à la fin de la guerre, sera libéré et décoré en même temps que Jacques et Simon…

Claude Lelouch s'attache – comme souvent – à l'Histoire à travers un récit mélodramatique dans lequel on voit apparaître les figures de Bony et Lafont, la Gestapo de la rue Lauriston et aussi les scandaleuses « ambiguïtés » de la Libération, symbolisées ici par la récompense obtenue par Deschamps ! L'interprétation est parfaite.

COMME UN BOOMERANG

Réalisation : José Giovanni ; scénario : José Giovanni, Alain Delon, Monica Felt (= Monica Venturini), d'après l'histoire de José Giovanni ; dialogues : José Giovanni ; photographie : Pierre-William Glenn © ; musique : Georges Delerue ; montage : Françoise Javet, Paolo Vochicievich ; production : Raymond Danon, Alain Delon (Lira Films / Adel Productions / Filmes Cinematografica) ; durée : 100 min.

Interprétation : Alain Delon : Jacques Batkin. Charles Vanel : Me Ritter. Carla Gravina : Muriel. Pierre Maguelon : inspecteur Léoni. Louis Julien : Eddy Batkin. Suzanne Flon : Mme Grimaldi (veuve du policier). Dora Doll : Ginette. Christian de Tillière : juge. Monique Chaumette : femme de l'horloger. Jacques Rispal : Albert Chiusi. René Kolldehoff : banquier Feldman. Jacques Debary : président Lenoir. Louisa Colpeyn : Mme Feldman. Gérard Hérold : Me Vaulnet. Laurent Malet : premier fils Feldman. Pierre Malet : second fils Feldman. Marie Marczack : Florence.

Thème : Ancien gangster désormais devenu respectable chef d'entreprise dans les transports, Jacques Batkin aime profondément son fils Eddy, dont il a délaissé l'éducation. Le jeune garçon cause la mort d'un policier. Son père engage l'avocat Ritter pour tenter de sauver Eddy, mais le juge d'instruction se révèle de parti pris et l'opinion publique est mise au courant du passé criminel de Batkin. Au grand désarroi de ce dernier, Eddy apprend avec une certaine admiration les antécédents de son père. Batkin le fait évader et fuit avec lui à travers la frontière italienne, mais la police arrive en hélicoptère…

José Giovanni s'attache aux rapports entre un père et son fils, entre une famille et le Milieu tout en dénonçant courageusement les dérives de l'instruction et l'absence de respect du secret de la part de certains magistrats.

LE CORPS DE MON ENNEMI

Réalisation : Henri Verneuil ; scénario : Henri Verneuil, Michel Audiard, Félicien Marceau, d'après le roman de Félicien Marceau ; dialogues : Michel Audiard ; photographie : Jean Penzer © ; musique : Francis Lai ; montage : Pierre Gillette ; production : Jean-Paul Belmondo, Henri Verneuil, Christian Lentretien (Cérito Films / Andrea Films) ; durée : 120 min.

Interprétation : Jean-Paul Belmondo : François Leclerc. Bernard Blier : Jean-Baptiste Beaumont-Liégard. Marie-France Pisier : Gilberte Beaumont-Liégard. Daniel Ivernel : Victor Verbruck. Claude Brosset : Oscar. François Perrot : Raphaël Di Massa. René Lefèvre : Pierre Leclerc. Nicole Garcia : Hélène Mauve. Jean Dasté : gardien du chantier. Michel Beaune : ami d'enfance de François. Yvonne Gaudeau : Marie-Adélaïde Beaumont-Liégard. Suzy Prim : mère de Marie-Adélaïde. Monique Mélinand : Mme Mauve. Bernard-Pierre Donnadieu : truand blond. Charles Gérard : chauffeur de taxi. Jean Dasté : gardien du chantier. Jacques David : avocat général. Élisabeth Margoni : Karine Dupart. André Reybaz : président Kelfer. Gabriel Jabbour : Blome. Maurice Dorléac : professeur. Charles Charras : portier de l'hôtel. Jean Sylvère : papetier. André Thorent : directeur de la prison.

Thème : Après sept années de prison, François Leclerc revient à Cournai. Il y était autrefois l'amant de Gilberte, la fille du tout-puissant Jean-Baptiste Beaumont-Liégard, et avait commencé à faire partie de la riche société de la ville jusqu'à ce qu'il refuse de dissuader son père d'être candidat aux élections municipales contre Verbruck, l'homme de Beaumont-Liégard. François avait ouvert une boîte de nuit, qui s'était révélée à son insu un lieu de trafic de drogue auquel il projetait de mettre un terme en alertant la police. Devenu gênant, François avait été accusé à tort d'un double meurtre et injustement condamné. De retour pour se venger, il comprend que le responsable du trafic de drogue et celui qui l'a piégé n'est autre que Beaumont-Liégard, qui sera d'ailleurs lui-même abattu par ses complices.

Henri Verneuil mêle habilement l'intrigue criminelle à une description incisive de la vie politique d'une petite ville. Il faut donc reconnaître et saluer cette volonté de ne pas se contenter d'une simple intrigue policière et d'y ajouter tout un contexte politico-social. Très belle composition de Jean-Paul Belmondo. Le film se termine sur la phrase de William Blake : « Au matin, je vis avec joie mon ennemi gisant sous l'arbre. » *Une surprise : Suzy Prim comme coscénariste !*

Notes : *Tournage à partir du 27 avril 1976 dans le Nord – Lille, Tourcoing, Wasquehal, Roubaix, Englos (Nord) –, l'Oise – Vineuil-Saint-Firmin (château) –, à Paris – hôtel-restaurant* Le Baltimore *au 88 bis, avenue Kléber (16e) – et aux studios de Boulogne-Billancourt / SFP.*

LE CORPS DE MON ENNEMI

LE JUGE ET L'ASSASSIN

Réalisation : Bertrand Tavernier ; scénario : Jean Aurenche, Bertrand Tavernier, d'après le sujet de Pierre Bost et Jean Aurenche ; photographie : Pierre-William Glenn © ; musique : Philippe Sarde ; production : Raymond Danon (Lira Films / SFP – Société Française de Production et de Création Audiovisuelles / FR3 – France Régions 3) ; durée : 128 min.

Interprétation : Philippe Noiret : juge Rousseau. Michel Galabru : sergent Joseph Bouvier. Isabelle Huppert : Rose. Jean-Claude Brialy : procureur Villedieu. Renée Faure : Mme Rousseau. Cécile Vassort : Loise Lesueur. Yves Robert : professeur Degueldre. Monique Chaumette : mère de Louise. Jean-Roger Caussimon : chanteur des rues.

Thème : 1893. Réformé en raison de ses violentes crises de démence teintées de mysticisme, Joseph Bouvier blesse grièvement sa fiancée Louise Lesueur, qui refusait de l'épouser, et rate son propre suicide. Déclaré à tort guéri, il quitte l'asile quelques mois plus tard avant d'assassiner en trois ans plus de douze personnes à travers la France. Les crimes étant géographiquement éloignés les uns des autres, personne ne le soupçonne jusqu'à ce que le juge Rousseau l'identifie et le retrouve. Il parvient à le faire avouer tout en croyant qu'il simule la folie. Jugé, Bouvier est condamné à mort.

Le film s'inspire d'un fait réel. Il s'agit en effet de l'histoire de Joseph Vacher (1869-1898), considéré comme l'un des premiers tueurs en série français et surnommé le « Tueur de bergers ». Belle composition de Michel Galabru, si souvent sous-utilisé, dans le rôle de celui qui croit être l'anarchiste de Dieu.

Notes : *Tournage du 30 septembre au 29 novembre 1975 en Ardèche (Privas, Largentières, Aubenas, Lamastre et plateau de Coyron).*

POLICE PYTHON 357

Réalisation : Alain Corneau ; scénario : Daniel Boulanger, Alain Corneau, d'après le roman de Kenneth Fearing *Le Grand Horloger* ; dialogues : Daniel Boulanger ; photographie : Étienne Becker © ; musique : Georges Delerue ; montage : Marie-Josèphe Yoyotte ; production : Albina du Boisrouvray (Albina Productions / TIT Filmproduktion GmbH) ; durée : 125 min.

Interprétation : Yves Montand : inspecteur Marc Ferrot. Simone Signoret : Thérèse Ganay. François Périer : commissaire Ganay. Stefania Sandrelli : Sylvia Leopardi. Mathieu Carrière : inspecteur Ménard. Vadim Glowna : inspecteur Abadie. Claude Bertrand : marchand de cochons. Georges F. Dehlen : contrôleur de la SNCF. Gabrielle Doulcet : vieille aux chats. Serge Marquand : rouquin. Alice Reichen : marchande de stylos. Tony Rödel : Alsacien.

Thème : Orléans. L'inspecteur Marc Ferrot, pris en photo au cours d'une arrestation, découvre l'identité de Sylvia Leopardi, qui devient sa maîtresse. Or la jeune femme a un autre amant en la personne de Ganay, le supérieur de Ferrot, qui lui a épargné jadis la prison. Ganay est lui-même marié avec la riche Thérèse, qui est infirme et accepte cette liaison. Sylvia refuse de vivre avec Ferrot qui le lui demandait mais crache ensuite sa haine envers Ganay qui, fou de rage, la tue. Thérèse, mise au courant, décide, comme son mari, de se taire, mais des témoins ont vu Ferrot se disputer avec Sylvia. Ferrot, qui est chargé d'enquêter sur le crime, mène ainsi l'enquête contre lui-même, les preuves le désignant comme le principal suspect. Il découvre bientôt que l'autre amant de Sylvia est Ganay et ce dernier cherche à l'éliminer. En état de légitime défense, Ferrot l'abat et, par charité, tue Thérèse, qui le lui demandait. Ménard, l'adjoint de Ferrot, comprend la vérité. Ferrot lui sauve la vie lors d'une fusillade avec des malfrats, obtenant ainsi, dès lors, son silence.

Pour Alain Corneau : « Le film raconte la perte d'identité d'un homme qui, amené à se piéger lui-même et se retrouvant seul, va peu à peu s'identifier à son arme pour en devenir un prolongement mécanique. » *Le cinéaste a été, dès le départ, passionné par l'histoire d'un homme qui finit par enquêter sur lui-même – un thème apparu dans certains films noirs de la grande époque hollywoodienne – et par ces rapports entre un homme et son arme, le puissant Colt Python .357 Magnum, ajoutant :* « J'ai filmé d'abord des paysages doux, les petites places, la cathédrale, les champs cultivés, puis des aspects de plus en plus anonymes jusqu'à échouer sur un immense parking d'un ensemble Carrefour. Pour moi, c'est l'image la plus sombre de la violence et de la déshumanisation. Et je l'ai fait sciemment au fur et à mesure que mon personnage s'enfonce, comme la province se perd. » *Rappelons qu'Alain Corneau déclarait aussi, à propos d'Yves Montand :* « Yves est très concentré. Il s'entraîne pendant trois mois au tir instinctif avec la brigade antigang, leste sa veste avec des clés pour qu'elle parte mieux en arrière lorsqu'il dégaine. Il porte le Python .357 sur lui en permanence, le démonte, le nettoie, l'huile et s'entraîne aussi à Auteuil. Il vit avec. On lui a fait refaire la veste de Clint Eastwood dans *L'Inspecteur Harry*. »

Notes : *Tournage à partir du 20 octobre 1975 au 2 janvier 1976 dans le Loiret, à Orléans (cloître Saint-Aignan, rue Royale, rue de la Bretonnerie, place du Martroi), à Triel-sur-Seine (Yvelines), dans les Hauts-de-Seine – Garches (rue du 19-Janvier) –, à Villiers-en-Brière (Seine-et-Marne), Plaisir (Yvelines), Brunoy (Essonne), Paris – Théâtre de l'Odéon (6e), musée Gustave-Moreau (9e) et rue des Petits-Champs (1er-2e). Corneau est originaire d'Orléans.*

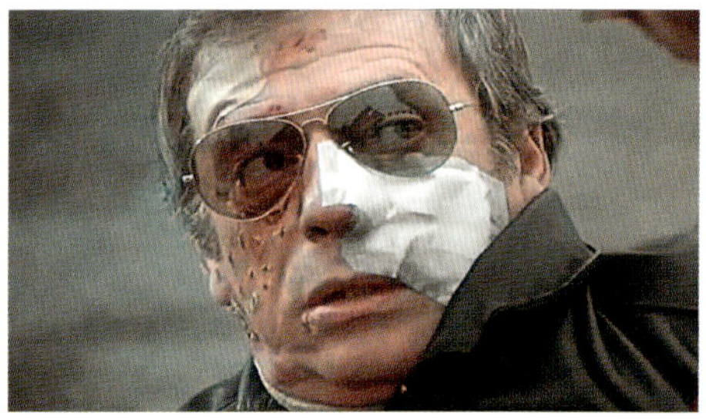

KI VOLT A MÁSIK?
POLICE
PYTHON
Színes
francia-NSZK
bűnügyi film
357
Rendezte:
Alain CORNEAU
16 ÉVEN FELÜLIEKNEK
Főszereplők: Yves Montand, Simone Signoret, Francois Perier, Stefania Sandrelli

À CHACUN SON ENFER

Réalisation : André Cayatte ; scénario : André Cayatte, d'après son histoire ; dialogues : Jean Curtelin ; photographie : Maurice Fellous, Ennio Guarnieri © ; musique : Vladimir Cosma ; montage : Paul Cayatte ; production : Sergio Gobbi (Paris-Cannes Production / Cinéma 77 / Lugo Films) ; durée : 105 min.

Interprétation : Annie Girardot : Madeleine Girard. Hardy Krüger : commissaire Bolar. Bernard Fresson : Bernard Girard. Stéphane Hillel : Michel Girard. Fernand Ledoux : père de Bernard. Édith Scob : folle. Astrid Frank : Sylvie. François Perrot : directeur de la télévision. Florence Giorgetti : secrétaire. Roger Miremont : policier.

Thème : La fille de Madeleine Girard est kidnappée. Des contacts sont pris avec les ravisseurs et la rançon est payée. Madeleine retrouve sa fille assassinée. Elle comprend bientôt qu'il s'agissait d'une vengeance contre elle et démasque le meurtrier, son propre fils Michel, qui était jaloux de son beau-père Bernard.

La volonté d'André Cayatte était de décrire une nouvelle forme de tragédie avec des gens qui n'étaient pas des dieux ou des héros mais des hommes et des femmes que l'on peut rencontrer et sur lesquels se braque brusquement la télévision. Il en profite pour dénoncer le voyeurisme des médias et de la foule, en rappelant finalement que c'est parfois au sein d'une famille que peuvent survenir les pires drames.

ARMAGUEDON

Réalisation : Alain Jessua ; scénario, adaptation et dialogues : Alain Jessua, d'après le roman de David Lippincott *The Voice of Armageddon* ; photographie : Jacques Robin © ; musique : Astor Piazzolla ; montage : Hélène Plemiannikov ; production : Norbert Saada, Raymond Danon, Alain Delon (Lira Films / Adel Productions / Filmes Cinematografica) ; durée : 96 min.

Interprétation : Alain Delon : Dr Michel Ambrose. Jean Yanne : Louis Carrier. Renato Salvatori : Albert, dit « Einstein ». Michel Duchaussoy : inspecteur Jacques Vivien. Marie Déa : Gisèle Valin. Michel Creton : Bob. Robert Dalban : chauffeur de taxi. Gabriel Cattand : Jimmy Laurent. Guy Saint-Jean : Dupré. Anna Gaylor : commerçante. Michèle Cotta : journaliste de télévision. Fernand Guiot : policier à Ostende.

Thème : Héritant de 25 millions de francs, Louis Carrier, simple dépanneur de télévision, décide de devenir célèbre et s'acoquine avec « Einstein », qui souffre de troubles mentaux. Il annonce, dès lors, un crime spectaculaire et signe ses missives du nom d'« Armaguedon ». Dans son enquête, la police fait appel à un psychanalyste, le Dr Michel Ambrose, qui, fasciné par le cas de Carrier, veut le rencontrer. Carrier installe une bombe (portée par Einstein) et menace de tuer les spectateurs d'une émission de variétés. La police intervient et l'abat.

On devine qu'Alain Jessua a été intéressé par le personnage de Carrier, individu solitaire confronté à un monde extérieur qu'il tente de bouleverser, mais le pari est loin d'être gagné et la réflexion du cinéaste sur l'utilisation des moyens modernes – notamment la télévision – aurait pu être plus convaincante. Décevant !

***Notes :** Tournage du 4 octobre au 31 décembre 1976 en Belgique (Ostende), dans le Nord, à l'aéroport Charles-de-Gaulle (Roissy-en-France, Val-d'Oise) et aux studios de la Victorine (Nice).*

DITES-LUI QUE JE L'AIME

Réalisation : Claude Miller ; scénario : Claude Miller, Luc Béraud, d'après le roman de Patricia Highsmith *Ce mal étrange* ; photographie : Pierre Lhomme © ; musique : Alain Jomy ; montage : Jean-Bernard Bonis ; assistance à la réalisation : Luc Béraud ; production : Maurice Bernart, Huber Niogret (Filmoblic / FR3 – France Régions 3 / Prospectacle) ; durée : 107 min.

Interprétation : Gérard Depardieu : David Martinaud. Miou-Miou : Juliette. Jacques Denis : Gérard Dutilleux. Claude Piéplu : M. Chouin. Christian Clavier : François.

DITES-LUI QUE JE L'AIME

DITES-LUI QUE JE L'AIME

Dominique Laffin : Lise. Xavier Saint-Macary : Michel Barbet. Véronique Silver : Mme Barbet. Josiane Balasko : Nadine. Nathan Miller : enfant. Annick Le Moal : Camille. Michel Pilorgé : Maurice. Michel Such : Raymond.

Thème : David Martinaud mène une vie rangée de comptable, rendant visite chaque semaine à ses parents. Du moins, c'est ce qu'il veut faire croire, car, en réalité, ceux-ci sont morts et, durant le week-end, il se rend dans un chalet qu'il aménage en espérant y vivre un jour avec Lise. Cette dernière, qui est mariée et mère d'un enfant, est l'objet de la passion de David, une passion qui n'est absolument pas réciproque. Gérard, le mari de Lise, exige d'ailleurs de David qu'il cesse de harceler son épouse. David le frappe et Gérard fuit, se tuant dans un accident de voiture. Il espère que le comportement de Lise, désormais libre, va changer, mais elle le repousse et s'affiche avec Michel Barbet. Pour tenter de l'oublier, il commence une liaison avec sa voisine Juliette, mais Lise l'obsède toujours. Dément, il agresse Michel et tue Juliette. Il oblige Lise à revêtir une robe de mariée, mais, dans la lutte, ils tombent dans une piscine et la jeune femme se noie.

C'est un vrai film noir dans lequel se mêlent la jalousie et la passion, décrivant un héros incapable d'oublier celle qu'il aime. « Dites-lui que je l'aime, *déclarait Claude Miller à propos de David et Lisa,* est un film cousu d'enfance : ils se conduisent tous plus ou moins comme des enfants. C'est adorable, émouvant et dangereux. On finit par avoir peur quand David se retrouve propulsé dans cette fuite en avant, très puérile. Ce chalet qu'il aménage pour Lise ressemble à une maison de poupée, à une maison de conte de fées. *» L'ensemble bénéficie de la belle interprétation de Gérard Depardieu, sans oublier Dominique Laffin, dont le charme reste inoubliable.*

***Notes :** Tournage en Isère, au mont Blanc, à Chamonix et en Savoie. Le film dont un voit un extrait est* Rebecca *(1940) d'Alfred Hitchcock.*

LE GANG

Réalisation : Jacques Deray ; scénario : Alphonse Boudard, Jean-Claude Carrière, d'après le roman de Roger Borniche ; photographie : Silvano Ippoliti © ; musique : Carlo Rustichelli ; montage : Henri Lanoë ; assistance à la réalisation : Romain Goupil ; production : Alain Delon (Adel Productions / Mondial Televisione Film) ; durée : 100 min.

Interprétation : Alain Delon : Robert, dit « le Dingue ». Nicole Calfan : Marinette. Roland Bertin : Raymond, dit « le Mécano ». Adalberto Maria Merli : Manu, dit « l'Éléphant ». Maurice Barrier : Lucien dit « le Mammouth ». Xavier Depraz : Jo. Laura Betti : Félicia. Raymond Bussières : Cornélius. Catherine Lachens : Janine. François Lalande : commissaire. Robert Dalban : chasseur de rats. Marc Eyraud : prêtre. Dominique Davray : prostituée. André Falcon : bijoutier. Albert Michel : photographe. Giampiero Albertini : Léon. Jacques Pisias, Lionel Vitrant : flics à la Goutte-d'Or.

Thème : La période de l'après-guerre est l'occasion pour Robert, dit « le Dingue », et ses camarades de constituer un gang spécialisé dans les braquages menés à bord d'une automobile. Parallèlement, Robert s'éprend de Marinette, qui tient un vestiaire dans un club. L'auberge de Cornélius est le quartier général de la bande. Robert échappe de peu à la police lors d'un hold-up à la gare du Nord, mais il est arrêté au cours d'une rafle et parvient à s'enfuir. Plus tard, c'est l'auberge de Cornélius qui est cernée par la police. Ce qui n'empêche pas les membres du gang de parvenir à fuir. Robert est mortellement blessé lors de l'attaque d'une bijouterie. Marinette et ses amis vont l'enterrer discrètement.

Comme dans Borsalino *(1970), Jacques Deray se plaît à retrouver l'atmosphère rétro et c'est tambour battant qu'il dirige à nouveau Alain Delon, portant lunettes noires et cheveux frisés, s'attachant ici au fameux « gang des Tractions Avant ». «* Au bout de six films avec Alain Delon, *écrit Deray,* j'ai pourtant beaucoup de mal à entretenir une relation normale avec lui. Je garde, en sa présence, une angoisse, une inquiétude et je me pose souvent des questions sur cette amitié mystérieuse qui nous lie. *»*

***Notes :** Tournage du 24 mai au 13 août 1976 à Paris, dans l'Aisne et aux studios de Boulogne-Billancourt.*

LE GANG

LE JUGE FAYARD DIT « LE SHERIFF »

Réalisation : Yves Boisset ; scénario : Yves Boisset, Claude Veillot (+ Luc Béraud) ; dialogues : Claude Veillot ; photographie : Jacques Loiseleux © ; musique : Philippe Sarde ; montage : Albert Jurgenson, Laurence Leininger ; production : Yves Gasser, Lise Fayolle, Yves Peyrot (Action Films / Filmédis / SFP – Société Française de Production) ; durée : 112 min.

Interprétation : Patrick Dewaere : juge Jean-Marie Fayard, dit « le Sheriff ». Aurore Clément : Michelle Louvier. Philippe Léotard : inspecteur Marec. Jean Bouise : procureur général Arnould. Jean-Marc Thibault : Camus. Daniel Ivernel : Xavier Marcheron. Jean-Marc Bory : Lucien Degueldre, dit « M. Paul ». Jacques Spiesser : juge d'instruction Jacques Steiner. Marcel Bozzuffi : Joanno, dit « le Capitaine ». Yves Afonso : Lecca. Bernard Giraudeau : juge Davoust. Michel Auclair : Simon Pradaldit, dit « le Docteur ». Henri Garcin : substitut Picot. Roland Blanche : Paul « Paulo » Lecourtois. François Dyrek : José Bouvine. Myriam Mézières : Jenny Alfaric, dite « la Belle Jenny ». Odile Poisson : Mlle Pichon. Georges Wod : Me Lenormand. René Bouloc : journaliste. Guy Dhers : premier inspecteur. Henri Gilabert : second inspecteur. Roger Ibáñez : Sauveur Sotero. Jacques Zanetti : José Maria Sotero. Jean Martin : médecin. Jean Turlier : député Chalabert. Philippe Brizard : directeur de la prison.

Thème : Enquêtant sur une banale histoire de hold-up dans une station-service, le jeune juge Fayard découvre une société chargée de recruter des milices patronales. Il soupçonne l'implication d'un chef de gang, « le Docteur », un détenu qui est d'ailleurs bientôt sorti de prison par un commando. Malgré diverses intimidations, Fayard continue son enquête, dévoilant un réseau criminel où il établit des liens entre le SAC (Service d'action civique), des politiciens et les truands. Un nouveau hold-up, sans doute destiné à la caisse du SAC, a lieu et Fayard, jugé gênant, est abattu tandis que son dossier est emporté par ses assassins. Le juge Steiner pourra-t-il reprendre l'enquête ?

Justement couronné par le prix Louis-Delluc, le film témoigne, une fois de plus, de la volonté d'Yves Boisset de s'attaquer à ce qui peut gêner certains… Il met directement en cause – alors qu'il s'inspire de l'assassinat du juge Renaud, tué à Lyon dans la nuit du 2 au 3 juillet 1975 – le Service d'action civique qui a obtenu, à l'époque, que son nom soit remplacé par un invraisemblable « bip » sonore. Depuis, le nom du SAC est à nouveau audible et Boisset signe ici, parfaitement aidé par Patrick Dewaere dans un de ses meilleurs rôles, un authentique film politique, parfaitement comparable à ce qui peut se faire en Italie ou à Hollywood à la même époque.

Notes : *Tournage à partir de juillet 1976 à Aix-en-Provence et Saint-Étienne.*

LA MENACE

Réalisation : Alain Corneau ; scénario : Alain Corneau, Daniel Boulanger ; dialogues : Daniel Boulanger ; photographie : Pierre-William Glenn © ; musique : Gerry Mulligan ; montage : Henri Lanoë ; séquence des camions : Rémy Julienne ; production : Leo L. Fuchs, Richard Hellman, Jean-Pierre Martel (Les Productions du Daunou / Viaduc Productions / Citeca Productions / Canafox Films) ; durée : 117 min.

Interprétation : Yves Montand : Henri Savin. Carole Laure : Julie Manet. Marie Dubois : Dominique Montlaur. Jean-François Balmer : inspecteur Waldeck. Marc Eyraud : juge Baron. Roger Muni : Bruno. Jacques Rispal : Paco. Michel Ruhl : Me Leverrier. Gabriel Gascon : Pannequin. Martin Trévières : Belloc. Albert Michel : épicier. Pierre Frag : Maurice. Marie Pillet : Yvette. Fabienne Arel : Maria.

Thème : Dominique dirige une entreprise de transports routiers, mais son amant et collaborateur Henri s'éprend de Julie Manet, une Canadienne. Dominique s'oppose à Julie et cherche à l'éloigner. Celle-ci lui apprend qu'elle est enceinte et Dominique choisit de se suicider. On croit à un crime et Julie est inculpée, alors que Henri hérite de Dominique. Le commissaire Waldeck est de plus en plus soupçonneux. Henri choisit alors de se faire passer pour le meurtrier afin de sauver Julie. Celle-ci est en effet libérée et Henri fuit au Canada. Il y fait croire à sa mort, mais il est lui-même victime de son stratagème et meurt écrasé dans sa voiture par deux camions. Julie l'attendra en vain.

« Je veux d'abord, *déclarait Alain Corneau,* raconter une histoire capable de passionner le public et qui, en même temps, véhicule une idée qui m'intéresse. C'est en pensant à Fritz Lang que Daniel Boulanger et moi-même avons écrit le film. Le personnage interprété par Yves Montand est un homme à la recherche de son identité qui devra se battre contre le destin qu'il s'est fabriqué. »

Notes : *Tournage au Canada – Lillooet, Moha et Vancouver (Colombie-Britannique) –, en Gironde (Bordeaux, Saint-Estèphe, citadelle de Blaye) et dans le Val-d'Oise – aéroport Charles-de-Gaulle (Roissy-en-France) et Cormeilles-en-Parisis.*

MORT D'UN POURRI

Réalisation : Georges Lautner ; réalisation de seconde équipe : Michel Pécas ; scénario : Georges Lautner (+ Claude Sautet), d'après le roman de Raf Vallet (= Jean Laborde) ; dialogues : Michel Audiard ; photographie : Henri Decaë © ; musique : Philippe Sarde ; montage : Michelle David ; production : Alain Delon, Nicolas Saada (Adel Productions) ; durée : 123 min.

Interprétation : Alain Delon : Xavier « Xav » Maréchal. Ornella Muti : Valérie. Stéphane Audran : Christiane Dubaye. Mireille Darc : Françoise. Maurice Ronet : Philippe Dubaye. Michel Aumont : commissaire Moreau. Jean Bouise : commissaire Pernais. Daniel Ceccaldi : Lucien Lacor. Julien Guiomar : Fondari. Klaus Kinski : Nicolas Tomski. François Chaumette : Lansac. Henri Virlojeux : Paul. Xavier Depraz : Marcel. Colette Duval : secrétaire de Serrano. Abder El Kebir :

MORT D'UN POURRI

Kébir. Carole Lange : fille du vestiaire. Gérard Hérold : Dupaire. Charles Moulin : Serrano. Roger Muni : monsieur victime de vol.

Thème : Philippe Dubaye s'accuse du meurtre du député Serrano et son ami Xavier Maréchal accepte de lui servir d'alibi. Mais plusieurs personnes s'intéressent aux dossiers compromettants accumulés par Serrano, et Philippe est tué à son tour. Xavier cache les dossiers, si bien que de multiples « accidents » se produisent dans son entourage. Christiane, la veuve de Philippe, est défenestrée et son amant, l'avocat Lucien Lacor, est victime d'un accident de chasse. Prêt à tout pour mettre la main sur les dossiers, le puissant Nicolas Tomski rencontre enfin Xavier, qu'il tente en vain d'acheter. Valérie, la maîtresse de Xavier, est assassinée à son tour. Xavier découvre alors que le meurtrier de Philippe est le commissaire Moreau, qui préfère être abattu par Xavier en état de légitime défense plutôt que de répondre de ses actes.

Répétons-le, une fois de plus, le cinéma politique est une des traditions des cinémas américain et italien. En France, il en va autrement et la preuve en est donnée ici. Le sujet est assez intéressant, mais Georges Lautner, plus habile dans ses comédies, éprouve manifestement de la difficulté à dominer cette intrigue riche en cadavres. La direction d'acteurs elle-même peine à convaincre. Dialogues souvent brillants de Michel Audiard ; Xavier dit ainsi au commissaire Moreau : « La vérité, c'est que vous êtes un con, Moreau. Oh, rassurez-vous, il y en a eu d'historiques. Vos prédécesseurs s'appellent Savonarole, Fouquier-Tinville. La corruption me

MORT D'UN POURRI

dégoûte, mais la vertu me donne le frisson. » Dommage !

***Notes :** Tournage du 25 mai au 10 août 1977 à La Défense (place Jean-Millier), à Paris – 15, avenue Rapp (c'est l'appartement de Xavier Maréchal, 7e), gare Montparnasse (14e-15e), Arc de triomphe (8e), Parc des Princes (16e), rue de l'Arrivée (15e), rue Auguste-Vacquerie (16e) –, dans le parc de Rocquencourt (Yvelines) et au château de Vienne-Prunoy (Yonne).*

LA NUIT DE SAINT-GERMAIN-DES-PRÉS

Réalisation : Bob Swaim ; scénario : Alain Petit, Robert Réa et Bob Swaim, d'après le roman de Léo Malet ; dialogues : Pierre Fabre ; photographie : Yves Lafaye © ; musique : Christian Gaubert, Mort Shuman ; montage : Annie Charrier, Claudio Ventura ; production : Joël Foulon (Filmologies / Oliane Productions / Peri Films) ; durée : 96 min.

Interprétation : Michel Galabru : Nestor Burma. Mort Shuman : Germain Saint-Germain. Daniel Auteuil : Rémy. Chantal Dupuy : Taxi. Manuela Gourary : Marcelle. Gabriel Jabbour : Brandonnel. Annick Alane : Hélène. Jean Rougerie : capitaine. Alain Mottet : Marc Ovet. Fanny Cottençon : jeune femme de la bande. Fernand Berset : patron de *La Cave bleue*. Jenny Clève : Mireille. André Julien : Tintin. André Lacombe : Jacquot.

Thème : 1951. Chargé par une compagnie d'assurances de retrouver des bijoux volés, le détective privé Nestor Burma enquête dans le quartier de Saint-Germain-des-Prés. Il découvre le corps d'un jazzman assassiné et pense qu'il peut y avoir un lien entre le vol des bijoux et ce meurtre. Il finira par contribuer à ce que le jeune Rémy – qui avait assassiné Taxi et tentait de tuer le détective – soit abattu par le propre père de celui-ci, qui est policier.

C'est le premier film de long métrage de Bob Swaim. On remarquera notamment les décors de Hilton McConnico et un Michel Galabru surprenant.

***Notes :** Tournage du 3 janvier au 21 février 1977.*

LES PASSAGERS

Réalisation : Serge Leroy ; scénario : Christopher Frank, Serge Leroy, d'après le roman de K. R. Dwyer (= Dean Ray Koontz) *Shattered* ; dialogues : Christopher Frank ; photographie : Walter Wottitz, Jacques Assuérus © ; musique : Claude Bolling ; montage : François Ceppi ; production : Leo L. Fuchs (Viaduc Productions / Trianon Films / Produzione Intercontinentale Cinematografica) ; durée : 95 min.

Interprétation : Jean-Louis Trintignant : Alex Moineau. Mireille Darc : Nicole Letessier. Bernard Fresson : Fabio. Richard Constantini : Marc. Adolfo Celi : commissaire Boetani. Marco Perrin : gendarme. Yves Barsacq, Olivier Lebeaut, Philippe Chauveau, Georges Audoubert, André Penvern, Claude Tessier : policiers français. Rosine Cadoret : concierge de Nicole. Francesca Benedetti : serveuse. Angela Goodwin : directrice du collège. Alberto Craco : serveur.

Thème : Alex Moineau, qui a épousé Nicole Letessier, part pour Rome afin d'y récupérer Marc, le jeune fils de sa nouvelle compagne. Sur la route du retour vers Paris, Alex et l'enfant sont poursuivis par Fabio, un ancien amant de Nicole, décidé à terrifier celui qui l'a supplanté dans le cœur de la jeune femme. Devenu fou, Fabio assassine deux carabiniers et, alors qu'on le croyait mort dans l'incendie de son véhicule, poursuit sa traque meurtrière. Devançant finalement Alex et Marc, Fabio s'attaque à Nicole, qui finira par lui tirer dessus à l'issue d'une terrible opposition.

Un curieux road-movie criminel qui mérite sans doute d'être revu pour l'atmosphère d'angoisse de plus en plus prenante et la présence de Mireille Darc. C'est une habile réflexion sur le thème du couple.

***Notes :** Tournage du 27 avril au 26 juin 1976 à Paris et en Italie.*

LE POINT DE MIRE

Réalisation : Jean-Claude Tramont ; scénario : Gérard Brach, Jean-Claude Tramont, d'après le roman de Pierre Boulle ; dialogues : Gérard Brach ; photographie : Henri Decaë © ; musique : Georges Delerue ; montage : Kenout Peltier ; production : Pierre Grunstein (Columbia Pictures) ; durée : 95 min.

Interprétation : Annie Girardot : Danièle Gaur. Jacques Dutronc : Julien Mercier. Jean Bouise : Bob. Claude Dauphin : Me Leroy. Michel Robin : Petit Louis. Philippe Rouleau : John W. Maxwell. Françoise Brion : Mme Yvonne. Jean-Claude Brialy : Michel Gaur. Jess Hahn : général Harris. Jean Lescot : Vannier. Matthias Habich : Bruno. Hans Verner : touriste allemand. Michel Blanc : agent de police. Marie-Anne Chazel : postière. Christine Laurent : Virginie. Lucienne Le Marchand : mère de Danièle. Silvia Badesco : Olga. André Chazel : colonel français. Josiane Lévêque : Paulette. Jacques Maury : inspecteur de police belge.

Thème : Une photographe de presse, Danièle Gaur, enquête sur la mort de son mari Michel – qui exerçait le même métier –, peu convaincue par la version officielle de la noyade accidentelle dans le port d'Anvers. Lors de ses investigations, elle met peu à peu au jour le mécanisme d'un complot qui a pour but d'assassiner le secrétaire d'État américain John W. Maxwell. Julien Mercier, un voisin de son mari, lui conseille de ne pas se rendre à Bruxelles, mais alors qu'elle se poste pour prendre en photo Maxwell durant son jogging, elle assiste à la mort de celui-ci, avant d'être elle-même abattue par Julien. Bruno, un ami de Michel, place l'arme qui vient de servir au meurtre de l'homme politique dans la main de Danièle. Pour tous, c'est désormais une déséquilibrée qui a tué Maxwell…

Une tentative assez habile de tourner en France un thriller politique dans la tradition américaine avec une héroïne plongée au sein d'une sombre machination. C'est le premier film de Jean-Claude Tramont.

***Notes :** Tournage du 21 mars au 18 mai 1977.*

1978

L'AMOUR EN QUESTION

Réalisation : André Cayatte ; scénario : André Cayatte, Jean Laborde ; dialogues : Jean Laborde ; photographie : Jean Badal © ; musique : Olivier Dassault ; montage : Paul Cayatte ; production : Sergio Gobbi, Jean Kerchner (Paris-Cannes Production / Alpes Cinéma) ; durée : 100 min.

Interprétation : Annie Girardot : Suzanne Corbier. Bibi Andersson : Catherine Dumais. Michel Galabru : procureur. Michel Auclair : Philippe Dumais. Georges Géret : commissaire Lachot. Dominique Paturel : Me Rhune. John Steiner : Tom Hastings. Sylvie Favre : Mme Ventoux. Florence Giorgetti : Gisèle Polmi. David Langton : Sir Geoffrey. Jacques Morel : président des assises. Ronald Adam : juge anglais. Vernon Dobtcheff : Peter. Alain Mottet : avocat général. Michael Gough : Sir Baldwin. Marthe Villalonga : femme de ménage de Tom Hastings.

Thème : Le riche industriel Philippe Dumais est assassiné. Juge d'instruction chargée de l'affaire, Suzanne Corbier interroge Catherine, la veuve de la victime, plus jeune que lui. Elle la soupçonne ainsi que son amant, l'Anglais Tom Hastings, et finit par les inculper. Tom se réfugie en Angleterre, d'où il ne peut être extradé. Jugé par un tribunal anglais, il est innocenté. Suzanne pense, au contraire, que Catherine est innocente mais que Tom est coupable. Elle demande la relaxe de Catherine, mais le procureur conduit la jeune femme devant les assises. Appelé comme témoin, Tom, qui ne risque plus rien, s'accuse du meurtre et innocente sa maîtresse. Mais Catherine est condamnée à cinq ans de prison.

Une fois encore, André Cayatte nous plonge dans les méandres de la justice, révélant l'antagonisme entre un juge d'instruction et un procureur, cherchant la vérité en évitant l'erreur judiciaire et posant le problème de deux systèmes de juridiction différents, le français et le britannique. « Depuis *Justice est faite, déclarait Cayatte,* on m'a souvent reproché de m'en prendre à la magistrature. En réalité, je me contente d'exposer des faits. Dans ce nouveau film, je souligne que, selon le pays, il y a diverses façons de rendre la justice. La question, m'a-t-il semblé, méritait d'être posée. »

ATTENTION, LES ENFANTS REGARDENT

Réalisation : Serge Leroy ; scénario : Christopher Frank, Serge Leroy, d'après le roman de Peter L. Dixon et Laird Koenig ; dialogues : Christopher Frank ; photographie : Claude Renoir © ; musique : Éric Demarsan ; montage : François Ceppi ; production : Alain Delon, Norbert Saada, Warren Berlinger, Barton Edward Shapkin (Adel Productions) ; durée : 103 min.

Interprétation : Alain Delon : « l'Homme ». Sophie Renoir : Marlène. Richard Constantini : Dimitri. Thierry Turchet : Marc, dit « Boule ». Tiphaine Leroux : Laetitia. Henri Vilbert : gardien. Françoise Brion : Mlle Milard. Louis Navarre : père. Danielle Volle : mère. Adelita Requena : Avocados. Marco Perrin, Jean-Marie Richier : gendarmes. Michel Fortin : moniteur. Arlette Castanier : femme de ménage.

Thème : Laissés par leurs parents à la garde de leur autoritaire gouvernante, Avocados, quatre enfants (Marlène, Dimitri, Marc dit « Boule » et Laetitia) se vengent de celle-ci, un après-midi à la plage, en la plongeant dans l'eau. Or elle ne sait pas nager et se noie. Quittant les lieux et profitant d'être seuls à la maison, ils sont désormais prisonniers de ce secret. Mais un homme a assisté à la scène. Il s'installe chez eux et n'hésite pas, en véritable dictateur, à les menacer. L'homme annonce bientôt son départ et les deux aînés décident alors de l'éliminer, ce qu'ils font avec succès. Il reste aux enfants à se débarrasser du corps et à nettoyer la maison pour ne pas risquer d'inquiéter leurs parents sur le point de rentrer.

Régulièrement oublié dans la filmographie d'Alain Delon, le film est une véritable surprise. Loin de choisir à nouveau d'être le héros d'un polar à la mode, Alain Delon, producteur et acteur, s'est attaqué ici à un sujet gênant, mettant en scène des enfants assassins. On pense naturellement à Our Mother's House *(Chaque soir à neuf heures, 1967) de Jack Clayton, et Serge Leroy signe ici son meilleur film avec* La Traque *(1975),*

ne cherchant jamais à affadir un sujet, rarement traité dans le cinéma français. Il faut réévaluer le film ! « J'ai traité ce film comme un conte moderne, c'est-à-dire que c'est un sujet pour lequel j'ai plus travaillé le fantastique que le réalisme. Le film comporte tous les symboles des contes de Perrault, c'est vraiment "Il était une fois" », *déclarait Serge Leroy.*

LE DOSSIER 51

Réalisation : Michel Deville ; scénario et dialogues : Michel Deville, Gilles Perrault, d'après le roman de Gilles Perrault ; photographie : Claude Lecomte © ; musique : Jean Schwartz ; musique préexistante : Franz Schubert ; montage : Raymonde Guyot ; production : Philippe Dussart (Éléfilm / SFP Cinéma / Maran Film GmbH) ; durée : 108 min.

Interprétation : François Marthouret : Dominique Auphal / 51. Anna Prucnal : Sarah Robski. Françoise Lugagne : Mme Auphal. Roger Planchon : Esculape 1. László Szabó : agent de Sarah Robski. Didier Sauvegrain : Pylos. Jean Martin : Vénus. Uta Taeger : Esculape 2. Daniel Mesguich : Esculape 4. Sacha Pitoëff : voix de Minerve 1. Michel Aumont : voix de Mars. Jean Mermet : voix de Minerve 2. Patrick Chesnais : Hadès. Christophe Malavoy : agent 8956. Claire Nadeau : amie 9000.

Thème : Le service secret « Jupiter » cherche à recueillir le maximum de renseignements sur le diplomate Dominique Auphal qui doit être nommé à l'ODENS (Organisation pour le développement des échanges Nord-Sud). Sa femme et l'amant de celle-ci ne posent pas de problème. La mère de Dominique révèle qu'il est un bâtard, alors que Sarah Robski, une compagne trotskiste, est déjà surveillée par la DST. Une faille apparaît : Dominique aurait des tendances homosexuelles refoulées. L'agent Pylos sera alors chargé de le séduire et Dominique se suicidera en voiture.

LE DOSSIER 51

Le film dénonce les manœuvres psychologiques et psychiatriques mises en route par des services secrets pour réussir à « casser » l'éventuelle couverture d'un agent ou d'un fonctionnaire et Michel Deville utilise, à cet effet, la technique de la caméra subjective. L'intrigue se suit avec un certain suspense, même s'il est évident que les éventuelles tentations homosexuelles d'un sujet figurent d'habitude comme l'une des principales – et non tardives ! – préoccupations des services secrets, car elles permettent de « tenir » une cible, soit par le chantage, soit grâce à un partenaire.

LES LIENS DE SANG

Réalisation : Claude Chabrol ; scénario : Claude Chabrol, Sydney Banks, d'après le roman d'Ed McBain *Adieu cousine... (Blood Relatives)* ; photographie : Jean Rabier © ; musique : Pierre Jansen ; montage : Yves Langlois ; production : Eugène Lépicier, Denis Héroux (Filmel / Cinévidéo / Classic Film Industries / Montreal Trust Company of Canada) ; durée : 100 min.

Interprétation : Donald Sutherland : inspecteur Steve Carella. Stéphane Audran : Mme Lowery. Laurent Malet : Andrew Lowery. Aude Landry : Patricia Lowery. David Hemmings : Jack Armstrong. Donald Pleasence : James Doniac. Lisa Langlois : Muriel Stark. Micheline Lanctôt : Mme Carella. Ian Ireland : Bert Klinger. John King : Paul Gaddis.

Thème : À la mort de ses parents, Muriel est recueillie par son oncle et sa tante, M. et Mme Lowery. Son cousin, Andrew, est amoureux d'elle, mais elle est bientôt séduite par Jack Armstrong. Alors qu'elle était avec sa cousine Patricia, Muriel est attaquée et assassinée. L'inspecteur Carella mène l'enquête. Patricia identifie d'abord comme l'agresseur un innocent, avant de dénoncer son frère Andrew comme le meurtrier. Ce dernier, arrêté, clame son innocence, ce qui rend

LES LIENS DE SANG

Carella de plus en plus perplexe jusqu'à ce qu'il comprenne que le meurtrier est en fait Patricia, qui ne supportait pas la liaison d'Andrew et de Muriel.

Un mélange assez habile d'étude psychologique et d'intrigue policière décrivant une société étouffante, des personnages en proie à leurs fantasmes et à leurs obsessions, un assassin en fuite et un univers parfois à la limite du fantastique, comme en témoigne l'amoncellement des déchets, symbole de notre société. Le film est une coproduction franco-canadienne.

***Notes :** Tournage du 7 juillet au 26 août 1977 à Montréal.*

L'ORDRE ET LA SÉCURITÉ DU MONDE

Réalisation : Claude d'Anna ; scénario : Marie-Françoise Bonin, Claude d'Anna ; photographie : Eduard van der Enden © ; musique : Claude Nougaro, Maurice Vander ; montage : Kenout Peltier, Renaud Peltier ; production : François Lesterlin, Henry Lange (Dedalus Productions / Seuil Audiovisuel / FR3 Cinéma) ; durée : 105 min.

Interprétation : Joseph Cotten : Foster Johnson. Gabriele Ferzetti : Herzog. Michel Bouquet : banquier Muller. Bruno Cremer : Lucas Richter. Donald Pleasence : Rothko. Laure Dechasnel : Hélène Lehman. Dennis Hopper : Sheban Medford. Pierre Santini : Martial Kauffer. Vernon Dobtcheff : réceptionniste. Henri Serre : Massonnier.

Thème : Hélène Lehman prend le train Paris-Zurich et découvre, à son arrivée, que son amant ne peut la rejoindre et que son voisin de compartiment et elle ont, par mégarde, échangé leurs passeports. L'homme en question, Lucas Richter, est un journaliste qui doit récupérer des documents compromettants pour une multinationale qui négocie avec un pays africain.

Hélène et un agent de la société cherchent donc à le retrouver. Un accord semble se conclure entre la multinationale qui manœuvre Lucas et sa rivale. Mais les deux sociétés se demandent qui est cette femme qui poursuit le journaliste. Lucas et Hélène finissent par se retrouver dans le train du retour, se restituant leurs passeports. Lucas élimine l'un des tueurs lancés sur ses traces, mais Hélène est assassinée en arrivant à Paris.

Un train, idéal huis clos, un homme et une femme qui ne se connaissent pas mais qui doivent absolument se retrouver, des sociétés magouillant en Afrique et, en prime – si l'on peut dire –, quelques tueurs. Claude d'Anna réunit, pour ce thriller politique, une distribution soigneusement choisie et plonge ses deux principaux héros dans une intrigue aussi embrouillée que menaçante. C'est un curieux film servi par une superbe photographie. À redécouvrir…

UN PAPILLON SUR L'ÉPAULE

Réalisation : Jacques Deray ; scénario : Jean-Claude Carrière, Tonino Guerra, Jacques Deray, d'après le roman de John Gearon *Le Puits de velours (The Velvet Well)* ; photographie : Jean Boffety, Jean Charvein © ; montage : Henri Lanoë ; production : Yves Gasser, Yves Peyrot, Klaus Hellwig (Gaumont / Action Films / Citel Films) ; durée : 95 min.

Interprétation : Lino Ventura : Roland Fériaud. Claudine Auger : femme à l'imperméable. Paul Crauchet : Raphaël. Jean Bouise : Dr Bavier. Nicole Garcia : Sonia Fériaud. Laura Betti : Mme Carrabo. Xavier Depraz : Miguel Carrabo. Dominique Lavanant : jeune femme de la cathédrale. Jacques Maury : commissaire Goma. Roland Bertin : haut fonctionnaire. José Lifante : commissaire. Jeannine Mestre : infirmière.

Thème : De passage à Barcelone, Roland Fériaud entend un râle dans la chambre d'hôtel voisine de la sienne dont il pousse la porte avant de se réveiller dans une clinique où un médecin l'interroge à propos d'une mallette. N'ayant aucun souvenir de ce qui lui est arrivé, il rencontre un autre pensionnaire qui s'adresse à un papillon imaginaire sur son épaule, puis, de retour à l'hôtel, une femme désespérément à la recherche de son mari. Il semble être l'objet d'une méprise. Sonia, son épouse, le rejoint avant d'être enlevée. Mme Carrabo – la femme qui cherche son mari – lui ayant remis une mystérieuse mallette avant d'être assassinée, il doit la rendre pour faire libérer sa femme. Roland raccompagne Sonia à la gare. En sortant de celle-ci, il est tué.

UN PAPILLON SUR L'ÉPAULE

C'est un authentique film d'auteur, une œuvre exigeante dans laquelle Jacques Deray, rompant avec sa filmographie commune avec Alain Delon, choisit un thème ambitieux à l'opposé de ce qui est courant dans la production française. On découvre un héros – Lino Ventura, remarquable – confronté à une succession d'interrogations, rencontrant des personnages étranges, plongé dans une ville étrangère où il finira par trouver la mort. Mal compris par la critique, le film est boudé par le public. « Sa ressortie, *écrivait Jacques Deray,* sera sans changement sur le plan commercial. À le revoir, je continue à le trouver réussi, mais il a, en effet, quelque chose de terrifiant, comme une rigueur implacable, qui, sans doute, met le spectateur en état de malaise. »

LA RAISON D'ÉTAT

Réalisation : André Cayatte ; scénario : André Cayatte, Jean Curtelin ; photographie : Armando Nannuzzi © ; musique : Vladmir Cosma ; montage : Paul Cayatte ; production : Sergio Gobbi (Paris-Cannes Production / Alpes Cinéma / Mida Produzioni Cinematografiche) ; durée : 95 min.

Interprétation : Jean Yanne : Jean-Philippe Leroi. François Périer : professeur Marrot. Monica Vitti : Angela Ravelli. Michel Bouquet : Francis Jobin. Jean-Claude Bouillon : Bernard Moulin. Hubert Gignoux : ministre de la Guerre. Gabriel Jabbour : Meslan. André Reybaz : chef de la sécurité. Jean Rougerie : Premier ministre. Jess Hahn : agent de la CIA. Michèle Lituac : Françoise. Georges Chamarat : jardinier de Marrot.

Thème : Le professeur Marrot entre en possession d'un document prouvant que la France vend secrètement des armes à un pays africain et se trouve donc responsable d'une catastrophe aérienne dans laquelle un avion a été abattu par des missiles français acquis de manière illégale. Ce qui a notamment causé la mort de 240 enfants. Marrot est bientôt victime d'un « accident » de la circulation. Sa collaboratrice Angela décide alors de dénoncer le scandale, mais le haut fonctionnaire responsable des ventes en question, Jean-Philippe Leroi, s'oppose à elle. Angela est alors arrêtée et accusée d'espionnage. Elle réussit à partir aux États-Unis où elle est assassinée avec la bénédiction de la CIA. Couvert par le gouvernement, Leroi pourra poursuivre en paix ses nocives activités.

Il a souvent été de bon ton de reprocher à André Cayatte son goût pour les « grands sujets ». Mais qui donc en France aurait le courage de s'attaquer, comme lui, au trafic mortifère des armes ? Il convient donc de saluer le choix d'un tel sujet, comme on le fait régulièrement pour des œuvres italiennes et américaines. Jean Yanne fait une inquiétante composition de grand commis de l'État persuadé de son bon droit et vendant en tout état de cause de quoi semer la mort.

VIOLETTE NOZIÈRE

Réalisation : Claude Chabrol ; scénario : Odile Barski, Hervé Bromberger, Frédéric Grendel (+ Claude Chabrol), d'après le roman de Jean-Marie Fitère ; dialogues : Odile Barski, Claude Chabrol ; photographie : Jean Rabier © ; musique : Pierre Jansen ; montage : Yves Langlois ; production : Eugène Lépicier, Denis Héroux (Filmel / FR3 / Cinévidéo) ; durée : 124 min.

Interprétation : Isabelle Huppert : Violette Nozière. Stéphane Audran : Germaine Nozière. Jean Carmet : Baptiste Nozière. Lisa Langlois : Maddy. Jean-François Garreaud : Jean Dabin. Bernadette Lafont : codétenue. Philippe Procot : Me Vésine-Larue. François Maistre : M. Mayeul. Dora Doll : Mme Mayeul. Fabrice Luchini : étudiant Camus. Jean Parédès : chanteur. Henri-Jacques Huet : commissaire Guillaume. Grégory Germain : musicien noir. Zoé Chauveau : Zoé. Mario David : directeur de la prison. Jacqueline Pierreux : ménagère. Jean-Pierre Coffe : Dr Déon. Claude Chabrol : récitant du commentaire final.

Thème : Paris, 1933. Violette Nozière, âgée de 18 ans, en révolte contre le mode de vie modeste et monotone de ses parents Germaine et Baptiste, mène une double vie, dépensant hors du foyer, sans compter, l'argent qu'elle gagne en se prostituant secrètement. Elle tombe amoureuse de Jean Dabin, un mauvais garçon qui la séduit, espérant mettre la main sur un pactole. Lorsque Violette est arrêtée après avoir empoisonné son père – elle a sauvé *in extremis* sa mère –, elle prétend, pour sa défense, que celui-ci l'a violée. Condamnée à la guillotine, Violette verra d'abord sa peine commuée en travaux forcés à perpétuité puis réduite à douze ans de réclusion, avant d'être libérée pour bonne conduite en 1945.

Claude Chabrol dénonce une fois de plus le comportement bourgeois, finissant presque par excuser le crime de son héroïne qui hurle dans le prétoire : « Vous me dégoûtez. Vous êtes pitoyables. Je vous maudis tous autant que vous êtes ! » « Je n'ai pas cherché, *déclarait le réalisateur,* à dédouaner Violette. Je n'ai pas voulu excuser cette action terrible qu'elle exécute avec un affreux sang-froid. J'ai essayé de comprendre et d'expliquer son geste. »

Notes : *Tournage du 14 novembre au 31 décembre 1977 à Paris : rue Santos-Dumont (15e), Collège de France (5e), rue Victor-Cousin (5e), Champs-de-Mars (7e).*

BUFFET FROID

1979

BUFFET FROID

Réalisation : Bertrand Blier ; scénario : Bertrand Blier ; photographie : Jean Penzer © ; musique : Philippe Sarde ; musique préexistante : Johannes Brahms ; montage : Claudine Merlin ; production : Alain Sarde (Sara Films / Antenne 2) ; durée : 89 min.

Interprétation : Gérard Depardieu : Alphonse Tram. Bernard Blier : inspecteur Morvandieu. Jean Carmet : assassin. Geneviève Page : Geneviève Léonard (veuve). Denise Gence : hôtesse au chapeau. Carole Bouquet : jeune fille à la voiture. Nicole Desailly : femme divorcée. Michel Serrault : quidam comptable. Jean Rougerie : Eugène Léonard. Jean Benguigui : tueur en noir. Marco Perrin : maçon. Liliane Rovère : Josyane. Éric Vasberg : inspecteur Cavana. Michel Fortin : escogriffe. Pierre Frag : homme divorcé. Bernard Crombey : docteur. Roger Riffard : garde de la tour. Maurice Travail : garde du terrain vague.

Thème : Alphonse bavardait avec un inconnu qu'il retrouve avec un couteau dans le ventre. Alphonse et sa femme ont un nouveau voisin qui est commissaire de police et sa propre femme est assassinée. Alphonse et le commissaire trinquent avec l'étrangleur. Un homme demande à être tué, mais il faudra assurer la charge de sa veuve. Celle-ci sera la victime de l'étrangleur. L'étrangleur est assassiné par un tueur à gages, précédant de peu le commissaire et Alphonse. Il ne reste que la fille de l'homme tué au début…

Un humour noir de chaque instant, une direction d'acteurs virtuose et – finalement – le constat que le monde qui nous entoure contribue à nous déshumaniser. L'angoisse est de plus en plus communicative. Pour un film d'auteur, c'est un film d'auteur !

Notes : *Tournage en Isère (Le Sappey-en-Chartreuse et Lavars), à Créteil (Val-de-Marne) et La Défense (station de RER).*

LES CHIENS

Réalisation : Alain Jessua ; scénario : André Ruellan, Alain Jessua, d'après l'idée d'Alain Jessua ; photographie : Étienne Becker © ; musique : René Koering, Michel Portal ; montage : Hélène Plemiannikov ; production : Laurent Meyniel (Les Films de la Drouette / AJ Films / AMS Productions / Pacific Films) ; durée : 100 min.

Interprétation : Gérard Depardieu : Morel. Victor Lanoux : Dr Henri Ferret. Nicole Calfan : Élisabeth Barrault. Pierre Vernier : Gauthier. Gérard Séty : maire Boursault. Pierre Londiche : Casteret. Stéphane Bouy : Froment. Gérard Caillaud : commissaire Laborde. Henri Labussière : Montagnac. Anna Gaylor : Mme Colin. Fanny Ardant : adjointe du Dr Lombard. Guy Saint-Jean : M. Colin. Philippe Klébert : Franck. Philippe Mareuil : Beauchamp. Élisabeth Kaza : première invitée. Jean-François Dérec : premier client disco.

Thème : Traumatisés par le climat de violence qui envahit une ville nouvelle de province, ses habitants n'hésitent pas à lancer des chiens contre des jeunes. Le Dr Henri Féret constate régulièrement des blessures par morsures. Son inquiétude est aussi celle du maire Boursault, qui s'oppose à Morel, le propriétaire du chenil qui forme les maîtres des animaux, tout en briguant la mairie. Boursault est d'ailleurs lui-même victime d'un chien qui le tue. Cette tension croissante divise la population, et la jeune Élisabeth passe de plus en plus de temps dans le chenil de Morel. Elle croit bientôt reconnaître l'homme qui l'avait violée et fait charger son chien. Seule l'intervention de Féret empêche l'agresseur d'être déchiqueté. Morel, ses amis et leurs chiens poursuivent bientôt les jeunes qui avaient jeté des pétards dans le chenil... Élisabeth finit par fuir avec Féret tandis que Morel est poignardé.

Tout en décrivant la montée de la violence dans une cité nouvelle et la haine qui va bientôt opposer les jeunes de cette cité aux anciens habitants, Alain Jessua se plaît – c'est le premier intérêt du film – à créer une atmosphère presque fantasmagorique. Le personnage d'Élisabeth est celui d'une femme qui a été victime d'un viol et qui va, à son tour, se laisser happer par cette violence ambiante, symbolisée par ces chiens. Elle-même aura d'ailleurs un de ces animaux dressés pour l'attaque. Très intéressant.

Notes : *Tournage du 31 juillet au 30 septembre 1978 à Torcy (quartier de l'Arche-Guédon, Seine-et-Marne), Triel-sur-Seine (Yvelines), Fontenay-sous-Bois (Val-de-Marne), Tournan-en-Brie (Seine-et-Marne) et Jouy-le-Moutier (Val-d'Oise).*

LA DÉROBADE

Réalisation : Daniel Duval ; scénario : Jeanne Cordelier, Christopher Frank, Daniel Duval, d'après le roman de Jeanne Cordelier ; photographie : Michel Cénet © ; musique : Vladimir Cosma ; montage : Jean-Bernard Bonis ; production : Benjamin Simon, Gérard Lorin (ATC 3000 / SN Prodis) ; durée : 120 min.

Interprétation : Miou-Miou : Marie. Maria Schneider : Maloup. Daniel Duval : Gérard, alias « Gégé ». Jean Benguigui : Jean-Jean. Martine Ferrière : Mme Pedro. Niels Arestrup : André. Régis Porte : François. Marie Pillet : Lulu. Michel Berto : client qui aime être humilié. Jacques Doniol-Valcroze : commissaire de police. Jean-Claude Dreyfus : malfrat. Brigitte Ariel : Odette. Isabelle Mergault : prostituée. Brigitte Ariel : Odette.

Thème : Marie, 19 ans, vit en banlieue avec un emploi de vendeuse qui l'ennuie. Elle rencontre et s'éprend de Gérard. Pour lui, elle quitte ses parents et son travail avant de se rendre compte qu'il va l'obliger à se prostituer. Marie devient l'amie de Maloup, une autre prostituée, et décide de raccrocher. Pour racheter sa liberté, elle doit verser l'intégralité de ses revenus à Gérard pendant une année entière. Au bout d'un an, elle finit par quitter ce dernier et réussit à échapper à la prostitution.

C'est le portrait passionné d'une femme courageuse et énergique qui refuse cette prostitution et ce Milieu dans lequel elle est tombée pour s'affranchir et retrouver la liberté. Très belle interprétation de Miou-Miou.

ÉCOUTE VOIR…

Réalisation : Hugo Santiago ; scénario : Claude Ollier, Hugo Santiago ; photographie : Ricardo Aronovich © ; musique : Michel Portal ; musique préexistante : Wolfgang Amadeus Mozart, Franz Schubert, Jean-Sébastien Bach, Johannes Brahms ; montage : Alberto Yaccelini ; production : Maurice Bernart (Prospectacle) ; durée : 124 min.

Interprétation : Catherine Deneuve : Claude Alphand. Sami Frey : Arnaud de Maule. Florence Delay : Flora Thibaud. Anne Parillaud : Chloé. Antoine Vitez : délégué de la secte. Didier Haudepin : secrétaire de Claude. Jean-François Stévenin : inspecteur Mercier. François Dyrek : inspecteur Daloup. Gilbert Adair : prédicateur de la secte.

Thème : Le jeune savant Arnaud de Maule fait appel à la détective privée Claude Alphand alors que Chloé, sa maîtresse, disparaît mystérieusement. Claude découvre bientôt que Chloé fait désormais partie d'une secte nommée « L'Église du Renouveau Final », qui s'intéresse aux travaux – secrets – d'Arnaud. Claude

réussit à récupérer Chloé, mais Flora Thibaud, amie d'Arnaud et productrice d'émissions radiophoniques, trouve la mort. Claude doute que cette mort soit « accidentelle » et découvre que Flora travaillait, en réalité, pour le compte de la secte et qu'Arnaud était, dès lors, complice. Arnaud cherche à fuir en prenant Chloé avec lui, mais Claude l'abat.

*Le film est intéressant à un double titre. D'abord, il présente, dans le rôle du détective privé habituel, une jeune femme séduisante avec imperméable et chapeau mou – un des très bons rôles de Catherine Deneuve, plus rousse que blonde. Ensuite, parce que le sujet frôle le fantastique grâce à une bande-son particulièrement réussie. Rappelons que, précédemment, Hugo Santiago avait collaboré avec Jorge Luis Borges (*Invasión *en 1969 et* Les Autres *en 1974). Il faut avoir vu Catherine Deneuve se battre contre ses adversaires, rejeter d'un coup ses cheveux en arrière, leur faire face et frapper.*

***Notes :** Tournage au château du Haghou, à Maule (Yvelines).*

LES ÉGOUTS DU PARADIS

Réalisation : José Giovanni ; scénario : José Giovanni, d'après le livre d'Albert Spaggiari ; dialogues : Michel Audiard ; photographie : Walter Bal © ; musique : Jean-Pierre Doering ; montage : Jacqueline Thiédot, Marie-Thérèse Boiché ; production : Jean-Pierre Rawson, Anne-Marie Toursky (Alexia Films) ; durée : 115 min.

Interprétation : Francis Huster : Albert Spaggiari. Jean-François Balmer : « 68 ». Lila Kedrova : Charlotte. Michel Peyrelon : Pierre. Michel Subor : « Biki le Targuy ». Bérangère Bonvoisin : Mireille. Gabriel Briand : Mike, dit « la Baraka ». Clément Harari : « l'Égyptien » ; André Pousse : chauve, dit « Machin ». Jacques Richard : Bouche d'or. Serge Valletti : danseur. Bernard Spiegel : juge. Jean Franval : Joseph.

Thème : Ancien de l'Indochine, Albert Spaggiari a ouvert un magasin de photographie à Nice. Retrouvant son vieil ami « 68 », il décide de renouer avec cette vie d'aventures qui lui manque. Il réunit une équipe et le matériel nécessaire. À la tête d'un véritable gang, il creuse à partir des égouts et pénètre dans la salle des coffres de la Société Générale. Quelque 300 coffres sont ouverts, révélant divers trésors et secrets. Spaggiari finit pourtant par être arrêté. Il avoue, mais parvient, au cours de l'instruction, à sauter par la fenêtre et à fuir en moto.

La reconstitution – sur les lieux mêmes du « casse du siècle » – est rigoureuse, mais il manque au film une réflexion psychologique plus approfondie qu'ici et – pourquoi pas ? – un grain de folie que devait avoir le curieux héros de cette invraisemblable et véridique histoire.

FLIC OU VOYOU

Réalisation : Georges Lautner ; scénario : Jean Herman, d'après le roman de Michel Grisolia *L'Inspecteur de la mer* ; dialogues : Michel Audiard ; photographie : Henri Decaë © ; musique : Philippe Sarde ; montage : Michelle David ; production : Jean-Paul Belmondo / Alain Poiré (Cérito Films / Gaumont International) ; durée : 107 min.

Interprétation : Jean-Paul Belmondo : Antonio Cerutti / Stan Borowitz. Marie Laforêt : Edmonde Puget-Rostand. Michel Galabru : commissaire Grimaud. Jean-François Balmer : inspecteur Massard. Michel Beaune : Marcel Langlois. Catherine Lachens : Simone Langlois. Charles Gérard : Cazauban. Georges Géret : Théo Musart, dit « l'Auvergnat ». Michel Peyrelon : Camille. Claude Brosset : Achille Volfoni. Venantino Venantini : Mario. Julie Jézéquel : Charlotte. Tony Kendall : Rey. Juliette Mills : Mme Bertrand.

Thème : Nice. Le commissaire Bertrand est tué et, devant l'impuissance du commissaire Grimaud, c'est à Stan Borowitz, de la police des polices, qu'il va incomber de rétablir l'ordre. Borowitz comprend qu'il existe des liens inadmissibles entre les autorités locales et le Milieu. Il identifie les flics corrompus que sont les inspecteurs Rey et Massard et, agissant seul sous couverture, monte les deux caïds de la ville (Musart « l'Auvergnat » et Volfoni « le Corse ») l'un contre l'autre. L'arrivée de sa fille Charlotte complique la situation : l'identité de Borowitz est découverte par Rey que Borowitz abat (mort pour laquelle il fait inculper Volfoni), si bien que Charlotte est enlevée par Musart et Massard. Ce dernier tue Musart et ramène Charlotte à Borowitz, qui laisse Massard escorter Volfoni pour confondre leurs liens. En tentant d'échapper à un barrage de gendarmerie, le véhicule transportant le mafioso et le flic véreux atterrit sur une voie ferrée où il est percuté par un train.

Tout est ici sacrifié à la présence de Jean-Paul Belmondo, producteur du film, interprète et cascadeur. La gouaille de l'acteur, soigneusement servi par Michel Audiard, est – reconnaissons-le – souvent réjouissante, mais l'ensemble reste sans surprise. Citons Belmondo, dialogué par Audiard : « Je sais bien que t'as pas buté l'autre imbécile, mais t'en as fait flinguer d'autres ! Si on ajoute à ça le racket, la drogue et les putes – ça fait une jolie carrière quand même ! Et les vingt ans que tu vas prendre, c'est un peu la médaille du travail qu'on va te remettre. »

LA GUERRE DES POLICES

Réalisation : Robin Davis ; scénario : Jean-Marie Guillaume, Jacques Labib ; adaptation : Robin Davis, Jean-Patrick Manchette, Jacques Labib, Patrick Laurent ; photographie : Ramón F. Suárez © ; musique : Jean-Marie Sénia ; montage : José Pinheiro ; production : Vera Belmont (Stephan Films / Les Productions Jacques Roitfeld) ; durée : 100 min.

Interprétation : Claude Brasseur : commissaire Jacques Fush. Marlène Jobert : Marie Garcin. Claude Rich : commissaire Ballestrat. Jean-François Stévenin : Capati. Roger Mirmont : Lagrange. François Périer : Millard. Gérard Desarthe : Hector Sarlat. Jean Rougerie : Mermoz. Rufus : Le Garrec. Jean-Pierre Kalfon : Marc. Jacques Lalande : Pralin. Étienne Chicot : Larue. David Jalil : Djalloud. Ludmila Mikaël : juge François. Féodor Atkine : Serge Manékian. Georges Staquet : Colombani.

Thème : Le commissaire Ballestrat et ses hommes de la brigade territoriale s'apprêtent à arrêter le dangereux Sarlat, mais les policiers de l'anti-gang du commissaire Fush arrivent au même moment. Ballestrat préfère laisser fuir Sarlat que de permettre son arrestation par son collègue et rival. Le chef de cabinet du ministre de l'Intérieur exige que les deux équipes collaborent, mais chaque commissaire continue à faire bande à part. Sur le point d'arrêter Sarlat, Fush est trahi par Marie, qui appartient à la territoriale, et échoue. Après qu'il a remis sa démission, une autre occasion lui est donnée d'abattre Sarlat, qui a pris un policier en otage. Il y parvient, mais il est mortellement touché, lui aussi.

À voir pour l'affrontement entre Claude Rich et Claude Brasseur et – surtout – pour l'apparition superbe de Marlène Jobert, totalement nue, une arme à la main.

Notes : *Tournage dans le Val-d'Oise : Beaumont-sur-Oise (cimenterie, rue de la Cimenterie, rue de l'Abattoir) et Mours (sous le pont du chemin de fer, c'est là où est tué Fush).*

L'HOMME EN COLÈRE

Réalisation : Claude Pinoteau ; scénario : Jean-Claude Carrière, Claude Pinoteau ; dialogues : Charles E. Israel ; photographie : Jean Boffety © ; musique : Claude Bolling ; montage : Marie-Josèphe Yoyotte ; production : Georges Dancigers, Denis Héroux, Alexandre Mnouchkine (Les Films Ariane / FR3 Cinéma / Cinévidéo) ; durée : 105 min.

Interprétation : Lino Ventura : Romain Dupré. Angie Dickinson : Karen. Laurent Malet : Julien Dupré. Hollis McLaren : Nancy ; Donald Pleasence : Albert Rumpelmayer. Lisa Pelkan : Anne. Chris Wiggins : McKenzie. R. H. Thomson : Borke. Peter Hicks : Lentini. Sony Forbes: boxeur noir. Vlasta Vrana: gérant du club. Édouard Carpentier : portier du club. Olivier Guespin : Julien, adolescent.

Thème : Romain Dupré se rend à Montréal où son fils Julien aurait été tué dans un affrontement avec la police. Il découvre que le corps n'est pas celui de Julien et que ce dernier, toujours en vie, était mêlé à un trafic de drogue et d'immigrés. Il revoit finalement Julien qui, après que son père a été blessé dans une fusillade entre la police et les dealers, finit par se rendre.

Claude Pinoteau retrouve son interprète de La Gifle *(1974) et du* Silencieux *(1973) et joue habilement sur le contexte canadien. Un regret, celui que la belle Angie Dickinson n'ait pas été mieux utilisée…*

Notes : *Le film a été tourné du 5 septembre au 24 novembre 1978 à Montréal.*

I… COMME ICARE

Réalisation : Henri Verneuil ; scénario : Henri Verneuil, Didier Decoin ; photographie : Jean-Louis Picavet © ; musique : Ennio Morricone ; montage : Henri Lanoë ; production : Henri Verneuil (SFP – Société Française de Production / V. Films / Antenne 2) ; durée : 120 min.

Interprétation : Yves Montand : procureur Henri Volney. Michel Etcheverry : Frédéric Heiniger. Didier Sauvegrain : Karl Eric Daslow. Roger Planchon : professeur Nagarra. Jean Lescot : Frank Bellony. Jacques Denis : Despaul. Maurice Bénichou : Robert Sanio. Pierre Vernier : Charly Feruda. Jacques Sereys : Richard Mallory. André Falcon : Darsell. Brigitte Lahaie : Ursula Hoffman. Marcel Maréchal : Rivoli. Jean Négroni : Carlos de Palma. Roland Blanche : Garcia Santos. Henri Verneuil : technicien TV. Gabriel Cattand : président Marc Jary.

Thème : Le président Marc Jary est assassiné dans sa voiture décapotable au milieu de la foule. La commission Heiniger conclut au crime d'un homme seul. Le procureur Henry Volney cherche à découvrir la vérité, mais les témoins disparaissent les uns après les autres. Pour Volney, cet assassinat est une évidente machination. Celle-ci a pour nom de code « I comme Icare ». Mallory, le chef des services secrets, est bientôt remplacé. Volney enregistre sa déposition, avant de recevoir une balle en plein tête.

Henri Verneuil a lui-même expliqué le titre : « Il est dit dans la légende grecque que Icare, enfermé dans un labyrinthe, s'est un jour évadé grâce à des ailes qu'il attacha sur le dos avec de la cire. Mais, dans son vol, il s'approcha si près du soleil, symbole de la vérité, que la cire se mit à fondre et qu'il tomba dans la mer qui porte aujourd'hui son nom. » *Verneuil s'attache, au passage, au thème de la manipulation psychologique dont peuvent se servir les services secrets.*

***Notes :** Tournage du 14 mai au 20 juillet 1979 à La Défense (Hauts-de-Seine), Cergy (Val-d'Oise) – tour EDF, parvis de la préfecture, ESSEC, avenue Bernard-Hirsch – et Paris (hôpital du Val-de-Grâce). On pourra remarquer que le nom du premier suspect, Daslow, est l'anagramme d'Oswald.*

LE PULL-OVER ROUGE

Réalisation : Michel Drach ; scénario : Michel Drach, Ariane Litaize, d'après le livre de Gilles Perrault *Le Pull-over rouge* ; dialogues : Michel Drach ; photographie : Jean Boffety © ; musique : Jean-Louis d'Onorio ; montage : André Gaultier, Pierre Lévy, Souzig Chappedelaine ; production : Michel Drach (Port-Royal Films / Gaumont) ; durée : 115 min (version sans les scènes coupées) ; 120 min (version longue).

Interprétation : Serge Avédikian : Christian Ranucci. Michelle Marquais : Louise Mathon. Claie Deluca : juge d'instruction. Roland Blanche : inspecteur Couderc. Pierre Maguelon : inspecteur Commenci. Gérard Chaillou : inspecteur Dubois. Didier Flamand : Jean Garnier. Maud Rayer : Odile Garnier. Régis Porte : Me Jean-François Laffont. Jean Benguigui : Charlie. Pierre Mirat : président du tribunal. Roger Ibáñez : père d'Élisa. Rosita Fernandez : mère d'Élisa.

Thème : Marseille, 1974. Élisa Garcia, 8 ans, disparaît en compagnie d'un inconnu. Le corps de la fillette est ensuite retrouvé et Christian Ranucci est arrêté et condamné, notamment en raison de sa possession d'un pull-over rouge, mentionné dans les descriptions des témoins. Il est guillotiné le 28 juillet 1976.

« Le film de Michel Drach ne proclame pas qu'il était innocent. Il donne simplement à voir par quels étranges détours le court chemin de sa vie a abouti à l'échafaud. Il raconte une histoire vraie. Car tout est vrai, même si plus d'un spectateur aura peine à en croire ses yeux et ses oreilles. Témoins escamotés, procédures bâclées, procès-verbaux écartés du dossier : telle fut bien l'affaire Ranucci. Certes, elle n'est pas tout entière dans le film et ne pouvait pas y être pour des raisons inhérentes au média même. Certes, Michel Drach, sans laisser dans l'ombre les arguments de l'accusation, a choisi de braquer ses projecteurs sur ceux que la défense a été empêchée de développer lors du procès parce qu'elle ne pouvait guère les connaître. Il demeure que son film est l'authentique autopsie d'une affaire judiciaire. » *(Gilles Perrault.)*

***Notes :** Tournage du 2 juillet au 31 août 1979.*

SÉRIE NOIRE

Réalisation : Alain Corneau ; scénario : Alain Corneau, d'après le roman de Jim Thompson *Des cliques et des cloaques (A Hell of a Woman)* ; dialogues : Georges Perec ; photographie : Pierre-William Glen © ; musique préexistante : Duke Ellington, Juan Tizol, Claude François, Gérard Lenorman, Sheila ; montage : Thierry Derocles ; production : Maurice Bernart (Prospectacle / Gaumont) ; durée : 111 min.

Interprétation : Patrick Dewaere : Franck Poupart. Myriam Boyer : Jeanne. Marie Trintignant : Mona. Bernard Blier : Staplin. Jeanne Herviale : tante. Andreas Katsulas : Andreas Tikides. Charlie Farnel : Marcel. Samuel Mek : boxeur. Jack Jourdan : entraîneur. Fernand Coquet : Hells Angel.

Thème : Marié avec Jeanne, Franck Poupart est un petit représentant de commerce que son patron, Staplin, veut faire arrêter pour l'avoir volé. Franck a fait la connaissance de la jeune Mona, qui lui révèle que sa tante a de l'argent. Il fait alors tuer la vieille dame par son ami le boxeur Tikides, qu'il tue à son tour. Dans un accès de rage, il étrangle Jeanne qui a deviné d'où provient l'argent, mais il est contraint de laisser le magot à Staplin, qui a tout compris, lui aussi. Il ne lui reste plus que Mona, qui l'attend.

« Je crois, *disait Alain Corneau,* que ce qui donne du caractère à l'adaptation, c'est à la fois le dialogue délibérément franchouillard de Perec et notre obsession d'enraciner l'histoire dans la banlieue parisienne. Malgré leur apparence simple, les adaptations de polars américains sont chaque fois de véritables paris et elles ont produit plus d'échecs que de réussites. » *Pour Bertrand Tavernier :* « Difficile de trouver les mots, les phrases exactes pour décrire ce que l'on ressent physiquement après *Série noire,* tant on en sort épuisé, lessivé. Comme si l'on avait réellement participé à tout ce qui vient de se dérouler sur l'écran. Comme si l'on avait vraiment mené avec Patrick Dewaere, en même temps que lui, cette course haletante qui, par son lyrisme du sordide, sa poésie du dérisoire, renvoie directement à la fuite vertigineuse de Richard Widmark dans *Les Forbans de la nuit.* Mêmes personnages fantomatiques, étrangers à ce qui les entoure, prisonniers de leurs rêves, même angoisse métaphysique. »

Notes : *Tournage dans le Val-de-Marne (Créteil et Saint-Maur-des-Fossés).*

UN SI JOLI VILLAGE…

Réalisation : Étienne Périer ; scénario : André G. Brunelin, Étienne Périer, d'après le roman de Jean Laborde *Le Moindre Mal* ; photographie : Jean Charvein © ; musique : Paul Misraki ; montage : Renée Lichtig ; production : Roland Thénot, Adolphe Viezzi (Les Films de la Tour / Les Productions Jacques Roitfeld / Les Films de la Drouette / Planfilm) ; durée : 110 min.

Interprétation : Victor Lanoux : Stéphane Bertin. Jean Carmet : juge Fernand Noblet. Valérie Mairesse : Muriel Olivier. Michel Robin : Gaspard. Gérard Jugnot : Fréval. Francis Lemaire : Me Demaison. Jacques Richard : Maurois. Anne Bellec : Nelly. Alain Doutey : Debray. Gérard Caillaud : Larsac. Roland Amstutz : député Varan. Jean Vigny : curé Borie. Christian de Tillière : procureur. Raymond Loyer : doyen Girodot. Bernard-Pierre Donnadieu : Arnoux. Étienne Périer : mari de Nelly.

Thème : Stéphane Bertin tue son épouse et fait croire à son départ avant de rejoindre sa maîtresse Muriel, enceinte de lui. Sa belle-sœur, Nelly, pressent un drame et avertit la gendarmerie. Le juge Noblet enquête et fait face à Bertin, maire et principal employeur de son village via la tannerie locale. La presse et les autorités sont favorables à Bertin. Noblet s'obstine, poursuit ses investigations et retrouve le corps de la victime. Le braconnier Gaspard est arrêté, mais Bertin, arrêté à son tour, bénéficie d'un non-lieu. Muriel décide de le quitter.

Le film s'inspire visiblement de l'affaire de Bruay-en-Artois – c'est l'année des affaires criminelles ! –, le juge Noblet pouvant rappeler le juge Pascal.

Notes : *Tournage du 2 octobre au 15 novembre 1978 à Angoulême, Sireuil et Le Vigan.*

LA FEMME FLIC

1980

LE BAR DU TÉLÉPHONE

Réalisation : Claude Barrois ; scénario et dialogues : Claude Néron ; photographie : Bernard Lutic © ; musique : Vladimir Cosma ; montage : Nicole Saunier ; production : Benjamin Simon, Patrick Delauneux (ATC 3000) ; durée : 93 min.

Interprétation : Daniel Duval : Toni Veronese. François Périer : commissaire Claude Joinville. Raymond Pellegrin : Robert Pérez. Valentine Monnier : Maria. Julien Guiomar : Antoine Bini. Georges Wilson : Léopold Kretzchman. Christophe Lambert : Paul Franchi, dit « Bébé ». Richard Anconina : « Boum-Boum ». Patrick Laurent : matelot. Didier Pain : « Mammouth ». Philippe Brigaud : Samuel Pérez. Henri Viscogliosi : Bernard Pérez. Guy Régent : Henri Pérez. Jacques Ferrière : Max. Jean-Pierre Rambal : laquais.

Thème : Pour prouver son autorité, l'impitoyable Toni Veronese cherche à mettre à l'amende les frères Pérez dont l'importance le gêne. La police ne parvenant plus à agir devant une multitude de destructions de bars et de clandés, le commissaire Joinville fait appel à Antoine Bini, un gangster faisant office de juge de paix en cas de litige dans le Milieu. Bibi condamne les Pérez à payer, mais ceux-ci engagent un tueur à gages pour éliminer Toni. Ce dernier réussit à se débarrasser du tueur et Bini décide alors d'intervenir, jugeant que Toni est désormais incontrôlable. Paul Franchi, dit « Bébé », est donc chargé d'abattre Toni, qui est attiré dans un piège mais parvient à s'en sortir. Il scelle un pacte avec Bébé et élimine tous ses adversaires, lui-même et Bébé trouvant la mort dans le règlement de comptes.

Le sujet se réfère, en partie, à la fameuse tuerie dite du « Bar du Téléphone », survenue le 3 octobre 1978 à Marseille. Il s'agit du deuxième film de Claude Barrois (après Alors… heureux ?, sorti en janvier 1980), qui décrit ici une génération de jeunes tueurs, véritables francs-tireurs du milieu traditionnel, prêts à affronter en même temps les caïds et la police.

***Notes :** Tournage du 10 mars au 3 mai 1980.*

LA FEMME FLIC

Réalisation : Yves Boisset ; scénario : Yves Boisset, Claude Veillot ; dialogues : Claude Veillot ; photographie : Jacques Loiseleux © ; musique : Philippe Sarde ; montage : Albert Jurgenson ; production : Alain Sarde (Sara Films / Antenne 2 / Société Nouvelle Cinévog) ; durée : 103 min.

Interprétation : Miou-Miou : inspecteur Corinne Levasseur. Jean-Marc Thibault : commissaire Porel. Leny Escudero : Diego Cortez. Jean-Pierre Kalfon : Backmann. François Simon : Dr Godiveau. Alex Lacast : inspecteur Simbert. Niels Arestrup : Dominique Allier. Henri Garcin : procureur. Philippe Caubère : abbé Henning. Roland Amstutz : M. Muller. Roland Bertin : commissaire Bonnard. Stéphane Bouy : substitut Berthot. Roland Blanche : inspecteur Roc. Jean Martin : colonel.

Thème : Mutée dans une ville du Nord, l'inspectrice Corinne Levasseur, en dehors de tâches purement administratives, enquête sur la mort d'une enfant qui aurait été violée. Elle découvre bientôt un réseau de prostitution dont les enfants sont les victimes, ce qui risquerait de gêner un puissant industriel et son gendre. Dominique Allier, qui emmenait régulièrement des enfants en promenade pour prendre des photos très particulières, se pend dans sa cellule. Corinne se heurte alors au pouvoir de l'industriel grâce à qui vit toute la région. Elle est poussée à la démission. Elle pourra encore témoigner en tant que simple citoyenne.

Le scénario utilise diverses affaires dont la presse avait parlé – souvent avant qu'elles ne soient étouffées ! – et Yves Boisset, renonçant à l'omerta en cours à l'époque, ose aborder le problème de la prostitution enfantine et de la pédophilie, dénonçant avec vigueur la puissance de certains auxquels une ville doit toute son activité et qui, du coup, ne risquent plus rien, y compris des activistes de gauche… Magnifique composition de Miou-Miou. C'est son meilleur rôle.

***Notes :** Tournage dans le Nord-Pas-de-Calais (Hénin-Beaumont, Lille, Bruay-en-Artois), à Aix-en-Provence et Toulon. Le personnage du Dr Godiveau a été créé en pensant à Céline.*

PILE OU FACE

Réalisation : Robert Enrico ; scénario : Marcel Jullian, Robert Enrico, Robert McCallum (= Gary Graver), Michel Audiard, d'après le roman d'Alfred Harris *Suivez le veuf !* ; dialogues : Michel Audiard ; photographie : Didier Tarot © ; musique : Lino Léonardi ; montage : Patricia Nény ; assistance à la réalisation : Claire Denis ; production : Georges Cravenne (FDR Production / Antenne 2) ; durée : 105 min.

Interprétation : Philippe Noiret : inspecteur Louis Baroni. Michel Serrault : Édouard Morlaix. Dorothée : Laurence Bertil. Pierre Arditi : inspecteur Pierre Larrieu. André Falcon : Lampertuis. Jean Desailly : Bourgon-Massenet. Gaëlle Legrand : Zepp. Guilhaine Dubos : fille de Baroni. Bernard Le Coq : gendre de Baroni. Jacques Maury : avocat. Fred Personne : collègue ami de Baroni.

Thème : Bordeaux. Mme Morlaix s'oppose à son mari qu'elle accuse d'une liaison avec Laurence Bertil et passe par la fenêtre. L'inspecteur Larrieu croit à un accident, mais son collègue Baroni, qui est veuf, soupçonne Édouard Morlaix de meurtre. Baroni harcèle bientôt à la fois Laurence et Édouard, qui renoncent pourtant à le poursuivre. Parallèlement, il néglige un autre dossier, une affaire de drogue au cours de laquelle est mort le fils d'un notable. À son tour, Larrieu trouve la mort en enquêtant sur ladite affaire de drogue tandis que Morlaix finit par avouer le meurtre à Baroni, aveux que le policier déchire car mis en retraite anticipée. Baroni obtient de l'argent pour se taire dans l'affaire de la drogue et part avec Morlaix, reconnaissant que lui aussi avait tué sa femme.

Le face-à-face de deux hommes – et de deux comédiens célèbres ! –, un dialogue signé Michel Audiard et une mise en scène carrée, sans surprise mais efficace de Robert Enrico. Il faut savourer certaines des phrases du dialoguiste (Michel Audiard) : « On devient pas flic, on finit flic. » *Et surtout :* « La justice, c'est comme la Sainte Vierge. Si elle n'apparaît pas de temps en temps, le doute s'installe. »

LE REBELLE

Réalisation : Gérard Blain ; scénario : Gérard Blain, André Debaecque ; photographie : Emmanuel Machuel © ; musique : Catherine Lara ; montage : Jean-Philippe Berger ; production : Louis Duchesne (ROC / Auditrust / Les Films du Pélican / Les Films Molière / Antenne 2) ; durée : 105 min.

Interprétation : Patrick Norbert : Pierre. Michel Subor : Hubert Beaufils. Isabelle Rosais : Nathalie. Jean-Jacques Aublanc : Alain. Françoise Michaud : Corinne. Alain Jerôme : Jean-Claude. Robert Delarue : commissaire de police. Germaine Ledoyen : Mme Roussel. Monique Gilliot : assistante sociale. Maurice Rollet : Chardonnet. Bernard Marcellin : inspecteur de police. Hervé Claude : journaliste TV. Louis Duchesne : homme volé.

Thème : Pierre est un idéaliste et un révolté. Il veut protéger sa jeune sœur Nathalie du monde qui l'entoure. Il fait la connaissance d'Alain et de Corinne, tentés par le terrorisme face à des partis politiques de gauche qui semblent assagis. À la mort de sa mère et lorsque Nathalie est confiée aux autorités, Pierre bascule dans la violence. Il assassine Beaufils, un riche promoteur qui lui avait fait des avances à sa sortie de son bureau, et retrouve Nathalie, mais, lorsqu'ils sortent du cinéma, la police est là…

Interprète de Julien Duvivier dans Voici le temps des assassins *(1956), de Godard et de Claude Chabrol, Gérard Blain signe ici comme dans* Les Amis *(1971) et* Le Pélican *(1974) une œuvre sans concession, à l'image de la dureté du monde qu'il décrit ici. Pour un idéaliste comme Pierre, l'univers est dépourvu d'humanisme et de chaleur humaine. La mort, la haine et le sexe y règnent au détriment de l'amour.*

TROIS HOMMES À ABATTRE

Réalisation : Jacques Deray ; réalisation de seconde équipe : Bernard Stora ; scénario : Jacques Deray, Christopher Frank, d'après le roman de Jean-Patrick Manchette *Le Petit Bleu de la côte ouest* (réédité sous le titre *Trois hommes à abattre*) ; dialogues : Christopher Frank ; photographie : Jean Tournier © ; musique : Claude Bolling ; montage : Isabel García de Herreros ; production : Alain Delon, Alain Terzian (Adel Productions / Antenne 2 / UGC – Union Générale Cinématographique) ; durée : 93 min.

Interprétation : Alain Delon : Michel Gerfaut. Dalila Di Lazaro : Béa. Pierre Dux : Emmerich ; Michel Auclair : Leprince. Simone Renant : Mme Gerfaut. Pascale Roberts : Mme Borel. Jean-Pierre Darras : Chocard. François Perrot : Étienne Germer. Pierre Belot : Borel. André Falcon : Jacques Mouzon. Bernard Le Coq : Gassowitz. Daniel Breton : Carlo. Christian Barbier : Liethard. Féodor Atkine : Leblanc.

Thème : Joueur de poker professionnel, Michel Gerfaut recueille un homme qu'il prend pour un automobiliste accidenté. Il apprend que le blessé a été victime d'une tentative d'assassinat et se retrouve être un témoin gênant. L'homme, comme deux autres personnes

également tuées, appartient à la direction de l'entreprise d'aviation et d'armement Emmerich. Gerfaut va désormais être la cible de tueurs engagés par Emmerich et son bras droit Leprince. Il échappe à ces tentatives de meurtre et refuse un accord proposé par Emmerich, qui succombe à une crise cardiaque. Gerfaut espère ainsi être désormais à l'abri, mais Leprince, qui a remplacé Emmerich, le fait abattre.

Pour Jacques Deray : « L'idée de ce film dont Delon est le producteur me plaît. Film noir. Noir comme la nuit, noir comme la peur. Il ne s'agit pas d'une enquête policière ordinaire mais d'une histoire au premier degré, droite, claire, précise, basée sur un climat, une tension continuelle avec une situation qui reste simple. Un automobiliste, parce qu'il ramasse un blessé sur la route, devient un témoin gênant. Le destin qui s'empare d'un homme normal. » « Les gens, *déclarait Alain Delon,* ne me veulent pas autrement qu'ils m'imaginent. Mon nouveau film est un retour à ce personnage, un héros un peu solitaire, en marge de tout, des hommes et de la société, une sorte de loup plongé dans une jungle hostile. » *Aventurier marginal de la société moderne, Michel Gerfaut avait tout pour séduire Alain Delon. À mi-chemin entre la légalité et son contraire, il est soudain plongé – comme le héros du film noir hollywoodien – dans un univers cauchemardesque. Conscient du schématisme des caractères, Jacques Deray a choisi de jouer la carte du polar d'action. Les motivations psychologiques des personnages importent moins pour le cinéaste que le rythme rapide du récit. L'habileté du réalisateur et la qualité de l'interprétation permettent parfois d'oublier le manque d'ambition du scénario.*

Notes : *Tournage du 16 juin au 15 août 1980 à Trouville (Calvados), Paris – rue du Docteur-Germain-Sée (là où habite Gerfaut, 16e), rue Hégésippe-Moreau (appartement de Béa, 18e) et boulevard périphérique (16e) – et Saint-Cloud (Hauts-de-Seine).*

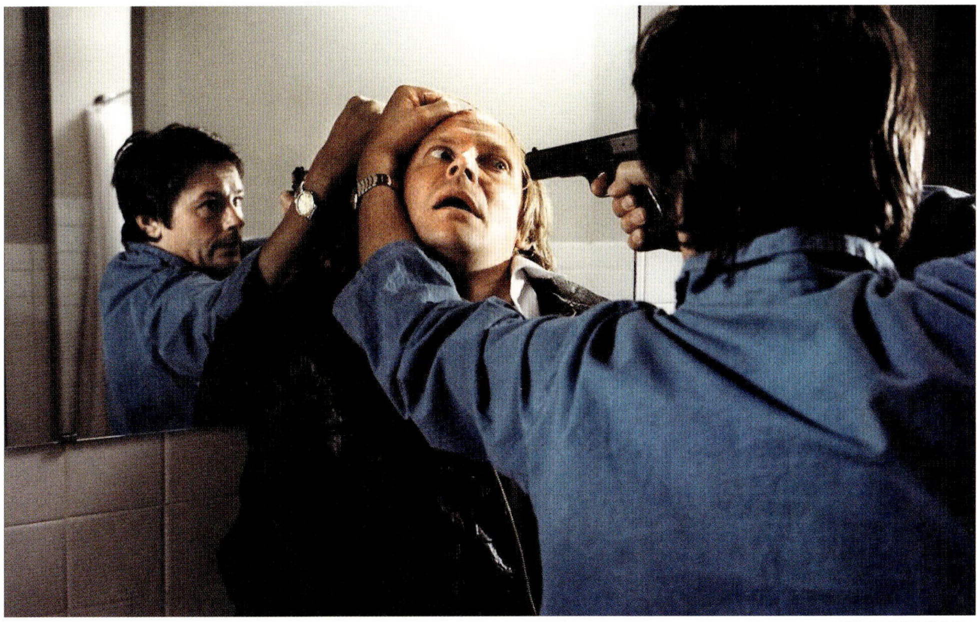

TROIS HOMMES À ABATTRE

1981-1990

1981

LE CHOIX DES ARMES

Réalisation : Alain Corneau ; scénario : Alain Corneau, Michel Grisolia ; photographie : Pierre-William Glenn © ; musique : Philippe Sarde ; montage : Thierry Derocles ; production : Alain Sarde (Parafrance Films / Sara Films / RMC / Antenne 2) ; durée : 135 min.

Interprétation : Yves Montand : Noël Durieux. Gérard Depardieu : Mickey. Catherine Deneuve : Nicole Durieux. Michel Galabru : commissaire Bonnardot. Gérard Lanvin : Sarlat. Jean-Claude Dauphin : Ricky. Jean Rougerie : Raymond Constantini. Christian Marquand : Jean. Étienne Chicot : Roland Davout. Richard Anconina : Dany. Roland Blanche : Fernand. Pierre Forget : Serge Olivier. Marc Chapiteau : Savin. Jean-Claude Bouillaud : André. Guy Mairesse : entraîneur de boxe. Nadia Vasil : Liliane.

Thème : Serge et Mickey s'évadent de prison. Le premier ayant été blessé, les fugitifs se réfugient chez Noël Durieux, un ancien truand, devenu riche et respectable. Mais Serge meurt de ses blessures et Noël, qui vit avec son épouse Nicole, accepte malgré lui de prendre sous sa protection Mickey, une tête brûlée. Pensant à tort que Noël l'a dénoncé, Mickey menace le commissaire Bonnardot et son adjoint Sarlat, chargés de l'affaire. Noël fait alors appel à des anciens du Milieu, mais Sarlat passe à l'action et provoque la mort de Nicole lors d'une fusillade. Mickey trouve la mort à son tour et Noël part, renonçant à tuer Sarlat qu'il avait pris en otage pour se venger…

LE CHOIX DES ARMES

Lino Ventura avait initialement été prévu pour le rôle de Noël, finalement accepté par Yves Montand que retrouve, à cette nouvelle occasion, Alain Corneau, après Police Python 357 *(1976) et* La Menace *(1977). Ce dernier profite de la longueur du film pour approfondir les relations entre ses personnages, décrivant l'opposition des générations et des styles entre Noël, le gangster retiré des affaires, et Mickey, le chien fou.*

Notes : *Tournage entre janvier et mars 1981 en Seine-Saint-Denis – La Courneuve (rue Lucienne), Saint-Denis (chemin de Marville) –, dans les Yvelines – Fontenay-Saint-Père (Le Meslier) et à Paris (hôtel* Le Méridien, *boulevard Gouvion-Saint-Cyr, 17e).*

DIVA

Réalisation : Jean-Jacques Beineix ; scénario : Jean-Jacques Beineix, Jean Van Hamme, d'après le roman de Delacorta (= Daniel Odier) ; photographie : Philippe Rousselot © ; musique : Vladimir Cosma ; musique préexistante : Alfredo Catalini (« La Wally »), Charles Gounod (« Ave Maria ») ; montage : Marie-Josèphe Yoyotte, Monique Prim ; production : Irène Silberman, Serge Silberman (Les Films Galaxie / Greenwich Film Productions / Antenne 2) ; durée : 117 min.

Interprétation : Wilhelmenia Wiggins Fernandez : Cynthia Hawkins. Frédéric Andréi : Jules. Richard Bohringer : Serge Gorodish. Thuy An Luu : Alba. Jacques Fabbri : commissaire Jean Saporta. Chantal Deruaz : Nadia. Anny Romand : Paula. Roland Bertin : Simon Weinstadt. Gérard Darmon : « l'Antillais ». Dominique Pinon : « le Curé ». Jean-Jacques Moreau : Krantz. Patrick Floersheim : Zatopek.

Thème : Jules, un jeune postier passionné d'opéra, enregistre clandestinement le concert de son idole Cynthia Hawkins. Une jeune femme glisse dans sa sacoche une cassette compromettante pour le commissaire Saporta, qui dirige un réseau de prostitution. Deux raisons qui valent à Jules d'être poursuivi : des Asiatiques cherchent à récupérer son enregistrement pirate pour faire chanter Cynthia tandis que Saporta envoie des tueurs pour mettre la main sur la cassette. À l'issue d'une longue série d'événements, les Asiatiques meurent dans l'explosion d'une voiture piégée et Saporta succombe à une chute mortelle. Aidé par son ami Serge Gorodish, Jules parviendra à rendre à Cynthia l'enregistrement pirate.

« Ce n'est pas le roman noir qui m'intéresse mais les grands mythes humains, *déclarait Jean-Jacques Beineix,* la vie, l'amour, le destin. *Diva* est le film d'une génération coincée entre Gutenberg et l'informatique, prise au piège de la surinformation et incapable de choisir sa voie dans cette alchimie de mots et de connaissances. Dans *Diva,* je projette aussi ma frustration de n'être pas musicien. La musique fait partie intégrante de ma vie. C'est mon moteur, ma drogue, ma seule intelligence, ma capacité de ressentir violemment les choses avec le monde. Jules me ressemble. » *Mal accueilli par une presse et un public surpris par ce qui est le style baroque de Jean-Jacques Beineix, qui signe aussi ici son premier film,* Diva *a trouvé quelques mois plus tard le succès. On remarquera le soin apporté par le jeune cinéaste aux décors – de Hilton McConnico –, créant un authentique univers que l'on retrouvera dans ses prochains films. Très intéressant.*

DIVA

EAUX PROFONDES

Réalisation : Michel Deville ; scénario : Christopher Frank, Florence Delay, Michel Deville, d'après le roman de Patricia Highsmith *Deep Water* ; dialogues : Christopher Frank ; photographie : Claude Lecomte © ; musique préexistante : Manuel de Falla ; montage : Raymonde Guyot ; production : Denis Mermet (Hamster Productions / Éléfilm / FR3 / Gaumont) ; durée : 94 min.

Interprétation : Isabelle Huppert : Mélanie. Jean-Louis Trintignant : Vic Allen. Christian Benedetti : Carlo Canelli. Bertrand Bonvoisin : Robert Carpentier. Philippe Clévenot : Henri Valette. Martine Costes : maman de Julie. Évelyne Didi : Evelyn Cowan. Jean-Michel Dupuis : Philip Cowan. Éric Frey : Denis Miller. Bruce Myers : Cameron. Jean-Luc Moreau : Joël. Robin Renucci : Ralph. Sandrine Kljajic : Marion.

Thème : Île de Jersey. Inventeur de parfums, Vic aime profondément sa femme Mélanie, qui le trompe ouvertement. Étant plus jeune que lui, elle aime danser et se distraire. Pour effrayer les prétendants, Vic fait croire être l'assassin d'un des amants de Mélanie, jusqu'au jour où le véritable coupable est arrêté. Il décide alors de se débarrasser, pour de vrai cette fois-ci, d'un jeune pianiste auquel s'est attachée Mélanie. L'homme est retrouvé noyé. On parle d'accident, mais Mélanie est persuadée de la culpabilité de son mari qu'elle veut faire inculper. Elle continue à séduire et annonce sa volonté de divorcer pour épouser Cameron, un industriel canadien. Vic assassine alors ce dernier. Ne parvenant pas à faire accuser Vic (le cadavre n'a pas été retrouvé), la jeune femme finit par se réconcilier avec lui.

« L'adaptation, *déclarait Deville,* m'a semblé fidèle à l'esprit de Patricia Highsmith dans son portrait d'un homme solitaire, amoral et rigoriste, en proie à une idée fixe qui lui fait nier et détruire la réalité. En même temps, très philosophe et très enfantin. » *Belle direction d'acteurs.*

Notes : *Tournage du 5 juin au 22 juillet 1981 sur l'île de Jersey – maison Les Hativieaux (Saint-Ouen), Omer, hôtel* L'Horizon *(Saint-Brélade), Saint-Hélier, château de Mont-Orgueil (Gourey), salle paroissiale de Saint-Aubin (Saint-Brélade), école de Saint-Pierre (rue du Presbytère), falaises de La Corbière –, à Paris et en région parisienne.*

GARDE À VUE

Réalisation : Claude Miller ; scénario : Claude Miller, Jean Herman, d'après le roman de John Wainwright *À table ! (Brainwash)* ; dialogues : Michel Audiard ; photographie : Bruno Nuytten © ; musique : Georges Delerue ; montage : Albert Jurgenson ; production : Georges Dancigers, Alexandre Mnouchkine (Les Films Ariane / TF1 Films Production) ; durée : 90 min.

Interprétation : Lino Ventura : inspecteur Antoine Gallien. Michel Serrault : Me Jérôme Martinaud. Romy Schneider : Chantal Martinaud. Guy Marchand : inspecteur Marcel Belmont. Elsa Lunghini : Camille. Jean-Claude Penchenat : commissaire divisionnaire. Pierre Maguelon : Adami. Mathieu Schiffman : fils Berthier. Michel Such : Jean-Marie Jabelain. Didier Agostini : jeune policier. Annie Miller : mère de Camille. Patrick Depeyrrat, Yves Pignot : policiers. Serge Malik : mécanicien de la dépanneuse. Mohammed Bekireche : Arabe.

Thème : Une petite ville de province, le soir du 31 décembre. Le notaire Jérôme Martinaud est convoqué dans le bureau de l'inspecteur Gallien. Deux fillettes ont récemment été violées et assassinées dans la région, et c'est Martinaud qui a découvert le corps de l'une d'elles et a averti la police. Gallien, qui souhaite éclaircir l'affaire, l'interroge comme témoin, en présence de son collègue, l'inspecteur Belmond. En réalité, il soupçonne Martinaud d'être l'auteur des crimes et va le placer en garde à vue comme suspect. Chantal Martinaud, la femme de Jérôme, se présente et reconnaît ne pas aimer son mari et ne l'avoir épousé que pour son argent. Bouleversé, Martinaud avoue, mais le véritable assassin est identifié. Libéré, Martinaud va retrouver sa femme ; elle s'est suicidée.

C'est à un puissant huis clos que Claude Miller invite le spectateur, un face-à-face impitoyable entre deux acteurs, Lino Ventura et Michel Serrault, remarquables

GARDE À VUE

tous les deux. Loin de n'être qu'un – très brillant – exercice de style, le film est une superbe étude psychologique entre un policier désireux de faire craquer au plus vite son suspect et ce dernier, arrogant, parfois bizarre et têtu. Le drame policier parvient – presque – à s'effacer derrière la découverte de la psychologie et derrière les rapports humains de ces deux hommes. Maître Martinaud déclare : « Les médiocres se résignent à la réussite des êtres d'exception. Ils applaudissent les surdoués et les champions. Mais la réussite de l'un des leurs, ça les exaspère. » *Le cinéaste déclarait à son propos :* « Martinaud m'intéressait beaucoup. Son côté "mouton noir" me touchait ; il est accusé d'une perversion qu'il a peut-être commise en pensée, mais pas en acte – en tout cas, c'est la version des faits que je me suis racontée et qui m'a donné envie de faire le film. J'aimais aussi le personnage de sa femme, Chantal (Romy Schneider), le mécanisme qui l'amène à dénoncer la prétendue perversion de son mari, en toute bonne foi. Le flic, lui, ne m'intéressait pas du tout. »

***Notes :** Tournage du 27 janvier au 13 mars 1981 à Stella-Place (Cucq), à la préfecture des Yvelines (Versailles) et aux Studios Éclair d'Épinay-sur-Seine. Claude Miller a utilisé le travail de story-board de Lam Lê. Yves Montand avait été pressenti pour le rôle de Me Martinaud. Remake réalisé par Stephen Hopkins en 2000,* Suspicion, *avec Gene Hackman et Morgan Freeman et Monica Bellucci.*

IL FAUT TUER BIRGITT HAAS

Réalisation : Laurent Heynemann ; scénario : Laurent Heynmann, Pierre Fabre, Caroline Huppert, d'après le roman de Guy Teisseire *L'Histoire de Birgit Haas* ; photographie : Jean-Francis Gondre © ; musique : Philippe Sarde ; production : Yves Gasser (Zenith Productions / Films A2) ; durée : 105 min.

Interprétation : Philippe Noiret : Athanase. Jean Rochefort : Charles-Philippe Bauman. Lisa Kreuzer : Monica / Birgitt Haas. Bernard Le Coq : Colonna. Maurice Teynac : Chamrode. Michel Beaune : Delaunay. Victor Garrivier : Nader. Monique Chaumette : Laura. Christian Bouillette : Grégoire. Stephan Meldegg : Steinhof. Peter Chatel : Betz. Roland Blanche : Othenin.

Thème : Athanase, qui dirige un service de contre-espionnage, est chargé de liquider Birgitt Haas, une ancienne terroriste allemande. Son nouveau collègue Colonna suggère de trouver quelqu'un susceptible de s'éprendre de la jeune femme et à qui on fera porter le chapeau de ce qui ne sera plus qu'un crime passionnel. L'homme en question est Bauman, un chômeur, mais Athanase découvre que Colonna n'est autre que l'amant de la femme du pigeon et qu'il voit ainsi l'occasion de se débarrasser d'un mari gênant. Gardant cette information pour lui, Athanase lance l'exécution de l'opération en précisant que Bauman doit s'en tirer. Ce dernier rencontre donc Birgitt et s'éprend d'elle. Il empêche même son assassinat et Colonna, voulant intervenir, est mortellement blessé par Birgitt, qui est arrêtée. Bauman décide d'attendre la libération de Birgitt et Athanase choisit de ne pas l'éliminer comme il le devrait.

Une histoire riche en suspense et consacrée aux méandres de l'activité suspecte des divers services secrets. Noiret est parfait.

POUR LA PEAU D'UN FLIC

Réalisation : Alain Delon ; réalisation de seconde équipe : Bernard Stora ; scénario : Christopher Frank, Alain Delon, d'après le roman de Jean-Patrick Manchette *Que d'os* ; dialogues : Christopher Frank ; photographie : Jean Tournier © ; montage : Michel Lewin ; production : Alain Delon (Adel Productions) ; durée : 105 min.

Interprétation : Alain Delon : Choucas. Anne Parillaud : Charlotte. Michel Auclair : Haymann. Daniel Ceccaldi : Coccioli. Jean-Pierre Darras : commissaire Chauffard. Pascale Roberts : Renée Mouzon. Xavier Depraz : Kasper. Annick Alane : Isabelle Pigot. Jacques Rispal : professeur Bachhoffer. Gérard Hérold : Pradier. Jean Barney : premier ricaneur. Étienne Chicot : second ricaneur. Willy Holt : meurtrier. Brigitte Simonin (= Brigitte Lahaie) : infirmière. Mireille Darc : « la Grande Sauterelle ». Claire Nadeau : présentatrice TV. Arièle Simenoff : Marthe Pigot.

Thème : Ancien policier, Choucas est désormais détective privé. Mme Pigot lui demande de retrouver sa fille aveugle, qui a disparu, mais meurt assassinée d'une balle en pleine tête. Choucas reçoit bientôt des menaces et finit par abattre un policier qui l'agressait. Il est, dès lors, accusé de ces deux meurtres, projeté au beau milieu d'une affaire mêlant trafic de drogue et flics corrompus. La police le recherche et sa secrétaire Charlotte, sa maîtresse, est enlevée. En quête de la vérité, Choucas parvient à retrouver la planque des gangsters, mais ceux-ci le frappent durement et ses mains sont brisées. La police intervient, lui sauvant la vie et arrêtant heureusement toute la bande.

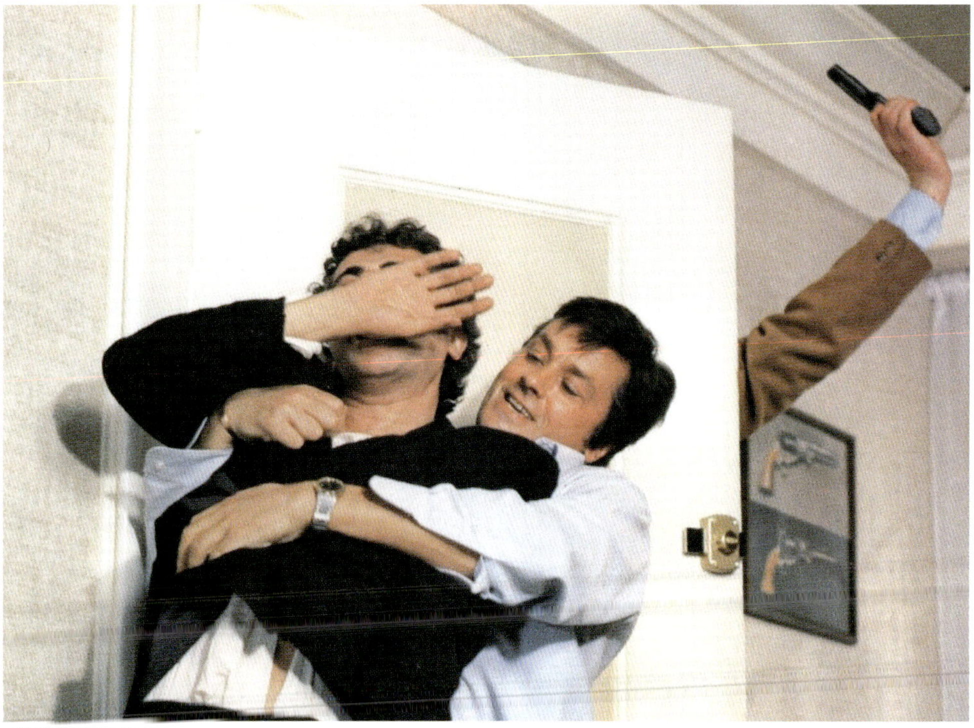

POUR LA PEAU D'UN FLIC

« Il y a longtemps, déclarait Alain Delon, que j'avais envie de faire moi-même un film comme metteur en scène, seul, absolument seul de A à Z, de l'adaptation du scénario jusqu'au choix de la musique, en passant par le cadrage, mixage, doublage. »

Notes : *Tournage du 27 avril au 26 juin 1981 à Paris – rue de l'Abbé-Gillet (16e), boulevard des Batignolles (17e), esplanade du Trocadéro (16e), rue Dumont-D'Urville (16e) – et dans les Hauts-de-Seine – Sèvres (120, rue Brancas) et Marnes-la-Coquette.*

LE PROFESSIONNEL

Réalisation : Georges Lautner ; scénario : Jacques Audiard, Michel Audiard, Georges Lautner (+ Francis Veber), d'après le livre de Patrick Alexander *Mort d'une bête à la peau fragile* ; dialogues : Michel Audiard ; photographie : Henri Decaë © ; musique : Ennio Morricone ; montage : Michelle David ; supervision des séquences d'action : Rémy Julienne ; production : Jean-Paul Belmondo, Alain Belmondo, Georges Dancigers, Alexandre Mnouchkine, Alain Poiré (Cèrito Films / Les Films Ariane) ; durée : 108 min.

Interprétation : Jean-Paul Belmondo : Josselin Beaumont, dit « Joss ». Jean Desailly : ministre. Robert Hossein : commissaire Rosen. Michel Beaune : capitaine Édouard Valeras. Cyrielle Clair : Alice Ancelin. Jean-Louis Richard : colonel Martin. Marie-Christine Descouard : Doris Frederiksen. Bernard-Pierre Donnadieu : inspecteur Farges. Élisabeth Margoni : Jeanne Beaumont. Pierre Vernier : Salvatore Volfoni. Gérard Darrieu : inspecteur Picard. Pierre Saintons : président N'Jala. Steve Jovanovic, Bernard Marcellin, Jean-Claude Bouillaud, Claude-Bernard Perot, Yves Pignot : agents secrets.

Thème : Agent des services secrets français, Joss Beaumont est introduit clandestinement au Malawi, en Afrique centrale, avec pour mission d'assassiner le président N'Jala. Mais la raison d'État ayant entre-temps évolué en France, il est désormais, au contraire, utile de garder en vie le dictateur. Ne pouvant annuler la mission de Joss, ses chefs le trahissent, le dénonçant aux autorités locales, qui l'arrêtent et l'envoient au bagne. Après deux ans de captivité, il réussit à s'évader et à rejoindre Paris, décidé à se venger et à éliminer N'Jala lors de sa venue en France. Le ministre décide alors de faire abattre Joss et le commissaire Rosen est chargé de l'intercepter. Joss apprend que le président N'Jala a été transféré, pour plus de sécurité, dans un château en province. Il tue Rosen – comme dans un duel – alors que N'Jala sera accidentellement abattu. Joss prend la fuite, mais il est tué à son tour.

C'est tout à la fois un film d'action aux nombreuses péripéties (dont une poursuite au Trocadéro) et – ce qui est plus intéressant – une réflexion sur la Françafrique et les retournements de la politique française sur le continent noir. Un moment, il faut éliminer N'Jala ; peu de temps après, il faut, à l'inverse, le garder en vie pour préserver les intérêts français… Porté par un Belmondo en grande forme, le film sera un triomphe public (plus de 5,2 millions d'entrées). Il a été tourné avec deux fins. Une dite « heureuse » qui voyait Joss rester en vie et l'autre – celle qui a finalement été exigée par Belmondo et Georges Lautner – dans laquelle le héros est abattu.

Notes : *Tournage du 5 mai au 13 juillet 1981 à Paris – rue des Eaux (16e), rue de l'Alboni (16e), île aux*

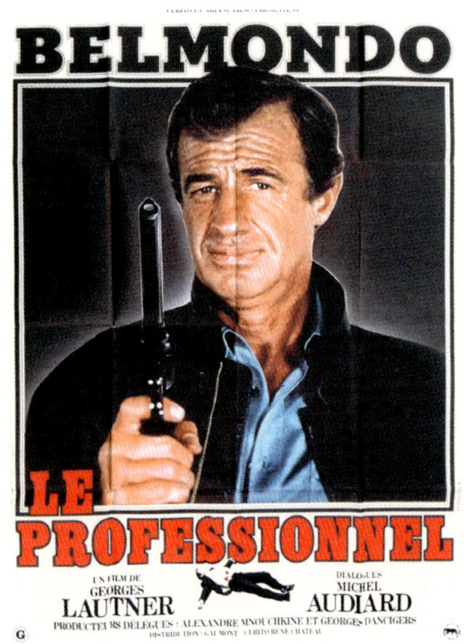

LE PROFESSIONNEL

UNE ROBE NOIRE POUR UN TUEUR

Cygnes (15e), Avenue Émile-Deschanel (7e), esplanade du Trocadéro (16e), institut médico-légal (12e) –, en Camargue, en Eure-et-Loir (château de Maintenon) et à Boulogne-Billancourt.

UNE ROBE NOIRE POUR UN TUEUR

Réalisation : José Giovanni ; scénario : José Giovanni, Monique Lange ; dialogues : José Giovanni ; photographie : Jean-Paul Schwartz © ; musique : Olivier Dassault ; montage : Henri Lanoë ; production : Élie Kfouri, Gabriel Boustani, Georges Casati (UPCT / Selta Films / FR3 Cinéma) ; durée : 107 min.

Interprétation : Annie Girardot : Florence Nath. Claude Brasseur : Simon Risler. Bruno Cremer : Alain Rivière. Jacques Perrin : Lucien Lebesque. Jean de Coninck : inspecteur Reynolds. Renaud Verley : François Riesler. Albina du Boisrouvray : amie de Florence. Catherine Allégret : Mme Reynolds. François-Éric Gendron : Robert. Didier Sauvegrain : architecte chez Alain Rivière. François Perrot : procureur général. Jean Champion : père de Reynolds. Arielle Dombasle, Richard Anconina, Marc Duret, Philippe Duclos : jeunes drogués.

Thème : L'avocate Florence Nath, qui demeure farouchement opposée à la peine de mort, n'a pu éviter la fatale condamnation de son client Simon Risler. Ce dernier prend le procureur en otage au moment de son exécution et, blessé, s'enfuit et se réfugie chez Florence qui le fait soigner par Alain Rivière, ancien chirurgien déchu. Rivière cache le fugitif chez lui et le jeune criminel lui avoue que les faits qui leur sont reprochés à lui et son frère François (toujours en cavale), à savoir la mort du policier Maréchal et la blessure de son collègue Reynolds, relèvent en fait de la légitime défense, les deux victimes se révélant des ripoux et des complices ayant tenté de les supprimer. Ce dont se doute Lucien Lebesque, de l'IGS, qui enquête tout en essayant d'étouffer la vérité afin d'empêcher tout scandale. Son frère ayant été entre-temps arrêté à son tour, Simon le fait évader, mais François est tué lors de leur fuite. Simon se rend alors chez Reynolds qu'il prend en otage ainsi que sa femme. Appelée sur les lieux, Florence convainc Reynolds de blanchir Simon, mais l'homme est abattu et Simon, blessé, est arrêté.

On retrouve ici certains des thèmes les plus chers à José Giovanni, mais le scénario souffre d'un certain manichéisme.

UNE SALE AFFAIRE

Réalisation : Alain Bonnot ; scénario : Alain Bonnot, Michel Léviant, Jacques Cortal ; photographie : Jean Charvein © ; musique : Daniel Humair, François Jeanneau, Henri Texier ; montage : Françoise Bonnot ; production : Alain Terzian (Les Films de la Drouette / JLB Productions / Antenne 2 / UGC – Union Générale Cinématographique / Top n° 1) ; durée : 95 min.

Interprétation : Victor Lanoux : commissaire Novak. Marlène Jobert : Hélène. Agnès Château : Julia, sœur d'Hélène. Étienne Chicot : Florian. Patrick Bouchitey : Dunoyer. Jean-Paul Tribout : Doudou. Bernard Crommbé : Bernard. Christophe Lambert : Mullard. Nathalie Courval : prostituée. Nicolas Vogel : Alioti. Amandine Rajau : Lola. Marion Loran : Arlette. Henri Marteau : Gabrinelle. Jean-Louis Fortuit : Péron.

Thème : Décidé à démasquer le maire qu'il soupçonne d'être à la tête d'un trafic de drogue, le commissaire Novak s'insinue dans la vie d'Hélène, l'une des secrétaires de mairie. Il finit par la convaincre de collaborer. Novak et Hélène s'éprennent l'un de l'autre et le commissaire parvient à faire arrêter les complices du maire mais pas ce dernier…

Alain Bonnot – ancien assistant de Bernardo Bertolucci, André Cayatte et Fred Zinnemann – tourne ici son premier film et hésite en partie entre deux styles, le polar à tendance politique (voir le personnage du maire) et le romanesque (la liaison de Novak et d'Hélène).

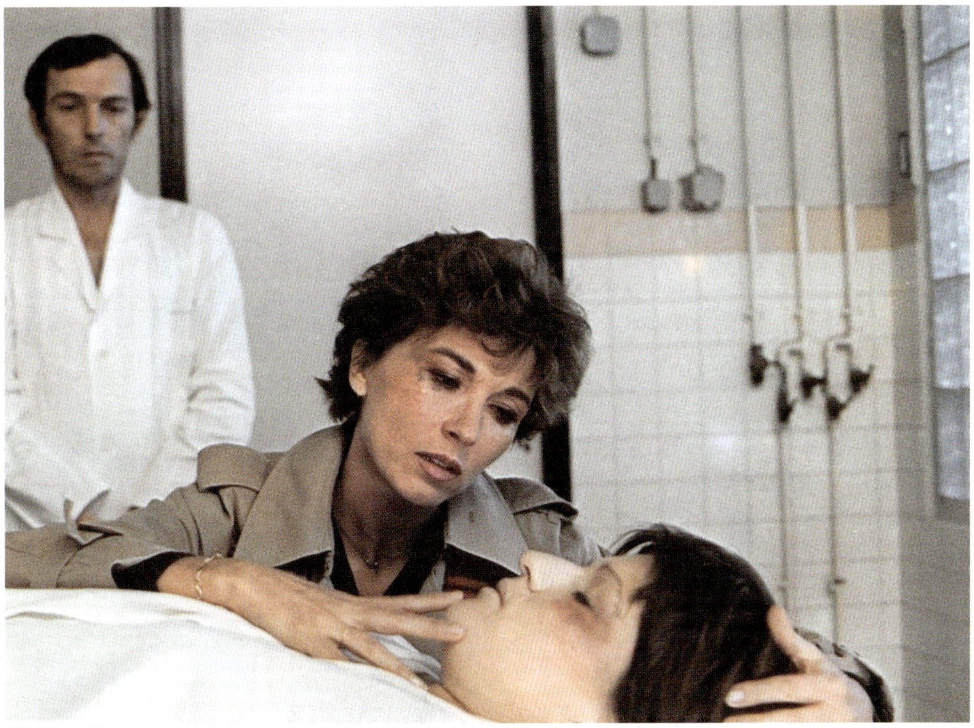

UNE SALE AFFAIRE

LA BALANCE

Réalisation : Bob Swaim ; scénario : Bob Swaim ; dialogues : Mathieu Fabiani, Bob Swaim ; photographie : Bernard Zitzermann © ; musique : Roland Bocquet ; montage : Françoise Javet ; production : Georges Dancigers, Alexandre Mnouchkine (Les Films Ariane / Films A2) ; durée : 103 min.

Interprétation : Nathalie Baye : Nicole Danet. Philippe Léotard : André « Dédé » Laffont. Richard Berry : inspecteur Mathias Palouzi. Christophe Malavoy : Tintin. Jean-Paul Connart : « le Belge ». Bernard Freyd : « le Capitaine ». Albert Dray : Carlini. Florent Pagny : Simoni. Jean-Daniel Laval : Arnaud. Tchéky Karyo : Petrovic. Maurice Ronet : Roger Massina. François Berléand : inspecteur de la Mondaine.

Thème : La mort de son indic habituel risquant de l'empêcher de mettre la main sur Roger Massina, le gangster de Belleville, l'inspecteur Mathias Palouzi doit au plus vite trouver une nouvelle balance. Son choix se porte sur « Dédé » Laffont, qui a appartenu autrefois au gang de Massina. Dédé souhaite d'ailleurs se venger de Massina avec qui a couché autrefois sa compagne Nicole. Palouzi arrête Dédé pour proxénétisme, obligeant ainsi ce dernier et Nicole à lui obéir. Dédé propose une opération (un vol de tableaux) à Massina, alors que la police met au point son piège. Dédé en sera la victime.

Bob Swaim dirige habilement ses trois acteurs principaux, posant au passage le problème des « balances », indispensables à la police qui souvent, trop souvent, les utilise avec cynisme et égoïsme. Nathalie Baye est très émouvante.

LA BARAKA

Réalisation : Jean Valère ; scénario : Henri Graziani ; adaptation : Henri Graziani, Jean Valère ; dialogues : Daniel Saint-Hamont, Henri Graziani ; photographie : Richard Andry, Christian Bachmann © ; musique : Jack Arel ; montage : Kenout Peltier ; production : Raymond Danon (Éléphant Productions / FR3 / SFP – Société Française de Production) ; durée : 92 min.

Interprétation : Roger Hanin : Aimé Prado. Gérard Darmon : Julien. Magali Renoir : Catherine Prado. Henri Tisot : pêcheur, ami d'Aimé. Marthe Villalonga : Mme Prado mère. Raoul Curet : facteur. Jean-Roger Caussimon : clochard. Philippe Laudenbach : journaliste. Paul Bisciglia : client.

Thème : Aimé Prado considère Julien, qui l'a sauvé alors qu'il était en difficulté, comme son propre fils. Prado découvre bientôt que Julien est recherché pour le meurtre accidentel d'un cafetier raciste. Il lui conseille de se rendre, mais Julien veut fuir à l'étranger et Catherine, la fille de Prado, le dénonce pour l'empêcher de partir. Cerné, Julien choisit de se suicider.

Les rapports entre Aimé et Julien sont souvent attachants, mais Jean Valère ne parvient pas toujours à empêcher Roger Hanin de surjouer dans un personnage qui lui a manifestement beaucoup plu…

LE CHOC

Réalisation : Robin Davis (+ Alain Delon) ; réalisation de seconde équipe : Jean Couturier, Bernard Stora ; scénario : Robin Davis, Alain Delon, Claude Veillot, Dominique Robelet, d'après le roman de Jean-Patrick Manchette *La Position du tireur couché* ; photographie : Pierre-William Glenn © ; musique : Philippe Sarde ; montage : Thierry Derocles ; production : Alain Terzian, Alain Sarde (T. Films / Sara Films) ; durée : 100 min.

Interprétation : Alain Delon : Martin Terrier / Christian. Catherine Deneuve : Claire. Philippe Léotard : Félix. Stéphane Audran : Mme Faulques. François Perrot : Cox. Catherine Leprince : Mathilde. Jean-Louis Richard : Maubert. Étienne Chicot : Michel. Féodor Atkine : Borévitch, dit « Boro ». Dany Kogan : Rosana. Alexandra Stewart : femme de la première victime.

Thème : Martin Terrier, qui est tueur à gages, décide d'abandonner son « métier », mais Cox et l'organisation qui l'emploient s'y opposent et lui envoient un autre tueur pour le faire changer d'avis. Martin l'élimine et va se cacher dans une ferme qui lui appartient, dont l'activité – un élevage de dindons – est gérée par Félix et son épouse délaissée, Claire, dont Martin tombe amoureux. Or, une bande d'assassins, décidés à venger l'un des leurs tué par Martin, investit la ferme. Félix est tué tandis que Martin et Claire prennent la fuite. De retour à Paris, Martin accepte une dernière mission de Cox. Il s'agit d'un piège. Martin y échappe et part avec Claire.

Insuccès notoire malgré la rencontre entre Alain Delon et Catherine Deneuve, le film a notamment déçu celle-ci qui avouait avoir préféré être une adversaire plutôt qu'une compagne avec Alain Delon. Catherine Deneuve s'est particulièrement mal entendue avec Robin Davis, à un point tel qu'Alain Delon en personne aurait été obligé de mettre en scène une partie des séquences dans lesquelles elle joue.

LE CHOC

LE CHOC

Notes : Tournage du 7 décembre 1981 au 15 février 1982 dans le Finistère (Beg-Meil, Fouesnant), le Val-d'Oise (ferme de la Laire à Bréancon), au Maroc, à Paris et aux studios de Boulogne-Billancourt / SFP. Le film a fait l'objet d'un remake réalisé par Pierre Morel, Gunman (2015), avec Sean Penn, Idris Elba et Javier Bardem.

ESPION, LÈVE-TOI

Réalisation : Yves Boisset ; scénario : Yves Boisset, Michel Audiard, Claude Veillot, d'après le roman de George Markstein *Chance Awakening* ; dialogues : Michel Audiard ; photographie : Jean Boffety © ; musique : Ennio Morricone ; montage : Albert Jurgenson, Jean-François Naudon ; production : Norbert Saada (Cathala Productions / TF1 Films Production) ; durée : 98 min.

Interprétation : Lino Ventura : Sébastien Grenier. Michel Piccoli : Jean-Paul Chance. Bruno Cremer : Richard. Krystyna Janda : Anna Gretz. Bernard Fresson : Henri Marchand. Heinz Bennent : Meyer. Marc Mazza : Ramos Bavila. Roger Jendly : commissaire Lohmann. Beate Kopp : secrétaire de Grenier. Yves Boisset : adjoint de Grenier. Philippe Brizard : collaborateur de Grenier. Kurt Bigger : Alfred Zimmer. Robert Dalban : voix de la narration.

Thème : Conseiller financier à Zurich, Sébastien Grenier est, en réalité, un agent dormant du SDECE (Service de documentation extérieure et de contre-espionnage). Son collègue Zimmer des services secrets est assassiné par des terroristes et Grenier est contacté par Jean-Paul Chance, collaborateur du Conseil fédéral. Grenier fait appel à son ami et collègue Henri Marchand que l'on retrouve mort, lui aussi. Il part alors à Munich pour avertir Meyer du danger que court leur réseau. Meyer est tué et Grenier apprend que Chance est un agent du KGB. Anna, la propre compagne de Grenier, est enlevée et tuée. Grenier abat alors Chance, persuadé que ce dernier dirige l'espionnage soviétique en Suisse. Mais il a été, à son tour, manipulé...

Prévu pour être réalisé par Andrzej Zulawski, le projet a donc été repris par Yves Boisset qui se longe, comme son héros, dans l'univers opaque des services secrets. Qui manipule qui ? C'est la question à laquelle cherche à répondre Grenier que la réalité a soudain « réveillé ». Poser la question est facile, y répondre est presque impossible, car les morts vont se succéder les uns aux autres jusque dans l'intimité du héros. Belle composition de Lino Ventura.

Notes : Tournage à partir du 18 août 1981 à Munich (Max-Joseph Platz, aéroport de Riem), Zurich (Bellevueplatz, Uraniabrücke) et Paris (palais de l'Élysée).

ESPION, LÈVE-TOI

L'ÉTOILE DU NORD

Réalisation : Pierre Granier-Deferre (+ Bertrand Tavernier) ; scénario : Pierre Granier-Deferre, Michel Grisolia, Jean Aurenche, d'après le roman de Georges Simenon ; photographie : Pierre-William Glenn © ; musique : Philippe Sarde ; montage : Jean Ravel ; production : Alain Sarde (Sara Films / Films A2) ; durée : 124 min.

Interprétation : Simone Signoret : Mme Louise Baron. Philippe Noiret : Édouard Binet. Fanny Cottençon : Sylvie Baron. Julie Jézéquel : Antoinette Baron. Jean Rougerie : M. Baron. Gamil Ratib : Nemrod Loktoum. Liliana Gerace : Jasmina. Patricia Malvoisin : Arlette. Jean-Yves Chatelais : Valesco. Jean-Pierre Klein : Moïse.

Thème : Revenant d'Alexandrie, Édouard Binet fait la connaissance, sur le bateau, de Sylvie Baron, une danseuse professionnelle qui devient la maîtresse de Nemrod Loktoum, un homme d'affaires égyptien qui figure lui aussi parmi les passagers. Une fois en Belgique, Sylvie rend visite à sa mère à Charleroi où celle-ci dirige une simple pension de famille. Édouard suit le couple et apparaît un soir avec son pardessus taché de sang et en possession de grosses coupures d'argent (il a assassiné et volé Loktoum dans le train Paris-Bruxelles). Il s'installe chez Mme Baron et, par son goût pour l'exotisme, commence à changer l'atmosphère du lieu. Mais la police enquête alors que Mme Baron s'apprête à préparer la fuite d'Édouard. Ce dernier est toutefois arrêté et envoyé en Guyane.

***Notes :** Tournage en Égypte et Tunisie, à Bruxelles et à Charleroi et à Goury (Manche). Bertrand Tavernier a terminé le film à la place de Pierre Granier-Deferre, qui ne pouvait s'y consacrer.*

LES FANTÔMES DU CHAPELIER

Réalisation : Claude Chabrol ; scénario : Claude Chabrol, d'après le roman de Georges Simenon ; photographie : Jean Rabier © ; musique : Georges Garvarentz, Charles Aznavour, Matthieu Chabrol ; montage : Monique Fardoulis ; production : Philippe Grumbach (Philippe Grumbach Productions / SFPC – Société Française de Production Cinématographique / Films A2 / Horizons Productions) ; durée : 120 min.

Interprétation : Michel Serrault : M. Léon Labbé. Charles Aznavour : M. Kachoudas. Aurore Clément : Berthe. Fabrice Ploquin : Valentin. Christine Paolini : Louise Chapus. François Cluzet : Jeantet. Monique Chaumette : Mme Labbé. Isabelle Sadoyan : Mme Alice Kachoudas. Mario David : Pigeac. Nathalie Hayat : Esther. Marcel Guy : Gabriel. Jean Champion : sénateur Laude. Victor Garrivier : Dr Chaudreau.

Thème : Léon Labbé est chapelier. De l'autre côté de la rue, M. Kachoudas est tailleur. Ils s'observent l'un l'autre. Labbé a tué sa femme, paralysée, et est parvenu à cacher ce meurtre grâce à un mannequin qu'il fait bouger devant une fenêtre. En même temps, il est l'étrangleur qui élimine l'une après l'autre les amies de sa femme, de peur qu'elles ne découvrent la vérité au prochain anniversaire de celle-ci. Il prévient d'ailleurs la presse locale de ces meurtres, avant de les commettre. Kachoudas soupçonne avec raison Labbé d'être le coupable. Il le suit régulièrement, tout en refusant d'avertir les autorités afin de ne pas risquer de mettre en péril sa propre sécurité familiale. Labbé continue à tuer, sa domestique Louise étant une nouvelle victime. Mais Kachoudas, ayant pris froid à la suite de ses filatures de Labbé, tombe malade et meurt. Plus seul que jamais, Labbé tue alors Berthe et attend en dormant la police venue l'arrêter.

Quel curieux film ! Claude Chabrol s'intéresse peu à l'intrigue criminelle proprement dite pour s'attacher à la relation entre Labbé et Kachoudas. Dès le début, il est évident que Labbé a tué sa femme et qu'il est un terrible assassin. Il est tout aussi évident que son voisin Kachoudas est au courant. Il s'attache aux pas de Labbé, qui ne fait pratiquement rien pour le semer. Comme si chacun avait besoin de l'autre. Labbé se plaît à poursuivre sa quête criminelle en se jouant de la société qu'il prévient avant d'agir. Cette société, c'est celle qui se réunit au café avec les notables de la ville, autour d'un bridge et de quelques verres. Lorsque Labbé comprend que Kachoudas est mort, son jeu tragique semble ne plus l'amuser. Il tue encore une fois – Berthe – et s'endort auprès d'elle, attendant paisiblement la police. La peinture de cette petite ville et de son microcosme d'habitants est remarquable, comme l'interprétation de Michel Serrault, glaçant, et Charles Aznavour, fasciné par son voisin qu'il ne veut pas dénoncer pour ne pas nuire à sa propre tranquillité et à celle de sa famille.

LE GRAND FRÈRE

Réalisation : Francis Girod ; scénario : Francis Girod, Michel Grisolia, d'après le roman de Sam Ross *Ready for the Tiger* ; photographie : Bernard Zitzermann © ; musique : Pierre Jansen ; montage : Henri Colpi ; assistance à la réalisation : Régis Wargnier, Jérôme Chalou ; production : Ariel Zeïtoun (Odessa Films / Partner's Production / TF1 Films Production) ; durée : 114 min.

Interprétation : Gérard Depardieu : Gérard Berger / Bernard Vigo. Jean Rochefort : Charles-Henri Rossi. Hakim Ghanem : Ali. Souad Amidou : Zina Khelifa. Roger Planchon : inspecteur Valin. Jacques Villeret : inspecteur Coleau. Smaïn : Abdel. Corinne Dacla : femme de Gérard. Christine Fersen : Jane. François Clavier : Castel.

Thème : Gérard Berger et Charles-Henri Rossi, deux légionnaires, s'écrasent en avion dans la jungle avec un important butin. Rossi tire sur son camarade pour ne pas partager, le laissant pour mort. Gérard survit et, arrivé à Marseille quelques mois plus tard, prend le nom de Bernard Vigo, alors que Rossi y est désormais un important homme d'affaires désireux de faire de la politique. Un soir, Gérard le suit, assouvit sa vengeance en le tuant. Or, le crime a eu un témoin : Ali, 13 ans, dont la mort du frère Abdel est indirectement due à Rossi. Gérard se cache chez lui et agit comme un « grand frère ». Il s'éprend de Zina, la sœur d'Ali. Or, l'inspecteur Valin, qui est responsable – directement, pour sa part – de la mort d'Abdel, comprend que Gérard est responsable du meurtre de Rossi. Il finit par l'arrêter. Ali et Zina regagnent l'Algérie tandis que Gérard se suicide en prison.

Film policier, Le Grand Frère *est aussi une intelligente réflexion sociale sur la mixité sociale et le rôle ambigu de la police.*

LE GRAND PARDON

Réalisation : Alexandre Arcady ; scénario : Daniel Saint-Hamont, Alain Le Henry, Alexandre Arcady ; photographie : Bernard Zitzermann © ; musique : Serge Franklin ; montage : Joële van Effenterre ; assistance à la réalisation : Régis Wargnier ; production : Ariel Zeïtoun (Alexandre Films / Odessa Films / Partner's Production) ; durée : 130 min.

Interprétation : Roger Hanin : Raymond Bettoun. Bernard Giraudeau : Pascal Villars. Jean-Louis Trintignant : commissaire Duché. Richard Berry : Maurice Bettoun. Clio Goldsmith : Viviane Atlan. Anny Duperey : Carole. Gérard Darmon : Roland Bettoun. Jean-Pierre Bacri : Jacky Azoulay. Armand Mestral : Freddy Ambrosi. Lucien Layani : Raphaël Atlan. Richard Bohringer : « le Sacristain ». Sidney Boccara : Joseph

Hadjedi. Blanche Ravalec : Colette Ambrosi. Robert Hossein : Manuel Carreras. Jean Benguigui : Albert. Serge Gainsbourg : lui-même. Alexandre Jouan : enfant.

Thème : Décidé à éliminer son rival Manuel Carreras, le chef de gang Raymond Bettoun, qui règne sur un véritable empire, fait évader « le Sacristain », lequel le débarrasse de Carreras. De son côté, Jacky Azoulay prête à Pascal Villars des filles pour qu'elles puissent « travailler » sur les chantiers. Il est obligé de liquider un témoin gênant. Villars tue alors Azoulay et fait croire à un crime des Arabes. La guerre semble inévitable. Bettoun est arrêté. Son fils Maurice lui succède et s'oppose à son cousin Roland. Les morts s'accumulent et Bettoun est finalement libéré afin d'arrêter ce véritable massacre. Le jour de la fête du Grand Pardon, Bettoun abat Villars.

Raymond Bettoun dit à Villars : « Aujourd'hui, le jour du Grand Pardon dans le monde entier, tous les Juifs pardonnent à ceux qui leur ont fait du mal. Tous les Juifs. Sauf, un, moi, je pardonne pas. » *Tout est dit et Alexandre Arcady décrit avec une certaine mansuétude le comportement de son héros qui règne sur le racket, la prostitution et le jeu. Une fois admis cet aspect manichéen du scénario, il faut reconnaître à cette saga – comparée par certains à celle du Parrain (1972) en raison des premières scènes – une certaine habileté, grâce notamment à une interprétation parfaitement distribuée. Patriarche du clan, Roger Hanin trouve sans doute ici le rôle de sa vie.*

LE GRAND PARDON

LÉGITIME VIOLENCE

Réalisation : Serge Leroy ; scénario : Jean Patrick Manchette, Patrick Laurent, d'après l'idée de Véra Belmont ; adaptation : Richard Morgiève, Serge Leroy, Pierre Fabre ; photographie : Ramón F. Suárez © ; musique : Jean-Marie Sénia ; montage : François Ceppi ; production : Véra Belmont (Stephan Films / Filmédis / Cinédéal / Farena Films / Kuiv Productions) ; durée : 95 min.

Interprétation : Claude Brasseur : Martin Modot. Véronique Genest : Lucie Kasler. Thierry Lhermitte : Édouard Kasler, dit « Eddy Roc ». Roger Planchon : Philippe Miller. Michel Aumont : commissaire divisionnaire Henri Brousse. Christian Bouillette : inspecteur Paul Gouvion. Christophe Lambert : Jockey. Plastic Bertrand : lui-même. Pierre Michaël : Robert Andreatti. Mireille Delcroix : Christine Modot. Valérie Kaprisky : Nadine. Serge Leroy : barman.

Thème : La femme, la fille et la mère de Martin Modot sont tuées au cours d'une fusillade commise par de jeunes assassins. Martin est décidé à retrouver les coupables, mais il ne se souvient que d'une jeune femme. Grâce à Philippe Miller, qui dirige un groupe d'auto-défense, la femme en question est identifiée : c'est Lucie Kasler dont le frère, « Eddy Roc », est mêlé aux meurtres. Le commissaire Brousse voit sans sympathie l'action de Martin à qui il conseille de laisser agir la police. D'autant plus qu'Eddy est un informateur et que la tuerie avait pour but l'élimination d'un homme politique. La police abat Eddy. Tous semblent avoir perdu.

Un polar à la lisière du film politique. Sans grande surprise.

MILLE MILLIARDS DE DOLLARS

Réalisation : Henri Verneuil ; scénario : Henri Verneuil, d'après le roman de Lawrence Meyer *Gare à l'intoxe ! (False Front)* ; photographie : Jean-Louis Picavet © ; musique : Philippe Sarde ; montage : Pierre Gillette ; production : Henri Verneuil (V. Films / SFP Cinéma / Films A2) ; durée : 132 min.

Interprétation : Patrick Dewaere : Paul Kerjean. Mel Ferrer : Cornélius A. Woeagen. Caroline Cellier : Hélène Kerjean. Anny Duperey : Laura Weber. Jeanne Moreau : Mme Benoît-Lambert. Fernand Ledoux : Guérande. Charles Denner : Walter. Jean Mercure : Holstein. Michel Auclair : Michel Saint-Claude. André Falcon : Pierre Bayen. Jean-Laurent Cochet : Hartmann. Jean-Pierre Kalfon : informateur. Jacques François : Fred Great. Édith Scob : Mme Bronsky. Robert Party : Jacques Benoît-Lambert.

Thème : Journaliste à *La Tribune*, Paul Kerjean assiste à la convention annuelle de la puissante multinationale GTI, dont le président est Cornélius Woeagen et apprend, par un mystérieux informateur, que Benoît-Lambert a cédé sa compagnie électronique à GTI. Il écrit un article, mais Benoît-Lambert se suicide. Kerjean poursuit ses investigations et découvre que ce dernier a été tué et que lui-même a été manipulé. Menacé, il quitte Paris pour une petite ville de province et retrouve Guérande et *Le Courrier de Vesons* où il avait débuté. C'est là qu'il révélera toute l'affaire...

C'est un film – toujours d'actualité ! – que l'on oublie trop facilement. Henri Verneuil y a choisi – courageusement – de s'attaquer aux sociétés multinationales de la finance, rappelant que les trente sociétés les plus importantes représentent mille milliards de dollars. Dans la tradition du cinéma réformiste hollywoodien, il montre la lutte d'un jeune journaliste – Patrick Dewaere, excellent – contre l'empire de GTI dont les collaborateurs ont tous leur montre à l'heure de

MILLE MILIARDS DE DOLLARS

New York et dont le président Woeagen souhaite que sa tombe porte le cours de l'action de GTI au moment de sa mort… Cet homme, qui incarne pour Kerjean « la mystique du profit », est joué par un Mel Ferrer cynique à souhait qui se félicite que « chaque dollar investi par GTI en rapporte trois ».

Notes : *Tournage du 17 août au 23 octobre 1981 en Seine-et-Marne (Montereau-Fault-Yonne, Meaux), à Paris – 115, avenue des Champs-Élysées (ce sont les bureaux de* La Tribune*) – et aux studios de Billancourt (Paris Studios Cinéma).*

SAS À SAN SALVADOR

Réalisation : Raoul Coutard ; scénario : Gérard de Villiers, d'après son roman *Terreur à San Salvador* ; photographie : Georges Liron © ; musique : Michel Magne ; montage : Hélène Plemiannikov ; production : Raymond Danon, Gérard de Villiers (Éléphant Films / Malko Films / UGC – Union Générale Cinématographique / CCC Filmkunst GmbH / Top n° 1) ; durée : 95 min.

Interprétation : Miles O'Keeffe : SAS Malko Linge. Raimund Harmstorf : Enrique Chacon. Anton Diffring : Peter Reynolds. Dagma Lassander : Maria Luisa Delgado. Sybil Danning : comtesse Alexandra Vogel. Catherine Jarrett : Rosa. Corinne Touzet : Elena.

Thème : Malko Linge part pour le Salvador à la demande de la CIA afin de raisonner Enrique Chacon, qui règle ses comptes avec l'escadron de la mort. Il échappe à des étudiants révoltés et au piège que lui a tendu Chacon avec l'aide de Maria Luisa, sa maîtresse. Chacon élimine celle-ci et affronte Malko, qui parvient à se débarrasser de lui.

Réalisé par Raoul Coutard, le chef-opérateur de Pierrot le Fou *(1965), du* Mépris *(1963) et de certaines des œuvres les plus célèbres de la Nouvelle Vague, le film est donc la première adaptation des romans mettant en scène le prince Malko Linge. Ex-Tarzan, Miles O'Keeffe manque de charisme. Sans intérêt.*

Notes : *Tournage à Porto Rico et Berlin.*

TIR GROUPÉ

Réalisation : Jean-Claude Missiaen ; scénario : Jean-Claude Missiaen, Claude Veillot ; photographie : Pierre-William Glenn © ; musique : Hubert Rostaing, Yvan Julien ; montage : Armand Psenny ; production : Alain Sarde (Sara Films / Parafrance) ; durée : 88 min.

Interprétation : Gérard Lanvin : Antoine Béranger. Véronique Jannot : Carine Ferrand. Michel Constantin : inspecteur Alexandre Gagnon. Mario David : Félix Pejat. Roland Blanche : Michel Poubennec. Jean-Roger Milo : Samson Balestra. David Jalil : inspecteur Sormani. Steve Kalfa : inspecteur Jégou. Dominique Pinon : Daniel Verlot. Roland Amstutz : Francis Colletin. Fabrice Eberhard : passeur d'armes. Corinne Touzet : jeune fille avec le lieutenant de vaisseau.

Thème : Carine Ferrand est attaquée dans un train de banlieue par trois hommes qui cherchent à la violer.

Elle résiste et l'un des trois voyous provoque la mort de la jeune fille. Antoine Béranger, son fiancé, n'a aucune confiance dans l'action de la police et décide de se venger par lui-même. Il remonte la piste du camée qu'il avait offert à Carine et parvient, comme les policiers, jusqu'aux tueurs. Deux de ceux-ci sont éliminés et Antoine abat lui-même Samson Balestra, le troisième agresseur de celle qu'il aimait, assis dans le car de police.

C'est le premier film de Jean-Claude Missiaen, qui décrit avec beaucoup de justesse les faits et les personnages de ce tragique fait divers. Le soin apporté au cadre – le magasin de produits de beauté de Carine, la foire aux puces où travaille Antoine – témoigne de l'habileté du cinéaste, parfaitement aidé par son chef-opérateur. L'antipathie que produit le trio de brutes qui agresse Carine met immédiatement le spectateur – comme dans Death Wish *(*Un justicier dans la ville*, 1974) de Michael Winner – du côté de celui qui va se muer en justicier, quitte à appliquer sa propre loi. Très efficace.*

TIR GROUPÉ

L'ARGENT

Réalisation : Robert Bresson ; scénario : Robert Bresson, d'après la nouvelle de Léon Tolstoï *Le Faux Coupon* ; photographie : Pasqualino De Santis, Emmanuel Machuel © ; montage : Jean-François Naudon ; production : Jean-Marc Henchoz, Daniel Toscan du Plantier (Marion's Films / Eôs Films / FR3 Cinéma) ; durée : 85 min.

Interprétation : Christian Patey : Yvon Targe. Caroline Lang : Élise Targe. Vincent Risterucci : Lucien. Béatrice Tabourin, Didier Baussy : photographes. Sylvie Van den Elsen : femme à la campagne. Michel Briguet : père de la femme. Marc Ernest Fourneau : Norbert. Bruno Lapeyre : Martial. Valérie Mercier : jeune femme dans le bar. François-Marie Banier : compagnon de cellule d'Yvon.

Thème : Yvon est accusé de trafic de fausse monnaie qu'un photographe lui a refilée. Ce dernier feint de ne jamais l'avoir vu et Yvon est alors licencié. Ayant servi de chauffeur dans un hold-up, Yvon est arrêté et condamné. Sa femme, Élise, lui apprend par courrier la mort de maladie de leur fillette et sa décision de le quitter. Yvon tente de s'empoisonner sans succès. Il tue deux personnes pour les voler à sa sortie de prison, puis il est recueilli par une famille qu'il va bientôt massacrer…

L'ARGENT

C'est l'ultime film de la carrière de Robert Bresson, qui décrit – une fois de plus – le pouvoir corrupteur de l'argent sur la société en général et sur certains êtres en particulier. Il joue sur plusieurs actions parallèles, sur le passage de main en main, comme pour symboliser la responsabilité des uns face à l'innocence des autres.

Notes : *Tournage à Paris – 35, boulevard Henri-IV (4e), avenue Paul-Doumer (16e), lycée Janson-de-Sailly (106, rue de la Pompe, 16e) – et Épernon (Eure-et-Loir).*

LE BÂTARD

Réalisation : Bertrand van Effenterre ; scénario : Pierre-Alain Maubert, Bertrand van Effenterre, d'après le roman d'Erskine Caldwell *The Bastard* ; photographie : François Catonné © ; musique : Norbert Aboudarham ; montage : Joëlle van Effenterre ; assistance à la réalisation : Claire Denis ; production : Bertrand van Effenterre (Mallia Films / FR3 Cinéma) ; durée : 110 min.

Interprétation : Gérard Klein : Patrice. Julie Jézéquel : Marie. Brigitte Fossey : femme du contremaître. Mylène Demongeot : Brigitte. Didier Flamand : Jean Triol. Annie Kérani : Rose. Victoria Abril : Betty. Jean-Jacques Biraud : contremaître. Patrick Bruel : Dan ; Madeleine Marie : grand-mère.

Thème : Patrice arrive à Marseille où sa mère, qui était prostituée, vient d'être assassinée par son souteneur. Après l'avoir vengée, il part sur les routes de Provence, y rencontre Marie, une musicienne qu'il séduit, ainsi que la femme d'un entrepreneur de travaux. Il revoit sa grand-mère, puis Marie, qui attend un enfant de lui. Patrice et Marie forment désormais un couple, mais il laisse un jour son enfant…

Une tentative assez habile de transposer en France l'univers de Caldwell avec la description d'un héros en marge, incapable de se fixer longtemps au même endroit.

LE BATTANT

Réalisation : Alain Delon (+ Robin Davis) ; réalisation de seconde équipe : Bernard Stora ; scénario : Alain Delon, Christopher Frank, d'après le roman d'André Caroff ; dialogues : Christopher Frank ; photographie : Jean Tournier © ; musique : Christian Dorisse ; montage : Michel Lewin ; production : Alain Delon (Adel Productions / T. Films) ; durée : 122 min.

Interprétation : Alain Delon : Jacques Darnay. François Périer : Gino Ruggeri. Pierre Mondy : commissaire Rouxel. Anne Parillaud : Nathalie Dumont / Dolorès. Marie-Christine Descouard : Clarisse. Andréa Ferréol : Sylviane Chabry. Michel Beaune : Pierre Mignot. Gérard Hérold : Sauvat. Richard Anconina : Samatan. Philippe Castelli : Nestor.

Thème : Jacques Darnay sort de prison où il a passé huit ans pour l'attaque d'une bijouterie. Le commissaire Rouxel le surveille pour tenter de récupérer le butin, 4 millions en diamants. Il n'est d'ailleurs pas le seul à espérer mettre la main dessus,

de nouveaux truands s'y intéressent aussi. Mignot, l'ami de Darnay, est tué ainsi que sa maîtresse Clarisse. Darnay fait alors appel à Gino Ruggeri, qui lui prête de l'argent et l'héberge, mais il découvre bientôt grâce à Nathalie, la maîtresse de Ruggeri, que c'est ce dernier qui est l'auteur des meurtres. Darnay lui-même est bientôt fait prisonnier. Nathalie le délivre. Il ne reste plus à Darnay qu'à éliminer Ruggeri et partir pour l'étranger où il retrouvera les diamants à l'abri.

Alain Delon sait depuis longtemps comment se réalise un film. Il le prouve assez habilement malgré un scénario sans surprise. Le film est dédié à René Clément.

Notes : *Tournage du 23 août au 22 octobre 1982.*

LA CRIME

Réalisation : Philippe Labro ; scénario : Jacques Labib ; adaptation : Philippe Labro, Jean-Patrick Manchette ; photographie : Pierre-William Glenn © ; musique : Reinhardt Wagner ; montage : Thierry Derocles ; production : Alain Terzian, Françoise Galfré (T. Films / Films A2) ; durée : 102 min.

Interprétation : Claude Brasseur : commissaire Martin Griffon. Jean-Claude Brialy : Jean-François Rambert. Gabrielle Lazure : Sybille Berger. Dayle Haddon : Suzy Thomson. Jean-Louis Trintignant : Christian Lacassagne. Robert Hirsch : Avram Kazavian. Luc-Antoine Diquéro : Antoine Gomez. Daniel Jégou : Philippe d'Alins. Jacques Dacqmine : Me Raymond d'Alins. Yves Beneyton : Millard.

Thème : Maître Raymond d'Alins est abattu à la sortie d'une audience. La Crime est chargée de l'enquête en la personne du commissaire Martin Griffon, assisté par Jean-François Rambert de la police des polices, car l'affaire peut se révéler « sensible ». Griffon découvre vite que plusieurs personnes ont de quoi se féliciter de la disparition de l'avocat, son beau-frère Lacassagne, qui est ministre, Suzy Thomson, sa compagne et ancienne prostituée, Philippe, son propre fils. Griffon, décidé à aller jusqu'au bout, est vite suspendu, mais il continue ses recherches avec la collaboration de la journaliste Sybille Berger. Celle-ci est brûlée vive et Lacassagne se suicide. Griffon finira par tuer Rambert, mêlé à des pots-de-vin.

Efficacité de série et sans surprise.

LA CRIME

UN DIMANCHE DE FLIC

Réalisation : Michel Vianey ; scénario et dialogues : Michel Vianey, d'après le roman d'Andrew Coburn *Off Duty* ; photographie : Robby Müller © ; musique : Jean-Pierre Mas ; montage : Pierre Gillette ; production : Sam Waynberg, Gabriel Boustani (Filmax / KF Kinofilm / SFPC – Société Française de Production Cinématographique) ; durée : 100 min.

Interprétation : Victor Lanoux : Franck. Jean Rochefort : A. Rupert. Barbara Sukowa : Patricia. Maurice Biraud : Fred. Jean-Roger Milo : Dansevitch. Gérard Blain : Emilio. Armin Mueller Stahl : Viktor Madonna, dit « l'Avocat ». Corinne Brodbeck : Dominique. Alain Mottet : directeur. Benoît Régent : Makovski.

Thème : Informés par Fred, un ancien collègue à la retraite, les policiers de la « Crime » Ruppert et Franck interviennent un dimanche matin lors d'une transaction entre trafiquants de drogue. Ayant abattu les deux petits truands, ils décident de garder le conséquent butin pour eux. Leur vie a changé depuis peu : Rupert a quitté sa femme Patricia pour une nouvelle maîtresse alors même que Franck a avoué

à la même Patricia son amour. Or, le puissant réseau qui est à l'origine de l'échange lance sur leurs traces le très dangereux Dansevitch. Celui-ci tue Fred et menace Patricia, désormais avec Franck. Pour ce dernier, il est préférable de rendre l'argent, mais Rupert choisit, au contraire, de refuser cette solution et le fait savoir aux gangsters. Il abat Dansevitch, mais après avoir compris que Patricia ne l'aime plus, il est la victime des tueurs de l'organisation criminelle.

Michel Vianey cherche avec succès à échapper aux conventions traditionnelles du polar français du moment. Il décrit deux policiers sur le retour, minés par des amours compliquées et leur faiblesse pour l'argent. Tout aussi volontairement, il néglige les scènes d'action à la mode au profit de la description psychologique de ses deux héros, victimes de leur fonction et de la société. Intéressant.

L'ÉTÉ MEURTRIER

Réalisation : Jean Becker ; scénario et dialogues : Sébastien Japrisot, Jean Becker, d'après le roman de Sébastien Japrisot ; photographie : Étienne Becker © ; musique : Georges Delerue ; montage : Jacques Witta ; production : Christine Beytout (SNC – Société Nouvelle de Cinématographie / CAPAC – Compagnie Artistique de Productions et d'Adaptations Cinématographiques / TF1 Films Production) ; durée : 132 min.

Interprétation : Isabelle Adjani : Éliane Wieck, dite « Elle ». Alain Souchon : Fiorimonto « Florimond » Montecciari, dit « Pin-Pon ». Suzanne Flon : Nine, dite « Cognata ». Jenny Clève : mère de Pin Pon. François Cluzet : Mickey. Manuel Gélin : Boubou. Michel Galabru : Gabriel. Maria Machado : Paula Wieck, dite « Eva Braun ». Jean Gaven : Leballech. Max Morel : Touret. Roger Carel : Henri, dit « Henri IV ». Cécile Vassort : Josette. Martin Lamotte : Georges Massigne. Jacques Dynam : Ferraldo. Évelyne Didi : Mlle Dieu, dite « Calamité ». Édith Scob : doctoresse. Maïwen Lebesco : Éliane, enfant.

Thème : Un petit village, un soleil de plomb et « Elle » (Éliane) dont les apparitions, la tenue et la beauté provocante font des ravages admiratifs parmi la population masculine des environs. « Pin-Pon » – on l'a surnommé ainsi parce qu'il est pompier – est, lui aussi séduit par la jeune femme. Il comprend bientôt qu'il s'agit d'un amour profond et non d'une simple passade. Il l'épouse. De la part d'Éliane, il s'agit d'un premier pas dans la vengeance qu'elle prépare. En effet, sa mère, surnommée « Eva Braun », a été sauvagement violée par trois hommes et elle est née de ce viol. Frappé par elle, son père est désormais infirme et Éliane sait donc qu'elle seule peut assurer cette vengeance. Elle croit d'ailleurs

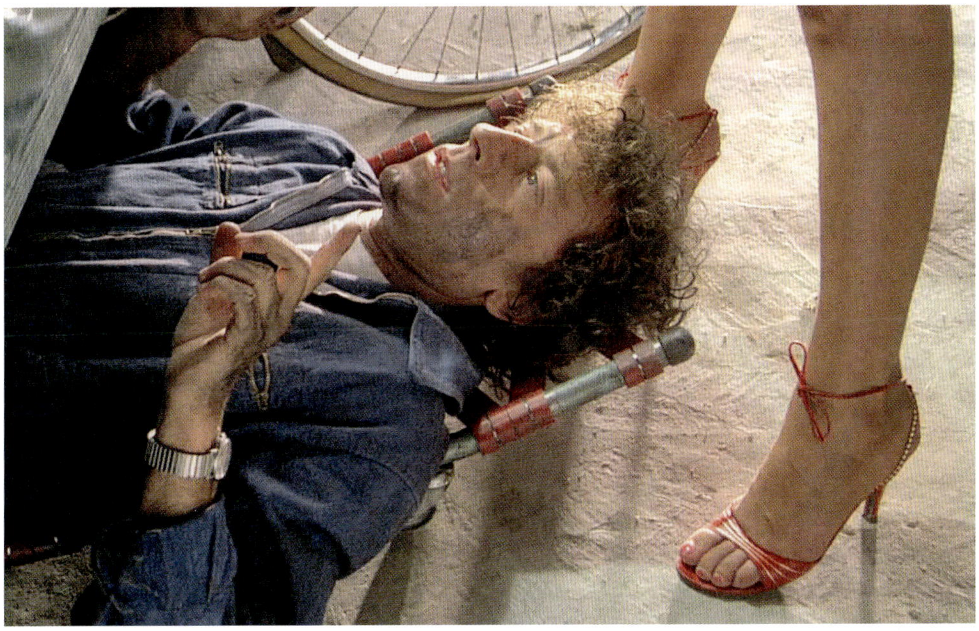

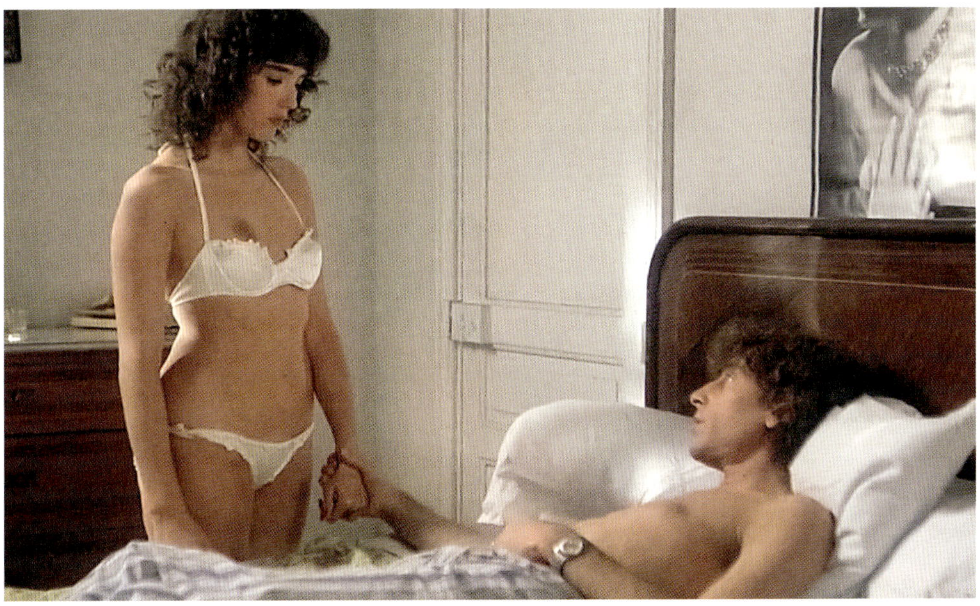

L'ÉTÉ MEURTRIER

que le père de Pin-Pon, aujourd'hui décédé, est l'un des trois hommes. Elle réussit à identifier les deux autres, mais elle apprend bientôt que son père, Gabriel, a lui-même jadis éliminé les trois agresseurs de son épouse. Très perturbée, elle est choquée et retombe en enfance. Pin-Pon, qui ignore la vengeance accomplie par Gabriel, abat les deux hommes suspectés – à tort – par Éliane.

Montrant sa poitrine, puis totalement nue, robe bleue transparente et épaules dénudées, Isabelle Adjani est celle par qui le scandale arrive, l'ange d'une vengeance déjà assouvie. Mutine et provocatrice, insolente et séductrice, voluptueuse et parfois même innocente, elle porte tout le film sur ses frêles épaules et ce dernier lui doit majoritairement son succès en salles, plus de 5 millions d'entrées. Initialement prévue, Isabelle Adjani, avait renoncé au rôle qu'elle ne finit par accepter que lorsque sa remplaçante – Valérie Kaprisky – fut choisie à sa place… Beau sujet de film noir – une histoire de vengeance –, L'Été meurtrier *souffre d'une certaine emphase. Le film est trop long et certaines séquences sont inutiles, comme s'il fallait satisfaire certains goûts du public. Le rôle du professeur à la tendance saphique d'Éliane, qui lui fait enlever son soutien-gorge au restaurant, n'apporte rien à l'histoire. De même, parfois, les auteurs se noient un peu dans leur description populiste d'une certaine province française, comme en témoignent la scène du mariage ou celle de la course cycliste. Il reste heureusement la somptueuse Isabelle…*

***Notes :** Tournage dans le Vaucluse : à Carpentras, Gargas, Goult, Lioux, Villars, Gordes (au Mas Bérard), Roussillon, Murs et Saint-Saturnin-les-Apt.*

LE FAUCON

Réalisation : Paul Boujenah ; scénario : Hubert Attal, Alain Attal, Paul Boujenah ; dialogues : Hubert Attal, Alain Attal ; photographie : Bernard Zitzermann © ; musique : Del Rabenja ; montage : Marie Castro-Vasquez ; production : Jacques Dorfmann (Belstar Productions / Joseph Productions) ; durée : 80 min.

Interprétation : Francis Huster : Frank Zodiak. Guy Pannequin : Gustave « Gus » Savor. Maruschka Detmers : femme de Zodiak. Vincent Lindon : inspecteur. Isabelle Nanty : animatrice radio. Audrey Dana : Samantha. Agnès Jaoui : Sandra. Anastacia Menzel : Anastacia Zodiak.

Thème : Depuis la mort de sa femme et le moment où sa fille est plongée dans le coma, Frank Zodiak, dit « le Faucon », n'est plus que l'ombre du policier qu'il était. Mais Gus Savor, un tueur, réapparaît. Frank reprend alors du service et le poursuit inlassablement jusqu'à ce que le criminel soit tué par un policier.

Des poursuites signées Rémy Julienne et un scénario sans surprise qui voit un policier ne pas hésiter à se substituer à la justice…

***Notes :** Tournage à Frémécourt (Val-d'Oise).*

L'INDIC

Réalisation : Serge Leroy ; scénario : Dider Decoin, Serge Leroy, Jean Kerchner, d'après le roman de Roger Borniche ; dialogues : Didier Decoin ; photographie : André Domage © ; musique : Michel Magne ; montage : François Ceppi ; production : Jean Kerchner (CFC – Compagnie Française Cinématographique / CFPF – Consortium Financier de Production de Films / TF1 Films Production) ; durée : 95 min.

Interprétation : Daniel Auteuil : inspecteur Bertrand. Thierry Lhermitte : Dominique Leonelli. Pascale Rocard : Sylvia. Bernard-Pierre Donnadieu : Ange Malaggione. Michel Beaune : commissaire Legoff. Christian Bouillette : Toussaint Michelesi. Marie-Catherine Conti : Graziella. Danielle Durou : Hélène. François Siener : Paulo l'Oranais.

Thème : Le commissaire Legoff pense pouvoir profiter de la guerre des gangs en train de se rallumer entre les Corses et leurs adversaires pour mettre enfin la main sur le caïd Ange Malaggione. Albertini est ainsi assassiné et sa mort est rapidement vengée. L'inspecteur Bertrand espère se servir de Sylvia, qui est devenue la maîtresse de Leonelli, le bras droit de Malaggione. Il la fait arrêter et chanter, mais Malaggione réussit à s'enfuir après avoir tué un policier. Leonelli est tué par ses complices, qui le soupçonnent à tort d'avoir donné Malaggione. Sylvia suit ce dernier et prévient la police. Bertrand abat Malaggione.

Des policiers, des truands et toutes les conventions du genre.

J'AI ÉPOUSÉ UNE OMBRE

Réalisation : Robin Davis ; scénario : Patrick Laurent, Robin Davis, d'après le roman de William Irish / *Married a Dead Man* ; photographie : Bernard Zitzermann © ; musique : Philippe Sarde ; montage : Marie Castro-Vasquez ; production : Alain Sarde (Sara Films / TF1 Films Production) ; durée : 110 min.

Interprétation : Nathalie Baye : Hélène / Patricia. Francis Huster : Pierre Meyrand. Richard Bohringer : Frank. Madeleine Robinson : Léna Meyrand. Guy Tréjan : Mathieu Meyrand. Victoria Abril : Fifo. Véronique Genest : Patricia Meyrand. Maurice Jacquemont : notaire. Humbert Balsan : Bertrand Meyrand.

Thème : Enceinte de huit mois et abandonnée par son compagnon Frank, Hélène prend le train vers le Sud. Elle y rencontre Bertrand et Patricia Meyrand, qui est également enceinte. Le train déraille. Hélène accouche d'un garçon et comprend bientôt qu'on la prend pour Patricia, qui a été tuée dans la catastrophe avec son mari. Les parents de Bertrand, qui la prennent pour leur belle-fille, lui font découvrir leur maison et leur domaine. Hélène est d'ailleurs sensible au charme de Pierre, le fils cadet. Mais Frank réapparaît, décidé à profiter de la situation. Hélène le tue et Pierre l'aide à cacher le corps. Léna, la grand-mère qui se sait médicalement condamnée, s'accuse du crime. Hélène et Pierre pourront désormais vivre ensemble.

Du beau roman de William Irish déjà adapté par Mitchell Leisen en 1950 sous le titre de No Man of Her Own (Chaînes du destin) *avec Barbara Stanwyck, il ne reste que la trame. Ni le scénario ni Francis Huster ne sont convaincants et le personnage d'Hélène, dont le roman décrivait les multiples facettes, est à peine esquissé. Dommage !*

LA JAVA DES OMBRES

Réalisation : Romain Goupil ; scénario : Romain Goupil, Alain Aptekman ; photographie : Renan Pollès, Richard Andry, Olivier Petitjean © ; musique : Gabriel Yared ; montage : Hélène Viard ; production : Catherine Lapoujade, Marin Karmitz (MK2 Films / FR3 Cinéma / Janus Film und Fernseh-Produktion GmbH) ; durée : 90 min.

Interprétation : Tchéky Karyo : Xavier Brabant. Franci Camus : Jérôme. Anne Alvaro : Maria. Jean-Pierre Aumont : M. Jean. Didier Sandre : Gérard. Agathe Meurisse : Agathe. Jean-Jacques Birou : Valmont. Lita Recio : Dorothée.

Thème : M. Jean, qui travaille pour les services secrets français, fait libérer Xavier Brabant, militant de gauche et condamné pour trafic d'armes, afin de pouvoir infiltrer une organisation d'extrême droite dont l'un des chefs est Valmont. Cette organisation nommée

J'AI ÉPOUSÉ UNE OMBRE

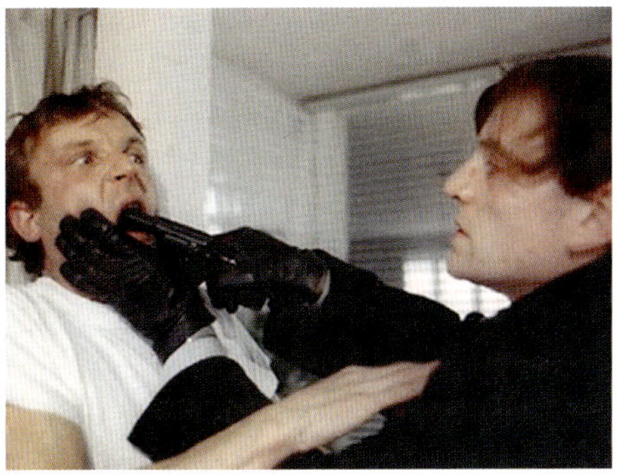

« Janus » est responsable de la mort de plusieurs amis de Xavier. Grâce à Gérard, Xavier va surveiller Janus, mais personne, pas plus M. Jean que Xavier ou son amie Maria, n'échappera à la mort…

Auteur du documentaire Mourir à trente ans *(1982), Romain Goupil s'interroge une nouvelle fois sur les espoirs, les échecs et les désillusions liés à Mai 68. Pour lui :* « Il n'y a pas d'histoire ou, du moins, pas de celles, simples ou compliquées des "films policiers". Mais l'évocation d'un climat de mort. » *Intéressant, sensible, attachant.*

UN JEU BRUTAL

Réalisation : Jean-Claude Brisseau ; scénario : Jean-Claude Brisseau ; photographie : Bernard Lutic © ; musique : Jean-Louis Valéro ; montage : Marie-Françoise Coquelet, Roger Guillot, María Luisa García ; production : Margaret Ménégoz (Les Films du Losange) ; durée : 90 min.

Interprétation : Bruno Cremer : Christian Tessier. Emmanuelle Debever : Isabelle. Liza Hérédia : Annie. Albert Pigot : Pascal. Lucien Plazanet : Lucien. Jean Douchet : professeur Marchal. Humbert Balsan : journaliste de télévision.

UN JEU BRUTAL

Thème : Biologiste, Christian Tessier décide d'abandonner son métier pour prendre soin de sa fille Isabelle qui est infirme, violente, perverse et farouchement opposée à ce père qui ne s'est pas assez occupé d'elle. Grâce aux soins de celui-ci, Isabelle s'ouvre peu à peu au monde, alors même que Christian continue à tuer des enfants, obéissant à un message du diable… La police finit par l'abattre.

Le cinéaste décrit parallèlement la manière dont Isabelle va peu à peu sortir de son cocon, alors même que son père s'enferme dans le sien, et une succession de meurtres d'enfants. Un sujet ambitieux, difficile et troublant.

Notes : *Tournage dans l'Hérault (Lodève, lac du Salagou).*

LA LUNE DANS LE CANIVEAU

Réalisation : Jean-Jacques Beineix ; scénario : Jean-Jacques Beineix, Olivier Mergault, d'après le roman de David Goodis *The Moon in the Gutter* ; photographie : Philippe Rousselot © ; musique : Gabriel Yared ; montage : Monique Prim, Yves Deschamps ; production : Daniel Toscan du Plantier, Lise Fayolle (Gaumont / TF1 Films Production / SFP Cinéma / Opera Film Produzione) ; durée : 137 min.

Interprétation : Gérard Depardieu : Gérard Delmas. Nastassja Kinski : Loretta Channing. Victoria Abril : Bella. Vittorio Mezzogiorno : Newton Channing. Dominique Pinon : Frank. Bertice Reading : Lola.

LA LUNE DANS LE CANIVEAU

LA LUNE DANS LE CANIVEAU

Gabriel Monnet : Tom. Milena Vukotic : Frieda. Bernard Farcy : Jésus. Anne-Marie Coffinet : Dora. Katia Berger : Catherine. Rosa Fumetto : jeune catcheuse. Jacques Herlin : peintre. Jean-Roger Milo : tueur. Yves-Marie Maurin : voix de la narration.

Thème : Catherine s'est suicidée après avoir été violée. Son frère Gérard, qui est docker, est obsédé par la vengeance. Il rencontre le riche Newton Channing, qui aime s'encanailler, et sa sœur, la magnifique Loretta. Bella, la compagne de Gérard, veut récupérer celui-ci qui a épousé Loretta. Jalouse, celle-ci lui envoie des voyous chargés de le tuer auxquels il réchappe. Il se demande bientôt si elle n'a pas été manipulée par l'assassin de Catherine…

Mal accueilli à sa sortie, amputé par Gaumont de près deux heures, le second film de Beineix après Diva (1981) est à nouveau un authentique film d'auteur dans lequel le cinéaste, profitant notamment des décors de Hilton McConnico, plonge le spectateur dans un univers quasi onirique qui respecte parfaitement celui de David Goodis. On peut être surpris par ce style souvent baroque et parfois proche de celui de la publicité, mais on se doit de reconnaître l'originalité et l'habileté de Beineix. Cette plongée dans un monde différent a de quoi fasciner…

***Notes :** Tournage à partir de juillet 1982 à Marseille et aux studios de Cinecittà (Rome).*

LE MARGINAL

Réalisation : Jacques Deray ; scénario : Jacques Deray, Jean Herman ; dialogues : Michel Audiard ; photographie : Xaver Schwarzenberger © ; musique : Ennio Morricone ; montage : Albert Jurgenson ; production : Jean-Paul Belmondo, Alain Belmondo, Georges Dancingers, Alexandre Mnouchkine, Alain Poiré, René Chateau (Cèrito Films / Les Films Ariane) ; durée : 100 min.

Interprétation : Jean-Paul Belmondo : commissaire Philippe « Phill » Jordan. Henry Silva : Sauveur Meccaci. Carlos Sotto Mayor : Livia Maria Dolores. Claude Brosset : Antonio Baldi. Pierre Vernier : inspecteur Rojinsky. Roger Dumas : inspecteur Simon. Tchéky Karyo : Francis Pierron. Maurice Barrier : « Tonton ». Michel Robin : Alfred Gonet, dit « Freddy le Chimiste ». René Château : maître d'hôtel du restaurant. Jacques Maury : Me Cappa. Didier Sauvegrain : tueur de Meccaci. Jean-Claude Dreyfus : travesti.

Thème : Muté à Paris, le commissaire Phill Jordan devient le compagnon de la prostituée Livia et décide de faire tomber Sauveur Meccaci, qui règne sur le trafic de drogue. Malgré ses supérieurs, qui craignent son individualisme, et les protections de Meccaci, il continue son enquête face à des trafiquants turcs protégés par leur immunité diplomatique. Antonio Baldi cherche à faire tomber Jordan dans un piège, mais le policier se méfie et c'est lui qui abat Meccaci avec la propre arme de Baldi.

Jacques Deray abandonne Delon pour Belmondo et ce dernier personnifie à nouveau un policier individualiste toujours prêt à régler les problèmes en se substituant à la loi. Rien de bien neuf, donc… Henry Silva est vocalement doublé par Jacques Deschamps.

***Notes :** Tournage en avril-mai 1983 à Marseille, Paris – boulevard Auguste-Blanqui (13e), boulevard de Clichy (9e), station de métro Corvisart (13e), place de la Concorde (8e) –, Aubervilliers (Seine-Saint-Denis) et aux studios Éclair d'Épinay-sur-Seine. Grand succès commercial, le film a obtenu presque 5 millions de spectateurs.*

MORTELLE RANDONNÉE

Réalisation : Claude Miller ; scénario : Michel Audiard, Jacques Audiard, d'après le roman de Marc Behm *The Eye of the Beholder* ; dialogues : Michel Audiard ; photographie : Pierre Lhomme © ; musique : Carla Bley ; musique préexistante : Franz Schubert ; montage : Albert Jurgenson ; production : Charles Gassot, Bernard Grenet (Téléma / TF1 Films Production) ; durée : 120 min.

Interprétation : Michel Serrault : Beauvoir, dit l'« Œil ». Isabelle Adjani : Catherine Leiris / Lucie Brentano / « Marie ». Guy Marchand : homme pâle. Stéphane Audran : dame grise. Geneviève Page : Mme Schmidt-Boulanger. Sami Frey : Ralph Forbes. Macha Méril : Madeleine. Patrick Bouchitey : Michel

CÉRITO ET LES FILMS ARIANE PRÉSENTENT
BELMONDO
"LE MARGINAL"
UN FILM DE
JACQUES DERAY
MUSIQUE DE
ENNIO MORRICONE
AVEC
HENRY SILVA
GAUMONT/CÉRITO RENÉ CHATEAU
CASARO

MORTELLE RANDONNÉE

de Meyerganz. Jean-Claude Brialy : Voragine. Étienne Chicot : Lerner. Luc Béraud : inspecteur de police. Dominique Frot : Betty.

Thème : Le détective privé Beauvoir, dit l'« Œil », est chargé de surveiller la fiancée d'un riche héritier et finit par se demander si la jeune femme n'est pas Marie, sa propre fille. Il est témoin du meurtre du fiancé, mais il va suivre la criminelle, Catherine, de Monte-Carlo à Baden-Baden, de Rome à Biarritz. Catherine tente un hold-up avec une complice, mais l'opération se termine par la mort de celle-ci. Beauvoir continue à protéger Catherine et commet pour elle une nouvelle action criminelle. Dans leur fuite, Catherine préfère la mort et Beauvoir apprend que Marie était bien morte quelques années plus tôt.

C'est un univers volontairement trouble auquel s'attache ici Claude Miller en décrivant ce héros, détective privé, pris entre Marie, sa fille qu'il n'a plus revue, et cette Catherine dont il devient le complice et qu'il finirait par vouloir devenir Marie. « Cette histoire d'un homme éperdument amoureux de sa fille, *déclarait Claude Miller,* me touchait. Ce père se crée sous forme d'icône, criminelle, amorale, vénéneuse et j'y voyais l'occasion de filmer une criminelle hyper sexy, une icône de cinéma. À l'époque, il devait y avoir un mélange bizarre dans ma tête entre l'amour filial, la frustration de ne pas être père d'une fille et la sexualité. Un mélange un peu pervers dont je voulais faire la synthèse. » *Le sujet était difficile et Claude Miller a été le premier à juger le résultat insatisfaisant. Le fait que Michel Audiard et Michel Serrault aient été l'un et l'autre victimes d'un drame familial récent a sans doute contribué à dramatiser l'atmosphère. Audiard reconnaîtra :* « L'échec vient, en grande partie, de ce qu'Adjani a refusé de s'enlaidir. Son talent n'est pas en cause, mais ce rôle, sans la catastrophe physique, n'existe plus, il n'y a plus de sujet. »

***Notes :** Tournage d'août à décembre 1982 au cap Ferrat (Fondation Ephrussi de Rothschild), à Rome, Baden Baden (Brenner's Park-Hotel & Spa, casino), en Belgique (Bruxelles, Veurne), à Roquebrune-Cap-Martin (villa Cypris), Clermont (Oise) et Biarritz (Pyrénées-Atlantiques). On voit un moment à la télévision* Le

Dernier des hommes *(1924) de F. W. Murnau. Stephen Elliott a réalisé un remake intitulé* Eye of the Beholder *(Voyeur, 1999) avec Ewan McGregor et Ashley Judd.*

LE PRIX DU DANGER

Réalisation : Yves Boisset ; scénario : Yves Boisset, Jean Curtelin, d'après l'histoire de Robert Sheckley *The Prize of Peril* ; dialogues : Jean Curtelin ; photographie : Pierre-William Glenn © ; musique : Vladimir Cosma ; montage : Michelle David, Nicole Gauduchon, Élisabeth Guido ; production : Norbert Saada, Jacques Clément (Swanie Productions / Avala Film / TF1 Films Production / Top n° 1 / UGC – Union Générale Cinématographique) ; durée : 100 min.

Interprétation : Gérard Lanvin : François Jacquemard. Michel Piccoli : Frédéric Mallaire. Marie-France Pisier : Laurence Ballard. Bruno Cremer : Antoine Chirex.

LE PRIX DU DANGER

Andréa Ferréol : Élisabeth Worms. Henri-Jacques Huet : Victor Segal. Gabrielle Lazure: Marianne. Catherine Lachens : Madeline. Jean-Claude Dreyfus : Bertrand. Jean Rougerie : président de la commission. Jean-Pierre Bagot : Alexandre.

Thème : La chaîne CTV lance un nouveau jeu, *Le Prix du danger,* présenté par Frédéric Mallaire. Un jeune chômeur, François Jacquemard est sélectionné. Il devra échapper à cinq tueurs pendant quatre heures pour gagner la prime d'un million de dollars. Il va bientôt découvrir que ceux qui lui apportent leur aide travaillent en fait pour CTV afin de faire durer le suspense et accumuler le nombre de messages publicitaires. Il comprend aussi qu'il sera, de toute façon, abattu à la fin. Il décide de dénoncer cette meurtrière supercherie, mais la chaîne sera la plus forte, le faisant passer pour fou et le faisant interner.

Le film est tout à la fois un film d'action spectaculaire et une interrogation sur le rôle des médias et la dangereuse puissance de la télévision.

Notes : *Le film, initialement prévu pour Patrick Dewaere, a été tourné à Belgrade et à Paris. L'histoire de Robert Sheckley avait été adaptée une première fois pour la télévision en 1970 –* Das Millionenspiel *– réalisé par Tom Toelle. En 1987,* Running Man *de Paul Michael Glaser, avec Arnold Schwarzenegger, présentera assez de ressemblances avec* Le Prix du danger *pour que les auteurs du film le poursuivent en justice pour plagiat et obtiennent finalement gain de cause.*

LE RUFFIAN

Réalisation : José Giovanni ; scénario : José Giovanni, d'après son histoire ; photographie : Jean-Paul Schwartz © ; musique : Ennio Morricone ; montage : Jacqueline Thiédot, Yves Chaput ; production : Christian Fechner, René Malo (Corporation Image M&M / Les Films Christian Fechner / Parma Films) ; durée : 108 min.

Interprétation : Lino Ventura : Aldo. Claudia Cardinale : « la Baronne ». Bernard Giraudeau : Gérard. Pierre Frag : John. James E. Davis et Daryl Wahayenni-Martin : Indiens. Béatrix van Til : Éléonore. August Schellenberg : Nelson Harting. Jacklin Webb : conductrice de camion.

Thème : Dans le Grand Nord canadien, un aventurier, Aldo, et deux Indiens survivent à l'attaque de leur mine d'or par un groupe de pillards. Après avoir lui-même faussé compagnie aux deux autres avec les caisses d'or, il cache le magot en chemin, avant de retrouver à Montréal sa maîtresse, la « Baronne », et son ami Gérard, qui est paralysé des jambes. Aldo espère pouvoir faire profiter ce dernier de sa nouvelle fortune en lui redonnant la possibilité de marcher. Aussi organisent-ils une expédition pour récupérer les caisses en pleine nature, mais les deux Indiens sont sur leurs traces…

C'est le monde de l'aventure avec ses dangers, sa camaraderie et sa folie que décrit ici José Giovanni, délaissant pour l'occasion l'univers des truands parisiens. Superbes paysages.

Notes : *Tournage du 8 août au 16 octobre 1982 au Québec (Montréal), en Colombie-Britannique (Golden, Invermere, chutes de Wapta, Yoho National Park) et aux studios de Billancourt (Hauts-de-Seine).*

TCHAO PANTIN

Réalisation : Claude Berri ; scénario : Claude Berri, d'après le roman d'Alain Page ; dialogues : Alain Page ; photographie : Bruno Nuytten © ; musique : Charlélie Couture ; montage : Hervé de Luze ; production : Pierre Grunstein, Claude Berri (Renn Productions) ; durée : 93 min.

Interprétation : Coluche : Lambert. Richard Anconina : Youssef Bensoussan. Agnès Soral : Lola. Philippe Léotard : Bauer. Mahmoud Zemmouri : Rachid. Ahmed Ben Smail : Mahmoud. Albert Dray : Sylvio. Annie Kerani : jeune femme noire. Michel Paul : Momo. Mickaël Pichet : Mickey.

TCHAO PANTIN

Thème : Ancien policier, Lambert est désormais pompiste de nuit. Il vit seul, hanté par le souvenir de son fils mort d'une overdose. Il cache dans sa station-service le jeune Youssef Bensoussan qui cherche à éviter une patrouille de police. Peu à peu, ils deviennent amis, mais Youssef est abattu sous ses yeux par deux trafiquants de drogue. Devenu justicier, Lambert, qui aime Lola, une amie de Youssef, traque avec l'aide de la jeune marginale les deux assassins, Mahmoud et Rachid, et les élimine…

Couronné de multiples César, ayant obtenu presque 4 millions de spectateurs, le film doit son indiscutable succès à la composition de Coluche – son plus beau rôle – en ex-policier, brisé par la vie et ses souvenirs, vêtu d'une éternelle salopette, à la conviction de Claude Berri et au travail exceptionnel d'Alexandre Trauner qui a recréé le Paris de Barbès, du 18e arrondissement, mêlant avec le talent qu'on lui connaît des lieux réels et de nouveaux décors. Grâce à eux, on redécouvre un Paris aujourd'hui presque disparu avec non seulement ses lieux mais aussi ses habitudes et sa population cosmopolite.

***Notes :** Tournage à partir du 9 mai 1983 à Paris : 35, rue Charlot (3e) – c'est là où habite Lambert –, café à l'angle de la rue Desargues et de la rue de l'Orillon (11e), rue Jules-Verne (11e), rue Morand (11e), rue de la Roquette (11e), café* Le Gibus *(18, rue du Faubourg du Temple, 11e), station-essence à l'angle de la place de la Chapelle et de la rue Pajol (18e), place de la Bastille (4e), place de la République (3e), rue Fleury (18e), rue Julien-Lacroix (20e), rue Denis-Poisson (17e).*

VIVEMENT DIMANCHE !

Réalisation : François Truffaut ; scénario : François Truffaut, Suzanne Schiffman, Jean Aurel, d'après le roman de Charles Williams *The Long Saturday Night* ; photographie : Néstor Almendros ; musique : Georges Delerue ; montage : Martine Barraqué ; production : Armand Barbault, François Truffaut (Les Films du Carrosse / Films A2 / Soprofilms) ; durée : 110 min.

Interprétation : Fanny Ardant : Barbara Becker. Jean-Louis Trintignant : Julien Vercel. Philippe Laudenbach : Me Clément. Caroline Sihol : Marie-Christine Vercel. Philippe Morier-Genoud : commissaire Santelli. Xavier Saint-Macary : Bertrand Fabre. Jean-Pierre Kalfon : Massoulier. Éva Truffaut : secrétaire. Hilton McConnico : client de la prostituée. Anik Belaubre : Paula Delbeque.

Thème : Directeur d'une petite agence immobilière, Julien Vercel est soupçonné d'avoir tué sa femme Christine et Massoulier, l'amant de celle-ci. Afin de prouver son innocence, il cherche à mener sa propre enquête. Sa secrétaire, Barbara Becker, joue elle-même le rôle du détective, suit les diverses pistes et en rend fidèlement compte à Julien. Les cadavres se succèdent les uns aux autres. Barbara découvre le coupable, que connaît aussi Julien. C'est Me Clément, son propre avocat. La femme de Julien avait été aussi sa maîtresse.

C'est l'ultime film de François Truffaut, qui a choisi de le tourner en noir et blanc comme pour augmenter sa référence et son hommage au film noir hollywoodien de la grande époque, mêlant à une intrigue volontairement compliquée – c'est la tradition ! – une véritable ironie. Toujours élégant, Truffaut rappelle, au passage, son goût pour les femmes et tout spécialement leurs jambes…

***Notes :** Tournage du 4 novembre au 31 décembre 1982 à Hyères et dans le Var.*

L'ADDITION

Réalisation : Denis Amar ; scénario : Denis Amar, Jean-Pierre Bastid, Jean Curtelin ; dialogues : Jean Curtelin ; photographie : Robert Fraisse © ; musique : Jean-Claude Petit ; montage : Jacques Witta ; production : Norbert Saada (Swanie Productions / Top n° 1 / TF1 Films Production / UGC – Union Générale Cinématographique) ; durée : 85 min.

Interprétation : Richard Berry : Bruno Winckler. Richard Bohringer : Lorca. Victoria Abril : Patty. Farid Chopel : José. Fabrice Eberhard : Minet. Daniel Sarky : Constantini. Vincent Lindon : Magnum. Dominique Besnehard : procureur. Simon Reggiani : Lenuzza. Jacques Sereys : directeur de la prison.

Thème : Patty est interpellée pour vol. Bruno, qui est acteur, prend sa défense de manière un peu trop véhémente, se retrouvant à devoir purger quelques jours de détention. Or, en prison, il est accusé de complicité dans l'évasion d'un caïd, au cours de laquelle le gardien Lorca a été blessé, et il est condamné à deux ans de prison. Patty continue à lui rendre visite alors que Lorca, qui s'est fait muter dans le même établissement pénitentiaire, s'acharne sur lui et le fait passer auprès des autres détenus pour un donneur. Bruno s'attend à un drame et, se faisant passer pour Lorca, réussit à s'évader.

C'est le retour au style de l'univers carcéral avec sa solitude et son angoisse, ses peurs et son inlassable volonté de s'évader, Denis Amar s'intéressant avant tout à la relation entre Bruno et Lorca, le prisonnier et le maton.

***Notes :** Le rôle de Bruno avait initialement été prévu pour Patrick Dewaere.*

À MORT L'ARBITRE !

Réalisation : Jean-Pierre Mocky ; scénario : Jean-Pierre Mocky, Jacques Dreux, d'après le roman d'Alfred Draper *The Death Penalty* ; dialogues : Jacques Dreux ; photographie : Edmond Richard © ; musique : Alain Chamfort ; montage : Catherine Renault, Jean-Pierre Mocky ; production : Raymond Danon (Lira-Éléphant / TF1 Films Production / RTZ Productions) ; durée : 82 min.

Interprétation : Michel Serrault : Rico. Eddy Mitchell : Maurice Bruno. Carole Laure : Martine Vannier. Laurent Malet : Teddy. Claude Brosset : Albert. Jean-Pierre Mocky : inspecteur Granowski. Nathalie Colas : Malou. Géraldine Danon : Cathy. Jean-Claude Romer : invalide.

Thème : Ayant sifflé un penalty qui a privé de la victoire l'équipe locale, l'arbitre Maurice Bruno doit faire face à la colère des supporters dirigés par Rico et Albert. Au cours de cette poursuite, Rico tue par erreur son ami Béru et accuse Maurice du meurtre, tandis que celui-ci cherche à se cacher chez son amie Martine. L'inspecteur Granowski sauve – provisoirement – Maurice, qui finira par trouver la mort avec sa compagne.

Face à son héros, Jean-Pierre Mocky dresse toute une bande de dangereux supporters, racistes, prêts au meurtre. C'est l'un de ses films les plus efficaces.

***Notes :** Tournage à Créteil (Val-de-Marne), Rouen (Seine-Maritime) et en Seine-Saint-Denis (Marne-la-Vallée, Noisy-le-Grand).*

LE BON PLAISIR

Réalisation : Francis Girod ; scénario : Françoise Giroud, Francis Girod, d'après le roman de Françoise Giroud ; photographie : Jean Penzer © ; musique : Georges Delerue ; montage : Geneviève Winding ; assistance à la réalisation : Régis Wargnier, Yvon Crenn ; production : Marin Karmitz (MK2 Films / SFP Cinéma / Films A2) ; durée : 108 min.

Interprétation : Catherine Deneuve : Claire Desprès. Michel Serrault : ministre de l'intérieur, dit « Pollux ».

CANICULE

Jean-Louis Trintignant : président de la République. Michel Auclair : Herbert. Hippolyte Girardot : Pierre. Claude Winter : première dame. Janine Darcey : Berthe. Matthew Pillsbury : Mike Després. Alexandra Stewart : Julie Hoffman. Michel Boisrond : Premier ministre. Jacques Doniol-Valcroze : avocat. Michel Grisolia : ministre. Jacques Sereys : ministre des Affaires étrangères. Roger Cazes : lui-même. Régis Wargnier : journaliste. Christine Ockrent : journaliste.

Thème : Un jeune homme vole le sac à main de Claire Després. Ce dernier contenait la lettre de l'actuel président de la République, alors son amant, lui demandant d'avorter. Claire, qui avait refusé, prévient le président, qui charge le ministre de l'Intérieur de régler toute l'affaire. Le voleur, Pierre, veut faire peur puis cherche à négocier la lettre en échange de son immunité. Il meurt en fuyant la police et les journaux ne publieront pas la lettre en question…

Lorsque le film est sorti, l'existence de Mazarine, la fille de François Mitterrand, n'était connue que de quelques intimes, même si le roman de Françoise Giroud a justement été publié aux éditions Mazarine… Francis Girod, s'appuyant sur une très brillante interprétation – notamment Michel Serrault, formidable « premier flic de France » –, s'est délecté en circulant dans ces arcanes élyséennes. Le résultat est un film à savourer – Trintignant est tout aussi remarquable – et parle avec intelligence de la raison d'État et de ce que certains sont prêts à faire au nom de celle-ci.

Notes : *Tournage à partir du 10 juin 1983 à Paris – rue Hallé (domicile de Claire, 14e), Champs-Élysées (8e), palais de l'Élysée (rue du Faubourg Saint-Honoré, 8e), avenue René-Coty (14e), rue du Couëdic (14e) et aux studios Pathé-Cinéma (rue Francœur, 18e) –, dans les Yvelines – château de Voisins (Saint-Hilarion), Le Mesnil-Saint-Denis – et à l'aéroport Charles-de-Gaulle (Roissy-en-France, Val-d'Oise).*

CANICULE

Réalisation : Yves Boisset ; scénario : Jean Herman, Yves Boisset, Dominique Roulet, Serge Korber, Michel Audiard, d'après le roman de Jean Vautrin (= Jean Herman) ; dialogues : Michel Audiard ; photographie : Jean Boffety © ; musique : Francis Lai ; montage : Albert Jurgenson, Nadine Muse ; production : Norbert Saada (Swanie Productions / Cinétélé Productions / TF1 Films Production / Top n° 1 / UGC – Union Générale Cinématographique) ; durée : 101 min.

Interprétation : Lee Marvin : Jimmy Cobb. Miou-Miou : Jessica. Jean Carmet : Socrate. Victor Lanoux : Horace. Bernadette Lafont : Ségolène. David Bennent : Chim. Pierre Clémenti : Snake. Jean-Pierre Kalfon : Marcel Torontopoulos. Grace de Capitani : Lily. Tina Louise : Noémie Blue. Muni : Gusta. Juliette Mills : Maggy. Jean-Roger Milo : Julio. Jean-Claude Dreyfus : Le Barrec. Henry Guybet : Marceau.

Thème : Jimmy Cobb, un gangster américain, fuit la police à la suite d'un hold-up dans une banque agricole et se réfugie dans une ferme dans la Beauce. Un jeune garçon, Chim, l'a vu cacher le butin du hold-up et s'en est emparé. Se terrant dans la grange, le fugitif va devoir composer avec l'étrange famille propriétaire des lieux. Tous ses membres vont bientôt s'en prendre à l'Américain, qui est notamment accusé du viol et du meurtre de deux campeuses par Horace (le vrai coupable des faits) ou encore harcelé par la nymphomane Ségolène… Jessica, la femme d'Horace et mère de Chim, finit par tuer son mari et demande à Jimmy de l'emmener avec lui. Mais la police intervient. Jimmy, qui a étranglé Ségolène, choisira la mort.

Yves Boisset mêle à un début policier une description caustique de la France profonde, dont on découvre les peu reluisants protagonistes. On peut trouver le

CANICULE

film exagéré et parfois complaisant, mais il faut aussi, en même temps, remarquer la force tonique d'Yves Boisset, qui mène tambour battant cette danse de mort.

***Notes :** Tournage : Orléans, ferme « La Jambe » à Saint-Péravy-la-Colombe (Loiret). Lee Marvin est doublé en français par John Berry.*

LA FEMME PUBLIQUE

Réalisation : Andrzej Zulawski ; scénario : Dominique Garnier, Andrzej Zulawski, d'après le roman de Dominique Garnier ; photographie : Sacha Vierny © ; musique : Alain Wisniak ; montage : Marie-Sophie Dubus ; production : René Cleitman (Hachette Première / 20th Century Fox Corporation) ; durée : 114 min.

Interprétation : Francis Huster : Lucas Kesling. Valérie Kaprisky : Ethel. Lambert Wilson : Milan Mliska. Diane Delor : Elena Mliska. Yveline Ailhaud : Rachel. Gisèle Pascal : Gertrude. Roger Dumas : André. René Bériard : Mgr Schlapas. Jean-Paul Farré : Pierre. Patrick Bauchau : père d'Ethel. Marianne Basler : jeune anarchiste. Lucas Belvaux : François. Andrzej Jaroszewicz : opérateur.

Thème : Ethel, qui rêve de devenir comédienne, offre son corps en posant pour des photos de nu. Le grand metteur en scène Lucas Kesling, qui prépare une adaptation des *Possédés* de Dostoïevski, engage la jeune femme, espérant la modeler selon ses goûts. Insatisfait, il la renvoie, mais celle-ci a assisté à une curieuse scène entre Kesling et Milan Mliska. Elena, une des anciennes interprètes de Kesling, est assassinée. Perturbé, Milan, qui fut le mari de la défunte, prend

Ethel pour Elena. Il se révèle mêlé à l'assassinat de Mgr Schlapas, un archevêque lituanien de passage en France. Ethel voit le meurtre à la télévision et le reconnaît. Traqué par la police, Mliska trouve la mort en voiture. À la fin du tournage de son film, Kesling se suicide tandis qu'Ethel, que le cinéaste avait à nouveau engagée, est désormais célèbre.

Des personnages marqués par leur passé, une intrigue aux mystérieuses ramifications, les relations entre la réalité et la création artistique, les thèmes de la possession – mentale et physique –, le mythe du double, autant de sujets qu'aborde Zulawski dans un style paroxystique. On peut trouver ce style lassant ou, au contraire, être fasciné par ces êtres qui se déchirent, s'affrontent, s'aiment ou se haïssent, le tout souvent en même temps. Somptueuse composition de Valérie Kaprisky.

Notes : *Sylvia Kristel avait été initialement prévue pour le rôle d'Ethel.*

LA GARCE

Réalisation : Christine Pascal ; scénario : André-Marc Delocque-Fourcaud, Pierre Fabre, Lauren Heynemann, Christine Pascal ; photographie : Raoul Coutard © ; musique : Philippe Sarde ; montage : Jean-François Naudon, Jacques Comets ; production : Alain Sarde (Sara Films / France 3 Cinéma) ; durée : 92 min.

Interprétation : Isabelle Huppert : Aline Kaminker / Édith Weber. Richard Berry : Lucien Sabatier. Vittorio Mezzogiorno : Max Halimi. Jean Benguigui : Rony. Jean-Claude Leguay : Brunet. Daniel Jégou : Dujarric. Jenny Clève : Mme Beffroit. Jean-Pierre Bagot : M. Beffroit. Clément Harari : Samuel Weber. Jean-Pierre Moulin : Cordet.

Thème : 1977. Marié et père de famille, Lucien Sabatier, qui est inspecteur de police, recueille Aline Kaminker, une jeune fille éjectée d'une voiture et la viole. Celle-ci, mineure et orpheline, porte plainte contre lui et il est condamné. 1983. Lucien sort de prison. Devenu détective privé, il est chargé de démasquer Édith Weber, qui copie sans autorisation les modèles des grands couturiers. Il découvre qu'Aline et Édith sont la même personne, qu'il existe une véritable Édith Weber, gravement malade, et qu'Aline est protégée par l'un des patrons du Sentier, Max Halimi et que, d'ailleurs, elle est poursuivie pour meurtre. Mis au courant, Max veut se débarrasser de Lucien à qui Aline, affolée, se confie. Lucien décide alors de fuir avec elle, mais elle partira seule…

Christine Pascal s'interroge sur les motivations de son héroïne, femme ambiguë fascinée sans doute par le mal comme par le bien. Un sensible film d'auteur.

LE JUGE

Réalisation : Philippe Lefebvre ; scénario : Philippe Lefebvre, Bernard Stora ; photographie : Jean-Paul Schwartz © ; musique : Luis Bacalov ; montage : Youcef Tobni ; production : Denis Mermet, Philippe Schwartz (TF1 Films Production / GEF – Groupement des Éditeurs de Films / Revcom International / Tinacra Films) ; durée : 98 min.

Interprétation : Jacques Perrin : juge François Muller. Richard Bohringer : commissaire Lucien Innocenti. Daniel Duval : Antoine Rocca. Andréa Ferréol : Régine Sauvat. Jean Benguigui : Me Donati. Michael Lonsdale : médecin. Pascal Pistacio : Abecassis. Anne Canovas : Monique Muller. Jean-Pierre Sentier : commissaire Perrota. Paul Le Person : président Lebau. Ticky Holgado : garde.

Thème : Juge d'instruction à Marseille, François Muller est décidé à mettre hors d'état de nuire le réseau des trafiquants de drogue. Il souhaite négliger les petites mains pour s'attaquer au caïd Antoine Rocca, à la tête dudit réseau. Ce dernier est arrêté pour un délit mineur et, pour l'inculper, Muller cherche à obtenir l'aide de Régine Sauvat, qui finit par parler, mais il est déjà trop tard et le jeune juge est abattu en pleine rue.

Le film s'inspire de l'assassinat du juge Michel, assassiné à Marseille en 1981, et Philippe Lefebvre, qui a réalisé d'excellentes œuvres pour la télévision, évite les conventions à la mode pour livrer un portrait inquiétant car réaliste de la société marseillaise contemporaine. Belle composition de Jacques Perrin.

Notes : *Tournage du 9 décembre 1983 au 17 février 1984 à Marseille, Palerme et à l'église de la Nativité-de-la-Vierge et Saint-Fiacre de Livilliers (Val-d'Oise).*

LISTE NOIRE

Réalisation : Alain Bonnot ; scénario : André G. Brunelin, Marie-Thérèse Cuny, Alain Bonnot, d'après le roman de Gérald Moreau *Nathalie, ou la punition* ; photographie : Jean-François Robin © ; musique : Alain Wisniak ; production : René Cleitman, Claude Nedjar (NEF – Nouvelles Éditions de Films / 20th Century Fox Corporation / Hachette Première) ; durée : 89 min.

Interprétation : Annie Girardot : Jeanne Dufour. François Marthouret : commissaire Kalinsky. Paul

Crauchet : Pierre. Bernard Brieux : David. Christian François : Lucas. Sandrine Dumas : Nathalie Dufour. Michel Aumont : juge d'instruction. Jean-Claude Dreyfus : Mahler. Gérard Sergue : Nino. Jean-Paul Tribout : Tellier.

Thème : Sans nouvelles de sa fille Nathalie, Jeanne Dufour, qui dirige un petit garage, apprend que celle-ci est mêlée à l'attaque d'une banque. Ce hold-up organisé par des professionnels, qui en ont profité pour mettre la main sur une véritable fortune, provoque la mort de Nathalie. Aidé par Serge, l'un des camarades de Nathalie, Jeanne va désormais venger sa fille et participer à l'élimination des responsables de la mort de cette dernière. Le commissaire Kalinsky, qui lui avait permis de continuer son action, est désormais obligé de l'arrêter.

Devenue un véritable ange exterminateur, Jeanne abat un de ses adversaires, en écrase un autre dans sa voiture et bénéficie de la mansuétude du commissaire Kalinsky, qui semble heureux de voir quelqu'un se substituer à la justice. Jusqu'à ce que son propre adjoint le dénonce au juge d'instruction. Avec Annie Girardot en apôtre de l'auto-vengeance.

***Notes :** Tournage dans le Val-d'Oise : Avernes (ferme), route départementale 28 (Frémécourt), Marines, Montgeroult.*

MESRINE

Réalisation : André Génovès ; scénario : André Génovès ; photographie : Jean-Claude Couty © ; musique : Jean-Pierre Rusconi ; montage : Martine Rousseau ; production : Gérard Croce (G. R. Productions) ; durée : 110 min.

Interprétation : Nicolas Silberg : Jacques Mesrine. Caroline Aguilar : Sylvia Jeanjacquot. Gérard Sergue : François Besse. Louis Arbessier : Henri Lelièvre. Michel Poujade : commissaire Broussard. William Sabatier : Bouvier. Roger Crouzet : ministre de l'Intérieur. Claude Faraldo : Charlie Bauer. Bernard Mabille : Pellegrini.

Thème : Mesrine, son évasion, sa lutte contre les QHS (quartiers de haute sécurité), l'enlèvement de Lelièvre, sa passion pour Sylvia Jeanjacquot et, finalement, sa mort le 2 novembre 1979 à la porte de Clignancourt.

Habile producteur (Sautet, Techiné, plus de dix films avec Chabrol), André Génovès a donc choisi de passer à la réalisation, mais ni la mise en scène, ni le scénario, ni l'interprétation ne présentent malheureusement beaucoup d'intérêt.

***Notes :** Tournage à Verneuil-en-Halatte (Oise), Paris – rue Belliard (18e), rue du Mont-Cenis (18e), boulevard Ornano (18e), prison de la Santé (14e) – et à la maison d'arrêt de Mende (Lozère).*

POLAR

Réalisation : Jacques Bral ; scénario : Jacques Bral, Jean-Paul Leca, Julien Lévi, d'après le roman de Jean-Patrick Manchette *Morgue Pleine* ; photographie : Jean-Paul Rosa da Costa, Jacques Renoir © ; musique : Karl-Heinz Schäfer ; montage : Jacques Bral, Anne Boissel, Noun Serra ; production : Anicette Benjamin, Patrick Delauneux (Les Films Noirs / France 3 Cinéma) ; durée : 97 min.

Interprétation : Jean-François Balmer : Eugène Tarpon. Sandra Montaigu : Charlotte Le Dantec. Pierre Santini : inspecteur Coccioli. Roland Dubillard : Jean-Baptiste Haymann. Claude Chabrol : Théodore Lyssenko. Marc Dudicourt : « le Loup ». Jean-Paul Bonnaire : Gérard Sergent. Gérard Hérold : Foran. Jean-Louis Foulquier : Alfonsino. François Guérif : patron de l'hôtel. Pierre Londiche : commissaire Coquelet.

Thème : Ancien gendarme, Eugène Tarpon est désormais détective privé et reçoit la visite de Charlotte Le Dantec, qui lui demande de la protéger, car son amie Louise a été assassinée. Il rencontre Gérard Sergent, ancien amant de Louise décidé à la venger alors même que le gangster « le Loup » recherche un objet dont Tarpon ignore l'existence. Ce dernier sauve Charlotte, qui a été enlevée, et se demande si Théodore Lyssenko, qui tourne des films pornographiques et connaissait Louise, n'est pas responsable de quelque chose. Sergent est abattu par l'inspecteur Coccioli, alors que Tarpon, blessé, finit par comprendre qu'il ne reverra plus Charlotte...

Un détective privé désenchanté et désabusé, une histoire aux diverses ramifications et qui reste ténébreuse, un authentique univers de film noir et Jean-François Balmer particulièrement excellent. Une véritable réussite. Un film d'auteur.

POLAR

LES RIPOUX

Réalisation : Claude Zidi ; scénario : Claude Zidi, d'après une idée de Simon Michaël ; dialogues : Didier Kaminka ; photographie : Jean-Jacques Tarbès © ; musique : Francis Lai ; montage : Nicole Saunier ; production : Pierre Gauchet, Claude Zidi (Films 7) ; durée : 107 min.

Interprétation : Philippe Noiret : René Boirond. Thierry Lhermitte ; François Lesbuche. Grace de Capitani : Natacha. Régine : Simone. Julien Guiomar : commissaire Bloret. Claude Brosset : inspecteur Vidal. Albert Simono : inspecteur Leblanc. Bernard Bijaoui : Camoun. Pierre Frag : Pierrot. Jacques Santi : inspecteur de l'IGS.

Thème : Depuis le temps qu'il connaît le monde des petits malfrats, l'inspecteur René a fini par devenir l'un des leurs et à utiliser les mêmes combines. L'arrivée comme coéquipier d'un jeune policier idéaliste l'inquiète un moment jusqu'à ce que le nommé François s'éprenne de Natacha, une call-girl, et ait à son tour des besoins d'argent… François découvre bientôt que René – qui l'a poussé dans les bras de Natacha – n'était pas étranger à l'affaire et décide alors de l'entraîner dans le vol d'une importante somme d'argent au trafiquant Camoun. Mais René est arrêté. À sa sortie de prison, il est attendu par Simone, sa compagne, Natacha et… François.

Un scénario astucieux, le choc de deux policiers que tout semble opposer au début et le ton réussi d'une comédie policière traditionnelle habilement écrite.

RIPOUX CONTRE RIPOUX (1990)

Réalisation : Claude Zidi ; scénario : Claude Zidi, Simon Michaël ; dialogues : Didier Kaminka ; photographie : Jean-Jacques Tarbès © ; musique : Francis Lai ; montage : Nicole Saunier ; production : Pierre Gauchet (Films 7 / Orly Films / Sédif Productions / TF1 Films Production) ; durée : 107 min.

Interprétation : Philippe Noiret : René Boirond. Thierry Lhermitte : François Lesbuche. Guy Marchand : inspecteur Guy Brisson. Line Renaud : Simone. Grace de Capitani : Natacha. Michel Aumont : commissaire Bloret. Jean-Pierre Castaldi : inspecteur Jean-Pierre Portal. Jean-Claude Brialy : banquier. Jean Benguigui : Cesarini. Alain Mottet : préfet. Simon Michaël, Denis Brandon : loubards.

Thème : René et François, les deux ripoux d'hier, ont décidé de devenir honnêtes. De quoi bousculer l'équilibre du quartier. Mis au vert en raison de quelques incartades, ils découvrent que ceux qui les ont remplacés sont plus corrompus qu'eux. Les commerçants du quartier vont s'appliquer à favoriser leur retour.

Une suite bien inutile.

RIPOUX 3 (2003)

Réalisation : Claude Zidi ; scénario : Claude Zidi, Simon Michaël, Didier Kaminka ; photographie : Gérard de Battista © ; musique : Francis Lai ; montage : Nicole Saunier ; production : Patrice Ledoux, Claude Zidi (Gaumont / CPZ Productions / Plaza Production International / French Productions / TF1 Films Production / TPS Star / Sogécinéma) ; durée : 104 min.

Interprétation : Philippe Noiret : René Boirond. Thierry Lhermitte : François Lesbuche. Lorànt Deutsch : Julien. Chloé Flipo : Marie Morzini. Jean-Luc Bideau : Bloret. Bernadette Lafont : Carmen. Reinaldo Wong : Chen. Laurence Boccolini : Maud. Jean-Louis Foulquier : Ogler. Jean-François Balmer : Albert. René Morard : patron de l'hôtel. Hans Meyer : Van der Brook. Didier Kaminka : chauffeur de taxi.

Thème : René, qui ne fait plus équipe avec François, se voit mêlé malgré lui à une affaire de blanchiment d'argent et perd un sac contenant un million d'euros que lui a remis le restaurateur Chen. Pour échapper à ses poursuivants (mafia chinoise et police), René se fait alors passer pour mort et prend l'identité de Morzini, un truand dont apparaît la fille Marie, qui n'a jamais connu son père. Mais il faut, pour René, calmer d'urgence les Chinois ainsi que François et son nouveau coéquipier Julien…

Revoici René et François mais, malheureusement la comédie l'emporte délibérément sur l'intrigue policière, confirmant que cette nouvelle suite était – en dépit du talent du couple formé par Philippe Noiret et Thierry Lhermitte – parfaitement inutile, elle aussi…

LES RIPOUX

RIVE DROITE, RIVE GAUCHE

RONDE DE NUIT

Réalisation : Jean-Claude Missiaen ; scénario : Jean-Claude Missiaen, Claude Veillot, Marc Perrier, d'après l'histoire de Jean-Claude Missiaen ; photographie : Pierre-William Glenn © ; musique : Hubert Rostaing, Yvan Jullien ; montage : Armand Psenny ; production : Alain Sarde (Les Films Alain Sarde / AMLF / Films A2) ; durée : 95 min.

Interprétation : Gérard Lanvin : inspecteur Gu Arenas. Eddy Mitchell : inspecteur Léo Gorce. Françoise Arnoul : Diane Castelain. Raymond Pellegrin : Sissia Carpelli. Lisette Malidor : Mara. Gérard Desarthe : Lucien Segalen, dit « le Brestois ». Amélie Prévost : Christine. Lucas Belvaux : Laurent. Marc Chapiteau : Didier Permejat. Vernon Dobtcheff : James.

Thème : Les inspecteurs Gu Arenas et Léo Gorce enquêtent sur l'assassinat d'un député et remontent bientôt jusqu'au cercle de jeu de Sissia Carpelli que fréquentait la victime. C'est également là que travaille Mara, qui a pour mission d'éliminer des associés gênants. Les deux policiers identifient Mara, qui abat Léo avant d'être tuée par Gu. La journaliste Diane Castelain, qui enquêtait elle aussi sur l'affaire, renoncera à révéler toute la vérité…

On se souvient surtout de Lisette Malidor, qui incarne l'inquiétante tueuse du film. Alors même que les références cinéphiles d'Eddy Mitchell sont parfois un peu lassantes, Jean-Claude Missiaen « tient » moins bien le film que dans le cas de sa première œuvre, Tir groupé (1982).

RIVE DROITE, RIVE GAUCHE

Réalisation : Philippe Labro ; scénario : Philippe Labro, Françoise Labro ; photographie : Pascal Marti © ; musique : Michel Berger ; montage : Martine Barraqué ; production : Alain Terzian (T. Films / Films A2) ; durée : 99 min.

Interprétation : Gérard Depardieu : Paul Senanques. Nathalie Baye : Alexandra « Sacha » Vernakis. Carole Bouquet : Babée Senanques. Bernard Fresson : François-René Pervillard, dit « le Président ». Charlotte de Turckheim : Catherine. Jacques Weber : Guarrigue. Robert Bruce : Bobby. Marcel Bozonnet : Michel Monblanc. Daniel Colas : Franchet.

Thème : Le louche industriel Pervillard, dit « le Président », célèbre pour ses brillantes – mais douteuses – opérations, compte parmi des clients du cabinet d'avocats que dirigent Paul Senanques et son associé Garrigue. Paul trompe sa femme Babée, qui en fait de même. Il découvre les mensonges de Pervillard – qu'il met en cause publiquement – tandis que Sacha, qui s'occupe de relations publiques, apprécie son courage et passe la nuit avec lui… Pervillard décide de se venger de Paul, dont la voiture est sabotée avant qu'il ne soit lui-même durement frappé. Par jalousie, Babée, de son côté, se venge de Sacha. Paul et Sacha, révèlent à la presse la duplicité de Pervillard et s'en sortent.

Gérard Depardieu et Nathalie Baye forment un couple très attachant, luttant pour tenter de moraliser une société sans scrupule. On retrouve le goût de Philippe Labro pour un certain cinéma hollywoodien réformiste et persuadé que la presse est l'ultime recours face à une justice tout à la fois désarmée et complice.

RONDE DE NUIT

RUE BARBARE

Réalisation : Gilles Béhat ; scénario : Jean Herman, Gilles Béhat, d'après le roman de David Goodis ; dialogues : Jean Vautrin (= Jean Herman) ; photographie : Jean-François Robin © ; musique : Bernard Lavilliers ; montage : Geneviève Vaury ; production : Adolphe Viezzi, Jean Ardy (Les Films de la Tour / Farena Films / International Projet) ; durée : 107 min.

Interprétation : Bernard Giraudeau : Daniel « Chet » Chetman. Christine Boisson : Emma-la-Rouge, dite « Manu ». Bernard-Pierre Donnadieu : Mathias « Matt » Hagen. Jean-Pierre Kalfon : Paul « Rocky Malone » Chetman. Michel Auclair : Georges Chetman. Corinne Dacla : Édith Chetman. Nathalie Courval : Carla Chetman. Jean-Pierre Sentier : Yougo. Pierre Frag : Benvenuto Temporini, dit « Tempo ». Myriam Salvodi : Tillie.

Thème : Plusieurs années après avoir arraché Édith, devenue sa femme, des mains du dangereux « Matt » Hagen et s'être rangé, « Chet » ne peut s'empêcher de sauver une jeune Chinoise qui a été violée par des voyous de la bande du même Matt. Ce dernier dirige toujours le quartier, mais Chet et les siens continuent à y vivre. Cherchant à discuter avec Matt, il est durement frappé et – heureusement – soigné par son ancienne maîtresse Emma-la-Rouge, dite « Manu ». Cependant, Yougo, l'associé de Matt, enlève la Chinoise. Chet passe à l'action, la délivre en éliminant Yougo. S'ensuit un affrontement sanglant entre la bande de Matt et la famille de Chet, où les victimes sont nombreuses. Édith en fait partie et, fou de rage, Chet s'acharne sur Matt, qui est grièvement blessé. La vie continue, pourtant...

C'est une société presque post-apocalyptique que décrit ici Gilles Béhat, mêlant éclairs de violence et accents de tendresse, retrouvant assez justement le ton tragique et désenchanté propre à David Goodis, un univers auquel il est pratiquement impossible d'échapper.

LA SEPTIÈME CIBLE

Réalisation : Claude Pinoteau ; scénario : Jean-Loup Dabadie, Claude Pinoteau ; dialogues : Jean-Loup Dabadie ; photographie : Edmond Séchan © ; musique : Vladimir Cosma ; montage : Marie-Josèphe Yoyotte, Christine Pansu ; production : Marcel Dassault, Alain Poiré (Production Marcel Dassault / Gaumont International) ; durée : 108 min.

Interprétation : Lino Ventura : Bastien Grimaldi. Lea Massari : Nelly. Jean Poiret : Jean Michelis. Élizabeth Bourgine : Laura. Béatrice Agenin : Catherine. Jean-Pierre Bacri : inspecteur Daniel Esperanza. Robert Hoffmann : Sylvain Hagner. Roger Planchon : commissaire Paillard. Jean-Jacques Moreau : Bolek. Madeleine Barbulée : antiquaire aux puces.

Thème : Ancien grand reporter, Bastien Grimaldi est agressé, puis victime de menaces de plus en plus précises. Il alerte la police qui se méfie de lui et, bientôt, le chantage se précise : il doit s'acquitter d'une somme considérable. Il finit par découvrir, avec l'aide de l'inspecteur Esperanza, que l'auteur du chantage est Sylvain Hagner, le propre amant de Laura, qu'il considère comme sa propre fille. Bastien se rend alors à Berlin, où Laura doit donner un concert en tant que violoniste, et démasque Hagner, qui fomentait un assassinat politique et est abattu par la police.

Grâce à Lino Ventura, remarquable, on suit avec intérêt cette intrigue compliquée, d'autant plus que le scénario

LA SEPTIÈME CIBLE

LA SEPTIÈME CIBLE

s'attache aussi à la psychologie de ce héros afin de chercher à comprendre ce qui peut motiver les attaques et menaces qui l'assaillent. Prévue pour le rôle de Laura, Sophie Marceau y a renoncé au tout dernier moment pour tourner, sous la direction de Zulawski, L'Amour braque *(1985).*

Notes : *Tournage à Berlin (aéroport de Tegel, Kempinski Hotel Bristol, Orchestre philharmonique de Berlin), au marché aux puces de Saint-Ouen (Seine-Saint-Denis) et aux studios Éclair d'Épinay-sur-Seine.*

STRESS

Réalisation : Jean-Louis Bertuccelli ; scénario : André Grall ; adaptation et dialogues : Alain Demouzon, Jean-Louis Bertuccelli ; photographie : Ricardo Aronovich © ; musique : Paul Misraki ; montage : François Ceppi ; production : Jean Ardy, Adolphe Viezzi (Les Films de la Tour / FR3 Cinéma) ; durée : 90 min.

Interprétation : Carole Laure : Nathalie. Guy Marchand : Alex. André Dussollier : Michel. Anne Meson : Céline. Isabelle Mergault : Isabelle. Patrice Kerbrat : Gérard. Germaine Montero : Mme d'Ambray. Claudine Berg : concierge. Nathalie Jouin : France. Adolphe Viezzi : client M. Bouvier. Michel Subor : commissaire de police.

Thème : Nathalie vit seule avec sa fille depuis que son ami Gérard l'a quittée lorsqu'elle était enceinte. Alors que son actuel compagnon Michel souhaiterait vivre avec elle, elle reçoit d'inquiétants coups de téléphone. Alex, qui est détective privé, est prêt à l'aider, mais Michel est tué. Gérard est-il responsable ? Non, puisqu'il s'est suicidé il y a plusieurs années ! La vérité est qu'Alex a reçu comme greffe le cœur de Gérard et a décidé de venger ce dernier… Nathalie sera, malgré tout, sauvée.

De multiples fausses pistes, une atmosphère d'angoisse et la révélation finale difficile à imaginer…

Notes : *Tournage à Trémolat (Dordogne).*

LA TRICHE

Réalisation : Yannick Bellon ; scénario : Yannick Bellon ; adaptation et dialogues : Yannick Bellon, Alain Marcel, Rémi Waterhouse ; photographie : Houchang Baharlou, Dominique Le Rigoleur © ; musique : Catherine Lara ; montage : Kenout Peltier, Élisabeth Moulinier ; production : Denise Petitdidier (Les Productions du Daunou / Les Films de l'Équinoxe) ; durée : 100 min.

LA TRICHE

Interprétation : Victor Lanoux : commissaire Michel Verta. Anny Duperey : Nathalie Verta. Valérie Mairesse : Marilyn. Xavier Deluc : Bernard Mirande. Michel Galabru : Jean et Sylvain Morane. Roland Blanche : Manuel Garcia. Guy Tréjan : Raymond. Patrick Raynal : René Villedieu.

Thème : Le commissaire Michel Verta enquête sur le meurtre d'un homosexuel, Jean Morane. Il rencontre, à cette occasion, le musicien Bernard Mirande. Les deux hommes se plaisent et deviennent amants. La famille de Michel découvre cette liaison, de même que Manuel Garcia, l'assassin recherché. Ce dernier cherche alors à faire chanter Bernard, mais Garcia trouve la mort. La police suspecte vite Bernard, qui préfère prendre la fuite pour éviter que Michel ne soit compromis. Le fugitif est finalement tué par un policier.

Face à une société conformiste, le comportement de Michel Verta et sa passion pour Bernard ne peuvent que choquer et Yannick Bellon a voulu s'attacher à cette liaison. Le propos est courageux, mais malgré Victor Lanoux dont la composition est remarquable, le résultat demeure inégal.

LES VOLEURS DE LA NUIT

LES VOLEURS DE LA NUIT

Réalisation : Samuel Fuller ; scénario : Samuel Fuller, Olivier Beer, d'après le roman d'Olivier Beer *Le Chant des enfants morts* ; photographie : Philippe Rousselot © ; musique : Ennio Morricone ; montage : Catherine Kelber ; production : Antoine Gannagé (Parafrance / Sara Films) ; durée : 100 min.

Interprétation : Véronique Jannot : Isabelle. Bobby Di Cicco : François. Andréas Voutsinas : José. Claude Chabrol : Louis Crépin, dit « Tartuffe ». Victor Lanoux : inspecteur Farbet. Stéphane Audran : mère d'Isabelle. Rachel Salik : Mussolini. Jacques Maury : Desterne. Marthe Villalonga : concierge. Camille de Casabianca : Corinne Desterne. Humbert Balsan : inspecteur Martin. Christa Lang : Solange. Samantha Fuller : Angélique. Olivier Beer : client de la boutique de musique. Micheline Presle : Mme Geneviève. Samuel Fuller : Zoltan.

Thème : Violoncelliste au chômage, François rencontre Isabelle, qui ne supporte plus l'inhumanité de l'ANPE. La jeune fille monte avec François une succession d'expéditions punitives, mais l'une d'elles va particulièrement mal tourner. Tartuffe, un voyeur, tombe et se tue. L'inspecteur Farbet les soupçonne donc de meurtre. Isabelle est tuée tandis que Farbet va arrêter François.

Chaque cinéphile se souvient de House of Bamboo *(*La Maison de Bambou*, 1955),* Pickup on South Street *(*Le Port de la drogue*, 1953),* Run of the Arrow *(*Le Jugement des flèches*, 1957) ou encore* Forty Guns *(*Quarante tueurs*, 1957). Il est d'autant plus difficile de ne pas être atterré par ce mélodrame criminel que Fuller a tourné en France. Le cinéaste est victime d'un scénario parfaitement incrédible, de dialogues ridicules et d'une interprétation plus qu'hasardeuse. Dire que le film est décevant est un euphémisme. Véronique Jannot a pourtant de jolies épaules.*

Notes : *Tournage à Paris et au mont Blanc (Chamonix).*

ADIEU BLAIREAU

Réalisation : Bob Decout ; scénario : Bob Decout ; photographie : Serge Halsdorf © ; musique : Dominique Perrier ; montage : Sophie Bhaud, Jean-Bernard Bonis ; production : Yannick Bernard (Odessa Films / TF1 Films Production / Les Films Stanley / GA Films) ; durée : 88 min.

Interprétation : Philippe Léotard : Fred. Annie Girardot : Colette. Jacques Penot : Gégé. Christian Marquand : Victor. Juliette Binoche : Brigitte. Amidou : Poupée. Albert Dray : Boris. Yves Rénier : professeur. Pierre Arditi : « la Grenouille ». Serge Marquand : patron du café. Ticky Holgado : barman.

Thème : Fred a joué et perdu. Il doit de l'argent à Victor et son ami Gégé lui conseille de s'acquitter de ses dettes au plus vite. Fred est pourtant occupé en ce moment par son amour pour Brigitte. Celle-ci, tout en continuant à l'aimer, ne supporte plus ses problèmes de jeu. Fred décide alors de tout rembourser et, pour cela, de tuer un homme, le crime étant organisé par Victor. Mas Fred comprend bientôt qu'il s'agit d'un piège dont il est lui-même la cible. Il réussit à tuer l'homme qui devait l'assassiner. C'est alors qu'il rencontre Colette, qui va prendre soin de lui, mais il y a toujours Victor !

C'est le premier film de Bob Decout, alors le compagnon d'Annie Girardot. Le scénario présente des personnages déçus et marqués par la vie. La fin est tournée au Casino de Paris qu'Annie Girardot avait réussi financièrement à sauver durant quelques années. Elle y avait joué Revue et corrigée *(1982), un spectacle musical conçu par elle et Bob Decout, dans lequel elle avait pour partenaire Catherine Lara et qui fut une catastrophe financière.*

L'AMOUR BRAQUE

Réalisation : Andrzej Zulawski ; scénario : Étienne Roda-Gil, Andrzej Zulawski, d'après la nouvelle Fiodor Dostoïevski *L'Idiot* ; photographie : Jean-François Robin © ; musique : Stanislas Syrewicz ; montage : Marie-Sophie Dubus ; production : Alain Sarde, Antoine Gannagé (Sara Films) ; durée : 100 min.

Interprétation : Francis Huster : Léon. Sophie Marceau : Marie. Tchéky Karyo : Mickey. Christiane Jean : Aglaé. Michel Albertini : André. Harry Cleven : Pluto. Jean-François Soubielle : Donald. Jacques Gallo : Picsou. Roland Dubillard : commissaire. Jean-Marc Bory : Simon Venin. Pauline Lafont : Martine.

Thème : Mickey, qui dirige un gang de braqueurs de banques, rencontre l'innocent et sympathique Léon, venu de Hongrie et qui devient son ami. Léon fait aussi la connaissance de Marie, une prostituée qu'aime Mickey, et découvre la violence du monde qui les entoure. Il comprend que cette sauvagerie est, en fait, la vengeance de Mickey contre ceux qui ont fait emprisonner son père et sont responsables de la mort de sa mère. Léon s'éprend de Marie, mais sa vengeance assouvie, Mickey préfère tuer Marie pour qu'elle échappe ainsi à l'univers de violences dans lequel elle avait vécu. Il ne reste plus que Léon, Mickey et leurs ennemis...

Zulawski laisse éclater son style paroxystique tout au long de cette œuvre qui parle du mal et du vice, de l'amour et de la rédemption. On peut, comme dans le cas de La Femme publique *(1984), être gêné par ces outrances, cette hystérie, ces recherches au niveau des couleurs, mais on doit aussi reconnaître la force du cinéaste, un authentique auteur qui n'hésite pas à troubler le spectateur et à bousculer les conventions du cinéma français du moment. On admirera aussi la composition de Sophie Marceau, tout à la fois égérie du cinéaste et grande actrice. Un sacré film !*

ADIEU BLAIREAU

LA BASTON

Réalisation : Jean-Claude Missiaen ; scénario : Jean-Claude Missiaen, Jacques Labib ; photographie : Jean-Claude Vicquery © ; musique : Hubert Rostaing, Yvan Jullien ; musique préexistante : Trust ; montage : Armand Psenny ; production : Denise Petitdidier (Les Productions du Daunou / Sherwood Productions / FR3 Cinéma / L'Artistique Caumartin) ; durée : 95 min.

Interprétation : Robin Renucci : René Levasseur. Véronique Genest : Denise Levasseur. Gérard Desarthe : Lucien Puget. Michel Constantin : Raoul. Élisabeth Margoni : Vanessa. Patrick Depeyrrat : Francis Daroy. Dominique Pinon : Marcel Noblet. Natacha Finlay : Tonia. Lucas Belvaux : Jeanjean Levasseur. Pierre

ALAIN SARDE
présente
SOPHIE MARCEAU
FRANCIS HUSTER
dans un film de
ANDRZEJ ZULAWSKI
L'AMOUR
Braque
TCHEKY KARYO CHRISTIANE JEAN
JEAN-MARC BORY MICHEL ALBERTINI SAID AMADIS et ROLAND DUBILLARD
GED MARLON SERGE SPIRA JULIE RAVIX
scénario et adaptation de ETIENNE RODA-GIL et ANDRZEJ ZULAWSKI
dialogue d'ETIENNE RODA-GIL
produit par ANTOINE GANNAGE musique STANISLAS photo JEAN-FRANÇOIS ROBIN
décor DOMINIQUE ANDRÉ - son GUILLAUME SCIAMA
montage MARIE-SOPHIE DUBUS une production SARA FILMS

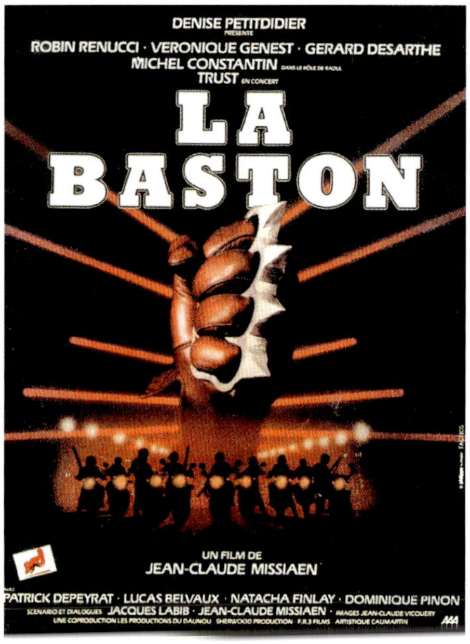

Ivanoff : Freddy Courtois. Avec le Groupe Trust (Bernie Bonvoisin, Norbert Krief, Raymond Manna, Farid Medjane).

Thème : Afin de pouvoir sauver son fils, gravement malade, René Levasseur, ancien truand, accepte d'aider son complice d'autrefois, Freddy, à participer à un cambriolage. Il s'agit en fait de se servir de René comme d'une « chèvre » pendant que Freddy et ses amis s'empareront d'un stock d'héroïne dans un commissariat. René réussira à s'enfuir et à faire payer ceux qui l'ont manipulé, mais la police va l'arrêter…

Jean-Claude Missiaen boucle ici sa trilogie commencée avec Tir Groupé *(1982) et* Ronde de nuit *(1984). Il décrit, une fois de plus, un Paris nocturne et sa banlieue, un petit monde peuplé de gangsters et d'anciens détenus. Le tout sans oublier le style du film policier hollywoodien qui lui est cher.*

BILLY ZE KICK

Réalisation : Gérard Mordillat ; scénario : Gérard Mordillat, Gérard Guérin (+ Pierre Grimblat), d'après le roman de Jean Vautrin ; photographie : Jean Monsigny © ; musique : Jean-Claude Petit ; musique préexistante : Franz Schubert ; montage : Michèle Masnier-Catonné ; production : Nicolas Traube, Pierre Grimblat, René Cleitman (Hamster Productions / Hachette Première / FR3 Cinéma) ; durée : 95 min.

Interprétation : Francis Perrin : inspecteur Roger Chapeau. Cérise Bloc : Julie-Berthe. Zabou : Juliette Chapeau. Dominique Lavanant : Mme Achère. Michael Lonsdale : commissaire Bellanger. Yves Robert : Alcide. Patrice Valota : Eugène. Jean Vautrin : prêtre. Jacques Prater : inspecteur Cordier. Pascal Pistacio : Hippo. Benjamin Azenstarck : Ed. Marie France : Miss Peggy.

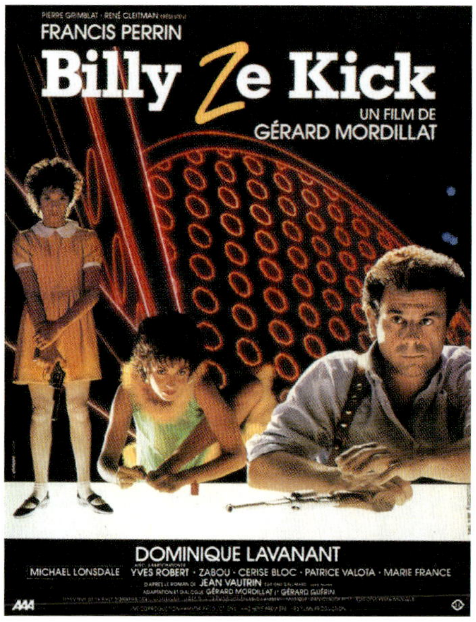

Thème : L'inspecteur Chapeau raconte le soir à sa fille Julie-Berthe les invraisemblables aventures de Billy-Ze-Kick, mais l'assassinat de trois jeunes femmes l'oblige à mener une enquête plus difficile que celles dont il est en charge d'habitude. Qui est le meurtrier ? Hippo ? Eugène ? Il s'agit, en fait, de l'ambivalente Miss Peggy, à moins que ce soit le fruit de l'imagination de Julie-Berthe…

Le pari était délicat : évoluer dans un univers à la Walter Mitty, passer de la comédie de mœurs au drame policier tout en ne refusant pas de purs moments poétiques. Il est loin d'être réussi.

DÉTECTIVE

Réalisation : Jean-Luc Godard ; scénario : Alain Sarde, Philippe Setbon ; adaptation : Alain Sarde, Philippe Setbon, Anne-Marie Miéville, Jean-Luc Godard ; photographie : Bruno Nuytten, Pierre Novion, Louis Bihi © ; musique préexistante : Emmanuel Chabrier, Frédéric Chopin, Ornette Coleman, Arthur Honegger, Franz Liszt, Jean Schwarz, Franz Schubert, Richard Wagner ; montage : Marilyne Dubreuil ; production : Alain Sarde, Christine Gozlan, Jean-Luc Godard (Sara Films / JLG films) ; durée : 95 min.

DÉTECTIVE

Interprétation : Nathalie Baye : Françoise Chenal. Claude Brasseur : Émile Chenal. Johnny Hallyday : Jim Fox Warner. Jean-Pierre Léaud : inspecteur Neveu. Laurent Terzieff : William Prospero. Alain Cuny : Prince. Stéphane Ferrara : Tiger Jones. Emmanuelle Seigner : Grace Kelly. Xavier Saint-Macary : Angelo. Eugène Berthier : Eugène. Julie Delpy : jeune fille intelligente. Ann-Gisel Glass : Anne. Aurelle Doazan : Arielle.

Thème : Un hôtel parisien. Deux détectives, Prospero et Neveu, sont en surveillance, car un meurtre a été commis. Dans l'une des chambres, on prépare le futur match de boxe de Tiger Jones dont Eugène est le manager et Jim Fox Warner, l'organisateur de la réunion. Dans une autre, se trouvent Françoise et Émile Chenal à qui Jim Fox doit de l'argent. Arrive bientôt un vieux mafioso, Prince, qui recherche lui aussi Jim Fox. S'ensuit un ballet sanglant au cours duquel Émile, Prospero et Jim Fox trouveront la mort...

« Je fais des films pour savoir pourquoi je les fais », déclarait Godard dont le long métrage, tourné à l'hôtel Concorde Saint-Lazare *(Paris 8e), est dédié à Clint Eastwood, John Cassavetes et Edgar G. Ulmer.*

LES ENRAGÉS

Réalisation : Pierre-William Glenn ; scénario : Gérard Brach ; photographie : Jean-Claude Vicquery © ; musique : Vincent Gemignani, Alain Lecointe, Jacky Liot ; montage : Thierry Derocles ; production : Michelle de Broca, Claude Berri (Fildebroc Productions / FR3 Cinéma / Renn Productions) ; durée : 96 min.

Interprétation : Fanny Ardant : Jessica Melrose. François Cluzet : Marc, dit « Teuf-Teuf ». Jean-Roger Milo : Laurent, dit « la Sueur ». Marie-Christine Rousseau : Nadine. François Lauzon : curé.

Thème : Deux marginaux, Marc et Laurent, investissent une luxueuse propriété, celle de la vedette Jessica Melrose. Jessica blesse Laurent et Marc veut faire jouer à celle-ci le rôle de la victime, alors que le message destiné à la police est intercepté par Laurent. Jessica cherche à s'enfuir, mais elle est rattrapée. Elle se résout alors à jouer le rôle que lui destinent ses deux agresseurs qu'elle parvient finalement à tuer.

C'est le premier film de fiction de Pierre-William Glenn, célèbre chef-opérateur de Tavernier, Missiaen et Corneau. Le scénario cherche à analyser les rapports entre Marc et Laurent ainsi que ceux entre ces derniers et Jessica, à qui appartiendra finalement le mot de la fin.

Notes : *Tournage du 10 septembre au 26 octobre 1984 dans l'Oise : carrefour de la Table (D924-D3), rue de la Source (Gouvieux), Saint-Leu-d'Esserent.*

HOLD-UP

Réalisation : Alexandre Arcady ; scénario : Francis Veber, Daniel Saint-Hamont, Alexandre Arcady, d'après le roman de Jay Cronley *Quick Change* ; dialogues : Francis Veber ; photographie : Richard Ciupka © ; musique : Serge Franklin ; montage : Joëlle van Effenterre ; production : Alain Belmondo, Jean-Paul Belmondo (Cèrito Films / Cinévidéo / Les Films Ariane) ; durée : 114 min.

Interprétation : Jean-Paul Belmondo : Grimm. Guy Marchand : Georges. Jean-Pierre Marielle : Simon Labrosse. Jacques Villeret : chauffeur de taxi. Kim Cattrall : Lise. Jean-Claude de Goros : inspecteur Fox. Tex Konig : Lasky. Alexandre Arcady : homme dans l'hôtel à Paris.

Thème : Déguisé en clown, Grimm investit la principale banque de Montréal, décidé à s'emparer de 2 millions de dollars qu'elle abrite. Il prend en otage trente-deux personnes dont Georges, son propre complice, et cherche à se faire passer pour fou. Labrosse, le chef de la police, et son adjoint, l'inspecteur Fox, doivent négocier. Grimm obtient un hélicoptère pour fuir et relâche un otage toutes les demi-heures Il commence par une femme enceinte, Lise, et par Georges. Puis, c'est lui-même qui sort, déguisé en vieillard. Il rejoint alors Georges et Lise, qui était leur complice et dissimulait le butin dans son ventre de pseudo-femme enceinte. Les trois voleurs atteignent Rome et Lise, faute de pouvoir séduire Grimm, part seule avec sa part.

Le scénario a l'avantage de présenter un Jean-Paul Belmondo assez différent de celui de ses derniers rôles de policier musclé et exterminateur. Ses auteurs ont visiblement voulu y injecter une certaine dose d'humour et casser l'image habituelle de l'acteur. Cette ambition tourne malheureusement vite court et le film accumule bientôt – comme dans les autres productions de Belmondo – d'inévitables et spectaculaires scènes de cascades réglées par Rémy Julienne. On se souvient d'ailleurs que l'acteur avait été blessé au cours de l'une d'entre elles.

Notes : *Tournage du 7 mai au 7 août 1985 à Montréal (place d'Youville, aéroport), Rome (place Navone) et Paris (hôtel* Royal Monceau*). Remake américain réalisé par Howard Franklin et Bill Murray,* Quick Change *(Hold-up à New York, 1990), avec Bill Murray et Geena Davis.*

HOLD-UP

L'HOMME AUX YEUX D'ARGENT

Réalisation : Pierre Granier-Deferre ; scénario : Pierre Granier-Deferre, Guy-Patrick Sainderichin, d'après le roman de Robert Rossner ; photographie : Renato Berta © ; musique : Philippe Sarde ; montage : Marie Castro-Vasquez ; production : Alain Terzian (T. Films / Films A2) ; durée : 97 min.

Interprétation : Alain Souchon : Thierry Berger. Jean-Louis Trintignant : Mayène. Tanya Lopert : Francine. Lambert Wilson : Villain. Wladimir Ivanovsky : Branco. André Julien : Mafferty. Juliette Brac : fanatique de *Dallas*. Élodie Ehregott : petite fille. Arlette Gilbert : logeuse. Dominique Rousseau : institutrice. Valentine Monnier : blessée. Igor Tyczka : patron de l'hôtel.

Thème : Thierry Berger, qui vient de purger une peine de quinze ans de prison, veut récupérer le butin qu'il a caché, mais le paysage a changé et il est surveillé par Mayène, le policier décidé à venger son ami ayant trouvé la mort lors du hold-up de Thierry. Mayène frappe Thierry, que soigne Francine devenue sa maîtresse. Le policier est rejoint par Villain, un collègue violent qui décide de s'approprier le magot. Francine le tue et fait disparaître son corps. Mayène abat Thierry, qui avait décidé de partir.

Face à Alain Souchon, quelque peu résigné pour un ancien taulard, Jean-Louis Trintignant et Lambert Wilson campent deux figures de policiers vindicatifs et odieux à souhait. Le métier de Pierre Granier-Deferre est là et on suit avec intérêt ce polar.

***Notes :** Tournage du 20 mai au 31 juillet 1985 dans les Yvelines – Garancières, Plaisir (rue Michel-Ange, avenue Paul-Albert-Bartholomé), Neauphle-le-Château – et à Bagnolet (Seine-Saint-Denis).*

HORS-LA-LOI

Réalisation : Robin Davis ; scénario : Patrick Laurent, Dominique Robelet ; photographie : Jacques Steyn © ; musique : Philippe Sarde ; montage : Marie Castro-Vasquez ; production : Alain Sarde, Jean-Paul Belmondo (Sara Films / Cèrito Films) ; durée : 107 min.

Interprétation : Clovis Cornillac : Roland. Wadeck Stanczak : Christian. Nathalie Spilmont : Ida. Isabelle Pasco : Sissi. Madeleine Robinson : femme du ranch. Jean-Paul Roussillon : fermier belliqueux. Jean-Claude Tran : Loulou. Jean-Claude Bouillaud : gendarme.

Thème : Une quinzaine d'adolescents fuient leur centre de redressement et se heurtent, lors d'un bal, au patron. La bagarre devient violente et les adolescents fuient. Ce sont désormais des criminels. L'un d'eux leur parle d'un village qui serait un refuge, mais ce dernier est désormais détruit. La police intervient...

On peut accorder à Robin Davis l'originalité du sujet, mi-western à la française, mi-film policier en plein air. Dommage que le scénario reste aussi manichéen, opposant un peu trop facilement les adolescents aux adultes.

***Notes :** Tournage du 16 juillet au 28 septembre 1984.*

LES LOUPS ENTRE EUX

Réalisation : José Giovanni ; réalisation de seconde équipe : Jean-Patrick Constantini ; scénario : José Giovanni, Jean Schmitt ; photographie : Jean-Francis Gondre © ; musique : Pino Marchese ; production : Dany Cohen (COFCI – Compagnie Française de Coproductions Internationales / TF1 Films Production) ; durée : 105 min.

Interprétation : Claude Brasseur : Lacier. Bernard-Pierre Donnadieu : De Saintes. Gérard Darmon : « la Cavale ». Niels Arestrup : Mike. Jean-Hughes Anglade : Richard Avakian. Daniel Duval : « le Gitan ». Jean-Roger Milo : Bastien. Gabriel Briand : Spartacus. Edward Meeks : Straub. Patrick Edlinger : Patrick. Lisa Kreuzer : Carla. Paul Giovanni : Paul. Robert Arden : général Lee W. Simon. Bernard Giraudeau : exécuteur de De Saintes.

Thème : Le général Lee W. Simon est enlevé en Italie par un groupe de terroristes. Or, il connaît les secrets de la défense de l'OTAN. Décidé à le faire libérer de toute urgence avant qu'il ne risque de parler, Straub charge Lacier de la mission. Ce mercenaire, qui a été porté mort au Liban, réunit une bande d'aventuriers et passe à l'action. L'un d'eux, Patrick, est un grimpeur aux mains nues, un talent nécessaire puisque le général

Simon est détenu dans un véritable nid d'aigle. L'opération est un succès, mais la plupart des membres du commando trouvent la mort. Simon est sauvé et n'a pas parlé. Mais Straub décide de ne laisser personne en vie. Seul Lacier, qui tuera Straub, parvient à survivre tout en sauvant la vie de Patrick et de sa sœur.

Dans la tradition des Sept Mercenaires (1960) et des Douze Salopards (1967). Entouré d'un groupe de barbouzes et d'aventuriers, Claude Brasseur, très à l'aise, mène à vive allure ce spectaculaire polar qui a bénéficié de l'expérience de Patrick Edlinger, authentique grimpeur. Efficace.

***Notes :** Tournage à Malte, au barrage de Salanfe (Suisse), au lac de Louvie et à Fionnay (vallée des Bagnes).*

LUNE DE MIEL

Réalisation : Patrick Jamain ; scénario : Philippe Setbon, Patrick Jamain ; photographie : Daniel Diot © ; musique : Robert Charlebois ; montage : Robert Rongier © ; production : Xavier Gélin, René malo, Danièle Delorme, Paul Claudon Yves Robert (TF1 Productions / Téléfilm Canada / Les Productions de la Guéville / Hugo Films) ; durée : 100 min.

Interprétation : Nathalie Baye : Cécile Carline. John Shea : Zackary « Zach » Freestamp. Richard Berry : Michel. Maria Lukofsky : Sally. Michel Beaune : Me Garnier. Peter Donat : Novak. Alf Humphreys : Sonny. Cec Linder : Barnes.

Thème : Son amant Michel ayant été arrêté à New York pour trafic de drogue, Cécile décide de rester aux États-Unis pour ne pas l'abandonner. Afin de ne pas se retrouver en situation irrégulière, elle contracte un mariage blanc avec un certain Zack, mais ce dernier, qui est soupçonné d'avoir tué sa première femme, persécute Cécile. Zack traque la jeune femme, qui parviendra à s'en débarrasser.

Une belle utilisation de Manhattan, Nathalie Baye en héroïne persécutée et John Shea en menaçant psychopathe. Suspense garanti.

***Notes :** Tournage du 10 avril au 10 juin 1985 à Montréal, New York et Paris.*

ON NE MEURT QUE DEUX FOIS

Réalisation : Jacques Deray ; scénario : Jacques Deray, Michel Audiard, d'après le roman de Robin Cook ; dialogues : Michel Audiard ; photographie : Jean Penzer © ; musique : Claude Bolling ; montage : Henri Lanoë ; production : Norbert Saada (Swanie Productions / TF1 Films Production) ; durée : 105 min.

Interprétation : Michel Serrault : inspecteur Robert Staniland. Charlotte Rampling : Barbara Chalon-Spark. Xavier Deluc : Marc Spark. Élisabeth Depardieu : Margo Berliner. Gérard Darmon : Jean-Loup Soeren. Jean-Pierre Bacri : barman du *Pub Royal*. Jean Leuvrais : commissaire Bauman. Jean-Paul Roussillon : Léonce. Riton Liebman : Éric Berliner. Maurice Barrier : Arthur Chalon. Jean-Pierre Darroussin : Moulard. Julie Jézéquel : Sophie.

Thème : Le corps de Charly Berliner est retrouvé dans un terrain vague. L'inspecteur Staniland remonte la piste jusqu'à Barbara Chalon-Spark, qui apparaît alors qu'il écoute des cassettes révélant la passion de la victime pour cette Barbara. Celle-ci trouble vite Staniland à qui elle affirme avoir tué Berliner. Staniland s'éprend d'elle et devient son amant, découvrant, au passage, le photographe Jean-Loup Soeren pour lequel elle pose. Staniland passe un week-end à Cabourg avec Barbara, qui le quitte. Il la retrouve au lit avec son propre frère, Marc, qui s'était arrangé pour qu'il soit témoin de cette liaison incestueuse. Marc est prêt à le tuer, mais Barbara abat son frère avant que Staniland ne la livre au commissaire Bauman.

Deux jambes de femme avec des talons aiguilles, deux jambes d'homme et un corps que l'on extrait d'une voiture pour le déposer dans un terrain vague... Tel est le superbe début du film, l'une des meilleures réalisations de Jacques Deray. Au fur et à mesure, Staniland s'éprend de Barbara – celle-ci lui avoue fièrement « Vous n'arriverez pas à m'humilier. Je n'ai aucun amour-propre ! »*, après qu'il lui a déclaré* « Vous baisez dans les épluchures » *– avant, par un mimétisme pervers, de se substituer au souvenir de Charly Berliner en revêtant les costumes de ce dernier. Le film retrouve l'atmosphère chère au film noir et on se souviendra de Staniland qui affirme que* « tous les flics boivent pendant le service » *et interroge le barman du* Pub Royal *en balançant un verre et en crachant dans l'établissement les noyaux d'olive alors que Barbara n'hésite pas à le provoquer en lui disant :* « J'ai envie de faire l'amour avec vous. » *C'est d'ailleurs sous la douche que Staniland, tout habillé, rejoint Barbara, toute nue... Charlotte Rampling campe un troublant personnage de femme vénéneuse, excitant la jalousie et le désir des uns, couchant avec son propre frère et quittant à Cabourg Staniland en lui disant :* « Et puis, t'es vieux, et puis, t'es moche, et puis, t'es con. » *C'est pourtant l'inspecteur qui aura le dernier mot en livrant à la justice sa maîtresse, quitte – peut-être – à la retrouver plus tard. C'est le dernier dialogue de Michel Audiard. Un grand film.*

PAROLE DE FLIC

Réalisation : José Pinheiro ; scénario : Frédéric H. Fajardie, José Pinheiro, Alain Delon, Philippe Setbon ; photographie : Jean-Jacques Tarbès © ; musique : Pino Marchese ; montage : Claire Pinheiro ; production : Alain Delon, Jacques Bar (Adel Productions) ; durée : 98 min.

Interprétation : Alain Delon : Daniel Pratt. Jacques Perrin : Stéphane Reiner. Fiona Gélin : Sabine Clément. Vincent Lindon : Dax. Stéphane Ferrara : Abel Salem. Jean-François Stévenin : Sylvain Dubor. Éva Darlan : Dominique Reiner. Aurelle Doazan : Mylène Pratt. Sacha Gordine : adjoint de Dax.

Thème : Ancien policier, Daniel Pratt apprend la mort de sa fille Mylène, tuée à Lyon. Il revient en France et découvre que celle-ci a été assassinée par un petit groupe d'exécuteurs. Sa femme avait été, elle aussi, victime d'un meurtre plusieurs années auparavant. Pratt enquête avec l'aide de son collègue Stéphane Reiner et de la jeune inspectrice Sabine Clément. Il remonte la piste jusqu'à Abel Salem et comprend que c'est Reiner lui-même qui dirige le petit groupe d'assassins. Démasqué, Reiner préfère se suicider.

PAROLE DE FLIC

Le film est à la gloire d'Alain Delon dont on se doit d'admirer la forme physique qui lui permet d'éventrer un punching-ball… Le reste est moins surprenant.

***Notes :** Tournage au Congo, à Lyon, Paris (Navy-Club, boulevard de l'Hôpital) et aux studios d'Épinay-sur-Seine.*

PÉRIL EN LA DEMEURE

Réalisation : Michel Deville ; scénario : Michel Deville, Rosalinde Deville, d'après le roman de René Belletto *Sur la terre comme au ciel* ; photographie : Martial Thury © ; musique préexistante : Johannes Brahms, Franz Schubert, Enrique Granados ; montage : Raymonde Guyot ; production : Emmanuel Schlumberger (Gaumont / Éléfilm / TF1 Films Production) ; durée : 100 min.

Interprétation : Nicole Garcia : Julia Tombsthay. Christophe Malavoy : David Aurphet. Michel Piccoli : Graham Tombsthay. Anémone : Edwige Ledieu. Richard Bohringer : Daniel Forest. Anaïs Janneret : Vivianne Tombsthay. Jean-Claude Jay : père. Hélène Roussel : mère. Élisabeth Vitali : barmaid. Franck de Lapersonne : vendeur de guitares. Daniel Vérité : agresseur.

Thème : Joueur de guitare bohême, David Aurphet est engagé comme professeur d'une adolescente, Viviane Tombsthay, fille d'un couple bourgeois demeurant à Ville-d'Avray. Edwige Ledieu, toujours curieuse, emménage dans la maison d'à côté et surveille ce qui se passe chez ses voisins. Julia, la mère de Viviane, séduit David et l'entraîne dans des jeux érotiques. Mystérieusement agressé, David est secouru par le dangereux Daniel Forest : ce dernier lui avoue être un tueur à gages. Il doit tuer Graham, le mari de Julia, en possession de secrets compromettants. Un soir, le jaloux Graham menace de mort David, qui tire sur lui avec une arme prêtée par Forest. Croyant à tort l'avoir tué (il n'est que blessé), David s'enfuit, mais c'est Julia qui achève son mari. David commence une nouvelle vie sous l'identité de Forrest, qui s'est suicidé et lui a laissé l'argent de son contrat, en partant avec Vivianne…

Les rapports pervers d'un couple, le thème de la manipulation et, au milieu d'une véritable toile d'araignée, un jeune homme, trop belle victime toute trouvée. Le spectateur devient, comme chez Hitchcock, le témoin de ces jeux pervers que Michel Deville dirige avec habileté et élégance, jouant sur les rapports sexuels – notamment dans les scènes entre Christophe Malavoy et Nicole Garcia – et la psychologie de ses héros, tout en laissant assez de zones d'ombre pour exciter l'imagination du spectateur. C'est l'une des grandes réussites de Deville qui n'est jamais plus à l'aise que dans ce type de marivaudages délicieusement ambigus.

***Notes :** Tournage du 27 août au 24 octobre à Ville-d'Avray (villa les Fauvettes, au 33, rue Pradier) et Versailles (rue Carnot, place Hoche).*

POLICE

Réalisation : Maurice Pialat ; scénario : Catherine Breillat, Sylvie Danton, Jacques Fieschi, Maurice Pialat, d'après l'idée de Catherine Breillat ; photographie : Luciano Tovoli © ; musique : Henryk Mikołaj Górecki ; montage : Yann Dedet ; production : Emmanuel Schlumberger, Daniel Toscan du Plantier (TF1 Films Production / Gaumont) ; durée : 113 min.

Interprétation : Gérard Depardieu : Louis Vincent Mangin. Sophie Marceau : Noria. Richard Anconina : Lambert. Pascale Rocard : Marie Vedret. Frank Karoui : René. Sandrine Bonnaire : Lydie. Jonathan Leïna : Simon Slimane. Sylvain Maupu : Clément. Jacques Mathou : Gauthier. Abdel Kader Touati : Maxime Slimane. Jamil Bouarida : Jean Slimane.

Thème : Les frères Maxime et Jean Slimane contrôlent le trafic de drogue à Belleville. La police arrête Simon, leur petit frère, et Noria, une prostituée qui est sa compagne. L'inspecteur Mangin interroge durement Noria, qui finit par être libérée et devient sa maîtresse. Elle profite de l'incarcération de Simon pour s'emparer de l'argent et de la drogue du trafic. Menacée par les Slimane, ceux-ci torturent son frère. Mangin comprend que la jeune femme lui a menti et l'a manipulé. Malgré tout, il la sauve en récupérant l'objet de son vol et en le restituant aux frères Slimane. Noria ne peut rester avec lui. Il est désormais de nouveau seul.

Même s'il s'est attaché à l'intrigue policière proprement dite, Maurice Pialat a surtout choisi de décrire deux êtres que tout semble opposer mais qui ont, en réalité, de nombreux points communs. Policier volontiers violent – il suffit de voir comment il interroge et se comporte avec Noria –, Mangin souffre de sa solitude et veut être aimé. Derrière sa carapace de flic intraitable, c'est un homme fragile. De même, Noria ne peut se suffire de son rôle de prostituée et elle est capable de se faire aimer par Mangin, qui sera profondément secoué par sa trahison. Le film analyse d'ailleurs les liens des différents personnages par rapport au mensonge et à la trahison. C'est évident dans les relations entre Mangin et Noria, tout comme celles entre le même Mangin et Lambert, qui est à la fois son ami et l'avocat des Slimane, qui révèlent une situation conflictuelle. Une fois de plus, Pialat est un remarquable directeur d'acteurs, à l'image de Gérard Depardieu et de Sophie Marceau, aussi troublants l'un que l'autre.

Notes : *Tournage à Paris (rue Riquet, 19e).*

POULET AU VINAIGRE

POULET AU VINAIGRE

Réalisation : Claude Chabrol ; scénario : Dominique Roulet, Claude Chabrol, d'après le roman de Dominique Roulet *Une mort en trop* ; photographie : Jean Rabier © ; musique : Matthieu Chabrol ; montage : Monique Fardoulis ; production : Marin Karmitz (MK2 Films) ; durée : 110 min.

Interprétation : Jean Poiret : inspecteur Jean Lavardin. Stéphane Audran : Mme Cuno. Michel Bouquet : Hubert Lavoisier. Caroline Cellier : Anna Foscarie. Lucas Belvaux : Louis Cuno. Jean Topart : Dr Philippe Morasseau. Pauline Lafont : Henriette. Jean-Claude Bouillaud : Gérard Filiol. Josephine Chaplin : Delphine Morasseau. Andrée Tainsy : Marthe. Jacques Frantz : Alexandre Duteil. Henri Attal : employé de la morgue. Dominique Zardi : Henri Rieutord.

Thème : Une petite ville sans histoire… Le notaire Hubert Lavoisier, le médecin Philippe Morasseau et le boucher Gérard Filiol sont associés dans une opération immobilière bloquée, pour le moment, par l'intransigeance de Mme Cuno. Filiol meurt, de même que Delphine Morrasseau, qui a appris que son mari avait une maîtresse, Anna Foscarie. L'inspecteur Lavardin enquête et Anna disparaît à son tour. La vérité apparaît peu à peu : c'est le Dr Morrasseau qui a tué sa femme et sa maîtresse tandis que Louis Cuno, le fils de Mme Cuno, a provoqué la mort de Filiol. Lavardin laissera Louis en liberté, conscient de ce que le jeune homme avait enduré de sa mère…

Claude Chabrol décrit avec son humour caustique cette bourgeoisie provinciale dont il peut toujours attendre le pire tandis que Jean Poiret compose un brillant personnage de policier cherchant à démasquer ces respectables représentants de la puissance locale. À savourer.

***Notes :** Tournage à Forges-les-Eaux (Seine-Maritime).*

LES SPÉCIALISTES

Réalisation : Patrice Leconte ; scénario : Bruno Tardon, Véronique Labrid ; adaptation et dialogues : Patrick Dewolf, Michel Blanc, Patrice Leconte ; photographie : Eduardo Serra © ; musique : Éric Demarsan ; montage : Joëlle Hache ; production : Christian Fechner, Bernard Artigues (Les Films Christian Fechner / Films A2) ; durée : 94 min.

Interprétation : Bernard Giraudeau : Paul Brandon. Gérard Lanvin : Stéphane Carella. Christiane Jean : Laura. Maurice Barrier : Kovacs. Daniel Jégou : directeur du casino. Bertie Cortez : Mazetti.

Thème : Paul Brandon s'évade au cours de son transfert, entraînant avec lui Stéphane Carella, lié avec lui par des menottes. Les deux fugitifs se réfugient dans la maison isolée de Laura, dont le mari a été tué par la police. Paul obtient de Stéphane qu'il l'aide à cambrioler le casino de Nice. Il finit par reconnaître qu'il est un policier infiltré chargé de provoquer une guerre des gangs à Nice.

LES SPÉCIALISTES

LES SPÉCIALISTES

Les deux hommes réussissent leur coup et partent avec le magot.

C'est un film spectaculaire à souhait que réalise ici Patrice Leconte, plus connu pour ses comédies. L'action ne ralentit jamais et on se souvient de la très brillante évasion dans les gorges du Verdon et du casse du casino.

Tournage à Nice (studios de la Victorine, Vieux-Nice), Menton (casino, palais de l'Europe), Rougon (Alpes-de-Haute-Provence), dans les gorges du Verdon, à Malakoff (usine désaffectée) et aux studios de Billancourt.

SPÉCIAL POLICE

Réalisation : Michel Vianey ; scénario : Michel Vianey, Simon Michaël ; photographie : Claude Agostini © ; musique : Jean-Pierre Mas ; montage : Geneviève Winding ; production : Norbert Saada (Cathala Productions / TF1 Films Production) ; durée : 88 min.

Interprétation : Richard Berry : David Ackerman. Carole Bouquet : Isabelle Rodin. Fanny Cottençon : Julie. Jean-Pierre Malo : Leguen. Benoît Régent : Livio. Jean-Jacques Moreau : Pierre Salmon. Jean-Claude Dauphin : Durand. Éric Do : Wong. Jim Adhi Limas : Lin Pao. Georges Lavaudant : Bertrand.

Thème : Isabelle échappe aux deux hommes qui ont assassiné sa sœur et son beau-frère et s'adresse à son ami David, qui travaille pour la police scientifique. Il met la jeune femme à l'abri, car il craint de s'attaquer, au cours de l'enquête, à des intérêts haut placés. Julie, son ex-femme, est d'ailleurs assassinée. David échappe lui-même à la mort et s'éprend d'Isabelle tout en dénonçant les membres de l'organisation responsables des crimes.

Une habile utilisation de l'informatique au service d'un polar rapide et bien mené.

***Notes :** Tournage du 11 février au 10 avril 1985.*

STRICTEMENT PERSONNEL

Réalisation : Pierre Jolivet ; scénario : Bernard Balavoine, Luc Béraud, Pierre Jolivet, Christiane Krüger ; photographie : Christian Lamarque © ; musique : Serge Perathoner ; montage : Nelly Quettier ; production : Pierre Jolivet, Simona Benzakein (La Film Compagnie) ; durée : 90 min.

Interprétation : Pierre Arditi : Jean Cottard. Jacques Penot : Benoît. Caroline Chaniolleau : Hélène. Jean Reno : Villechaize. Robert Rimbaud : père. Christiane Krüger : Julia. Simone Benzakein : Judith. Maurice Baquet : concierge. Michel Fortin : Georges Landrin. Jean Bouise : commissaire. Jean-Paul Muel : éditeur. François Berléand : Gérard.

Thème : Policier lyonnais tenté par la littérature, Jean Cottard se rend à Paris et y revoit sa famille. Rien n'est plus comme avant : son père a une autre femme, Julia, sa sœur Hélène supporte les mauvaises fréquentations de son mari et son frère Benoît est un drogué. Il découvre bientôt que son père est mêlé à un trafic de faux tableaux. Ce dernier va d'ailleurs bientôt se suicider. Il restera à Jean à tuer le mari d'Hélène, responsable du drame…

C'est le premier film de Pierre Jolivet, qui avouait qu'on ne connaît jamais bien les siens. L'idée de cet inspecteur lyonnais, arrivé à Paris et menant une enquête à l'intérieur de sa propre famille, est assez originale et le spectateur suit avec intérêt cette histoire de plus en plus tragique.

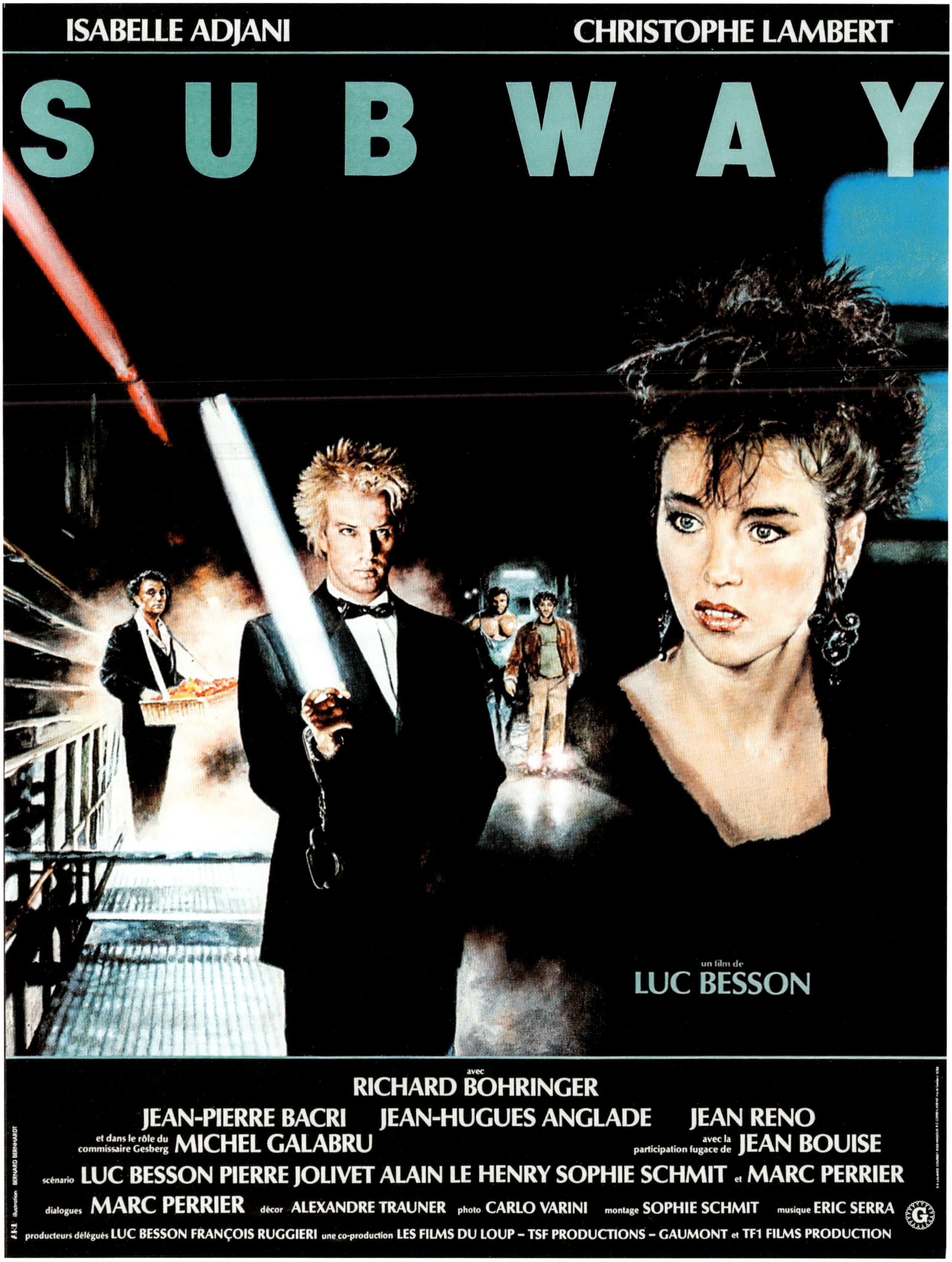

ISABELLE ADJANI
CHRISTOPHE LAMBERT
SUBWAY
un film de
LUC BESSON
avec
RICHARD BOHRINGER
JEAN-PIERRE BACRI JEAN-HUGUES ANGLADE JEAN RENO
et dans le rôle du commissaire Gesberg MICHEL GALABRU
avec la participation fugace de JEAN BOUISE
scénario LUC BESSON PIERRE JOLIVET ALAIN LE HENRY SOPHIE SCHMIT et MARC PERRIER
dialogues MARC PERRIER décor ALEXANDRE TRAUNER photo CARLO VARINI montage SOPHIE SCHMIT musique ERIC SERRA
producteurs délégués LUC BESSON FRANÇOIS RUGGIERI une co-production LES FILMS DU LOUP – TSF PRODUCTIONS – GAUMONT et TF1 FILMS PRODUCTION
illustration BERNARD BERNHARDT

SUBWAY

Réalisation : Luc Besson ; scénario : Luc Besson, Pierre Jolivet, Alain Le Henry, Marc Perrier, Sophie Schmit ; photographie : Carlo Varini © ; musique : Éric Serra ; montage : Sophie Schmit ; production : Luc Besson, François Ruggieri (Les Films du Loup / TSF Productions / TF1 Films Production / Gaumont) ; durée : 104 min.

Interprétation : Isabelle Adjani : Héléna. Christophe Lambert : Fred. Richard Bohringer : fleuriste. Michel Galabru : commissaire Gesberg. Jean-Hughes Anglade : roller. Jean-Pierre Bacri : Batman. Jean Bouise : chef de station. Pierre-Ange Le Pogam : Jean. Jean Reno : batteur. Éric Serra : bassiste.

Thème : Fred, qui a volé chez Héléna des papiers importants, se réfugie dans le métro. Fasciné par la jeune femme, il espère pouvoir la revoir grâce à l'objet de son vol. Fred fait la connaissance de ceux qui vivent dans le métro, le roller, comme le fleuriste ou le commissaire Gesberg. Héléna espère d'ailleurs que ce dernier arrêter Fred, qui est aussi recherché par Jean et ses sbires, agissant pour le compte du mari d'Héléna. Fred, de son côté, espère pouvoir monter un groupe de musiciens. Il pense y parvenir grâce à un hold-up, mais Jean le tue.

Un style furieusement à la mode, l'indéniable habileté de Luc Besson, un scénario qui rappelle divers thèmes, le monde souterrain opposé au monde « extérieur », la rupture ente le personnage d'Héléna – initialement prévu pour Charlotte Rampling – et ceux qu'elle va bientôt rencontrer dans le métro. C'est, en tout cas, l'œuvre d'un auteur.

TRAIN D'ENFER

Réalisation : Roger Hanin ; scénario : Roger Hanin, Jean Curtelin ; dialogues : Jean Curtelin ; photographie : Jean Penzer © ; musique : Michel Legrand ; montage : Youcef Tobni ; production : Christine Gouze-Rénal (Progéfi – Production Générale de Films / Canal+ / Hachette Premère / 20th Century Fox Corporation / TF1 Films Production) ; durée : 88 min.

Interprétation : Roger Hanin : commissaire Couturier. Gérard Klein : Salviat. Christine Pascal : Isabelle Ducret. Robin Renucci : Muller. Fabrice Eberhard : Lacombe. Xavier Maly : Le Goff. Benoît Régent : Jouffroy. Didier Sandre : Dalbret. Henri Tisot : M. Guilabert. Béatrice Camurat : Mme Salviat. Jean Curtelin : client du bistro.

Thème : À la suite d'une dispute au cours d'un bal, le ton monte entre des immigrés et la population locale régulièrement montée contre eux par Salviat. Lacombe, Jouffroy et Le Goff s'attaquent à un Arabe dans le train pour Paris et le jettent par la fenêtre. Le meurtre a eu un témoin, Isabelle Ducret. Le commissaire Couturier mène l'enquête alors même que son adjoint Muller avertit les racistes. Couturier arrête les responsables et réussit à maintenir le calme.

Le film s'inspire du drame survenu le 14 novembre 1983 à bord du train Bordeaux-Vintimille. Trois jeunes racistes avaient alors tué Habib Grimzi, un Algérien de 26 ans. Coscénariste du film, Jean Curtelin dénonce à nouveau – comme dans Dupont Lajoie *(1975) – le racisme, mais le film souffre aussi de sa volonté démonstratrice qui finit par nuire partiellement au propos généreux du film.*

URGENCE

Réalisation : Gilles Béhat ; scénario : Jean Herman, Gilles Béhat, d'après le roman de Gérard Carré et Didier Cohen *Qui vous parle de mourir ?* ; dialogues : Jean Vautrin (= Jean Herman) ; photographie : Pierre Lhomme © ; musique : Jean-Hector Drand ; montage : Geneviève Vaury, Claire Pinheiro ; production : Raymond Danon, Claire Tucherer (Lira-Éléphant / Les Films Montfort) ; durée : 101 min.

Interprétation : Richard Berry : Jean-Pierre Mougin. Fanny Bastien : Lyza Forestier. Bernard-Pierre Donnadieu : Lucas Schroeder. Jean-François Balmer : Paul Murneau. Nathalie Courval : Béatrice. Georges Géret : Patrick Villard. Jean-Jacques Moreau : Martel. Catherine Allégret : femme-taxi. Christian Rauth : Max. Artus de Penguern : Bernier.

Thème : Ayant infiltré une organisation de néonazis, le journaliste Max soupçonne ces derniers de préparer un attentat, mais l'un de leurs chefs, Schroeder, le démasque et le blesse mortellement. Avant de mourir, Max confie un mystérieux message à sa sœur Lyza, qui est secourue par un jeune journaliste sportif, Jean-Pierre Mougin, car Schroeder la menace, elle aussi. Schroeder cherche à faire accuser Mougin d'un crime. Lyza et Mougin fuient et réussissent à comprendre le sens du message et à empêcher ainsi le massacre destiné à tuer les spectateurs d'un concert de rock antiraciste.

Moins efficace que Rue Barbare *(1984), le film veut combiner à un contexte policier une volonté politique et antiraciste.*

37°2 LE MATIN

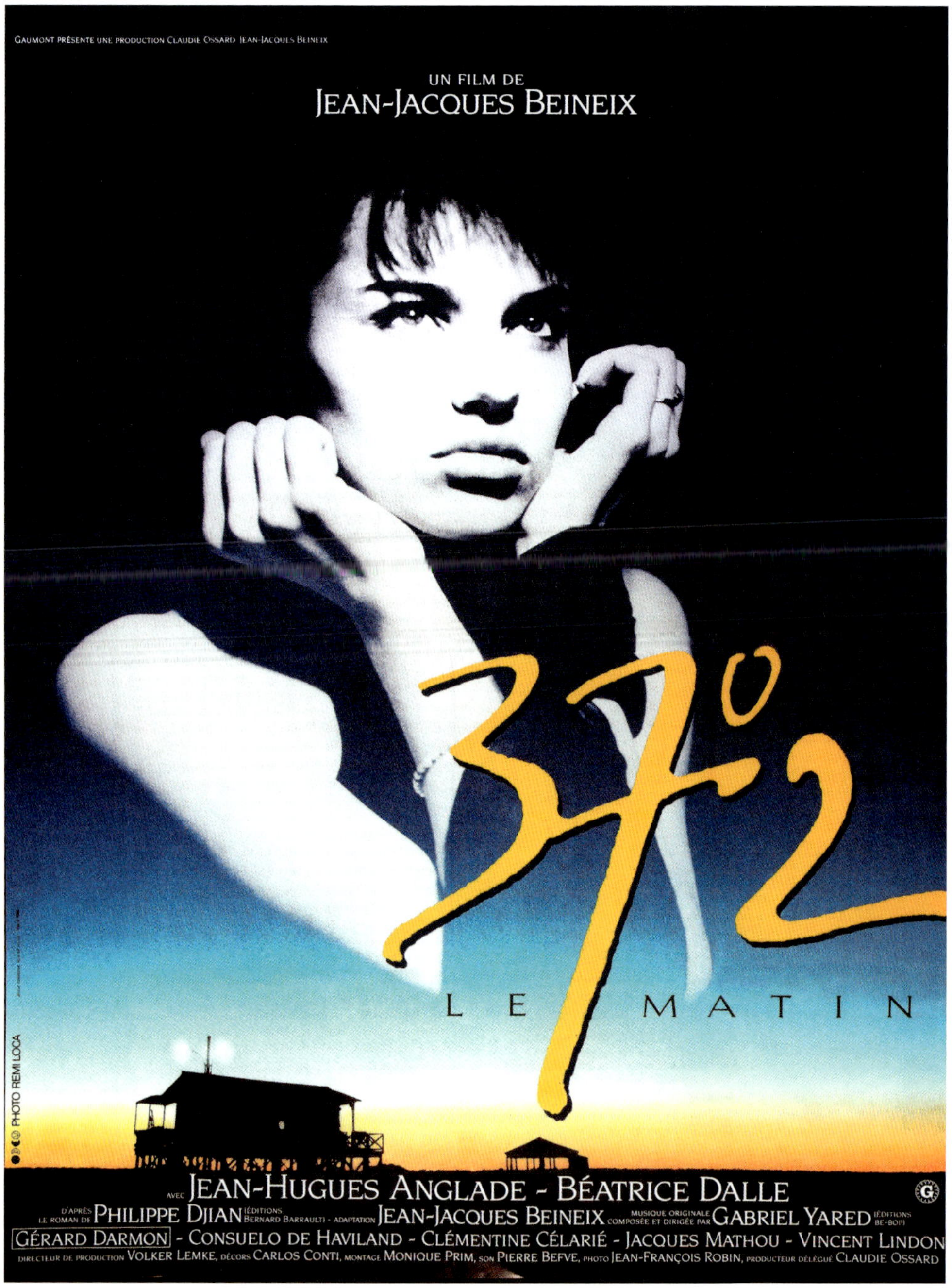

Réalisation : Jean-Jacques Beineix ; scénario : Jean-Jacques Beineix, d'après le roman de Philippe Djian ; photographie : Jean-François Robin © ; musique : Gabriel Yared ; montage : Monique Prim ; production : Claudie Ossard, Jean-Jacques Beineix (Constellation Productions / Cargo Films) ; durée : 115 min.

Interprétation : Jean-Hugues Anglade : Zorg. Béatrice Dalle : Betty. Gérard Darmon : Eddie. Consuelo de Haviland : Lisa. Clémentine Célarié : Annie. Jacques Mathou : Bob. Claude Confortès : propriétaire des bungalows. Philippe Laudenbach : éditeur « gynéco ». Vincent Lindon : jeune policier. Raoul Billerey : vieux policier.

Thème : Zorg vit une liaison passionnée avec Betty, à un tel point que son travail de dépanneur commence à en souffrir. Son propriétaire, qui est aussi son patron, en est mécontent et Betty l'insulte, ce qui provoque l'expulsion de Zorg. Betty et Zorg partent vivre chez Lisa et travaillent à la pizzeria d'Eddy, l'ami de celle-ci. Persuadée que Zorg est un grand écrivain, Betty envoie le manuscrit de ce dernier à plusieurs éditeurs, qui le refusent tous. Zorg devient alors vendeur de pianos tandis que Betty est de plus en plus déprimée. Sombrant dans la dépression et la folie, la jeune femme se crève un œil et Zorg choisit de l'étouffer, avant de se remettre à écrire.

« Le livre, *déclarait Jean-Jacques Beineix,* décrit les rapports étonnants d'un couple. Il décrit une époque avec un style, une modernité qui correspond à cette époque. Au risque de déconcerter certains, ni Djian ni moi n'avons cherché à analyser les motivations de cette fille et de ce garçon. » *Revu par Beineix, le film est, en effet, profondément ancré dans son époque avec sa folie, ses exagérations, mais aussi sa vérité. Si on peut être surpris par le style de Beineix, on se doit toutefois d'admirer aussi la patte d'un véritable auteur. En 1991, une version plus complète d'une durée de 185 minutes a été distribuée sous le titre* 37°2 le matin, *l'intégrale avec, dans ces scènes supplémentaires, Jean-Pierre Bisson, Dominique Pinon et Simon de La Brosse. Chacune de ces deux versions témoigne de la rigueur de Beineix et de l'attachement réel qu'il porte à ses personnages.*

BLEU COMME L'ENFER

Réalisation : Yves Boisset ; scénario : Jean Herman, Yves Boisset, Sandra Majerowicz, d'après le roman de Philippe Djian ; photographie : Dominique Brenguier © ; musique : Pierre Porte ; montage : Jacques Witta ; production : Alain Pancrazi (Garance / Transcontinental Films / FR3 Films) ; durée : 103 min.

BLEU COMME L'ENFER

Interprétation : Lambert Wilson : Ned. Tchéky Karyo : Frank. Myriam Roussel : Lily. Agnès Soral : Carol. Benoît Régent : Henri. Constance Schacher : Marjorie. Sandra Montaigu : Sarah. Julien Bukowski : Willy. Gérard Zalcberg : Zac. André Julien : Popeye. Philippe Dormoy : rouquin. Alex Descas : Noir.

Thème : Aidé par deux de ses collègues policiers, le violent Frank tabasse Ned, un petit truand sur lequel il a mis la main. Il l'enferme chez lui, désireux de le rendre à nouveau présentable avant de l'emmener au commissariat. Or, Lily, la femme de Frank, lui annonce alors son intention de le quitter. Il la frappe, mais sa sœur Carol, intervient et libère Ned, qui prend la fuite avec les deux femmes, laissant Frank assommé. Libéré, ce dernier se lance à leur poursuite. Ned et Lily poursuivent ensemble leur cavale et cherchent à passer à l'étranger. Frank leur tire dessus, mais Ned parvient à se débarrasser du policier. En compagnie de Lily, il réussit finalement à franchir la frontière.

Les personnages – du truand sympathique au policier violent – relèvent souvent de la convention du genre. Mais la conviction d'Yves Boisset et l'efficacité de sa direction d'acteurs lui permettent de donner à cette aventure mouvementée une réelle vigueur. Ce long métrage rappelle en mineur le ton de certains films policiers hollywoodiens visiblement aimés par le cinéaste. À ce titre, l'utilisation des paysages et des grands espaces, alors même que les personnages semblent prisonniers d'un véritable huis clos psychologique, est une réussite.

CORPS ET BIENS

Réalisation : Benoît Jacquot ; scénario : Benoît Jacquot, d'après le roman de James Gunn *Deadlier than the Male (Tendre femelle)* ; photographie : Renato Berta © ; musique : Éric Le Lann ; montage : Dominique Auvray ; production : Humbert Balsan, Jean-Pierre Mahot (Lyric International / FR3 Cinéma / Les Films du Sémaphore) ; durée : 100 min.

Interprétation : Dominique Sanda : Hélène. Lambert Wilson : Michel Sauvage. Danielle Darrieux : Mme Krantz. Jean-Pierre Léaud : Marcel. Ingrid Held : Ariane. Sabine Haudepin : Paule Krantz. François Siener : François. Marie Wiart : Simone. Jérôme Zucca : Filasse. Roland Bertin : Dr Loscure. Laura Betti : Laurie.

Thème : Paule assure l'administration du petit hôtel de sa mère, Mme Krantz, sur la côte atlantique. Elle est bientôt assassinée, ainsi que son amant, par Michel Sauvage. Ce dernier a épousé pour son argent Ariane, la demi-sœur de l'actrice Hélène dont il est amoureux. Mme Krantz est toujours décidée à démasquer l'assassin de Paule. Menacé, Michel tue Marcel, son mauvais ange, puis Ariane, avant d'être dénoncé à la police par Hélène.

Des personnages qui se jalousent, se haïssent et se détruisent, une atmosphère de mort, le plaisir de revoir Danielle Darrieux, mais aussi une réalisation en deçà du sujet, qui méritait sans doute plus de passion.

COURS PRIVÉ

Réalisation : Pierre Granier-Deferre ; scénario : Pierre Granier-Deferre, Jean-Marc Roberts, Christopher Frank, d'après le roman de Jean-Marc Roberts *Portrait craché* ; photographie : Robert Fraisse © ; musique : Philippe Sarde ; montage : Jean Ravel ; production : Alain Sarde (Sara Films / La Cinq) ; durée : 94 min.

Interprétation : Élizabeth Bourgine : Jeanne Kern. Michel Aumont : Bruno Ketti. Xavier Deluc : Laurent. Sylvia Zerbib : Patricia. Emmanuelle Seigner : Zanon. Lucienne Hamon : Mme Ketti. Pierre Vernier : Philippe. Rosine Rochette : Brigitte. Jacques Boudet : Bonnier. Sandrine Kiberlain, Guillaume de Tonquédec : élèves.

Thème : La jolie Jeanne Kern, qui est professeur dans une boîte à bac, est convoquée par le directeur de l'établissement, Bruno Ketti, car il a reçu une lettre anonyme la concernant et mettant en cause sa moralité. De nouveaux courriers et photos arrivent, alors que Ketti avoue à Jeanne qu'il est amoureux d'elle. La jeune femme trouve un appui en la personne de son collègue Laurent. Ce dernier et Jeanne découvrent que Ketti est l'auteur des lettres. Jeanne s'était éprise d'une de ses élèves, Zanon, qui avait voulu se suicider. Elle démasque Ketti, qui se tue. Jeanne changera d'établissement…

Élizabeth Bourgine, presque totalement nue, fait jouer sur son électrophone « The Ballad of Lucy Jordan » de Marianne Faithfull, se caresse le sexe dans son bain, se rase et, dans une autre scène, Michel Aumont lui caresse les pieds… On devine donc que tout le film tourne autour de la personnalité de la jeune et très jolie professeure qui affole facilement les hommes – on les comprend –, alors qu'en réalité, elle leur préfère les femmes… Grâce à Élizabeth Bourgine, le film se révèle trouble et ambigu. Une curieuse œuvre !

DESCENTE AUX ENFERS

Réalisation : Francis Girod ; scénario : Francis Girod, Jean-Loup Dabadie, d'après le roman de David Goodis *The Wounded and the Slain* ; photographie : Charlie Van Damme © ; musique : Georges Delerue ; montage : Geneviève Winding ; production : Ariel Zeïtoun (Partner's Production / La Cinq) ; durée : 88 min.

Interprétation : Claude Brasseur : Alan Kolber. Sophie Marceau : Lola Kolber. Gérard Rinaldi : Elvis. Hippolyte Girardot : Philippe Devignat. Marie Dubois : Lucette Beulemans. Sidiki Bakaba : Théophile Bijou. Betsy Blair : Mrs Burns. Umban U'Kset : commissaire Redoux. Thierry Ravel : violeur du métro.

Thème : Alan et Lola Kolber arrivent à Port-au-Prince, espérant que ce voyage parviendra à redonner vie à leur couple, en mal d'amour. Mais Alan, qui est écrivain, passe son temps à boire et délaisse Lola, qui couche avec le jeune Philippe Devignat. Menacé dans une ruelle par un voleur, Alan se défend et lui ouvre la gorge avec un tesson de bouteille. Le crime a eu un témoin, Théophile Bijou qui, avec l'aide de sa maîtresse Lucette Beulemans, veut faire chanter le couple. Lola vend sa montre-bracelet à Mrs. Burns et donne l'argent à Lucette, qui abandonne alors Théophile. Ce dernier tente de tuer Alan, qui a vainement essayé de s'accuser du crime et met hors d'état de nuire son agresseur. Alan est soigné à l'hôpital et Lola est auprès de lui. Il a commis un crime comme elle qui, plusieurs années plus tôt, avait poignardé un homme qui voulait la violer dans le métro.

Sophie Marceau s'étire somptueusement dans sa baignoire et, totalement nue, sort de l'eau, éternelle Vénus, pour rejoindre Claude Brasseur. Francis Girod a donc choisi de donner ici à ce dernier le rôle du mari de Sophie Marceau alors que, quelques années plus tôt, il était son père dans La Boum *(1980). En dehors de cette idée, délicieusement perverse, le film est un véritable hommage à la beauté de Sophie Marceau qui n'a que 20 ans et laisse voir un corps superbement bronzé. Ce long métrage est aussi un authentique film noir, jouant sur les malheurs d'un couple qui ne se reconstituera à la fin que lorsqu'on saura que les deux héros sont « passés derrière le miroir » (en fait, ils ont l'un et l'autre commis un crime). Le décor exotique avec sa luxuriance, sa moiteur, ses particularités contribuera à la catharsis finale.*

Notes : *Tournage en Haïti et aux studios de Billancourt (Paris Studios Cinéma).*

INSPECTEUR LAVARDIN

Réalisation : Claude Chabrol ; scénario : Claude Chabrol, Dominique Roulet , dialogues : Dominique Roulet ; photographie : Jean Rabier © ; musique : Matthieu Chabrol ; montage : Monique Fardoulis ; production : Marin Karmitz (MK2 Films / Films A2 / RTS – Radio Télévision Suisse / CAB Productions) ; durée : 100 min.

Interprétation : Jean Poiret : inspecteur Jean Lavardin. Jean-Claude Brialy : Claude Alvarez. Bernadette Lafont : Hélène Mons. Jean-Luc Bideau : Max Charnet. Jacques Dacqmine : Raoul Mons. Hermine Clair : Véronique Manguin. Pierre-François Dumeniaud : Marcel Vigouroux. Florent Gibassier : Francis.

Thème : Le cadavre d'un homme nu, Raoul Mons, gît sur une plage bretonne. L'inspecteur Lavardin enquête et découvre qu'Hélène, la femme de la victime, était son amour de jeunesse. Hélène a une fille, Véronique, et un curieux frère, Claude. Il rencontre aussi Max Charnet, le patron d'une boîte à la mode et comprend que ce dernier fournissait des jeunes filles à Raoul Mons. Continuant son enquête, le policier va découvrir aussi que Véronique voit en secret son propre père que l'on croyait mort. La vérité est que Véronique a tué Raoul Mons, qui avait tenté de la violer. Comme il faut un coupable, Lavardin choisit Max Charnet...

Une famille bourgeoise avec ses secrets et sa mauvaise conscience, un véritable mystère concernant la raison de la mort de la victime et Chabrol qui va tirer à vue sur toutes ces cibles potentielles.

Notes : *Tournage à Dinan (Côtes-d'Armor) et Dinard (Ille-et-Vilaine).*

INSPECTEUR LAVARDIN

LE LIEU DU CRIME

LE LIEU DU CRIME

Réalisation : André Téchiné ; scénario : André Téchiné, Olivier Assayas, Pascal Bonitzer ; photographie : Pascal Marti © ; musique : Philippe Sarde ; montage : Martine Giordano, Suzanne Koch ; production : Alain Terzian (T. Films / Films A2) ; durée : 91 min.

Interprétation : Catherine Deneuve : Lili Ravenel. Wadeck Stanczak : Martin. Victor Lanoux : Maurice. Danielle Darrieux : grand-mère. Nicolas Giraudi : Thomas. Jacques Nolot : père Sorbier. Jean Bousquet : grand-père. Claire Nebout : Alice. Jean-Claude Adelin : Luc. Michel Grimaud : serveur.

Thème : Le jeune Thomas vit avec sa mère Lili, séparée de son mari, et patronne d'un café au bord de la Garonne. Il cherche volontiers à échapper à l'emprise des autres en abusant du mensonge. Martin, qui s'est évadé de prison, lui demande de l'argent et Thomas est témoin de la mort de Luc, le frère de Martin, tué par ce dernier alors qu'il voulait se débarrasser du jeune garçon. Martin s'éprend de Lili, mais Alice, complice des deux fugitifs, provoque la mort de celui-ci. Lili reconnaît qu'elle savait qui était Martin...

*« J'ai tourné le film sur les lieux de mon enfance » reconnaissait André Téchiné, qui retrouve ici son interprète d'*Hôtel des Amériques *(1981). Et c'est avec habileté et sensibilité que le cinéaste passe du drame passionnel à l'intrigue criminelle tout en privilégiant, au passage, le personnage de Thomas qui va symboliser la perte de l'innocence. Une réussite.*

Notes : *Tournage du 14 octobre au 20 décembre 1985 dans le Tarn-et-Garonne (Auvillar, Lizac, Moissac, Montauban) et le Lot-et-Garonne (Castella, Clermont-Soubiran).*

MAUVAIS SANG

Réalisation : Leos Carax ; scénario : Leos Carax ; photographie : Jean-Yves Escoffier © ; musique préexistante : Benjamin Britten, Sergueï Prokoviev, David Bowie, Charles Chaplin ; montage : Nelly Quettier ; production : Alain Dahan, Philippe Diaz, Denis Chateau (Les Films du Plain-Chant / Soprofilms / FR3 Cinéma) ; durée : 116 min.

Interprétation : Denis Lavant : Alex. Juliette Binoche : Anna. Michel Piccoli : Marc. Hans Meyer : Hans. Julie Delpy : Lise. Carroll Brooks : « l'Américaine ». Hugo Pratt : Boris. Serge Reggiani : Charlie. Mireille Perrier : jeune mère. Jérôme Zucca : Thomas. Leos Carax : voyeur.

Thème : Pour rembourser une dette à « l'Américaine », les deux gangsters Hans et Marc font appel à Alex pour voler dans un laboratoire le germe du virus de la STBO, qui tue les auteurs de rapports sexuels sans amour. Alex s'intéresse à Anna, la compagne de Marc. Surpris pendant le vol, il parvient à s'enfuir, mais « l'Américaine » est sur ses traces avec son tueur, Boris et ceux-ci le blessent grièvement. Marc élimine

MAUVAIS SANG

« l'Américaine », mais Alex meurt, alors que Lise, qui l'aime, venait de le rejoindre.

Le sujet est peu convaincant, à l'opposé même de la réalisation surprenante de Leos Carax. Tout en brossant une allégorie sur le sida, le cinéaste s'inspire de Rimbaud et de Céline, joue sur les couleurs et les décors, se réfère à la comète de Halley et signe une œuvre inhabituelle dans le cinéma français contemporain. On se doit d'être troublé par ce mélange de poésie et de scènes de poursuites, on se doit aussi de reconnaître en Carax un authentique auteur.

Notes : *Tournage à Paris – rue Émile-Richard (14e) et au pont Neuf (déjà !) –, La Défense (Hauts-de-Seine) et en Indre (Le Blanc).*

LE MÔME

Réalisation : Alain Corneau ; scénario : Christian Clavier, Alain Corneau ; dialogues : Christian Clavier ; photographie : Jean-Francis Gondre © ; musique préexistante : Otis Redding ; montage : Marie-Josèphe Yoyotte, Annick Rousset ; production : Alain Sarde, Jean-José Richer (Sara Films / Orly Films) ; durée : 99 min.

Interprétation : Richard Anconina : Willie. Ambre : Jo. Michel Duchaussoy : Darmines. Yan Epstein : Michel Charki. Thierry de Carbonnières : Jean-Pierre Charki. Georges Montillier : René. Frédéric Wizmane : Willie, enfant. Anna Gaylor : mère de Willie. Marc Brunet : Roger.

Thème : Willie est un jeune policier. Il s'éprend de Jo, dont les protecteurs sont Michel et Jean-Pierre Charki, qui « prêtent » la jeune femme au riche Darmines en échange d'armes destinées au Moyen-Orient. Tombé amoureux de Jo, Willie élimine les deux frères, mais sa manière de régler seul les problèmes et de dépasser les bornes inquiète son collègue et mentor René qui est contraint de le mettre hors d'état de nuire. Willie et Jo sont alors arrêtés.

Alain Corneau a choisi de tourner le film entièrement de nuit pour lui procurer l'atmosphère indispensable et a voulu utiliser le talent d'Otis Redding pour la musique. Le scénario est malheureusement décevant et Ambre n'a sans doute pas l'aura indispensable pour son personnage, mais il reste la « patte » de Corneau et sa véritable connaissance de l'univers du polar.

Notes : *Tournage du 10 mars au 8 mai 1986 à Vineuil-Saint-Firmin (Oise).*

MORT UN DIMANCHE DE PLUIE

Réalisation : Joël Santoni ; scénario : Philipe Setbon, Joël Santoni, d'après le roman de Joan Aiken *Died on a Rainy Day* ; photographie : Jean Boffety, Pavel Korinek © ; musique : Vladimir Cosma ; montage : Martine Barraqué ; production : Daniel Messère, Joël Santoni, Yves Peyrot (Incite Productions / FR3 Cinéma / Soprofilms / RTS – Radio Télévision Suisse / Slotint) ; durée : 110 min.

Interprétation : Nicole Garcia : Elaine Briand. Dominique Lavanant : Hazel Bronsky. Jean-Pierre Bacri : David Briand. Jean-Pierre Bisson : Cappy Bronsky. Jean-Pierre Malo : Alain Milles. Christine Laurent : Diane. Étienne Chicot : Christian. Marshall Titus : chanteur. Cerise Leclerc : Cric. Céline Vauge : Betty.

Thème : David, qui est architecte, vit en Suisse avec sa femme Elaine et leur fille Cric dans la luxueuse demeure dont il a dessiné les plans. Il rencontre Cappy Bronsky, un homme étrange qui porte une prothèse et qu'il engage comme jardinier. Celui-ci impose sa femme, Hazel, pour garder Cric. Hazel terrorise l'enfant, mais David se tait. En fait, Bronsky avait été victime de l'effondrement d'un immeuble dont David avait dessiné les plans. Les

architectes officiels de ces derniers ayant été assassinés, David renvoie les Bronsky. Diane, la baby-sitter qui a remplacé Hazel pour garder Cric, est égorgée et celle-ci a disparu. David est tué à son tour, mais Elaine va faire face aux Bronsky et les mettre hors d'état de nuire.

Dès le début, le talent de Joël Santoni, est évident et sa manière de décrire la montée du suspense est d'une redoutable efficacité, tout en se permettant, au passage, de faire de Bronsky, au départ une victime, un être particulièrement démoniaque. Toute la seconde partie du film relève presque d'ailleurs plus du film fantastique et du cinéma d'épouvante que du classique polar. Santoni joue remarquablement sur les couleurs, l'emploi du cinémascope et le décor de cette maison futuriste habitée par les Briand et il faut avoir vu Nicole Garcia en robe rouge charger son fusil pour faire face à ceux qui menacent sa fille. À redécouvrir.

LE PALTOQUET

Réalisation : Michel Deville ; scénario : Michel Deville, d'après le roman de Franz-Rudolf Falk *On a tué pendant l'escale* ; photographie : André Diot © ; musique préexistante : Antonin Dvorak, Leos Janacek ; montage : Raymonde Guyot ; production : Rosalinde Damamme, Daniel Toscan du Plantier (Éléfilm / Erato Films / Soprofilms / TF1 Films Production) ; durée : 92 min.

Interprétation : Fanny Ardant : Lotte. Daniel Auteuil : journaliste. Richard Bohringer : docteur. Philippe Léotard : commerçant. Jeanne Moreau : tenancière. Michel Piccoli : « le Paltoquet ». Claude Piéplu : professeur. Jean Yanne : commissaire. An Luu : hétaïre.

Thème : Quatre clients jouent aux cartes dans un café alors qu'une jeune femme, de blanc vêtue, se repose dans un hamac. Le serveur lit un livre policier et un commissaire de police survient, un crime venant d'être commis dans le voisinage. Chacun des clients est un suspect potentiel, mais qui sont-ils ?

Au départ, on pourrait croire à un film policier conventionnel – des suspects, un criminel ? –, mais Michel Deville le transforme en un vertigineux huis clos qui y mêle le spectateur, devenu son propre enquêteur. Le travail sur les décors (volontairement stylisés), les couleurs (Fanny Ardant en blanc) et la musique semble a priori dérouter avant de contribuer à la réussite de l'ensemble. Quel curieux film !

LE PALTOQUET

AGENT TROUBLE

Réalisation : Jean-Pierre Mocky ; scénario : Jean-Pierre Mocky, d'après le roman de Malcolm Bosse *The Man Who Loved Zoos* ; photographie : William Lubtchansky © ; musique : Gabriel Yared ; montage : Jean-Pierre Mocky, Bénédicte Teiger ; production : Jean-Pierre Mocky (Koala Films / Canal+ / FR3 Cinéma / AFC – Alliance Film et Communication) ; durée : 90 min.

Interprétation : Catherine Deneuve : Amanda Weber. Richard Bohringer : Alex. Tom Novembre : Victorien. Dominique Lavanant : Catherine « Karen » Dariller. Sylvie Joly : Edna. Pierre Arditi : Stanislas Gauthier. Sophie Moyse : Delphine. Héléna Manson : conservatrice du musée. Jean-Pierre Mocky : haut fonctionnaire. Kristin Scott Thomas : Julie. Jean-Claude Romer : employé du musée.

Thème : Cinquante touristes meurent à bord d'un car. Arrivé sur les lieux de l'accident, Victorien en profite pour voler les portefeuilles et les bijoux. Il les confie à sa tante Amanda Weber, avant d'être tué par Alex, un agent secret. Amanda mène l'enquête et découvre que les touristes ont été victimes d'une contamination et éliminés pour empêcher que celle-ci se développe. Menacée par le directeur du laboratoire, Amanda le tue et remet les objets volés à son ancien mari, Stanislas, haut fonctionnaire de l'État, après que le dénommé Alex a été victime de l'altitude...

Alors que Jean-Pierre Mocky commence à accumuler les films tournés à la va-vite et desservis, la plupart du temps, par des scénarios insuffisants et une interprétation vite satisfaite, celui-ci est à marquer d'une pierre blanche. Le cinéaste, qui l'avait prévu pour Jeanne Moreau et Michel Serrault, l'a finalement tourné avec Catherine Deneuve et Richard Bohringer. Cette dernière joue donc les détectives privés avec efficacité et humour, Mocky parsemant de temps en temps l'intrigue de ses répliques caustiques et de ses curieux personnages secondaires.

ASSOCIATION DE MALFAITEURS

Réalisation : Claude Zidi ; scénario : Michel Fabre, Simon Michaël, Claude Zidi, d'après le sujet de Claude Zidi ; dialogues : Didier Kaminka ; photographie : Jean-Jacques Tarbès © ; musique : Francis Lai ; montage : Nicole Saunier ; production : Films 7 / FR3 Cinéma ; durée : 104 min.

Interprétation : François Cluzet : Thierry. Christophe Malavoy : Gérard. Jean-Pierre Bisson : Bernard Hassler. Claire Nebout : Claire. Véronique Genest : Monique Lemercier. Hubert Deschamps : Tonton Gadin. Gérard Lecaillon : Francis. Jean-Claude Leguay : Daniel. Roger Dumas : commissaire Brunet. Christian Gion : présentateur de la soirée HEC. Didier Kaminka, Simon Michaël : policiers en filature.

Thème : Thierry, Gérard, Francis et Daniel sont des copains d'HEC. Les trois premiers ont réussi leur carrière, ce qui n'est pas le cas du naïf Daniel, qui leur emprunte régulièrement de l'argent pour des projets qui tombent à l'eau. Pour donner une leçon à ce dernier, ses trois amis lui font croire qu'il a gagné au loto, mais la farce tourne mal : se lançant dans une nouvelle affaire foireuse, Daniel a hypothéqué le commerce de sa propre mère auprès de Bernard Hassler, qui refuse de rendre le chèque. Afin de récupérer l'acte de vente, les amis décident alors de voler le coffre-fort d'Hassler et y découvrent 4 millions de francs aux origines douteuses qu'ils lui rendent, n'étant intéressés que par le document concernant l'hypothèque. Or, Hassler porte plainte pour vol de l'argent, Francis et Daniel sont arrêtés tandis que Thierry et Gérard se cachent le temps de prouver leur innocence. Le commissaire Brunet enquête et, avec l'aide de Claire et de Monique,

ils réussissent à piéger Hassler, alors que le magot est dérobé par le « timide » Francis, employé de banque…

Grâce à un scénario habile et précis, on suit avec un certain plaisir cette comédie policière parfaitement interprétée. Humour et suspense sont au rendez-vous.

LE CRI DU HIBOU

Réalisation : Claude Chabrol ; scénario : Claude Chabrol, Odile Barski, d'après le roman de Patricia Highsmith ; photographie : Jean Rabier © ; musique : Matthieu Chabrol ; montage : Monique Fardoulis ; production : Antonio Passalia (Italfrance Films / Civite Casa Films / TF1) ; durée : 102 min.

Interprétation : Christophe Malavoy : Robert Forestier. Mathilda May : Juliette Volant. Jacques Penot : Patrick Soulages. Jean-Pierre Kalfon : commissaire. Virginie Thévenet : Véronique. Patrice Kerbrat : Marcello. Victor Garrivier : médecin. Charles Millot : directeur ; Agnès Denèfle : Suzie. Gilles Dreu : M. Tessier. Stéphane Audran : simple apparition.

Thème : En instance de divorce, Robert Forestier, dessinateur industriel venu à Vichy, est fasciné par Juliette. Celle-ci s'éprend de lui et rompt avec son fiancé Patrick, qui menace Robert, puis disparaît après avoir été assommé par lui. Robert est soupçonné de meurtre, alors qu'en réalité, Patrick est à Paris, caché chez sa maîtresse Véronique. Il revient à Vichy et tire sur un médecin, le prenant pour Robert. Juliette se suicide tandis que Patrick et Véronique cherchent à harceler Robert. Patrick et Véronique se disputent et trouvent la mort…

Les quatre héros du film, victimes d'obsessions, seront le jouet d'une fatalité destructrice et Claude Chabrol dirige avec habileté ses interprètes alors que les cris d'un hibou niché près de la maison contribuent, eux aussi, à un climat qui devient de plus en plus inquiétant et mortifère.

***Notes :** Tournage à Vichy (Allier). Autres adaptations : le téléfilm* Der Schrei der Eule *(1987) réalisé par Tom Toelle, avec Matthias Habich, Birgit Doll ;* The Cry of the Owl *(2009) de Jamie Thraves (2009), avec Paddy Considine et Julia Stiles.*

CROSS

Réalisation : Philippe Setbon ; scénario : Philippe Setbon ; photographie : Jacques Steyn © ; musique : Mchel Goglat ; montage : Nicole Lubtchansky ; production : André Djaoui (Cinémax) ; durée : 88 min.

Interprétation : Michel Sardou : Thomas Crosky, dit « Cross ». Roland Giraud : Eli Cantor. Marie-Anne Chazel : Catherine Crosky. Stéphane Jobert : Jacques Kester. Anny Mirande : Claire. Patrick Bauchau : Simon Lenhardt. Maxime Leroux : Sandro. Arnold Boiseau : Farrel.

Thème : Évadé de l'asile, Simon Lenhardt est décidé à se venger de Thomas Crosky, dit « Cross », qui l'avait arrêté, en kidnappant notamment la femme et la fille de ce dernier. Ne pouvant compter sur l'aide de ses collègues, Cross fait appel au tueur professionnel Eli Cantor. Les deux hommes attaquent l'hôtel où sont Lenhardt et ses redoutables complices. Ceux-ci sont éliminés et Lenhardt se suicide. Les otages sont libérés alors que Cantor passe – à tort – pour mort…

C'est le premier film de Philippe Setbon, scénariste devenu donc metteur en scène. Dommage que Michel Sardou soit aussi peu convaincant ! Roland Giraud est, en revanche, très à l'aise en tueur professionnel.

DERNIER ÉTÉ À TANGER

Réalisation : Alexandre Arcady ; scénario : Alexandre Arcady, Alain Le Henry, Tito Topin, d'après le roman de William O'Farrell The Devil His Due ; photographie : Robert Alazraki © ; musique : Serge Franklin ; montage : Luce Grunenwaldt, Sophie Schmit ; production : Alexandre Arcady, Franco Cristaldi, Georges Dancingers, Alexandre Mnouchkine (Les Films Ariane / Alexandre Films / Antenne 2 / Soffia / Selena Audiovisuel / Vides Cinematografica / Cristaldifilm) ; durée : 115 min.

Interprétation : Thierry Lhermitte : Richard Corrigan. Valeria Galino : Claudia Marchetti. Vincent Lindon : Roland Barrès. Roger Hanin : William Barrès. Julien Guiomar : commissaire Gomez. Jean Bouise : Max Pasquier. Jacques Villeret : Marcus. Anna Karina : Myrrha. Howard Vernon : Me Schmidt.

Thème : 1956. Alors que la ville de Tanger est désormais rattachée au Maroc, William Barrès élimine Marchetti, pour prendre le contrôle de la ville. L'avocat suisse Schmidt charge Richard Corrigan, détective privé sans client, de remettre une certaine enveloppe à une jeune femme qui n'est autre que Claudia Marchetti, la fille du gangster assassiné. Claudia est décidée à venger son père et elle commence à se débarrasser, les uns après les autres, des complices de William Barrès. Elle en profite aussi pour séduire Roland, le fils de ce dernier. Corrigan s'éprend d'elle, mais elle ne peut tuer Barrès, qui cherche à la violenter avant d'être neutralisé par son propre fils qui, lui-même, se tue. Corrigan et Claudia quittent Tanger pour les États-Unis.

L'histoire ne manque pas de rebondissements, mais l'ensemble souffre d'une interprétation parfois peu crédible. Dommage !

LES INNOCENTS

LES INNOCENTS

Réalisation : André Téchiné ; scénario : André Téchiné, Pascal Bonitzer ; photographie : Renato Berta © ; musique : Philippe Sarde ; montage : Martine Giordano ; production : Alain Terzian, Philippe Carcassonne (T. Films / Films A2 / Cinéa) ; durée : 96 min.

Interprétation : Sandrine Bonnaire : Jeanne. Simon de La Brosse : Stéphane. Abdel Kechiche : Saïd. Jean-Claude Brialy : Klotz. Tanya Lopert : Myriam. Stéphane Onfroy : Alain. Christine Paolini : Maïté. Marthe Villalonga : patronne de l'hôtel.

Thème : Jeanne arrive à Toulon pour le mariage de sa sœur Maïté et prendre soin de son petit frère malentendant Alain. Ce dernier vient de fuguer et Jeanne cherche à obtenir l'aide de Klotz, un chef d'orchestre homosexuel. Alain se cache chez Saïd, un jeune Algérien. Jeanne, qui aime Stéphane, se sent aussi attirée par Saïd. Les deux garçons sont unis par un passé mouvementé : Saïd avait poignardé Stéphane, qui avait participé, avec d'autres militants d'extrême droite, à une ratonnade contre des Algériens. Stéphane dénonce Saïd à ses camarades politiques et ce dernier est tué, ainsi d'ailleurs que Stéphane, qui était avec lui, pris de remords, suite à sa dénonciation. Jeanne a perdu ses deux amours.

Une habile direction d'acteurs, mais André Téchiné se perd parfois dans cette intrigue aux nombreuses ramifications, tout en laissant le spectateur évoluer dans une espèce de jeu de miroirs.

Notes : *Tournage à Paris et dans le Var : Toulon et Le Pradet (fort de la Gavaresse).*

MAN ON FIRE

Réalisation : Élie Chouraqui ; scénario : Élie Chouraqui, Sergio Donati, d'après le roman de A. J. Quinnell ; photographie : Gerry Fisher © ; musique :

John Scott ; montage : Noëlle Boisson ; production : Arnon Milchan (7 Films Cinéma / Cima Produzioni / Embassy International Pictures / FR3 Cinéma) ; durée : 92 min.

Interprétation : Scott Glenn : Christian Creasy. Jade Malle : Samantha Balletto. Joe Pesci : David. Brooke Adams : Jane Balletto. Jonathan Pryce : Michael. Paul Shenar : Ettore Balletto. Laura Morante : Julia. Lou Castel : Violente. Lorenzo Piani : Bruno. Franco Trevisi : Rabbia.

Thème : Vétéran du Vietnam et de l'Amérique latine, Christian Creasy devient le garde du corps de la jeune Samantha Balletto. L'ancien baroudeur et la jeune fille deviennent de véritables amis, mais Samantha est enlevée et Creasy, blessé. Ce dernier décide de retrouver la jeune fille, mais Bruno, l'un des serviteurs des Balletto et complice des kidnappeurs, est tué avant d'avoir pu parler. Creasy retrouve Rabbia, l'un

MAN ON FIRE

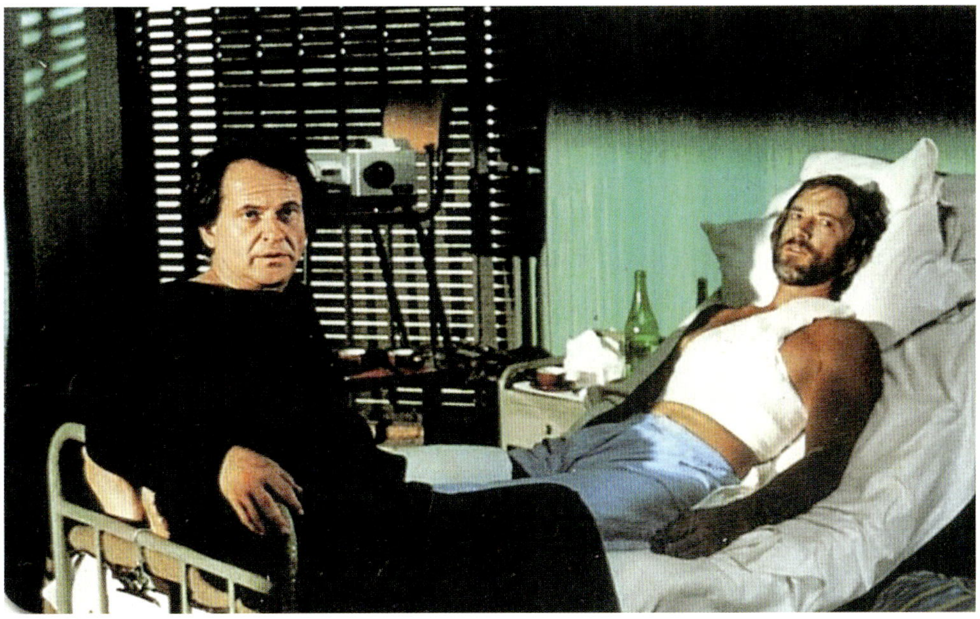

MAN ON FIRE

des ravisseurs, l'interroge et le tue, puis il continue à éliminer les autres ravisseurs. Il parvient jusqu'à un dépôt de camions où est détenue Samantha. La police intervient. Creasy sur lequel fait feu un tireur embusqué passera pour mort…

Tony Scott, qui réalisera d'ailleurs en 2004 un remake du film avec Denzel Washington, Christopher Walken et Dakota Fanning, avait initialement été prévu comme metteur en scène et on pourra remarquer, dans le long métrage d'Élie Chouraqui, la qualité de l'interprétation, de Joe Pesci à Jonathan Pryce, avec l'excellent Scott Glenn en tête. Pour le reste, il s'agit d'un film d'action musclé à souhait.

***Notes :** Tournage à partir de juin 1986 à Rome, en Lombardie (Milan, lac de Côme) et aux studios de Cinecittà.*

MASQUES

Réalisation : Claude Chabrol ; scénario : Odile Barski, Claude Chabrol ; photographie : Jean Rabier © ; musique : Matthieu Chabrol ; montage : Monique Fardoulis ; production : Marin Karmitz (MK2 Films / Films A2) ; durée : 100 min.

Interprétation : Philippe Noiret : Christian Legagneur. Robin Renucci : Roland Wolf / Chevalier. Monique Chaumette : Colette / soubrette. Bernadette Lafont : masseuse / tireuse de cartes. Anne Brochet : Catherine. Roger Dumas : régisseur / échanson. Pierre-François Duméniaud : Max / cuisinier. Pierre Nougaro : Gustave.

Thème : Heureux animateur de l'émission *Bonheur pour tous,* Christian Legagneur invite chez lui le journaliste Roland Wolf, qui souhaite lui consacrer un livre. Ce dernier découvre alors que les familiers de Legagneur sont tous ses collaborateurs à la télévision. Il s'étonne de l'air maladif de Catherine, la filleule de son hôte, et de la disparition d'une certaine Madeleine. Wolf reconnaît alors n'être là que pour savoir ce qui a pu arriver à Madeleine, sa propre sœur. Legagneur décide de se débarrasser de Catherine que Wolf réussit à sauver et c'est en direct à la télévision que l'animateur avouera…

Le titre est particulièrement juste, car la plupart des personnages, y compris Wolf, sont – peut-être – différents de ce que peut croire le spectateur, plongé dans un véritable jeu de pistes concocté par Chabrol. De nouveau, le cinéaste stigmatise le pouvoir corrupteur de l'argent, qui peut faire basculer des individus dans le crime. Philippe Noiret, une fois de plus remarquable, est ce bateleur criminel qui finira comme l'un des héros des 39 Marches (1935), un film d'Hitchcock admiré par Chabrol, par être sa propre victime. Virulent à souhait.

***Notes :** Tournage à Senlis (Oise).*

LES MOIS D'AVRIL SONT MEURTRIERS

Réalisation : Laurent Heynemann ; scénario : Bertrand Tavernier, Laurent Heynemann, Philippe Boucher, d'après le roman de Robin Cook *The Devil's Home on Leave* ; photographie : Jean-Francis Gondre © ; musique : Philippe Sarde ; montage : Armand Psenny ; production : Alain Sarde (Sara Films / Little Bear / Canal+) ; durée : 88 min.

Interprétation : Jean-Pierre Marielle : Fred. Jean-Pierre Bisson : Gravier. François Berléand : Baumann. Brigitte Roüan : Clara Haïk. Guylène Péan : Christine. Luc Béraud : flic de l'entrepôt. Jacques Poitrenaud : patron du bistrot. Noël Simsolo : Skrecht. Nils Tavernier : flic malade. Dominique Bernard : Dutoit.

Thème : Profondément marqué par la mort de sa fillette, Fred, un inspecteur expérimenté de la PJ (trente ans de service), enquête sur le meurtre d'un indicateur, assommé, dépecé et bouilli dans une marmite. Il soupçonne vite Gravier, un ancien boucher désormais baroudeur, qu'il harcèle. Grâce à Clara, une prostituée amie de Gravier, il arrête ce dernier. Or, le suspect, bénéficiant de relations politiques, est libéré et assassine Clara. Fred et Gravier se retrouvent

MASQUES

LES MOIS D'AVRIL SONT MEURTRIERS

dans le hangar isolé, lieu du premier crime, ou le policier abat son adversaire, qui allait le tuer.

Laurent Heynemann signe ici son meilleur film, bénéficiant d'un excellent scénario coécrit par Bertrand Tavernier et de la composition, tout aussi remarquable, de Jean-Pierre Marielle, en costume noir, aussi à l'aise dans la tragédie que dans le registre de la comédie. On remarquera aussi le travail sur les couleurs et les cadrages.

NOYADE INTERDITE

Réalisation : Pierre Granier-Deferre ; scénario : Pierre Granier-Deferre, Dominique Roulet, d'après le roman d'Andrew Coburn *Widow's Walk* ; dialogues : Dominique Roulet ; photographie : Charles Van Damme © ; musique : Philippe Sarde ; montage : Jean Ravel ; production : Stéphane Sorlat (Paradis Films / FR3 Cinéma / LP Film) ; durée : 102 min.

Interprétation : Philippe Noiret : inspecteur Paul Molinat. Guy Marchand : inspecteur Leroyer. Élizabeth Bourgine : Élisabeth. Anne Roussel : Marie. Gabrielle Lazure : Jeanne. Marie Trintignant : Isabelle. Suzanne Flon : Hazelle. Stefania Sandrelli : Winny. Andréa Ferréol : Cora. Laura Betti : Keli. Philippe Polet : Bud. Catherine Hiegel : Dr Chauveau. Raoul Billerey : maire. Alessandro Fontana : adjoint au maire. Dominique Zardi : marchand de beignets.

Thème : Marie découvre, en se baignant, le corps d'un homme rejeté par la mer. L'inspecteur Molinat mène l'enquête et découvre avec déplaisir que l'administration lui a adjoint l'inspecteur Leroyer. Mais qui a tué ce dentiste ? Cora, sa veuve ? Marie ou le trio formé par Élisabeth, Isabelle et Jeanne ? Les cadavres se succèdent et la municipalité s'inquiète, car cette criminalité n'est pas bonne pour le tourisme. Leroyer est assassiné par Élisabeth et Jeanne et le trio prend la fuite. Isabelle a été violée par le mari de sa sœur et veut se venger des hommes. En fuite, les trois jeunes femmes trouvent la mort sur la route. Molinat restera avec Marie.

Une intrigue criminelle, de nombreux suspects, un inspecteur (Molinat) qui évoque son passé, de jolies actrices volontiers dénudées et un résultat inégal.

Notes : *Tournage en Charente-Maritime (Royan et Saint-Palais-sur-Mer).*

NOYADE INTERDITE

POUSSIÈRE D'ANGE

Réalisation : Édouard Niermans ; scénario : Jacques Audiard, Alain Le Henry, Édouard Niermans (+ Didier Haudepin) ; photographie : Bernard Lutic © ; musique : Léon Senza, Vincent-Marie Bouvot ; production : Jacques-Éric Strauss (Président Films / Les Films de la Saga / FR3 Cinéma / Top n° 1 / UGC – Union Générale Cinématographique) ; durée : 94 min.

Interprétation : Bernard Giraudeau : inspecteur Simon Blount. Fanny Bastien : Violetta Reverdy. Fanny Cottençon : Martine Blount. Michel Aumont : commissaire André Florimont. Jean-Pierre Sentier : Georges-Albert Landry. Gérard Blain : Broz. Luc Lavandier : Gabriel Spielmacher. Daniel Russo : Melchior. Juliette Rennes : Nina Blount.

Thème : Policier déchu, Simon Blount supporte de plus en plus mal sa séparation d'avec sa femme Martine. Il rencontre la jeune Violetta Reverdy à qui il se confie, alors même qu'il enquête sur le casse de la Caisse d'Épargne. Il découvre bientôt que Violetta est à l'origine de cette attaque et que la jeune femme cherche à se venger du souteneur responsable de la mort de sa mère ainsi que de la police, le commissaire Florimont étant son propre père. Le proxénète Broz est assassiné par Gabriel, le compagnon de Violetta. Simon aide alors celle-ci à fuir à l'étranger et il retrouve sa famille.

C'est la véritable atmosphère propre au film noir que retrouve ici Édouard Niermans, dont le long métrage mérite d'être redécouvert. Des éclairs de violence se mêlent à la description sensible du personnage de Simon et de ses rapports avec Violetta, cette jeune fille marquée par son passé. Le cinéaste joue sur les décors de cette ville que l'on pense reconnaître, sur une atmosphère à la fois angoissante et souvent poétique dans laquelle erre le héros, remarquablement joué par Bernard Giraudeau.

LA RUMBA

Réalisation : Roger Hanin ; scénario : Roger Hanin, Jean Curtelin ; dialogues : Jean Curtelin ; photographie : Jean Penzer © ; musique : Claude Bolling ; montage : Youcef Tobni ; production : Christine Gouze-Rénal (Progéfi – Production Générale de Films / Hachette Première / TF1 Films Production) ; durée : 95 min.

Interprétation : Roger Hanin : Beppo Manzoni. Michel Piccoli : Damien Malleville. Niels Arestrup : commissaire Detaix. Guy Marchand : « Ma Pomme ». Corinne Touzet : Regina Berluzzi. Patachou : Mme Meyrals. Sophie Michaud : Valentine. Stéphane Jobert : Puppie Ziegler. Karim Allaoui : Gino Motta. Bruno Pradal : Teddy Malakian (caïd du Milieu). Félix Marten : Raymond Leprince (caïd du Milieu). Lino Ventura : parrain ami de Manzoni. Yves Vincent : ambassadeur d'Italie. Vivian Reed : Joséphine Baker.

Thème : 1938. Beppo Manzoni est l'un des parrains du Milieu parisien. Anti-fasciste, il cache trois Italiens qui ont fui le régime mussolinien, mais le commissaire Detaix qui est lié à la Cagoule, souhaite qu'il les élimine. Manzoni lui fait croire que c'est fait et décide de s'attaquer à la puissante Cagoule. Pas dupe, Detaix fait assassiner les trois réfugiés italiens et menace les cabarets de Manzoni. Puppie Ziegler, qui avait été « retourné » par Detaix, aide à nouveau Manzoni. Detaix est tué par Gino Motta, qu'il avait laissé pour mort.

Roger Hanin dénonce la tentation fasciste, mais on aurait aimé une approche plus précise des rapports entre le Milieu, la politique et les groupuscules d'extrême gauche, comme d'extrême droite. Reste un divertissement assez habilement réalisé, produit par Christine Gouze-Rénal, épouse de Roger Hanin et belle-sœur du président François Mitterrand.

LA RUMBA

LE SOLITAIRE

Réalisation : Jacques Deray ; scénario : Alphonse Boudard, Jacques Deray, Simon Michaël, Daniel Saint-Hamont ; photographie : Jean-François Robin © ;

musique : Danny Schogger ; montage : Henri Lanoë ; production : Alain Belmondo, Jean-Paul Belmondo, Alain Terzian (Cèrito Films / Sara Films) ; durée : 100 min.

Interprétation : Jean-Paul Belmondo : Stan Jalard. Jean-Pierre Malo : Charly Schneider. Michel Creton : Simon. Patricia Malvoisin : Brigitte. Catherine Rouvel : Mila. Michel Beaune : commissaire Pezzoli. Valérie Steffen : Carole. Évelyne Dress : Katia. Pierre Vernier : Maurin. François Dunnoyer : René Pignon. Frank Ayas : Christian. Carlos Sotto Mayor : Éva.

Thème : Alors que Stan Jalard était prêt à démissionner de la police, il préfère y rester lorsque son collègue et ami Simon est tué par le dangereux Charly Schneider. Il est décidé à le venger. Les mois passent et, heureusement, Stan apprend le retour de Schneider. Il favorise l'évasion d'un truand pour mettre la main sur sa proie et il arrête Sandra, la compagne de Schneider. Furieux, ce dernier est, dès lors, prêt à se venger sur Christian, le fils de Simon et filleul de Stan. Celui-ci parvient enfin à localiser Schneider, mais jugeant que la mort serait un châtiment trop rapide, il préfère le voir finir ses jours en prison…

Pour Jean-Paul Belmondo, qui ne pouvait que constater le mauvais résultat commercial du film : « C'était le polar de trop. Je le savais et le public aussi. J'en avais marre et le public aussi. » « Le tournage se passe, *déclarait Jacques Deray,* dans une ambiance merveilleuse, mais j'ai très vite l'impression que ce *Solitaire* est une copie du *Marginal,* que l'histoire est simpliste, que les dialogues sont sans relief et que je cours après le scénario. L'étrange impression de me parodier, de subir un automatisme de me complaire dans un exercice de style. »

CONTRAINTE PAR CORPS

Réalisation : Serge Leroy ; scénario : François Chevallier, Serge Leroy, d'après le récit de Loula Ioanne ; photographie : André Domage © ; musique : Olivier Meston ; montage : François Ceppi ; production : Jean-Claude Fleury (GPFI – Générale de Productions Françaises et Internationales / Canal+) ; durée : 98 min.

Interprétation : Marianne Basler : Claire Vignon. Vittorio Mezzogiorno : Kasta ; Catherine Wilkening : Lola Meunier. Tanya Lopert : Josette. Catherine Sihol : Émilie. Anne Jousset : Vicky. Lisette Malidor : Helga. Maria Blanco : Rula. Annick Blancheteau : mère de Claire. Liliane Cebrian : Carlotta.

Thème : Accusée de s'être montrée déshabillée sur une plage de la Méditerranée, Claire Vignon est arrêtée et incarcérée, le commissaire Kasta lui en voulant visiblement. Claire est reconnue innocente, mais Kasta la fait incarcérer à tort pour trafic de drogue. La jeune femme découvre l'univers carcéral et tente de se suicider, alors que Kasta veut la forcer à avouer. Mais une mutinerie se produit. Kasta est assassinée et Claire est sauvée.

Curieux… Le long métrage retrouve le charme pervers de certains films hollywoodiens de série peuplés de gardiens violents et de détenues plus ou moins dénudées, le tout avec l'alibi de dénoncer la dureté du monde des prisons. Ravissante Marianne Basler.

FRÉQUENCE MEURTRE

Réalisation : Élisabeth Rappeneau ; scénario : Jacques Audiard, Élisabeth Rappeneau, d'après le roman de Stuart M. Kaminsky *When the Dark Man Calls* ; dialogues : Jacques Audiard ; photographie : William Lubtchansky © ; musique : Philippe Gall ; montage : Martine Barraqué ; production : Danièle Delorme, Yves Robert (Les Productions de la Guéville / CAPAC – Compagnie Artistique de Productions et d'Adaptations Cinématographiques / Soprofilms / Films A2) ; durée : 103 min.

Interprétation : Catherine Deneuve : Jeanne Quester. André Dussollier : Frank Quester. Martin Lamotte : Simon Lieberman. Étienne Chicot : Roger. Ines Claye : Pauline. Madeleine Marie : Ida Faber. Philippe Lehembre : Faber. Daniel Rialet : Fred Bastin. Alain Stern : Mac Gregor. Martine Chevallier : Marthe. Humbert Balsan : Alexian.

Thème : Médecin dans un service d'urgences psychiatriques, Jeanne Quester anime le soir une émission de radio dans laquelle elle donne des conseils à ses auditeurs. Un soir, une voix étrange et inquiétante lui rappelle le drame dont elle a été le témoin vingt-cinq ans auparavant. Ses parents furent assassinés par un fou. Elle soupçonne bientôt Faber, car celui qui avait été condamné pour le meurtre de ses parents vient d'être libéré. Son frère Frank, qui est policier, charge son adjoint Lieberman de suivre l'affaire. Faber lui-même cherche à faire savoir à Jeanne qu'il n'est pour rien dans ces appels nocturnes. Il est bientôt assassiné tandis que Pauline, la fille de Jeanne, est enlevée. Jeanne découvre que son persécuteur n'est autre que Frank, véritable coupable psychopathe du drame familial, qui en voulait à sa sœur. Lieberman réussit à l'abattre.

Le film repose, avant tout, sur la composition de Catherine Deneuve. Cette femme médecin, sûre d'elle, finit peu à peu par être aussi inquiète que ses auditeurs nocturnes. L'image de certains films hollywoodiens – comme Un frisson dans la nuit *(*Play Misty for Me*, 1971) de Clint Eastwood – nous revient dans l'œuvre d'Élisabeth Rappeneau qui bascule dans un climat cauchemardesque. Dès son premier film, la réalisatrice, sœur de Jean-Paul Rappeneau et ancienne scripte de Jean-Pierre Melville, Alain Cavalier et Louis Malle, prouve ainsi son habileté à tenir une intrigue de plus en plus terrifiante et à diriger ses interprètes, la performance d'André Dussollier étant particulièrement remarquable. Grâce au chef opérateur William Lubtchansky, le film baigne dans une atmosphère fascinante. Une réussite.*

IL Y A MALDONE

IL Y A MALDONNE

Réalisation : John Berry ; scénario : John Berry, Jean Curtelin ; photographie : Jean-Claude Vicquery © ; musique : Pierre Papadiamandis ; montage : Eva Houdova ; production : Myriam Boyer (Jomy Productions / Paradise Films / Marina Productions) ; durée : 82 min.

Interprétation : Clovis Cornillac : Marco. Luc Thuillier : Luc. Jacques Martial : inspecteur Rainier. Nathalie Gabay : Martine. Marcel Maréchal : William. Bernard Rosselli : Besson. Raphaël Amor : Jojo. Bob Anette : Le Corbeau ; Myriam Boyer : mère de Marco. Max Morel : Thévenot.

Thème : Luc, un petit voleur, donne à son ami Marco une montre qu'il a dérobée. Or, Marco, qui espère épouser la sœur de Luc, est harcelé par l'inspecteur Thévenot qui veut faire de lui un indicateur. Luc finit par abattre Thévenot, mais Marco, accusé à tort du meurtre, est appréhendé, puis s'enfuit avec l'aide de Luc. Ayant appris que Luc est le coupable, Marco accepte de tendre un piège à Luc avec l'inspecteur Rainier. Mais il change d'avis au dernier moment, alerte Luc et est mortellement blessé par Rainier. Luc, quant à lui, est arrêté.

« Cette jeunesse autour de nous, je voulais lui parler » *déclarait John Berry, qui s'attache ici au thème de la délation dont il a lui-même été la victime au moment de la chasse aux sorcières à Hollywood. On peut penser – en mineur – à l'atmosphère tragique de* Menace dans la nuit (He Ran All the Way, *1951), l'une des plus belles œuvres du cinéaste qui dédie le film* « À tous ceux qui l'ont vécu ». *On retrouve le thème de la fuite, la nuit, la voiture, la mort* « si près du but ». *Souffrant visiblement d'un budget insuffisant, le film est tout à la fois très personnel et très mineur dans la carrière de John Berry.*

JAUNE REVOLVER

Réalisation : Olivier Langlois ; scénario : Pierre Fabre ; adaptation et dialogues : Pierre Fabre, Olivier Langlois ; photographie : Jean-Yves Escoffier © ; musique : Romano Musumarra ; montage : Aurique Delannoy ; production : Pierre Chevalier, Thérèse Chevalier (Long Pool Productions / FR3 Cinéma) ; durée : 90 min.

Interprétation : Sandrine Bonnaire : Angèle Dubreuil. François Cluzet : Jean-Claude Wielzky. Laura Favali : Leslie Lauret. Marie-France Santon : commissaire Pichon. Magali Clément : directrice. Philippe Polet : Cosmos. Jérôme Anger : Marc. Olivier Cruveiller : Vic Daumal.

Thème : Vic Daumal commet un hold-up et emmène en otage Angèle Dubreuil, une des employées. Ils deviennent amants, mais Angèle le tue et met la main sur le magot. Elle est alors soupçonnée à la fois par Jean-Claude Wielzky, qui travaille pour les assurances, et par Leslie Laure, l'ancienne maîtresse de Vic. Elle cherche alors à obtenir l'aide de Marc, son ancien amant, qui refuse. Elle le tue puis fuit avec Leslie, avant d'éliminer, à son tour, Wielzky. Les deux jeunes femmes continuent leur fuite…

C'est l'unique film de cinéma d'Olivier Langlois, un curieux drame criminel qui joue en même temps sur une succession de meurtres et sur des zones troubles qui se tissent bientôt entre certains des personnages. Très belle composition de Sandrine Bonnaire.

Notes : *Tournage au cap Ferrat (Alpes-Maritimes), aux Deux-Alpes (Isère) et à Paris.*

LA MAISON ASSASSINÉE

Réalisation : Georges Lautner ; scénario : Georges Lautner, Jacky Cukier, d'après le roman de Pierre Magnan ; dialogues : Didier van Cauwelaert ; photographie : Yves Rodallec © ; musique : Philippe Sarde ; montage : Michelle David ; production : Alain Poiré (Gaumont) ; durée : 110 min.

Interprétation : Patrick Bruel : Séraphin Monge. Anne Brochet : Marie Dormeur. Agnès Blanchot : Rose Pujol. Ingrid Held : Charmaine Dupin. Yann Collette : Patrice Dupin. Jean-Pierre Sentier : Célestat Dormeur. Roger Jendly : Zorme. Christian Barbier : Brigue. Martine Sarcey : Clorinde Dormeur. Mara Meriko : La Tricanote. Yves Vincent : juge. Claude Evrard : Gaspard Dupin.

Thème : Au lendemain de la Grande Guerre à laquelle il a participé, Séraphin Monge revient à La Burlière, dans le Midi, là où toute sa famille a été assassinée une vingtaine d'années plus tôt. Pour les habitants, il « porte la mort ». Alors même que Marie Dormeur et Rose Pujol le convoitent, il est décidé à détruire la maison familiale. Zorme, l'homme aux maléfices, lui conseille de partir, mais Séraphin trouve une cassette pleine de pièces d'or et contenant les reconnaissances de dettes des riches Pujol et Dormeur ainsi que du châtelain Dupin, à l'évidence les trois meurtriers de l'époque. Il veut se venger, mais Dupin, sa fille Charmaine et Pujol trouvent successivement la mort. Séraphin va enfin découvrir la vérité…

Un petit village en proie aux superstitions, une vérité soigneusement enfouie, un passé menaçant. Georges Lautner et ses scénaristes précipitent le spectateur dans une multitude de fausses pistes avant la révélation finale. L'utilisation des paysages et des décors est habile, et l'interprétation contribue à rendre parfaitement crédible cette intrigue criminelle trop souvent sous-estimée.

Notes : *Tournage dans les Alpes-de-Haute-Provence (Forcalquier, château de Sauvan à Mane) et le Gard (Sauve).*

MON AMI LE TRAÎTRE

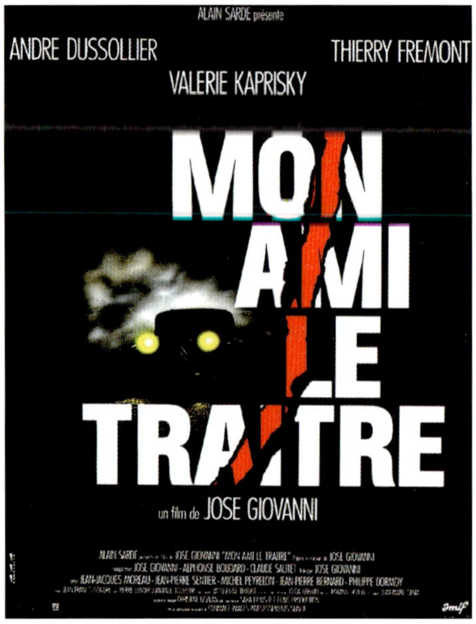

Réalisation : José Giovanni ; scénario : José Giovanni, d'après son roman ; adaptation : Alphonse Boudard, Claude Sautet, José Giovanni ; photographie : Jean-Francis Gondre © ; musique : Jean-Marie Sénia ; montage : Jacqueline Thiédot ; production : Alain Sarde (Sara Films / TF1 Films Production) ; durée : 115 min.

Interprétation : Thierry Frémont : Georges. André Dussollier : Adrien Rove. Valérie Kaprisky : Louise. Yves Kerboul : colonel. Jean-Pierre Bernard : capitaine. Steve Kalfa : Pellin. Philippe Dormoy : Le Bosco. Jean-Michel Noirey : Minsol. Jean-Pierre Sentier : La Glisse. Dora Doll : femme sur le pont. Anne Roumanoff : Bouchons. Pierre Léomy : président. Jean-Jacques Moreau : avocat Vilar.

Thème : Georges et son frère ont accepté de rejoindre la police allemande pour éviter la prison. À la Libération, Louise fait rencontrer à Georges Adrien Rove, qui appartient au contre-espionnage et décide donc de l'utiliser. Georges permet, en effet, l'arrestation de plusieurs collaborateurs, mais Rove reçoit l'ordre de cesser tout contact avec Georges dont il était devenu un ami. Ce dernier est arrêté et condamné à mort. Rove tarde à agir en sa faveur et Georges est fusillé en public.

C'est en prison, en 1947, que José Giovanni a été mis au courant par un détenu de l'histoire véridique qui est à l'origine de son roman et donc du film. Giovanni connaît bien cette période avec ses trahisons, ses fausses promesses, l'hypocrisie des résistants de la dernière heure et la haine d'une foule toujours prête à prendre parti pour le plus faible afin de tenter de cacher sa mauvaise conscience. Il n'est donc pas dupe et le film est certainement, avec Lacombe Lucien *(1974) de Louis Malle, un témoignage authentique sur la période la plus ambiguë de l'histoire récente de la France, celle de la Libération et de l'épuration. Très intéressant.*

NE RÉVEILLEZ PAS UN FLIC QUI DORT

Réalisation : José Pinheiro ; scénario : Frédéric H. Fajardie, Alain Delon, d'après le roman de Frédric H. Fajardie *Clause de style* ; photographie : Raoul Coutard © ; musique : Pino Marchese ; montage : Jennifer Augé ; production : Alain Delon, Jacques Bar (Leda Productions / TF1 Films Production / Slav 1 / Cité-Films) ; durée : 97 min.

Interprétation : Alain Delon : commissaire Eugène Grindel. Michel Serrault : commissaire Roger Scatti. Patrick Catalifo : commissaire Péret. Xavier Deluc : commissaire Lutz. Stéphane Jobert : Spiero. Raymond Gérôme : Cazalières. Roxan Gould : Jennifer. Consuelo de Haviland : Corinne. Serge Reggiani : « le Stéphanois ». Bernard Farcy : Latueva. Féodor Atkine : Pierre Stadler. Sacha Gordine : Cohen. Dominique Valera : Valles. Olivier Marchal : ami de Ginzbaum.

Thème : Le commissaire Grindel enquête sur une série de meurtres qui sont, en fait, commis par l'organisation « Fidélité de la police », que dirige clandestinement le commissaire Scatti. Ce dernier et ses hommes ont décidé de passer outre la loi et d'exécuter eux-mêmes les criminels qui doivent l'être selon eux. Stadler, un agitateur gauchiste est ainsi éliminé alors que « le Stéphanois », un indicateur que connaît Grindel, est assassiné avec un carreau d'arbalète par Lutz, l'un des propres collaborateurs de Grindel. L'un des membres de l'organisation, Spiero, est prêt à parler, mais il est tué par Scatti. Grindel fait arrêter le directeur Cazalières et abat lui-même Scatti.

De même que Clint Eastwood avait tenu, dans Magnum Force *(1973), à dénoncer les policiers appliquant leur propre loi, tels les membres de l'« Escadron de la mort », Alain Delon choisit ici de stigmatiser ceux qui se substituent à une justice, jugée souvent trop laxiste. L'organisation « Fidélité de la police » rappelle ainsi celle qui s'appelait « Honneur de la police ».*

Notes : *Tournage de juin à août 1988 à Paris – parc des Buttes-Chaumont (19ᵉ), au cimetière du Père-Lachaise (20ᵉ), rue du repos (20ᵉ) – et à l'aéroport d'Orly (Val-de-Marne).*

NE RÉVEILLEZ PAS UN FLIC QUI DORT

LA PASSERELLE

Réalisation : Jean-Claude Sussfeld ; scénario : Paul Berthier, Jean-Claude Sussfeld, d'après le roman de Richard Wright *Savage Holiday* ; photographie : Robert Fraisse © ; musique : Hervé Lavandier ; montage : Monique Prim ; production : Alain Terzian (T. Films / TF1 Films Production) ; durée : 92 min.

Interprétation : Pierre Arditi : Jean Nevers. Mathilda May : Cora Elbaz. Jany Holt : Maminouche. Aurélie Doazan : Virginie. Jean-Marie Marion : Richard. Guillaume Souchet : Antoine. Jean-Louis Cousseau : pompier. Muriel Robin : concierge.

Thème : Tout en possédant un bel appartement à Paris, Jean Nevers en habite un autre qui est en vis-à-vis de celui habité par Cora Elbaz, danseuse dans un cabaret, et son fils Antoine, âgé de 5 ans. Une simple passerelle relie l'un à l'autre. À cause de ce voisin qui s'est retrouvé nu sur celle-ci par accident (la porte s'est refermée sur lui), Antoine, surpris, fait une chute qui le plonge dans le coma. Ne disant rien à la police, Jean rencontre Cora et ils deviennent amants. Mais la jeune femme le soupçonne d'avoir joué un rôle dans l'accident de son fils…

L'intrigue, très simple, met face à face Jean et sa mauvaise conscience – c'est lui qui a provoqué la chute d'Antoine – et Cora, qui se plaît à jouer avec lui comme s'il n'était, au début, qu'un de ses habituels clients. Flirtant avec le film noir, le long métrage bénéficie du couple formé par Pierre Arditi et surtout Mathilda May.

SAXO

Réalisation : Ariel Zeïtoun ; scénario : Jacques Audiard, Ariel Zeïtoun, d'après le roman de Gilbert Tanugi *Saxo-faune* ; adaptation : Ariel Zeïtoun, Jacques Audiard, Gilbert Tanugi ; dialogues : Jacques Audiard ; photographie : Bruno de Keyser © ; musique : François Bréant, Gene Barge, Roy Buchanan, Denise Osso, Donald Kinsay ; montage : Hugues Darmois ; production : Ariel Zeïtoun (Partner's Production / Films A2 / Canal+) ; durée : 116 min.

Interprétation : Gérard Lanvin : Sam Friedman. Akosua Busia : Puppet. Richard Brooks : Joe. Laure Killing : Esther ; Clément Harari : Tonia. Roland Blanche : Raphaël Scorpio. Thomas Pollard : manager. Francis Girod : Me Guignard.

Thème : Fasciné par Jo Bennett, joueur de saxo, et sa sœur Puppet, Sam Friedman s'endette pour devenir leur imprésario en leur garantissant un futur départ pour l'Éthiopie. Il découvre, malheureusement pour lui, que le couple est ingérable. Joe tue une prostituée et Sam, soupçonné, ne se disculpe pas afin de ne pas nuire à l'enregistrement de ses deux vedettes. Mais celles-ci disparaissent. Sam les recherche alors que la police les retrouve. Puppet est abattue par un CRS. Innocenté, Sam rendra visite chaque semaine à Joe, interné dans un hôpital psychiatrique où il joue du saxo pour les soignants et les pensionnaires.

L'ambition et la passion de Sam, un couple incontrôlable, l'univers du film noir avec le rôle omniprésent de la musique… Inégal mais pas inintéressant.

SAXO

LA TRAVESTIE

Réalisation : Yves Boisset ; scénario : Yves Boisset, d'après le roman d'Alain Roger ; photographie : Yves Dahan © ; musique : Philippe Sarde ; montage : Laurence Leininger ; production : Alain Sarde (Sara Films) ; durée : 107 min.

Interprétation : Zabou : Nicole Armingault. Anna Galiena : Solange, dite « Myriam ». Valérie Steffen : Anne-Marie. Christine Pascal : Christine. Odile Schmitt : Jackie. Bernard Farcy : Hollandais. Gilles-Gaston Dreyfus : client aux lunettes. Denise Péron : mère de Myriam. Yves Boisset : client du café.

Thème : Avocate en province, Nicole fait semblant d'être enceinte afin d'obtenir de l'argent de ses amants et, avant de partir pour Paris, habillée en homme, met la main sur le contenu du coffre de son patron. Elle devient alors l'amie de Myriam, une prostituée, dont elle devient le souteneur en tant que « Nick ». Lorsque Myriam est assassinée, Nicole prend sa place puis se fait engager comme domestique chez Anne-Marie. Une mutuelle passion lie les deux femmes. Après avoir été blessée à Biarritz, elle se fait passer pour Christine et séduit Alain, à qui elle avoue tout avant de le tuer. Internée, elle se dit prête à tuer… Nicole.

Pour Yves Boisset, c'est « l'histoire d'une fêlure » *et le cinéaste prouve, une fois de plus, son habileté en dirigeant avec une méticuleuse froideur, mais non sans une véritable sympathie, le cas psychologique qu'il décrit ici, bénéficiant de la composition multiforme de Zabou (Breitman). Le difficile pari est réussi.*

LES BOIS NOIRS

Réalisation : Jacques Deray ; scénario : Pascal Bonitzer, Jacques Deray, d'après le roman de Robert Margerit *Le Château des Bois-Noirs* ; photographie : Carlo Varini © ; musique : Romano Musumarra ; montage : Hughes Darmois ; production : Éric Heumann, Jean Labadie, Stéphane Sorlat (Paradis Films / Mondex Films / La Générale d'Images / FR3 Cinéma) ; durée : 112 min.

Interprétation : Béatrice Dalle : Violette Dupin. Philippe Volter : Gustave Dupin. Stéphane Freiss : Bastien Dupin. Geneviève Page : Nathalie Dupin. Hervé Laudière : Antoine. Jenny Clève : Anna Bourderlas. Pierre Vial : Dr Charles. Jacques David : président Boisset. Claudine Delvaux : Rose Charles. Pierre Romans : curé. Michel Duchaussoy : juge d'instruction.

Thème : Violette Dupin est accusée de la mort de son mari Gustave. Séduite par lui, elle avait accepté de l'épouser et l'avait suivi dans sa demeure de La Vernière, dans le Périgord. Elle avait bientôt fait la connaissance de Bastien, le frère de Gustave, qui voyait en ce dernier le porteur de la mort. Jaloux, alors même qu'il venait de brutaliser Violette, Gustave tue Bastien et fait croire à son départ. Violette est de plus en plus horrifiée par la brutalité de son mari qui choisit alors de s'empoisonner, ce qui provoque l'arrestation de la jeune femme. L'assassinat de Bastien étant bientôt découvert, Violette est relaxée.

Jacques Deray a choisi de transposer de nos jours l'atmosphère du roman de Robert Margerit, qui semblait inspiré par l'affaire Lafarge survenue en 1840. De même, il a tenu à opposer au climat hiératique de La Vernière le personnage de Violette, qui permet à Béatrice Dalle de trouver un de ses meilleurs rôles. Dans la tradition du film d'atmosphère (criminelle), ce long métrage est une réussite mineure. « Les Bois noirs », déclarait Jacques Deray, c'est quelque chose d'important. Je ressens la volonté d'être plus en accord avec mes envies, même si ce film est une tragédie noire. Je pense par moments à *Rebecca*, à *Psychose* et me demande pourquoi j'ai abandonné le rythme de la ville qui m'inspire tant, pour me retrouver en province. Un coup de foudre pour l'histoire et pour Béatrice ! »

Notes : *Tournage à Bergerac (Dordogne) et Paris.*

FORCE MAJEURE

Réalisation : Pierre Jolivet ; scénario : Pierre Jolivet, Olivier Schatzky ; photographie : Bertrand Chatry © ; musique : Serge Perathoner, Jannick Top ; montage : Jean-François Naudon ; production : Paul Claudon, Michelle de Broca (CAPAC – Compagnie Artistique de Productions et d'Adaptations Cinématographiques / Fildebroc Productions) ; durée : 86 min.

Interprétation : Patrick Bruel : Philippe. François Cluzet : Daniel. Kristin Scott Thomas : Katia. Alan Bates : Malcolm Forrest. Sabine Haupedin : Jeanne. Thom Hoffman : Hans. Lucienne Hamon : mère de Philippe. Marc Jolivet : Le Guen. Hilde Maas : avocat. Béatrice Assenza : Gloria.

LES BOIS NOIRS

MONSIEUR HIRE

Thème : Au moment de quitter l'Asie pour la France, Philippe et Daniel remettent à leur compagnon Hans ce qui leur restait de haschisch. Hans est arrêté et condamné à mort pour trafic de drogue. À moins que ses deux amis ne reviennent se mettre à la disposition de la justice locale, Hans sera exécuté. Daniel est prêt à accepter, mais Philippe doit rentrer à Normale Sup. À l'aéroport, Daniel apprend le suicide de Hans. Il partira seul pour les Indes, Philippe ayant rejoint Katia, l'ancienne maîtresse de Hans.

Sans temps mort, ni afféterie de réalisation, Pierre Jolivet mène son intrigue, de plus en plus dramatique.

***Notes :** Tournage du 7 octobre au 25 novembre 1988 à Madagascar (pour simuler l'Asie), Amsterdam, Paris (rue Lacépède, 5e), Lille et Pontoise (Val-d'Oise). Remake américain en 1998 par Joseph Ruben :* Return to Paradise (Loin du paradis), *avec Anne Heche, Joaquin Phoenix et Vince Vaughn.*

MONSIEUR HIRE

Réalisation : Patrice Leconte ; scénario : Patrick Dewolf, Patrice Leconte, d'après le roman de Georges Simenon *Les Fiançailles de M. Hire* ; photographie : Denis Lenoir © ; musique : Michael Nyman ; montage : Joëlle Hache ; production : René Cleitman, Philippe Carcassonne (Cinéa / Hachette Première / FR3 Cinéma) ; durée : 81 min.

MONSIEUR HIRE

Interprétation : Michel Blanc : M. Hire. Sandrine Bonnaire : Alice. Luc Thuillier : Émile. André Wilms : inspecteur de police. Philippe Dormoy : François. Marie Gaydu : jeune fille du massage. Éric Bérenger : gérant du bowling. Mireille Berthon : Pierrette Bourgeois. Michel Morano : chauffeur de taxi. Christina Réali : adolescente au bowling.

Thème : M. Hire est tout à la fois tailleur et détesté de ses voisins auxquels il préfère sa solitude. Lorsqu'une jeune fille est assassinée, l'inspecteur s'intéresse à M. Hire qui, de son côté, est fasciné par sa voisine, Alice, qui a pourtant un amoureux, Émile. Alice, flattée par les attentions de M. Hire, le fréquente de plus en plus et il lui propose de partir en Suisse avec lui. M. Hire sait qu'Émile est l'assassin, mais il se tait pour ne pas laisser accuser Alice de complicité. Alice place le sac de la morte chez M. Hire qui, traqué, monte sur le toit et fait une chute mortelle. Il a laissé une lettre dénonçant Émile et innocentant Alice…

Réadapter le roman de Georges Simenon après l'admirable Panique *(1947), l'un des chefs-d'œuvre de Julien Duvivier, présentait un danger évident, mais Patrice Leconte, qui signe ici l'un de ses meilleurs films – sinon même le meilleur –, réussit très habilement cette gageure. Il bénéficie d'un excellent scénario et de l'interprétation surprenante de Michel Blanc, qui succède donc à Michel Simon. Leconte oppose au jeu très retenu de Michel Blanc, remarquable, le charme de Sandrine Bonnaire, alors qu'autour d'eux, gravitent des protagonistes toujours prêts à voir dans un personnage inhabituel – ce qu'est M. Hire – le suspect idéal, un bouc émissaire tout trouvé. Une véritable réussite.*

RADIO CORBEAU

Réalisation : Yves Boisset ; scénario : Alain Scoff, Yves Boisset, d'après le roman d'Yves Ellena ; photographie : Jacques Loiseleux © ; musique : Gérard Anfosso ; montage : Laurence Leininger ; production : Alain Sarde (Saris / Ciné 5) ; durée : 95 min.

Interprétation : Claude Brasseur : Paul Maurier. Pierre Arditi : inspecteur Julien Duval. Christine Boisson : Agnès Deluca. Évelyne Bouix : Françoise Duval. Jean-Pierre Bisson : commissaire divisionnaire Bouthier. Roger Planchon : Faber. Myriam Mézières : Mme Perron. Michel Peyrelon : Vinatier. Bernard Bloch : Louis Gerfaut. Jean-Pol Dubois : Meyrignac. Gilles Gaston-Dreyfus : Weber. Quentin Ogier : Jacky. Greg Germain : Olivier. François Dyrek : Albert Cauvin. Édith Scob : Mme Michel. Clément Harari : Maxime Katzman. Alain Scoff : Josselin. Jean-Roger Milo : ouvrier en colère.

Thème : Tous les jours, un émetteur clandestin, qui se nomme Radio Corbeau, met en émoi la communauté de Saint-Meyrand en dénonçant les turpitudes des habitants fortunés de la ville. Le journaliste Paul Maurier en profite et les dénonciations commencent à provoquer des drames. Ainsi, Gerfaut se tue après avoir accusé Meyrignac de l'avoir dénoncé à la police. Alors que l'inspecteur Duval soupçonne Maurier, l'inspecteur Bouthier vient de Paris pour diriger les investigations. Le jeune Jacky est lynché par ceux qui le prennent pour le Corbeau, Françoise, la femme de Duval, décide de quitter son mari et la ville. On découvre enfin la vérité : Radio Corbeau était dirigé par Weber, le receveur des postes aidé par Duval dont la sœur avait été victime de chauffards. Maurier empêche Faber de tuer Duval. Il veut innocenter ce dernier, mais Bouthier exige la démission de son collègue.

RADIO CORBEAU

Et l'on retrouve l'atmosphère du Corbeau (1943), une petite ville livrée à la suspicion collective. Yves Boisset dénonce le thème même de la délation au cours de ce virulent jeu de massacre qui bénéficie d'une brillante interprétation.

***Notes :** Tournage dans le Jura (Champagnole, Salins-les-Bains), les Yvelines (Maule) et le Doubs (Pontarlier).*

SAUF VOTRE RESPECT

Réalisation : Guy Hamilton ; scénario : Guy Hamilton, Alec Medieff, Sergio Gobbi, d'après le roman de James Hadley Chase *Try This One for Size* ; photographie : Jean-Yves Le Mener © ; musique : Claude Bolling ; montage : Georges Klotz ; production : Sergio Gobbi (Candice Productions) ; durée : 105 min.

Interprétation : Michael Brandon : Tom Lepski. David Carradine : Bradley. Arielle Dombasle : Maggie. Guy Marchand : commissaire Ottavioni. Peter Bowles : Igor. Mario Adorf : Radnitz. Harold Innocent : Kendrick. Françoise Christophe : Jenny. Edward Meeks : Lindsay. Valérie Steffen : Carol.

Thème : Enquêteur pour l'International Fidelity, Tom Lepski doit surveiller à Antibes une statuette en bois polychrome d'une valeur de 2 millions de dollars. Celle-ci est volée par Bradley, qui la remplace par une copie. Lepski poursuit Bradley et sa complice Maggie…

James Hadley Chase méritait mieux que cette mièvre et touristique adaptation.

***Notes :** Tournage à partir du 5 décembre 1988 à Cannes, Nice et Lausanne. C'est l'ultime film de Guy Hamilton.*

STREET OF NO RETURN / SANS ESPOIR DE RETOUR

Réalisation : Samuel Fuller ; scénario : Samuel Fuller, Jacques Bral, d'après le roman de David Goodis ; photographie : Pierre-William Glenn © ; musique : Karl-Heinz Schäfer ; montage : Jacques Bral, Jean Dubreuil, Nadine Fareri, François Tourtet ; production : Jacques Bral, Francis Dreyfus (Thunder Films International / FR3 Cinéma / Animatógrafo / Instituto Português de Cinema) ; durée : 93 min.

Interprétation : Keith Carradine : Michael. Valentina Vargas : Celia. Bill Duke : lieutenant Borel. Andréa Ferréol : Rhoda. Bernard Fresson : Morin. Marc de Jonge : Eddie. Rebecca Potok : Bertha. Jacques Martial : Gérard. Sergio Godinho : Pernoy. Gordon Heath : clochard noir. Christa Lang : infirmière. Samuel Fuller : commissaire de police.

Thème : Autrefois chanteur en vogue, Michael tombe follement amoureux de Celia qu'il désire garder pour lui, pour toujours. Mais Celia a un ami, Eddie, qui corrige Michael et le blesse au larynx. Ce dernier devient désormais une épave, un clochard. Il découvre qu'Eddie a mis au point un projet redoutable : provoquer une haine interraciale dans le quartier afin de faire chuter le prix des immeubles, les racheter, les raser et construire un ensemble immobilier de haut standing. Il avertit la police, qui intervient, et il quitte alors le quartier maudit au bras de Celia.

Que Samuel Fuller ait eu envie de tourner une adaptation de David Goodis, un auteur dont il « était l'ami », est parfaitement compréhensible, mais le résultat n'est pas convaincant, en raison d'une interprétation inégale et de la difficulté rencontrée par le cinéaste à retrouver dans cette coproduction franco-portugaise le style de ses premières œuvres. Restent une assez belle utilisation des décors et quelques curieux personnages…

L'UNION SACRÉE

Réalisation : Alexandre Arcady ; réalisation de seconde équipe : Marc Angelo ; scénario : Daniel Saint-Hamont, Alexandre Arcady, Pierre Aknine, Saïd Amadis ; adaptation et dialogues : Daniel Saint-Hamont, Alexandre Arcady ; photographie : Robert Alazraki © ; musique : Jean-Jacques Goldman, Roland Romanelli ; montage : Joële van Effenterre, Anne-Marie Leduc ; production : Alexandre Arcady (Alexandre Films / FR3 Cinéma / SGGC – Société Générale de Gestion Cinématographique) ; durée : 122 min.

Interprétation : Richard Berry : Karim Hamida. Patrick Bruel : Simon Atlan. Corinne Dacla : Lisa Vernier. Bruno Cremer : commissaire Joulin. Claude Brasseur : colonel Revers. Saïd Amadis : Abou Abradim / Ali Radjani. Marthe Villalonga : Blanche Atlan. Thierry Beccaro : Santoni. Alexandre Jouan (= Alexandre Aja) : enfant au skate. Mouss Diouf : homme à tout faire.

Thème : Issu d'une famille de juifs pieds-noirs, Simon Atlan travaille pour la Brigade des stupéfiants. Karim Hamida, qui est fils de harkis, devient son adjoint. Leur mission est d'empêcher un mouvement fanatique, destiné à renverser l'Occident, d'accomplir son projet. Un terroriste se fait passer pour Ali Radjani et distribue de la drogue. Karim doit travailler avec Lisa, la femme de Simon. Il s'éprend d'elle, mais celle-ci est tuée. Simon est décidé à se venger et Hamida fait sauter la voiture de Radjani.

Alexandre Arcady s'attache à ces deux héros qui, malgré des racines communes, manifestent régulièrement leur différence. Le film aurait donc pu être une véritable réflexion sur une situation de plus en plus dramatique, mais le cinéaste, tout en dénonçant la montée du terrorisme, n'échappe pas à une suite de conventions. Pour lui, le film est « une aventure nécessaire » de sa part, se jugeant alors un « citoyen-cinéaste ». Le film s'inspire d'un meurtre commis à Londres par un tueur protégé par l'immunité diplomatique.

DOCTEUR PETIOT

Réalisation : Christian de Chalonge ; scénario : Dominique Garnier, Christian de Chalonge ; photographie : Patrick Blossier © ; musique : Michel Portal ; montage : Anita Fernández ; production : Alain Sarde, Michel Serrault (Sara Films / Ciné 5 / MS Productions / Canal+) ; durée : 102 min.

Interprétation : Michel Serrault : Dr Marcel Petiot. Pierre Romans : Ivan Drezner. Zbigniew Horoks : Nathan Guzik. Bérangère Bonvoisin : Georgette Petiot. Aurore Prieto : Mme Guzik. André Chaumeau : Célestin Nivelon. Maxime Collion : Gérard Petiot. Dominique Marcas : Mme Valéry.

Thème : On le sait mari attentionné, bon père et toujours prêt à soigner les plus démunis, mais le docteur Petiot est aussi, en tant que Dr Eugène, l'homme qui, sous le prétexte de les faire passer à l'étranger et de les vacciner, assassine ses patients, essentiellement des Juifs, et les brûle dans sa chaudière. Complice de la Gestapo, Petiot devient en 1944 un capitaine de l'armée qui libère Paris. Il est arrêté dans un cinéma et guillotiné le 25 mai 1946.

Alors qu'il aurait pu se contenter de filmer une biographie traditionnelle du « vampire de l'Étoile », Christian de Chalonge crée avec la figure du docteur Petiot celle d'un véritable monstre, une de celles qui peuvent naître dans des périodes telles que l'Occupation ou la Libération. Il choisit en même temps un style qui tourne le dos au naturalisme pour retrouver le monde nocturne du cinéma expressionniste. Coproducteur du film, Michel Serrault contribue, lui aussi, par son maquillage à la création de cet être quasi démoniaque. Même si parfois, il surjoue un peu, le comédien confère à son personnage une apparence cauchemardesque qui contribue à donner au film une rare puissance. À redécouvrir.

Notes : *Tournage du 2 octobre au 1er décembre 1989 à Pontoise, dans une usine désaffectée à Cire-lès-Mello (Oise) et au château de Saint-Rémy-des-Landes (Clairefontaine-en-Yvelines).*

DR. M

Réalisation : Claude Chabrol ; scénario : Claude Chabrol, d'après une idée de Thomas Bauermeister et le roman de Norbert Jacques *Dr. Mabuse, der Spieler* ; adaptation : Claude Chabrol, Odile Barski ; photographie : Jean Rabier © ; musique : Mekong Delta ; musique préexistante : Paul Hindemith ; montage : Monique Fardoulis ; production : Adolphe Viezzi, Hans Brockmann, François Duplat (Cléa Productions / La Sept Cinéma / FR3 Cinéma / Ellepi Films / ZDF / NEF Filmproduktion GmbH) ; durée : 116 min.

Interprétation : Alan Bates : Dr Heinrich Marsfeldt. Jennifer Beals : Sonja Vogler. Jan Niklas : lieutenant Klaus Hartmann. Hanns Zischler : Moser. Benoît Régent : Stieglitz. William Berger : Penck. Wolfgang

Preiss : commissaire Kessler. Peter Fitz : Egon Veidt. Jean Benguigui : Rolf. Daniela Poggi : Kathi.

Thème : Alors que Sonja Vogler fait de la publicité pour le club de vacances Theratos, Berlin est en proie à une vague de suicides. Le lieutenant Klaus Hartmann découvre au cours de leur enquête que Sonja est la fille adoptive du puissant Heinrich Marsfeldt le patron de la chaîne Matermedia et de Theratos, les morts étaient d'ailleurs des adhérents du club. Hartmann et Sonja se font passer pour un couple en vacances et découvrent une nouvelle vérité : les membres de Theratos sont conditionnés pour se suicider par le Docteur M., en fait Marsdeldt lui-même. Hartmann et Sonja parviennent à empêcher la diffusion de l'émission de télévision destinée à provoquer un suicide collectif. Marsfeldt se donne la mort.

C'est, semble-t-il, à l'occasion de la célébration du centenaire de la naissance de Fritz Lang, qu'a été produit ce Dr. M *dans lequel Wolfgang Preiss, héros du* Diabolique Docteur Mabuse *(1960), l'ultime film du cinéaste, personnifie le commissaire Kessler. En dehors de quelques belles idées comme le cœur en métal de Marsfeldt, Chabrol s'est quelque peu noyé entre les hommages, les références, sa dénonciation de la puissance dangereuse de l'image et sa volonté de placer son intrigue dans un Berlin moderne et menacé par un suicide collectif.*

ÉQUIPE DE NUIT

Réalisation : Claude d'Anna ; scénario : Claude d'Anna, Laure Bonin ; photographie : Pierre Dupouey © ; musique : François Chouchan ; musique préexistante : Franz Schubert ; montage : Maguelone Pouget, Anne Mirman ; production : Henri Lange, Christine Jimenez (Tyra Productions) ; durée : 100 min.

Interprétation : Michel Voïta : Quentin. Michel Duchaussoy : André. Bernard Fresson : Schlossberg. Simone Valère : mère. Jean Desailly : père. Marion Laine : jeune fille. Jacques Bourgeois : voix.

Thème : Quentin et André, deux frères, se retrouvent dans la demeure de leur enfance. Le premier, qui est un célèbre pianiste, souhaite la vendre, mais le second s'y oppose. Les souvenirs, les mésententes, les rancœurs du passé réapparaissent, sans oublier le souvenir fantomatique de la professeur de piano de Quentin – et maîtresse d'André – qui s'était suicidée. L'imprésario de Quentin, Schlossberg, arrive et meurt empoisonné. La police abat accidentellement André, mais Quentin et son professeur se remettent au piano...

Encore un curieux film de Claude d'Anna, qui mêle le monde des souvenirs au présent, les fantômes aux êtres réels. On est à la limite du film fantastique, tout en n'oubliant pas l'atmosphère souvent propre au « film noir ». À l'image de cette « Fantaisie » à quatre mains de Schubert qui clôt le film...

NIKITA

Réalisation : Luc Besson ; scénario : Luc Besson ; photographie : Thierry Arbogast © ; musique : Éric Serra ; montage : Olivier Mauffroy ; production : Patrice Ledoux, Luc Besson (Les Films du Loup / Gaumont / Cecchi Gori Group Tiger Cinematografica) ; durée : 114 min.

Interprétation : Anne Parillaud : Nikita / Marie Clément. Tchéky Karyo : Bob. Jean-Hughes Anglade : Marco. Jeanne Moreau : Amande. Jean Reno : Victor. Philippe Leroy-Beaulieu : Grosmann. Roland Blanche : policier de l'interrogatoire. Jean Bouise : attaché d'ambassade. Philippe du Janerand : ambassadeur. Marc Duret : Rico. Jacques Boudet : pharmacien.

Thème : Nikita attaque une pharmacie avec ses complices et abat un policier. Elle est arrêtée et condamnée. Elle est alors obligée d'accepter l'offre de passer de l'autre côté et de devenir une exécutrice au service du gouvernement, alors qu'on la fait passer officiellement pour morte. Elle subit, dès lors, un entraînement qui fait d'elle une spécialiste du tir et du combat. Elle a bientôt pour compagnon Marco, qui ignore tout de ses activités alors même qu'elle commence à accomplir ses missions. Puis, elle disparaît...

Luc Besson a reconnu avoir imaginé le film dans un avion en écoutant « Nikita » d'Elton John. Anne Parillaud, à l'époque la compagne du cinéaste, utilise notamment un Eagle Mark VII 357 Magnum, un Beretta 93 R et un Steyr AUG. Le film sera un grand succès populaire (plus de 3,5 millions d'entrées en France). Aux États-Unis, il sera le premier film français à dépasser les 5 millions de dollars de recettes.

Notes : *Tournage du 13 février au 10 juillet 1989 à Paris – restaurant* Le Train Bleu *(gare de Lyon, 12ᵉ), rue Louis-Codet (7ᵉ), hôtel* Saint-James *(43, avenue Bugeaud, 16ᵉ), ancienne usine de la Seita (12ᵉ), boulevard Saint-Germain (6ᵉ) – et Venise. Le film a donné lieu à un remake américain réalisé par John Badham –* Point of No Return *(*Nom de code : Nina*, 1993), avec Bridget Fonda et Gabriel Byrne – et à deux séries télévisées.*

PRÉSUMÉ DANGEREUX

Réalisation : Georges Lautner ; scénario : Sergio Gobbi, Gilles Lambert, d'après le roman de James Hadley Chase ; adaptation : Georges Lautner, Gilles Lambert, Sergio Gobbi, Robert T. Megginson ; dialogues : Alec Medieff, Robert T. Megginson ; photographie : Yves Rodallec © ; musique : Stelvio Cipriani ; montage : Georges Klotz ; production : Sergio Gobbi (Candice Productions) ; durée : 100 min.

Interprétation : Michael Brandon : Tom Lepski. Sophie Duez : Antonella Mazzarino. Robert Mitchum : professeur Forrester. Francis Perrin : commissaire Durieux. Marie Laforêt : Théa Forrester. Mario Adorf : Radnitz. Stéphane Bonnet : inspecteur Jacobi. André Oumansky : Richard Lindsay. Marc de Jonge : colonel Vigier.

Thème : Le professeur Forrester surprend sa femme avec un amant qu'il tue. Désormais prostré, il est protégé par les services français, car il a mis au point un système de destruction des satellites. Le trafiquant Radnitz l'enlève, mais Forrester est toujours muet. Son assistante Antonella est enlevée à son tour. Tom Lepski, qui était chargé de protéger le scientifique, intervient et délivre Antonella, alors que Forrester est éliminé par le colonel Vigier des services secrets.

Nouvelle adaptation de James Hadley Chase, avec Michael Brandon dans le rôle de Lepski. Le film est tourné à Nice et le seul intérêt de l'ensemble réside dans l'histoire originale. Le reste manque de conviction et il est bien triste de retrouver ici Robert Mitchum que l'on a connu en meilleure compagnie.

1991-2000

AUX YEUX DU MONDE

Réalisation : Éric Rochant ; scénario : Éric Rochant ; photographie : Pierre Novion © ; musique : Gérard Torikian ; montage : Catherine Quesemand ; production : Alain Rocca, Adeline Lecallier (Les Productions Lazennec / La Générale d'Images / SGGC – Société Générale de Gestion Cinématographique / FR3 Cinéma) ; durée : 95 min.

Interprétation : Yvan Attal : Bruno Fournier. Charlotte Gainsbourg : Juliette Mangin. Kristin Scott Thomas : institutrice. Marc Berman : chauffeur. Henri Lambert : garagiste. François Lalande : épicier.

Thème : Désireux d'être reconnu, Bruno Fournier, 22 ans, s'empare d'un autocar scolaire pour rejoindre sa petite amie Juliette. Il est donc désormais un preneur d'otages. L'institutrice, qui est avec ses élèves, tente en vain de le raisonner. Le jeune homme rejoint enfin Juliette, avant d'être arrêté.

Le scénario s'inspire d'une histoire vraie qui s'était produite en 1982 dans l'Aisne et avait déjà fait l'objet d'une adaptation – pour la télévision – en 1984 sous le titre Le Vent du Nord, *réalisée par Alain Dhénaut avec Lucas Belvaux et Georges Géret. Éric Rochant s'attache ici à un personnage qui a besoin de reconnaissance et veut échapper à la grisaille de son univers quotidien et il choisit d'éviter les grands moments de suspense et de violence. Ce n'est pas* Dirty Harry *!*

Notes : *Tournage dans l'Aveyron, à Nanteuil (Deux-Sèvres) et au restaurant* Les Routiers *de Vivonne (Vienne).*

NETCHAÏEV EST DE RETOUR

NETCHAÏEV EST DE RETOUR

Réalisation : Jacques Deray ; scénario : Jacques Deray, Dan Franck, d'après le roman de Jorge Semprún ; dialogues : Dan Franck ; photographie : Yves Angelo © ; musique : Claude Bolling ; montage : Henri Lanoë ; production : Yves Gasser, Christine Lipinska, Serge Khayat (Les Films de l'Écluse / TF1 Films Production / CFC – Compagnie Française Cinématographique / SFP Cinéma / Italmedia Film) ; durée : 110 min.

Interprétation : Yves Montand : Pierre Marroux. Vincent Lindon : Daniel « Netchaïev » Laurençon. Miou-Miou : Brigitte. Carolina Rosi : Sonsoles. Philippe Leroy-Beaulieu : Luiz Perez. Mireille Perrier : Sylvie. Patrick Chesnais : Marc Leloy. Maxime Leroux : Élie. Jean-Claude Dauphin : Philippe Martel. Jean-Marie Winling : Lacourt. Pierre Debauche : ministre.

Thème : Révolutionnaire et terroriste, Netchaïev, que l'on croyait mort, réapparaît, offrant en échange de son impunité des informations sur une prochaine vague d'attentats à Paris. Pierre Marroux, l'ancien patron de la DST, sait que Netchaïev n'est autre que son propre fils, mais les anciens camarades activistes de ce dernier commencent à s'inquiéter. L'un d'eux, l'avocat Leloy fait du trafic d'armes avec l'Iran avec la bénédiction du gouvernement. Celui-ci est justement assassiné, mais Netchaïev passe à l'action et fait sauter le repaire des terroristes. Marroux meurt en le protégeant.

Jacques Deray mêle à un contexte politique contemporain – le terrorisme – le souvenir des événements de 1968 et une intrigue amoureuse dont Miou-Miou est l'héroïne. La qualité de la direction d'acteurs – Jacques Deray le prouve film après film – donne un véritable rôle à Yves Montand, qui s'était quelque peu égaré dans Trois places pour le 26 *(1988). Intéressant.*

AUX YEUX DU MONDE

SAS : L'ŒIL DE LA VEUVE / EYE OF THE WIDOW

Réalisation : Andrew V. McLaglen ; réalisation de seconde équipe : Christian Le Hémonet ; scénario : Joshua Sauli, d'après le roman de Gérard de Villiers ; photographie : Arthur Wooster © ; musique : Hubert Rostaing, Yvan Jullien, Hubert Rostaing ; montage : Luce Grunenwaldt ; production : Daniel Carrillo, Gérard de Villiers, Kyra Pahlen (Adlar Productions); durée : 96 min.

Interprétation : Richard Young : SAS Malko Linge. F. Murray Abraham : Kharoun. Ben Cross : Nassiri. Annabel Schofield : Sharnilar Khasani. Sacha Briquet : Cardinal. Nabila Khashoggi : Vanya. Terence Ford : Milton Brabeck. Rick Hill : Chris Jones. Mel Ferrer : chef du FBI. Charles Millot : Carlos. Susanna Hofmann : comtesse Alexandra. Patrick Macnee : Andrew Marcus.

Thème : La grande réception donnée par Son Altesse Sérénissime le prince Marko Linge – qui est aussi un agent de la CIA – dans son château autrichien est interrompue par l'arrivée de terroristes que commande Nassiri. Suite à cette attaque dont il sort indemne, SAS se lance sur les traces de ses agresseurs, faisant équipe avec une veuve, Sharnilar Khasani, elle aussi en quête de vengeance contre Nassiri. Elle est enlevée par leurs ennemis, mais Malko intervient et empêche la jeune femme d'être victime d'un attentat. Alors que Sharnilar est prête à épouser Kharoun (le chef de Nassiri), Malko réussit à détruire le yacht de ce dernier.

Le dernier film d'Andrew McLaglen, l'un des moins intéressants aussi… Le moment le plus curieux est celui où Sharnilar conduit son canot automobile les seins nus…

***Notes :** Tournage à partir du 10 juillet 1989 en Autriche (Vienne, château d'Eggenberg à Graz), Espagne (Marbella et Ronda), France – Cannes (hôtel Majestic), Corse (Bonifacio, réserve naturelle des îles Lavezzi) –, Italie (San Remo) et au Canada (Vancouver).*

LA TRIBU

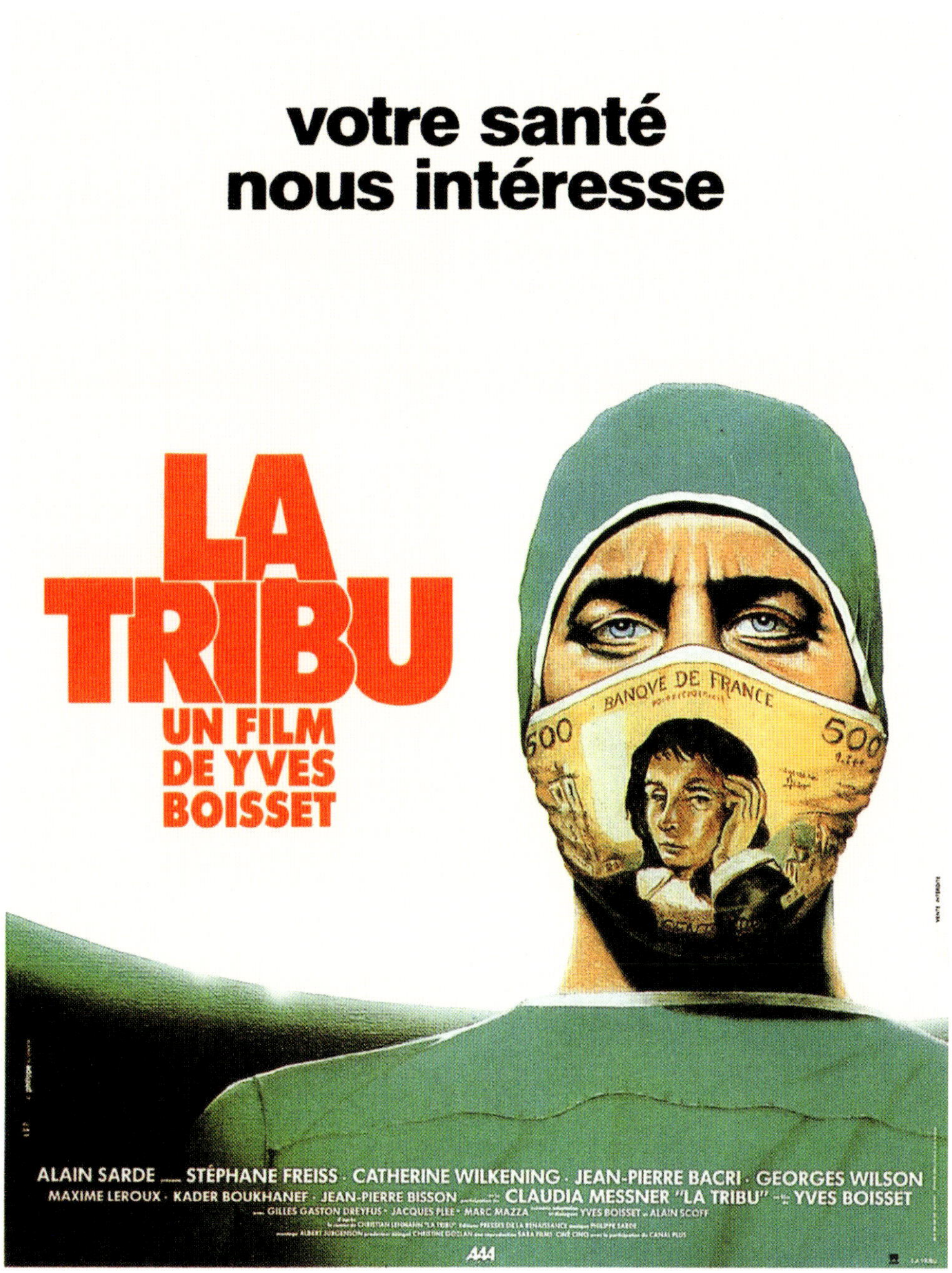

Réalisation : Yves Boisset ; scénario : Alain Scoff, Yves Boisset, d'après le roman de Christian Lehmann ; photographie : Fabio Conversi © ; musique : Philippe Sarde ; montage : Albert Jurgenson ; production : Alain Sarde (Sara Films / Ciné 5 / Canal+) ; durée : 100 min.

Interprétation : Stéphane Freiss : Dr Olivier Rohan. Catherine Wilkening : Laurence. Maxime Leroux : François. Kader Boukhanef : Étienne. Jean-Pierre Bacri : Roussel. Jean-Pierre Bisson : professeur Maréchal. Georges Wilson : Hubert Castaing. Jean-Claude Dreyfus : malade alcoolique. Alain Scoff : voisin de Lisbeth. Claudia Messner : Lisbeth.

Thème : Appelé au chevet d'un adolescent malade lors d'une garde de nuit, le Dr Olivier Rohan se voir étrangement refuser l'hospitalisation de ce dernier par son confrère le professeur Maréchal et l'homme d'affaires Hubert Castaing. Quelques jours plus tard, le jeune garçon meurt et Rohan découvre que celui-ci était à la charge de Castaing, candidat du parti local d'extrême droite et désireux d'étouffer l'affaire. Laurence, l'amie d'Olivier et animatrice de radio, trouve la mort dans un « accident de la route », après avoir mis en cause publiquement Castaing. Décidé à se venger et faire payer les coupables, Rohan enquête. Il comprend que le jeune garçon était l'amant de Maréchal et de Castaing. Il parvient à obtenir les aveux de Maréchal, qui se suicide, et à faire renoncer, sous la contrainte, Castaing à sa carrière politique, avant de quitter la ville.

Après s'être attaché à la police, à la justice, au racisme, à l'armée et au monde politique, Yves Boisset dénonce les liens malsains qui peuvent exister entre la politique et certains médecins. Une fois de plus, Boisset sait mettre le doigt là où cela fait mal, bousculant les habitudes et les conventions souvent propres au cinéma français. Sans être son meilleur film, il s'agit donc d'un exercice salutaire.

BETTY

Réalisation : Claude Chabrol ; scénario : Claude Chabrol, d'après le roman de Georges Simenon ; photographie : Bernard Zitzermann © ; musique : Matthieu Chabrol ; montage : Moniue Fardoulis ; production : Marin Karmitz (MK2 Films / FR3 Cinéma / CED Productions) ; durée : 103 min.

Interprétation : Marie Trintignant : Betty Etamble. Stéphane Audran : Laure. Jean-François Garreaud : Mario. Yves Lambrecht : Guy Etamble. Christiane Minazzoli : Mme Etamble. Pierre Vernier : médecin. Nathalie Kousnetzoff : Odile. Thomas Chabrol : Schwartz.

Thème : Ayant trouvé refuge dans l'alcool, Betty est à la dérive. Épouse du riche Guy Etamble et mère de famille, elle était une femme frustrée qui avait trompé son ennui avec de jeunes amants de passage. Surprise par son mari et sa belle-mère et munie d'un chèque, elle était alors partie. Laure, une veuve qui l'a recueillie et qui a rompu, elle aussi, avec son entourage de la bourgeoisie lyonnaise, comprend qu'elle aurait pu mener une vie aussi tragique que Betty. Mais un soir, Betty et Mario, le compagnon de Laure, deviennent amants…

Claude Chabrol retrouve Simenon dont c'est ici l'un des univers les plus noirs. Le cinéaste décrit parallèlement la description de la déchéance de Betty et l'image – en miroir – de Laure, dont l'existence n'est guère plus réjouissante. Stéphane Audran, que Chabrol dirige pour la dernière fois, et Marie Trintignant sont toutes les deux remarquables. Pour Marie Trintignant : « Chabrol aime ces femmes monstrueuses qui font des choses terribles avec une totale innocence. »

Notes : *Tournage à Paris (rue des Lombards) et Versailles (hôtel* Trianon Palace*).*

BETTY

FATALE / DAMAGE

LES EAUX DORMANTES

Réalisation : Jacques Tréfouël ; scénario : Yves Ellena, Jacques Santamaria, Pierre Boileau, Thomas Narcejac, d'après l'histoire de Pierre Boileau et Thomas Narcejac ; photographie : Elso Roque © ; musique : Alain Jomy ; montage : Jean-François Giré ; production : Tony Molière, Jean-Pierre Cottet (Les Films Jean Alexandre Molière / Animatógrafo / Chevereau) ; durée : 96 min.

Interprétation : Philippe Caroit : Denis de Lespinière. Marie Adam : Claire. Danièle Delorme : Mme de Lespinière. Michel Galabru : Fouchard. Ludmila Mikael : Éva. Jacques Perrin : Daviot. Tsilla Chelton : tante. Daniel Gélin : Dr. Nédelec. Cécile Ricard : Eugénie.

Thème : Denis de Lespinière revient en Bretagne auprès de sa famille. Il revoit Éva, qui avait autrefois provoqué son départ pour le Cambodge. Il cherche à savoir ce qu'est devenu son père. Pour sa mère, il s'agit d'une fugue. Denis redevient l'amant d'Éva et comprend que son père a été assassiné. Il soupçonne sa mère et apprend alors qu'Éva était la maîtresse de son père. Il décide de quitter la région avec la jeune femme, mais celle-ci est assassinée. La meurtrière est Claire, la sœur handicapée de Denis qui ne voulait voir partir ni son père, ni son frère.

Le premier film de Jacques Tréfouël, adaptant un drame familial – et criminel – imaginé par les auteurs des Diaboliques *(1955) de Clouzot.*

Notes : *Tournage à Brière (Loire-Atlantique).*

FATALE / DAMAGE

Réalisation : Louis Malle ; scénario : David Hare, d'après le roman de Josephine Hart *Dangereuse* ; photographie : Peter Biziou © ; musique : Zbigniew Preisner ; montage : John Bloom ; production : Louis Malle, Vincent Malle, Simon Relph (NEF – Nouvelle Éditions de Films / Skreba Films / Channel Four Films / Canal+) ; durée : 111 min.

Interprétation : Jeremy Irons : Stephen Fleming. Juliette Binoche : Anna Barton. Miranda Richardson : Ingrid Fleming. Rupert Graves : Martyn Fleming. Leslie Caron : Elizabeth Prideaux. Ian Bannen. Edward Lloyd. Peter Stormare : Peter. David Thewlis : inspecteur. Gemma Clarke : Sally Fleming. Julian Fellowes : Donald Lyndsay.

Thème : Futur secrétaire d'État, Stephen Fleming vit avec sa femme Ingrid, son fils Martyn et sa fille Sally. Il rencontre Anna Barton, la fiancée de Martyn, et la jeune femme devient sa maîtresse, Stephen ne pouvant résister à cette incontrôlable pulsion. Martyn, qui n'est au courant de rien, continue à préparer son prochain mariage, mais, un jour, il surprend son père avec Anna et se tue accidentellement. Le mariage de Stephen éclate et ce dernier est obligé de renoncer à la politique. Il revoit une fois Anna, qui a épousé un de ses amants et a désormais un enfant.

Le film est la description d'une irrésistible passion. Ce qui n'aurait pu être qu'un récit conventionnel trouve

FATALE / DAMAGE

en Jeremy Irons et Juliette Binoche deux interprètes remarquables qui donnent toute son intensité à l'intrigue, jouant au passage sur un élégant érotisme. C'est l'un des très bons films de Louis Malle.

***Notes :** Tournage du 23 février au 20 juin 1992 dans le Surrey, à Londres, Paris et aux studios de Shepperton.*

LE GRAND PARDON II

Réalisation : Alexandre Arcady ; réalisation de seconde équipe : Marc Angelo ; scénario : Daniel Saint-Hamont, Alexandre Arcady, Marc Angelo ; dialogues : Daniel Saint-Hamont ; photographie : Willy Kurant, Yves Dahan © ; musique : Romano Musumarra, Ilan Zaoui ; montage : Martine Barraqué ; production : Alexandre Arcady (Alexandre Films / TF1 Films Production / Canal+) ; durée : 145 min.

Interprétation : Roger Hanin : Raymond Bettoun. Richard Berry : Maurice Bettoun. Gérard Darmon : Roland Bettoun. Christopher Walken : Pasco Meisner. Jill Clayburgh : Sally White. Jean-François Stévenin : Éric Lemmonier. Jean Benguigui : Albert Bettoun. Amidou : Si Ali. Armand Mestral : Freddy Ambrosi. Daniel Saint-Hamont, Robert Benmussa : actionnaires.

Thème : À sa sortie de prison, Raymond Bettoun rejoint son fils Maurice à Miami. Loin de vivre honnêtement, ce dernier est désormais le grand pourvoyeur de cocaïne. Il doit d'ailleurs introduire une tonne de marchandise et faire affaire avec un représentant du cartel, Pasco Meisner (fils de nazi). Or, il ignore que celui qui doit jouer le rôle de passeur n'est autre que son cousin Roland Bettoun que l'on croyait mort et qui met la main sur la drogue. Furieux, Meisner kidnappe Maurice. Raymond intervient, provoquant une guerre des gangs au cours de laquelle il parvient à éliminer Meisner, mais où Maurice et Roland trouvent aussi la mort.

La saga continue, cette fois-ci à Miami. Rien n'est bien novateur, mais on peut suivre l'irrésistible chute du clan Bettoun avec une certaine curiosité. On est loin du style flamboyant et baroque du Parrain (1972) de Francis Ford Coppola, mais le résultat, bien dirigé et bien joué, est finalement honorable.

L'INCONNU DANS LA MAISON

Réalisation : Georges Lautner ; scénario : Georges Lautner, Bernard Stora, Jean Lartéguy, d'après le roman de Georges Simenon *Les Inconnus dans la maison* ; dialogues : Bernard Stora ; photographie : Jean-Yves Le Mener © ; musique : Francis Lai ; montage : Georges Klotz ; production : Jean-Paul Belmondo, Alain Sarde (Annabel Productions / Les Films Alain Sarde / TF1 Films Production) ; durée : 104 min.

Interprétation : Jean-Paul Belmondo : Jacques Loursat. Renée Faure : Fine. Cristiana Reali : Isabelle. Sébastien Tavel : Antoine Manu. François Perrot : commissaire Binet. Geneviève Page : Bernadette Dossin. Pierre Vernier : président du tribunal. Jean-Louis Richard : avocat général. Muriel Belmondo : Laurence Rogissart. Odette Laure : patronne du bordel. Guy Tréjan : Me Rimbaud. Mario David : Abecassis. Sandrine Kiberlain : Marie Maitroy. Benoît Lepecq : Arnaud Dossin. Avec la voix de Robert Hossein.

Thème : Depuis le suicide de sa femme, dont sa fille Isabelle le tient pour responsable, l'avocat Jacques Loursat n'est plus que l'ombre de lui-même. La mort d'un dealer semble accuser Antoine Manu, petit ami d'Isabelle et simple vendeur de disques. Loursat découvre l'existence autour d'Isabelle d'un groupe de jeunes gens désœuvrés et amateurs de drogue. Il décide alors d'assurer la défense de Manu et, à l'issue d'une vibrante plaidoirie, obtient son acquittement. Malgré les mensonges, il va prouver, en même temps, la culpabilité de son propre neveu, Arnaud, fils du député-maire de la ville.

C'est le dernier film de Georges Lautner, qui assure ici, cinquante ans plus tard, le remake du remarquable film d'Henri Decoin qu'interprétait Raimu. L'occasion est propice pour donner à Jean-Paul Belmondo, éloigné de ses cascades antérieures, un rôle plus fouillé psychologiquement. De même que Raimu était inoubliable, Belmondo fait une plaidoirie grandiose dans ce personnage d'un avocat déchu redevenu un éblouissant ténor du barreau.

L.627

L.627

Réalisation : Bertrand Tavernier ; scénario : Michel Alexandre, Bertrand Tavernier ; photographie : Alain Choquart © ; musique : Philippe Sarde ; montage : Ariane Boeglin ; production : Alain Sarde, Frédéric Bourboulon (Little Bear / Les Films Alain Sarde / Investimage 3 / Sofiarp / Canal+); durée : 145 min.

Interprétation : Didier Bezace : Lucien Marguet, dit « Lulu ». Jean-Paul Comart : Dominique Henriot dit « Dodo ». Charlotte Kady : Marie. Jean-Roger Milo : Manuel. Nils Tavernier : Vincent. Philippe Torreton : Antoine Cantoni. Lara Guirao : Cécile Rousselin. Claude Brosset : commissaire Adore. Francis Girod : père de la mariée. Cécile Garcia-Fogel : Kathy Marguet. Alain Sarde : gêneur. Michel Alexandre : chef.

Thème : Lucien Marguet, dit « Lulu », gêne par son zèle ses supérieurs qui le font muter dans un petit commissariat de quartier. Il intègre un groupe chargé de la lutte contre le trafic de drogue. Ce sont, dès lors, des successions de filatures, de planques… Même si, souvent, Lucien et ses collègues sont tentés de baisser les bras, leur sens du devoir et leur volonté de sauver le petit monde qui vit autour d'eux les obligent à continuer inlassablement leur travail.

Le choix de Bertrand Tavernier, dont c'est l'un des meilleurs films, est simple. À l'image de ses héros – volontairement campés par des acteurs peu connus –, il évite les poursuites, cascades et spectaculaires affrontements qui ne seraient pas de mise ici pour suivre, au contraire, le labeur quotidien de Lucien et de ses camarades, un travail de fourmis, fastidieux, sans aucune action d'éclat mais – ce que nous rappelle en permanence le cinéaste – indispensable pour notre société. À ce titre, le long métrage est non seulement le reflet d'une société multiforme mais aussi un véritable engagement politique qui stigmatise les choix faits par le pouvoir, le manque de budget et d'ambition, la trahison de l'administration. À l'époque, le pouvoir socialiste avait cherché à mettre en doute la véracité du travail de Tavernier qui, au contraire, avait suivi d'authentiques policiers de quartier pour donner au film la qualité exceptionnelle qui est la sienne. Grâce au talent du cinéaste, on découvre non seulement la vie quotidienne de ces policiers mais aussi celle du quartier qui les entoure et dont ils finissent par faire partie. De la rue Myrha au boulevard Ney, de la rue Polonceau à la place des Fêtes, de la rue des Rondeaux à la rue du Département, Tavernier invite le spectateur à le suivre, à découvrir un Paris oublié et à retrouver le réalisme et la chaleur humaine dont témoignaient autrefois des cinéastes tels que Julien Duvivier ou Henri Decoin. Remarquable.

Notes : *Tournage à Paris et Lyon.*

LUNES DE FIEL

Réalisation : Roman Polanski ; scénario : Roman Polanski, Gérard Brach, John Brownjohn, d'après le roman de Pascal Bruckner ; photographie : Tonino Delli Colli © ; musique : Vangelis ; montage : Hervé De Luze ; production : Roman Polanski, Alain Sarde (RP Productions / Les Films Alain Sarde / Columbia Pictures / Burrill Productions Ltd) ; durée : 138 min.

Interprétation : Emmanuelle Seigner : Micheline Bouvier, dite « Mimi ». Peter Coyote : Oscar Benton. Hugh Grant : Nigel Dobson. Kristin Scott Thomas : Fiona Dobson. Victor Banerjee : M. Singh. Sophie Patel : Amrita. Patrick Albenque : steward. Stockard Channing : Beverly.

Thème : Nigel et Fiona Dobson, un couple anglais un peu coincé, sont sur un paquebot de luxe en route vers Istanbul. Un passager américain, Oscar Benton, leur fait le récit d'une liaison perverse et fatale qu'il a vécue. Il s'était épris d'une jeune française avec qui il avait rompu et qui avait, dès lors, cherché à se venger de lui. Nigel est fasciné par cette femme, Micheline, à cause de qui Oscar est maintenant handicapé. À cause d'elle, il commence à s'éloigner de Fiona qui va, elle aussi, être troublée par Micheline. Celle-ci sera finalement tuée par Oscar.

Un homme physiquement diminué, une redoutable mante religieuse, et Roman Polanski qui, assez habilement, bouscule les conventions de ce qui pouvait être un roman de gare pour s'interroger sur l'amour, la passion et les perversions.

MAX & JÉRÉMIE

Réalisation : Claire Devers ; scénario : Bernard Stora, Claire Devers, d'après le roman de Ted White *Les Lamentations de Jeremiah* ; dialogues : Bernard Stora ; photographie : Bruno de Keyser © ; musique : Jean-Paul Mugel, Alain Sarde ; montage : Marie Castro ; production : Alain Sarde (Les Films Alain Sarde / Gruppo Bema / TF1 Films Production / Canal+) ; durée : 105 min.

Interprétation : Philippe Noiret : Robert Maxendre, dit « Max ». Christophe Lambert : Jérémie Kolachowsky. Jean-Pierre Marielle : Almeida. Christophe Odent : Jacky Cohen. Feodor Chaliapin Jr. : Sam Marberg. Thierry Gimenez : Richard. José Quaglio : Eugène Agopian. Karin Viard : fille.

Thème : Après trente ans d'une longue carrière, Robert Maxendre, dit « Max », est un bourgeois qui aspire à une retraite paisible. Jérémie rêve, quant à lui, de devenir connu dans le même métier que son illustre aîné : tueur à gages ! Le premier propose donc à son jeune collègue de remplir ensemble un dernier contrat, tout en échappant à la fois au très dangereux Agopian et au policier Almeida. En Provence, ils affrontent leurs adversaires et Jérémie, qui avait reçu pour mission d'éliminer Max, refuse de le faire et tue Almeida.

Deux professionnels du crime que tout oppose, leur génération comme leurs habitudes, bientôt réunis face à un même danger. Pour l'efficacité du couple formé par Philippe Noiret et Christophe Lambert.

MÉCHANT GARÇON

Réalisation : Charles Gassot ; scénario : Charles Gassot, Catherine Foussadier, d'après le roman de John Holbrook Vance *Bad Ronald* ; photographie : Jean-Jacques Bouhon © ; musique : God's Gift, Elmer Food Beat ; montage : Luc Barnier ; production : Charles Gassot (Téléma / FR3 Cinéma / Canal+ / La Générale d'Images) ; durée : 95 min.

Interprétation : Joachim Lombard : Ronald. Catherin Hiegel : mère de Ronald. Donald Sumpter : Michael. Patty Hannock : Anna. Geraldine Alexander : Christina. Juliette Caton : Mary. Pippa Ford-Jones : Stéphanie. Amanda Rubinstein : Virginie. Patrick Bouchitey : agent immobilier. Édouard Molinaro : avoué.

Thème : Adolescent perturbé, Ronald cause la mort d'une jeune fille qu'il convoitait. Sa mère, une infirmière divorcée, lui aménage une cachette sous l'escalier de leur maison, lui permettant d'échapper aux autorités qui le recherchent. Or, un jour, celle-ci décède d'une crise cardiaque et la maison est bientôt habitée par une famille anglaise (Michael, sa femme, leurs deux filles et Christina, l'assistante de Michael) alors que Ronald continue à y vivre caché. Surpris par Christina, Ronald la séquestre dans sa cachette et la viole. Puis c'est au tour de l'une des adolescentes d'être kidnappée, avant que la mère n'intervienne. Complètement fou et ayant commis un nouveau meurtre, Ronald sera interné.

C'est l'unique film de Charles Gassot, producteur d'Étienne Chatiliez, Patrice Chéreau, Édouard Molinaro et Claude Miller. Le projet était particulièrement ambitieux et compliqué en raison de la personnalité mortifère de ce jeune héros et le résultat, tout en demeurant inégal, témoigne d'un certain talent, car il était en effet très difficile de suivre Ronald qui vit comme une bête sauvage avant de déchaîner ses pulsions. On pourra d'ailleurs remarquer que le ton et l'atmosphère de l'histoire sont typiquement anglo-saxons.

***Notes :** Claude Miller avait initialement été envisagé comme metteur en scène. En 1974, une première adaptation avait été réalisée par Buzz Kulik pour la télévision américaine,* Bad Ronald, *avec Scott Jacoby et Pippa Scott.*

TOUTES PEINES CONFONDUES

Réalisation : Michel Deville ; scénario : Rosalinde Deville, d'après le roman d'Andrew Coburn *Sweetheart* ; dialogues : Rosalinde Deville ; photographie : Bernard Lutic © ; musique : Dimitri Chostakovitch ; montage : Raymonde Guyot ; production : Rosalinde Deville (Éléfilm / Centre Européen Cinématographique Rhône-Alpes / FR3 Cinéma / La Générale d'Images) ; durée : 107 min.

Interprétation : Jacques Dutronc : Antoine Gardella. Patrick Bruel : inspecteur Vade. Mathilda May : Jeanne Gardella. Bruce Myers : Scandurat. Vernon Dobtcheff : Turston. Sophie Broustal : Laura. Joël Barbouth : Husquin. Eric de Silva : Roselli. Benoît Magimel : Thomas Gardella.

Thème : L'assassinat de deux hommes âgés dans un petit village des Alpes conduit l'inspecteur Vade à enquêter. Il rencontre alors l'homme d'affaires Antoine Gardella, qui est parent avec les victimes, que Turston, policier d'Interpol, souhaite coincer pour d'illégales pratiques. Vade s'éprend de Jeanne, la femme de Gardella, ce dernier cherchant à le faire séduire par Laura. Il découvre bientôt que Jeanne renseigne la police qui la tient sur les affaires de son mari. Gardella trouve la mort tandis que Turston est tué par Thomas, le fils de ce dernier.

« Le cadre du roman d'Andrew Coburn, *disait Rosalinde Deville*, est classique : une ville à nettoyer, théâtre de la lutte entre mafia et police locale sans scrupule. Mais l'aura du roman et du film noir américain magnifie cette intrigue. Il aurait été réducteur de replacer ces péripéties à l'échelle d'une ville française. Aussi avons-nous situé l'action à Zurich et dans la région Rhône-Alpes. Zurich parce que cette ville du cœur ancien de l'Europe collecte l'argent du monde entier. C'est une ville provinciale et internationale, discrète et puissante où la discrétion est gage de rigueur et d'efficacité. Cette transposition nous fait gagner en réalisme et actualité. La combine et l'affairisme font place à la grande délinquance économique et financière, celle qui a pignon sur rue, celle des filiales internationales. Celle que combat Interpol, qui siège à Lyon depuis 1988. »

TOUTES PEINES CONFONDUES

CIBLE ÉMOUVANTE

Réalisation : Pierre Salvadori ; scénario : Pierre Salvadori ; photographie : Gilles Henry © ; musique : Philippe Eidel ; montage : Hélène Viard ; production : Philippe Martin, Gérard Louvin (Les Films Pelléas / M6 Films / Locofilms / France 2 Cinéma / Canal+) ; durée : 87 min.

Interprétation : Jean Rochefort : Victor Meynard. Marie Trintignant : Renée Dandrieux. Guillaume Depardieu : Antoine. Patachou : Mme Meynard. Charlie Nelson : Hector Dremyan. Wladimir Yordanoff : Casa Bianca. Serge Riaboukine : Manu. Philippe Girard : Tony. Olga Poliakoff : vieille dame.

Thème : Victor Meynard, qui est tueur à gages, prend sous sa protection Antoine auquel il enseigne les secrets de son métier. Il se refuse à tuer – comme il devait le faire – la ravissante Renée. À cause d'elle, il va affronter ses propres commanditaires…

À mi-chemin entre le film policier et la comédie. Brillante composition de Jean Rochefort en tueur au grand cœur. Remake en 2010, réalisé par Jonathan Lynn sous le titre Wild Target (Petits meurtres à l'anglaise) *avec Bill Nighy, Emily Blunt et Rupert Grint.*

UN CRIME

Réalisation : Jacques Deray ; scénario : Alain Delon, Jean Curtelin, Jacques Deray d'après le roman de Gilles Perrault *Le Dérapage* ; dialogues : Jean Curtelin ; photographie : Robert Fraisse © ; musique : Frédéric Botton ; montage : Henri Lanoë ; production : Alain Sarde (Les Films Alain Sarde / Canal+ / Films A2) ; durée : 90 min.

Interprétation : Alain Delon : Me Charles Dunand. Manuel Blanc : Frédéric Chapelin-Tourvel. Sophie Broustal : Franca Miller. Francine Bergé : Mme Dunand. Maxime Leroux : Lucien Butard. Jean-Marie Winling : avocat général. Jean-Claude Caron : Henri Chapelin-Tourvel. Amélie Prévost : Mme Chapelin-Tourvel. Jean-Paul Comart : assistant de Me Dunand. Pierre Bianco : président du tribunal.

Thème : Maître Charles Dunand obtient l'acquittement de Frédéric Chapelin-Tourvel, accusé du meurtre de ses parents. Après sa sortie de prison, ce dernier révèle à son défenseur qu'il est bien l'assassin et menace de se suicider. Dunand cherche à savoir ce qui a pu le pousser au meurtre. Le jeune homme savait que son véritable père était Antoine Bonnet, l'amant de sa mère, et que Chapelin-Tourvel s'était débarrassé de son rival avec la complicité de sa femme. Frédéric avait, dès lors, voulu se venger.

Le point de départ est classique : un avocat découvrant qu'il a fait innocenter un criminel, un élément largement traité par le cinéma américain. Jacques Deray l'a volontairement réduit ici au face-à-face de deux hommes, de deux générations différentes. L'un est un avocat qui croit encore à la justice, l'autre, le criminel qui ne peut oublier. Jacques Deray a regretté l'échec du film : « L'expérience est amère. Avérée ou inventée, la "froideur lyonnaise", les hautes tours, les villes maisons et la basilique de Fourvière ont sans doute pesé sur l'histoire accablante que je venais de raconter ? Je repars, triste de n'avoir pas trouvé une connivence avec mon enfance ? Je quitte Lyon, ville toujours impassible et taciturne. Sa fréquentation, le temps d'un crime, m'a dérouté, comme le personnage du jeune Frédéric m'a échappé dans le film. »

Notes : *Tournage à Lyon : basilique Notre-Dame de Fourvière, place Bellecour, cathédrale Saint-Jean, pont Lafayette, pont Wilson, pont Bonaparte.*

UN CRIME

DRÔLES D'OISEAUX !

Réalisation : Peter Kassovitz ; scénario : Peter Kassovitz, Pierre Geller, d'après l'idée de Pierre Geller ; photographie : Denis Lenoir © ; musique : Laurent Petitgirard ; montage : Hélène Viard ; production : Maurice Illouz (Gelende Productions / Ice Films / Fildebroc / FR3 Cinéma / Canal+) ; durée : 97 min.

Interprétation : Bernard Giraudeau : Constant Van Loo. Patrick Chesnais : commissaire Voitot. Ticky Holgado : Benoît Cabane. Isabelle Gélinas : inspecteur Camille Barski. Danièle Lebrun : Marthe. Philippe Laudenbach : Robert.

Thème : Constant, qui est ferrailleur, se débarrasse de sa femme, déclarant qu'elle a péri dans un incendie. Or, le paysagiste Benoît assure que les restes retrouvés sont ceux de sa propre épouse. Le commissaire Voitot cherche à démêler l'affaire, alors que Benoît avoue à Constant avoir, lui aussi, tué sa femme. Benoît est retrouvé mort et Constant est disculpé. C'est alors que Voitot lui demande de le débarrasser de son épouse…

Il fallait l'humour macabre de Mais qui a tué Harry ? *(1955) d'Alfred Hitchcock… Le meilleur est Patrick Chesnais en policier misogyne.*

LA FEMME À ABATTRE

Réalisation : Guy Pinon ; scénario : Guy Pinon ; photographie : Éric Gautier © ; musique : Christian Lotito ; montage : Jean-Louis Gros ; production : Béatrice Pinon (Doinel Films) ; durée : 87 min.

Interprétation : Marie Bunel : Élisabeth Malestroit. Aurélien Recoing : Richard Malestroit. Patrick Lizana : Thomas. Jacques Gamblin : cow-boy. Valérie Vogt : Nina. Éric Prat : Farid. Jean-Bernard Feitussi : « Joli Cœur ».

Thème : « Joli Cœur » revendique la mort de Nina, avant de se suicider et de mettre en cause une redoutable organisation. En réalité, ce n'était pas Nina qui était visée mais Élisabeth, la femme du policier chargé de l'affaire...

Ce n'est pas la qualité du film qui justifie sa présence ici mais le fait qu'il se réfère au film homonyme de Bretaigne Windust et Raoul Walsh qu'interprétait Humphrey Bogart et à la pièce Exiles *(*Les Exilés*, 1918) de James Joyce...*

MAUVAIS GARÇON

Réalisation : Jacques Bral ; scénario : Jacques Bral ; dialogues : Jacques Bral, Jean-Paul Leca ; photographie : Jacques Bral, Jacques Assuérus, Jean Monsigny © ; musique : Stéphane Delplace ; montage : Jacques Bral ; production : Jacques Bral (Les Films Noirs / Thunder Films International) ; durée : 90 min.

Interprétation : Bruno Wolkowitch : Thomas. Delphine Forest : Léa. Ludmila Mikaël : Barbara. Gabrielle Forest : fille au bar. Josy Bernard : Carole. Patricia Malvoisin : spectatrice. Bernard-Pierre Donnadieu : inculpé.

Thème : Thomas sort de prison et reprend une existence de petit délinquant jusqu'à ce qu'il rencontre Léa, qui s'éprend avec passion de lui. De nouveau emprisonné, il est persuadé qu'il ne la reverra jamais. C'est pourtant elle qui l'attend à sa sortie.

Un indiscutable film d'auteur, Jacques Bral étant intervenu – comme on peut le voir – à tous les stades de la production. Moins réussi que Polar *(1984), le long métrage témoigne d'une véritable sensibilité dans cette description d'un couple formé de deux personnalités opposées, un marginal qui manque d'énergie et une jeune femme pour qui l'amour va être le plus puissant des moteurs.*

L'ŒIL ÉCARLATE

Réalisation : Dominique Roulet ; scénario : Dominique Roulet (+ Jean-Louis Trintignant), d'après son roman ; photographie : Jean-François Robin © ; musique : Maurice Jaubert, Alain Goraguer ; montage : Jacques Comets ; production : Serge Korber, Henri Lacombe (TSK Productions / Tessa Productions / SEDPA / Centre Européen Cinématographique Rhône-Alpes) ; durée : 90 min.

Interprétation : Jean-Louis Trintignant : commissaire René Montijoux. Stefania Sandrelli : Émeline. Delphine Zentout : Barbara. Grégoire Colin : Christophe. Yves Afonso : Romain. Alain Doutey : Briquet. Jean-Pierre Castaldi : Vilard. Jean Gaven : Étienne Delvaux. Jean-Pierre Cassel : Leprince. André Asséo : chef de gare.

Thème : Veuf depuis peu, le commissaire René Montijoux enquête sur la mort d'un homme écrasé par un train. Il soupçonne aussi bien l'orpheline Barbara qu'Émeline, la maîtresse du défunt, Christophe le voisin amoureux de Barbara ou encore Romain, le pianiste. Montijoux finit par accuser ce dernier, qui a été tué par Barbara, qu'il disculpe au profit de Christophe, lui-même trouvant un certain repos avec Émeline...

C'est le premier film de Dominique Roulet, scénariste notamment de Canicule *(1984) et de* Noyade interdite *(1987). Le cinéaste dirige le couple du* Conformiste *(1970), Jean-Louis Trintignant et Stefania Sandrelli, choisissant le ton d'une comédie de mœurs sur fond d'intrigue criminelle.*

PROFIL BAS

Réalisation : Claude Zidi ; scénario : Claude Zidi, Simon Michaël ; dialogues : Didier Kaminka ; photographie : François Catonné © ; musique : Gabriel Yared ; montage : Nicole Saunier ; production : Jean-Louis Livi, Claude Zidi (Films 7 / Film Par Film / TF1 Films Production) ; durée : 109 min.

Interprétation : Patrick Bruel : Julien Segal. Sandra Speichert : Claire. Didier Bezace : Carré. Jean Yanne : Plana. Jacques Rosny : Malard. Jean-Pierre Castaldi : Smile. Jean-Louis Tribes : Roche. Arnaud Giovaninetti : Ludo. Olivier Marchal : Petrini. Didier Kaminka : présentateur de la boîte de nuit. Simon Michaël : porte-flingue de Plana.

Thème : Inspecteur dans un petit commissariat du Sud parisien, Julien Segal est un homme seul. Il n'a ni femme, ni amis et son supérieur, Carré, est mêlé à un trafic de drogue. Il semble d'ailleurs qu'il y ait une taupe à l'intérieur du service. Carré envisage d'éliminer Segal et de faire croire qu'il était l'individu en question. Segal échappe à cette machination et s'éprend de Claire, tout en commençant à effectuer divers casses. Carré le fait passer pour mort et Segal en profite pour partir à la montagne avec Claire.

Une bonne surprise. Claude Zidi renonce à ses comédies pour se plonger dans l'univers du polar. Le scénario est souvent déroutant, notamment à la fin, mais cette description d'un petit commissariat avec ses multiples zones d'ombre est parfois attachante.

VIEILLE CANAILLE

Réalisation : Gérard Jourd'hui ; scénario : Gérard Jourd'hui, Dominique Roulet, d'après le roman de Frederic Brown *His Name Was Death* ; dialogues : Dominique Roulet ; photographie : Georges Barsky © ; musique : Bruno Coulais ; montage : Nicole Saunier ; production : Gérard Jourd'hui (Blue Dahlia Production / JM Productions / Centre Européen Cinématographique Rhône-Alpes / Ciné 5) ; durée : 100 min.

Interprétation : Michel Serrault : Darius Caunes. Anna Galiena : Rose. Pierre Richard : Charlie Barrett. Jean-Pierre Bouvier : Claude Attias. Nathalie Schmidt : Florence Picaud. Maaike Jansen : Mireille Caunes. Catherine Frot : Marylin. Marion Loran : Annie. Jean-Claude Leguay : caissier. Laurent Gamelon : inspecteur.

Thème : Modeste imprimeur de province, Darius Caunes a assassiné sa femme Mireille deux ans plus tôt tout en imprimant de la fausse monnaie. Son ami Charlie Barrett est policier et Darius va devoir cacher son crime, car Charlie, qui était lui-même l'amant de Mireille, a tout compris. Charlie s'oppose à Darius jusqu'à ce que Rose, la séduisante employée de ce dernier, le tue. L'affaire est étouffée et Rose voit alors le moyen de faire chanter Darius, qui va la noyer...

Le premier film de Gérard Jourd'hui, heureux producteur avec Eddy Mitchell de l'émission La Dernière Séance. *On pense aux* Fantômes du chapelier *(1982) dans cette description d'une petite ville avec ses habitants et leurs habitudes. Les scénaristes ont ciselé de brillants dialogues et Michel Serrault, toujours en forme, fait un numéro toujours habile. Dommage que Pierre Richard se croit obligé de surjouer parfois face à lui. Anna Galiena a des jambes ravissantes...*

Notes : *Tournage à Lyon.*

L'AFFAIRE

Réalisation : Sergio Gobbi ; scénario : Sergio Gobbi, Victor Arnold ; dialogues : Victor Arnold ; photographie : Jean-François Gondre © ; musique : Vladimir Cosma ; montage : Françoise London ; production : Jean-Claude Patrice, Jean-François Lepetit (Flach Films / Les Films Auramax / A Erre Cinematografica / France Film International / TF1 Films Production) ; durée : 95 min.

Interprétation : Robert Hossein : Paul Haslans. F. Murray Abraham : Lucien Haslans. Bruno Wolkowitch : Fabrice Derais. Anna Falchi : Mathilda / Angélina. Alexandra Vandernoot : Élisa. Marc de Jonge : Gruskhin. André Oumansky : Claireveau. Riccardo Cucciolla : Van Doude. Pascale Roberts : Odile Langlois. Paul Guers : René Lantier. Candice Patou : Hélène Haslans. Michel Robin : Charles Rivette. Roger van Hool : Joan Halle.

Thème : Paul Haslans sort de prison, à laquelle il avait été condamné pour avoir tué l'assassin de sa femme et de sa fille. Il découvre que c'est son propre frère, Lucien, qui s'est ainsi débarrassé de lui pour mettre la main sur sa société. Afin de se venger, il crée une nouvelle entreprise à la tête de laquelle il installe le jeune Fabrice Derais et discrédite Lucien en lui jetant dans les bras la voluptueuse Angélina et en révélant son addiction à la cocaïne. La propre femme de Lucien vend alors les parts de sa société, qui est rachetée par celle de Paul, définitivement vengé.

Lutte familiale sur fond de magouilles financières. Sans grande surprise. Robert Hossein est parfait.

L'ANGE NOIR

Réalisation : Jean-Claude Brisseau ; scénario : Jean-Claude Brisseau ; photographie : Romain Winding © ; musique : Jean Musy ; montage : María Luisa García ; production : Alain Sarde, Jean-Claude Brisseau (Les Films Alain Sarde / La Sorcière Rouge) ; durée : 99 min.

Interprétation : Sylvie Vartan : Stéphane Feuvrier. Michel Piccoli : Georges Feuvrier. Tchéky Karyo : Paul Delorme. Alexandra Winisky : Cécile. Lisa Heredia : Madeleine. Philippe Torreton : Christophe. Bernard Verley : Pitot. Claude Faraldo : Aslanian. Claude Giraud : Romain Bousquet. Claude Winter : Mme Pitot. Henri Lambert : juge Dumas. Jean-Claude Brisseau : invité au repas.

Thème : Bordeaux. Épouse d'un magistrat, Stéphane Feuvrier a tué Wadek Aslanian. Avec l'aide de Madeleine, elle fait croire à une tentative de viol, ce qui justifierait le crime par la légitime défense. Elle est néanmoins incarcérée et son mari Georges demande à son ami, l'avocat Paul Delorme, de la défendre. Troublée par sa mystérieuse cliente, Paul découvre bientôt que Stéphane était autrefois une call-girl et qu'elle avait ainsi rencontré Aslanian dont elle était tombée amoureuse. Ayant compris que ce dernier était devenu l'amant de sa propre fille Cécile, elle l'avait tué. Cécile l'abat à son tour.

Jean-Claude Brisseau a visiblement été fasciné par Sylvie Vartan, aussi bien par le personnage que par l'interprète, d'où cet élégant et très curieux mélodrame criminel tourné à Bordeaux et dont les couleurs sont parfois envoûtantes.

L'ANGE NOIR

COMA

Réalisation : Denys Granier-Deferre ; scénario : Sylvie Granotier, Jacqueline Caro, d'après le roman de Frédéric Dard ; photographie : Gilberto Azevedo © ; musique : Raymond Donnez ; montage : Sophie Cornu ; production : António da Cunha Telles, André Djaoui, Serge Cohen-Solal (Cinémax / Paradise Productions / Italmedia Film) ; durée : 85 min.

Interprétation : Richard Anconina : Julien. Anna Kanakis : Sophie. Isabelle Candelier : Mina. Serge Merlin.

Thème : Portugal. Julien rencontre dans le train Sophie. Tombé du train, il se retrouve les jambes brisées et plâtrées en un lieu inconnu, pris entre Sophie en rouge et Mina en noir, deux femmes qui se révèlent être des sœurs. Est-ce un rêve ?

À l'image du héros, le spectateur oscille entre le rêve et la réalité, le film noir et le film fantastique. Une curiosité.

ELLES N'OUBLIENT JAMAIS

DÉLIT MINEUR

Réalisation : Francis Girod ; scénario : Francis Girod, Michel Grisolia ; photographie : William Lubtchansky © ; musique : Romano Musumarra ; montage : Geneviève Winding ; production : Marie-Laure Reyre (Oliane Productions / TF1 Films Production) ; durée : 108 min.

Interprétation : Caroline Cellier : Claire. Claude Brasseur : Guérin. Niels Arestrup : Claude. Christopher Thompson : Laurent. Anne-Marie Philippe : Valentine. Gérard Séty : père de Claude. Macha Méril : Madeleine. Mathieu Crépeau : Guillaume. Janine Darcey : Yvonne. Pierre Gérard : Belgrand. Maurice Baquet : Douchet.

Thème : Claire supporte mal la conduite de son mari Claude, alcoolique et violent, tandis que son propre amant, le jeune Laurent, n'est qu'un égoïste. Guillaume, le fils de Claire, déteste ainsi autant son père que Laurent. Ce dernier cherche à tuer Claude, qui n'est que blessé. Claire rompt avec Laurent, alors que l'inspecteur Guérin s'est épris d'elle. Claire fini par tuer Claude et Guillaume, pour sauver sa mère, revendique le crime.

Une fois de plus, Francis Girod est un habile directeur d'acteurs, capable de donner à ce mélodrame criminel une certaine intensité, notamment grâce à l'interprétation de Caroline Cellier.

DÉLIT MINEUR

ELLES N'OUBLIENT JAMAIS

Réalisation : Christopher Frank ; scénario : Christopher Frank, d'après l'idée de Jean-Marc Roberts ; photographie : Bertrand Chatry © ; musique : Jean-Marie Sénia ; montage : Catherine Dubeau ; production : Michelle de Broca, Paul Claudon (Fildebroc / TF1 Films Production / CAPAC – Compagnie Artistique de Productions et d'Adaptations Cinématographiques / Ice Films) ; durée : 107 min.

Interprétation : Thierry Lhermitte : Julien. Maruschka Detmers : Anne. Nadia Farès : Angela. Johann Martel : Charles. Umberto Orsini : Vienne. Vincent Planchais : Jim. Patrick Timsit : Darres. Bernard Freyd : Doumène.

Thème : Spécialisé dans le recouvrement des créances, Julien vit avec sa femme Anne et leur fils Charles. Il remarque Angela, qui le séduit et avec laquelle il passe la nuit, en l'absence de sa femme. Pour lui, ce n'est que l'aventure d'un soir, mais Angela s'accroche et se fait engager comme baby-sitter de Charles par Anne. Julien donne rendez-vous à Angela pour mettre définitivement fin à toute cette histoire et il finit par la tuer avec une pelle, faisant disparaître le corps. Or, Angela a survécu et provoque la rupture entre Anne et Julien ainsi que le licenciement ce dernier. Julien avait provoqué dans son travail la ruine de l'homme qu'aimait jadis Angela. Celle-ci avait donc décidé de se venger !

Ultime œuvre de Christopher Frank, c'est un véritable film noir qu'a réalisé ici le cinéaste, mettant en scène la folie d'un soir et la vengeance impitoyable d'une femme trop belle et incapable d'oublier. Remarquablement écrit et construit, le film se suit avec un intérêt constant. Parfaite direction d'acteurs. On pense évidemment à Liaison fatale *(Adrian Lyne, 1987), une autre réussite.*

L'ENFER

Réalisation : Claude Chabrol ; scénario : Claude Chabrol, d'après le scénario de Henri-Georges Clouzot, Jean Ferry et José-André Lacour ; dialogues : Claude Chabrol ; photographie : Bernard Zitzermann © ; musique : Matthieu Chabrol ; montage : Monique Fardoulis ; production : Marin Karmitz (MK2 Films / France 3 Cinéma / CED Productions / Cinémanuel / Canal+) ; durée : 100 min.

Interprétation : Emmanuelle Béart : Nelly. François Cluzet : Paul Prieur. Nathalie Cardone : Marylin. André Wilms : Dr Arnoux. Marc Lavoine : Martineau. Christiane Minazzoli : Mme Vernon. Dora Doll : Mme Chabert. Mario David : Duhamel. Jean-Pierre Cassel : M. Vernon. Thomas Chabrol : Julien. Noël Simsolo : M. Chabert.

Thème : Paul Prier est le directeur de l'*Hôtel du Lac* qu'il vient de racheter. L'affaire se révèle vite profitable, mais il se met à boire et à soupçonner d'infidélité son épouse Nelly. Il est persuadé qu'elle le trompe avec le garagiste Martineau. Il est désormais en proie à des hallucinations, car il pense que Nelly couche avec tous les clients de l'hôtel. Il la frappe et l'accuse auprès du Dr Arnoux d'être hystérique. Il est décidé qu'elle sera internée dans une clinique, mais Paul est victime, au cours de la nuit, d'une véritable paranoïa.

Un homme psychologiquement fragile, une jeune mariée trop belle et l'enfer du doute. En 1964, Henri-Georges Clouzot commence le tournage de L'Enfer *avec Romy Schneider et Serge Reggiani. Des ennuis de santé l'empêchent de continuer et le tournage ne sera jamais repris. Il en reste heureusement aujourd'hui les scènes déjà réalisées permettant de découvrir une Romy Schneider vulnérable et frémissante. Claude Chabrol décide donc, trente ans plus tard, de reprendre le projet. Le film de Chabrol est le récit d'une psychose qui débouche sur une forme de folie, alors que l'on peut penser que celui de Clouzot aurait été à la fois beaucoup plus sexuel et plastiquement dans un style proche de* La Prisonnière *(1968).*

Notes : *Tournage dans l'Aude – à Castelnaudary (10, rue de Dunkerque et collégiale Saint-Michel) – et en Haute-Garonne – Revel et Saint-Ferréol (22, avenue Pierre-Paul-Riquet).*

LÉON

LÉON

Réalisation : Luc Besson ; scénario et dialogues : Luc Besson ; photographie : Thierry Arbogast © ; musique : Éric Serra ; montage : Sylvie Landra ; production : Luc Besson, Patrice Ledoux (Les Films du Dauphin / Gaumont / Columbia Pictures) ; durée : 105 min.

Interprétation : Jean Reno : Léon. Gary Oldman : Stansfield. Natalie Portman : Mathilda. Danny Aiello : Tony. Peter Appel : Malky. Michael Badalucco : père de Mathilda. Ellen Greene : mère de Mathilda. Elizabeth Regen : sœur de Mathilda. Maïwenn : Ouin-Ouin. Samy Naceri : SWAT 1.

Thème : New York, Little Italy. Léon est un tueur à gages solitaire, un spécialiste sans pitié au service de la mafia italienne. Lorsque toute la famille de Mathilda, 12 ans, est massacrée par des policiers ripoux menés par le sadique Stansfield, la jeune fille, unique survivante, est recueillie par Léon qui, en échange de travaux domestiques, lui apprend son métier. Surprise par les assassins de sa famille qu'elle a cherché à venger elle-même, la jeune fille est sauvée par Léon, mais Stansfield réussit à localiser le tueur et lui envoie une armée de policiers. Léon est tué tout en parvenant cependant à éliminer Stansfield et à sauver Mathilda.

Une violence redoutablement à la mode, Jean Reno, moustache et lunettes noires, et Gary Oldman toujours prêt à surjouer. « Le personnage de Léon, *reconnaissait Luc Besson,* est un peu inspiré de Victor, le nettoyeur de *Nikita.* J'aimais beaucoup le personnage et j'avais envie de le développer. Ce qui m'intéressait était de trouver sa faiblesse. Comment le piéger, le faire tomber. »

***Notes :** Tournage du 1er juin 1993 au 7 octobre 1994 à Paris, New York et dans le New Jersey.*

L'OURS EN PELUCHE

Réalisation : Jacques Deray ; scénario : Jacques Deray, Jean Curtelin, d'après le roman de Georges Simenon ; photographie : Luciano Tovoli © ; musique : Romano Musumarra ; montage : Nino Baragli ; production : Alain Sarde, (Les Films Alain Sarde / MMD Rome / IDA / TF1 Films Production) ; durée : 105 min.

Interprétation : Alain Delon : Jean Rivière. Laure Killing : Christine. Regina Bianchi : Nonna Claudia. Paolo Bonacelli : Novacek. Martine Brochard : Mme Jubert. Julie du Page : Viviane. Alexandra Winisky : fille de Jean Rivière. Valentina Forte : Francesca. Franco Interlenghi : Sylvain. Claudia Pandolfi : Claudia Spinelli. Mattia Sbragia : George Spinelli. Madeleine Robinson : Mme Rivière. Francesca Dellera : Chantal / Holly.

Thème : Le professeur Jean Rivière dirige une célèbre maternité à Bruxelles. Il reçoit bientôt un appel lui annonçant sa fin prochaine, car il aurait une mort sur la conscience. Il échappe à une voiture menaçante et reçoit un ours en peluche. Est-ce à cause de Claudia, l'infirmière avec qui il a passé une nuit ? Il découvre que celle-ci s'est suicidée et que c'est son frère qui est son mystérieux interlocuteur...

C'est le dernier film de cinéma de Jacques Deray, qui a remplacé Pierre Granier-Deferre initialement prévu. « Le scénario, déjà écrit, *avoue Deray,* n'est pas très convaincant et, malgré l'arrivée de Jean Curtelin, il ne le sera pas plus deux mois plus tard. Chaque soir du tournage – l'action se déroule à Bruxelles –, des scénaristes italiens envahissent ma chambre pour dénouer la situation en essayant de transformer l'histoire de l'errance d'un homme de 50 ans en une histoire de couple. » *Il faut en effet donner un rôle important à Francesca Dellera, imposée par la production italienne.* « Le film sort en cachette le 10 août 1994, à l'étonnement général. Je ne connais pour cet *Ours en peluche,* mon 24e film, ni le succès, ni l'échec. Il ne se passe rien. » *Le film totalise sur le territoire français 10 387 entrées. C'est plus qu'une catastrophe !*

L'OURS EN PELUCHE

GAUMONT PRESENTE
LÉON
UN FILM DE LUC BESSON
JEAN RENO GARY OLDMAN NATALIE PORTMAN ET DANNY AÏELLO
DIRECTEUR DE LA PHOTOGRAPHIE THIERRY ARBOGAST
DIRECTEUR DE PRODUCTION BERNARD GRENET
CHEF MONTEUSE SYLVIE LANDRA
CHEF DECORATEUR DAN WEIL
UNE PRODUCTION GAUMONT / LES FILMS DU DAUPHIN © 1994
COLUMBIA
Sony Music
MUSIQUE ERIC SERRA
DOLBY STEREO
Gaumont Buena Vista International
LAURENT LUFROY

LES PATRIOTES

REGARDE LES HOMMES TOMBER

Réalisation : Jacques Audiard ; scénario : Jacques Audiard, Alain Le Henry, d'après le roman de Teri White *Triangle* ; photographie : Gérard Stérin © ; musique : Alexandre Desplat ; montage : Juliette Welfling ; production : Didier Haudepin (Bloody Mary Productions / Centre Européen Cinématographique Rhône-Alpes / France 3 Cinéma) ; durée : 110 min.

Interprétation : Jean-Louis Trintignant : Marx. Jean Yanne : Simon Hirsch. Mathieu Kassovitz : Johnny. Bulle Ogier : Louise Hirsch. Christine Pascal : Sandrine. Yvon Back : Mickey. Yves Verhoeven : homosexuel. Marc Citti : informateur. Roger Mollien : Marlon. Pierre Guillemin : M. Vernoux.

Thème : Simon Hirsch, qui est représentant de commerce, ne compte qu'un seul ami, l'inspecteur de police Mickey. Ce dernier, agressé par des malfaiteurs, est plongé dans le coma. Simon va chercher à le venger. De son côté – trois ans plus tôt –, Marx, un vieil escroc, entraîne dans ses petites combines le jeune Johnny et lui demande d'éliminer un homme pour le compte de Marlon, à qui il doit de l'argent. Johnny accepte. Simon comprend que Marx et Johnny ont été les agresseurs de Mickey. Il tue Marx.

Le premier film de Jacques Audiard, scénariste désormais passé à la réalisation, l'occasion de mêler habilement deux intrigues, deux histoires, a priori sans aucun rapport mais qui vont finalement se révéler liées l'une à l'autre. Très belle composition de Jean-Louis Trintignant.

Notes : *Tournage à Vienne (Isère), Lyon (avenue du Maréchal-de-Saxe, Rhône), Issy-les-Moulineaux (Hauts-de-Seine), La Tour-de-Salvagny (Rhône) et Les Échets (Ain).*

LES PATRIOTES

Réalisation : Éric Rochant ; scénario : Éric Rochant ; dialogues : Éric Rochant ; photographie : Pierre Novion © ; musique : Gérard Torikian ; montage : Pascale Fenouillet ; production : Alain Rocca, Gérard Louvin, Boudjemaa Dahmane, Adeline Lecallier, Christophe Rossignon (Les Productions Lazennec / SFP Cinéma / Gaumont International / Glem Films) ; durée : 142 min.

Interprétation : Yvan Attal : Ariel Brenner. Yossi Banai : Yossi. Sandrine Kiberlain : Marie-Claude. Richard Masur : Jérémy Pelman. Allen Garfield : Eagleman. Nancy Allen : Catherine Pelman. Maurice Bénichou : Yuri. Emmanuelle Devos : Rachel. Hippolyte Girardot : Daniel. Bernard Le Coq : Bill Haydon. Christine Pascal : Laurence. Jean-François Stévenin : Rémy Prieur. Éva Darlan : Mme Prieur. John P. Ryan : Arthur.

Thème : 1983. Ariel Brenner a quitté Paris pour Tel-Aviv. Son souhait est de devenir un agent du Mossad. 1987. Ariel fait désormais partie de l'unité 238, réputée pour son efficacité. Il suit une instruction et un entraînement implacables sous la direction de Yossi. Il va, dès lors, être chargé de trois missions à Paris, Tel-Aviv et Washington. À Paris, il doit voler des documents secrets du savant atomiste Rémy Prieur…

C'est un grand film d'espionnage qu'Éric Rochant a signé ici, jouant à la fois sur la violence, l'habileté psychologique et les manipulations de toutes sortes. On est plongé dans un univers dangereux où tout est permis au nom de la raison d'État. Une véritable réussite qu'il faut redécouvrir.

Notes : *Tournage à Paris, Tel-Aviv et Washington.*

REGARDE LES HOMMES TOMBER

L'APPÂT

Réalisation : Bertrand Tavernier ; scénario : Colo Tavernier O'Hagan, Bertrand Tavernier, d'après le livre-enquête de Morgan Sportès ; photographie : Alain Choquart © ; musique : Philippe Haïm ; montage : Luce Grunenwaldt ; production : René Cleitman, Frédéric Bourboulon (Hachette Première / Little Bear / M6 Films / France 2 Cinéma) ; durée : 115 min.

Interprétation : Marie Gillain : Nathalie. Olivier Sitruk : Éric. Bruno Putzulu : Bruno. Richard Berry : Alain Perez. Philippe Duclos : Antoine Jousse. Marie Ravel : Karine. Clotilde Courau : Patricia. Jean-Louis Richard : patron du restaurant. Christophe Odent : Laurent. Jean-Paul Comart : Michel. Jeanne Goupil : mère de Nathalie. Alain Sarde : Philippe. Philippe Torreton : policier. François Berléand : inspecteur Durieux.

Thème : Marie travaille chez un commerçant du Sentier. Elle vit avec Éric et le couple héberge Bruno. Le trio espère avoir assez d'argent pour partir en Amérique. À cet effet, ils torturent un avocat et le tuent. Un nouveau meurtre est commis, mais la police arrête Nathalie, qui livre ses deux complices.

Le film s'inspire d'un authentique fait divers de 1984, crime commis par le « trio diabolique » composé de Valérie Subra et ses deux complices Laurent Hattab et Jean-Rémy Sarraud. Bertrand Tavernier dénonce l'inconscience de ses trois principaux personnages, désireux de gagner de l'argent par n'importe quel moyen pour pouvoir rejoindre les États-Unis. Victimes de la publicité et totalement amoraux, ils symbolisent une génération qui a perdu tous ses repères. Une fois de plus, le cinéaste se révèle un excellent directeur d'acteurs et le témoin d'une société qui rêve d'argent, de paillettes et de notoriété.

LA CÉRÉMONIE

Réalisation : Claude Chabrol ; scénario : Claude Chabrol, Caroline Eliacheff, d'après le roman de Ruth Rendell *A Judgment in Stone* ; photographie : Bernard Zitzermann © ; musique : Matthieu Chabrol ; montage : Monique Fardoulis ; production : Marin Karmitz, Christoph Holch, Ira von Gienanth (MK2 Films / France 3 Cinéma / Prokino Filmverleih GmbH / Olga-FilmGmbH / ZDF) ; durée : 112 min.

Interprétation : Isabelle Huppert : Jeanne Marchal. Sandrine Bonnaire : Sophie Bonhomme. Jacqueline Bisset : Mme Catherine Lelièvre. Jean-Pierre Cassel : M. Georges Lelièvre. Virginie Ledoyen : Mélinda Lelièvre. Valentin Merlet : Gilles Lelièvre. Julien Rochefort : Jérémie. Dominique Frot : Mme Lantier. Jean-François Perrier : abbé. Yves Verhoeven : livreur. Philippe Le Coq : Philippe.

Thème : Dans une petite localité de Bretagne, Sophie devient la bonne à tout faire de Mme Lelièvre. Elle cache le fait qu'elle est analphabète et devient l'amie de Jeanne, la postière du village. Jeanne déteste les Lelièvre et leur passé unit bientôt les deux femmes. En effet, Jeanne a tué sa fille handicapée tandis que Sophie a été soupçonnée d'avoir éliminé son père infirme. Sophie est bientôt congédiée. Jeanne et elle s'introduisent chez les Lelièvre et massacrent

LA CÉRÉMONIE

ÉLISA

Réalisation : Jean Becker ; scénario : Jean Becker, Fabrice Carazo ; dialogues : Jean Becker, Fabrice Carazo ; photographie : Étienne Becker © ; musique : Zbigniew Preisner, Serge Gainsbourg, Michel Colombier ; montage : Jacques Witta ; production : Christian Fechner, Henri Brichetti (Les Films Christian Fechner / Solo Productions / TF1 Films Production) ; durée : 115 min.

Interprétation : Vanessa Paradis : Marie. Gérard Depardieu : Jacques Lebovitch. Clotilde Courau : Solange. Sekkou Sall : Ahmed. Florence Thomassin : Élisa Desmoulin. Michel Bouquet : Samuel. Catherine Rouvel : Manina. Philippe Léotard : « fumeur de Gitanes ». Melvil Poupaud : fils du pharmacien. Bernard Verley : entrepreneur. José Garcia : passager du taxi.

Thème : Élisa se suicide laissant une petite fille, Marie, qui, après le foyer de l'Assistance publique, vit de petites arnaques avec Solange et Ahmed. Elle affronte ses grands-parents qu'elle déteste et préfère la compagnie de Kevin tout en se demandant si elle retrouvera son père, qu'elle tient pour responsable de la mort de sa mère. Elle découvre l'identité de ce père, Jacques Lebovitch, et décide de le tuer. Après avoir dansé avec lui, elle y renonce, comprenant qu'il est un homme brisé.

Tout le film repose sur son interprète féminine, Vanessa Paradis, dont on découvre à nouveau la sensibilité. Grâce à elle, cette histoire de vengeance trouve soudain, par moments, une véritable crédibilité. Jean Becker se souvient, au passage, de son Été meurtrier (1983), une autre vengeance, et des Valseuses *(Bertrand Blier, 1974) avec la différence qu'il s'agit de deux femmes, prêtes à bousculer la société (voir la séquence du mariage),*

la famille. Mais Jeanne est tuée dans un accident de voiture avec, près d'elle, la preuve de son crime.

Dirigées par Claude Chabrol, Isabelle Huppert et Sandrine Bonnaire forment un couple hors du commun, le cinéaste se gardant pourtant – contrairement à ce qui a parfois été dit – de réaliser un film marxiste, car après tout, les deux tueuses ne sont pas plus attachantes que la famille Lelièvre... Le sujet s'inspire de l'histoire des sœurs Papin en 1933, dont Jean Genet a tiré sa pièce Les Bonnes *(1947).*

Notes : *Tournage de janvier au 4 mars 1995 à Saint-Coulomb et Saint-Malo (Ille-et-Vilaine). Le roman de Ruth Rendell a aussi été adapté en 1986 sous son titre original par Ousama Rawi avec Rita Tushingham et Ross Petty. On notera que le film dont on voit un extrait est* Les Noces rouges *(1973) de Chabrol.*

ÉLISA

ÉLISA

quitte à abuser d'une volontaire vulgarité (Clotilde Courau disant « Ça me troue le cul ! »). Plus attachant est le face-à-face de Vanessa Paradis et de Gérard Depardieu.

***Notes :** Tournage dans le Finistère – Douarnenez (salle des fêtes, rue Anatole-France), île de Sein (port, phare Le Guéveur, route du Phare, quai des Paimpolais) –, le Val-d'Oise (Persan), à Paris – 3, rue de Rigny (8e), rue Bonaparte (6e), gare du Nord (10e), boulevard Malesherbes (17e), Théâtre de la Porte-Saint-Martin (10e), église saint-Augustin (8e), place Saint-Augustin (8e), bar-tabac La Royale (2, place de la Chapelle, 18e) et boulevard Haussmann (8e) –, Nanterre (14, avenue Jenny), Asnières-sur-Seine (patinoire, allée Pierre-de-Coubertin) et aux studios Éclair d'Épinay-sur-Seine.*

LA HAINE

Réalisation : Mathieu Kassovitz ; scénario : Mathieu Kassovitz ; photographie : Pierre Aïm ; musique : Assassin ; montage : Mathieu Kassovitz, Scott Stevenson ; production : Alain Rocca, Christophe Rossignon, Adeline Lecallier (Les Productions Lazennec / Canal+ / Kasso Inc. Productions / La Sept Cinéma) ; durée : 95 min.

Interprétation : Vincent Cassel : Vinz. Hubert Koundé : Hub. Saïd Taghmaoui : Saïd. Karim Belkhadra : Samir. Édouard Montoute : Darty. François Levantal : Astérix. Tadek Lokcinski : M. Toilettes. Félicité Wouassi : mère de Hub. Karin Viard, Julie Mauduech : filles de la galerie. Benoît Magimel : Benoît. Vincent Lindon : homme saoul. Mathieu Kassovitz : skinhead. Peter Kassovitz : patron de la galerie d'art. Christophe Rossignon : chauffeur de taxi. Cut Killer : DJ. Valeria Bruni Tedeschi : mendiante dans le métro.

Thème : Région parisienne, cité des Muguets. Saïd rejoint Vinz et Hub. Vinz a récupéré l'arme de service (un Smith & Wesson .44 Magnum) perdue par un policier au cours d'une nuit d'émeutes déclenchées à la suite de la blessure de leur ami Abdel, dans le coma. Il est prêt à s'en servir pour le venger s'il ne survit pas. Les trois camarades se rendent à Paris pour récupérer 500 F, mais ils sont contrôlés par des policiers. Vinz s'enfuit puis retrouve ses deux camarades. Nouveau contrôle par deux policiers. Dans une tentative d'intimidation, l'un des deux tue accidentellement Vinz d'une balle dans la tête. Hub braque le pistolet sur le policier qui le tient en joue. Un coup de feu retentit.

Film culte, film coup de poing. À l'origine, il avait été tourné en couleurs. Très astucieusement, il est exploité en noir et blanc pour intensifier la noirceur du propos. Loin d'être un document sur les problèmes de la banlieue, il s'agit plutôt de ce qui va conduire à la description d'un simple et tragique fait divers. C'est dire s'il n'échappe pas aux conventions d'un thème à la mode, susceptible de rassembler des populations de spectateurs diverses, d'où d'ailleurs son succès commercial et l'accueil critique (César du meilleur film, Prix de la mise en scène à Cannes) dont il a bénéficié. Vincent Cassel y fait d'ailleurs une composition d'une grande efficacité.

***Notes :** Tournage de septembre à novembre 1994 à Chanteloup-les-Vignes (cité des Muguets, cité La Noé, Yvelines) et à Paris – gare Saint-Lazare (8e) et place René-Cassin (1er).*

LA HAINE

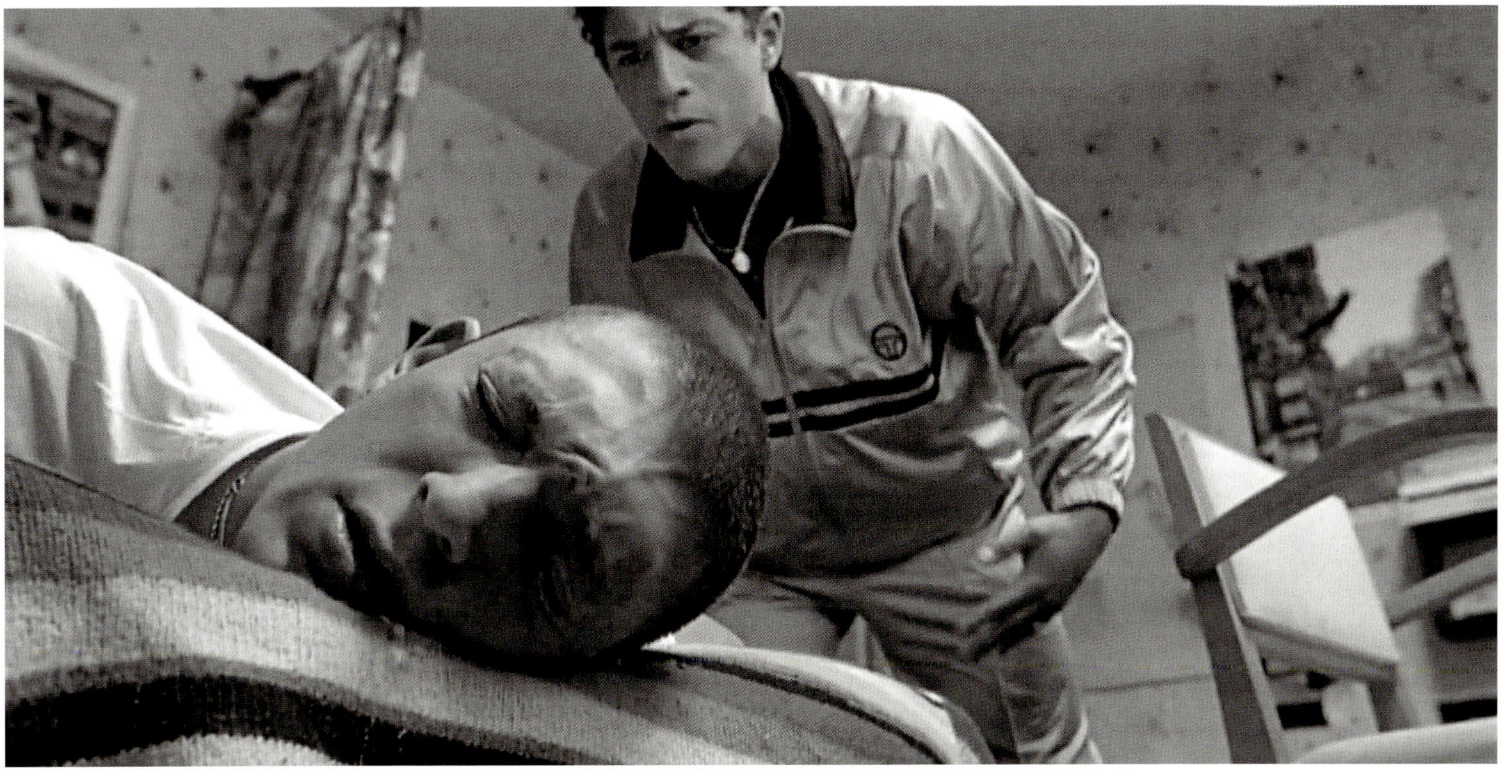

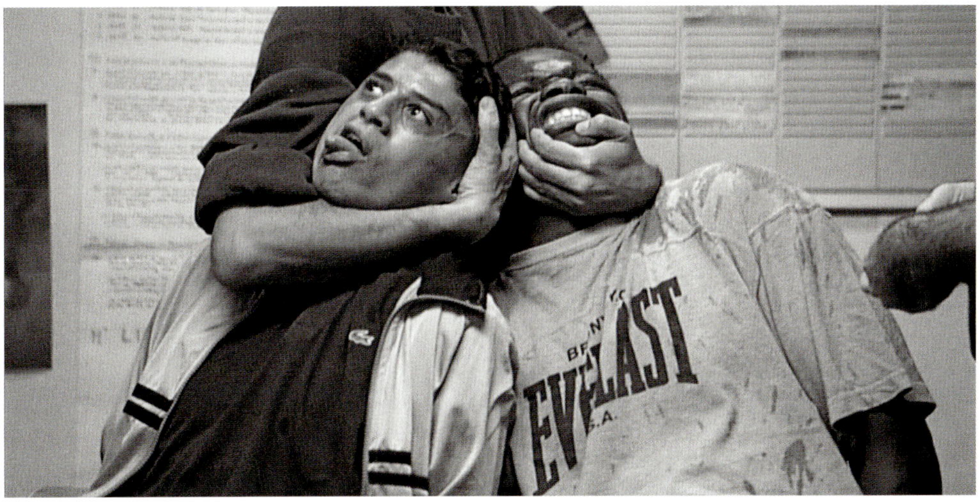

LA HAINE

JUSQU'AU BOUT DE LA NUIT

Réalisation : Gérard Blain ; scénario : Gérard Blain, Marie-Hélène Bauret ; photographie : Daniel Gaudry © ; montage : Catherine Taïeb ; production : Frédéric Marbœuf (DB Films / Rhône-Alpes Cinéma) ; durée : 80 min.

Interprétation : Gérard Blain : François. Anicée Alvina : Maria. Gamil Ratib : Rousseau. Paul Blain : Christian. Frédéric Marbœuf : Serge. Pierre Blain : Benoît. Claude Cernay : Raymond. Sylvia Jeanjacquot : avocate.

Thème : François sort de prison et retrouve ses anciens amis. Toujours un révolté, il s'éprend de Maria et, pour avoir l'argent dont ils ont besoin, il enlève un industriel. Mais la police intervient…

« Mon film n'est pas un film de gangsters mais un film d'amour et une implacable tragédie. » *Gérard Blain réduit l'intrigue à une véritable épure, supprimant toutes les scories souvent propres au genre mais témoignant, comme dans ses autres films, d'une authentique sensibilité, s'attachant à ses personnages qu'il va suivre jusque dans la mort. Un indiscutable film d'auteur qui ne totalisera pour son exploitation en France que 3 678 entrées…*

Notes : *Tournage à Lyon, Deauville, Vénissieux, Sathonay, Villeurbanne. On pourra remarquer que Sylvia Jeanjacquot était la compagne de Jacques Mesrine, blessée lors de la mort de ce dernier et à qui Gérard Blain avait offert une aide précieuse.*

NOIR COMME LE SOUVENIR

Réalisation : Jean-Pierre Mocky ; scénario : Jean-Pierre Mocky, André Ruellan, Tom Bolshine d'après le roman de Carlène Thompson ; photographie : Edmond Richard © ; musique : Gabriel Yared ; montage : Xavier Loutreuil, Jean-Pierre Mocky, Bruno Zincone ; production : Jean-Pierre Mocky, François Yon (Odessa Films / Les Productions JMH / Bioskop-Film GmbH / Koala Films / M6 Films / France 2 Cinéma) ; durée : 92 min.

Interprétation : Jane Birkin : Caroline. Sabine Azéma : Lucy. Jean-François Stévenin : commissaire Tom Jérôme. Benoît Régent : Dr David Wahl. Matthias Habich : Chris Corday. Jany Holt : Geneviève Longueville. Michel Bertay : prêtre. Vanessa Larré : Tina Morgane.

Thème : Dix-sept ans après la mort de sa petite Garance, Caroline est confrontée à des phénomènes qui lui rappellent sa fille et à une succession de morts violentes. Chris, le propre père de Garance, est lui-même blessé. Le commissaire Tom Jérôme reprend l'enquête, mais Melinda, la fille du second mariage de Caroline, disparaît à son tour. La vérité finira par éclater : Garance n'est pas morte. Victime de Guillaume qui l'avait enlevée et séquestrée durant des années, elle avait décidé de se venger.

Une petite ville trop calme pour être innocente, une succession de victimes et Mocky, plutôt plus à l'aise que d'habitude, qui retrouve le ton du film noir.

Notes : *Tournage en Suisse (Baden et Schaffhouse).*

LA CHICA

Réalisation : Bruno Gantillon ; scénario : Bruno Gantillon, d'après le roman de Philippe Conil *La Queue du lézard* ; photographie : Juan Kozelka, Paule Viet © ; musique : Bernard Grimaldi ; montage : Caroline Chatriot, Mathilde Boussel, Sophie Bousquet-Fourès, Michèle Robert-Lauliac ; production : Yannick Bernard (Odessa Films / M6 Films) ; durée : 88 min.

Interprétation : Bruno Wolkowitch : Stan. Marine Delterme : Julie. Wojciech Pszoniak : Janek. Frédéric Tokarz : Angel. Mario Balmaseda : Quintero. Elio Mesa : Aldo. Jorge Losada : Miguel.

Thème : Venezuela. Angel permet à Julie d'échapper à deux hommes et se réfugie avec elle dans la cabane où vivent Janek et son neveu Stan. Ce dernier et Angel se sont cachés après un braquage raté. Stan, qui est muet, intrigue et irrite Julie, mais celle-ci est toujours traquée par deux trafiquants de drogue à qui elle a volé une valise de cocaïne. Les trafiquants tuent Angel et enlèvent Janek. Stan et Julie les poursuivent et les éliminent avant de partir ensemble.

Bruno Gantillon a cherché à jouer sur l'atmosphère de cette histoire, la moiteur qui semble marquer toute l'intrigue, mais il est difficile d'être toujours convaincu…

PASSAGE À L'ACTE

Réalisation : Francis Girod ; scénario : Francis Girod, Michel Grisolia, Gérard Miller, d'après le roman de Jean-Pierre Gattégno *Neutralité malveillante* ; photographie : Charlie van Damme © ; musique : Alexandre Desplat ; montage : Geneviève Winding ; production : Michel Seydoux, Bruno Pésery, António da Cunha Telles (Arena Films / Camera One / DA Films / Cofimage 7 / France 2 Cinéma) ; durée : 105 min.

Interprétation : Daniel Auteuil : Dr Antoine Rivière. Patrick Timsit : Édouard Berg. Anne Parillaud : Isabelle d'Archambault. Michèle Laroque : Florence. Marianne Denicourt : Nathalie. Clotilde de Bayser : Hélène. Marc Berman : Montagner. Anne-Marie Philippe : Rosine.

Thème : Lourdement endetté, le Dr Antoine Rivière, qui est psychanalyste, reçoit la visite d'Édouard Berg, un patient lui annonçant avoir assassiné sa femme, alors même que l'on soupçonne que le décès de Meyer, le mentor de Rivière, tué dans un accident de voiture, serait en fait un meurtre. Berg défenestre une prostituée dont il s'est servi pour tendre un piège à Rivière. Ce dernier mène l'enquête, découvre – avec l'aide de son assistante Nathalie – la véritable

PASSAGE À L'ACTE

identité de Berg (un ancien patient fou de Meyer, décidé à se venger aussi sur son disciple) et, à l'issue de leur opposition, l'abat. Sans scrupules, Rivière laisse accuser à sa place une riche héritière, Isabelle d'Archambault, qui se suicide et lui lègue une fortune par testament. Grâce à une vidéo que lui a laissée Berg, Rivière découvre que celui-ci avait tout prévu jusqu'à son assassinat. Le psychanalyste épouse Nathalie.

Une histoire d'une grande complexité psychologique que Francis Girod dirige avec habileté, déjouant les pièges propres à la psychanalyse cinématographique avec Daniel Auteuil, très convaincant.

LES VICTIMES

Réalisation : Patrick Grandperret ; scénario : Patrick Grandperret, Arlette Langmann, d'après le roman de Boileau-Narcejac ; photographie : Pierre David © ; musique : Bilondiev ; montage : Dominique Galliéni ; production : Alain Poiré (Gaumont / TF1 Films Production / EFVE Films) ; durée : 94 min.

Interprétation : Vincent Lindon : Pierre Duval. Jacques Dutronc : Bernard Jaillac. Karin Viard : Claire. Florence Thomassin : Manou. Gérard Darmon : Blèche. Cathy Capvert : secrétaire. Isabelle Alexis : standardiste. Richard Morgiève : Richard.

Thème : Fasciné par une certaine Manou, l'éditeur Pierre Duval apprend qu'elle s'appelle, en réalité, Claire et qu'elle est mariée avec l'architecte Bernard Jaillac. Il rencontre ce dernier et parvient à partir au Maroc avec lui. Lorsque Bernard est rejoint par son épouse, Pierre découvre que ce n'est pas la femme qu'il connaît... Il devient l'amant de la femme en question mais va découvrir plus tard qu'il y a deux Claire Jaillac, la femme et la sœur de Bernard... Il finit par comprendre que Claire, la femme, a été tuée par son mari et que Claire, la sœur, s'est substituée à la victime...

Une substitution de personnages et une intrigue compliquée mais à laquelle il manque le style et la virtuosité de Vertigo *(*Sueurs froides*, 1958).*

***Notes :** Tournage à Paris et au Maroc.*

LES VOLEURS

Réalisation : André Téchiné ; scénario : André Téchiné, Gilles Taurand, Michel Alexandre, Pascal Bonitzer ; photographie : Jeanne Lapoirie © ; musique : Philippe Sarde ; montage : Martine Giordano ; production : Alain Sarde (Les Films Alain Sarde / Rhône-Alpes Cinéma / TF1 Films Production) ; durée : 117 min.

Interprétation : Catherine Deneuve : Marie Leblanc. Daniel Auteuil : Alex. Laurence Côte : Juliette Fontana. Benoît Magimel : Jimmy Fontana. Fabienne Babe : Mireille. Didier Bezace : Ivan. Julien Rivière : Justin. Ivan Desny : Victor. Pierre Perez : Fred. Chiara Mastroianni : étudiante.

Thème : Si Alex est policier, son frère Ivan dirige, quant à lui, une bande de criminels, des voleurs de voitures. Tout les oppose. Alex s'est follement épris de Juliette, une délinquante rencontrée grâce à son frère. Mais celle-ci vivait, en réalité, une relation avec Marie, qui est professeur de philosophie. Juliette disparaît et Alex la retrouve dans un hôpital psychiatrique. Marie se suicide.

Le (très) bref résumé ci-dessus ne peut donner qu'une vague idée de la complexité psychologique du film dans lequel se retrouvent des thèmes tels que le sens de la famille, l'homosexualité, la solitude et la crainte de l'échec. André Téchiné dirige avec une grande sensibilité ses interprètes tout au long de cette intrigue qui oscille entre le polar et le drame de mœurs.

***Notes :** Tournage à Lyon (97, boulevard des Belges, 86, rue de la Charité, berge Karen-Blixen, La Duchère), Villeneuve-Saint-Georges (Val-de-Marne) et en Haute-Savoie (Samoëns et Taninges).*

LES VOLEURS

LES VOLEURS

1997

ASSASSIN(S)

Réalisation : Mathieu Kassovitz ; scénario : Mathieu Kassovitz, Nicolas Boukhrief ; photographie : Pierre Aïm © ; musique : Carter Burwell ; montage : Mathieu Kassovitz, Yannick Kergoat ; production : Christophe Rossignon (Lazennec Films / Kasso Inc. Productions / Canal+ / TF1 Films Production / La Sept Cinéma) ; durée : 128 min.

Interprétation : Michel Serrault : M. Wagner. Mathieu Kassovitz : Max. Mehdi Benoufa : Mehdi. Robert Gendreu : M. Vidal. Danièle Lebrun : mère de Max. Nicolas Boukhrief : frère de Mehdi. Hélène de Fougerolles : Hélène. Léa Drucker : Léa. Stéphane Metzger : Franck. Christophe Rossignon : chauffeur.

Thème : M. Wagner a commis un double meurtre dont Max a été le témoin. Il revoit ce dernier et lui demande de l'aider dans son travail de tueur professionnel. Il lui prodigue, dès lors, les conseils indispensables, mais lorsque Max laisse le jeune Mehdi tirer à sa place, Wagner choisit de l'éliminer. C'est désormais Mehdi, habitué des jeux vidéo et des émissions violentes, qui prend le relais et finit par se suicider, après avoir abattu deux professeurs de son école.

Mathieu Kassovitz a pris pour origine du film son court-métrage homonyme tourné en 1992 avec Marc Berman et lui-même. Scandalisé par – selon ses propres mots – « le manque d'éthique des médias » *à la suite de son film* La Haine *(1995), il dénonce par la bouche de Wagner* (« la presse, la bouffe, la finance, la politique, tous des pourris... Ça, c'est des assassins ») *et stigmatise le rôle néfaste des médias, la violence des émissions de télévision, l'effet nocif des jeux vidéo. Volontairement violent et dérangeant, le film a pour but de choquer et d'interpeller. Opération réussie.*

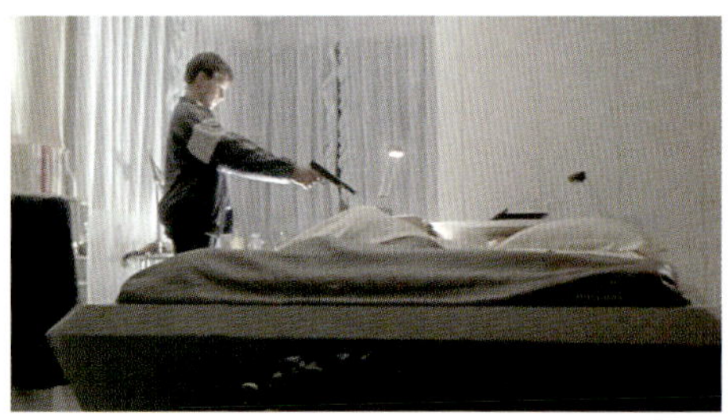

LE COUSIN

Réalisation : Alain Corneau ; scénario : Alain Corneau, Michel Alexandre ; photographie : Michel Amathieu © ; musique : Olivier Bloch-Lainé ; montage : Thierry Derocles ; production : Alain Sarde (Les Films Alain Sarde / TF1 Films Production / Divali Films / Compagnie Cinématographique Prima) ; durée : 112 min.

Interprétation : Patrick Timsit : « Nounours ». Alain Chabat : inspecteur Gérard Delvaux. Samuel Le Bihan : Francis Delarche. Marie Trintignant : juge Lambert. Agnès Jaoui : Claudine Delvaux. Caroline Proust : Fanny. Jean-Michel Noirey : inspecteur Philippe Maurin. Mehdi El Glaoui : Jeannot. Fabienne Tricottet : Nathalie. Michel Alexandre : greffier.

Thème : Lorsque l'inspecteur Maurin se suicide, son collègue Gérard Delvaux décide de reprendre à son propre compte son indic, « Nounours ». Mais il doit, comme Maurin, supporter l'enquête de la juge Lambert. Alors que son supérieur, Francis Delarche, veut suspendre les relations avec Nounours, Gérard les maintient devant la perspective de démanteler une filière de la drogue. Un stock important de cocaïne est ainsi saisi, mais les dealers sont protégés par leur statut diplomatique. Gérard livre Nounours pour qu'il soit en sécurité en prison et lui-même se trouve muté à Villetaneuse.

Ancien policier, Michel Alexandre a convaincu Alain Corneau de s'attacher aux relations, aussi ambiguës qu'indispensables, que la police peut entretenir avec ses indics. D'où Le Cousin, *dans lequel le cinéaste décrit, d'une part, la vie familiale des policiers et de leurs indicateurs – Gérard et Nounours sont mariés tous les deux – et, d'autre part, les rapports entre le monde de la police et celui des « cousins » inévitablement immergés dans le milieu du crime.* « Trois logiques s'opposent, *rappelait Corneau,* celle du flic qui doit interpeller, celle du juge qui doit sanctionner, celle du voyou qui doit trafiquer pour vivre et balancer pour survivre. » *Le film bénéficie de la composition remarquable de Patrick Timsit et d'Alain Chabat, ici à l'opposé de ses rôles habituels. Les auteurs en profitent, au passage, pour stigmatiser la mansuétude malheureusement légale de la justice et de la police face à la corruption et à la délinquance des « diplomates ».*

Notes : *Tournage dans le Val-de-Marne – Thiais (parking des Alouettes, centre commercial Belle-Épine), Enghien-les-Bains (boulevard du Lac) –, l'Essonne – Athis-Mons (parking du supermarché Carrefour) –, les Hauts-de-Seine – Clamart (3, place Maurice-Gunsbourg) –, en Seine-et-Marne – Lognes (place Charles-Cros) – et à Paris – 13, boulevard de Strasbourg (10e), Palais de justice (1er).*

DOBERMANN

DOBERMANN

Réalisation : Jan Kounen ; scénario : Joël Houssin ; photographie : Michel Amathieu © ; musique : Schyzomaniac ; montage : Bénédicte Brunet, Éric Carlier ; production : Éric Névé, Marc Baschet, Frédérique Dumas-Zadjela (La Chauve-Souris / Noé Productions / Comstock Group / Canal+ / Tawak Pictures / France 3 Cinéma / PolyGram) ; durée : 103 min.

Interprétation : Vincent Cassel : Yann Lepentrec, dit « le Dob ». Tchéky Karyo : commissaire Sauveur Cristini. Monica Belluci : Nathalie, dit « Nat la Gitane ». Antoine Basler : Jean-Claude Ayache, dit « Moustique ». Dominique Bettenfeld : Élie Frossard, dit « l'Abbé ». Pascal Demolon : inspecteur Lefèvre. Marc Duret : inspecteur Baumann. Romain Duris : Manu. Patrick Rocca : commissaire Clodarec. Chick Ortega : Jacky Sueur, dit « Pitbull ». Stéphane Metzger : Olivier Brachet, dit « Sonia ». Gaspar Noé : marchand de merguez. Jan Kounen : homme dans la banque.

Thème : Yann Lepentrec, dit « le Dob », attaque banque sur banque. Le commissaire Cristini est décidé à l'éliminer, coûte que coûte, quitte à transiger avec la loi. Cristini réussit, en menaçant le fils de Sonia, à savoir où se réunissent le Dob et ses complices. Il s'ensuit une véritable tuerie. Le Dob met hors d'état de nuire Cristini et part avec Nathalie.

Comme le dit – non sans humour – Jan Kounen, par ailleurs grand admirateur d'Ingmar Bergman : « Le film est plus proche de la bande dessinée que du réalisme. » *On s'en rend compte dès le générique qui voit une espèce de chien géant uriner sur les noms de certains des collaborateurs du film. Le reste témoigne d'un véritable style – auquel on peut ne pas être sensible ! –, mais Jan Kounen, dont c'est le premier film, assène aux spectateurs des éclairs de violence, une photographie déjantée et une mise en scène survoltée, renvoyant dos à dos son héros et le policier Cristini, toujours entre deux prises, joué par un Tchéky Karyo particulièrement odieux. Une très curieuse expérience.*

Notes : *Tournage à Paris (notamment au canal de l'Ourcq, 19e).*

FRED

Réalisation : Pierre Jolivet ; scénario : Pierre Jolivet. Adaptation : Pierre Jolivet, Simon Michaël ; photographie : Patrick Blossier © ; musique : Serge Perathoner, Jannick Top ; montage : Luc Barnier, Tina Baz-Le Gal, Éric Boudet, Marie Lecœur, Luan Rama ; production : Frédéric Bourboulon, Alain Sarde, Bertrand Tavernier. (Les Films Alain Sarde / Little Bear) ; durée : 84 min.

Interprétation : Vincent Lindon : Fred. Clotilde Courau : Lisa. François Berléand : Barrère. Stéphane Jobert : Michel. Albert Dray : Yvan. Roschdy Zem : Nouchi. Catherine Hiegel : Mme Mandor. Laura Favali : Jeanne.

Thème : Fred est grutier et au chômage. Sa compagne, Lisa, mère d'un petit garçon d'une précédente union, est standardiste. L'inaction lui pesant lourdement, il accepte de convoyer un camion pour Michel. C'est le début d'une spirale qui va l'opposer à des truands et à la police…

Un univers sans soleil, gris, plombé, une société triste et froide à l'image même du temps. Voici le cadre du film que Pierre Jolivet dirige avec une certaine sensibilité, remarquablement servi par Vincent Lindon dont on peut, une fois de plus, apprécier le talent et sa capacité à se fondre en différents personnages. Le scénario est particulièrement juste, refusant les conventions à la mode. Une réussite.

Notes : *Tournage à Bondoufle (Essonne).*

J'IRAI AU PARADIS CAR L'ENFER EST ICI

J'IRAI AU PARADIS CAR L'ENFER EST ICI

Réalisation : Xavier Durringer ; scénario : Xavier Durringer, Jean Miez ; photographie : Mathieu Vadepied © ; musique : Laurent Coq, Benjamin Raffaelli ; montage : Raphaëlle Urtin ; production : Anne François, Christophe Lambert (AFCL Productions / France 2 Cinéma) ; durée : 115 min.

Interprétation : Arnaud Giovaninetti : François. Claire Keim : Claire. Brigitte Catillon : Jacqueline. Gérald Laroche : Rufin. Jean Miez : Michel. Jean-Pierre Léonardini : Manuel. Daniel Duval : Bertrand Cardone.

Thème : À la suite d'un hold-up qui a mal tourné, François se réfugie chez un ami de son père qui est dans le même « métier » que lui. Il est caché par Rufin et finit par s'intégrer à la bande, mais la police va intervenir…

Sans grande surprise.

K

Réalisation : Alexandre Arcady ; scénario : Alexandre Arcady, Antoine Lacomblez, Jorge Semprún, Serge Raffy, d'après le roman de Guy Konopnicki *Pas de kaddish pour Sylberstein* ; photographie : Gerry Fisher © ; musique : Philippe Sarde ; montage : Joële Van Effenterre ; production : Alexandre Arcady (New Light Films / Alexandre Films / TF1 Films Production) ; durée : 135 min.

Interprétation : Patrick Bruel : inspecteur Sam Bellamy. Isabella Ferrari : Emma Güter. Marthe Keller : Nora Winter. Pinkas Braun : Joseph Katz / Karl Heinrich. Jean-François Stévenin : commissaire Cortès. Dieter Kirchlechner : Hermann. Dan Turgeman : Yan. Hans Meyer : Güter. Richard Berry : narrateur.

Thème : Rescapé des camps, Joseph Katz abat, sous les yeux du policier Sam Bellamy, l'homme responsable du massacre de sa famille, Rudi Güter. Sam, qui a l'habitude de jouer aux échecs avec Katz, ne l'arrête pas. Peu après, le corps de celui-ci est retrouvé carbonisé. Pour enquêter, Sam se rend à Berlin et y rencontre Emma Güter, la fille de l'ancien tortionnaire nazi. Sam et Emma se sentent menacés et, en même temps, surveillés par le Mossad. Le policier découvre bientôt que Katz n'est pas mort et cherche à retrouver tous les complices du SS qu'il a tué. Il découvre aussi que Katz est, en fait, lui-même un ancien bourreau nazi. Capturé par le Mossad avec lequel il conclut un marché, Katz est abattu par Emma.

Alexandre Arcady mêle assez habilement certains des thèmes propres au film policier au sujet de la traque des anciens nazis et c'est d'ailleurs à la suite de son voyage à Auschwitz qu'il a décidé de tourner ce film, devenu pour lui indispensable.

Notes : *Tournage à Berlin, Hambourg, Paris, Tel-Aviv et l'aéroport de Roissy.*

RIEN NE VA PLUS

Réalisation : Claude Chabrol ; scénario : Claude Chabrol ; photographie : Eduardo Serra © ; musique : Matthieu Chabrol ; montage : Monique Fardoulis ; production : Marin Karmitz, Jean-Louis Porchet, Gérard Ruey (MK2 Films / TF1 Films Production / Téléclub / CAB Productions / TSR –

Télévision Suisse Romande / Rhône-Alpes Cinéma) ; durée : 105 min.

Interprétation : Isabelle Huppert : Betty. Michel Serrault : Victor. François Cluzet : Maurice Biagini. Jean-François Balmer : M. « K ». Jackie Berroyer : Robert Châtillon. Mony Dalmès : signora Trotti. Jean Benguigui : moine fourbe. Thomas Chabrol : réceptionniste suisse. Greg Germain : black bavard. Nathalie : Kousnetzoff : blonde. Marie Dubois : Dédette. Philippe Dana : congressiste.

Thème : Betty et Victor sont deux malfaiteurs associés. Leurs cibles sont notamment les membres de congrès professionnels. Betty les attire et Victor les vole. Ce dernier rejoint sa complice en Suisse et la découvre en compagnie de Maurice, son amant, qui doit emporter une somme d'argent très importante aux Antilles pour le compte de M. « K ». Pour Betty, c'est l'occasion de passer un cap, mais Victor trouve l'opération très dangereuse, beaucoup plus que les petits coups auxquels les deux complices sont habitués. Betty est convaincante et le vol réussit, mais Victor fuit avec l'argent. Betty le retrouvera plus tard...

Isabelle Huppert et Michel Serrault composent un séduisant couple de voleurs et Claude Chabrol est le premier à les suivre dans leurs aventures, dans un cocktail de suspense et d'humour. C'est un film élégant mais pas une de ses œuvres majeures...

Notes : *Tournage en Guadeloupe, Suisse (hôtel Waldhaus à Sils-Maria), à Paris, Aix-les-Bains et l'aéroport de Roissy.*

SARAKA BÔ

Réalisation : Denis Amar ; scénario : Marc Guilbert, Simon Michaël, Marie Devort, Denis Amar, d'après le roman de Tobie Nathan ; photographie : Manuel

SARAKA BÔ

Teran © ; musique : Lokua Kanza, Jean-Claude Petit ; montage : Jacques Witta ; production : Patrick Godeau (Alicéleo / M6 Films / SNC – Société Nouvelle de Cinématographie) ; durée : 85 min.

Interprétation : Richard Bohringer : commissaire Diamant. Yvan Attal : professeur Nessim Taïeb. Anne Roussel : Véronique. Thierry Hancisse : Simon. Aïssa Maïga : Danièle Cissé. Alex Descas : Bataille.

Thème : Deux jeunes femmes sont tuées à Saint-Denis. Est-ce un crime rituel ? Le commissaire Diamant soupçonne Cissé, le voisin des victimes, mais le professeur Taïeb, spécialiste des troubles psychiques des immigrés, en doute. Cissé semble cacher un lourd secret. Lequel ? En souvenir d'une dette contractée par son père envers les dieux, il doit sacrifier des inconnues. La vérité est qu'il n'est pas non plus le meurtrier. L'assassin est la propre sœur du commissaire-priseur Lamiral, grand amateur de jeunes filles noires. Taïeb abat Mlle Lamiral et sauve la vie de Diamant.

Le titre se réfère – paraît-il – à une dette dont il faut s'acquitter. Le décor est en place, un cadre que Denis Amar connaît et restitue avec talent. Le passage entre le monde du polar nocturne urbain et le thème de la sorcellerie africaine est une véritable curiosité.

SÉLECT HÔTEL

Réalisation : Laurent Bouhnik ; scénario : Laurent Bouhnik ; photographie : Gilles Henry © ; musique : Jérôme Coullet ; montage : Jacqueline Mariani, Clémence Bielov ; production : Francisco Gutiérrez, Laurent Bouhnik (Climax Production / Markus Gieppner Filmproduktion) ; durée : 85 min.

Interprétation : Julie Gayet : Nathalie. Jean-Michel Fête : Tof. Serge Blumental : Pierre. Marc Andréoni : Denis. Sabine Bail : Clémentine. Éric

SÉLECT HÔTEL

Aubrahn : Lydie. Emmanuelle Rozes : Anne. Michel Gondouin : Marcel.

Thème : Nathalie vit avec son frère Tof dans une chambre du *Sélect Hôtel* à Pigalle. Elle-même se prostitue pour pouvoir se payer sa drogue. Tof se précipite chez le cordonnier voisin, après s'être emparé du revolver du gardien de l'hôtel. Il humilie l'artisan, qui lui avait reproché de vouloir le voler. De son côté, Nathalie a été conduite par Denis, qui fait office d'intermédiaire auprès d'un client violent. Tof intervient et blesse à la fois le client en question et Denis. Celui-ci tue Tof et provoque ainsi la mort de Nathalie, incapable de supporter la disparition de son frère.

*Ce premier film de Laurent Bouhnik est dédié à Arletty et le cinéaste déclarait en se souvenant d'*Hôtel du Nord *:* « J'ai une filiation avec ce cinéma français des années trente, racontant des histoires très dures mais très humaines. Je pense que *Sélect Hôtel* n'est pas un film de discours mais un film d'impressions, de sensations. Je voulais dire avec ce film : "Je parle de quelque chose de réel." » *Sans aucune complaisance – mais avec un réalisme qui peut choquer –, Bouhnik, qui se réclame volontiers du style documentariste de Frederick Wiseman, brosse le portrait d'un monde sans soleil peuplé de prostituées, de clients et de travestis. Celui de ce* Sélect Hôtel *et de son quartier. Étonnante composition de Julie Gayet.*

TIRÉ À PART

Réalisation : Bernard Rapp ; réalisation de seconde équipe : Emmanuel Gust ; scénario : Bernard Rapp, d'après le roman de Jean-Jacques Fiechter. Adaptation : Bernard Rapp, Richard Morgiève ; photographie : Romain Winding © ; musique : Jean-Philippe Goude ; montage : Anne Basurco ; production : Joël Foulon, Boudjemaa Dahmane (Lili Productions / SFP Cinéma / France 3 Cinéma) ; durée : 90 min.

Interprétation : Terence Stamp : Sir Edward Lamb. Daniel Mesguich : Nicolas Fabry. Maria de Medeiros : Nancy Pickford. Hannah Gordon : Doris. Frank Finlay : John Rathbone. Jean-Claude Dreyfus : Georges Récamier. Amira Casar : Farida. Sophie Mounicot : Fabienne.

Thème : Sir Edward Lamb, qui est éditeur, découvre en lisant le manuscrit de son ami Nicolas Fabry que ce dernier est responsable de la mort de la femme qu'il aimait. Il décide de se venger en mettant au point un plan diabolique. Il commence par faire publier le roman de Fabry et s'arrange pour qu'il obtienne le Goncourt, puis il fait imprimer quelques volumes d'un texte qu'il fait passer pour un livre ancien qu'aurait alors plagié Fabry. Ce dernier se suicide. Sir Edward est vengé !

Bernard Rapp connaît bien le monde de l'édition qu'il a donc choisi comme cadre de son premier film et on ne peut qu'admirer la virtuosité de cette histoire d'implacable vengeance de Sir Edward Lamb, magistralement joué par Terence Stamp, toujours exceptionnel. Le film se déroule sans violences – sauf à la fin –, mais on en vient à suivre avec une délectation admirative la machination de Sir Edward qui, entre son club, ses chevaux et son cottage, est capable de monter la plus terrible des vengeances, le tout dans une tradition et une atmosphère toutes britanniques. Une réussite.

1998

UNE CHANCE SUR DEUX

Réalisation : Patrice Leconte ; scénario : Patrice Leconte, Patrick Dewolf ; dialogues : Serge Frydman ; photographie : Steven B. Poster © ; musique : Alexandre Desplat ; montage : Joëlle Hache ; production : Christian Fechner (Les Films Christian Fechner / TF1 Films Production / UGC – Union Générale Cinématographique) ; durée : 109 min.

Interprétation : Jean-Paul Belmondo. Léo Brassac. Alain Delon : Julien Vignal. Vanessa Paradis : Alice Tomaso. Éric Defosse : Carella. Alexandre Iakovlev : tueur en imper. Valeri Gatayev : Anatoli Sharkov. Michel Aumont : Ledoyen.

Thème : Spécialisée dans les vols de voitures de luxe, Alice Tomaso sort de prison et part à la recherche de deux hommes dont l'un est son père. Est-ce Julien qui dirige un restaurant chic ? Est-ce Léo, concessionnaire de voitures ? La jeune femme vole accidentellement une valise remplie de millions et qui appartient à la mafia russe. Sharkov, le chef de celle-ci, veut la récupérer et menace Léo et Julien, qui vont désormais faire cause commune. Alice est enlevée et libérée, ne désirant même plus savoir qui est son véritable père…

Réunir à nouveau Jean-Paul Belmondo et Alain Delon après Borsalino *(1970) est une séduisante idée et Patrice Leconte a choisi le ton de la comédie policière – même s'il y a la mafia russe –, ce qui permet à l'ensemble, très bien joué, d'être sympathique et bon enfant.*

LA CLASSE DE NEIGE

Réalisation : Claude Miller ; scénario : Claude Miller, Emmanuel Carrère, d'après le roman d'Emmanuel Carrère ; photographie : Guillaume Schiffman © ; musique : Henri Texier ; montage : Anne Lafarge ; production : Annie Miller, Francis Boespflug (Les Films de la Boissière / PECF / Rhône-Alpes Cinéma / France 3 Cinéma) ; durée : 96 min.

Interprétation : Clément van der Bergh : Nicolas. Lokman Nalcakan : Hodkann. Yves Verhoeven : Patrick. Emmanuelle Bercot : Mlle Grimm. François Roy : père de Nicolas. Tina Sportolaro : mère de Nicolas. Emmanuel Carrère : parent d'élève.

Thème : Nicolas part en classe de neige. Sa mère lui témoigne peu d'affection et son père se plaît à lui raconter des histoires sordides. Le garçon, qui voit en rêve la mort de son père, fait croire à son camarade Hodkann que son père est un agent secret, ce qui provoque l'arrestation de ce dernier…

Une mère absente, un père déséquilibré et un jeune héros qui finit par se réfugier dans un univers peuplé de fantasmes. Claude Miller retrouve le ton de La Meilleure Façon de marcher *(1976) et décrit une atmosphère dans laquelle la réalité côtoie le rêve ou, plus exactement, le cauchemar. On se souvient notamment de la scène dans laquelle Nicolas « voit » la mort de son père, tué par des agresseurs masqués qui le poursuivent à son tour. Une peinture sensible du monde troublant de l'enfance.* « L'imaginaire, *déclarait Claude Miller,* sert à fabriquer des remparts En mentant sur son père, Nicolas réussit à modifier le cours de la réalité, à faire que son père soit arrêté. Qu'il raconte à Nicolas, le vol d'organes avec un luxe de détails n'est évidemment pas innocent. Ce père est empoisonné par sa culpabilité, son angoisse d'être ce qu'il est. Il se défoule sur son fils et lui passe ses toxines. »

LA CLASSE DE NEIGE

L'INCONNU DE STRASBOURG

L'INCONNU DE STRASBOURG

Réalisation : Valeria Sarmiento ; scénario : Raoul Ruiz, Evelyne Pieiller, Valeria Sarmiento, Gérard Mordillat ; photographie : Acácio de Almeida © ; musique : Jorge Arriagada ; montage : Rodolfo Wedeles ; production : Paulo Branco (Gemini Films / Madragoa Filmes) ; durée : 100 min.

Interprétation : Ornella Muti : Madeleine Wals. Charles Berling : Jean-Paul. Johan Leysen : Bastien. Christian Vadim : Audiard. Laurence Masliah : Magda. Francis Freyburger : Orgel. Jacques Pieiller : Robert. Georges du Fresne : Allumet.

Thème : Madeleine est surprise par son mari, alors qu'elle est avec son amant Jean-Paul. Elle cause la mort de son mari, mais Jean-Paul est soupçonné du meurtre. Victime peu après d'un accident, il est désormais amnésique. On croit reconnaître en lui le riche héritier Christian Vogel. Il s'agit, en réalité, d'une machination destinée à faire réapparaître Jean-Paul en Vogel. Bastien, frère et complice de Jean-Paul, trouve la mort. Madeleine et Jean-Paul n'auront plus de problèmes d'argent…

Un séduisant sujet aux multiples ramifications psychologiques, quelques rebondissements, mais une réalisation qui reste trop timide.

LE POULPE

Réalisation : Guillaume Nicloux ; scénario : Guillaume Nicloux, Jean-Bernard Pouy, Patrick Raynal, d'après le concept des Éditions Baleine ; photographie : Paul Gennesseaux © ; musique : Alexandre Balanescu, Laconic ; montage : Stéphane Pereira ; production : Charles Gassot (Téléma / StudioCanal / France 2 Cinéma / Havas Images / Gimages) ; durée : 100 min.

LE POULPE

Interprétation : Jean-Pierre Darroussin : Gabriel Lecouvreur, dit « le Poulpe ». Clotilde Courau : Cheryl. Stéphane Boucher : chauffeur de taxi. Julie Delarme : Sandra. Aristide Demonico : Pedro. James Faulkner : Thomas. Jean-François Gallotte : Nicolas Jouhe.

Thème : La tombe des grands-parents de Cheryl, la compagne bisexuelle de Gabriel Lecouvreur, dit « le Poulpe », est profanée. Qui est responsable ? Les suspects sont nombreux et Gabriel découvre que le paquebot qui doit bientôt partir cache des immigrés clandestins contaminés par leur travail. . .

Une certaine originalité.

Notes : *Tournage à Saint-Nazaire (Loire-Atlantique).*

SECRET DÉFENSE

Réalisation : Jacques Rivette ; scénario : Jacques Rivette, Pascal Bonitzer, Emmanuelle Cuau ; dialogues : Pascal Bonitzer, Emmanuelle Cuau, Jacques Rivette ; photographie : William Lubtchansky © ; musique : Jordi Savall ; montage : Nicole Lubtchansky ; production : Martine Marignac, Christian Lambert, Maurice Tinchant (Pierre Grise Productions / T&C Film AG / Alia Films / Arte France Cinéma – La Sept Cinéma) ; durée : 170 min.

Interprétation : Sandrine Bonnaire : Sylvie. Jerzy Radziwilowicz : Walser. Grégoire Colin : Paul. Laure Marsac : Véronique / Ludivine. Christine Vouilloz : Myriam. Françoise Fabian : Geneviève. Mark Saporta : Jules.

Thème : Sylvie apprend par son frère Paul que leur père ne s'est pas suicidé mais a été victime de son ancien bras droit, Walser, qui est désormais le patron de la compagnie. Paul est prêt à se venger lui-même en éliminant Walser. Décidant alors de le faire à sa place, Sylvie se rend à chez Walser, qui habite leur ancien domaine familial, mais c'est Véronique, la secrétaire et maîtresse de Walser, qui trouve la mort en s'interposant. Walser décide de faire disparaître le corps et incite Sylvie à garder son sang-froid. Celle-ci apprend que sa sœur, qui s'est jadis suicidée, avait été prostituée par leur père pour remporter un contrat, raison pour laquelle Walser l'avait tué. Ludivine, la sœur de Véronique, est résolue à tuer Walser qu'elle croit responsable de sa mort. Sylvie s'interpose et est tuée.

Une succession de crimes, une histoire de plus en plus compliquée et – heureusement – Sandrine Bonnaire, remarquable. Mais pourquoi Rivette, qui se réfère souvent à Hitchcock et à Fritz Lang, fait-il – contrairement à eux – des films aussi inutilement longs ?

Notes : *Tournage à Chagny (Saône-et-Loire), Dijon (Côte-d'Or) et Paris.*

SECRET DÉFENSE

ZONZON

Réalisation : Laurent Bouhnik ; scénario : Patrick de Lassagne, Laurent Bouhnik, d'après la pièce de Marc Andréoni et Patrick de Lassagne ; photographie : Gilles Henry © ; musique : Jérôme Coullet ; montage : Hervé de Luze ; production : Etienne Comar, Jean Cottin, Thierry Boscheron, Laurent Bouhnik, Patrick Delassagne (Playtime Productions / Climax Production) ; durée : 102 min.

Interprétation : Pascal Greggory : Francky Gouvier. Gaël Morel : Arnaud Grandjean. Jamel Debbouze : Kader. Fabienne Babe : Christine. Véra Briole : Japonaise. Élodie Bouchez : Carmen. Gabrielle Forest : brigadier Fouroux. François Levantal : Rico. Marc Andréoni : directeur de la prison.

Thème : Jeune garçon timide inculpé de trafic de drogue, Arnaud Grandjean se retrouve dans la cellule de Francky Gouvier qui, tout en étant un rebelle permanent, espère une prochaine liberté conditionnelle. Francky découvre que son ami Rico, responsable de la mort d'un vigile, est désormais l'amant de sa compagne Christine. Il agresse Rico et se retrouve au mitard, avant de mourir à la suite de coups portés par les gardiens.

La vision plus désenchantée que jamais de l'univers carcéral – « zonzon », c'est la prison – avec son mélange de violence, de combines et – parfois aussi – d'humour (grâce au personnage de Kader joué par Jamel Debbouze).

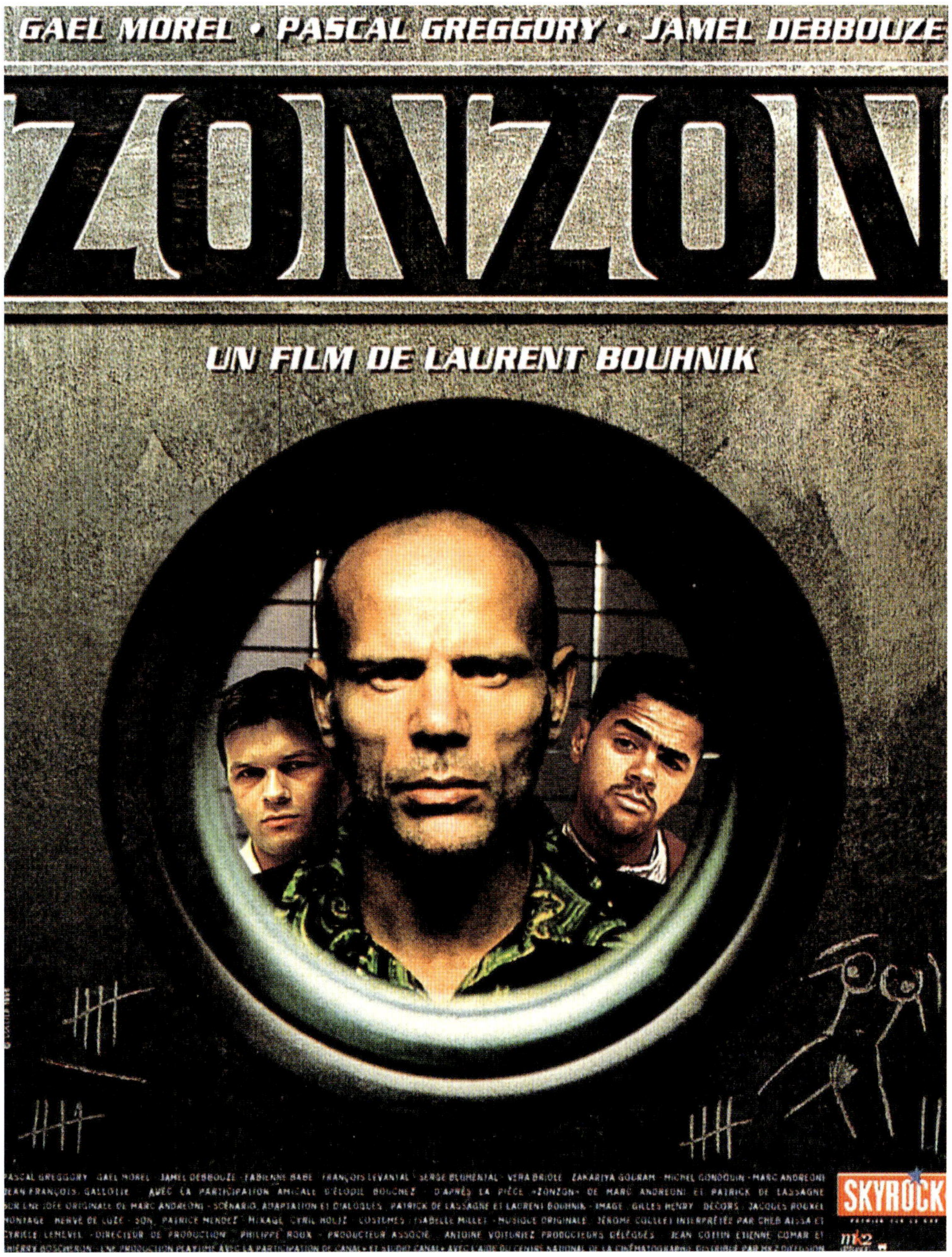

AU CŒUR DU MENSONGE

Réalisation : Claude Chabrol ; scénario : Odile Barski, Claude Chabrol ; photographie : Eduardo Serra © ; musique : Matthieu Chabrol ; montage : Monique Fardoulis ; production : Marin Karmitz (MK2 Films / France 3 Cinéma) ; durée : 113 min.

Interprétation : Sandrine Bonnaire : Viviane Sterne. Jacques Gamblin : René Sterne. Valeria Bruni Tedeschi : commissaire Frédérique Lesage. Antoine de Caunes : Germain-Roland Desmot. Bernard Verley : inspecteur Loudun. Bulle Ogier : Yvelyne Bordier. Noël Simsolo : M. Bordier. Pierre Martot : Régis Marchal. Rodolphe Pauly : Victor. Adrienne Pauly : Anna. Véronique Volta : Betty. Thomas Chabrol : médecin légiste. Philippe Dana : directeur du théâtre.

Thème : Saint-Malo. Élève de René Sterne, peintre devenu professeur de dessin, Éloïse Michel est étranglée et violée. Pour la commissaire Frédérique Lesage, il est un suspect tout trouvé et il commence d'ailleurs à perdre ses élèves, tandis que sa femme Viviane commence à être séduite par Germain-Roland Desmot, un écrivain à la mode. On retrouve bientôt le corps de ce dernier et Viviane soupçonne René de ce meurtre. La commissaire Lesage découvre que la petite Éloïse a été tuée par la femme du fleuriste, mais René avoue à Viviane que c'est bien lui qui a tué Desmot.

« Cette histoire, *déclarait Odile Barski,* n'est en rien l'apologie du mensonge. Elle se déroule en province. Non qu'on y mente plus qu'ailleurs. La vie serait impossible sans le mensonge, partout, mais en province, où tout se sait, on ment avec davantage de soin. On ment utile pour sauver les apparences, les meubles et parfois sa peau. Comme la rumeur, qui en est sa forme la moins noble, le mensonge est contagieux et, sitôt qu'il implique plusieurs participants, la partie se corse. » *Pour Claude Chabrol :* « René, c'est un être blessé qui se craint mort. Tous ses efforts sont négatifs : ne pas se laisser aller au désespoir, ne pas cesser de travailler. Et surtout, ne pas entraîner sa jeune femme dans le gouffre sans fond qui l'attire et lui donne le vertige. Toutes ses journées ne sont qu'efforts pour ne pas disparaître, mais il a l'impression que le sol se dérobe inexorablement sous ses pas. Pourtant, de temps en temps, il laisse paraître l'homme qu'il a été et qu'il pourrait être encore. Il n'a qu'une obsession : l'amour qu'il éprouve pour sa femme. »

Notes : *Tournage en Ille-et-Vilaine : Le Grand Porcon à Saint-Méloir-des-Ondes et Saint-Malo. Les dessins de René sont l'œuvre de Vincent Bioulès.*

AU CŒUR DU MENSONGE

FAIT D'HIVER

Réalisation : Robert Enrico ; scénario : Robert Enrico, Jean-Claude Grumberg ; photographie : Pierre-William Glenn © ; musique : Jean-Yves d'Angelo ; montage : Patricia Nény ; production : Bernard Berge, François Cohen-Séat, Jean-Pierre Fabre-Bernadac, Gilbert Hus, Christophe Louis (Idéal Films / Project Images Films / France 2 Cinéma / Camérone Productions) ; durée : 105 min.

Interprétation : Charles Berling : Louis Riquier. Jean-François Stévenin : commandant Ducroix. Claude Brasseur : Dr Vogein. Michel Duchaussoy : procureur de la République. Béatrice Palme : Luciana. Jacques Penot : reporter-photographe. Romaric Perche : Henri. Jessica Lecucq : Pauline. Camille du Fresne : Anne-Marie. Léa Drucker : elle-même.

Thème : 1969. Divorcé, Louis Riquier s'empare de ses trois enfants et décide de ne pas les rendre à leur mère qui en a la garde. Celle-ci porte plainte contre lui et le commandant Ducroix, qui a connu Riquier en Algérie, espère pouvoir le ramener à la raison. Riquier se barricade et le fait divers devient une affaire nationale. Il tue un gendarme et lorsque Ducroix est contraint de donner l'assaut, le père se tue avec ses enfants.

Ou comment un fait divers banal se transforme en un drame sanglant. Robert Enrico bénéficie d'une excellente interprétation et mène jusqu'au bout cette tragique intrigue, qui parle d'un foyer déchiré, d'une amitié ancienne, de la responsabilité de la presse, de la foule et d'une inévitable issue fatale.

HYGIÈNE DE L'ASSASSIN

Réalisation : François Ruggieri ; scénario : François Ruggieri, d'après le roman « librement trahi » d'Amélie Nothomb ; photographie : Alex Lamarque © ; musique : Jacques Davidovici ; montage : Delphine Desfons, Marie-Pierre Renaud ; production : François Ruggieri (TSF Productions) ; durée : 80 min.

Interprétation : Jean Yanne : Prétextat Tach. Barbara Schulz : Nina de Kerle. Sophie Broustal : Papillon. Catherine Hiegel : Catherine. Éric Prat : Le Pain. Richard Gotainer : La Brosse. Simone d'Aillencourt : infirmière. François Ruggieri : Ernest Gravelin. Henri de Lorme : expert. Agathe de La Boulaye : psy.

Thème : Nina apporte à la police l'interview de l'écrivain Prétextat Tach qu'elle a obtenue avant sa mort. Prix Nobel, Tach était un misogyne affirmé, mais il avait accepté de recevoir la journaliste, laquelle avait compris que l'écrivain avait cherché à étrangler son amour d'adolescence. La jeune femme avait survécu et Nina était sa fille. Nina avait, de son côté, laissé mourir Tach, tombé au sol.

Jean Yanne se livre à un numéro époustouflant, mais on reste peu convaincu devant les afféteries de la mise en scène. Une déception ?

THE LOST SON

Réalisation : Chris Menges ; scénario : Éric Leclere, Margaret Leclere, Mark Mills ; photographie : Barry Ackroyd © ; musique : Goran Bregovic ; montage : Pamela Power, Luc Barnier ; production : Paul Cowan, Finola Dwyer, Marina Gefter, Polly Duval, Judy Freeman (IMA Films / Scala Productions / StudioCanal / France 3 Cinéma / France 2 Cinéma) ; durée : 102 min.

Interprétation : Daniel Auteuil : Xavier Lombard. Nastassja Kinski : Deborah. Katrin Cartlidge : Emily. Marianne Denicourt : Nathalie. Ciarán Hinds : Carlos. Billie Whitelaw : Mme Spitz. Cyril Shaps : M. Spitz. Jamie Harris : Hopper. Bruce Greenwood : Friedman. Hemal Pandya : Shiva. Mark Benton : géant. Gregory McFarnon : Leon Spitz.

Thème : Autrefois policier, Xavier Lombard vit désormais à Londres, depuis la mort de sa femme et sa fille, faisant office de détective privé. Il est chargé de retrouver Leon Spitz, disparu alors qu'il effectuait des photos dans le quartier chaud de la ville. Il va se trouver confronté, au cours de son enquête, aux réseaux pédophiles, mais son amie Nathalie est assassinée. Poursuivant ses investigations, il retrouve en Amérique du Sud celui que l'on surnomme « l'Autrichien » et qui n'est autre que son ami Carlos. Ce dernier sera d'ailleurs tué par l'un des enfants.

Sans complaisance mais avec un réalisme tragique, Chris Menges plonge le spectateur dans le monde de la pédophilie, Daniel Auteuil, remarquable, devenant l'ange exterminateur décidé à retrouver et à punir le chef de ce réseau.

***Notes :** Tournage en Arizona (désert de Sonora, Superior, Tucson), Californie (Los Angeles), Angleterre – Felixstowe (Suffolk) et Londres (Shaftsbury Avenue).*

MAUVAISE PASSE

Réalisation : Michel Blanc ; scénario : Hanif Kureishi, Michel Blanc, Nick Love ; photographie : Barry Ackroyd © ; musique : Barry Adamson ; montage : Maryline Monthieux ; production : Claude Berri, Timothy Burrill, Romain Brémond (Renn Productions / Pathé Productions / France 3 Cinéma) ; durée : 100 min.

Interprétation : Daniel Auteuil : Pierre. Stuart Townsend : Tom. Liza Walker : Kim. Noah Taylor : Gem. Frances Barber : Jessica. Claire Skinner : Patricia. Béatrice Agenin : Catherine. Keith Allen : mari de Jessica. Ben Whishaw : Jay.

Thème : Ancien professeur de lettres, Pierre a quitté sa famille pour Londres et y écrire un roman. Il fait la connaissance de Tom, qui est escort boy, et décide d'exercer la même activité. Il s'éprend de Kim et devient un adepte de la cocaïne, dont il sent le besoin pour assurer ses prestations. Après avoir rompu avec Kim et s'être disputé avec Tom, il rentre à Paris, son père ayant eu une attaque. De retour à Londres, il écrit son roman, mais désormais, il ne peut faire l'amour que contre un paiement...

Pierre, le héros du film, découvre, en même temps qu'un monde auquel il était jusqu'ici étranger, sa propre sexualité et son besoin exigeant de monnayer ses services. Tourné en Angleterre et en anglais, le film offre à Daniel Auteuil un personnage surprenant dans lequel il est tout simplement remarquable.

***Notes :** Tournage à Bordeaux, Paris et Londres.*

UNE AFFAIRE DE GOÛT

Réalisation : Bernard Rapp ; scénario : Gilles Taurand, Bernard Rapp, d'après le roman de Philippe Balland *Affaires de goût* ; photographie : Gérard de Battista © ; musique : Jean-Philippe Goude ; montage : Juliette Welfling ; production : Catherine Dussart, Chantal Perrin (CDP – Catherine Dussart Productions / Rhône-Alpes Cinéma / StudioCanal / France 3 Cinéma) ; durée : 90 min.

Interprétation : Bernard Giraudeau : Frédéric Delamont. Jean-Pierre Lorit : Nicolas Rivière. Florence Thomassin : Béatrice. Charles Berling : René Rousset. Jean-Pierre Léaud : juge d'instruction. Laurent Spielvogel : Dr Rossignon. Artus de Penguern : Flavert. Elizabeth Macocco : Caroline.

Thème : Frédéric Delamont, riche industriel, choisit de faire d'un jeune serveur, Nicolas Rivière, son « goûteur ». Nicolas est séduit par la richesse qui l'entoure, ce qui inquiète sa compagne Béatrice. Il s'installe, dès lors, chez Frédéric qui l'invite à séduire une femme dont il profitera ensuite. L'entente est de plus en plus complète – et ambiguë – entre les deux hommes. Frédéric cherche à casser cette relation en renvoyant Nicolas, mais ce dernier revient et, insulté par Frédéric, le poignarde.

La relation entre Frédéric et son « goûteur » permet de s'interroger sur l'amitié, les rapports de classe, la séduction et la fascination que finissent par avoir deux êtres, l'un pour l'autre. Bernard Rapp dirige Bernard Giraudeau, remarquable, et Jean-Pierre Lorit avec la même sûreté et la même intensité que l'on trouvait déjà dans son premier film Tiré à part *(1987). Une mise en scène élégante, un sujet de plus en plus inquiétant, une réussite !*

Notes : *Tournage à Lyon.*

LES BLESSURES ASSASSINES

Réalisation : Jean-Pierre Denis ; scénario : Jean-Pierre Denis, Michèle Halberstadt, d'après le roman de Paulette Houdyer *L'Affaire Papin* ; photographie : Jean-Marc Fabre © ; montage : Marie-Hélène Dozo ; production : Michèle Pétin, Laurent Pétin (ARP Sélection / StudioCanal) ; durée : 94 min.

Interprétation : Sylvie Testud : Christine Papin. Julie-Marie Parmentier : Léa Papin. Isabelle Renauld : Clémence. François Levantal : Le Gazé. Jean-Gabriel Nordmann : M. Lancelan. Marie Donnio : Geneviève Lancelan. Lily Boulogne : Alberta. Dominique Labourier : Mme Lancelan. Charlotte Guille : Emilia.

Thème : Le Mans, 1913. Christine, Emilia et Léa Papin souffrent de la séparation de leurs parents, ce qui a conduit les deux premières à l'orphelinat et la troisième chez leur grand-père. Emilia décide de devenir religieuse. Christine est prête à faire de même, mais sa mère, Clémence, s'y oppose. En 1926, elle entre comme bonne chez les Lancelin, bientôt rejointe par Léa. Les années passent et la relation avec leur employeuse, la sévère Mme Lancelin, se détériore progressivement jusqu'à un fatidique jour de 1933. Les deux sœurs, devenues amantes, sont surprises en pleins ébats. Christine tue alors Mme Lancelin et sa fille, et leur arrache les yeux. Elle est condamnée à mort et Léa, à dix ans de prison.

On connaît déjà la pièce Les Bonnes *(1947) de Jean Genet et* La Cérémonie *(1995) de Claude Chabrol. En recréant ce fait divers aussi célèbre que tragique, Jean-Pierre Denis s'attache surtout à en développer le contexte passionnel, bénéficiant d'une interprétation très émouvante de Sylvie Testud. Cette même année,*

LES BLESSURES ASSASSINES

LES BLESSURES ASSASSINES

Claude Ventura tournera un documentaire, En quête des sœurs Papin, *également produit par Michèle et Laurent Pétin. On y découvrira que Léa Papin était toujours en vie à la sortie du film...*

Notes : *Tournage au Mans (Sarthe).*

CONFORT MODERNE

Réalisation : Dominique Choisy ; scénario : Dominique Choisy ; photographie : Isabelle Czajka © ; musique : Philippe Le Baraillec ; montage : Laure Blancherie ; production : Jean-Claude Jean (Key Light Productions / FRP – Frédéric Robbes Productions) ; durée : 95 min.

Interprétation : Nathalie Richard : Irène. Valérie Mairesse : Rosa. Jean-Jacques Vanier : Alain. Jean-Michel Noirey : Murat. Stephan Lara : Sylvestre. Sabrina Leurquin : Valérie. Julia Bonté : Marion. Arnaud Mock : Stéphane. Diane Valsonne : psychanalyste.

Thème : Agressée par une jeune SDF, Irène se réveille chez elle, sans souvenir de ce qui s'est passé. Elle assiste à un attroupement autour d'un corps, mais la victime n'est pas la femme en question. Elle fait alors la connaissance de Rosa. Qui a tué la SDF ?

Un premier film situé à Amiens et qui plonge, dès le début, dans l'univers propre au film noir en décrivant une jeune femme (Irène) travaillant dans une banque, mariée et mère de famille, qui bascule peu à peu dans un autre univers. Curieux.

Notes : *Tournage à Amiens (Somme).*

EN FACE

Réalisation : Mathias Ledoux ; scénario : Valérie Guignabodet ; photographie : Stéphane Le Parc © ; musique : Gekko ; montage : Jean-Pierre Baiesi ; production : Claude Carrère, Guillaume Godard, Patrick Gouyou-Beauchamps, Thierry Peronne (Cinémane Films / Carrere Group DA / M6 Films) ; durée : 94 min.

Interprétation : Jean-Hugues Anglade : Jean Dorset. Clotilde Courau : Michelle Dorset. Christine Boisson : Clémence. José Garcia : Hugo. Danièle Lebrun : femme en rouge. Jean Benguigui : Henri de Villard. Laurence Février : Ghislaine de Villard. Emmanuel Salinger : inspecteur Ruault. Ariel Wizman : vétérinaire. Voix de Jean Desailly.

Thème : Jean et Michelle Dorset héritent de leur voisin Guillemet un hôtel particulier à Montmartre avec la condition d'y conserveur Clémence, la gouvernante. Ils soupçonnent celle-ci d'avoir tué Guillemet, mais Jean découvre bientôt que Michelle l'aurait trompé avec Guillemet. Michelle tue Clémence et fuit avec son mari.

À la limite du film noir et du cinéma fantastique, Mathias Ledoux précipite le spectateur dans une intrigue diaboliquement agencée et dont les personnages évoluent et ouvrent de nouvelles pistes. Le rôle de Clémence, la trop jeune gouvernante, est, à ce titre, très curieux. Une réussite mineure.

FRANCK SPADONE

Réalisation : Richard Bean ; scénario : Richard Bean, Sophie Feldman ; photographie : Philippe van Leeuw © ; musique : Olivier Lebé ; montage : Andrée Davanture ; production : Philippe Carcassonne, Alain Sarde. (Ciné B / Les Films Alain Sarde / Hachette Première) ; durée : 88 min.

Interprétation : Stanislas Merhar : Franck Spadone. Monica Bellucci : Laura. Carlo Brandt : Ferdinand. Antoine Fayard : Pablo. Christophe Le Masne : Bruno. Jean-Claude Lecas : Jean. Barbara Roig : Isabelle. Géraldine Muller : Sonia.

Thème : Franck est, comme ses deux complices Pablo et Bruno, un pickpocket. Il vole le sac d'une femme, qui le fascine et qu'il veut retrouver. Elle s'appelle Laura, est strip-teaseuse et a comme protecteur Ferdinand, qui cherche d'ailleurs bientôt à tuer Franck. Ce dernier élimine son agresseur, alors qu'une importante transaction doit avoir lieu avec des Brésiliens. Ferdinand se débarrasse de ces derniers et met la main sur l'argent. Franck donne la précieuse mallette à Laura, qui fuit...

Le scénario tente de retrouver certains des thèmes propres au film noir tout en se référant à Pickpocket *(1959) de Robert Bresson. De prestigieuses références pour un résultat décevant.*

HARRY, UN AMI QUI VOUS VEUT DU BIEN

Réalisation : Dominik Moll ; scénario : Dominik Moll, Gilles Marchand, d'après le poème de Francis Villain ; photographie : Matthieu Poirot-Delpech © ; musique : David Sinclair Whitaker ; montage : Yannick Kergoat ; production : Michel Saint-Jean (Diaphana / M6 Films) ; durée : 117 min.

Interprétation : Laurent Lucas : Michel. Sergi López : Harry Balestrero. Mathilde Seigner : Claire. Sophie Guillemin : Prune. Liliane Rovère : mère de Michel. Dominique Rozan : père de Michel. Michel Fau : Éric.

Thème : Michel vit avec sa femme Claire et leurs trois petites filles. Alors que toute la famille part en vacances en Suisse, il rencontre Harry, un ancien camarade de lycée. Ce dernier devient, dès lors, un familier, mais il cherche, en réalité, à éloigner de Michel tous ceux qui freinent sa carrière littéraire et son inspiration. Il commence par assassiner les parents de Michel, jugés envahissants. Le frère de Michel est, lui aussi, éliminé alors que Claire demande à son mari d'éviter Harry, qui tue sa petite amie Prune et

HARRY, UN AMI QUI VOUS VEUT DU BIEN

demande à Michel de l'aider à se débarrasser du corps. Harry continue sur sa lancée et demande à Michel de tuer ses trois enfants. Michel, horrifié, tue alors Harry.

Ce n'est certainement pas une coïncidence si c'est proche d'un miroir que Michel et Harry se retrouvent, comme si Harry symbolisait, en effet, la face obscure de Michel, celui qui va faire ce à quoi Michel se refusait. On pense inévitablement à L'Inconnu du Nord-Express *(*Strangers on a Train, *1951) et aux œuvres qui jouent sur le thème du double et celui de la possession psychologique d'un être faible par un individu démoniaque.*

Notes : *Tournage au château* Hôtel Mont-Royal *(La Chapelle-en-Serval, Oise), à La Roussière (Pailherols, Cantal), Vic-sur-Cère (Cantal) et Bourgueil (Indre-et-Loire).*

LES MARCHANDS DE SABLE

Réalisation : Pierre Salvadori ; scénario : Pierre Salvadori, Nicolas Saada ; photographie : Gilles Henry © ; musique : Camille Bazbaz ; montage : Isabelle Devinck ; production : Philippe Martin, Gilles Sandoz (Agat Films & Cie – Ex Nihilo / Les Films Pelléas) ; durée : 95 min.

Interprétation : Serge Riaboukine : Alain. Marina Golovine : Marie. Mathieu Demy : Antoine. Guillaume Depardieu : Stéphane. Robert Castel : Damien. Patrick Lizana : Xavier. Michèle Moretti : Annick. Renaud Ménager : Pierre. Julie Depardieu : Catherine.

Thème : Marie sort de prison et s'installe chez son frère Antoine qui travaille de temps en temps pour Robert, le patron du quartier, dans le 18e arrondissement. Antoine cherche à doubler Xavier, l'un des hommes de Robert, et il est tué. Marie demande alors l'aide d'Alain, mais Xavier se débarrasse définitivement d'elle. Alain, après avoir tué Xavier, met alors le feu à son bar et se livre à la police.

Il existe une version courte du film d'une durée de 71 minutes et intitulée Le Détour, *qui a été diffusée sur Arte avant la sortie du film dans sa durée de 95 minutes. Pierre Salvadori décrit un monde sans soleil dans lequel la drogue, la haine, la jalousie et l'argent finissent par tout dominer, écrasant les héros les uns après les autres. Un climat noir et oppressant.*

MERCI POUR LE CHOCOLAT

Réalisation : Claude Chabrol ; scénario : Caroline Eliacheff, Claude Chabrol, d'après le roman de Charlotte Armstrong *The Chocolate Cobweb* ; photographie : Renato Berta © ; musique : Matthieu Chabrol ; montage : Monique Fardoulis ; production : Marin Karmitz, Jean-Louis Porchet, Gérard Ruey (MK2 Films / CAB Productions / YMC Productions / TSR – Télévision Suisse Romande / France 2 Cinéma) ; durée : 99 min.

Interprétation : Isabelle Huppert : Marie-Claire Muller-Polonski. Jacques Dutronc : André Polonski. Anna Mouglalis : Jeanne Pollet. Rodolphe Pauly : Guillaume Polonski. Brigitte Catillon : Louise Pollet. Michel Robin : « Patou » Dufreigne. Mathieu Simonet : Axel.

MERCI POUR LE CHOCOLAT

Thème : André Polonski se marie pour la seconde fois avec sa première femme, Marie-Claire, sa seconde épouse Lisbeth ayant été tuée dans un accident. Mais Jeanne Pollet, pianiste comme André, arrive chez ce dernier, pensant qu'elle a été échangée à la naissance et qu'elle est donc la fille d'André. Jeanne découvre que Marie-Claire sert du chocolat au somnifère à Guillaume, qui est le fils de Lisbeth. Il s'avère que Marie-Claire est responsable de la mort de Lisbeth et a cherché, de même, à éliminer Jeanne.

La Suisse, ses secrets, ses mensonges, sa mauvaise conscience et la perversité d'une héroïne brillamment jouée par Isabelle Huppert. « Merci pour le chocolat, déclarait Claude Chabrol, est tiré d'un livre de Charlotte Armstrong. Pourquoi ce choix d'un écrivain peu connu ? Charlotte Armstrong est une Américaine du Wisconsin qui a renouvelé le polar sophistiqué en s'intéressant surtout aux positions morales de ses personnages. Ses livres sont construits sur une lutte entre le Bien et le Mal, mais avec un Bien qui n'est pas sûr et un Mal qui n'est pas prouvé. *The Chocolate Cobweb,* je l'avais lu il y a très longtemps en 1950. Il y a une trentaine d'années, j'ai un peu regardé ce qu'il était possible de faire avec ça et je n'ai pas trouvé la solution. Puis le livre est revenu par la bande. Quand j'ai eu l'idée de faire un film avec Isabelle Huppert en perverse, j'ai repensé au personnage de ce livre, qui n'est d'ailleurs pas le personnage principal. Et je me suis souvenu qu'il y avait cette histoire de possibilité d'un échange d'enfants que je trouvais épatante. Caroline Eliacheff a fait un premier jet du scénario à partir du livre. J'ai travaillé sur le premier jet à partir de mes souvenirs. En gros, il doit y avoir 50 % du bouquin et 50 % d'inventé. Il y a trente ans, je pensais adapter vraiment le livre, alors qu'il fallait simplement en utiliser des éléments. Mais ça, on ne le sait qu'après. Partir des éléments pour trouver le sujet, c'est plus compliqué. »

Notes : *Tourné à Lausanne dans la maison qu'habitait David Bowie, le film a reçu le prix Louis-Delluc.*

LES RIVIÈRES POURPRES

Réalisation : Mathieu Kassovitz ; scénario : Jean-Christophe Grangé, Mathieu Kassovitz, d'après le roman de Jean-Christophe Grangé ; photographie : Thierry Arbogast © ; musique : Bruno Coulais ; montage : Maryline Monthieux ; production : Alain Goldman, Catherine Morisse (Légende Films / Gaumont / TF1 Films Production) ; durée : 105 min.

Interprétation : Jean Reno : commissaire Pierre Niémans. Vincent Cassel : lieutenant Max Kerkerian. Nadia Farès : Fanny Ferreira / Judith Hérault. Dominique Sanda : sœur Andrée. Karim Belkhadra : capitaine Dahmane. Jean-Pierre Cassel : Dr Bernard Chernezé. Didier Flamand : recteur. François Levantal : légiste. Francine Bergé : directrice d'école. Mathieu Kassovitz : tueur.

Thème : Le commissaire Pierre Niémans enquête sur le meurtre d'un homme dont le corps a été atrocement mutilé alors même que, à 300 km de là, à Sarzac, le lieutenant Max Kerkerian cherche à savoir qui a profané la tombe de la petite Judith Hérault, décédée vingt ans plus tôt. Leurs enquêtes respectives étant liées, les deux hommes vont désormais faire équipe à la suite d'un nouveau meurtre. Le Dr Chernezé est assassiné, mais le tueur épargne Niémans dans sa fuite. Une analyse ADN révèle qu'il s'agit de Judith ! L'université locale pratique l'eugénisme et Judith Hérault n'est donc pas morte. Après plusieurs rebondissements, celle-ci finit par trouver la mort dans une avalanche qu'elle avait déclenchée pour ensevelir l'université.

De superbes paysages, une intrigue dans un style à la Seven (1995), Jean Reno et Vincent Cassel formant un couple très convaincant, une réalisation d'une grande efficacité : tout a donc été mis en place pour assurer la réussite de ce jeu de piste criminel.

Notes : *Tournage du 25 octobre 1999 à mars 2000 en Haute-Savoie (Argentière, mont Blanc, Chamonix), Savoie (Albertville, Modane-Avrieux), Isère (Gavet, Bourg d'Oisans, Grenoble) et à Paris.*

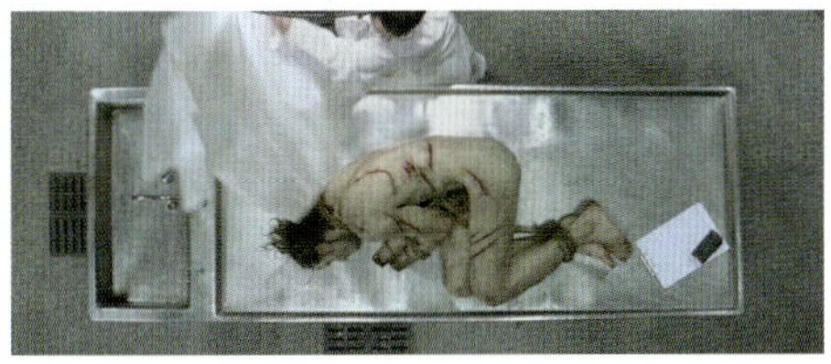

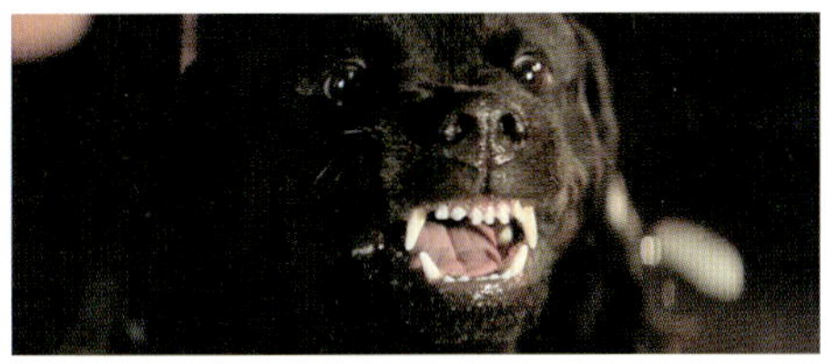

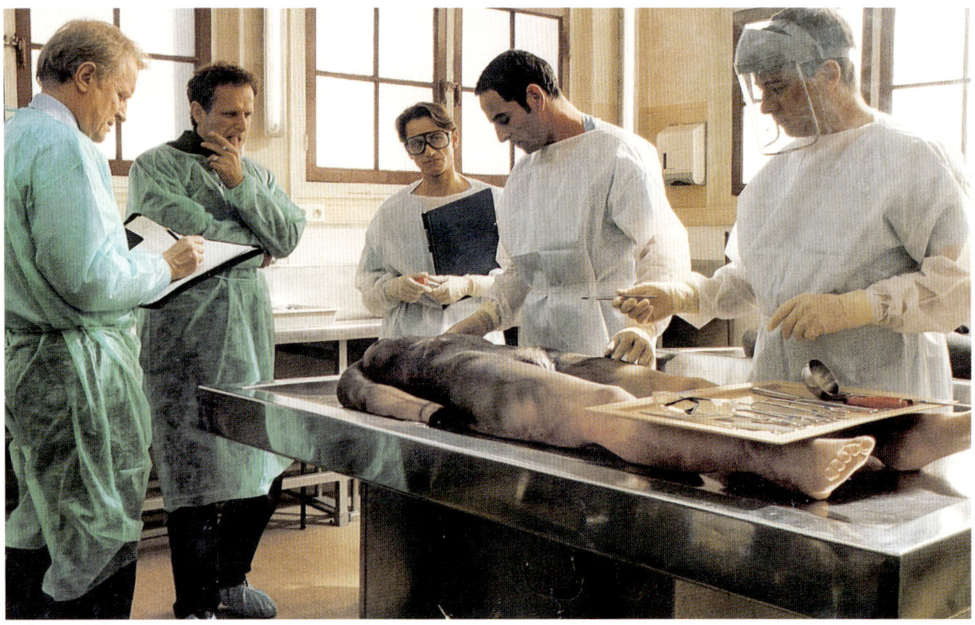

SCÈNES DE CRIMES

SCÈNES DE CRIMES

Réalisation : Frédéric Schoendoerffer ; scénario : Frédéric Schoendoerffer, Yann Brion, Olivier Douyère ; photographie : Jean-Pierre Sauvaire © ; musique : Bruno Coulais ; montage : Dominique Mazzoléni ; production : Éric Névé (La Chauve-Souris / M6 films / StudioCanal / Telfrance) ; durée : 100 min.

Interprétation : Charles Berling : commandant Georges Fabian. André Dussollier : capitaine Jean-Louis Gomez. Ludovic Schoendoerffer : Léon. Pierre Mottet : François. Éva Darlan : commissaire principal. Djemel Barek : médecin légiste. Camille Japy : Clara. Frédéric Quiring : policier de Montpellier. Denise Chalem : Annick Gomez. Jacques Perrin : commissaire divisionnaire. Élodie Navarre : Marie Bourgoin.

Thème : Marie Bourgoin et son chien disparaissent en région parisienne. Le commandant Georges Fabian et le capitaine Jean-Louis Gomez mènent l'enquête avec toute la logistique à leur disposition. La découverte de plusieurs corps et les investigations étendues à toute la France révèlent que l'on a affaire à un serial killer. Fabian est préoccupé par une prochaine naissance alors que Gomez boit pour oublier que sa femme et sa fille l'ont quitté. Après un dîner chez Fabian, Gomez décède d'une crise cardiaque. Bouleversé, Fabian poursuit son enquête à Montpellier. Il parvient à identifier le tueur, qui l'agresse sauvagement. Ce dernier tue son chien et sa famille avant de se donner la mort.

Un premier film qui est une réussite ! Le fils de Pierre Schoendoerffer décrit parallèlement l'enquête criminelle, la manière dont les deux policiers bénéficient d'une technicité toute moderne et l'univers familial, contrasté, des deux hommes. « Un premier film, *déclarait Frédéric Schoendoerffer,* c'est parler de ses passions. Je voulais raconter une histoire policière avec un tueur en série, car ces criminels sexuels sont un peu le reflet de notre société dominée par l'argent et le sexe. J'ai vu pratiquement tous les films et lu tous les livres disponibles sur ce genre de crime. » *Il ajoutait :* « Même les décors reproduisent à l'identique les bureaux du quai des Orfèvres : les nombreux petits bureaux reliés par des tas de couloirs comme les circonvolutions d'un cerveau. »

Notes : *Tournage dans l'Hérault (Mireval, Palavas-les-Flots, Montpellier), l'Aisne (Coyolles) et les Yvelines (Versailles).*

SIX-PACK

Réalisation : Alain Berbérian ; scénario : Alain Berbérian, d'après le roman de Jean-Hugues Oppel ; photographie : Jean-François Robin © ; musique : Elia Cmíral ; montage : Catherine Renault ; production :

Alain Sarde (Les Films Alain Sarde / TF1 Films Production / Chrysalide Films) ; durée : 110 mn.

Interprétation : Richard Anconina : Nathan. Frédéric Diefenthal : Philippe Saule. Chiara Mastroianni : Marine. Bernard Fresson : Paul Benetti. Jonathan Firth : Blade. François Berléand : Thomas. Jean-Claude Dauphin : Fouquier. Frank Moore : McPherson. Carole Richert : Hélène Moulinier. Frank Fontaine : Daddy Harry. Betty Bomonde : jeune femme de Passy.

Thème : Nathan enquête sur une série de meurtres commis dans la région parisienne. L'inspecteur Philippe Saule l'assiste et comprend bientôt que le responsable de ces crimes est la même personne. Il serait le nommé « Six-Pack », un tueur qui avait sévi aux États-Unis avant de passer en Europe. Mais l'homme en question possède un passeport diplomatique et Nathan est obligé de cesser son enquête. Il décide pourtant de la poursuivre avec l'aide de Marine, une jeune policière que le tueur assassine. Nathan espère le faire juger, mais l'homme est abattu par des policiers d'élite.

Alain Berbérian connaît les classiques hollywoodiens des années 1970 et leur rend hommage, construisant une intrigue très habile et concoctant quelques très brillantes séquences. La faiblesse du film tient, en revanche, dans son interprétation, très inégale...

***Notes :** Tournage à Montréal.*

TOTAL WESTERN

Réalisation : Éric Rochant ; scénario : Laurent Chalumeau, Éric Rochant ; photographie : Vincenzo Marano © ; musique : Marco Prince ; montage : Pascale Fenouillet ; production : Saïd Ben Saïd, Alain Rocca, Bertrand Faivre, Adeline Lecallier, Christophe Rossignon (Lazennec Films / UGC Images / SBS Films / SBS Productions) ; durée : 84 min.

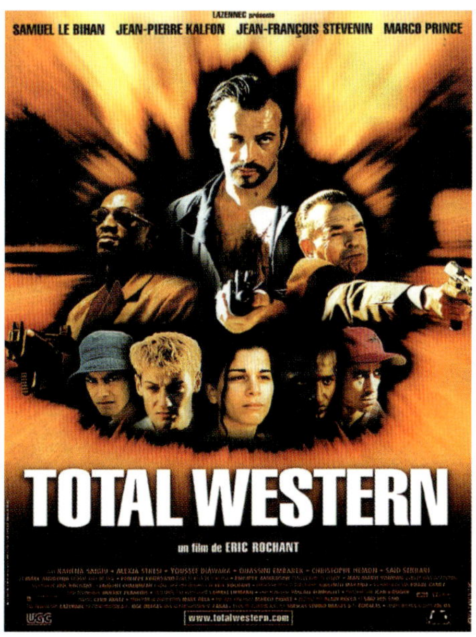

TOTAL WESTERN

Interprétation : Samuel Le Bihan : Gérard Bédécarrax. Jean-Pierre Kalfon : Ludo Daes. Jean-François Stévenin : Jean-Mi. Kahena Saighi : Farida. Alexia Stresi : Kristelle. Youssef Diawara : Moussa. Philippe Khorsand : Bergosa. Jean-Marie Winling : colonel.

Thème : Gérard Bédécarrax, petit truand qui travaille pour une société de protection, est l'unique survivant d'un affrontement criminel. Il trouve refuge en pleine campagne aveyronnaise, où il se fait passer pour un éducateur dans un centre d'hébergement pour délinquants, mais le dangereux Ludo Daes est décidé à récupérer l'argent dont s'est emparé Bédécarrax...

Le film – au fait, quel mauvais titre ! – est connu pour avoir été un échec à la fois critique et commercial. Tourné pour 35 millions de francs, il n'a obtenu que 77 978 spectateurs. Pour son producteur Saïd Ben Saïd : « La mayonnaise n'a pas pris. Nous voulions explorer un territoire quasi vierge dans le cinéma français, celui situé entre le cinéma d'auteur et celui des supermarchés. Le public n'a pas suivi ! »

LA VIERGE DES TUEURS

Réalisation : Barbet Schroeder ; scénario : Fernando Vallejo, d'après son roman « La virgen de los sicarios » ; photographie : Rodrigo Lalinde © ; musique : Jorge

Arriagada ; montage : Elsa Vásquez ; production : Margaret Menegoz, Barbet Schroeder, Jaime Osorio (Les Films du Losange / Vértigo Films / Tucan Producciones Cinematograficas / StudioCanal) ; durée : 98 min.

Interprétation : Germán Jaramillo : Fernando Vallejo. Anderson Ballesteros : Alexis. Juan David Restrepo : Wilmar. Manuel Busquets : Alfonso.

Thème : Colombie. Fernando Vallejo revient à Medellín. Il y rencontre dans un bordel pour homosexuels le jeune Alexis. Il s'entiche de lui alors que le garçon est déjà un tueur sur lequel il y a d'ailleurs un contrat. Alexis empêche Fernando de se suicider, avant d'être tué et de mourir dans les bras de l'écrivain. Fernando fait ensuite la connaissance de Wilmar, qui lui rappelle Alexis et qui est, en réalité, l'assassin de ce dernier. Il s'éprend de lui et renonce à le tuer comme il voulait le faire. Il apprend, peu de temps après, que la police a retrouvé le cadavre de Wilmar.

C'est une descente aux enfers dans une ville livrée à la drogue, à la violence – à toutes les violences – et à la prostitution. Réalisateur de More *(1969) et de* Maîtresse *(1975), Barbet Schroeder retrouve la Colombie de sa jeunesse et son film est à la fois un constat terrifiant et une réflexion sur un monde où certains croient encore à l'amour et à la rédemption.*

***Notes :** Tournage à Medellín (Colombie).*

2001-2010

HS – HORS SERVICE

Réalisation : Jean-Paul Lilienfeld ; scénario : Jean-Paul Lilienfeld, d'après les romans d'Alain Gagnol *M'Sieur* et *Les Lumières du frigo* ; photographie : Philippe Guilbert © ; production : Éric Altmayer, Nicolas Altmayer (Mandarin Films / Paradis Films / Orly Films / Gefilte Films) ; durée : 95 min.

Interprétation : Dieudonné : Marchand. Lambert Wilson : Francis. François Berléand : Louis. Lorànt Deutsch : M'Sieur. Stéphan Guérin-Tillié : Victor. Jackie Berroyer : Ifergan. Claudia Gerini : Hélène. Catherine Mouchet : comptable. Danièle Rocca : vieille dame.

Thème : Francis dirige une équipe de tueurs à gages dont Marchand est un des éléments les plus performants. Alors que la femme de ce dernier croit qu'il est un représentant en chaussures, il forme un apprenti tueur, le jeune M'Sieur. Lorsque Marchand tue accidentellement sa femme qui a tout découvert, il décide d'arrêter sa criminelle activité et de protéger celle qui devait être sa prochaine victime. Francis est, dès lors, résolu à l'éliminer. Menacé par ses anciens complices, c'est Marchand qui met hors d'état de nuire Francis et M'Sieur. Il découvre enfin que sa femme est toujours en vie...

Un mélange peu convaincant d'intrigue policière et de comédie déjantée. Dieudonné en grande forme.

Notes : *Tournage en Belgique.*

MAUVAIS GENRES

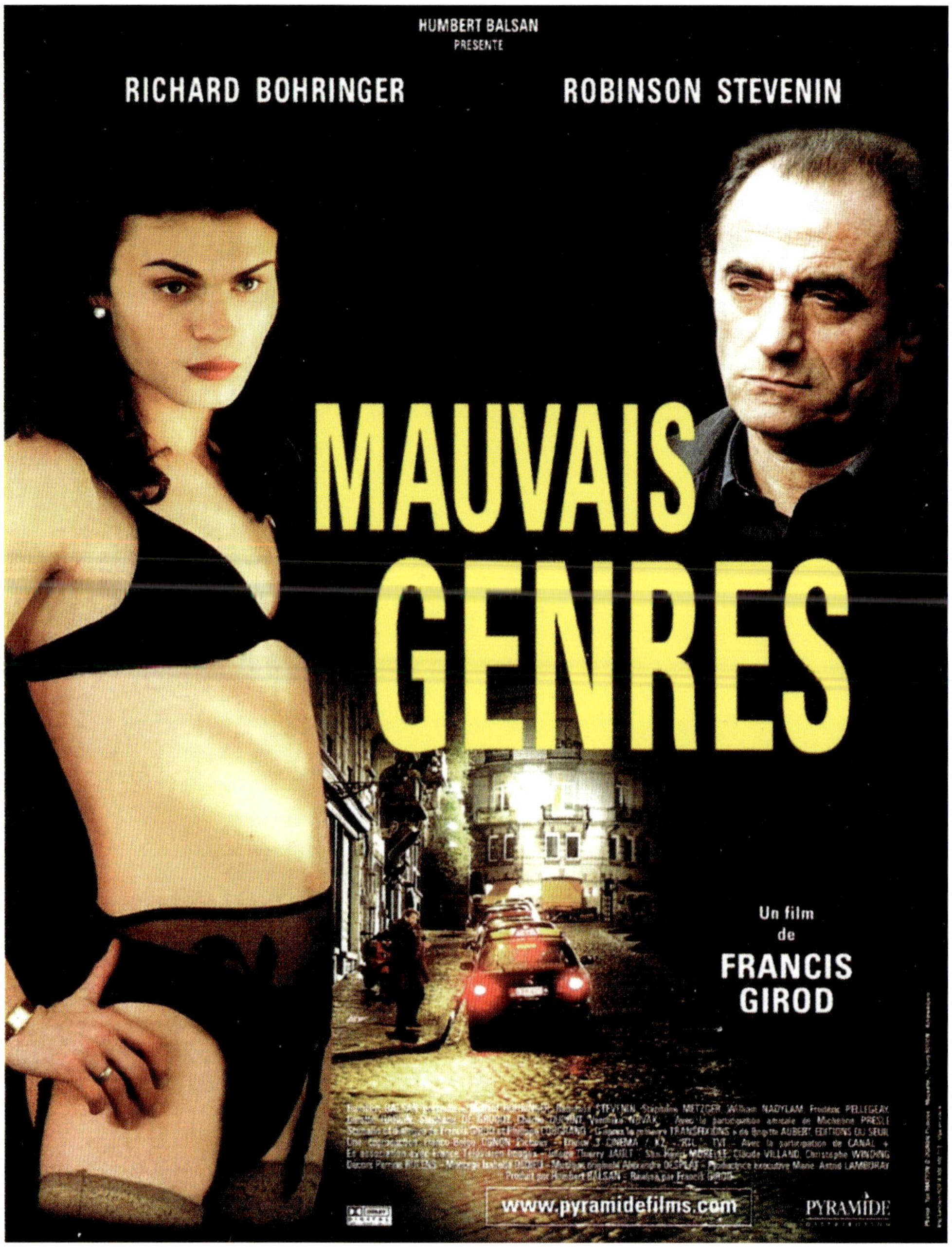

Réalisation : Francis Girod ; scénario : Francis Girod, Philippe Cougrand, d'après le roman de Brigitte Aubert *Transfixions* ; photographie : Thierry Jault © ; musique : Alexandre Desplat ; montage : Isabelle Dedieu ; production : Humbert Balsan (Ognon Pictures / France 3 Cinéma / K2 / RTL-TVI) ; durée : 110 min.

Interprétation : Richard Bohringer : commissaire Huysmans. Robinson Stévenin : Bo. Stéphane Metzger : Johnny. Micheline Presle : Violette Ancelin. William Nadylam : Maeva. Ginette Garcin : Louisette Vincent. Frédéric Pellegeay : Alex. Charlie Dupont : Courtois. Marcel Dossogne : professeur Ancelin.

Thème : Le professeur Ancelin est arrêté et accusé de pédophilie. Le commissaire Huysmans cherche à obtenir que Bo, le fils du professeur Ancelin, témoigne contre son père. Bo, qui est un travesti, accepte alors même qu'il a séduit Johnny, un gigolo. La ville – Bruxelles – est, par ailleurs, menacée par un serial killer qui s'attaque aux prostituées des deux sexes. Ce tueur est en fait Johnny. Huysmans l'abat. Or, le policier est lui-même un assassin et Johnny était son propre fils...

L'intrigue est encore plus enchevêtrée et compliquée que le simple résumé ci-dessus ne peut le laisser croire et Francis Girod parvient à éviter les complaisances dans lesquelles certains auraient pu se réfugier et à restituer en permanence l'aspect tragique de l'histoire. Robinson Stévenin est remarquable, dirigé avec soin et une grande sensibilité par Francis Girod qui, une fois de plus, n'a pas hésité à s'attaquer ici à un univers particulièrement glauque.

Notes : *Tournage à Bruxelles et à Paris.*

MON PÈRE

Réalisation : José Giovanni ; scénario : José Giovanni, Bertrand Tavernier, d'après le roman de José Giovanni *Il avait dans le cœur des jardins introuvables* ; photographie : Alain Choquart © ; musique : Surghjenti ; montage : Alima Arouli ; production : Alain Sarde (Ciné Valse / France 3 Cinéma / Rhône-Alpes Cinéma) ; durée : 115 min.

Interprétation : Bruno Cremer : Joe. Vincent Lecœur : Manu. Rufus : Grinval. Michèle Goddet : Émilie. Nicolas Abraham : Me Hecquet. Éric Defosse : Manouche. Cédric Chevalme : Barthy. Charlotte Kady : prostituée. François Perrot : Santos.

Thème : Manu a été condamné à mort à la suite d'une sanglante prise d'otage lors d'une attaque à main armée. Joe, son père, a toujours cherché à obtenir de quoi obtenir la grâce du jeune homme, sans en informer celui-ci. Aujourd'hui, il recueille inlassablement, au café situé en face de la prison de la Santé, des informations susceptibles de l'aider. Manu, qui déteste son père, passe de la prison aux travaux forcés et écrit alors un livre, *Le Trou*, un futur succès.

C'est évidemment le film le plus personnel de José Giovanni qui, encore plus que dans ses précédents films, parle de lui-même et raconte – à travers le personnage de Manu – sa propre histoire. « J'ai tenté dans ce film, *reconnaissait-il,* de jeter mes remords et de le sublimer. » *Ce sont donc les propres relations d'un fils – lui-même – et de son père que décrit ici le cinéaste, s'attachant à l'un comme à l'autre, cherchant à les comprendre tous les deux et témoignant d'une grande tendresse pour ces personnages, remarquablement interprétés par Bruno Cremer, Vincent Lecœur et Rufus.*

MORTEL TRANSFERT

Réalisation : Jean-Jacques Beineix ; scénario : Jean-Jacques Beineix, d'après le roman de Jean-Pierre Gattegno ; photographie : Benoît Delhomme © ; musique : Reinhardt Wagner ; montage : Yves Deschamps ; production : Reinhard Klooss, Christine de Jekel, Horst Hoffmann (Cargo Films / Canal+ / Odeon Pictures GmbH) ; durée : 122 min.

Interprétation : Jean-Hugues Anglade : Michel Durand. Hélène de Fougerolles : Olga Kubler / prostituée. Miki Manojlovic : Erostrate. Valentina Sauca : Hélène Maier. Robert Hirsch : Armand Zlibovic. Yves Rénier : Max Kubler. Catherine Mouchet : professeur de maths. Denis Podalydès : commissaire Chapireau. Jean-Pierre Becker : Jacques Preco. Riton Liebman : disc-jockey. Cyril Raffaelli : voleur. Ovidie : actrice porno. Fanny Cottençon : femme aux cheveux bouclés.

MORTEL TRANSFERT

Thème : Michel Durand, psychanalyste de son état, découvre à son réveil sa patiente kleptomane et sadomasochiste, Olga Kubler, morte étranglée sur le divan de son cabinet. Est-il coupable de ce meurtre ? Il cache le corps alors que son ancien ami, le commissaire Chapireau, mène l'enquête et que Max Kubler recherche sa femme. Il s'éprend d'Hélène Maier, finit par se débarrasser du corps de la victime dans un cimetière. Son propre psy, Armand Zlibovic avoue le meurtre d'Olga et se suicide.

Jean-Jacques Beineix tourne donc un nouveau film après plusieurs années d'absence, retrouvant, à cette occasion, son interprète de 37°2 le matin *(1986) et plongeant dans l'univers difficile de la comédie macabre. On peut être – comme toujours chez lui – surpris par son style baroque, mais il faut, une fois de plus, reconnaître son originalité, et sa volonté de casser les codes dans lesquels est si souvent engoncé le cinéma français. Le résultat est parfois décevant, mais en tout cas, très, très curieux. On pourra noter que les toiles d'Hélène sont l'œuvre de Beineix lui-même.*

L'ORIGINE DU MONDE

Réalisation : Jérôme Enrico ; scénario : Jérôme Enrico, Patrice Noïa, d'après la pièce de Sophocle *Œdipe roi* ; photographie : Bruno Privat © ; musique : Didier Grebot, Christophe Arnulf ; montage : Dominique B. Martin ; production : Muriel Reus, Bruno Hodebert, Didier Diaz, Sylvie Haymann (Caro-Line Production / Haymann-Reus Production) ; durée : 97 min.

Interprétation : Roschdy Zem : Sami. Ángela Molina : Anna. Alain Bashung : Richard. Maurice Garrel : Reno. Albert Dray : Roland. Rossy de Palma : « le sphinx ». Albert Dupontel : travesti. Nathalie Raiman : femme du garagiste.

Thème : Marié à Anna et père de deux enfants, Sami est un policier scrupuleux. Conduit dans un cabaret par son collègue ripou Richard, il y en apprend plus sur son passé. Anna reconnaît avoir eu un enfant de Costa, son ancien amant, décédé depuis. Sami apprend aussi qu'il n'est pas le fils de celui qu'il pensait être son père. Sans le savoir, Sami avait tué Costa et épousé Anna, sa propre mère… Celle-ci se suicide.

C'est le premier film de Jérôme Enrico, qui a donc choisi de mettre au goût du jour la pièce de Sophocle. Le pari était ambitieux et risqué, mais la force de l'intrigue demeure assez convaincante jusqu'à la révélation finale. La réalisation manque pourtant de l'efficacité nécessaire…

ROBERTO SUCCO

ROBERTO SUCCO

Réalisation : Cédric Kahn ; scénario : Cédric Kahn, d'après le livre de Pascale Froment *Je te tue. Histoire vraie de Roberto Succo, assassin sans raison* ; photographie : Pascal Marti © ; musique : Julien Civange ; montage : Yann Dedet ; production : Gilles Sandoz, Patrick Sobelman (Agat Films & Cie / Diaphana / Ex Nihilo / France 3 Cinéma / Gimages / Vega Film AG) ; durée : 124 min.

Interprétation : Stefano Cassetti : Kurt / Roberto Succo. Isild Le Besco : Léa. Patrick Dell'Isola : major Thomas. Vincent Dénériaz : Denis. Aymeric Chauffert : Delaunay. Viviana Alberti : institutrice suisse. Estelle Perron : étudiante en médecine. Leyla Sassi : Cathy. Catherine Decastel : Patricia. Olivia Carbonini : entraîneuse de *L'Etna*.

Thème : Léa, une jeune lycéenne, est séduite par l'étrange Kurt, la vingtaine, dont la mythomanie est fascinante. Kurt est, en réalité, Roberto Succo, qui a tué ses parents et s'est évadé de prison. Succo revoit Léa alors même que le major Thomas enquête sur de nombreux délits, vols, viols et meurtres. Découvrant que Succo est recherché, Léa le dénonce. Passé en Italie, Succo est arrêté. Il se suicide en prison.

Cédric Kahn choisit de montrer Succo à travers les regards que les autres peuvent porter sur lui et cherche à éviter, la plupart du temps, la reconstitution de la cavale d'un tueur, ce qui aurait pu tenter d'autres cinéastes. C'est, par ailleurs, le premier rôle de Stefano Cassetti.

SUR MES LÈVRES

Réalisation : Jacques Audiard ; scénario : Jacques Audiard, Tonino Benacquista ; photographie : Mathieu Vadepied © ; musique : Alexandre Desplat ; montage : Juliette Welfling ; production : Jean-Louis Livi, Philippe Carcassonne, Jean-Louis Nieuwbourg (Ciné B / Sédif Productions / Pathé Image Production / France 2 Cinéma) ; durée : 115 min.

Interprétation : Vincent Cassel : Paul Angeli. Emmanuelle Devos : Carla Bhem. Olivier Gourmet : Marchand. Olivier Perrier : Masson. Olivia Bonamy : Annie. Bernard Alane : Morel. Céline Samie : Josie Marchand. David Saracino : Richard Carambo.

Thème : Carla Behm, 35 ans, est chargée de toutes les paperasseries de la Sédim, une société de promotion immobilière, pour laquelle elle travaille, sans bénéficier de la moindre reconnaissance et faisant l'objet de plaisanteries de la part de ses collègues (elle est malentendante et porte une prothèse auditive). C'est alors que Paul Angeli, son nouveau stagiaire, va l'aider à se venger. Grâce au handicap de Carla, le duo découvre les liens du patron avec des truands et la prochaine arrivée de liquidités. Il ne leur reste plus qu'à passer à l'action...

Un très curieux mélange d'histoire policière et d'intrigue sentimentale avec une héroïne (Carla) qui est malentendante.

Notes : *Tournage à Meudon (52, rue du Commandant-Louis-Bouchet).*

2002

8 FEMMES

Réalisation : François Ozon ; scénario : François Ozon (+ Marina de Van), d'après la pièce de Robert Thomas *Huit femmes* ; photographie : Jeanne Lapoirie © ; musique : Krishna Levy ; montage : Laurence Bawedin ; production : Olivier Delbosc, Marc Missonnier (Fidélité Productions / Mars Films / France 2 Cinéma) ; durée : 103 min.

Interprétation : Viginie Ledoyen : Suzon. Danielle Darrieux : Mamy. Firmine Richard : Mme Chanel. Catherine Deneuve : Gaby. Emmanuelle Béart : Louise. Isabelle Huppert : Augustine. Ludivine Sagnier : Catherine. Fanny Ardant : Pierrette. Dominique Lamure : Marcel.

Thème : 1950. Alors que l'on se prépare à fêter Noël dans une maison bourgeoise, le maître de maison, Marcel, est retrouvé mort, tué avec un poignard. Les huit femmes présentes sont toutes susceptibles d'être la coupable, car chacune a un secret à préserver. Est-ce Gaby, la femme du mort qui, vénale, trompe son mari ? Augustine, la sœur de Gaby, jalouse de celle-ci ? Est-ce Mamy, la belle-mère du mort, une ancienne empoisonneuse ? Ou Pierrette, la sœur de la victime, une femme libertine qui est la maîtresse de l'amant de Gaby ? Peut-être Suzon, la fille aînée, aujourd'hui enceinte et dont la victime n'était pas, en réalité, le père ? Est-ce Catherine, la fille cadette qui déteste sa sœur Suzon ? Voire Mme Chanel, la gouvernante qui vit avec Pierrette ? Ou encore Louise, la femme de chambre et la maîtresse de Monsieur ? En réalité, Marcel s'est suicidé !

François Ozon mêle le thème d'une intrigue criminelle à la Agatha Christie et l'atmosphère de la comédie musicale, chacune des huit femmes ayant à la fois une chanson et une couleur particulière. On se souvient notamment d'Isabelle Huppert chantant « Message personnel » et de Danielle Darrieux interprétant « Il n'y a pas d'amour heureux ». Très brillant.

Notes : *La pièce de Robert Thomas avait été adaptée au cinéma une première fois par Victor Merenda, sous le titre* La Nuit des suspectes *(1960).*

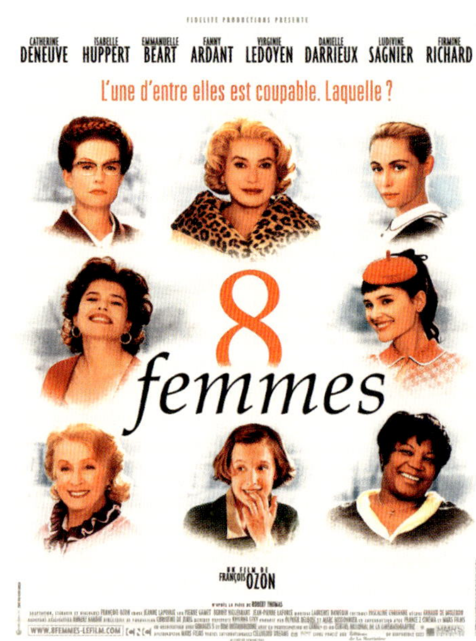

UNE AFFAIRE PRIVÉE

UNE AFFAIRE PRIVÉE

Réalisation : Guillaume Nicloux ; scénario : Guillaume Nicloux ; photographie : Olivier Cocaul © ; musique : Éric Demarsan ; montage : Guy Lecorne ; production : Frédéric Bourboulon (Little Bear / TF1 Films Production) ; 107 min.

Interprétation : Thierry Lhermitte : François Manéri. Marion Cotillard : Clarisse Entoven. Samuel Le Bihan : Vincent Walt. Aurore Clément : Mme Siprien. Frédéric Diefenthal : femme du bar (travesti). Jeanne Balibar : Sylvie. Clovis Cornillac : Freddy. Jean-Pierre Darroussin : homme. Niels Arestrup : père de Rachel. Robert Hirsch : vieil homme.

Thème : Le détective privé François Manéri est engagé par la mère de Rachel Siprien, qui a disparu. Il rencontre Clarisse Entoven, l'amie de Rachel, le beau-père et l'ancien compagnon de celle-ci. Tout en cherchant à obtenir la garde de son fils, François, divorcé, s'éprend de Clarisse et découvre que Rachel enquêtait pour ses études sur le milieu échangiste. Après diverses fausses pistes, il comprend finalement que Clarisse n'est autre que Rachel…

L'univers du film noir, le monde de l'échangisme, de très curieux personnages – Frédéric Diefenthal en travesti, Robert Hirsch (en voisin qui aime écouter les échanges amoureux), Jean-Pierre Darroussin en amateur de clubs échangistes… Autant de raisons pour suivre Guillaume Nicloux, réalisateur du Poulpe (1998), dans cette descente dans un milieu propice au crime. Thierry Lhermitte est particulièrement convaincant.

À LA FOLIE… PAS DU TOUT

Réalisation : Laetitia Colombani ; scénario : Laetitia Colombani (+ Caroline Thivel) ; photographie : Pierre Aïm © ; musique : Jérôme Coullet ; montage : Véronique Parnet ; production : Charles Gassot (Téléma / TF1 Films Production) ; durée : 100 min.

Interprétation : Audrey Tautou : Angélique. Samuel Le Bihan : Loïc. Isabelle Carré : Rachel. Clément Sibony : David. Sophie Guillemin : Héloïse. Éric Savin : Julien. Michèle Garay : Claire Belmont. Élodie Navarre : Anita. Catherine Cyler : Jeanne.

Thème : Jeune étudiante, Angélique a pour amant Loïc, qui est cardiologue et marié. Elle provoque un accident à la suite duquel la femme de Loïc perd l'enfant qu'elle attend. Angélique tue une patiente qui menaçait Loïc et se donne la mort. L'histoire repart en arrière et décrit Loïc harcelé par une jeune femme qui va trouver la mort. Il sauve du suicide sa voisine Angélique qui, obsédée par sa passion pour lui, se retrouve internée.

Une curieuse et habile construction qui voit la seconde moitié du long métrage inverser partiellement ce que le spectateur avait pu comprendre dans la première partie du même film. C'est un exercice assez excitant, qui invite à se poser des questions sur la réalité des faits et la manière dont il faut souvent se méfier de leur interprétation. Audrey Tautou est parfaite.

Notes : *Tournage à Bordeaux.*

DEMONLOVER

Réalisation : Olivier Assayas ; scénario : Olivier Asayas ; photographie : Denis Lenoir © ; musique : Sonic Youth, Jim O'Rourke ; montage : Luc Barnier ; production : Xavier Giannoli, Édouard Weil (Elizabeth Films / M6 Films / Citizen Films / TPS Star / Cofimage) ; durée : 130 min.

Interprétation : Connie Nielsen : Diane de Monx. Charles Berling : Hervé Le Millinec. Chloë Sevigny : Elise Lipsky. Gina Gershon : Elaine Si Gibril. Jean-Baptiste Malartre : Henri-Pierre Volf. Dominique Reymond : Karen. Thomas M. Pollard : avocat. Edwin Gérard : Edward Gomez. Naoko Yamazaki : Eiko.

Thème : Diane de Monx drogue Karen, l'assistante de Volf, le patron de la multinationale qui porte son nom. C'est désormais elle qui va donc négocier une importante affaire face à deux concurrents Demonlover et Mangatronics. Diane travaille pour cette dernière mais va bientôt être enlevée…

Une histoire volontairement ambitieuse et très compliquée qui touche aux manipulations économiques, à l'univers asiatique et aux dérives obsessionnelles et sexuelles des technologies modernes. Le casting est particulièrement brillant. Un bel exercice de style.

Notes : *Tournage de juin à septembre 2001 au Japon (Tokyo), Mexique, à Paris et à l'aéroport de Roissy (Val-d'Oise).*

DEMONLOVER

GANGSTERS

Réalisation : Olivier Marchal ; scénario : Olivier Marchal ; photographie : Matthieu Poirot-Delpech © ; musique : Axelle Renoir ; montage : Hugues Darmois ; production : Ariel Zeïtoun, Cyril Colbeau-Justin, Paul Fonteyn, Hubert Toint (Ajoz Films / LGM Productions / Saga Film / RTBF / France 3 Cinéma / Cinétévé) ; durée : 90 min.

Interprétation : Richard Anconina : Franck Chaïevski. Anne Parillaud : Nina Delgado. François Levantal : Eddy Dahan. Gérald Laroche : Marc Jansen. Francis Renaud : Rocky. Jean-Jacques Le Vessier : Deutch. Jean-Louis Tribes : « Petit Claude ». Pierre Laplace : « Pitoune ».

Thème : « Petit Claude » et Franck Chaïevsky s'emparent d'un stock de bijoux. Le premier est tué au cours d'une fusillade. Franck et Nina Delgado sont arrêtés et rudement interrogés. Ils sont, en réalité, l'un et l'autre deux policiers sous couverture chargés de démasquer les complices de Petit Claude, qui seraient des ripoux. Franck démasque Marc Jansen, qui a d'ailleurs été mêlé à la mort de Petit Claude. Il le confond et provoque son suicide. Reste le second complice. Il s'agit, en fait, de la commissaire principale, qui était également la maîtresse de Petit Claude…

Ancien policier, scénariste des séries télévisées Central nuit *et* Commissaire Moulin, *Olivier Marchal connaît parfaitement le monde souvent ambigu de la police avec ses héros, sa probité, mais aussi ses ripoux qui, à trop fréquenter le crime, ont parfois fini par y céder. C'est reconnaître que ce premier film est une réussite mineure, bénéficiant notamment de la présence de Richard Anconina et d'Anne Parillaud, très convaincants en policiers infiltrés refusant de parler à ceux qui ignorent qu'ils sont leurs collègues.*

L'HOMME DU TRAIN

Réalisation : Patrice Leconte ; scénario : Claude Klotz ; photographie : Jean-Marie Dreujou © ; musique : Pascal Estève ; montage : Joëlle Hache ; production : Philippe Carcassonne, Carl Clifton (Ciné B / Zoulou Films / Rhône-Alpes Cinéma / FCC / Tubedale Films / Pandora Filmproduktion GmbH / Cinéma Parisien / Media Suits) ; durée : 90 min.

Interprétation : Jean Rochefort : Manesquier. Johnny Hallyday : Milan. Jean-François Stévenin : Luigi. Charlie Nelson : Max. Pascal Parmentier : Sadko. Isabelle Petit-Jacques : Viviane. Édith Scob : sœur de Manesquier. Riton Liebman : costaud. Maurice Chevit : coiffeur. Olivier Fauron : collégien.

Thème : Milan arrive dans une petite ville de province. Il rencontre à la pharmacie un vieil homme, Manesquier. Le premier est là pour participer à un hold-up alors que le second doit subir un triple pontage. Les deux hommes finissent par sympathiser et se confier l'un à l'autre. Manesquier propose à Milan ce qu'il possède pour éviter que son nouvel ami ne risque sa vie. Mais Milan est dénoncé et abattu par la police. Manesquier meurt durant son opération.

Il y a donc, au départ, deux hommes que tout semble a priori opposer, mais qui, peu à peu, se comprennent ; Patrice Leconte dirige avec beaucoup de sensibilité ses deux interprètes, Jean Rochefort et Johnny Hallyday, particulièrement justes. Le second s'y montre un habile comédien qui aurait mérité de meilleurs rôles au cours de sa carrière.

Notes : *Tournage à Annonay (Ardèche) et Tain-l'Ermitage (Drôme). Johnny Hallyday a obtenu le prix Jean-Gabin pour son interprétation.*

NID DE GUÊPES

Réalisation : Florent-Emilio Siri ; scénario : Florent-Emilio Siri, Jean-Francois Tarnowski ; photographie : Giovanni Fiore Coltellacci © ; musique : Alexandre Desplat ; montage : Christophe Danilo, Olivier Gajan ; production : Claude Carrère, Patrick Gouyou-Beauchamps (Cinémane Films / Carrere Group / France 2 Cinéma / Pathé Image Production / Embellie Productions / Pendrake Films) ; durée : 107 min.

Interprétation : Benoît Magimel : Santino. Nadia Farès : Hélène Laborie. Samy Nacéri : Nasser. Pascal Greggory : Louis. Sami Bouajila : Selim. Richard Sammel : Winfried. Angelo Infanti : Abedin Nexhep.

Thème : À la tête d'une unité d'élite, Hélène Laborie est chargée d'escorter le parrain de la mafia albanaise,

NID DE GUÊPES

Abedin Nexhep, qui doit être jugé devant une cour européenne. Mais les hommes de Nexhep attaquent le convoi, qui est contraint de se réfugier dans un entrepôt isolé dans une zone industrielle où se trouvent une bande de voleurs. Dès lors, pour survivre, policiers et voleurs vont faire équipe face aux hommes de Nexhep…

Tourné à Paris et à Strasbourg, le film ne cache pas sa dette envers le formidable film de John Carpenter Assaut *(*Assault on Precinct 13*, 1976) dont il cherche à retrouver le suspense et le style. Grâce à Nadia Farès, remarquable, et à un rythme qui ne faiblit jamais, on peut trouver un certain plaisir à suivre ces (très) violentes aventures qui basculent dans un huis clos survolté.*

LA SIRÈNE ROUGE

Réalisation : Olivier Megaton ; scénario : Alain Berliner, Robert Conrath, Olivier Megaton, Norman Spinrad, d'après le roman de Maurice G. Dantec ; photographie : Denis Rouden © ; musique : Nicolas Bikialo ; montage : Stéphanie Gaurier, Yann Hervé ; production : Carole Scotta, Simon Arnal-Szlovak (Haut et Court / StudioCanal / France 2 Cinéma) ; durée : 118 min.

Interprétation : Jean-Marc Barr : Hugo Cornélius Toorop. Asia Argento : Anita. Frances Barber : Eva. Andrew Tiernan : Koesler. Alexandra Negrao : Alice. Édouard Montoute : Oliveira. Vernon Dobtcheff : Vitali.

Thème : Après avoir accusé sa mère de meurtre, la jeune Alice part au Portugal à la recherche son père que la police croit mort. La police charge Anita de ramener la jeune fille qui trouve un protecteur en la personne d'Hugo Cornélius Toorop, un ancien militaire…

Une autre aventure de Hugo Cornélius Toorop sera adaptée au cinéma avec Babylon A.D. *(2008), mise en scène par Mathieu Kassovitz et dans laquelle Vin Diesel reprend le rôle du mercenaire aux côtés de Michelle Yeoh et Mélanie Thierry.*

Notes : *Tournage au Portugal (Carrasqueira, Covilha, Lisbonne, Porto Alto, Sintra, Troie) et à Paris. Les amateurs noteront que Hugo utilise un SIG-552.*

TOTAL KHÉOPS

Réalisation : Alain Bévérini ; scénario : Alain Bévérini, d'après le roman de Jean-Claude Izzo ; photographie : Dominique Brenguier © ; musique : Di Maggio, Franck Mallauran ; montage : Éric Renault ; production : Humbert Balsan (Ognon Pictures / France 2 Cinéma / Les Films de la Castillerie) ; durée : 90 min.

Interprétation : Richard Bohringer : Fabio Montale. Marie Trintignant : Lole. Daniel Duval : Manu. Robin Renucci : Ugo. Maurice Garrel : Batisti. Richaud Valls : Fabio Montale, à 20 ans. Stéphane Metzger : Manu, à 20 ans. Jean-François Palaccio : Ugo, à 20 ans.

Thème : Un petit truand, Manu, sort de prison et se fait tuer après un cambriolage. À l'enterrement de celui-ci, son ami de jeunesse Fabien Montale, désormais policier, revoit Lole, la compagne du défunt. Elle aussi, tout comme Ugo, il l'a connue vingt-cinq ans plus tôt avant de voir leurs chemins se séparer. Ugo arrive à Marseille, décidé à venger Manu. Il élimine le parrain Zucca, mais il est tué à son tour. Montale mène l'enquête et comprend qu'Ugo a été manipulé par Batisti. Fabio élimine ce dernier et part avec Lole.

Dans la mini-série télévisée, c'est Alain Delon qui incarnait Fabien Montale, le héros de Jean-Claude Izzo. Ici, c'est donc Richard Bohringer avec son visage buriné et son charme rugueux. Pour son premier film, le critique Alain Bévérini retrouve l'univers de Marseille avec ses truands, ses filles, ses amitiés trahies et son inévitable envie de vengeance. Il joue assez habilement sur le passé et le présent, sur des moments perdus et jamais retrouvés. On remarquera que Marie Trintignant, à l'inverse des autres personnages joués par des acteurs différents, incarne Lole dans les deux périodes.

Notes : *Tournage à Marseille.*

LE TRANSPORTEUR

Réalisation : Louis Leterrier ; scénario : Luc Besson, Robert Mark Kamen, d'après la série de courts métrages BMW *The Hire* ; photographie : Pierre Morel © ; musique : Stanley Clarke, Alexandre Azaria ; montage : Nicolas Trembasiewicz ; production : Luc Besson (EuropaCorp / TF1 Films Production) ; durée : 94 min.

Interprétation : Jason Statham : Franck Martin. Qi Shu : Lai. Matt Schulze : Wall Street. François Berléand : Tarconi. Ric Young : M. Kwai. Doug Rang : leader. Didier Saint-Meulin : boss. Vincent Nemeth : vieil homme. Adrian Dearnell : journaliste.

Thème : As du volant-mercenaire et habile convoyeur à son compte, Franck Martin exerce tranquillement son activité sans faire de vagues, en bonne intelligence avec le policier Turconi, jusqu'au jour où il enfreint une règle d'or de son métier : il ouvre le colis, dans le coffre de son bolide (une Audi A8 W12), qu'il est chargé de livrer et y découvre une Chinoise, Lai. Son client, Wall Street est prêt à se venger en le tuant. Franck apprend par Lai que Wall Street dirige un trafic de personnes

LE TRANSPORTEUR II

humaines en provenance d'Asie. Tarconi arrête Franck et le fait évader. Franck libère le prochain chargement de Wall Street et élimine, en compagnie de Lai, les trafiquants.

*On ne peut pas reprocher à Luc Besson la volonté de faire un film spectaculaire avec cascades, poursuites et rebondissements, c'est-à-dire un film de production française susceptible – ce qui est rarissime ! – d'être un succès à l'étranger. À ce titre, le résultat est gagnant avec plus de 25 millions de dollars de recettes rien qu'en Amérique du Nord. Le fils de François Leterrier, l'ancien interprète d'*Un condamné à mort s'est échappé *(1956) de Robert Bresson, dirige Jason Statham, l'un des « hommes forts » du cinéma américain contemporain, ancien nageur de compétition, célèbre pour assurer lui-même toutes ses cascades. Succès oblige, le film lancera une très lucrative franchise enchaînant les séquelles avec* Le Transporteur II *(2005) – 85 167 639 $ au box-office mondial – et* Le Transporteur 3 *(2008) – 108 979 549 $ de recettes dans le monde – ainsi qu'une préquelle / reboot,* Le Transporteur : Héritage *– 72 629 670 $ –, et une série télévisée* Le Transporteur : la série.

Notes : *Tournage à Cassis, Nice, Monaco, Paris, Marseille, Saint-Tropez, Los Angeles, Villefranche-sur-Mer, Eze Village (Alpes Maritimes) et Aix-en-Provence (rue Pierre-et-Marie-Curie).*

LE TRANSPORTEUR

LE TRANSPORTEUR 3

CAVALE (LA TRILOGIE II)

Réalisation : Lucas Belvaux ; scénario : Lucas Belvaux ; photographie : Pierre Milon © ; musique : Riccardo Del Fra ; montage : Ludo Troch ; production : Patrick Sobelman, Diana Elbaum (Agat Films & Cie / Ex Nihilo / Rhône-Alpes Cinéma / RTBF / Entre Chien et Loup) ; durée : 111 min.

Interprétation : Lucas Belvaux : Bruno Le Roux / Pierre. Catherine Frot : Jeanne Rivet. Dominique Blanc : Agnès Manise. Gilbert Melki : inspecteur Pascal Manise. Ornella Muti : Cécile Costes. Patrick Descamps : Jacquillat. Yves Claessens : Freddy.

Thème : Ancien terroriste, Bruno s'évade et rejoint Grenoble. Il retrouve Jeanne, mariée et mère de famille. Contrairement au fugitif qui cherche à reconstituer la cellule terroriste, Jeanne renonce à toute nouvelle activité. Bruno abat Freddy grâce à qui il espère retrouver Jacquillat, qu'il soupçonne de l'avoir dénoncé. Il a enfin un rendez-vous avec ce dernier, mais c'est, en réalité, un piège auquel il échappe. Il tue finalement Jacquillat mais tombe dans une crevasse au cours de sa fuite.

Une intrigue criminelle qui permet à Lucas Belvaux de décrire, une fois de plus, Grenoble et des personnages qui vont réagir au contact de ce héros qu'il interprète lui-même. Le film se situe entre Un couple épatant (La Trilogie I) *et* Après la vie (La Trilogie III). *Il est, d'ailleurs, évident que les films ont des connexions les uns par rapport aux autres et qu'il est difficile de voir celui-ci sans les deux autres.*

CETTE FEMME-LÀ

Réalisation : Guillaume Nicloux ; scénario : Guillaume Nicloux ; photographie : Pierre-William Glenn © ; musique : Éric Demarsan, Fabio Viscogliosi ; montage : Guy Lecorne ; production : Frédéric Bourboulon (Little Bear / Topaze Bleu / TF1 Films Production / Les Films Flam) ; durée : 100 min.

Interprétation : Josiane Balasko : capitaine Michèle Varin. Éric Caravaca : Sylvain Bazinsky. Ange Rodot ; Léo Kopmans. Thierry Lhermitte : François Manéri. Aurélien Recoing : homme de l'Identité judiciaire. Frédéric Pierrot : Daniel. Didier Abot : homme du bus. Dominique Bettenfeld : Dalton 2. Pascal Bongard : Evens. Stéphane Comby : policier au sandwich. Guillaume Nicloux : agent de la BAC.

CETTE FEMME-LÀ

Thème : La capitaine de police Michèle Varin, la cinquantaine, enquête à la suite de la découverte d'une femme pendue dans un bois. Il manque une chaussure au corps et les voisins n'ont rien vu. De son côté, Michèle est hantée, comme chaque année bissextile, par le souvenir d'un 29 février, jour où son fils est mort. Son propre partenaire, le jeune Sylvain Bazinsky, est retrouvé « suicidé » à son tour. S'agit-il bien d'un suicide ? Michèle bénéficiera de l'amitié du jeune Léo pour échapper à une bande de malfaiteurs amis de la fille de la victime et affronter plus sereinement le drame qui a tant marqué son passé.

Comme dans Une affaire privée *(2002) où il dirigeait déjà d'ailleurs Thierry Lhermitte dans le rôle de François Manéri, Guillaume Nicloux plonge ses personnages dans un univers particulièrement glauque, un monde où se mêlent la mauvaise conscience et le passé, le thème du suicide et la haine, Josiane Balasko étant dirigée avec habileté à contre-emploi. Dès lors, l'enquête menée par Michèle Varin se révèle une véritable expérience psychanalytique, la mettant en cause autant que ceux sur lesquels elle enquête.*

Notes : *Tournage au sanatorium d'Aincourt (Val-d'Oise).*

LA FLEUR DU MAL

Réalisation : Claude Chabrol ; scénario : Caroline Eliacheff, Louise L. Lambrichs ; adaptation et dialogues : Claude Chabrol ; photographie : Eduardo Serra, Michel Thiriet © ; musique : Matthieu Chabrol ; montage : Monique Fardoulis ; production : Marin Karmitz, Nathalie Kreuther (MK2 Films / France 3 Cinéma) ; durée : 104 min.

LA FLEUR DU MAL

Interprétation : Nathalie Baye : Anne Charpin-Vasseur. Benoît Magimel : François Vasseur. Suzanne Flon : Micheline Charpin, dite « tante Line ». Bernard Le Coq : Gérard Vasseur. Mélanie Doutey : Michèle Charpin-Vasseur. Thomas Chabrol : Matthieu Lartigue. Henri Attal : beau-père. Michel Herbault : maire.

Thème : Voici la famille Charpin-Vasseur. « Tante Line », accusée après la guerre d'avoir assassiné son père, a été acquittée. Sa nièce Anne se présente aux élections locales tandis que Michèle, sa fille, file le parfait amour avec François, le fils de Gérard Vasseur. Mais bientôt, un tract, naturellement anonyme, sème le doute au sein de la famille. Anne est élue. Gérard cherche à embrasser Michèle, qui le tue. Tante Line est résolue à s'accuser du crime, alors que les invités d'Anne fêtent la victoire de celle-ci.

Comme le dit fort justement Tante Line (superbe Suzanne Flon) : « Cela fait des années qu'on vit comme des faux-culs. » *Claude Chabrol en profite pour décrire avec son humour noir cette famille bourgeoise de la région bordelaise qui tente d'oublier sa propre mauvaise conscience. On s'y souvient pourtant du passé, de liens incestueux, d'autant de tares que l'on cherche à cacher. La politique – le tract – rappelle soudain que certains n'ont pas tout oublié… La tradition du* Corbeau *(1943) demeure toujours vive. Chabrol, tel un entomologiste, se plaît à voir vivre, s'agiter et s'affronter tout ce très respectable petit monde finalement adoubé par le suffrage populaire. Comme toujours, l'interprétation est parfaite.*

Notes : *Tournage à l'aéroport de Bordeaux-Mérignac et en Gironde (La Teste de Buch, Blanquefort, Bègles, Pessac, Quinsac).*

LE MYSTÈRE DE LA CHAMBRE JAUNE

Réalisation : Bruno Podalydès ; scénario : Bruno Podalydès, d'après le roman de Gaston Leroux ; photographie : Christophe Beaucarne © ; musique : Philippe Sarde ; montage : Hervé de Luze ; production : Pascal Caucheteux (Why Not Productions / France 2 Cinéma / Les Films du Fleuve / RTBF) ; durée : 118 min.

Interprétation : Denis Podalydès : Joseph Rouletabille. Pierre Arditi : inspecteur Frédéric Larsan. Sabine Azéma : Mathilde Stangerson. Claude Rich : juge de Marquet. Olivier Gourmet : Robert Darzac. Michael Lonsdale : professeur Stangerson. Bruno Podalydès : médecin.

Thème : Qui a agressé Mathilde Stangerson ?

Revoici donc le roman de Gustave Leroux, mais malgré le charme des couleurs et la présence de brillants comédiens, le film, beaucoup trop long, souffre d'une absence de rythme et fait regretter les précédentes adaptations. Dommage !

NI POUR NI CONTRE (BIEN AU CONTRAIRE)

Réalisation : Cédric Klapisch ; scénario : Santiago Amigorena, Cédric Klapisch, Alexis Galmot ; photographie : Bruno Delbonnel, Berto © ; musique : Loïk Dury, Charlie O., Mathieu Dury, Sylvia Howard ; montage : Yannick Kergoat ; production : Aïssa Djabri, Farid Lahouassa, Manuel Munz (Vertigo Productions / M6 Films / Ce Qui Me Meut) ; durée : 111 min.

Interprétation : Marie Gillain : Caty. Vincent Elbaz : Jean. Simon Abkarian : Lecarpe. Zinédine Soualem : Mouss. Dimitri Storoge : Loulou. Natacha Lindinger : Caprice. Pierre-Ange Le Pogam : directeur du dépôt. Diane Kruger : call-girl du directeur. Jocelyn Lagarrigue : Gilles. Cédric Klapisch : journaliste.

Thème : Cameraman-journaliste pour la télévision, Caty accepte de filmer contre paiement un braquage commis par Jean. Elle découvre le monde des amis

(Mouss, Lecarpe et Loulou) de ce dernier, une bande de délinquants, mais elle comprend aussi que Jean cherche à l'utiliser. Elle accepte pourtant un ultime gros coup. Or, le casse tourne mal, le directeur d'un dépôt est tué, et les événements débouchent sur la mort de Lecarpe, tué par Caty, l'arrestation de Jean, la blessure de Mouss et le décès de Loulou, abattu par la police. Caty se réfugie aux États-Unis où elle reçoit l'argent volé…

Cédric Klapisch a l'intelligence de renoncer, pour une fois, à ces « films choraux » qui sont sa spécialité pour se plonger dans l'univers du film noir, décrivant des personnages à la dérive, souvent désabusés et finalement prêts à faire n'importe quoi sans savoir d'ailleurs exactement pourquoi. Un beau rôle de Marie Gillain.

***Notes :** Tournage à Paris – place de l'Étoile, avenue des Champs-Élysées (8e) –, Beuzeville (Eure), Fécamp, Cannes (hôtel Carlton), et Miami.*

LE PHARMACIEN DE GARDE

Réalisation : Jean Veber ; scénario : Jean Veber ; photographie : Laurent Fleutot © ; musique : Marco Prince ; montage : Georges Klotz ; production : Nicolas Vannier (Orly Films / TF1 Films Production) ; durée : 90 min.

Interprétation : Vincent Perez : Yan Lazarrec. Guillaume Depardieu : François Barrier. Clara Bellar : Mathilde. Laurent Gamelon : Maurice Battistoni. Pascal Légitimus : Tony. Alice Taglioni : Christine. Edgar Givry : commissaire Fabri. Atmen Kelif : Massoud. Rochelle Redfield : Alice Mortensen. Gabrielle Lazure : Martine. Kad Merad : médecin légiste. Emma Bering : Catherine.

Thème : Yan Lazarrec est pharmacien. Il est aussi celui qui élimine ceux qu'il juge être des pollueurs de la terre : industriel du pétrole ou magnat du tabac. Il entreprend d'empoisonner la responsable d'une grande entreprise spécialisée dans les cosmétiques. Le policier François Barrier doit trouver ce serial killer avec qui il va sympathiser. Comprenant que la compagne de ce nouvel ami est infidèle, Yan la tue, mais François découvre la vérité et c'est lui-même qui tuera le pharmacien pour lui éviter la prison.

C'est le premier film de Jean Veber, fils du cinéaste Francis Veber. Le projet était intéressant, mettant en situation deux hommes aussi différents que possible, notamment Yan, ce tueur « écologiste », mais l'ensemble est finalement décevant.

SWIMMING POOL

Réalisation : François Ozon ; scénario : François Ozon, Emmanuèle Bernheim ; photographie : Yorick Le Saux © ; musique : Philippe Rombi ; montage : Monica Coleman ; production : Marc Missonnier, Olivier Dubosc (Fidélité Productions / France 2 Cinéma / Gimages / Headforce) ; durée : 102 min.

Interprétation : Charlotte Rampling : Sarah Morton. Ludivine Sagnier : Julie. Charles Dance : John Bosload. Marc Fayolle : Marcel. Jean-Marie Lamour : Franck. Mireille Mossé : fille de Marcel. Michel Fau : premier amant. Jean-Claude Lecas : deuxième amant. Lauren Farrow : Julia.

Thème : L'éditeur John Bosload prête sa maison du Lubéron à Sarah Morton, une auteure qui écrit pour

SWIMMING POOL

lui des romans policiers à succès, dont le héros est l'inspecteur Dorwell. La romancière s'installe et profite seule de ce lieu paradisiaque jusqu'à ce qu'arrive Julie, la fille de Bosload, venue pour y passer ses vacances. Tout en déplorant les habitudes de celle-ci, qui invite des amis et mène une existence particulièrement sans retenue, Sarah finit par être fascinée par ces habitudes qui ne sont pas les siennes. Elle décide alors d'écrire un roman dont Julie est l'héroïne, délaissant son inspecteur Dorwell. Julie invite Frank, le cafetier. Sarah danse avec lui et le voit se baigner avec Julie. Elle découvre le lendemain que Frank a été tué par la jeune femme. Sarah aide celle-ci à enterrer le cadavre. Sarah rentre à Londres et révèle à Bosload qu'un autre éditeur a publié le livre sur Julie. Elle rencontre alors Julia, la fille de Bosload. Ce n'est pas Julie !

Tout semble opposer Sarah et Julie. La première, qui pourrait avoir l'âge de la mère de celle-ci, est prude. Elle ne vit, en réalité, qu'à travers les enquêtes de son héros, l'inspecteur Dorwell. Julie, au contraire, est fière de son corps qu'elle offre tout autant au soleil au bord de la piscine qu'à des amants de passage. Au lieu d'exiger le départ de cette grande adolescente sexuellement libérée, Sarah s'intéresse de plus en plus à elle. Au point de délaisser Dorwell pour s'attacher à Julie, qui symbolise pour elle la vie qu'elle n'a jamais eue et qu'elle aurait peut-être, en réalité, aimer avoir. Le spectateur suit avec curiosité – et une certaine perversité (le château du marquis de Sade n'est pas loin !) – cette fascination de l'une pour l'autre. La fin, d'un coup, bouleverse tout ce qu'a pu croire (et voir !) le spectateur en révélant brusquement que Julie n'est pas la fille de Bosload. Et si elle était le fantasme de Sarah s'imaginant alors jeune, prête à bafouer les règles de l'éducation britannique au profit d'une vie plus libre ? Une existence qu'a pu vivre Charlotte Rampling elle-même à l'époque de Carnaby Street, de Blow-Up *(1966) et du Swinging London. Elle jouait, d'ailleurs, dans* A Hard Day's Night *(1964) de Richard Lester avec les Beatles en 1965. Elle avait alors 19 ans. François Ozon dirige à nouveau remarquablement Charlotte Rampling, son interprète de* Sous le sable *(2000), et signe, sous la fausse apparence d'un film de vacances, une œuvre complexe, superbement maîtrisée. On pense inévitablement à* La Piscine *(1969) de Jacques Deray, car dans les deux films, celle-ci joue un rôle capital.*

Notes : *Tournage dans le Lubéron et à Londres. La villa est située à Ménarbes, dans le Vaucluse. Charles Dance est doublé en français par André Dussollier.*

TRISTAN

Réalisation : Philippe Harel ; scénario : Olivier Dazat ; photographie : Matthieu Poirot-Delpech © ; musique : Alexandre Desplat ; montage : Nadine Verdier ; production : Philippe Rousselet, François-Xavier Decraene (Les Films de la Suane / SFP Cinéma / ICE3 / TF1 Films Production / EuropaCorp) ; durée : 100 min.

Interprétation : Mathilde Seigner : Emmanuelle Barsac. Jean-Jacques Vanier : Cadoret. Jean-Louis Loca : Tristan / Stéphane. Adina Cartianu : Nadia. Nicole Garcia : Mme Driant. Daniel Cohen : commissaire. Michel Duchaussoy : M. Barsac. Marie-Claude Mestral : Mme Barsac.

Thème : La commissaire Emmanuelle Barsac enquête sur les crimes commis par un séducteur pervers qui pousse ses victimes à se suicider. Elle obtient le profil de l'homme en question et l'identifie tout en ayant une brève liaison avec son collègue Cadoret. Ce dernier tente de se suicider et Emmanuelle comprend finalement que la figure de Tristan est l'inconsciente projection d'elle-même.

« J'aimais l'idée, *déclarait Philipe Harel,* de tracer un portrait de femme moderne et le fait que le prince charmant représente également le danger. La recherche de la vérité ne se déroule pas uniquement sur l'écran ; elle se place aussi dans l'esprit de ceux qui regardent. » *Le sujet ne manquait pas d'intérêt en établissant des liens entre la séduction et l'enquête criminelle et en tentant d'échapper aux conventions du genre. Le résultat est pourtant inégal.*

36 QUAI DES ORFÈVRES

Réalisation : Olivier Marchal ; scénario : Olivier Marchal, Franck Mancuso, Julien Rappeneau, Dominique Loiseau ; photographie : Denis Rouden © ; musique : Erwann Kermorvant, Axelle Renoir ; montage : Hachdé ; production : Cyril Colbeau-Justin, Jean-Baptiste Dupont, Franck Chorot (LGM Cinéma / Gaumont / TF1 Films Production / KL Production) ; durée : 110 min.

Interprétation : Daniel Auteuil : lieutenant Léo Vrinks. Gérard Depardieu : lieutenant Denis Klein. André Dussollier : Robert Mancini. Roschdy Zem : Hugo Silien. Valeria Golino : Camille Vrinks. Daniel Duval : Eddy Valence. Francis Renaud : Titi Brasseur. Catherine Marchal : Ève Verhagen. Guy Lecluyse : Groluc. Anne Consigny : Hélène Klein. Stéphane Metzger : Smao. Mylène Demongeot : Manou.

Thème : Le lieutenant Léo Vrinks, à la tête de la BRI, et son collègue Denis Klein, patron de la BRB, ont pour mission de neutraliser un gang de braqueurs qui sévit depuis des mois. Leur patron, Mancini, promet à celui qui réussira son propre poste de directeur de la PJ. Les deux officiers, autrefois amis, sont donc désormais des rivaux. Vrinks accepte de couvrir son indicateur Hugo Silien – qu'il a vu tuer un autre homme (un indic de Klein) –, en échange des infos qui lui permettront d'arrêter le gang recherché. Les braqueurs sont localisés, mais l'opération tourne mal, à cause de Klein, ivre, provoquant un bain de sang et la mort de l'inspecteur Eddy Valence. Si Vrinks est désigné comme successeur de Mancini, Klein parvient cependant à le faire accuser de complicité dans le meurtre commis par Silien et, au grand dam de tous, devient le nouveau

directeur du 36, quai des Orfèvres. Une opération qu'il a lancée pour arrêter Silien provoque la mort de Camille, la femme de Vrinks, qui avait rendez-vous avec l'indic. Après sept ans de prison, Vrinks demande des comptes concernant la mort de sa femme. Faisant face à Klein, qui refuse de se suicider, ne se venge pas. Quelques instants plus tard, Klein est abattu par deux hommes à moto, se trompant de cible à propos d'un règlement de comptes.

Le scénario s'inspire d'un fait tragique qui s'était produit en janvier 1986 et qui avait vu l'antagonisme de deux forces de police. Olivier Marchal connaît parfaitement cet univers dont parle le film, ce monde où se croisent policiers, truands et indicateurs, un univers parfois livré à la jalousie, à l'ambition et qui peut dramatiquement aboutir à une confrontation sanglante entre des policiers soudain opposés les uns aux autres. Le face-à-face de Daniel Auteuil et de Gérard Depardieu, remarquables tous les deux, est l'une des nombreuses qualités du film, justement récompensé par plusieurs César.

Notes : *Tournage à Paris – passage des Panoramas (2e), cour de la Sorbonne (5e), rue de Harlay (1er), quai des Orfèvres (1er), pont Saint-Michel (5e), angle de la rue du Général-Mangin et de la rue Germain-Sée (16e), quai de l'Horloge (1er), Conciergerie (1er) –, dans le Val-d'Oise (château de Chaumontel, Longuesse, Nesles-la-Vallée, Presles, Vigny, Saint-Witz, Persan), les Hauts-de-Seine (Nanterre) et la Seine-Saint-Denis (Saint-Ouen).*

AGENTS SECRETS

Réalisation : Frédéric Schoendoerffer ; scénario : Yann Brion, Jean Cosmos, Olivier Douyère, Frédéric Schoendoerffer, Ludovic Schoendoerffer ; photographie : Jean-Pierre Sauvaire © ; musique : Bruno Coulais ; montage : Irène Blecua ; production : Éric Névé, Ricardo García Arrojo, Latif Lahlou (La Chauve-Souris / 120 Films / Carcharodon / TF1 Films Production) ; durée : 109 min.

Interprétation : Vincent Cassel : Brisseau. Monica Bellucci : Lisa. André Dussollier : colonel Grasset. Bruno Todeschini : homme maigre en civil. Ludovic Schoendoerffer : Loïc. Éric Savin : Tony. Serge Avédikian : Igor Lipovsky. Charles Berling : Eugène. Gabrielle Lazure : Véronique Lipovsky. Najwa Nimri : Maria Menendez. Simón Andreu : Me Deligny. Sergio Peris-Mencheta : Raymond. Rosanna Walls : amie de Maria.

Thème : À la suite de l'assassinat de l'agent secret Eugène par des tueurs russes, le capitaine Brisseau et sa coéquipière Lisa, accompagnés de deux autres membres de la DGSE (Raymond et Loïc), sont chargés par le colonel Grasset d'une mission au Maroc : faire sauter un bateau affrété pour un trafic d'armes et de diamants avec l'Afrique. Alors que des agents américains s'occupent déjà du problème, les Français

AGENTS SECRETS

accomplissent avec succès leur mission. Or, Lisa, qui a avoué à Brisseau sa volonté de quitter le Service, est arrêtée à la frontière suisse et inculpée de trafic de drogue tandis que Raymond est éliminé à Paris. On la contraint – pour être libérée – d'éliminer une autre prisonnière, alors même que Brisseau assassine Maria Menendez, une tueuse aux ordres des Américains. Lisa accomplit sa nouvelle mission. Brisseau la retrouve à sa sortie de prison et fuit avec elle.

Une véritable réussite. La première partie est un documentaire sur la préparation et l'exécution d'une opération qui rappelle celle du Rainbow Warrior. *On découvre, en même temps, la rivalité possible entre les services français et leurs homologues américains. Le reste du film révèle la duplicité des services de l'ombre, prêts à sacrifier leurs agents au profit de la raison d'État ou de forces politico-économiques. Parallèlement, le cinéaste décrit les tensions qui peuvent exister au sein d'un couple d'agents secrets parfaitement interprété par Vincent Cassel et Monica Bellucci. On admirera, au passage, la composition d'André Dussollier, dont le personnage, tout en étant conscient du sale travail qu'il est obligé de faire, pense qu'il n'aurait jamais voulu en faire un autre…*

Notes : *Tournage au Maroc (Casablanca), en Suisse (Genève, Lausanne), dans le Var (centre d'instruction navale de Saint-Mandrier-sur-Mer) et à Paris.*

ARSÈNE LUPIN

Réalisation : Jean-Paul Salomé ; scénario : Jean-Paul Salomé, Laurent Vachaud, d'après le roman de Maurice Leblanc *La Comtesse de Cagliostro* ; photographie : Pascal Ridao © ; musique : Debbie Wiseman ; montage : Marie-Pierre Renaud ; production : Stéphane Marsil (Poisson Rouge Pictures / Hugo Films / M6 Films / TF1 Films Production / Vertigo Films / RAI Cinema) ; durée : 130 min.

Interprétation : Romain Duris : Arsène Lupin. Kristin Scott Thomas : Joséphine. Pascal Greggory : Beaumagnan. Eva Green : Clarisse. Robin Renucci : Dreux-Soubise. Patrick Toomey : Léonard. Mathieu Carrière : duc d'Orléans. Philippe Magnan : Bonnetot. Philippe Lemaire : cardinal d'Étigues.

Thème : Arsène Lupin sauve Joséphine, comtesse de Cagliostro, que menaçaient les sbires du duc d'Orléans. Il va bientôt se trouver mêlé au complot mené par Dreux-Soubise et Beaumagnan pour renverser la République au profit de la monarchie. Il découvre que Beaumagnan est, en fait, son propre père. Il réussira à empêcher l'assassinat de l'archiduc d'Autriche par la redoutable Joséphine…

Une séduisante distribution, de splendides costumes, de beaux décors et un budget visiblement important. Malgré tout cela, Maurice Leblanc semble – une fois encore – desservi par le cinéma…

Notes : *Tournage dans l'Oise (abbaye du Moncel à Ponpoint, château de Chantilly, cathédrale de Senlis), le Val-d'Oise (abbaye Notre-Dame-du-Val-Mériel à Mériel), en Ardèche, Seine-et-Marne (château de Ferrières, château de Nandy), Seine-Maritime (Étretat), à Paris – palais Garnier (9e), gare de l'Est (10e), La Cartonnerie (11e) – et aux studios de Saint-Ouen.*

LE CONVOYEUR

Réalisation : Nicolas Boukhrief ; scénario : Nicolas Boukhrief, Éric Besnard ; photographie : Dominique Colin © ; musique : Nicolas Baby ; montage : Jacqueline Mariani ; production : Richard Grandpierre (Eskwad) ; durée : 95 min.

Interprétation : Albert Dupontel : Alexandre Demarre. Jean Dujardin : Jacques. François Berléand : Bernard. Claude Perron : Nicole. Julien Boisselier : « la Belette ». Philippe Laudenbach : « la Momie ». Gilles Gaston-Dreyfus : « Butagaz ». Aure Atika : Isabelle. Olivier Loustau : Dolph. Michel Trillot : armurier. Sami Zitouni : Karim.

Thème : Alexandre Demarre se fait engager par la société Vigilante comme convoyeur de fonds. Il rencontre ses nouveaux collègues sur lesquels, chez lui, à l'hôtel, il rédige des fiches. Qui est Alexandre ? Est-ce un policier infiltré ? Est-ce un truand cherchant ainsi à mettre au point un nouveau braquage (la société vient d'en subir trois) ? Est-ce en rapport avec la vente de la société aux Américains ? Au cours d'une attaque, Alexandre tue un de ses jeunes agresseurs. En réalité, il s'est fait engager, car quelque temps plus tôt, alors qu'il était avec son fils, il a été accidentellement mêlé à l'un des braquages. Son fils a été tué et lui-même,

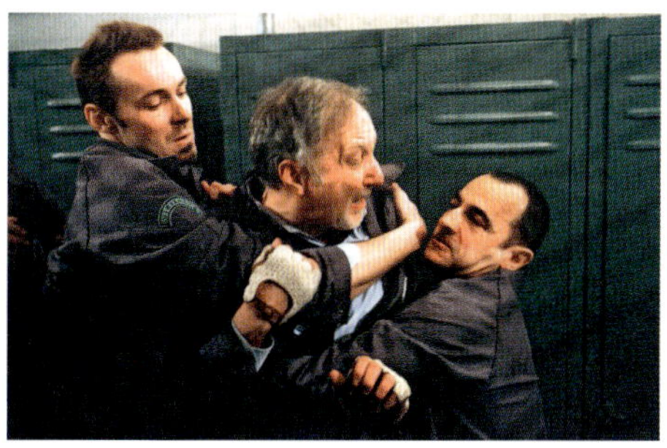

blessé. Son collègue, Jacques, le contraint à participer au braquage de la société elle-même. L'opération est un véritable massacre auquel Alexandre n'échappe pas plus que les autres employés de Vigilante.

Très habilement dirigé, le film bénéficie de la composition d'Albert Dupontel dont le personnage reste énigmatique durant toute la première partie. Il est un mystère pour le spectateur, comme pour ses collègues, jusqu'à ce qu'on comprenne qu'il est venu pour venger son petit garçon tué au cours d'un braquage. Nicolas Boukhrief décrit de l'intérieur la vie quotidienne d'une société de transport de fonds avec sa routine, la crainte des employés ne de pas être repris par les Américains et aussi le souvenir des trois attaques qui ont été meurtrières. On découvre comment un fusil, dont on a enlevé les cartouches, peut servir à fumer de la drogue, combien les petites fêtes de la société Vigilante semblent dérisoires, par rapport au danger qui menace ses participants et que ceux-ci finissent – presque – par oublier. Une réussite.

Notes : *Tournage dans les Yvelines (forêt de Rambouillet), les Hauts-de-Seine – Clichy (rue des Trois Pavillons, rue Pierre), Asnières-sur-Seine (Café de la Tour, quai Aulagnier) –, le Val-d'Oise (hôtel Ibis et centre commercial* Leclerc-Les Flanades *à Sarcelles) et en Seine-Saint-Denis – Aubervilliers (rue Fernand Grenier), chemin du Pavillon.*

LA DEMOISELLE D'HONNEUR

Réalisation : Claude Chabrol ; scénario : Pierre Leccia, Claude Chabrol, d'après le roman de Ruth Rendell *The Bridesmaid* ; photographie : Eduardo Serra, Michel Thiriet © ; musique : Matthieu Chabrol ; montage : Monique Fardoulis ; production : Patrick Godeau, Antonio Passalia, Alfred Hürmer (Alicéléo / StudioCanal / France 2 Cinéma / RTBF / Wanda Films / Les Films du Fleuve / Integral Films GmbH) ; durée : 110 min.

Interprétation : Benoît Magimel : Philippe. Laura Smet : Senta. Aurore Clément : Christine. Bernard Le Coq : Gérard. Solène Bouton : Sophie. Anna Mihalcea : Patricia. Michel Duchaussoy : clochard. Suzanne Flon : Mme Crespin. Eric Seigne : Jacky. Thomas Chabrol : lieutenant Laval. Isolde Barth : mère de Senta.

Thème : Philippe est séduit au mariage de l'une de ses sœurs par la demoiselle d'honneur, Senta. Elle devient sa maîtresse et il est fasciné par cette jeune femme qui se dit actrice et vit au milieu d'affabulations. Or, Senta exige de Philippe que chacun commette un crime pour l'autre afin de sceller leur amour. Philippe assure alors avoir tué un clochard, retrouvé noyé. Mais Senta passe à l'acte et Philippe découvre chez elle un corps décomposé.

L'idée du double crime ne pouvait que séduire l'amateur d'Hitchcock qu'est Chabrol. Le cinéaste adapte à nouveau, après La Cérémonie *(1995), la romancière Ruth Rendell et crée peu à peu le dangereux personnage de la pulpeuse Senta, prête à mélanger la réalité et la fiction et surtout tentée par le crime. C'est sans doute un Chabrol mineur, mais la patte du metteur en scène est bien là dans cette description d'un être psychopathe habilement joué par Laura Smet.*

Notes : *Tournage en Allemagne (Munich et Bavaria Studios à Grünwald), Loire-Atlantique (Les Sorinières, Nantes, Orvault, Pornic, Reze) et à Paris.*

FEUX ROUGES

Réalisation : Cédric Kahn ; scénario : Cédric Kahn, Laurence Ferreira Barbosa, Gilles Marchand, d'après le roman de Georges Simenon ; photographie : Patrick Blossier © ; musique : Claude Debussy ; montage : Yann Dedet ; production : Patrick Godeau (Gimages / Alicéléo / France 3 Cinéma) ; durée : 105 min.

Interprétation : Jean-Pierre Darroussin : Antoine Dunant. Carole Bouquet : Hélène Dunant. Vincent Deniard : homme en cavale. Charline Paul : serveuse du café. Jean-Pierre Gos : inspecteur. Sava Lolov : médecin. Igor Skreblin : homme au téléphone. Mylène Demongeot : voix de la directrice de la colonie de vacances.

Thème : Antoine et Hélène partent en voiture récupérer leurs enfants en colonie de vacances. Sur la route, Antoine se laisse aller à boire et le ton monte entre les deux époux. Hélène finit par partir et Antoine prend en stop dans sa voiture un homme étrange qui, de plus en plus violent, le menace. Antoine réussit à le tuer et retrouve à l'hôpital Hélène, qui a été agressée et violée par l'homme étrange. Le couple est désormais réconcilié.

Une atmosphère angoissante, un couple qui se dispute et l'atmosphère propre au film noir et au rêve éveillé. Qui est ce mystérieux homme qu'Antoine a tort de prendre comme passager ? Qu'est devenue Hélène ? Que se passe-t-il réellement ? Comment un homme normal en vient-il à tuer, même pour se défendre ? Faut il un crime et un viol pour que le couple finisse par se réconcilier ? L'intrigue est de plus en plus prenante et Jean-Pierre Darroussin trouve l'un de ses meilleurs rôles. À redécouvrir.

JE SUIS UN ASSASSIN

Réalisation : Thomas Vincent ; réalisation de seconde équipe : Philippe Larue ; scénario : Thomas Vincent, Maxime Sassier, d'après le roman de Donald E. Westlake *Le Contrat* ; photographie : Dominique Bouilleret © ; musique : Krishna Levy ; montage : Pauline Dairou ; production : Olivier Delbosc, Marc Missonnier (Gimages / Fidélité Productions / StudioCanal / France 3 Cinéma) ; durée : 107 min.

Interprétation : François Cluzet : Ben Castelano. Karin Viard : Suzy Castelano. Bernard Giraudeau : Brice Kantor. Anne Brochet : Lucie Kantor. Jacques Spiesser : Kouznetsov. Dominique Constanza : dame en rose. Cécile Richard : lieutenant Bandera. Antoine Chappey : capitaine Stéfanini. Bernard Bloch : portier.

Thème : Auteur de polar ne parvenant pas à se faire éditer, Ben Castelano est contraint d'enseigner pour vivre. C'est alors qu'il rencontre le célèbre romancier Brice Kantor, qui lui propose de publier un roman sous son nom, à charge pour Ben de débarrasser Brice de son ex-épouse Lucie. Ben assassine donc Lucie et son roman publié sous le nom de Brice est un succès. Mais Brice ne trouve plus l'inspiration et assassine Suzy, la femme de Ben. Celui-ci le tue à son tour et finit par trouver le succès littéraire.

Un point de départ « hitchcockien » que Thomas Vincent développe très habilement grâce à la fascination ambiguë de son duo masculin, parfaitement joué par François Cluzet et Bernard Giraudeau. Une étrange et inquiétante complicité unit bientôt les deux hommes tout au long de ce drame psychologique et criminel.

Notes : *Tournage à Marseille.*

QUI PERD GAGNE !

Réalisation : Laurent Bénégui ; scénario : Laurent Bénégui, Guy Zilberstein, Alexia de Oliveira Gomes ; photographie : Gérard Simon © ; musique : Laurent Coq ; montage : Nathalie Langlade ; production : Daniel Wuhrmann, Laurent Bénégui, Sidonie Dumas (Magouric Productions / Gaumont / M6 films / Ciné Comic) ; durée : 92 min.

Interprétation : Thierry Lhermitte : Jacques Loriot. Elsa Zylberstein : Angèle. Samir Guesmi : Albert. Maurice Bénichou : Serge Vaudier. Philippe du Janerand : chef du laboratoire. Jean-Pierre Malo : Brinchet. Côme Levin : Joseph. Alain Beigel : Louvin. Michel Aumont : directeur des Renseignements généraux.

Thème : La faculté que possède Jacques de tout retenir a fait de lui l'ennemi des casinos. Il en a subi une blessure physique, alors qu'il a pour compagne Angèle, qui appartient à la brigade des jeux. Serge Vaudier ayant fait savoir qu'il était mathématiquement capable de gagner au loto, Angèle est chargée de l'enquête et demande l'aide de Jacques. Vaudier est arrêté pour usage de faux. C'est, en réalité, une vengeance de Jacques…

Plus d'un cinéaste, de Demy à Scorsese, a été fasciné par le monde à la fois chatoyant et opaque des casinos, de leurs joueurs et de ceux qui surveillent ces derniers. On découvre ainsi ici, d'une manière presque documentaire, le laboratoire qui dépend de la Brigade des jeux avec sa technicité. Le reste est malheureusement moins convaincant.

Notes : *Tournage à Deauville, Paris et Biarritz.*

LES RIVIÈRES POURPRES 2 : LES ANGES DE L'APOCALYPSE

Réalisation : Olivier Dahan ; réalisation de seconde équipe : Mathias Honoré ; scénario : Luc Besson, Olivier Dahan, d'après les personnages des *Rivières Pourpres* de Jean-Christophe Grangé ; photographie : Alex Lamarque © ; musique : Colin Towns. Frankii Elliott ; montage : Richard Marizy ; production : Luc Besson, Ilan Goldman (EuropaCorp / Légende / TF1 Films Production / Filmauro / Epica Limited) ; durée : 100 min.

Interprétation : Jean Reno : commissaire Niemans. Benoît Magimel : capitaine Reda. Christopher Lee : Heimmerich. Camille Natta : Marie. Augustin Legrand : Jésus. Serge Riaboukine : père Vincent. André Penvern :

LES RIVIÈRES POURPRES 2 : LES ANGES DE L'APOCALYPSE

père Dominique. Jo Prestia : Emilio. Cyril Raffaelli : prêtre tueur. Mylène Jampanoï : Pénélope.

Thème : Un homme emmuré et crucifié, un moine assassin... Le commissaire Niemans et le capitaine Reda mènent l'enquête jusqu'à un monastère où le mystérieux Heimmerich avait découvert la piste d'un trésor. Ce dernier s'engloutira avec Heimmerich, alors que les deux officiers de police réussissent à échapper à cette véritable malédiction...

Jean Reno retrouve son rôle du commissaire Niemans, mais ni Mathieu Kassovitz, à la réalisation, ni Vincent Cassel ne sont plus là. Le scénario, original, reprend des personnages du roman de Jean-Christophe Grangé et mêle, dans un style qui deviendra de plus en plus à la mode, de Seven *(1995) au* Da Vinci Code *(2006), intrigue criminelle et pratiques démoniaques, sans oublier l'Apocalypse du titre et Christopher Lee, ex-Dracula. C'est donc un film parfaitement à la mode.*

Notes : *Tournage du 24 février au 25 juin 2003 en Allemagne (Bavière), Haute-Loire (abbaye Saint-André de Lavaudieu, Le Bourg), Moselle (Hayange), Meurthe-et-Moselle (Herserange, Briey), Haute-Saône (Beulotte-Saint-Laurent, Faucogney-et-la-Mer, étang à Luxeuil-les-Bains, Froideconche), dans le Puy-de-Dôme (aéroport de Clermont-Ferrand-Auvergne), l'Essonne (*Intermarché *de Gif-sur-Yvette), le Val-d'Oise (souterrains de Pontoise), au Luxembourg (Esch-sur-Alzette) et aux studios de Bry-sur-Marne.*

SAN-ANTONIO

Réalisation : Frédéric Auburtin ; scénario : Laurent Touil-Tartour, d'après l'œuvre de Frédéric Dard San-Antonio ; photographie : Willy Stassen © ; musique : Jean-Yves d'Angelo ; montage : Guy Lecorne ; production : Claude Berri, Timothy Burrill, Laurent Touil-Tartour (Pathé Production / Hirsch / Napoléon Première / TF1 Films Production / Renn Productions) ; durée : 95 min.

Interprétation : Gérard Lanvin : commissaire San-Antonio. Gérard Depardieu : inspecteur Bérurier. Michel Galabru : Achille. Barbara Schulz : Marianne. Eriq Ebouaney : Jérémie Blanc. Valeria Golino : Italienne. Jean-Roger Milo : Mathias. Cyrielle Clair : Mme Chapon. Jacques Spiesser : Dr Hubert. Luis Rego : Pinaud. Michèle Bernier : Berthe Bérurier. Robert Hossein : ministre de l'Intérieur. Maryam D'Abo : Margaux. Henri Garcin : banquier. Patachou : Ruth Booz.

Thème : Le commissaire San-Antonio n'ayant pu empêcher l'enlèvement d'un diplomate, c'est l'inspecteur Bérurier qui est chargé de retrouver le président de la République mystérieusement disparu. Le fils de San-Antonio est, par ailleurs, kidnappé puis libéré. Le président est retrouvé au Brésil en galante compagnie...

Sale temps pour les mouches *(1966),* Béru et ces dames *(1968) et* San-Antonio ne pense qu'à ça *(1981) étaient déjà de bien médiocres adaptations des romans de Frédéric Dard. Ce* San-Antonio, *repris par Frédéric Auburtin alors qu'il devait initialement être réalisé par Laurent Touil-Tartour, ne vaut pas mieux, desservi à la fois par Gérard Lanvin, insuffisant San-Antonio, et Gérard Depardieu qui surjoue à volonté.*

Notes : *Tournage à Chantilly (Oise), Paris, Rio de Janeiro et en Grande-Bretagne (Torquay, Bude).*

LES ÂMES GRISES

Réalisation : Yves Angelo ; scénario : Yves Angelo, Philippe Claudel, d'après le roman de Philippe Claudel ; photographie : Jérôme Alméras, Yves Vandermeeren © ; musique : Joanna Bruzdowicz ; montage : Thierry Derocles ; production : Frédéric Brillion, Gilles Legrand (Epithète Films / France 2 Cinéma) ; durée : 106 min.

Interprétation : Jean-Pierre Marielle : procureur Destinat. Jacques Villeret : juge Mierck. Marina Hands : Lysia. Denis Podalydès : policier. Michel Vuillermoz : maire. Serge Riaboukine : Bourrache. Thomas Blanchard : Le Floc. Nicole Dubois : Barbe. Franck Manzoni : colonel Matziev. Joséphine Japy : Belle de Jour. Agnès Sourdillon : Joséphine Maulpas.

Thème : 1917. Une ville de l'Est. Belle de jour, une petite fille, est retrouvée morte. Plus tard, c'est le tour de Lysia... S'agit-il d'un suicide ? Le procureur Destinat connaissait Belle de jour. La police enquête et découvre que l'un des déserteurs soupçonnés était un tueur d'enfants.

De brillants dialogues, la rencontre de Jean-Pierre Marielle et de Jacques Villeret, le procureur et le juge, et, comme cadre, la Première Guerre mondiale.

ANTHONY ZIMMER

Réalisation : Jérôme Salle ; scénario : Jérôme Salle ; photographie : Denis Rouden © ; musique : Frédéric Talgorn ; montage : Richard Marizy ; production : Olivier Delbosc, Alain Terzian, Marc Missonnier (Fidélité Films / Alter Films / TF1 Films Production) ; durée : 90 min.

Interprétation : Sophie Marceau : Chiara Manzoni. Yvan Attal : François Taillandier. Sami Frey : Akerman. Gilles Lellouche : Müller. Daniel Olbrychski : Nassaïev. Samir Guesmi : Driss. Dimitri Rataud : Perez. Arnaud Duley : garçon de café. Christophe Odent : président de la commission. Jean-Paul Rouve : agent de police.

Thème : Chiara Manzoni rencontre dans le train François Taillandier, que sa femme vient de quitter, et le séduit facilement. Des inconnus cherchent à l'assassiner. François est menacé par des rivaux d'Anthony Zimmer, un criminel de la finance. Chiara cherche alors à le protéger, mais elle a une mission précise (elle travaille pour Akerman et les douanes) : arrêter Zimmer. Pour certains, François est Zimmer et Chiara comprend que c'est bien le cas. Ils partent tous les deux.

ANTHONY ZIMMER

Un héros pris pour un autre, une voluptueuse séductrice, la Côte d'Azur et Jérôme Salle qui, pour son premier film en tant que réalisateur, offre au spectateur un spectacle séduisant que l'on suit avec satisfaction. Revoir Sophie Marceau est, de toute façon, un tel plaisir...

***Notes :** Tournage au Carlton (Cannes), Negresco (Nice), dans le TGV Paris-Nice, à la gare de Lyon (Paris, 12e) et Ibiza. Remake réalisé par Florian Henckel von Donnersmarck – The Tourist (2010) –, avec Johnny Depp et Angelina Jolie.*

LA BOÎTE NOIRE

Réalisation : Richard Berry ; scénario : Éric Assous, Richard Berry, d'après la nouvelle de Tonino Benacquista parue dans le recueil *Tout à l'ego* ; photographie : Thomas Hardmeier © ; musique : Nathaniel Méchaly ; montage : Lisa Pfeiffer ; production : Michel Feller (EuropaCorp / TF1 Films Production) ; durée : 90 min.

Interprétation : José Garcia : Arthur Seligman. Marion Cotillard : Isabelle / Alice. Michel Duchaussoy : père d'Arthur. Bernard Le Coq : Walcott / Granger. Gérald Laroche : Koskas. Marisa Borini : mère d'Arthur. Nathalie Nell : Dr Brenner. Lisa Lamétrie : gardienne. Helena Noguerra : Soraya.

Thème : À la suite d'un accident de voiture, Arthur Seligman se retrouve dans le coma. À sa sortie de l'hôpital, il constate la disparition de son frère et découvre, après avoir couché avec elle, l'assassinat de son infirmière Isabelle. Mais celle-ci est-elle bien morte ?

Arthur va donc chercher à en savoir plus, y compris sur lui-même, notamment sur la mort de son frère… Communicabilité, propos hermétiques, mauvaise conscience, double personnalité… Le propos de Richard Berry est indiscutablement ambitieux, cherchant à plonger au plus profond dans la personnalité de son héros, parfaitement interprété par José Garcia.

LE COUPERET

Réalisation : Costa-Gavras ; scénario : Costa-Gavras, Jean-Claude Grumberg, d'après le roman de Donald E. Westlake *The Ax* ; photographie : Patrick Blossier © ; musique : Armand Amar ; montage : Yannick Kergoat ; production : Michèle Ray, Jean-Pierre Dardenne, Luc Dardenne, José María Morales (KG Productions / StudioCanal / France 2 Cinéma / Les Films du Fleuve / Scope Pictures) ; durée : 122 min.

Interprétation : José Garcia : Bruno Davert. Karin Viard : Marlène Davert. Ulrich Tukur : Gérard Hutchinson. Olivier Gourmet : Raymond Machefer. Geordy Monfils : Maxime Davert. Christa Théret : Betty Davert. Yvon Back : Étienne Barnet. Olga Grumberg : Iris Thompson. Thierry Hancisse : inspecteur Kesler. Yolande Moreau : préposée de la poste. Jean-Claude Grumberg : premier témoin. John Landis : ami de Maxime. Julie Gavras : jeune fille.

Thème : À la suite d'une délocalisation, Bruno Davert, marié et à deux enfants, se retrouve au chômage. Découvrant qu'au sein de la société Arcadia, le poste de Raymond Machefer lui conviendrait tout particulièrement, il s'emploie à éliminer les cinq autres candidats possibles. Le cinquième se suicide, ce qui permet à la police de le rendre responsable des quatre autres crimes. Il ne reste plus à Bruno qu'à se débarrasser de Machefer…

Costa-Gavras s'attache ici aux drames de la société moderne, la délocalisation des entreprises provoquant le chômage et, par là même, d'inévitables problèmes de couple. Du chômage au crime, il n'y a qu'un pas que Costa-Gavras et son héros franchissent aisément. Grâce à José Garcia, remarquable, il est difficile de ne

pas être intéressé par la démarche de ce serial killer d'un genre inhabituel, symbole d'une société de plus en plus inhumaine. On pourra remarquer que le film est coproduit par les frères Dardenne.

***Notes :** Tournage en Belgique (Enghien, Liège, Verviers, Beaufays, Huy), Lorraine, Champagne-Ardenne, dans le Nord (Roubaix), le Val-d'Oise (Groslay, Montmorency), l'Oise (Compiègne) et aux Pays-Bas.*

LE COUPERET

DE BATTRE MON CŒUR S'EST ARRÊTÉ

Réalisation : Jacques Audiard ; scénario : Jacques Audiard, Tonino Benacquista, d'après le film de James Toback *Fingers* ; photographie : Stéphane Fontaine © ; musique : Alexandre Desplat ; montage : Juliette Welfling ; production : Pascal Caucheteux (Why Not Productions / Sédif Productions / France 3 Cinéma) ; durée : 108 min.

Interprétation : Roman Duris : Thomas Seyr. Niels Arestrup : Robert Seyr. Jonathan Zaccaï : Fabrice. Gilles Cohen : Sami. Linh-Dan Pham : Miao Lin. Aure Atika : Aline. Emmanuelle Devos : Chris. Mélanie Laurent : compagne de Minskov. Anton Yakovlev : Minskov.

Thème : Thomas Seyr a renoncé au piano et travaille avec son père dans l'immobilier véreux. Revoyant l'ancien imprésario de sa mère, qui fut elle-même pianiste professionnelle, il accepte de passer une audition, mais son père est assassiné par la mafia russe. Il rate l'audition alors qu'il s'est épris de Miao Lin qui lui sert de professeur. Plus tard, il revoit l'assassin de son père, Minskov, mais ne le tue pas…

« En réfléchissant avec Tonino, *expliquait Jacques Audiard,* on s'est assez vite fixé sur le milieu de l'immobilier et, plus précisément, celui des petits marchands de biens dont les agissements sont parfois immoraux et à la limite de la légalité. De plus, je trouve un rapport analogique entre le voyou qui accapare des vies et le marchand de biens qui accapare le terrain, de la terre avec des gens dessus. Dans les deux cas, ils accaparent de l'inaliénable. » *Couronné de César (8 !) et de prix dont le prix Jacques-Deray du film policier français 2006, ce long métrage est le remake de* Fingers (Mélodie pour un tueur, *1978) de James Toback, avec Harvey*

DE BATTRE MON CŒUR S'EST ARRÊTÉ

Keitel. Comme on peut le deviner, la musique joue un rôle essentiel dans le film, de la « Toccata en ré mineur » de Bach aux œuvres de Frédéric Chopin, Mozart, Liszt, Debussy, Brahms et Tchaïkovski qui jalonnent le long cheminement psychologique du héros – Romain Duris, remarquable –, passant de la corruption et la violence au pardon dans une sorte de rédemption.

***Notes :** Tournage à Paris : Théâtre des Champs-Élysées (8e), café* Les Jardins d'Issoire *(91, rue de la Tombe-Issoire, 14e).*

L'EMPIRE DES LOUPS

Réalisation : Chris Nahon ; réalisation de seconde équipe : Julien Seri ; scénario : Jean-Christophe Grangé, Chris Nahon, Christian Clavier, Franck Ollivier, Luc Bossi, Simon Michaël, d'après le roman de Jean-Christophe Grangé *L'Empire des loups* ; photographie : Michel Abramowicz © ; musique : Dan Lévy ; montage : Marco Cavé ; production : Patrice Ledoux, Andrew Colton (Gaumont / Film Kairos / TF1 Films Production) ; durée : 128 min.

Interprétation : Jean Reno : Jean-Louis Schiffer. Jocelyn Quivrin : Paul Nerteaux. Arly Jover : Anna Heymes. Laura Morante : Mathilde Urano. Philippe Bas : Laurent. David Kammenos : Azer Zeki. Didier Sauvegrain : Dr Ackerman. Patrick Floersheim : Philippe Charlier. Étienne Chicot : Olivier Amien.

Thème : Le policier Paul Merteaux, qui enquête sur les meurtres d'immigrées clandestines turques, fait appel à Jean-Louis Schiffer, un collègue laissé de côté car réputé tenace et corrompu. Schiffer voit dans ces crimes la marque des organisations armées ultranationalistes, les Loups gris. De son côté, Anna Heymes qui a de graves problèmes de mémoire, se réfugie chez Mathilde qui est psychologue. Fille du chef des Loups gris, elle était chargée d'un transfert de drogue, mais elle a trahi. Elle est retrouvée en Turquie par Schiffer qui, aidé de Paul, neutralisera le chef des Loups gris.

C'est tambour battant que Chris Nahon, réalisateur du Baiser mortel du dragon *(2001), mène cette traque qui va de Paris jusqu'en Turquie, accumulant les scènes d'action et jouant sur la personnalité – ici, très bien utilisée – de Jean Reno. On peut être gêné et surpris par ce style qui est rarement évident dans le cinéma français, mais il contribue à la réussite de ce film, tapageur, sans doute, mais aussi réellement distrayant.*

***Notes :** Tournage en Turquie (Uchisar, Istanbul, Cappadoce) et à Paris.*

IMPOSTURE

Réalisation : Patrick Bouchitey ; scénario : Patrick Bouchitey, Gilles Laurent, Jackie Berroyer, Gaëlle Macé, d'après le roman de José Ángel Mañas *Je suis un écrivain frustré* ; photographic : Antoine Roch ©, montage : Laurent Rouan ; production : Luc Besson, Didier Creste, Pierre-Ange Le Pogam, Joël Leyendecker (EuropaCorp / Studio Lavabo / TF1 Films Production) ; durée : 101 min.

Interprétation : Patrick Bouchitey : Serge Pommier. Laetitia Chardonnet : Jeanne Goudimel. Isabelle Renauld : Anna. Ariane Ascaride : Brigitte. Patrick Catalifo : Roland. Didier Flamand : Massignon. Pierre Diot : inspecteur. Michel Field : animateur. Jackie Berroyer : religieux. Carmelo Cacciato : magicien. Éienne Chicot : type. Avec Frédéric Beigbeder, Éric Naulleau, Daniel Picouly.

Thème : Critique et professeur de littérature, Serge Pommier, étant incapable d'écrire par lui-même, recopie le manuscrit *Journal d'une folle* de son étudiante Jeanne Goudimel. Il kidnappe ensuite la jeune fille dont il détruit la maison. Le roman, publié sous le titre *Martyre et progrès,* est apprécié par la critique. Devant ce succès, Serge décide alors

IMPOSTURE

de raconter sa relation avec Jeanne. Celle-ci réussit à s'enfuir et publie sous son nom le roman de Serge, couronné par le prix du Rond-Point.

Un très beau sujet avec l'idée de la double possession – Serge subtilise le manuscrit de Jeanne qui, à son tour, va s'emparer du livre de celui qui la séquestre – et des rapports très ambivalents qui vont s'établir entre Serge et Jeanne, le film bénéficiant de l'interprétation particulièrement intéressante de Patrick Bouchitey et Laetitia Chardonnet. Une réussite.

Notes : *Tournage du 27 janvier au 25 avril 2003 à Paris et Angers.*

J'AI VU TUER BEN BARKA

Réalisation : Serge Le Péron ; scénario : Serge Le Péron, Frédérique Moreau, Saïd Smihi ; photographie : Christophe Pollock © ; musique : Pierre-Alexandre Mati, Joan Albert Amargós ; montage : Janice Jones ; production : Gilles Sandoz (Maïa Films / Films Inc. / Arte France Cinéma / Mallerich Films / Casablanca Films) ; durée : 101 min.

Interprétation : Charles Berling : Georges Figon. Simon Abkarian : Mehdi Ben Barka. Josiane Balasko ; Marguerite Duras. Jean-Pierre Léaud : Georges Franju. Fabienne Babe : Anne-Marie Coffinet. Mathieu Amalric : Philippe Bernier. Franck Tiozzo : Boucheseiche. Georges Bigot : Souchon. Fayçal Khyari : Mohamed Oufkir. Jean-Marie Winling : Pierre Lemarchand.

Thème : 1966. Georges Figon est retrouvé mort peu de temps après avoir raconté à *L'Express* ce qu'il savait de l'enlèvement de Mehdi Ben Baka, le leader de la gauche marocaine. Sous le prétexte de participer à un film sur la décolonisation dont Ben Barka serait le conseiller, il avait été associé à la préparation avec Marguerite Duras et Georges Franju. C'est alors que Ben Barka avait été enlevé le 29 octobre 1965 devant la brasserie *Lipp* par des policiers, puis assassiné. La justice conclura au suicide de Figon…

Le style du film noir convient parfaitement à ce qui allait devenir l'une des affaires d'État de la Ve République. Le film n'apprend rien à ceux qui se souviennent de l'affaire, reconstituée ici méticuleusement mais sans rien révéler de très nouveau. Reste surtout la surprise de voir Josiane Balasko en Marguerite Duras !

Notes : *Tournage à l'aéroport d'Orly (Val-de-Marne), Paris – brasserie Lipp (151, boulevard Saint-Germain, 6e), station de métro Porte-des-Lilas (19e-20e), quais de la Seine, quai des Orfèvres (1er) –, Fontenay-le-Vicomte (Essonne)et au Maroc.*

LEMMING

Réalisation : Dominik Moll ; scénario : Dominick Moll, Gilles Marchand ; photographie : Jean-Marc Fabre © ; musique : David Sinclair Whitaker ; montage : Mike Fromentin ; production : Michel Saint-Jean (Diaphana / France 3 Cinéma) ; durée : 129 min.

Interprétation : Laurent Lucas : Alain Getty. Charlotte Gainsbourg : Bénédicte Getty. Charlotte Rampling : Alice Pollock. André Dussollier : Richard Pollock. Jacques Bonaffé : Nicolas Chevalier. Véronique Affholder : Francine.

Thème : Alain et sa femme Bénédicte invitent à dîner Richard Pollock, le patron d'Alan, et son épouse Alice. Le repas tourne mal et les Pollock partent. Alain trouve la dépouille d'un lemming (un rongeur de Scandinavie) dans le tuyau d'évacuation de l'évier, avant d'éviter les avances d'Alice qui lui révèle que son mari a tenté de la tuer et qui se suicide. Alain part à Biarritz avec Richard. Bénédicte est en proie à une véritable panique alors que l'appartement est envahi de lemmings. Alain comprend bientôt que Bénédicte est possédée par l'esprit d'Alice. Bénédicte rejoint alors Richard qu'Alain assassine sur ordre d'Alice. C'est alors qu'il se réveille aux côtés de Bénédicte…

Un climat de film noir avec les relations de plus en plus précises entre deux couples, une prise de possession, une ambiance criminelle et quatre interprètes confrontés à une intrigue aux multiples ambiguïtés.

Notes : *Tournage en Midi-Pyrénées et en Haute-Garonne (Hauts de Toulouse, Larens).*

LEMMING

MON PETIT DOIGT M'A DIT…

Réalisation : Pascal Thomas ; scénario : Françis Caviglioli, Nathalie Lafourie, Pascal Thomas, d'après le roman d'Agatha Christie *Mon petit doigt m'a dit* ; photographie : Renan Pollès © ; musique : Reinhardt Wagner ; montage : Catherine Dubeau, Marie de la Selle ; production : Alain Cadier, Pascal Thomas (Ah ! Victoria ! Films / Rhône-Alpes Cinéma / France 2 Cinéma) ; durée : 105 min.

Interprétation : Catherine Frot : Prudence Beresford. André Dussollier : Bélisaire Beresford. Geneviève Bujold : Rose Evangelista. Laurent Terzieff : Me Anet. Valérie Kaprisky : Françoise Blayes. Bernard Verley : général. Françoise Seigner : tante Ada. Alexandra Stewart : Mme Boscowan. Maurice Risch : M. Coupelay. Pierre Lescure : commissaire Richard.

Thème : Tante Ada, dont Bélisaire Beresford est le neveu, meurt après avoir rencontré Rose Evangelista. Prudence, l'épouse de Bélisaire, décide alors de mener l'enquête et se rend dans un village de Haute-Savoie où des enfants ont été tués. C'est Rose qui était la criminelle en question…

À mi-chemin entre la comédie et l'intrigue criminelle. Un certain charme, désuet.

Notes : *Tournage en Savoie (Aix-les-Bains, lac du Bourget, Le Châtelard, Francin, Chambéry, château de Châtillon à Chindrieux) et à Lyon.*

LE PARFUM DE LA DAME EN NOIR

Réalisation : Bruno Podalydès ; scénario : Bruno Podalydès, d'après le roman de Gaston Leroux *Le Parfum de la dame en noir* ; photographie : Christophe Beaucarne © ; musique : Philippe Sarde ; montage : Élise Fievet, Bruno Podalydès, Hervé de Luze ; production : Pascal Caucheteux, Grégoire Sorlat (Why Not Productions / France 2 Cinéma) ; durée : 115 min.

Interprétation : Denis Podalydès : Joseph Rouletabille. Sabine Azéma : Mathilde Stangerson. Jean-Noël Brouté : Sainclair. Olivier Gourmet : Robert Darzac. Zabou Breitman : Édith Rance. Bruno Podalydès : Arthur Rance. Julos Beaucarne : père

Jacques. Michael Lonsdale : professeur Stangerson. Pierre Arditi : Frédéric Larsan. Claude Rich : juge de Marquet.

Thème : Les nouveaux mariés Mathilde Stangerson et Robert Darzac séjournent dans le château de leurs amis Édith et Arthur Rance. Le redoutable Frédéric Larsan rôde de nouveau et menace Mathilde. Rouletabille et Saintclair enquêtent pour découvrir comment le malfaiteur s'est infiltré dans le château et le neutraliser.

C'est – évidemment – la suite du Mystère de la chambre jaune *(2003). L'interprétation est souvent brillante, mais le film est trop long.*

Notes : *Tournage : île de Port-Cros (Var), lycée Janson-de-Sailly (Paris, 16e), Château de Villemolin (Nièvre).*

LE PETIT LIEUTENANT

Réalisation : Xavier Beauvois ; scénario : Xavier Beauvois, Guillaume Bréaud, Jean-Eric Troubat, Cédric Anger ; photographie : Caroline Champetier © ; montage : Martine Giordano ; production : Pascal Caucheteux (Why Not Productions / StudioCanal / France 2 Cinéma) ; durée : 110 min.

Interprétation : Jalil Lespert : Antoine Derouère. Nathalie Baye : commandant Caroline Vaudieu. Roschdy Zem : Solo. Antoine Chappey : Louis Mallet. Xavier Beauvois : Nicolas Morbé. Jacques Perrin : juge Serge Clermont. Jean Lespert : M. Derouère.

Thème : Diplômé de l'école de police, Antoine Derouère intègre la police parisienne sous la direction de la commandante Caroline Vaudieu (ayant perdu un fils qui aurait aujourd'hui le même âge que celui qui va devenir son protégé). Enquêtant dans un foyer de jeunes travailleurs, Antoine est poignardé et meurt. Caroline, qui avait eu des problèmes d'alcool, se remet à boire, avant d'accélérer l'enquête. Elle retrouve le meurtrier d'Antoine à Nice et l'abat.

Un souci de réalisme – la scène de l'autopsie – et la volonté d'échapper à toute une mythologie à la mode en retrouvant – presque – le ton d'un documentaire, d'où d'ailleurs le refus de l'aide de la musique. Xavier Beauvois, qui avait initialement pensé à Jacques Dutronc pour jouer le rôle de Vaudieu, a trouvé en Nathalie Baye, dont c'est l'un des plus beaux rôles,

une interprète exceptionnelle. Grâce notamment à elle et à un scénario d'une véritable rigueur, le film est une authentique réussite. La peinture de ces policiers, souvent marqués et brisés par la vie, est difficile à oublier.

Notes : *Tournage en Seine-Maritime (Le Havre, école primaire de Bénouville), Alpes-Maritimes – Nice (promenade des Anglais, aéroport,* Hôtel Darcy, *28 rue d'Angleterre) –, Saône-et-Loire (Pierreclos) et à Paris – 118 rue des Pyrénées (20e), avenue Gambetta (20e), rue Charles-Fourier (13e), église russe (rue Daru, 8e), station de métro Gambetta (20e), port autonome.*

LE PETIT LIEUTENANT

2006

UN AMI PARFAIT

Réalisation : Francis Girod ; scénario : Philippe Cougrand, Francis Girod, d'après le roman de Martin Suter ; photographie : Thierry Jault © ; musique : Laurent Petitgirard ; montage : Isabelle Dedieu ; production : Humbert Balsan (Ognon Pictures / Rhône-Alpes Cinéma / France 2 Cinéma / Arte France Cinéma) ; durée : 106 min.

Interprétation : Antoine de Caunes : Julien Rossi. Jean-Pierre Lorit : Lucas Jäger. Carole Bouquet : Anna Ferré. Martina Gedeck : Marlène. Marie-France Pisier : veuve de Barth. Claude Miller : professeur André Barth. Mireille Roussel : Sophie. Hanns Zischler : Rodolph Hartmann. Francis Girod : réalisateur.

Thème : Julien Rossi se réveille à l'hôpital. Il ne reconnaît pas sa compagne, Marlène, mais se souvient d'Anna. Son ami Lucas sort avec celle-ci. Julien menait une enquête sur les problèmes de l'agroalimentaire et on lui avait versé des pots-de-vin. Lucas, au contraire, demeure inflexible et il est assassiné. Julien décide alors de publier son enquête, celle qu'il avait gardée sous le coude, sous le nom de Lucas.

Toujours prêt à démasquer les scandales, Francis Girod pose ici le problème des lobbies de l'agroalimentaire, un thème toujours d'actualité et que son héros cherche à masquer, avant finalement de comprendre son devoir. C'est le dernier film de Francis Girod pour le cinéma, une œuvre sous-estimée et qui mérite d'être revue.

***Notes :** Le producteur du film, Humbert Balsan, s'est suicidé au début du tournage…*

LES BRIGADES DU TIGRE

Réalisation : Jérôme Cornuau ; réalisation de seconde équipe : François Cornuau ; scénario : John Kaylin, Fabien Nury, Xavier Dorison, d'après la série télévisée de Claude Desailly ; photographie : Stéphane Cami © ; musique : Olivier Florio, Claude Bolling ; montage : Brian Schmitt ; production : Roberto Cipullo, Vincent Roget (Les Films Manuel Munz / Gam Films / TF1 Studio Films Inc. / Same Player / France 3 Cinéma / France 2 Cinéma) ; durée : 125 min.

Interprétation : Clovis Cornillac : commissaire Paul Valentin. Diane Kruger : princesse Constance Radetsky. Édouard Baer : inspecteur Pujol. Olivier Gourmet : inspecteur Marcel Terrasson. Stefano Accorsi : inspecteur Achille Bianchi. Jacques Gamblin : Jules Bonnot. Thierry Frémont : Piotr. Léa Drucker : Léa. Aleksandr Medvedev : prince Volkonsky. Gérard Jugnot : commissaire Faivre. Didier Flamand : préfet de police.

Thème : 1907. Devant la montée de la violence, le ministre de l'Intérieur Georges Clemenceau, surnommé « le Tigre », crée une unité spéciale de police motorisée, les Brigades mobiles. Le commissaire Valentin, qui la dirige, va devoir mettre fin aux agissements de la bande à Bonnot et à l'opération frauduleuse des emprunts russes auxquels sont mêlés la princesse Radetsky, maîtresse de Bonnot, et le préfet de police.

Le film s'inspire de la série télévisée, initialement diffusée de 1974 à 1983. La reconstitution est sérieuse mais sans génie et les résultats insatisfaisants du film empêchèrent la production d'une suite, qui était prévue.

***Notes :** Tournage à partir de juillet 2005 au musée national de la Céramique à Sèvres (Hauts-de-Seine), château de Ferrières (Seine-et-Marne), musée Galliera (Paris, 16e), à l'Institut psychiatrique de Neuilly-sur-Marne (Seine-Saint-Denis), Theuville (Val-d'Oise) et à Vichy (Allier).*

LES BRIGADES DU TIGRE

L'IVRESSE DU POUVOIR

L'IVRESSE DU POUVOIR

Réalisation : Claude Chabrol ; scénario : Claude Chabrol, Odile Barski ; photographie : Eduardo Serra © ; musique : Matthieu Chabrol ; montage : Monique Fardoulis ; production : Patrick Godeau, Alfred Hürmer (Alicéleo / Integral Films / Ajoz Films / France 2 Cinéma) ; durée : 110 min.

Interprétation : Isabelle Huppert : Jeanne Charmant Killman. François Berléand : Michel Humeau. Patrick Bruel : Jacques Sibaud. Marilyne Canto : Erika. Robin Renucci : Philippe Charmant Killman. Thomas Chabrol : Félix. Jean-François Balmer : Boldi. Pierre Vernier : président Martino. Jacques Boudet : Descarts. Roger Dumas : René Lange.

Thème : Jeune juge d'instruction obstinée, Jeanne Charman Killman enquête sur la société FMG et s'acharne sur son dirigeant Michel Humeau qu'elle veut faire craquer, soupçonnant de graves abus de biens sociaux en lien notamment avec la Françafrique. Ce dernier finit par craquer, ce qui inquiète le milieu politique, alors même que le couple formé par Jeanne et son mari Philippe commence à se déliter. Jeanne est obligée de bénéficier d'une protection policière. Elle quitte le domicile conjugal. Sa collègue Erika la remplace, Jeanne ayant bénéficié d'une promotion décidée en haut lieu pour l'obliger à abandonner le dossier. Philippe se suicide.

Au départ, on pouvait imaginer que Chabrol allait profiter de cette histoire inspirée par l'affaire ELF – devenue, avec une lettre de décalage, FMG – pour s'attaquer à la corruption du monde politico-économique symbolisée par Michel Humeau (double de Loïk Le Floch Prigent). Il reste, certes, cet aspect de l'histoire, mais on découvre rapidement que si « l'ivresse du pouvoir » a sans doute atteint Michel Humeau, elle finit surtout par déstabiliser Jeanne Charman Killman, dont le mari se suicidera. Devenue une véritable fanatique, la juge est désormais à la limite de ce qui lui est autorisé et Isabelle Huppert, dirigée ici pour la septième fois par Chabrol, interprète superbement cette femme autoritaire, persuadée de son bon droit et devenue finalement vindicative, au point de détruire son propre couple. La juge Eva Joly, qui instruisait l'affaire ELF, désapprouvera la manière dont le film la représente sous les traits d'Isabelle Huppert, déclarant que le film montre « des détails sordides et erronés sur sa vie personnelle ». *À la fin, le spectateur comprend que tous, de Michel Humeau à Jeanne, ont en fait été manipulés…*

MEURTRIÈRES

Réalisation : Patrick Grandperret ; scénario : Patrick Grandperret, Frédérique Moreau (+ Hande Kojda, Céline Sallette), d'après une idée de Maurice Pialat ; photographie : Pascal Caubère, Patrick Grandperret © ; montage : Dominique Gallieni ; production : Patrick Grandperret, Sylvie Pialat, Mathieu Bompoint (Les Films du Worso / StudioCanal / Emael Films) ; durée : 97 min.

Interprétation : Hande Kojda : Nina. Céline Sallette : Lizzy. Gianni Giardinelli : Yann Jobert. Anaïs de Courson : Hélène Jobert. Isabelle Caubère : Mme Jobert. Shafik Ahmad : Malik. Karine Pinoteau : Joanna. Marc Rioufol : père de Nina. Eugène Durif : psychiatre.

Thème : Nina et Lizzy se rencontrent dans une institution psychiatrique. La première est dépressive depuis la mort de son père, s'en sentant fautive. De son côté, la seconde a été internée depuis une tentative de suicide. Les deux nouvelles amies vont, dès lors, mener leur vie d'auto-stop en auto-stop, cherchant à éviter des hommes trop attentionnés et finissant par assassiner un conducteur.

À l'origine, il y a un projet de Maurice Pialat, qui s'inspirait d'un fait divers de 1970 et avait même commencé le tournage, avant de l'abandonner. Avec l'aide de Sylvie Pialat, veuve du cinéaste, Patrick Grandperret, lui-même ancien assistant de Pialat, a repris le projet, suivant dans leur équipée ses deux héroïnes. On est frappé par la liberté de ton du cinéaste, qui le définissait comme « un film solaire pour une histoire sombre » *et sa manière de diriger ses deux comédiennes.*

***Notes :** Tournage en Charente-Maritime : île de Ré (Ars-en-Ré, Rivedoux-Plage, Saint-Martin-de-Ré), Châtelaillon-Plage et gare de La Rochelle.*

NE LE DIS À PERSONNE

Réalisation : Guillaume Canet ; scénario : Guillaume Canet, Philippe Lefèbvre, d'après le roman de Harlan Coben *Tell No One* ; photographie : Christophe Offenstein © ; musique : Matthieu Chedid ; montage : Hervé de Luze ; production : Alain Attal, Pierre-Ange Le Pogam (Trésor Films / EuropaCorp / M6 Films / Caneo Films) ; durée : 125 min.

Interprétation : François Cluzet : Alexandre Beck. Marie-Josée Croze : Margot Beck. André Dussollier : Jacques Laurentin. Kristin Scott Thomas : Hélène Perkins. François Berléand : Éric Levkowitch. Nathalie Baye : Me Élisabeth Feldman. Jean Rochefort : Gilbert Neuville. Gilles Lellouche : Bruno. Marina Hands : Anne Beck. Philippe Lefèbvre : lieutenant Philippe Meynard. Olivier Marchal : Bernard Valenti. Guillaume Canet : Philippe Neuville. Alain Attal : passager à l'aéroport. Harlan Coben : homme chauve.

Thème : Alexandre Beck vit toujours dans le souvenir de son épouse Margot, tuée huit ans plus tôt. Le couple avait été attaqué, Alexandre, blessé, et Margot, assassinée. Mais Alexandre reçoit un email et découvre Margot toujours vivante. La vérité se fera jour : Margot avait été attaquée par Philippe Neuville, dont elle avait découvert la pédophilie, et l'avait tué. Jacques, le père de Margot, avait simulé la mort de sa fille, la cachant pour la sauver des hommes de Neuville. Il endosse le crime à sa place et se tue, et Alexandre retrouve sa femme.

C'est une réussite. En dépit de sa longueur, le film est constamment prenant grâce à la succession des rebondissements, au nombre de personnages intéressants et au talent de Guillaume Canet qui tient tout parfaitement en main.

Notes : *Tournage à partir du 18 juillet 2005 à Paris – boulevard périphérique (16e), marché aux puces (18e), boulevard Ney (18e), porte du Jour (1er), rue des Vignes (Paris 16e), rue Saint-Honoré (1er), rue du Pont-Neuf (1er), parc Monceau (8e), place François Ier (1er), rue des Marronniers (16e) – et dans les Yvelines – Adainville, Plaisir (quartier des Gatines), forêt de Rambouillet, Mantes-la-Jolie (CHU).*

OSS 117 : LE CAIRE, NID D'ESPIONS

Réalisation : Michel Hazanavicius ; scénario : Jean-François Halin, d'après les romans de Jean Bruce ; adaptation : Jean-François Halin, Michel Hazanavicius ; photographie : Guillaume Schiffman © ; musique : Ludovic Bource, Kamel Ech-Cheikh ; montage : Reynald Bertrand ; production : Manuel Alduy, Franck Chorot, Sidonie Dumas, Nicolas Seydoux, Bertrand Maheux, Christophe Riandee, Éric Altmayer, Nicolas Altmayer (Mandarin Films / Gaumont / M6 Films) ; durée : 99 min.

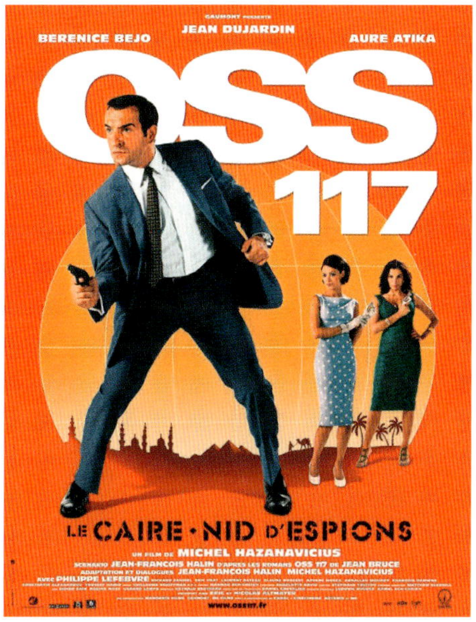

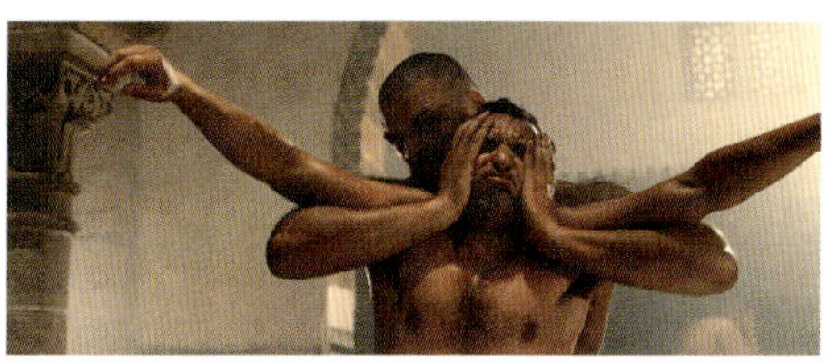

Interprétation : Jean Dujardin : Hubert Bonisseur de La Bath, dit « OSS 117 ». Bérénice Bejo : Larmina El Akmar Betouche. Aure Attika : princesse Al Tarouk. François Damiens : Raymond Pelletier. Philippe Lefèbvre : Jack Jefferson. Richard Sammel : Moeller. Jean-François Halin : Rubecht. Claude Brosset : Armand Lesignac. Ludovic Bource : chef d'orchestre. Arsène Mosca : Loktar.

Thème : 1955. Hubert Bonisseur de La Bath, dit « OSS 117 », est envoyé en Égypte pour enquêter sur la mort de l'agent Jack Jefferson. Le pays est en ébullition, pris entre la princesse Al Tarouk – qui souhaite restaurer le pouvoir du roi Farouk –, des fanatiques religieux, des Soviétiques et d'anciens nazis. OSS 117 échappe aux dangereux « Aigles de Khéops » et découvre que Jack n'est pas mort mais qu'il se livre à la contrebande d'armes. Jack est finalement tué par la princesse Al Tarouk que OSS 117 abat accidentellement. OSS 117 a découvert l'amour avec Larmina...

C'est évidemment sous le signe de la parodie que s'est placé le film, accentuant volontairement le côté colonialiste et raciste d'OSS 117 – il dit en parlant du muezzin : « J'ai été réveillé par un homme qui hurlait à la mort du haut de cette tour, j'ai dû le faire taire ! » *–, son antisémitisme (la façon dont il décrit les juifs), son côté sexiste avec les femmes (*« À l'occasion, je vous mettrai un petit coup de polish »*), et son inculture satisfaite. Jean Dujardin est le premier à s'en amuser.*

Notes : *Tournage au Maroc – Kenitra, Casablanca, Rabat (Faculté des sciences), El Djadida –, en Espagne, à Paris –* Auberge Pyrénées-Cévennes *(106, rue de la Folie-Méricourt, 11e), université Paris II (92, rue d'Assas, 6e) –, Stains (Seine-Saint-Denis), à la mairie de Puteaux (Hauts-de-Seine), au fort de Cormeilles (Cormeilles-en-Parisis, Val-d'Oise) et dans les carrières de Nucourt (Val-d'Oise).*

UN PRINTEMPS À PARIS

Réalisation : Jacques Bral ; scénario : Jacques Bral ; photographie : François Lartigue © ; musique : Michel Gaucher ; montage : Jacques Bral, Olivier Mauffroy ; production : Jacques Bral, Salvatore Picciotto, Catherine Sas (Thunder Films International) ; durée : 95 min.

Interprétation : Eddy Mitchell : Georges. Sagamore Stévenin : Pierrot. Pierre Santini : Jérôme. Pascale Arbillot : Louise. Gérard Jugnot : Alex. Jean-François Balmer : Gaspacho. Jean-Michel Dupuis : Anatole. Géraldine Danon : Cécile. Maxime Leroux : Denis. Anne Roussel : Hélène. Xavier Deluc : homme d'Hélène.

Thème : Georges sort de prison. Il y a passé cinq ans à la suite d'un casse foireux dont il retrouve l'auteur, son ami et complice Pierrot. Ce dernier lui propose un nouveau coup, le vol d'un superbe collier appartenant à Louise, une riche bourgeoise. Or, l'affaire se complique et Pierrot abat Alex, fourgueur et indic, ainsi que l'assureur qui l'avait renseigné. Jérôme, qui devait vendre une partie des pierres, cherche à doubler les deux voleurs. Il tue Georges, mais Pierrot l'abat, tout en devenant l'amant de Louise, devenue veuve. Celle-ci semble bien savoir qui est, en réalité, son nouveau compagnon...

C'est un nouveau film d'auteur qu'a signé ici Jacques Bral, s'attachant à ses personnages, de Georges, le vieux routier, à Louise, la trop jeune veuve, dénonçant l'hypocrisie et la corruption des uns et la tendresse qui va unir Pierrot à Louise. Il oppose avec sensibilité l'aspect « chien fou » de Sagamore Stévenin à la composition massive d'Eddy Mitchell, très émouvant.

OSS 117 : LE CAIRE NID D'ESPIONS

BOARDING GATE

Réalisation : Olivier Assayas ; scénario : Olivier Assayas ; photographie : Yorick Le Saux © ; montage : Luc Barnier ; production : François Margolin (Margo Films / OY Future Film AB / Samsa Film) ; durée : 106 min.

Interprétation : Asia Argento : Sandra. Michael Madsen : Miles Rennberg. Kelly Lin : Sue Wang. Carl Ng : Lester Wang. Kim Gordon : Kay. Alex Descas : Andrew. Joanna Preiss : Lisa.

Thème : Ancienne escort-girl, Sandra revoit le financier Miles Renneberg, avec qui elle a des rapports passionnels. Elle finit par le tuer, le sachant lié au trafic de drogue. Partie pour Honk Kong, elle pense que ce meurtre était une machination mise au point par son amant Lester, qui souhaitait se débarrasser de sa femme Sue. Elle renonce à le tuer et comprend que le véritable auteur de tout cela est André, le collaborateur de Miles...

« Je me suis intéressé, *déclarait Olivier Assayas,* à un fait divers qui m'avait semblé tout droit sorti de *Demonlover,* l'assassinat du financier Édouard Stern au terme d'une séance de sadomasochisme. Sa maîtresse, la principale suspecte, avait aussitôt fui à l'autre bout du monde, en l'occurrence en Australie, avant de revenir en Europe après quelques jours. Je n'ai pas tellement approfondi la question, mais ça m'a donné le déclic d'une histoire de meurtre construite autour de relations sexuelles ambiguës, avec pour sous-texte le monde de la finance moderne. Et puis la fuite d'une femme qui tente d'échapper à la fois au meurtre, à l'Europe, au passé. Réussira-t-elle à survivre comme Vortex, la super-héroïne contrôlant les autres, qu'elle a jadis créée ? » *Le début est le choc d'Asia Argento, surprenante, et de Michael Madsen, massif ancien héros de Tarantino alors que la suite va jouer – Hong Kong oblige – sur un monde exotique que connaît bien le cinéaste.*

Notes : *Tournage à l'aéroport de Roissy, au Luxembourg, en Grande-Bretagne, Chine, à Hong Kong et Paris.*

LA CHAMBRE DES MORTS

Réalisation : Alfred Lot ; scénario : Alfred Lot, d'après le roman de Franck Thilliez ; photographie : Jérôme Alméras © ; musique : Nathaniel Méchaly ; montage : Maryline Monthieux ; production : Charles Gassot, Serge Hayat (Produire à Paris / CiBy 2000 / Télégraphe / CRRAV – Centre Régional des Ressources Audiovisuelles / Bac Films) ; durée : 118 min.

Interprétation : Mélanie Laurent : Lucie Hennebelle. Éric Caravaca : Stéphane Moreno. Gilles Lellouche : Sylvain. Jonathan Zaccaï : Vigo. Céline Sallette : Annabelle. Laurence Côte : Alex. Fanny Cottençon : mère de Lucie. Nathalie Richard : Raphaëlle Valet. Jean-François Stévenin : Léon.

Thème : Deux amis, éméchés, Vigo et Sylvain, renversent un homme, qui meurt sur le coup. Ils cachent le cadavre, ayant trouvé à ses côtés un sac contenant 2 millions d'euros. Mais le corps d'une jeune fille est retrouvé morte. Elle était kidnappée et l'argent était celle de sa rançon, l'homme renversé et tué étant son père. Une seconde fille est enlevée. La brigadière Lucie Hennebelle et le lieutenant Moreno comprennent qu'ils doivent aller vite, car la victime est diabétique. Vigo s'attaque à Sylvain et sa famille, en tentant de faire croire à un suicide, mais grâce à Alex, une des kidnappeuses, Sylvain survit. Alex est elle-même tuée par sa complice, mais l'enfant kidnappée est sauvée, alors que Sylvain a tué Vigo.

La région du Nord avec sa misère, des éoliennes, des personnages marqués par la vie, une atmosphère de plus en plus mortifère... Il est difficile d'échapper à ce climat d'une très grande noirceur et à une interprétation très habilement dirigée.

Notes : *Tournage du 13 février au 20 avril 2007 à Boulogne-sur-Mer (Pas-de-Calais) et Lille (Nord).*

LA CHAMBRE DES MORTS

LA CLEF

Réalisation : Guillaume Nicloux ; scénario : Guillaume Nicloux, Pierre Trividic ; photographie : Christophe Offenstein © ; montage : Guy Lecorne ; production : Frédéric Bourboulon, Philippe Rousselet (Les Films de la Suane / M6 Films / Mandarin Production) ; durée : 115 min.

Interprétation : Guillaume Canet : Éric Vincent. Marie Gillain : Audrey. Vanessa Paradis : Cécile. Josiane Balasko : Michèle Varin. Thierry Lhermitte : François Manéri. Jean Rochefort : Joseph Arp. Laure Marsac : Florence. Maria Schneider : Solange. Françoise Lebrun : Florence Arp. Pascal Bonitzer : Jean.

Thème : Éric Vincent se voir proposer de récupérer les cendres de son père, qu'il n'a jamais connu, par un certain Joseph Arp. L'arrivée de Cécile et de malfrats liés à Arp va tout compliquer, alors même que François Manéri recherche, de son côté, sa fille Cécile. Le père d'Éric a été tué par des complices...

*C'est le troisième volet du triptyque composé d'*Une affaire privée *(2002) et de* Cette femme-là *(2003). Guillaume Nicloux retrouve d'ailleurs certains de ses personnages tels que Manéri et Michèle Varin, jouée par Josiane Balasko. L'intrigue se promène habilement entre 1975 et 2007.*

CONTRE-ENQUÊTE

Réalisation : Franck Mancuso ; scénario : Franck Mancuso, d'après l'histoire de Lawrence Block ; photographie : Jérôme Alméras © ; musique : Krishna Levy ; montage : Andrea Sedláčková ; production : Patrick Gimenez, Romain Le Grand (Galfin / Pathé Renn Production / M6 Films / Epheme Productions) ; durée : 85 min.

Interprétation : Jean Dujardin : capitaine Richard Malinowski. Laurent Lucas : Daniel Eckmann. Agnès Blanchot : Claire Malinowski. Aurélien Recoing : Stéphane Josse. Jacques Frantz : Michel Arnalde. Jean-François Garreaud : Armand Salinas. Jean-Pierre Cassel : Dr Delmas. Caroline Santini : Christiane Carlier. Sophie Barjac : juge Arcaro. Philippe Ogouz : juge de la commission de révision.

Thème : Émilie, la fille du capitaine Malinowski, est enlevée et tuée. Daniel Eckmann est accusé du meurtre et condamné. Il écrit à Malinowski et se dit innocent. Malinowski commence, en effet, à douter de la culpabilité d'Eckmann. Il s'occupe de faire réviser le jugement et Eckmann est finalement libéré. Or, Malinowski le fait alors prisonnier. En fait, il n'a jamais cru à l'innocence de ce dernier et il ne l'a fait libérer que pour le tuer. Il l'enterre vivant !

C'est le premier film de Franck Mancuso, scénariste de 36 quai des Orfèvres *(2004) et lui-même ancien policier aux Stups, à l'Anti-terrorisme et à l'OCRB. Une intrigue extrêmement serrée – le film est relativement court – et un final particulièrement tragique et difficile à deviner. Une réussite mineure.*

LE DERNIER GANG

Réalisation : Ariel Zeïtoun ; scénario : Ariel Zeïtoun, Daniel Saint-Hamont, Laurence Siari ; photographie : Sébastien Pentecouteau © ; musique : Nathaniel Méchaly ; montage : Jennifer Augé ; production : Ariel Zeïtoun, Pierre-Ange Le Pogam (Ajoz Films / EuropCorp / Glaski Productions / France 3 Cinéma) ; durée : 125 min.

Interprétation : Vincent Elbaz : Simon. Gilles Lellouche : Milan. Sami Bouajila : Casa. Clémence Poésy : Julie. Pascal Elbé : Giraud. Patrick Dell'Isola : Landais. Michel Boujenah : père de Julie.

Thème : Simon et les siens passent de petits coups commis à Belleville au grand banditisme avec la complicité de Casa. Simon s'éprend de Julie et s'attaque aux établissements bancaires arborant avec ses complices des postiches. Mais la police décide de mettre fin à leur activité. Casa est tué. Julie quitte Simon, qui est finalement arrêté.

La principale originalité du film est de décrire le fameux gang des postiches qui s'attaqua, entre 1981 et 1986, à une trentaine de banques.

Notes : *Tournage à Paris, dans l'arrière-cour du 50, rue de Doudeauville (Paris, 18e) et sur les toits de la ville.*

LE DEUXIÈME SOUFFLE

Réalisation : Alain Corneau ; scénario : Alain Corneau ; dialogues : Alain Corneau, José Giovanni, d'après le roman de José Giovanni ; photographie : Yves Angelo © ; musique : Bruno Coulais ; montage : Marie-Josèphe Yoyotte ; production : Laurent Pétin, Michèle Pétin (ARP Sélection / TF1 Films Production) ; durée : 135 min.

Interprétation : Daniel Auteuil : Gustave « Gu » Minda. Monica Bellucci : Simona, dite « Manouche ». Michel Blanc : commissaire Blot. Jacques Dutronc : Stanislas Orloff. Éric Cantona : Alban. Daniel Duval : Venture Ricci. Gilbert Melki : Jo Ricci. Nicolas Duvauchelle : Antoine. Jacques Bonnaffé : Pascal. Philippe Nahon : commissaire Fardiano.

Thème : Fin des années 1950. Le dangereux gangster « Gu » s'évade de prison et retrouve à Paris Manouche, la femme qu'il aime, et Alban. À Marseille, on lui propose l'attaque d'un fourgon à laquelle il accepte de participer, ayant besoin d'argent pour quitter le pays. L'opération a lieu, mais le commissaire Blot finit par arrêter Gu et le fait passer volontairement pour une balance auprès du Milieu. Gu veut dénoncer les méthodes de la police et prouver qu'il n'a pas trahi Venture Ricci, mais il est abattu.

Quarante-et-un ans après le chef-d'œuvre de Melville – à propos duquel Alain Corneau déclarait : « Étrange : le film de Melville est très diurne, le nôtre va être presque entièrement nocturne, c'est venu comme cela, doucement, naturellement. » *–, fallait-il donc s'attaquer à nouveau au roman de José Giovanni ? On peut admettre qu'Alain Corneau, cinéaste de talent, ait eu envie, à son tour, d'adapter José Giovanni plutôt que de se contenter de faire un remake du film de Melville. Par opposition au noir et blanc de Melville, Corneau choisit de jouer sur les couleurs qui donnent au film un style baroque que certains ont comparé avec raison à celui de Wong Kar-wai. Ces recherches coloristes sont indiscutablement intéressantes, plus que réellement convaincantes. Rappelons que les personnages de Giovanni correspondaient à des personnages authentiques : Gu était inspiré du gangster marseillais Auguste Méla (1897-1960), Manouche, de Germaine Germain, la maîtresse de Paul Carbone, « l'empereur de Marseille », Orloff, de Nicolaï Alexandre Rainezoff, un agent de la Gestapo, et le commissaire Blot, du commissaire Georges Clot, responsable de la cellule anti-Gestapo.*

LA DISPARUE DE DEAUVILLE

Réalisation : Sophie Marceau ; scénario : Sophie Marceau, Gianguido Spinelli, Jacques Deschamps, d'après une idée de Sophie Marceau. Collaboration : Rania Meziani ; photographie : Laurent Dailland © ; musique : Franck II Louise ; montage : Laurent Rouan ; production : Ariane Guez, Oury Milshtein (Iliade & Films / France 3 Cinéma / SND Groupe M6) ; durée : 100 min.

Interprétation : Christophe Lambert : Jacques. Sophie Marceau : Victoria / Lucie. Nicolas Briançon : Camille Bérangère. Simon Abkarian : Pierre. Robert Hossein : Antoine Bérangère. Marie-Christine Barrault :

LE DEUXIÈME SOUFFLE

Mélanie Bérangère. Judith Magre : duchesse. Jacques Boudet : commissaire Penaud.

Thème : Quel est le mystère de la chambre 401 du *Normandy* ? Victoria est-elle réellement morte ? Jacques, qui est lieutenant de police, enquête…

Le court métrage L'Aube à l'envers *(1995) et le film* Parlez-moi d'amour *(2002) avaient révélé en Sophie Marceau, dont on connaissait déjà la beauté et le talent d'actrice, une véritable cinéaste, sensible et attachante. On en est d'autant plus déçu par cette aventure criminelle à la lisière du fantastique et souvent confuse. Dommage !*

Notes : *Tournage à l'hôtel* Normandy *Barrière (Deauville), au Havre (pont de Normandie, chaussée Pondichéry, écluse François-Ier, avenue Foch, centre commercial* Espace Coty*), dans le Val-d'Oise (Longuesse, Seraincourt) et à Paris (rue du Montparnasse, 6e).*

LA FILLE COUPÉE EN DEUX

Réalisation : Claude Chabrol ; scénario : Claude Chabrol, Cécile Maistre ; photographie : Eduardo Serra © ; musique : Matthieu Chabrol ; montage : Monique Fardoulis ; production : Patrick Godeau (Alicéleo / Integral Films / Rhône-Alpes Cinéma / France 2 Cinéma) ; durée : 115 min.

Interprétation : Ludivine Sagnier : Gabrielle Aurore Deneige. Benoît Magimel : Paul André Claude Gaudens. François Berléand : Charles Denis, dit « Charles Saint-Denis ». Mathilda May : Capucine Jamet. Caroline Silhol : Geneviève Gaudens. Marie Bunel : Marie Deneige. Étienne Chicot : Denis Deneige. Édouard Baer : Édouard. Thomas Chabrol : Me Stéphane Lorbach. Valeria Cavalli : Dona Saint Denis.

LA FILLE COUPÉE EN DEUX

Thème : Gabrielle Deneige présente la météo à la télévision. Elle rencontre l'écrivain Charles Saint-Denis qui l'initie à des jeux sexuels mais comprenant qu'il n'abandonnera jamais sa femme pour elle, elle accepte d'épouser Paul André Gaudens. Ce dernier abat Charles. Gabrielle accepte à la demande de la mère de Gaudens de révéler les aspects sordides de sa liaison avec Charles afin que Gaudens bénéficie de circonstances atténuantes. C'est ce qui se passe mais, contrairement à ce qui avait été promis, Gabrielle n'en tire aucun avantage et elle devient l'assistante d'un prestidigitateur qui la coupe en deux.

Le scénario s'inspire de l'histoire qui vit à New York, le 25 juin 1906, l'assassinat de l'architecte Stanford White, l'amant d'Evelyn Nesbit, par le riche Harry Kendall Shaw. Ce fait divers mondain était à la base de The Girl on the Red Velvet Swing *(*La Fille sur la balançoire*, 1955) de Richard Fleischer avec Ray Milland, Joan Collins et Farley Granger. Il apparaissait aussi dans le film de Milos Forman* Ragtime *(1981). Chabrol se plaît à opposer l'écrivain corrupteur que joue François Berléand au riche oisif interprété par Benoît Magimel, Ludivine Sagnier, parfaite, se laissant, sans opposer de résistance corrompre par l'un et épouser par l'autre… Une réussite superbement perverse.*

L'HEURE ZÉRO

Réalisation : Pascal Thomas ; scénario : Nathalie Lafaurie, Roland Duval, Clémence de Biéville, François Caviglioli, d'après le roman d'Agatha Christie *Towards Zero* ; photographie : Renan Pollès © ; musique : Reinhardt Wagner ; montage : Catherine Dubeau, Elena Mano, Marie de la Selle ; production : Hubert Watrinet (Les Films Français / France 2 Cinéma / StudioCanal) ; durée : 107 min.

Interprétation : François Morel : commissaire Martin Bataille. Danielle Darrieux : Camilla Tressilian. Melvil Poupaud : Guillaume Neuville. Laura Smet : Caroline Neuville. Chiara Mastroianni : Aude Neuville. Alessandra Martines : Marie-Adeline. Clément Thomas : Thomas Rondeau. Xavier Thiam : Frédéric Latimer. Pascal Thomas : légiste.

Thème : Guillaume invite, dans le manoir de la Pointe aux Mouettes de sa tante Camilla, son ancienne femme Aude, ce qui irrite son épouse actuelle, Caroline. Camilla est retrouvée morte. L'inspecteur Bataille enquête et s'intéresse aux secrets de la famille. Un moment suspecté, Guillaume est innocenté. Est-ce Aude ? Elle avoue, mais ce n'est pas elle. Le coupable est bien Guillaume, qui reprochait à Aude de l'avoir quitté.

Nouvelle adaptation d'Agatha Christie, modernisée pour l'occasion.

Notes : *Tournage en Bretagne – gare SNCF de Saint-Brieuc (Côtes-d'Armor), Dinan (Côtes-d'Armor), Cancale (Ille-et-Vilaine), Lancieux (Ille-et-Vilaine), Dinard (Ille-et-Vilaine) – et en Poitou-Charentes. Le manoir de la Pointe aux Mouettes est, en réalité, la villa Coppinger, à Dinard.*

PARS VITE ET REVIENS TARD

Réalisation : Régis Wargnier ; scénario : Ariane Fert, Harriet Marin, Julien Rappeneau, Lawrence Shore, Régis Wargnier, d'après le roman de Fred Vargas ; photographie : Laurent Dailland © ; musique : Patrick Doyle ; montage : Yann Malcor ; production : Cyril Colbeau-Justin, Jean-Baptiste Dupont (LGM Cinéma / Artémis Productions / Gaumont / TF1 Films Production / KL Production) ; durée : 115 min.

Interprétation : José Garcia : commissaire Jean-Baptiste Adamsberg. Lucas Belvaux : Danglard. Marie Gillain : Marie. Olivier Gourmet : Joss Le Guern. Nicolas Cazalé : Damas. Linh-Dan Pham : Camille. Michel Serrault : Hervé Decambrais / Hervé Ducouëdic. Nadine Alari : Clémentine. Sophie Aubry : Éva. Philippe Bas : Maurel.

Thème : Paris. Plusieurs habitants voient leur porte taguée avec un « quatre à rebours » dont on se servait autrefois pour conjurer la peste. Le commissaire Adamsberg prend les choses au sérieux et enquête avec

PARS VITE ET REVIENS TARD

PARS VITE ET REVIENS TARD

l'aide de son adjoint Danglard et d'un ancien professeur, Hervé Decambrais. Plusieurs personnes meurent ; or, il s'avère qu'il ne s'agit pas de la peste, mais d'une piqure de curare. Parallèlement, Adamsberg est abandonné par sa compagne Camille. Peu à peu, il dénoue les fils du mystère, une vengeance commise par une jeune femme, Marie, qui ne supportait pas d'être « la bâtarde ».

PARS VITE ET REVIENS TARD

Une ville (Paris) menacée par la peste, de mystérieux tags, un crieur de rue, une succession de morts douteuses... Le suspense est constant et Régis Wargnier utilise très habilement, à la manière de Simenon, Paris, notamment le quartier de l'Hôtel-de-Ville, devenu à la fois menacé et menaçant. Une très bonne surprise.

ROMAN DE GARE

Réalisation : Hervé Picard (= Claude Lelouch) ; scénario : Claude Lelouch, Pierre Uytterhoeven ; photographie : Gérard de Battista © ; musique : Alexandre Jaffray ; montage : Charlotte Lecœur, Stéphane Mazalaigue, Jean Gargonne ; production : Claude Lelouch (Les Films 13) ; durée : 103 min.

Interprétation : Dominique Pinon : Pierre Laclos. Audrey Dana : Huguette. Fanny Ardant : Judith Ralitzer. Shaya Lelouch : fille d'Huguette. Myriam Boyer : mère d'Huguette. Michèle Bernier : Florence. Marc Rioufol : propriétaire du vignoble. Serge Moati : lui-même. Zinedine Soualem : commissaire Leroux.

Thème : Judith Ralitzer, qui est romancière à succès, a un « nègre » en la personne de Pierre Laclos. Lorsque celui-ci disparaît mystérieusement, Huguette qui l'a rencontré, soupçonne Judith de l'avoir tué, mais Pierre réapparaît et Judith se tue. Huguette retrouve Pierre.

« Après l'échec de mon dernier film, *Le Courage d'aimer*, *disait Claude Lelouch,* j'ai ressenti le besoin de me dissimuler à un moment où je traversais une de mes crises les plus sournoises. » *Lelouch choisit alors de tourner le film sous le nom d'Hervé Picard – son ancien professeur de tennis –, mais à la sortie du film, la vérité sera connue. Le cinéaste choisit habilement de mêler plusieurs intrigues.*

Notes : *Tournage à Beaune (Côte-d'Or), en Haute-Savoie et à Paris.*

LE SERPENT

Réalisation : Éric Barbier ; scénario : Éric Barbier, Trân-Minh Nam, d'après le roman de Ted Lewis *Plender* ; photographie : Jérôme Robert © ; musique : Renaud Barbier ; montage : Véronique Lange ; production : Olivier Delbosc, Éric Jehelmann, Marc Missonnier, Pierre Rambaldi (Fidélité Films / Big World / France 2 Cinéma) ; durée : 119 min.

Interprétation : Yvan Attal : Vincent Mandel. Clovis Cornillac : Joseph Plender. Pierre Richard : Cendras. Simon Abkarian : Sam. Minna Haapkylä : Hélène. Olga Kurylenko : Sofia. Gérald Laroche : Becker. Jean-Claude Bouillon : Max. Veronika Varga : Catherine.

Thème : Joseph Plender fait chanter le riche Cendras puis s'attaque à Vincent Mandel, qui est photographe de mode, avec l'aide de sa complice Sofia. Accusé de viol, Vincent fait appel à... Joseph, un de ses anciens camarades de classe. Mais Sofia est tuée et Vincent est bientôt accusé des crimes commis par Joseph, qui tenait à se venger de lui. Joseph prend en otage la famille de Vincent, avant d'être arrêté par la police.

Éric Barbier profite de la durée du film pour tisser des relations de plus en plus ambiguës entre ses différents personnages, créant un univers dans lequel se mêlent l'envie, la vengeance, le désir d'argent et l'insatisfaction sociale. Une intéressante tentative.

TRUANDS

Réalisation : Frédéric Schoendoerffer ; scénario : Yann Brion, Frédéric Schoendoerffer ; photographie : Jean-Pierre Sauvaire © ; musique : Bruno Coulais ; montage : Irène Blecua ; production : Éric Névé, Frédéric Schoendoerffer (Carcharodon / La Chauve-Souris / StudioCanal) ; durée : 107 min.

Interprétation : Benoît Magimel : Franck. Philippe Caubère : Corti. Béatrice Dalle : Béatrice. Olivier Marchal : Jean-Guy. Mehdi Nebbou : Hicham. Tomer Sisley : Larbi. Ludovic Schoendoerffer : Ricky. Anne Marivin : Laure. Alain Figlarz : Mourad. Cyril Lecomte : Simon. André Peron : Ramun. Oksana : Simone.

Thème : Corti règne sur tout le Milieu, de la drogue à la prostitution, en passant par divers rackets. Franck est tout à la fois son complice et un homme prêt à témoigner de son indépendance face à ce parrain violent et intransigeant. La bande de Hicham et Larbi menace l'empire de Corti, qui écope de trois ans de prison. À sa sortie, il est tué dans le dos par Franck et Jean-Guy.

« Mon ambition, *déclarait Frédéric Schoendoerffer,* était de faire *Microcosmos : le peuple de l'herbe* chez les voyous pour permettre au spectateur d'approcher de plus près ce monde impénétrable, secret, dangereux.

TRUANDS

J'ai voulu développer une intrigue shakespearienne en la situant dans ce milieu avec la plus grande véracité. Dans cette histoire d'un chef de bande du grand banditisme à Paris trahi par le type en qui il avait le plus confiance ; je pourrais dire, humblement, que Philippe Caubère tient le rôle de Jules César et Benoît Magimel, celui de Brutus. Avec *Truands,* j'avais l'intention de pénétrer dans un monde où il n'a plus ni loi, ni État. On est au cœur du chaos et c'est intéressant de décrire ce chaos. » *C'est, en effet, un univers plein de bruit et de fureur que décrit le cinéaste, prenant pour modèle le parrain de Montreuil Claude Genova. Le film est ainsi beaucoup plus proche de Scarface version De Palma (1983) et des moments de fureur de Scorsese que de la tradition héritée de Jean-Pierre Melville. Les scènes d'action – la fusillade à l'arme de guerre sur le parking est superbe – sont menées à toute allure, les scènes de sexe (Corti et Simone jouée par Oksana), choquantes à souhait et il est difficile de ne pas être à la fois gênés par cette hyperviolence (le moment où l'on torture le délateur à la perceuse électrique !) et, en même temps, fascinés par cette histoire d'un Judas des temps modernes. Philippe Caubère se livre à un numéro tempétueux tout au long de cette description baroque d'un monde livré à tous les crimes. Une très grande réussite.*

CA$H

Réalisation : Éric Besnard ; scénario : Éric Besnard ; photographie : Gilles Henry © ; musique : Jean-Michel Bernard ; montage : Christophe Pinel ; production : Patrice Ledoux (Pulsar Productions / TF1 Films Production / TF1 Studio) ; durée : 100 min.

Interprétation : Jean Dujardin : Cash. Jean Reno : Maxime Dubreuil. Valeria Golino : Julia Molina. Alice Taglioni : Garance. François Berléand : François. Caroline Proust : Léa. Samir Guesmi : Fred. Roger Dumas : Émile. Clovis Cornillac : Solal Méricourt.

Thème : À la suite de la mort de son frère Solal, Cash décide de mettre au point un coup exceptionnel. Mais la police et Molina le surveillent…

Éric Besnard n'a jamais caché son admiration pour The Sting *(L'Arnaque, 1973) de George Roy Hill, mais il ne suffit pas de réunir deux acteurs à la mode et de fignoler une intrigue pour réussir son coup. On le sait déjà en voyant la tendance à la médiocrité croissante de la série de films* Ocean's *de Steven Soderbergh, de moins en moins convaincante.*

Notes : *Tournage du 9 mai à juillet 2007 au Cap-Ferrat (Grand-Hôtel), sur la Côte d'Azur et à Paris (Palais-Royal, 1er).*

CORTEX

Réalisation : Nicolas Boukhrief ; scénario : Nicolas Boukhrief, Frédérique Moreau ; photographie : Dominique Colin © ; musique : Nicolas Baby ; montage : Lydia Decobert ; production : Sylvie Pialat (Les Films du Worso / France 3 Cinéma) ; durée : 105 min.

Interprétation : André Dussollier : Charles Boyer. Marthe Keller : Carole Rothmann. Julien Boisselier : Thomas Boyer. Chantal Neuwirth : Francine. Claire Nebout : Sandra. Claude Perron : Béatrice Monnier. Laure Salama : Diane. Pascal Elbé : Dr Chenot. Aurore Clément : Marie. Olivier Lejeune : Martin Chaffour.

Thème : Ancien inspecteur, aujourd'hui atteint par la maladie d'Alzheimer, Charles Boyer rejoint la clinique appelée « Résidence ». De nombreux décès s'y produisent. Charles a une brève aventure avec Carol Rothmann, retrouvée morte à son tour. Il découvre que l'établissement est victime d'une tueuse en série, l'infirmière Béatrice, qu'il parvient à mettre hors d'état de nuire.

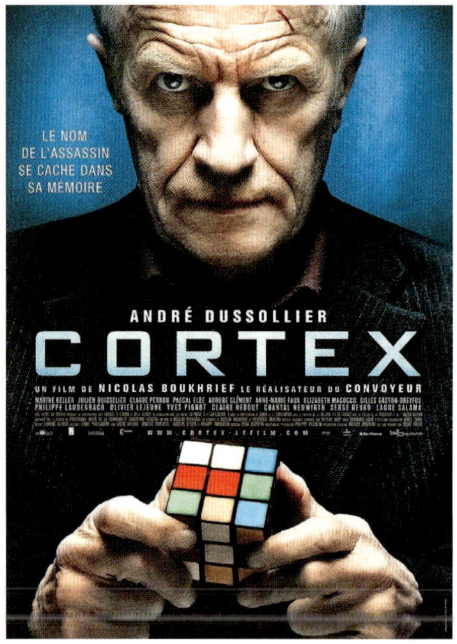

Dès le début, grâce notamment à André Dussollier, toujours aussi remarquable, on est fasciné par cet ancien policier qui fait sa valise, emportant quelques vêtements, un Rubik's Cube, un livre des aventures de Sherlock Holmes et, machinalement, dans sa poche un calibre .38. Le reste du film se suit avec un intérêt constant, Nicolas Boukhrief faisant de cette « Résidence », qui devrait être un endroit propice au calme et à la santé, un huis clos de plus en plus oppressant. Une réussite.

Notes : *Tournage du 20 novembre 2006 au 20 janvier 2007 à Dammartin-sur-Tigeaux (Seine-et-Marne) et à Paris (station de métro Nation, 11e).*

LE CRIME EST NOTRE AFFAIRE

Réalisation : Pascal Thomas ; scénario : Clémence de Biéville, François Caviglioli, Pascal Thomas, d'après le recueil de nouvelles d'Agatha Christie *Partners in Crime* ; photographie : Renan Pollès © ; musique : Reinhardt Wagner ; montage : Catherine Dubeau ; production : Nathalie Lafaurie, Éric Dussart (Les Films Français / StudioCanal / France 2 Cinéma / Rhône-Alpes Cinéma / Ah ! Victoria ! Films) ; durée : 109 min.

Interprétation : Catherine Frot : Prudence Beresford. André Dussollier : colonel Bélisaire Beresford. Claude Rich : Roderick Charpentier. Chiara Mastroianni : Emma Charpentier. Melvil Poupaud : Frédéric Charpentier. Alexandre Lafaurie : Raphaël Charpentier. Christian Vadim : Augustin. Hippolyte Girardot : Dr François Lagarde. Yves Afonso : inspecteur Blache. Annie Cordy : Babette Boutiti.

Thème : La tante de Prudence Beresford voit un crime être commis, mais personne ne la croit – en dehors de Prudence – et il n'y a pas de cadavre. Prudence rentre comme cuisinière chez les Charpentier dont la demeure se trouve là où aurait dû être le corps. La vérité est finalement révélée : le meurtrier est le Dr Lagarde, qui voulait épouser Emma et, en éliminant Auguste et Raphaëlle, faire en sorte qu'elle bénéficie de la fortune familiale.

Et l'on retrouve les héros de Mon petit doigt m'a dit… *(2005).*

Notes : *Tournage en Italie (Arnad, Vallée d'Aoste), Suisse (Martigny), Haute-Savoie (Chamonix, Saint-Gervais-les-Bains), Isère (château de Beaurevoir à Saussenage, château de Pupetières à Châbons), et Savoie (château de Châtillon à Chindrieux, Crest-Voland, lac du Bourget, Saint-Nicolas-la-Chapelle). Remake de* Murder She Said *(Le Train de 16 h 50, 1961) de George Pollock avec Margaret Rutherford et Arthur Kennedy.*

GO FAST

Réalisation : Olivier Van Hoofstadt ; scénario : Bibi Naceri, Jean-Marc Souvira, Emmanuel Prévost ; photographie : Jean-François Hensgens © ; musique : Alexandre Azaria ; montage : Sophie Fourdrinoy, Chantal Hymans ; production : Emmanuel Prévost, Stéphane Lecomte (Avalanche Productions / EuropaCorp) ; durée : 110 min.

Interprétation : Roschdy Zem : Marek / Slimane. Olivier Gourmet : Jean-Do Paoli. Jocelyn Lagarrigue : Sylvain. Julie Durand : Nadia. Mourade Zeguendi : Luigi. David Saracino : Fred. Raphaël Marciano : Fourgue. Nicolas Bougourd : Thomas. Marie Payen : Véronique. Evariste Kayembe-Beya : N'Diaye.

Thème : Marek appartient à la BRB. À la suite de la mort de son ami Paoli, qui enquêtait sur un trafic de drogue, il infiltre, sous le nom de Slimane, un gang de trafiquants. Démasqué, il risque d'être abattu par N'Diaye, mais un autre agent infiltré, une femme, lui sauve la vie. Le gang est désormais démantelé.

Une originalité : le thème du go fast *routier, les voitures des trafiquants de drogue allant à toute vitesse et roulant le plus souvent par deux ou trois (une éclaireuse, une transporteuse et parfois une ou plusieurs « suiveuses » en cas de problèmes). Le reste est sans surprise.*

LE GRAND ALIBI

Réalisation : Pascal Bonitzer ; scénario : Pascal Bonitzer, Jérôme Beaujour, d'après le roman d'Agatha Christie Le Vallon *(The Hollow)* ; photographie : Marie Spencer © ; musique : Alexei Aigui ; montage : Monica Coleman ; production : Saïd Ben Saïd (UGC / SBS Films / Medusa) ; durée : 93 min.

Interprétation : Miou-Miou : Éliane Pages. Lambert Wilson : Dr Pierre Collier. Valeria Bruni Tedeschi : Esther Bachmann. Pierre Arditi : sénateur Henri Pages. Anne Consigny : Claire Collier. Mathieu Demy : Philippe Léger. Caterina Murino : Léa Mantovani. Maurice Bénichou : lieutenant Grange. Céline Sallette : Marthe. Agathe Bonitzer : Chloé. Dany Brillant : Michel. Emmanuelle Riva : Geneviève Herbin.

Thème : Le sénateur Henri Pages et son épouse Éliane réunissent quelques amis. Le Dr Collier, un homme à femmes, est retrouvé mort. Sa femme Claire l'a-t-elle tué ? Elle a une arme à la main, mais ce n'est pas celle du crime. Philippe Léger, un écrivain alcoolique est-il coupable ? L'actrice Léa Mantovani est tuée à son tour. L'auteur des crimes est bien Claire, qui fait bientôt une chute mortelle.

Hercule Poirot, qui menait l'enquête dans le roman, a disparu dans cette adaptation modernisée, mais la construction imaginée par Agatha Christie est toujours là.

Notes : *Tournage du 6 août au 1er octobre 2007 à Villiers-le-Bâcle (Essonne), à Paris – 20, rue Clauzel (9e), Hôtel-Dieu (4e), boulevard Rochechouart (9e) – et au château de Dampierre (Yvelines).*

LES INSOUMIS

Réalisation : Claude-Michel Rome ; scénario : Olivier Dazat, Claude-Michel Rome ; photographie : Jean-Marc Fabre © ; musique : Frédéric Porte ; montage : Stéphanie Mahet ; production : Philippe Rousselet, Etienne Comar (Les Films de la Suane / M6 Films) ; durée : 100 min.

Interprétation : Richard Berry : Vincent Drieu. Pascal Elbé : Jean-Ba. Zabou Breitman : commissaire Vasseur. Aïssa Maïga : Kathia. Bernard Blancan : Pierre Wazemme. Guilaine Londez : Mireille. Jean-Louis Loca : Raphaël Farge.

Thème : Vincent Dieu, un policier de la BRB, est muté dans le commissariat d'une ville provinciale et industrielle, qui doit prochainement fermer. Il découvre des collègues démobilisés et soupçonne la commissaire Vasseur de manquer d'énergie, pour ne pas dire plus. Il arrête le gangster Farge, mais le commissariat est alors attaqué. Vincent le défend avec efficacité et arrête la commissaire Vasseur, qui était d'ailleurs la maîtresse de Farge.

C'est le premier film de Claude-Michel Rome, réalisateur de plusieurs œuvres pour la télévision. Tourné à Martigues et appelé initialement La Main courante, *le film exploite insuffisamment le cadre de l'intrigue, la zone de l'étang de Berre, hyperindustrialisée avec son mélange de tubulures, de cheminées et de fumée. Dommage !*

INTRUSIONS

Réalisation : Emmanuel Bourdieu ; scénario : Emmanuel Bourdieu, Marcia Romano ; photographie : Thomas Bataille © ; musique : Grégoire Hetzel ; montage : Benoît Quinon ; production : Gilles-Marie Tiné, Serge Hayat (Arcapix) ; durée : 97 min.

Interprétation : Natacha Régnier : Pauline de Saché. Denis Podalydès : Alexis Target. Amira Casar : Muriel. Jacques Weber : André de Saché. Françoise Gillard : Jeanne. Éric Elmosnino : François Lebrun. Francis Leplay : Me Pierre Masac.

Thème : Pour échapper à son père, le riche André de Saché, Pauline a une liaison avec François Lebrun, l'un des employés. Tombée enceinte, elle est contrainte par son père d'épouser François, qui bénéficie alors d'une promotion. Or, le nouveau mari, qui veut déjà divorcer quelques mois plus tard et a été menacé par Pauline, trouve la mort dans un accident de la route. Alexis, un ouvrier qui a entendu les menaces de Pauline, reconnaît en être responsable et exige de Pauline 100 000 €, en échange de son silence. En réalité, Alexis avait ses propres raisons de tuer François : celui-ci était l'amant sa femme, Jeanne. André de Saché tue Alexis.

Intrigue mélodramatico-criminelle de série.

LADY JANE

Réalisation : Robert Guédiguian ; scénario : Robert Guédiguian, Jean-Louis Milesi ; photographie : Pierre Milon © ; montage : Bernard Sasia ; production : Robert Guédiguian (Agat Films & Cie / Ex Nihilo / France 3 Cinéma) ; durée : 104 min.

Interprétation : Ariane Ascaride : Muriel. Jean-Pierre Darroussin : François. Gérard Meylan : René. Frédérique Bonnal : Charlotte. Pascale Roberts : Solange. Yann Trégouët : jeune homme. Jacques Boudet : Henri. Pascal Cervo : lieutenant. Giuseppe Selimo : Martin.

Thème : Muriel, François et René n'hésitent pas à voler pour donner aux pauvres. Ils arrêtent le jour où ils causent la mort d'un bijoutier. Les années passent. Lorsque Martin, le fils de Muriel est kidnappé, le trio se reforme. Il faut trouver l'argent nécessaire, mais Martin est tué. Le trio enlève un jeune homme. Il a agi ainsi, car il est le fils de l'homme tué autrefois par le trio. Son père était lui-même responsable de la mort du père de Muriel. Celle-ci décide d'arrêter là l'enchaînement de la violence et de laisser la vie au jeune homme.

Même si l'intrigue criminelle sert de fil conducteur au film, celui-ci est surtout une réflexion nostalgique sur un passé partiellement trahi. Quinze ans après, le trio de voleurs des « Robin des Bois », prêts à donner aux pauvres ce qu'ils volent aux riches, a évolué au rythme de la société. Les lendemains qui chantent se sont tus et la société de consommation a tout emporté sur son chemin. Rien ne sera plus comme avant et c'est avec sensibilité et tendresse que Robert Guédiguian donne donc une seconde dimension à l'intrigue. Très attachant.

LARGO WINCH

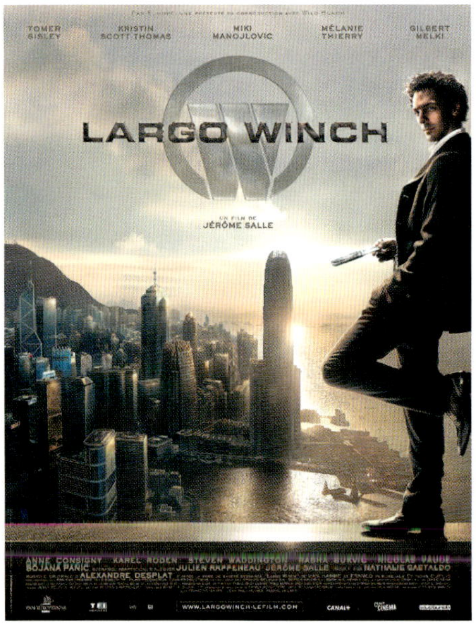

Réalisation : Jérôme Salle ; réalisation de seconde équipe : Roberto de Angelis ; scénario : Julien Rappeneau, Jérôme Salle, d'après la bande dessinée de Jean Van Hamme et Philippe Francq ; photographie : Denis Rouden © ; musique : Alexandre Desplat ; montage : Richard Marizy ; production : Nathalie Gastaldo, Philippe Godeau (Pan-Européenne / TF1 Films Production / Wild Bunch) ; durée : 108 min.

Interprétation : Tomer Sisley : Largo Winch. Kristin Scott Thomas : Ann Ferguson. Miki Manojlovic : Nerio Winch. Mélanie Thierry : Léa / Naomi. Gilbert Melki : Freddy. Karel Roden : Mikhaïl Korsky. Steven Waddington : Stephan Marcus. Anne Consigny : Hannah. Benedict Wong : William Kwan. André Oumansky : Jacques Wallenberg. Radivoje Bukvic : Goran.

Thème : Le magnat Nerio Winch, fondateur et principal actionnaire du puissant Groupe W est retrouvé mort, alors même que Mikhaïl Korsky cherche à mettre la main sur cet empire économique. Or, Winch avait caché au monde l'existence de son fils adoptif Largo, un aventurier qui va chercher tout à la fois à venger son père et à conserver les rênes du Groupe W dont il hérite. Stephan Marcus, le chef de la sécurité, cherche à le tuer. La vérité est que c'est Ann Ferguson, l'associée de Nerio Winch qui a fait assassiner ce dernier. Largo découvre l'existence d'un frère, Goran. Ce dernier est tué. Largo élimine Marcus et fait arrêter Ann.

Pour Jérôme Salle : « Le film est un mélange de conte et de thriller. Deux époques et deux univers s'enchevêtrent : le monde de l'enfance – un paradis perdu au bord de la mer – et la partie contemporaine, le monde adulte. Chacun a été filmé de manière un peu différente. Le rythme était lent pour les récits d'enfance et accéléré pour la partie thriller. » Le succès populaire – 1 768 577 entrées en France – sera au rendez-vous, ce qui incitera la réalisation d'un second opus, Largo Winch 2 *(2011).*

MESRINE (L'INSTINCT DE MORT (1RE PARTIE) / L'ENNEMI PUBLIC N° 1 (2E PARTIE))

Réalisation : Jean-François Richet ; scénario : Abdel Raoul Dafri, d'après le livre de Jacques Mesrine ; adaptation : Abdel Raoul Dafri, Jean-François Richet ; photographie : Robert Gantz © ; musique : Marco Beltrami, Marcus Trumpp ; montage : Hervé Schneid, Stéphane Garnier, Bill Pankow ; production : Thomas Langmann, André Rouleau, Maxime Rémillard, Serge Hayat, Emmanuel Montamat, Jean Cottin (La Petite Reine / Remstar / M6 Films / Novo RPI) ; durée : 113 min + 132 min.

Interprétation : Vincent Cassel : Jacques Mesrine. Cécile de France : Jeanne Schneider. Gérard Depardieu : Guido. Gilles Lellouche : Paul. Michel Duchaussoy :

MESRINE : L'INSTINCT DE MORT

MESRINE : L'ENNEMI PUBLIC N° 1

Pierre André Mesrine. Myriam Boyer : mère de Jacques Mesrine. Gilbert Sicotte : milliardaire. Ludivine Sagnier : Sylvie Jeanjacquot. Olivier Gourmet : commissaire Broussard.

Thème : De l'Algérie à Paris, en passant par le Canada, les États-Unis, de prison en prison, de hold-up en hold-up : la vie de Jacques Mesrine avec Jeanne Schneider puis Sylvie Jeanjacquot jusqu'au 2 novembre 1979 où il est abattu, porte de Clignancourt, par les hommes du commissaire Broussard.

Une efficace recréation de l'existence de Mesrine avec Vincent Cassel, particulièrement convaincant.

Notes : *Tournage de mai 2007 à janvier 2008 à Clichy (Hauts-de-Seine), Montréal (Québec, Canada), à Monument Valley (Utah, États-Unis), Paris, L'Escala (province de Gérone, Catalogne).*

MR 73

Réalisation : Olivier Marchal ; scénario : Olivier Marchal ; photographie : Denis Rouden © ; musique : Bruno Coulais ; montage : Raphaëlle Urtin ; production : Cyril Colbeau-Justin, Jean-Baptiste Dupont (LGM Productions / Gaumont / Medusa / TF1 Films Production) ; durée : 124 min.

Interprétation : Daniel Auteuil : Louis Schneider. Olivia Bonamy : Justine Maxence. Catherine Marchal : Marie Angeli. Francis Renaud : Kovalski. Gérald Laroche : Georges Matéo. Guy Lecluyse : Jumbo. Philippe Nahon : Charles Subra.

Thème : Justine Maxence est inquiète, car Charles Subra risque de bénéficier d'une mesure de libération. Le policier Louis Schneider connaît bien cet assassin, mais il est interné pour avoir démasqué la culpabilité du fils d'un notable niçois. Il réussira à tuer Subra et se suicidera après…

Louis Schneider est un homme inquiet. Il boit pour tenter d'oublier que sa fille est morte et son épouse, tétraplégique. Alors qu'il espère toujours que sa hiérarchie l'épaulera, il va découvrir que celle-ci est timorée au mieux, corrompue au pire. De toute façon, il sait désormais qu'il n'y a plus rien à en attendre et Daniel Auteuil trouve ici l'un de ses plus beaux rôles, superbement dirigé par Olivier Marchal qui, lui aussi, connaît bien l'univers de la police et les rapports de celle-ci avec le monde des gens puissants. Servi par des dialogues d'une grande violence, le cinéaste plonge le spectateur dans une atmosphère glauque et quasiment désespérée Au point que son héros, qui se disait prêt « à tuer Dieu », finira par se suicider. Un grand film ! Le titre fait référence au Manurhin, revolver français qui équipait la police.

Notes : *Tournage du 14 février au 7 mai 2007 à Marseille et en Île-de-France.*

MR 73

POUR ELLE

POUR ELLE

Réalisation : Fred Cavayé ; scénario : Fred Cavayé, Guillaume Lemans, d'après une idée de Guillaume Lemans ; photographie : Alain Duplantier © ; musique : Klaus Badelt ; montage : Benjamin Weill ; production : Olivier Delbosc, Éric Jehelmann, Marc Missonnier (Fidélité Films / Wild Bunch / TF1 Films Production) ; durée : 96 min.

Interprétation : Vincent Lindon : Julien Auclert. Diane Kruger : Lisa Auclert. Lancelot Roch : Oscar. Olivier Marchal : Henri Pasquet. Hammou Graïa : commandant Susini. Liliane Rovère : mère de Julien. Olivier Perrier : père de Julien. Rémi Martin : capitaine Jousseaume.

Thème : Julien et Lisa forment un couple heureux, élevant leur bébé, Oscar. Or, Lisa est arrêtée, accusée d'avoir tué sa patronne. Trois ans plus tard, elle a perdu en appel et risque d'accomplir une peine de vingt ans de prison. Julien est, dès lors, décidé à la faire évader. Il obtient les conseils d'Henri Pasquet, un spécialiste, et prépare méticuleusement son opération. Mais il est décidé de transférer Lisa. Julien est obligé d'agir plus vite que prévu. Il élimine un trafiquant de drogue et passe en Belgique avec Lisa, qu'il parvient à faire évader, et Oscar.

C'est le premier film de Fred Cavayé, tout à la fois film policier (la mise au point d'une évasion) et film d'amour assez attachant, grâce notamment à Vincent Lindon, lancé dans une course contre la montre pour faire évader sa femme avant le transfert.

Notes : *Tournage à Liège (Belgique), Almonte (Huelva, Andalousie), Meaux (Seine-et-Marne) et Paris. Remake réalisé par Paul Haggis –* The Next Three Days *(*Les Trois Prochains Jours*, 2010) –, avec Russell Crowe, Elizabeth Banks et Liam Neeson.*

SANS ARME, NI HAINE, NI VIOLENCE

Réalisation : Jean-Paul Rouve ; scénario : Jean-Paul Rouve, Benoît Graffin, d'après le personnage d'Albert Spaggiari ; photographie : Christophe Offenstein © ; musique : Alexandre Azaria ; montage : Stan Collet ; production : Aïssa Djabri, Pauline Duhault, Farid Lahoussa (Elia Films / Vertigo Productions / Orange Studio) ; durée : 88 min.

Interprétation : Jean-Paul Rouve : Albert Spaggiari. Alice Taglioni : Julia. Gilles Lellouche : Vincent Goumard. Maxime Leroux : « 68 ». Anne Marivin : femme flic. Florence Loiret-Caille : Nathalie Goumard. Gérard Depardieu : parrain des gangsters marseillais.

Thème : 1977. Arrêté à la suite du casse de la Société générale de Nice, Albert Spaggiari réussit à s'évader de chez le juge d'instruction de manière spectaculaire (sautant par la fenêtre, atterrissant sur le toit d'une voiture 8 mètres plus bas et prenant la fuite avec un complice à moto). Vincent Goumard le retrouve en Amérique du Sud où le bandit est en cavale. Il se présente comme journaliste à *Paris Match* et lui fait miroiter la couverture de l'hebdomadaire. En réalité, Goumard travaille avec la police. Il trahit Spaggiari, qui réussit pourtant à prendre la fuite avec sa compagne Julia.

Réalisateur du film, Jean-Paul Rouve compose un Spaggiari fantasque, provocateur, avide de renommée, l'opposant à celui qui est Judas, Goumard le « journaliste » de Paris Match.

SECRET DÉFENSE

Réalisation : Philippe Haïm ; scénario : Julien Sibony, d'après l'idée de Philippe Haïm (+ Nathalie Carter) ; photographie : Jérôme Alméras © ; musique : Alexandre Azaria ; montage : Sylvie Landra ; production : Alexander Emmert, Yves Marmion (UGC YM / France 3 Cinéma / France 2 Cinéma) ; durée : 100 min.

Interprétation : Gérard Lanvin : Alex. Vahina Giocante : Diane / Lisa. Nicolas Duvauchelle : Pierre. Mehdi Nebbou : Ahmed. Rachida Brakni : Leïla / Chadia. Simon Abkarian : Al Barad. Aurélien Wiik : Jérémy. Malek Chebel : lui-même. Antoine Sfeir : lui-même.

Thème : Étudiante en langues orientales, Diane est séduite par Jérémy, qui lui fait rencontrer son père Alex, un membre de la DGSE qui la recrute. Parallèlement, Pierre, envoyé en prison se lie avec des djihadistes. Alex envoie Diane en mission à Beyrouth. Pierre doit perpétrer un attentat, mais il est heureusement arrêté. Diane découvre que Jérémy n'est pas le fils d'Alex, seulement un agent recruteur de la DGSE. Elle comprend alors qu'elle a tout le temps été manipulée par les services secrets français...

Grâce à des recherches et à une documentation très fournies, Philippe Haïm donne une indéniable vérité à cette histoire d'agents secrets qui bénéficie d'une superbe photographie, d'une intrigue très serrée et de Vahina Giocante, toujours séduisante, dans un de ses plus beaux rôles.

Bryan et son ex-femme Lenore sont enlevés. Lenore est torturée, mais grâce à Kim, Bryan se libère et tue Murad.

Luc Besson et Robert Mark Kamen retrouvent donc leur héros du premier Taken (2008), toujours interprété par Liam Neeson. Comme il se doit, les péripéties sont nombreuses et la psychologie des personnages, limitée. Profitons-en pour signaler tout de même les superbes résultats du film – 2 903 637 entrées en France, 139 854 287 $ de recettes aux États-Unis et 376 100 000 $ – qui ont fait de celui-ci le second plus grand succès du cinéma français à l'étranger. Ce qui a permis au CNC de se féliciter des grandioses recettes du cinéma national à l'exportation… en oubliant ce qui était très majoritairement dû à Luc Besson !

TAKEN

TAKEN

Réalisation : Pierre Morel ; scénario : Luc Besson, Robert Mark Kamen ; photographie : Michel Abramowicz © ; musique : Nathaniel Méchaly ; montage : Frédéric Thoraval ; production : Luc Besson (EuropaCorp) ; durée : 93 min.

Interprétation : Liam Neeson : Bryan Mills. Maggie Grace : Kim. Leland Orser : Sam. Jon Gries : Casey. David Warshofsky : Bernie. Holly Valance : Sheerah. Katie Cassidy : Amanda. Xander Berkeley : Stuart.

Thème : Bryan Mills, un ancien de la CIA, apprend que sa fille adorée Kim a été kidnappée à Paris par des Albanais qui organisent le trafic de jeunes filles. Dans une course contre la montre, il arrive à Paris, sauve Kim en traquant et en mettant hors d'état de nuire tous ses adversaires.

Une réalisation hyper musclée de Pierre Morel (Banlieue 13, 2004). Il s'agit du premier film français à avoir franchi la barre des 100 millions de dollars de recettes aux États-Unis (145 000 000 $). Il a totalisé 1 018 518 entrées en France et atteint 226 837 760 $ au box-office mondial. Le cinéma hexagonal peut remercier Luc Besson !

Notes : *Tournage à Paris – jardins du Louvre (1er), place de Clichy (18e), Avenue des Champs-Élysées (8e) –, Los Angeles (North Hollywood, Sherman Oaks, Hollywood Boulevard, Fremont Place), en Seine-Saint-Denis et aux studios Éclair d'Épinay-sur-Seine.*

TAKEN 2 (2012)

Réalisation : Olivier Mégaton ; scénario : Luc Besson, Robert Mark Kamen, d'après Taken de Pierre Morel ; photographie : Romain Lacourbas © ; musique : Nathaniel Méchaly ; montage : Camille Delamarre, Vincent Tabaillon ; production : Luc Besson (EuropaCorp / M6 Films / Grive Productions) ; durée : 98 min.

Interprétation : Liam Neeson : Bryan Mills. Maggie Grace : Kim. Famke Janssen : Lenore. Leland Orser : Sam. Jon Gries : Casey. D. B. Sweeney : Bernie. Luke Grimes : Jamie. Rade Serbedzija : Murad Krasniqi.

Thème : Bryan Mills ayant libéré sa fille Kim en tuant plusieurs gangsters albanais un an plus tôt, le chef du clan Murad Krasniqi est désormais résolu à les venger.

TAKEN 2

TAKEN 3 (2015)

Réalisation : Olivier Mégaton ; scénario : Luc Besson, Robert Mark Kamen, d'après les personnages crées par Luc Besson et Robert Mark Kamen ; photographie : Eric Kress © ; musique : Nathaniel Méchaly ; montage : Audrey Simonaud, Nicolas Trembasiewicz ; production : Luc Besson (EuropaCorp / M6 Films) ; durée : 108 min.

Interprétation : Liam Neeson : Bryan Mills. Forest Whitaker : Frank Dotzler. Famke Janssen : Lenore St. John. Maggie Grace : Kim Mills. Dougray Scott : Stuart St. John. Sam Spruell : Oleg Malankov. Don Harvey : Garcia. Dylan Bruno : Smith. Leland Orser : Sam. David Warshofsky : Bernie. Jon Gries : Casey.

Thème : Bryan Mills retrouve son ex-femme Lenore assassinée. La police l'accusant du crime, il prend la fuite et cherche à protéger sa fille Kim, mais celle-ci est enlevée et le policier Franck Dotzler finit par se demander si Frank n'est pas innocent. Bryan affronte des gangsters russes auxquels Stuart St. John, le second mari de Lenore, devait de l'argent. Il découvre que Stuart avait demandé à Oleg Malankov, le gangster russe, d'éliminer Lenore pour toucher l'assurance. Bryan empêche le départ de Stuart, qui est arrêté. Kim est sauvée.

Opus n° 3. Encore un succès commercial et un record des ventes mondiales pour un film français ! 2 614 008 entrées en France, 89 256 424 $ de recettes aux États-Unis.

TAKEN 3

UNE AFFAIRE D'ÉTAT

Réalisation : Éric Valette ; scénario : Alexandre Charlot, Franck Magnier, d'après le roman de Dominique Manotti *Nos fantastiques années fric* ; photographie : Vincent Mathias © ; musique : Noko ; montage : Fabrice Rouaud ; production : Éric Névé. (La Chauve-Souris / Orange Studio) ; durée : 99 min.

Interprétation : Rachida Brakni : Nora Chahyd. André Dussollier : Victor Bornand. Thierry Frémont : Michel Fernandez. Christine Boisson : Mado. Gérald Laroche : Christophe Bonfils. Serge Hazanavicius : Olivier Keller. Éric Savin : Maurizio. Jean-Michel Martial : Pierre Massembat. Jean-Marie Winling : Macquart. Denis Podalydès : Louis Flandin. Philippe Magnan : président.

Thème : Une escort-girl, Mado, est assassinée. Un avion explose au-dessus de la Guinée. Deux drames, a priori bien éloignés l'un de l'autre, que l'enquête de l'inspectrice Nora Chahyd va relier et révéler comme une sombre affaire. L'avion était en fait chargé d'armes destinées à des rebelles en tant que rançon dans la

libération d'otages. Victor Bornand, le « Monsieur Afrique » de l'Élysée en était responsable, alors même que Macquart, le patron de la DGSI, cherche à l'éliminer. Mado a été tuée par Fernandez, un ancien des Renseignements généraux. Fernandez est abattu, les otages, assassinés, et Bornand, démasqué, se suicide.

C'est le retour – bienvenue dans un cinéma français de plus en plus aseptisé ! – de la tradition du film politique à la Yves Boisset. Le spectateur découvre que les hauts fonctionnaires se livrent à des magouilles et à des crimes, souvent au nom d'une « raison d'État » de plus en plus ambiguë et que, pour délivrer des otages, on n'hésite pas à armer des terroristes. C'est rarement ce que le pouvoir ose admettre, même si c'est la vérité ! Philippe Magnan retrouve le rôle du président (Mitterrand) qu'il tient dans L'Affaire Farewell *(2009).*

L'AFFAIRE FAREWELL

Réalisation : Christian Carion ; scénario : Christian Carion, Éric Raynaud, d'après le livre de Sergueï Kostine *Adieu Farewell* ; photographie : Walther an den Ende © ; musique : Clint Mansell ; montage : Andrea Sedláčková ; production : Bertrand Faivre, Christophe Rossignon, Philippe Boëffard (Nord-Ouest Films / Le Bureau / France 2 Cinéma / Une Hirondelle Productions / Blackfeet Pictures / Pathé Production) ; durée : 113 min.

Interprétation : Guillaume Canet : Pierre. Emir Kusturica : Grigoriev. Alexandra Maria Lara : Jessica. Ingeborga Dapkunaite : Natasha. Philippe Magnan :

UNE AFFAIRE D'ÉTAT

L'AFFAIRE FAREWELL

Mitterrand. Aleksey Gorbunov : Choukhov. Dina Korzun : Alina. Niels Arestrup : Vallier. David Soul : Hutton. Fred Ward : Ronald Reagan. Willem Dafoe : Feeney. Marc Berman : Jacques. Christian Carion : Favier. Diane Kruger : joggeuse. Vsevolod Shilovskiy : Gorbatchev.

Thème : 1981. Grigoriev, un colonel du KGB dégoûté par la situation actuelle et qui veut « faire exploser le système », prend contact avec le Français Pierre et lui propose des documents et des informations de tout premier ordre. Pierre avertit ses supérieurs. Le président Mitterrand, mis au courant, contacte à son tour Ronald Reagan. C'est le début de l'affaire Farewell…

Le film s'inspire de l'affaire authentique qui vit Vladimir Vetrov fournir à l'Ouest des documents de la plus haute importance. Ce fut l'occasion pour Mitterrand, qui venait d'être élu, de témoigner de sa bonne volonté auprès des Américains – en l'occurrence, le président Reagan – et de mettre à jour les actions des services secrets soviétiques. Le film suit l'affaire presque à la manière d'un documentaire et le face-à-face entre Guillaume Canet et Emir Kusturica est particulièrement réussi. On peut y voir Reagan visionner L'Homme qui tua Liberty Valance *(1962) de John Ford.*

BELLAMY

Réalisation : Claude Chabrol ; scénario : Claude Chabrol, Odile Barski ; photographie : Eduardo Serra © ; musique : Matthieu Chabrol ; montage : Monique Fardoulis ; production : Patrick Godeau (Alicéleo / France 2 Cinéma / DD Productions) ; durée : 110 min.

Interprétation : Gérard Depardieu : commissaire Paul Bellamy. Clovis Cornillac : Jacques Lebas. Jacques Gamblin : Noël Gentil / Émile Leullet / Denis Leprince. Marie Bunel : Françoise Bellamy. Vahina Giocante : Nadia Sancho. Marie Matheron : Mme Leullet. Adrienne Pauly : Claire Bonheur. Yves Verhoeven : Alain. Henri Cohen : président du tribunal. Thomas Chabrol : homme au tribunal.

Thème : Le commissaire Bellamy se repose à Nîmes dans la maison de famille de sa femme Françoise. Il revoit son demi-frère Jacques, qui est alcoolique, alors que Noël Gentil lui dit croire avoir tué quelqu'un. Il comprend bientôt que la mort d'Émile Leullet était, en fait, une arnaque à l'assurance. Noël et Leullet sont une seule et même personne. Bellamy rencontre aussi Nadia Sancho, l'ancienne maîtresse de Leullet. Ce dernier avait causé la mort d'un vagabond et avait été acquitté, mais aujourd'hui, il meurt sur la route.

Le 57e et ultime film de la carrière de Claude Chabrol. Il pourrait, d'ailleurs, être adapté d'un roman de Simenon. Le début révèle Bellamy se reposant en faisant des mots croisés, mais cette atmosphère paisible va devenir de plus en plus lourde de menaces, de rancœurs et de drames plus ou moins enfouis. La personnalité de Bellamy va aussi se révéler beaucoup plus complexe qu'on ne pouvait le croire au début et la composition de Gérard Depardieu, que Chabrol dirige pour la première et dernière fois, est immense et constamment remarquable. Grâce à lui, le film prend une dimension exceptionnelle. Un grand Chabrol !

Notes : *Le film s'inspire de l'affaire Yves Dandonneau, une escroquerie à l'assurance commise en 1987, dans le style de* Double indemnity (Assurance sur la mort, *1944) de Billy Wilder. Tournage dans le Gard – Nîmes (arènes,* Bricomarché, *cinéma* Le Sémaphore, *palais de justice, hôpital de Carémeau,* Grand-Café de la Bourse, *rue Maurice-Fayet, rue Littré, place d'Assas), Gajan, Saint-Mamert-du-Gard, Caissargues –, l'Hérault (Montpellier, Sète) et l'Aude (Leucate).*

DIAMANT 13

Réalisation : Gilles Béhat ; scénario : Gilles Béat, Olivier Marchal, d'après le roman de Hugues Pagan *L'Étage des morts* ; photographie : Bernard Malaisy © ; musique : Frédéric Vercheval ; montage : Thierry Faber ; production : Marin Karmitz, Patrick Quinet, Nathanaël Karmitz, Charles Gillibert, Claude Waringo (MK2 Films / Artémis Productions / Samsa Film / Liaison Cinématographique) ; durée : 100 min.

Interprétation : Gérard Depardieu : Mat. Olivier Marchal : Franck. Asia Argento : Calhoune. Anne Coesens : Léon. Aïssa Maïga : Farida. Catherine Marchal : « Z'yeux d'or ». Erick Deshors : Spoke. Frédéric Frenay : ami. Jean-Francois Wolff : Django. Aurélien Recoing : Ladje.

BELLAMY

Thème : Mat, policier à la brigade criminelle, a pour ami Franck, qui est aux Stups et lui propose de participer à un coup pour avoir de l'argent et aussi pour démasquer la corruption de certains de ses chefs. Mat refuse et Franck se fait tuer. Ladje, le trafiquant de drogue, veut récupérer le magot, alors même que Mat, poursuivi par Calhoune de l'IGS, une de ses ex, est suspendu. Mat continue d'enquêter et trouve le butin. Il est, dès lors, poursuivi par la police et par les gangsters. Il donne l'argent à Léon, la compagne de Franck, et disparaît.

Pour le face-à-face de Gérard Depardieu et d'Olivier Marchal.

Notes : *Tournage à Anvers, Charleroi, Bruges et Bruxelles.*

ESPION(S)

Réalisation : Nicolas Saada ; scénario : Nicolas Saada ; photographie : Stéphane Fontaine © ; musique : Cliff Martinez ; montage : Juliette Welfling ; production : Michael Gentile (The Film / The Bureau / Studio 37 / France 2 Cinéma / Mars Films) ; durée : 99 min.

Interprétation : Guillaume Canet : Vincent. Géraldine Pailhas : Claire. Stephen Rea : M. Palmer. Hippolyte Girardot : Simon. Archie Panjabi : Anna. Vincent Regan : Peter Burton. Alexander Siddig : Malik. Jamie Harding : Fouad. Hiam Abbass : Wafa. Bruno Blairet : Gérard.

Thème : Bagagiste peu scrupuleux, Vincent n'hésite pas à s'adonner au vol, mais l'explosion d'un bagage provoque à la fois la mort de son ami et complice Gérard ainsi que l'intervention de la DST, qui lui demande de séduire Claire afin de mieux surveiller Peter Burton, le mari de celle-ci, un homme d'affaires et un trafiquant. Vincent se lie donc avec Claire, mais il s'éprend d'elle…

Ce n'est pas un banal film d'espionnage mais une réflexion très intelligente sur les rapports amoureux, le jeu de la séduction, l'amour passionnel avec la trahison en toile de fond. Le fait que l'on pense ainsi à Notorious *(*Les Enchaînés*, 1946) d'Alfred Hitchcock et aux relations ambiguës que Cary Grant entretenait avec Ingrid Bergman, est bien évidemment à porter au crédit de ce film subtil dans lequel la psychologie l'emporte sur les scènes d'action.*

Notes : *Tournage du 13 novembre 2007 au 21 janvier 2008 à Londres et Paris.*

ESPION(S)

LA FILLE DU RER

Réalisation : André Téchiné (+ Louis Giacobetti) ; scénario : André Téchiné, Odile Barski, Jean-Marie Besset, d'après la pièce de Jean-Marie Besset *R.E.R.* ; photographie : Julien Hirsch © ; musique : Philippe Sarde ; montage : Martine Giordano ; production : Saïd Ben Saïd (SBS Films / France 2 Cinéma / SBS Productions) ; durée : 105 min.

Interprétation : Émilie Dequenne : Jeanne. Michel Blanc : Samuel Bleistein. Catherine Deneuve : Louise. Mathieu Demy : Alex. Ronit Elkabetz : Judith. Nicolas Duvauchelle : Franck. Jérémy Quaegebeur : Nathan.

Thème : Jeanne vit avec sa mère Louise et s'ennuie. Elle ne trouve pas le travail espéré chez l'avocat Bleistein et finit par s'installer avec Franck. Elle fait croire qu'elle a été victime dans le RER d'une agression antisémite, alors même qu'elle n'est pas juive. Louise fait appel à Bleistein qu'elle connaît et Jeanne devient la maîtresse de Nathan, le petit-fils de l'avocat, avant de finir par tout avouer.

Le film s'inspire du fait divers authentique qui vit, le 9 juillet 2004, Marie-Léonie Leblanc prétendre avoir été victime d'une agression antisémite, provoquant ainsi une véritable tempête médiatique. « La pièce de Jean-Marie Besset, *déclarait André Téchiné,* insinuait que la jeune fille était fascinée par la société du spectacle et qu'elle inventait ce mensonge pour devenir célèbre, pour qu'on parle d'elle. Cette lecture ne m'intéressait pas du tout. J'ai plutôt choisi l'interprétation contraire : elle ne se rend absolument pas compte de la gravité de ce qu'elle fait, de l'importance du retentissement médiatique qu'aura son geste et finit par vouloir que cela s'arrête. »

OSS 117 : RIO NE RÉPOND PLUS

Réalisation : Michel Hazanavicius ; réalisation de seconde équipe : Pascal Deux ; scénario : Michel Hazanavicius, Jean-François Halin, d'après le personnage créé par Jean Bruce ; photographie : Guillaume Schiffman © ; musique : Ludovic Bource ; montage : Reynald Bertrand ; production : Éric Altmayer, Nicolas Altmayer, Clara Machado (Mandarin Production / Gaumont / M6 Films) ; durée : 100 min.

OSS 117 : RIO NE RÉPOND PLUS

Interprétation : Jean Dujardin : Hubert Bonisseur de La Bath, alias « OSS 117 ». Louise Monot : Dolorès Koulechov. Rüdiger Vogler : Von Zimmel. Alex Lutz : Heinrich. Reem Kherici : Carlotta. Pierre Bellemare : Lesignac. Ken Samuels : Trumendous. Serge Hazanavicius : Staman. Laurent Capelluto : Kutner. Moon Dailly : comtesse.

Thème : 1967. Lesignac charge OSS 117 de récupérer à Rio un microfilm contenant la liste de Français ayant jadis collaboré avec les nazis, détenu par Von Zimmel. Il fait équipe avec Dolorès Koulechov du Mossad. Capturé par Von Zimmel, OSS 117 est sauvé par celle-ci. Il manque de mourir dans les chutes de Iguaçu et se débarrasse, toujours avec l'aide Dolorès, de Von Zimmel au sommet du Cristo Redentor du Corcovado.

Le long métrage se réfère volontiers à de nombreux films bien connus, de La Mort aux trousses *(1959) à* La Main au collet *(1955) et à* To Be or Not to Be (Jeux dangereux, *1942) sans jamais – c'est une grande qualité ! – que ces références ne soient ni gratuites, ni trop évidentes… On découvre même brièvement* Fun in Acapulco *(*L'Idole d'Acapulco, *1963) de Richard Thorpe ! Michel Hazanavicius et Jean Dujardin sont les premiers à s'amuser et à ne rien prendre très au sérieux, d'où le côté distrayant qu'a réellement le film. Son succès populaire (2 846 242 entrées en France) en témoigne.*

Notes : *Tournage à Paris et au Brésil (Foz do Iguaçu, Brasília, Rio de Janeiro).*

POUR UN FILS

Réalisation : Alix de Maistre ; scénario : Alix de Maistre ; photographie : Éric Guichard © ; musique : Hervé Lavandier ; montage : Emmanuelle Labbé ; production : Marc du Pontavice, Didier Lupfer (One World Films / Dragons Films) ; durée : 98 min.

Interprétation : Miou-Miou : Catherine. Olivier Gourmet : Omer. Kévin Lelannier : Matteo. Josse de Pauw : Paul. Laurent Capelluto : Pierre. Augustin de Bernis : Augustin. Jules Brunet : Hugo. Guy Pion : père de Matteo. Arthur Buratti : Toni. Carlo Ferrante : inspecteur. Marc du Pontavice : médecin.

Thème : Toni, le jeune fils de Catherine est enlevé. Depuis ce drame, Catherine est séparée de son mari, Paul, élevant seule son autre fils, Hugo. Le policier qui suit toujours l'affaire reçoit des nouvelles de celui qui pourrait être Toni. Catherine le reconnaît comme tel. Elle prévient Paul, qui accepte, pour le bonheur familial, de reprendre la vie conjugale, mais il comprend qu'il ne s'agit pas de Toni. C'est, en effet, un certain Matteo !

Le film s'inspire – encore que ce thème ait déjà été traité au cinéma, y compris dans des westerns comme Branded (Marqué au fer, *1950) de Rudolph Mate – de l'affaire du « Caméléon », Frédéric Bourdin s'étant fait passer pour Leo Bailey. La composition de Miou-Miou est émouvante, mais il manque au film l'intensité de* L'Échange *(2008) de Clint Eastwood.*

Notes : *Tournage en Belgique : Braine l'Alleud (au 36, rue de l'Orée, place du Môle) et Ophain-Bois-Seigneur-Isaac.*

LE PREMIER CERCLE

Réalisation : Laurent Tuel ; scénario : Laurent Tuel, Simon Moutairou, Laurent Turner, d'après une idée de Laurent Tuel ; photographie : Laurent Machuel © ; musique : Alain Kremski ; montage : Marion Monestier ; production : Alain Terzian, Christine Gozlan (Alter Films / Thelma films / Medusa / TF1 Studio / TF1 Films Production) ; durée : 94 min.

Interprétation : Jean Reno : Milo Malakian. Gaspard Ulliel : Anton Malakian. Vahina Giocante : Élodie. Sami Bouajila : inspecteur Saunier. Isaac Sharry : Rudy. Alberto Gimignani : Emilio. Éric Challier : Missak. Julian Negulesco : Daniel. Franco Trevisi : Frank. Philippe Leroy-Beaulieu : Halami.

Thème : Milo Malakian dirige d'une main de fer le clan familial. Il est décidé, le jour venu, à le laisser à son fils Anton, mais celui-ci, épris d'une jeune infirmière, Élodie, cherche une autre vie, alors même que l'inspecteur Saunier est résolu à faire tomber les Malakian. Milo prépare un important hold-up et comprend qu'Élodie veut qu'Anton abandonne sa vie de gangster. Il décide alors de la faire éliminer par Rudy, mais c'est Anton qui tue celui-ci, protégeant ainsi Élodie, qui est enceinte. Si le hold-up est une réussite, Anton est toutefois mortellement blessé. Élodie découvrira plus tard Milo auprès de celui qui est désormais son petit-fils.

C'est en fait le clan des Arméniens… Jean Reno joue les parrains avec conviction et Vahina Giocante est toujours ravissante. Le reste surprend moins.

UN PROPHÈTE

Réalisation : Jacques Audiard ; scénario : Jacques Audiard, Thomas Bidegain, d'après l'idée et le scénario original d'Abdel Raouf Dafri et Nicolas Peufaillit ; photographie : Stéphane Fontaine © ; musique : Alexandre Desplat ; montage : Juliette Welfling ; production : Lauranne Bourrachot, Martine

Cassinelli, Pascal Caucheteux, Marco Cherqui (Why Not Productions / Chic Films / Page 114 / France 2 Cinéma / Celluloid Dreams / UGC Images / Neon Productions / Bim Distribuzione) ; durée : 150 min.

Interprétation : Tahar Rahim : Malik El Djebena. Niels Arestrup : César Luciani. Adel Bencherif : Ryad. Reda Kateb : Jordi. Hichem Yacoubi : Reyeb. Jean-Philippe Ricci : Vettori. Gilles Cohen : « Prof ». Pierre Leccia : Sampierro. Antoine Basler : Pilicci. Leïla Bekhti : Djamila.

Thème : Malik El Djebena, 19 ans, est condamné à six de prison ; Détenu à Brécourt, il découvre l'univers carcéral avec, d'un côté, les Corses et, de l'autre, les musulmans. Il devient l'assistant de César Luciani, le patron des premiers et sévère un exécutant efficace. À la demande de César, il égorge celui qui lui avait fait des avances et, de plus en plus indépendant, il organise un réseau de trafic avec « les Barbus » (les musulmans). César profite des permissions de Malik pour lui faire effectuer diverses « missions ». Mais alors que la puissance de César et des Corses va en déclinant, Malik s'affirme de plus en plus en patron…

Jacques Audiard dirige avec grande habileté cet univers de la prison avec ses individualités, ses caïds, ses gardiens, ses jalousies, ses frustrations et ses innombrables combines. Convaincant, le film a obtenu de multiples récompenses (grand prix du jury à Cannes, 9 César, le prix Louis-Delluc et bien d'autres) fascinant un public qui n'avait pas vu depuis longtemps une telle description de ce monde clos de la prison. Le face-à-face entre Tahar Rahim et Niels Arestrup, excellents tous les deux, est à porter à l'actif du film qui donne, par ailleurs, une vision plus réaliste et moins idyllique que d'habitude de la réinsertion des criminels – c'est en prison que Malik devient un patron – et de la pertinence de certaines permissions – elles permettent ici à Malik de commettre de nouveaux méfaits…

UN PROPHÈTE

RAPT

Réalisation : Lucas Belvaux ; scénario : Lucas Belvaux ; photographie : Pierre Milon © ; musique : Riccardo Del Fra ; montage : Danielle Anezln ; production : Patrick Sobelman (Agat Films & Cie / Ex Nihilo / Ateliers de Baere / Entre Chien et Loup / RTBF / France 3 Cinéma) ; durée : 125 min.

Interprétation : Yvan Attal : Stanislas Graff. Anne Consigny : Françoise Graff. André Marcon : André Peyrac. Françoise Fabian : Marjorie. Alex Descas : Me Walser. Michel Voïta : commissaire Paoli. Gérard Meylan : Marseillais. Marc Rioufol : commandant Chenut. Lucas Belvaux : observateur hélicoptère.

Thème : Le riche homme d'affaires Stanislas Graff est enlevé et un de ses doigts est coupé et envoyé comme preuve. Sa femme et son avocat, Me Walser, sont d'accord pour payer la rançon mais la police est contre. Entre-temps, on découvre la vie secrète de Graff, des malversations financières et de nombreuses aventures extra-conjugales. Au bout de deux mois, Graff est libéré. Sa femme divorce et ses associés réussissent à le mettre de côté. Mais il doit encore payer à ses ravisseurs 50 millions d'euros !

Une réflexion amère sur la vanité du pouvoir, la vérité faisant soudain apparaître le héros sous un jour complètement nouveau. De quoi provoquer son abandon par les siens et ses partenaires. Le sujet s'inspire évidemment de l'enlèvement du baron Édouard-Jean Empain, le 23 janvier 1978.

Notes : *Tournage à Paris – notamment au restaurant Le Fouquet's (8e) – Massy (Essonne), et en Belgique (Ostende).*

RAPT

UN PROPHÈTE

2010

À BOUT PORTANT

Réalisation : Fred Cavayé ; scénario : Fred Cavayé, Guillaume Lemans ; photographie : Alain Duplantier © ; musique : Klaus Badelt ; montage : Benjamin Weill ; production : Jean-Baptiste Dupont, Cyril Colbeau-Justin. (LGM Productions / Gaumont) ; durée : 85 min.

Interprétation : Gilles Lellouche : Samuel Pierret. Roschdy Zem : Hugo Sartet. Gérard Lanvin : commandant Patrick Werner. Elena Anaya : Nadia Pierret. Mireille Perrier : commandant Fabre. Claire Pérot : capitaine Anaïs Susini. Moussa Maaskri : capitaine Vogel. Pierre Benoist : capitaine Mercier. Valérie Dashwood : capitaine Moreau. Virgile Bramly : capitaine Mansart. Nicky Naudé : capitaine Richert.

Thème : Aide-soignant, Samuel Pierret s'occupe de Hugo Sartet, un malfrat qui a été blessé et qui est sous garde policière. Il est lui-même agressé et sa femme Nadia est bientôt enlevée par des hommes qui exigent, s'il veut la revoir vivante, qu'il fasse sortir Sartet en moins de trois heures. Samuel accepte et contacte la commandant Fabre, mais il a affaire au commandant Werner, qui le fait accuser de meurtre. Samuel et Sartet comprennent que Werner est un ripou responsable d'un assassinat. Samuel sauve Nadia et, grâce à une vidéo, est disculpé. Werner est arrêté et on le retrouve pendu.

À voir pour le couple formé par Gilles Lellouche et Roschdy Zem, deux des nouveaux héros du polar français.

***Notes :** Tournage à Paris (gare de l'Est, station de métro Porte-des-Lilas, Opéra) et Pantin.*

L'AUTRE MONDE

Réalisation : Gilles Marchand ; réalisation de seconde équipe : Djibril Glissant ; scénario : Gilles Marchand, Dominik Moll ; photographie : Céline Bozon © ; musique : Anthony Gonzalez, Emmanuel d'Orlando ; montage : Nelly Quettier ; production : Carole Scotta, Caroline Benjo, Simon Arnal, Barbara Letellier (Haut et Court / France 2 Cinéma / Versus Production / Backup Films / RTBF) ; durée : 100 min.

Interprétation : Grégoire Leprince-Ringuet : Gaspard / voix de Gordon. Louise Bourgoin : Audrey. Melvil Poupaud : Vincent. Pauline Étienne : Marion. Pierre Niney : Yann. Ali Marhyar : Ludo. Patrick Descamps : père de Marion. Pierre Vittet : petit frère. Swann Arlaud : Dragon. Francesco Merenda : Samos. Moon Dailly : Sam. Laurent Lacotte : Gordon.

Thème : Deux adolescents, Gaspard et son amie Marion trouvent un portable et rencontrent alors Audrey, qui est « Sam » dans l'univers du jeu vidéo en réseau *Black Hole*. Gaspard sauve Audrey, qui voulait se tuer, et rencontre son avatar Sam dans le cyberespace. Sam l'emmène alors sur la « plage noire ». Gaspard se rend compte que Vincent, le frère d'Audrey, n'a rien fait pour la sauver. Il devient odieux avec Marion et découvre que c'est en fait Vincent qui lui parlait. Audrey se suicide. Vincent est arrêté tandis que Gaspard retrouve Marion.

« Comment vient une idée, *déclarait Gilles Marchand, c'est assez mystérieux.* Je crois que c'est en voyant un jeune homme jouer à un jeu vidéo au milieu d'un grand magasin plein de monde. Je me suis demandé si un spectateur de cinéma pourrait s'identifier à la fois à ce jeune homme tranquille et à son avatar immergé dans le jeu. En le voyant piloter son avatar, il était évident que le personnage sur l'écran, c'était lui. Je l'ai confronté à celle des gamins japonais si seuls qu'ils cherchent un partenaire pour se suicider. » *Le film mêle vues réelles et images de synthèse– le cyberspace – réalisées par Djibril Glissant. Même si le résultat de ce choc entre deux mondes différents est parfois inégal, on ne peut que saluer l'ambition des auteurs, pénétrant ici dans un univers soigneusement oublié par le cinéma français. Un curieux film !*

À BOUT PORTANT

BLANC COMME NEIGE

Réalisation : Christophe Blanc ; scénario : Christophe Blanc, Roger Bohbot ; photographie : Laurent Brunet © ; musique : Krishna Levy ; montage : Guy Lecorne ; production : Charles Gillibert, Marin Karmitz, Nathanaël Karmitz, Denis Delcampe, Nathalie Mesuret, Arlette Zylberberg (Blue Monday Productions / MK2 Films / Rhône-Alpes Cinéma / Need Production / RTBF) ; durée : 95 min.

Interprétation : François Cluzet : Maxime. Olivier Gourmet : Grégoire. Jonathan Zaccaï : Abel. Bouli Lanners : Simon. Louise Bourgoin : Michèle. Pertti Koivula : Matti. Ilkka Koivula : Jukka. Kai Lehtinen : Markku. Sasha Queille : Camille.

Thème : Marié et père de famille, Maxime est concessionnaire de voitures de luxe sur la Côte d'Azur, alors que ses deux frères, Grégoire et Abel, sont obligés de faire appel financièrement à lui. Son associé Simon trouve la mort et des truands finlandais réclament une somme que ce dernier leur devait. Maxime cache la situation à sa femme Michèle, demandant à ses frères de régler le problème. Matti, le chef des Finlandais, riposte en enlevant Abel et en exigeant en échange le magot volé par Simon. Maxime est brutalisé, mais ses deux frères le sauvent et il retrouve Michèle, revenue au domicile conjugal.

Grâce à François Cluzet, parfait, on suit avec curiosité cette intrigue criminelle et familiale.

BLANC COMME NEIGE

CARLOS

Réalisation : Olivier Assayas ; scénario : Olivier Assayas, Dan Franck, Daniel Leconte ; photographie : Yorick Le Saux, Denis Lenoir © ; montage : Luc Barnier ; production : Daniel Leconte, Raphaël Cohen, Jens Meurer, Judy Tossell (Films en Stock / Egoli Tossell Film AG) ; durée : 165 min

Interprétation : Édgar Ramírez : Illich Ramírez Sánchez, dit « Carlos ». Alexander Scheer : Johannes Weinrich. Nora von Waldstätten : Magdalena Kopp. Ahmad Kaabour : Wadie Haddad. Christoph Bach : Hans-Joachim Klein « Angie ». Rodney El-Haddad : Anis Naccache « Khalid ». Rami Farah : Joseph.

Thème : Pour prouver à Wadie Haddad, responsable du FPLP, ses capacités, le terroriste Carlos commet une action criminelle à Londres, puis à Paris où il tue deux policiers. En 1975, il prend en otages les membres de l'OPEP à Vienne, mais après le meurtre d'un de ses ressortissants, la Libye se désolidarise de lui. Il est exclu par Haddad de l'organisation et organise son propre réseau tout en épousant Magdalena Kopp. Indésirable en Syrie, il quitte Damas pour le Soudan, mais la Syrie

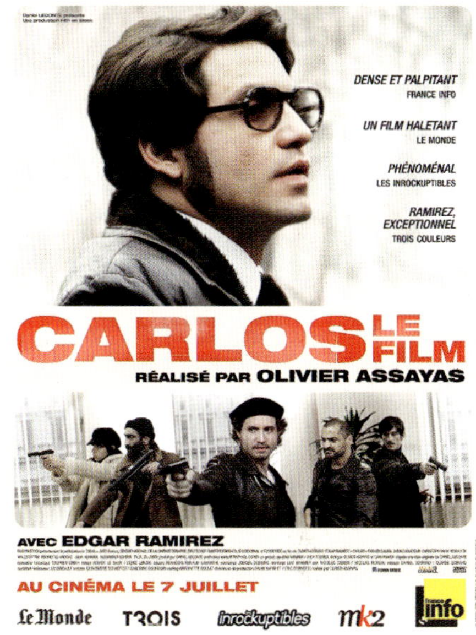

le dénonce à la CIA, qui prévient les services secrets français. Ceux-ci l'arrêtent.

Il s'agit de la version cinéma d'une durée de 2 h 45, le film durant 5 h 30 dans sa version série télévisée. De Paris à Berlin, de Beyrouth à Londres et à Damas, la destinée de Carlos réalisée avec une grande exactitude et une belle interprétation d'Édgar Ramírez, qui fait bien apparaître certaines des contradictions du personnage.

COMME LES 5 DOIGTS DE LA MAIN

Réalisation : Alexandre Arcady ; scénario : Éric Assous, Alexandre Arcady, Daniel Saint-Hamont ; photographie : Gilles Henry © ; musique : Armand Amar ; montage : Manuel de Sousa ; production : Alexandre Arcady. (Alexandre Films / France 2 Cinéma / New Light Films / ARP Sélection) ; durée : 117 min.

Interprétation : Patrick Bruel : Dan Hayoun. Vincent Elbaz : David Hayoun / Raymond Hayoun. Pascal Elbé : Jonathan Hayoun. Éric Caracava : Julien Hayoun. Mathieu Delarive : Michael Hayoun. Françoise Fabian : Suzie Hayoun. Caterina Murino : Linda Hayoun. Marie Mouté : Irène Stano. Michel Aumont : Maurice Atlan. Amidou : Lakdar. Étienne Chicot : Paul Angeli. Moussa Maaskri : Samy Boban.

Thème : Suzie Hayoun a élevé ses cinq enfants : Dan, Jonathan, Michael, Julien et David. Le premier s'occupe d'un restaurant, Jonathan est responsable d'une pharmacie, mais David s'est éloigné du clan, tenté par le banditisme. Il revient au moment où il a des problèmes graves avec Samy Boban et les gitans de Marseille. Ceux-ci kidnappent Julien et exigent le magot qui leur est dû. Dan reforme le clan, passe à l'action et se procure des armes auprès de Lakdar. L'affrontement avec les gitans est sanglant. David et Boban trouvent la mort, Julien est sauvé et Dan comprend que ce n'est pas Boban qui tué Raymond, leur père, mais Maurice, le propre associé de Raymond.

Dans la tradition du Grand Pardon *(1982). On pourra remarquer que, Dan ayant besoin d'armes (lourdes) pour affronter les gitans, il fait appel à Lakdar, l'ancien domestique de la famille, un Arabe…*

CRIME D'AMOUR

CRIME D'AMOUR

Réalisation : Alain Corneau ; scénario : Alain Corneau, Natalie Carter ; photographie : Yves Angelo © ; musique : Pharoah Sanders ; montage : Thierry Derocles ; production : Saïd Ben Saïd, Alexander Emmert (SBS Films / France 2 Cinéma / Divali Films) ; durée : 106 min.

Interprétation : Ludivine Sagnier : Isabelle Guérin. Kristin Scott Thomas : Christine Rivière. Patrick Mille : Philippe Deschamps. Guillaume Marquet : Daniel. Gérald Laroche : Gérard. Julien Rochefort : avocat. Olivier Rabourdin : juge. Marie Guillard : Claudine. Stéphane Roquet : Fabien.

Thème : Puissante femme d'affaires, Christine Rivière a pris sous son aile Isabelle. Elle l'envoie au Caire avec Philippe, son propre amant. Il devient aussi celui d'Isabelle. Christine découvre cette nouvelle situation et décide d'en profiter en tenant Philippe sous sa coupe. Ce dernier rompt et Isabelle y voit avec raison une intervention de Christine. La jeune femme déprime et finit par tuer Christine. Elle s'accuse, mais grâce des preuves préparées, elle est disculpée et prend bientôt le poste de Christine. Elle fait alors accuser Philippe, qui est arrêté. Mais Daniel, son propre assistant, a tout compris…

C'est le dernier film d'Alain Corneau, un brillant jeu à trois personnages sur fond d'ambition et d'ambiguïté amoureuse. Parfaitement servi par ses trois interprètes, notamment par ses deux actrices qui vont tour à tour se séduire, se menacer et finir par un meurtre, le cinéaste prouve, une fois de plus, qu'il est un brillant directeur d'acteurs, jouant avec intelligence sur la psychologie de ses personnages.

Notes : *Tournage à La Défense (Hauts-de-Seine), Magny-le-Hongre (Seine-et-Marne), Paris – cinéma* Le Racine-Odéon *(6e), hôtel* Le Fouquet's *(8e),* The Westin Paris Vendôme *(1er), cinéma UGC Les Halles (1er), gare Saint-Lazare (8e), Espace Oscar-Niemeyer (19e) –, Courbevoie (Hauts-de-Seine) et à la maison d'arrêt Le Mans-Les Croisettes (Coulaines, Sarthe).*

GARDIENS DE L'ORDRE

Réalisation : Nicolas Boukhrief ; scénario : Nicolas Boukhrief, Dan Sasson ; photographie : Dominique Colin © ; musique : Nicolas Baby ; montage : Lydia Decobert ; production : Sylvie Pialat (Les Films du Worso / Gaumont / Entre Chien et Loup) ; durée : 105 min.

Interprétation : Cécile de France : Julie. Fred Testot : Simon. Julien Boisselier : Marc. Nicolas Marié : commissaire principal. Stéphan Wojtowicz : Gilbert. Nanou Garcia : Sandrine. Stéphane Jobert : Roland. Jean-Michel Noirey : Rudy. Gilles Gaston-Dreyfus : Christian. Vincent Rottiers : Jean.

Thème : Au cours d'une ronde de nuit, Simon et Julie blessent un jeune cadre, fils d'un député, qui a tué un de leurs collègues. Ils sont aussitôt accusés de bavure policière et vite lâchés par leur hiérarchie. Il va leur appartenir de prouver que leur agresseur était sous l'emprise de la drogue et ils se font alors passer pour des dealers…

Nicolas Boukhrief retrouve un univers qu'il connaît bien, opposant l'atmosphère misérabiliste d'un commissariat au monde de la nuit, avec ses tueurs et, surtout, ses drogués en proie à une nouvelle drogue. Très habilement il suit ses deux personnages, dont la belle Cécile de France, dans leur recherche de la vérité. On remarquera que (pour une fois !) la police est présentée d'une manière positive, car c'est elle qui est victime de la « bavure » supposée. Efficace.

THE GHOST WRITER

Réalisation : Roman Polanski ; scénario : Roman Polanski, Robert Harris, d'après le roman de Robert Harris *L'Homme de l'ombre* ; photographie : Pawel Edelman © ; musique : Alexandre Desplat ; montage : Hervé de Luze ; production : Robert Benmussa, Roman Polanski, Alain Sarde (RP Productions / France 2 Cinéma / Elfte Babelsberg Film GmbH / Medienboard Berlin-Brandenburg GmbH / Runteam III) ; durée : 128 min.

Interprétation : Ewan McGregor : écrivain fantôme. Pierce Brosnan : Adam Lang. Olivia Williams : Ruth Lang. Kim Cattrall : Amelia Bly. Jon Bernthal : Rick Ricardelli. Jim Belushi : John Maddox. Timothy Hutton : Sidney Kroll. Tim Preece : Roy. Eli Wallach : vieil homme. Tom Wilkinson : Paul Emmett.

THE GHOST WRITER

Thème : Un jeune écrivain accepte de devenir le « nègre » du Premier ministre Adam Lang, aujourd'hui à la retraite et qui écrit ses mémoires. Il découvre que son prédécesseur est mort dans de curieuses circonstances et voit des manifestants toujours opposés à la politique extérieure de Lang et à son intervention en Irak. Il pense alors que Lang a été autrefois recruté par la CIA pour adopter une politique pro-américaine. En l'absence de Lang, il devient l'amant de Ruth, la femme de ce dernier. Lang, qui avait été convoqué devant le Tribunal international, apparaît désormais comme un martyr et le jeune écrivain comprend qu'en réalité, c'est Ruth et non pas son mari qui avait été recrutée par la CIA. Il lui appartenait alors de manœuvrer Lang ! L'écrivain est alors renversé par une voiture...

Après des œuvres aussi décevantes que Frantic *(1988) ou* Oliver Twist *(2005), Roman Polanski témoigne, une fois encore, de son habileté, signant une mise en scène élégante et raffinée. Un simple fait – l'autobiographie d'un homme politique – devient peu à peu la dénonciation d'un crime d'État. Certains ont voulu voir dans le personnage de Pierce Brosnan – remarquable – une allusion directe à Tony Blair et, de même, des correspondances entre le sujet du film et la propre histoire juridique du cinéaste qui a d'ailleurs été arrêté, emprisonné et assigné à résidence chez lui, à Gstaad.*

Notes : *Tournage du 4 février à mai 2009 au Danemark (Rømø), en Allemagne (Peenemünde Usedom, Sylt, Postdam, Berlin, Pellworm, Strausberg), aux États-Unis – Massachusetts (Provincetown, Bourne, Wellfleet) – et à Londres. Nicolas Cage avait initialement été prévu pour le rôle de l'écrivain et Tilda Swinton pour celui d'Amelia Bly, l'assistante et maîtresse de Lang.*

L'IMMORTEL

Réalisation : Richard Berry ; scénario : Richard Berry, Matthieu Delaporte, Alexandre de La Patellière, d'après le livre de Franz-Olivier Giesbert ; dialogues : Éric Assous ; photographie : Thomas Hardmeier © ; musique : Klaus Badelt ; montage : Camille Delamarre ; production : Luc Besson, Pierre-Ange Le Pogam (EuropaCorp / TF1 Films Production / Marie Coline Films) ; durée : 114 min.

Interprétation : Jean Reno : Charly Matteï. Kad Merad : Tony Zacchia. Jean-Pierre Darroussin : Martin Beaudinard. Marina Foïs : Marie Goldman. Joey Starr : Pistachier. Richard Berry : Aurelio Rampoli. Venantino Venantini : Padovano. Claude Gensac : Mme Fontarosa. Joséphine Berry : Eva Matteï. Catherine Samie : Stella Matteï. Moussa Maaskri : Karim.

L'IMMORTEL

Thème : Alors qu'il s'est retiré des affaires au profit de Tony Zacchia, Charly Matteï est criblé de balles. On compte 22 balles, mais il survit. Marie Goldman mène l'enquête pour la police et Charly comprend que c'est Tony qui est responsable de l'attentat, n'ayant pas accepté ce qu'exigeait Charly : ne pas toucher à la drogue. Son ami Karim est lui-même assassiné. Charly décide alors d'éliminer ses adversaires les uns après les autres, mais Tony fait enlever son fils. Charly le sauve. Tony est finalement arrêté, étant le seul des adversaires de Charly encore en vie.

Le film s'inspire de l'histoire authentique de Jacky Imbert, dit « Jacky le Mat », qui a été le bras droit du parrain marseillais Tany Zampa, avant qu'on ne le retrouve – comme dans le film – le 1er février 1977 avec 22 balles dans le corps (7 balles de .11,43 et 15 de chevrotines). Jack a participé à ce que l'on appelle « La guerre de Cent Ans du Milieu marseillais », étant mêlé à une succession de faits divers criminels (assassinats, courses truquées, French Connection). La force du sujet et – reconnaissons-le – la composition en force de Jean Reno dans un de ses rôles les plus convaincants – il faut l'avoir vu dire : « À quoi ça sert l'honneur quand on est mort ! *» – contribuent à faire du film un spectacle que l'on finit par suivre avec une certaine curiosité.*

Notes : *Tournage à Paris, Cassis, La Ciotat, Avignon et Marseille.*

JOSEPH ET LA FILLE

Réalisation : Xavier de Choudens ; scénario : Xavier de Choudens ; photographie : Gordon Spooner © ; musique : Xavier Jamaux, Nathaniel Méchaly ; montage : Sophie Reine ; production : Pierre Forrette, Christine Gozlan, Thierry Wong (Thelma Films / Ciné Nominé / France 2 Cinéma / Backup Films) ; durée : 86 min.

Interprétation : Jacques Dutronc : Joseph. Hafsia Herzi : Julie. Aurélien Recoing : Raphaël. Denis Ménochet : Franck. Thierry Gibault : Olivier. Marc Bodnar : Patrick. Georges Delettrez : commissaire-priseur. Antoine Saulnier : agent Drouot.

Thème : Après vingt ans passés en prison, Joseph prépare un nouveau braquage. Il a besoin d'un complice, mais craignant d'être trahi, il choisit Julie qui n'est autre que la fille de Jean, son codétenu d'autrefois. Il reste néanmoins méfiant alors même que Julie, délaissant son petit ami, s'offre à lui. L'opération – le vol de la recette d'un casino – est une réussite. Or, les anciens associés de Joseph font leur apparition pour exiger une part à laquelle ils ont tous droit. Julie les élimine, mais Joseph est mortellement blessé.

Xavier de Choudens reconnaît s'être « lointainement inspiré » *du roman* Les Belles endormies *de Yasunari Kawabata.* « Je ne voulais pas, *disait-il,* faire un film de braquage. J'ai greffé l'idée d'un casse avec un homme à l'aube de sa mort. » Joseph et la fille *se rapproche évidemment du film noir, sans pour autant adopter une atmosphère spécifique.*

Notes : *Tournage à Pontoise (Val-d'Oise), Maisons-Laffitte (Yvelines) et Forges-les-Eaux (Seine-Maritime).*

KRACH

Réalisation : Fabrice Genestal ; scénario : Fabrice Genestal, Paul Besson ; photographie : Pascal Rabaud © ; musique : Frédéric Vercheval, Benoît Charest ; montage : Catherine Schwartz ; production : Jacques-Henri Bronckart, Pierre Forrette, André Rouleau, Thierry Wong (Ciné Nominé / Versus Production / Caramel Films / RTBF) ; durée : 87 min.

Interprétation : Gilles Lellouche : Erwan Kermor. Vahina Giocante : Sybille Mahler. Michael Madsen : William. Charles Berling : Georges. Joffrey Verbruggen : Tony. Lisa Ray : Sarah. Jason Blicker : Henry. Ivan Fox : Douglas. Graham Cuthbertson : Ken. Terry Haig : gouverneur.

Thème : Trader à New York, Erwan Kermor séduit la climatologue Sibylle Mahler et met au point avec elle un graphique destiné à prédire les flux boursiers. Il le teste avec son ami Georges, mais la fermeture du marché les empêche de vérifier ce qu'ils pensaient et Georges se suicide. Erwan ouvre alors un fonds spéculatif avec Sibylle. C'est le succès, le triomphe. Toutefois, le modèle commence à être moins sûr et Erwan se refuse à croire Sibylle, qui le met en garde. Erwan est désormais interdit. Ruiné, il se suicide.

Pour Vahina Giocante !

SANS LAISSER DE TRACES

Réalisation : Grégoire Vigneron ; scénario : Laurent Tirard, Grégoire Vigneron ; photographie : Laurent Dailland © ; musique : Christophe La Pinta ; montage : Valérie Deseine ; production : Christine de Jekel, Geneviève Lemal, Olivier Delbosc, Marc Missonnier (Fidélité Films / Scope Pictures) ; durée : 95 min.

Interprétation : Benoît Magimel : Étienne Meunier. François-Xavier Demaison : Patrick Chambon. Julie Gayet : Clémence Meunier. Léa Seydoux : Fleur.

Jean-Marie Winling : Maurice. Dominique Labourier : Micheline. André Wilms : François Michelet. Stéphane de Groodt : Kazinski. Yves Jacques : Me Bardon.

Thème : Étienne Meunier doit devenir président de son groupe. Il revoit un ami de longue date, Patrick Chambon, et décide, pour soulager sa conscience, de dédommager Michelet, un chimiste qu'il a jadis spolié. Or, les retrouvailles se passent mal, Chambon tuant

KRACH

ce dernier et harcelant ensuite Étienne. Sa femme le quitte. Arrêté, Chambon décide de s'évader, mais – heureusement pour Meunier –, il trouve la mort.

C'est le premier film de Grégoire Vigneron. L'ensemble est sans surprise.

Notes : *Tournage du 9 février au 3 avril 2009.*

TÊTE DE TURC

Réalisation : Pascal Elbé ; scénario : Pascal Elbé ; photographie : Jean-François Hensgens © ; musique : Bruno Coulais ; montage : Luc Barnier ; production : Patrick Godeau (Alicéleo / France 2 Cinéma) ; durée : 87 min.

Interprétation : Roschdy Zem : Atom. Pascal Elbé : Simon. Ronit Elkabetz : Sibel. Samir Makhlouf : Bora. Simon Abkarian : veuf. Florence Thomassin : Mouna. Valérie Benguigui : Yelda. Monique Chaumette : Nora. Laure Marsac : Claire. Gamil Ratib : Aram. Adèle Exarchopoulos : Nina.

Thème : Bora extrait de sa voiture en flammes Simon, qui est médecin. Or, c'est le jeune homme lui-même qui a provoqué, avec un cocktail Molotov, l'incendie du véhicule. Atom, le propre frère de Simon, est chargé de l'enquête puis est déchargé de celle-ci. Bora apparaît comme un héros, mais sa conscience le gêne assez pour que sa mère lui interdise de se dénoncer. Il finira par partir en Turquie.

Le scénario s'inspire du fait divers survenu à Marseille en octobre 2006, lorsque la Sénégalaise Mama Galledou a été brûlée vive. Le film, le premier de Pascal Elbé, s'attache aux rapports, difficiles et conflictuels, entre des communautés qui vivent les unes près des autres, mêlant Turcs, Arméniens et Français. Il évite les inutiles scènes de violences au profit d'une étude psychologique souvent convaincante.

TÊTE DE TURC

L'ASSAUT

Réalisation : Julien Leclercq ; scénario : Simon Montairou, Julien Leclercq, d'après le livre de Roland Môntins et Gilles Cauture *L'Assaut : GIGN Marignane, 26 décembre 1994, 17 h 12* ; photographie : Thierry Pouget © ; musique : Jean-Jacques Hertz, François Roy ; montage : Mickael Dumontier, Christine Lucas-Navarro, Frédéric Thoraval ; production : Julien Leclercq, Julien Madon (Labyrinthe Films / Backup Media) ; durée : 90 min.

Interprétation : Vincent Elbaz : Thierry. Grégori Derangère : commandant Denis Favier. Mélanie Bernier : Carole. Aymen Saïdi: Abdallah Yahia. Chems Dahmani : Mustapha. Djanis Bouzyani : Salim. Marie Guillard : Claire. Jean-Philippe Puymartin : commandant de bord.

Thème : 24 décembre 1994. Quatre membres du GIA prennent en otage le vol 8969 d'Air France reliant Alger à Paris et exigent la libération de leurs camarades emprisonnés. Leur chef est Abdallah Yahia. Après deux jours de stationnement, l'avion décolle d'Alger – trois otages ont été exécutés pour en obtenir l'autorisation – et se pose à l'aéroport de Marseille-Marignane pour un ravitaillement en carburant. Dirigée par le commandant Favier, une unité du GIGN passe alors à l'action. Les quatre terroristes sont tués.

Reconstitution documentaire du fait divers. L'ensemble est intéressant, même s'il lui manque tous les à-côtés politiques ou diplomatiques.

L'ASSAUT

AVANT L'AUBE

Réalisation : Raphaël Jacoulot ; scénario : Raphaël Jacoulot, Lise Machebœuf ; photographie : Benoît Chamaillard © ; musique : André Dziezuk ; montage : Mirjam Strugalla ; production : Dominique Besnehard, Anne Derré, Michel Feller, Nicolas Steil (Mon Voisin Productions / Iris Productions / France 3 Cinéma / UGC Images / TF1 Droits Audiovisuels) ; durée : 104 min.

Interprétation : Jean-Pierre Bacri : Jacques Couvreur. Vincent Rottiers : Frédéric Boissier. Ludmila Mikaël : Michèle Couvreur. Sylvie Testud : Sylvie Poncet. Céline Sallette : Julie Couvreur. Xavier Robic : Arnaud Couvreur. India Hair : Maud. Marc Brunet : capitaine Barthod. Marc Saez : Raphaël Cassany.

Thème : Le jeune Frédéric Boissier sort de prison et fait un stage de réinsertion dans l'hôtel de Jacques Couvreur. Ce dernier s'entend mal avec son fils Paul qui, accidentellement, tue Cassany, un client. Jacques cache le corps. Frédéric est témoin de la scène, tandis que Michèle, la femme de Jacques, est intriguée. Sylvie Poncet, de la police, enquête. Paul épouse Julie, mais le corps de Cassany est retrouvé. Alors que Julie quitte son mari, Frédéric vole la caisse de l'hôtel et poignarde un employé. La police l'arrête, mais Sylvie Poncet est désormais convaincue de la culpabilité de Jacques et Paul.

La nuit, la neige et une atmosphère de plus en plus lourde qui finit par enfermer les personnages, victimes de leurs secrets. On a parlé avec raison, à propos du film, d'un climat à la Simenon. Belle composition de Sylvie Testud.

Notes : Tournage dans les Hautes-Pyrénées – à l'hôtel Vignemale (Gavarnie-Gèdre), cirque de Gavarnie, Gèdre, Cauterets –, à Andorre-la-Vieille (Andorre) et au Luxembourg (Echternach, Strassen).

L'AVOCAT

Réalisation : Cédric Anger ; scénario : Cédric Anger ; photographie : Guillaume Schiffman © ; musique : Grégoire Hetzel ; montage : Simon Jacquet ; production : Thomas Klotz (Sunrise Films) ; durée : 102 min.

Interprétation : Benoît Magimel : Léo Demarsan. Gilbert Melki : Paul Vanoni. Aïssa Maïga : Ève. Éric Caravaca : flic. Samir Guesmi : Ben Corey. Barbet Schroeder : Jacques Meco. Olivier Loustau : Richard Lauro. Grégoire Aubert : Franck.

Thème : Léo Demarsan rejoint le cabinet d'avocat de Jacques Meco et travaille vite pour le gangster Vanoni, qui apprécie son efficacité. Il devient, dès lors, riche et s'installe avec Ève, mais il est bientôt obligé de collaborer avec la police. Ève, frappée par les

hommes de Vanoni, accouche et finit par quitter Léo. Ben Corey, qui avait servi d'intermédiaire entre Vanoni et Léo, tire sur ce dernier, mais le jeune avocat survit. Les gangsters sont arrêtés, tandis que Léo vit toujours protégé par la police.

Une certaine efficacité même si on regrette le style de L'Associé du diable *(Taylor Hackford, 1997) ou de* La Firme *(Sydney Pollack, 1993).*

Notes : Tournage de mai à juin 2009 dans l'Hérault – Montpellier (cour d'appel de Montpellier au palais de justice, hôtel de police), Cazevieille, Sète (zone portuaire), étang de Thau –, le Gard (Nîmes, Uzès), l'Aude (Port-la-Nouvelle) et à Paris.

DE BON MATIN

Réalisation : Jean-Marc Moutout ; scénario : Jean-Marc Moutout, Olivier Gorce, Sophie Fillières ; photographie : Pierre Gantelmi d'Ille © ; montage : Maria da Costa ; production : Régine Vial, Margaret Ménégoz (Les Films du Losange / Need Productions / RTBF / France 2 Cinéma / Rhône-Alpes Cinéma) ; durée : 91 min.

Interprétation : Jean-Pierre Darroussin : Paul Wertret. Valérie Dréville : Françoise Wertret. Xavier Beauvois : Alain Fisher. Yannick Renier : Fabrice Van Listeich. Laurent Delbecque : Benoît Wertret. Ralph Amoussou : Youssef. François Chattot : Lancelin.

Thème : Employé de la banque BICF, Paul Wertret assassine son chef Alain et son collègue Fabrice. Il ne supportait plus sa mutation et se sentait gêné par Fabrice, qui devait lui succéder. Il était devenu irascible chez lui. Sa femme avait fini par le tromper et Paul s'était réfugié dans l'alcool. En attendant la police, il se remémore ce qui l'a conduit à ces actes, comme ce nouvel entretien d'embauche qu'il avait passé alors que celui qui avait été son mentor, Lancelin, était lui-même écarté…

Huit ans après Violence des échanges en milieu tempéré *(2004), Jean-Marc Montout s'attache à nouveau aux dérives des grandes entreprises capitalistes. Il s'inspire ici d'un fait divers qui vit un banquier tuer deux de ses supérieurs. «* Je voyais dans ce fait divers, *déclarait le cinéaste,* l'ultime résonance de ce qui m'effraie dans la société. La décomposition d'une existence à cause d'un conflit de travail. Un homme qui périt par ce qu'il avait construit. *»*

Notes : Tournage à Annecy et Paris.

FORCES SPÉCIALES

Réalisation : Stéphane Rybojad ; scénario : Stéphane Rybojad, Michael Cooper, Emmanuelle Collomp ; photographie : David Jankowski © ; musique : Xavier Berthelot ; montage : Stéphane Rybojad, Erwan Pecher ; production : Thiery Marro, Benoît Ponsaillé (Easy Company) ; durée : 107 min.

Interprétation : Diane Kruger : Elsa Casanova. Djimon Hounsou : commandant Kovax. Benoît Magimel : capitaine Tic-Tac. Denis Ménochet : capitaine Lucas. Raphaël Personnaz : Elias. Alain Figlarz : Victor. Tchéky Karyo : amiral Guézennec. Bernard Alouf : président de la République. Marine Faure : Premier ministre. Raz Degan : Ahmed Zaief.

Thème : La journaliste Elsa Casanova, qui était pourtant opposée à la présence de l'armée française en Afghanistan, est prise en otage par les Talibans. Une unité spéciale du COS dirigée par le commandant Kovax est chargée de la délivrer mais, alors que l'opération avait réussi, les soldats français et Elsa sont obligés de fuir à travers la montagne, traqués par leurs adversaires. Kovax, qui est parvenu à tuer Ahmed Zaief, le chef des ravisseurs, et Tic-Tac sont récupérés, ainsi qu'Elsa. Les autres membres du commando sont morts, victimes de leur devoir.

Une efficace aventure à la gloire des « forces spéciales » de la République française…

Notes : Tournage du 1er septembre au 26 novembre 2010 au Tadjikistan (montagnes du Pamir), à Djibouti, Caylus (Tarn-et-Garonne) et Paris.

LARGO WINCH II

Réalisation : Jérôme Salle ; scénario : Jérôme Salle, Julien Rappeneau (+ Jean Van Hamme), d'après les bandes dessinées de Jean Van Hamme et Philippe Francq ; photographie : Denis Rouden © ; musique : Alexandre Desplat ; montage : Stan Collet ; coordination des cascades : Stéphane Boulay ; production : Nathalie Gastaldo (Pan-Européenne / Climax Films / RTBF / Wild Bunch Germany / TF1 Films Production / Casa Productions / LW Production) ; durée : 119 min.

Interprétation : Tomer Sisley : Largo Winch. Sharon Stone : Diane Francken. Ulrich Tukur : Dwight Cochrane. Napakpapha « Mamee » Nakprasitte : Malunaï. Olivier Barhélémy : Simon Ovronnaz. Laurent Terzieff : Alexandre Jung. Nicolas Vaude : Gauthier. Clemens Schick : Dragan Lazarevic.

Thème : Devenu, à la mort de son père adoptif, le patron du Groupe W, Largo Winch décide de mettre en vente le puissant cartel et de créer une grande fondation humanitaire, alors même qu'il se trouve accusé de crimes contre l'humanité par Diane Francken et le TPI. Il doit, dès lors, prouver son innocence…

Un très brillant saut en chute libre de Tomer Sisley (non doublé), Sharon Stone qui croise – à nouveau ! – ses jambes et de spectaculaires cascades… Divertissant, sans plus.

Notes : C'est le dernier rôle de Laurent Terzieff. Tournage du 18 janvier au 12 juin 2010 en Belgique – Anvers (Flandres), Charleroi (Wallonie) –, Thaïlande (Mae Hong Son), Allemagne, Angleterre (Londres) et à Hong Kong.

LARGO WINCH II

LÉGITIME DÉFENSE

LÉGITIME DÉFENSE

Réalisation : Pierre Lacan ; scénario : Pierre Lacan (+ Guillaume Lemans, Louis-Paul Desanges, Louis-Charles Sirjacq), d'après le roman d'Alain Wagneur *Terminus plage* ; photographie : Philippe Guilbert © ; musique : Nathaniel Méchaly ; montage : Andrea Sedláckovà ; production : Alain Benguigui, Jean-Jacques Neira, Hubert Toint, Thomas Verhaeghe (Sombrero Films / Saga Film / Haut et Court) ; durée : 82 min.

Interprétation : Jean-Paul Rouve : Benoît. Claude Brasseur : Vautier. Olivier Gourmet : Moret. Marie Kremer : Jessica. Gilles Cohen : Zamanski. Franck Tiozzo : Bibi. Besnik Limani : Dragan. Nicole Valberg : Marinette. Catherine Bary : Joëlle Fiony.

Thème : Benoît découvre que l'agence de détective privé de son père a été cambriolée et que Jessica, la maîtresse de ce dernier, servait d'appât dans des opérations de chantage. Son père est parti avec pour 900 000 € d'héroïne. On découvre finalement que ce dernier a été tué, mais le fils de Benoît est enlevé. Benoît va devoir lutter pour le sauver. La police interviendra à temps…

Premier film de Pierre Lacan, Légitime défense *retrouve l'univers cher au film noir avec un héros, homme tranquille et père de famille, soudain plongé dans une ténébreuse histoire criminelle avec meurtres, vols et trafic de drogue. À contre-emploi, par rapport à certains de ses autres rôles, Jean-Paul Rouve est très convaincant.*

LES LYONNAIS

Réalisation : Olivier Marchal ; scénario : Olivier Marchal, Edgar Marie, d'après le livre d'Edmond Vidal et Edgar Marie *Pour une poignée de cerises* ; adaptation : Olivier Marchal ; photographie : Denis Rouden © ; musique : Erwann Kermorvant ; montage : Raphaële Urtin ; production : Cyril Colbeau-Justin, Jean-Baptiste Dupont (LGM Productions / Gaumont / France 2 Cinéma / Hatalom / Rhône-Alpes Cinéma / Backup Media / Nexus Factory / uFilm) ; durée : 102 min.

Interprétation : Gérard Lanvin : Edmond « Momon » Vidal. Tchéky Karyo : Serge Suttel. Daniel Duval : Christo. Lionnel Astier : Dany Devedjian. Dimitri Storoge : Momon Vidal, jeune. Patrick Catalifo : commissaire Max Brauner. François Levantal : Joan Chavez. Francis Renaud : Brandon. Estelle Skornik : Lilou. Valeria Cavalli : Janou. Étienne Chicot : Nick le Grec.

Thème : Au début des années 1970, « Momon » Vidal fonde le célèbre gang des Lyonnais avec son ami d'enfance Serge Suttel et des gitans. Aujourd'hui, il s'est retiré des affaires pour vivre paisiblement en famille, ce qui n'est pas le cas de Suttel. Lorsque ce dernier est arrêté, Momon passe à l'action, malgré la promesse faite à sa femme Janou de ne pas rechuter dans ses activités criminelles. Si Suttel est délivré, l'opération est toutefois un carnage. Janou quitte Momon, mais il s'avère que Suttel est une balance. Ayant accepté de le liquider, il laisse à son ami la possibilité de se suicider.

Olivier Marchal délaisse, pour une fois, l'univers de la police qui lui est cher et passe de l'autre côté de la barrière, s'attachant ici au monde des criminels qu'il connaît tout aussi bien, décrivant l'histoire d'Edmond « Momon » Vidal et du gang des Lyonnais.

Notes : Tournage dans l'Ain (La Boisse, La Valbonne, Balan) et le Rhône (Tassin-la-Demi-Lune, Lyon).

LES LYONNAIS

NUIT BLANCHE

Réalisation : Frédéric Jardin ; scénario : Frédéric Jardin, Nicolas Saada, Olivier Douyère ; photographie : Tom Stern © ; musique : Nicolas Errèra, Araban ; montage : Christophe Pinel ; production : Lauranne Bourrachot, Marco Cherqui, David Grumbach, Jean-Jacques Neira, Hubert Toint, Paul Thiltges (Chic Films / Saga Film / Paul Thiltges Distributions / uFilm) ; durée : 98 min.

Interprétation : Tomer Sisley : Vincent. Serge Riaboukine : José Marciano. Julien Boisselier : Lacombe. Joey Starr : Feydek. Laurent Stocker : Manuel. Birol Ünel : Yilmaz. Lizzie Brocheré : Vignali. Dominique Bettenfeld : Alex. Samy Seghir : Thomas.

Thème : Vincent et Manuel, deux policiers, s'emparent d'un stock de cocaïne appartenant au gangster Marciano. Thomas, le fils de Vincent, est kidnappé par ce dernier, qui veut récupérer sa drogue. De son côté, Vincent est chargé de démasquer le complice de Manuel. Celui-ci est blessé et achevé par Lacombe, leur supérieur. Vincent retrouve Thomas et décide de démasquer Lacombe, qui abat Marciano ainsi que Vignali, de la police des polices, mais celle-ci survit. Vincent est soigné.

NUIT BLANCHE

« On a tout tourné à l'épaule parce que je voulais être comme un grand reporter qui suit un personnage pour de vrai. Donc, qu'on soit presque dans sa peau, que ce soit un trip physique, qu'on soit dans la peau de Vincent pendant 1 h 40, le plus près possible, avec lui tout le temps et cavalant avec lui. » *Frédéric Jardin a encore augmenté cette impression en choisissant une unité de temps (une nuit) et une unité de lieu (une boîte de nuit).*

Notes : Le film a fait l'objet d'un remake américain, Sleepless (2017)*, réalisé par Baran bo Odar, avec Jamie Foxx.*

OMAR M'A TUER

Réalisation : Roschdy Zem ; scénario : Olivier Gorce, Roschdy Zem, Rachid Bouchareb, Olivier Lorelle, d'après les livres d'Omar Raddad *Pourquoi moi ?* et de Jean-Marie Rouart *Omar, la construction d'un coupable* ; photographie : Jérôme Alméras © ; musique : Alexandre Azaria ; montage : Monica Coleman ; production : Jean Bréhat, Rachid Bouchareb, Roschdy Zem (Mars Films / Tessalit Productions / France 2 Cinéma) ; durée : 85 min.

Interprétation : Sami Bouajila : Omar Raddad. Denis Podalydès : Pierre-Emmanuel Vaugrenard. Maurice Bénichou : Me Jacques Vergès. Salomé Stévenin : Maud. Nozha Khouadra : Latifa Raddad. Martial Rivol : président Dijan. Liliane Nataf : Mme Marchal. Catherine Salviat : Hélène Carrère d'Encausse. Didier Vinson : juge Renard. Bernard Di Mambro : Me Georges Kiejman.

Thème : 24 juin 1991. Ghislaine Marchal est retrouvée morte à Mougins avec le mot *« Omar m'a tuer »* écrit avec son sang. Le jardinier Omar Raddad, qui a toujours clamé son innocence, est inculpé et condamné. L'écrivain Pierre-Emmanuel Vaugrenard ne le croit pas coupable et mène une enquête à décharge, qui aboutira à une grâce présidentielle de Jacques Chirac en 1996.

On devine, derrière le personnage de Pierre-Emmanuel Vaugrenard, la personnalité de Jean-Marie Rouart, qui écrivit en effet un ouvrage dénonçant certaines des incohérences et lacunes de l'enquête. Composition convaincante de Sami Bouajila.

Notes : Tournage dans l'Hérault (Béziers, Villeneuve-lès-Maguelone, Montpellier), le Gard (Nîmes) et les Alpes-Maritimes (Mougins).

L'ORDRE ET LA MORALE

Réalisation : Mathieu Kassovitz ; scénario : Mathieu Kassovitz, Pierre Geller, Benoît Jaubert, Serge Frydman, d'après le livre de Philippe Legorjus *La Morale et l'Action* et l'ouvrage collectif *Enquête sur Ouvéa. Rapport et témoignages sur les événements d'avril-mai 1988* ; photographie : Marc Koninckx © ; musique : Klaus Badelt ; montage : Thomas Beard, Lionel Devuyst, Mathieu Kassovitz ; production : Christophe Rossignon, Mathieu Kassovitz (Nord-Ouest Films / Studio 37 / UGC Images / France 2 Cinéma) ; durée : 136 min.

Interprétation : Mathieu Kassovitz : capitaine Philippe Legorjus. Iabe Lapacas : Alphonse Dianou. Malik Zidi : JP Perrot. Alexandre Steiger : Jean Bianconi. Daniel Martin : Bernard Pons. Philippe Torreton : Christian Prouteau. Sylvie Testud : Chanal Legorjus. Steeve Une : Samy. Philippe de Jacquelin Dulphé : général de brigade Vidal.

Thème : Nouvelle-Calédonie, avril 1988. Trente gendarmes sont retenus en otages par un groupe de séparatistes kanaks. Capitaine du GIGN, Philippe Legorjus entame des discussions avec Alphonse Dianou, le chef des ravisseurs. Mais la politique – l'échéance des élections présidentielles – gêne les discussions, alors même que le FLNKS ne revendique pas le coup de main. Le candidat Chirac, Premier ministre, se doit de se montrer ferme tandis que le président Mitterrand voit là l'occasion de voir son adversaire s'embourber. L'assaut est ordonné. C'est un carnage.

Mathieu Kassovitz s'intéressait depuis plusieurs années au projet. Il ne bénéficiera pourtant ni de l'aide de l'armée, ni de l'appui des Kanaks, aucune des deux parties ne trouvant le film conforme à ce qu'elles souhaitaient, ce qui obligea le cinéaste à tourner en Polynésie et non en Nouvelle-Calédonie. À sa sortie, il ne suscitera pas plus d'enthousiasme, rejeté à droite, où on jugeait l'armée française diffamée, comme à gauche, mais pour d'autres raisons. Le budget important de 13 millions d'euros n'engendrera finalement que 148 000 entrées. Kassovitz s'était pourtant montré un cinéaste habile, même si le film reste trop long. Mécontent de l'accueil fait à son film, Kassovitz – on s'en souviendra – se lâchera en déclarant : « J'encule le cinéma français. Allez-vous faire baiser avec vos films de merde ! »

OMAR M'A TUER

POLISSE

Réalisation : Maïwenn ; scénario : Maïwenn, Emmanuelle Bercot ; photographie : Pierre Aïm © ; musique : Stephen Warbeck ; montage : Yann Dedet, Laure Gardette ; production : Alain Attal (Trésor Films / Arte France Cinéma / Mars Films / Chaocorp Distribution) ; durée : 127 min.

Interprétation : Karin Viard : Nadine. Joey Starr : Fred. Marina Foïs : Iris. Nicolas Duvauchelle : Mathieu. Maïwenn : Melissa. Riccardo Scamarcio : Francesco. Karole Rocher : Chrys. Emmanuelle Bercot : Sue Ellen. Frédéric Pierrot : Baloo. Arnaud Henriet : Bamako. Anthony Delon : Alex. Louis-Do de Lencquesaing : M. de la Faublaise. Sandrine Kiberlain : Mme de la Faublaise.

Thème : Melissa, une photographe, fait un reportage sur les membres la brigade de protection des mineurs de Paris et découvre, à travers leur éprouvant quotidien, les multiples affaires auxquelles ils sont confrontés : des Roumains maltraitant leurs enfants, le bourgeois Monsieur de la Faublaise qui viole sa fille, un enfant abusé par son professeur de gymnastique...

« Tout ce qui est propre à l'enfance me bouleverse, *déclarait la cinéaste Maïwenn.* Il est toujours question d'être enfant ou parent dans mes films. » Polisse *aborde sans démagogie mais avec une réelle sensibilité le monde tragique des enfants victimes des adultes.*

Notes : Tournage du 30 août au 1er novembre 2010. Maïwenn et Joey Starr se sont séparés à la fin du tournage.

PRÉSUMÉ COUPABLE

Réalisation : Vincent Garenq ; scénario : Vincent Garenq (+ Hubert Delarue, Serge Frydman), d'après l'autobiographie d'Alain Marécaux *Chronique de mon erreur judiciaire* ; photographie : Renaud Chassaing © ; montage : Dorian Rigal-Ansous ; production : Philip Boëffard, Christophe Rossignon (Nord-Ouest Films / Artémis Productions / France 3 Cinéma) ; durée : 102 min.

Interprétation : Philippe Torreton : Alain Marécaux. Wladimir Yordanoff : Me Hubert Delarue. Noémie Lvovsky : Édith Marécaux. Raphaël Ferret : juge Burgaud. Michèle Goddet : Thessy. Farida Ouchani : Myriam Badaoui. Olivier Claverie : procureur. Jean-Pierre Bagot : père d'Alain Marécaux.

Thème : Alain Marécaux, qui est huissier, est brutalement arrêté et inculpé, comme sa femme, pour viol sur mineurs. Sa mère meurt de chagrin. Il tente de se suicider. Sa femme le quitte. Il veut se pendre, fait une grève de la faim. Il est finalement innocenté et acquitté en 2005.

C'est l'affaire d'Outreau, l'un des plus grands scandales de la justice française. Philippe Torreton, qui a perdu 25 kilos pour interpréter le personnage d'Alain Marécaux, victime à tort de 23 mois de détention, est particulièrement juste, évitant les excès d'interprétation qu'aurait pu engendrer ce dramatique fiasco judiciaire. Les comédiens, dont Joey Starr, sont tous remarquables.

Notes : Tournage dans le Nord (Lille, Loos) et en Belgique.

POLISSE

LA PROIE

Réalisation : Éric Valette ; scénario : Laurent Turner, Luc Bossi ; photographie : Vincent Mathias © ; musique : Noko ; montage : Christophe Pinel, Fabrice Rouaud ; production : Christian Benoist, Luc Bossi (Brio Films / StudioCanal / TF1 Films Production) ; durée : 102 min.

Interprétation : Albert Dupontel : Franck Adrien. Alice Taglioni : Claire Linné. Stéphane Debac : Jean-Louis Maurel. Sergi López : Manuel Carrega. Natacha Régnier : Christine Maurel. Serge Hazanavicius : Lafay. Caterina Murino : Anna Adrien.

Thème : Avant d'être arrêté et condamné, Frank Adrien a caché le butin de son dernier hold-up. Reconnu innocent et libéré, son ancien compagnon de cellule, le violeur Jean-Louis Maurel – qui s'intéresse au magot –, lui promet de s'occuper de sa famille. Or, Frank apprend que Maurel est un serial killer et que les siens sont en danger. Il s'évade et traque Maurel avec l'aide de Claire Linné, une officière de police à sa poursuite…

C'est avec une bonne dose d'adrénaline que le film fonctionne, ne reculant devant aucune scène de violence et poussant le suspense à son maximum, quitte – évidemment – à s'intéresser moins à la psychologie elle-même des personnages…

Notes : Tournage en République tchèque (Prague), dans les Alpes-Maritimes (L'Escarène, Sospel, Lucéram), le Var (La Farlède), l'Essonne (avenue du Rousset à Mennecy), à Paris (rue Montalembert, 7ᵉ), à Nice (29, boulevard Franck Pilatte, studios Riviera) et aux studios de Bry-sur-Marne (Val-de-Marne).

REQUIEM POUR UNE TUEUSE

Réalisation : Jérôme Le Gris ; scénario : Jérôme Le Gris ; photographie : Antoine Monod © ; musique : Jiri Heger, Anne-Sophie Versnaeyen, Régis Vogëlène ; montage : Claire Fieschi ; production : Alain Terzian (Alter Films) ; durée : 91 min.

Interprétation : Mélanie Laurent : Lucrèce. Clovis Cornillac : Rico. Tchéky Karyo : « l'Arménien ». Xavier Gallais : Xavier de Ferrières. Christopher Stills : Alexander Child. Corrado Invernizzi : Vittorio Biamonte. Michel Fau : chef d'orchestre. Johan Leysen : Van Kummant. Julie Fuchs : Olga Babayova. Geoffrey Bateman : PDG de la British Oil. Jean-Claude Dreyfus : maître de chant.

Thème : Lucrèce est une tueuse professionnelle. Elle est chargée par « l'Arménien » d'assassiner le baryton Alexander Child dont l'action nuit aux intérêts de la British Oil. À cet effet, elle se fait engager comme contralto. De son côté, le contre-espionnage français envoie Rico, un de ses agents, qui s'infiltre lui aussi dans l'orchestre pour protéger Child. Ce dernier sera tué par Xavier de Ferrières, mais l'Arménien se sacrifiera pour sauver Lucrèce, qui retrouvera, à la fin, Rico, dont elle s'est éprise.

Le premier film de Jérôme Le Gris. Un château en Suisse, « Le Messie » de Haendel, une redoutable tueuse que le cinéaste présente comme « une sorte de Kill Bill *mâtinée de* L'Affaire Thomas Crown *»…*

Notes : Tournage au château de Mortefontaine (Oise), au Théâtre de l'Athénée, au château de Voisins Saint-Hilarion (Yvelines), Paris.

SWITCH

Réalisation : Frédéric Schoendoerffer ; scénario : Frédéric Schoendoerffer Jean-Christophe Grangé ; photographie : Vincent Gallot © ; musique : Bruno Coulais ; montage : Elsa Fernández, Dominique Mazzoléni ; production : Éric Névé, Frédéric Schoendoerffer, Jean-Christophe Grangé (Carcharodon / L&G / France 2 Cinéma / Pathé Production / Jouror Productions / Tercera Prod) ; durée : 100 min.

Interprétation : Karine Vanasse : Sophie Malaterre. Éric Cantona : Damien Forgeat. Mehdi Nebbou : Stéphane Defer. Aurélien Recoing : Delors. Karine Testa : Bénédicte Serteaux. Bruno Todeschini : Verdier. Maxim Roy : Claire Maras. Sophie Faucher : Marianne Malaterre. Ludovic Schoendoerffer : légiste.

Thème : Via un site internet, Sophie Malaterre échange son appartement de Montréal avec celui de la parisienne Bénédicte Serteaux. Son séjour idyllique tourne vite au cauchemar : le cadavre d'un certain Huygens est découvert par la police dans ledit appartement. Incapable de donner des preuves aux autorités françaises quant à son identité et son innocence, elle fuit. On découvre finalement que Bénédicte est une psychopathe voulant se venger de Sophie et de Huygens. Au final, le policier Forgeat abat Bénédicte, qui avait enlevé Sophie.

Frédéric Schoendoerffer délaisse, pour une fois, l'univers des truands et de la police afin de s'attacher à un thriller criminel qu'il dirige avec son habileté coutumière. Le résultat, parfaitement joué, est riche en suspense et en poursuites.

Notes : Tournage au Plessis-Robinson (Hauts-de-Seine), à Paris – palais de Chaillot (16ᵉ), Arc de triomphe (8ᵉ), rue de Rennes (6ᵉ), Hôtel-Dieu (4ᵉ), quais de la Seine, Barbès-Rochechouart –, dans les Yvelines (Bazoches-sur-Guyonne, gare de Saint-Quentin-en-Yvelines), les Hauts-de-Seine (Rueil-Malmaison, La Défense) et à Montréal (Québec).

SWITCH

38 TÉMOINS

Réalisation : Lucas Belvaux ; réalisation de seconde équipe : Richard Copans ; scénario : Lucas Belvaux, d'après l'ouvrage de Didier Decoin *Est-ce ainsi que les femmes meurent ?* ; photographie : Pierric Gantelmi d'Ille © ; musique : Arne van Dongen ; montage : Ludo Troch ; production : Patrick Sobelman, Yvan Attal, Patrick Quinet (Agat Films & Cie / Ex Nihilo / Artémis Productions / RTBF / Belgacom / France 3 Cinéma / Hérodiade / Films Sous Influences) ; durée : 104 min.

Interprétation : Yvan Attal : Pierre Morvand. Sophie Quinton : Louise Morvand. Nicole Garcia : Sylvie Loriot. François Feroleto : capitaine Léonard. Natacha Régnier : Anne. Didier Sandre : procureur Lacourt. Bernard Mazzinghi : directeur de la PJ. Patrick Descamps : Petrini. Laurent Fernandez : chef de groupe.

Thème : Louise découvre qu'une jeune femme a été tuée sous ses fenêtres, mais il semble n'y avoir aucun témoin… La journaliste Sylvie Loriot mène l'enquête. Les riverains lui sont particulièrement hostiles alors que Pierre avoue à Louise, sa femme, qu'il a bien entendu des cris mais n'est pas intervenu, de même que 37 autres personnes. Sylvie dénonce la justice, prête à clore le dossier de non-assistance collective. Il s'ensuit une reconstitution du drame à la suite de laquelle Louise décide de quitter Pierre, ne pouvant lui pardonner sa lâcheté…

Le texte de Didier Decoin avait relaté un fait divers commis à New York en 1964. Trente-huit témoins avaient assisté passivement à la mort de leur voisine. L'intrigue a été translatée au Havre, dont l'atmosphère humide confère au film un climat de plus en plus lourd, et Lucas Belvaux en profite pour dénoncer la lâcheté collective, symbolisée ici par la non-assistance du héros Pierre, qui s'est senti aussi peu concerné que les 37 autres témoins. Un sujet qui aurait été parfait pour Julien Duvivier.

À L'AVEUGLE

Réalisation : Xavier Palud ; scénario : Éric Besnard, d'après une idée de Luc Besson ; photographie : Michel Amathieu © ; musique : Laurent Couson ; montage : Julien Rey ; production : Luc Besson (EuropaCorp / France 2 Cinéma) ; durée : 94 min.

Interprétation : Jacques Gamblin : commandant Philippe Lassalle. Lambert Wilson : Gabriel Narvik. Raphaëlle Agogué : Héloïse. Arnaud Cosson : Vermulen. Antoine Levannier : Simon. Frédéric Kontogom : Briand. David Capelle : Marchand. Marie Vincent : Rochambeau. Nicolas Grandhomme : Cossiga. Elsa Kikoïne : Isabelle Royer. Omar Salim : Hussein Haqqani. Miglen Mirtchev : Konstantin. Pascal Demolon : Warnas.

Thème : Paris. Le commandant Lassalle et son adjointe Héloïse mènent l'enquête sur l'assassinat d'Isabelle Royer. Narvik, qui est accordeur de piano et aveugle, est témoin tandis que Lassalle le soupçonne bientôt d'être aussi mêlé au meurtre du magnat russe Konstantin. L'enquêteur découvre également que Narvik est l'unique survivant d'un commando des forces spéciales engagé dans une opération en Afghanistan. Une troisième victime conduit Lassalle à Hussein Haqqani, un agent secret pakistanais, mais Narvik parvient à faire soupçonner l'officier du meurtre de Warnas, un des amants d'Isabelle. En réalité, Narvik a été utilisé par sa supérieure, Rochambeau, pour cacher un trafic d'armes. Avant de se faire tuer par Lassalle, Narvik élimine Rochambeau.

Le face-à-face de Lassalle, policier déséquilibré depuis la mort de sa femme, et de l'inquiétant et très dangereux Narvik, aveugle et manipulateur, est très convaincant. Le film accumule les rebondissements, passant du film criminel à l'affaire d'État et dénonçant, au passage, tout ce que peuvent cacher les trafics d'armes. Curieux.

38 TÉMOINS

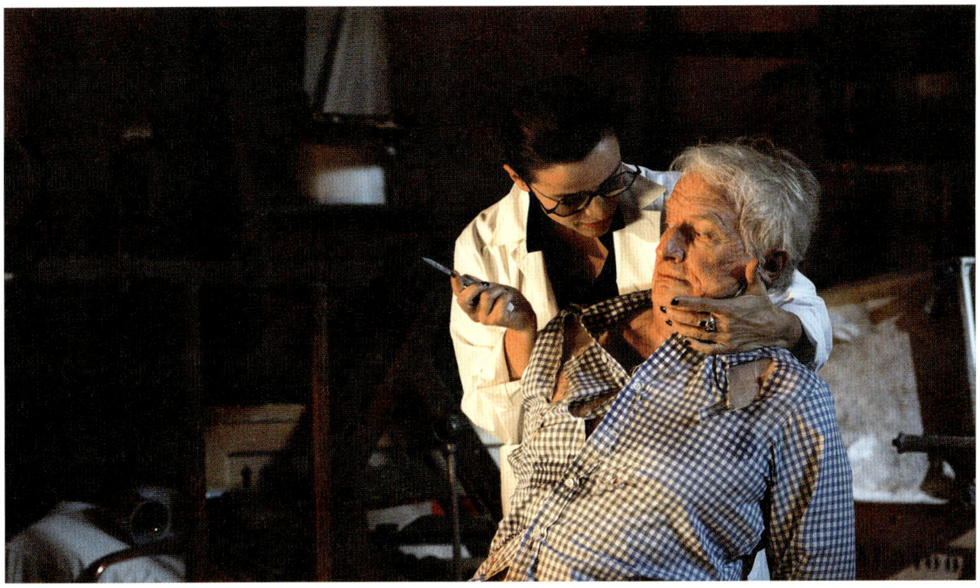

ASSOCIÉS CONTRE LE CRIME

ASSOCIÉS CONTRE LE CRIME...

Réalisation : Pascal Thomas ; scénario : Clémence de Biéville, Nathalie Lafaurie, Pascal Thomas, d'après la nouvelle d'Agatha Christie *L'Affaire de la femme disparue* ; photographie : Renan Pollès © ; musique : Reinhardt Wagner ; montage : Catherine Dubeau, Mélanie Mourey ; production : Nathalie Lafaurie (Les Films Français / France 2 Cinéma / StudioCanal / Orange Studio / Rhône-Alpes Cinéma) ; durée : 104 min.

Interprétation : Catherine Frot : Prudence Beresford. André Dussollier : Bélisaire Beresford. Linh-Dan Pham : Marie van Dinh. Nicolas Marié : Dr Nicolas Roscoff. Agathe de La Boulaye : Dr Matarazzi. Éric Naggar : Dr Jünger.

Thème : Prudence et Bélisaire Beresford enquêtent sur une mystérieuse clinique où l'on aurait découvert le secret de l'éternelle jeunesse...

Revoici donc Prudence et Bélisaire, les héros de Mon petit doigt m'a dit... *(2005), ici dans leur troisième aventure cinématographique. Catherine Frot et André Dussollier sont les premiers à s'amuser de cette invraisemblable histoire que l'on suit, grâce à eux, avec un certain plaisir. On retrouve assez justement le ton de la nouvelle d'Agatha Christie.*

BEAU RIVAGE

Réalisation : Julien Donada ; scénario : Julien Donada, Christian Paigneau, d'après une idée de Julien Donada et Frédéric Guelaff ; photographie : Nicolas Guicheteau © ; musique : Cvantez ; montage : Laurence Bawedin ; production : Nicolas Brevière (Local Films / Adam Productions) ; durée : 90 min.

Interprétation : Daniel Duval : Michel Matarasso. Chiara Caselli : Sandra Bandini. Thomas Gonzalez : Marco. Françoise Arnoul : Marie-Hélène. Nanou Garcia : Francine Willer. Cyril Gueï : Dr Sosno. Aurélia Petit : Armelle. Catherine Rouvel : mère de Sandra. Ségolène Point : Claire.

Thème : Nice. Policier dépressif, Michel Matarasso remarque Sandra, une jeune femme qui le fascine, avant de constater, plus tard, qu'elle est morte. S'imaginant qu'elle est encore vivante – alors qu'elle s'est suicidée –, il fantasme sur une liaison avec elle, tout en se séparant de sa propre compagne. Il rencontre Marco, le frère de Sandra, qui l'incite à arrêter et, au contraire, s'empare de l'urne contenant les cendres de la jeune femme. Le père de Sandra jette finalement les cendres de sa fille dans la mer et Michel plonge alors dans l'eau...

« Je voulais, *déclarait Julien Donada, dont c'est le premier film de long métrage après divers courts,* tourner sur la Côte d'Azur pour montrer quelque chose de grave dans un décor où il fait toujours beau. Je voulais montrer ce qui se passe derrière la promenade, sous les galets. » *Le cinéaste a tourné à Nice cette bien étrange histoire d'obsession amoureuse et nécrophile portée par un Daniel Duval au visage rugueux, comme l'est le héros de ce curieux film. Belle photographie à contre-jour.*

DANS LA TOURMENTE

Réalisation : Christophe Ruggia ; scénario : Christophe Ruggia ; photographie : Éric Guichard © ; musique : Michael Stevens ; montage : Tina Baz ; production : Bertrand Faivre (Le Bureau / France 3 Cinéma) ; durée : 107 min.

Interprétation : Clovis Cornillac : Franck. Mathilde Seiner : Hélène. Yvan Attal : Max. Céline Sallette : Laure. Abel Jafri : Farid. Jean-Philippe Meyer : Henri. Jean-Baptiste Fonck : Kevin. Marc Brunet : chef de la DCRI. Gilles Masson : Charlier. Garance Heinry : Sophie.

Thème : Apprenant que le patron de la raffinerie qui l'emploie s'apprête à partir avec la caisse noire de l'entreprise, Franck organise avec son ami Max le vol du magot. Cependant, Max tue le patron en question avant que Franck ne rejoigne son épouse Hélène. Celle-ci couvre son mari et Max, alors que ce dernier comprend bientôt que les Renseignements généraux, qui sont sur l'affaire, ne s'intéressent pas à l'argent mais à des dossiers compromettants. Franck et Hélène récupèrent en effet un DVD relatif à un trafic d'armes. Mais Max est tué et Franck, arrêté. Hélène négocie alors la libération de Franck...

Le début laisse penser à un simple film policier, mais le reste du film et la manière dont Christophe Ruggia intègre ses personnages à des décors et des paysages d'une grande intensité portent la marque d'un auteur

DANS LA TOURMENTE

qui en profite, au passage, pour dénoncer les patrons voyous prêts à délocaliser leurs usines et à mettre la main sur les caisses noires de celles-ci.

Notes : Tournage en Champagne-sur-Oise (Val-d'Oise) et à Marseille (Vieux-Port).

LE GUETTEUR

Réalisation : Michele Placido ; scénario : Cédric Melon, Denis Brusseaux ; photographie : Arnaldo Catinari © ; musique : Nicolas Errera, Evgueni Galperine, Sacha Galperine, Sacha Galperine ; montage : Sébastien Prangère, Consuelo Catucci ; production : Fabio Conversi, Éric Tavitian, Mauro Venditti (Babe Films / Climax Films / RTBF / FilmArno / France 2 Cinéma / StudioCanal / Appaloosa Films) ; durée : 89 min.

Interprétation : Daniel Auteuil : commissaire Mattei. Mathieu Kassovitz : Vincent Kaminski. Olivier Gourmet : Franck. Francis Renaud : Éric. Nicolas Briançon : Meyer. Jérôme Pouly : David. Violante Placido : Anna. Luca Argentero : Nico. Arly Jover : Katy. Fanny Ardant : femme de Giovanni. Michele Placido : Giovanni.

Thème : L'unité du commissaire Mattei est décimée, lors d'une intervention sur un braquage, par un mystérieux sniper. Ce dernier, Vincent, est arrêté à la suite d'une dénonciation. Katy, l'avocate de Vincent, est assassinée, celui-ci parvient à s'évader, mais Mattei découvre que le sniper était le coéquipier de son propre fils, mort en mission, au cours d'une opération secrète. C'est d'ailleurs Vincent qui a tué le fils de Mattei devenu fou. Mattei laisse partir Vincent.

Le face-à-face de Daniel Auteuil et de Mathieu Kassovitz, excellents tous les deux, une mise en scène de Michele Placido, le réalisateur de Romanzo Criminale *(2005), 45 jours de tournage, un budget de 14 990 000 € et – seulement – 233 069 entrées. Mal accueilli par la presse, boudé par le public, le film a donc été un double échec, alors même que les premières scènes pouvaient laisser espérer un meilleur résultat. Dommage !*

MAINS ARMÉES

Réalisation : Pierre Jolivet ; scénario : Pierre Jolivet, Simon Michaël ; photographie : Thomas Letellier © ; musique : Sacha Sieff, Adrien Jolivet ; montage : Jean-François Naudon ; production : Marc-Antoine Robert, Xavier Rigault (Mars Films / 2.4.7 Films / France 2 Cinéma) ; durée : 105 min.

Interprétation : Roschdy Zem : commissaire Lucas Skali. Leïla Bekhti : Maya Dervin. Marc Lavoine : Julien Bass. Nicolas Bridet : Simon. Nina Meurisse : Juliette. Éric Bougnon : Melik. Adrien Jolivet : Hector. Cyril Gueï : Benji. Simon-Pierre Boireau : Anthony. Marilyne Canto : Brigitte.

Thème : Le commissaire Skali, qui enquête sur un trafic d'armes à Marseille, monte à Paris à la suite de ses investigations. Maya Dervin, une policière des stups, le renseigne et découvre que les Serbes trafiquants d'armes participent aussi au trafic de la drogue. Hector, l'un des collaborateurs de Skali, est tué par les Serbes et Maya est enlevée. Sa mère demande alors à Skali de la retrouver, car il se révèle être le propre père de la jeune femme. Celle-ci est finalement retrouvée au cours d'une opération menée à Rungis.

Efficace mais sans grande surprise. Roschdy Zem est parfait en policier pris entre son enquête et sa mauvaise conscience, n'ayant jamais joué auprès de Maya le rôle d'un véritable père.

Notes : Tournage à Paris – boulevard de la Chapelle (10e), route des Moulins (16e), rue Louis-Blanc (Paris 10e), Père-Lachaise (20e), boulevard de Ménilmontant (11e), pont Charles-de-Gaulle –, au marché de Rungis (Val-de-Marne), à Pantin (Seine-Saint-Denis) et à Marseille (570 Chemin du Littoral, calanque de Sormiou, centre commercial Grand Littoral*).*

UNE NUIT

Réalisation : Philipe Lefebvre ; scénario : Simon Michaël, Philippe Isard, Philippe Lefebvre, d'après une idée de Philippe Isnad ; photographie : Jérôme Alméras © ; musique : Olivier Florio ; montage : Pascale Fenouillet ; production : Manuel Munz (Les Films Manuel Munz / Tout sur l'Écran / TF1 Droits Audiovisuels / UGC / France 2 Cinéma / Hole in One) ; durée : 100 min.

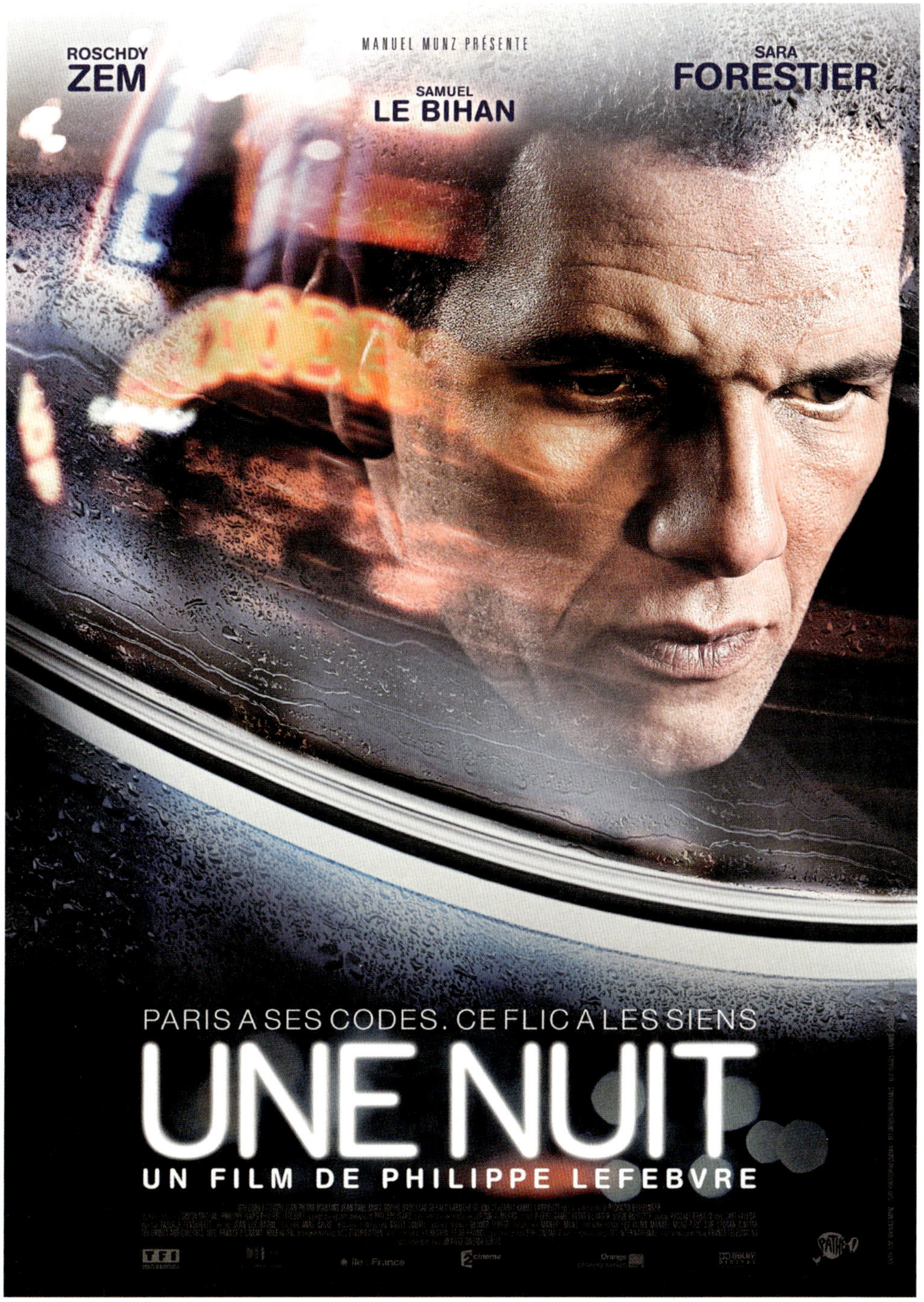

Interprétation : Roschdy Zem : commandant Simon Weiss. Sara Forestier : sous-brigadier Laurence Deray. Samuel Le Bihan : Tony Garcia. Grégory Fitoussi : Paul Gorsky. Jean-Pierre Martins : Jo Lindner. Jean-Paul Muel : Solange. Gérald Laroche : Alex. Richard Bohringer : Marco Lindner. Sophie Broustal : Josy. Hélène Seuzaret : Danièle Weiss.

Thème : Le commandant de police Simon Weiss connaît bien le Milieu, qu'il visite chaque soir lors de sa tournée. Il en aide certains membres et en tire des bénéfices, ce qui lui vaut d'être surveillé par l'IGS. Il a ainsi sauvé le fils du malfrat Tony Garcia des mains de la brigade des stupéfiants. Il demande à Jo Lindner, un truand rival, de ne pas nuire au fils Garcia, le menaçant de faire fermer sa boîte. Se sentant visé par le grand banditisme, il éloigne sa femme pour qu'elle soit à l'abri, mais il est lui-même arrêté et comprend que son chauffeur, Laurence Deray, travaillait pour l'IGS. Il sera relâché.

C'est le monde de la nuit que décrit Philippe Lefebvre, un univers de patrons de boîtes de nuit et de petites frappes, dans lequel on se surveille, on se trahit parfois et on se tait la plupart du temps. C'est un véritable document sur la nuit parisienne, parfaitement interprété par Roschdy Zem et dirigé sans temps mort, ni bavure, le cinéaste privilégiant, aux poursuites et aux spectaculaires règlements de comptes, les rapports psychologiques entre ses personnages, de part et d'autre, de la barrière de la loi. Une réussite mineure, donc !

POSSESSIONS

Réalisation : Éric Guirado ; scénario : Éric Guirado, Isabelle Claris ; photographie : Thierry Godefroy © ; musique : Maïdi Roth ; montage : Laure Gardette ; production : Thomas Anargyros, Édouard de Vésinne (Incognita Films / Rhône-Alpes Cinéma / TF1 Droits Audiovisuels / UGC Images) ; durée : 98 min.

Interprétation : Jérémie Renier : Bruno Caron. Julie Depardieu : Maryline Caron. Lucien Jean-Baptiste : Patrick Castang. Alexandra Lamy : Gladys Castang. Benoît Giros : Christophe. Apollonia Luisetti : Morgane Caron. Ludmila Ruoso : Sabrina.

Thème : Bruno et Marilyne Caron louent un chalet en Haute-Savoie à Patrick Castang. Le chalet n'étant pas achevé, ils sont logés provisoirement ailleurs et les Caron en profitent pour inviter leurs amis Christophe et Sabrina. Castang renvoie Maryline, qu'il avait engagée comme domestique, et exige de Bruno une promesse de vente. Se jugeant désormais humilié par Castang, Bruno massacre toute la famille de ce dernier et brûle les corps. Maryline, Christophe et Sabrina veulent laisser croire que les Castang sont partis, mais la police découvrira la vérité…

Le scénario s'inspire du fait divers criminel commis en 2003 au Grand-Bornand et connu comme l'affaire Flactif.

2013

11.6

Réalisation : Philippe Godeau ; scénario : Philippe Godeau, Agnès de Sacy, d'après le livre d'Alice Géraud-Arfi *Toni 11,6 : Histoire d'un convoyeur* ; photographie : Michel Amathieu © ; musique : Valérie Lindon ; montage : Thierry Derocles ; production : Philippe Godeau (Pan-Européenne / Versus Production / Wild Bunch / France 2 Cinéma / Rhône-Alpes Cinéma) ; durée : 102 min.

Interprétation : François Cluzet : Toni Musulin. Bouli Lanners : Arnaud. Corinne Masiero : Marion. Juana Acosta : Natalia. Johan Libéreau : Viktor. Mireille Franchino : Svetlana.

Thème : Toni Musulin est transporteur de fonds. Un jour, laissant sa femme et ses collègues, il disparaît avec un fourgon et 11,6 millions d'euros. Il sera retrouvé, mais il manque 2,5 millions d'euros…

Curieuse histoire que celle de Toni Musulin, employé sérieux, soudain capable de réaliser, le 5 novembre 2009, un vol digne d'une bande de gangsters chevronnés. Le film, servi par l'ambiguïté de la composition de François Cluzet, rappelle le souhait de son héros, payé 1 700 € par mois et transportant des millions à chaque convoiement, de se venger de son patron d'abord et d'un système ensuite.

Notes : Tournage à Tré-le-Champ (Chamonix, Haute-Savoie), Lyon (avenue des Frères-Lumière, La Sucrière, pont du Rhône, musée des Convergences, manufacture des Tabacs, quai des Étroits), Rillieux-la-Pape (Rhône), Bourg-en Bresse (Ain) et à Monaco.

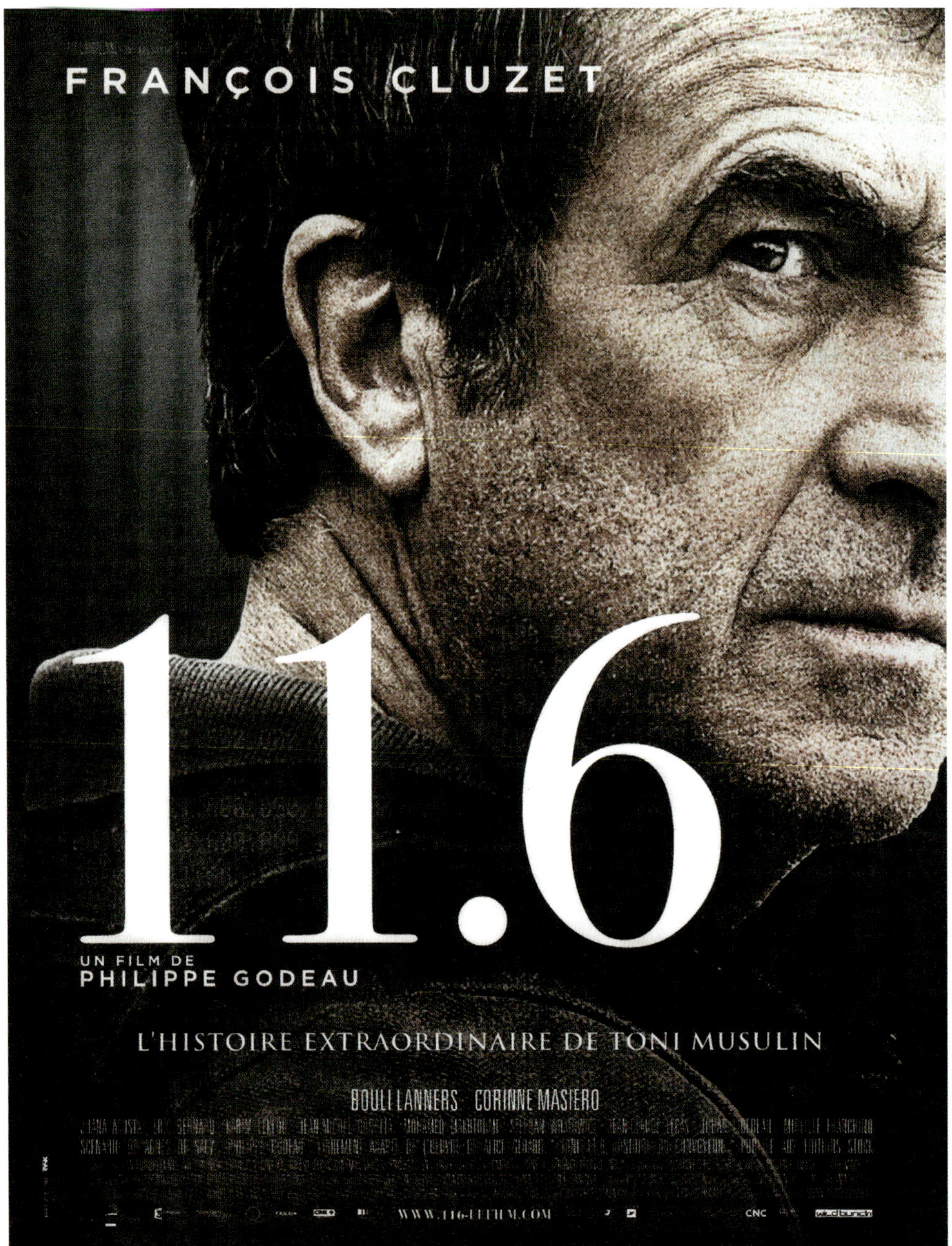

ARRÊTEZ-MOI

Réalisation : Jean-Paul Lilienfeld ; scénario : Jean-Paul Lilienfeld, d'après le roman de Jean Teulé *Les Lois de la gravité* ; photographie : Pascal Rabaud © ; musique : André Dziezuk, Matthieu Gonet, Kate ; montage : Aurique Delannoy ; production : Jean-Michel Rey, Nicolas Steil, Jesús González-Elvira (Rezo Productions / Iris Productions / France 2 Cinéma) ; durée : 99 min.

Interprétation : Sophie Marceau : coupable. Miou-Miou : Pontoise. Yann Ebongé : Joliveau. Marc Barbé : Jimmy. Valérie Bodson : Madeleine. Arthur Buyssens : Cédric, à 17 ans. Vadim Goudsmit : Cédric, à 7 ans. Claudine Pelletier : mère de Jimmy.

Thème : Une jeune femme arrive au commissariat et confesse le meurtre de son mari, commis dix ans plus tot et qui avait, à l'époque, été passé pour un suicide. Pontoise, la policière de permanence qui reçoit ces aveux, est dubitative. Pourquoi ces deux attitudes ? La coupable veut se débarrasser de sa mauvaise conscience en avouant son crime tandis que Pontoise n'a jamais oublié l'homme qu'elle avait passé à tabac. La coupable, qui est à l'aube de la prescription, exige que l'on prenne sa déposition. Le crime est bientôt prescrit, mais Pontoise décide alors d'antidater la déposition et la coupable est arrêtée.

L'histoire s'inspire d'un fait divers authentique et Jean-Paul Lilienfeld, réalisateur de La Journée de la jupe *(2009), a choisi de faire d'une femme la coupable du récit alors que c'est un homme dans le roman original. De même, il a confié le rôle du commissaire à sa propre compagne, Miou-Miou. En dépit du talent des deux interprètes, le film ne trouve pas l'intensité de* Garde à vue *(1981), autre face-à-face entre un policier et un suspect.*

Notes : Tournage du 18 février au 2 mars 2012 à Dunkerque et Saint-Pol-sur-Ternoise (Pas-de-Calais).

BLOOD TIES

Réalisation : Guillaume Canet ; scénario : Guillaume Canet, James Gray, d'après le scénario de Jacques Maillot, Pierre Chosson et Éric Veniard pour *Les Liens de sang* de Jacques Maillot, adapté du roman de Bruno Papet et Michel Papet *Deux frères : flic et truand* ; photographie : Christophe Offenstein © ; musique : Yodelice ; montage : Hervé de Luze ; production : Alain Attal, Guillaume Canet, John Lesher, Hugo Sélignac, Christophe Woodrow (Les Productions du Trésor / Worldview Entertainment / Les Productions Grisbi / LGM Cinéma / Chi-Fou-Mi Productions / France 2 Cinéma / Caneo Films / Mars Films / Wild Bunch) ; durée : 127 min.

GILBRALTAR

Interprétation : Clive Owen : Chris. Marion Cotillard : Monica. Billy Crudup : Frank. Mila Kunis : Natalie. Zoe Saldana : Vanessa. Matthias Schoenaerts : Scarfo. James Caan : Leon. Noah Emmerich : lieutenant Connellan. Griffin Dunne : McNally.

Thème : Brooklyn. 1974. Chris est libéré de prison pour bonne conduite. Son frère Frank, qui est policier, l'attend à la sortie. Leur père, Léon, qui les a élevés seul, a toujours favorisé Chris en dépit des problèmes qu'il posait. Frank espère que, désormais, son frère va changer et se rapprochera de son ex-compagne, Monica, et de leurs enfants. Chris s'en montre incapable et Frank décide alors de ne plus le voir. Mais il est déjà trop tard. Frank démissionne. Bien que poursuivi par la police, Chris, qui a épousé Natalie, empêche le braqueur Scarfo, qu'avait arrêté Frank, de tirer sur ce dernier et sa compagne Vanessa. La police l'arrête.

Guillaume Canet était l'interprète, aux côtés de François Cluzet et Clotilde Hesme, de la première adaptation cinématographique, Les Liens du sang, *mise en scène en 2008 par Jacques Maillot, et le personnage l'intéressa assez pour qu'il décide de tourner cette version américaine, coproduite avec la France, qui va opposer – c'est un thème classique – deux frères : l'un est policier, l'autre malfrat. Plutôt convaincant.*

GIBRALTAR

Réalisation : Julien Leclercq ; scénario : Abdel Raoul Dafri, d'après le roman de Marc Fievet *L'Aviseur* ; photographie : Thierry Pouget © ; musique : Clinton Shorter ; montage : Mickael Dumontier, Arthur Tarnowski ; production : Dimitri Rassam, Claude Léger, Jonathan Vanger (Transfilm International / uFilm / Ferris & Brockman / Chapter 2 / Orange Studio / SND Groupe M6 / M6 Films / Jouror Productions) ; durée : 110 min.

Interprétation : Gilles Lellouche : Marc Duval. Tahar Rahim : Redjani Belimane. Riccardo Scamarcio : Mario / Claudio Lanfredi. Raphaëlle Agogué : Clara Duval. Mélanie Bernier : Cécile Duval. Philippe Nahon : Glacose. Aidan Devine : Bobby Sims.

Thème : Expatrié à Gibraltar, Marc Duval travaille comme agent infiltré pour les douanes françaises. Il gagne la confiance de Claudio Lanfredi, un narcotrafiquant qui est en cheville avec les Colombiens. Il découvre ainsi les moyens de mener une vie plus aisée, mais il va bientôt être pris entre ses divers « employeurs »...

« J'aimais, *déclarait Julien Leclercq,* l'idée de mêler un Français à des mafieux italiens et irlandais, à des criminels écossais et marocains et aux douanes françaises et anglaises. » *Le scénario s'inspire d'une histoire authentique.*

Notes : Tournage du 9 avril au 5 juillet 2012 à Montréal, Gibraltar, New York, en Espagne (La Línea de la Concepción) et au Maroc (Tanger).

INTERSECTIONS

Réalisation : David Marconi ; scénario : David Marconi ; photographie : Thomas Hardmeier © ; musique : Richard Horowitz ; montage : Julien Rey ; production : Luc Besson (EuropaCorp / Grive Productions / Agora Films) ; durée : 101 min.

Interprétation : Frank Grillo : Scott Dolan. Jaimie Alexander : Taylor Dolan. Roschdy Zem : Saleh. Marie-Josée Croze : Audrey. Moussa Maaskri : Omar. Charlie Bewley : Travis.

Thème : Scott et Taylor Dolan, un couple en voyage au Sahara, un trafic de diamants...

Ou la preuve que l'on peut faire de curieuses rencontres en plein désert... Avec Jaimie Alexander, l'ancienne Sif de Thor *(2011).*

Notes : Tournage du 27 février au 14 avril 2012 au Maroc (Merzouga, Essaouira).

LE JOUR ATTENDRA

Réalisation : Edgar Marie ; scénario : Edgar Marie ; photographie : Danny Elsen © ; musique : Guillaume Robin ; montage : Carlo Rizzo ; production : Matthieu Guillot, Cyril Hauguel, Jean Labadie, Cyril Colbeau-Justin, Jean-Baptiste Dupont (Extérieur Jou / LGM Cinéma / Nexus Factory / uFilm / Le Pacte) ; durée : 92 min.

Interprétation : Jacques Gamblin : Victor. Olivier Marchal : Milan. Carlo Brandt : Serki. Reda Kateb : Wilfried. Igor Skreblin : Étienne. Anne Charrier : Sarah. Laure Marsac : Coralie. Francis Renaud : José.

Thème : Compromis dans un trafic de drogue, Milan et Victor sont arrêtés avec Serki. Pour se protéger ainsi que Victor, Milan dénonce Serki à la police mexicaine. Six ans plus tard, Serki sort de prison et revient à Paris pour se venger. Blessé, Victor sauve Milan, qui parvient à tuer Serki mais est abattu par la police.

C'est le premier film d'Edgar Marie. Le film ne tient malheureusement pas les promesses du début avec son grand paysage de désert et ses deux héros confrontés aux dangers.

Notes : Tournage du 10 avril au 25 mai 2012.

MALAVITA / THE FAMILY

Réalisation : Luc Besson ; scénario : Luc Besson, Michael Caleo, d'après le livre de Tonino Benacquista Malavita ; photographie : Thierry Arbogast © ; musique : Evgueni Galperine, Sacha Galperine ; montage : Julien Rey ; production : Luc Besson, Martin Scorsese, Virginie Besson-Silla, Ryan Kavanaugh (EuropaCorp / Relativity Media / TF1 Films Production / Grive Productions) ; durée : 111 min.

Interprétation : Robert de Niro : Fred Blake / Giovanni Manzoni. Michele Pfeiffer : Maggie Blake. Dianna Agron : Belle Blake. John D'Leo : Warren Blake. Tommy Lee Jones : Robert Stansfield. Jimmy Palumbo : Di Cicco. Vincent Pastore : Fat Willy. Stan Carp : Don Luchese.

Thème : Giovanni Manzoni a trahi la mafia. Devenu Fred Blake, il bénéficie de la protection des témoins et il s'est réfugié en Normandie, à Cholong-sur-Avre, avec sa femme Maggie et leurs deux enfants Belle et Warren. Robert Stansfield est chargé de leur protection alors que Fred, dont la tête est mise à prix, écrit ses mémoires. Mais à la suite de la parution d'un article dans le journal de l'école de Warren, le parrain Don Luchese découvre l'endroit où se cache Fred et envoie ses tueurs. Ces derniers seront heureusement éliminés.

Luc Besson mêle le contexte policier (un témoin et sa famille en danger) à la description pittoresque de cette famille d'Américains exfiltrés dans un petit village de Normandie où elle doit chercher à s'acclimater avant de basculer, à la fin, dans le traditionnel règlement de comptes. Pour Robert de Niro, en grande forme.

Notes : Tournage dans l'Orne (Normandie) – Gacé, Le Sap, L'Aigle –, à New-York et aux studios de la Cité du Cinéma à Saint-Denis (Seine-Saint-Denis).

LA MARQUE DES ANGES – MISERERE

Réalisation : Sylvain White ; scénario : Laurent Turner, Sylvain White, Yann Mège, d'après le roman de Jean-Christophe Grangé *Miserere* ; photographie : Denis Rouden © ; musique : Max Richter ; montage : Sébastien de Sainte Croix ; production : Romain Le Grand, Stéphane Sperry, Luc Bossi (Liaison Films / TF1 Films Production / Brio Films / Pathé Production / DD Productions / Agora Films / uFilm / Saga City) ; durée : 106 min.

Interprétation : Gérard Depardieu : Lionel Kasdan. Joey Starr : Frank Salek. Rüdiger Vogler : Franz Hartmann. Helena Noguerra : Angela Colson. Marthe Keller : Laura Bernheim. Thierry Lhermitte : Vernoux. Kevin Meffre : Naciro. Ivan Franek : Vargos. Mathieu Carrière : Peter Hansen.

Thème : L'assassinat d'un chef de chœur conduit deux policiers, Frank Salek d'Interpol et Lionel Kasdan de la BRI, à s'unir face à un réseau de trafic d'enfants. Salek est blessé tandis que Kasdan, capturé, parvient à s'enfuir. Les deux hommes sauvent Laura Bernheim, qui allait être assassinée. Salek arrête finalement le chef des malfrats, Franz Hartmann. Lui-même avait échappé à ce réseau.

C'est la quatrième adaptation d'un livre de Jean-Christophe Grangé. L'histoire mélange d'anciens nazis à la dictature chilienne, sans oublier le thème de la pédophilie, celui de l'homosexualité et aussi celui des recherches médicales. Le couple surprenant formé par Gérard Depardieu et Joey Starr est plus convaincant que l'ensemble. Sylvain White avait notamment réalisé Souviens-toi… l'été dernier 3 *(2006).*

Notes : Tournage de mars à mai 2012 à Paris – église orthodoxe de la rue Jean-de-Beauvais (5e), siège du Parti communiste (place du Colonel-Fabien, 11e) – à l'École nationale supérieure d'architecture Marne-la-Vallée (Champs-sur-Marne, Seine-et-Marne), au Maroc et en Belgique (Chevetogne, La Marlagne, Wépion, Namur et hôtel de ville de Saint-Gilles à Bruxelles).

MÖBIUS

Réalisation : Éric Rochant ; scénario : Éric Rochant ; photographie : Pierre Novion © ; musique : Jonathan Morali ; montage : Pascale Fenouillet ; production : Mathias Rubin, Christophe Cervoni, Éric Juhérian, Tanya Sokolova, Jane Yatsuta (Récifilms / Axel Films / Artémis Productions / Samsa Film / Trésor Films / EuropaCorp / France 3 Cinéma / JD Prod) ; durée : 103 min.

Interprétation : Jean Dujardin : Moïse / Grigori Lubov. Cécile de France : Alice / « Crapule ». Tim Roth : Ivan Rostovsky. Émilie Dequenne : Sandra. John Lynch : Joshua. Maksim Vitorgan : Sobchak. Brad Leland : agent de la CIA.

Thème : Grigori Lubov, qui travaille pour les services secrets russes, arrive à Monaco pour surveiller et démasquer l'homme d'affaires Ivan Rostovsky. À cet effet, il recrute Alice, ancienne trader, comme agent infiltré, mais craignant une trahison et contrairement

MÖBIUS

MÖBIUS

aux exigences du métier, il entre en contact avec elle. La CIA espère, grâce à Alice, avoir une taupe au sein du FSB. Grigori et Alice s'éprennent l'un de l'autre, avant de comprendre qu'ils ne sont que des pions sur l'échiquier de l'espionnage. Alice est arrêtée.

Plastiquement, le film est, comme Cécile de France, d'une réelle beauté, mais il n'est pas toujours évident de croire au personnage joué par Jean Dujardin. À l'image du ruban d'August Ferdinand Möbius (1790-1868), le film révèle l'impossibilité d'échapper au monde de l'espionnage et à son tortueux univers.

Notes : Tournage du 22 mai au 27 juillet 2012 en Ukraine (Kiev), Russie (Moscou), Belgique (Bruxelles), au Luxembourg, à Monaco, dans les Alpes-Maritimes (Menton, Beausoleil, Cannes, hôtel Gounod *à Nice), dans le Var (route de l'Estérel) et sur la Côte d'Azur.*

LES SALAUDS

Réalisation : Claire Denis ; scénario : Jean-Pol Fargeau, Claire Denis ; photographie : Agnès Godard © ; musique : Stuart Staples ; montage : Annette Dutertre ; production : Brahim Chouia, Laurence Clerc, Olivier Théry-Lapiney (Alcatraz Films / Wild Bunch / Pandora Film / Arte France Cinéma) ; durée : 100 min.

Interprétation : Vincent Lindon : Marco Silvestri. Chiara Mastroianni : Raphaëlle. Julie Bataille : Sandra. Michel Subor : Édouard Laporte. Lola Créton : Justine. Alex Descas : Dr Béthanie. Grégoire Colin : Xavier. Éric Dupond-Moretti : avocat.

Thème : Le commandant Marco Silvestri quitte le supertanker à bord duquel il travaille, à la suite du suicide de Jacques, le mari de sa sœur Sandra et du viol de leur fille Justine. Il comprend que le suicide était dû aux pressions d'un certain Édouard Laporte, dont il séduit la compagne Sarah, et il découvre finalement que Jacques et Laporte se livraient à de répréhensibles séances d'ordre sexuel.

Claire Denis avoue que Les Salauds *est « un film fait à l'arrache », inspiré par le style des* Salauds dorment en paix *(Akira Kurosawa, 1960) avec Toshirō Mifune ainsi que, par le ton, du roman* Sanctuaire *(1931) de William Faulkner.*

Notes : Tournage du 20 août à octobre 2012 à Paris, Écharcon (Essonne), au camp militaire de Montlhéry (Essonne) et à Fujaïrah (Émirats arabes unis).

ZULU

Réalisation : Jérôme Salle ; scénario : Jérôme Salle, Julien Rappeneau, d'après le livre de Caryl Ferey ; photographie : Denis Rouden © ; musique : Alexandre Desplat ; montage : Stan Collet ; production : Richard Grandpierre (Eskwad / Lobster Tree / Pathé Production / M6 Films) ; durée : 110 min.

Interprétation : Orlando Bloom : Brian Epkeen. Forest Whitaker : Ali Sokhela. Conrad Kemp : Dan Fletcher. Inge Beckmann : Ruby. Tinarie van Wyk Loots : Claire Fletcher. Regardt van den Bergh : De Beer. Rendall Majiet : Cat. Patrick Lyster : Dr. Joost Opperman.

Thème : Cape Town. Une jeune fille blanche est retrouvée morte. Les policiers Ali Sokhela (un Noir) et Brian Epkeen (un Blanc) mènent l'enquête avec le jeune Dan Fletcher et se trouvent mêlés à un trafic de drogue, le redoutable tik, une forme de crack. Fletcher est tué et les policiers découvrent que le Dr Opperman fait des recherches pour mettre au point un remède contre la dépression en se servant de gosses comme de cobayes. Ali achèvera lui-même Opperman, avant de mourir.

Quittant l'univers de Largo Winch, *Jérôme Salle réunit Orlando Bloom* (Le Seigneur des anneaux, Pirates des Caraïbes) *et Forest Whitaker* (Ghost Dog, Le Majordome), *et plonge ses personnages dans l'Afrique du Sud post-Apartheid, suivant des policiers confrontés à des trafiquants de drogue et à de dangereux spécialistes. Une réussite convaincante tournée en Afrique du Sud.*

ZULU

96 HEURES

2014

24 JOURS, LA VÉRITÉ SUR L'AFFAIRE ILAN HALIMI

Réalisation : Alexandre Arcady (+ Alexandre Aja) ; scénario : Alexandre Arcady, Émilie Frèche, Antoine Lacomblez, d'après le livre de Ruth Halimi *24 jours : la vérité sur la mort d'Ilan Halimi* ; photographie : Gilles Henry © ; musique : Armand Amar ; montage : Manuel de Sousa ; production : Alexandre Arcady (Alexandre Films / Orange Studio / New Light Films) ; durée :110 min.

Interprétation : Zabou Breitman : Ruth Halimi. Pascal Elbé : Didier Halimi. Jacques Gamblin : commandant Delcour. Sylvie Testud : Brigitte Farell. Éric Caravaca : José Fernandez. Syrus Shahidi : Ilan Halimi. Tony Harrisson : Youssouf Fofana. Alka Balbir : Yaël Halimi. Olivier Sitruk : Raphy.

Thème : 2006. Ilan Halimi est repéré par Youssouf Fofana, qui dirige le « gang des barbares ». Le jeune homme est alors enlevé et torturé, ces ravisseurs étant persuadés qu'il est riche car juif... La famille d'Ilan est harcelée, mais c'est finalement mourant qu'il est retrouvé. La police arrêtera Fofana et ses complices.

« Je voulais, *déclarait Alexandre Arcady,* être du côté de ceux qui souffrent. » *Le cinéaste recrée avec sensibilité ce drame survenu en 2006 dans la région parisienne. Pour la première fois, il a, par ailleurs, obtenu l'autorisation de tourner au 36, quai des Orfèvres.*

Notes : Tournage de septembre à octobre 2013.

96 HEURES

Réalisation : Frédéric Schoedoerffer ; scénario : Simon Michaël, Philippe Isard, d'après l'idée de Simon Michaël. Adaptation : Yann Brion ; photographie : Vincent Gallot © ; musique : Max Richter ; montage : Sophie Fourdrinoy ; production : Laurent Pétin, Michèle Petin (ARP Sélection / D8 Films) ; durée : 96 min.

Interprétation : Gérard Lanvin : Gabriel Carré. Niels Arestrup : Victor Kancel. Sylvie Testud : Marion Reynaud. Anne Consigny : Françoise Carré. Laura Smet : Camille Kancel. Slimane Dazi : Abdel Koudri. Cyril Lecomte : Me Francis Castella. Ludovic Schoendoerffer : directeur de la prison.

Thème : Après trois années passées en prison, Victor Kancel s'évade au cours d'un transfert et enlève Gabriel Carré de la BRB. Il veut savoir qui l'a trahi. Il a 96 heures pour cela. Il tue son avocat, qui avait été incapable de découvrir un vice de forme dans la procédure qui lui aurait été bénéfique. Il découvre que sa propre fille Camille est la maîtresse de Carré. Camille tire sur Victor lorsque celui-ci veut tuer Carré.

Ou Lanvin contre Arestrup ! Avantage au second.

Notes : Tournage à Mézy-sur-Seine (Yvelines), dans la villa Paul Poiret imaginée par Mallet Stevens.

L'AMOUR EST UN CRIME PARFAIT

Réalisation : Arnaud Larrieu, Jean-Marie Larrieu ; scénario : Arnaud Larrieu, Jean-Marie Larrieu, d'après le roman de Philippe Djian *Incidences* ; photographie : Guillaume Deffontaines © ; musique : Caravaggio ; montage : Annette Dutertre ; production : Francis Boespflug, Sidonie Dumas, Bruno Pésery (Gaumont / Arena Films / Vega Film / RTS – Radio Télévision Suisse / Entre Chien et Loup / Arte France Cinéma / Rhône-Alpes Cinéma) ; durée : 110 min.

Interprétation : Mathieu Amalric : Marc. Karin Viard : Marianne. Maïwenn : Anna Eggbaum. Sara Forestier : Annie. Denis Podalydès : Richard. Marion Duval : Barbara. Damien Dorsaz : Jacques. Carl von Malaisé : policier à moto.

Thème : Professeur de littérature à Lausanne et frère de Marianne, Marc n'hésite pas à séduire ses élèves. C'est le cas de Barbara, qui a disparu. De même, il séduit Anna, la belle-mère de celle-ci, qui la recherche. De son côté, Marianne couche avec Richard, chef du département de Marc. Mais il s'avère qu'Anna est, en réalité, une policière et que Marc a lui-même été victime de son passé avec un incendie qu'il avait commis et avait provoqué la mort de ses parents. La police cerne Marc, reconnu coupable (il tue lors de crises de somnambulisme). Ce dernier préfère se suicider au gaz en faisant exploser le bungalow où il s'est réfugié.

*Les frères Larrieu retrouvent Mathieu Amalric, leur interprète d'*Un homme, un vrai *(2003) et* Les Derniers Jours du monde *(2009). Ils jouent à la fois sur la beauté des paysages et sur un scénario riche en zones d'ombre, notamment en ce qui concerne les liens ambigus entre Marc et sa sœur Marianne.*

Notes : Tournage du 18 février au 3 avril 2013 en Suisse (École polytechnique de Lausanne, Neuchâtel, Chardonne, massif de la Jungfrau, Vignoble de Lavaux), en Haute-Savoie (Demi-Quartier, plateau des Glières, aiguille du Midi, Chamonix, ferme des Petites Frasses à Megève).

LA CHAMBRE BLEUE

Réalisation : Mathieu Amalric ; scénario : Stéphanie Cléau, Mathieu Amalric, d'après le roman de Georges Simenon ; photographie : Christophe Beaucarne © ; musique : Grégoire Hetzel ; montage : Francis Gédigier ; production : Paulo Branco (Alfama Films Production / Arte France Cinéma) ; durée : 76 min.

Interprétation : Mathieu Amalric : Julien Gahyde. Léa Drucker : Delphine Gahyde. Stéphanie Cléau : Esther Despierre. Laurent Poitrenaux : juge d'instruction. Serge Bozon : gendarme. Blutch : psychologue. Olivier Mauvezin : Nicolas Despierre.

Thème : Julien est marié à Delphine et père d'une petite fille. Il revoit Esther, une ancienne compagne dont le mari Nicolas est pharmacien, et ils deviennent amants. Or, Delphine meurt et cette mort semble suspecte. Nicolas meurt à son tour et il s'avère que Delphine a été empoisonnée. Julien et Esther sont jugés et condamnés.

Une intrigue serrée, très bien jouée, jouant sur les rapports amoureux et sexuels, et retrouvant assez justement la noirceur chère à Simenon.

Notes : Tournage au palais de justice de Bobigny (Seine-Saint-Denis), en Vendée (Les Lucs-sur-Boulogne, Les Sables d'Olonne), dans la Sarthe (La Flèche, Luché-Pringé) et le Maine-et-Loire (palais de justice de Baugé-en-Anjou).

COLT 45

Réalisation : Fabrice Du Welz (+ Frédéric Forestier) ; scénario : Fathi Beddiar ; adaptation : Fabrice Du Welz ; photographie : Benoît Debie © ; musique : Benjamin Shielden ; montage : Raphaële Urtin ; production : Thomas Langmann, Julien Arnoux, Sébastien Delloye, Emmanuel Montamat (La Petite Reine / Orange Studio / Entre Chien et Loup / LGM Productions) ; durée : 85 min.

Interprétation : Gérard Lanvin : commandant Christian Chavez. Joey Starr : Milo Cardena. Alice Taglioni : capitaine Isabelle Le Franc. Ymanol Perset : Vincent Milès. Simon Abkarian : commandant Luc Denard. Antoine Basler : lieutenant Joseph Fleischmann. Jo Prestia : Marco. Alexandre Brasseur : commandant Martial Ricaud. Gérard Watkins : Calhoun. Fathi Beddiar : policier de la BRI au fusil.

Thème : Brillant élève de l'école de police, Vincent Milès bénéficie de l'appui du commandant Chavez, mais après avoir rencontré l'ambigu Milo Cardena, il va se trouver au milieu de la guerre des polices, entre Chavez et le commandant Denard de la BRI...

Auteur de Calvaire *(2004) et* Alleluia *(2014), Fabrice Du Welz voulait donner au polar contemporain une atmosphère glauque et inquiétante, mais le tournage l'a vu s'affronter à Gérard Lanvin et Joey Starr qui ont refusé de continuer sous sa direction. Mis en cause, le cinéaste a déclaré dans* Ciné-Vox *:* « Le film est incomplet. Il m'a échappé. J'ai ma part de responsabilité. Il manque trente pages. C'est un film malade. Je ne l'ai ni terminé, ni mixé. Ils ont mis de la musique de merde, des effets sonores de merde. Ce n'est pas du tout le film que j'avais en tête. Je me suis tapé Papy Lanvin, le "révolutionnaire", et l'autre imbécile qui est impossible à gérer. J'avais l'impression d'être Herzog et de me taper Kinski. » *N'étant pas soutenu par la production, trop attachée sans*

LA FRENCH

doute aux deux vedettes, Fabrice Du Welz et son scénariste Fathi Beddiar ont refusé de reconnaître le film, terminé par Frédéric Forestier, le metteur en scène d'Astérix aux Jeux olympiques (2008), produit par le même producteur Thomas Langmann. Le film, connu pour avoir été un échec commercial, permet, en tout cas, de reconnaître la personnalité d'Ymanol Perset dans le rôle du jeune Vincent.

Notes : Tournage à la gare des Gobelins (Paris, 13ᵉ), Versailles (Yvelines), Vitry-sur-Seine (Val-de-Marne), Aubervilliers (Seine-Saint-Denis) et Clichy-sous-Bois (Seine-Saint-Denis).

LA FRENCH

Réalisation : Cédric Jimenez ; scénario : Audrey Diwan, Cédric Jimenez ; photographie : Laurent Tangy © ; musique : Guillaume Roussel ; montage : Sophie Reine ; production : Ilan Goldman (Légende / Scope Pictures / RTBF / Gaumont / France 2 Cinéma) ; durée : 135 min.

Interprétation : Jean Dujardin : Pierre Michel. Gilles Lellouche : Gaëtan « Tany » Zampa. Céline Sallette : Jacqueline Michel. Mélanie Doutey : Christiane Zampa. Benoît Magimel : « le Fou ». Guillaume Gouix : José Alvarez. Bruno Todeschini : le banquier. Féodor Atkine : Gaston Defferre. Moussa Maaskri : Franky Manzoni.

Thème : 1975. Pierre Michel est nommé juge du grand banditisme à Marseille. Il est chargé de faire face à Gaëtan Zampa, qui dirige la French Connection… Il s'attaque donc au réseau de Zampa, organisant avec José Alvarez une unité de policiers incorruptibles. Il démasque Peretti, le chimiste de Zampa, mais il est abattu le 21 octobre 1981. Zampa sera, par la suite, arrêté.

Une reconstitution sérieuse mais un peu longue de la lutte contre la French Connection.

Notes : Tournage du 26 août à octobre 2013 dans les Bouches-du-Rhône – Marseille (palais de justice, corniche du Président-John-Kennedy, rue Mazerot, rue du Vallon-des-Auffes, calanque de Sormiou, boulevard Longchamp), La Ciotat – et en Belgique (Charleroi, Namur).

UN ILLUSTRE INCONNU

Réalisation : Matthieu Delaporte ; scénario : Matthieu Delaporte, Alexandre de La Patellière ; photographie : David Ungaro © ; musique : Jérôme Rebotier ; montage : Célia Lafitedupont ; production : Dimitri Rassam, Jérôme Seydoux (Chapter 2 / Nexus Factory / Pathé Production / Orange Studio / Fargo Films / Galfin) ; durée : 118 min.

Interprétation : Mathieu Kassovitz : Sébastien Nicolas / Henri de Montale. Marie-Josée Croze : Clémence Corneli. Éric Caravaca : capitaine Deveaux. Diego Le Martret : Vincent Corneli. Siobhan Finneran : Elizabeth Traven. Philippe Duclos : prêtre. Olivier Rabourdin : Pierre Chambard. Sophie Cattani : sœur.

Thème : Agent immobilier et personnage solitaire, Sébastien Nicolas aime se grimer pour ressembler à quelqu'un d'autre. Appelé à trouver un appartement pour Henri de Montale, il choisit de prendre l'apparence de ce dernier. Montale se suicide et Sébastien s'attache à Vincent, l'enfant non reconnu de Montale. La police – alors qu'il est désormais Henri de Montale – le soupçonne d'avoir tué Sébastien, dont il a fait croire à la mort. Il est arrêté et condamné.

Un beau sujet qui s'interroge sur la recherche de l'identité, mais malgré Mathieu Kassovitz, le film, trop long, n'est pas la grande réussite que l'on pouvait attendre. Dommage !

MEA CULPA

Réalisation : Fred Cavayé ; scénario : Fred Cavayé, Guillaume Lemans, d'après l'idée d'Olivier Marchal ; photographie : Danny Elsen © ; musique : Cliff Martinez ; montage : Benjamin Weill ; production : Sidonie Dumas, Jean-Baptiste Dupont, Cyril Colbeau-Justin (LGM Cinéma / Gaumont / Nexus Factory / TF1 Films Production / Bad Company) ; durée : 90 min.

Interprétation : Vincent Lindon : Simon. Gilles Lellouche : Franck Vasseur. Nadine Labaki : Alice. Gilles Cohen : Pastor. Max Baissette de Malglaive : Théo. Medi Sadoun : Jacquet. Velibor Topic : Milan.

Thème : Simon et Franck sont deux policiers, deux amis. Simon, en état d'ébriété, provoque un accident mortel et est obligé de quitter la police. Lorsque son fils Théo est témoin d'un crime, celui-ci, devenu gênant, est en danger. Franck va alors se porter au secours de Simon et du jeune garçon…

Fred Cavayé retrouve Vincent Lindon et Gilles Lellouche qu'il avait déjà précédemment dirigés et, sans temps morts, développe le thème de l'amitié retrouvée.

Notes : Tournage à Toulon (Var), Avignon (Vaucluse), Arles (Bouches-du-Rhône), arènes de Nîmes (Gard), Marseille (gare de Marseille-Saint-Charles) et aux studios de la Cité du Cinéma à Saint-Denis (Seine-Saint-Denis).

MEA CULPA

L'AFFAIRE SK1

Réalisation : Frédéric Tellier ; scénario : Frédéric Tellier, David Oelhoffen (+ Patricia Tourancheau), d'après l'idée de Frédéric Tellier et le livre de Patricia Tourancheau *Guy Georges : la traque* ; photographie : Matias Boucard © ; musique : Christophe La Pinta, Frédéric Tellier ; montage : Michael Dumontier ; production : Julien Leclercq, Julien Madon (Labyrinthe Films / SND Groupe M6 / Cinéfrance 1888) ; durée : 120 min.

Interprétation : Raphaël Personnaz : Franck Magne, dit « Charlie ». Nathalie Baye : Me Frédérique Pons. Olivier Gourmet : Bougon. Michel Vuillermoz : Carbonnel. Adama Niane : Guy Georges. Christa Théret : Élisabeth Ortega. Thierry Neuvic : Jensen. William Nadylam : avocat de Guy Georges. Marianne Denicourt : chef de la Crim'.

Thème : 1991 : Franck Magne, surnommé « Charlie » par ses collègues, intègre la Crim'. Une succession de crimes atroces du même auteur ensanglante Paris durant plusieurs années. Le tueur est désormais nommé « SK1 » (pour Serial Killer n° 1). Une des victimes, Élisabeth Ortega, échappe à la mort, mais elle ne reconnaît pas le suspect, Guy Georges. Ce dernier sera finalement trahi par son ADN et condamné en mars 2001.

Le film retrace minutieusement cette longue traque de dix ans.

Notes : Tournage à Paris – 36, quai des Orfèvres (1er), Caisse des dépôts et consignations (7e), palais de justice (1er), rue des Maraîchers (20e), Saint-Michel (5e), boulevard de Clichy (9e), rue Clisson (13e), villa Auguste-Blanqui (13e), rue Saint-Blaise (20e) –, Dieppe (Seine-Maritime) et Senlis (Oise).

ANTIGANG

Réalisation : Benjamin Rocher ; scénario : Tristan Schulmann, d'après l'histoire de John Hodge et Nick Love ; adaptation : François Loubeyre, Tristan Schulmann ; photographie : Jean-François Hensgens © ; musique : Laurent Perez Del Mar ; montage : Sébastien de Sainte Croix ; production : Henri Debeurme, Thierry Desmichelle, Allan Niblo, Lionel Uzan, James Richardson, Raphaël Rocher (SND Groupe M6 / Capture the Flag Films / Vertigo Media / M6 Films) ; durée : 90 min.

Interprétation : Jean Reno : Serge Buren. Alban Lenoir : Cartier. Caterina Murino : Margaux. Oumar Diaw : Manu. Stéfi Celma : Ricci. Sébastien Lalanne : Genoves. Thierry Neuvic : Becker. Jean-Toussaint Bernard : Boulez. Féodor Atkine : Tancrède. Jakob Cedergren : Kasper.

Thème : Serge Buren et ses jeunes policiers sont les partisans de méthodes expéditives. Lorsqu'une bande de braqueurs particulièrement dangereux apparaît, en possession d'armes de guerre, ils décident de les affronter et soupçonnent Kasper, mais ils n'ont aucune preuve contre lui. À la suite d'une autre opération, Buren est placé en garde à vue, le commissaire Becker lui reprochant la mort de sa femme. Cartier continue à accumuler des preuves et une fusillade finit par opposer les policiers à la bande de Kasper, dont les membres sont éliminés.

Imitation des films policiers (musclés) américains.

Notes : Il s'agit d'un remake du film britannique The Sweeney (2012) de Nick Love avec Damian Lewis, Ray Winstone et Ben Drew.

L'AFFAIRE SK1

LA DAME DANS L'AUTO AVEC DES LUNETTES ET UN FUSIL

LA DAME DANS L'AUTO AVEC DES LUNETTES ET UN FUSIL

Réalisation : Joann Sfar ; scénario : Gilles Marchand, Patrick Godeau, d'après le roman de Sébastien Japrisot ; photographie : Manuel Dacosse © ; musique : Agnès Olier ; montage : Maryline Monthieux, Christophe Pinel ; production : Patrick Godeau, Karen Monluc (Waiting for Cinema / Alicéleo / Versus Production / Wild Bunch / France 2 Cinéma) ; durée : 93 min.

Interprétation : Freya Mavor : Dany Dorémus. Benjamin Biolay : Michel Caravaille. Elio Germano : Stefano. Stacy Martin : Anita. Thierry Hancisse : garagiste. Sandrine Laroche : femme du garagiste. Noémie Morales : Sylvie.

Thème : Dany Dorémus accepte, à la demande de son patron Michel Caravaille, parti en vacances avec sa femme et sa fille, de rapporter sa voiture chez lui. Soudain, elle décide de partir pour la Côte et découvre, avant d'être agressée, que plusieurs personnes pensent déjà l'avoir déjà rencontrée sur la route. De plus, il y a un cadavre dans le coffre de la voiture… Tout ceci est une machination de Michel, qui cherchait un alibi pour sa femme Anita, compromise dans un crime. Dany tuera Michel.

« L'enjeu, *déclarait Joann Sfar, le brillant auteur du* Chat du rabbin, c'était d'être à la lisière du roman policier et du roman fantastique. Freya Mavor, l'actrice qui incarne Dany, est un miroir d'Isabelle Adjani dans *L'Été meurtrier*. Une femme qui doit nous rappeler toutes les angoisses d'Isabelle Adjani. À chaque fois qu'il y a une femme chez Sébastien Japrisot, on a l'impression que c'est la France qui est en voiture et vit un cauchemar. Quand on m'a proposé le film, j'ai vu l'adaptation d'Anatole Litvak, mais à part la musique de Michel Legrand, je ne l'ai pas aimée du tout. En revanche, j'ai découvert *Le Passager de la pluie* (1970) avec Charles Bronson et Marlène Jobert, écrit pour le cinéma par Sébastien Japrisot. Je me suis rendu compte que c'était une histoire jumelle de *La Dame dans l'auto…* Il y a les mêmes scènes et quelques détails similaires : un manteau blanc, un fusil, une héroïne rousse. J'ai fait des citations visuelles, volontaires et conscientes. »

Notes : Tournage à Beez (Belgique).

DHEEPAN

Réalisation : Jacques Audiard ; scénario : Noé Debré, Thomas Bidegain, Jacques Audiard ; photographie : Éponine Momenceau © ; musique : Nicolas Jaar ; montage : Juliette Welfling ; production : Pascal Caucheteux, Grégoire Sorlat, Jacques Audiard (Why Not Productions / Page 114 / France 2 Cinéma) ; durée : 114 min.

Interprétation : Antonythasan Jesuthasan : Dheepan. Kalieaswari Srinivasan : Yalini. Claudine Vinasithamby : Illayaal. Vincent Rottiers : Brahim. Faouzi Bensaïdi : M. Habib. Joséphine de Meaux : directrice de l'école. Jean-Baptiste Pouilloux : juriste au foyer.

Thème : Ancien Tigre tamoul, Dheepan a fui le Sri Lanka avec une jeune femme, Yalini, et Illayaal, une petite fille, qu'il connaît à peine et qu'il fait passer pour sa famille. En France, ils obtiennent le statut de réfugiés et Dheepan trouve un poste de concierge, s'arrangeant pour ne pas gêner ceux qui se livrent à divers trafics dans son immeuble. De son côté, Yalini s'occupe du vieux M. Habib. Dheepan et Yalini finissent par devenir amants, mais Yalini cherche à fuir lorsqu'une fusillade éclate. Habib est bientôt tué et Yalini fait appel à Dheepan, qui élimine ses adversaires. Yalini est sauvée et, en compagnie de Dheepan et d'Illayaal, passe en Angleterre.

Palme d'or à Cannes, couronné de César (9), Dheepan *n'est que très marginalement un film policier, car ce qui intéresse visiblement avant tout Jacques Audiard, c'est de décrire comment, dans un pays étranger, trois êtres qui ne se connaissaient pas vont, face au danger, reconstituer une cellule familiale. Le film a été tourné en langue tamoule.*

DISPARUE EN HIVER

Réalisation : Christophe Lamotte ; scénario : Pierre Chosson, Christophe Lamotte (+ Marc Syrigas, Arnaud Louvet) ; photographie : Philippe Guilbert © ; musique : André Dziezuk ; montage : Benoît Quinon ; production : Stéphane Marsil, Nicolas Steil (Hugo Productions / Iris Productions / Artémis Productions / France 2 Cinéma / Iris Films) ; durée : 100 min.

Interprétation : Kad Merad : Daniel Vernant. Géraldine Pailhas : Christine. Lola Créton : Laura. Pierre Perrier : David. Francis Renaud : Richard. Jérôme Varanfrain : Esteban. Didier Gesquière : Vidal.

Thème : Ancien policier, Daniel Vernant découvre que la jeune Laura qui a disparu est celle qu'il a prise en auto-stop. Il mène son enquête et remonte jusqu'à David, dont le père, Vidal, est un riche industriel de la région. David avait l'habitude de faire poser Laura pour des photos érotiques. Il retrouve son ancienne femme Christine et obtient l'aveu de Vidal : ce dernier avait étranglé Laura pour l'empêcher de parler de leur relation.

Un ex-policier hanté par la mort de sa propre fille… Loin de certaines de ses habituelles comédies, Kad Merad est particulièrement crédible dans ce personnage tout à la fois impulsif, rude et attachant. Il est l'une des qualités du film.

Notes : Tournage du 2 décembre 2013 au 23 janvier 2014 au Luxembourg et en Belgique.

ENRAGÉS

ENRAGÉS

Réalisation : Éric Hannezo ; réalisation de seconde équipe : Tom Kan ; scénario : Benjamin Rataud, Yannick Dahan, Éric Hannezo, d'après le scénario d'Alessandro Parenzo et Cesare Frugoni pour *Cani arrabiati* de Mario Bava et la nouvelle de Michael J. Carroll *Man and Boy* ; photographie : Kamal Derkaoui © ; musique : Laurent Eyquem ; montage : Arthur Tarnowski ; production : Éric Hannezo, Vincent Labrune, Guillaume Lacroix, Marc Dujardin (Black Dynamite Films / JD Prod / Les Productions Rabid Dogs / Bien Sûr Productions / Cinéfrance 1888) ; durée : 100 min.

Interprétation : Lambert Wilson : père. Virginie Ledoyen : femme. Guillaume Gouix : Sabri. François Arnaud : Vincent. Franck Gastambide : Manu. Laurent Lucas : chef. Mégane Lemée : Charlotte. Gabrielle Lazure : Maria.

Thème : Quatre braqueurs de banque – Sabri, Manu, Vincent et le chef du gang – fuient après un sanglant hold-up. Ils ont pris en otage une femme ainsi qu'un père et sa fille. Ce dernier élimine les truands, mais on découvre que sa fille est, en réalité, une enfant qu'il a kidnappée…

Premier et unique film d'Éric Hannezo, Enragés *est le remake de* Cani arrabiati *(*Les Chiens enragés*, 1974), mis en scène par Mario Bava, avec Lea Lander, George Eastman et Riccardo Cucciolla.* « Au-delà de Laurent Lucas qui incarne le chef de gang archétypal, *déclarait le réalisateur,* les autres personnages sont plus nuancés. Ce sont trois mecs embarqués dans quelque chose qui les dépasse. Au début, ils portent des masques. Mais, une fois enlevés, ils deviennent totalement vulnérables et incapables de se comporter en vrais méchants. Pour

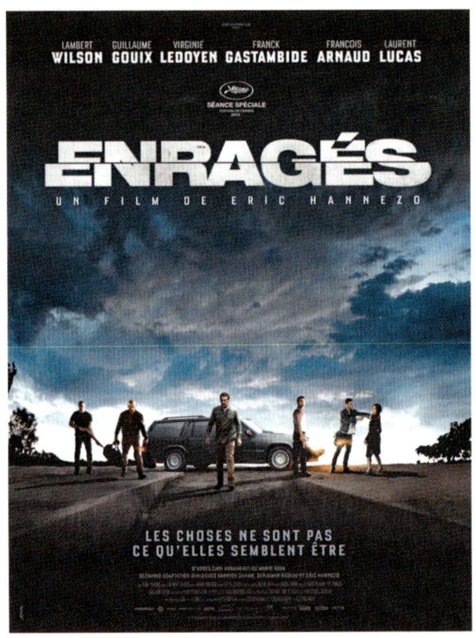

les dépeindre, je me suis inspiré de personnes que je connaissais. Je n'avais pas envie d'un film hystérique où les mecs braquent sans arrêt et tirent à tout-va. »

Notes : Tournage à Montréal.

LE GRAND JEU

Réalisation : Nicolas Pariser ; scénario : Nicolas Pariser ; photographie : Sébastien Buchmann © ; musique : Benoît de Villeneuve, Benjamin Morando ; montage : Léa Masson ; production : Emmanuel Agneray (Bizibi / Arte France Cinéma) ; durée : 99 min.

Interprétation : Melvil Poupaud : Pierre Blum. André Dussollier : Joseph Paskin. Clémence Poésy : Laura Haydon. Sophie Cattani : Caroline. Nicolas Wanczycki : homme à l'oreillette. Gavino Dessi : Marco Scavarda. Antoine Chappey : Copeau. Bernard Verley : général. Thomas Chabrol : sénateur Darcy. Nathalie Richard : Pauline.

Thème : Écrivain, divorcé et à la recherche d'un succès, Pierre Blum rencontre un certain Joseph Paskin, qui lui commande un livre destiné à faire tomber le ministre de l'Intérieur. Le livre publié, Pierre comprend qu'il est la victime d'une machination et que les activistes du groupe d'extrême gauche auquel appartient la jeune Laura, dont il est tombé amoureux, sont menacés. Il se cache alors à la campagne avec Laura, mais la jeune femme comprend que Pierre, qui ne lui a rien dit, était au courant. Joseph est retrouvé mort. Pierre se réfugie en Angleterre et Laura parvient à le disculper.

C'est le premier long métrage de Nicolas Pariser, qui mêle assez habilement le film politique au thriller et oppose Melvil Poupaud, ambitieux écrivain, au flegme d'André Dussollier, une fois de plus remarquable.

Notes : Tournage du 7 décembre 2014 au 30 janvier 2015 à Paris – 84, avenue Kléber (16e), rue Beaurepaire (10e), rue Julien-Lacroix (20e), Palais-Royal (1er), Bar Tuileries (3, rue de Castiglione, 1er), rue Clotilde (5e), Le Pré Catelan *(bois de Boulogne, 16e) –, Ivry-sur-Seine (Val-de-Marne), Villepreux (Yvelines), Saint-Maur-des-Fossés (Val-de-Marne) et Deal (Kent, Angleterre).*

JAMAIS DE LA VIE

Réalisation : Pierre Jolivet ; scénario : Pierre Jolivet (+ Simon Michaël, Simon Moutairou) ; photographie : Jérôme Alméras © ; musique : Adrien Jolivet, Sacha

Sieff ; montage : Yves Deschamps ; production : Gaëtan David, André Logie, Xavier Rigault, Marc-Antoine Robert (2.4.7 Films / Panache Productions / La Cie Cinématographique / France 3 Cinéma) ; durée : 95 min.

Interprétation : Olivier Gourmet : Franck. Valérie Bonneton : Mylène. Marc Zinga : Ketu. Thierry Hancisse : Étienne. Jean-François Cayrey : Antoine. Paco Boublard : « le Bouclé ». Nader Boussandel : Ahmed. Vincent Debost : Denis. Julie Ferrier : Jeanne. Bénabar : Pedro. Pierre Jolivet : homme du centre social.

Thème : Ancien délégué syndical, renvoyé de son usine, Frank est désormais gardien de nuit. Il découvre qu'un des employés, Ahmed, prépare un mauvais coup avec « le Bouclé ». Son collègue est poignardé et il comprend que les deux malfaiteurs en sont responsables et vont s'attaquer au distributeur de la banque. Au moment de leur coup de main, le Bouclé lui tire dessus. Frank l'écrase avec son véhicule et met la main sur le butin avant de mourir, ayant mis l'argent dans le coffre de la voiture de Mylène, sa conseillère du centre social.

Il est célibataire, sa femme l'ayant quitté, il n'a pas d'enfant, il est mal payé et, pourtant, Franck, le héros du film, ne désespère jamais du monde sans soleil dans lequel il vit. Pour Pierre Jolivet : « Mon film est noir. Comme l'époque ! Je crois que la conscience des difficultés à affronter le sentiment d'un avenir bouché n'a jamais été aussi forte. J'ai donc décidé d'aller jusqu'au bout de ma démarche avec mon personnage principal, Franck. » *Olivier Gourmet, excellent, incarne ce héros, victime, comme les autres autour de lui, du malaise social, du chômage et de la pauvreté.*

Notes : Tournage au centre commercial et Intermarché *d'Otis (Seine-et-Marne), centre social de Tremblay-en-France (Seine-Saint-Denis).*

MARYLAND

Réalisation : Alice Winocour ; scénario : Alice Winocour, Jean-Stéphane Bron ; photographie : George Lechaptois © ; musique : Gesaffelstein ; montage : Julien Lacheray ; production : Isabelle Madelaine, Émilie Tisné (Dharamsala Productions / Darius Films / Mars Films / France 3 Cinéma / Scope Pictures) ; durée : 101 min.

Interprétation : Matthias Schoenaerts : Vincent Loreau. Diane Kruger : Jessie. Paul Hamy : Denis. Zaïd Errougui-Demonsant : Ali. Percy Kemp : Imad Whalid. Victor Pontecorvo : Tom. Mickaël Daubert : Kevin. Franck Torrecillas : Franck.

Thème : En proie à un stress post-traumatique après sa mission en Afghanistan, Vincent accepte un poste de garde du corps. Dans la luxueuse demeure de « Maryland », il va veiller sur Jessie, la femme du richissime Imad Whalid. Lorsque des agresseurs se manifestent, il les met en fuite. De même, il protège, la nuit, Ali, le fils de Jessie. Celle-ci s'éprend de Vincent…

Auteure d'Augustine *(2012), Alice Winocour oppose à la personnalité de Vincent, ancien baroudeur, la présence diaphane de Diane Kruger, créant une véritable alchimie entre ses deux êtres, aussi dissemblables que possible, mais peu à peu unis par leur instabilité et leur insatisfaction.*

Notes : Tournage du 15 octobre au 11 décembre 2014 dans les Alpes-Maritimes : plage de Passable, Saint-Jean-Cap-Ferrat, col d'Èze, Vallauris et au domaine La Dilecta *(cap d'Antibes), une demeure qu'avait habitée Madonna.*

LA RÉSISTANCE DE L'AIR

Réalisation : Fred Grivois ; scénario : Thomas Bidegain, Noé Debré ; photographie : Glynn Speeckaert © ; musique : Evgueni Galperine, Sacha Galperine ; montage : Géraldine Mangenot ; production : Charles-Marie Anthonioz, Jean Duhamel, Sidonie Dumas, Nicolas Lhermitte, Mourad Belkeddar (Iconoclast Films / Gaumont / Nexus Factory) ; durée : 98 min.

Interprétation : Reda Kateb : Vincent Cavelle. Ludivine Sagnier : Delphine Cavelle. Johan Heldenbergh : Renaud. Tchéky Karyo : Armand Cavelle. Pascal Demolon : JP. Blanche Hemada Costoso : Alexia Cavelle. Laure de Clermont-Tonnerre : Valérie. Sylvie Degryse : Évelyne. Hubert Saint-Macary : voisin d'Armand.

Thème : Vincent Cavelle fait construire une maison pour y habiter avec sa femme Delphine et leur fille. Son père tombant malade, il est obligé de l'héberger, mais lorsque l'argent vient à manquer, il se retrouve seul à la mort de son père, sa femme étant allée vivre chez sa sœur. Il accepte alors la proposition de Renaud, rencontré à son stand de tir : devenir garde du corps. Mais une de ses protections tourne mal et Vincent provoque plusieurs morts. Désormais en danger, il va fuir avec sa femme et leur fille.

Le premier film de Fred Grivois, qui a été fasciné par le phénomène des tireurs aux Jeux olympiques. Il bénéficie de la composition de Reda Kateb, pris entre un père difficile à supporter, sa vie de couple et de père de famille ainsi que des soucis d'argent qui s'accumulent.

Notes : Tournage du 27 décembre 2013 au 15 janvier 2014.

MARYLAND

BRAQUEURS

2016

AU NOM DE MA FILLE

Réalisation : Vincent Garenq ; scénario : Julien Rappeneau, Vincent Garenq ; photographie : Renaud Chassaing © ; musique : Nicolas Errèra ; montage : Valérie Deseine ; production : Hugo Bergson-Vuillaume, Cyril Colbeau-Justin, Jean-Baptiste Dupont (LGM Cinéma / Black Mask Productions / StudioCanal / Nexus Factory / TF1 Films Production / uMedia / Arena Multimedia Group) ; durée : 87 min.

Interprétation : Daniel Auteuil : André Bamberski. Sebastian Koch : Dieter Krombach. Marie-Josée Croze : Dany. Christelle Cornil : Cécile. Lila-Rose Gilberti : Kalinka, à 6 ans. Emma Besson : Kalinka, à 14 ans. Christian Kmiotek : Robert. Fred Personne : père d'André. Thérèse Roussel : mère d'André.

Thème : Juillet 1982. André Bamberski apprend la mort de sa fille de 14 ans, Kalinka. Elle était en vacances en Allemagne chez sa mère et son beau-père, le Dr Krombach. Bamberski soupçonne ce dernier et entreprend un long combat en justice à l'encontre de ce ressortissant étranger à l'abri dans son pays. Krombach est finalement jugé par contumace, mais il n'est pas arrêté puis bénéficie d'un sursis, alors que Bamberski comprend que Kalinka a été droguée, puis violée par son beau-père. En 2009, Krombach est enlevé par trois hommes engagés par Bamberski pour le ramener sur le territoire français. Krombach est rejugé et condamné à trente ans ferme pour violences volontaires tandis que Bamberski écope d'un an avec sursis pour avoir organisé l'enlèvement du meurtrier.

Cette recréation d'une dramatique et authentique histoire devient tout à la fois la croisade d'un père pour la mémoire de sa fille et une lutte contre la bureaucratie, la police, la justice, le tout étant compliqué par les rapports entre différents pays. Belle composition de Daniel Auteuil.

BRAQUEURS

Réalisation : Julien Leclercq ; scénario : Julien Leclercq, Simon Moutairou ; photographie : Philip Lozano © ; musique : Jean-Jacques Hertz, François Roy ; montage : Mickael Dumontier ; production : Julien Leclercq, Julien Madon (Labyrinthe Films / SND Groupe M6 / Cinéfrance) ; durée : 81 min.

Interprétation : Sami Bouajila : Yanis Zeri. Guillaume Gouix : Éric. Youssef Hajdi : Nasser. Redouane Behache : Amine Zeri. Kahina Carina : Nora Zeri. David Saracino : Franck.

Thème : Yanis, Éric, Nasser et Franck ont formé un gang de braqueurs. Amine, le frère de Yanis, ayant fait une erreur, le gang est contraint de s'emparer du chargement d'un go fast et de faire face aux dealers. Nasser est tué, la mère de Yanis et la femme d'Éric sont kidnappées et Yanis finira par être tué par un jeune policier...

C'est un engrenage mortifère, auquel il est impossible d'échapper, que décrit ici Julien Leclercq dans un monde gangréné par le désir d'argent et dans lequel vont s'affronter cette bande de jeunes braqueurs, des dealers beaucoup plus dangereux et finalement la police.

BRAQUEURS

LE CONVOI

Réalisation : Frédéric Schoendoerffer ; scénario : Yann Brion, Frédéric Schoendoerffer ; photographie : Vincent Gallot © ; musique : Thibault Quillet ; montage : Sophie Fourdrinoy ; production : Éric Névé, Frédéric Schoendoerffer (Carcharodon / Orange Studio / D8 Films / Cinéfrance 1888 / Rhônes-Alpes Cinéma) ; durée : 102 min.

Interprétation : Benoît Magimel : Alex. Reem Kherici : Nadia. Tewfik Jallab : Imad. Mahdi Belemlih : Elyes. Amir El Kacem : Yacine. Léon Garel : Rémi. Sofian Khammes : Reda. Foëd Amara : Majid.

Thème : Partis de Malaga à destination de Créteil, sept hommes sont chargés, à bord de quatre voitures, de convoyer 1,3 tonne de cannabis. Une jeune touriste, Nadia, se trouve malgré elle embarquée dans cette opération. Majid découvre bientôt qu'Elyes, en plus du cannabis, transporte de la cocaïne. Il est tué dans un engagement avec la Guardia Civil. Alex est blessé. Imad rencontre Omar, le caïd du trafic de drogue. La police intervient et, au cours de la fusillade, seuls survivent Elyes et Reda, qui sont arrêtés, alors qu'Alex fuit avec Nadia qu'il libère, mais la police l'arrête.

C'est tambour battant que Frédéric Schoendoerffer mène ce road-movie qui se déroule essentiellement sur des autoroutes, entre voitures, dans des poursuites impliquant les convoyeurs et la police. La psychologie est parfois soumise à l'action et une question se pose à propos du film comme à propos de certaines autres œuvres du cinéaste, dont il est impossible de ne pas reconnaître l'habileté et le talent. Alors que souvent certains films policiers français de la même époque ont bénéficié de critiques très (trop) favorables, on a l'impression que Schoendoerffer est toujours victime de ce que l'on ne reproche jamais à ses collègues. Pourquoi ?

Notes : Tournage du 23 septembre au 14 novembre 2014 en Rhône-Alpes.

DIAMANT NOIR

Réalisation : Arthur Harari ; scénario : Arthur Harari, Vincent Poymiro, Agnès Feuvre, d'après l'idée originale d'Arthur Harari et Olivier Séror ; photographie : Tom Harari © ; musique : Olivier Marguerit ; montage : Laurent Sénéchal ; production : Philippe Martin, David Thion (Les Films Pelléas / Savage Film / Frakas Productions / France 2 Cinéma / Jouror Productions / Proximus) ; durée : 115 min.

Interprétation : Niels Schneider : Pier Ulmann. August Diehl : Gabi Ulmann. Hafed Benotman : Rachid. Hans Peter Cloos : Joseph Ulmann. Raphaële Godin : Luisa. Raghunath Manet : Vijay Sha Gopal. Jos Verbist : Rick De Vries. Guillaume Verdier : Kevin.

Thème : En rupture familiale, Pier Ulman est devenu cambrioleur. À la mort de son père, il décide de se venger de cette famille...

Tout en faisant parfois penser à Hamlet, le film est surtout un très intéressant document sur le monde des diamantaires. Il a été tourné à Anvers et on découvre – ce qui a très rarement été montré, en dehors de films documentaires – cet univers opaque, ultra-sécurisé, dans lequel on voit des hommes examiner à la loupe des pierres et imaginer comment les tailler. C'est le premier film d'Arthur Harari qui, dès la première scène – l'amputation du père – plonge le spectateur dans un monde à la fois feutré et violent.

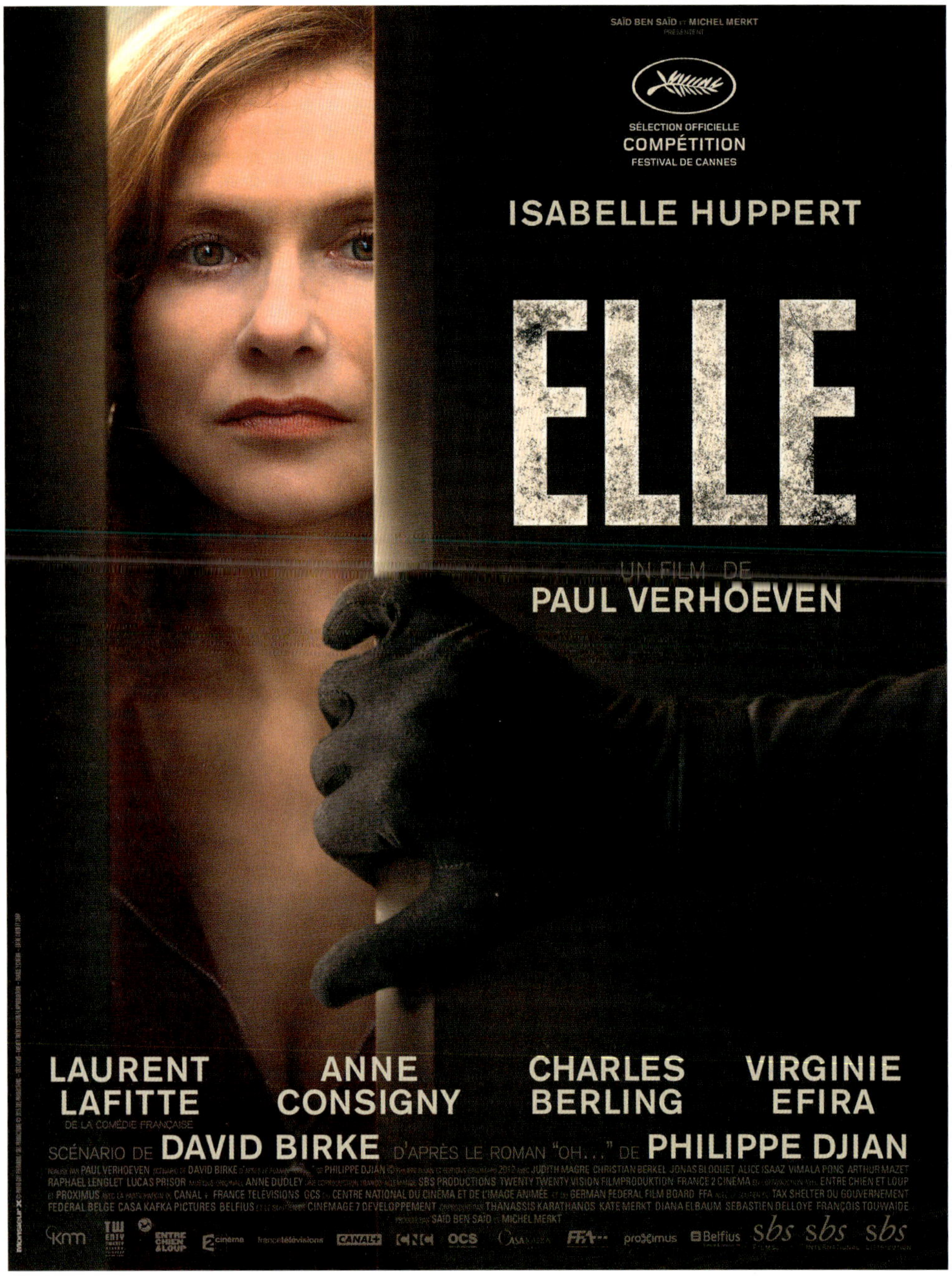

ELLE

Réalisation : Paul Verhoeven ; scénario : David Birke, d'après le roman de Philippe Djian *Oh...* ; photographie : Stéphane Fontaine © ; musique : Anne Dudley ; montage : Job ter Burg ; production : Saïd Ben Saïd, Michel Merkt (SBS Productions / Twenty Twenty Vision / Entre Chien et Loup / France 2 Cinéma) ; durée : 130 min.

Interprétation : Isabelle Huppert : Michèle. Laurent Lafitte : Patrick. Anne Consigny : Anna. Charles Berling : Richard. Virginie Efira : Rebecca. Judith Magre : Irène. Christian Berkel : Robert. Jonas Bloquet : Vincent. Alice Isaaz : Josie. Raphaël Lenglet : Ralf.

Thème : Femme d'affaires et divorcée de Richard, Michèle (dont le père mourant est en prison pour multiples meurtres) est la maîtresse de Robert, le mari de son amie et associée Anna. Une nuit, elle est violée par un intrus masqué. Elle n'appelle pourtant pas la police. Ayant découvert, lors d'une nouvelle attaque, que son agresseur n'est autre que son voisin Patrick, elle établit une étrange relation avec lui. Le père de Michèle se suicide dans sa cellule le jour où elle avait enfin décidé de lui rendre visite. Elle avoue à Anna sa liaison avec son mari et annonce à Patrick qu'ils doivent mettre fin à leur relation. Ce dernier sera finalement tué avec une bûche par Vincent, le fils de Michèle, lors d'une énième intrusion chez elle.

« Il y a quelque chose de *Belle de jour* dans *Elle*, dans le sens où mon film aborde aussi des comportements jugés immoraux en les traitant comme s'ils étaient normaux » *déclare Paul Verhoeven, qui s'attache à un personnage féminin souvent ambigu. Dénoncé par certaines organisations féministes qui lui reprochent la manière dont est traité le thème même du viol, le film retrouve une certaine perversité, mais ce n'est pas* Basic Instinct *(1992)...*

Notes : Tournage de janvier à mars 2015 à Paris – 11 bis, port de Montebello (5e), cimetière du Père-Lachaise (20e), rue Soufflot (5e), rue de Beaujolais (1er), Notre-Dame de Paris (1er) –, Saint-Germain-en-Laye (Yvelines) – rue Charles-Rhônê, parc du château – et à la prison de Fresnes (Val-de-Marne).

MADE IN FRANCE

MADE IN FRANCE

Réalisation : Nicolas Boukhrief ; scénario : Nicolas Boukhrief, Éric Besnard ; photographie : Patrick Ghiringhelli © ; musique : Robin Coudert ; production : Clément Miserez, James Velaise, Matthieu Warter (Radar Films / Pretty Pictures) ; durée : 94 min.

Interprétation : Malik Zidi : Sam. Dimitri Storoge : Hassan. François Civil : Christophe. Nassim Si Ahmed : Driss. Ahmed Dramé : Sidi. Nailia Harzoune : Zora. Nicolas Grandhomme : Herbelin. Franck Gastambide : Dubreuil.

Thème : Sam, qui est journaliste, enquête sur les jeunes qui ont rejoint l'islamisme radical. Il intègre, à cet effet, un petit groupe en rupture avec la société et prêt pour le grand départ...

« Ce n'est pas un film sur l'islam. En aucune façon. C'est un film sur un fait de société, sur une bande de jeunes qui dérivent » *explique Nicolas Boukhrief, qui a toujours rappelé que c'est à la suite de l'attentat de la place Saint-Michel qu'il s'est attaché au sujet du film. Ce dernier a été tourné entre le 2 août et le 3 octobre 2014. Il devait, dans un premier temps, sortir au début de l'année 2015, mais c'est finalement en septembre de la même année que cette sortie avait été décalée. Au moment même où les attentats allaient ensanglanter Paris. Ce qui incita les salles de cinéma à ne pas programmer le film, qui passa directement à la télévision et en VOD (janvier 2016), en dehors de quelques très rares séances dans une salle. Le cinéaste reconnaissait à ce propos :* « Je ne juge personne, mais cette peur irrationnelle qui saisit tout le monde est précisément ce que veulent les terroristes. » *L'affiche, dont Nicolas Boukhrief lui-même a parfois regretté le manque d'humanisme, représentait – rappelons-le – une kalachnikov AK-47 se fondant avec la tour Eiffel...*

L'OUTSIDER

Réalisation : Christophe Barratier ; scénario : Christophe Barratier, Laurent Turner, d'après le livre de Jérôme Kerviel et l'idée de Jérôme Corcos ; photographie : Jérôme Alméras © ; musique : Philippe Rombi ; montage : Yves Deschamps ; production : Nicolas Mauvernay, Jacques Perrin (Galatée Films / France 2 Cinéma / Le Pacte) ; durée : 117 min.

Interprétation : Arthur Dupont : Jérôme Kerviel. François-Xavier Demaison : Fabien Keller. Sabrina Ouazani : Sofia. Tewfik Jallab : Samir. Thomas Coumans : Mathieu Priester. Sören Prévost : Benoit Froger. Franz Lang : Sébastien Mangelle. Luc Schiltz : Colin Blake.

Thème : 2000. Le trader Jérôme Kerviel est engagé à la Société générale. Il suit les conseils de Fabien Keller et devient bientôt une « cash machine », celui à qui tout réussit jusqu'à ce que l'on découvre, en 2008, qu'il a fait perdre quelque 4,9 milliards d'euros à la banque...

Christophe Baratier, l'auteur des Choristes (2004) s'attache donc à la personnalité de Jérôme Kerviel. Même s'il cherche à rester objectif, le film est plutôt en faveur du trader que de sa banque. On suit avec soin cette aventure balzacienne, mais on reste pourtant loin de la virulence que peuvent avoir certains films hollywoodiens consacrés au même sujet.

2017

L'AMANT DOUBLE

Réalisation : François Ozon ; scénario : François Ozon (+ Philippe Piazzo), d'après le roman de Joyce Carol Oates *Lives of the Twins* ; photographie : Manu Dacosse © ; musique : Philippe Rombi ; montage : Laure Gardette ; production : Éric Altmayer, Nicolas Altmayer (Mandarin Films / FOZ / Scope Pictures) ; durée : 107 min.

Interprétation : Marine Vacth : Chloé. Jérémie Renier : Paul et Louis. Jacqueline Bisset : Mme Schenker et mère de Chloé. Dominique Reymond : gynécologue et Agnès Wexler. Fanny Sage : Sandra Schenker. Jean-Édouard Bodziak : jeune psychanalyste.

Thème : Chloé s'éprend de Paul, son psychanalyste. Ils s'installent ensemble, mais la jeune femme découvre bientôt que celui-ci lui a caché l'existence d'un frère jumeau, Louis, qui est également psychanalyste...

« J'aime brouiller les frontières pour amener le spectateur à s'interroger sur la nature des images » *déclare François Ozon, qui signe ici un de ses films les plus habiles, jouant sur la gémellité et incitant – en effet – le spectateur à se demander si ce qu'il voit est bien la réalité. D'un simple fait – une femme éprise de son psy –, il crée une vertigineuse variation amoureuse, perverse et érotique, superbement jouée par Marine Vacth.*

CARBONE

Réalisation : Olivier Marchal ; scénario : Olivier Marchal, Emmanuel Naccache, d'après l'idée d'Ali Hajdi ; photographie : Antony Diaz © ; musique : Erwann Kermorvant ; montage : Julien Perrin, Raphaële Urtin ; production : Manuel Munz (Les Films Manuel Munz / Nexus Factory / uMedia / EuropaCorp / La Vérité Production) ; durée : 104 min.

Interprétation : Benoît Magimel : Antoine Roca. Gérard Depardieu : Aron Goldstein. Gringe : Simon Wizman. Idir Chender : Éric Wizman. Laura Smet : Noa Van Strecht. Michaël Youn : Laurent Melki. Dani : Dolly Wizman. Patrick Catalifo : Franck Moser. Moussa Maaskri : Kamel Dafri.

Thème : De peur de perdre son emploi, Antoine Roca met au point le « coup du siècle ». Ce qui va le mettre en relation avec le grand banditisme...

Le film s'inspire de la « Carbone Connection » de 2008-2009, la fraude à la TVA sur le carbone. « L'une des erreurs de ma vie, *déclare un Gérard Depardieu impérial,* aurait été d'avoir sous-estimé ce petit con », *en parlant du héros du film.*

D'APRÈS UNE HISTOIRE VRAIE

Réalisation : Roman Polanski ; scénario : Roman Polanski, Olivier Assayas, d'après le roman de Delphine de Vigan ; photographie : Pawel Edelman © ; musique : Alexandre Desplat ; montage : Margot Meynier ; production : Wassim Béji (WY Productions / RP Productions / Mars Films / France 2 Cinéma) ; durée : 100 min.

Interprétation : Emmanuelle Seigner : Delphine Dayrieux. Eva Green : Elle. Vincent Perez : François. Dominique Pinon : Raymond. Camille Chamoux : Oriane. Brigitte Roüan : documentaliste du lycée. Josée Dayan : Karina. Noémie Lvovsky : commissaire d'exposition. Élisabeth Quin : journaliste.

Thème : Delphine Dayrieux, qui est romancière, est anonymement accusée d'avoir parlé de sa famille. Ne pouvant plus écrire, elle se confie bientôt à Elle, dont elle a fait la connaissance et qui ne lui cache pas son admiration. La jeune femme semble la comprendre mieux que quiconque, s'occupe d'elle alors que François, le compagnon de Delphine est absent, et finit peu à peu par prendre possession de la romancière. En même temps, elle semble se confier, parlant du suicide de son mari, de la mort de sa mère, du crime commis par son père. Delphine, qui a été accidentée, est désormais à la merci d'Elle. Son roman – elle ne l'a pas écrit ! – sort bientôt...

L'AMANT DOUBLE

C'est une véritable prise de possession que décrit ici Roman Polanski, très à l'aise avec ce sujet qui rejoint plusieurs de ses thèmes favoris. Une fois de plus, il est un très habile directeur d'acteurs.

Notes : Tournage en Eure-et-Loir (Chapelle-Royale, Les Autels-Villevillon) et à Paris.

K.O.

Réalisation : Fabrice Gobert ; scénario : Valentine Arnaud, Fabrice Gobert ; photographie : Patrick Blossier © ; musique : Jean-Benoît Dunckel ; montage : Bertand Nail ; production : Marc-Antoine Robert, Xavier Rigault (2.4.7. Films) ; durée : 115 min.

Interprétation : Laurent Lafitte : Antoine Lecomte. Chiara Mastroianni : Solange Roscoeg. Pio Marmaï : Boris. Clotilde Hesme : Ingrid. Zita Hanrot : Dina. Jean-Charles Clichet : Jeff. Sylvain Dieuaide : Edgar Limo. Jean-François Sivadier : Benezer. Alain Libolt : M. Langlois.

Thème : Directeur des programmes d'une grande chaîne de télévision, Antoine Lecomte est un homme dur et méprisant. Il humilie Edgar Limo, un présentateur de la chaîne, mais après une dispute avec son épouse Solange, qui écrit un roman susceptible de le gêner, et après l'avoir trompée avec Ingrid, il est victime de Limo, qui lui tire dessus. Il se retrouve à l'hôpital dans le coma. À son réveil, il découvre une nouvelle réalité : Ingrid est devenue sa chef et lui-même est le présentateur de la météo, Solange et Limo étant désormais ensemble. Est-il dans un rêve ? Poursuivi par la police qui lui tire dessus, il se réveille une nouvelle fois à l'hôpital et il meurt.

Auteur de la série télévisée Les Revenants *(2012-2015), Fabrice Gobert joue astucieusement avec un sujet dans lequel se mêlent Charles Dickens et David Fincher. Laurent Lafitte est parfait.*

LA MÉCANIQUE DE L'OMBRE

Réalisation : Thomas Kruithof ; scénario : Thomas Kruithof, Yann Gozlan (+ Marc Syrigas, Aurélie Valet) ; photographie : Alex Lamarque © ; musique : Grégoire Auger ; montage : Jean-Baptiste Beaudoin ; production : Thibault Gast, Matthias Weber (2425 Films / Scope Pictures / RTBF) ; durée : 93 min.

Interprétation : François Cluzet : Duval. Denis Podalydès : Clément. Sami Bouajila : Labarthe. Simon Abkarian : Gerfaut. Alba Rohrwacher : Sara. Philippe Résimont : De Grugy. Daniel Hanssens : Albert. Olivier Bony : voisin.

Thème : Toujours à la recherche d'un emploi après son burn-out, Duval accepte, suite à un appel de son ami Clément, un travail qui consiste à retranscrire des conversations téléphoniques. Un jour, un des interlocuteurs est assassiné et Duval se trouve mêlé au problème de la libération d'otages retardée par le candidat à la présidentielle Chalamont. Il est ensuite arrêté par Labarthe de la DGST, qui veut mettre la main sur Clément. Ce dernier est abattu par les hommes de Labarthe. Chalamont sera élu et les otages, libérés…

Partant d'un fait qui pourrait rester banal – un homme chargé de retranscrire des appels téléphoniques –, le film bascule progressivement dans une intrigue de plus en plus compliquée où on va se trouver face à l'ambition politique et à la raison d'État, certains éléments ressemblant d'ailleurs à des affaires récentes… Pour son premier film, Thomas Kruithof signe une œuvre intéressante et François Cluzet est, une fois de plus, remarquable.

Notes : Tournage du 16 novembre 2015 au 16 janvier 2016 à Molenbeek-Saint-Jean-Molenbeek (région de Bruxelles-Capitale).

LA MÉCANIQUE DE L'OMBRE

LE SERPENT AUX MILLE COUPURES

Réalisation : Éric Valette ; scénario : DOA ; adaptation : Éric Valette, DOA, d'après le roman de DOA ; photographie : Jean-François Hensgens © ; musique : Christophe Boulanger, Mike Theis ; montage : Sébastien Prangère ; production : Alexis Dantec, Raphaël Rocher (Capture The Flag Films / The French Connection / Nexus Factory / uMedia) ; durée : 104 min.

Interprétation : Tomer Sisley : motard. Terence Yin : Tod. Pascal Greggory : Massé du Réaux. Stéphane Debac : Jean-François Neri. Erika Sainte : Stéphanie. Carlos Cabra : Barrera. Cédric Ido : Omar. Gérald Laroche : Adrien Viguie.

Thème : Un motard abat trois dealers et se réfugie dans la ferme des Petit, mais le père d'une de ses victimes charge l'exécuteur Tod de venger son fils…

On se souvient de ce polar rural en raison de son extrême violence, de son atmosphère de plus en plus inquiétante et peut-être surtout à cause de la personnalité cauchemardesque du tueur Tod, personnifié par Terence Yin que l'on avait pu voir notamment dans Lara Croft : Tomb Raider, le berceau de la vie *(2003). Avec une évidente jubilation, Tod avoue :* « J'ai fait pleurer beaucoup de femmes à cause de mon travail. J'ai tué les maris, les pères, les frères… Cela les rend très tristes. J'ai toujours détesté voir les femmes tristes, alors je les tue ! »

TOUT NOUS SÉPARE

UNE VIE VIOLENTE

Réalisation : Thierry de Peretti ; scénario : Guillaume Bréaud, Thierry de Peretti ; photographie : Claire Mathon © ; montage : Marion Monnier ; production : Frédéric Jouve (Les Films Velvet / Stanley White / Arte France Cinéma) ; durée : 107 min.

Interprétation : Jean Michelangeli : Stéphane. Henri-Noël Tabary : Christophe. Cédric Appietto : Michel. Marie-Pierre Nouveau : Jeanne. Délia Sepulcre-Nativi : Raphaëlle. Dominique Colombani : François.

Thème : Stéphane retourne en Corse à l'occasion de l'enterrement de son ami Christophe. Il va se souvenir de son apprentissage dans la lutte armée, de l'affrontement de factions rivales entre ceux qui sont d'authentiques patriotes et d'autres, plus proches d'une forme de gangstérisme local.

Le film s'inspire de la personnalité du militant Nicolas Montigny, assassiné en 2001. Il est l'un des rares à s'attacher au nationalisme et au terrorisme corses.

Notes : Tournage en Haute-Corse – Bastia (Lupino, boulevard Auguste-Gaudin, boulevard Paoli), Farinole, Ville-di-Paraso –, et à Paris (rue de Harlay, 1er).

TOUT NOUS SÉPARE

Réalisation : Thierry Klifa ; scénario : Cédric Anger, Thierry Klifa; photographie : Julien Hirsch © ; musique : Gustavo Santaolalla ; montage : Thomas Marchand ; production : Maxime Delauney, François Kraus, Denis Pineau-Valencienne, Romain Rousseau (Les Films du Kiosque / Nolita Cinema / uMedia / MyFamily) ; durée : 99 min.

Interprétation : Catherine Deneuve : Louise Keller. Diane Kruger : Julia Keller. Nekfeu (Ken Samaras) : Ben Torres. Nicolas Duvauchelle : Rodolphe Calavera. Sébastien Houbani : Karim. Michaël Cohen : Olivier. Olivier Loustau : Daniel. Brigitte Sy : mère de Ben. Julia Faure : Patricia. Élisabeth Mazev : Régine.

Thème : Handicapée à la suite d'un accident, Julia Keller a pour amant Rodolphe, qui lui fournit des antidouleurs. Elle le tue accidentellement au cours d'une overdose. Sa mère Louise cache le crime, mais Ben Torres fait chanter les deux femmes et exige les 30 000 € qu'il doit au dealer Daniel. Torturé par ce créancier, Ben finit par s'accuser du meurtre de Rodolphe.

« Très vite, *déclarait Thierry Klifa,* est née l'idée d'une femme qui prendrait les armes pour sa fille, une guerrière, et défendrait coûte que coûte son territoire. J'avais envie de rendre compte du monde dans lequel on vit aujourd'hui, fracturé, explosif. En forçant mon héroïne à pénétrer le milieu des malfrats pour protéger sa fille, je voyais l'occasion de confronter deux mondes à la fois proches et complètement étanches. »

Notes : Tournage du 8 juin au 20 juillet 2016 à Sète et Perpignan.

UNE VIE VIOLENTE

FLEUVE NOIR

UN COUTEAU DANS LE CŒUR

Réalisation : Yann Gonzalez ; scénario : Yann Gonzalez, Cristiano Mangione ; photographie : Simon Beaufils © ; musique : M83 ; montage : Raphaël Lefèvre ; production : Charles Gillibert (CG Cinéma / Garidi Films / RTS – Radio Télévision Suisse / Piano / Arte France Cinéma / Le Fresnoy-Studio national des arts contemporains) ; durée : 100 min.

Interprétation : Vanessa Paradis : Anne Parèze. Nicolas Maury : Archibald Langevin. Kate Moran : Loïs McKenna. Jonathan Genet : Guy. Félix Maritaud : Thierry. Khaled Alouach : Nans / Fouad. Noé Hernández : José. Thibault Servière : Misia. Romane Bohringer : Cathy Vannier. Florence Giorgetti : la taulière Dark Room.

Thème : Paris, été 1979. Anne est productrice de films gay, mais Loïs, sa compagne et monteuse, la quitte. Alors qu'elle tourne avec Archibald Langevin, l'un des acteurs, Karl, est assassiné et ce n'est qu'un début…

Le film s'inspire de la personnalité authentique d'Anne-Marie Tensi (1942-1994) qui, sous divers pseudonymes – Job Blough, Anthony Smalto, Frédéric Thompson, Marc Olivier –, tourna plusieurs dizaines de films gays, dont la plupart ont – semble-t-il – disparu. Dans un style baroque, à la fois souvent poétique et kitsch, Yann Gonzalez précipite le spectateur dans un univers proche du giallo *italien.* « C'est le portrait, *disait-il,* d'une femme amoureuse embarquée au cœur d'un train fantôme. J'adore cette idée de film forain ; on prend place dans un manège sans savoir où il nous emmène. »

FLEUVE NOIR

Réalisation : Erick Zonca ; scénario : Lou de Fanget Signolet, Erick Zonca, d'après le roman de Dror Mishani *Une Disparition inquiétante* ; photographie : Paolo Carnera © ; musique : Rémi Boubal ; montage : Philippe Kotlarski ; production : Vincent Cassel, Christine de Jekel (Curiosa Films / Mars Films / Versus Production / France 2 Cinéma) ; durée : 113 min.

Interprétation : Vincent Cassel : François Visconti. Romain Duris : Yann Bellaile. Sandrine Kiberlain : Solange Arnault. Élodie Bouchez : Lola Bellaile. Charles Berling : Marc. Hafsia Herzi : Chérifa. Jérôme Pouly : Raphaël Arnault. Félix Back : Denis Visconti. Lauréna Thellier : Marie Arnault. Stéphan Wojtowicz : Franck. Redda Terki : Eddy.

Thème : Le jeune Dany Arnault a disparu. Le commandant François Visconti, alcoolique et aux abois, mène l'enquête tandis que son propre fils de 16 ans, Denis, est mêlé à un trafic de drogue. Yan Bellaile, le professeur particulier de français de Dany, s'intéresse de très près à l'enquête et devient vite un suspect. François découvre que Bellaile est à la fois marié, père de famille et secrètement homosexuel. Ce dernier envoie aussi de fausses lettres de Dany à ses parents… Visconti comprend que Dany a été accidentellement tué par son père. La mère, Solange – avec qui Visconti a couché –, a aidé son mari à enterrer le corps. Le père de Dany abusait de leur fille trisomique Marie, le garçon l'avait découvert et s'était battu avec lui.

Le policier est barbu, usé et porté sur l'alcool, le professeur n'est pas plus rassurant et que dire du clan Arnault, symbolisé par Solange, la mère de Dany, et lié par d'inavouables secrets… C'est dire si tous les personnages ont de multiples problèmes que la disparition de Dany révèle avec de plus en plus d'acuité. Gérard Depardieu a été remplacé dans le rôle de François Visconti par Vincent Cassel et Erick Zonca donne à ce polar particulièrement glauque une véritable atmosphère.

Notes : Tournage du 18 avril au 29 juin 2016.

FRÈRES ENNEMIS

Réalisation : David Oelhoffen ; scénario : David Oelhoffen, Jeanne Aptekman ; photographie : Guillaume Deffontaines © ; musique : Superpoze ; montage : Anne-Sophie Bion ; production : Marc Du Pontavice (One World Films / Bac Films Distribution) ; durée : 111 min.

Interprétation : Matthias Schoenaerts : Manuel Marco. Reda Kateb : Driss. Adel Bencherif : Imrane Mogalia. Sofiane Zermani : Fouad. Sabrina Ouazani : Mounia. Gwendolyn Gourvenec : Manon. Nicolas Giraud : Rémi Rufo.

Thème : Manuel et Driss sont deux amis d'enfance, mais ils ont suivi des voies différentes. Driss est devenu un policier alors que Manuel a rejoint le monde du crime, celui des trafiquants de drogue. Driss va bientôt se retrouver aux Stups…

David Oelhoffen retrouve Reda Kateb, qu'il avait déjà dirigé dans Loin des hommes *(2014), d'après la nouvelle* L'Hôte *issue de* L'Exil et le Royaume *(1957) d'Albert Camus. Le sujet – un policier contre un trafiquant – trouve une nouvelle originalité dans le fait que les deux hommes se connaissent bien et sont des amis d'enfance que la vie a séparés. Avec habileté, le cinéaste ne se contente pas d'inclure d'inévitables scènes de violence et privilégie, au contraire, une certaine réflexion sur la vie et le destin de ces hommes que tout va opposer.*

LUKAS

Réalisation : Julien Leclercq ; scénario : Jérémie Guez, Julien Leclercq ; photographie : Robrecht Heyvaert © ; musique : Jean-Jacques Hertz, François Roy ; montage : Benjamin Courtines ; production : Aimée Buidine, Jérémie Guez, Julien Leclercq, Julien Madon. (Labyrinthe Films / Atchafalaya Films / uMedia / 10.80 Films / Proximus / RTBF / Cheyenne / C8 Films) ; durée : 82 min.

Interprétation : Jean-Claude Van Damme : Lukas. Sami Boujila : Maxim Zeroual. Sveva Alviti : Lisa Zaccherini. Sam Louwyck : Jan Dekkers. Kevin Janssens : Geert. Kaaris : Omar. Alice Verset : Sarah.

Thème : Autrefois garde du corps, Lukas est désormais videur dans une boîte de nuit. À la suite d'une altercation, il se retrouve en prison. Pour pouvoir revoir sa fille de 8 ans, il accepte, à la demande de la police, d'infiltrer un gang de faux-monnayeurs flamands.

Auteur du fameux aphorisme « Les cacahuètes, c'est le mouvement perpétuel à la portée de l'homme », *Jean-Claude Van Damme, toujours à l'aise, retrouve sa Belgique natale pour ce polar plus noir que musclé.*

Notes : Tournage en Belgique (Namur et Bruxelles).

L'ADIEU À LA NUIT

Réalisation : André Téchiné ; scénario : André Téchiné, Léa Mysius, d'après une idée d'Amer Alwan et André Téchiné et le livre d'entretiens de David Thomson *Les Français jihadistes* ; photographie : Julien Hirsch © ; musique : Alexis Rault ; montage : Albertine Lastera ; production : Olivier Delbosc (Curiosa Films / Films Boutique / Arte France Cinéma / Legato Films / Bellini Films) ; durée : 103 min.

Interprétation : Catherine Deneuve : Muriel. Kacey Mottet Klein : Alex. Oulaya Amamra : Lila. Stéphane Bak. Bilal Matip. Kamel Labroudi : Fouad. Mohammed Djouhri : Youssef.

Thème : Muriel, qui dirige un centre équestre, accueille avec joie son petit-fils Alex, censé bientôt partir au Canada avec sa petite amie Lila. Or, elle découvre qu'Alex est, en fait, décidé à partir pour la Syrie et rejoindre le djihad avec la bénédiction de l'imam Bilal. Elle doit agir de toute urgence pour l'en empêcher…

« **Pour** ces adolescents attirés par le djihad, il y a un "désir furieux de sacrifice". Je trouvais cela certes brûlant mais aussi susceptible de ne pas intéresser que moi, mais tout le monde. C'est un sujet clivant et ouvert à la fois. » *reconnaissait André Téchiné qui retrouve ici, pour la huitième fois, Catherine Deneuve.*

Notes : Tournage du 2 avril au 7 juin 2018.

L'HEURE DE LA SORTIE

Réalisation : Sébastien Marnier ; scénario : Sébastien Marnier (+ Élise Griffon), d'après le roman de Christophe Dufossé ; photographie : Romain Carcanade © ; musique : Zombie Zombie ; montage : Isabelle Manquillet ; production : Caroline Bonmarchand (Avenue B Productions / 2L Productions) ; durée : 103 min.

Interprétation : Laurent Lafitte : Pierre. Emmanuelle Bercot : Catherine. Luàna Bajrami : Apolline. Victor Bonnel : Dimitri. Pascal Greggory : Poncin. Véronique Ruggia Saura : Françoise. Gringe : Steve. Grégory Montel : Michel. Thomas Scimeca : Victor.

Thème : Thomas arrive au collège Saint-Joseph comme remplaçant d'un professeur, qui s'est suicidé récemment. Il doit s'occuper d'une classe de troisième mais découvre un groupe d'élèves aussi intelligents qu'hostiles…

Un professeur qui fait une thèse sur Kafka, des élèves très doués et obsédés par les problèmes de l'écologie et de la fin du monde, une atmosphère de plus en plus inquiétante et le souvenir du Village des damnés *(1960).*

LES MISÉRABLES

Réalisation : Ladj Ly ; scénario : Ladj Ly, Giordano Gederlini, Alexis Manenti ; photographie : Julien Poupard © ; montage : Flora Volpelière ; production : Toufik Ayadi, Christophe Barral (SRAB Films / Rectangle Productions / Lyly Films) ; durée : 103 min.

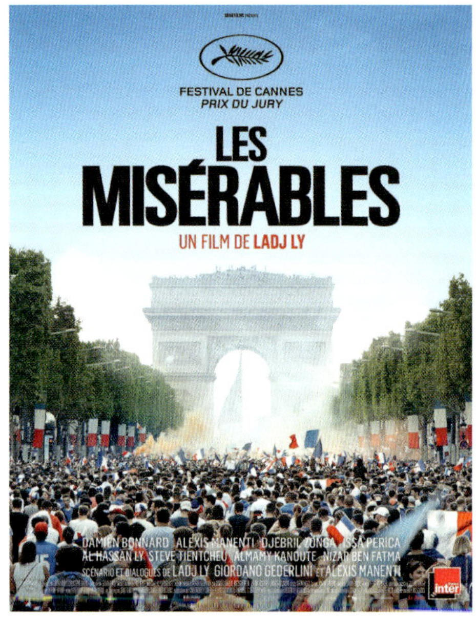

Interprétation : Damien Bonnard : brigadier Stéphane Ruiz, dit « Pento ». Alexis Manenti : Chris. Djebril Zonga : Gwada. Issa Perica : Issa. Al-Hassan Ly : Buzz. Steve Tientcheu : maire. Almamy Kanouté : Salah. Jeanne Balibar : commissaire.

Thème : Stéphane a quitté Cherbourg pour la BAC de Montfermeil. Chris et Gwada sont ses nouveaux coéquipiers. Une altercation oppose bientôt les gitans d'un cirque et les habitants du quartier, à la suite du vol d'un lionceau. Les tensions montent. Au cours d'une interpellation d'une bande de jeunes qui dégénère, Gwada tire à bout portant au LBD sur Issa, blessé à la tête. La scène ayant été filmée par un drone, Chris refuse d'emmener l'enfant à l'hôpital avant d'avoir récupéré la vidéo compromettante. Bien qu'en

LES MISÉRABLES

LES MISÉRABLES

désaccord entre eux sur la conduite à adopter, le trio se lance à la recherche de la vidéo, dont ils finissent par s'emparer. Le lendemain, les policiers tombent dans une embuscade tendue par les jeunes du quartier : Chris est blessé et la fin voit, face à face, Stéphane, arme au poing et Issa avec un cocktail Molotov à la main…

Le film s'achève sur la citation des Misérables *(1862) de Victor Hugo :* « Mes amis, retenez ceci : il n'y a ni mauvaises herbes, ni mauvais hommes, il n'y a que de mauvais cultivateurs. » *Le film est le premier de Ladj Ly, qui s'inspire de son propre court-métrage éponyme (2017) et d'une bavure policière de 2008.* « Cela va faire quinze ans que je filme ce territoire, *déclarait le cinéaste.* Pendant cinq ans, je faisais des Copwatch où je filmais les policiers pendant leurs interventions parce qu'il y avait beaucoup trop de violences. »

Notes : Le film a notamment obtenu le prix du jury au Festival de Cannes, le prix de l'AFCAE, le César du meilleur film, le César du meilleur montage, la nomination au Golden Globe du meilleur film en langue étrangère, la nomination aux Oscars comme meilleur film international, la nomination au César du meilleur acteur pour Damien Bonnard, la nomination au César du meilleur scénario original, la nomination au César de la meilleure photographie, la nomination au César du meilleur premier film, la nomination au César de la meilleure musique originale, etc.

PARADISE BEACH

Réalisation : Xavier Durringer ; scénario : Xavier Durringer, Jean Miez ; photographie : Marie Spencer © ; musique : 38ème donne ; montage : Julien Rey, Catherine Schwartz ; production : Isaac Sharry, Philippe Aigle, Séverine Lathuillière, Bruno Petit (Vito Films / Naïa Productions / Digital District / 7e Apache Films) ; durée : 93 min.

Interprétation : Sami Bouajila : Mehdi. Tewfik Jallab : Hicham. Mélanie Doutey : Julia. Hugo Becker : Franck. Kool Shen : Winny. Hubert Koundé : Goyave. Seth Gueko : Zak. Flore Bonaventura : Tatiana.

Thème : Un groupe de criminels s'installe à Phuket, en Thaïlande, et y mène une vie aisée. Jusqu'au jour où y arrive leur complice Mehdi, qui a été condamné à quinze ans de prison et veut désormais sa part du gâteau. Tout ayant été dépensé, Mehdi va se venger…

L'un des plus gros flops de l'année : 36 366 entrées en France !

PERSONA NON GRATA

Réalisation : Roschdy Zem ; scénario : Olivier Gorce, Roschsdy Zem, d'après le scénario de Marçal Aquino, Renato Ciasca et Beto Brant pour *O Invasor* et le roman de Marcal Aquino ; photographie : Renaud Chassaing © ; musique : Nathaniel Méchaly ; montage : Monica Coleman ; production : Emmanuel Agneray (Bizibi / Hole in One / NJJ Entertainment / Mars Films / Les Films du 10) ; durée : 92 min.

Interprétation : Nicolas Duvauchelle : José Montero. Raphaël Personnaz : Maxime Charasse. Roschdy Zem : Moïse. Nadia Tereszkiewicz : Anaïs Laffont. Anne Charrier : Ella Montero. Sara Pasquier : Jelena Charasse. Hafsia Herzi : Iris. Fred Ulysse : Serge Laffont. Frédéric Pierrot : Eddy Laffont.

Thème : José Montero et Maxime Charasse, associés dans le BTP, décident d'éliminer leur autre partenaire et font appel aux services d'un tueur, Moïse. Ce dernier élimine, en effet, sa cible et la femme de celle-ci, mais il va être, dès lors, difficile de se débarrasser de lui…

Notes : Tournage à Montpellier. Remake de O Invasor *(2002) de Beto Brant avec Marco Ricca et Alexandre Borges.*

ROUBAIX, UNE LUMIÈRE

Réalisation : Arnaud Desplechin ; scénario : Arnaud Desplechin, Léa Mysius, d'après le documentaire de Mosco Boucault *Roubaix, commissariat central* ; photographie : Irina Lubtchansky © ; musique : Grégoire Hetzel ; montage : Laurence Briaud ; production : Pascal Caucheteux, Serge Hayat, Grégoire Sorlat (Why Not Productions / Arte France Cinéma) ; durée : 119 min.

Interprétation : Roschdy Zem : commissaire Yacoub Daoud. Léa Seydoux : Claude. Sara Forestier : Marie Carpentier. Antoine Reinartz : lieutenant Louis Cotterel. Sébastien Delbaere : Descamps. Elléonore Lemattre : sœur du réveillon. Roxane Dubart : mère du réveillon.

Thème : À Roubaix, un soir de Noël. Le commissaire Daoud et le jeune lieutenant Cotterel enquêtent sur le meurtre d'une vieille femme. Ses voisines, Claude et Marie, identifient des suspects, mais ceux-ci ont des alibis. En fait, ce sont les jeunes femmes qui l'ont tuée !

« J'avais envie de rendre hommage à cette ville paradoxale. Là, on est avec des gens démunis, un Roubaix que je connais moins bien, que je n'avais jamais filmé. Cela me tenait à cœur de réaliser un film plus brutal. J'avais déjà fait des mélodrames, mais c'est ma première tragédie. » *déclarait Arnaud Desplechin, qui s'inspire du documentaire de Mosco Boucault et du fait divers qui s'était déroulé en 2002. On découvre, en effet, avec cette atmosphère de Noël qui semble être comme un révélateur, une société multiforme avec ses voleurs et ses délateurs, ses différents délits et ce couple formé par Claude et Marie, plus inquiétant qu'idyllique.*

*Notes : Tournage du 8 novembre au 20 décembre 2018 dans le Nord : Roubaix (*Hôtel Mercure, *ancienne caisse primaire d'assurance maladie, rue du Grand-Chemin), Marcq-en-Barœul (hippodrome des Flandres).*

ROUBAIX, UNE LUMIÈRE

SEULES LES BÊTES

Réalisation : Dominik Moll ; scénario : Gilles Marchand, Dominik Moll, d'après le roman de Colin Niel ; photographie : Patrick Ghiringhelli © ; musique : Benedikt Schiefer ; montage : Laurent Rouan ; production : Simon Arnal, Caroline Benjo, Barbara Letellier, Carole Scotta (Haut et Court / Razor Film Produktion / France 3 Cinéma) ; durée : 117 min.

Interprétation : Denis Ménochet : Michel Farange. Laure Calamy : Alice Farange. Damien Bonnard : Joseph Bonnefille. Nadia Tereszkiewicz : Marion. Bastien Bouillon : Cédric Vigier. Valeria Bruni Tedeschi : Évelyne Ducat. Jenny Bellay : Madame Calvet. Fred Ulysse : père d'Alice. Guy Roger « Bibisse » N'Drin : Armand.

SEULES LES BÊTES

Thème : Une femme, Évelyne Ducat, disparaît dans une tempête de neige. La police n'a pas de piste alors que cinq personnes se savent liées, d'une manière ou d'une autre, à cette disparition. Alice, l'assistante sociale et son mari Michel, Joseph, agriculteur comme Michel, Marion, la serveuse. Tout a commencé en Côte d'Ivoire…

Pour Dominik Moll, le film est « un puzzle à assembler dans la salle ». *De la Lozère à l'Afrique, des personnages servent peu à peu à éclairer cette intrigue, qui dépeint autant d'hommes et de femmes, isolés dans ce milieu rural, seuls dans un univers d'une inquiétante vacuité.*

Notes : Tournage : Sète (Hérault), en Lozère (Florac, causse Méjan) et Côte d'Ivoire (Abidjan).

TROIS JOURS ET UNE VIE

Réalisation : Nicolas Boukhrief ; scénario : Pierre Lemaitre, Perrine Margaine, d'après le roman de Pierre Lemaitre ; photographie : Manuel Dacosse © ; musique : Robin Coudert ; montage : Lydia Decobert ; production : Julien Colombani, Sidonie Dumas, Adrien Politowski (Mahi Films / Gaumont / uMedia / Nexus Factory / RTBF / Proximus / France 3 Cinéma / Ganapati) ; durée : 120 min

Interprétation : Sandrine Bonnaire : Blanche Courtin. Pablo Pauly : Antoine Courtin. Charles Berling : Michel Desmedt. Philippe Torreton : Dr Hubert Dieulafoy. Margot Bancilhon : Émilie Desmedt. Jeremy Senez : Antoine Courtin, à 12 ans. Pierre Lemaitre : procureur.

Thème : Les Ardennes belges, 1999. Antoine, 12 ans, tue accidentellement son ami. Il l'enterre. Toute la petite ville recherche l'enfant disparu… Antoine reviendra sur place, plus tard.

Les remords, la mauvaise conscience, les jalousies et même les haines refoulées se développent dans ces Ardennes avec leurs forêts de pins et une brume souvent de plus en plus envahissante, le tout admirablement rendu par une photo en cinémascope. Parfaitement maître de l'ensemble, Nicolas Boukhrief mêle le contexte criminel à la description psychologique et ce n'est pas sans raison que l'on peut évoquer Julien Duvivier ou Henri-Georges Clouzot. Une grande réussite. Excellente interprétation.

Notes : Tournage du 24 octobre au 22 novembre 1918 à Olloy-sur-Viroin (Belgique).

Liste des films

BIBLIOGRAPHIE

L'abondance de la littérature consacrée au genre nous a obligés à être très sélectif. Rappelons d'abord l'importance de tous les ouvrages généraux, notamment : les *Index de la Cinématographie française,* les *Saisons cinématographiques* de *La Revue du cinéma,* les *Analyses générales des films,* les *Annuaires du cinéma* (Éditions Bellefaye), les *Dictionnaires du cinéma* de Jean Tulard et Jacques Lourcelles (collection « Bouquins » chez Robert Laffont), les *Catalogues des films français de long métrage,* de Raymond Chirat (Cinémathèque royale de Belgique, cinémathèque municipale de Luxembourg, cinémathèque de Toulouse).

Francis Lacassin, *Louis Feuillade,* coll. « Cinéma d'aujourd'hui », Paris, Seghers, 1964.

Guy Braucourt, *Claude Chabrol,* coll. « Cinéma d'aujourd'hui », Paris, Seghers, 1971.

Rui Nogueira, *Le Cinéma selon Melville,* coll. « Cinéma 2000 », Paris, Seghers, 1973.

Gilles Grangier, *Flash-Back,* Paris, Presses de la Cité, 1977.

Marcel L'Herbier, *La tête qui tourne,* Paris, Belfond, 1979.

Jacques Siclier, *La France de Pétain et son cinéma,* Paris, Henri Veyrier, 1981.

François Guérif, *Le Cinéma policier français,* Paris, Henri Veyrier, 1983.

Claude Guiguet (dir.), Emmanuel Papillon (dir.), *Jean Dréville,* Paris, Éditions Dujarric, 1987.

Joël Magny, *Claude Chabrol,* Paris, coll. « Auteurs », Cahiers du cinéma, 1987.

Pierrette Matalon, Claude Guiguet, et Jacques Pinturault (dir.), *Pierre Chenal,* Paris, Éditions Dujarric, 1987.

Jean Sémolué, *Robert Bresson ou l'acte pur des métamorphoses,* Paris, Flammarion, 1993.

René Chateau, *Audiard par Audiard,* Paris, La Mémoire du cinéma français, 1995.

Edmond T. Gréville, *Trente-cinq ans dans la jungle du cinéma,* Lyon, Arles, Institut Lumière / Actes Sud, 1995.

Francis Lacassin, *Maître des lions et des vampires Louis Feuillade,* Paris, Éditions Pierre Bordas et Fils, 1995.

René Chateau, *Jeanson par Jeanson,* Paris, La Mémoire du cinéma français, 1996.

Jean Gili (dir.), Jacques Lourcelles (dir.), *Christian-Jaque,* Paris, revue *1895,* n° 28, 1999.

Dominique Chabrol, *Audiard,* Paris, Flammarion, 2001.

Yves Desrichard, *Julien Duvivier : cinquante ans de noirs destins,* Paris, Courbevoie, BIFI / Durante, 2001.

Claude Naumann, *Jacques Becker : entre classicisme et modernité,* Paris, Courbevoie, BIFI / Durante, 2001.

Éric Bonnefille, *Julien Duvivier. Le mal aimant du cinéma français,* Paris, L'Harmattan, 2002.

Jacques Deray, *J'ai connu une belle époque,* Saint-Cyr-sur-Loire, Christian Pirot, 2003.

Yves Desrichard, *Henri Decoin, un artiste du cinéma populaire,* Paris, Courbevoie, BIFI / Durante, 2003.

Alain Corneau, *Projection privée. Souvenirs,* Paris, Robert Laffont, 2007.

Claude Miller, Claire Vassé, *Serrer sa chance,* Paris, Stock, 2007.

Denitza Bantcheva, *René Clément,* Paris, Éditions du Revif, 2008.

Paul Vecchiali, *L'Encinéclopédie. Cinéastes « français » des années 1930 et leur œuvre,* Montreuil, Éditions de l'Œil, 2010.

Éric Bonnefille, *Maurice Tourneur. Une vie au long cours,* Paris, L'Harmattan, 2017.

Christine Leteux, *Continental Films : cinéma français sous contrôle allemand,* Grandvilliers, La Tour Verte, 2017.

CRÉDITS PHOTOGRAPHIQUES

L'éditeur tient à remercier les sociétés de production et de distribution qui ont soutenu la démarche patrimoniale de Patrick Brion. Malgré le soin porté à l'identification et au crédit des sources iconographiques, des erreurs ont pu être commises, liées notamment aux cession de catalogues. Elles seront rectifiées dans une édition ultérieure.

h : haut ; b : bas ; g : gauche ; d : droite ; m : milieu

AVANT-PROPOS

p. 4 : © Gaumont / Continental Films ; p. 7 : © Gaumont / Continental Films / Georges Dastor ; p. 8 : © Paris Film Production / Panitalia / Titanus.

1913-1930

p. 10-11, p. 12, 13, 14, 15h, 15b, p. 16-17 : © Gaumont ; p. 18 : © Les Films Alfred Machin ; p. 19 : © Pathé-Natan ; p. 20-21 : © Les Films Osso / Roger Vacher ; p. 22h : © Tamasa Distribution / Sofar Film ; p. 22b, 23 : © Les Films Osso ;

1931-1940

p. 24-25 : © Tamasa Distribution / Paris Film Production ; p. 26h : © Les Films Osso / Roger Vacher ; p. 26b : © Les Films Osso ; p. 27 : © Universum-Film AG (UFA) ; p. 28 : © Pathé-Natan ; p. 29h : © Les Établissements Braunberger-Richebé ; p. 29b : © Les Établissements Braunberger-Richebé / Albert Briol ; p. 30, 31 : © FIFRA ; p. 32, 33g : © Les Films du jeudi – Les Films de la Pléiade / Les Établissements Braunberger-Richebé ; p. 33d, 34h : © Europa Films ; p. 34b : © CFC / Europa Films / Roger Vacher ; p. 35 : © Universum-Film AG (UFA) ; p. 36hg : DR ; p. 36hd, 36b : © Tamasa Distribution / Les Films Marcel Vandal ; p. 37 : © Charles Le Fraper / Albert Briol ; p. 38 : © Général Productions ; p. 39h : © Pathé-Natan / Vincent Cristellys ; p. 39b : © Albatross / Pathé-Natan ; p. 40 : © Pathé-Natan ; p. 41h : © Warner Bros / First National / Films Obéron / Roger Vacher ; p. 41b : © Tamasa Distribution / Films Obéron ; p. 42h : © UDIF / Vand'or ; p. 42b : © Les Acacias / UDIF ; p. 43h : © Les Acacias / UDIF ; p. 43b : © Gaumont / B.N. Films ; p. 44 : © Gaumont / Nero-Film AG / André Jourcin ; p. 45h : © Gaumont / Roissy Films / Nero-Film AG ; p. 45b : © Les Films du jeudi – Les Films de la Pléiade / Les Films du Panthéon ; p. 46 : © Tamasa Distribution / Paris Film Production ; p. 47g : © Tamasa Distribution / Paris Film Production ; p. 47d : © Tamasa Distribution / CCFC / Paris Film Production / Basarte ; p. 48, 49h : © Les Acacias / MM. Hakim / Paris Film Production ; p. 49b : © Regina Films ; p. 50-51 : © Les Acacias / MM. Hakim / Paris Film Production ; p. 52 : © BUP Française ; p. 53h : © Éclair-Journal / BUP Française ; p. 53bg : © BUP Française ; p. 53bd : © CFC / Les Productions Charles Bauche ; p. 54hg : © Tamasa Distribution / Dimeco Productions ; p. 54b : © Dimeco Productions / Vand'or ; p. 54hd, 55h : © Pathé Distribution / UFA / Alliance Cinématographique Européenne ; p. 55b : © Gaumont / Les Films André Roy / Les Films Derby ; p. 56 : © Carlotta Films / Ciné Alliance / Photogramme / DR ; p. 57hg, hd, mg, md : © Carlotta Films / Ciné Alliance / Photogrammes / DR ; p. 57bd : © Productions André Hugon ; p. 58hg : © Tamasa Distribution / Gladiator Films ; p. 58hd, 58b : © Filmsonor / Regina ; p. 59h : © Tamasa Distribution / Productions Sigma ; p. 59b : © Films Vog / Productions Sigma ; p. 60 : © Tamasa Distribution / Productions Sigma ; p. 61 : © UFPC / Collection René Chateau.

1941-1950

p. 62-63 : © Les Acacias / Majestic Film ; p. 64 : Pathé Distribution / Continental Films / Photogramme / DR ; p. 65h : DR ; p. 65b : © Gaumont / Continental Films / Photogramme / DR ; p. 66 : © Discina ; p. 67, 68h : © Gaumont / Continental Films ; p. 68b : DR ; p. 69 : © Gaumont / Continental Films ; p. 70, 71, 72h : © Les Acacias / Continental Films ; p. 72b : © Gaumont / Continental Films ; p. 73 : © Les Films Minerva ; p. 74h : © Pathé Distribution / Les Films Minerva / Photogramme / DR ; p. 74b : © Pathé Distribution / Les Films Minerva ; p. 75hg : © Gaumont / SPDF ; p. 75hd : DR ; p. 75b : © Société des Films Sirius ; p. 76g : DR ; p. 76d : © Les Films du jeudi – Les Films de la Pléiade / Les Films Roger Richebé ; p. 77h : © Les Films Roger Richebé ; p. 77b : DR ; p. 78 : © Gaumont / Continental Films ; p. 79 : © Gaumont ; p. 80h : © Continental Films ; p. 80b : © Continental Films ; p. 81h : © BUP Française ; p. 81b : © Cinéma-Productions ; p. 82g : © Les Films du jeudi – Les Films de la Pléiade / Alcina ; p. 82d : © Tarcali et Neubach / Astra Paris Films ; p. 83h : © Les Films Corona / CFCC / Pierre Pigeot ; p. 83b : © Gaumont / Majestic Film ; p. 84 : © Pathé Distribution / Les Productions Jacques Roitfeld / CICC ; p. 85h : © Les Films Constellation / Les Productions Jacques Roitfeld / CICC ; p. 85b : © Gaumont / Alcina / Roger Vacher ; p. 86h : © Société des Films Sirius ; p. 86b : © Tamasa Distribution / Les Films Ariane / Photogramme / DR ; p. 87 : © Les Acacias / TF1 Droits Audiovisuels / Photogramme / DR ; p. 88 : © Les Acacias / Majestic Film ; p. 89g : © Les Acacias / StudioCanal / Majestic Film ; p. 89d : © Les Films Corona / Majestic Film / Pierre Pigeot ; p. 90-91 : © Les Acacias / StudioCanal / Majestic Film ; p. 92g : © Pathé Distribution / Les Films Ariane / Société des Films Sirius ; p. 92d : © Société des Films Sirius / Les Films Neptune ; p. 93h : © Les Films Vog / Les Films Sacha Gordine ; p. 93bg : © DisCina / Les Films Vog / Les Films Sacha Gordine ; p. 93bd : © Regina / Gladiator Films ; p. 94 : © Codo-Cinéma – Les Productions Claude Dolbert ; p. 95h : © La Société des Films Sirius / BUP Française ; p. 95b : © Les Films Montfort / British Unity Pictures ; p. 96 : © Regina Films ; p. 97 : © Gaumont / StudioCanal / Les Productions Jacques Roitfeld / Francinex ; p. 98h : © Films Izarran / Isarfilm / Henri Desmé ; p. 98b : © Pathé / Sagitta Film / Les Films Caravelle ; p. 99 : © Les Films du jeudi – Les Films de la Pléiade / Alcina ; p. 100hg : © Gaumont / Majestic Film / Photogramme / DR ; p. 100hd : © SELF / SECA / Georges Dastor ; p. 100b : © Les Films Georges Muller / PEN Films ; p. 101h : © Pathé Distribution / Les Films Corona ; p. 101b : © Pathé Distribution / Les Films Corona / CICC / Films Émile Darbon ; p. 102h : © Les Films Sacha Gordine / Les Films Corona ; p. 102b : © Les Films Corona / Roger Rojac ; p. 103h : © Gaumont / Silver Films / Les Films Corona ; p. 103b : © Gaumont / Silver Films / Les Films Corona / Photogramme / DR ; p. 104 : © Gaumont / Cité-Films / Fides ; p. 105hg : © Films Metzger et Woog / Filmsonor ; p. 105hd : © Les Films Sacha Gordine ; p. 105b : © Gaumont.

1951-1960

p. 106-107 : © Pathé / Orex Films ; p. 108bg : © Gaumont / Les Productions Jacques Roitfeld /Cité-Films ; p. 108d : © Merry Films ; p. 109h : © Société des Films Sirius / Isarfilm / Pierre Pigeot ; p. 109b : © EDIC ; p. 110, 111 : © Les Acacias / Paris Film Productions / Speva Films ; p. 112 : © Les Films Roger Richebé / Société des Films Sirius / Gérard Richebé ; p. 113h : © Gaumont / UGC ; p. 113b : © Gaumont ; p. 114 : © Les Films Lutétia / Sonofilm / EDIC / Duccio Marvasi ; p. 115h : © Films Metzger et Woog / Hoche Productions ; p. 115b : © Gaumont / CFC / Films EGE ; p. 116h : © Pafico ; p. 116b : © Gaumont / Cormoran Films / ICS ; p. 117h : © CCFC ; p. 117b : © ETPC / Bellair Films ; p. 118h : © Pathé Cinéma / Photogramme / DR ; p. 118b : © Radius Productions ; p. 119 : © Pathé Cinéma ; p. 120h : © Tamasa Distribution / Paris Film Production / Lux Films ; p. 120b : © Lux Films / Paris Film Production / Jean Gigax ; p. 121h : © Tamasa Distribution / Paris Film Production / Lux Films ; p. 121b : © Société des Films Sirius / Société des Films Véga / Guy-Gérard Noël ; p. 122 : © Gaumont / Photogramme / DR ; p. 123 : © Gaumont ; p. 124g : © Gaumont / StudioCanal ; p. 124d : © Gaumont / Société des Films Sirius / CFC / Films EGE / Noria Film ; p. 125g : © Pathé Distribution / Gallimard ; p. 125d : © 1954 Memnon Films / 1964 Les Films de la Pléiade ; p. 126 : © Gaumont / Tellus-Films / Les Films Marceau / Roger Rojac ; p. 127h : © Gaumont / Les Films Gibé / Franco London Films / Continental Produzione ; p. 127b : © Gaumont / Les Films Gibé / Franco London Films / Continental Produzione / Photogrammes / DR ; p. 128 : © Les Acacias / Del Duca Films ; p. 129h : © Les Acacias / Del Duca Films / Photogramme / DR ; p. 129b : © Les Acacias / Del Duca Films ; p. 130g : © Sport-Films ; p. 130d : © Gaumont / Corona / Films Metzger et Woog / Simoja ; p. 131, 132 : © Les Acacias / Filmsonor / Vera Films / TF1 Vidéo / Photogrammes / DR ; p. 133 : © Gaumont / Photogrammes / DR ; p. 134hg : © Gaumont / CFR / J. Mayo ; p. 134hd : DR ; p. 134b : © Gaumont / Photogramme / DR ; p. 135g : © Les Films Marceau / Roger Rojac ; p. 135d : © Majestic Films ; p. 136h : © Eurociné / SNC ; p. 136b : © Élysée Films ; p. 137, 138h : © Gaumont / Photogrammes / DR ; p. 138b, 139g : © Gaumont / Champs-Élysées Productions ; p. 139d : DR ; p. 140h : © Tamasa Distribution / OGC / Play Art / Productions Cyme / Photogramme / DR ; p. 140b : © Tamasa Distribution / OGC / Play Art / Productions Cyme ; p. 141h : © Gaumont / Photogramme / DR ; p. 141b : © Regina Films ; p. 142hg : © Hoche Productions / Eden Productions / Carol Films ; p. 142hd, 142b : © Columbia / CEIAD ; p. 143, 144h : © Les Films du jeudi – Les Films de la Pléiade / SFC / Les Films Roger Richebé ; p. 144b, 145h, 145m : © Pathé / Photogrammes / DR ; p. 145b : © Pathé ; p. 146h : © Gaumont / StudioCanal / Medusa Cinematografica ; p. 146b, 147h : © Les Acacias / Filmsonor / Vera Films / Pretoria Film / Coin de Mire Cinéma / Photogrammes / DR ; p. 147b : © Gaumont / Photogramme / DR ; p. 148-149 : © Les Acacias / Filmsonor / Vera Films / Pretoria Film / Coin de Mire Cinéma / Photogrammes / DR ; p. 150 : © Cinégraph / Films Régent ; p. 151h : © Gaumont / Cité-Films ; p. 151b : © Gaumont / Cocinor / Cité-Films / Monica-Films / Guy-Gérard Noël ; p. 152h : © Les Films Marceau ; p. 152b : © Gaumont / JAD Films ; p. 153h : © Speva Films ; p. 153b : © Royal Films / CFPC / Guy-Gérard Noël ; p. 154 : © Belga Films ; p. 155g : © Regina ; p. 155d : © Orex Films / Jean Tuloup ; p. 156h : © Tamasa Distribution / Intermondia Films ; p. 156b : © Gaumont / Photogramme / DR ; p. 157h : © Gaumont / Photogramme / DR ; p. 157b : © Gaumont / CCFC / UDIF / Basarte ; p. 158-159 : © Gaumont ; p. 160 : © Gaumont / Nouvelles Éditions de Films / Photogramme / DR ; p. 161hg, 161bg : © Gaumont / Nouvelles Éditions de Films / Photogrammes / DR ; p. 161hd : © Filmatec / Les Films Corona / Roger Varenne ; p. 162h : © Lux / ATICA ; p. 162b : © CCFC / Les Films Mars / CGC / Filmel / Les Productions Francis Lopez / Basarte ; p. 163 : © Pathé Distribution / Orex Films / Photogrammes / DR ; p. 164g : © Gaumont / Photogramme / DR ; p. 164d : © Pathé Distribution / Orex Films / Jarry ; p. 165 : © UCIL / Iéna Productions / CEI / Photogrammes / DR ; p. 166 : © Les Films Paul Wagner / Les Films Fernand Rivers / Les Productions René Modiano / Royalty Films ; p. 167h : © Les Films Raoul Ploquin / SNPC ; p. 167b : © Zodiaque Productions / Cino Del Luca ; p. 168 : © Tamasa Distribution / Intermondia Films / Jolly Film / Coin de Mire Cinéma / Photogramme / DR ; p. 169 : © Gaumont ; p. 170h : © Tamasa Distribution / Silver Films / Discifilm / Southern Films International ; p. 171 : © Tamasa Distribution / Films Metzger et Woog / Photogramme / DR ; p. 172 : © Paris Film Production / Panitalia / Titanus ; p. 173h : © Lyrica / Filmel ; p. 173b : © CCFC / Lyrica / Filmel / Basarte ; p. 174h : © Le Trident / Hoche Productions / Union Cinématographique Lyonnaise / Les Films Odéon / Roger Varenne ; p. 174b : © CICC / Les Films Borderie / UFUS ; p. 175 : © La Société des Films Sirius / Les Productions Jacques Roitfeld / Guy-Gérard Noël ; p. 176h : © Gaumont / Belfort Films / Alter Films ; p. 176b : © Estela Films / Transocean-Film ; p. 177h : © Les Productions de l'Étoile / Dismage / Transalpina ; p. 177b : © Tamasa Distribution / Cinéphonic / Les Productions Elan / Photogramme / DR ; p. 178 : © Gaumont / Cinéphonic / Les Productions Elan / Basarte ; p. 179h : © Coin de Mire Cinéma / Photogramme / DR ; p. 179b, 180 : © Pathé / Photogrammes / DR ; p. 181 : © Diaphana pour MK2 / Lux Compagnie Cinématographique de France ; p. 182 : © Gaumont / Champs-Élysées Productions / Filmauro / Photogrammes / DR ; p. 183 : © Pathé Cinéma / Les Films Raoul Ploquin / Télouet Films / Yves Thos ; p. 184 : © Carlotta Films / SNC / Photogramme / DR ; p. 185h : DR ; p. 185b : © Carlotta Films / SNC / Photogramme / DR ; p. 186 : © Les Films Odéon / Mondex Films / Filmsonor / Zebra Films / Vernier ; p. 187h, 187m : © Les Acacias / Les Films Odéon / Mondex Films / Filmsonor / Zebra Films / Photogrammes / DR ; p. 187b : © Panda Films ; p. 188h : © Metro-Goldwyn-Mayer / Cité-Films / Roger Soubie ; p. 188b : © Carlotta Films / Paris Film / Paritalia / Titanus ; p. 189 : © Carlotta Films / Paris Film / Paritalia / Titanus ; p. 190h : © Les Films Marceau / Laetitia Film / Cocinor : Guy Jouineau, Guy Bourduge ; p. 190b : © Les Films du Cyclope / Lux Compagnie Cinématographie de France ; p. 191h : © Bavaria Filmverleih / Les Films Marceau / Cocinor / Les Productions Francis Lopez ; p. 191b : © Diaphana pour MK2 / Les Films de la Pléiade / Photogramme / DR ; p. 192g : © Cocinor / Les Films de la Pléiade / Guy Jouineau, Guy Bourduge ; p. 192d : © Les Acacias / StudioCanal / Magic Film S.P.A. ; p. 193 : © Les Acacias / StudioCanal / Photogrammes / DR ; p. 194 : © Les Acacias / Han Productions / CEIAD / Coin de Mire Cinéma / Photogrammes / DR ; p. 195 : © Les Acacias.

1961-1970

p. 196-197 : © Les Films Borderie / Fida Cinematografica / Agence TCD (Ciné-Télé Documentation) ; p. 198 : © Gaumont / Ciné-alliance / Filmsonor ; p. 199h : © SNC / Arès Production / Transfilm G. M ; p. 199b : © Gaumont / Cité-Films / CCM ; p. 200h : © Cocinor / Les Films Marceau ; p. 200b : © Gaumont / Franco London Films / Continental Produzione ; p. 201hg : © Méditerranée Cinéma Productions ; p. 201hd : © Gaumont ; p. 201bd : © Cinéphonic / Les Films Odéon ; p. 202 : © Les Films du Cyclope / Da Ma Produzione ; p. 203 : © Les Films du Cyclope / Da Ma Produzione / Vanni Tealdi ; p. 204 : © Gaumont / Champs-Élysées Productions / Photogramme / DR ; p. 205h : © Silver Films / Cinétel / Incei Film ; p. 205b : © Cocinor / Les Films Marceau / Francos Films / Mannic Films ; p. 206 : © COMACICO / International Productions / Taurus Film ; p. 207hg : © Dear Film Produzione / Filmsonor / Mercury / Photogramme / DR ; p. 207hd : © United Artists ; p. 207b : © Dear Film Produzione / Filmsonor / Mercury / Photogramme / DR ; p. 208g : © Progéfi ; p. 208d : © Gaumont / David Film / Franco London Films ; p. 209h, 209bd : © Les Films du Valois ; p. 209bg : © CICC / Les Films Borderie / Gilbert Allard ; p. 210g : © Gaumont / Marianne Productions ; p. 210hd, 210 bd : © Gaumont / Galatea Film / Marianne Productions ; p. 211h : © Tamasa Distribution / Rome-Paris Films / Champion / Lux / Photogramme / DR ; p. 211b, 212h : © Paris Europa Productions / Hisa-Films / Finanziara Cinematografica Italiana ; p. 212b, 213g : © Tamasa Distribution / Paris Europa Productions / Photogrammes / DR ; p. 213d : © Pathé Distribution / Orex Films / Photogramme / DR ; p. 214h : © Méditerranée Cinéma Productions / Flora Film / Mizar Films p. 214b : © Gaumont / Paris Film Production / Société Nouvelle Pathé Cinéma / Pans-Interopa Film ; p. 215hg : © Gaumont / Paris Film Production / Société Nouvelle Pathé Cinéma / Pans-Interopa Film ; p. 215hd, md : © Sophie Dulac Distribution / Rome-Paris Films / Photogrammes / DR ; p. 215bd : © Rome-Paris Films / Compagnia Cinematografica Champion ; p. 216g : © Sophie Dulac Distribution / Rome-Paris Films / Photogrammes / DR ; p. 216d : © Gaumont / Photogramme / DR ; p. 217h : © Dear Film / Les Films de la Licorne ; p. 217b : © CFFP – Comptoir Français du Film Production / Photogrammes / DR ; p. 218 : © CFFP – Comptoir Français du Film Production ; p. 219h : © Embassy Pictures / Rome-Paris Films ; p. 219b, 220hg : © Tamasa Distribution / Rome-Paris Films / Photogrammes / DR ; p. 220bg : © Coin de Mire Cinéma / StudioCanal / Les Films Copernic / Titanus / Photogramme / DR ; p. 220md : © Metro-Goldwyn-Mayer / CIPRA / Gaumont / Roger Soubie ; p. 221 : © Gaumont / CIPRA / Cité-Films / Compagnia Cinematografica Mondiale / Photogrammes / DR ; p. 222hg : © Cocinor / Les Films Marceau / International Productions / Corona Filmproduktion / Galatea Film / Sancro Film ; p. 222bg : © Boréal Films ; p. 222d : © CICC / Les Films Borderie / PAC / PCM ; p. 223g : © Dear Film / PAC / Films Borderie / Da. Ma. Film / Gaumont ; p. 223hd, 223bd : © Gaumont / PAC / Da. Ma. Cinematografica ; p. 224h : © Gaumont / PAC / CMV / Photogramme / DR ; p. 224bg : © Gaumont / PAC / Da. Ma. Cinematografica / Photogramme / DR ; p. 224bd : © Metro-Goldwyn-Mayer / CIPRA ; p. 225h : © Gaumont / CIPRA ; p. 225b : © Les Films Modernes / Explorer Film ; p. 226hg : © Gaumont / Maintenon Films / Élysées Films / France Vedettes Films ; p. 226hd : © CICC / PECF / Ultra Film / Dear Film Produzione / Photogramme / DR ; p. 226b : © CICC / PECF / Ultra Film / Dear Film Produzione ; p. 227 : © Gaumont / Photogrammes / DR ; p. 228h : © Balcázar / Capitole Films / Luxor Films ; p. 228b : © Sud-Pacifique Films / Capitole Films / Producciones Benito Perojo / Transmonde Film / Eichberg-Film ; p. 229h : © CIPRA / Photogramme / DR ; p. 229b : © Metro-Goldwyn-Mayer / CIPRA ; p. 230hg : © CIPRA ; p. 230hd, 230bg : © Gaumont / Photogrammes / DR ; p. 231h : © Gaumont / CIPRA / Cité-Films ; p. 231b : © Metro-Goldwyn-Mayer / CIPRA / Cité-Films / Gaumont / Roger Soubie ; p. 232 : © Gaumont / Roissy Films / CIPRA / Cité-Films ; p. 233h : © COMACICO / Les Films Copernic / Guy Jouineau, Guy Bourduge ; p. 233b : © Les Films Copernic ; p. 234h : © Filmstudio / Chaumiane Productions ; p. 234b : © Athos Films / Chaumiane Productions / Filmstudio / Photogramme / DR ; p. 235h : © Cité-Films / Vides ; p. 235b : © Belga Films ; p. 236h : © 20th Century Fox / Jacques Vaissier ; p. 236b : © PECF / Photogrammes / DR ; p. 237h : © ITTAC / PECF / Filmstudio ; p. 237b : © Rome-Paris Films / Les Production Georges de Beauregard / Producciones DIA / Compagnia Cinematografica Champion / Mega Film / Maghreb Uni-Films ; p. 238 : © Les Films du Siècle / Produzioni Artistiche Internazionali ; p. 239h : © Gaumont / Photogramme / DR ; p. 239b : © Dino de Laurentiis Cinematografica ; p. 240h : © Rome-Paris Films ; p. 240b : © COMACICO / Rome-Paris Films ; p. 241 : © Rome-Paris Films ; p. 242h : © CICC / Les Films Borderie / Francos Films / Fono Roma ; p. 242b, 243, 244h : © Les Productions Montaigne ; p. 244b : © Les Films Copernic ; p. 245hg : © Europazur ; p. 245bg : © Chronos Films / Port-Royal Films / Hans Oppenheimer Film ; p. 245m : © SNC / Intermondia Films / TC Productions / Medusa Distribuzione ; p. 245d : © Explorer Films / Valoria Films / Agnès Delahaie Productions ; p. 246 : © SNC / Compagnia Generale Finanzaria Cinematografica / Photogramme / DR ; p. 247h : © Gaumont / SEPIC / Rome-Paris Films / Cinegai ; p. 247b : © Metropolitan Films ; p. 248, 249hg : © Valoria Films / SNC ; p. 249bg : © Valoria Films / SNC / Photogramme / DR ; p. 249d : © Gaumont / Photogrammes / DR ; p. 250h : © Gaumont / Speva Films / Photogramme / DR ; p. 250b : © Ulysse Productions / Intercontinental Productions / Carlton Continental / Producciones Cinematográficas Teide ; p. 251 : © Gaumont / Photogrammes / DR ; p. 252hg : © SNC / Charles Rau ; p. 252hd : © Euro International Films / Les Films Number One ; p. 252b, 253hg : © Les Films Ariane ; p. 253bg : © Gaumont / Photogramme / DR ; p. 253d : © Gaumont / Charles Rau ; p. 254h : © Gaumont ; p. 254b : © Belga Films ; p. 255h : © Filmel / Fida Cinematografica / Pathé ; p. 255b : © Filmel / Fida Cinematografica / Pathé / Photogramme / DR ; p. 256h : © Filmel / Fida Cinematografica / Pathé ; p. 256b, 257hg : © Filmel / Fida Cinematografica / Pathé / Photogrammes / DR ; p. 257hd : © Pathé Cinéma / Sirius ; p. 257b : © Universal Pictures / Guy Jouineau, Guy Bourduge ; p. 258h : © Copernic / Fida ; p. 258b : © Como Films ; p. 259 : © Gaumont / Les Productions Artistes Associés / NEF / Compagnia Cinematografica Champion ; p. 260 : © Greenwich Film Productions / Medusa p. 261h : © CPFF / CCFC p. 261b : © Les Films Montfort ; p. 262hg, 262bg : © Intermondia Films ; p. 262hd : © Les Films Copernic / Guy Jouineau, Guy Bourduge ; p. 263hg : © Comptoir Français du Film ; p. 263hd : DR ; p. 263b : © Héliotrope Films / Cocinor / Les Films Marceau / Filmsonor / Mega Film ; p. 264 : © Les Films du Carrosse / Artistes Associés / De Laurentiis ; p. 265h : © Universal Productions France ; p. 265b, 266 : © Gaumont ; p. 267 : © Avco Embassy Pictures ; p. 268 : © Les Films Corona / Fono Roma / Vera Films ; p. 269 : © Valoria films / Da. Ma. Film / Produciones Marte ; p. 270g : © 20th Century Fox p. 270d : © Les Productions Fox Europa ; p. 271 : © Les Productions Fox Europa / Photogrammes / DR p. 272h : © Warner Bros ; p. 272b : © Les Films de la Boétie / Cinegai ; p. 273hg : © Productions du Chesne ; p. 273hd : © Paris-Cannes Productions / Mega Film / Photogramme / DR ; p. 273b : © Gaumont / Carlton Continental / Ceres Films / Santos Alcocer PC ; p. 274, 275h : © SNC / Photogrammes / DR ; p. 275m : © SNC / Jacques Vaissier ; p. 275b : © Les Films de la Boétie / Rizzoli Film ; p. 276h : © Les Productions Belles Rives / Adelphia Compagnia Cinematografica ; p. 276b : © Paramount ; p. 277 : © Adel Productions ; p. 278 : © Panoceanic Films / André Génovès / Les Films de la Boétie / Euro International Film ; p. 279 : © Les Films Corona / Selenia Cinematografica / Euro International Film ; p. 280 : © StudioCanal / Les Films Corona / Photogrammes / DR ; p. 281h : © Les Films Corona / Agence TCD (Télé-Ciné Documentation) ; p. 281b : © Empire Films / Stephan Films ; p. 282g : © Francos Films / San Marco ; p. 282d : © Lira Films / Columbia Pictures ; p. 283hg : © Lira Films / Columbia Pictures / Georges Kerfyser ; p. 283m : © Les Films Corona / Fair Film ; p. 283hd : © StudioCanal / Cité-Films / Parme Productions / Rizzoli Film ; p. 284 : © SNC / PAC / Gafer Films / Romana Films / Roxy Film / Jacques Vaissier ; p. 285h, 285m : © Coin de Mire Cinéma / SNC / PAC / Gafer Films / Romana Films / Roxy Film / Photogrammes / DR ; p. 285b : © SNC / PAC / Gafer Films / Romana Films / Roxy Film ; p. 286h : © StudioCanal / Greenwich Film Productions / Medusa Distribuzione / Photogrammes / DR ; p. 286b : © Paramount / COMACICO / Les Films Copernic / ; p. 287h : © Carlotta Films / Cocinor / Filmsonor / Les Films Marceau ; p. 287b : © Lira Films / Fida Cinematografica ; p. 288hg : © Les Films de la Boétie / Charles Rau ; p. 288hd : © Les Films Corona / Les Films du Quadrangle ; p. 288b : © Balzac Films / Ciné Éclair / Showking Films ; p. 289h : © Les Films 13 / Les Films Ariane ; p. 289b : © Paris-Cannes Productions / Centro Film.

1971-1980

p. 290-291 : © Albina Productions / Agence TCD (Télé-Ciné Documentation) ; p. 292g : © Cité-Films ; p. 292d : © C.F.C.C. / Les Productions Belles Rives ; p. 293hg : © Progéfi ; p. 293hd : © Columbia Pictures ; p. 293b : © Columbia Pictures / Vides Cinematografica / Photogrammes / DR ; p. 294h : © Columbia Pictures / Vides Cinematografica ; p. 294b : © Lira Films / Unitas ; p. 295 : © Lira Films / Unitas ; p. 296 : © Les Films de la Boétie ; p. 297 : © Les Films de la Boétie / Cinegai ; p. 298hg, 298bg : © Les Films Corona / Oceania ; p. 298hd : © Lira Films / Sonocam / Fida Cinematografica / DR ; p. 299, 300-301 : © Lira Films / Sonocam / Fida Cinematografica ; p. 302hg : © Profilms / Valoria Films ; p. 302bg : © Lira Films ; p. 302d : © Cinétel / Euro International Film / Président Films ; p. 303g : © Cinétel / Euro International Film / Président Films ; p. 303d : © Lira Films ; p. 304hg, 304bg : © StudioCanal / Pegaso Cinematografica ; p. 304bd : © Lira Films ; p. 305 : © Lira Films ; p. 306 : © AMLF / Corona ; p. 307hg : © Cinerama Releasing ; p. 307bg : © Gloria Film ; p. 307hd : © Les Productions Belles Rives / DR ; p. 308hg : © Gaumont / Cinéphonic ; p. 308bg : © De Laurentiis Intermarco / Euro-France Films / Columbia Pictures / Photogramme / DR ; p. 308hd : © Columbia Pictures ; p. 309h : © De Laurentiis Intermarco / Euro-France Films / Columbia / Photogramme / DR ; p. 309b : © Greenwich Film Productions / Medusa ; p. 310h : © Les Films de la Boétie / Rizzoli Film ; p. 310b, 311g : © Les Films Corona / Euro International Film / Oceania Produzioni Internazionali Cinematografiche ; p. 311d : © Cinerama Releasing ; p. 312hg : © Les Films de l'Épée / Planfilm / Tritone Cinematografica / Peel ; p. 312hd : © Excelsior Films ; p. 312b : © Lira Films / Praesidens / Photogramme / DR ; p. 313g : © CFDC ; p. 313d : © COFCI / Europa Films ; p. 314hg : © Paris-Cannes Productions / Films Télé-Cass / Naxos Film ; p. 314hd : DR ; p. 314b : © TF1 Droits Audiovisuels / Coin de Mire Cinéma / SNC ; p. 315hg : © TF1 Droits Audiovisuels / Coin de Mire Cinéma / Photogramme / DR ; p. 315hd : © Titanus ; p. 315b : © Gaumont / Adel Productions / Lira Films ; p. 316hg, 316hd : © Les Productions Simone Allouche / Eguiluz Films / 14 Luglio Cinematografica / DR ; p. 316b : © Pathé production / Adel Productions / Medusa Produzione ; p. 317hg, 317bg : © Pathé production / Adel Productions / Medusa Produzione ; p. 317bd : © Gaumont / Citeca Productions / Medusa Distribuzione / Charles Rau ; p. 318h : © Gaumont / Citeca Productions / Medusa Distribuzione ; p. 318b : © StudioCanal ; p. 319h : © StudioCanal / Oceania Internazionali Cinematografiche ; p. 319b : © Gaumont / Cité-Films / General Production Company / Bruno Leys ; p. 320 : © Gaumont / Cité-Films / General Production Company ; p. 321h : © Sofracima / Mondial Televisione Film ; p. 321b : © Labrador Films / Carlton Film Export ; p. 322h : © Les Films de la Boétie / Italian International Film p. 322b : © Les Films Marceau / Mog-Films / Sédimo / Filmsonor ; p. 323h : © Sofracima / Primex / Dieter Geissler ; p. 323b : © Gaumont / Medusa ; p. 324h : © Gaumont / Medusa / Charles Rau ; p. 324b : © Gaumont / Medusa ; p. 325 : © StudioCanal / Medusa ; p. 326h : © Adel Productions ; p. 326b : © Adel Productions / Photogramme / DR ; p. 327 : © StudioCanal / Lira Films / Photogrammes / DR ; p. 328 : © Lira Films ; p. 329h : © Balzac Films / SN Prodis ; p. 329b : © Les Productions Jacques Roitfeld / Clodio Cinematografica / Planfilm ; p. 330hg, 330bg : © Capitol International ; p. 330d : © Les Films de la Boétie / Verona Produzione / Photogramme / DR ; p. 331h : © Les Films de la Boétie / Verona Produzione ; p. 331bg : © Terra Films / E. Morineau ; p. 331bd : © Terra Films / Photogrammes / DR ; p. 332hg : © Terra Films ; p. 332bg : © Les Films de la Boétie / Kangourou Films ; p. 332d : © Progéfi / Les Productions Belles Rives ; p. 333hg : © Belstar / Capitolina ; p. 333m : © 20th Century Fox ; p. 333hd : © Champion / Les Films Concordia ; p. 333bd : © Warner / Columbia ; p. 334 : © TF1 Studio / Photogrammes / DR ; p. 335h : © Les Films Ariane ; p. 335b : © Gaumont / Photogrammes / DR ; p. 336g : © Cité-Films / TIT / Champion / Jacques Vaissier ; p. 336d : © Tamasa Distribution / ORTF / Oceania Produzioni Internazionali Cinematografiche / Paris-Cannes Production / TIT Filmproduktion ; p. 337g : © Les Films 13 ; p. 337d : © Irrigazione Cinematografica / Amerfilm ; p. 338 : © Sofracima ; p. 339 : © Adel Productions ; p. 340h : © Titanus ; p. 340b : © StudioCanal / Lira Films / PAI / Photogramme / DR ; p. 341 : © Adel Productions ; p. 342h : DR ; p. 342bg : © Les Films de la Boétie ; p. 342bd : © Cérito Films / Photogramme / DR ; p. 343 : DR ; p. 344h, 344m : © Cérito Films / Photogrammes / DR ; p. 344b : © Belstar Productions / Films 66 / Photogramme / DR ; p. 345hg : © Belstar Productions / Films 66 / Photogramme / DR ; p. 345hd, 345b : © Eugène Lépicier ; p. 346hg, 346bg : © Cérito Films / Photogrammes / DR ; p. 346hd : DR ; p. 346bd : © Cérito Films / Photogramme / DR ; p. 347h : © Les Films 13 ; p. 347b : © Belga Films ; p. 348h : © Columbia Pictures ; p. 348b : © Cérito Films ; p. 349 : © Albina Productions / Photogrammes / DR ; p. 350h : © Albina Productions ; p. 350md : © Albina Productions / Photogrammes / DR ; p. 350b : © Albina Productions ; p. 351 : DR ; p. 352hg : © Gaumont / Paris-Cannes Production / Cinéma 77 ; p. 352hd : © Titanus ; p. 352b : © Filmoblic ; p. 353h : © Filmoblic ; p. 353b : © Adel Productions / Mondial Televisione Film ; p. 354g : © Jupiter Films / Action Films ; p. 354d : © P.A.C. ; p. 355 : © Les Productions du Daunou ; p. 356, 357h : © Adel Productions / Photogrammes / DR ; ; p. 357b : © Oliane Productions ; p. 358 : © Adel Productions / Guy Jouineau, Guy Bourduge ; p. 359hg : © Adel Productions ; p. 359hd : © Europa Film ; p. 359b : © Éléfilm ; p. 360h : © Classic Film Industries ; p. 360mh : © Dedalus Productions / Jean-Claude Bey ; p. 360mb : © Dedalus Productions ; p. 360d, 361hg : © Gaumont ; p. 361hd, 361b : © Filmel / Cinévidéo / Photogrammes / DR ; p. 362 : © Sara Films ; p. 363 : © AJ Films ; p. 364 : © Prospectacle ; p. 365 : © Gaumont / Cérito Films / Photogrammes / DR ; p. 366g : © Stephan Films / Photogrammes / DR ; p. 366d: © Les Films Ariane / Guy Jouineau, Guy Bourduge ; p. 367 : © Gaumont / V. Films / Photogrammes / DR ; p. 368h : © Port-Royal Films / Gaumont / Lenglart ; p. 368b : © Port-Royal Films / Gaumont / Photogramme / DR ; p. 369 : © Tamasa Distribution / Gaumont / Prospectacle ; p. 370g : © Sara Films / Antenne 2 / Société Nouvelle Cinévog ; p. 370d : © FDR Production / Antenne 2 ; p. 371 : © Adel Productions / UGC.

1981-1990

p. 372-373 : © Gaumont / Les Films du loup / Agence TCD (Télé-Ciné Documentation) / Photogramme / DR ; p. 374h : © Parafrance Films / Sara Films / Photogramme / DR ; p. 374bg : © SFD / DR ; p. 374bd : © Les Films Galaxie / Greenwich Film Productions / DR ; p. 375hg, 375mg : © Tamasa Distribution / Les Films Galaxie / Greenwich Film Productions ; p. 375bg : © Tamasa Distribution / Les Films Galaxie / Greenwich Film Productions / Photogramme / DR ; p. 375hd : © Gaumont / Hamster Productions ; p. 376 : © Les Films Ariane / TF1 Films Production ; p. 377hg : © TF1 Films Production / TF1 Droits Audiovisuels ; p. 377bg : © Zenith Productions ; p. 377bd, 378h : © Adel Productions ; p. 378bg : © Cerito Films / Les Films Ariane ; p. 378bd : © Cerito Films / Les Films Ariane / Photogramme / DR ; p. 379h : © UPCT / Selta Films ; p. 379b : © Les Films de la Drouette / UGC Images ; p. 380hg : © Spectra Film ; p. 380hd : © Éléphant Productions ; p. 380b : © Gaumont / Photogramme / DR ; p. 381h : © Gaumont / Photogramme / DR ; p. 381b : © Cathala Productions / Photogramme / DR ; p. 382g : © United Artists / Sara Films ; p. 382d : © Gaumont / Philippe Grumbach Productions / Horizons Productions ; p. 383 : © Alexandre Films / Partner's Production ; p. 384hg : © Stephan Films ; p. 384hd : © Gaumont / V. Films / Photogrammes / DR ; p. 384md : DR ; p. 384bd : © Gaumont / V. Films / Photogramme / DR ; p. 385g : © Éléphant Films / Malko Films / UGC / Top n° 1 / CCC Filmkunst GmbH ; p. 385m, 385hd, 385b : © Sara Films / Parafrance ; p. 386hg, 386bg, 386hd : © MK2 Films / Marion's Films / Eôs Films ; p. 386bd : © Adel Productions ; p. 387 : © T. Films ; p. 388hg, 388bg : © SFPC ; p. 388d : © Universal / SNC / CAPAC / TF1 Films Production ; p. 389 : © SNC / CAPAC / TF1 Films Production / Photogrammes / DR ; p. 390 : © StudioCanal / Sara Films ; p. 391hg, 391bg : © MK2 Films ; p. 391hd : © Les Films du Losange / Photogramme / DR ; p. 391bd : © Gaumont / Kruddart, Nichola Bruce, Mike Coulson ; p. 392 : © Gaumont ; p. 393 : © Gaumont / Photogrammes / DR ; p. 394 : © Cerito Films / Les Films Ariane ; p. 395hg, 395bg : © Charles Gassot / Photogrammes / DR ; p. 395hd : © Charles Gassot ; p. 395bd : © Top n° 1 ; p. 396hg : © StudioCanal / TF1 Films Production ; p. 396bg : © Les Films Christian Fechner / Parma Films ; p. 396d, 397h : © Renn Productions / Photogrammes / DR ; p. 397b : © Les Films du Carrosse ; p. 398h : © RTZ Productions ; p. 398bg : © Swanie Productions / UGC ; p. 398bd : © MK2 Films ; p. 399 : © Swanie Productions / TF1 Films Production / UGC / Top no 1 / Cinétélé Productions / ; p. 400 : © Swanie Productions / TF1 Films Production / UGC / Top no 1 / Cinétélé Productions (sauf 400 bg : StudioCanal) ; p. 401hg : © Hachette Première / 20th Century Fox Corporation ; p. 401hm : © Sara Films ; p. 401hd, 401b : © Tinacra Films ; p. 402hg : © Hachette Première / 20th Century Fox Corporation ; p. 402hd : © G. R. Productions ; p. 402b : © Les Films Noirs ; p. 403hg : © Gaumont / Films 7 ; p. 403hg : © Gaumont / Films 7 / Orly Films ; p. 403bg : © Gaumont / Films 7 ; p. 403bd : © Gaumont ; p. 404h : © T. Films ; p. 404b : © Les Films Alain Sarde ; p. 405h : © Les Films de la Tour ; p. 405b, 406h : © Gaumont / Production Marcel Dassault / Photogrammes / DR ; p. 406bg : © Les Films de la Tour / FR3 Cinéma ; p. 406bd : © Les Productions du Daunou / Les Films de l'Équinoxe ; p. 407h : © Europe Images International / Les Productions du Daunou / Les Films de l'Équinoxe ; p. 407bg, 407bd : © Parafrance / Sara Films ; p. 408g : © GA Films / Les Films Stanley / Odessa Films ; p. 408d : © Sara Films / Photogrammes / DR ; p. 409 : © AMLF / Sara Films ; p. 410hg : © Les Productions du Daunou / Sherwood Productions ; p. 410hm : © Hamster Productions / Hachette Première / FR3 Cinéma ; p. 410hd : © Sara Films / JLG films ; p. 410b : © Sara Films / JLG films / Photogramme / DR ; p. 411g : © Fildebroc Productions / FR3 Cinéma / Renn Productions ; p. 411d : © Cerito Films / Les Films Ariane ; p. 412hg : © T. Films / Films A2 ; p. 412hd : © Sara Films ; p. 412b : © COFCI / TF1 Films Production ; p. 413g : © TF1 Productions / Téléfilm Canada / Les Productions de la Guéville / Hugo Films ; p. 413d : © Swanie Productions / TF1 Films Production ; p. 414g : © Adel Productions ; p. 414d : © Gaumont / Éléfilm / TF1 Films Production ; p. 415 : © Gaumont ; p. 416hg : © MK2 Films / Micheline Pelletier ; p. 416hd, 416b, 417hg : © Les Films Christian Fechner ; p. 417hd : © La Film Compagnie ; p. 417b : © Cathala Productions ; p. 418 : © Gaumont / Les Films du Loup ; p. 419 : © Gaumont / Les Films du Loup / Photogrammes / DR ; p. 420 : © Cargo Films / Constellation ; p. 421h : © Garance Films / Transcontinental Films / FR3 Films ; p. 421b : © Lyric International / FR3 Cinéma / Les Films du Sémaphore ; p. 422hg : © Partner's Production ; p. 422hd, 422b : © CAB Productions / Films A2 / MK2 Films / TSR ; p. 423h : © T . Films / Étienne George / Sygma ; p. 423bg : © T . Films ; p. 423bd, 424h : © Tamasa Distribution / Les Films du Plain-Chant / Soprofilms / FR3 Cinéma / Unité Trois ; p. 424bg : © AMLF / Sara Films / Orly Films / © Guy Peellaert ; p. 424bd : © Sara Films / Orly Films ; p. 425g : © Incite Productions ; p. 425hd : © AAA / Incite Productions ; p. 425bd : © Soprofilms ; p. 426hg, 426bg : © Koala Films ; p. 426hd, 426bd : © Gaumont / Films7 ; p. 427hg : © Civite Casa Films / Italfrance ; p. 427hd : © Les Films Ariane / Alexandre Films / Vides Cinematografica ; p. 427hm, 427b : © Cinémax ; p. 428hg, 428bg : © T. Films ; p. 428hd : © Tri Star Pictures ; p. 428bd, 429h : © 7 Films Cinéma / Cima Produzioni ; p. 429b : © MK2 Films / Catherine Cabrol ; p. 430hg : © Sara Films / Little Bear ; p. 430bg : © Paradis Films ; p. 430d : © Président Films / Les Films de la Saga ; p. 431h : © Cerito Films / Sara Films ; p. 431b : © Progéfi ; p. 432hg : © AMLF / GPFI / Canal+ ; p. 432hd : © Gaumont / AAA / Les Productions de la Guéville ; p. 432b : © Gaumont / Les Productions de la Guéville ; p. 433h : © Jomy Productions / Marina Productions / Paradise Films ; p. 433m : © Long Pool Productions ; p. 433b : © Gaumont ; p. 434g : © AMLF / Sara Films ; p. 434hd : © Sara Films ; p. 434bd : © Cité-Films / Leda Productions ; p. 435hg : © T. Films ; p. 435bg : © Partner's Production ; p. 435d : © AAA / Sara Films ; p. 436h : © Fildebroc ; p. 436b : © StudioCanal / La Générale d'Images ; p. 437, 438h : © StudioCanal / Cinéa / Hachette Première ; p. 438b : © AAA / Sara Films ; p. 439h : © Sara Films ; p. 439b : © Animatógrafo ; p. 440hg, 440hd : © Sara Films ; p. 440b : © Cléa Productions / Ellepi Films / NEF Diffusion ; p. 441h : © Gaumont / Les Films du loup ; p. 441b : © Candice Productions.

1991-2000

p. 442-443 : © Les Productions Lazennec / Kasso Inc. Productions / Agence TCD (Télé-Ciné Documentation) / Photogramme / DR ; p. 444h : © Les Films de l'Écluse ; p. 444b : © Les Productions Lazennec; p. 445 : © Sara Films ; p. 446g : © MK2 Films / CED Productions / Photogramme / DR ; p. 446d, 447 : © Gaumont / StudioCanal ; p. 448 : © StudioCanal / Little Bear ; p. 449 : © Éléfilm / La Générale d'Images ; p. 450g : © Les Films Alain Sarde ; p. 450d : © Fildebroc ; p. 451 : © Films 7 / Agence TCD (Télé-Ciné Documentation) ; p. 452 : © StudioCanal / Les Films Alain Sarde ; p. 453h : © Fildebroc ; p. 453b : © Oliane Productions ; p. 454h : © MK2 Films ; p. 454b : © MK2 Films / Photogramme / DR ; p. 455h : © Gaumont / Les Films du Dauphin ; p. 455b : © Giuseppe Auriemma / Les Films Alain Sarde ; p. 456 : © Gaumont / Les Films du Dauphin ; p. 457h : © Gaumont / Les Productions Lazennec / Nicole de Castro ; p. 457m : © Gaumont / Les Productions Lazennec / Photogramme / DR ; p. 457b : © Bloody Mary Productions ; p. 458hg, 458bg : © Little Bear ; p. 458d : © Bac Films / Little Bear ; p. 459h : © MK2 Films / Jérémie Nassif ; p. 459b, 460h : © Les Films Christian Fechner ; p. 460b, 461 : © Les Productions Lazennec / Kasso Inc. Productions / Photogrammes / DR ; p. 462h : © Arena Films / Camera One ; p. 462b : © Arena Films / Camera One / DA Films ; p. 463h : © Les Films Alain Sarde / TF1 Films Production ; p. 463b : © StudioCanal / Les Films Alain Sarde / TF1 Films Production ; p. 464g : © Lazennec Films / Kasso Inc. Productions ; p. 464d : © Lazennec Films / Kasso Inc. Productions / Photogrammes / DR ; p. 465h : © Les Films Alain Sarde / Photogrammes / DR ; p. 465b : © Les Films Alain Sarde ; p. 466h : © La Chauve-Souris / Noé Productions / Photogramme / DR ; p. 466b : © Rouge Distribution / Les Films Alain Sarde / Little Bear ; p. 467g : © AFCL Productions ; p. 467d : © New Light Films ; p. 468hg : © MK2 Films / CAB Productions ; p. 468hd : © Alicéleo / DR ; p. 468b : © Climax Production ; p. 469 : © Lili Productions ; p. 470 : © Splendor Films / Les Films de la Boissière / France 3 Cinéma / PECF / StudioCanal / CNC ; p. 471h : © Gemini Films / Madragoa Filmes / Marie-Laure de Decker ; p. 471b, 472hg, 472bg : © StudioCanal ; p. 472d, 473h : © Alia Films / Pierre Grise Productions / DR ; p. 473b : © Playtime Productions ; p. 474 : © MK2 Films ; p. 475 : © Pathé Distribution / Renn Productions ; p. 476g : © Pyramide Distribution / CDP – Catherine Dussart Productions ; p. 476d : © ARP Sélection / Jérôme Preboist ; p. 477h : © ARP Sélection ; p. 477b : © Diaphana / Philippe Quaisse ; p. 478 : © MK2 Diffusion / CAB Productions / Jérôme Nassif ; p. 479 : © Gaumont / Légende Films / Photogrammes / DR ; p. 480h : © La Chauve-Souris ; p. 480m, 480b : © Rezo Films / La Chauve-Souris ; p. 481bg, 481hd : © Lazennec Films.

2001-2010

p. 482-483 : © Gaumont / Columbia / Tristar Films ; p. 484 : © Pyramide Distribution / Ognon Pictures ; p. 485h : © Cargo Films ; p. 485b : © Cargo Films / Odeon Pictures GmbH / Agence TCD (Télé-Ciné Documentation) ; p. 486h, 486b : © Diaphana / Agat Films & Cie ; p. 487 : © Pathé Image Production / Sédif / France 2 Cinéma ; p. 488h, 448m : © Fidélité Productions / France 2 Cinéma / Mars Films ; p. 488b : © StudioCanal / France 2 Cinéma ; p. 489h : © Bac Films / Little Bear ; p. 489b : © Citizen Films / Elizabeth Films ; p. 490 : © United International Pictures / Ajoz Films / Saga Film ; p. 491 : © Cinémane Films / Carrere Group ; p. 492h, 492bg : © EuropaCorp ; p. 492bd : © EuropaCorp / TF1 Films Production ; p. 493 : © EuropaCorp ; p. 494h : © TFM Distribution / Little Bear ; p. 494b : © Little Bear ; p. 495h : © Les Films du Fleuve / Why Not Productions ; p. 495b : © Canal+ / MK2 Films ; p. 496h : © Bac Films / Vertigo Productions ; p. 496b : © Fidélité Productions ; p. 497h : © Mars Distribution / Fidélité Productions ; p. 497b : © Fidélité Productions ; p. 498h : © Gaumont / Columbia / Tristar Films ; p. 498b : © Gaumont ; p. 499 : © Gaumont / Columbia / Tristar Films ; p. 500h : © La Chauve-Souris / Carcharodon ; p. 500b : © Hugo Films / Vertigo Films ; p. 501h : © Metropolitan FilmExport / Eskwad ; p. 501bg : © Diaphana Distribution / Eskwad ; p. 501bd : © Eskwad ; p. 503 : © EuropaCorp ; p. 504 : © Alter Films / Fidélité Films ; p. 505hg : © EuropaCorp ; p. 505hd : © KG Productions / Thomas Brémond ; p. 505b : © KG Productions / StudioCanal / France 2 Cinéma / Les Films du Fleuve / Wanda Vison ; p. 506, 507hg : © Why Not Productions / Sédif Productions / France 3 Cinéma ; p. 507hd, 507b : © EuropaCorp ; p. 508g : © Maïa Films ; p. 508m : © Diaphana / Philippe Quaisse ; p. 508d : © Ah ! Victoria ! Films ; p. 509hg, 509hd : © Why Not Productions ; p. 509b : © Why Not Productions / StudioCanal / France 2 Cinéma ; p. 510h : © Les Films Manuel Munz ; p. 510m : © Les Films Manuel Munz / France 2 Cinéma / France 3 Cinéma / TF1 Studio Films Inc. ; p. 510b : © Les Films Manuel Munz ; p. 511 : © Pan-Européenne / Alicéleo / Moune Jamet ; p. 512h, 512m : © Productions du Trésor ; p. 512b : © Productions du Trésor / Photogramme / DR ; p. 513hg : © Gaumont / Mandarin Films ; p. 513mg, 513b : © Gaumont / Mandarin Films / Photogrammes / DR ; p. 513hd : © Thunder Films ; p. 514g : © Bac Films / Produire à Paris ; p. 514d : © Les Films de la Suane ; p. 515 : © ARP Sélection ; p. 516h : © Alicéleo / Integral Films / France 2 Cinéma ; p. 516b : © Pathé Production / Alicéleo / Integral Films / France 2 Cinéma ; p. 517hg, 517mg, 517bg : © Gaumont ; p. 517bd : © Les Films 13 ; p. 518h : © Carcharodon ; p. 518b : © Mars Distribution / Carcharodon ; p. 519 : © Carcharodon ; p. 520h : © Les Films du Worso ; p. 520b, 521hg : © EuropaCorp / Avalanche Productions ; p. 521bg : © SBS Films ; p. 521d : © SND / Les Films de la Suane ; p. 522h, 522m : © Pan-Européenne Production / Wild Bunch / Casa Productions ; p. 522b, 523hg, 523mg, 523bg : © La Petite Reine / Pathé / Remstar Productions ; p. 523hd, 523bd : © LGM Productions / Gaumont / Medusa Produzione ; p. 524 : © Fidélité Films / Wild Bunch / TF1 Films Production ; p. 525h : © EuropaCorp ; p. 525bg : © Magali Bragard / EuropaCorp / M6 Films / Grive Productions ; p. 525bd : © McFadden / Arpajou / Mandaville / EuropaCorp / M6 Films ; p. 526 : © La Chauve-Souris / Studio 37 ; p. 527h : © Nord-Ouest Films / Le Bureau / Pathé Production / France 2 Cinéma / Blackfeet Pictures / Une Hirondelle Productions ; p. 527b : © Moune Jamet / TFM Distribution / Alicéleo p. 528 : © Mars Distribution / The Film / Studio 37 ; p. 529 : © Gaumont / Mandarin Cinéma / M6 Films ; p. 530hg, 530hd, 530bg : © Chic Films / Why Not Productions ; p. 530bd : © David Koskas / Diaphana Films / Agat Films & Cie / Entre Chien et Loup ; p. 531 : © Chic Films / Why Not Productions ; p. 532 : © Thomas Brémond / Gaumont / LGM Productions ; p. 533hg : © Blue Monday / Need Production / MK2 Films ; p. 533bg : © Jean-Claude Lother / Blue Monday / Need Production / MK2 Films ; p. 533hd : © Jean-Claude Moireau / Films en Stock / StudioCanal ; p. 533bd : © Films en Stock / Canal+ / Egoli Tossell Film / Arte France ; p. 534h : © Pascal Chantier / SBS Films ; p. 534b : © RP Productions ; p. 535h : © RP Productions / France 2 Cinéma / Elfte Babelsberg Film GmbH / Runteam III / Photogramme / DR ; p. 535b : © Jessica Forde / EuropaCorp / TF1 Films / Marie Coline Films / SMTS ; p. 536h : © Fidélité Films ; p. 536b : © Jan Thijs / Ciné Nominé / Versus Production ; p. 537h : © Warner Bros Entertainment France / Alicéleo ; p. 537b : © Alicéleo.

2011-2019

p. 538-539 : © Trésor Films / Mars Films / Chaocorp Distribution / Arte France Cinéma / Shortcom/ Agence TCD (Télé-Ciné-Documentation) ; p. 540 : © Labyrinthe Films / Mika Cotellon ; p. 541h : © Sunrise Films ; p. 541b : © Cédric Arnold / Pan-Européenne Production ; p. 542h : © Stéphanie Dupont Braunschweig / Sombrero Films ; p. 542b : © Jérôme Prebois / Gaumont / LGM Productions ; p. 543h : © Ricardo Vaz Palam / Chic Films / Paul Thiltges Distributions / Saga Film ; p. 543b : © Tessalit Productions / Mars Films ; p. 544 : © Trésor Films / Mars Films / Chaocorp Distribution / Arte France Cinéma / Shortcom ; p. 545h : © Brio Films / StudioCanal ; p. 545b : © Cristof Echard / Carcharodon / L&G / Pathé Production / France 2 Cinéma / Jouror Productions / Tercera Prod ; p. 546 : © Agat Films & Cie / Ex Nihilo / Artémis Productions / France 3 Cinéma / Hérodiade / RTBF / Films Sous Influences ; p. 547h : © Les Films Français / StudioCanal / Studio 37 / France 2 Cinéma / Rhône-Alpes Cinéma ; p. 547b : © Jean-Claude Lother / Le Bureau ; p. 548 : © 2.4.7 Films / Mars Films ; p. 549h : © Les Films Manuel Munz / TF1 Droits Audiovisuels / UGC ; p. 549b : © Arnaud Borrel / Les Films Manuel Munz / TF1 Droits Audiovisuels / UGC ; p. 550 : © Pan-Européenne / Wild Bunch / Rysk ; p. 551 : © Chapter 2 / Iberrota Films / Studio 37 / Transfilm / uFilm ; p. 552, 553h : © Fabrizio Maltese : Récifilms / Axel Films / Trésor Films / EuropaCorp / France 3 Cinéma / Artémis Productions / Samsa Film / Artémis Productions ; p. 553b : © Eskwad / Pathé Production / Lobster Tree / M6 Films ; p. 554 : © ARP Sélection / Éric Caro ; p. 555 : © Warner Bros. France / La Petite Reine / Entre Chien et Loup / Orange Studio ; p. 556h : © J. Mace / Gaumont / Légende Films / France 2 Cinéma / Scope Pictures ; p. 556b, 557 : © Thomas Brémond / Gaumont / Hatalom / LGM Cinéma / TF1 Films Production / Bad Company ; p. 558 : © R. Do Minh / Labyrinthe Films / SND Groupe M6 / Movie Pictures / France 3 Cinéma / Cinéfrance 1888 / Mondatta Films / Bethsabée Mucho ; p. 559h : © Wild Bunch Distribution / Alicéleo / Versus Production / Waiting for Cinema / ; p. 559b : © Why Not Productions / France 2 Cinéma / Page 114 ; p. 560h : Black Dynamite Films / JD Prod / Les Productions Rabid Dogs / Cinéfrance 1888 / Hedgehog / JS Productions / Récifilms ; p. 560b : © Wild Bunch Distribution / JD Prod / Black Dynamite Films / Rysk ; p. 561 : © Dharamsala Productions / Darius Films / France 3 Cinéma / Scope Pictures ; p. 562 : © David Koskas / SND / Labyrinthe Films / Movie Pictures ; p. 563g : © Paramount Pictures France / Carcharodon / Orange Studio / D8 Films ; p. 563d : © Les Films Pelléas / Savage Film / Frakas Productions / France 2 Cinéma / Jouror Productions / Proximus ; p. 564h : © SBS Productions / France 2 Cinéma / Twenty Twenty Vision Filmproduktion / Entre Chien et Loup ; p. 564bg, 564bd : © SBS Productions / France 2 Cinéma / Twenty Twenty Vision Filmproduktion / Entre Chien et Loup / Photogrammes / DR ; p. 565h : © Radar Films / Pretty Pictures / Canal+ / Ciné+ ; p. 565b : © Galatée Films / France 2 Cinéma / Le Pacte / Gecko Films / Outside Films / Logline Studios ; p. 566 : © Mars Distribution / Mandarin Cinéma / Scope Pictures ; p. 567g : © Wild Bunch Distribution / 2.4.7. Films ; p. 567d : © Océan Films / 2425 Films / Scope Pictures ; p. 568 : © New Story District / The French Connection / Capture The Flag Films / Nexus Factory ; p. 569h : © Luc Roux / Mars Films / Les Films du Kiosque / Nolita Cinema / Ciné+ / OCS ; p. 569b : © Pyramide Distribution / Les Films Velvet / Arte France Cinéma / Stanley White / Photogramme / DR ; p. 570, 571 : © Mars Films / Curiosa Films / Films Distribution / Versus Production ; p. 572h : © Le Pacte / SRAB Films / Rectangle Productions / Lyly Films ; p. 572b, 573 : © Le Pacte / SRAB Films / Rectangle Productions / Lyly Films / Photogrammes / DR ; p. 574h : © Why Not Productions / Arte France Cinéma ; p. 574m, 574bg : © Shanna Besson / Why Not Productions / Arte France Cinéma ; p. 574bd, 575g : © Haut et Court / Razor Film Produktion / France 3 Cinéma ; p. 575hd, 575bd : © Gaumont / Mahi Films / France 3 Cinéma / Ganapati / La Company de la Seine / uMedia / Nexus Factory.

L'AUTEUR

Créateur et programmateur, depuis 1976, du *Cinéma de minuit* sur France 3 puis France 5, Patrick Brion est l'auteur de plusieurs ouvrages de référence consacrés à la Comédie Musicale, au Fantastique, au Film Noir ou à des personnalités comme D.W. Griffith, Richard Brooks, John Ford, Tex Avery, John Huston, Alfred Hitchcock, Greta Garbo ou Clint Eastwood.

DANS LA MÊME COLLECTION

Cinéma de minuit

Encyclopédie du Film noir

Encyclopédie du Film policier & thriller

Encyclopédie du Western

DISPONIBLE VERSION POCHE

Direction éditoriale : Stéphane Watelet
Direction artistique : Fabrice Rondon
Coordination éditoriale : Yohann Thibaudault
Fabrication : Dorothée Xainte
Photogravure : IGS